一产业实现增加值：19.9亿元

二产业实现增加值：65.5亿元

三产业实现增加值：171.8亿元

一、二、三产业比重：7.7：25.5：66.8

年财政收入：55.4亿元

般公共预算收入：32.4亿元

共财政预算支出：56亿元

镇居民可支配收入：52041元

村居民可支配收入：23039元

会消费品零售总额：122.6亿元

实际利用外资：15774万美元

年末人民币存款余额：548.8亿元

年末人民币贷款余额：688亿元

全县各类学校总数：178所

在校学生数（含幼儿）：82062人

专任教师：6060人

医疗卫生机构数：488所

医疗卫生机构床位：2230张

医疗卫生技术人员：2352人

全县公路里程：1042千米

香河年鉴

2022 XIANGHE YEARBOOK

香河县地方志编纂委员会 编

方志出版社
Publishing House of Local Records

图书在版编目（CIP）数据

香河年鉴. 2022 / 香河县地方志编纂委员会编. —
北京 : 方志出版社, 2022.12
ISBN 978-7-5144-5483-3

Ⅰ. ①香… Ⅱ. ①香… Ⅲ. ①香河县－2022－年鉴
Ⅳ. ①Z522.24

中国版本图书馆 CIP 数据核字（2022）第 240549 号

责任编辑：刘方圆
责任校对：刘玉霞
责任印制：梅中英
出 版 者：方志出版社
地　　址：北京市朝阳区潘家园东里 9 号（国家方志馆 4 层）
邮　　编：100021
网　　址：http://www.zgfzcb.cn
发　　行：方志出版社图书营销中心（010-67110500）
印　　刷：河北亿博源印刷有限公司
开　　本：889 毫米×1194 毫米　1/16
印　　张：43.75
字　　数：1038 千字
版　　次：2022 年 12 月第 1 版
印　　次：2022 年 12 月第 1 次印刷
定　　价：398.00 元

香 河 县 政 区 图

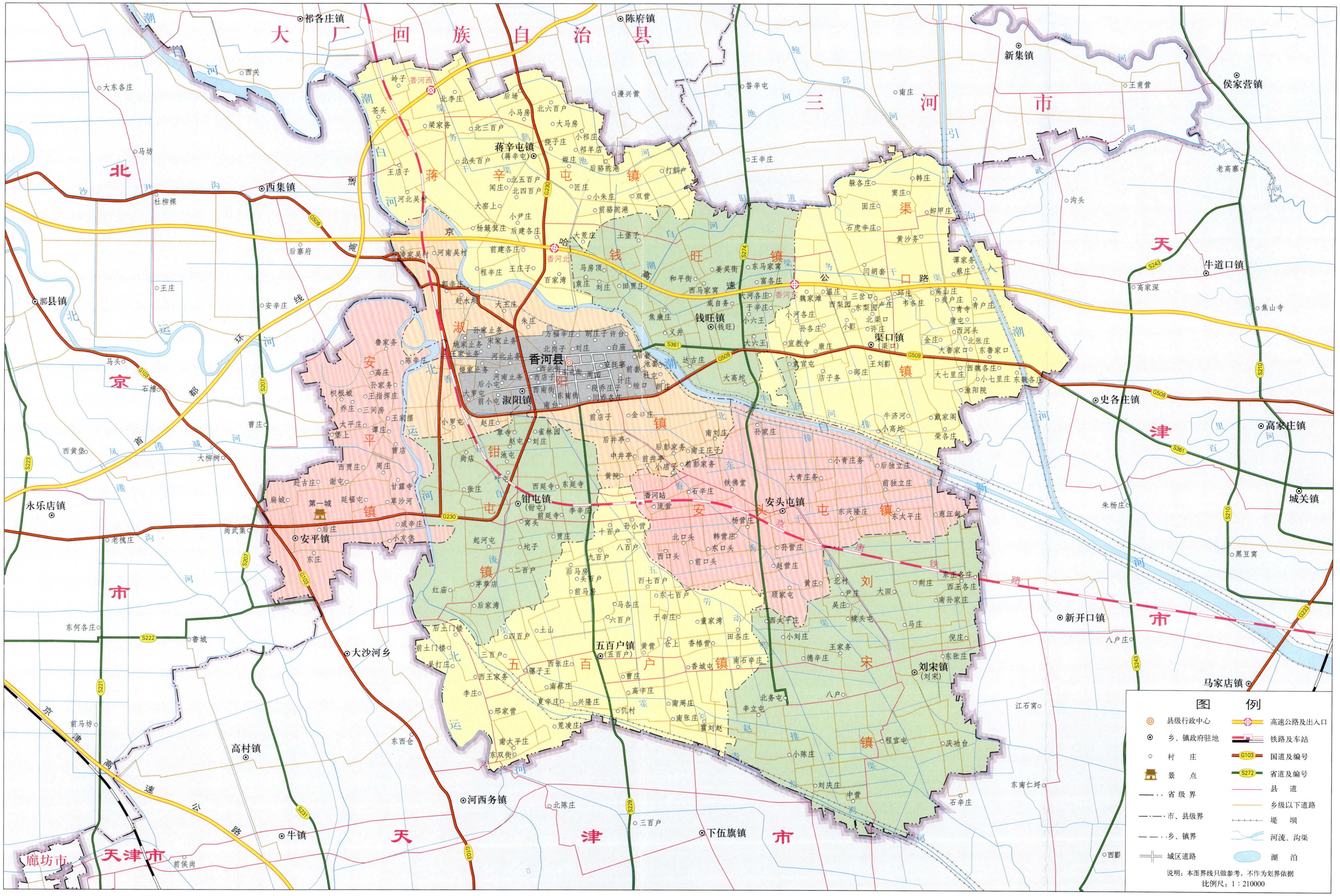

冀廊S(2022)01号

香河县地方志编纂委员会

主　　任：李海滨　香河县人民政府县长

副 主 任：陈润彬　中共香河县委常委、县人民武装部部长

　　　　　张锦山　中共香河县委常委、县委办公室主任

　　　　　李一超　香河县人大常委会副主任

　　　　　刘海霞　香河县人民政府副县长

　　　　　张浩波　政协香河县委员会副主席

委　　员：刘铁山　中共香河县委办公室常务副主任

　　　　　路洪亮　香河县人民政府办公室主任

　　　　　郭凤娟　中共香河县委组织部常务副部长

　　　　　张建军　中共香河县委宣传部常务副部长

　　　　　成英杰　香河县发展和改革局局长

　　　　　沈雪松　香河县财政局局长

　　　　　韩景丰　香河县住房和城乡建设局局长

　　　　　姜建明　香河县教育和体育局局长

　　　　　周向伟　香河县人力资源和社会保障局局长

　　　　　郭宏伟　香河县民政局局长

　　　　　崔大鹏　香河县统计局局长

　　　　　刘爱军　香河县交通运输局局长

　　　　　高立军　香河县文化广电和旅游局局长

　　　　　史长城　香河县融媒体中心主任

　　　　　陈宝东　香河县科学技术和工业信息化局局长

　　　　　孟繁章　香河县农业农村局局长

　　　　　肖凤双　香河县档案馆馆长

　　　　　赵立志　香河县文学艺术界联合会主席

　　　　　杨振亮　香河县人民政府机关党组成员、县地方志编纂中心主任

　　　　　樊振华　中国人民银行香河支行行长

　　　　　陈光华　香河县公安局副政委

香河县地方志编纂中心

主　　　任：杨振亮

副主任科员：王树春

科　　　员：闫振春　张　丹

《香河年鉴（2022）》编纂人员

主　　编：杨振亮

副 主 编：王树春

编　　辑：闫振春　张　丹　陈述龙　杨东林

　　　　　刘凤贤　董长江

校　　对：孟艳双　李学涛

排　　版：王　超

《香河年鉴（2022）》初稿撰稿人

（排名不分先后）

丁惠姝	马　龙	马　静	王　希	王　迪	王　娇	王　涛	王友杰
王中秋	王玉萍	王亚莉	王亚莉	王旭东	王丽娜	王明月	王建月
王树春	王树营	王晓利	王爱民	王海林	王海鹏	王照月	王翠鑫
孔薇薇	田　雪	田永康	付　震	冯连福	冯晓明	成志云	任晓明
任娟娟	庄英艳	刘　洋	刘　娜	刘　倩	刘凤义	刘春林	刘洪霞
刘艳新	刘晓静	闫雅玲	祁会颖	祁福兵	许　明	阮永旺	孙　萍
孙文静	孙东光	孙丽明	孙美伶	孙媛媛	芮文颖	苏　真	苏绍辉
杜振江	李　帆	李　伟	李　佳	李　京	李　盼	李　娜	李　艳
李　萌	李　彬	李　晶	李万青	李万勇	李月然	李竹青	李会民
李宏林	李春杰	李春燕	李秋良	李桂杰	李新录	杨　旭	杨　波
杨双十	杨玉国	杨丽建	杨连永	杨茂全	杨雪莲	吴　华	吴　姣
吴玉婷	邱亚红	何建好	佟沅洪	邹伟琪	宋俊婷	张　洁	张　越
张　朝	张　媛	张　毅	张　鑫	张艺馨	张占葵	张名洋	张来顺
张苗苗	张建悦	张炳江	张洪波	张艳华	张艳丽	张颖杰	陈　放
陈　薇	陈大勇	陈卫彬	陈金玉	陈春晖	陈柄达	陈海燕	陈彩霞
范江文	果韫韬	罗杰夫	周凤伟	郑万强	屈秀艳	孟宪东	赵天超
赵红楠	赵春森	赵俊军	赵默然	侯立英	侯亚凝	姚　想	袁　超
袁炳毅	贾晓坤	徐安然	殷桂群	凌　珍	高建峰	高凌辉	高鑫淼
黄　娜	黄云龙	黄云华	曹振生	崔成城	梁　敖	彭　湃	董　苑
董新明	韩　静	韩超颖	程红坡	靳　苹	靳洪坤	甄丽菲	简　聃
彰文娟	魏建军						

京津冀协同发展

5月13日，2021年北京·河北廊坊北三县项目推介洽谈会暨北京城市副中心（通州区）与廊坊北三县一体化高质量发展论坛在大厂回族自治县举办　　县发展和改革局供图

5月13日，北京城市副中心（通州区）与廊坊市“北三县”、廊坊临空经济区政务服务“区域通办”联动机制启动仪式在大厂回族自治县举行　　县融媒体中心供图

建设中的京唐城际铁路香河站　　县融媒体中心供图

北京景山学校香河分校　　张越 摄

香河健康小镇大爱书院养老中心　　张越 摄

韵达电商华北产业中心　　县融媒体中心供图

北京顺鑫农业股份有限公司牛栏山酒厂香河生产基地　　县融媒体中心供图

北运河旅游通航

北运河香河中心码头西北向航拍图　　　　县融媒体中心供图

6 月 26 日，北运河廊坊段全线旅游通航仪式在北运河香河中心码头举行　　　　县融媒体中心供图

10 月 10 日，香河县“弘扬运河通航精神”事迹报告暨大讨论活动动员会议召开　　县融媒体中心供图

北运河香河中心码头游船　　县融媒体中心供图

北运河香河曹店橡胶坝和船闸　　县北运河旅游通航指挥部办公室供图

北运河香河鲁家务码头　　　　县融媒体中心供图

9 月 25 日，“手绘运河、礼赞家乡”文化创意亲子手绘看盘活动在北运河香河中心码头举行

县文化广电和旅游局供图

乡村振兴

刘宋镇庆功台“万亩藕荷基地”　　李连明 摄

美丽乡村——蒋辛屯镇北三百户村　　县融媒体中心供图

安头屯镇“四好”农村路　　县融媒体中心供图

蒋辛屯镇锦秀潮白旅游民宿　　县融媒体中心供图

安头屯镇左岸农业千年古葡萄庄园　　县融媒体中心供图

10 月，香河弘茂农业科技有限公司日光温室大棚内种植的绿色水果黄瓜。图为农业技术人员传授水果黄瓜种植专业技术　　县融媒体中心供图

香河新恒昌养鸡有限公司自动化捡蛋流水线　　县融媒体中心供图

庆祝中国共产党成立100周年

6月24日，县四大班子领导和各镇（社区办、园区）、县直各部门主要负责人，全县优秀党员代表和学生代表一起在新城公园，举行“最美的歌声献给党”经典歌曲录制活动，庆祝中国共产党成立100周年

县融媒体中心供图

6 月 29 日，香河县庆祝中国共产党成立 100 周年座谈会暨县委书记讲党课会议在县文化艺术中心召开
县融媒体中心供图

4 月 17 日，香河县举办"讴歌锦绣中华·致敬百年华诞"全民诵读活动，庆祝中国共产党成立 100 周年
县文化广电和旅游局供图

7月1日，县委县直机关工委在县人民广场组织100名新入党党员开展入党宣誓和红歌大合唱活动，庆祝中国共产党成立100周年

县委县直机关工委供图

6月28日，县人民医院在新院区职工礼堂举行庆祝中国共产党成立100周年文艺晚会

县人民医院供图

5 月 10 日，县中西医结合医院举行党史学习教育知识竞赛活动，庆祝中国共产党成立 100 周年

县中西医结合医院供图

5 月 28 日，安平镇党委、政府举办“奋斗百年路 启航新征程”庆祝中国共产党成立 100 周年广场舞展演

安平镇政府供图

新冠肺炎疫情防控

10月23日，县委书记梁宝杰（中）主持召开县委常委会（扩大）会议，传达全国和全省新冠肺炎疫情防控工作会议精神，研究部署香河县新冠肺炎疫情防控工作　　县融媒体中心供图

8 月 11 日，县长李海滨（左一）到县中医医院督导检查疫情防控工作　　县融媒体中心供图

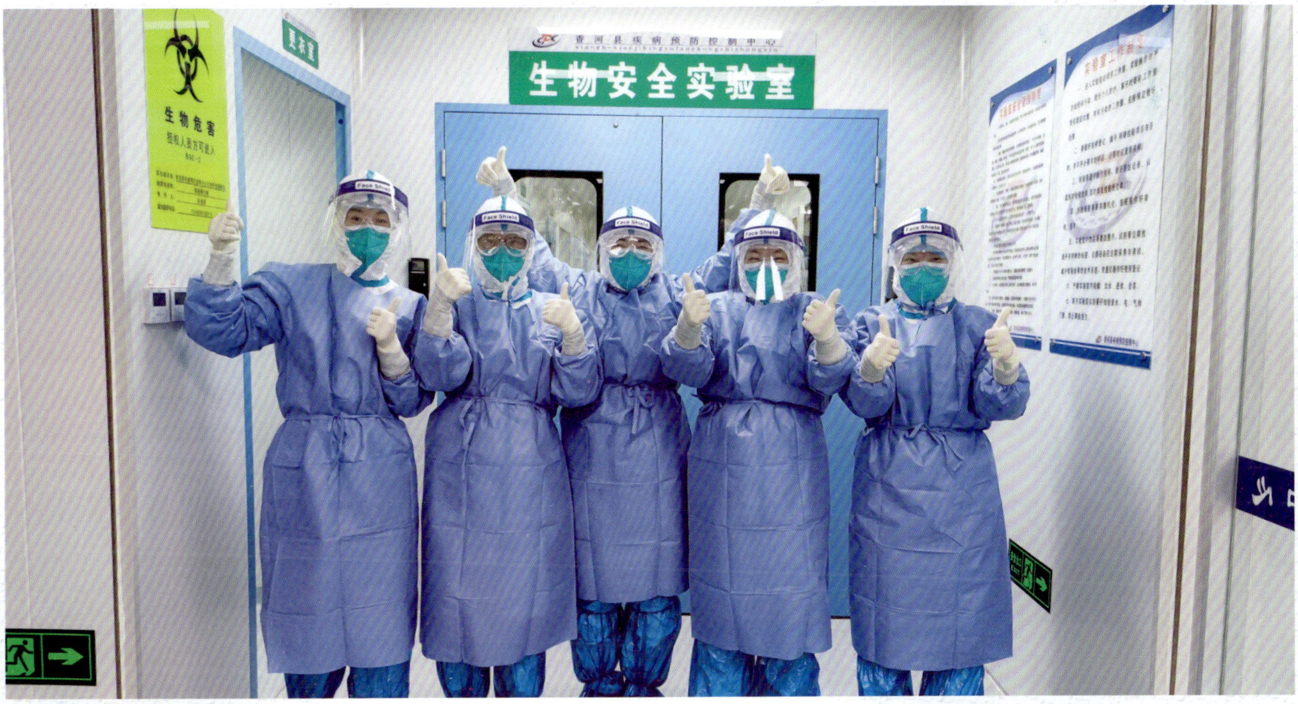

1 月 12—14 日，香河县开展第一次全员核酸检测，截至 14 日上午 11 时，完成全县 450208 人次的核酸检测，检测结果全部阴性。图为县疾病预防控制中心生物实验室的医务人员为全县第一次核酸检测结果点赞　　县新冠肺炎疫情防控办供图

7月28日，医务人员到香河县第一中学为学生接种新冠肺炎疫苗　　县新冠肺炎疫情防控办供图

8月16日，香河县在县第三中学举行新冠肺炎疫情应急处置联合演练　　县新冠肺炎疫情防控办供图

1 月 14 日深夜，县公安民警坚守在通唐线牛牧屯检查站，对进出香河的车辆和人员进行检查，做好新冠疫情防控工作　　县公安局供图

2 月 10 日，安平镇运河新村居民小区党员先锋岗的党员志愿者在小区新冠肺炎疫情防控卡口执勤　　安平镇政府供图

政治建设

7 月 18—21 日，中国共产党香河县第十二次代表大会在第一城国际会议中心召开　县融媒体中心供图

7 月 21 日，中国共产党香河县第十二届委员会第一次全体会议召开　　县融媒体中心供图

7 月 25—27 日，香河县第十六届人民代表大会第一次会议召开　　县融媒体中心供图

7 月 24—26 日，中国人民政治协商会议香河县第十届委员会第一次会议召开　　县融媒体中心供图

6 月 29 日，在香河县庆祝中国共产党成立 100 周年座谈会暨县委书记讲党课会议上，县领导为老党员代表颁发"光荣在党 50 年"纪念章　　县融媒体中心供图

11 月 23 日，受中共中央组织部、中共中央宣传部委托，省委组织部副部长、省公务员局局长苑鸿志（右四）等领导到香河县，为荣获“全国最美公务员”称号的县看守所四级高级警长李向国（中）颁奖，市委书记杨晓和（左四）、县委书记梁宝杰（左一）等市县领导一同颁奖　县融媒体中心供图

12 月 31 日，香河县党建工作暨领导干部政治性警示教育大会召开。图为与会人员共同观看政治性警示教育宣传片　县融媒体中心供图

经济建设

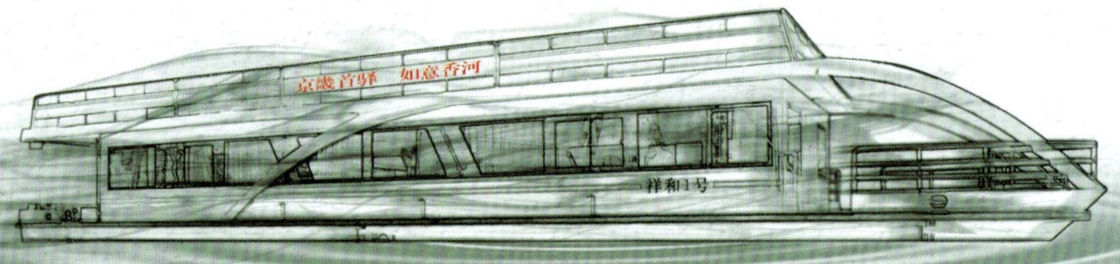

5月19日，廊坊市重点合作项目签约仪式在2021中国·廊坊国际经济贸易洽谈会上举行，香河县的中化金茂数字创新产业基地等9个项目成功签约　　县融媒体中心供图

6月4日，在廊坊市2021年第二季度重点项目集中开工活动香河县分会场现场，举行华都科创孵化中心项目等9个项目集体开工仪式　　县融媒体中心供图

8月7日，廊坊市举行全市经济工作推进会议暨项目拉练观摩活动，图为市委书记杨晓和（右二）带队到香河健康小镇大爱康复医院观摩项目建设情况，听取项目情况介绍　　县融媒体中心供图

10 月 29 日，市长杨燕伟（前排中）带领廊坊市重点项目拉练观摩团到北京顺鑫农业股份有限公司牛栏山酒厂香河生产基地观摩，听取企业负责人介绍情况　　县融媒体中心供图

9 月 9 日，县委、县政府举办香河县招商能力提升专题培训班，邀请中南高科京津冀区域副总经理兼投资总经理王培华作专题培训　　县融媒体中心供图

中粮可口可乐华北饮料有限公司生产车间　　县融媒体中心供图

在香河家具城展馆内，客户体验用 VR 技术挑选家具　　香河家具城服务中心供图

文化建设

9 月 28 日，2021 年廊坊市文化旅游产业发展大会开幕式在北运河香河中心码举行　县融媒体中心供图

4月1日，廊坊市教育系统弘扬爱岗敬业模范事迹报告会（香河县专场）在香河文化艺术中心举行

县教育和体育局供图

11月6日，县委、县政府在县文化艺术中心举办香河县优秀教师先进事迹报告暨捐资助教大会

县融媒体中心供图

4 月 28 日，2021 年香河县中小学生田径运动会开幕式在县第一中学举行　　县融媒体中心供图

9 月 29 日，北京景山学校香河分校的小学生参观香河非物质文化展示中心　县文化广电和旅游局供图

1 月，县图书馆举办“品书香 阅运河”图书展　　　　县文化广电和旅游局供图

6 月 7 日，县文化馆举办“党旗映初心 共圆中国梦”献礼建党 100 周年舞蹈汇演

县职业技术教育中心供图

社会建设

5月18日，县委、县政府在新落成的香河人民广场举行全县重点民生工程启用仪式 县融媒体中心供图

11月6日，香河县优秀教师先进事迹报告暨捐资助教大会在县文化艺术中心剧场举行。图为县委书记梁宝杰（中）和县长李海滨（右二）为河北省三强公益慈善基金会、香河第一城酒业有限公司、廊坊瑞盛投资股份有限公司3家捐资助教突出贡献企业代表颁奖　　县融媒体中心供图

4月29日，“青春沐党恩 薪火永相传”共青团香河县委纪念五四运动102周年庆祝大会召开。图为县委副书记张玉林（左三）、副县长刘雪艳（右二）和团县委主要负责人，向县青年志愿者协会、县中医医院、县公安局分别授予“青年志愿者服务队”“青年突击队”“青年先锋岗”旗帜

共青团香河县委供图

改建后的香河人民广场　　县住房和城乡建设局供图

香河县智慧城市指挥调度中心　　县融媒体中心供图

7 月 2 日，香河县中医医院健康大篷车到香河机器人小镇佳龙集团，开展“走基层、送健康、服务百姓”大型义诊活动　　县中医医院供图

11 月 30 日，县城内第一小学走进社区开展文明志愿服务活动　　县教育和体育局供图

生态建设

潮白河白鹭　　　　县融媒体中心供图

蒋辛屯镇北李庄村村头一角　　县融媒体中心供图

蒋辛屯镇优美的生态环境吸引众多旅客和骑行爱好者观光旅行　　县融媒体中心供图

天蓝、岸绿、水清——北运河香河中心码头优美的生态环境　　县融媒体中心供图

1月，游客在安头屯东兴隆庄有机草莓种植园的温室内采摘草莓　　县融媒体中心供图

11 月，香河县垃圾焚烧发电项目开始试运行　　县融媒体中心供图

7 月 12 日，环卫工人清理雨后路面积水　　县环卫服务中心供图

编辑说明

一、《香河年鉴（2022）》以马克思列宁主义、毛泽东思想、邓小平理论、“三个代表”重要思想、科学发展观、习近平新时代中国特色社会主义思想为指导，坚持辩证唯物主义和历史唯物主义的立场、观点和方法，坚持实事求是的原则，客观翔实记述。

二、《香河年鉴（2022）》记述香河县行政区域自然、政治、经济、文化、社会等方面基本情况，反映2021年度香河县经济和社会发展的新变化、新成就，为各级领导决策提供参考依据，为社会各界人士了解和研究香河提供信息，为编史修志积累资料。《香河年鉴（2022）》为第10卷。

三、《香河年鉴（2022）》采用分类编纂法、条目式记事体，个别相关或相近部类合并立目。主体框架设类目、分目、条目3个层次，条目为年鉴内容的基本记述单元。

四、《香河年鉴（2022）》采用法定计量单位，土地面积使用“公顷”为计量单位，为满足人们的认知习惯，用“亩”进行括注。

五、《香河年鉴（2022）》文中“党”均指“中国共产党”，未标明党派的“省委”均指“中共河北省委”、“市委”均指“中共廊坊市委”、“县委”均指“中共香河县委”、“党建”均指“中国共产党党的建设”、“党员”均指“中共党员”。

六、《香河年鉴（2022）》有关全县经济与社会统计资料以香河县统计局提供的数据为准，领导干部任职情况以县委组织部门公布的信息为准，机构设置以县委编制部门公布的信息为准；所用稿件大部分由各承编单位撰写并经单位负责人审核；部分稿件参考“香河融媒发布”、香河县人民政府网站、《新香河》等县主流媒体信息。

七、《香河年鉴（2022）》对正文中出现的简称词语在附录中予以注释。

八、《香河年鉴（2022）》设双重检索，书前有目录，书后有索引。

目　录

特　载

专　题

大 事 记

香河概况

中国共产党香河县委员会

香河县人民代表大会

香河县人民政府

中国人民政治协商会议香河县委员会

纪检监察

群众团体

军　事

法　治

综合管理

交通 邮政 供电

农业 农村

水　务

工业 信息业

河北香河经济开发区

特色小镇

商贸流通

香河家具城

金　融

旅　游

北运河廊坊段旅游通航

城乡建设

生态环境

科学技术

教育 体育

文　化

卫生健康

社会生活

乡镇（社区办）

人　物

文献辑存

附　录

特 载

责任编辑　闫振春

踔厉奋发　勇毅前行
加快建设“协同发展示范区、绿色活力幸福城”
——在县委十二届二次全会上的报告

中共香河县委书记　梁宝杰
（2022 年 1 月 6 日）

2021 年，是中国共产党成立 100 周年，也是实施“十四五”规划、开启全面建设社会主义现代化国家新征程的第一年，更是香河建设“协同发展示范区、绿色活力幸福城”的起步之年。站在新的历史起点上，县委常委会坚持以习近平新时代中国特色社会主义思想为指导，在市委坚强领导下，全面贯彻党的十九大和十九届历次全会以及省第十次党代会、市第七次党代会精神，全面贯彻落实党中央和省委、市委各项决策部署，不忘初心、牢记使命，弘扬伟大建党精神，认真开展党史学习教育和“四史”宣传教育，深入推进“三重四创五优化”和“三基”建设年活动，团结带领全县广大党员干部群众“激情满怀干事业、昂扬竞进当先锋”，全县经济和社会实现高质量发展。地区生产总值完成 257.2 亿元，同比增长 8.6%；一般公共预算收入完成 32.4 亿元，同比增长 5.3%；固定资产投资同比增长 7.2%；规模以上工业增加值同比增长 8.5%；实际利用外资完成 15774 万美元，同比增长 411%；城镇和农村居民人均可支配收入分别达到 52041 元、23039 元，分别同比增长 7.6%和 9.6%，香河县获评河北省民营经济发展先进县、河北省城乡客运一体化试点县等多项荣誉，荣膺平安中国建设示范县称号，第四次捧回全国平安建设最高奖“长安杯”。

2021 年的回顾与总结

这一年，我们明确目标路径，发展框架全面拉开。坚持跳出香河看香河，积极抢抓廊坊市“北三县”与通州区一体化高质量发展重大战略机遇，统筹考虑工作要求、宏观大势、区域实际、群众期盼，明确提出建设“协同发展示范区、绿色活力幸福城”的奋斗目标和打造“高端制造聚集区、商贸服务微中心、文旅康养目的地”的功能定位，全力构建以文化旅游为特色名片，以智慧家居、智能制造、智慧健康为主导支撑，以数字科技、现代服务为战略培育的“1+3+2”现代产业体系，稳步实施区域互动、创新驱动、改革促动、治理联动、品牌带动“五大战略”，扎实开展产业提质、项目提速、环境提标、民生提档、治理提效“五大行动”，全面加快“文旅香河”建设步伐，为实现“十四五”强势开局指明了方向路径，奠定了坚实基础。

这一年，我们破除艰难险阻，通航目标如期实现。坚持一切从政治上考量、在大局下行动，把北运河廊坊段旅游通航作为“一号工程”，举全县之力推进工程建设。3个月完成453.33公顷（6800亩）土地流转、6万余株乔灌木栽种；4个月完成全省首座旅游通航船闸建设；5个月完成5座码头建设；6个月完成橡胶坝改建；半年多时间，将北运河廊坊段打造成为省内第一条内陆旅游通航河流，6月26日，如期实现与北京同步同标准旅游通航。全省大运河文化保护传承利用工作推进会在我县召开。按照“通航引领、产业带动、文旅融合、全域发展”思路，做好通航“后半篇文章”，高标准编制《北运河廊坊段沿线发展规划建议》，启动实施运河民俗风情项目。持续完善全域旅游规划，推动域内文旅资源整合互补，加强与北京环球度假区等优质资源联动发展，成功承办2021年廊坊市文化旅游产业发展大会，赋予“文旅香河”强大势能。

这一年，我们坚持主动融入，协同发展纵深推进。研究制发《香河县与通州区一体化高质量发展实施方案》《香河县关于认真贯彻落实〈国务院关于支持北京城市副中心高质量发展的意见〉的若干措施》等文件，细化124项具体任务，确保推动协同发展有目标、有重点、有节点，工作落实可量化、可考评、可追溯。常态化开展区域联合执法，推动与通州区重污染天气预警响应联动管控，筑牢一体化生态安全屏障。积极承接北京非首都功能疏解，云储数据中心等11个转移项目成功签约，小米汽车配套产业园项目进入深度接洽阶段，提速融入北京产业链、供应链、创新链。京唐高铁县境内架梁全部完工，安石路西延在全市4条协同发展跨界道路中率先启动建设，通宝路工程初步确定路线方案，开通香河至北京省际班线，至廊坊实现公交化运营，区域交通便利度极大提升。大爱医院一期、潞河医院香河医康院区完成主体施工。70项政务服务事项和453项高频便民事项与通州区实现“区域通办”。

这一年，我们狠抓项目建设，经济实力稳中有进。大力实施产业项目倍增行动，新开工亿元以上产业项目21个；5000万元以上项目新签约45个、在谈81个；争列省市重点项目23个，总投资452.26亿元。深化香河经济开发区改革，实施“双倍增”计划，推进园区“新九通一平”建设，全面提升平台能级，预计全区主营业务收入、税收收入分别完成175亿元、20.5亿元，同比分别增长15.8%、26.3%。持续优化营商环境，深化“三包四帮六保五到位”和精准服务年、入企服务周活动，创新开展纪检监察部门蹲点调研，畅通服务群众企业“最后一米”。发挥政府主导作用，强化要素保障，成立香河县财信城市投资控股有限公司，搭建与项目企业合作平台；香河县鼎力中小企业融资担保有限公司累计助企融资11.9亿元。实施民营经济“二次创业”三年行动，制定《关于支持民营经济发展十项措施》，全面落实扶商惠企各项政策，市场主体新增1.04万家，总量达4.8万家；高新技术企业通过认定26家；科技型中小企业通过认定279家；获批省级专精特新企业6家；13项省重点技改项目列入全省“千项技改”计划目录；规模以上工业企业总数突破百家。

这一年，我们攻坚环境整治，城乡面貌显著提升。对标北京城市副中心，深入开展城乡环境综合整治提升行动，明确“三大四精五到位”目标举措，将违建拆除、常态化“创城”与整治提升行动一体推进。整修养护国省干线及县乡村公路310.7千米，清理坑塘沟渠、残垣断壁、乱堆乱放 2.65 万余处，改造老旧小区 31 个，整改卫片图斑和农村乱占耕地建房 527 宗 166.67 公顷（2500 亩），拆除私搭乱建 61 万平方米，力度前所未有，成效令人瞩目，百姓拍手称快。廊坊市“北三县”城乡环境综合整治提升暨北运河旅游通航工作观摩推进会在香河县召开；高质量完成省级文明县城复评工作。人民广场、县委党校、民兵训练基地、垃圾焚烧发电项目正式投用，27.67 千米城区雨污分流改造完成，2 座污水处理厂提标改造工程加快实施，新增城区停车位 1000 个，城市综合承载能力持续提升。全面推进乡村振兴，打造“一村一品”专业村 77 个，申报市级农业产业化龙头企业 4 家，总投资 2936 万元的 1733.33 公顷（2.6 万亩）高标准农田项目全面开工建设，农业品牌影响力不断扩大。北李庄等 4 个省级美丽乡村精品村完成创建，蒋辛屯镇获评第一批全国乡村旅游重点镇，梁家务村获评全省乡村旅游重点村，五百户镇获评第二批全国乡村治理示范镇，蒋辛屯镇、刘宋镇被评为“四好农村路”省级示范镇。深入开展“大气、水、土”污染治理，超额完成植树造林任务，空气质量综合指数和 PM2.5 浓度同比分别下降 6.94% 和 3.18%，优良天数达到 266 天，6 个国省市控断面均达到考核要求，北运河及两岸野生动植物种群明显增多。

这一年，我们倾力社会事业，民生福祉不断改善。坚持以人民为中心的发展思想，不断提升群众获得感、幸福感、安全感。科学应对疫情形势，严格落实“十个常态化”30 条措施，超额完成第一、二剂次新冠肺炎疫苗接种任务，筑牢保障人民群众生命安全和身体健康的坚固防线。坚持教育优先，实施 26 项教育工程，创建普惠性幼儿园 40 所，“双减”政策全面落实，中小学课后服务实现全覆盖，顺利通过省政府履行教育职责督导评估。深化医药卫生体制改革，推进医共体建设，实施 9 项医疗健康提升工程，群众就医更加便利。全民参保、城乡低保、特困供养、孤儿救助、养老服务、就业再就业、巩固脱贫攻坚成果、退役军人优抚安置等工作均取得显著成效。结合“网格化”管理，深入开展“群众说事，干部解题”工作，全市“群众说事，干部解题”工作推进现场会在我县召开；围绕“北京不去、河北不聚”，项目化解决信访案件，圆满完成中国共产党成立 100 周年、党的十九届六中全会等重要节点安保维稳任务，以实际行动当好首都政治“护城河”排头兵。

这一年，我们夯实基层党建，堡垒作用有效发挥。坚持把党的政治建设摆在首位，压实管党治党政治责任，营造了风清气正的政治生态。加强常委会自身建设，不断增强“四个意识”、坚定“四个自信”、做到“两个维护”，持续提高科学执政、民主执政、依法执政水平。全力支持人大、政府、政协履行职责和开展工作，推动统战、民宗、党管武装、工青妇等各方面工作取得新成绩。聚焦重点难点，成立 9 个工作专班，县四大班子牵头抓总，推动上级决策部署在香河落地见效。坚持把学习党史同推动工作、解决实际问题相结合，推动党史学习教育进机关、进学校、进社区、进企业、进农村，开展宣讲 4000 余场次。实施组织聚力、队伍优化、夯基固本、典型培树、责任聚焦“五大工程”，强化党组织书记“第一责任人”职责，推动基层党建工作全面进步、全面过硬。圆满完成县镇领导班子及村“两委”班子换届，各项指标均符合上级政策要求。坚持“政治过硬、实绩突出、群众公认”用人导向，共提拔干部 46 人，晋升职级 79 人，未发生带病提拔或带病使用。严格落实党委意识形态工作责任制，牢牢把握意识形态工作领导权、主动权。深入开展“弘扬运河通航精神”大讨论活动，制定乡科级单位年度进位争先目标，建立清单式安排部署、拉练式督导检查、打分式评比晾晒、统筹式工作推动、“通航式”干部选用机制，举办协同创新大讲堂，推动干部作风大转变、工作效能大提升，形成了镇村比进位、园区比贡献、机关比服务的浓厚氛围。圆满完成十一届县委巡察全覆盖任务，启动十二届县委首轮常规巡察。持续整治群众身边腐败和不正之风问题，聚焦重点领域和关键环节，推进“惩、治、防”贯通协同。纪检监察机关共立案 68 件，处分 80 人，综合运用监督执纪“四种形态”教育批评帮助和处理 237 人次。

发展充满艰辛，奋斗铸就辉煌。过去一年取得的成绩，是党中央和省委、市委正确领导的结果，是全县党员干部群众共同奋斗的结果，是历届班子打下良好基础以及老干部关心支持的结果，也是各人民团体、社会各界人士共同参与的结果。在此，我代表县委，向所有为香河经济社会发展作出积极贡献的同志们、朋友们，表示衷心的感谢，并致以崇高的敬意！

成绩属于过去，未来任重道远。我们必须清醒看到，香河的发展还面临不少困难和挑战，我们的工作还存在一些差距和不足。主要是项目质效不高、转型升级缓慢、财政结构不均衡，土地、资金、人才等要素制约依然突出，城市建设管理水平不高，社会治理、公共服务、民生领域还有很多亟待解决的问题，个别基层组织凝聚力、战斗力不强，等等。面对这些矛盾与问题，我们必须认识到，越是千头万绪，越要突出重点；越是千难万险，越要突出重围，只有战略上勇于进取，战术上稳扎稳打，方能心中有数、张弛有度、落实有力。

2022 年目标与任务

新的一年，挑战与机遇并存，困难和希望同在。挑战在于，爬坡过坎、进位争先，重返全市第一梯队需要我们付出更多的汗水和努力。重任在肩，尤需担当。机遇在于，廊坊市“北三县”与通州区一体化高质量发展向广度深度拓展，国务院出台了《关于支持北京城市副中心高质量发展的意见》，省委、省政府研究制定了贯彻落实意见的若干措施，市委、市政府提出举全市之力加快推动；京唐高铁通车运营在即，北运河廊坊段与通州段即将跨界通航，安石路、通宝路等进京通道进展顺利，“同城一体”进程不断提档加速。机遇当前，理应作为。困难在于，宏观经济面临多年未见的需求收缩、供给冲击、预期转弱三重压力，历史遗留问题依然存在，重点领域工作亟待突破。道阻且长，必须奋进。希望在于，忠诚担当、创新实干、敢打必胜、聚力争先的运河通航精神在香河大地结出硕果，必将为我们建设“协同发展示范区、绿色活力幸福城”注入无穷动力。前景光明，未来可期。

全县发展的指导思想和总体要求是：坚持以习近平新时代中国特色社会主义思想为指导，深入贯彻落实党的十九大和十九届历次全会以及省第十次党代会、市第七次党代会等重要会议精神，锚定县第十二次党代会确定的经济社会发展目标任务，立足新发展阶段，完整准确全面贯彻新发展理念，融入新发展格局，深入推进与通州区一体化高质量发展，围绕高端制造聚集区、商贸服务微中心、文旅康养目的地功能定位以及“1+3+2”产业定位，深入实施“五大战略”，开展“五大行动”，以“一区、两河、三城、四镇”为框架支撑，以产业赋能促高质量发展，加快建设“协同发展示范区、绿色活力幸福城”，为全面建设“五个廊坊”、争当“三个排头兵”贡献新的更大力量。

全县经济社会发展主要预期目标是：地区生产总值增长 7%左右，固定资产投资增长 8%左右，规模以上工业增加值增长 8%左右，一般公共预算收入增长 7%左右，城乡居民人均可支配收入分别增长 7%和 8%左右，社会消费品零售总额增长 8.5%左右。

各位委员、同志们，抓好 2022 年工作，我们必须大力弘扬运河通航精神，保持定力、凝聚合力，增强工作的主动性、创造性，更加积极承接北京非首都功能疏解和产业转移，顺势而思、乘势而为、借势而起，激情满怀干事业、昂扬竞进当先锋，向着“十四五”目标阔步前行。

一、坚持规划引领，优化发展布局，释放协同发展新活力

把与通州区一体化高质量发展作为头等大事，抢抓重大机遇、扛起重大责任、全力创新突破。

坚持规划引领促融合。加强与中国城市规划设计研究院、上海同济城市规划设计研究院等规划设计团队沟通对接，统筹考虑资源容量约束、土地集约利用和未来发展空间，抓紧优化完善“1+9+34”国土空间规划体系。严格对照协同发展规划，聚焦既有优势产业和未来发展重心，明确“一区、两河、三城、四镇”经济发展布局，进一步细化各功能板块的发展定位，全面拉开发展大框架。“一区”亮门户。依托高铁功能区，建设交通枢纽新门户，以现代服务业创新业态为主导，发展以数字科技、总部办公、商务金融等为支撑的共享新经济；以生态游憩多元体验为特色，发展以文化体验、文创休闲、商业娱乐为重点的休闲新经济，打造京畿开放新门户，协同发展新引擎，进而带动县城建设新提升。“两河”展形象。构建北运河文化旅游带、潮白河绿色生态带，修复生态环境，发展全域旅游，创响“京畿首驿·如意香河”品牌。“三城”塑名片。以家具城、第一城、大爱城为发力点，全力打造数字之城、文创之城、健康之城，擦亮县域特色产业名片。“四镇”创特色。将安平、蒋辛屯分别打造成文化商贸新市镇、创新宜居新市镇，将渠口、刘宋分别打造成零碳经济示范镇、绿色协同现代农业示范镇，形成带动全县发展的特色标杆。

聚焦重点领域求突破。严格落实与通州区“四统一”要求，持续在生态、交通、产业、公共服务等领域发力。统筹潮白河、北运河等重要水系生态廊道建设，加快建设北运河—潮白河大尺度生态绿洲，继续强化区域间生态联防联治。全力配合京唐高铁年内顺利通车。谋划建设大爱城新公交场站，推动进京公交向镇区覆盖，同步开展区域一体化交通建设运营管理政策研究，推动通勤便利化。精准承接北京非首都功能疏解和产业转移，大力引进北京“摆不下、离不开、走不远”的功能和产业。完善对接长效机制，推动京津优质教育、医疗、文化资源向香河县延伸布局，加快人流、物流、信息流等要素市场一体化整合。谋划建设首师范大学附属学校，力争年内与中日友好医院、安贞医院、友谊医院等10家北京三甲医院建立合作关系，推动污水处理、热力供暖等“京标服务”进香河。

创新机制体制提效能。坚持政府引导、市场主导，既充分发挥市场在资源配置中的决定性作用，调动市场主体在产业、项目、人口转移等方面的积极性，也充分发挥政府在统筹协调、规划引导、政策完善、机制保障等方面的引导作用，形成政府联动、企业主动、民间促动的工作合力。紧扣一体化高质量发展，积极打破行政壁垒，完善沟通协调机制，开展定期会商、联席办公、联合招商等活动，探索跨区域一体化合作新模式。创新内部协同机制，主动加强北三县之间对接配合，力争收到“1+1+1>3”的效果。

二、坚持项目为王，加快转型升级，激发经济增长新动能

大力开展“项目建设攻坚年、营商环境提升年、基层基础巩固年”活动，进一步叫响“全党抓经济、全民抓招商、全力抓环境、集中精力上项目”的鲜明导向，全力以赴抓投资上项目促发展。

多渠道开展招商引资。邀请专家学者、企业家讲授先进招商理念、模式、方法，打造意识超前、业务全面、态度真诚、服务精准的专业化队伍。组建驻京津、长三角、珠三角 3 支招商团队，围绕“1+3+2”产业定位，梳理头部企业、目标企业清单，绘制产业招商地图、产业链招商图谱，大力开展精准招商、产业链招商、产品配套招商。聚焦“两新一重”、科技创

新等重点行业领域，主动对接世界500强、中国500强企业和央企、京企，发挥与北京联合招商、平台招商等方面优势，确保引进一批总部经济、数字经济等高端产业项目。强化全民招商意识，完善招商引资、项目落地等激励机制，鼓励重点企业以商招商、以商黏商，吸引上下游合作伙伴，推动品牌企业向品牌产业集群发展。打好“乡情牌”“亲情牌”，加强与在外的香河籍成功人士、县内投资兴业的优秀企业家对接，借助人脉资源，积极宣传推介香河。县四大班子、各单位部门“一把手”带头招商，动员每个部门招引一个项目、每名科级干部提供一条有价值信息，开展拉练评比，营造大招商、招大商的浓厚氛围，确保年内签约5000万元以上项目不少于50个。

滚动式推进项目建设。坚持以“上瘾”的劲头抓项目，完善重点项目储备库、建设库，构建形成“竣工一批、建设一批、开工一批、储备一批”的项目建设梯次滚动发展格局。逐个产业类别落实“四个一”，即制定一套产业发展规划、一个三年行动计划、一个年度工作方案、一套产业扶持政策。落实重点项目联席会议制度，完善考评机制，加强动态谋划，争列省市重点项目不少于30个。探索建立“服务专员”队伍，明确一个重点项目一名处级干部结对帮扶，全流程“帮办、代办、跟办、跑办”，全生命周期对接服务，力促华电燃气能源站、全友智能家居产业园等项目落地开工，确保喜临门二期、合益包装二期等项目投产达效，形成更多实物量和增长点。精准选取、全力推进十大产业项目、十大非首都功能疏解项目、十大基础设施和公服设施项目、十大城乡建设项目，逐个细化时间表、路线图，提高项目落地率。

发挥园区主战场作用。深化经开区改革，坚定“双倍增”目标，激发园区活力。完善园区软硬件设施，加快“新九通一平”和公共服务配套体系建设，大力推进京唐高铁站前广场、景观大道东延等工程。深入推进“腾笼换鸟”，力争全年盘活低效闲置用地80公顷（1200亩）以上。整合现有资源，稳步推进淑阳工业园以及大爱城托管，建设联东U谷、中南高科、众联等一批“区中园”，吸纳建设周期短、发展前景好、税收贡献实的“短平快”项目，力争项目落地就能产生税收、开拓财源、带动就业。

全方位力促转型升级。加快民营经济“二次创业”，充分调动民间投资积极性，培育新型市场主体，形成大企业“顶天立地”、中小企业“铺天盖地”的生动局面。大力实施产业基础再造，落实全省“万企转型”“千项技改”和“百项示范”工程要求，紧盯家具生产、钣金制造、汽车配件等特色产业、传统产业，加快转型升级步伐。发挥企业创新主体作用，鼓励加大技改投入力度，引进先进装备和先进技术，推动高端化、智能化、绿色化改造。推进质量强县，加强品牌建设，支持香河众旺木业有限公司、廊坊爱依瑞斯家具有限公司争创省政府质量奖，中粮可口可乐华北饮料有限公司、河北富都华创家具制造有限公司争创市政府质量奖。确保全年净增规上企业10家以上，新增省级重点技改项目6个，省市科技型中小企业50家以上，高新技术、“专精特新”特色企业16家以上，完成技术合同交易额2亿元。

深层次优化营商环境。持续深化“放管服”改革，开展县四大班子入企包联活动，主动服务、贴近服务、跟踪服务，实现“政府端菜”到“企业点菜”的转变。大力推广“互联网+政务服务”，在实施模拟审批、土地带方案出让等措施基础上，全面推行“清单制+告知承诺制”，实现“拿地即开工”“一次不用跑”，营造一流政务服务环境。强化要素保障，尽快完成园区地质、水土、安全等7项区域评估，落实减税降费政策，深化政银企对接，发挥香河县财信城市投资控股有限公司、香河县鼎力中小企业融资担保有限公司等平台作用，降低企业要素成本。算好投入产出账，把有限的资源要素配置到有成本优势、有市场前景、有带动能力的项目上，以真刀真枪的投入赢得真金白银的发展。

三、坚持通航带动，实现区域联动，描绘“文旅香河”新画卷

抓住用好北运河旅游通航重大契机，扎实做好“后半篇文章”，开创“文旅香河”发展新局面。

全力推进重点工程。提速王家摆桥、安运桥以及堤防改建工程建设，同步开展险工段岸坡防护等工程，加强运河河心岛及周边原生植被、天然湿地滩涂保护。与北京专业团队进行深度合作，完善运营管护机制，全力配合通州做好杨洼闸改造，如期实现与通州段互联互通。

加快建设特色小镇。坚持全流域统筹谋划、一体推进、连线发展，结合地域特色、村庄边界、运河防洪堤、现状道路等情况，着力构建“一带八景，三核四区”运河发展格局。统筹沿河 12 个重点村，建设北部生态康养、中部民俗风情、南部田园农创 3 个特色小镇。聚焦村庄规划、回迁扫尾、集体土地入市等关键环节，拉单建账、挂图作战，确保谭庄运河民俗风情项目尽快建成投用，实现社会效益、经济效益、生态效益的协调统一。

借势发展“文旅香河”。制定发展全域旅游的实施意见，加快香河全域旅游智慧导览平台、“慧游香河”小程序等数字化服务平台建设，打造一批高星级酒店、高品质民宿与特色餐饮接待设施。深化区域合作，加快与通州形成资源互补、市场互建、客源互换、信息共享的协同发展格局，实现跨区域旅游线路统一谋划、旅游产品统一开发、旅游项目统一宣传。坚持文旅、康养等产业融合，提档资源品质，丰富产品供给，打造精品环线，推动“过境游”“一日游”升级为“过夜游”“深度游”，争创国家全域旅游示范区。

四、坚持“五城同创”，推进乡村振兴，塑造城乡融合新典范

牢固树立城乡统筹发展理念，构建城市与乡村协调均衡、融合互促、高质量发展的新格局。

以文明城市创建为统揽，制定精准争创方案，扎实推进文明城市、卫生城市、森林城市、园林城市、“双拥”模范城“五城同创”。坚持规划为引领、交通为骨架、重要节点和重大项目为支撑，打造布局合理、颇具颜值的城市“风骨”。全面对标通州区，注重因地制宜、元素融合，高标准编制城市风貌设计。统筹景观性、功能性、实用性，做好重要节点设计，精雕细琢打造“城市客厅”，擦亮香河城市名片。聚焦打通“断头路”和“瓶颈路”，实施淑阳大街西延、永盛路贯通、新建北环路等道路工程建设，完善构建“五横七纵”的城区路网结构，构筑城市发展的“四梁八柱”。坚持大手笔建绿和百姓身边增绿相结合，利用城区裸露空地和城市改造空间，见缝插绿、造景添彩，推动公园增量提质。注重城市更新，改造 25 个老旧居民小区，整治提升背街小巷。加快智慧城市三期建设，全面提升智能化指挥调度中心能力，同步推进数字乡村建设，实现县域“一张网”，让“城市大脑”运转更加快捷高效。

以乡村振兴战略为引领，深化农村土地制度、集体产权制度改革，探索农村集体经营性建设用地入市路径和办法，合理配置和利用集体资源资产，从根本上激发乡村发展活力。积极发展“农村集体经济组织+专业合作社+农户”“农村集体经济组织+龙头企业+农户”等模式，发挥中央和省集体经济扶持村和市级集体经济示范区示范带动作用，推动互利共赢和集体增收，确保集体经济收入 10 万元以上村街达 70%以上。开展农业产业项目突破年行动，谋划实施城市级全食品安全控制管理供应链中心、鱼虾苗繁育孵化基地等成规模、上档次的农业项目，打造一批设施蔬菜标准园、新型农业产业园和特色种植园，培育“香字号”农业品牌，推动一产接二产、连三产。按照统筹政策、群众安全的原则，积极稳妥推进河道内村庄搬迁。坚持抓党建促乡村振兴，巩固提升村“两委”换届成果，加强村

党组织书记教育、管理和监督，持续排查整治软弱涣散村党组织，不断增强基层治理效能，打造“产业兴旺、生态宜居、乡风文明、治理有效、生活富裕”的美丽乡村。

以环境整治提升为助力，按照“分步走、不停步”“小投入、大改观”“分类施策、一村一策”的原则，集中开展“两提升、一深入”行动，全面打造整洁有序优美的人居环境。聚焦户厕改造、污水治理、村街“四化”，探索市场化和村庄自我管理相结合的长效管理机制，实现农村人居环境常态管护、长治久洁。以马路市场、店外经营、乱停乱放、非机动车管理为重点，强化精细管理，提升城市形象。创新完善城市管理体制机制，切实发挥城市建设管理委员会作用，由被动管理向主动管理转变，由突击管理向长效管理转变。

五、坚持人民立场，增进民生福祉，推动社会事业新跨越

坚持以人民为中心的发展思想，确保民生投入只增不减、惠民力度只强不弱、民心实事只多不少，让老百姓底气更足、笑容更多、生活品质更高。

将就业作为民生之本。健全完善就业服务体系，全面落实各项补贴政策，合理开发公益岗位，统筹抓好高校毕业生、退役军人等重点群体就业。发挥创业带动就业作用，打造优质创业孵化基地，培育创新创业主体，营造“大众创业，万众创新”浓厚氛围。拓宽就业创业渠道，开展形式多样的技能培训，不断促进就业量的扩大和质的提升。

将教育作为民生之基。持续推进学前教育普及普惠发展、义务教育优质均衡发展、高中教育提质高效发展、职业教育融合特色发展、民办教育规范健康发展。聚焦创建义务教育优质均衡发展县，合理优化城乡教育布局，实施9所学校改扩建工程，启动职教中心迁建、城区中小学及幼儿园新建前期准备工作，持续增加学位供给。全面落实立德树人根本任务，加强新时代师德师风建设，打造高素质专业化教师队伍。

将健康作为民生之需。从严从紧抓好疫情防控工作，严格落实落细“外防输入、内防反弹”各项措施，保障人民群众生命安全和身体健康。持续深化医卫体制改革，坚持“四医联动”，构建城乡共享、服务高效的医疗服务体系。启动中西医结合医院急诊综合楼建设和3个镇卫生院提升改造工程，加快建设大爱医院、潞河医院香河医康院区，确保县康复医疗中心建成投用，推动县人民医院创建三级医院，让群众就近享受更多优质医疗服务。促进全民健身与全民健康深度融合，组织开展丰富多彩的群众性健身休闲活动。

将文化作为民生之魂。扎实推进城乡公共文化服务体系一体化建设，推动图书馆、文化馆、文博馆和基层服务站点达标提质，确保顺利通过国家公共文化服务体系示范区复核验收。加强优秀文艺人才培养和引进，鼓励文化精品创作，大力开展文化惠民活动，丰富群众精神文化生活。深挖历史文化内涵，加强非物质文化遗产保护传承，弘扬中华优秀传统文化。

将社保作为民生之依。坚持“四个不摘”，加强防止返贫动态监测和精准帮扶，持续巩固拓展脱贫攻坚成果。全面落实城乡低保、特困供养、残疾人救助等福利政策，坚决兜住兜牢民生底线。加大城乡居民养老、医疗、工伤等保险扩面征缴力度，提升全民参保水平。统筹推进3岁以下婴幼儿照护服务和养老事业协调发展，解决好“一老一小”问题。坚持“房住不炒”定位，规范保障性住房政策，保障群众百姓住房需求。

六、坚持绿色发展，严守生态红线，打造践行“两山”理念新高地

坚决贯彻习近平生态文明思想，准确理解并始终坚持“绿水青山就是金山银山”的发展理念，高标准落实大气、水体、土壤污染防治任务，筑牢生态基底，厚植生态优势，让香河绿树常荫、蓝天常驻、碧水常流、沃土常在。

打赢大气污染治理翻身仗。强化污染源管控，大力开展施工工地

扬尘整治，推进燃煤锅炉改造提升，严控工业企业、机动车、生活源污染排放，重点实施冬奥会空气质量保障等攻坚行动。坚持一天一天争取、一微克一微克努力，确保空气质量持续好转，PM2.5 年均浓度低于 40 微克/立方米。认真落实“碳达峰、碳中和”目标，加强生态文明宣传教育，统筹抓好产业、建筑、交通等重点领域节能，做好分布式光伏开发试点工作，进一步优化全县能源结构。

打好碧水保卫战。严格落实“河长制”，持续开展河渠“清五乱”、黑臭水体整治等专项行动，不断改善县域水体质量。坚持水岸共治，及时清理水体周边垃圾堆存，解决污染乱排问题。针对水污染排放特点，紧盯重点区域、重点行业、重点季节，提前研判、对症下药，切实提高治理效果和精准度。按照京 B 标准实施污水处理厂提标改造，有序实施雨污分流和污水处理厂新建工程，逐步扩大生活污水处理覆盖面。

吹响土壤污染防治冲锋号。持续开展农业面源污染治理，实施化肥农药“零增长”行动，强化畜禽养殖业专项执法检查和企业环境监管，坚决杜绝非法倾倒处置危险废物违法行为，为百姓守好一方净土。强化“双随机+环境信用”抽查，健全督查问责机制，加大明察暗访力度，坚持严的要求、严的标准、严的导向，倒逼环境保护责任落实到位。

七、坚持底线思维，强化忧患意识，实现社会治理效能新提升

牢固树立总体国家安全观，着力构筑共建共治共享新格局，有效防范化解各类风险挑战，加快推进社会治理体系和治理能力现代化。

打造更高水平的平安香河。坚持统筹发展和安全，健全完善社会治安立体防控体系，常态化推进扫黑除恶、扫黄打非专项斗争，严厉打击传销、电信网络诈骗等违法犯罪活动，“三无三百”平安村街（社区）创建率达到 80%以上。持续抓好安全生产、食品药品安全、防灾减灾工作，完善应急救援体系，提升应急处置能力，坚决防范遏制重特大事故发生。

推进更高质量的法治建设。全面贯彻落实习近平法治思想，深化司法体制改革，加强基层法治体系和法治政府建设，强化对司法活动的监督，加大法律援助和司法救助力度，努力让人民群众在每一个司法案件中感受到公平正义。扎实开展“八五”普法工作，提升全民法治意识，营造良好的法治化环境。

实现更高效能的社会治理。推行“这就办”工作机制，畅通解决群众急难愁盼问题渠道。全面提升乡村治理水平，深化文明镇村创建，推动“风景美”向“风尚美”转型。深入推进区域协同合作，加大信访积案化解力度，争创更多“零进京上访镇”，当好首都政治“护城河”排头兵。坚决处置房地产企业风险，防止风险传导和发酵，有力解决历史遗留问题，保持房地产市场平稳健康发展。鼓励引导人大代表、政协委员、党群机构、各界人士积极参与社会治理，为党的二十大胜利召开和冬奥会、冬残奥会成功举办，营造安全、稳定、和谐的社会环境。

全面加强党的建设

牢固树立抓好党建是最大政绩的理念，全面推进新时代党的建设新的伟大工程，大力弘扬伟大建党精神，坚决落实管党治党政治责任，在新的赶考路上努力开创全面从严治党新局面。

旗帜鲜明抓思想政治建设。始终把党的政治建设摆在首位，切实增强“四个意识”、坚定“四个自信”、拥护“两个确立”、做到“两个维护”。严格党内政治生活，认真落实“三会一课”、民主生活会、领导干部双重组织生活等制度，增强党内政治生活的政治性、时代性、原则性、战斗性。加强意识形态阵地管理，拓展新时代文明实践中心（所、站）建设，弘扬主旋律，激发正能量。

聚焦大局抓干部队伍建设。加强县委常委会自身建设，全面践行运河通航精神，带动全县上下持续转变工作作风。树牢“政治过硬、实绩突出、群众公认”的选人用人导向，注重在急难险重任务中考察识别干部，选拔一批有定力、有能力、有魄力、有毅力的优秀干部。以学习贯彻党的十九届六中全会和党的二十大精神为重点，加大教育培训力度，全面提升党员干部素质能力。

守正创新抓基层组织建设。树立大抓基层的鲜明导向，进一步压紧压实各级党组织书记“第一责任人”职责。高标准打造环北京、沿运河两条党建示范带及渠口—刘宋产业振兴精品示范带，着力打造县域特色党建品牌。加强基层队伍建设，管好用好“五支队伍”，锻造乡村振兴“红色铁军”。制定村级组织活动场所三年提升规划，坚持软硬件并重，整体提升建设水平，增强村级组织凝聚力、引领力。

一以贯之抓全面从严治党。严格落实“两个责任”，坚持“三不”一体推进，推动党风廉政建设和反腐败斗争向纵深发展。扎实开展常规巡察和专项巡察，强化巡察整改成果运用，充分发挥巡察利剑作用。充分运用监督执纪“四种形态”，认真落实“三个区分开来”，做到精准执纪执法、严肃追责问责。紧盯惠民利民政策落实，持续整治群众身边腐败和不正之风，营造海晏河清的政治生态。

实现经济社会发展目标，必须充分发挥县委总揽全局、协调各方作用，支持人大及其常委会、政府、政协依法依章程履行职能；加强对民族、宗教、侨务、对台、人才等工作的领导，充分发挥民主党派、工商联和无党派人士作用；支持工会、共青团、妇联、残联、红十字会、文联、科协等群团组织开展工作，把人民群众紧紧凝聚在党的周围；认真落实党管武装工作，做好双拥、退役军人保障和优抚安置等工作；用好老干部宝贵资源，做好新时代老干部工作。

同志们，奋进新征程，建功新时代。让我们紧密团结在以习近平同志为核心的党中央周围，在市委的坚强领导下，团结和带领全县人民，持续弘扬践行运河通航精神，激情满怀干事业、昂扬竞进当先锋，踔厉奋发、勇毅前行，为加快建设“协同发展示范区、绿色活力幸福城”努力奋斗！

政府工作报告

——在香河县第十六届人民代表大会第二次会议上

香河县人民政府县长 李海滨

（2022年1月27日）

2021年工作回顾与总结

刚刚过去的2021年，是“十四五”规划的开局之年，也是夯基垒台、蓄势聚能的一年。过来一年，我们始终坚持以习近平新时代中国特色社会主义思想为指导，在县委的坚强领导下，在县人大、县政协的监督支持下，团结带领全县人民，抢抓与通州区一体化高质量发展重大机遇，深入开展“三重四创五优化”等系列活动，统筹推进常态化疫情防控和经济社会发展，圆满完成了全年目标任务。

一年来，我们坚定信心、矢志发展，综合实力稳步增强。全县地区生产总值完成257.2亿元，增长8.6%；固定资产投资增长7.2%；规上工业增加值增长8.5%；一般公共预算收入完成32.4亿元，增长5.3%；实际利用外资完成15774万美元，增长411%；城镇和农村居民人均可支配收入分别达到52041元和23039元，分别增长7.6%和9.6%。园区能级持续提升。出台支持园区发展若干措施，加快实施香河经济开发区改革等工作，园区“二次创业”由破题开路进入实质推进阶段，预计主营业务收入、税收收入分别完成175亿元和20.5亿元，同比分别增长15.8%和26.3%。招商引资量质齐升。明确“1+3+2”产业定位，组织开展“北京招商月”、招商推介会等一系列活动，全力推进“链长制”招商、“标准地”招商、以商招商和全民大招商，先后对接目标企业100余家，45个项目成功签约。项目建设扎实推进。建立重点产业项目联席会议制度，创新推行承诺制、容缺审批等机制，为12个项目解决用地指标、手续办理等方面问题50余个，专显科技、海春机械等项目实现当年签约、当年投产。全年新开工亿元以上产业项目21个，争列省市重点项目23个，均实现同比翻番。科技创新成效明显。与北京工业大学、北京科技大学深度合作，成功孵化北硬科技(香河)有限公司、阿尔泰新材料(香河)有限公司等一批企业。全县通过认定科技型中小企业279家、高新技术企业26家，获批省级“专精特新”企业6家，列入省重点技改项目13个，规模以上工业企业突破100家。营商环境不断优化。206项业务实现“一窗受理”，198项审批事项赋权乡镇，24小时自助大厅建成投用，村街综合服务站实现全覆盖。制定《关于支持民营经济发展十项措施》，深入开展“三包四帮六保五到位”“入企服务周”等活动，激发全民创业热情。全年新增市场主体1.04万家，总量达到4.8万家，香河县获评“全省民营经济发展先进县”。

一年来，我们对标对表、精准发力，协同发展步伐加快。运河通航如期实现。坚决扛起政治责任、主体责任，全力推进“一闸、一坝、两桥、五码头”等工程建设，6月26日，如期实现与北京同步同标准旅游通航。高标准编制《北运河廊坊段沿线发展规划建议》，启动实施运河民俗风情项目，开放京绣、景泰蓝烧制等工艺体验，展示运河文化魅力。产业协作持续深化。与北京市通州区建立信息共享、联合招商机制，云储数据中心等11个转移项目成功签约。抢抓小米新能源汽车落户北京契机，积极谋划配套产业园建设，精准对接上下游企业，吉林首信、延峰彼欧等企业达成初步合作意向，县域产业加速与北京产业链、供应链、创新链融合发展。跨界路网加快建设。京唐高铁域内架梁全部完工，安石路在廊坊市“北三县”协同发展跨界道路中率先启动建设，3条直达北京四惠客运班线开通运营，两地通勤更加便利。公共服务合作加强。香河大爱医院一期、潞河医院香河医康院区完成主体施工，景山学校香河分校初中部招生运行，70项政务服务事项和453项高频便民事项实现与通州“区域通办”。

一年来，我们标本兼治、强力攻坚，环境面貌根本改观。聚焦改善城乡环境，深入开展城乡环境综合整治提升行动，以前所未有的决心和力度拆违建、治脏乱、优环境，累计拆除私搭乱建61万平方米，清理坑塘沟渠、残垣断壁、乱堆乱放2.65万处，整修养护各级公路310.7千米，改造老旧小区31个；整改卫片图斑和农村乱占耕地建房527宗169.44公顷（2541.6亩），拆除率位居全市前列，土地市场秩序发生了根本性转变。聚焦提升城市品质，大力实施县城建设提质升级三年行动，人民广场、民兵训练基地和垃圾焚烧发电厂等工程正式投入使用，27.67千米城区雨污分流改造如期完工；8个街头游园和小微绿地建成开放，城区新增绿地面积近1万平方米；5条京唐高铁被交路完成改造，香河至廊坊客运班线实现公交化运营，我县获评“全省城乡客运一体化试点县”。聚焦推进乡村振兴，完成666.67公顷（1万亩）高标准农田建设，新增4家市级农业产业化龙头企业，我县被评为“省级数字乡村试点县”，水岸潮白综合体被评为市级休闲农业示范区；持续抓好农村人居环境整治，推进农村垃圾一体化治理，3457座农厕改造完成，40.5千米连村道路竣工通车，北李庄等4个省级美丽乡村完成创建，蒋辛屯镇、刘宋镇被评为“四好农村路”省示范镇。聚焦提高生态质量，持续打好污染治理攻坚战，空气质量综合指数和PM2.5年均浓度同比分别下降6.94%和3.18%，优良天数由248天增至266天，均达到有监测记录以来最好水平；植树造林超额完成任务，6个国省市控考核断面水质稳定达标，北运河获评省市“秀美河湖”。

一年来，我们纾困解难、惠民为民，社会大局和谐稳定。疫情防控有力有序。精准落实各项防控措施，建立“八支队伍”和“1+6+1”信息化系统，3岁以上人群疫苗接种率达到97.3%，位居全市前列。教育质量不断提升。13项教育工程竣工投用，40所民办幼儿园完成普惠性创建，319名教师充实教学一线，“双减”政策全面落实，中小学课后服务实现全覆盖，顺利通过省政府教育督导评价。卫健事业加快发展。五百户卫生院改造等8项工程竣工投用，基层医疗机构全部实现标准化建设，我县被评为“全市深化医药卫生体制改革先进县”。社会保障持续增强。脱贫攻坚成果不断巩固提升，城乡低保、特困供养等政策严格落实，孤儿救助、退役军人服务等工作扎实开展，城镇登记失业率控制在2%以内，就业再就业工作保持全市前列。文体事业蓬勃发展。举办系列文化惠民演出100余场，县文化馆被评为“国家一级文化馆”，《香河年鉴（2020）》荣获第八届全国地方志优秀成果（年鉴类）县级综合年鉴特等奖。高标准承办全市文化旅游产业发展大会，中旅风景等5个项目成功签约，蒋辛屯镇获评“全国乡村旅游重点镇”，梁家务村获评“全省乡村旅游重点村”。社会治理成效显著。丰富“群众说事、干部解题”工作内涵，全市唯一一家“12345”县级分中心即将投入运行，五百户镇获评“全国乡村治理示范乡镇”，县司法局获评“全国组织宣传人民调解工作先进集体”。常态开展道路交通、消防安全、食药安全等领域专项治理，圆满完成中国共产党成立100周年等重大活动安保任务，香河县获评“平安中国建设示范县”，连续4次被授予全国平安建设最高奖“长安杯”。同时，档案、气象、统一战线、兵员征集、民兵建设等工作也取得了新成绩。

一年来，我们固本强基、综合施治，自身建设全面加强。突出政治引领。深入学习贯彻中共的十九届六中全会精神，深刻理解“两个确立”的决定性意义，扎实开展党史学习教育和“四史”宣传教育，自觉增强“四个意识”、坚定“四个自信”、做到“两个维护”。坚持依法行政。修订完善政府工作规则，严格落实“三重一大”集体决策机制，自觉接受人大法律监督、政协民主监督和社会公众监督，227件人大代表建议和政协委员提案全部妥善办理。勇于改革创新。制定出台产业用地带方案出让办法，实现“拿地即开工”；组建资本规模超40亿元的香河财信城市投资控股有限公司，进一步规范土地一级开发，加快基础设施建设。敢于担当负责。坚持“新官理旧账”，本着对历史、对发展、对群众负责的态度，出台了不动产登记、征迁补偿等方面政策措施，解决了京唐高铁拆迁安置和群众关心的办证难、取暖难等问题，卸下了增减挂钩历史欠账包袱。强化作风建设。深入开展“弘扬运河通航精神”大讨论活动，举办“协同创新大讲堂”系列培训班，重拳整治“庸、懒、疲、虚”等作风顽疾，党员干部思想行动空前统一，干事创业氛围愈加浓厚。

在县委坚强领导下，在县人大、县政协监督支持下，我们克服了一个又一个困难，打赢了一场又一场硬仗。实践充分证明，团结就是力量，拼搏才能竞进，只要我们凝心聚力、脚踏实地，心往一处想、劲往一处使，香河未来发展就没有过不去的坎、闯不过的关！

过去的一年，我们用汗水浇灌收获，用实干笃定前行，在应对挑战中开创了新局面，在攻坚克难中实现了新发展。奋斗历程难以忘怀，发展成果鼓舞人心。这些成绩的取得，是县委统揽全局、科学决策的结果，是县人大、县政协有效监督、鼎力支持的结果，更是全县上下团结拼搏、苦干实干的结果。在此，我谨代表县政府，向各位代表、各位委员，向全县人民和所有关心支持香河发展的各界人士，表示衷心的感谢并致以崇高的敬意！

在肯定成绩的同时，我们也清醒认识到，县域发展仍存在一些问题和不足：一是产业转型仍需加快，大项目好项目偏少，新兴产业体量不大，新旧动能转换接续不畅；二是土地、资金、人才等要素制约仍然突出，发展瓶颈还需进一步突破；三是基础设施、公共服务仍有欠账短板，与群众期盼还有一定差距；四是一些干部的思想观念、作风状态还不能很好地适应新形势新要求，效率意识、执行能力还有待进一步提升。对此，我们将坚持问题导向，拿出强有力措施，认真加以解决。

2022年工作思路和安排

2022年是党的二十大召开之年，也是贯彻省市党代会战略部署、落实“十四五”规划的关键一年。纵观当前发展形势，香河正处于历史性窗口期和战略性机遇期，我们有信心、有决心、有恒心，加快谱写建设“协同发展示范区、绿色活力幸福城”的崭新篇章。信心源于，廊坊市“北三县”与通州区一体化高质量发展向广度深度拓展，国务院出台了《关于支持北京城市副中心高质量发展的意见》，省委、省政府提出举全省之力推动重大国家战略落地见效，市委、市政府成立专项指挥部，全力创建廊坊市“北三县”与通州区一体化高质量发展示范区，特别是随着北运河京冀段加快旅游通航、京唐高铁即将通车运营，香河发展进入了历史的最好时期。决心源于，经过一年努力，全县“稳”的局面在巩固、“新”的动能在增加、“好”的优势在扩大、“进”的步伐在加快，香河发展积蓄了强大的前进势能。恒心源于，“忠诚担当、创新实干、敢打必胜、聚力争先”的运河通航精神结出硕果，激情满怀干事业、昂扬竞进当先锋成为全县上下共识，香河发展凝聚了持久的力量源泉。“船到中流浪更急、人到半山路更陡”，越是到关键时候，越需要我们以坚韧不拔的定力、舍我其谁的担当、激情满怀的干劲，抢抓机遇、转化机遇，坚定不移走好自己的路，办好自己的事，用我们的“砥砺前行”换取群众的“岁月静好”，用我们的“披星戴月”赢得发展的“阳光灿烂”！

综合考虑当前形势，根据县委十二届二次全会精神，明确 2021 年县政府工作的总体要求是：坚持以习近平新时代中国特色社会主义思想为指导，深入贯彻落实党的十九大和十九届历次全会以及省第十次党代会、市第七次党代会等重要会议精神，锚定县第十二次党代会确定的经济社会发展目标任务，立足新发展阶段，完整准确全面贯彻新发展理念，融入新发展格局，深入推进与通州区一体化高质量发展，围绕高端制造聚集区、商贸服务微中心、文旅康养目的地功能定位以及“1+3+2”产业定位，深入实施“五大战略”，开展“五大行动”，以“一区、两河、三城、四镇”为框架支撑，以产业赋能促高质量发展，加快建设“协同发展示范区、绿色活力幸福城”，为全面建设“五个廊坊”、争当“三个排头兵”贡献新的更大力量。

全县经济社会发展的主要预期目标是：地区生产总值增长 7% 左右，固定资产投资增长 8%左右，规上工业增加值增长 8%左右，一般公共预算收入增长 7%左右，城镇和农村居民人均可支配收入分别增长 7%和 8%左右，社会消费品零售总额增长 8.5%左右。

围绕以上思路和目标，我们将重点做好以下六方面工作。

一、坚定不移抓机遇、求突破，勇当协同发展急先锋

主动对标对表北京城市副中心，进一步深化各领域协同合作，在服务融入、借势借力北京中加快自身发展、展现“香河担当”。

全面拉开发展框架。打造“一区”新窗口。坚持“站城一体”，依托高铁功能区，全力推进站前广场、区间路网等工程，谋划建设特色商业街区和文化艺术中心，积极引进总部经济、共享经济、休闲经济等高端业态，构筑产业发展新高地。展现“两河”新形象。放大北运河、潮白河生态优势，加强生态保护修复，深入挖掘文化底蕴，串联沿线文旅元素，构建北运河文化旅游带和潮白河绿色生态带，创响“京畿首驿·如意香河”品牌。塑造“三城”新名片。大力推动家具城“二次振兴”，强化与佛山、中山等地区合作，联合抖音、快手、京东等平台，加快发展智慧家居、“线上家具城”，打造“数字之城”；深入实施第一城“三年转型计划”，拓展文化影视、数字创意、商务会展等功能，打造“文创之城”；以大爱城为载体，引入健康制造、健康服务等产业，打造“健康之城”。培树“四镇”新典范。加快安平、蒋辛屯两个新市镇和渠口、刘宋两个示范镇规划建设，科学绘制功能定位图和发展路线图，集中力量创特色、出亮点，形成引领带动效应。

提速协同融入步伐。坚持规划引领。严格对照“通三协同发展规划”，统筹生产、生活、生态空间布局，优化完善“1+9+34”国土空间规划体系，确保与副中心无缝衔接、同频共振。强化机制保障。健全领导例会、联席办公、集中会商等机制，充实专班力量，实行清单管理、跟踪问效，高效推动各项重点工作落地落实。狠抓重点攻坚。全力保障京唐高铁年内开通、安石路具备通车条件、通宝路开工建设，谋划开通大兴国际机场客运班线，加快香河大爱医院、潞河医院香河医康院区建设，扩大临床检

验结果互认范围；加强与北控、北热等京企央企深度对接，积极引入“京标服务”，逐步实现与副中心“同质同标”。

做好“文旅香河”文章。强化发展支撑。制定全域旅游总体规划和配套行动计划，高标准建设高铁功能区智慧游客中心，完善旅游标识、休闲驿站、停车场等基础设施，改善游客服务体验。打造精品景区。支持中信国安第一城整合既有资源，发展特色餐饮、品牌文创、影视嘉年华等项目，谋划建设温泉水世界，加快创建省级旅游度假区；实施中青旅水岸潮白军垦小镇、酷车小镇等文旅项目，增强景区景点吸引力和竞争力。深耕文旅资源。培育休闲观光、健康养生、民俗体验等新兴业态，丰富产品供给，打造精品线路；加强与北京环球度假区、台湖演艺小镇等优质资源联动发展，深化与携程、中旅等知名企业对接合作，全力争创国家全域旅游示范区。

创响运河通航品牌。提速重点工程建设。加快推进安运桥、王家摆桥、堤防改建等工程，配合通州区做好杨洼船闸改造工作，确保京冀段如期互联互通。完善运营管护机制。启动水域救援消防站建设，丰富驿站、节点公园等配套设施，加强与北运河通州段运营公司合作，促进资源共建共享，逐步实现一体化运营管理。加快沿线规划发展。坚持全流域统筹谋划、一体推进、连线发展，按照“一带八景、三核四区”布局，谋划实施北部生态康养、中部民俗风情、南部田园农创3个特色小镇，完成运河民俗风情项目起步区建设，打造“运河休闲水城”。

二、坚定不移抓园区、上项目，跑出开放发展加速度

深入开展项目建设攻坚年行动，集中精力建精品园区、上高端项目、聚优势产业，为高质量发展提供强劲动力。

做强园区平台。严格落实“双倍增”20条措施，全力推动园区“二次创业”、增比进位，确保全年主营业务收入、税收收入分别达到235亿元和25.9亿元，分别增长34.3%和26.2%。完善基础设施。实施景观大道东延、污水处理厂提标改造等工程，加强与北投集团等企业对接，引入更多社会资本参与园区建设；谋划布局5G、工业互联网等新基建，完善商业、娱乐等功能配套，提升园区平台承载力。创新体制机制。加快管理体制、人事薪酬、执法人员派驻等改革工作，完成7项区域评估，实行园区封闭管理，推行执法“白名单”制度，让企业少受干扰、安心经营。壮大产业支撑。全力争取调区工作，稳步推进淑阳工业园、大爱城托管，加快小米新能源汽车配套产业园、联东U谷等“区中园”建设，引导企业向园区集中、产业向园区聚集。

提升招商质效。建强招商队伍。公开招聘专业人才充实招商力量，健全奖惩机制，加大考核力度，定期开展培训，打造一支懂产业、通政策、善服务的招商“尖兵”。突出招商重点。围绕“1+3+2”产业定位，瞄准世界500强、全国500强和央企、国企，精准制定招商地图和年度计划，加强定向推介攻关，开展点对点“狙击式”招商，提高招商引资的精准性和实效性，力促东久新宜科技园等优质项目签约落地，全年签约5000万元以上项目不少于50个。整合招商资源。深化与北京各开发区、商学会和通州区合作对接，积极举办“北京招商月”等活动，每季度开展招商推介会不少于1次；紧盯项目“二三四期”现象，深挖县域优质企业潜力，引导企业以商招商、强强联合，构建多方面参与、多角度发力的全员招商网络。

狠抓项目攻坚。健全服务保障机制。充分发挥重点产业项目联席会议作用，实行标准化、流程化、清单化服务，加强“服务专员”队伍建设，全程“帮办、代办、跟办、跑办”，力促众联生命健康科技园、东方电子等一批项目开工建设。健全跟踪督导机制。建立“四个十”项目工作台账，逐个项目明确时间表、路线图和责任人，确保项目加快推进、落地见效；实行县级领导包企业、包项目、包城镇低效用地“三包”制度，完善拉练观摩、考核评价、全过程监管等工作机制，做到目标亮相、考核亮牌、奖惩亮剑，力促合益包装二期、喜临门二期等项目投产运营。健全申报储备机制。抢抓国家政策机遇，做好中央投资、地方政府专项债券、“两新一重”项目储备和申报工作，最大限度争取上级支持，全年争列省市重点项目30个以上。

三、坚定不移抓服务、破制约，激发转型发展强引擎

坚持向改革要活力、向服务要效益，千方百计破难题、拓空间、增后劲，加快构建现代产业体系。

做优营商环境。优化审批服务。深入开展营商环境提升年行动，建立完善“清单制+告知承诺制”、并联审批、联合验收等机制，推行“一窗受理、集成服务”和全流程网办；大力推进县镇村三级政务服务标准化建设，巩固扩大“就近办”成果；加强与通州区对接合作，推动更多政务服务事项“跨区通办”“同事同标”。深化对企帮扶。严格落实减税降费政策，建立涉企收费目录清单，确保应减尽减、应免尽免；投入1000万元电子消费券，开展“促消费、惠民生”系列活动，提振市场信心，释放消费活力；大力实施暖企服务行动，精准落实“领导包联、政企直通、企业融资、素质提升”帮扶举措，真心实意为企业办实事、解难题。规范市场秩序。加大知识产权保护力度，严厉打击假冒伪劣行为；加强社会信用体系建设，推进信息系统互联互通，让违法违规企业一处失信、处处受限；开展“法治体检”和“三乱”专项整治行动，规范执法行为，提高执法刚性，让企业心无旁骛干事业、踏踏实实谋发展。

提高创新能力。培育创新主体。深入实施“微成长”“小升高”“领头雁”行动，加快培育质量型、领军型科技企业，全年新增科技型中小企业50家以上，高新技术和“专精特新”企业16家以上。强化人才支撑。用好毗邻京津优势，健全完善引育政策，加大全职人才引进力度，真正让高素质人才引得进、留得住、用得好。集聚创新要素。加强与北京启迪之星、中科钛领等孵化机构对接，搭建产学研用合作平台，鼓励企业引进新技术、研发新产品，推动“北京研发、香河孵化转化产业化”，全年新增市级以上企业技术研发平台不少于5家。

加快产业转型。精准扶持产业发展。深入实施“四个一”工程，按照“1+3+2”定位，逐个产业制定一套发展规划、一个三年行动计划、一个年度工作方案、一套产业扶持政策，“一业一策”推动产业发展壮大、提质增效。加速传统产业升级。加强家具制造、机械钣金等传统产业数字赋能，推进产业基础再造，落实企业技改投入奖补制度，全年新增省级重点技改项目6个，完成技术合同交易额2亿元。优化提升产业链条。坚持延链补链强链，围绕智能制造、智慧家居等重点产业链，制定头部企业和目标企业清单，着力引进一批行业领军企业，不断提升产业核心竞争力。做优做强产业品牌。实施质量强县战略，健全现代质量监管体系，开展工业设计进园区、进企业、进集群活动，提高产品质量，扩大品牌影响力，支持众旺木业、爱依瑞斯争创省政府质量奖，可口可乐、富都华创争创市政府质量奖。

破解要素制约。强化用地保障。落实产业用地带方案出让、弹性年期出让、工业物业产权分割等制度，支持企业“零增地”技术改造，加大批而未供、供而未用、闲置和城镇低效用地处置力度，统筹拆违地块利用，全年盘活土地80公顷（1200亩）以上。强化资金保障。发挥财信城投公司基础建设主力军作用，用足用好产业发展基金，完善银企常态对接机制，全力支持昆仑新能源等企业上市，多渠道解决企业融资问题。强化政策保障。科学划定“四类”企业，在用地、排放等方面实行差别化政策，促进优胜劣汰、加速转型升级；完善环境监管正面清单制度，优先保障合规企业生产经营，做到重污染

天气期间不限产、不停产、不打扰。

四、坚定不移抓统筹、塑品牌，构建城乡融合发展快车道

坚持标本兼治、建管并重，全力强基础、提品质、树形象，推动城乡协调均衡、融合互促、高质量发展。

全面提升功能品位。以文明城市创建为总抓手，统筹推进卫生城市、森林城市、园林城市、双拥模范城“五城同创”。加速城市更新。深化城市客厅、城市风貌设计，加强城区建筑管控，打造示范街、样板路；完成北三县消防指挥中心主体施工，实施便道维修改造、排水管网清淤等工程，加快菜篮鲜生市场二期建设和新花园便民市场改造提升，年内改造老旧小区 25 个，新建街头游园 5 个，新增公共停车位不少于 1000 个。畅通城乡路网。实施淑阳大街西延、永盛路贯通、北环路新建等 9 条市政道路工程，拉开城区“五横七纵”路网框架；推进双安路、安平镇南环路、连村道路养护改造等工程，打通断头路，畅通主动脉。倡导文明新风。大力弘扬社会主义核心价值观，加快“三中心一平台”建设，打造人民广场、运河码头等特色文明实践站，深入开展文明单位、文明村镇、文明家庭创建活动，完善市民公约、村规民约、行业规范，推动文明城市创建常态化、制度化。

促进乡村全面振兴。全力保障粮食安全。落实最严格的耕地保护制度，坚决遏制耕地“非农化”、防止耕地“非粮化”，全年新建高标准农田 2066.67 公顷(3.1 万亩)。加快发展现代农业。开展农业产业项目突破年行动，坚持“一镇一业”“一村一品”，瞄准京津高端市场需求，实施新型农业产业园、特色种植园创建工程，谋划大地智慧循环农业、菊香小镇蔬艺园等项目，积极申报“香河玉米”地理标志证明商标，做强“姗姗”鸡蛋、“香河韭菜”等特色品牌，扩大“香字号”农产品影响力。稳步实施村改居。推进西贾庄、大六王等村街原址复垦，加快香五新村、香安城等回迁社区建设，争取群众早日搬入新居。激发农村发展活力。深入实施农村土地和集体产权制度改革，稳妥推进农村集体经营性建设用地入市，盘活闲置土地、房屋资源，发展农宅合作产业；启动为农服务综合平台建设，开展示范家庭农场、农村合作社创建活动，实施高素质农民培育工程，确保集体经济收入 100 万元以上村达到 10%以上、50 万元以上村达到 25%以上、10 万元以上村达到 70%以上。

深化城乡环境整治。强化城市精细管理。发挥城市建设管理委员会作用，推行街长路长制度，实现责任到人、多长联动；重拳整治私搭乱建、店外经营、乱停乱放等城市顽疾，推进水洗机扫全覆盖；扎实开展新型智慧城市试点建设，启动智慧城市三期工程，优化整合部门应用平台，强化运营服务，提升管理智能化、精细化水平。大力建设美丽乡村。坚持分类施策、一村一策，精准实施农村人居环境整治提升五年行动，持续做好农厕改造、污水治理、村街“四化”等工作，全年创建省级示范村 6 个以上，促进美丽乡村连线成片。巩固拓展治理成果。开展“两提升、一深入”行动，纵深推进“五清”“三建”“一改”工作，打造县域精品线路和沿线精品村街；健全常态长效管护机制，完善城乡垃圾一体化处理体系，全力争创省级村庄清洁行动示范县。

五、坚定不移抓治理、优生态，打好绿色发展组合拳

深入贯彻习近平生态文明思想，推动减污降碳修复协同增效，让绿色成为香河看得见、可体验、有内涵的深厚底色。

铁腕治理环境污染。打好蓝天保卫战。深入开展“一微克”行动，统筹抓好企业污染治理、扬尘管控、秸秆垃圾禁烧等工作，强化多污染物协同防治，全力保障冬奥会等重点时段空气质量，确保 PM2.5 年均浓度低于 40 微克/立方米。打好碧水保卫战。压实各级河长责任，持续开展河渠“清五乱”、纳污坑塘管控等专项行动，加快武河、鹧池河生态修复等工程，巩固

黑臭水体治理成果，确保河渠水质稳步提升。打好净土保卫战。严格耕地分类管理，推进农药减量增效，推广测土配方施肥技术，加强畜禽养殖企业监管，严厉打击倾倒危险废物等违法行为，确保土壤环境安全。

加强生态保护修复。筑牢绿色生态屏障。大力实施造林绿化提标扩面工程，提升生态系统碳汇能力，全力争创省级森林城市。促进资源节约利用。深化地下水超采综合治理，推进农业节水、生态补水、河道蓄水，依法有序关停自备井，实现地下水采补平衡、稳步回升。提升执法监管水平。实施“三线一单”生态环境分区差异化管控，加强移动执法系统运用管理，推行服务式、体检式、预防式执法，促进监管精细化、规范化。

推动绿色低碳发展。稳妥推进碳达峰、碳中和，严格实行排污许可、能耗“双控”制度，统筹抓好产业、建筑、交通等重点领域节能，加快建筑垃圾一体化工厂建设，做好分布式光伏开发试点工作，进一步优化全县能源结构。倡导简约适度、绿色低碳的生活方式，广泛开展绿色机关、绿色社区等创建活动，大力推行生活垃圾分类，让绿色低碳成为百姓生活新风尚。

六、坚定不移抓实事、惠民生，开创和谐发展新局面

践行以人民为中心的发展思想，尽力而为、量力而行，集中财力保障和改善民生，让广大群众共享改革发展成果。

增强公共服务供给。办好人民满意教育。加快推进大鲁口小学改造、周庄小学教学楼新建等工程，启动实施二中教学楼新建、七中改造等工程，谋划职教中心迁建和城区小学、幼儿园新建等工程，进一步增加学位供给；实施“名师、名校”培育工程，完善教师动态补充、业务培训、转岗交流等机制，加强师德师风建设，打造高素质专业化教师队伍；坚持立德树人根本任务，巩固拓展“双减”成果，促进学生德智体美劳全面发展。提高卫健服务水平。毫不放松抓好疫情防控，落细落实“十个常态化”30项措施，坚决做到“外防输入、内防反弹”；深化“四医”联动改革，实施中西医结合医院急诊综合楼、香河康复医疗中心、钱旺卫生院门诊楼等工程，支持县医院、中医院争创三级医院。大力发展文体事业。加快县文化馆、图书馆、文博馆上档升级，加强优秀艺术人才培养，创新办好文体惠民、全民阅读等活动，深入讲好香河故事，进一步丰富群众文化体育生活。

健全社会保障体系。巩固拓展脱贫攻坚成果。坚持“四个不摘”，保持过渡期帮扶政策连续稳定，健全动态监测机制，确保脱贫不返贫、非贫不致贫。强化就业优先导向。落实援企稳岗等就业创业政策，抓好高校毕业生、城镇困难人员等重点群体就业保障工作，保持零就业家庭动态归零。推进社保扩面提质。实施全民参保计划，完善职工基本医疗保险门诊共济保障机制，加快社保综合柜员制改革，维护社保基金运行安全；全力做好孤儿、残疾人等困难群体救助关爱服务工作，坚决兜牢民生底线。优化养老托育服务。谋划养老日间照料服务中心和精品服务站建设，开展村级养老服务试点工作，推动三孩生育政策及配套措施落地见效，切实解决好“一老一小”问题。扎实做好双拥工作。启动烈士陵园建设，完成光荣院二期工程，落实优抚安置、拥军优属等各项政策，加强国防和后备力量建设，积极营造爱国拥军的浓厚氛围。

提升社会治理水平。建立“这就办”工作机制，推进镇村“说事解题”站点规范化建设全覆盖，“三无三百”平安村街达到80%以上。深入开展金融、债务、房地产等领域风险隐患排查整治，确保不发生系统性风险。压实安全生产责任，加大消防安全、道路交通、食药安全等重点领域专项整治力度，坚决遏制重特大事故发生。加强社会面治安管控和网络综合治理，推进“交所联勤”警务机制改革，常态开展扫黑除恶专项斗争，严厉打击传销、电信新型网络诈骗等违法犯罪行为，全力做好党的二十大和冬奥会、冬残奥会等重要会议活动安保维稳工作，坚决当好河北首都政治“护城河”排头兵。

加强政府自身建设

各位代表，奋进新征程，实现新作为，对政府自身建设提出了新的更高要求。我们将以永不懈怠的精神状态、一往无前的奋斗姿态，担当担责、拼搏竞进，不断开创政府工作新局面。

坚持忠诚履职。始终把政治建设摆在首位，深入学习贯彻习近平新时代中国特色社会主义思想，坚决捍卫“两个确立”，坚决做到“两个维护”，确保上级党委、政府和县委各项决策部署落地见效。巩固拓展党史学习教育成果，持续加强思想淬炼、政治历练、实践锻炼，不断提高政治判断力、政治领悟力、政治执行力。

坚持依法行政。深入贯彻习近平法治思想，严格按照法定权限和程序履行政府职能。主动接受人大法律监督、政协民主监督、纪律监察监督，自觉接受社会和舆论监督，高质量办好人大代表建议和政协委员提案。坚持法治政府、法治社会一体建设，深入开展“八五”普法活动，加强基层执法队伍建设，健全公共法律服务体系，让尊法、学法、守法、用法成为全社会的行动自觉。

坚持实干担当。大力弘扬运河通航精神，对重点工作实行清单化管理、责任化落实、时限化督办，以钉钉子精神抓推进、促落地。建立周拉练、月点评制度，比进度、晒成绩，找差距、补短板，营造比学赶超的浓厚氛围。紧盯不落实的事，严查不作为的人，重拳治理“小鬼难缠”“吃拿卡要”等中梗阻问题，坚决向“庸、懒、疲、虚”等作风顽疾亮剑开刀，以高效率抢占先机，以快节奏走在前列。

坚持创优争先。坚决破除思维定式、摆脱路径依赖，聚焦发展症结，研定管用招法，以思想破冰引领行动突围。注重能力素质建设，加强干部补课充电，提升应对复杂形势、推动工作落实的能力和水平。树牢“争第一、做唯一”理念，主动抬高标尺、自我加压，跑起来干事、跳起来摸高，努力打造更多拿得出、叫得响的亮点工作，形成一批可复制、可推广的典型经验，以一域争光为全局添彩。

坚持清正廉洁。严格落实政府系统全面从严治党主体责任，认真履行“一岗双责”，驰而不息纠“四风”、转作风、树新风。强化“过紧日子”思想，厉行勤俭节约，严格预算管理，优化支出结构，切实把有限的财力用在促发展、保民生、补短板上。加强重点领域、关键环节监管，严肃查处各种不正之风和腐败问题，以政府的清廉指数赢得广大群众的信任指数、满意指数。

各位代表，启航新征程，奋斗正当时。让我们更加紧密地团结在以习近平同志为核心的党中央周围，在县委的坚强领导下，踔厉奋发、笃行不怠，奋力谱写建设“协同发展示范区、绿色活力幸福城”的崭新篇章，以优异成绩迎接党的二十大胜利召开！

2021年香河县国民经济和社会发展统计公报

2021年，全县坚持以习近平新时代中国特色社会主义思想为指导，在县委、县政府的坚强领导下，抢抓与通州区一体化高质量发展重大机遇，深入开展“三重四创五优化”等系列活动，统筹推进常态化疫情防控和经济社会发展，全县经济稳中向好，实现了“十四五”良好开局。

一、综　合

初步核算，全县地区生产总值完成257.2亿元，同比增长8.6%。其中，第一产业完成19.9亿元，同比增长4.3%；第二产业完成65.5亿元，同比增长2.7%；第三产业完成171.8亿元，同比增长11.5%。全县人均地区生产总值为56706元，同比增长6.6%。三次产业比重为7.7 : 25.5 : 66.8。

民营经济快速发展，2021年，民营经济实现增加值168亿元，同比增长8.9%，占地区生产总值比重为65.3%。民营经济实缴税金为32.9亿元，同比下降4.8%，占全部税收收入比重为75.9%。

二、农　业

全年粮食播种面积11744公顷，粮食总产量72892吨。其中，冬小麦播种面积4591公顷，产量29583吨。玉米播种面积7029公顷，产量42912吨。蔬菜及食用菌播种面积8876公顷，产量494605吨。油料播种面积4.9公顷，产量13.3吨。

全年肉类总产量9800吨，其中，猪肉产量3222吨，牛肉产量2027吨，羊肉产量1109吨，禽肉产量3376吨。奶类产量10665吨，禽蛋产量45161吨。

全年淡水产品产量2102吨，淡水养殖面积130公顷。人工造林面积495公顷，森林抚育面积1050公顷，木材采伐7556立方米。

农用化肥施用量（折纯）16678吨，农村用电量23278万千瓦时。农业产业化经营率达到55.7%。

三、工业和建筑业

全年工业增加值同比增长10%。其中，规模以上工业增加值增长8.5%，规模以下工业增加值增长7.7%。规模以上工业企业实现利润5.2亿元，同比下降18.1%。规模以上工业营业收入利润率5.2%。规模以上高新技术产业增加值增长19.5%。

全年建筑业实现增加值20.9亿元，同比下降8.5%。其中，资质建筑企业房屋建筑施工面积同比增长163.1%。

四、固定资产投资

全年固定资产投资同比增长7.2%。第一产业投资下降50.1%；第二产业投资同比增长21.7%。其中，制造业投资同比增长38.2%，电力热力燃气及水生产和供应业投资同比下降39.8%；第三产业投资同比增长4.3%。其中，交通运输、仓储和邮政业投资同比增长195.2%，租赁和商务服务业投资同比增长113%。基础设施投资同比增长47.6%，占投资比重为18.2%；房地产开发投资下降36.0%，占投资比重为25.6%。

亿元以上建设项目投资同比增长25.8%，占固定资产投资的63.5%。

五、交通和电信业

交通运输业。公路交通条件不断改善，公路里程1042.09千米，其中：国省道60.782千米，高速公路23.955千米，县公路56.762千米，乡公路90.97千米，堤顶路76.011千米，村级路733.61千米。大、中型桥梁22座，总长4159.47米；小型桥梁111座，总长2081.73米。年末，实有大型载货汽车49辆，大、中型载客汽车155辆。

电信业。互联网宽带接入用户176679户,年末固定电话8700部,移动电话522595部。

六、国内贸易

2021年，全县社会消费品零售总额完成122.6亿元，同比增长4.2%。其中，限额以上企业（单位）实现消费品零售额6.3亿元，同比下降24.6%。分城乡看，乡村市场发展快于城镇市场,城镇市场实现零售额96.6亿元，同比增长0.3%；乡村市场实现零售额26.0亿元，同比增长21.8%，乡村市场高于城镇市场21.5个百分点。按行业分，批发零售业实现零售额118.4亿元，同比增长4.2%；住宿餐饮业实现零售额4.2亿元，同比增长3.8%。

七、对外经济

全年实际利用外资15774万美元，同比增长411%。其中，外商直接投资709万美元,同比下降77%。全年入统项目4个。

八、财政和金融

全年财政收入55.4亿元，同比增长1.4%。其中，一般公共预算收入完成32.4亿元，同比增长5.3%。一般公共预算支出完成56.0亿元，同比下降2.2%。全县税金实际入库累计完成41.5亿元，同比下降3.3%。

年末金融机构人民币各项存款余额548.8亿元，比年初增加48.6亿元；住户存款余额415.7亿元，比年初增加41.1亿元；金融机构人民币各项贷款余额688.0亿元，比年初增加36.8亿元，其中，中长期贷款466.2亿元，比年初增加12.9亿元。

九、教育、文化、卫生事业

全县共有普通高中4所，招生3124人，在校生7976人；初中13所，招生5854人，在校生15885人；小学70所，招生6636人，在校生40764人。全县拥有专任教师6060人。

全县共有公共图书馆1个，文博馆1个，方志馆1个，文化馆1个，文化站9个，剧场2个，影剧院1个，村（社区）综合性文化服务中心316个。广播、电视综合人口覆盖率达到100%。

全县共有县级医院3个，中心卫生院3个，镇卫生院6个，疾病预防控制中心1个，妇幼保健院1个。医疗卫生机构共有床位2223张。全县拥有村级卫生组织285个，乡医士285人。拥有执业医师及执业助理医师1252人，注册护士1100人。

十、人口和人民生活

年末户籍人口393478人，比上年末增加9858人，年末户籍户数138155户。常住人口45.57万人，比上年末增加0.67万人。常住人口城镇化率74.37%，比上年提高0.73个百分点。

符合政策生育率97.18%，出生人数2765人,出生率为7.37‰，死亡人数2121人，死亡率为5.65‰,自增人数644人，人口自然增长率1.72‰。

城乡居民收入持续增长,生活水平不断提高。2021年，城镇居民人均可支配收入52041元,同比增长7.6%，农村居民人均可支配收入23039元，同比增长9.6%。全部“四上”单位从业人员平均工资67020元，同比增长2.2%。年内，享受低保户3222户，享受低保人数4004人，全年共发放低保资金2779万元。

专　题

责任编辑　闫振春

京津冀协同发展

规划对接。聘请中国城市规划设计研究院规划设计团队，完善“1+9+34”的国土空间规划编制体系（“1”即国土空间总体规划，“9”即区域协同研究、生态空间研究、经济和产业发展研究等9个专题研究，“34”即城市设计、人防工程、综合交通等34个专项规划），明确了香河县“高端制造聚集区、商贸服务微中心、文旅康养目的地”的功能定位，在规划上与北京城市副中心紧密衔接、同频共振。以高铁商务区，北运河、潮白河生态绿色廊道，第一城、家具城、大爱城为发力点，拉开“一区、两河、三城”发展大框架，并初步预留近15平方千米建设用地规模，用于承接北京教育、医疗、养老等公共服务设施疏解。

交通互联。京唐城际铁路在香河县境内31.4千米架梁工作全部完工，桥面系统工程和站房基础工程施工稳步进行。公路交通方面，密涿高速连接线、平香线南延等重点交通工程竣工，安石路西延启动建设。通宝路新建工程已初步确定路线方案，进入可研报告编制阶段。谋划实施密涿京沪高速联络线、运河大道北延等工程，打造畅联两地新通道。公共交通方面，在开通938、810等7条进京公交线路基础上，开通2条至北京四惠公交枢纽的定制班线。便利通勤方面，在实行一体化警务联勤的基础上，推进进京检查站外迁工作，多次与京津方面召开研讨会和现场踏勘，调整完善建站可行性报告。

产业对接。融入北京产业链、供应链、创新链，与北京各开发区、商学会和通州区投资促进服务中心建立了信息共享和联合招商等机制，引进北京“容不下、离不开、走不远”的产业项目。在2021年5月13日北京·河北廊坊“北三县”项目推介洽谈会上，香河县共签约涉及产业、公共服务等重点领域项目（事项）11个，意向投资额约55亿元。截至年底，专显科技光电子显示器件及整机产品研发生产项目、金泰泓昂导航装置及传感器研发制造项目已入驻香河机器人小镇投入生产，开云网红数字产业基地项目已试营业，北京中电科电子装备有限公司与香河比恩希技术有限公司已开展先进封装设备关键核心零部件技术合作，香河县中小学校长教师跟岗研修事项已开展合作；云储香河数字经济产业基地数据中心项目、中化金茂数字创新产业基地项目正在进行前期工作；悠联云香河智能数据工厂项目、叁鑫医疗、万德尔移动式电动汽车充电机、卓琪光学仪器配件研发生产4个项目正在进行进一步洽谈。抢抓小米汽车项目落户北京的有利契机，县委书记梁宝杰一行赴北京与小米集团总裁雷军和北京有关部门进行对接，谋划小米汽车配套产业园项目，打造分工协作的协同发展产业集群。

生态治理。立足构建一体化生态屏障，以建设北运河、潮白河大尺度生态绿洲为重点,实施造林绿化提标扩面工程,先后获评全国绿化模范单位、中国百佳富氧县,并荣登“最美中国榜”。加强与周边区域合作,统筹打好大气、水和土壤污染治理攻坚战,累计关停“散乱污”企业1858家,治理涉挥发性有机物(VOCs)企业380家,淘汰燃煤锅炉2120台,完成286个村街9.1万户“煤替代”工程,按照京B标准对污水处理厂进行提标改造。截至2021年年底,全县空气质量综合指数为4.66,PM2.5浓度43微克/立方米,较5年前分别下降43.9%和50%,潮白河、北运河等主要河流达到地表水IV类标准。

公共服务。在教育方面,与北京建立了常态化校长、教师交流培训机制,引入了北京景山学校香河分校、富力乐英实验学校、京城学校等北京教育机构,县职教中心与北京瀚文教育、商鲲教育开展联合办学,教育教学水平持续提升。在医疗方面,投资10亿元的香河大爱康复医院、投资5亿元的北京潞河医院香河医康院区正在抓紧建设,与北京协和医院、积水潭医院、安贞医院等20余家医疗机构建立了长期合作关系,120余位北京知名专家定期到香河坐诊,县级医院和镇级卫生院全部实现与北京异地就医直接结算,诊疗能力和服务水平不断提高。在养老方面,对接北京养老需求,建成了香河大爱书院等高端养老基地。对标通州标准,梯度提升医疗、养老和困难群体救助等社会保障水平,70项政务服务事项和453项高频便民事项实现跨区域通办。

沟通对接。与北京市和通州区相关部门、企业、协会建立了常态化对接联系机制,对接内容涉及规划编制、社会保障、应急管理、园林绿化、产业转移、基础设施、教育培训、联合治超、生态联防联控、预算绩效管理等方面,县医院与北京宣武医院,北京航空总医院等20余家京津三甲医院建立合作关系,教师培训互访、北京专家到香河坐诊等活动常态化开展,取得了良好成效。

运河通航。省委书记王东峰4次亲临现场视察,省长许勤2次进行实地调研,多次召开会议安排部署相关工作。市委、市政府成立了工程协调推进领导小组,主要领导亲自抓、负总责,多次进行督导调研和专题调度,强力推进资金保障、交通工程、水利及景观工程、土地保障、文旅融合等任务落实。香河县24名县处级领导干部和23个单位部门包联工程项目,深入一线,了解进展,解决问题,督导进度,加快推动工程建设。全县3200余名干部职工和通航建设者分秒必争、昼夜奋战,半年时间,将北运河廊坊段打造成为全省第一条内陆旅游通航河流,建成全省第一座具备通航条件的船闸和集旅游、海事、安全保障于一体的综合性内河码头,开辟了国际领先、国内最为先进的数字化旅游航道,并沿河打造了森林生态文化区、运河历史文化区、田园农耕文化区北中南三大景区板块和十大缤纷节点。6月26日,北运河廊坊段与北京段全线通航仪式同步同时同标准举行,实现了与北京同步旅游通航。

(杨 波 李宏林)

全面深化改革

2021年,香河县认真贯彻落实中央和省市委全面深化改革工作各项决策部署,以“忠诚担当、创新实干、敢打必胜、聚力争先”的运河通航精神为指引,既不折不扣“跟着改”,又积极作为“主动干”,有力推动了各项改革工作落地见效。

坚持政治站位,凝聚推动改革的强大合力

充分发挥县委全面深化改革委员会(以下简称县委深改委)、县委全面深化改革委员会办公室(以下简称县委改革办)和各部门的职能作用,推动全面深化改革工作聚力争先。

发挥县委深改委的领导力。认真落实全面深化改革工作主体责任、政治责任,5次召开县委深改委会议,学改革、抓改革、促改革,先后传达学习中央和省市委改革会议精神20项,审议改革文件13个,听取15项改革任务落实情况汇报,有力推动了各项改革任务落

实。县委主要领导认真按照习近平总书记“四个亲自”的指示要求抓改革，先后对13份改革文件作出批示，并就如何争列试点、争列什么样的试点、怎样抓好试点提出了明确要求。领衔推进北运河旅游通航重大战略实施，坚持“早6点察工地、午2点调部门、晚8点问进度”的“628”工作模式，形成了主要领导扛旗在前、冲锋在前的工作格局和作风导向。

提升县委改革办的协调力。围绕充分发挥“参谋助手”作用，不断完善县委改革办工作机制，修订完善县委深改委、专项小组、改革办工作规则，制定印发《关于进一步规范县委全面深化改革委员会会议议题报送有关事项的通知》《县委全面深化改革委员会会议制度实施细则》等文件，为更好服务县委深改委发挥作用提供制度遵循。建立“改革督察面对面”机制，对照市督察县年度计划，逐部门、逐任务深入部门，见局长、见分管局长、见股长，讲利害、讲经验、讲方法，提高各部门对改革督察的重视程度。

强化各单位的执行力。充分发挥改革考核指挥棒作用，结合县域改革工作实际，制定出台《香河县全面深化改革工作考评细则》，将乡镇和县直“分开考”，把直接指标和递进指标“综合看”，全面科学评价各单位改革工作开展成效，让各单位抓改革更有靶向，有效提高了各单位推动改革的积极性。在各部门的奋力推进下，全县新增省级改革试点3个，其中，主动争列省级改革试点2个。

坚持抓大带小，激发推动改革的昂扬活力

坚持以落实好重大改革任务为带动，为推进各领域改革聚精神、汇力量。

以运河通航振奋精神。坚持把北运河廊坊段旅游通航作为全县“一号工程”，扛起主体责任，成立工程指挥部，与省、市各部门密切配合、协调联动，县四套班子全员上阵，部门属地全面发力，组织5家顶级规划设计团队和10家知名企业参与工程建设，积极采取“PPP+政府投资”模式破解资金制约，保障总投资约71亿元的工程顺利推进。采取容错免责、容缺审批和边设计边施工的工作模式，3个月完成453.33公顷（6800亩）土地整理备用、4个月完成船闸建设、6个月完成橡胶坝改建、5个月完成5座码头的建设、3个月完成6万株乔灌木的栽种。经过半年的拼搏奋战，将北运河廊坊段打造成为全省第一条内陆旅游通航河流，6月26日实现与通州段同时同步同标准旅游通航。推进北运河旅游通航，克服了常人不曾遇到的困难，干成了别人认为完不成的任务，获得了让人意想不到的成功，极大地震撼着、鼓舞着全县的干部群众，凝华形成了“忠诚担当、创新实干、敢打必胜、聚力争先”的运河通航精神，并在这一精神指引下推动各项工作全面提标升级。

以环境整治昂扬士气。投资10.2亿元，锚定“三大四精五到位”（推进大拆违、大清理、大提升，打造道路、街区、游园、村庄四大精品，组织领导到位、目标任务到位、时间节点到位、晾晒考评到位、长效机制到位）目标，对标对表通州，创新建立起5项机制（清单式安排部署机制、拉练式督导检查机制、打分式评比晾晒机制、统筹式工作推动机制、“通航式”干部选用机制），组织周拉练、月点评、擂台赛，全力攻坚城乡环境综合整治提升。坚持一把尺子量到底，强力拆违、打开局面。永明路、向阳街等店外经营、欺街占道等处30年的顽疾仅用5天时间就整治到位，拆除违建150余处，施划停车位300余个。工作开展以来，全县共拆除私搭乱建61万余平方米。全市文化旅游产业发展大会、廊坊市“北三县”城乡环境整治提升暨北运河旅游通航工作观摩推进会在香河县召开。推进城乡环境综合整治，拆除的不仅是违建顽疾、清理的不仅是脏乱沉疴，更拆出了建设新秩序、拆出了干部精气神、拆出了社会正能量。

以抓好换届，激发活力。坚持习近平总书记提出的好干部“五条标准”，在全面分析研判乡镇领导班子结构、干部储备、作风表现等基础上，研究制定乡镇领导班子换届工作方案，对代表组成、班子配备、大会选举、严肃纪律等方面全

面安排部署；组织开展镇领导班子换届考察，严格谈话调研推荐、会议推荐、深入考察、集体面谈等程序，认真贯彻中央和省市委关于乡镇领导班子换届各项政策要求，科学提出乡镇领导班子换届人事安排方案并严格组织实施。换届后，全县 9 个镇领导班子成员平均年龄 38.7 岁，与上次换届相比下降 0.4 岁，各镇领导班子均至少有 1 名 30 岁以下的干部；全日制大学本科以上学历 40 人，占 34.5%；选调生 13 名，占 11.2%，各镇均至少有 1 名选调生，领导班子结构更加合理，整体素质进一步提高。

坚持全面推进，增添推动改革的竞进动力

认真贯彻习近平总书记抓改革要“四个多推”的要求，全面推进各领域改革上台阶、上水平。

多推有利于增添经济发展动力的改革。全面深化“放管服”改革，深入推进“一窗综合受理”试点，制定《“一窗通办”综合服务窗口建设实施方案》和《“一窗通办”综合服务窗口运行规则》，将原来的 12 个服务窗口整合为 4 个“一窗通办”综合受理窗口和 1 个综合出证窗口。县行政审批局被省政府评为河北省优化营商环境推动高质量发展先进集体。推行模拟审批、承诺制、土地使用权带方案出让等政策，总投资 34 亿元的云储数据中心项目提前 1 个月开工建设，合益包装二期等 21 个亿元以上产业项目开工建设，华海云谷、云海数据中心等 23 个项目成功争列省市重点项目。加强企业扶持，出台《关于支持民营经济发展十项措施》，建立重点产业项目联席会议制度，组建服务专班，稻香村香河食品生产基地、东方电子等 11 个项目解决手续办理、项目用地等方面问题 60 余个。多渠道解决企业资金难题，香河县鼎力中小企业融资担保有限公司为廊坊爱依瑞斯家具有限公司、香河康泰机械制造股份有限公司等 17 家企业担保贷款 1.14 亿元。加强银企对接，累计为 580 户普惠小微企业和个体工商户办理贷款还本付息业务、信用贷款 679 笔 6.85 亿元。7 月，香河县被评为 2020 年度河北省民营经济发展先进县。

多推有利于促进社会公平正义的改革。积极推进社会公益诉讼改革，制定《关于全面推行“河长制+检察长”工作实施意见》及其办法，促进行政执法与检察监督有效衔接，截至 2021 年年底已对 3 件公益诉讼进行立案。加强推进生态环境损害赔偿制度改革，制定并印发相关实施方案，为基层环境保护与损害赔偿提供政策保障。加强安全生产领域诚信管理，在全县安全生产领域实行安全生产诚信等级分级分类信用监管与联合奖惩措施全覆盖。全面推行林长制改革，为全县各主要林片明确了林长，将林业管理纳入规范化轨道。积极完善人民调解、行政调解、司法调解联动工作体系，10 月，香河县司法局获评全国组织宣传人民调解工作先进集体。12 月，香河县被中央政法委授牌命名为平安中国建设示范县，被授予全国平安建设最高奖“长安杯”。

多推有利于增强人民群众获得感的改革。深入推进教育领域改革，不断完善从学前教育到高中教育的就学资助全覆盖体系，全年资助各年级生活困难学生 2100 余人次。推进学前教育普及普惠发展，完成 24 家市级普惠性民办园创建工作和民办园分级分类管理。全县民办义务教育在校生占比全市最低。落实乡村教师生活补贴、乡镇补贴、职称评聘倾斜政策，有效调动乡村教师工作积极性。积极推进“稳就业”工作，实施互联网+职业技能培训计划等专项工作，累计培训 6200 余人次，全县城镇登记失业率始终保持 1.02%以下。积极推进城乡基本公共卫生服务体系建设，全县所有镇级卫生院和村街卫生室均达到标准化建设要求。

多推有利于调动广大干部群众积极性的改革。在全县开展弘扬运河通航精神大讨论活动，在广大干部群众中形成了“忠诚担当、创新实干、敢打必胜、聚力争先”的主流思想和主流舆论。坚持“政治过硬、实绩突出、群众公认”用人导向，为 5 名在运河通航工作中表现突出的干部晋升职级，进一步激发了干部队伍的干事创业热情。加大年轻干部培养力度，组织县直部门在乡镇工作经历不满 2 年的年轻干部到乡镇基层锻炼，拓宽年轻干部成长成才渠道。全面加强村民中心建设，成立红白理事会，组织“十星级文明户”和“五好家庭”评选，提高群众自治自强积极性。香河县新时代文明实践中心、所、站，实现了县、乡、村三级全覆盖。

（李京　董苑）

党史学习教育

党史学习教育启动以来，香河县坚持“规定动作要到位，自选动作要出彩”的理念，灵活采取多种学习教育方式，确保学习取得实效。

周密部署推进，持续跟踪督导，学习教育有力度

高位推进长效化。第一时间召开县委常委会会议、全县动员大会，要求各级党组织要高度重视，科学谋划推进，形成各级党委（党组）书记为第一责任人、分管领导落实“一岗双责”、基层党组织书记具体抓的工作机制，细化各级党组织抓党史学习教育工作的职责要求。制定下发《关于在全县开展党史学习教育的通知》（香发〔2021〕2号）、《关于加快推进党史学习教育相关工作的通知》《关于做好近期党史学习教育有关工作的通知》（香学办发〔2021〕5号）等，对全县党史学习教育工作进行安排部署。重点任务条目化。制定《学习教育实施方案重点审核内容》，列出任务清单，明确主体责任、目标任务，并将工作任务、指导内容、指导方式逐步细化，实现了各项专题实践、组织活动安排流程化、时序可视化。督查指导常态化。制定下发《香河县党史学习教育巡回指导方案》，成立10个党史学习教育巡回指导组，采取实地查看、挂账督办、定期通报、派驻督导等方式，紧盯关键环节和重要节点，对全县各单位党史学习教育开展情况进行及时督导、动态管理、持续优化。定期组织召开巡回指导督查汇报会，及时反馈存在的问题，针对不同层级、不同领域、不同对象提出具体工作要求，在完善好规定动作的基础上，鼓励各单位创新创造一批务实管用的活动载体，不断增强学习教育的针对性、实用性，研究探索日常督导的创新机制，确保巡回督导工作高效率、高质量、高水准推进。

强化学习研讨，组织专题培训，学习教育有深度

强化党委（党组）中心组学习。各级领导班子成员积极发挥“关键少数”的示范作用，以点带面、率先垂范，截至2021年年底，县委理论学习中心组共围绕党史学习教育开展集中学习21次。采取集中学、个人学、研讨学等方式，深入学习习近平总书记系列重要讲话和关于党史的重要论述精神，组织学习党史、新中国史、改革开放史、社会主义发展史，准确领会把握思想精髓、核心要义、实践要求。将党史学习教育融入思政课教学。充分发挥中小学道德与法治、高中思想政治课堂作用，培养青少年学生爱党、爱国、爱社会主义的思想情感，牢固树立社会主义核心价值观，自觉做中国特色社会主义事业的建设者和保卫者。开展“百名思政教师讲党史”活动，举办“红色思政课”“传承红色基因”“赓续精神血脉”大讲堂，为全县中小学生系统讲述党的百年奋斗史、辉煌史，用系统的思政课程引导全县师生学史明理、学史增信、学史崇德、学史力行，永远听党话跟党走。扎实开展党史学习教育培训。举办香河县党史学习教育专题培训班，邀请北京师范大学教授、博士生导师杨世文以“回顾百年奋斗路 走好未来奋进路”为主题作辅导，全县400余名党员干部参加培训。用好“学习强国”学习平台、河北干部网络学院、“先锋在线”App，开办“党史学习教育专题网班”“香河县学习贯彻习近平总书记‘七一’重要讲话精神暨深入学习中共党史专题网络培训班”等。制定下发《关于举办党史学习教育专题读书班的通知》，组织全县各单位各部门结合实际开展专题学习、召开读书班。截至2021年年底，全县开展党史学习教育专题读书班80余班次，参与800余人。

全面开展宣讲，强化理论武装，学习教育有广度

制定下发《香河县党史专题宣

讲工作方案》和《宣讲提纲》，按照县领导带头示范宣讲、各单位各部门及时跟进宣讲、组织专家走基层宣讲、广泛动员基层宣讲、精心组织网络宣讲的工作思路积极开展党史学习教育专题宣讲活动，确保实现宣讲全覆盖。率先垂范凝聚宣讲热情。制定下发《香河县学习贯彻习近平总书记在庆祝中国共产党成立100周年大会上重要讲话精神专题宣讲工作方案》，县领导带头宣讲50余场，各单位主要负责人在本单位开展党史学习教育专题宣讲200余场。制定下发《香河县学习贯彻党的十九届六中全会精神集中宣讲工作方案》和《宣讲提纲》，成立由县委书记任团长的县委宣讲团，截至2021年年底，全县开展党的十九届六中全会精神集中宣讲100余场次。邀请专家延伸宣讲深度。邀请市委宣讲团赵国龙、杨璐轩、温俊义、冯晓阳、赵玉梅等专家教授先后到香河县珠光社区、行政审批局、环保产业园、喜临门北方家具有限公司、新时代文明实践中心等地开展党史和十九届六中全会精神专题宣讲8场，邀请中共河北省委党校教授穆瑞丽围绕党的十九届六中全会精神为全县党员干部作专题辅导。创新方式拓宽宣讲辐射面。组织全县各村街323名基层宣讲员围绕党史学习教育深入田间地头与群众开展面对面互动式宣讲500余场，围绕十九届六中全会精神开展入户宣讲、发放“口袋书”宣讲500余次；通过农村“大喇叭”、阅报栏和文艺活动等开展宣讲3000余场次；充分发挥基层理论宣讲站点作用，围绕坚持党的全面领导、贯彻落实习近平总书记重要讲话和指示精神以及党史学习教育等专题组织收听收看省网络专题宣讲8场。

强化宣传教育，凝聚奋进力量，学习教育有热度

用文化引领唱响主旋律。组织开展“十个百”系列活动、“永远跟党走”群众性主题宣传教育活动、“学党史、知党情、跟党走，河北省庆祝中国共产党成立100周年党史知识竞赛、“四史”宣传教育主题知识竞赛等实践活动，取得了良好社会反响。积极组织开展主题快闪、歌舞展演、书画摄影作品联展、红色故事绘、全民诵读、原创优秀文艺作品征集和评选、红色革命文物巡展等形式多样的群众文化活动，庆祝中国共产党成立100周年，讴歌100年来党领导全国各族人民取得的伟大成就，进一步鼓舞全县党员干部群众士气，展示香河儿女精神风采，激发人民群众爱党爱国热情。用规范党内生活坚定理想信念。组织县处级和乡科级领导班子规范开展好专题组织生活会，教育引导广大党员干部发扬党的光荣传统、赓续红色血脉、坚定理想信念，切实把党史学习教育成效转化为服务群众的思想自觉和行动自觉。成立10个指导组，指导督导全县800余个党支部按要求规范召开了专题组织生活会。下发《关于做好流动党员党史学习教育工作的通知》，确保党员“流动不流学”。结合各基层党支部建立的党史学习教育微信群、QQ群等，形成功能完备的线上学习矩阵，有效拓展延伸学习渠道。用多样宣传营造浓厚氛围。全力攻坚对上宣传，在中央级媒体刊发报道25篇，在省级媒体刊发45篇，在市级媒体刊发46篇。重点稿件：3月17日，在人民日报客户端刊发了《打造红色教育基地 讲好党史故事》；3月24日，在人民日报客户端播发了视频新闻《河北香河：学党史，办实事，解难题》；4月12日，在《河北日报》刊发《香河把党史学习教育与服务基层群众相结合》等。印发党史学习教育简报43期、内部学习资料汇编2期，刊登各单位各部门党史学习教育信息147条。传统媒体、新媒体同时发力，充分发挥电台，电视台，“香河融媒发布”“香河融媒直播频道”微信公众平台，《新香河》报纸，“冀云香河”手机App，“香河县融媒体中心”微博，“发现香河”抖音号、快手号、头条号、视频号，环京津新闻网，生活家周刊，央视新闻移动网，央视频，人民日报人民号等融媒体传播平台和发布渠道聚合效应，大力营造积极向上的主流思想舆论。

聚焦民生实事，惠及广大群众，学习教育有温度

把“我为群众办实事”实践活

动作为党史学习教育最直接、最有效、最有力的重要着力点。成立香河县“我为群众办实事”实践活动领导小组，下发《香河县“我为群众办实事”实践活动实施方案》《关于深入开展“我为群众办实事”实践活动聚焦办好10件民生实事的通知》，引导全县党员干部立足本职岗位为人民服务，从最困难的群众入手，从最突出的问题抓起，从最现实的利益出发，用心用情用力解决基层的困难事、群众的烦心事，做到民有所呼、我有所应，重点开展做好健全完善养老服务体系、加大各级医疗机构建设力度等10件民生实事。截至年底，香河县64项民生项目已全部完成。活动开展以来，组织服务群众活动1000余次，出台10个巩固脱贫攻坚成果、全面推动乡村振兴的政策举措，推出21个为民便民惠民实招硬招，实施了34个直接造福于民的项目工程，惠及群众达50余万人次。

（王　迪）

庆祝中国共产党成立100周年

2021年，是中国共产党成立100周年，4月12日，香河县印发《中共香河县委关于中国共产党成立100周年庆祝活动的通知》（香发〔2021〕8号），对在全县开展庆祝中国共产党成立100周年系列活动进行安排部署。

县委组织部开展庆祝中国共产党成立100周年活动

4月9日，县委组织部印发《在全县党员中开展庆祝建党100周年系列活动的实施方案》（香组字〔2021〕13号），组织指导全县基层党组织广泛开展各类庆祝活动。全县基层党组织开展“七一”讲党课、主题党日、走访慰问、老党员免费体检、党员志愿服务、原创视频作品征集评选、党史知识测试等活动，共计21项、130余个，参加主题党日活动的党员8593人次，听党课党员9662人次，评选出优秀原创党建视频作品7部，走访慰问中华人民共和国成立前入党老党员11人、生活困难党员208人，联合县医院为2900余名党龄50年以上的老党员进行免费体检。扎实做好“光荣在党50年”老党员纪念章颁发工作，全县共颁发纪念章2905枚。组织做好省、市、县“两优一先”（优秀共产党员、优秀党务工作者，先进基层党组织）推荐工作。组织开展以“峥嵘百年与党同行”为主题的图片展活动，此做法被中共中央组织部《组工信息》宣传推介。

颁发“光荣在党50年”老党员纪念章。县委组织部印发《关于做好“光荣在党50年”纪念章颁发有关工作的通知》，指导各基层党（工）委通过党员档案查核和党员管理信息系统查证，对截至2021年7月1日党龄达到50周年、表现一贯良好的党员进行梳理汇总，组织执纪执法部门对筛查出的纪念章颁发人选进行资格审查，经基层党组织公示，由基层党（工）委确定颁发纪念章人员名单。“七一”前，全县通过举行“光荣在党50年”纪念章颁发仪式，结合“七一”走访慰问、开展主题党日等活动，共颁发纪念章2905枚。

开展先进典型推荐表彰。组织基层党（工）委按照自下而上、逐级推荐、择优筛选的方式，推荐产生受各级表彰的先进基层党组织和优秀个人，县委县直工委机关党支部获评河北省先进基层党组织、安平镇谭庄村党支部书记兼村委会主任谭德山获评河北省优秀党务工作者、县看守所四级高级警长李向国获评河北省优秀共产党员、蒋辛屯镇北三百户村党支部书记兼村委会主任左春喜获评河北省优秀基层党组织书记，47个先进集体和优秀个人获得市委“两优一先”表彰。6月29日，召开庆祝中国共产党成立100周年座谈会及县委书记讲党课会议，对全县200名“两优一先”代表进行表彰，并印发了《关于表彰全县先进基层党组织、优秀党务工作者、优秀共产党员的决定》，颁发荣誉证书、奖牌和《光荣册》，在全县营造比学赶超良好氛围。

开展走访慰问活动。县委组织部印发《关于在元旦春节期间开展走访慰问生活困难党员、中华人民共和国成立前入党老党员、生活困难离任村（社区）干部活动的通知》《关于"七一"前夕组织开展走访慰问活动的通知》，对走访慰问工作进行安排部署。组织县处级领导干部和各基层党（工）委负责人，走访慰问中华人民共和国成立前入党老党员24人次、生活困难党员414人次、离任困难村干部26人次、省级优秀共产党员5人次，发放老党员生活补助和慰问金50.86万元。

开展"党课开讲啦"活动。县委组织部印发《关于做好讲党课和优秀党课展播活动有关工作的通知》《关于做好党员教育近期几项重点工作的通知》，在"七一"前后，指导各基层党（工）委结合党史学习教育和"团结就是力量"专题学习教育，组织各级党组织书记、党员领导干部、优秀共产党员、老党员采取讲座式、访谈式、情景式等形式，广泛开展讲党课活动。共收集5部精品讲党课视频、51篇优秀党课讲稿，全县基层党组织累计参加主题党课活动达9600余人次。6月29日，县委书记梁宝杰在庆祝中国共产党成立100周年座谈会暨县委书记讲党课会议上，围绕开展好党史学习教育为全县党员干部讲授专题党课，号召全县党员干部以史为鉴、继往开来，开拓进取、团结奋斗，加快推进全县经济社会高质量发展，争做全市高质量发展排头兵，以优异成绩庆祝中国共产党成立100周年。

制作庆祝中国共产党成立100周年党员教育电视片和系列微电影。为庆祝中国共产党成立100周年，精心拍摄制作一系列反映基层党组织及党员队伍建设、自然和人文景观、民风民俗、村容村貌以及县域经济社会发展成果的电教片或微电影。拍摄完成《夯基固本谱华章》《太爷爷的白瓷杯》等10余部作品上报市委组织部。举办庆祝中国共产党建党100周年原创优秀文艺作品征集评选活动，征集原创视频作品30余部，评选出一、二、三等奖7部，择优推荐至上级参加展播和评选。

县委宣传部开展庆祝中国共产党成立100周年活动

制定下发了《全县2021年文化活动实施方案》，谋划开展全县文化活动40项。举办"庆华诞·百场文艺演出"41场次，开展庆祝"中国共产党成立100周年"文化活动115项，举办"百年记忆、同心向党"红色革命文物巡展，展出红色文物200余件。举办"党旗映初心、共圆中国梦"献礼建党100周年舞蹈会演、"祝福祖国、唱响经典"献礼建党100周年红歌展演、"红色理想照耀中国、致敬建党百年华诞"红色经典歌舞会演、"童心向党 乐动香河"文艺会演等大型会演6场，参与人数达3000余人；开展全民"爱运动、爱健康、爱生活"——助力北运河通航、百人国球助力操活动1场，参与人数500余人；举办"百年记忆、同心向党"——庆祝中国共产党成立100周年红色革命文物巡展1场，参与人数达3000余人。为丰富活动内容，推出"连环画中的党史故事"红色故事绘、"爱我中华 扬我国威"庆祝中国共产党成立100周年党建专题数据库资源分享，线上参与活动人数达2万余人。

组织开展好文艺创作工作。举办庆祝中国共产党成立100周年原创优秀文艺作品征集、评选活动，与县委组织部共同制定下发了《关于举办庆祝中国共产党成立100周年原创优秀文艺作品征集、评选活动的安排方案》，收集作品196件，经专家组评审，评选并表彰优秀作品36件、先进单位4个。组织开展了"颂党恩·百件文艺作品征集展示""第九批'中国梦'主题创作歌曲"活动，创作优秀文艺作品60余件。挖掘香河县红色资源，聚焦党史人物，以香河革命烈士陈然的生平事迹为题材，创作红色舞台剧《我的自白书》，面向公众演出并受到一致好评。为更好地营造运河文化精髓，策划拍摄纪录片《千年梦、运河情》、微电影《上官》，为北运河廊坊段旅游通航这项历史性工程留下珍贵的影像资料，向中国共产党成立100周年献礼。为进一步弘扬"忠诚担当、创新实干、敢打必胜、聚力争先"的运河通航精神，举办"庆祝中国共产党成立100周年暨弘扬运河通航精神"主题图片展，征集摄影作品350余幅，筛选100幅优秀作品在县文化艺术中心展出。

突出实践活动，打造学习教育品牌。印发《香河县关于庆祝中国共产党成立 100 周年组织开展“永远跟党走”群众性主题宣传教育活动工作方案》等文件，开展“永远跟党走”群众性主题宣传教育、“永远跟党走、心中赞歌唱给党”快闪、“重温党史铭初心 砥砺奋进新时代”演讲比赛等活动，配合市委宣传部在北运河香河中心码头完成全市“迎国庆、感党恩、永远跟党走”群众性主题快闪活动的录制工作，庆祝中国共产党成立 100 周年，讴歌 100 年来党领导全国各族人民取得的伟大成就，进一步鼓舞全县党员干部群众士气，展示香河儿女精神风采，激发人民群众爱党爱国热情。在“知史爱党、知史爱国”——廊坊市庆祝中国共产党成立 100 周年党史知识竞赛活动中，香河县代表队获得优秀奖。转发省委宣传部《关于组织开展“学党史、知党情、跟党走——河北省庆祝建党 100 周年党史知识竞赛”的通知》《关于做好“四史”宣传教育主题知识竞赛的通知》，组织开展相关知识竞赛活动。“七一”期间，下发《关于规范展示庆祝中国共产党成立 100 周年宣传标语的紧急通知》，对庆祝中国共产党成立 100 周年宣传标语展示工作进行安排部署。

强化阵地宣传，占领舆论高地。转发省、市有关文件，进一步提高店子务惨案遗址、农家博物馆 2 家市级爱国主义教育基地建设水平和管理水平，充分利用这一载体推进社会主义核心价值观建设，并在党史学习教育和庆祝中国共产党成立 100 周年活动中进一步发挥好爱国主义教育基地作用。

（丁惠妹　王　迪）

“五城同创”

7 月 19 日，中国共产党香河县第十二次代表大会召开，县委明确提出在全县范围内开展文明城市、卫生城市、森林城市、园林城市、双拥模范城“五城同创”，建设生态环境卓越、人与自然和谐、经济繁荣活跃、文化特色鲜明、社会安定和谐、人民生活幸福的美丽家园。“五城同创”，即创建国家卫生县城、国家园林县城、省级文明县城、省级森林县城、省级“双拥”模范城（县）。

创建国家卫生县城

在巩固提升省级卫生县城建设成果基础上，以创建国家卫生县城、省级文明县城为蓝本，严格按县委、县政府“五城同创”规划，全力推进爱国卫生组织管理、提升群众健康素养、加强基础设施建设、推动市场上档达标、整治市容环境卫生、打造健康宜居环境、提升重点场所管理水平、保障食品与饮水安全以及优化疾病防控和医疗服务等重点工作。结合香河县实际，研究制定《香河县创建国家卫生县城工作实施方案》和《创建国家卫生县城各单位任务分解表》，进一步明确工作思路、工作重点和实施步骤，为各项工作的开展提供方向性指导。把创建国家卫生县城工作（以下简称创卫工作）作为一项长期性、经常性工作，认真贯彻落实上级的方针政策，查找差距，召开专题会议进行安排部署。

加强组织领导，细化责任分工。为加强对创建国家级卫生县城的组织领导，特成立了由县长任组长，主管县长任副组长，县卫生健康局、县住房和城乡建设局、县市场监督管理局、县城市管理综合行政执法局等单位负责人为成员的创卫工作领导小组，制定《香河县创建国家卫生县城工作实施方案》《香河县创建国家卫生乡镇标准（2020 版）》，将工作任务细化分解，明确了责任分工，形成了上下有组织、纵横有联系、层层有人抓、事事有人管的工作格局。

强化宣传教育，增强广大群众健康意识。为保证创卫工作顺利开展和巩固提升，香河县坚持从宣传教育入手，全方位、多层次、多形式地开展创卫宣传工作。

利用各类媒体大力宣传。以“爱国卫生月”“世界卫生日”“世界无烟日”为契机，充分利用电视台、报纸、微信等新闻媒体，以及通过出动宣传车、设立宣传点、悬挂横幅、制作展板、印发资料等形式，大力宣传创建国家级卫生县城活动，进一步增强全民参与创建工作的积极性和主动性。累计出动宣传车120辆(次)、悬挂条幅100余条,印发资料4万份、制作宣传展板300块。

广泛提供健康教育服务。各医疗机构全面开展多种形式的健康促进工作和健康教育活动,医院的门诊、住院部病区有固定健康教育专栏,免费为病人提供各种疾病防治的手册,并结合不同季节的防病重点,采用讲座、上街开展咨询活动、发放宣传品等多种形式向病人及其家属进行卫生防病知识宣传。累计开展知识培训、健康教育、专家咨询等活动20余场,病人及其陪护家属卫生知识知晓率达98%。

全面开展校园健康教育。全县中、小学按照有关要求开设了健康教育课,做到有教材、有教师、有课时、有评价,健康教育课开课率100%,学校师生个人卫生习惯得到了显著改善。校内开办了健康教育宣传专栏,定期更换内容,并配有书刊、报纸等各类宣传资料。经调查,学生健康知识知晓率达95%。

完善设施,综合治理,营造良好的人居环境。抢抓京津冀协同发展机遇,坚持基础设施建设与爱国卫生同步推进原则,每年不断加大资金投入,完善市政基础设施,不断改善人居环境,全面提高居民生活质量。

环境卫生明显改善。严格落实城区主次干道"一扫四保制度"(凌晨大扫,上午、中午、下午、晚上四个时段保洁),环卫作业实现24小时全覆盖,8小时清扫保洁率达100%,道路机械化清扫率达到90%。针对城乡接合部、河道沿岸、背街小巷、农贸(集贸)市场死角死面难清理的问题,除安排日常的清洁人员以外,还专门成立了一个810余人的突击小队进行每周一次的全面清理,确保了县城区范围无卫生盲区,无死角死面。各镇、村街均建立了清扫保洁队伍,每天进行清扫,定期转运填埋,已形成"户收集、村集中、镇运转、县处理"的城乡一体化垃圾处理模式常态化。

卫生基础设施日趋完善。进一步加大污水处理、生活垃圾处理、公厕改造等基础设施建设力度,完成生活垃圾填埋场集中整治工作,所有垃圾进行无害化处理,处理率为100%;推进香河县三强污水处理厂提标扩建,日处理能力由2万吨提高到4万吨以上,县城区公厕已全部完成旱厕改水厕,55座公厕全天开放;严格按照《城镇环境卫生设置标准》,配置生活垃圾中转站3座,为每座中转站配备两名值班人员。城区范围设置分类垃圾桶800余个,设备完好率达到98%以上、擦洗率100%。镇级转运站10余座,基本实现乡镇转运站全覆盖,完善了农村生活垃圾"户分类、村收集、镇转运、县处理"模式。

绿化环境有效提升。全县不断加大投资力度,集中组织开展了道路河渠、单位庭院、居民小区绿化和公园游园建设、广场改造提升、全民义务植树、绿地建设、"拆墙透绿"等绿化攻坚行动,持续开展绿化提升会战,扩大绿地、增加绿量、强化基础、改善环境,建造了"生态良好、整洁优美、品位优雅、特色突出、文明开放"的城市园林绿化景观,城区绿化面积达826.4公顷,绿化覆盖率38.3%,绿地率33.19%;公园绿地面积达121公顷,人均公园绿地面积10.2平方米。以治理扬尘、餐饮油烟和秸秆燃烧为重点,大力开展大气污染防治行动,近年来空气质量综合指数持续下降,县域大气环境质量明显改善。

强化监管,创新举措,全面提升公共卫生服务水平。在加快各项事业发展的同时,香河县高度重视公共卫生服务工作,把其作为重大民生工程来抓,保障了全县公共场所安全和食品安全等形势持续稳定。

强化公共场所卫生管理。加大对小餐馆、小浴室、小舞厅、小美容美发店、小旅馆等"五小"场所的整治力度,确保所有公共场所持有有效的卫生许可证并亮证经营,各项卫生管理制度健全,并实行量化分级管理;加强对餐饮操作间、洗手间、消毒间等的监督管理,保证了从业人员操作规范,操作程序符合卫生有关标准和要求;积极开展控烟活动,实现了超市商场、网吧等公共场所有禁烟标志,机关事业单位、医疗机构和中、小学校园内全面禁止吸烟，县城城区无烟草广告，控烟取得了明显成效。

创新食品安全监管手段。顺利完成机构改革，实现了监管职能、执法人员、技术装备整合统一。各镇均设立食品安全委员会办公室，做到了机构、人员、设备“三到位”；围绕食品生产企业、餐饮服务经营单位、小作坊、小摊点、学校、超市等重点区域综合运用经济法律等手段，强化对食品生产、流通、消费的全过程监管。各村街聘用社会监督员，统一培训，明责确权；成立5个执法分队，实行网格化管理，分区划片、指人定责。出台《社会监督员管理办法》《食品安全黑名单管理制度》《食品药品违法行为有奖举报办法》等多个规范性文件，强化制度保障，并将食品安全工作纳入各基层单位年度工作考核，严格责任追究。

大力开展除苍蝇、蚊子、老鼠、蟑螂“四害”活动。成立了香河县除“四害”工作领导小组，加强对除“四害”工作的组织领导和业务指导，健全了县、镇、村、居委会除“四害”网络；制定并下发《关于开展2021年春季灭鼠活动的通知》，加强除“四害”工作技术指导，降低和控制“四害”密度。切实做到统一时间、统一投药，确保城乡“四害”密度低于国家标准，为实现创建目标打好基础。认真落实《中华人民共和国传染病防治法》，强化公共卫生突发事件应急工作机制。计划免疫卡介苗、百白破疫苗、脊髓灰质炎疫苗、麻疹疫苗等“四苗”接种率及新生儿乙肝疫苗接种率达98%以上。辖区内近两年无甲、乙类传染病暴发疫情；传染病报告率达100%。

扎实做好单位和居民区卫生管理。城区各部门、单位建立健全了爱国卫生运动委员会组织，明确专职人员负责，完善了各项卫生管理制度。按照创卫标准搞好室内、单位食堂、会议室、公厕、楼道、库房的卫生，物品摆放有序，窗明几净、环境整洁。严格落实“门前十包、门内达标”责任制，对责任区进行全方位的清理保洁。以创建国家级卫生县城工作为主线，大力改善社区环境，在居民区悬挂横幅，制作宣传片、设立社区爱国卫生运动委员会组织职责、保洁组织制度、除“四害”须知展板，制作健康教育公开栏，社区各项卫生管理制度展板。努力提高居民的卫生素质和卫生意识。实行物业公司包小区责任制，采取市场化运作模式，成立垃圾清运专业队伍，实行定员、定岗、定责划片包干工作制度，小区垃圾日产日清，生活垃圾清运率达100%。

扩大省级卫生乡镇覆盖面。鉴于需创成省级卫生镇及卫生村比例达到30%以上方可申报国家级卫生城市，2021年，县卫生健康局下发了《关于省级卫生村申报工作安排的通知》《关于创建省级卫生乡镇的通知》等文件，在全县各镇开展创建省级卫生镇、村活动，截至2021年年底，已有8个镇、105个村开展创建省级卫生镇、村材料汇总及申报工作。

（冯连福　罗杰夫）

创建国家园林县城

2021年，按照县委、县政府的工作部署，香河县统筹做好城区绿化工作，较好地完成了各项目标任务。

工作思路。以“五城同创”为统揽，围绕重点抓进度、围绕短板促升级、围绕创城打基础，全力做好城区绿化工作。以重点民生实事为工作重心，加快工程进度，推动各项工作新突破；围绕指标找差距，力促上档升级；围绕创城指标，全面排查，为2023年省级园林县城复查打基础。

项目工程。积极推进游园绿化带重点工程，针对县域绿地率低、人均公园面积少、绿化布局不均衡的情况，认真谋划、破解难题。在县城建成区新建香河县第一中学北门游园、淑阳镇政府东游园、兴达游园、香城郦舍居民小区南游园、沙发材料市场游园等公园绿地5个，增铺甬路，增设座椅、健身器材等，为群众增设休憩、活动场所；改造亚太园公园、体育休闲公园等公园绿地2个；新增公园绿地面积1.57公顷，其中，公园绿地面积在1000平方米以上的5个。新建孔雀城东游园、大王庄入口绿地，沙发材料市场进行绿地建设，原县园林局旧址补植改造提升。在县城区东部谋划新建 4 处小游园，增加城区游园点位，提升城区绿化水平和品质，4 处小游园分别为：后套游园，位于后套村委会西，面积 3321 平方米；郎庄游园，位于郎庄村委会南，面积 286 平方米；池套游园，位于池套小学北，面积 431 平方米；许台游园，位于许台村委会北，面积 1945 平方米。

创建情况。成立组织。10 月，成立香河县创建国家园林城市工作领导小组，领导小组办公室设在县园林绿化管理中心，办公室主任由县园林绿化管理中心主任兼任。制定方案。制定《香河县创建国家园林城市工作实施方案》，包括创建国家园林城市指导思想、工作目标、工作任务、工作步骤、保障措施五方面内容，制定香河县创建国家园林城市目标任务细化分解表、申报前提条件任务分工、评选标准指标体系任务分工等。工作举措。启动编制《香河县中心城区绿地系统规划（2020—2035 年）》，年内，完成规划编制的资料搜集和现状调研，确定规划的框架结构、初步方案和总体思路；多次召开编制工作对接会，邀请省城乡规划设计院技术人员，修改完善《香河县城市绿地系统规划（2020—2035 年）》，待《香河县城市总体规划》《香河县城控制性详细规划》出台后，依据核心指标予以最终定稿。制订《香河县创建国家园林城市工作实施方案》。10 月，按照《住房和城乡建设部关于印发国家园林城市系列标准及申报评审管理办法的通知》（建城〔2016〕235 号），制订《香河县创建国家园林城市工作实施方案》，对目标任务进行细化分解和安排部署，明确牵头部门、责任部门，重点提升绿化覆盖率、公园服务半径覆盖率、人均公园绿地面积等底线指标。加强创建工作的对接沟通。县园林绿化管理中心与县住房和城乡建设局、县自然资源和规划局等部门加强对接，就创建国家园林城市工作任务、建成区面积，划定建成区范围图、县城地形图、城市划定并公布的县城土地用地分类图、有明确坐标，纳入防灾避险体系，次路、支路的人行道、自行车道建设、居住用地面积、公园绿化活动场地服务半径覆盖率、城市绿道服务半径覆盖率等相关考核指标进行调研对接沟通；联系省规划设计研究院，就《香河县中心城区绿地系统规划（2020—2035 年）》编制工作、落实新版国家园林城市标准等问题进行沟通对接。实施遥感测绘。聘请专业技术人员，按程序开展对城市园林绿地遥感测绘工作，结合购买的最新版亚米级卫星影像，确认规划区和建成区范围、坐标和土地利用现状，摸清县城绿化各类系统底数，开展自测自评，找准差距，制定改进措施。加强学习培训。组织参加省住房和城乡建设厅举办的视频培训会，完成第一轮线上培训工作，系统学习掌握住房和城乡建设部关于国家园林城市申报与评选管理办法及评选标准，提升创建工作的能力和水平。大力开展园林式单位、小区创建工作。11 月，大运河孔雀城轩园获批省级园林式小区；12 月，大运河孔雀城润园小区、大运河孔雀城泽园等 4 个小区获批市级园林式小区。

（张艳华　陈彩霞）

创建省级文明县城

2021 年，香河县紧紧围绕建设“协同发展示范区，绿色活力幸福城”战略目标，以“塑造城市形象、提高市民素质、推动经济发展、促进社会和谐”为主线，大力开展省级文明县城创建工作，不断提升城市文明程度，努力构建新时代文明社会。严格落实省、市、县委对创建省级文明县城工作的部署和要求，以《2021 年河北省文明城市测评体系（建制县、县级市）》和《2021 年河北省未成年人思想道德建设工作测评体系》为指导，严格按照《2021 年河北省文明城市测评体系操作手册》落实工作，按照实地点位测评卡督导检查，完成省对县的考核任务。

统筹安排。6月30日，组织召开香河县2021年创建省级文明县城动员会，对创城各单位开展创建工作提出任务要求。7月2日，组织召开全县创建省级文明县城工作培训会议，邀请相关专家对全县创城工作予以指导。7月7日，组织召开省级文明县城复查迎检工作会议，对创城迎检工作再安排再部署，形成全县上下齐心，协同共创的工作合力。制订印发《关于深入推进省级文明县城创建工作常态化的实施方案》（香创建〔2021〕1号）、《2021年香河县省级文明县城年度复检工作迎检任务分工方案》，对各相关单位的创城工作进行详细分工，健全完善文明县城创建常态化长效机制，持续提升创建工作质量和水平。成立由县委主要领导任政委，13个县级领导牵头的创建工作部，明确职责分工，层层压实责任。建立督导检查制度，明确重点点位和督查内容，以常规督导和专项督导相结合的方式，定期对创建点位进行督导检查，发现问题，指出短板，督促整改。制定印发《香河县创城工作指挥部关于印发各分指挥部工作职责及点位测评卡的通知》，明确各分指挥部职责及点位测评要求。

浓厚创建氛围。在京哈高速香河北出入口和县人民广场设置大型主题草雕2处。制作更新各类公益广告，主次干道公益广告覆盖率100%，临街围挡公益广告累计制作1万余平方米，老旧社区、背街小巷累计更新公益广告牌1000余块，公交车车载公益广告全覆盖，中小学校、镇区、村街制作各类公益广告近4000处。

提升基础设施建设。城区主次干道路雨污分流和路面重铺工程基本完成，提升改造老旧居民小区31个，治理飞线（用户私自拉接的电线）130处，整修公路两侧配电箱、光纤配线箱近40个，增划停车泊位450个，增设分类垃圾箱400处，维修破损便道3000平方米，整修背街小巷44条，维修路灯51处，硬化道路8600平方米。

优化社会秩序。开展专项治理行动，取缔淑阳大街西段、迎宾路南段临时市场2处，规范治理城区流动经营、店外经营1.8万处，清除非法小广告6万处、违规LED灯和灯箱1776处，治理散投广告8000余张，教育投放小广告人员75人。开展文明交通行动44次，共查处各类交通违法行为1.2万起，集中对城乡接合部区域进行清扫，清理垃圾1500立方米。

常态化开展志愿服务活动。组织开展以“访千楼万家、创文明县城”和“志愿服务新时代、携手共创文明城”为主题的志愿服务活动。88个单位分包177个居民小区，开展志愿服务活动，为居民小区粉刷墙体5000平方米，制作公益广告牌200块，清除非法小广告3.2万处，清除死角死面2600处。举办“香河火焰蓝”新时代文明实践消防救援志愿服务，受益人数2000余人。

加强未成年人思想道德建设。认真贯彻落实未成年人思想道德建设工作会议精神及《全国未成年人思想道德建设工作测评体系》，加强香河县未成年人思想道德教育工作。开展了“我们的节日”“网上祭英烈”“新时代好少年”“国旗下的讲话”主题活动。

镇区村街建设。以镇区主要街道和村街的乡风文明示范街为分布点，用橱窗、造型、展牌等形式展现不同主题的公益广告近4000处，善行功德榜300处。全面开展农村“十个一”建设，即建立一处新时代文明实践站、一条文化特色街、一个百姓大舞台、一个村文化广场、一个村级公园、一个农村幸福院、一个长者食堂、一个农家书屋、一个美家超市、一个党支部领办合作社，加强村民中心建设，成立红白理事会，建立新时代传习中心，举办“十星级文明户”和“五好家庭”评选。充分发挥基层环卫作用，做到经常化、制度化，加大对村街的治理力度，实行垃圾定点、分类存放，设置分类垃圾箱，防止二次污染。

常态化督导。为确保创建工作规范化、常态化，县创建文明城市办公室督导组以常规督导为基础，结合专项督导和月度拉练，对29个大项173个固定点位和8类共计507个随机点位进行督导，下发督办卡24次，整改点位287处。

档案材料收集整理。根据

《2021年河北省文明县城测评体系》和《2021年河北省未成年人思想道德建设工作测评体系》要求，收集整理100个单位上报的291项内容，其中，活动照片2.1万幅，说明报告2100份，规范文件130份，上级评价意见35项，负面清单36项。7月15—17日，省督导组对香河县创建省级文明县城实地点位进行测评。10月23日，创建省级文明县城档案材料通过网上平台完成提交。

（刘 洋）

创建省级森林城市

根据省市和县委、县政府《关于开展“三创四建”活动，加快建设美丽幸福新香河的实施方案》《关于深入开展“三重四创五优化”活动，扎实推动“十四五”开好局起好步的实施方案》文件精神，香河县创建森林城市工作总体目标是：2023年，争取创建成省级森林城市；2025年，争取创建成国家森林城市。

超额完成市级下达的造林任务。年初，市下达香河县造林任务80公顷（1200亩），营林任务933.33公顷（1.4万亩）。县自然资源和规划局通过建立台账、加强督导等措施，助推全县植树造林工作深入开展，经聘请第三方对全县春季造林情况进行核查验收，全县共完成造林面积93.53公顷（1403亩），完成市下达任务的116.9%；积极推进森林抚育工作，完成市下达的营林任务。

启动编制森林城市建设总体规划。经公开招投标，确定河北省城乡规划院为编制单位。经深入调研、多次汇报沟通，形成香河县森林城市建设总体规划初稿，已上报市自然资源和规划局、省自然资源厅，待省级评审及批复。

开展创建森林城市主题宣传活动。2021年3月12日，在北运河香河中心码头举行全县义务植树活动1次，县四大班子领导参加了活动；5月25日，在新城公园开展以“保护森林健康、普及创森知识”为主题的宣传活动1次；9月1日，在城区和各镇（社区办、园区）集中开展《廊坊市国土绿化条例》宣传活动；开展森林防火宣传2次。

打造景观绿化精品工程。2021年，全县重点实施县人民广场改造提升工程、城区整体绿化修缮提升工程、平香线南延绿化带工程、北运河景观绿化工程等，全县绿化水平和档次进一步得到提升。园林部门新建县第一中学北门、淑阳镇政府东侧等6处小游园和口袋公园。

加强生态文化教育基地建设。在县文化艺术中心二层建设了生态文化科普长廊，长廊长20米，宽2.5米，营建仿真鸟类标本与湿地生境融合的场景，展示造型各异、栩栩如生的88种鸟类，其中，国家一级重点保护鸟类2种，国家二级保护鸟类16种，配有多媒体解说系统。该项目是廊坊市第一个重点展示湿地禽类的高标准专业化的科普场所。各镇依托现有公园、绿地，设置科普展牌、树木名片等，也相继建起生态文化教育基地。发挥生态科普宣传作用，营造全县创建森林城市的浓厚氛围。

开展森林乡镇、森林村庄创建活动。开展省级森林乡村创建。2021年，香河县积极推进省级森林乡村建设，加快乡村绿化美化，促进提升村容村貌，建设美丽宜居乡村，按照《河北省森林乡村评价指标》，推荐申报蒋辛屯镇李庄村为省级森林乡村候选村，对李庄村村庄绿化美化等情况逐项对照指标，形成推荐材料和视频材料并上报；省绿化委员会办公室组织专家对推荐报送的候选村材料和视频资料进行初核、评审，经审查和公示，10月29日，河北省绿化委员会、河北省林业和草原局、河北省农村人居环境整治提升工作领导小组办公室联合印发《关于公布河北省省级森林乡村名单的通知》（冀绿字〔2021〕18号），认定香河县蒋辛屯镇李庄村为省级森林乡村。开展市级森林乡镇、森林村庄创建。认真组织各镇开展创建市级森林乡镇和森林村庄活动，最终筛选出基础条件好、创建积极性较高的安头屯镇创建市级森林乡镇，安头屯镇后独立村等6个村庄创建市级森林乡村，2022年1月6日，廊坊市创建国家森林城市指挥部办公室、廊坊市绿化委员会办公室、廊坊市自然资源和规划局批准香河县安头屯镇为市级森林乡镇，安头屯镇后独立、安平镇王指挥庄、蒋辛屯镇北李庄和岭子、渠口镇谭家务、钳屯镇贾庄6个村为市级森林村庄。

北运河廊坊段景观绿化工程各标段树木种植任务全部完成。北运河廊坊段景观绿化工程是2021年香河县委、县政府实施的一项重点工程，是落实廊坊市“北三县”与通州区一体化规划的具体举措。北运河在香河境内全长21.7千米，其中，香河管辖河道13.3千米，京冀界河2.4千米，津冀界河6千米，北运河廊坊段景观绿化工程在香河管辖河道两侧及界河单侧沿岸全面实施，占地220公顷（3300亩）。统一谋划，将景观绿化工程划分为13个标段，各标段同步一体推进。成立工作专班，制定景观绿化工程领导包联方案，15名县级领导干部分别包联13个标段景观工程。每个标段景观工程安排1个牵头部门和2—4个包联单位，在全县抽调60余个单位的1200名党员干部共同开展包联工作，明确任务目标和工作职责，坚持统筹兼顾、科学调度指导工程建设，最大限度地加快推进景观工程进度。积极动员社会力量参加义务植树活动，累计出动志愿者近万人次。截至2021年4月，北运河廊坊段景观绿化工程取得阶段性成果，各标段树木种植任务全部完成，景观绿化工程共200余万平方米，栽植60余种乔灌木6万余株，主要树种有油松、元宝枫、垂柳、国槐、银杏、山桃、樱花、丁香、玉兰等。

（陈海燕　田　雪）

创建省级“双拥”模范城（县）

2021年，香河县深入学习贯彻习近平总书记“七一”重要讲话精神和重要指示批示精神，认真落实河北省“双拥”工作领导小组全体会议要求，紧紧围绕“让军人成为全社会尊崇的职业”，落实国家的各项优待抚恤政策，努力解决优抚对象的实际问题，为优抚对象办实事、办好事，加强军民共建活动，不断完善“双拥”工作机制，制订《香河县创建“双拥”模范城（县）工作方案（2021—2025年）》。

抚恤补助资金按时、足额发放到位。2021年，香河县优抚对象的抚恤、补助资金发放严格按照冀退役军人厅发〔2020〕14号和冀退役军人厅发〔2021〕11号文件规定标准，及时、足额地通过社会化发放形式全部发放到位。

继续开展为重点优抚对象办实事活动。为了更好地维护重点优抚对象基本生活权益，进一步提高优抚“双拥”工作水平，积极加大民生投入，继续开展为重点优抚对象“送健康”“送温暖”等办实事活动，2021年春节和“八一”期间，为全县重点优抚对象每人发放慰问金。

义务兵优待金及时、足额发放到位。2021年，香河县义务兵家庭优待金标准按照冀民〔2016〕86号文件规定的标准执行。农村义务兵家庭优待金发放标准为21021元，城镇义务兵家庭优待金发放标准为21480元，全部按政策标准发放到位。

确保部分农村籍退役士兵和烈士子女生活补助待遇落实到位。按照《民政部办公厅关于落实给部分农村籍退役士兵发放老年生活补助政策措施的通知》和《民政部、财政部关于给部分烈士子女发放定期生活补助的通知》（民发〔2012〕27号）文件规定，为部分年满60周岁农村籍退役士兵和烈士子女发放生活补助金，按照国家政策标准及时、足额发放到位。

推进社会拥军工作。香河县爱国拥军联合会开展各项社会拥军活动，32家成员单位和49家非成员单位注册入驻“河北社会拥军”平台并承诺为现役军人、退役军人和其他优抚对象提供多种优惠服务；在“百城万店拥军行”活动中，32家成员单位积极参与，为退役军人服务；县爱国拥军联合会成员单位在“八一”期间为退役军人提供服务，推行各项优惠政策，优惠金额达1.5万元。5家成员单位参与慰问驻地部队活动，赠送各类慰问品价值1万余元。在持续深入动员社会力量参与“双拥”、支持“双拥”，完善落实军地共体要求、互办实事的“双清单”制度中，县委、县政府帮助县驻军维修广场，为驻军官兵提供了更好的出操和军事训练环境；帮助武警香河中队安装监控设施，全天候和多方位地为武警官兵人身及财产安全提供保障。县驻军义务为县第十二中学安排国防教育课程，增强孩子们的国防观念；县驻军参加全县义务植树活动，全力支持地方经济建设，为北运河廊坊段通航工程保驾护航。围绕“让军人成为全社会尊崇的职业”，县委、县政府主管领导及相关部门负责人为荣立二等功和三等功现役军人家属送喜报和慰问品，营造“一人参军、全家光荣”“一人立功、全县骄傲”的浓厚氛围。组建香河县拥军支前工作队伍，支持驻军和过往部队圆满完成备战打仗、训练演习和抢险救灾等多样化军事任务。

努力做好军民共建工作。深入调查研究，落实军地共建社会主义精神文明工作，2021 年 10 月，地方共建单位县光荣院与军队共建单位县驻军结对共建，县驻军部队官兵定期到县光荣院开展爱老敬老活动。利用春节、“八一”等节假日期间，有计划、有组织地开展经常性的社区共建活动，进一步拓展共建范围，组织县驻军基层连队与县光荣院、敬老院、优抚定点医院以及优抚对象等开展共建活动。充分利用广播、电视、报刊等多种宣传媒体广泛进行爱国主义教育和国防教育，巩固和发展“同呼吸、共命运、心连心”的新型军政军民关系，营造军爱民、民拥军的浓厚社会氛围，为国家和部队建设，为全县的经济发展和社会稳定做出应有的贡献。

制订《香河县创建“双拥”模范城（县）工作方案（2021—2025 年）》。为贯彻落实县委、县政府“五城同创”工作部署，进一步做好新时期“双拥”工作，加强军政军民团结，扎实推进新一轮“双拥”模范城（县）创建活动，根据《河北省“双拥”城（县）命名管理办法》和《河北省创建“双拥”模范城（县）考核验收实施细则》，12 月 21 日，制订印发《香河县创建“双拥”模范城（县）工作方案（2021—2025 年）》，包括总体要求、工作任务、实施步骤、保障措施等内容。按照“组织领导坚强有力、宣传教育广泛深入、拥军工作扎实有效、拥政爱民成果显著、政策法规落到实处、‘双拥’活动坚持经常、军民共建富有成效、军政军民关系融洽、人民群众满意”的目标要求，深入开展拥军优属和拥政爱民工作，锚定争创国家级“双拥”模范县目标，分两步走，确保香河县在 2025 年成功获评省级“双拥”模范县，为下一步争创国家级“双拥”模范县打下坚实基础。

（刘　倩　庄英艳）

大事记

责任编辑　闫振春

1月

3日　在石家庄市藁城区、邢台南宫市相继出现新冠肺炎确诊病例后，县委、县政府迅速召开新冠肺炎疫情防控调度会议，安排部署全县疫情防控工作。

4日　市政府发布廊坊“北三县”与通州区协同发展“5+12”系列规划，为全面推进廊坊“北三县”与北京市通州区协同发展奠定了规划基础。“5+12”系列规划包括燕郊组团、祁各庄镇、蒋辛屯镇、安平镇4个重点地区的控制性详细规划和廊坊市“北三县”与通州区交界区域“北三县”一侧生态绿带控制性详细规划，以及廊坊市“北三县”产业发展与科技创新、生态建设、综合交通、综合水战略、综合能源、综合防灾、绿色空间、公共服务设施、警务基础设施、市政基础设施、智慧城市、海绵城市等12个专项规划，形成了全域覆盖、分层管理、分类指导、多规合一的高质量规划体系。

6日　香河县30名医护人员组成应急队，连夜驰援石家庄市裕华区新冠肺炎疫情防控工作。

7日　香河县首批新冠病毒疫苗接种工作有序展开，全县设置8个接种点，首批接种疫苗的重点人群为涉冷链物品的装卸、搬运、运输等相关从业人员及“三道防线”中的卡口执勤人员。

8日　县委书记李桂强、县长齐泽旭到县医院发热门诊及核酸检测采集点、县中医医院东院区隔离点、县看守所、大气层居民小区和贵都家园居民小区检查指导新冠肺炎疫情防控工作。

10日　香河县召开北运河廊坊段旅游通航工程指挥部会议，对相关工作进行安排部署。县委书记、北运河旅游通航工程指挥部指挥长李桂强出席会议并讲话，县委副书记、县长、北运河旅游通航工程指挥部第一副指挥长齐泽旭等出席会议。

12日　香河县新冠肺炎疫情防控工作领导小组发布致全县广大居民的一封信，提示居民做好新冠肺炎疫情防控：非必要不聚集；非必要不出行；积极参与核酸检测，12日起，在全县范围内免费为全体居民做核酸检测，第一次核酸检测后，进行7天的居家观察，并进行第二次核酸检测；自1月12日12时起，在全县范围内实行出入管控等疫情防控措施。

12－14日　香河县开展全员核酸检测，截至14日11时，实采450208人，检测结果全部为阴性。

15日　县委常委、常务副县长齐建光率领香河县捐赠的新冠肺炎疫情防控物资车队启程，驰援石家庄市正定县紧急方舱隔离点建设，捐赠的疫情防控物资为建设方舱医院所用的床、床垫、桌椅等500套，总价值100余万元，由9辆大型货车装载。

17日　县委书记李桂强到县第二中学、新开街社区办、香河合益包装机械有限公司，就疫情防控中的大数据排查、企业生产经营等工作进行督导调研，并到备用医学隔离观察场所实地检查。县委常委、县委办公室主任田立军一同督导调研。

18日　香河县人民政府发布

《关于全县域禁止生产储存运输销售燃放烟花爆竹的通告》根据《中华人民共和国大气污染防治法》《烟花爆竹安全管理条例》《河北省大气污染防治条例》等法律法规规定，经县政府研究决定，自2021年2月1日起，全县域禁止生产、储存、运输、销售、燃放烟花爆竹。

是日　国家卫生健康委员会发布《关于命名2018－2020年全国计划生育优质服务先进单位的通知》(国卫人口发〔2021〕3号)，香河县被授予2018－2020年全国计划生育优质服务先进单位称号。

20日　香河县钳屯镇钳屯村金银细工制作技艺第三代传承人、香河雅海工艺品有限公司经理钳海强，历经5年，用200千克白银手工打造的滕王阁模型正式完工。该款滕王阁模型运用金银细工的花丝镶嵌、古建模型等传统技艺，按1∶36的比例、榫卯结构搭建，主体建筑叠至四层，重檐歇山式大屋顶，模型长1.8米、宽1.7米、高1.6米，整体造型风格及局部的屋檐、椽子、斗拱、柱头、立柱、横匾等，严格按照宋代《营造法式》制作而成。

25日　香河县召开智慧城市应用整合推进工作会议，进一步明确智慧城市建设下阶段重点工作任务，全力推进智慧城市二期建设提“智”提速。县委书记李桂强出席会议并讲话，县委副书记、县长齐泽旭等出席会议。相关部门负责人汇报了智慧城市一期建设及信息资源应用整合情况、智慧城市二期建设情况、“110”指挥中心迁至智慧城市指挥中心工作开展情况及数据资源整合工作完成情况。

是月　北京人民基业电气设备有限公司香河分公司生产的专利配电设备产品符合新冠病毒疫苗生产线相关要求，产品主要服务国药集团北京生物制品研究所、国药集团武汉生物制品研究所、北京科兴中维生物技术有限公司等企业的新冠病毒疫苗生产线，截至1月20日，全国有60%以上的新冠病毒疫苗生产线，使用该公司自主研发的配电设备，为新冠病毒疫苗生产贡献“香河力量”。

2月

3日　春节前夕，县委书记李桂强到淑阳镇许台村看望慰问老党员张子山，县委常委、县委办公室主任田立军一同慰问。

4日　县委书记、北运河旅游通航工程指挥部指挥长李桂强主持召开北运河旅游通航工程指挥部会议，听取近期有关工作和春节期间施工安排情况汇报，并对下一步工作进行安排部署。县委副书记、县长、北运河旅游通航工程指挥部第一副指挥长齐泽旭等出席会议。

8日　中共香河县第十一届委员会第八次全体会议召开，县委书记李桂强代表县委常委会作工作报告。全会全面总结2020年工作，安排部署2021年重点任务，审议通过《中共香河县第十一届委员会第八次全体会议决议》。

10日　县委书记李桂强，县委副书记、县长齐泽旭，县委副书记张玉林，县人大常委会主任闫再兴，县政协主席马文龙等县四大班子领导到县融媒体中心，县环卫服务中心，县人民医院，县消防救援大队，县公安局巡特警大队、交警大队，国网冀北电力有限公司香河县供电分公司看望慰问坚守工作一线的广大职工；对北运河廊坊段旅游通航工程进行督导调研并慰问现场一线工人。

11日　市委副书记、市长杨燕伟，市委副书记柴宝良等一行到北运河香河中心码头、王家摆大桥和橡胶坝等施工现场慰问北运河廊坊段旅游通航工程一线工人。

是日　除夕夜，县委书记李桂强通过香河电视台发表新春致辞，通报2020年全县经济社会发展成果和2021年全县经济社会工作安排部署，并代表县委、县政府向全县人民，向奋战在各条战线上的干部职工，向所有关心、支持香河发展的社会各界朋友，向因响应政府新冠肺炎疫情防控倡议在香河就地过年的朋友们，致以诚挚的问候和新春的祝福。

是日　除夕夜，县委副书记、县长齐泽旭到县公安局看守所、公安指挥中心、刑警大队和武警廊坊支队执勤二大队香河中队，慰问执勤民警、武警官兵，并通过视频系统向广大坚守岗位的一线民警辅警表示慰问，对巡逻防控、禁燃禁放、值班备勤等工作进行督导。

22 日　县委书记、北运河旅游通航工程指挥部指挥长李桂强主持召开北运河旅游通航工程指挥部专题调度会议，听取北运河旅游通航景观设计单位、景观建设单位、码头工程设计单位、橡胶坝和船闸设计单位及施工单位工作情况汇报，研究解决景观、码头等工程建设问题，对下一步工作进行安排部署。县委副书记、县长、北运河旅游通航工程指挥部第一副指挥长齐泽旭等县四大班子相关领导出席会议。

3 月

2 日　中共香河县第十一届纪律检查委员会第四次全体会议召开，县委书记李桂强出席会议并讲话，县委副书记、县长齐泽旭等领导出席会议，县委常委、纪委书记、监委主任牛静代表县纪委常委会作工作报告并主持第一次全体会议；会上，对各镇（社区办、园区）党（工）委书记述责述廉材料进行评议投票；会议审议通过牛静所作的报告和《中共香河县第十一届纪律检查委员会第四次全体会议决议》。

1—3 日　中国人民政治协商会议香河县第九届委员会第五次会议在第一城福安宫多功能厅召开。县委书记李桂强应邀出席会议并讲话，县政协主席马文龙向大会作工作报告，县政协副主席苏宽向大会作提案工作报告；会议听取《中国人民政治协商会议香河县第九届委员会提案审查委员会关于九届五次会议提案审查情况的报告》，会议审议通过《中国人民政治协商会议香河县第九届委员会第五次会议政治决议》。

2—4 日　香河县第十五届人民代表大会第五次会议在第一城国际会议中心召开。县委书记李桂强出席会议并讲话，县长齐泽旭代表县政府向大会作《政府工作报告》，县人大常委会主任闫再兴向大会作《香河县人大常委会工作报告》；会议公布 2021 年县政府民生实事项目投票表决结果，审议通过各项报告。

3 日　虚拟主播首次亮相县人大、政协“两会”，县融媒体中心首次借助人工智能、注入科技元素，推出“AI 主播说两会”系列报道。

4 日　香河县召开党史学习教育动员大会，对全县开展党史学习教育进行动员部署。县委书记李桂强出席会议并讲话，县委副书记、县长齐泽旭主持会议并讲意见，县政协主席马文龙等县领导出席会议。

11 日　香河县召开北运河旅游通航百日攻坚誓师动员大会，全面打响运河通航百日攻坚战，确保如期实现与北京同步旅游通航。县委书记李桂强出席会议并讲话，县委副书记、县长齐泽旭主持会议。与会人员观看北运河旅游通航专题片，副县长、县公安局局长刘振华和淑阳镇、县水务局、县农业农村局、荣盛兴城投资有限公司、中交一公局集团水利工程有限公司、安平镇陈辛庄村、交通工程代建及监理单位主要负责人分别就相关工作作表态发言。

12 日　香河县 2021 年运河景观工程植树活动在北运河廊坊段旅游通航景观工程各标段开展，800 余人参加植树活动，共栽植树木 3000 株。县委书记李桂强，县委副书记、县长齐泽旭等县四大班子领导参加植树活动。

16 日　中央电视总台中文国际频道《远方的家》节目大运河特辑播出“运河驿站、通达京津”，专题讲述京杭大运河香河段的历史，推介香河县安头屯中幡、景泰蓝和香河肉饼的制作技艺，介绍北运河香河段生态综合治理项目和通航准备情况，确保与北京市通州区实现同步旅游通航。

是日　香河县召开北运河廊坊段旅游通航工程推进会议，对下一阶段重点工作进行安排部署。省委第六督查组组长刘振华、市委副书记柴宝良出席会议并讲话，县委书记李桂强主持会议并讲意见，县委副书记、县长齐泽旭等县领导出席会议，市园林局负责人就绿化造林工作提出意见建议，市驻县各工作组组长分别汇报工作开展情况，一期、二期景观13个标段包联县级领导结合航拍录像分别汇报各标段工程推进情况，副县长闫明杰、张锦山分别就交通工程改造工作和水利景观工作汇报进展情况。会前，刘振华、柴宝良一行到工程施工现场，督导查看北运河旅游通航工程进展情况。

17日　香河县召开项目对接洽谈会议，分别听取中化金茂数字创新产业基地、叁鑫医疗生物科研生产基地、博云融众智慧医疗产业香河基地、中发豪辰智能制造产业示范中心项目的汇报，进一步推动近期重点项目对接，并就推动重点项目落地进行洽谈。县委书记李桂强，县委副书记、县长齐泽旭等出席会议并讲意见。

23日　香河县工商业联合会(总商会)第十三次会员代表大会召开，会议表决通过《香河县工商联(总商会)会费收支管理办法》《香河县工商联(总商会)第十三次会员代表大会选举办法》，选举产生香河县工商联(总商会)第十三届执委会和领导班子。县委书记李桂强出席会议并讲话，县委副书记、县长齐泽旭宣布新当选的县工商联（总商会）第十三届领导班子组成人员名单，新当选的工商联主席魏紫峰作表态发言。

是日　河北省妇联下发《2020年度县级妇联星级管理情况通报》，全省有167个县（市、区）妇联参评，33个县（市、区）妇联获得五星，其中，廊坊市3个，香河县妇联以总分最高居全市第一，位于全省前列。

25日　河北省农村人居环境整治工作领导小组印发《关于2020年度全省农村人居环境整治工作考核情况的通报》（冀农居〔2021〕1号），香河县入围2020年度河北省农村人居环境整治工作考核结果前30名榜单，名列第24位。

26日　市委书记杨晓和，市委副书记、市长杨燕伟到香河县调研检查北运河旅游通航工作。杨晓和一行先后到北运河中心码头工程、王家摆桥工程、船闸橡胶坝工程、北运河一期景观工程四标段和北运河土门楼枢纽现场，实地考察清淤疏浚、筑堤护坡、沿岸景观提升等各项工作推进情况，对工作中存在的问题现场协调、现场交办、现场解决，确保如期实现通航目标。市委副书记柴宝良，市委常委、秘书长张金波，县委书记李桂强，县委副书记、县长齐泽旭等市县领导参加相关活动。

27日　省委常委、常务副省长袁桐利一行到香河县就北运河旅游通航工程、特色产业发展情况进行督导调研，并在珠光社区开展党史学习宣讲活动。

31日　县疾病预防控制中心发布全民免费接种新冠疫苗倡议书。即日起，香河县全面启动新冠疫苗免费接种工作，18－59岁、没有禁忌证的人群均可免费接种新冠病毒疫苗。

4月

5日　北运河廊坊段景观绿化工程取得阶段性成果，树木种植任务全部完成，累计栽种各类乔木4万余棵。

7－8日　京津冀大运河文化保护传承利用协调推进会——北运河旅游通航专题会议在香河县召开，与会人员到北京市通州区武窑桥改建工程施工现场、榆林庄船闸北运河(通州段)综合治理工程施工现场、京冀交界处施工现场、安石路运河大道至冀京界(王家摆桥)工程施工现场、船闸及橡胶坝工程施工现场、津冀交界段木厂闸和双街桥等地，实地了解京津冀三地在北运河旅游通航工程中的各项工作进展情况，并对相关工作在推进过程中出现的困难和问题进行现场交流，协调对接。北京市、天津市、河北省发展和改革委员会相关负责人，北京市通州区、天津市武清区政府相关负责人，副市长王凯军、县长齐泽旭等出席活动。

8日　副省长夏延军一行到香河县考察潮白河、北运河河长制落实情况。

12日　中国(京津冀)广播电视媒体融合发展创新中心(香河)短视频拍摄基地揭牌仪式在香河县融媒体中心微波站(渠口镇)举

行，省广播电视局党组书记、局长王离湘和县委书记李桂强为该基地揭牌。

15日　2020年全国优秀融媒体作品征集推选活动揭晓仪式在北京举行，香河县融媒体中心作品《手绘长卷：致敬劳动者》荣获2020年全国区县融媒体中心优秀案例提名奖，也是河北省唯一获得此项荣誉的作品。该活动由光明网、北京师范大学新媒体传播研究中心、光明天翼5G融媒实验室主办，中国新闻培训网协办。

16—17日　2021中国医院竞争力大会在福建省厦门市召开，大会发布《医院蓝皮书：中国医院竞争力报告（2020—2021）》，香河县人民医院入围2020年中国医院竞争力排行榜县级医院300强榜单，名列第199位，是廊坊市唯一进入榜单的县级医院。

18日　香河县首届“乡约潮白”梨花旅游节暨中青旅遨游国际旅游有限公司与水岸潮白景区合作签约仪式在蒋辛屯镇水岸潮白景区举行，蒋辛屯镇与中青旅遨游国际旅游有限公司签订战略框架协议，北京市朝阳区自行车协会与中青旅控股股份有限公司签订合作意向书，县委副书记张玉林，副县长刘雪艳，中青旅控股股份有限公司监事、中青旅遨游国际旅游有限公司总裁郑蓬等助签，共同为中青旅水岸潮白房车小镇揭牌，并为本届“千人路走”“百人骑行”活动发令枪。香河县首届“乡约潮白”梨花旅游节以“赏花、踏春、健康、文化”为主题，开展潮白水畔巡游、梨花游园、千人踏春徒步、百人自行车骑行、文化民俗演出、房车营地体验、非遗文化体验、儿童运动会等精彩文化旅游活动。

22日　中国共产党香河县第十一届委员会第九次全体会议召开，县委书记李桂强主持会议并就《中国共产党香河县第十一届委员会第九次全体会议关于召开中国共产党香河县第十二次代表大会的决议》（简称《决议》）作说明，会议表决通过《决议》。

是日　十一届香河县委第七轮常规巡察暨巡察“回头看”工作动员会议召开，县委书记、县委巡察工作领导小组组长李桂强出席会议并讲话，县委常委、组织部部长、县委巡察工作领导小组副组长王宏民宣读《关于十一届县委第七轮常规巡察暨巡察“回头看”组长授权任职及任务分工的决定》，县委常委、纪委书记、监委主任、县委巡察工作领导小组常务副组长牛静主持会议并讲意见。

是日　县委网信办组织开展网络媒体游香河采访活动，邀请人民网、中国新闻网、中国网、河北新闻网、网易等20余家全国重点网络媒体，围绕香河运河文化、旅游品牌、乡村振兴、重点工程等主题，通过全媒体全平台联动，向广大网友呈现美丽幸福新香河，为中国共产党成立100周年献礼。采访团一行到县文化艺术中心香河文博馆、香河非物质文化遗产展示中心，北运河王家摆桥施工现场、船闸橡胶坝施工现场、香河中心码头，安平镇溪香大樱桃种植专业合作社，通过讲解交谈、实地查看等方式进行深入的采访报道。

27日　香河县举办党史学习教育专题培训班，邀请北京师范大学教授、博士生导师杨世文，以“回顾百年奋斗路、走好未来奋进路”为题作具体辅导。全县处级干部，县直单位主要负责人、主管党务工作副职及优秀股级干部，各镇党委书记、相关科级干部及优秀选调生参加培训。

28日　农业农村部、财政部印发《关于公布2021年农业产业融合发展项目创建名单的通知》（农计财发〔2021〕10号），香河县五百户镇入选2021年农业产业强镇创建名单。

是日　市委党史专家宣讲团到香河县开展集中宣讲活动，宣讲团成员、北华航天工业学院教授赵国龙对中国共产党百年奋斗的光辉历程和历史性贡献等内容进行具体讲解，县委常委、宣传部部长焦国强出席。会后，市委党史专家宣讲团一行到珠光社区，围绕党史学习教育与党员干部群众进行座谈，交流学习体会。

是日　香河县2021年中小学生田径运动会在县第一中学开幕，副县长刘雪艳出席开幕式。本次运动会会期2天，分别设有小学组、初中组、高中组，包括100米、400

米、跳远、跳高等项目。

29 日 “青春沐党恩、薪火永相传”共青团香河县委纪念五四运动 102 周年庆祝大会召开，县委副书记张玉林、副县长刘雪艳出席会议并为获得县青年志愿者服务队、青年突击队、青年先锋岗称号的单位授旗。

5 月

8 日 由北京城市副中心管委会、通州区政府、廊坊市政府共同主办的政务服务“区域通办”联动机制框架协议签约仪式在香河县便民服务中心举行。北京市政务服务管理局副局长，城市副中心党工委委员、政务服务管理局局长刘强；北京城市副中心党工委委员，通州区委常委、常务副区长阳波；廊坊市委常委、常务副市长贾永清共同签订《关于实施北京城市副中心与廊坊“北三县”、廊坊临空经济区政务服务“区域通办”联动机制框架协议》。县委副书记、县长齐泽旭等出席。

是日 县委书记李桂强到淑阳镇开展党史学习教育专题宣讲，从为什么学习党史、怎样学习党史、学习党史的目的、应该如何做等方面，为淑阳镇党员干部进行具体讲解。

12 日 县医疗保障局发布通知，5 月 1 日至 2022 年 4 月 1 日，在香河县人民医院、香河县中医医院、河北中石油中心医院、廊坊健康管理医院 4 家定点医院，对全县城镇职工医疗保险参保职工统一开展 1 次免费体检。

13 日 2021 年北京·河北廊坊“北三县”项目推介洽谈会暨北京城市副中心(通州区)与廊坊“北三县”一体化高质量发展论坛在大厂县举行。会议举行北京城市副中心(通州区)与廊坊市“北三县”政务服务“区域通办”启动仪式、北京市协同发展服务促进会揭牌仪式；举办北京与河北廊坊“北三县”项目签约仪式，共签约 39 个项目，意向投资额约 247 亿元，其中，香河县的比恩希先进封装设备关键核心零部件加工制造基地、香河云储数字经济产业基地数据中心项目等 9 个重点合作项目成功签约。

14 日 河北省妇联在线上举办庆祝中国共产党成立 100 周年优良家风展示暨 2021 年度河北省“最美家庭”揭晓活动。香河县城内第一小学教师曹丽家庭获评 2021 年度河北省“最美家庭”。

15 日 香河县人民政府发布通告，5 月 16 日 12 时至 7 月 31 日 12 时，在香河县辖区水域实施禁渔作业（娱乐性垂钓除外）。

18 日 香河县举行重点民生工程启用仪式，县人民广场、县民兵训练基地等 4 项重点民生工程正式启用。县委书记李桂强出席活动并讲话，县委副书记、县长齐泽旭主持，副县长闫明杰介绍新建县人民广场项目基本情况，县委常委、县委组织部部长王宏民介绍新建民兵训练基地、县委党校项目基本情况，县四大班子领导，各镇（社区办）、县直相关部门主要负责人及各界群众代表 300 余人参加。启用仪式后，李桂强、齐泽旭等县领导实地参观县人民广场地下停车场、县民兵训练基地、县委党校等重点民生工程。

19 日 香河县召开全县领导干部大会，市委组织部副部长刘燕宣读省委和市委关于香河县委、县政府主要领导调整的决定，梁宝杰任香河县委委员、常委、书记；免去李桂强的香河县委书记、常委、委员职务，另有任用；李海滨任香河县委委员、常委、副书记；免去齐泽旭的香河县委副书记、常委、委员职务，不再担任县政府县长，另有任用。李桂强、梁宝杰、齐泽旭、李海滨分别讲话。

22 日 香河曾来德艺术馆（来德书院）开馆暨“运河墨韵”全国书法名家邀请展开幕式在县文化艺术中心举行。中共中央宣传部原秘书长官景辉、中国国家画院副院长张江舟、中国国家画院原副院长、中国文化艺术促进会书记曾来德、县委书记梁宝杰、县委副书记李海滨等出席。

24 日 县人大常委会主任闫再兴主持召开县第十五届人大常委会第三十三次会议，会议以画票表决的形式，一致通过，决定任命李海滨为香河县人民政府副县长、代县长。

是月　京唐铁路香河段内包含路基工程，桥涵工程，轨道工程，通信线路、广播电视线路、电力线路三电迁改工程等，有连续梁25联、双线T构3联。截至5月，28联连续梁全部合龙。

6月

1日　香河县“保通航、优环境、促发展、庆百年”重点工作动员大会召开。县委书记梁宝杰出席会议并讲话，县委副书记、代县长李海滨主持会议并讲意见，县委副书记王宏民宣读《香河县城乡环境综合整治提升行动实施方案》，县领导张华维、于建全、张锦山、张显民、刘宇分别对分管工作进行安排部署，县农业农村局、县城市管理综合行政执法局、蒋辛屯镇、北运河廊坊段旅游通航安运桥工程施工单位中铁一局等主要负责人作表态发言。

2日　市委书记杨晓和一行到香河县就城乡环境综合整治提升行动开展情况进行调研检查，在老夏安公路沿线，蒋辛屯镇梁家务村、岭子村和北李庄村实地察看，详细了解违建拆除和环境提升工作情况。

4日　廊坊市举行2021年第二季度重点项目集中开工仪式，在香河分会场，华都科创孵化中心项目、北运河廊坊段旅游通航通武线(安运桥)改建工程、香河水岸潮白景区提升项目、专显(河北)科技有限公司光电子显示器及整机相关产品研发生产项目等9个重点项目集中开工，总投资23.08亿元。县委书记梁宝杰，县委副书记、代县长李海滨等出席活动。

8日　省“三重四创五优化”活动领导小组办公室综合调研组组长李延波一行到香河县督导调研“三重四创五优化”活动开展情况，李延波一行先后到蒋辛屯镇北李庄村、县便民服务中心、北运河香河中心码头、机器人小镇、县人民广场等地，实地了解新农村建设、智慧城市建设、北运河廊坊段旅游通航工程建设、县域产业发展和县人民广场建设情况，对香河县“三重四创五优化”活动开展情况给予充分肯定，并提出指导性意见和建议。

19日　香河县在县文化艺术中心北广场，开展“游千载运河、颂百年风华”迎接市旅发大会暨助力北运河通航系列文化活动之“爱运动、爱健康、爱生活”百人国球助力操活动。

23日　县第七次全国人口普查领导小组办公室发布《香河县第七次全国人口普查统计公报》，2020年11月1日零时，香河县常住人口为449038人，与2010年第六次全国人口普查的343372人相比，增加105666人，增长30.77%，年平均增长率为2.72%。

24日　香河县在新城公园举办“最美歌声献给党”红色组歌录制活动，向中国共产党成立100周年献礼。活动中，县委书记梁宝杰带领县四大班子党员领导，各镇（社区办）、园区、县直单位主要负责人及全县优秀党员代表重温入党誓词，歌唱《没有共产党就没有新中国》；参与活动的学生代表歌唱《在灿烂阳光下》。

是日，香河县第五届“县长杯”青少年足球赛暨全县中小学生足球赛开幕，全县20所中小学校的40支足球队参赛，赛期2天。

26日　北运河(廊坊段)全线旅游通航仪式在北运河香河中心码头举行。副省长时清霜宣布北运河廊坊段旅游通航，市委书记杨晓和致辞，县委书记梁宝杰介绍北运河廊坊段通航建设情况。历时6个月，香河县将北运河廊坊段打造成为全省第一条内陆旅游通航河流，建成全省第一座具备通航条件的船闸和集旅游、海事、安全保障于一体的综合性内河码头，开辟了国际领先、国内最为先进的数字化旅游航道，并沿河打造了森林生态文化区、运河历史文化区、田园农耕文化区北中南三大景区板块和十大缤纷节点。现场展演中幡技艺、原创诗朗诵《古运展新图 礼赞新时代》，为参与运河通航建设者发放“匠心筑梦人”画册。北运河廊坊段与北京段通航仪式同步同时同标准举行，实现与北京同步旅游通航。

29日　香河县庆祝中国共产党成立100周年座谈会暨县委书

记讲党课会议在县文化艺术中心召开，表彰先进、交流经验。县委书记梁宝杰围绕开展好党史学习教育为全县党员干部讲党课；县委副书记、代县长李海滨主持会议，县委常委、组织部部长王国强宣读《中共香河县委关于表彰全县优秀共产党员、优秀党务工作者和先进基层党组织的决定》，梁宝杰、李海滨等为受表彰代表颁奖并为老党员代表颁发“光荣在党50年”纪念章。

30日　在新城公园举行香河县庆祝中国共产党成立100周年广场文艺演出启动仪式，县委常委、县委宣传部部长刘雪艳等领导出席。

是月　在中国共产党成立100周年前夕，县委书记梁宝杰，县委副书记、代县长李海滨等领导分别看望慰问老党员。

是月　由香河县委党校高级教师丁云梅筹划发起，会同重庆市丰都县田婵娟、山东省潍坊市李学芳、广西壮族自治区桂林市唐美兰、浙江省杭州市吕莉、湖南省长沙市邵京英、江苏省徐州市李海梅、安徽省合肥市管大顺等8位剪纸艺术家，历时75天，共同创作一套大型剪纸作品《光辉的历程》问世，并在各位艺术家的家乡巡回展出，为中国共产党成立100周年献礼。整套作品从中国共产党百年党史中选择100件大事，创作100幅剪纸，主题为“百年·百事·百图”，讴歌中国共产党100年辉煌。

7月

1日　香河县组织集中观看庆祝中国共产党成立100周年大会，县委书记梁宝杰，县委副书记、代县长李海滨等县领导与县直各部门各单位主要负责人在主会场收看大会直播；各镇（社区办）、园区及各单位设分会场，组织集中观看大会直播。

是日　香河县在县人民广场开展“悟初心、颂党恩，强信念、聚合力，跟党走、建新功”庆祝中国共产党成立100周年主题活动。100名新党员进行集体宣誓，老党员重温入党誓词，共同合唱《没有共产党就没有新中国》，参观“红船精神”“井冈山精神”“西柏坡精神”等中国精神图片展。

6日　省文化和旅游厅关于第三批全国乡村旅游重点村镇和第三批省级乡村旅游重点村镇遴选推荐结果公示，香河县蒋辛屯镇被入选河北省乡村旅游重点镇、蒋辛屯镇梁家务村入选第三批河北省乡村旅游重点村。

是日　香河县开展2021年防汛抢险综合应急演练活动，采取桌面推演和实战演练相结合，主要科目有指挥调度、河道内村庄群众转移、群众安置、洪水调度、水上救援等，县委副书记、代县长、县防汛抗旱指挥部指挥长李海滨等出席活动。

7日　香河县组织开展全县重点项目拉练观摩活动，实地观摩凯华齿轮汽配生产项目、奥特莱斯新环球国际中心项目、天亚木业生产线技术改造项目、喜临门软体家具生产项目、可口可乐华北饮料生产基地项目、大爱医院项目和景山学校大爱城分校项目，现场听取项目情况的汇报，了解各项目的产值、发展方向以及存在的困难与问题。县委书记梁宝杰，县委副书记、代县长李海滨在观摩中分别就项目建设讲意见。

是日　为增强全县人民群众的国防观念和忧患意识，推进防空警报体系建设，上午10时00分至10时30分在县城区实施防空警报试鸣。

9日　省政协副主席葛会波、苏银增率省九三学社及特邀界别政协委员到香河县就北运河廊坊段建设情况进行专题调研。

12日　为巩固省级文明县城创建成果，全力推进创城常态化、规范化，县委组织部对全县各级党组织、共产党员发出倡议书。要求全县各级党组织要充分发挥战斗堡垒作用，认真做好创城各项工作，具体要做到职责落实到位、宣传发动到位、环境整治到位、监督值守到位；全县广大党员要身体力行，发挥先锋模范作用，自觉践行创城各项要求，具体做到带头做好表率、带头担当尽责、带头宣传引导、带头监督履责。

14日　香河县开展城乡环境综合整治提升工作观摩拉练活动，

县委书记梁宝杰，县委副书记、代县长李海滨一行到新华街社区老通唐线东口违建拆除点、蒋辛屯镇大窑上村、香河经济开发区新兴产业园和园路富力工棚拆除点等地，实地观摩全县城乡环境综合整治提升工作成效；随后召开全县城乡环境综合整治提升调度会议，梁宝杰、李海滨分别讲意见，各镇（社区办）、园区主要负责人汇报本单位城乡环境综合整治提升工作开展情况。县四大班子相关领导出席上述活动。

17 日　中共香河县第十一届委员会第十次全体会议召开，研究提交中共香河县第十二次代表大会的有关事宜。会议审议通过十一届县委工作报告（草案）、县纪委工作报告（草案），酝酿十二届县委、县纪委委员候选人预备人选建议名单，表决通过《中共香河县第十一届委员会第十次全体会议关于向县第十二次党代表大会提交有关事项的决议（草案）》，等额圈选出席市七次党代表大会代表候选人预备人选。

18－21 日　中共香河县第十二次代表大会在第一城国际会议中心召开。县委书记梁宝杰代表中共香河县第十一届委员会向大会作题为《激情满怀干事业昂扬竞进当先锋为建设“协同发展示范区、绿色活力幸福城”努力奋斗》的报告。大会审议通过中共香河县第十一届委员会工作报告和县纪律检查委员会工作报告，选举产生新一届中共香河县委员会委员和候补委员、新一届中共香河县纪律检查委员会委员、香河县出席中国共产党廊坊市第七次代表大会代表。

21 日　中共香河县第十二届委员会举行第一次全体会议，选举产生中共香河县第十二届委员会常务委员会委员，梁宝杰当选县委书记，李海滨、王宏民当选县委副书记，选举梁宝杰、李海滨、王宏民、陈润彬、张华维、张晓宇、于建全、刘雪艳、张锦山、王国强、张昆宁为县委常务委员会委员；表决通过中共香河县第十二届纪律检查委员会第一次全体会议选举产生的常务委员会委员和书记、副书记，《中共香河县第十二届纪律检查委员会第一次全体会议选举结果的报告》《中共香河县第十二届委员会第一次全体会议决议》。

22 日　水利部调研组一行到香河县就大运河通水通航相关工作进行调研指导，调研组一行实地查看运河中心码头、曹店橡胶坝、王家摆桥、安运桥等旅游通航工程，水利部河湖管理司副司长陈大勇对香河县北运河旅游通航的建设成果给予充分肯定。在随后召开的座谈会上，副县长张显民汇报了北运河旅游通航建设情况、推进情况、重点任务落实情况以及与京津两市沟通情况等相关内容；天津市水务局相关负责人就津、冀运河连接部分建设情况进行汇报。

22－28 日　香河县蓝天救援队安排 8 名救援人员和 8 辆救援保障车、2 艘冲锋舟等救援装备，赴河南省新乡市驰援当地暴雨灾害，救援被困群众 200 余人。

24－26 日　中国人民政治协商会议香河县第十届委员会第一次会议在第一城福安宫多功能厅召开。县委书记梁宝杰应邀出席开幕会议并讲话，县委副书记、代县长李海滨等领导应邀出席开幕会议，会议听取和审议、表决通过《中国人民政治协商会议香河县第九届委员会工作报告》《中国人民政治协商会议香河县第九届委员会提案工作报告》，与会政协委员列席香河县第十六届人民代表大会第一次会议相关会议；会议选举产生的新一届政协委员会主席、副主席、秘书长、常务委员。

25－27 日　香河县第十六届人民代表大会第一次会议在第一城国际会议中心召开。县委书记梁宝杰出席会议并讲话，会议听取和审议、表决通过《香河县人民政府工作报告》《香河县人大常委会工作报告》《香河县人民法院工作报告》《香河县人民检察院工作报告》《选举办法（草案）》《关于县第十六届人大各专门委员会组成人员人选的表决办法（草案）》；选举产生新一届县人大常委会主任、副主任和委员，县人民政府县长、副县长，县监察委员会主任，县人民法院院长，县人民检察院检察长，出席廊坊市第八届人民代表大会代表；新当选人员及县第十六届人大各专门委员会组成人员集体向宪法宣誓，新当选的县人民政府县长李海滨、县人大常委会主任郭建永做表态发言。

是月　香河县雨污分流改造工程正式启动。雨污分流改造管网长度为27.67千米，涉及新华大街、永泰路、迎宾路、淑阳大街等7条道路11条管道，分7个标段，采用EPC模式实施。

8 月

2 日　在日本东京举办的第32届夏季奥运会上，首次获得奥运会马术三项赛团体赛参赛资格的中国队，最终获得团体赛第9名的成绩，中国队孙华东、包英凤、华天3名选手创造了中国马术运动发展新的历史。孙华东成为征战奥运赛场的香河籍第一人。

6 日　在县规划馆举行香河县机器人小镇企业座谈会暨韩国创新中心合作签约仪式，县委常委、常务副县长张华维出席。

7 日　廊坊市举行全市经济工作推进会议暨项目拉练观摩活动，市委书记杨晓和带队到香河大爱康复医院、北运河廊坊段旅游通航香河中心码头观摩项目建设情况。县委书记梁宝杰等县领导参加会议及观摩活动。

9 日　县新冠肺炎疫情领导小组（指挥部）工作会议召开，县委书记、县应对新冠肺炎疫情工作领导小组组长、县疫情防控工作总指挥部总指挥梁宝杰主持会议并就当前疫情防控工作讲意见，县应对新冠肺炎疫情工作领导小组、疫情防控工作总指挥部领导成员出席会议并就分管的工作讲具体意见和建议，领导小组办公室、防疫处置与流调隔离组、核酸检测与医疗救治组、防控排查监测组、物资保障组、新闻宣传组、交运市场组、社会维稳组、外事服务组、督导检查组、组织保障组等各专项组牵头单位分别汇报近期疫情防控工作开展情况。

16 日　香河县开展新型冠状病毒感染的肺炎疫情应急处置联合演练，包括发现新冠肺炎疑似病例、报送信息、启动应急预案、封闭社区、疫情防控、响应终止等内容，进一步提高应急处置能力和水平，不断提高防控工作的针对性和有效性，切实保障广大人民群众身体健康和生命安全。副县长刘海霞出席活动。

20 日　中共香河县人民武装部党委第一书记任职大会召开，市委常委、军分区政委常彦明宣读《廊坊军分区党委关于梁宝杰任香河县人民武装部党委第一书记的决定》，县委书记、县人民武装部党委第一书记梁宝杰做表态发言，县委常委、县人民武装部部长陈润彬出席会议。

25 日　文化和旅游部、国家发展改革委联合印发《关于公布第三批全国乡村旅游重点村和第一批全国乡村旅游重点镇（乡）名单的通知》（文旅资源发〔2021〕88号），香河县蒋辛屯镇荣获第一批全国乡村旅游重点镇称号。

是日　县政府办公室发布《关于香河县“8312345”政务服务热线归并至“12345政务服务便民热线”的通告》，自2021年9月1日起，香河县“8312345”政务服务热线归并至“12345”政务服务便民热线，“8312345”政务服务热线号码取消，如需反映问题，可依据政务服务热线受理范围拨打“12345”。

31 日　香河县参观考察团到北京市通州区就大运河文化带建设相关工作进行对接学习，先后参观北京城市副中心城市规划展厅、通州大运河文化公园和北京城市副中心剧院、图书馆、博物馆施工现场等地，了解通州区大运河文化带建设工作现状及近年来的工作成果，学习通州区在大运河文化带建设中的好经验、好做法。县四大班子领导参加此次活动。

是月　香河县融媒体中心制作的《河北香河：民营企业助推乡村振兴》作品荣获“学习强国”学习平台2021年第3期全国县级融媒体中心优秀作品双月赛三等奖。

9 月

3 日　在由省文化和旅游厅、省工业和信息化厅主办的“京娘湖杯”第三届河北省文创和旅游商品创意设计大赛决赛上，香河县文化馆文创作品“淑阳八景”荷系列荷包礼盒获得金奖。

7 日　香河县举行 2021 年科级年轻干部培训班开班仪式，县委书记梁宝杰出席仪式并讲话，县委常委、组织部部长王国强主持会议。此次培训为期两周，将采取学习授课、团建、座谈讨论等灵活多样的培训方式，对年轻干部进行培训和考察；特邀中央党校（国家行政学院）教授、博士生导师刘志伟专题授课。

9 日　香河县举办招商能力提升专题培训班，邀请中南高科京津冀区域副总经理兼投资总经理王培华从招商制度创新到招商实战分享，聚焦北京产业疏解，瞄准智能装备制造、无人机、生物医药等六大产业，进行产业链分析、产业招商策略实例演示。全县县处级干部，各镇(社区办)、香河经济开发区以及县直各部门负责人等参加培训。

14 日　省委书记、省人大常委会主任王东峰，省委副书记、省长许勤一行到香河县就北运河廊坊段通航工程进行调研检查，实地查看香河中心码头建设情况，并乘船考察旅游产业发展和两岸环境提升工作。

15 日　2021 年下半年香河县入伍新兵欢送大会召开，县委副书记、县长李海滨出席欢送大会并讲话，县委常委、县人民武装部部长陈润彬主持欢送大会，新兵代表、新兵家长代表作表态发言，入伍新兵进行集中宣誓，李海滨、陈润彬等为入伍新兵颁发奖励金。

16 日　香河县开展村街环境整治提升观摩拉练活动。县委书记梁宝杰、县长李海滨率观摩团一行到香河经济开发区新兴产业园小尹庄村、蒋辛屯镇大窑上村、钱旺镇袁官屯村等地，全面了解沿途环境、村庄清洁、污水治理、村庄面貌等方面的工作成效，听取各镇相关工作开展情况汇报，并对村街环境整治提升工作成效进行即时点评，对存在的问题和下一步工作提出具体要求。

是日　在县职业教育中心体育场举办 2021 年香河县社区和乡村冰雪运动暨“冰雪大篷车”启动仪式，副县长刘海霞出席。

23 日　中共中央农村工作领导小组办公室、农业农村部、中共中央宣传部、民政部、司法部、国家乡村振兴局联合印发《关于公布第二批全国乡村治理示范村镇名单的通知》（中农发〔2021〕15 号），香河县五百户镇被评为全国乡村治理示范镇。

24 日　香河县举办“协同发展提素质、领导干部大讲堂”第二讲暨加强招商引资工作专题培训会，邀请昆山市招商中心秘书长、乡镇企业协会秘书长孙建中授课，全县处级干部，各镇(社区办)、香河经济开发区以及县直各部门负责人等参加培训。

是日　2021 年度香河县优秀教师先进事迹首场巡回报告会在县城内第二小学举行。

25 日　县长李海滨为“文旅香河”代言的宣传片上线发布，李海滨诚邀各界宾朋到香河投资置业、共谋发展。

27—28 日　2021 年廊坊市文化旅游产业发展大会在香河县举行。本次大会以“百年红色传承、千年运河流香”为主题，采取“线上＋线下”相结合的方式，通过开展运河文化大讲堂、现场观摩、大运河主题演出、乘船游览大运河、非遗精品展等四大主体活动和 22 项配套活动，全方位展示大运河世界文化遗产魅力，大会主会场设在中信国安第一城景区，设分会场 14 个。27 日，组织参观中信国安第一城、北运河香河中心码头、水岸潮白景区等多个观摩项目，举行文化旅游发布会暨运河文化大讲堂等活动；28 日上午，在北运河香河中心码头举行大会开幕式，市委副书记、市长杨燕伟致辞并宣布开幕，省文化和旅游厅党组副书记、副厅长翟玉虎致辞，县委书记梁宝杰介绍香河县情况；市、县相关领导，通州、武清、宝坻和京杭运河沿线重点城市文化旅游主管部门负责人，国内有关文旅投资集团负责人、知名业界专家和媒体记者等 200 余人出席；开幕式上，廊坊市 12 个文旅项目成功签约。

30 日　香河县“心向冬奥”校园冰雪季正式启动，启动仪式主会场设在县第六中学，启动仪式后开展陆地冰壶、轮滑、桌上冰壶、滑雪体验等活动，并向广大师生发放冰雪知识宣传册。全县各中小学校长及县第六中学师生在主会场参加启动仪式。

10月

8 日　县人民医院在新院区职工礼堂，举办推进党史学习教育暨庆祝建院 71 周年大会，县长李海滨、副县长刘海霞出席。

9 日　省交通运输厅公示河北省县级城乡一体化试点名单，香河县成功入选。

10 日　香河县“弘扬运河通航精神”事迹报告暨大讨论活动动员会议在县文化艺术中心召开，动员全县上下弘扬“忠诚担当、创新实干、敢打必胜、聚力争先”的运河通航精神。县委书记梁宝杰出席会议并讲话，县委副书记王宏民主持会议。与会人员集体观看运河通航专题片《壮写运河新华章》和微电影《上官》；县交通运输局、县水务局、安平镇、县融媒体中心、北运河廊坊段旅游通航工作专班相关负责人就弘扬运河通航精神做事迹报告，香河经济开发区、县委宣传部主要负责人作表态发言。

是日　由县融媒体中心录制微电影《上官》正式上线发布，是香河县庆祝中国共产党成立 100 周年的献礼作品。

13 日　香河县举办“协同创新大讲堂”第三讲暨《中华人民共和国土地管理法实施条例》专题培训，自然资源部法规司一处副处长马骁骏应邀作专题授课，县、镇（社区办、园区、县直各部门）、村三级干部参加培训。

17 日　副省长胡启生到香河县就落实省委、省政府决策部署，全力推动廊坊市“北三县”与北京城市副中心一体化高质量发展进行考察调研。

是日　香河县开展城乡环境综合整治提升及农村基层党建观摩拉练活动，县委副书记王宏民带领观摩团到安平镇三间房村、钳屯镇钳屯村、环保产业园石辛庄、安头屯镇前独立庄等 13 个村，实地观摩了解城乡环境综合整治提升、乡村振兴、农村基层党建等方面工作开展情况。

18 日　香河县在水岸潮白景区举办第四届京津冀（廊坊）自驾游与房车露营大会开幕式，副县长刘海霞出席活动。

20 日　在县文化艺术中心举办香河县“协同创新大讲堂”第四讲暨产业规划能力提升专题培训，北京大学、北大方极城市规划研究院院长李金恒应邀做专题授课，全县处级干部，各镇（社区办、香河经济开发区）领导班子成员、村党支部书记，县直部门主要负责人及相关部门股室负责人共 860 人参加培训。

22 日　香河县召开第一批青年拔尖人才命名表彰会，县委常委、常务副县长张华维，县委常委、组织部部长王国强出席表彰会并为全县第一批青年拔尖人才颁发证书。王国强宣读县委、县政府《关于命名香河县第一批青年拔尖人才的决定》，县委人才工作领导小组成员单位代表和全县第一批青年拔尖人才代表分别作表态发言。

23 日　省委常委、常务副省长袁桐利到北运河香河中心码头、中信国安第一城进行考察调研。

27 日　司法部印发《关于表彰全国模范司法所和全国司法所模范个人的决定》（司发通〔2021〕66 号），香河县司法局安平司法所被授予全国模范司法所称号。

29 日　市长杨燕伟带领全市项目拉练观摩团到北京顺鑫农业股份有限公司牛栏山酒厂香河生产基地（香河第一城酒业有限公司）观摩重点项目建设情况。

是日　廊坊市举行 2021 年第三次重点项目集中开工活动，在香河县分会场，全县 8 个重点项目集中开工，总投资 9.4 亿元，涉及先进制造业、数据应用、现代服务业和公共服务业等多个领域。

11月

2 日　廊坊市开展违法用地集中拆除行动，在香河经济开发区环保产业园东延寺村设市级主会场，县长李海滨、副县长刘宇和市自然资源和规划局四级调研员刘洪利出席活动。

是日　香河县抽调12名医护人员赴石家庄支援新冠肺炎疫情防控工作。

3日　县委书记梁宝杰、县长李海滨到北京稻香村食品集团股份有限公司进行实地考察，并就稻香村（香河）食品加工项目建设推进情况与稻香村集团总裁周广军进行对接交流。

6日　香河县优秀教师先进事迹报告暨捐资助教大会在县文化艺术中心剧场举行，县委书记梁宝杰出席活动并讲话，县委副书记、县长李海滨主持会议，县委副书记王宏民宣读《关于授予27家捐资助教企业荣誉称号的决定》；会上，为27家捐资助教企业颁发荣誉证书和奖杯，河北省三强公益慈善基金会、香河第一城酒业有限公司相关负责人代表捐资助教企业进行表态发言，6名优秀教师、校长作先进事迹报告。

8日　香河县举行香河至廊坊客运班线改造签约仪式，这是廊坊市推动全域公交化改革以来，全市县域第一家签订的改造协议，县交通运输局与廊坊交通运输集团主要负责人签署《香河至廊坊客运班线改造协议书》，市国资委、市交通运输局相关负责人、副县长张显民出席签约仪式。

23日　受中共中央组织部、中共中央宣传部委托，省委组织部副部长、省公务员局局长苑鸿志一行到香河县，为荣获2021年全国"最美公务员"称号并被中共中央组织部记一等功奖励的香河县看守所四级高级警长李向国颁发奖章和证书，市委书记杨晓和、县委书记梁宝杰等市县领导出席活动。

是日　廊坊市开展环境整治提升观摩拉练活动。市委书记杨晓和、市长杨燕伟等率领市观摩团到香河县蒋辛屯镇岭子村、北李庄村和北运河香河中心码头等地，观摩香河县利用拆违土地发展产业、户厕改造和污水处理等情况，了解全县城乡环境综合整治提升工作开展情况。

是月　香河县完成城区27.67千米的雨污分流改造工程，形成主城区三横四纵雨污分流管网格局，对化解城市内涝、消除黑臭水体起到积极作用，新华大街、淑阳大街、绣水街、永泰路、安抚路、迎宾路、五一路7条道路主路于11月中旬前陆续完工并通车。

12月

3日　廊坊市举行2021年第四次重点项目集中开工活动，在香河经济开发区新兴产业园设立分会场，香河县华海云谷云计算数据中心项目、东方电子半导体热电组件生产项目、北硬科技硬质合金材料生产项目、松岛菱电节能变频器及灯具生产二期项目、刘宋中心卫生院改扩建工程5个重点项目集中开工，项目总投资23.43亿元。市委副书记王亚军，县委书记梁宝杰，县委副书记、县长李海滨等出席开工仪式。

7日　在县委、县政府办公楼七层大会议室，召开香河县学习贯彻党的十九届六中全会精神专题宣讲报告会议，县委书记梁宝杰作宣讲报告。县委副书记、县长李海滨主持会议。

是日　在县委、县政府办公楼七层大会议室，召开全县巡察工作会议暨十二届县委第一轮巡察工作动员会议，县委书记梁宝杰出席会议并讲话，县委常委、纪委书记、监委主任张晓宇主持会议，县委常委、组织部部长王国强宣读《关于十二届县委第一轮常规巡察组长授权任职及任务分工的决定》。12月上旬至2022年2月中旬，县委巡察组将对县教育和体育局、财政局、水务局、环卫服务中心、园林绿化管理中心、融媒体中心、新开街社区、新华街社区8家单位党组织开展常规巡察。

13日　在县人民广场举办香河县全民反诈集中宣传活动，公安民警代表、志愿者代表、社区工作者代表、银行工作人员代表、中学生代表分别围绕如何参与全民反诈工作进行表态发言，县长李海滨等出席，各镇区（社区办）、香河经济开发区分别设分会场开展全民反诈集中宣传活动。

14日　中华全国人民调解员协会印发《关于通报表扬组织宣传人民调解工作先进集体的通知》

（中调协〔2021〕8号），香河县司法局作为廊坊市唯一县级单位被评为全国组织宣传人民调解工作先进集体。

15 日　平安中国建设表彰大会在北京召开，会上，香河县被授牌命名为平安中国建设示范县，第四次被授予全国平安建设最高奖"长安杯"。

是日　省交通运输厅、省财政厅、省农业农村厅、省乡村振兴局联合印发《关于命名"四好农村路"省示范县、省示范乡（镇）和省美丽农村精品示范路的通知》，香河县蒋辛屯镇、刘宋镇获评"四好农村路"省示范镇，县道香北线、乡道香武线、村道程庆线至荷花池3条农村公路（共计33.851千米，总里程全省排名第三）获评省美丽农村精品示范路。

是日　香河县举办学习贯彻中共十九届六中全会精神专题辅导讲座，特邀省委党校教授穆瑞丽作专题辅导。

16 日　廊坊市"群众说事、干部解题"工作现场推进会议在香河县召开，县委书记梁宝杰参加会议。会前，与会人员到五百户镇综治中心、蒋辛屯镇综治中心现场观摩"群众说事、干部解题"工作运行情况，并听取相关负责人的情况介绍。

18 日　2021第二届全国县级融媒体中心能力建设年会在四川省成都市双流区开幕，开幕式现场公布全国县级融媒体中心能力建设十大典型案例和全国县级融媒体中心能力建设十佳创新案例，香河县融媒体中心获评2021年全国县级融媒体中心能力建设十佳创新案例。

25 日　县委副书记、县长李海滨一行就巩固拓展脱贫成果对口帮扶工作到张家口市张北县进行对接，进一步加强与张北县的沟通联系，共同做好巩固拓展脱贫成果工作。

26 日　香河县组织开展城乡环境综合整治提升、农村基层党建及创城工作常态化观摩拉练活动，并召开调度会议。县委书记梁宝杰出席观摩拉练活动和调度会议并讲话，县四大班子领导出席观摩拉练活动和调度会议。

29 日　省河湖长制办公室公示全省"秀美河湖"评选结果，廊坊市北运河香河县段获评河北省"秀美河湖"。

30 日　县委书记梁宝杰到县第一中学，以"学百年党史、做时代青年"为主题，为师生们讲思想政治教育课。

是日　县委副书记、县长李海滨到县职教中心，以《走好人生路、当好接班人》为题，结合党史学习教育和"四史"宣传教育，为师生们讲思想政治教育课。

31 日　中国地方志指导小组、中国地方志学会印发《关于对第八届全国地方志优秀成果（年鉴类）的通报表扬》（中指组字〔2021〕23号），《香河年鉴（2020）》荣获第八届全国地方志优秀成果（年鉴类）县级综合年鉴特等奖。

是日　全县党建工作暨领导干部政治性警示教育大会召开，县委书记梁宝杰等领导出席会议。

是日　廊坊交通运输集团有限公司"北三县"定制客运分公司开通香河至北京四惠客运站、大厂至北京四惠客运站、三河至北京四惠客运站3条省际班线（试运营）。

香河概况

责任编辑　闫振春

综　述

香河县地处河北省中部偏东，廊坊市东北部，为海河流域冲积平原，背燕山而面渤海，临首都而依天津，素有“京畿明珠”之美誉。总面积448平方千米，县人民政府驻地淑阳镇。公路交通便捷，形成以高速公路京哈高速公路（G1）、首都地区环线高速公路（G95），国省道干线公路京滨公路（G103）、唐通公路（G509）、通武公路（G230）、平香线（S274）为骨架，县乡公路为支脉，县镇相通、村街相连的网格化公路交通格局。县域为海河流域冲积平原，地势西北高东南低，最高点海拔15.9米，最低点海拔4.9米，自然坡降1/3000。县域属于大陆性季风气候，为暖温带半湿润气候区，四季分明，春、秋短，冬、夏长，冷暖干湿变化较大。春季少雨多风，夏季炎热多雨，秋季天高气爽，冬季寒冷干燥。香河县多年平均气温12.1℃，年平均降水量为545.9毫米，年均日照时数2558.6小时。县境四面环河，属海河水系。过境河流主要有北运河、潮白河，青龙湾河、引沟入潮河等。水资源均为淡水，基本属于中等富水区。土地多为壤质土，厚而宜耕。农业林业等发达。域内野生植物品种200余种，野生动物160余种。陶用黏土分布广泛。

优越的地理环境，丰富的自然资源，为县内各项事业的发展奠定了坚实的物质基础。

2021年，是“十四五”规划的开局之年，也是夯基垒台、蓄势聚能的一年，香河县坚持以习近平新时代中国特色社会主义思想为指导，在县委、县政府的正确领导下，在县人大、县政协的监督支持下，团结带领全县人民，抢抓与通州区一体化高质量发展重大机遇，深入开展“三重四创五优化”等系列活动，统筹推进常态化疫情防控和经济社会发展，圆满完成了全年目标任务。全县经济社会实现高质量发展。地区生产总值完成257.2亿元，同比增长8.6%；一般公共预算收入完成32.4亿元，同比增长5.3%；固定资产投资同比增长7.2%；规模以上工业增加值同比增长8.5%；实际利用外资完成15774万美元，同比增长411%；城镇和农村居民人均可支配收入分别达到52041元、23039元，同比分别增长7.6%和9.6%，香河县获评河北省民营经济发展先进县、河北省城乡客运一体化试点县等多项荣誉，荣膺平安中国建设示范县称号，第四次捧回全国平安建设最高奖“长安杯”。

明确目标路径，发展框架全面拉开。坚持跳出香河看香河，积极抢抓廊坊市“北三县”与通州区一体化高质量发展重大战略机遇，统筹考虑工作要求、宏观大势、区域实际、群众期盼，明确提出建设“协同发展示范区、绿色活力幸福城”的奋斗目标和打造“高端制造聚集区、商贸服务微中心、文旅康养目的地”的功能定位，全力构建以文化旅游为特色名片，以智慧家居、智能制造、智慧健康为主导支撑，以数字科技、现代服务为战略培育的“1+3+2”现代产业体系，稳步实施区域互动、创新驱动、改革促动、治理联动、品牌带动“五大战略”，扎实开展产业提质、项目提速、环境提标、民生提档、治理提效“五大行动”，全面加快“文旅香河”建设步伐，为实现“十四五”强势开局指明方向路径，奠定坚实基础。

通航目标如期实现。坚持一切从政治上考量、在大局下行动，把北运河廊坊段旅游通航作为“一号工程”，举全县之力推进工程建设。3个月完成453.33公顷（6800亩）土地流转、6万余株乔灌木栽种；4个月完成全省首座旅游通航船闸建设；5个月完成5座码头建设；6个月完成橡胶坝改建；半年多时间，将北运河廊坊段打造成为省内第一条内陆旅游通航河流，6月26日，如期实现与北京同步同标准旅游通航。全省大运河文化保护传承利用工作推进会在香河县召开。按照“通航引领、产业带动、文旅融合、全域发展”思路，做好通航“后半篇文章”，高标准编制《北运河廊坊段沿线发展规划建议》，启动实施运河民俗风情项目。持续完善全域旅游规划，推动域内文旅资源整合互补，加强与北京环球度假区等优质资源联动发展，成功承办全市旅发大会，赋予“文旅香河”强大势能。

协同发展纵深推进。研究制发《香河县与通州区一体化高质量发展实施方案》《香河县关于认真贯彻落实〈国务院关于支持北京城市副中心高质量发展的意见〉的若干措施》等文件，细化124项具体任务，确保推动协同发展有目标、有重点、有节点，工作落实可量化、可考评、可追溯。常态化开展区域联合执法，推动与通州区重污染天气预警响应联动管控，筑牢一体化生态安全屏障。积极承接北京非首都功能疏解，云储数据中心等11个转移项目成功签约，小米汽车配套产业园项目进入深度接洽阶段，提速融入北京产业链、供应链、创新链。京唐铁路县境内架梁全部完工，安石路西延在全市4条协同发展跨界道路中率先启动建设，通宝路工程初步确定路线方案，开通香河至北京省际班线，至廊坊实现公交化运营，区域交通便利度极大提升。香河大爱医院一期、潞河医院香河医康院区完成主体施工。70项政务服务事项和453项高频便民事项与通州区实现“区域通办”。

项目建设、经济实力稳中有进。大力实施产业项目倍增行动，新开工亿元以上产业项目21个；5000万元以上项目新签约45个、在谈81个；争列省市重点项目23个，总投资452.26亿元。深化香河经济开发区改革，实施“双倍增”计划，推进园区“新九通一平”建设，全面提升平台能级，全区主营业务收入、税收收入分别完成175亿元、20.5亿元，同比分别增长15.8%、26.3%。持续优化营商环境，深化“三包四帮六保五到位”和精准服务年、入企服务周活动，创新开展纪检监察部门蹲点调研，畅通服务群众企业“最后一米”。发挥政府主导作用，强化要素保障，成立香河财信城市投资控股有限公司，搭建与项目企业合作平台；香河鼎力中小企业融资担保有限公司累计助企融资11.9亿元。实施民营经济“二次创业”3年行动，制定《关于支持民营经济发展十项措施》，全面落实扶商惠企各项政策，市场主体新增1.04万家，总量达4.8万家；高新技术企业通过认定26家；科技型中小企业通过认定279家；获批省级专精特新企业6家；13项省重点技改项目被列入河北省“千项技改”计划目录；规模以上工业企业突破100家。

城乡面貌显著提升。对标北京城市副中心，深入开展城乡环境综合整治提升行动，明确“三大四精五到位”目标举措，将违建拆除、常态化“创城”与整治提升行动一体推进。整修养护国省干线及县乡村公路310.7千米，清理坑塘沟渠、残垣断壁、乱堆乱放2.65万余处，改造老旧居民小区31个，整改卫片图斑和农村乱占耕地建房527宗166.67公顷（2500余亩），拆除私搭乱建61万平方米，力度前所未有，成效令人瞩目，百姓拍手称快。廊坊市“北三县”城乡环境综合整治提升暨北运河旅游通航工作观摩推进会在香河县召开；高质量完成省级文明县城复评工作。

香河人民广场、县委党校、垃圾焚烧发电等项目正式投入使用，27.67 千米城区雨污分流改造完成，2 座污水处理厂提标改造工程加快实施，新增城区停车位 1000 个，城市综合承载能力持续提升。全面推进乡村振兴，打造“一村一品”专业村 77 个，申报市级农业产业化龙头企业 4 家，总投资 2936 万元的 1733.33 公顷（2.6 万亩）高标准农田项目全面开工建设，农业品牌影响力不断扩大。北李庄等 4 个省级美丽乡村精品村完成创建，蒋辛屯镇获评第一批全国乡村旅游重点镇，梁家务村获评全省乡村旅游重点村，五百户镇获评第二批全国乡村治理示范镇，蒋辛屯镇、刘宋镇被评为“四好农村路”省级示范镇。深入开展“大气、水、土”污染治理，超额完成植树造林任务，空气质量综合指数和 PM2.5 浓度同比分别下降 6.94% 和 3.18%，优良天数达到 266 天，6 个国省市控断面均达到考核要求，北运河及两岸野生动植物种群明显增多。

民生福祉不断改善。坚持以人民为中心的发展思想，不断提升群众获得感、幸福感、安全感。科学应对疫情形势，严格落实“十个常态化”30 条措施，超额完成第一、二剂次新冠病毒疫苗接种任务，筑牢保障人民群众生命安全和身体健康的坚固防线。坚持教育优先，实施 26 项教育工程，创建普惠性幼儿园 40 所，“双减”政策全面落实，中小学课后服务实现全覆盖，顺利通过省政府履行教育职责督导评估。深化医药卫生体制改革，推进医共体建设，实施 9 项医疗健康提升工程，群众就医更加便利。全民参保、城乡低保、特困供养、孤儿救助、养老服务、就业再就业、巩固脱贫攻坚成果、退役军人优抚安置等工作均取得显著成效。结合“网格化”管理，深入开展“群众说事，干部解题”工作，全市推进会在香河县召开；围绕“北京不去、河北不聚”，项目化解决信访案件，圆满完成庆祝中国共产党成立 100 周年、中共十九届六中全会等重要节点安保维稳任务，以实际行动当好首都政治“护城河”排头兵。

基层党建堡垒作用有效发挥。坚持把党的政治建设摆在首位，压实管党治党政治责任，营造了风清气正的政治生态。加强常委会自身建设，不断增强“四个意识”、坚定“四个自信”、做到“两个维护”，持续提高科学执政、民主执政、依法执政水平。全力支持人大、政府、政协履行职责和开展工作，推动统战、民宗、党管武装、工青妇等各方面工作取得新成绩。聚焦重点难点，成立 9 个工作专班，县四大班子牵头抓总，推动上级决策部署在香河落地见效。坚持把学习党史同推动工作、解决实际问题相结合，推动党史学习教育进机关、进学校、进社区、进企业、进农村，开展宣讲 4000 余场次。实施组织聚力、队伍优化、夯基固本、典型培树、责任聚焦“五大工程”，强化党组织书记“第一责任人”职责，推动基层党建工作全面进步、全面过硬。圆满完成县镇领导班子及村“两委”班子换届，各项指标均符合上级政策要求。坚持“政治过硬、实绩突出、群众公认”用人导向，共提拔干部 46 人，晋升职级 79 人。严格落实党委意识形态工作责任制，牢牢把握意识形态工作领导权、主动权。深入开展“弘扬运河通航精神”大讨论活动，制定乡科级单位年度进位争先目标，建立清单式安排部署、拉练式督导检查、打分式评比晾晒、统筹式工作推动、“通航式”干部选用机制，举办协同创新大讲堂，推动干部作风大转变、工作效能大提升，形成了镇村比进位、园区比贡献、机关比服务的浓厚氛围。圆满完成十一届县委巡察全覆盖任务，启动十二届县委首轮常规巡察。持续整治群众身边腐败和不正之风问题，聚焦重点领域和关键环节，推进“惩、治、防”贯通协同。纪检监察机关共立案 68 件，处分 80 人，综合运用监督执纪“四种形态”教育批评帮助和处理 237 人次。

地理与区划

【地理位置】 香河县位于北纬 39° 37′ —39° 51′，东经 116° 51′ —

117° 12′，地处华北平原北部燕山南麓，位居河北省中部偏东，廊坊市东北部。东与天津市宝坻区毗连，南隔青龙湾河与天津市武清区相望，西与北京市通州区为邻，北与三河市、大厂回族自治县（以下简称大厂县）接壤。全境呈枫叶形，东西最长25.5千米，南北最宽23.5千米，县界总长160.86千米，总面积448平方千米。

县人民政府驻地淑阳镇，位于县境中部略偏西北，北运河之东，潮白河之西。县城距北京市中心45千米，距天津市中心70千米，距河北省会石家庄386.2千米，距廊坊市52千米。至宝坻城区30千米，至大厂县城17.5千米，至通州城区35千米，至武清城区45千米。

京哈高速公路（G1）横贯县域东西，设置香河北、香河东出口。首都地区环线高速公路（G95）穿过县域西北部蒋辛屯镇岭子、苍头、梁家务村，设置香河西出口。国道京滨公路（G103）、唐通公路（G509）、通武线（G230）及省道平香线（S274）公路贯穿全境。

【行政区划】 2021年，香河县辖淑阳镇、安平镇、钳屯镇、五百户镇、刘宋镇、安头屯镇、渠口镇、钱旺镇、蒋辛屯镇9个镇和河北香河经济开发区1个省级工业园区，300个行政村和新开、新绣、安抚、段庄、永泰、康宁、绣水、五一、府前东、兴业、新华、永兴、迎宾、城西、珠光、城北、永清、永胜、嘉园、兴济、汇文、潮白、民安、新城、正阳、安泰26个社区居民委员会。

2021年香河县行政区划一览表

表1

镇（社区办、园区）	所辖行政村	所辖居民委员会
淑阳镇	朱庄、大王庄、许台、杜屯、孟庄、郎庄、池套、前套、后套、大罗屯、小罗屯、前小屯、后小屯、赵庄、姬家止务、河南止务、河北止务、孙家止务、姚家止务、王家止务、宋家止务、凌家吴村、河南吴村、郭辛庄、赶水坝、金辛庄、矬口、计庄28个行政村	—
新开街社区工作办公室	西南街、东南街、南台、阎乔各庄、安抚寨、周园、段乔各庄、前店子8个行政村	新开、新绣、安抚、段庄、永泰、康宁、五一、绣水、府前东、兴业10个社区居民委员会
新华街社区工作办公室	白庙、胡庄子、万福辛庄、北岗子、刘庄、西北街、东北街、西店子8个行政村	新华、永兴、迎宾、城西、珠光、城北、永清、永胜、嘉园、兴济、汇文、潮白12个社区居民委员会
安平镇	一街、二街、四街、后庄、东庄、扁城、赶古庄、谢屯、周庄、西贾庄、草沙河、延福屯一村、延福屯二村、成辛庄、小友垡、甘露寺、王家摆、谭庄、鲁家务、曹店、北太平庄、堡上、孙家务、王指挥庄、乔庄、三间房、枳根城、陈辛庄、高庄29个行政村	民安、新城、正阳、安泰4个社区居民委员会
钳屯镇	红庙、茅草店、后家湾、二百户、起河屯、坨子、西延寺、前延寺、贾庄、窝头、钳屯、叶屯、尚店、张庄、池屯、赵屯、草寺、西刘庄、雀林院19个行政村	—
五百户镇	土山、四百户、三百户、骡子王、南蔡庄、夏辛庄、兴隆庄、仉村、高辛庄、曹庄、黄营、五百户、西张庄、前马房、后马房、头百户、马各庄、六百户、八百户、九百户、十百户、孙小营、东七百户、西七百户、李庄、前土门楼、后土门楼、西王家务、吴打庄、邢家营、荒凌庄、东双街、南太平庄、香城屯、南周庄、南张庄、霍刘赵、田各庄、南石辛庄、香椿营、仓上、于辛庄、董家湾43个行政村	—
刘宋镇	刘宋、东张庄、倪庄、马庄、程官屯、庆功台、王家务、八户、德辛庄、小刘庄、西太平庄、幞头屯、吴庄、尹庄、北村、北务屯、辛立屯、中营、刘庆庄、小陈庄、荆庄、大田、东王各庄、西王各庄、南孙家庄25个行政村	—

续表 1

镇（社区办、园区）	所辖行政村	所辖居民委员会
安头屯镇	安一、安二、安三、安四、西口头、北口头、前口头、东口头、韩营庄、杨营庄、孙营庄、赵营庄、顾家屯、黄庄、东兴隆庄、东太平庄、商汪甸、前独立庄、后独立庄、大青庄务、小青庄务 21 个行政村	—
渠口镇	渠口、北渠口、金庄、许庄、王刘圈、邵庄、店子务、康庄、宣教寺、荣各庄、戴家阁、牛济河、小高坨、小河各庄、魏家滩、孙各庄、温庄、小圈、西梨园、东梨园、三岔口、卢庄、邱庄、韦各庄、高山庄、炭户庄、石虎辛庄、固庄、韩庄、躲各庄、窦庄、阎胡套、卸甲庄、黄沙务、蔡庄、谭家务、大鲁家口、东鲁家口、大七里庄、小七里庄、渔阳院、东魏各庄、西魏各庄、北张庄、西河头、唐屯、青寺、青户庄 48 个行政村	—
钱旺镇	土堡子、马房顶、北刘庄、袁庄、田贾庄、焦康庄、义井、达古庄、大高坨、袁官屯、大六王庄、小六王庄、大河各庄、富各庄、东马家窝、西大街、后大街、和平街、姜吴街、成自务、钱旺村 21 个行政村	—
蒋辛屯镇	王店子、苍头、岭子、梁家务、河北吴村、闻庄、北三百户、北六百户、北头百户、大窑上、杨簸箕庄、北李庄、北五百户、大马坊、小马坊、后场、小祁庄、蒋辛屯 18 个行政村	—
河北香河经济开发区新兴产业园	百家湾、前建各庄、后建各庄、王庄子、北四百户、小尹庄、挠子庄、祁羊店、姬庄、匠庄、小朱庄、前骆驼港、后骆驼港、双营、打鹳户、大荒庄、程辛庄 17 个行政村	—
河北香河经济开发区环保产业园	小店子、前彭家务、后彭家务、南王庄、南刘庄、黄院、前井亭、中井亭、后井亭、孙家庄、铁佛堂、石辛庄、庞营、东延寺、李辛庄 15 个行政村	—

自然环境

【地质地貌】

地质

地层　根据中国地层区划，香河县属华北地层大区，东北部西马家窝至西延寺以东，后马房至荆庄以北属燕山分区唐山小区，其他部分属华北平原分区冀中小区。全县均为第四纪地层覆盖。

地质构造　香河县大地构造位置属华北地台区，横跨两个二级构造单元，后马房至荆庄以北属燕山台褶带，以南属淮河台向斜。

岩浆岩　香河县境内岩浆活动主要有两期：一为燕山期。以火山岩、火山碎屑岩为主，分布在大厂凹陷与武清凹陷中；在境东部宝坻凸起区，以煌斑岩脉侵入基岩中。二为喜山期。以安山玄武岩为主，夹在第三系地层中，分布在大厂凹陷区。

地貌

香河县地处华北平原北部燕山南麓，属冲洪积扇缘向冲积平原过渡的交接地。受北运河与潮白河影响，全境为海河流域冲积平原。地势西北高东南低，最高海拔 15.9 米，最低 4.9 米，自然坡降 0.3‰，地势平坦。

地貌形态分两种类型：

山前冲洪积扇前缘地貌　位于香河县西马家窝至西延寺一线以西，大致以海拔 10 米等高线为界，为潮白河前冲洪积扇的前缘，地面高程 10—15.9 米，坡降 0.4‰ 左右，河道尚有微弱的侵蚀下切能力，呈现为地下河。

山前冲洪积扇前洼地地貌　位于西马家窝至西延寺一线以东，地面高程 4.9—10 米，坡降 0.2‰—0.3‰。河流以缓流淤积作用为主，形成一系列洼地和较厚的黏土层。

河道易淤塞，呈现地上河。

因此在扇缘向冲积平原上，从水平到垂直，都表现出河流冲击的特点，低洼中心属于湖泊静水沉积物，质地黏重。全县地势西北高，东南低，海拔（黄海）高程 4.9—15.9 米，自然坡降 0.3‰。西北部蒋辛屯镇高程 10—15.9 米，中部及北运河两岸高程 7—10 米，东部东南部的刘宋镇、渠口镇、安头屯镇东部，高程为 4.9—7 米。

（田　雪）

【气候】 香河县属于大陆性季风气候，为暖温带半干旱半湿润气候区，具有四季分明，寒暑交错，春秋短、冬夏长，夏暑冬寒，温差较大，冷暖多变，干湿界限明显的气候特点。

气温。2021 年，全县平均气温为 12.6℃，较历年平均 12.6℃持平；年极端最高气温 36.7℃，出现在 6 月 12 日，年极端最低气温 −22.4℃，出现在 1 月 7 日。

降水。全年的降水量为 974.6 毫米，比历年平均 528.9 毫米偏多 445.7 毫米。

日照。全年日照时数 2475.6 小时，比历年平均 2481.8 小时偏少 6.2 小时。

（赵春森）

【水文水系】 水文包括水文地质、地上水和地下水。

水文地质。香河县地处潮白河冲洪积扇的中下游，地下水主要赋存于松散岩类孔隙水含水岩组中。松散岩类孔隙水含水岩组主要由第四系松散沉积物组成。根据成因类型可将第四系地层自上而下划分为 4 个含水组。

第一含水组（全新统 Q4）：含水层组底板平缓，埋藏深度 30—40 米，局部 50—60 米，含水层厚度一般 5—10 米，局部大于 10 米，该层沉积较薄，颗粒较细。岩性以细砂、中细砂为主，单井单位出水量为 2.5—5 米 ^{3}/小时・米，局部 5—10 米 ^{3}/小时・米。地下水水力特征为潜水。地下水矿化度一般小于 2 克/升。

第二含水组（上更新统 Q3）：底板深度 140 米左右。含水层厚度 20—30 米，局部 30—50 米，含水层岩性以细砂及含砾中砂为主。单井单位涌水量 10 米 ^{3}/小时・米左右，矿化度一般小于 1 克/升。水力特征属微承压水。

第三含水组（中更新统 Q2）：底板埋藏深度 300 米左右，含水层厚度一般 40—60 米，岩性以中砂、中细砂为主，单井单位出水量为 5—10 米 ^{3}/小时・米。地下水水质良好，矿化度小于 1 克/升。水力特征属承压水。

第四含水组（下更新统 Q1）：底板埋藏深度 420 米左右，含水层厚度 40—60 米。岩性以中粗砂、细粉砂、粉砂为主，单井单位出水量为 5—10 米 ^{3}/小时・米。地下水水质良好，矿化度小于 1 克/升。水力特征属承压水。

地上水。香河县四面环河，地处海河流域中上游，属海河流域北三河水系，有潮白河、北运河水系，东部和北部为潮白河水系，西部和南部为北运河水系。

过境河流多，主要有潮白河、北运河、青龙湾减河、引沟入潮河等，年径流量为 5.9203 亿立方米，还有凤港减河、窝头河、牛牧屯引河等季节性河道。香河县境内河道建筑物共计 8 座，分别为潮白河吴村闸、引河牛牧屯闸、青龙湾土门楼闸、北运河木厂闸、北运河曹店橡胶坝和潮白河 1、2、3 号橡胶坝。引水口 4 处，设计引水能力为 36 米 ^{3}/秒，通过调度，曹店跌水橡胶坝可一次性拦蓄地上水 2180 万立方米，岭子、杨簸箕庄、潮南进水闸、南刘庄 4 座引水闸年平均引水量达 5600 万立方米。

全县有干支渠 142 条，其中，干渠 26 条，总长 221.4 千米，支渠 116 条，全长 298.9 千米，干渠建筑物（闸）40 座。全县拥有国有扬水站 8 座，装机总容量 8375 千瓦，排水能力约 89.19 米 ^{3}/秒。万亩以上灌渠两个（潮南、潮北），设计灌溉面积 22333.33 公顷（33.5 万亩）。有深 2.5 米的坑塘 670 个，渠道坑塘蓄水能力 900 万立方米。全县有取水井 6078 眼，其中，城镇集中供水 52 眼，农业用水井 5582 眼，城镇生活井 5 眼，农村生活井 198 眼，工业企业井 52 眼，服务业井 4 眼，水源热泵井 185 眼。

潮白河。发源于承德市丰宁县、张家口市沽源县，上游由潮河、白河两大支流汇成。潮河发源于承德市丰宁县西黑山嘴，白河发源于张家口市坝上沽源县丹花岭，两河在密云水库下游河槽村汇流后，称潮白河。潮白河从蒋辛屯镇岭子村北进入香河县，流经香河县蒋辛屯镇、淑阳镇、钱旺镇、安头屯镇、渠口镇5个镇，通过潮白新河于渠口镇荣各庄村南进入天津市宝坻区，在宁车沽入永定新河入海，流向东南。该河是香河县主要行洪和供水河道，境内河道长26.48千米，流域面积183.95平方千米，防洪设计标准20年一遇，行洪能力2850米^3/秒，级别2级，河底纵坡吴村闸上1/4000，吴村闸下至宝坻界1/4500。左堤26.485千米，右堤20.25千米，堤顶硬化46千米。河流平均宽度1475米，最宽在淑阳镇赶水坝村2500米，最窄在钱旺镇达古庄村450米，堤顶宽度8米。

北运河。发源于北京市昌平区军都山居庸关附近，有大小支流数十条，主要有南沙河、北沙河、东沙河，3条河流于昌平区的沙河闸处汇流。通州区北关闸以上称温榆河，以下称北运河。北关闸至土门楼枢纽区间又有通惠河、凉水河和凤港减河纳入。北运河由香河县安平镇鲁家务村西北入境，流经香河县安平、淑阳、钳屯、五百户4个镇，在木厂闸以下，沿香河、武清两县区界到五百户镇双街村南出境，进入天津市武清区入永定河，从辛庄子桥入子牙河进海河入海，流向东南。北运河除汛期行洪外，平时主要为天津市输水河道，该河在香河县境内流程20.378千米，流域面积237.52平方千米，防洪设计标准20年一遇。行洪能力1330米^3/秒，级别3级。河道平均宽度2125米，扬洼闸至橡胶坝河道纵坡1/14150，橡胶坝至木厂闸1/15000。左堤长23.808千米，右堤长8.289千米，堤顶硬化1.65千米，堤顶平均宽度8米。为减轻北运河负担，在入境处赶水坝上游建有牛牧屯引河，汛期分泄北运河洪水至潮白河，出口处分为北运河和青龙湾减河。

青龙湾减河。是北运河的主要分洪河道，自香河县五百户镇土门楼闸起，沿香河县钳屯、五百户、刘宋等镇南部边界东流，于刘宋镇庆功台村扬水站东南进入天津市武清区，至里自沽农场止。香河县境内河道长18.2千米，境内堤防总长度23.69千米，行洪能力1330米^3/秒，防洪设计标准为20年一遇。

引泃入潮河。是为减轻泃河与蓟运河汛期行洪压力人工开挖的一条减河，引泃河水入潮白河，上起泃河的辛撞闸，下至宝坻区郭家庄，汇入潮白新河，从罗村渡槽进入香河县，于黄家集进入天津市宝坻区，香河县境内流程7.885千米，境内堤防总长度15.77千米，设计行洪能力为20年一遇，行洪能力830米^3/秒。

地下水。香河县地处北三河下游平原潮白河冲洪积扇中下游区，水位地质条件相对简单，地下水全部为淡水。地下水水质良好，矿化度小于1克/升。香河县浅层水的天然水化学类型主要为碳酸盐类钠组Ⅰ型水，其中，东延寺为碳酸盐类钙组Ⅲ型水，淑阳镇为碳酸盐类钠组Ⅱ型水。年内水位的变化规律：浅层地下水埋藏浅，其动态年变化受降水和人工开采控制，年初至3月中旬为相对稳定期，此期开采量不大，地下水水位升幅很小；3月中旬至6月中旬为春采水位下降期，农业灌溉集中开采，造成浅层地下水区域性水位下降，下降幅度因开采强度不同而异，5月中旬至6月中旬，出现年最低水位；6月中旬以后，由于降水量增加，开采量锐减，地下水得到降水的入渗补给，水位大幅度回升，8月上旬至9月中旬，达到年最高水位；进入秋冬开采期，农业开采量相对较小，但仍使地下水位再度下降，11月底秋冬采停止，地下水位回升进入相对稳定期。

（黄云龙 宋俊婷）

【土壤】 土壤包括土壤类型、质地、土壤肥力等基本要素。

土壤类型

香河县土壤类型受地貌类型影响，差异很大，有褐土、潮土和风砂土3个土类（香河县土壤类型分为3个土类，8个亚类、10个土属、56个土种）。根据分布特点，北部主要是褐土，南部主要是潮土，沿河两岸分布有风砂土。

褐土类型及其分布。褐土分布在香河县北部蒋辛屯镇和中部淑阳镇的部分村庄，占总土壤面积的11.55%。褐土类又分3个亚类、3个土属、10个土种。

褐土亚类占总土壤面积的0.05%，分布在冲积扇扇缘的突起部位。如蒋辛屯镇北四百户村东部、淑阳镇北岗子村北部，以丘状或岗状存在，零星分布，比平地高2—4米。该亚类土壤分1个土属、2个土种。

潮褐土亚类占总土壤面积的9.13%，发育在褐土残丘周围洪积冲积物母质上，分布于北部蒋辛屯镇和淑阳镇，地势平坦，高程在10—15米之间。该亚类土壤类分1个土属、7个土种。

褐土性土占总土壤面积的2.37%，分布在北运河、潮白河、青龙湾两岸附近，以沙丘状存在，高出地面3—4米。该亚类土壤仅为1个土属、1个土种。

潮土类型及其分布。潮土是香河县分布面积最大、耕性良好的主要土壤类型，占总土壤面积的88.38%，分布在香河县东部、东南部和南部，等高线5—10米之间。此类土壤分4个亚类、6个土属、45个土种。

潮土亚类占总土壤面积的81.75%。该亚类土壤分为砂质潮土、壤质潮土、黏质潮土3个土属，24个土种。

砂质潮土分布在香河县钱旺镇、安平镇和五百户镇的河流故道、河漫滩以及缓岗上，属于主流沉积物质，分为通体砂质、砂质夹黏体壤、砂质底壤、砂质腰壤潮土4个土种。

壤质潮土分布在缓岗与洼地之间的二坡地上，属于漫流沉积物质，香河县分布面积较大的有安平镇、五百户镇、安头屯镇、刘宋镇、钱旺镇和渠口镇，包括砂壤质、轻壤质和中壤质潮土，以及间层质地不同的19个土种。

黏质潮土属于河流泛滥时的静水沉积物质，分布在离河较远的洼地上，如淑阳镇的东南部，渠口镇的南部，以及蒋辛屯镇东部的交接洼地上都有分布，包括重壤以上质地的土壤，仅为1个土种。

褐土化潮土亚类，褐土化潮土占总土壤面积的3.97%，分布在冲积平原上的缓岗下部、准缓岗以及褐土性土的周围。褐潮土所处的地形部位地势较高，排水良好，地下水2—3米之间，上部土层逐渐脱离地下水影响，向地带性褐土方向发展，发育程度微弱，仍属于潮土，主要分布在安平镇、钳屯镇和渠口镇等乡镇。该亚类土壤分1个土属、7个土种。

盐化潮土亚类，香河县盐化潮土均属于次生盐渍化潮土，以硫酸盐含量为主，占总土壤面积的2.51%。分布在香河县低洼中心周围，如安头屯镇东部、刘宋镇东北部、潮白河两岸，特点是以带状或片状分布。该亚类土壤分1个土属、11个土种。

沼泽化潮土亚类，沼泽化潮土在香河县面积很小，占总土壤面积的0.15%，以黏质中度沼泽化潮土为主。主要分布在故河道、河流决口的槽状洼地上。如蒋辛屯镇前建各庄东南部，鶘池河南侧洼地，渠口镇窝头河的故河道上。该亚类土壤分1个土属、3个土种。

风砂土类型及其分布。香河县风砂土类，多以流动、半流动沙丘存在，占总土地面积的0.07%，分布在运河、潮白河两侧。如淑阳镇、安平镇、五百户镇和钱旺镇。该类土壤只有1个土属、1个土种。

土壤质地

土壤土质按五级划分，即砂土、砂壤、轻壤、中壤、黏土（重壤以上）。砂质土共计1263.7公顷（1.89554万亩），砂壤土8771.4公顷（13.15711万亩），壤质土（包括轻壤和中壤）31776.5公顷（47.66477万亩），黏质土1478.8公顷（2.21818万亩）。

按照《耕地质量等级》（GB/T33469—2016）国家标准，香河县属于黄海区中的燕山太行山山麓平原农业区，根据《香河县2021年耕地质量等级评价》，2021年，香河县耕地综合评价指数在0.846092—0.944879范围内。按照河北省耕地质量10等地划分标准将香河县耕地划分为2、3、4、5四个等级。

通过加权平均求得香河县的耕地质量平均等级为3.07。香河县2、3、4、5等地面积分别占全县总耕地面积的12.40%、69.18%、16.99%、1.43%。

土壤肥力

《香河县2020—2021年度耕地质量监测工作情况》显示，监测点土壤养分状况：

土壤有机质。定位监测点土壤有机质2020年为18.10克/千克，2021年为18.00克/千克，从定位监测点看耕层土壤有机质含量基本稳定，这与近年来加大秸秆还田力度有相当关系。

土壤全氮。全县定位监测点2020年土壤全氮平均含量为1.09克/千克，2021年为1.10克/千克，土壤全氮比较稳定。

土壤有效磷。定位监测点2020年土壤有效磷平均含量为45.4毫克/千克，2021年平均含量为36.6毫克/千克。从这两年定位监测可以看出土壤有效磷含量总体呈降低趋势。

土壤速效钾。全县定位监测点2020年土壤速效钾平均含量为132毫克/千克，2021年平均含量为96毫克/千克。

土壤缓效钾。据全县定位监测点监测，2020年土壤缓效钾平均含量986毫克/千克，2021年土壤缓效钾平均含量868毫克/千克。

土壤酸碱度。全县定位取土点2020年，土壤pH值平均为8.15；2021年，土壤pH值平均为8.07。

中微量元素。香河县耕地有效铁监测平均值为17.52毫克/千克；有效锰监测平均值为13.75毫克/千克；有效铜监测平均值为1.28毫克/千克；有效锌监测平均值为1.86毫克/千克；有效硫监测平均值为11.92毫克/千克；有效硼监测平均值为0.95毫克/千克；有效硅监测平均值为409.06毫克/千克；有效钼监测平均值为0.06毫克/千克；交换性钙监测平均值为2235毫克/千克；交换性镁监测平均值为279毫克/千克。

重金属。土壤镉监测平均值为0.16毫克/千克，铬监测平均值为50毫克/千克，铅监测平均值为25.85毫克/千克，汞平均值为0.04毫克/千克，砷平均值为7.67毫克/千克，对比农用地土壤污染风险筛选值的标准，香河县耕地监测点重金属含量未出现超标。

存在的主要问题：

基础肥力水平总体仍处在较低水平，土壤有机质有待进一步提升。从1980年至2019年近40年来土壤有机质的变化趋势分析，1979—1993年，耕地土壤有机质年均提高不到0.1克/千克，1993—2019年，年均提高0.2克/千克，后一时期土壤有机质提升速度明显加快。21世纪以后耕地土壤有机质提升速度加快与河北省全面推行秸秆还田技术有关。但是，香河县耕地土壤有机质含量平均值18.0克/千克，仍处于中等水平，与实现农田高产稳产目标仍有差距。

土壤有效磷养分积累过快，造成潜在环境风险。1993年以前，河北省耕地土壤有效磷年提高0.3毫克/千克，1993—2021年，年均提高0.9毫克/千克。2021年，河北省耕地土壤有效磷平均含量36.6毫克/千克（一级高水平），香河县平均值已超过30.0毫克/千克。土壤中过高的磷素累积对农业环境造成潜在的环境风险，土壤有效磷积累过快的原因主要是农田磷肥施用量过高，施肥量远超作物吸收量。因此，应当适当降低配方肥磷素含量，提高磷素利用效率，稳定土壤磷含量。

土壤肥力不均衡问题仍然突出，高低肥力并存。土壤磷、钾平均含量丰富，但同时存在大量缺钾监测点位。肥力的不均衡导致部分地区过量施肥、施肥不平衡问题等比较突出。因此，应针对低肥力地区开展土壤改良，优化施肥配方，推广精准施肥，提高土壤肥力和综合生产能力。

（苏绍辉）

自然资源

【概况】 香河县自然资源丰富。2021年，全县土地总面积44800公顷（67.2万亩），县域内多年平均地表水资源可利用量8002万立方米，地下水资源量7579万立方米（《香河县水资源评价2016》），县域内野生植物品种200余种，野生动物160余种。

【土地资源】 2021年，全县土地总面积44800公顷(67.2万亩)。其中，耕地25993.33公顷（38.99万亩），园地26.67公顷（0.04万亩），林地900公顷（1.35万亩），草地273.33公顷（0.41万亩），城镇村及工矿用地11473.33公顷（17.21万亩），交通运输用地1906.67公顷（2.86万亩），水域及水利设施用地3860公顷（5.79万亩），其他土地366.67公顷(0.55万亩）。其中，农用地29846.67公顷（44.77万亩），占总面积的66.62%；建设用地13226.67公顷（19.84万亩），占总面积的29.52%；未利用地1726.66公顷（2.59万亩），占总面积的3.86%。农用地中，耕地25993.33公顷（38.99万亩），占农用地总面积的87.09%；园地26.67公顷（0.04万亩），占农用地总面积的0.09%；林地900公顷（1.35万亩），占农用地总面积的3.01%；其他农用地2926.67公顷（4.39万亩），占农用地总面积的9.81%。建设用地中，公路用地973.33公顷（1.46万亩），占建设用地总面积的7.36%；水工建筑用地780公顷（1.17万亩），占建设用地总面积的5.90%；建制镇2266.67公顷(3.4万亩），占建设用地总面积的17.14%；村庄8633.33公顷（12.95万亩），占建设用地总面积的65.27%；采矿用地206.67公顷（0.31万亩），占建设用地总面积的1.56%；风景名胜及特殊用地366.67公顷（0.55万亩），占建设用地总面积的2.77%。未利用地中，河流水面753.33公顷（1.13万亩），占未利用地总面积的43.63%；内陆滩涂700公顷（1.05万亩），占未利用地总面积的40.54%；其他草地273.33公顷（0.41万亩），占未利用地总面积的15.83%。

（田　雪）

【水资源】 香河县多年平均地表水资源可利用量8002万立方米，地下水资源量7579万立方米。

2017年，用水总量10974万立方米（指标12907万立方米），其中，地下水用水量4300万立方米（指标4361万立方米），年平均浅层地下水埋深7.18米，深层地下水埋深30.88米。

2018年，用水总量11230万立方米（指标12960万立方米），其中，地下水用水量3750万立方米（指标4252万立方米），年平均浅层地下水埋深6.6米，深层地下水埋深31.57米。

香河县农业用水定额4545米^3/公顷·年。以电折水系数为5.6（1千瓦时电5.6吨水）。

2019年，用水总量11057万立方米（指标13018万立方米），其中，地下水用水量3712万立方米（指标4118万立方米），年平均浅层地下水埋深7.12米，深层地下水埋深38.66米。

2020年，用水总量10363万立方米（指标13071万立方米），其中，地下水用水量3645万立方米（指标4050万立方米），年平均浅层地下水埋深7.56米，深层地下水埋深39.56米。

2021年，用水总量9373.94万立方米(指标11590万立方米)，其中，地下水用水量3803.23万立方米（指标4005万立方米），年平均浅层地下水埋深4.21米，深层地下水埋深36.64米。

（黄云龙　宋俊婷）

【生物资源】 生物资源包括野生植物、野生动物。

野生植物。县域内植物种类较丰富，野生植物品种200余种。其中，被子植物品种最多，达150余种。蕨类(节节草)、裸子类(银杏)、苔藓类（墙藓、地藓）、藻类(水绵、小球藻)、菌类(木耳、蘑菇)等有20余种。据初步调查有木本植物38科140余种，其中，乔木17科80余种，落叶乔木主要有国槐、刺槐、青桐、银杏、合欢、臭椿、栾树、火炬、垂柳、毛白杨、小叶杨、速生杨、金枝槐、香花槐、核桃等树种；常绿乔木有油松、雪松、樟子松、侧柏、桧柏等树种。花灌木14科40余种，主要有绣线菊、榛子、锦带、迎春、红叶小檗、沙地柏、平枝栒子、连翘等。草本植物主要是禾本科、菊科、蔷薇科、毛茛科、莎草科等。主要常见杂草种类有：越年生杂草，主要有荠菜，播娘蒿、芦苇；一年生杂草，主要有藜、灰菜、打碗花、麦家公、刺儿菜、马唐草、苋菜、牛筋草、铁苋菜、马齿苋、狗尾草、反枝苋、泥胡菜、离子草、苘麻、稗草、田旋花、车前草、香附子、鸭跖草、苣荬菜、猪殃殃、蒲公英等。禾本科杂草主要是雀麦、节节麦。

野生动物。县域内野生动物有160余种，具有较高观赏和保护价值的有白鹭、苍鹭等。县域内生态环境良好，植被类型多样，生长茂密，植被覆盖率在90%以上，为动物的繁衍生息创造了条件。县域内野生动物有兽类7种，禽类34种，鳞类19种，介类8种，虫类25种。其中，兽类有狗獾、野兔、田鼠、仓鼠、蝙蝠、狸子、黄鼬、刺猬等，主要分布在草木较深的林地；鸟类有苍鹭、白鹭、野鸭、啄木鸟、猫头鹰、乌鸦、喜鹊、灰喜鹊、燕子、布谷鸟、麻雀、百灵、黄鹂、画眉等，种群较多；爬行类有蜥、蛇、蜥蜴、壁虎、龟、鳖等；两栖类有青蛙、虎纹蛙、沼蛙等；环节类有蚯蚓等；鱼类有鲤鱼、草鱼、白鲢、鲫鱼、鲇鱼、鳝鱼、黄瓜鱼、胖头鱼、黑鱼、石鲢鱼、泥鳅等；腹足类有田螺、蜗牛、钉螺等；甲壳类有虾、蟹、潮虫、水蚤等；昆虫类有蝴蝶、蜜蜂、螳螂、蟋蟀、蚱蜢、瓢虫、蜻蜓等。

（田　雪　苏绍辉）

自然灾害

【概况】 香河县自然灾害主要有气象灾害和生物灾害。2021年，县境内未发生较大气象灾害，全县森林病虫害发生面积累计约8200公顷（12.3万亩），小麦病虫草害发生面积14746.67公顷（22.12万亩）次，玉米病虫草害发生面积60773.33公顷（91.16万亩）次，蔬菜病虫害发生面积15586.67公顷（23.38万亩）次。

【生物灾害】 生物灾害包括森林病虫害和农作物病虫草害。

森林病虫害。2021年，全县森林病虫害发生面积累计约8200公顷（12.3万亩），其中，发生美国白蛾灾害6733.33公顷（10.1万亩）、发生春尺蠖灾害466.67公顷（7000亩）、发生蛀干害虫灾害333.33公顷（5000亩）、发生杨小舟蛾灾害333.33公顷（5000亩）、病害发生333.33公顷（5000亩），成灾面积为零，成灾率为零。

农作物病虫草害。2021年，全县小麦播种面积5120公顷（7.68万亩），病虫草害发生面积14746.67公顷（22.12万亩）次，病虫草害防治14373.33公顷（21.56万亩）次，专业化统防统治6633.33公顷（9.95万亩）次，专业化统防统治覆盖率46.2%，绿色防控面积2466.67公顷（3.7万亩），绿色防控覆盖率48.18%。玉米播种面积6773.33公顷（10.16万亩），病虫草害发生面积60773.33公顷（91.16万亩）次，病虫草害防治12033.33公顷（18.05万亩）次，专业化统防统治5866.67公顷（8.8万亩）次，专业化统防统治覆盖率46.8%，绿色防控面积3253.33公顷（4.88万亩），绿色防控覆盖率48.03%。蔬菜播种面积6973.33公顷（10.46万亩），病虫害发生面积15586.67公顷（23.38万亩）次，病虫害防治面积35906.67公顷（53.86万亩）次，绿色防控面积3540公顷（5.31万亩），绿色防控覆盖率50.76%。

（田　雪　苏绍辉）

居民人口

【居民总量】 2021年，年末户籍人口393478人，比上年末增加9858人，年末户籍户数138155户。年末常住人口45.57万人，比上年末增加0.67万人。常住人口城镇化率74.37%，比上年增长0.73%。

【人口变动】 2021年，香河县出生人数2765人，符合政策生育率97.18%，出生率为7.37‰，死亡人数2121人，死亡率为5.65‰，自增人数644人，人口自然增长率1.72‰。

（张占葵）

经济和社会发展

【概况】 2021年，全县地区生产总值完成257.2亿元，同比增长8.6%。其中，第一产业完成19.9亿元，同比增长4.3%；第二产业完成65.5亿元，同比增长2.7%；第三产业完成171.8亿元，同比增长11.5%。全县人均地区生产总值为56706元，同比增长6.6%。三次产业比重为7.7 : 25.5 : 66.8。

民营经济快速发展，2021年，民营经济实现增加值168亿元，同比增长8.9%，占地区生产总值比重为65.3%。民营经济实缴税金为32.9亿元，同比下降4.8%，占全部税收收入比重的75.9%。

【农业】 2021年，全年粮食播种面积11744公顷，粮食总产量72892吨。其中，冬小麦播种面积4591公顷，产量29583吨。玉米播种面积7029公顷，产量42912吨。蔬菜及食用菌播种面积8876公顷，产量494605吨。油料播种面积4.9公顷，产量13.3吨。

全年肉类总产量9800吨，其中，猪肉产量3222吨，牛肉产量2027吨，羊肉产量1109吨，禽肉产量3376吨。奶类产量10665吨，禽蛋产量45161吨。

全年淡水产品产量2102吨，淡水养殖面积130公顷。人工造林面积495公顷，森林抚育面积1050公顷，木材采伐7556立方米。

农用化肥施用量（折纯）16678吨，农村用电量23278万千瓦时。农业产业化经营率达到55.7%。

【工业和建筑业】 2021年，全年工业增加值同比增长10%。其中，规模以上工业增加值增长8.5%，规模以下工业增加值增长7.7%。规模以上工业企业实现利润5.2亿元，同比下降18.1%。规模以上工业营业收入利润率5.2%。规模以上高新技术产业增加值增长19.5%。

全年建筑业实现增加值20.9亿元，同比下降8.5%。其中，资质建筑企业房屋建筑施工面积同比增长163.1%。

【固定资产投资】 2021年，全年固定资产投资同比增长7.2%。第一产业投资下降50.1%。第二产业投资同比增长21.7%。其中，制造业投资同比增长38.2%，电力热力燃气及水生产和供应业投资同比下降39.8%。第三产业投资同比增长4.3%。其中，交通运输、仓储和邮政业投资同比增长195.2%，租赁和商务服务业投资同比增长113%。基础设施投资同比增长47.6%，占投资比重为18.2%；房地产开发投资下降36.0%，占投资比重为25.6%。亿元以上建设项目投资同比增长25.8%，占固定资产投资的63.5%。

【交通和电信】 2021年，交通运输业稳步发展。公路交通条件不断改善，公路里程1042.09千米，其中，国省道60.782千米，高速公路23.955千米，县公路56.762千米，乡公路90.97千米，堤顶路76.011千米，村级路733.61千米。大、中型桥梁22座，总长4159.47米；小型桥梁111座，总长2081.73米。年末，实有大型载货汽车49辆，大、中型载客汽车155辆。

电信业。互联网宽带接入用户176679户，年末，固定电话8700部、移动电话522595部。

【国内贸易】 2021年，全县社会消费品零售总额完成122.6亿元，同比增长4.2%。其中，限额以上企业（单位）实现消费品零售额6.3亿元，同比下降24.6%。分城乡看，乡村市场发展快于城镇市场，城镇市场实现零售额96.6亿元，同比增长0.3%；乡村市场实现零售额26.0亿元，同比增长21.8%，乡村市场高于城镇市场21.5个百分点。按行业分：批发零售业实现零售额118.4亿元，同比增长4.2%；住宿餐饮业实现零售额4.2亿元，同比增长3.8%。

【对外经济】 2021年，全年实际利用外资15774万美元，同比增长411%。其中，外商直接投资709万美元，同比下降77%。全年入统项目4个。

【财政和金融】 2021年，全年财政收入55.4亿元，同比增长1.4%。其中，一般公共预算收入完成32.4亿元，同比增长5.3%。一般公共预算支出完成56.0亿元，同比下降2.2%。全县税金实际入库累计完成41.5亿元，同比下降3.3%。

年末，金融机构人民币各项存款余额548.8亿元，比年初增加48.6亿元；住户存款余额415.7亿元，比年初增加41.1亿元；金融机构人民币各项贷款余额688.0亿元，比年初增加36.8亿元，其中，中长期贷款466.2亿元，比年初增加12.9亿元。

【教育、文化、卫生事业】 2021年，全县有普通高中4所，招生3124人，在校生7976人；初中13所，招生5854人，在校生15885人；小学70所，招生6636人，在校生40764人。全县拥有专任教师6060人。

全县有公共图书馆1个，文博馆1个，方志馆1个，文化馆1个，文化站9个，剧场2个，影剧院1个，村（社区）综合性文化服务中心316个。广播、电视综合人口覆盖率达到100%。

全县有县级医院3个，中心卫生院3个，镇卫生院6个，疾病预防控制中心1个，妇幼保健院1个。医疗卫生机构共有床位2223张。全县拥有村级卫生组织285个，乡医士285人。拥有执业医师及执业助理医师1252人，注册护士1100人。

【人民生活】 城乡居民收入持续增长，生活水平不断提高。2021年，城镇居民人均可支配收入52041元，同比增长7.6%，农村居民人均可支配收入23039元，同比增长9.6%。全部“四上”单位从业人员平均工资67020元，同比增长2.2%。年内，享受低保户3222户，享受低保人数4004人，全年发放低保资金2779万元。

（张占葵）

中国共产党香河县委员会

责任编辑　陈述龙　张　丹

综　述

2021 年，是中国共产党建党 100 周年，也是实施“十四五”规划、开启全面建设社会主义现代化国家新征程的第一年，更是香河建设“协同发展示范区、绿色活力幸福城”的起步之年。站在新的历史起点上，县委常委会坚持以习近平新时代中国特色社会主义思想为指导，在市委坚强领导下，全面贯彻中共十九大和十九届历次全会以及省第十次党代会、市第七次党代会精神，全面贯彻落实党中央和省委、市委各项决策部署，不忘初心、牢记使命，弘扬伟大建党精神，认真开展党史学习教育和“四史”宣传教育，深入推进“三重四创五优化”和“三基”建设年活动，团结带领广大党员干部群众“激情满怀干事业、昂扬竞进当先锋”，全县经济社会实现高质量发展。地区生产总值完成 257.2 亿元，同比增长 8.6%；一般公共预算收入完成 32.4 亿元，同比增长 5.3%；固定资产投资同比增长 7.2%；规模以上工业增加值同比增长 8.5%；实际利用外资完成 15774 万美元，同比增长 411%；城镇和农村居民人均可支配收入分别达到 52041 元、23039 元，同比增长分别为 7.6% 和 9.6%。年内，香河县荣膺平安中国建设示范县称号，第四次捧回全国平安建设最高奖“长安杯”奖；获得全省民营经济发展先进县、全省城乡客运一体化试点县等多项荣誉。

县委机构

【中共香河县委领导机构】 2021 年，是中共香河县委换届之年。7 月，十一届县委任职到期，开启十二届县委工作历程。年内，县委常委会设县委书记 1 名，县委副书记 2 名，县委常委 7 名（不含书记、副书记）。

【中共香河县委工作机构】 2021 年，县委工作机构有纪律检查委员会监察委员会机关、县委办公室、县委组织部、县委宣传部、县委统一战线工作部、县委政法委员会、县委网络安全和信息化委员会办公室、县委机构编制委员会办公室、县委县直机关工作委员会、县委巡察工作领导小组办公室、县信访局。

县委直属事业机构有县委党校、县档案馆、县融媒体中心（挂香河县广播电视台牌子）、县委党史研究中心。

县委各委员会有县委全面依法治县委员会、县委审计委员会、县委全面深化改革委员会、县委网络安全和信息化委员会、县委财经委员会、县委国家安全委员会、县委外事工作委员会、县委教育工作委员会、县委机构编制委员会、县委精神文明建设委员会。

【基层党组织】 2021，中共香河县委基层党（工）委、党总支部、党支部年终组织数量同比略有增加，党（工）委数量同比增加33.3%，党总支部数量同比增加12.1%，党支部数量同比增加0.67%。

2021年香河县基层党组织机构一览表

表2　　单位：个

组织机构	合　计	机　关	事　业	企　业	其　他
党（工）委	40	12	2	1	25
党总支部	74	15	12	1	46
党支部	896	242	95	148	411

（丁惠姝）

党代表会议

【概况】　2021年，香河县召开党代表会议1次，为7月19—21日召开的中国共产党香河县第十二次代表大会。

【中国共产党香河县第十二次代表大会】　7月19—21日，中国共产党香河县第十二次代表大会召开，这是在“十四五”强势开局、中国共产党成立100周年、香河县迈入新发展阶段的关键时期召开的一次重要会议。大会的主题是：坚持以习近平新时代中国特色社会主义思想为指导，激情满怀干事业，昂扬竞进当先锋，为建设“协同发展示范区、绿色活力幸福城”努力奋斗。县委副书记李海滨主持会议，县委书记梁宝杰代表十一届县委作题为《激情满怀干事业、昂扬竞进当先锋，为建设“协同发展示范区、绿色活力幸福城”努力奋斗》的工作报告（简称《报告》）；书面审议《县纪委工作报告》及全县《党费收缴、管理和使用情况的报告》。

会议认为，《报告》全面贯彻落实中共十九大和十九届二中、三中、四中、五中全会精神，立足实际，着眼长远，主题突出，任务明确，体现了鲜明的时代特征和全县人民的共同愿望；对县第十一次党代会以来工作的总结全面客观，对问题剖析深刻准确，各项措施切实可行，是今后五年推动香河经济社会高质量发展的指导性文件。

会议高度评价十一届县委卓有成效的工作，取得了令人瞩目的新业绩，为香河今后高质量发展奠定了坚实基础。

大会同意《报告》提出的今后五年工作的指导思想和奋斗目标。会议指出，今后五年全县上下要坚持以习近平新时代中国特色社会主义思想为指导，深入贯彻中共十九大和十九届二中、三中、四中、五中全会精神，全面落实党中央和省委、市委决策部署，不忘初心，牢记使命，立足新发展阶段，贯彻新发展理念，构建新发展格局，紧紧抓住通州区与廊坊市“北三县”一体化高质量发展重大战略机遇，聚焦“一条主线”，实施“五大战略”，开展“五大行动”，全力建设“协同发展示范区、绿色活力幸福城”，为加快建设“五个廊坊”作出新的更大贡献。

会议强调，建设“协同发展示范区、绿色活力幸福城”，是县委站在与通州区一体化高质量发展的全局高度作出的科学决策，站在“两个一百年”奋斗目标历史交汇的关键节点作出的战略考量，是香河新一轮改革发展的前进方向。全县上下要朝着既定目标奋勇前进，通过五年的不懈努力，将区位优势转化为发展胜势，持续增强城市的承载力、吸引力、创新力，让协同发展成为香河高质量发展的“助推器”，让香河成为京津冀协同发展的“新高地”；通过五年的不懈努力，建设生态环境卓越、人与自然和谐、经济繁荣活跃、文化特色鲜明、社会安定和谐、人民生活幸福的美丽家园，让一座充满活力、魅力、实力的现代化新城展现在世人眼前。

大会同意《报告》对今后五年全县经济社会发展的各项重大部署。会议强调，今后五年必须牢牢把握“激情满怀干事业、昂扬竞进当先锋”这条主线，实施区域互动、创新驱动、改革促动、治理联动、品牌带动“五大战略”，全力以赴开展好“五大行动”：一是开展产业提质行动，推动特色产业做优做精，主导产业做大做强，战略培育产业做深做实，传统产业转型升级，构建现代产业体系；二是开展项目提速行动，建强园区平台，精准招商引资，加快项目建设，优化营商环境，打造滚动发展格局；三是开展环境提标行动，优化城乡发展格局，提升城乡综合品质，加强生态文明建设，打造绿色活力家园；四是开展民生提档行动，坚持教育优先发展，提高全民健康水平，积极发展文体事业，全力创建文明城市，健全社会保障体系，提高社会建设水平；五是开展治理提效行动，提升社会治理效能，深化平安社会建设，强化法治体系保障，筑牢和谐稳定基石。

会议强调，实现未来五年的奋斗目标，关键在党，关键在党要管党、全面从严治党。全县各级党组织和广大党员干部必须全面落实新时代党的建设总要求，加强思想政治建设，补足精神之钙；加强领导班子建设，坚守从政之道；加强干部队伍建设，筑牢施政之本；加强基层组织建设，夯实执政之基；加强党风廉政建设，织密监督之网，把党的政治优势和组织优势转化为推动发展的强大动力。

会议号召，全县广大党员干部群众要更加紧密地团结在以习近平同志为核心的党中央周围，在党中央和省委、市委的坚强领导下，激情满怀干事业，昂扬竞进当先锋，为建设“协同发展示范区、绿色活力幸福城”而努力奋斗。

会议通过梁宝杰代表中共香河县第十一届委员会所作的《工作报告的决议（草案）》和《县纪委工作报告的决议（草案）》，选举产生十二届县委委员 53 名、候补委员 10 名，县纪委委员 21 名；选举出席廊坊市第七次党代会代表 35 名（含 2 名下派人员）。

（李　京）

县委全体会议

【概况】 2021 年，中共香河县委召开 4 次全体会议。分别为：县委十一届八次全会、县委十一届九次全会、县委十一届十次全会和县委十二届一次全会。

【中共香河县第十一届委员会第八次全体会议】 2 月 8 日，中共香河县委十一届八次全会在县委县政府七楼大会议室召开。会议通过了县委书记李桂强代表县委常委会所作的工作报告和会议决议。会议要求全县各单位各部门要认真组织学习会议报告和决议，进一步统一思想、坚定信心、凝聚合力，结合各自实际，集中精力抓好会议精神的落实，以奋发有为、勇于担当的精神，为圆满完成全年经济社会发展各项目标任务，推进“十四五”开好局起好步，加快建设美丽幸福新香河作出积极贡献。

【中共香河县第十一届委员会第九次全体会议】 4 月 22 日，中国共产党香河县第十一届委员会第九次全体会议在县委县政府办公楼七层大会议室召开。县委书记李桂强作《关于召开中国共产党香河县第十二次代表大会的决议（草案）的说明》，大会一致通过《关于召开中国共产党香河县第十二次代表大会的决议》。

【中共香河县第十一届委员会第十次全体会议】 7 月 17 日，中国共产党香河县第十一届委员会第十次全体会议在县委县政府办公楼七层大会议室召开。会议研究提交县第十二次党代表大会的有关事宜。县委书记梁宝杰就十一届县委工作报告（草案）的形成作简要说明；县纪委工作报告（草案）印发书面说明。会议审议通过了十一届县委工作报告（草案）、县纪委工作报告（草案）；酝酿十二届

7 月 17 日，中国共产党香河县第十一届委员会第十次全体会议召开　县融媒体中心供图

县委、县纪委委员候选人预备人选建议名单；表决通过了《中国共产党香河县第十一届委员会第十次全体会议关于向县第十二次党代表大会提交有关事项的决议（草案）》；等额圈选出席市七次党代表大会代表候选人预备人选。

【中共香河县第十二届委员会第一次全体会议】　2021 年 7 月 21 日，中共香河县第十二届委员会第一次全体会议召开。会议选举梁宝杰为县委书记，李海滨、王宏民为县委副书记，陈润彬、张华维、张晓宇、于建全、刘雪艳、张锦山、王国强、张昆宁、王亚彬（挂职）为县委常务委员会委员。县委书记梁宝杰以《凝心聚力、砥砺前行，全力建设"协调发展示范区、绿色活力幸福城"》为题致闭幕词。

（李　京）

县委常委会会议

【概况】　2021 年，中共香河县第十一届委员会常务委员会共召开 17 次常委会会议，其中第 3、6、7、11、15 次会议内容不便公开，故未出会议纪要。中共香河县第十二届委员会常务委员会共召开 14 次常委会会议，其中第 5、7 次会议内容涉密，不宜公开。

【2021 年十一届县委第 1 次常委会会议】　1 月 27 日，县委书记李桂强主持召开第 1 次常委会会议。会议研究审议并通过县委办公室提交的《关于召开县委十一届八次全会的安排方案》《县委主要负责同志在县委十一届八次全会第一次全体会议上的工作报告》《县委主要负责同志在县委十一届八次全会第一次全体会议上的讲话》。会议听取县委巡察工作领导小组办公室《关于 2020 年巡察工作开展情况及 2021 年工作计划的报告》；会议研究审议并通过县委组织部提交的《2020 年度县委常委民主生活会工作方案》。

【2021 年十一届县委第 2 次常委会会议】　2 月 4 日，县委书记李桂强主持召开第 2 次常委会会议。会议传达学习《中共廊坊市委关于认真学习贯彻习近平总书记重要批示精神进一步深化宗教领域专项整治和系统治理的通知》精神，研究部署香河县相关工作；研究审议并通过县委办公室提交的《县委常委班子 2020 年度民主生活会对照检查材料》。

【2021 年十一届县委第 4 次常委会会议】　2 月 23 日，县委书记李桂强主持召开第 4 次常委会会议。会议听取县人大常委会党组、县政府党组、县政协党组、县人民法院党组、县人民检察院党组 2020 年度工作汇报；会议研究审议并原则通过县委组织部提交的《关于在县"两会"期间成立临时党委的意见》。会议传达习近平总书记对信访工作重要指示精神和国务院总理李克强对信访工作批示要求及省贯彻落实意见；传达中央、省、市委组织部长会议精神，传达中央、省、市政法工作会议精神，传达全市统战部长会议、宗教专项治理工作会议精神，研究

香河县贯彻落实意见。会议研究审议并通过县政协党组提请审议的《关于召开政协香河县第九届委员会第五次会议的请示》《香河县政协常委会工作报告(讨论稿)》;研究审议县政府党组提请审议的2020年《政府工作报告(讨论稿)》《2021年香河县民生实事候选项目》《香河县2020年国民经济和社会发展计划执行情况与2021年国民经济和社会发展计划(草案)的报告》《香河县国民经济和社会发展第十四个五年规划纲要(草案)》《关于香河县2020年全县总预算及县本级预算执行情况和2021年全县总预算及县本级预算草案的报告》及《2021年全县及县本级收支预算草案情况的汇报》;研究审议并通过县人民法院党组提请审议的《香河县人民法院工作报告(讨论稿)》,研究审议并通过县人民检察院党组提请审议的《香河县人民检察院工作报告(讨论稿)》。会议传达学习习近平总书记关于做好安全防范工作的重要指示精神,听取县委国家安全委员会办公室《关于做好全国"两会"和节后复产复工重点时期安全生产工作及下一步工作建议的报告》,研究部署安全防范工作。

【2021年十一届县委第5次常委会会议】 3月21日,县委书记李桂强主持召开第5次常委会会议。会议研究审议并通过县委组织部提交的《乡科级领导班子和领导干部年度综合考核评价办法》《乡科级领导班子和领导干部激励奖惩的意见》;研究审议并通过县委组织部提交的《关于认真做好乡镇领导班子换届工作的通知》。会议听取县教育和体育局关于未成年人思想道德建设工作的汇报;会议通过县委组织部提交的《乡科级领导班子和领导干部2020年度综合考核和绩效管理考评结果的通报》。会议研究了组织工作相关事宜。

【2021年十一届县委第8次常委会会议】 3月28日,县委书记李桂强主持召开第8次常委会会议。会议传达省委常委、常务副省长袁桐利在全省大运河文化保护传承利用工作会上的讲话精神。会议研究审议并通过县委组织部提交的《关于2020年度省市基层党建述职考核反馈问题的整改方案》;审议并通过县委组织部提交的《关于推荐香河县拟受省委"七一"表彰的先进集体和优秀个人的情况报告》。会议研究了组织工作相关事宜。

【2021年十一届县委第9次常委会会议】 4月17日,县委书记李桂强主持召开第9次常委会会议。会议传达全国和省、市宣传部长会议精神,研究审议并原则通过县委宣传部提交的《2021年宣传思想工作要点》。会议研究审议并通过县委办公室提交的《中共香河县委2021年工作要点》;研究审议并通过县"三重四创五优化"活动办公室提交的《关于深入开展"三重四创五优化"活动扎实推动"十四五"开好局起好步的实施方案)》。研究审议县政协党组提请审议的《关于2021年度协商和监督工作计划》; 研究审议并通过县委组织部提交的《关于召开县委十一届九次全会的意见》《关于召开中国共产党香河县第十二次代表大会的决议(草案)》《关于县第十二次党代会代表名额、分配原则和产生办法的意见》和《关于十二届县委、县纪委组成人员名额、候选人名额、组成原则及产生办法的意见》;研究审议并通过县政府党组提请审议的《关于推进经开区高质量发展的若干措施》。会议通过县委组织部提交的《关于香河县拟接受市级"七一"表彰先进集体和优秀个人推荐工作的情况报告》。会议研究了组织工作相关事宜。

【2021年十一届县委第10次常委会会议】 5月21日,县委书记梁宝杰主持召开第10次常委会会议。会议传达省委书记王东峰调研运河旅游通航时的指示精神及省委专题会议精神;传达2021年度市委人才工作领导小组会议精神,研究香河县贯彻落实意见。会议研究审议县委统战部提交的《贯彻落实〈中国共产党统一战线工作条例〉重点任务分工方案》;会议

研究审议并原则通过县委统战部提交的《关于县政协换届有关问题的实施方案》；会议研究审议并原则通过县委组织部提交的《关于香河县第十六届人民代表大会代表名额、界别构成和产生办法的意见》；会议研究部署香河县当前重点工作。

【2021 年十一届县委第 12 次常委会（扩大）会议】 5 月 30 日，县委书记梁宝杰主持召开第 12 次常委会（扩大）会议。会议研究审议并原则通过县委办公室提交的《关于印发县委书记、副书记、常委工作分工的通知》《关于印发县领导分包镇、社区、香河经济开发区的通知》《香河县“保通航、优环境、促发展、庆百年”重点工作动员大会安排方案》。会议传达全省政法队伍教育整顿工作培训会议精神，研究香河县贯彻落实意见。

【2021 年十一届县委第 13 次常委会会议】 6 月 15 日，县委书记梁宝杰主持召开第 13 次常委会会议。会议传达中央和省市委关于加强对“一把手”和领导班子监督相关文件精神。会议研究审议并原则通过县委办公室提交的《关于进一步做好加强对“一把手”和领导班子监督工作的通知》《2021 年重点工作重大项目重大工程重大保障任务责任清单》；研究审议并原则通过县委组织部提交的《关于推荐提名县十六届人大代表候选人初步建议人选的情况报告》《关于各镇出席县十二次党代会代表候选人预备人选的情况报告》。

【2021 年十一届县委第 14 次常委会会议】 6 月 29 日，县委书记梁宝杰主持召开第 14 次常委会会议。会议传达学习中组部《关于对山西等 10 个省（自治区）市县乡换届风气督查情况的通报》精神。会议听取县应急管理局《关于汲取近期事故教训强化香河县安全生产工作举措的报告》；会议听取县委组织部《关于全县乡科级单位确定 2021 年各项工作进位争先目标情况的报告》。

【2021 年十一届县委第 16 次常委会会议】 7 月 17 日，县委书记梁宝杰主持召开第 16 次常委会会议。会议研究审议并原则通过县委统战部提交的《政协香河县第十届委员推荐提名情况》；研究审议并原则通过县委组织部提交的《关于召开县委十一届十次全会的意见》《关于部分选举单位出席县十二次党代会代表候选人预备人选的情况报告》《关于香河县出席廊坊市七次党代表大会代表候选人初步人选的情况报告》《关于香河县出席廊坊市八届人代会代表候选人初步人选的情况报告》《关于县十二次党代表大会需确认事项的情况报告》《关于在县“两会”期间成立临时党委的意见》《关于县十六届人大一次会议选举办法（草案）、各专门委员会组成人员表决办法（草案）的意见》《关于十二届县委委员、候补委员、县纪委委员候选人预备人选的意见》《关于县十六届人大常委会委员、专门委员会委员候选人建议人选的意见》《关于县人大、政府换届各职候选人差额人选的意见》；研究审议并原则通过县纪委提交的《十一届县纪委向县十二次党代会的工作报告》；研究审议并原则通过县委办公室提交的《在县第十二次党代会上的报告》。

【2021 年十一届县委第 17 次常委会会议】 7 月 21 日，县委书记梁宝杰主持召开第 17 次常委会会议。会议要求，要切实做好县“两会”各项准备工作。县四大班子办公室、县人民法院办公室、县人民检察院办公室要沟通衔接、密切配合，认真做好《香河县人大常委会工作报告》《香河县人民政府工作报告》《香河县政协常委会工作报告》《香河县人民法院工作报告》《香河县人民检察院工作报告》文字把关工作。上述五个报告要认真贯彻落实上级有关精神和县十二次党代会精神，结合香河县实际，科学谋划下一步工作，统一口径和标准，确保文字和数据权威可靠、准确无误，细致地做好各项工作。会议研究审议并通过县人大常委会党组提请审议的《关于召开香河县第十六届人民代表大会第一次会议的请示》《香河县人大常委会

工作报告（讨论稿）》；研究审议并原则通过县政协党组提请审议的《关于召开政协香河县第十届委员会第一次会议的请示》《香河县政协常委会工作报告（讨论稿）》；研究审议并原则通过县人民法院党组提请审议的《香河县人民法院工作报告（讨论稿）》、县人民检察院党组提请审议的《香河县人民检察院工作报告（讨论稿）》；研究审议并通过县政府党组提请审议的《香河县人民政府工作报告（讨论稿）》。

【2021 年十二届县委第 1 次常委会会议】 7 月 29 日，县委书记梁宝杰主持召开十二届县委第 1 次常委会会议。会议研究审议并通过县委统战部提交的《香河县廊坊市第八届政协委员推荐人选》；会议传达省委统战部部长、民族宗教局局长工作会议精神和全市统战工作推进会议精神，研究香河县贯彻落实意见。

【2021 年十二届县委第 2 次常委会（扩大）会议】 8 月 2 日，县委书记梁宝杰主持召开十二届县委第 2 次常委会（扩大）会议。会议听取县卫生健康局关于香河县疫情防控相关情况的通报，研究审议并原则通过《关于调整香河县新型冠状病毒感染的肺炎疫情防控工作领导小组和县疫情防控工作总指挥部的通知》。

【2021 年十二届县委第 3 次常委会会议】 8 月 12 日，县委书记梁宝杰主持召开十二届县委第 3 次常委会会议。会议传达全市经济工作推进会议暨项目拉练观摩活动精神；听取县农业农村局《关于对拟召开的全省乡村振兴观摩推进会初步筹备情况的汇报》；研究审议并通过县委办公室提交的《中共香河县委落实全面从严治党主体责任 2021 年度工作要点及责任分工》。会议研究审议并通过县委统战部提交的《关于进一步加强基层组织建设扎实推进深化宗教治理的实施方案》。

【2021 年十二届县委第 4 次常委会（扩大）会议】 8 月 19 日，县委书记梁宝杰主持召开十二届县委第 4 次常委会（扩大）会议。会议传达市第七次党代会和市委七届一次全会精神。会议强调，要把加快与通州区一体化高质量发展作为重中之重，增强目的性，增强主动性，增强精准性，突出问题导向和结果导向，集中精力，聚焦重点，全力攻坚。会议要求，要坚持“通航引领、产业带动、文旅融合、全域发展”，加强与北京环球度假区、台湖演艺小镇等优质资源联动，培育发展特色商街、特色小镇和品牌民宿，做好北运河旅游通航文章，打造协同发展的典范和大运河保护传承利用的样板，全力争创国家级全域旅游示范区。

【2021 年十二届县委第 6 次常委会（扩大）会议】 9 月 8 日，县委书记梁宝杰主持召开十二届县委第 6 次常委会（扩大）会议。会议传达学习习近平在河北省承德市考察调研时的重要讲话精神、传达学习省委书记王东峰在全省领导干部电视电话会议上的重要讲话精神；传达学习 8 月 31 日召开的中共中央政治局会议精神；传达学习中央民族工作会议精神；传达学习习近平在中央党校（国家行政学院）中青年干部培训班开班式上的重要讲话精神；传达学习王东峰在全省深化“放管服”改革暨推动民营经济发展工作会议上的讲话精神；传达学习王东峰在全省推进乡村全面振兴工作会议暨农业结构调整工作现场会上的重要讲话精神、传达学习全省抓党建促乡村振兴暨基层党建工作会议精神；传达学习《中华人民共和国退役军人保障法》、传达学习王东峰在省委理论学习中心组学习会议上的讲话精神。会议研究审议并原则通过县委办公室提交的《中共香河县委常委会议事决策规则》《贯彻落实七届市委 2021 年第 2 次常委会（扩大）会议精神工作方案》《运河通航精神内涵》《关于开展“弘扬运河通航精神”大讨论活动实施方案》；研究审议并原则通过县政府党组提请审议的《关于推进香河经济开发区“双倍增”计划的二十条措施》《关于支持民营经济发展十项措施》；研究审议并原则通过县

委政法委提交的《关于加强新形势下重大决策社会稳定风险评估机制建设的具体措施》；研究审议并原则通过县委统战部提交的《关于加强新时代党外知识分子思想政治工作和无党派代表人士队伍建设的实施方案》；研究审议并原则通过县委组织部提交的《关于省十次党代会代表候选人推荐人选的安排意见》。

【2021 年十二届县委第 8 次常委会会议】 9 月 17 日，县委书记梁宝杰主持召开十二届县委第 8 次常委会会议。会议传达学习省委书记王东峰到香河县调研检查时的讲话精神，研究香河县贯彻落实意见；会议通报全县经济运行情况。

【2021 年十二届县委第 9 次常委会会议】 9 月 30 日，县委书记梁宝杰主持召开十二届县委第 9 次常委会会议。传达学习习近平总书记在中央人才工作会议上重要讲话精神，传达学习习近平总书记在陕西榆林考察时的重要讲话精神；传达全国新冠肺炎疫情防控和新冠病毒疫苗接种工作视频会议精神，通报全县疫情防控情况；传达学习全市社区工作者职业体系建设工作推进会议精神。研究审议并原则通过县委组织部提交的《关于推行〈河北省社区工作者管理办法〉的实施方案》。会议通报《关于做好 2021 年国庆节期间有关工作的通知》精神。

【2021 年十二届县委第 10 次常委会（扩大）会议】 10 月 23 日，县委书记梁宝杰主持召开十二届县委第 10 次常委会（扩大）会议。会议传达学习习近平总书记在纪念辛亥革命 110 周年大会上的重要讲话精神；传达全国新冠肺炎疫情防控工电话会议精神和全省新冠肺炎疫情防控工作会议精神，研究部署香河县相关工作；传达学习中组部《关于领导干部及时报告个人有关事项的通知》；传达学习王东峰在 9 月 24 日省委理论学习中心组学习会议上的讲话精神；传达学习全省经济工作推进会议精神，通报香河县第一至三季度经济运行情况，研究部署香河县相关工作；传达全省粮食购销领域腐败问题专项整治工作会议精神，研究香河县贯彻落实意见；传达中央及全省民族工作会议精神、全省深化宗教领域整治工作推进会精神，研究香河县贯彻落实意见；会议听取香河县巩固脱贫攻坚成果后评估工作情况汇报。

【2021 年十二届县委第 11 次常委会会议】 11 月 2 日，县委书记梁宝杰主持召开十二届县委第 11 次常委会会议。会议传达学习习近平总书记关于统计工作的重要指示批示精神；会议原则通过了县政府党组提请审议的《关于香河县财信城市投资控股有限公司组建工作有关情况的报告》。会议研究审议并原则通过县委巡察办提交的《关于加强巡察工作上下联动的落实措施》；会议听取县农业农村局《关于推动乡村振兴工作情况汇报》。会议传达学习全市抓党建促乡村振兴工作会议精神和省、市抓党建促乡村振兴相关文件精神；研究审议原则通过县委组织部提交的《关于全面推进抓党建促乡村振兴工作的实施方案》；传达学习《中国共产党组织工作条例》，研究香河县贯彻落实意见。

【2021 年十二届县委第 12 次常委会会议】 11 月 18 日，县委书记梁宝杰主持召开十二届县委第 12 次常委会会议。会议传达学习《中国共产党第十九届中央委员会第六次全体会议公报》《中共中央关于党的百年奋斗重大成就和历史经验的决议》《中共中央新闻发布会介绍党的十九届六中全会精神全文》及习近平总书记在《求是》杂志上发表的《用好红色资源、赓续红色血脉，努力创造无愧于历史和人民的新业绩》《坚持用马克思主义及其中国化创新理论武装全党》；传达学习习近平总书记在中央人大工作会议上的重要讲话精神；传达学习省委书记王东峰 10 月 25 日在省委理论学习中心组学习会议上的讲话精神；会议传达学习《中共廊坊市委关于印发〈省委第九巡视组对廊坊市巡视“回头看”的反馈意见〉〈杨晓和同志在

市委专题会议上的讲话〉的通知》精神和《中共廊坊市委关于省委第九巡视组反馈意见整改落实方案》精神，研究审议县委主体办提交的《中共香河县委关于省委第九巡视组反馈意见整改落实方案》；传达学习举全市之力推动廊坊市“北三县”与北京市通州区一体化高质量发展誓师大会精神，研究审议县政府党组提请审议的《香河县关于认真贯彻落实〈国务院关于支持北京城市副中心高质量发展的意见〉的若干措施》《关于香河县与北京市通州区一体化高质量发展的实施方案》。会议原则通过了县政府党组提请审议的《香河县关于认真贯彻落实〈国务院关于支持北京城市副中心高质量发展的意见〉的若干措施》《关于香河县与北京市通州区一体化高质量发展的实施方案》。会议研究审议并原则通过县农业农村局提交的《香河县关于全面推进乡村产业振兴的实施方案》《香河县关于全面推进乡村生态振兴的实施方案》；研究审议并原则通过县委宣传部提交的《香河县关于全面推进乡村文化振兴的实施方案》。

【2021 年十二届县委第 13 次常委会（扩大）会议】 12 月 1 日，县委书记梁宝杰主持召开十二届县委第 13 次常委会（扩大）会议。会议传达学习省第十次党代会和省委十届一次全会精神，研究部署香河县相关工作；传达学习省委书记王东峰在省委理论学习中心组学习会上的讲话，《深入学习宣传贯彻中共十九届六中全会精神 为实现中华民族伟大复兴的中国梦不懈奋斗》；传达学习王东峰、刘爽在九届省委第十一轮巡视集中反馈会议上的讲话精神，研究香河县贯彻落实意见；传达学习王东峰在省水利厅《关于河道行洪区村庄搬迁和水库移民后期扶持工作“回头看”情况的报告》上的批示精神；研究审议原则通过《香河县河道内村庄搬迁安置工作方案》；传达学习《中国共产党河北省第九届委员会第十四次全体会议决议》《中华人民共和国监察法实施条例》的解读文章——《持续深化国家监察体制改革，规范和正确行使国家监察权》；会议听取县农业农村局《关于国家级农安市整市创建工作进展情况的报告》。

12 月 1 日，2021 年十二届县委第 13 次常委会（扩大）会议召开　　县融媒体中心供图

【2021 年十二届县委第 14 次常委会会议】 12 月 22 日，县委书记梁宝杰主持召开十二届县委第 14 次常委会会议。会议传达学习中央、省、市经济工作会议精神；听取县委国安办关于《香河县国家安全工作开展情况报告》；听取市生态环境局香河分局《关于对省生态环境厅水污染防治督办问题整改情况报告》和县河长办《关于落实 2021 年省、市安排部署事项落实情况报告》；听取县“扫黄打非”办公室《关于 2021 年度“扫黄打非”工作情况汇报》；传达全国拓展新时代文明实践中心建设工作电视电话会议精神和省、市领导讲话精神；研究审议并原则通过县文明办提交的《香河县新时代文明实践中心建设工作实施方案》。会议研究审议县委网信办提交的《关于进一步推进信息化工作的意见》《香河县网络安全工作考核评价办法》《香河县信息化考核评价暂行办法》；研究审议并原则通过县司法局提交的《法治香河建设规划（2021－2025 年）（审议稿）》

《香河县法治社会建设实施方案（2021－2025年）（审议稿）》；研究审议并原则通过县委编办提交的《关于县人民医院等事业单位增设纪检监察专员的意见》。

（李　京）

县委重大决策

【提高政治判断力、政治领悟力、政治执行力】 2021年，县委始终把政治建设摆在首位，教育引导党员干部特别是领导干部善于用政治眼光观察和分析经济社会问题，使讲政治的要求从外部要求转化为内在主动，始终同以习近平同志为核心的党中央保持高度一致。严明政治纪律和政治规矩，坚决查处违纪行为，确保党中央和省市委政令畅通、令行禁止。深入落实新形势下党内政治生活若干准则，严格执行请示报告制度。深入学习宣传贯彻习近平新时代中国特色社会主义思想。坚持不懈用党的创新理论武装头脑、指导实践、推动工作，不断提高理论素养、政治素养。认真落实关于巩固深化“不忘初心、牢记使命”主题教育成果的意见，提升党委（党组）理论学习中心组学习成效，深入开展党员干部理论培训和宣传教育活动。党员领导干部带头讲党课和思政课，做好党的创新理论“六进”和学校“三进”工作。深入学习宣传贯彻中共十九届五中全会精神。开展中共十九届五中全会精神学习宣传、教育培训、理论研究等工作。审议“十四五”规划和2035年远景目标纲要，健全规划编制和落实机制。推动县委关于制定国民经济和社会发展第十四个五年规划的建议落实。深入开展庆祝中国共产党成立100周年系列活动。认真做好“七一勋章”、全国及省市“两优一先”评选推荐和“光荣在党50年”纪念章颁发工作。组织开展庆祝中国共产党成立100周年系列宣传和主题教育。认真落实党中央和省市委部署要求，组织开展全县党史学习教育。深入学习贯彻习近平总书记给河北省平山县西柏坡镇北庄村全体党员的回信精神，组织开展“团结就是力量”专题学习教育活动和“我为群众办实事”实践活动。制定关于在全县开展“三重四创五优化”活动的实施意见，深入实施教育、医疗等一批民生工程，并组织协调推动落实。制订关于开展“三基”建设年活动的实施方案，全面加强基层组织、基础工作、基本能力建设，促进基层组织建设规范化、城乡基础设施一体化、基本公共服务均等化、产业体系现代化、人居环境洁净化、基层社会治理法治化，不断提高各级党组织和广大党员干部推进改革发展稳定的基本能力。

【全力推进北运河旅游通航】 2021年，进行北运河旅游通航百日攻坚誓师动员，全面打响北运河旅游通航百日攻坚战。进一步细化手续办理、工程建设等各个环节，强化人员设备保障，倒排工期、挂图作战，集中力量提速桥梁、闸坝、码头、景观等工程建设，确保6月底前与北京同步旅游通航。加大“上跑三级”力度，以最快速度推进土地预审、PPP项目入库等各项工作，最大限度争取资金、土地和政策支持。以超常规措施、革命性手段破解制约，借助各方力量，解决社会融资、土地征占等方面问题，确保工程顺利推进。强化跟踪督导、公开晾晒，营造比干劲、比进度的良好氛围。加强与京津方面协调对接，确保工程建设等级标准与上下游保持一致，力促体现香河特色、彰显香河魅力。坚持把质量和安全贯穿全过程，严把队伍准入、原料采购、工程监理、竣工验收等各道关口，确保经得起实践和历史检验。谋划北运河旅游通航运营机制，适时开展宣传推介，打造香河运河旅游通航品牌。结合大运河文化带建设，充分发挥“大运河文化云名片”“慧游香河”等载体作用，深入挖掘金门闸、安头屯中幡等运河文化资源，讲好运河故事，推动大运河文化保护传承利用。以全域旅游为统揽，以运河旅游通航为引领，谋划建设运河文化特色小镇，打造京津周边精品文旅示范带，加快构建通航引领、产业带动、文旅融合、全域发展的新格局，实现经济效益、生态效益、社会效益一举多赢。

【加快与北京城市副中心一体化发展】 严格按照统一规划、统一标准、统一政策、统一管控“四统一”要求，深入落实规划体系，建立健全协调机制，全力支持北京城市副中心建设。进一步完善国土空间规划，加快编制各专项规划、控制性详细规划和镇村规划，强化规划刚性约束。精准承接北京非首都功能疏解和产业转移，聚焦北京市“容不下、离不开、走不远”的高端制造业和现代服务业项目，通过园区招商、以商招商、产业链招商、“互联网＋招商”等多种模式，引入产业关联度高、辐射带动力强的龙头企业、配套企业，形成完整产业链、供应链，切实增强产业竞争力，夯实一体化发展基础。以“京津研发、香河孵化转化产业化”为主攻方向，鼓励企业加强同京津高校和科研机构的交流合作，协同建设工作站、实验室、研发中心、中试基地，发展技术联盟，推出新技术、新产品、新服务，培育更多“小巨人”，形成新的增长极。加强与京津周边交通网对接，完善京津香一体化快速公交路网。全力做好京唐城际铁路建设服务保障工作，大力推进香河高铁商务区等承接平台建设。支持中小学校与京津名校开展联合办学，加大校长教师进京轮训、专家授课培训力度，带动全县教育教学水平持续提升。加快推进香河大爱医院建设，支持县内医疗机构与京津知名医院加强交流合作，促进北京市优质医疗资源向香河县延伸布局。与北京市相关医疗机构开展深度合作，在更大范围实现双向医疗转诊、异地就医结算。加强与通州区就业创业服务合作，完善劳务协作信息互通共享机制，拓宽就业渠道。严守生态红线，依法拆除“两河”生态廊道、生态保护绿带贴边违建项目，整改优化合法项目。坚决落实生态环境保护督查要求，推进与周边区县生态环境联建联防联治，打造首都生态安全屏障。

【夯实高质量发展产业】 深入实施“双倍增”计划，大力推进园区“二次创业”，努力用三年时间实现主营业务收入和税收收入翻一番。深化经济开发区综合改革，制定出台《关于推进经开区高质量发展的若干措施》，突出招商引资、项目建设、企业服务等主职主业。健全考核指标体系，加大对项目落地效率、实施进度、亩均效益、低效闲置土地利用、降低项目用地成本等指标的考核力度。加强园区基础设施建设，完善生活、商务、金融等服务功能，探索实行封闭式管理，提升园区吸附力和承载力。探索建立委托管理、投资合作等方式，谋划实施民营经济创新创业园等载体项目建设，引入发展工业地产，改造升级现有工业小区。实施产业项目倍增行动，着力引进一批总部经济、绿色经济、创意经济、数字经济等“高大上”项目，促成一批建设周期短、发展前景好、税收贡献实的“短平快”项目落地。推进企业投资项目承诺制改革，推行项目“区域评估+负面清单”制度，力促一批优质项目签约落地。强化重点项目领导分包，实施重点项目全程代办，力促华电燃气能源站、嘉信数字经济产业园、云储数据产业中心等项目早开工、早达效。抢抓中央投资、专项债券、一般债券等政策“窗口”机遇期，谋划储备一批“两新一重”等重点项目，抓紧完善前期手续，争取纳入上级盘子，实现借船出海、借梯上楼。大力发展数字经济，加强数字赋能，促进数字经济与实体经济深度融合。实施战略性新兴产业振兴工程，打造香河机器人省级战略新兴产业基地。开展科技创新跃升行动，建立科技型企业梯度培育机制，用好科技创新奖励基金，推动县域科技创新能力上档升级。支持家具、钣金等传统产业改造升级。加快推进家具城“二次创业”，盘活汽配城、建材城、家具城等闲置空间。抓住雄安新区和北京城市副中心建设的有利时机，加快建设用好香河家具城雄安新区销售处，建立北京、雄安专项家居服务供应链，持续扩大品牌影响力。挖掘开发文旅资源，推广“香河肉饼”品牌化、标准化，做好“+文化旅游”文章，打造一批独具香河符号的文化旅游产品、特色品牌民宿、风情商业街区和文化旅游线路。鼓励企业发扬“工匠精神”，加强质量、品牌、标准和信誉建设。

【优化营商环境】 2021年，着眼打造“全国一流、全省领先”的市场化、法治化、国际化营商环境，深入开展“积极作为勇担当、务实高效强保障”优化营商环境和干部作风整顿活动。持续深化“放管服”改革，实施行政许可和备案事项清单式管理，大力推动“证照分离”改革，提升企业群众办事便利度。探索建立网上市民服务中心，推动便民服务由线下向线上延伸。做好审管衔接，强化“双随机、一公开”监管，进一步规范部门检查执法行为。坚决维护市场主体合法权益，严厉打击侵犯知识产权、制假售假等破坏营商环境行为，用实际行动践行护企承诺。深化“三包四帮六保五到位”活动，千方百计为市场主体排忧解难，构建“亲”“清”新型政商关系。实施企业家培育工程。

【打造新型城镇化示范区】 深入贯彻落实省、市新型城镇化规划（2021－2035年），研究制订香河县新型城镇化规划实施方案。启动大辛路景观亮化工程，完成淑阳大街西延、永盛路贯通及连村道路养护改造等路网建设，升级地下管网，增设公厕、充电桩、便民市场等配套设施，推进5G网络等新型基础设施建设，确保人民广场、垃圾焚烧发电厂、民兵训练基地、潮白河滨水公园等工程建成投用。开展“美丽街区”“精品街道”创建活动，打造一批雕塑小品、口袋公园、小微绿地。加快城中村和老旧小区改造，完善商业功能和配套设施。扎实推进物业管理体制机制创新改革，强化监督管理，加快实现无物业小区管理全覆盖。常态化开展治乱、治违、治堵专项整治行动，疏堵结合解决停车难、占道经营等问题，规范城市综合秩序。进一步提高机械化清扫保洁水平，加大小街小巷、城中村、城乡接合部等重点部位清扫力度，持续推进垃圾分类，提升人居环境品质。深入开展新型智慧城市试点建设，推进智慧媒体与社会治理体系深度融合，提高“智慧香河”建管水平。加强水电热油气等基础设施安全监测，严格供水、供热、供气和出租、公交运营企业监管约束，完善群众投诉快速处置机制，支持企业创新服务方式，让群众生活更方便、更安心。

【全面推进乡村振兴】 制定《香河县关于全面推进乡村振兴加快农业农村现代化的实施意见》。坚持最严格的耕地保护制度，扎实开展农村乱占耕地建房问题专项整治，全面开展耕地“非粮化”排查整改行动，保障粮食安全。实施高标准农田建设工程，提高农业发展承载力。深入推进农业供给侧结构性改革，着力提高农业综合竞争力。瞄准京津市场消费需求，培育绿色果蔬、特色畜禽等“香字号”农业品牌，打造京津绿色优质农产品供给基地。宣传推介“香河莲藕”“香河韭菜”等特色农产品，深入开展绿色、地理标志等优质特色农产品认证，争创国家农产品质量安全县。开展土地流转协议合法性审查，引导流转大户、龙头企业利用集中连片流转土地，推动农业规模化、产业化、现代化发展。探索“土地托管”服务模式，降低生产成本，提升综合效益。拓展农业生产、教育、科普和休闲旅游功能，延长农业产业链，力促农业与二、三产业融合发展，打造都市休闲农业基地。制定农村人居环境整治提升五年行动方案，扎实推进村街“四化”，持续开展“美丽庭院”创建活动，完善城乡基础设施统一规划、建设、运营、管护机制，提升农村生活垃圾一体化治理水平。实施“一镇一策”，加快推进安平镇、蒋辛屯镇两个新市镇建设，完善基础配套、公共服务等功能设施，努力打造产业特色鲜明、生态环境优美、体制机制灵活的特色小镇。加快回迁社区建设，稳步推进回迁安置，妥善安置河道内村街和京唐城际铁路搬迁群众。持续深化农村土地制度、农村集体产权制度等重点领域改革，鼓励村集体和农民利用闲置资源创新创业，完善农村“三资”智慧监管系统，壮大集体经济。加强农村实用人才和新型职业农民培训，推动更多科技成果应用到田间地头。加强镇村商贸物流站点建设，提高城乡物资双向流通效率。制定鼓励居民消费的政策措施，全面激活城乡消费。

【推动社会事业高质量发展】 紧扣“十四五”时期重大发展战略，聚焦发展所需、民心所向，紧盯解决突出问题，推出一批新的改革举措。坚持“房住不炒”，落实整治规范房地产市场秩序三年行动计划，合理发展保障性租赁住房，鼓励建设高品质住宅小区，促进房地产市场平稳健康发展。聚焦群众急难愁盼的问题，深入实施教育基础设施提升、城区雨污分流改造、农村生活污水治理等民生工程和惠民实事，实行台账管理，狠抓督导调度，确保高标准、高质量完成年度目标任务，真正把好事办好、实事办实。深化教育改革创新，实施创名校、树名师、育名生工程，打造一流教育品牌。巩固发展高中教育，加快发展职业教育，均衡发展义务教育，扩大普惠性学前教育供给。深化“四医联动”改革，提升“医共体”建设水平，加快推进县中医医院东院区和刘宋、五百户等卫生院改造。深化文化体制改革，积极引进文化产业项目，推动文化产业高质量发展。高标准、高质量承办全市文化旅游产业发展大会。推动镇村综合文化服务中心高效使用。大力开展全民健身活动，提高人民体质。

【建设公共卫生防疫体系】 认真落实《中华人民共和国传染病防治法》《突发公共卫生事件应急条例》等法律法规，依法防疫、科学防疫、精准防疫。加强镇卫生院、村卫生室和社区卫生服务站建设，强化专业队伍培训，完善核酸检测、流调溯源、定点隔离、医疗救治、消毒消杀、疫苗接种六大信息管理系统，配齐流动核酸检测车和负压救护车，多措并举提升突发公共卫生事件监测预警和应急处置能力。

【推进平安香河建设】 守牢社会安全稳定底线，坚持总体国家安全观，统筹发展和安全，统筹应对传统安全和非传统安全，落实党委国家安全责任制，深入开展国家安全宣传教育，着力防范化解国家安全风险。持续推进平安香河建设，制定关于常态化开展扫黑除恶专项斗争巩固专项斗争成果的实施意见或若干措施，推进“五大智慧工程”提质扩面，严厉打击盗窃、传销、电信诈骗等违法犯罪活动，力争实现全国平安建设先进县“六连冠”。深入推进政法领域全面深化改革，开展政法队伍教育整顿，打造新时代政法铁军。注重标本兼治、疏堵结合，严格落实领导包联和接访制度，全面排查化解矛盾纠纷，及时回应群众诉求，依法做好信访维稳工作。全力做好全国“两会”、庆祝中国共产党成立100周年活动等安保维稳工作，当好首都政治“护城河”排头兵。聚焦金融、债务、房地产、生态环境污染、意识形态等领域，健全重大风险常态摸排、动态监管、及时化解、应急处理机制，确保不发生系统性区域性风险。严格落实安全生产责任制，扎实开展安全生产专项整治三年行动，加强危险化学品、道路交通、建筑施工、消防安全、食药安全等重点行业领域监管和隐患排查整治，维护群众生命财产安全。

【践行社会主义核心价值观】 坚持党管意识形态，加强阵地建设和管理制度，旗帜鲜明反对和抵制各种错误观点。健全学校思想政治工作体系，完善青少年理想信念教育齐抓共管机制，推进中小学思政课一体化建设。加强网络文明建设，发展积极健康的网络文化，开展网络综合治理，科学有效处置网络舆情。大力弘扬和认真践行社会主义核心价值观。推动理想信念教育常态化制度化，在全县组织学习党史、新中国史、改革开放史、社会主义发展史，构建爱国主义教育长效机制。加强思想道德建设，学习贯彻中国共产党思想道德准则，深化群众性精神文明创建活动，拓展新时代文明实践中心建设，让文明在香河蔚然成风。

【加强法治香河建设】 深入学习领会习近平法治思想，并贯彻落实到法治香河建设全过程和各方面。健全在县委统一领导下全面依法治县的制度和工作机制。对标法治中国建设规划和法治政府、法治社会建设实施纲要，编制香河县规划和实施方案。严格规范公正文明执法，深化三项制度改革和行政执法体制改革，加强行政执法规范建设。以严格责任制促进办案质量全面提升。大力开展宪法教育，保证宪法全面贯彻实施，在全县严格落实宪法宣誓制度和领导干部学法制度。加强全民普法工作，深入总结“七五”普法工作成效，编制好全县“八五”普法规划，制定关于加强执法司法制约监督制度机制建设的若干措施。

【政治生态不断优化】 2021年，加强领导班子和干部队伍建设，切实加强常委会自身建设，开好县委常委班子民主生活会，在增强“四个意识”、坚定“四个自信”、做到“两个维护”上做表率，带头学懂弄通做实习近平新时代中国特色社会主义思想，强化政治责任，增强忧患意识，提高政治能力、治理能力、斗争本领，提升对各种风险的辨析和处置能力，努力成为构建新发展格局的行家里手和高素质、高境界、高水平的带头人。严格落实各级党委（党组）书记抓党建的主体责任，坚持党对一切工作的领导。按照上级要求做好县乡两级领导班子换届工作，选优配强各级领导班子。坚持“看能力、看业绩、看表现、看公论”选人用人，加大干部交流和优秀年轻干部培养选拔力度，打造一支敢打硬仗、能打胜仗的干部队伍。

【加强基层党组织建设】 2021年，开展“基层党建规范提升年”活动，统筹推动全省乡村治理体系基层党组织建设专项试点县建设，扎实推进“抓党建、抗疫情、惠民生、保安全、促发展”活动，抓紧抓实软弱涣散基层党组织整顿。开展“模范机关创建”，持续深入“五联五共”活动，全面推动基层党建工作提质增效。巩固扩大非公企业党建“两个覆盖”，开展各领域基层党组织书记培训，适时全面推开社区工作者职业体系建设。做好村（社区）“两委”换届工作，选优配强村（社区）党组织带头人，确保换出凝聚力、领导力、战斗力，实现全面换届、优质换届、平稳换届。以开展优化营商环境和干部作风整顿活动为抓手，大力整治形式主义、官僚主义和不作为、慢作为、乱作为、假作为，从履职情况查思想作风、查工作能力、查实际效果，推动全县党员干部作风大转变、工作效能大提升，进一步促进各项工作提效率、增效益、出效果。鼓励干部勇于跳进矛盾的漩涡中解决问题、打开局面。坚持用好容错纠错机制，宽容干部在推进改革发展中的失误，坚决为干事者撑腰鼓劲，充分调动广大党员干部干事创业的积极性。

【加强党风廉政建设】 巩固和拓展落实中央八项规定精神成果，严查隐形变异“四风”问题。持续深化政治监督，推动“四位一体”监督贯通融合，督促全县各级党组织抓早抓小、防微杜渐。探索“一案一整改”机制，坚持对症下药，以纪法刚性推动问题整改到位。加大巡察工作力度，及时开展巡察“回头看”，强化巡察成果运用，确保十一届县委巡察高质量全覆盖。开展常态化政治性警示教育，以案释德、以案释纪、以案释法，增强针对性和震慑力。持续开展群众身边的腐败和作风问题整治，聚焦重点领域和关键环节，紧盯窗口单位和服务行业，坚决查处政治问题和经济问题交织的腐败案件，坚决破除权钱交易的关系网，不断推进监督触角向基层延伸，进一步巩固和发展风清气正、干事创业的良好政治生态。

（李　京）

综合事务管理

【概况】 2021年，县委办公室坚持以中共十九大、十九届六中全会等会议精神以及习近平总书记关于党委办公厅（室）工作重要指示批示精神为引领，围绕县委各项安排部署，突出以文辅政、督促检查、综合协调、管理服务、保密机要等职能，用实际行动弘扬践行运河通航精神，切实发挥参谋助手、桥梁纽带作用，全年工作实现圆满收官，各项业务系统内考核均处于先进行列，得到了县委领导和上级主管部门的充分肯定。

【以文辅政】 县委办公室全体工作人员以习近平新时代中国特色

社会主义思想为指导，认真学习贯彻中共十九大和十九届六中全会精神，紧紧围绕全县改革发展稳定大局，深刻领会县委、县政府决策意图，突出针对性、指导性和实效性。加强政策理论学习，深入开展调查研究，认真起草县委综合性文稿和主要领导重要文稿等材料，得到了县委领导的充分肯定。截至年底，共整理领导讲话、致辞、汇报等材料200余篇，累计100余万字。编印内刊《香办通报》10期，做到了观点正确、实事求是、层次清晰、表达准确、语言精练、易读易懂。深入各镇、园区以及县发改、住建、交通等部门开展调查研究50余次，起草了《县委十一届八次全会报告》《县第十二次党代会报告》《近期重点工作情况汇报》等重大、重要报告材料，切实履行了以文辅政、以智辅政职能。

【检查督导】 聚焦全县重点工作，在充分运用书面督查、电话督查、实地督查等常规督查方式的基础上，创新实行县委县政府主要领导带头督、四大班子包联督、部门统筹联合督、新闻媒体参与督、配合上级深入督“五种方式”，创新建立《全县重点工作联合督查机制》和《全县重点工作督查积分制考核办法》，力促督查工作更加规范化、制度化、科学化。建立《2021年重点工作重大项目重大工程重大保障任务责任清单督办台账》，对县第十二次党代会报告进行分解交办，形成清单台账，定期跟踪督导。围绕城乡环境整治提升、疫情防控、弘扬运河通航精神等工作进行实地专项督查，形成《联合督查专报》15期，《督查专报》22期，获得县委主要领导批示16次。坚持批必查、查必清、清必办、办必果、果必报，承办县委主要领导批示交办事项400余件，形成《关于县委主要领导批示交办重要事项落实情况的督查专报》4期。研究制定《2021年全县深化纠正“四风”和作风纪律专项整治推进方案》，联合县“纠风办”对全县各部门各单位工作纪律、执勤值守等进行明察暗访6次。印发《中共香河县委关于进一步做好加强对“一把手”和领导班子监督工作的通知》《香河县政治生态评价指标体系任务分解表》《中共香河县委落实全面从严治党主体责任领导小组2021年度工作要点及责任分工》，逐一细化分解任务，逐项明确牵头单位、责任单位及完成时限，有效促进了全县各项重点工作深入开展。

【信息编报】 突出信息工作“短、平、快”特点，强化上报、下发及时精准，注重信息网络建设和文稿撰写能力培养，明确采集、编辑、报送等重点环节责任人，做到任务具体、职责明确，为县委决策提供及时准确的信息参考。年内，共编发《香河信息》75期，及时全面反映了“协同发展示范区、绿色活力幸福城”建设过程中各条战线的工作动态和工作重点，为领导掌握相关情况提供了详细参考，充分发挥信息服务县委决策的“参谋、助手、耳目、喉舌”作用。2021年共上报省市各类信息1950余篇，被上级采用110余篇。信息上报、采用数量以及考核得分均居省市前列，其中《用好精神“磨刀石”补好思想“聚能钙” 香河县加强干部队伍建设积蓄干事创业内生动力》等信息被市《情况交流》等刊物采用，获得县委书记梁宝杰的肯定性批示。

【会务接待工作】 完善文件审核印发制度，进一步规范接待流程，对于通知起草、座次安排、会场布置等环节做到精益求精、周密安排，制定详细的接待工作方案和预案，提高办文办会工作水平，确保不出任何纰漏。2021年，共审核、办理县委及县委办各类文件100余件，整理印发《常委会会议纪要》30余期，认真筹备了县第十二次党代会、县委十二届一次全会、北运河旅游通航仪式等重大会议活动，承办各类会议100余场次。在会务接待方面，共接待中央部委和省市领导到香河县的调研及各类督导组、调研组、检查组、考核组等活动280余批次、4000余人次，高质高效完成各类接待任务。

【社情民意工作】 坚持把为群众提供优质服务，作为推动网上群众路线工作的目标，不断提升群众办事的便捷度、获得感，将社情民意工作与“弘扬运河通航精神”大讨论活动相结合，完善县委《社情民意工作机制》，研发并推广运用移动平台App。整合县委信息中心、县政府信息中心、县委宣传部、县信访局等多方力量，拓宽信息搜集渠道，明确部门责任分工，打造专业化队伍，构建科学合理高效的社情民意工作新格局。2021年，共排查网民留言和负面网络信息700余条，及时办理省市社情民意交办件，妥善协调解决，得到了省市社情民意部门充分肯定。

【深化改革加快推进】 制定印发《中共香河县委全面深化改革委员会2021年工作要点》，确定改革任务139项，其中9项重点改革安排72项，其他领域改革67项，要求各牵头单位每季度报送改革要点台账，及时汇总改革要点完成情况，确保改革任务按时推进。制定印发《关于进一步规范县委全面深化改革委员会会议议题报送有关事项的通知》《县委全面深化改革委员会会议制度实施细则》等文件，为更好服务深改委发挥作用提供了制度遵循。2021年，全县承接国家和省市级改革试点11个，总量居全市前列，截至年底，各项试点推进顺利；报送长篇信息12篇，在全市改革信息排名中始终处于前列；在国家级刊物《改革内参》刊登改革信息2篇，在市级内刊《廊坊改革动态》刊登改革信息2篇，使香河县的改革经验和做法得到推广。

【国家安全工作】 组织召开县委国家安全委员会2021年工作会议，印发《中共香河县委关于深入贯彻落实总体国家安全观 着力防范化解国家安全风险的实施意见》《中共香河县委国家安全委员会2021年工作要点》等文件，协调指导全县300个村街设立环京社会安全信息员，统筹各部门强化重点领域管控措施。深入开展“4·15”全民国家安全教育日宣传，收集上报信息16篇，报送对策建议11篇，其中《智慧城市建设与大数据安全保护的对策与建议》被省市委国家安全委员会办公室采用。

【应急保障】 严格落实“三级带班”制度，完善《公文、电话收发运转管理机制》和《紧急重大突发事件信息报告工作机制》，积极推进预案编制、应急演练等工作，特别是在国内新冠疫情形势严峻的情况下，将应急值守摆在更加突出位置，有效提高预防和处置突发事件的能力。加强视频调度设备、OA通知发送系统等软硬件设施建设，实行新入职人员跟班学习制度，收发传阅文件等工作实现零差错，紧急情况重要事项信息做到了及时准确上报，圆满完成庆祝中国共产党成立100周年等重要时期的应急值守工作。

【保密机要工作】 以实现“绝对确保信息安全，绝对确保通信畅通”为根本，统筹兼顾，突出重点，扎实做好文件传阅、归档整理、设备运行维护以及保密宣传教育、督导检查等工作，圆满完成建党百年保密专项检查、县中高考招生考试保密以及文件清退等工作。制定出台《中共香河县委保密委员会2021年工作要点》，下发相关涉密单位，完成上级保密部门安排部署的其他有关涉密事项。在全县范围内开展保密宣传教育作品征集评选和以“光辉历程，保密有我”为主题的庆祝中国共产党成立100周年保密知识竞赛等活动，全县广大党员干部保密工作意识得到进一步增强。

（李　京）

组织工作

【概况】 2021年，县委组织工作在县委的正确领导下，深入学习贯彻习近平新时代中国特色社会主义思想，按照中央、省、市委组织部长会议要求，坚持全面从严治党，坚持改革创新，扎实推进县、镇领导班子及村（社区）“两委”换届，统筹推进“三基”建设年活动，即全面加强基层组织、基础工作、基本能力建设，促进基层组织建设规范化、城乡基础设施一体化、基本公共服务均等化、产业体系现代化、人居环境洁净化、基层社会治理法治化，不断提高基层党组织和广大党员干部推进改革发展稳定的基本能力。抓党建促乡村振兴、党员队伍管理、人才开发培育等各项工作，为建设“协同发展示范区、绿色活力幸福城”提供坚强组织保证。

【县、镇领导班子换届】 县委坚持正确用人导向，抓好领导班子和干部队伍建设。配合市委做好县级领导班子换届工作，研究提出新一届县委委员、候补委员预备人选，县人大常委会组成人员、专门委员会组成人员建议名单，组织好大会选举等工作，县第十二次党代会、县“两会”先后召开，选举产生了新一届县委、县人大、县政府、县政协、县纪委领导班子以及法检“两长”，市委预批人选均全票当选。扎实做好乡镇领导班子换届相关组织工作，结合年度考核及日常掌握情况，在全面分析研判乡镇领导班子结构、干部储备、作风表现等基础上，研究制定乡镇领导班子换届工作方案，对代表组成、班子配备、大会选举、严肃纪律等方面全面安排部署；组织开展镇领导班子成员换届考察，严格谈话调研推荐、会议推荐、深入考察、集体面谈等程序，认真贯彻中央和省市委关于乡镇领导班子换届各项政策要求，科学提出乡镇领导班子换届人事安排方案并严格组织实施。换届后，全县9个镇领导班子成员平均年龄38.7岁，同比下降0.4岁，各镇领导班子中至少有1名30岁以下干部；乡镇干部中全日制大学本科以上学历40人，占乡镇干部的34.5%；乡镇干部中选调生13名，占乡镇干部的11.2%，各镇至少有1名选调生；乡镇干部中“三类人员”，即乡镇事业编制人员、优秀村党组织书记、到村任职过的选调生总计15名，各镇至少有1名“三类人员”；乡镇干部中具有2年以上在乡镇工作经历人员不少于三分之二；乡镇干部中本地干部93名，占乡镇干部的80.2%，领导班子结构更加合理，整体素质进一步提高。

【坚持正确用人导向】 县委组织工作坚持“政治过硬、实绩突出、群众公认”用人导向，严格落实《党政领导干部选拔任用工作条例》《中华人民共和国公务员法》等有关政策规定，坚持把好资格审查关、推荐考察关、讨论决定关，认真落实“凡提四必”要求，即讨论决定前，对拟提拔或进一步使用人选的干部档案必审、个人有关事项报告必核、纪检监察机关意见必听、线索具体的信访举报必查，坚决防止“带病提拔”。2021年，共提拔干部44人，其中，正科级干部7人、副科级干部37人；晋升职级57人，其中，晋升一级主任科员28人、晋升三级主任科员29人（其中，为5名在运河通航工作中表现突出的干部晋升职级），进一步激发干部队伍干事创业热情。加大年轻干部培养力度，组织县直部门工作经历不满2年的年轻干部到乡镇基层锻炼，拓宽年轻干部成长成才渠道。组织开展教育系统领导班子和干部队伍建设情况专题调研，发现和储备26名懂科学、善管理的业务型干部，作为后备干部进行培养。年内，未出现“带病提拔”或“带病上岗”现象。

【干部教育培训】 2021年，干部教育培训工作以习近平新时代中国特色社会主义思想为指导，深入贯彻落实中共十九届五中全会精神，以《2019—2022年全县干部教育培训规划》为着力点，紧紧围绕县委、县政府中心工作和重点任务，统筹抓好党政领导班子成员、机关公务员、企业领导人员、事业单位领导人员、专业技术人员、年轻干部、基层干部、扶贫干部、党务干部等“九大主体”培训。累计举办各类培训8期，培训干部3000余人次，配合省市有关部门完成省市调训38期，共计392人次。用好河北干部网络学院教学平台，累计组织开设各类专题网班10期、培训干部1.6万余人次，人均完成222.17学时，干部队伍素质显著提升。

加强对领导干部的学习教育。学习习近平总书记在抗击新冠肺炎疫情斗争中的重大决策部署，体会总书记治国理政新理念新思想，总结用好斗争中的典型经验和有效做法，向全县各单位“一把手”

和县卫生健康局、县应急管理局全体干部发放《学习贯彻习近平新时代中国特色社会主义思想打赢新冠肺炎疫情防控人民战争总体战阻击战案例》《应急管理体系和能力建设干部读本》，要求领导干部读原文悟原理，提高治理能力和专业水平。开设“2021 年度学习贯彻习近平新时代中国特色社会主义思想专题网班”，全县 1634 名河北干部网络学院注册学员全员参训并完成学习任务，切实增强干部的政治判断力、政治领悟力、政治执行力。

10 月 20 日，香河县举办“协同创新大讲堂”第四讲暨产业规划能力提升专题培训，邀请北大方极城市规划研究院院长、博士生导师李金恒（左）作辅导　县融媒体中心供图

抓好中共十九届五中全会精神培训。在完成县级集中培训的基础上，将中共十九届五中全会精神纳入县委党校春季主体班课程，全县 200 余名股级及以下干部参加培训。开设 2021 年学习贯彻中共十九届五中全会精神专题网班，内容涵盖《深入贯彻落实中共十九届五中全会精神 开启全面建设社会主义现代化国家新征程》等 16 门课程，总计 19.5 学时，全县注册学员全部完成学习任务，累计培训干部 8600 余人次。

开展党史学习教育培训。在县文化艺术中心举办香河县党史学习教育专题培训班，邀请北京师范大学教授、博士生导师杨世文以“回顾百年奋斗路 走好未来奋进路”为主题作辅导，全县 400 余名党员干部参加培训。

换届后领导干部培训。利用网络视频“云课堂”形式，组织换届后县乡领导班子成员履职能力培训，在县委党校新校区举办乡镇新提拔领导干部履职能力提升专题培训班，组织 46 名换届后新提拔乡镇领导干部参加培训。

年轻干部教育培训。贯彻落实习近平总书记在全国中青年干部培训班开班式上重要讲话精神，高标准举办香河县科级年轻干部培训班，培训全县 1985 年以后出生乡科级干部 48 人。

新时代基层干部主题培训。制定香河县《关于开展新时代基层干部主题培训行动计划的实施方案》，精确分配培训任务、合理安排培训时间、科学制定课程内容。截至年底，已有 20 个单位“一把手”，300 个村党组织书记完成主题培训任务，通过教育培训，基层干部的能力水平显著提升。

“协同创新大讲堂”系列培训。围绕招商引资、项目建设、土地管理、城市规划、园区升级、舆情应对、乡村振兴、协同发展、信访维稳、宪法法律等方面，定期邀请国内著名专家学者、先进地区领导干部、知名企业领导人员在县文化艺术中心进行集中授课、解疑。结合不同培训主题，充分用好网络平台，在各镇（社区、园区）设立视频连线分会场，进一步扩大培训范围，将培训向村街（社区）党支部书记延伸，切实帮助各级干部理清发展思路、摸清发展脉络，提高解决问题、推动实际工作的能力水平，激励干部在美丽乡村建设、产业发展、基层治理、为民办实事上下功夫。截至年底，已有中南高科京津冀区域副总经理兼投资总经理王培华，江苏省昆山市招商中心秘书长孙建中，自然资源部法规司一处副处长马骁骏，北大方极城市规划研究院院长、教授、博士生导师李金恒等，围绕招商引资、土地管理、产业规划方面开展专题授课 4 期，培训干部 2100 余人次，干部专业能力大幅增强。

【干部培训软硬件建设】 加强河北干部网络校园管理。建立健全河北干部网络学院日常监测、通报制度，将学时指标完成情况作为干部绩效考核重要依据，对未完成学习任务的参训学员及时通报，保证在线学习的针对性和有效性。在此基础上，规范学员日常管理，认真梳理年内退休人员情况、干部调动情况、职务变化情况，逐个单位进行核实，修改完善学员个人信息，及时删除退休人员，做好人员信息维护工作。要求各单位明确一名责任心强、业务熟练的管理员，负责单位学员信息维护、督促学习等工作，并成立微信工作群，强化学员管理工作；抓好资源阵地建设。在全市率先建成党校新校区，并于2021年7月投入使用，注重教师能力提升，高标准完成中网院师资培训工作，组织5名党校教师参加培训，总计完成515.5学时，人均103.1学时。在党校新校区内打造香河红色文化教育基地，推动域内党性教育培训工作开展，已承接各类培训9期，培训学员600余人次。扎实开展县委党校“四个二十”工程建设及特色党性教育项目创建，积极动员党校教师、思政课教师、领导干部等各类资源参与工程建设，认真开展精品课程开发、教学案例编写、教学名师评选、现场教学点建设等工作，同时，做好特色党性教育项目创建，确保项目建设取得实效。推行领导干部上讲台制度，印发《关于做好领导干部上讲台工作的通知》，进一步充实完善全县干部教育培训师资库，发挥领导干部在干部教育培训工作中的示范引领作用，提高干部教育培训工作的针对性和有效性。

【干部培训信息化建设】 开展干部培训信息统计汇总工作，建立培训工作台账，重点统计2018年以来的培训情况，要求各单位上报2018年以来干部参加或举办的各级各类培训班次，力求翔实准确，标明培训起止时间、培训地点、培训学时、参训人员、主办单位、举办机构，并根据参训人员任职履历，确定参训时所在单位及职务。在此基础上，对照《2018－2022年全省干部教育培训规划》中“县处级以上党政领导干部5年内参加党校（行政学院）、干部学院以及干部教育培训管理部门认可的其他培训机构累计3个月或者550学时以上的培训；科级以下干部每年参加培训累计不少于12天或者90学时”指标任务，筛选未完成学习任务的干部，优先安排各类培训，确保规划任务圆满完成；注重信息宣传工作，及时总结干部教育培训工作中的好经验好做法，积极向上级媒体推介培训工作中的特色班次、创新方法等，加大培训工作宣传力度。截至年底，香河县举办的2021年科级年轻干部培训班相关信息已被河北日报客户端、《廊坊日报》刊发，乡镇新提拔领导干部履职能力提升专题培训班被《廊坊日报》刊发，协同创新大讲堂系列培训相关信息均被县融媒体发布报道，所撰写的经验类信息《香河“四个聚焦”推进干部培训工作走深走实》被河北日报客户端刊发，《香河县“三严三实”推进新时代基层干部主题培训走深走实》被《廊坊组工信息》刊发，营造出干部积极参训，比学赶超的浓厚氛围。

【干部监督管理】 坚持从严监督管理干部。开展“一报告两评议”工作，加强对干部选拔任用的监督，完成对109名领导干部任前公示、35名正职领导干部离任审计。结合县委第六、七轮巡察，对钱旺镇等14家单位开展选人用人专项检查，开展对政法队伍选人用人专项巡察、对经开区选人用人巡察、九届省委巡视、县委巡察等反馈问题整改工作。配合做好干部个人有关事项报告工作，积极做好换届考察，推荐人选有关事项审核、情况说明等工作。做好领导干部因私出国境证件核查，组织开展“一人多证”和违规获得外籍身份专项清理整治工作。联合县公安局对全县新提拔副科级干部及到龄退休人员因私出国境备案进行及时更新，共撤销、新增备案36人次。严肃换届期间风气监督，印发《关于严肃换届纪律加强换届风气监督的实施方案》，组织成立5个乡镇换届风气巡回督查组开展换届风气巡回督查。换届期间，共组织观看警示教育片《镜鉴》《警钟》620余人次，283名干部参加谈心谈话，发放换届纪律提醒函324份、签署承诺书1265份，悬挂宣传标语120余幅，印送学习资料170份，进一步铸牢党员干部的纪律规矩意识。严肃换届纪律“五个不要”、建立联查联办机制、实行查核责任制等做法得到省委组织部肯定。

【干部考评】 进一步发挥干部考核评价“指挥棒”作用。修订完善2021年度考核评价体系，有针对性调整“年度重点工作专项考评结果”指标体系，并组织相关县直部门研究制定考评细则。深入实施平时考核，对“运河旅游通航”工作开展专项考察考核，发现表现突出的干部37名。组织开展半年考核，重点对全县乡科级领导班子和领导干部上半年履职情况，特别是“党史学习教育”等12项重点工作进行了考核。加强考核指标运行监控，组织制定县党政领导班子总体工作目标和市管干部个人工作目标，作为市对县年度考核的重要参考；组织召开全县考核工作调度会议，分析研判后，向县委县政府提出工作建议报告。完成乡科级领导班子和领导干部2020年度考核工作，对36个优秀领导班子和221名优秀干部通报表彰并兑现奖励。

【公务员管理】 全面加强公务员队伍管理。圆满完成全县股级及以下公务员及党群系统事业单位人员2020年度考核工作，共嘉奖168人，记三等功14人，事业人员记功奖励4人。研究制定《组织部管理干部考核暂行办法》，积极做好中央组织部香河县联系点的考核建设工作，蒋辛屯镇探索试行的“三主两选、三晒一用”平时考核办法得到省市委有关领导充分肯定。配齐配强县乡机关中层干部，全年共任免干部31人，晋升职级4人。高标准完成公务员、选调生、军转干部等相关工作，圆满完成28名乡镇换届人员选任登记，顺利通过省委组织部就公务员法律法规实施情况监督检查。全市贯彻落实公务员法律法规现场会在香河县召开，香河县落实公务员法相关经验在全市推广。开展“争做争创”活动，县公安局看守所原所长李向国荣获全国最美公务员、河北省第八届人民满意的公务员、廊坊市争做人民满意度公务员“十佳个人”称号。

【慰问老党员】 在庆祝中国共产党成立100周年之际，县委组织部走访慰问中华人民共和国成立以前入党的老党员11人、生活困难的老党员208人，联合县医院为2900余名党龄50年以上的老党员进行免费体检。扎实做好“光荣在党50年”老党员纪念章颁发工作，全县共颁发纪念章2905枚。组织开展以“峥嵘百年与党同行”为主题的图片展览活动，此做法被中共中央组织部组工信息宣传推介。

【基层组织建设】 2021年，党的基层组织建设，结合省市县基层党建述职评议考核反馈问题全面排查，建立整改台账，定期督导要账，确保问题整改到位。围绕基层重点工作，为各级党务工作者建立抓党建工作责任清单，开列基层党建“书记项目”，并加强对村党组织书记任期承诺和年度目标管理，细化重点任务，压实党建职责，确保各项基层党建工作落实到位。落实基层党建常态化督导检查机制，全面了解县各个基层组织抓基层党建工作情况，及时发现和解决问题。截至年底，已开展季度抽查3次，发现各类问题24个。

着力推进“队伍优化”工程。扎实推进村（社区）“两委”换届，严把思想政治素质好、道德品质好、带富能力强、协调能力强的“双好双强”标准，选优配强村（社区）“两委”班子，全县所有村街（社区）全部实现“一肩挑”，其他各项指标均符合市委“四提一降”要求。强化村干部教育管理，采取“线上线下”相结合模式，对全县村街、社区、机关等各领域基层党组织书记进行全员轮训。组织开展村党组织书记“擂台赛”，搭建村干部沟通交流平台，实行村干部“两考三评一定”动态考评机制，将城乡环境整治提升、高铁占地补偿等重点工作动态纳入考评内容，实时跟踪问效，落实绩效奖惩，激发村干部干事创业热情。建强社区工作者队伍，在完成现有社区工作人员纳入基础上，面向社会公开招聘 100 名社区工作者，进一步充实社区工作力量。

统筹推进党建示范建设。扩面提标党建示范区，进一步提高现有 11 个基层党建示范区打造水平，在环京重点村和党建示范区内核心村择优选取 48 个村街，高标准打造村级党群综合服务中心。深入开展首都政治“护城河”党建示范村创建，落实“六提升、七规范” 13 项举措，广泛动员符合条件村街积极申报，争创党建示范村。年内，全县完成 60 个首都政治“护城河”党建示范村创建工作，其中 28 个村街挂牌示范。以北运河旅游通航为契机，高标准打造沿运河党建示范带，持续加大环京党建示范带投入力度，充分发挥辐射带动作用。

大力夯实基层基础。扎实开展“三基”建设年活动，研究制定实施方案，明确任务分工和责任部门，定期督导调度和通报加压，确保各项工作任务按时按质完成。全面开展抓党建促乡村振兴工作，聚力实施“素质提升、队伍优化、组织聚力、夯基固本、协同助力、责任聚焦”六项行动，切实以组织振兴推动乡村全面振兴。

统筹推进其他领域党建工作。开展非公企业和社会组织集中攻坚行动，党组织覆盖率分别为 96.76%和 94.67%，累计选派党建指导员 81 名，打造富力乐英实验学校等党建示范点 27 个，党建示范引领作用明显。在学校，统筹抓好教育系统党建工作，进一步理顺中小学校党建工作管理体制，明确党组织领导下的校长负责制，不断推动习近平新时代中国特色社会主义思想进教材、进课堂、进头脑。在医院，全面落实好党组织领导下的院长负责制，建立党支部参与重大问题决策机制，实施“双带头人”培训工程，实现临床医技科室党支部书记由业务骨干担任的比例达到 85%以上。

12 月 9 日，全县村党组织书记“组织振兴”主题“擂台赛”举办　县融媒体中心供图

【党代表推选】　2021 年，中共香河县委组织部按照市委《关于认真做好县乡领导班子换届工作的通知》（廊秘传〔2021〕9 号）要求，制定印发《关于认真做好镇党代会代表选举工作的通知》和《关于做好乡镇换届选举有关工作的通知》，共选举产生镇党代会代表 993 名，并对乡镇换届时间、会议流程、选举办法、预演排练等提出了“四个统一”要求，全县 9 个镇圆满完成党委换届任务。同时，制定印发《关于做好县第十二次党代表大会代表选举工作的通知》，结合各阶段选举工作任务，严把代表名额分配、构成比例、基本素质、推荐程序关口，选举产生县十二次党代会代表 276 名。

【党员教育】　结合党史学习教育和“团结就是力量”专题学习教育活动，分级分类开展党员教育培训，广泛开展“讲党课”、主题党日等活动，全县基层党组织共开展讲党课 453 场次，792 个党支部开展了主题党日活动。创新党员教育途径，加强流动党员排查，累计排查流出党员 271 人、流入党员 576 人，全部落实教育管理措施。严格落实违法、违纪、违规、违信“四违”党员处置办法，组织执纪执法部门共排查出121名党员，全部落实约谈帮教措施。

拍摄制作反映香河传统文化的《我的爷爷和中幡》等；讲述革命烈士王少奇一家四代红色故事的电教片《太爷爷的日记本》；反映香河县基层党建工作的纪实片《夯实固本谱华章》等12部精品电教片和党课视频。与县融媒体中心联合拍摄制作反映香河县优秀党支部书记左春喜事迹的动画片《领头羊》；拍摄讲述年轻干部深入一线，密切联系群众，一心为基层百姓解决实际问题的微电影《上官》；展示香河全面发展、大运河的独特魅力、得天独厚的文旅资源的宣传片《香河节拍》；讲述党员志愿者坚持战斗在防疫一线的故事片《使命》等完成“先锋在线”智慧党建App升级工作，充分利用App线上学习功能，在日常党员教育管理、常态化疫情防控期间的党员教育培训工作以及党史学习教育中发挥了重要作用。2021年，发布各级党组织、党员干部冲锋在前、服务在前的事迹，以及党史、党建知识类文章400余篇。在中国共产党成立100周年之际，对“学习强国”App学用工作突出的基层党（工）委、党总支（支部）及共产党员进行表彰。

推进农村党员干部现代远程教育工作。2021年，全县已建立远程教育IPTV终端站点284个，其中村街站点273个，社区站点4个，机关站点7个，共配备专兼职基层站点管理员600余名。重点打造蒋辛屯镇北李庄村、五百户镇后土门楼村等13个建设标准高、规范管理严、教学组织好、学用效果佳的远教示范站点，打造48个远教广场。

【党员发展】 严把发展党员“入口关”，严格执行发展党员“四库”管理，即申请入党人员库、入党积极分子库、预备党员库、党员库。继续执行党员发展全程联审、逐人监审制度，全年共发展党员853人，发展党员监审员制度做法被国家《改革内参》刊发。全力推进“三年村”治理攻坚，全县24个“三年村”已解决22个。规范开展排查整顿农村发展党员违规违纪问题“回头看”，共排查出问题线索9条，已全部认定处理完毕。

【人才工作】 强化党管人才不放松。充分发挥县委组织部牵头抓总作用，第一时间向县委常委会传达省、市委人才工作领导小组会议精神，研究谋划全县人才重点工作，切实落实好主体责任。科学制定《2021年香河县人才工作要点》，定期组织召开县委人才工作领导小组联席会议，审议通过《中共香河县委人才工作领导小组职责》等文件。加强人才工作目标责任制考核，组织相关部门制定人才工作考核指标，落实人才工作述职评议制度，将人才工作纳入基层党（工）委书记党建专项述职重要内容，切实发挥好“指挥棒”作用。加强对人才的政治引领和政治吸纳，落实专家人才结对联系机制，畅通人才建言献策渠道，帮助解决工作、生活难题。注重把人才推荐与县委、县政府重点任务结合起来，综合考量人才在疫情防控、运河通航、产业升级、非遗传承等方面做出的突出贡献，确保推荐的各类人才具有

10月22日，香河县第一批青年拔尖人才命名表彰会召开，图为县委常委、常务副县长张华维（前排右四），县委常委、组织部部长王国强（前排左三）等为受表彰人员颁发荣誉证书
徐剑飞 摄

较强的示范带动作用。

推进人才项目实施。强力推进“人才强冀”“人才兴廊”工程县级重点项目。组织实施与北京城市副中心人才工作深度融合助力产业升级工程，积极推进人才引进、培养、评价等方面实现互通对接。年内，已签订《北京城市副中心（通州区）与廊坊市“北三县”、廊坊临空经济区政务服务“区域通办”联动机制框架协议》，453项高频便民事项和70项政务服务事项实现“区域通办”，组织46名乡镇干部赴通州区参加新提拔领导干部履职能力提升专题培训，联合举办“科技促进香河智慧家居产业提升线上对接交流会”，香河经济开发区管委会与创客天下（北京）科技发展有限公司、香河鼎泰园区建设发展有限公司签订《科技创新合作协议》，县科学技术和工业信息化局指导11家企业申报省市人才平台载体，全县净增科技型中小企业33家，累计达777家。组织实施大运河“非遗”人才保护开发工程，开展县域“非遗”人才及非遗传承人普查、建立“非遗”人才电子档案，加大“非遗”文化的传承与保护。截至年底，已普查“非遗”项目152项、县级以上传承人16名；新申请省级传承人1人、市级传承人6人、县级传承人8人；完成中幡、肉饼、核雕等“非遗”视频29个；建成香河县“非遗”人才成果展示中心，打造非遗传承基地、非遗传习所7个；启动非物质文化遗产项目数字资料片拍摄工程，开发香河县非物质文化遗产数字博物馆和数字传播云名片，用现代手段记录“非遗”文化。推动“非遗”文化进军营、进景区，开展“匠心香河”系列活动，香河肉饼、古建模型、金银细工等27个“非遗”项目参加廊坊市旅发大会；推荐金银细工作品3件，烧蓝作品3件，古建模型作品1件参加廊坊市“非遗”中心征集活动；委托香河大运河文化研究会创作《香河非物质文化遗产》，计划于2022年上半年正式出版发行。实施青年人才全产业链开发工程，研究制定《香河县青年拔尖人才选拔管理办法》，重点从农业、教育、卫生、专业技术、企业经管、文艺等六大领域中选拔青年拔尖人才，实行统一管理、重点支持和跟踪培养。最终确认香河县第一批青年拔尖人才23名，以县委、县政府名义命名“香河县青年拔尖人才”并颁发荣誉证书。

强化人才服务和管理。抓好柔性引进高端人才工作，县人民医院柔性引进陈晓红、王彤两位医生被列为廊坊市柔性引进高端人才人选；建立本科学历以上人才引进双月报制度，动态掌握全县全日制本科以上学历人才引进情况；贯彻落实《香河县高层次人才引进奖励暂行办法》，高标准兑现科研经费、住房补贴、交通补贴等奖励资金，有效激发用人主体引才积极性；高标准做好县管专家人才管理，落实健康体检、休假疗养、生活补助、资金支持、政策倾斜等各项待遇，落实县领导干部联系优秀人才制度，激发专家人才献身事业、再创佳绩的工作热情；做好各类人才称号申报推荐工作，严格按照选拔条件推荐苏国平等10人申报第六批市管优秀专家，推荐顿温新等4人申报廊坊市第二批青年拔尖人才，推荐赵建扬等11人申报廊坊市第一批农村青年拔尖人才称号。积极组织申报燕赵英才卡，细化拓展服务功能、服务项目及服务内容，2021年度获批A卡1张，B卡5张。扎实开展“人才宣传月”活动，确定县人民医院院长门德志、香河昆仑化学制品有限公司为人才个人和平台载体宣传对象，积极配合市级新闻媒体完成采访、报道工作，不断营造“四个尊重”，即尊重劳动、尊重知识、尊重人才、尊重创造社会氛围。

【先进表彰】 2021年，对优秀共产党员、优秀党务工作者、先进基层党组织书记进行表彰。省级优秀共产党员1名、优秀党务工作者1名、优秀党组织书记1名；市级优秀共产党员15名、优秀党务工作者14名、先进基层党组织18个；县级优秀共产党员80名、优秀党务工作者60名、先进基层党组织80个。

2021年香河县受表彰的优秀党员和党务工作者一览表

表3

姓　名	性别	年龄（岁）	学　历	单　　位	获得荣誉称号	批准部门	批准时间
李向国	男	55	大学本科	县公安局	优秀共产党员	中共河北省委	6月
谭德山	男	54	大学大专	安平镇谭庄村	优秀党务工作者	中共河北省委	6月
左春喜	男	52	中专	蒋辛屯镇北三百户村	优秀基层党组织书记	中共河北省委	6月
尹凯辉	女	46	大学专科	淑阳镇政府	优秀共产党员	中共廊坊市委	6月
张建山	男	65	大学专科	安平镇陈辛庄村	优秀共产党员	中共廊坊市委	6月
周永利	男	57	高中	钳屯镇贾庄村	优秀共产党员	中共廊坊市委	6月
薛福宁	男	46	大学专科	五百户镇政府	优秀共产党员	中共廊坊市委	6月
王鹏晖	男	33	大学本科	刘宋镇政府	优秀共产党员	中共廊坊市委	6月
高　宝	男	43	大学专科	刘宋镇政府	优秀共产党员	中共廊坊市委	6月
李洪朋	男	47	大学专科	渠口镇唐屯村	优秀共产党员	中共廊坊市委	6月
崔　磊	男	39	大学本科	钱旺镇政府	优秀共产党员	中共廊坊市委	6月
张　亮	男	40	大学本科	蒋辛屯镇政府	优秀共产党员	中共廊坊市委	6月
李　艳	女	38	大学本科	新开街社区办	优秀共产党员	中共廊坊市委	6月
廖淑芳	女	70	中专	香河经济开发区新兴产业园前骆驼港村	优秀共产党员	中共廊坊市委	6月
高东峰	男	48	大学本科	县政府驻“第一城”办公室	优秀共产党员	中共廊坊市委	6月
崔大鹏	男	44	大学本科	县退役军人事务局	优秀共产党员	中共廊坊市委	6月
李树峰	男	58	大学本科	香河县第一中学	优秀共产党员	中共廊坊市委	6月
南文波	女	37	大学本科	县中西医结合医院	优秀共产党员	中共廊坊市委	6月
王　伟	男	39	大学本科	淑阳镇政府	优秀党务工作者	中共廊坊市委	6月
武国庆	男	46	大专	安平镇政府	优秀党务工作者	中共廊坊市委	6月
董雪娟	女	36	硕士研究生	钳屯镇政府	优秀党务工作者	中共廊坊市委	6月
范国生	男	57	大学专科	刘宋镇庆功台村	优秀党务工作者	中共廊坊市委	6月
张建强	男	52	大学专科	安头屯镇西口头村	优秀党务工作者	中共廊坊市委	6月
程大君	女	41	大学本科	钱旺镇政府	优秀党务工作者	中共廊坊市委	6月
李志清	男	56	高中	蒋辛屯镇北李庄村	优秀党务工作者	中共廊坊市委	6月
孙建征	男	44	大学专科	新华街社区办万福辛庄村	优秀党务工作者	中共廊坊市委	6月
王博凡	男	32	大学本科	平安街社区办安泰社区	优秀党务工作者	中共廊坊市委	6月
杨玉友	男	51	高中	香河经济开发区环保产业园黄院村	优秀党务工作者	中共廊坊市委	6月
蒙海燕	女	43	大学本科	县委县直工委	优秀党务工作者	中共廊坊市委	6月
果　浩	男	35	大学本科	县委非公经济和社会组织工委	优秀党务工作者	中共廊坊市委	6月
王　赫	男	52	硕士研究生	中粮可口可乐华北饮料有限公司	优秀党务工作者	中共廊坊市委	6月
牛颖元	男	51	大学专科	县城内第一小学	优秀党务工作者	中共廊坊市委	6月

续表 3

姓　名	性别	年龄（岁）	学　历	单　　位	获得荣誉称号	批准部门	批准时间
陈伟哲	男	43	大学本科	淑阳镇政府	优秀共产党员	中共香河县委	6月
黄玉生	男	46	大学专科	淑阳镇政府	优秀共产党员	中共香河县委	6月
许金生	男	60	高中	淑阳镇许台村	优秀共产党员	中共香河县委	6月
王学义	男	67	小学	淑阳镇池套村	优秀共产党员	中共香河县委	6月
屠秀东	男	45	大学专科	安平镇政府	优秀共产党员	中共香河县委	6月
马思学	男	29	大学本科	安平镇政府	优秀共产党员	中共香河县委	6月
马金杰	女	34	大学本科	安平镇政府	优秀共产党员	中共香河县委	6月
周铁刚	男	44	大学专科	安平镇草沙河村	优秀共产党员	中共香河县委	6月
李文兴	男	44	大学专科	安平镇第一小学	优秀共产党员	中共香河县委	6月
任晓明	女	37	大学本科	钳屯镇政府	优秀共产党员	中共香河县委	6月
韩金山	男	40	大学本科	钳屯镇政府	优秀共产党员	中共香河县委	6月
闫希南	男	56	大学专科	钳屯镇起河屯村	优秀共产党员	中共香河县委	6月
马建国	男	34	大学本科	钳屯镇红草湾小学	优秀共产党员	中共香河县委	6月
王桂明	男	44	大学本科	五百户镇政府	优秀共产党员	中共香河县委	6月
茹　超	男	36	大学本科	五百户镇政府	优秀共产党员	中共香河县委	6月
王向国	男	38	大学本科	五百户镇政府	优秀共产党员	中共香河县委	6月
屠建永	男	55	高中	五百户镇高辛庄村	优秀共产党员	中共香河县委	6月
程广宇	男	45	大学本科	刘宋镇政府	优秀共产党员	中共香河县委	6月
李宏宇	男	42	中专	刘宋镇政府	优秀共产党员	中共香河县委	6月
黄子山	男	37	大学专科	刘宋镇八百户村	优秀共产党员	中共香河县委	6月
高永华	男	52	高中	河北杨家寨旅游开发有限公司	优秀共产党员	中共香河县委	6月
高广玉	女	46	大学本科	安头屯镇政府	优秀共产党员	中共香河县委	6月
张克军	男	44	大学专科	安头屯镇政府	优秀共产党员	中共香河县委	6月
倪志华	男	37	大学本科	安头屯镇政府	优秀共产党员	中共香河县委	6月
孙少成	男	56	中专	安头屯镇东口头村	优秀共产党员	中共香河县委	6月
程　磊	男	41	大学本科	渠口镇政府	优秀共产党员	中共香河县委	6月
李　超	男	40	大学本科	渠口镇政府	优秀共产党员	中共香河县委	6月
赵德军	男	57	大学专科	渠口镇张庄村	优秀共产党员	中共香河县委	6月
王玉春	男	39	大学专科	渠口镇韩庄村	优秀共产党员	中共香河县委	6月
蔡丽娜	女	41	大学本科	钱旺镇政府	优秀共产党员	中共香河县委	6月
李正红	女	42	大学专科	钱旺镇政府	优秀共产党员	中共香河县委	6月
任云鹤	男	49	高中	钱旺镇小六王村	优秀共产党员	中共香河县委	6月
刘亚军	男	50	大学专科	钱旺镇姜吴街村	优秀共产党员	中共香河县委	6月

续表 3

姓　名	性别	年龄（岁）	学　历	单　　位	获得荣誉称号	批准部门	批准时间
郑　巍	男	36	大学本科	蒋辛屯镇政府	优秀共产党员	中共香河县委	6月
张　杰	男	43	中专	蒋辛屯镇政府	优秀共产党员	中共香河县委	6月
刘会宾	男	46	大学专科	蒋辛屯镇政府	优秀共产党员	中共香河县委	6月
侯铁利	男	51	初中	蒋辛屯镇北三百户村	优秀共产党员	中共香河县委	6月
吴亚建	男	31	大学专科	新开街社区办	优秀共产党员	中共香河县委	6月
樊建伟	男	44	大学本科	新开街社区办	优秀共产党员	中共香河县委	6月
凌振全	男	48	高中	新开街社区办南台村	优秀共产党员	中共香河县委	6月
崔鸿波	男	36	大学本科	新华街社区办	优秀共产党员	中共香河县委	6月
马丽娜	女	36	大学本科	新华街社区办	优秀共产党员	中共香河县委	6月
王浩平	男	45	大学专科	新华街社区办胡庄子村	优秀共产党员	中共香河县委	6月
麻　畅	女	31	大学本科	平安街社区办	优秀共产党员	中共香河县委	6月
赵君辰	男	31	大学本科	平安街社区办	优秀共产党员	中共香河县委	6月
何　安	男	42	大学本科	香河经济开发区	优秀共产党员	中共香河县委	6月
贾　维	男	33	大学本科	香河经济开发区	优秀共产党员	中共香河县委	6月
刘志东	男	41	大学专科	香河经济开发区	优秀共产党员	中共香河县委	6月
彰春丰	男	43	大学本科	香河经济开发区	优秀共产党员	中共香河县委	6月
刘家岐	男	36	大学专科	香河经济开发区	优秀共产党员	中共香河县委	6月
胡序光	男	47	大学本科	香河经济开发区	优秀共产党员	中共香河县委	6月
石　丽	女	43	大学本科	香河经济开发区	优秀共产党员	中共香河县委	6月
马灵军	男	46	大学本科	县委统战部	优秀共产党员	中共香河县委	6月
刘海洲	男	39	大学专科	县协调发展服务中心	优秀共产党员	中共香河县委	6月
安青松	男	45	大学本科	县委宣传部	优秀共产党员	中共香河县委	6月
解　旺	男	34	大学本科	县委县直工委	优秀共产党员	中共香河县委	6月
薛金岩	男	44	大学本科	县信访局	优秀共产党员	中共香河县委	6月
陈新宇	女	41	大学专科	县档案馆	优秀共产党员	中共香河县委	6月
吴彩虹	女	52	大学本科	县委党校	优秀共产党员	中共香河县委	6月
赵丽娟	女	42	大学专科	县总工会	优秀共产党员	中共香河县委	6月
刘艳华	女	45	大学本科	县政协	优秀共产党员	中共香河县委	6月
姬斌奇	男	47	大学本科	县政府办公室	优秀共产党员	中共香河县委	6月
李春燕	女	40	大学本科	县科工局	优秀共产党员	中共香河县委	6月
王　伟	男	42	大学专科	县住建局	优秀共产党员	中共香河县委	6月
张志勇	男	40	大学本科	县自然资源和规划局	优秀共产党员	中共香河县委	6月
孙德明	男	46	大学专科	县水务局	优秀共产党员	中共香河县委	6月

续表 3

姓　名	性别	年龄（岁）	学　历	单　　位	获得荣誉称号	批准部门	批准时间
王海秋	女	43	大学专科	县审计局	优秀共产党员	中共香河县委	6月
张鑫	男	34	大学本科	县统计局	优秀共产党员	中共香河县委	6月
王志强	男	48	大学专科	县融媒体中心	优秀共产党员	中共香河县委	6月
张　丹	女	43	大学本科	县地方志编纂中心	优秀共产党员	中共香河县委	6月
王亚飞	男	32	大学专科	香河县公安局新华街派出所	优秀共产党员	中共香河县委	6月
王婧暄	女	32	大学本科	县三强实业集团	优秀共产党员	中共香河县委	6月
张　杰	男	45	大学本科	香河益民村镇银行股份有限公司	优秀共产党员	中共香河县委	6月
袁　鹏	男	38	大学本科	喜临门北方家具有限公司	优秀共产党员	中共香河县委	6月
马金霞	女	34	大学专科	香河胜强公司	优秀共产党员	中共香河县委	6月
李晓东	男	50	硕士研究生	县教师进修学校	优秀共产党员	中共香河县委	6月
石志祥	男	44	大学本科	县第十中学	优秀共产党员	中共香河县委	6月
董建军	男	51	大学本科	县疾控中心	优秀共产党员	中共香河县委	6月
杨士春	男	40	大学本科	县人民医院	优秀共产党员	中共香河县委	6月
靳春凤	女	52	大学本科	县中医医院	优秀共产党员	中共香河县委	6月
贺　鑫	男	44	大学本科	淑阳镇政府	优秀党务工作者	中共香河县委	6月
朱永民	男	49	大学专科	淑阳镇大王庄村	优秀党务工作者	中共香河县委	6月
张建朋	男	49	高中	淑阳镇郭辛庄村	优秀党务工作者	中共香河县委	6月
杨小芳	女	35	大学本科	安平镇政府	优秀党务工作者	中共香河县委	6月
杨　波	男	47	大学本科	安平镇扁城村	优秀党务工作者	中共香河县委	6月
张建春	男	50	大专本科	安平镇二街村	优秀党务工作者	中共香河县委	6月
张志雷	男	52	大学专科	安平镇延福屯一村	优秀党务工作者	中共香河县委	6月
张　鹏	男	31	大学本科	钳屯镇政府	优秀党务工作者	中共香河县委	6月
孟祥扬	男	33	大学本科	钳屯镇政府	优秀党务工作者	中共香河县委	6月
侯金栋	男	48	大学专科	钳屯镇叶屯村	优秀党务工作者	中共香河县委	6月
李　爽	女	34	大学本科	五百户镇政府	优秀党务工作者	中共香河县委	6月
王松银	男	59	高中	五百户镇吴打庄村	优秀党务工作者	中共香河县委	6月
孙俊国	男	53	中专	五百户镇于辛庄村	优秀党务工作者	中共香河县委	6月
荆春芬	女	64	中专	刘宋镇荆庄村	优秀党务工作者	中共香河县委	6月
高敬会	男	54	高中	刘宋镇西王各庄村	优秀党务工作者	中共香河县委	6月
李孟超	男	34	大学本科	安头屯镇政府	优秀党务工作者	中共香河县委	6月
王建元	男	58	高中	安头屯镇兴隆庄村	优秀党务工作者	中共香河县委	6月
周江波	男	41	大学专科	渠口镇政府	优秀党务工作者	中共香河县委	6月
李　学	男	50	高中	渠口镇代家阁村	优秀党务工作者	中共香河县委	6月

续表 3

姓　名	性别	年龄（岁）	学　历	单　　位	获得荣誉称号	批准部门	批准时间
李军桥	男	53	高中	渠口镇躲各庄村	优秀党务工作者	中共香河县委	6月
钱红梅	女	37	本科	钱旺镇政府	优秀党务工作者	中共香河县委	6月
王景中	男	51	中专	钱旺镇后大街村	优秀党务工作者	中共香河县委	6月
王洪波	男	43	大学本科	蒋辛屯镇政府	优秀党务工作者	中共香河县委	6月
屈海波	男	47	大学专科	蒋辛屯镇大窑上村	优秀党务工作者	中共香河县委	6月
王学明	男	59	大学专科	蒋辛屯镇河北吴村	优秀党务工作者	中共香河县委	6月
李秋林	男	33	大学专科	新开街社区办	优秀党务工作者	中共香河县委	6月
李　岩	男	35	大学本科	新开街社区办府前东社区	优秀党务工作者	中共香河县委	6月
金　珊	女	30	大学本科	新华街社区只	优秀党务工作者	中共香河县委	6月
尹铁茹	男	54	大学专科	新华街社区办刘庄村	优秀党务工作者	中共香河县委	6月
孙伟哲	男	42	大学专科	香河经济开发区	优秀党务工作者	中共香河县委	6月
杨国宾	男	48	中专	香河经济开发区新兴产业园姬庄村	优秀党务工作者	中共香河县委	6月
李东升	男	59	大学专科	香河经济开发区新兴产业园挠子庄村	优秀党务工作者	中共香河县委	6月
石海生	男	39	高中	香河经济开发区环保产业园前彭务村	优秀党务工作者	中共香河县委	6月
王福军	男	58	高中	香河经济开发区环保产业园南刘庄村	优秀党务工作者	中共香河县委	6月
孙宝悦	男	35	大学专科	香河经济开发区环保产业园孙庄子村	优秀党务工作者	中共香河县委	6月
盛淑俊	男	46	大学本科	县委组织部	优秀党务工作者	中共香河县委	6月
牛宝森	男	53	大学专科	县水务局	优秀党务工作者	中共香河县委	6月
王建军	男	50	大学本科	县文化广电和旅游局	优秀党务工作者	中共香河县委	6月
杨海峰	男	44	大学本科	县委办公室	优秀党务工作者	中共香河县委	6月
佟振伶	女	37	大学本科	县委县直工委	优秀党务工作者	中共香河县委	6月
卢　艺	女	36	大学本科	县委机构编制委员会办公室	优秀党务工作者	中共香河县委	6月
孙德山	男	42	双大学专科	县人大常委会	优秀党务工作者	中共香河县委	6月
刘鹏涛	男	43	大学本科	县公安局	优秀党务工作者	中共香河县委	6月
赵相娜	女	34	硕士研究生	县人民检察院	优秀党务工作者	中共香河县委	6月
田艳伶	女	39	大学本科	县农业农村局	优秀党务工作者	中共香河县委	6月
刘　爽	女	35	大学本科	县卫生健康局	优秀党务工作者	中共香河县委	6月
庄英艳	女	42	大学本科	县退役军人事务局	优秀党务工作者	中共香河县委	6月
马建超	女	35	大学专科	县城市管理综合执法局	优秀党务工作者	中共香河县委	6月
张　辉	女	43	大学本科	县园林绿化管理中心	优秀党务工作者	中共香河县委	6月
张　想	女	29	大学本科	国家税务总局香河县税务局	优秀党务工作者	中共香河县委	6月
王春雨	男	45	大学本科	国网冀北电力香河县供电公司	优秀党务工作者	中共香河县委	6月
任树军	男	51	大学专科	中国联合网络通信有限公司香河县分公司	优秀党务工作者	中共香河县委	6月

续表 3

姓　名	性别	年龄（岁）	学历	单　　位	获得荣誉称号	批准部门	批准时间
马瑞庆	男	58	大学本科	中国石化销售有限公司香河分公司	优秀党务工作者	中共香河县委	6月
王雪芹	女	43	大学本科	香河经济开发区	优秀党务工作者	中共香河县委	6月
赵明明	女	27	大学本科	中粮可口可乐华北饮料有限公司	优秀党务工作者	中共香河县委	6月
许长春	男	45	大学本科	县第七中学	优秀党务工作者	中共香河县委	6月
陈　萍	男	43	大学本科	县城内第三小学	优秀党务工作者	中共香河县委	6月
王　磊	男	47	大学本科	五百户镇总校	优秀党务工作者	中共香河县委	6月
田爱虹	女	36	硕士研究生	富力新城配套学校	优秀党务工作者	中共香河县委	6月
杨　波	男	41	大学本科	县人民医院	优秀党务工作者	中共香河县委	6月

2021年香河县受表彰的先进基层党组织情况一览表

表4

党组织名称	获得荣誉称号	批准部门	批准时间
县委县直机关工委党支部	先进基层党组织	中共河北省委	7月
钳屯镇尚店村党支部	先进基层党组织	中共廊坊市委	6月
五百户镇党委	先进基层党组织	中共廊坊市委	6月
五百户镇五百户村党支部	先进基层党组织	中共廊坊市委	6月
刘宋镇刘宋村党总支	先进基层党组织	中共廊坊市委	6月
安头屯镇党委	先进基层党组织	中共廊坊市委	6月
安头屯镇后独立村党支部	先进基层党组织	中共廊坊市委	6月
渠口镇党委	先进基层党组织	中共廊坊市委	6月
渠口镇小圈村党支部	先进基层党组织	中共廊坊市委	6月
钱旺镇富各庄村党支部	先进基层党组织	中共廊坊市委	6月
蒋辛屯镇杨簸箕庄村党支部	先进基层党组织	中共廊坊市委	6月
新开街社区办新开社区党支部	先进基层党组织	中共廊坊市委	6月
平安街社区办新城社区党支部	先进基层党组织	中共廊坊市委	6月
香河经济开发区新兴产业园北四百户村党支部	先进基层党组织	中共廊坊市委	6月
县公安局巡警特警大队党支部	先进基层党组织	中共廊坊市委	6月
香河一城酒业有限公司党支部	先进基层党组织	中共廊坊市委	6月
香河合益包装机械有限公司党支部	先进基层党组织	中共廊坊市委	6月
县第八中学党支部	先进基层党组织	中共廊坊市委	6月
县中医医院党总支	先进基层党组织	中共廊坊市委	6月
淑阳镇前套村党支部	先进基层党组织	中共香河县委组织部	6月
淑阳镇孙止务村党总支	先进基层党组织	中共香河县委组织部	6月

续表 4

党组织名称	获得荣誉称号	批准部门	批准时间
香河爱依瑞斯家具有限公司党支部	先进基层党组织	中共香河县委组织部	6 月
安平镇王家摆村党支部	先进基层党组织	中共香河县委组织部	6 月
安平镇高庄村党支部	先进基层党组织	中共香河县委组织部	6 月
安平镇太平庄村党支部	先进基层党组织	中共香河县委组织部	6 月
钳屯镇西延寺村党总支	先进基层党组织	中共香河县委组织部	6 月
钳屯镇赵屯村党支部	先进基层党组织	中共香河县委组织部	6 月
香河宏远机械制造有限公司党支部	先进基层党组织	中共香河县委组织部	6 月
五百户镇曹庄村党支部	先进基层党组织	中共香河县委组织部	6 月
五百户镇田各庄村党支部	先进基层党组织	中共香河县委组织部	6 月
五百户镇南石辛庄村党支部	先进基层党组织	中共香河县委组织部	6 月
刘宋镇东张庄村党支部	先进基层党组织	中共香河县委组织部	6 月
刘宋镇程官屯村党支部	先进基层党组织	中共香河县委组织部	6 月
刘宋镇尹庄村党支部	先进基层党组织	中共香河县委组织部	6 月
安头屯镇北口头村党支部	先进基层党组织	中共香河县委组织部	6 月
安头屯镇太平庄村党支部	先进基层党组织	中共香河县委组织部	6 月
安头屯镇前口头村党支部	先进基层党组织	中共香河县委组织部	6 月
渠口镇王刘圈村党支部	先进基层党组织	中共香河县委组织部	6 月
渠口镇三岔口村党支部	先进基层党组织	中共香河县委组织部	6 月
渠口镇豆庄村党支部	先进基层党组织	中共香河县委组织部	6 月
钱旺镇田贾庄村党支部	先进基层党组织	中共香河县委组织部	6 月
钱旺镇义井村党支部	先进基层党组织	中共香河县委组织部	6 月
钱旺镇大六王村党支部	先进基层党组织	中共香河县委组织部	6 月
蒋辛屯镇北六百户村党支部	先进基层党组织	中共香河县委组织部	6 月
蒋辛屯镇小马房村党支部	先进基层党组织	中共香河县委组织部	6 月
蒋辛屯镇北五百户村党支部	先进基层党组织	中共香河县委组织部	6 月
新开街社区办安抚寨村党支部	先进基层党组织	中共香河县委组织部	6 月
新开街社区办安抚社区党支部	先进基层党组织	中共香河县委组织部	6 月
新华街社区办珠光社区党支部	先进基层党组织	中共香河县委组织部	6 月
新华街社区办迎宾社区党支部	先进基层党组织	中共香河县委组织部	6 月
平安街社区办民安社区党支部	先进基层党组织	中共香河县委组织部	6 月
香河经济开发区新兴产业园小朱庄村党支部	先进基层党组织	中共香河县委组织部	6 月
香河经济开发区新兴产业园大荒庄村党支部	先进基层党组织	中共香河县委组织部	6 月
香河经济开发区新兴产业园匠庄村党支部	先进基层党组织	中共香河县委组织部	6 月

续表 4

党组织名称	获得荣誉称号	批准部门	批准时间
香河经济开发区环保产业园李辛庄村党支部	先进基层党组织	中共香河县委组织部	6 月
香河经济开发区环保产业园后景亭村党支部	先进基层党组织	中共香河县委组织部	6 月
香河经济开发区环保产业园石辛庄村党支部	先进基层党组织	中共香河县委组织部	6 月
县纪委党总支	先进基层党组织	中共香河县委组织部	6 月
县网信办党支部	先进基层党组织	中共香河县委组织部	6 月
团县委党支部	先进基层党组织	中共香河县委组织部	6 月
县红十字会党支部	先进基层党组织	中共香河县委组织部	6 月
县人民法院机关党委	先进基层党组织	中共香河县委组织部	6 月
县教育和体育局机关党支部	先进基层党组织	中共香河县委组织部	6 月
县科学技术和工业信息化局机关党委	先进基层党组织	中共香河县委组织部	6 月
县财政局机关党总支	先进基层党组织	中共香河县委组织部	6 月
县人力资源和社会保障局机关党总支	先进基层党组织	中共香河县委组织部	6 月
县交通运输局机关党委	先进基层党组织	中共香河县委组织部	6 月
县应急管理局机关党支部	先进基层党组织	中共香河县委组织部	6 月
县审计局机关党支部	先进基层党组织	中共香河县委组织部	6 月
县市场监督管理局机关党委	先进基层党组织	中共香河县委组织部	6 月
县行政审批局机关党支部	先进基层党组织	中共香河县委组织部	6 月
县医疗保障局机关党支部	先进基层党组织	中共香河县委组织部	6 月
县环卫局机关党支部	先进基层党组织	中共香河县委组织部	6 月
廊坊市生态环境局香河分局机关党支部	先进基层党组织	中共香河县委组织部	6 月
县民政局殡仪馆党支部	先进基层党组织	中共香河县委组织部	6 月
县中西医结合医院党支部	先进基层党组织	中共香河县委组织部	6 月
河北星耀新材料科技有限公司党支部	先进基层党组织	中共香河县委组织部	6 月
城内第五小学党支部	先进基层党组织	中共香河县委组织部	6 月
县第六中学党支部	先进基层党组织	中共香河县委组织部	6 月

（丁惠姝）

宣传工作

【概况】 2021 年，县委宣传工作在县委的正确领导下，以习近平新时代中国特色社会主义思想为指导，忠诚拥护“两个确立”，不断增强“四个意识”、坚定“四个自信”、做到“两个维护”，深入贯彻落实《中国共产党宣传工作条例》，自觉承担起举旗帜、聚民心、育新人、兴文化、展形象的使命任务，坚持稳中求进、守正创新，坚持统一思想、坚定信念，着力推动习近平新时代中国特色社会主义思想深入人心，着力推动党史学习教育落实落细、“我为群众办实事”实践活动落地见效，着力推动以省级文明城市创建为主线的精神文明建设，着力加强舆论引导和舆论斗争，着力增强文化软实力，组织开展“宣传思想工作创新提升年”活动，不断提升做好新时代宣传思想文化工作的能力水平，为建设“协同发展示范区、绿色活力幸福城”提供坚强思想保证和强大精神动力。

【意识形态工作】 2021年，县委宣传部将意识形态工作纳入重要议事日程、纳入年度考核体系、纳入执纪监督和巡察内容。严格按照意识形态工作责任制“三清单四机制”要求，对全县各单位各部门2020年度意识形态工作责任制落实情况进行督察考核，并及时将督察考核结果上报县考核办。在庆祝中国共产党成立100周年关键节点，结合党史学习教育，制定下发《关于进一步加强论坛、讲座、报告会、研讨会等活动管理的通知》和《关于在中国共产党成立100周年庆祝活动中做好意识形态工作有关事项的通知》，进一步加强意识形态阵地管理。新时代文明实践中心通过整合阵地资源，积极对接群众，聚焦群众需求，推动新时代文明实践活动走深走实。坚持开展理论宣讲及科普教育，积极开展丰富多彩的文化、教育、娱乐活动，结合党史学习教育，开展红色主题活动。完善355个“扫黄打非”工作基层站点，持续开展“扫黄打非”专项行动，对外迁至香河的图书库房开展拉网式排查，保障全县文化市场合法合规、稳定有序。渠口镇、刘宋镇、安平镇、新华街社区被省“扫黄办”确定为“扫黄打非”进基层规范点位，并给予每个点位2万元运行经费。进一步加大版权作品登记宣传力度，鼓励著作权人及版权企业开展版权登记，营造和谐平安的文化氛围。做好农家书屋补充更新工作，推动阅报栏标准化、规范化，对县域内广告内容进行全面检查发现问题及时整改，进一步夯实基层宣传阵地，确保意识形态工作水平不断提升。

【理论学习中心组理论学习】 2021年，县委宣传部制订《2021年党委（党组）理论学习中心组学习计划》，定期推荐学习要点和学习专题，指导各级党员领导干部搞好集中学习和自学。县委书记亲自审定县委中心组学习计划，并就学习方式方法和学习内容作出具体要求。进行理论学习中心组专题学习时，县委书记梁宝杰坚持领学领读，对专题学习内容进行深入讲解，并结合专题学习内容，把自己摆进去，交流学习体会，提出解决问题的具体措施，让每名参加学习的领导干部切身体会到学有所获、学有所悟、学以致用。每月定期向各级党委（党组）理论学习中心组推荐学习要点和学习专题，截至年底，共下发学习要点12期，推荐学习专题37个。认真做好县委理论学习中心组学习服务工作，年内，县委理论学习中心组共组织集中学习、交流研讨27次。

【理论宣传】 2021年，把深入学习宣传贯彻习近平新时代中国特色社会主义思想作为理论宣传工作的重点，县委宣传部紧紧围绕中共十九届五中和六中全会精神、全国“两会”精神及党史学习教育等主题，采取网络宣讲、文艺宣讲、邀请专家宣讲、大喇叭宣讲、基层宣讲员宣讲等灵活多样形式开展系列理论宣传宣讲活动。在党史学习教育中，制定下发《香河县党史专题宣讲工作方案》《香河县党史专题宣讲提纲》《关于印发〈学习贯彻习近平总书记在庆祝中国共产党成立100周年大会上重要讲话精神专题宣讲工作方案〉的通知》，县领导带头深入所分包镇、社区、园区等地开展党史专题宣讲50余场；各单位各部门主要负责人在本单位本部门开展党史专题宣讲200余场；邀请市委宣讲团成员北华航天工业学院教授赵国龙、杨璐轩，廊坊卫生职业技术学院教授温俊义，中国人民警察大学教授冯晓阳等到县行政审批局、香河经济开发区环保产业园、新开街社区、喜临门北方家俱有限公司、珠光社区、京汉君庭社区和兴业社区等地开展党史专题宣讲7场；全县各村街基层宣讲员深入田间地头与群众开展面对面互动式宣讲500余场；在香河融媒发布和香河

12 月 15 日，香河县举办中共十九届六中全会精神专题辅导讲座，邀请省委党校教授穆瑞丽作辅导　　县融媒体中心供图

头条微信平台等县内主流新媒体平台开设线上党史学习教育专栏，刊发党史专题信息 200 余篇；通过农村“大喇叭”“阅报栏”和文艺活动等开展宣讲 2500 余场次，持续推动习近平新时代中国特色社会主义思想进农村、进社区、进机关、进学校、进企业、进网络，确保实现宣讲全覆盖。充分发挥基层理论宣讲站点作用，围绕坚持党的全面领导、贯彻落实习近平总书记重要讲话和指示精神以及党史学习教育等专题组织收听收看省网络专题宣讲 8 场。9 月，制定下发《关于在全县开展市、县重要会议精神集中宣讲的通知》，邀请市委宣讲团成员、廊坊卫生职业技术学院教授温俊义到县执法局宣讲市第七次党代会精神；组建县委市县重要会议精神宣讲团，分赴全县各单位开展集中宣讲活动 30 场；各镇（社区）、香河经济开发区党（工）委书记，深入村街、社区、学校、企业等开展宣讲 50 余场；全县各村基层宣讲员深入基层开展面对面、互动式宣讲 500 余场。11 月，制定下发《香河县学习贯彻中共十九届六中全会精神集中宣讲工作方案》《香河县学习贯彻中共十九届六中全会精神宣讲提纲》，成立由县委书记任团长的县委宣讲团，12 月 7 日，县委书记梁宝杰为全县党员领导干部进行中共十九届六中全会精神宣讲；12 月 15 日，邀请河北省委党校教授穆瑞丽为全县党员干部作中共十九届六中全会精神专题辅导；各单位各部门主要负责人在本单位本部门开展集中宣讲；全县各级党员领导干部共开展中共十九届六中全会精神集中宣讲 100 余场次。发挥新时代文明实践中心（所、站）作用，组织全县 323 名基层宣讲员通过入户宣讲、发放“口袋书”宣讲等多种形式宣讲中共十九届六中全会精神，年内，开展基层宣讲 500 余场。

【“学习强国”学习平台推广】 2021 年，做好“学习强国”学习平台的推广使用。把“学习强国”学习平台应用推广工作作为新形势下强化理论武装的重要抓手，下发《关于表彰 2020 年度“学习强国”学习平台推广使用工作先进单位和先进个人的通报》，对 2020 年度 55 个先进单位、40 名优秀管理员、100 名总积分先进个人和 15 名挑战答题通关选手进行通报表彰。定期下发全县“学习强国”学习平台使用情况通报，进一步提高各单位各部门推广使用“学习强国”学习平台效率。截至年底，全县“学习强国”学习平台激活总人数为 136871 人，占常住人口比率为 30.48%。加大“学习强国”学习平台供稿力度，全年“学习强国”学习平台刊发香河县稿件 422 篇。

【新闻工作】 2021 年，围绕文明城市创建、项目建设、乡村振兴、环境整治等全县重点工作宣传的同时，加大对特色重点工作的宣传力度。北运河廊坊段通航是年内县委、县政府的一号工程，县委宣传部对接新闻媒体，加强宣传报道。3 月 9 日，CCTV-2 报道《河北廊坊：北运河香河段将与北京同步旅游通航》；3 月 16 日 CCTV-4 报道《河北香河：运河驿站，通达京津》；6 月 26 日 CCTV-1《新闻联播》报道《京杭大运河北京段和河北香河段实现旅游通航》及CCTV-13《新闻直播间》报道《京杭大运河北京段和河北香河段实现旅游通航》，加强对市、县文化旅游发展大会等县域重点活动的宣传报道，提升香河品牌形象。邀请各类媒体现场采访，充分利用多种载体、多个渠道，强化宣传推介效果，先后在人民日报客户端及《河北日报》《河北经济日报》等权威媒体刊发《香河县成功举办2021年廊坊市文旅产业发展大会》等重点稿件，并在网络媒体上发稿30余篇。围绕新闻热点，做好对外宣传工作。《河北香河：樱桃花开香满园，绽放增收新希望》《河北香河企业加紧生产全力保障防控物资供应》《河北香河：打造高端智能制造企业集群》等一批文章先后在《人民日报》、中央电视台、新华社等中央媒体刊发报道，全年在中央级媒体发稿248篇，在省级主要媒体发稿295篇，在市级主要媒体发稿733篇。积极对接中央、省级等主流媒体，邀请《人民日报》、新华社、中央电视台等中央媒体记者赴香河采访，积极谋划和承接中央、省新闻媒体采访团到香河采风，推介香河、宣传香河。加大对香河县承接北京非首都功能疏解和产业转移的宣传报道力度，突出香河县抢抓京津冀协同发展重大战略机遇，在服从服务中推动发展、在承接疏解中升级产业的积极作为，展现香河推进协同发展的措施、经验和效果；邀请媒体负责人采访协同发展情况，实地参观香河县机器人小镇和大爱城等重点项，2月27日，新华社发文《京津冀协同发展"通北答卷"出来了》，报道香河大爱城景山学校和香河机器人小镇事例。围绕新闻热点，做好对外宣传工作。在新冠肺炎疫情防控中，把疫情管控作为宣传重点，2月2日，《廊坊日报》头版刊发《香河：严格落实首诊负责制，守好疫情防控"一线哨所"》报道了香河县疫情防控情况；8月13日，人民日报客户端河北频道播发视频《香河：严把进京卡口，筑牢首都防疫"护城河"》。京唐铁路建设是重点工程，县委宣传部对接新闻媒体，加强宣传报道，1月7日，客户端播发视频《京唐铁路香河段加快建设，助推协同发展》；5月12日，CCTV-13播发视频《联接京津冀，京唐铁路明年通车》报道香河县交通建设情况。加强与《人民日报》、新华社、中央电视台、《河北日报》、河北电视台等主流媒体对接，积极接待各级媒体来访，更加自觉、自信应对监督性报道，扩大媒体记者"朋友圈"，积极为其提供新闻素材，确保香河县对外宣传工作在全市保持前列。

【新闻发布工作】 加强新闻发言人制度建设，进一步增强各单位新闻发布意识，提高新闻发布的规范性、权威性。定期组织新闻发言人开展培训，推进新闻发言人培训专业化，增加新闻发布会频率。2021年，完成新闻发布20场。

【宣教工作】 制定印发《关于新冠肺炎防控宣传工作的通知》《关于加强新冠疫苗预防接种社会宣传工作的通知》，对疫情防控宣传工作进行安排部署；收集整理疫情防控先进典型以及各单位各部门特色亮点素材，下发宣传信息2期。围绕培育和践行社会主义核心价值观，开展社会主义核心价值观主题微电影（微视频）征集等工作。配合市委宣传部在北运河香河中心码头完成全市"迎国庆、感党恩、永远跟党走"群众性主题快闪活动的录制工作。围绕弘扬运河通航精神、全县城乡环境综合整治提升等工作，通过悬挂宣传条幅、电子屏、宣传橱窗、"大喇叭"等载体进行广泛宣传。围绕全县经济社会发展工作，更新县人民广场东侧橱窗内容，围绕文化旅游、城市建设、美丽乡村、项目建设、文明创建、生态环境、民生改善、党建等方面内容制作宣传橱窗对全县"十三五"时期发展成就进行全面宣传展示。

加强典型宣传，弘扬新风正气。深入挖掘培树推介全县各行各业、各个层面的先进典型。县公安局李向国获河北省岗位学雷锋标兵称号。在廊坊市抗疫先进典型主题发布活动中，香河县李向国荣获"抗疫先锋·廊坊楷模"称号，左春喜荣获"抗疫先锋·廊坊楷模"提名奖，香河第一城酒业有限公司荣获“抗疫最美爱心企业”提名奖。香河县环卫工人范广义参加全省365百姓故事汇“六进”系列宣讲活动——“致敬城市建设者”专场。县第一中学教师刘继伟参加全市“永远跟党走·廊坊故事汇”启动活动，讲述北运河廊坊段旅游通航故事。开展文化、科技、卫生“三下乡”活动，遴选上报活动示范项目、优秀团队和服务标兵，县供销社干部杨雪莲荣获全省服务标兵称号。

强化阵地宣传，占领舆论高地。进一步提高店子务惨案遗址、农家博物馆2家市级爱国主义教育基地建设水平和管理水平，推进社会主义核心价值观建设，在党史学习教育和庆祝中国共产党成立100周年活动中进一步发挥好爱国主义教育基地作用。利用各类新媒体平台、户外大屏幕等载体刊播了人民公安系列、巾帼力量及“五四”青年节、“五一”国际劳动节、教师节等主题“感人瞬间”微视频，完成《卫兴华》等8条教师节主题公益广告、《回家过年，幸福平安》公益广告、“时代楷模”主题作品《美好中国年，奋进新征程》公益广告、“浪费可耻，节约光荣”主题公益广告及《百年百城融媒体活动走进廊坊》宣传片、第四届社会主义核心价值观主题微电影优秀作品宣传展示工作。

【文化建设】 2021年，制定《香河县关于全面推进乡村文化振兴的实施意见》，开展丰富多彩的文化“七进”惠民演出，即进企业、进农村、进机关、进校园、进社区、进网站、进军营活动，演出100场。持续开展农村公益电影放映，举办“听党话、感党恩、跟党走”主题宣讲专场文艺演出以及“奋进新时代 聚力强军梦”国防教育专场演出等活动。为庆祝中国共产党成立100周年，开展“庆华诞·百场文艺演出”41场次，庆祝“建党百年”文化活动115项；举办“庆祝中国共产党成立100周年暨弘扬运河通航精神”主题的图片展，筛选100幅优秀作品在文化艺术中心展出。实施文艺精品工程，开展“颂党恩·百件文艺作品征集展示”“第九批‘中国梦’主题创作歌曲”活动，共创作优秀文艺作品60余件；创作红色舞台剧《我的“自白书”》；策划拍摄纪录片《千年梦、运河情》、微电影《上官》向中国共产党成立100周年献礼。举办廊坊市文化旅游产业发展大会，大力发展全域旅游事业，加快打造百里精品旅游环线。加快推动香河肉饼产业化发展。赴福建省三明市沙县区考察，制定完成“香河肉饼团体标准”，完成县域内9家传统肉饼老店的改造提升。

【文化市场监管】 2021年，修订《香河县县级文化产业发展引导资金使用管理办法》，对香河运河非物质文化遗产数字博物馆、香河肉饼示范店推广等8个项目给予229.1万元资金扶持。组织申报2022年度省级宣传文化发展专项资金项目1个，为县融媒体中心的香河县融媒体制作先导车购置改装项目。加强对文化市场“扫黄打非”工作的领导，全县334个镇村基层站点全部录入全国“扫黄打非”信息管理系统，并实现动态更新，其中，安平镇、新华街社区办、渠口镇、刘宋镇4家“扫黄打非”办公室被评为河北省“扫黄打非”进基层规范点位；在出版物印刷企业、县城内中小学校、水岸潮白景区、邮政快递公司等21个重点部位建立“扫黄打非”监察站，扩大基层站点覆盖面。开展专项行动。先后开展春节、“两会”、暑期、中秋节、国庆节期间及校园周边、涉民族宗教非法出版物集中整治等专项行动，多次组织相关部门开展联合检查，全年检查印刷复制企业135家次、影院56家次、KTV歌厅68家次、网吧70家次、书店及文具店223家次。开展图书库房集中排查行动，排查出85家图书库房，全部纳入监管范围，建立动态监管台账。加强宣传教育。全年发放“扫黄打非”宣传海报1600张、知识手册2万余份，悬挂横幅300条。以“参与‘扫黄打非’、构建和谐香河”为主题，取线上答题与线下宣传相结合的方式，举办“扫黄打非”闯关抽奖活动，13240人次参与，活动信息被省、市“扫黄办”转发推广。大力查办案件，年内，立案处罚涉嫌接受非出版单位和个人委托印刷出版物的印刷企业 1 家，查处传播邪教反动宣传品案件 3 起，涉嫌销售侵权复制品案件 5 起，涉嫌传播淫秽物品案 1 起，共清缴盗版图书 159 余万册、邪教反动宣传品 600 余册。

【软件正版化工作】 采取场地授权模式集中采购 WPS 办公软件，在为各镇（社区）、园区安装的同时对县直机关部门 WPS 办公软件进行升级。加大版权作品登记宣传力度，2021 年，登记作品 450 件，超额完成市里下达的 400 件登记任务。开展“剑网 2021”专项行动，删除侵权盗版链接 3 条，查处通过网络销售侵权盗版图书案件 1 起，有效维护网络秩序。

【电影工作】 2021 年，通过公开招标的形式确定农村电影公益放映单位，截至年底，放映电影 3870 场。制订影院复工防控方案及应急预案，新冠肺炎疫情防控期间，组织开展对影院的联合检查 3 次，确保影院按要求复工，安全运营。年内，按标准为 49 名老电影放映员发放生活补助。

【农家书屋管理】 做好农家书屋图书补充更新工作。以公开招标的形式采购图书 111 种、3.33 万册，并在图书配送完成后，实地查看各村图书造册登记、分类上架等情况。开展全民阅读活动。印发《香河县 2021 年全民阅读系列活动实施方案》，并指导各单位开展全民阅读活动。举办以“献礼建党百年、建设书香香河”为主题的第二届“书香香河”全民诵读大赛，最终确定一等奖 1 名，二等奖 3 名，三等奖 6 名，优秀奖 10 名。

【党报党刊征订】 将 2021 年度党报党刊征订作为深入学习宣传贯彻习近平新时代中国特色社会主义思想，深入学习宣传贯彻中共十九大和十九届历次全会精神的重要举措。在严格控制公费订阅报刊的基础上，继续鼓励社会力量向基层捐赠重点党报党刊，鼓励个人自费订阅重点党报党刊。图书馆、文化馆、博物馆等公共文化服务单位和宾馆、电信、邮政、银行、保险等人员流动较大的公共场所，要订购并摆放一定数量重点党报党刊供读者阅读。不断拓展党报党刊的传播空间，全面完成重点党报党刊发行任务。

2021年度香河县重点党报党刊订阅一览表

表5　　单位：份

报刊名称	《人民日报》	《河北日报》	《廊坊日报》	《经济日报》	《光明日报》	《求是》杂志
订阅数	1329	1798	3807	408	338	356

【宣传队伍建设】 县委宣传部认真贯彻落实习近平总书记关于加强宣传思想战线队伍建设的重要论述，扎实开展增强“四力”，即指脚力、眼力、脑力、笔力教育实践工作，切实加大干部作风整顿力度，保障作风整顿实效，提高干部政治素质、大局意识、业务水平，打造一支想干事、能干事、干成事、不出事的宣传思想文化干部队伍。将干部作风整顿与全县中心工作相结合，做好对新冠肺炎疫情防控进展情况的报道，严抓不实谣言的管理，营造和谐稳定的社会舆论环境。与开展“四力”活动相结合，增强学习意识，创新学习方式，坚持学用结合，不断提高学习成效。与学习培训相结合，对新冠肺炎疫情防控的相关政策、专业术语进行系统学习，精准严谨把握文稿用词。

（王　迪）

精神文明建设

【概况】 2021 年，县文明办紧紧围绕中央和省、市、县文明委的总体部署，充分发挥自身职能作用，组织开展各类精神文明创建活动，扎实推进精神文明创建工作。

【开展文明单位创建】 按照文明单位申报标准及要求，积极开展文明单位推荐、上报工作。香河县渠口镇小圈村荣获第六届全国文明村镇称号；渠口镇小圈村、县中医医院、县融媒体中心、县城内第二小学、安平镇堡上村、县人民医院、县税务局、县财政局8家单位（其中，安平镇堡上村、县人民医院、县税务局、县财政局4家单位为保留荣誉单位）获评2018—2020年度河北省文明单位（村镇、校园）；53家单位获廊坊市文明单位（村镇、校园）称号。

【公民思想道德建设加强】 全面加强新时代文明中心、所、站建设。截至2021年年底，全县已建成新时代文明实践中心1个、新时代文明实践所13个、新时代文明实践站300个，实现县、镇、村三级全覆盖。

向省市推送香河县先进典型。县公安局四级高级警长李向国获河北好人荣誉称号，县两河事务中心职员王智林获廊坊市道德模范荣誉称号，李向国、王智林、香河第一城酒业有限公司董事长孙兴忠获廊坊市抗疫卫士和廊坊好人荣誉称号。

【志愿服务活动深化】 县文明办动员全民参与志愿服务活动，开展“邻里守望”社区志愿服务活动。以“周末文明行动”为着力点，开展主题志愿活动，有效激发广大群众参与志愿服务活动热情。“香河火焰蓝”新时代文明实践消防救援志愿服务项目、“关爱山川河流·保护大运河 ”香河志愿者在行动、“爱心、开心公益联盟进社区”3个志愿服务项目获评2019—2020年度河北省学雷锋志愿服务先进典型，县两河中心职员王智林荣获河北省优秀志愿者称号。“香河火焰蓝”新时代文明实践志愿服务项目，获“廊坊市消防安全宣传教育示范团体”称号。“香河蓝天救援队”志愿服务队完成了20余次救援任务，救助落水人员13人，走失人员11人，在中小学校协作举办应急避险培训11次，受众达1.5万余人次。

【营造宣传氛围】 多渠道、多形式开展社会主义核心价值观及“庆祝建党百年”“运河通航”等公益宣传活动，弘扬时代新风。2021年更换、新增公益广告3000余处，新增建党百年大型草雕2处，景观小品45处。

【文明校园创建活动】 2021年，全县89所中小学校围绕文明校园围绕“六个好”，即思想道德建设好、领导班子建设好、教师队伍建设好、校园文化建设好、优美环境建设好、活动阵地建设好进行高标准创建，全面推进习近平新时代中国特色社会主义思想“进教材、进课堂、进学生头脑”活动80余次，组织开展“扣好人生第一粒扣子”“童心向党”等主题教育实践活动，充分利用“六一”、“七一”、清明和端午等节日，在广大未成年人中开展“新时代好少年”评比、中华经典诵读等活动。领导班子建设。全县89所中小学均成立文明校园创建工作领导小组，制订创建文明校园工作实施方案；县教育和体育局加强对文明校园创建档案指导检查，学校每月上报创建材料，确保活动实效；县文明办联合教育和体育局开展3次创建督导测评检查，并坚持“回头看”工作，巩固创建成果。教师队伍建设。县教育和体育局完善师德师风建设长效机制，用“四有好老师”“四个引路人”“四个相统一”和“四个服务”等要求引领教师成长发展；制定印发《2021年师德师风建设巩固年活动方案》，以师德师风巩固年活动和在职教师有偿补课整治工作为重点，强化教师职业道德规范；217名小学语文、英语、科学、数学，初中地理、历史、语文教师参加通州区教师研修活动；组织全县4006名中小学幼儿园教师参加全员远程培训；组织中小学幼儿园教师2289人次通过远程方式参加通州区教师研修中心学术活动。校园文化建设。全县89所中小学把校训作为师生共同遵守的基本行为准则和道德规范，体现出学校的文化追求和精神风貌；以校园文化符号激励学生爱学校、爱学习、共建文明校园，30 余所学校每年都举行校园文化节、艺术节，50 余所学校举行体育节，80 余所学校开展“校园之星”评选活动。优美环境建设。全县 89 所学校组织开展学雷锋志愿者活动，对学校校内以及周边环境进行清理、打扫，美化校园环境，锻炼学生的劳作能力，陶冶学生爱护环境的情操。活动阵地建设。全县 89 所中小学校充分利用学校宣传栏、橱窗、黑板报等形式，向广大师生宣传开展文明校园创建活动的目标、措施等，不断提升广大师生参与创建活动的积极性和主动性，在各学校营造浓厚的创建氛围。抓乡村学校少年宫建设。全县已建成 13 个乡村学校少年宫，学校开设了道德讲堂，建成了法治学校，充分利用这些阵地，开展模拟法庭、消防演练、地震避难、交通法规辅导等活动，提升未成年人应急能力和综合素质。

4 月 6 日，香河县第七中学开展新时代好少年评选活动　　县教育和体育局供图

【新时代好少年评选活动】 2021 年，全县推选出校级新时代好少年 600 余名，县级新时代好少年 20 名，县城内第二小学学生杨紫嫄、钱旺镇西马家窝小学学生孙轩被评为市级新时代好少年。8 月，县文明办、县教育和体育局等部门组织召开香河县新时代好少年先进事迹发布会，表彰 20 名新时代好少年，新时代好少年的事迹在香河电视台和“香河头条”微信公众号宣传报道，微信阅读和转发量达到 3.5 万余次。各校积极组织开展新时代好少年先进典型学习宣传活动，举办了学习新时代好少年主题班（团、队）会，5 万余名学生集体学习榜样事迹、传阅榜样宣传手册，80 余所学校开展“我心中的新时代好少年”演讲比赛、讲故事比赛，参与率达到 100%。

2021年香河县荣获市、县级新时代好少年一览表

表6

序号	姓　名	性别	年龄（岁）	所在学校	荣誉级别	序号	姓　名	性别	年龄（岁）	所在学校	荣誉级别
1	杨紫嫄	女	11	县城内第二小学	市级	11	文天文	女	12	蒋辛屯中心小学	县级
2	孙　轩	男	11	钱旺镇西马家窝小学	市级	12	王雪飞	女	13	县第二中学	县级
3	马艺铭	女	10	县城内第一小学	县级	13	关欣蕾	男	13	县第四中学	县级
4	何铭洋	女	12	县城内第三小学	县级	14	勾昱心	女	13	县第六中学	县级
5	王品妍	女	11	县城内第四小学	县级	15	孙艺杨	女	13	县第七中学	县级
6	冯奕博	男	9	县城内第五小学	县级	16	吴承宇	男	14	县第九中学	县级
7	王哲文	女	11	五百户镇荒庄小学	县级	17	李星辰	女	14	县第十二中学	县级
8	杜睿婕	女	11	安平镇周庄中心小学	县级	18	赵泽豪	男	13	县第十三中学	县级
9	李贵竹	男	10	刘宋镇庆功台小学	县级	19	刘奥林	男	16	县第一中学	县级
10	石珺楠	女	9	安头屯镇四营中心小学	县级	20	赵士杰	男	16	县第三中学	县级

【未成年人思想道德建设】 2021年，开展“清明祭英烈，传承民族魂”主题教育活动。全县5万余名师生参与网络祭奠，13所中学分批次赴盘山烈士陵园、李大钊纪念馆、宛平抗日战争纪念馆、唐山抗震纪念碑等遗址开展扫墓、祭奠等活动，表达对革命先烈的感恩怀念。

组织学习“青年大学习”网上主题团课；组织开展“童心向党•党的故事我来讲”“童心向党•唱支红歌给党听”等教育实践活动，收到推荐视频80个，评选出优秀“小宣讲员”20名；开展“开学第一课”主题教育活动，通过收看开学第一课视频、召开主题班队会、举行升旗仪式等方式，教育学生深刻了解防疫知识，弘扬战“疫”精神；组织开展“爱劳动，庆丰收，感党恩”主题教育实践活动，采用主题班会、手抄报评比、讲故事比赛等形式引导学生切实加入活动中来，在校园中参与劳动实践，利用周末让学生走出校园，采摘辣椒、收花生，收玉米，挖红薯等，亲自体验农民劳作的艰辛；利用国庆节、中秋节等节点，对学生进行爱国主义教育和传统文化教育；开展“向国旗敬礼”“爱国主义读书教育”活动，以及国防教育演讲比赛等活动；开展“廊坊有礼 文明健康”“十万红领巾 齐心助创城”等活动。

在全县各中小学开展系列主题教育活动。开展主题班(团、队)会、升国旗及国旗下讲话活动；开展“学雷锋”“清明祭英烈”“新时代好少年”学习教育活动；开展“劳动美”主题教育、心理健康教育等主题教育活动，从多方面对未成年人开展思想道德教育。

【传统文化进校园活动】 2021年，80余所学校开设线上线下国学经典课程，将《三字经》《千字文》《论语》等30多部优秀传统经典列入课堂教材，深挖传统文化内涵。80余所学校开展了经典诵读、诗词大赛等活动，通过学校公众号、美篇等平台展示视频作品300余个。截至年底，全县中小学积极组织开展中华经典诵读活动，覆盖面达100%，直接参与活动学生人数达5万余人。由县文化部门牵头，组织县内外专业团体、演员赴各中小学免费演出15场，参与师生1万余人，使广大学生感受中国传统戏曲艺术的博大精深；开辟空中课堂，利用电视、网络，线上音乐等课程，通过互联网、多媒体观看经典剧目，感受传统戏曲文化魅力；各学校组织主题班会、戏曲知识竞赛、绘画比赛等活动120余次；10余所学校成立戏曲兴趣小组，体验传承戏曲文化。80余所学校开设书法课程，定期开展书法比赛、展览活动150余次；邀请县书法家协会、硬笔书法协会等30余位书法艺术家到学校开展讲座、观摩等交流活动20余次，大力普及书法知识；5月，香河县教育和体育局举办书法比赛，共有165名师生参加，激发了广大师生学习书法热情；各校积极开展拔河、踢毽子、跳绳等活动，依托乡村学校少年宫，成立了武术、中幡、象棋、围棋、二胡等学生兴趣小组32个，组织300余名学生积极开展观摩表演、竞技竞赛等活动，丰富了学生爱好，提高了学生对中华传统体育项目的认同和热爱；将富有香河特色的剪纸文化、扎染文

6月17日，“奋斗百年路 启航新征程”庆祝中国共产党成立100周年系列活动之戏曲进校园走进香河县第六中学 县教育和体育局供图

化、景泰蓝文化、中幡文化等非遗文化引进校园，组织名家进行线上讲座、学生观摩活动10余次。

【先进评选】 香河电视台、《新香河》报纸、香河文明网开设“文明校园风采展”专题专栏，广泛宣传开展文明校园创建活动的重要意义和学校开展创建活动的先进经验。2021年，在创建文明校园活动中，县城内第二小学获省级文明校园荣誉称号；创成市级文明校园10所：县第一中学、县第二中学、县第三中学、县第四中学、县第八中学、县第十一中学、县城内第一小学、安平镇第一小学、淑阳镇蛯口小学、刘宋镇刘宋小学。全县共评选出省、市、县级三好学生458名，其中省级35名、市级196名、县级227名；优秀学生干部202名，其中省级10名、市级56名、县级136名；先进班集体165个，其中省级5个、市级28个、县级132个。35名学生获省级三好学生荣誉称号。

2021年香河县中小学荣获省级三好学生称号一览表

表7

序号	姓　名	所在学校	序号	姓　名	所在学校	序号	姓　名	所在学校
1	龙昭旭	县第一中学	13	赵祎然	县第四中学	25	刘云灿	县城内第二小学
2	宁　然	县第一中学	14	吴思宇	县第五中学	26	石倖印	县城内第二小学
3	王欣悦	县第一中学	15	王豪森	县第六中学	27	周佩瑶	县城内第三小学
4	徐子陌	县第一中学	16	王浩宇	县第七中学	28	王鹤轩	县城内第三小学
5	李天爱	县第一中学	17	黄东粤	县第九中学	29	牛子茉	县城内第四小学
6	王　盛	县第一中学	18	黄乐陶	县第十中学	30	刘一然	县城内第四小学
7	徐　妍	县第一中学	19	吴　腾	县第十一中学	31	张智恩	县城内第五小学
8	康予畅	县第二中学	20	张天熠	县第十二中学	32	门思颖	淑阳镇姬止务小学
9	程莹莹	县第三中学	21	杨孟宇	县第十三中学	33	鲍凌志	钳屯镇钳屯小学
10	刘子龙	县第三中学	22	刘子涵	县城内第一小学	34	赵　宇	五百户镇李庄小学
11	刘晓龙	县第三中学	23	冯子宸	县城内第一小学	35	李　一	刘宋镇东张庄小学
12	石春淼	县第三中学	24	孙欣奥	县城内第一小学	—	—	—

2021年香河县中小学荣获省、市级优秀学生干部称号一览表

表8

序号	姓　名	性别	年龄（岁）	民族	政治面貌	班内职务	学校及班级	级别
1	易赵雪	女	17	汉族	共青团员	班长	县第一中学高二22班	省级
2	张建飞	男	18	汉族	共青团员	生活委员	县第一中学高二1班	省级
3	程月馨	女	18	汉族	群众	班长	县第三中学高三4班	省级
4	马艺涵	女	15	汉族	群众	班长	县第二中学402班	省级
5	黄佳栋	男	16	汉族	群众	学习委员	县第五中学九年级7班	省级
6	王美琪	女	15	汉族	共青团员	班长	县第八中学九年级5班	省级
7	唐宋元	女	12	汉族	少先队员	班长	县城内第二小学	省级
8	周子宜	女	11	汉族	少先队员	班长	县城内第四小学五年级2班	省级
9	程嵩超	男	12	汉族	少先队员	学习委员	县城内第五小学五年级1班	省级
10	宋玉珩	女	10	汉族	少先队员	班长	淑阳镇姬止务小学四年级1班	省级
11	任小博	男	18	汉族	共青团员	班长	县第一中学高二1班	市级
12	刘　磊	男	17	汉族	共青团员	体育委员	县第一中学高二1班	市级
13	张云帅	男	17	汉族	共青团员	班长	县第一中学高二2班	市级

续表 8

序号	姓　名	性别	年龄（岁）	民族	政治面貌	班内职务	学校及班级	级别
14	王书辰	男	17	朝鲜族	共青团员	班长	县第一中学高二 7 班	市级
15	乐　轩	女	17	汉族	共青团员	班长	县第一中学高二 5 班	市级
16	吕思琪	女	17	汉族	群众	生活委员	县第一中学高二 22 班	市级
17	李敏轩	男	18	汉族	共青团员	班长	县第一中学高二 6 班	市级
18	孔安琪	女	17	汉族	共青团员	团支部书记	县第一中学高二 22 班	市级
19	谷登凯	男	17	汉族	共青团员	班长	县第一中学高二 4 班	市级
20	廖如澜	女	18	汉族	共青团员	班长	县第一中学高二 8 班	市级
21	夏浩然	男	18	汉族	共青团员	班长	县第一中学高二 9 班	市级
22	温雨达	男	17	汉族	共青团员	班长	县第一中学高二 3 班	市级
23	杨佳雯	女	17	汉族	群众	班长	县第三中学高二 2003 班	市级
24	张　妍	女	17	汉族	共青团员	班长	县第三中学高二 2008 班	市级
25	杨诗瑞	男	16	汉族	群众	班长	县第三中学高二 2010 班	市级
26	黄　雯	女	17	汉族	群众	团支部书记	县第三中学高二 2011 班	市级
27	石　硕	男	16	汉族	共青团员	班长	县第三中学高二 2013 班	市级
28	王艺程	男	14	汉族	群众	班长	县第二中学八年级 406 班	市级
29	董芮安	男	15	汉族	群众	学习委员	县第二中学八年级 412 班	市级
30	邳筠涵	女	15	汉族	群众	学习委员	县第二中学八年级 414 班	市级
31	李梓郗	女	14	汉族	群众	班长	县第二中学八年级 414 班	市级
32	郭思汗	男	14	汉族	群众	班长	县第四中学八年级 1 班	市级
33	高　灿	女	15	汉族	群众	班长	县第四中学八年级 2 班	市级
34	吴欣怡	女	15	汉族	群众	班长	县第五中学九年级 8 班	市级
35	刘鹤桐	男	16	汉族	共青团员	学习委员	县第六中学九年级 10 班	市级
36	邱美琳	女	15	汉族	共青团员	班长	县第六中学九年级 4 班	市级
37	王雅婷	女	14	汉族	群众	班长	县第七中学八年级 11 班	市级
38	杨卓然	女	15	汉族	共青团员	班长	县第八中学九年级 2 班	市级
39	陈绍昆	男	16	汉族	共青团员	班长	县第九中学九年级 8 班	市级
40	宋雅婷	女	13	汉族	群众	纪律委员	县第十中学七年级 1 班	市级
41	李佳音	女	15	汉族	共青团员	团支部书记	县第十一中学九年级 3 班	市级
42	高佰秀	女	15	锡伯族	共青团员	班长	县第十二中学九年级 1 班	市级
43	王梦琪	女	15	汉族	共青团员	班长	县第十三中学八年级 6 班	市级
44	周若琳	女	10	汉族	少先队员	班长	县城内第一小学四年级 7 班	市级
45	董人玮	女	12	汉族	少先队员	班长	县城内第一小学五年级 5 班	市级
46	王胤骁	男	12	汉族	少先队员	班长	县城内第一小学六年级 3 班	市级
47	刘津羽	女	12	汉族	少先队员	班长	县城内第二小学六年级 5 班	市级
48	张浩宇	男	13	汉族	少先队员	班长	县城内第二小学六年级 6 班	市级
49	石天一	男	13	汉族	少先队员	班长	县城内第二小学六年级 7 班	市级
50	刘思程	男	10	汉族	少先队员	班长	县城内第三小学四年级 7 班	市级
51	刘思璋	男	10	汉族	少先队员	体育委员	县城内第三小学四年级 7 班	市级
52	张欣淼	女	10	汉族	少先队员	班长	县城内第三小学四年级 1 班	市级
53	成嘉栩	女	8	汉族	少先队员	班长	县城内第四小学三年级 2 班	市级
54	刘焕燃	女	10	汉族	少先队员	班长	县城内第四小学四年级 1 班	市级
55	丰林轩	男	11	汉族	少先队员	班长	县城内第四小学五年级 10 班	市级
56	徐瑞霖	男	12	汉族	少先队员	班长	县城内第五小学五年级 3 班	市级

续表 8

序号	姓　名	性别	年龄（岁）	民族	政治面貌	班内职务	学校及班级	级别
57	张　杨	女	12	汉族	少先队员	学习委员	县城内第五小学五年级 4 班	市级
58	黄子轩	女	10	汉族	少先队员	班长	淑阳镇矬口中心小学四年级 2 班	市级
59	杜睿婕	女	12	汉族	少先队员	班长	安平镇周庄中心小学六年级 2 班	市级
60	薛光然	女	11	汉族	少先队员	班长	县天都希望小学五年级 1 班	市级
61	杜沂蔓	女	13	汉族	少先队员	班长	五百户镇第二小学六年级 1 班	市级
62	李若彤	女	11	汉族	少先队员	班长	安头屯镇第二中心小学五年级 1 班	市级
63	张梓一	女	12	汉族	少先队员	班长	刘宋镇北务屯小学五年级 1 班	市级
64	张文雯	女	11	汉族	少先队员	班长	渠口镇渠口中心小学四年级 2 班	市级
65	董文轩	男	10	汉族	少先队员	班长	钱旺镇钱旺村小学四年级 1 班	市级
66	丁妙彤	女	11	汉族	少先队员	班长	蒋辛屯镇打厨户中心小学五年级 1 班	市级

2021年香河县中小学荣获省、市级先进班集体一览表

表9

序号	班级名称	级别	班主任	序号	班级名称	级别	班主任
1	县第一中学高三年级 27 班	省级	孟晓艳	18	县第七中学九年级 9 班	市级	郝爱华
2	县第三中学高三 16 班	省级	张海令	19	县第八中学九年级 1 班	市级	邵爱菊
3	县第六中学九年级 1 班	省级	左春柏	20	县第九中学九年级 5 班	市级	李春梅
4	县城内第一小学五年级 5 班	省级	李雪莲	21	县第十中学九年级 3 班	市级	焦文静
5	县城内第三小学四年级 10 班	省级	张新会	22	县第十二中学七年级 2 班	市级	张思宇
6	县第一中学高三年级 1 班	市级	崔文伟	23	县城内第二小学一年级 7 班	市级	程　浩
7	县第一中学高三年级 3 班	市级	陈云清	24	县城内第四小学五年级 5 班	市级	王　艳
8	县第一中学高三年级 13 班	市级	赵文钊	25	县城内第五小学二年级 6 班	市级	孙晓波
9	县第一中学高三年级 14 班	市级	吴仕永	26	刘宋镇幞头屯小学一年级 1 班	市级	李海红
10	县第一中学高三年级 16 班	市级	李　茜	27	安平镇第三小学五年级 1 班	市级	张丽明
11	县第一中学高三年级 17 班	市级	赵春晓	28	钳屯镇钳屯中心小学六年级 2 班	市级	韩　雪
12	县第三中学高二年级 2003 班	市级	罗晓山	29	五百户镇五百户中心小学五年级 3 班	市级	李建新
13	县第三中学高二年级 2007 班	市级	杨　波	30	安头屯镇黄顾小学五年级 1 班	市级	张福春
14	县第三中学高二年级 2015 班	市级	路春秀	31	渠口镇石虎辛庄中心小学四年级 1 班	市级	李志芸
15	县第二中学九年级 390 班	市级	黄红杰	32	蒋辛屯镇蒋辛屯中心小学四年级 2 班	市级	王　红
16	县第四中学九年级 2 班	市级	王海波	33	钱旺镇大河各庄小学四年级 1 班	市级	王雅囡
17	县第五中学九年级 7 班	市级	齐海明	—	—	—	—

（刘　洋　王亚莉）

文明城市创建

【概况】　2021 年，香河县紧紧围绕建设“协同发展示范区，绿色活力幸福城”战略目标，以“塑造城市形象、提高市民素质、推动经济发展、促进社会和谐”为主线，大力开展省级文明县城创建工作，不断提升城市文明程度，努力构建新时代文明社会。香河县文明城市创建工作办公室（简称县创城办）严格落实省、市、县委对创建省级文明县城工作的部署和要求，以《2021 年河北省文明城市测评体系（建制县、县级市）》和《2021 年河北省未成年人思想道德建设工作测评体系》为指导，严格按照《操作手册》落实工作，按照实地点位测评卡督导检查，完成省对县

的各项考核任务。

【强化组织保障】 年初，制定印发《深入推进省级文明县城创建工作常态化的实施方案》（香创建〔2021〕1号），健全完善文明县城创建常态化长效机制，持续提升创建工作质量和水平。成立由县委主要领导任政委，13名县级领导为成员的创建工作指挥部，明确职责分工，层层压实责任。建立督导检查制度，以常规督导和专项督导相结合的方式，定期对创建点位进行督导检查，发现问题，指出短板，督促整改。组织召开香河县2021年创建省级文明县城动员会，印发《深入推进省级文明县城创建工作常态化的实施方案》，对各相关单位的创城工作进行详细分工。印发《香河县创城工作指挥部〈关于印发各分指挥部工作职责及点位测评卡的通知〉》，明确各分指挥部的职责及点位测评要求。

【营造创城浓厚氛围】 在京哈高速公路香河北出口和县人民广场各设置主题大型草雕1处。制作更新各类公益广告，主次干道公益广告覆盖率100%，临街围挡公益广告累计制作1万余平方米，老旧社区、背街小巷累计更新公益广告1000余块，公交车车载公益广告全覆盖，中小学校、镇区、村街制作各类公益广告近4000处。

【基础设施建设提升】 2021年，完成城区主次干道路雨污分流和路面重铺工程，提升改造老旧居民小区31个，治理飞线130余处，整修公路两侧配电箱、光纤配线箱近40个，增划停车泊位450余个，增设分类垃圾箱400余处，维修破损便道3000余平方米，整修背街小巷44条，维修路灯共计51处，硬化道路8600余平方米。

【社会秩序优化】 开展专项治理行动，取缔淑阳大街西段、迎宾路南段临时市场2处，规范治理城区流动经营、店外经营1.8万余处，清除非法小广告6万处及违规LED灯、灯箱1776处，治理散投广告8000余张，教育投放人员75人。开展文明交通行动44次，查处各类交通违法行为1.2万余起，集中对城乡接合部区域进行清扫，清理垃圾1500立方米。

【志愿服务活动常态化开展】 组织开展“访千楼万家，创文明县城”和“志愿服务新时代，携手共创文明城”为主题的志愿服务活动。88个单位分包177个居民小区，开展志愿服务活动，为小区粉刷墙体5000平方米，制作公益广告牌200块，清除非法小广告3.2万处，清除死角死面2600余处。举办“香河火焰蓝”新时代文明实践消防救援志愿服务项目，2000余人受益。

【镇区、村建设】 以镇区主要街道和村的乡风文明示范街为分布点，用橱窗、造型、展牌等形式展现不同主题的公益广告近4000处，善行功德榜300处。全面开展农村“十个一”建设，即建立一处新时代文明实践站、一条文化特色街、一个百姓大舞台、一个村文化广场、一个村级公园、一个农村幸福院、一个长者食堂、一个农家书屋、一个美家超市、一个党支部领办合作社。加强村民中心建设，成立红白理事会，建立新时代传习中心，开展“十星级文明户”和“五好家庭”评选。充分发挥基层环卫作用，做到经常化、制度化，加大对村街的治理力度，实行垃圾定点、分类存放，设置分类垃圾箱，防止二次污染。

【督导常态化】 为确保创建工作规范化、常态化，创城办督导组以常规督导为基础，结合专项督导和月度拉练，对29个大项173个固定点位和8类共计507个随机点位进行督导，下发督办卡24次，整改点位287处。

【档案材料收集整理】 根据《2021年河北省文明县城测评体系》和《2021年河北省未成年人思想道德建设工作测评体系》要求，共收集整理100个单位上报的291大项内容。其中，活动照片2.1万余张，说明报告2100余份，规范文件130余份，上级评价意见35项，负面清单36项。7月15—17日，省督导组对香河县创建省级文明县城实地点位进行测评，10月17—23日，通过网上平台，完成香河县创建省级文明县城档案材料提交。

（刘　洋）

统战工作

【概况】 2021年，香河县统一战线工作（以下简称统战工作）在县委的正确领导和市委统战部的指导下，坚持以习近平新时代中国特色社会主义思想为指导，坚决贯彻习近平总书记关于做好新时代党的统一战线工作的重要思想，深入落实中央和省、市、县委关于统战工作的决策部署，紧紧围绕建设"协同发展示范区、绿色活力幸福城"奋斗目标，大力弘扬运河通航精神，进位争先。充分发挥新时代统一战线重要法宝作用，广泛凝聚人心、汇聚力量，进一步解放思想、守正创新、担当实干、攻坚克难，统一战线各项工作取得新进展。坚持党中央集中统一领导，明确县委书记为第一责任人，健全工作机制，着力构建党委统一领导、统战部牵头协调、有关方面各负其责的大统战工作格局，进一步形成工作合力。将统战工作纳入全县各级领导班子和领导干部考核体系，激先策后，确保统一战线工作与全县中心工作同部署、同落实。县委统战工作领导小组、县委常委会及时传达学习习近平总书记关于做好新时代党的统一战线工作的重要思想、《中国共产党统一战线工作条例（试行）》和省、市委关于统一战线的部署要求，及时对全县统战工作进行调度安排，确保将统战工作纳入全县工作大局。

【民族团结融合发展】 坚持以政治建设为引领，加强统战干部教育培训工作。积极组织广大统战干部和各镇（社区办）、香河经济开发区统战委员及宗教专职干部，深入学习《中国共产党统一战线工作条例（试行）》、习近平总书记"七一"重要讲话精神、中共十九届六中全会精神、中共中央民族工作会议精神以及习近平总书记在承德调研考察时关于民族工作的重要讲话精神等，用党的最新民族理论和民族政策武装头脑、指导实践、推动工作。坚持以铸牢中华民族共同体意识为纲，深入开展民族团结进步创建，制定《香河县"石榴花开心向党"民族团结进步创建实施方案》，持续开展民族团结进学校、进机关、进社区、进企业、进乡镇、进宗教场所"六进"活动。大力开展民族团结进步宣传月活动，共悬挂宣传条幅50余条，制作摆放宣传展牌6块，发放民族团结宣传品2500余份，多种渠道、多种形式广泛宣传党的民族政策，掀起民族团结进步宣传的新高潮，切实铸牢中华民族共同体意识。坚持"一线工作法"，到香椿营村开展现场办公，与村党支部书记和乡村振兴工作队进行座谈，针对村里提出的村口信号灯、村内900米破损道路修建问题，积极与县公安交警大队、县交通运输局、县农业农村局和爱心企业协调沟通，合力解决村街反映的问题。协调驻村工作队、县中西医结合医院，为村民开展义诊，向老人免费发放体检卡。坚持台账化管理，开展全县常住少数民族人口摸排登统工作，建立县、镇、村三级少数民族人口数据台账，撰写少数民族人口分布形成报告。2021年，全县有回族、满族、蒙古族等39个少数民族，总人口11981人。

【助推民族企业健康发展】 县委统战部指导全国少数民族特需商品定点生产企业——河北华香清真肉类有限公司做好民贸民品贷款贴息申报工作，帮助企业解决资金瓶颈，助推民族企业发展。依法强化清真食品市场监管，联合县市场监督管理局、县伊斯兰教协会不定期对县内清真食品饭店进行拉网式排查，全面检查企业经营的食品、主辅料来源渠道是否合法，物品摆放、生产工艺流程是否符合相关条例规定，对发现的问题，要求立即进行整改，进一步强化企业生产经营者守法意识、食品安全意识和责任意识，以实际行动切实维护广大少数民族群众的合法权益。

【民族特色村寨建设深入推进】 持续推动香椿营村上档升级，利用中央财政专项资金19万元，在公正、公开、公平的原则下，选购村内闲置养殖大棚，助推发展牛羊养殖等传统民族经济，通过劳动补贴等形式切实巩固村内原贫困户脱贫成果，壮大集体经济，促进乡村振兴。利用17万元省财政资金和多方筹措到的资金，帮助香椿营村对太阳能路灯进行更新维修，全面提升村内亮化水平，提高群众生活幸福满意度。

【宗教活动综合治理】 完整准确全面贯彻党的宗教工作理论和方针政策。组织民宗部门、宗教界人士深入学习《中国共产党统一战线工作条例（试行）》、习近平总书记在全国宗教工作会议上的重要指示精神和宗教知识，大力宣传党的宗教工作基本方针，及时传达上级关于宗教工作的制度规定，积极引导宗教活动与社会主义社会相适应。有序规范宗教活动。在伊斯兰教开斋节、圣纪节和佛教浴佛节等宗教节日期间，深入县内各清真寺和第一城大安寺进行督导，确保各项宗教活动秩序井然，并对穆斯林群众进行节日慰问。深入开展“双创四进”活动，即创建和谐寺观教堂指导员和创建星级和谐寺观教堂；开展国旗、宪法和法律法规、社会主义核心价值观、中华优秀传统文化进宗教活动场所活动。为每个宗教活动场所免费发放《中华人民共和国宪法》《习近平谈治国理政》，制作社会主义核心价值观和中华优秀传统文化展牌，组织重大节日升国旗活动，着力构建积极健康的宗教关系。扎实做好宗教场所新冠肺炎疫情防控，为每一个宗教活动场所免费配备测温枪、酒精消毒液、医用外科口罩、免洗手消毒液等防疫物资，安装电子测温设备；疫情严重时期，宗教活动场所落实暂停对外开放、暂停集体宗教活动的“双暂停”措施，持续开展督导检查，提升宗教场所防疫能力，确保各项防控措施落实到位。

【非公有制经济领域统战工作】组织召开有县委、县政府主要领导参加的全县民营企业家座谈会，召开县工商联会议3次，与民营企业家进行深入座谈，广泛征求民营企业家对香河县经济社会发展的意见建议；先后到香河第一城酒业有限公司、喜临门北方家具有限公司、香河合益包装机械有限公司等多家民营企业就生产经营情况进行走访调研，了解企业运行情况和存在问题及制约因素，征求企业对全县经济发展的意见建议，与企业负责人探讨可行性措施和解决方案，更好服务企业发展；积极筹建民营经济服务中心，搭建服务民营企业发展的新平台，助力民营企业高质量发展；召开民营企业法律服务座谈会，邀请市场监管、税务等部门负责人进行相关法律知识讲解；为贯彻落实好运河通航精神，助推民营企业“二次创业”，召开银企对接会两次，建行香河支行、邮储银行香河支行、兴业银行香河支行等多家金融部门和60余名企业代表参加。组织民营企业家代表到县红色文化教育基地开展理想信念教育培训活动；组织县青年企业家开展庆祝中国共产党成立100周年文艺会演，进一步凝聚青年民营企业家“听党话、感党恩、跟党走”的思想和行动共识。

【引导民营企业家履行社会责任】面对新冠疫情严峻的防控形势，号召民营企业家行动起来，主动担当，出工出力，捐赠物资，全力配合做好疫情防控工作。县女企业家和青年企业家商会组建起 300 余人的志愿者团队，在核酸检测点、居民小区卡口等关键部位值班值守；县青年企业家商会为辛勤工作在疫情数据排查一线的工作人员带去了价值4万元的慰问品。组织青年企业家商会为县内高考生送去150箱矿泉水、15个乘凉帐篷、2000个口罩、500支藿香正气水。组织企业家开展“情系河南、大爱无疆”驰援河南灾区行动，通过县红十字会向灾区捐款、捐物（捐物折合人民币40余万元）。组织县工商业联合会（总商会）、县青年商会、女企业家商会赴淑阳、渠口、刘宋3家养老院捐赠物资，开展送温暖行动。县女企业家协会在香河绿野农场慰问香河县福利院儿童。携手县中医医院到会员企业香河合益包装机械有限公司、北京建安特西维殴特种设备制造有限公司、河北新仟瑞新型建材有限公司开展义诊活动。

【党外代表人士作用发挥】 2021年,先后召开3次民主党派和党外代表人士座谈会,广泛征求意见建议,并将最具有代表性的18条意见建议形成了《民主党派和党外人士意见建议简编》,呈报县委,得到县委书记梁宝杰肯定性批示,并将党外人士意见建议函告相关部门研究落实。组织广大党外知识分子和新的社会阶层人士认真学习习近平新时代中国特色社会主义思想,邀请专家解读习近平总书记在庆祝中国共产党建党100周年大会上的重要讲话精神。6月29日,组织新的社会阶层人士联合会开展“悟初心、颂党恩,强信念、聚合力,跟党走、建新功”主题庆祝活动。依托香河机器人小镇、中粮可口可乐华北饮料有限公司、廊坊瑞盛投资股份有限公司3个新的社会阶层人士社会实践创新基地和水岸潮白联络点,组织党外知识分子和新的社会阶层人士开展“学党史,跟党走”系列活动。

【党外人士队伍建设】 2021年,香河县在全市率先成立“党外知识分子服务中心”,积极开展“大走访”活动,深入县直有关部门了解情况,通过“单位点评推荐+组织考察印证”方式,选拔各层面党外优秀人才53人,入库174人,全部实现跟踪管理、动态培养。坚持“政治过硬、实绩突出、群众公认”总原则,健全党外干部培养选拔工作机制,加大优秀党外干部发现和使用力度。截至年底,全县在职县管科级党外干部16人,其中,正科级5人,副科级11人。会同县委组织部加大对党外干部的交流轮岗力度,有计划地安排党外干部特别是年轻党外干部到艰苦环境中经受锻炼、提升本领。

【台胞台属电子档案建立】 为做好对台统战工作,深入基层入户调查走访,掌握翔实的台胞台属材料。截至年底,全县有台胞6人、台属13人,全部建立了台胞台属登记表和完备的人员电子信息,实施动态管理。

【接待台企参观考察】 10月25—26日,台湾新华劳动党主席韩云洁率直属企业中国海峡控股集团有限公司(香港)相关负责人一行到香河,就新建芯片加工企业及物流产业园区等项目进行参观考察,参访团一行高度赞誉香河县经济文化的快速发展,并表示愿意到香河投资兴业。年内,中国海峡控股集团有限公司(香港)已经进驻香河县中信国安第一城,打造台湾美食一条街。

【侨务工作】 严格落实教育部和河北省招生工作相关规定和廊政侨字〔2021〕1号文件精神,联合县教育和体育局,做好全县“三侨”(归侨学生、归侨子女,或华侨在国内的子女)、“四侨”(归侨学生、归侨子女、华侨在本市的子女和侨眷高级知识分子的子女)考生优惠加分考生的资格受理审查工作。结合工作实际对香河县海外统战工作进行分析,对海外统战资源进行研判,积极协调各相关部门,搭建合作交流平台,严格落实各项法规政策,不断提高工作实效。

【香河县总商会换届】 3月23日,召开香河县总商会第十三次会员代表大会,选举产生香河县总商会主席(会长)1人、常务副主席(常务副会长)1人、副主席(副会长)9人、执委44人,圆满完成县总商会第十三届执委会换届工作。

【政协换届工作】 根据《中国人民政治协商会议章程》及省市《关于政协换届有关问题的意见》,县委统战部制定《关于县政协换届有关问题的实施方案》,推进并完成县政协换届工作,新一届县政协委员159人,其中,中共党员62人,非中共党员97人。推荐新一届市政协委员,新一届市政协委员中有香河籍市政协委员16人,其中中共党员6人、非中共党员10人。

(张明洋)

县直机关党建

【概况】 2021年,县直机关党建工作紧紧围绕香河县中心工作,不断创新基层党组织活动的内容与方式，深入推进“五规范五加强”机关党建规范建设工程，重点解决了机关党建虚化、弱化，“重业务、轻党建”等问题，党员干部的凝聚力战斗力显著增强，全县机关在党建主体责任、党内组织生活、党员教育管理、党建督导调研、党建引领作用、机关纪律作风六大方面取得了历史性转变，经验做法被《人民日报》、《河北日报》、中国网等媒体刊发，被《市委内刊》作为典型经验推广交流，被市委宣传部评为宣传推广“学习强国”学习平台先进单位，被河北省委评为省级先进基层党组织，典型事迹被廊坊广播、电视新闻报道。

7月1日，县委县直机关工委在县人民广场举办庆“七一”主题活动，组织100名新入党党员开展入党宣誓和红歌大合唱活动　　县融媒体中心供图

【党史学习教育】 加强对县直各级党组织党史学习教育指导，配发党史学习教育资料，推动党史学习教育在基层走深走实、取得实效。推动落实“基层党建规范提升年”活动，突出党建引领作用，编发《2020年度机关党建剪影》，搭建了机关党建经验交流平台。组织开展以“悟初心、颂党恩，强信念、聚合力，跟党走、建新功”为主题庆“七一”活动周，通过开展初心感言征集晾晒，召开党员代表座谈会，走访慰问困难党员，举办党史知识竞赛和主题演讲比赛、“中国精神”图片展、庆祝中国共产党成立100周年书画展等系列活动，激发各级党组织和广大党员干事创业的责任感和使命感。7月1日，在县人民广场组织100名新入党党员开展入党宣誓和红歌大合唱活动，向党的百年华诞献礼。

【党组织建设】 按照《关于新形势下党内政治生活的若干准则》和香河县《关于严格党内组织生活十二项制度》要求，制定印发了《关于建立组织生活提醒制度的通知》，督促县委直属机关各级党组织严格落实“三会一课”制度，定期召开组织生活会，认真抓好民主评议党员和党员领导干部过双重组织生活制度，持续优化党员活动载体，深入推行“7＋X”主题党日活动，使组织生活更灵活、更有效，不断提高党员政治意识、规矩意识和党性意识。年内，县直机关各级党组织举办主题党日活动2.4万人次，党员党性意识显著提升，党员先锋模范作用进一步凸显。

【思想作风建设】 县委县直机关工委班子坚持把学习作为一项政治责任、精神追求和工作需要，始终把抓学习作为加强党组织建设的首要任务，带头落实中心组学习制度，严格贯彻落实民主集中制，深入学习贯彻习近平新时代中国特色社会主义思想和中共十九大精神，准确把握上级决策部署和各项要求，不断增强拥护核心、跟随核心、捍卫核心的思想自觉和行动自觉，以正确的认识、正确的行动，坚决做到“两个维护”，与省市县委同心同德，高度负责地保证了各项政令畅通和贯彻落实。

【基层党建管理】 年初，制定《县直机关党的建设工作要点》，明确党建工作重点内容和具体要求。持续推进“五规范五加强”机关党建规范建设工程，开展中共十九届六中全会集中宣传活动和以“悟初心、颂党恩，强信念、聚合力，跟党走、建新功”为主题庆“七一”

活动周，激发各级党组织和广大党员干事创业的责任感和使命感；完善37个党支部组织设置。完成出席县十二次党代会105名代表的选举工作。编发《2020年度机关党建剪影》，搭建了机关党建经验交流平台。以规范各级党组织换届工作为重点，夯实基层党组织战斗堡垒作用。对县直167个党组织换届工作逐一进行摸底，建立完整的电子信息库，每周梳理、汇总、更新；强化对换届工作的指导和督导，确保任届期满的党组织按期换届，年内，县直机关各级党组织已全部按期换届。9月28日，举办基层党组织书记培训班，75人参加培训。

机关党建在基础性工作和创新性工作方面走在了全市前列。率先落实党组织活动经费列入同级经费预算，县直各单位机关党组织的活动经费全部按规定比例（一般公共预算的3.5%）列入年度经费预算，有效保障了党组织工作和活动正常开展；率先实现专职党务干部全覆盖，按照机关专职党务工作人员应当不少于机关工作人员总数的2%的要求配备，保证机关党建工作有专人负责；率先实现基层党组织阵地的全覆盖，制定《关于规范县直机关党组织阵地建设的实施意见》，扎实抓好县直机关党组织阵地“提升工程”，截至年底，县直各单位全部达到有场所、有设施、有标识、有党旗、有书报、有公示栏的“六有”标准，党组织生活仪式感、实效性和党员的认同感、归属感显著增强。

【机关目标绩效管理】 为充分发挥目标绩效管理的导向、激励作用，坚持每月与市绩效办公室、兄弟县市沟通交流，了解掌握最新情况，学习借鉴先进经验。及时组织相关部门召开座谈会，研究改进措施，持续扩大目标绩效管理工作实效。目标绩效管理工作开展以来，县委直属机关工委每年对县级机关目标绩效管理办法和奖励工资发放办法进行修订和完善，通过建立考核管理系统，确保结果客观公正。通过加强过程管理，使目标绩效考核结果不仅作为奖励工资发放依据，同时成为工作人员年度考核的主要依据，成为干部选拔任用、调整交流、学习培训、管理监督、奖励惩戒的重要依据，切实做到绩效管理与“面子、票子、位子、板子”直接挂钩，激发了县直机关的内生动力。年内，组织县直机关完成2020年度目标绩效考评工作，绩效奖励工资顺利发放到位。

【党员发展】 举办2021年度党员发展对象、新党员和基层党组织书记培训班，党员干部党性意识显著增强。规范发展党员工作程序，2021年，新发展党员100名，预备党员转正46名，其中，按期转正44名，延长预备期满转正2名。全年教育、约谈“四违”党员18人次。

【开展“运河通航精神”大讨论活动】 为持续深化纠正“四风”和作风纪律专项整治，根据《关于开展“弘扬运河通航精神”大讨论活动实施方案》工作安排，及时制定全县窗口单位和重点行业群众满意度测评实施方案，为各单位逐一制定群众满意度测评内容，并采取“互联网＋评议”测评方式，使满

9月28日，2021年度香河县委县直机关工委基层党组织书记培训班开班仪式

县委党校供图

意度测评成为聚焦问题、督促整改、公布成效的主要阵地，从而实现群众满意度大幅攀升。组织县直窗口单位和重点行业认真梳理自身工作职责、承担任务、业务流程、办理时限等事项，积极利用电子显示屏、新闻报纸等方式公开作出承诺，截至年底，履职践诺内容先后在《新香河》报纸刊登 8 期，组织 13969 个有效样本参加第三方调查机构的群众满意度测评，收集意见建议 300 余条，2021 年度县直窗口单位和重点行业群众满意度测评调查工作圆满完成。

【新冠疫情防控】 县委县直机关工委第一时间落实疫情防控和应急管理措施，快速搭建县直机关疫情防控工作网络直报平台，对县直单位人员实行日报告、零报告制度，动态掌握县直单位疫情防控情况，实现县直机关单位人员“零感染”目标。在得知街道社区防控力量不足，无物业小区疫情排查的关键时刻，组织带领县直机关党员顶风冒雪奔赴无物业小区一线参与疫情防控，进而扩大到全县各级党组织，为全县无物业小区疫情防控筑起了一面“铁壁铜墙”。承担组建县大数据核查专班任务，克服困难，昼夜奋战，带领专班人员快速清理前期库存数据，实现了“当天推送、当天核准、当天收集、当天汇总”，为构建处置及时、措施有力，闭环管理防控体系贡献力量。

（彰文娟）

4 月 15 日，县委党校举办全县股级干部“春季集训班”　　县委党校供图

党校教育

【概况】 2021 年，县委党校在县委、县政府正确领导下，认真贯彻落实中共十九大、习近平总书记系列重要讲话精神，以“不忘初心、牢记使命”为精神统领，紧紧围绕党员、干部及各类人才教育培训工作，大力加强党的思想、组织、作风、制度、反腐倡廉建设，充分发挥党组织战斗堡垒和党员先锋模范作风，为推动党校科学发展提供强有力的思想和组织保证。

【干部培训】 2021 年，举办党员、干部及各类人才培训班 12 期，培训 1353 人。4 月 15—16 日，举办全县股级及以下干部春季集训班 2 期，80 人参加集训，对全国“两会”精神、国务院总理李克强所作的《政府工作报告》及县“两会”精神、《县政府工作报告》进行辅导；4 月 19—23 日，按照省委组织部的要求，县委党校会同县委组织部依托中央党校（国家行政学院）“网上党校”在线学习，在县委党校开设学习中共党史专题网络直播课程，139 人参加学习；县委党校会同县委政法委举办全县政法系统整顿培训班，150 人参加培训；7 月 13—15 日，举办全县乡镇新提拔领导干部履职能力提升培训班，46 人参加培训；9 月 7—18 日，举办科级年轻干部培训班，48 人参加培训；9 月 14—18 日，举办新录用公务员培训班，23 人参加培训；9 月 18 日，举办党外知识分子培训班，50 人参加培训；9 月 22—24 日，举办党员发展对象培训班、50 人参加培训，举办“锤炼过硬本领，致敬建党百年”党务工作者培训班、86 人参加培训；9 月 27—28 日，举办新党员培训班，100 人参加培训；9

月 28 日，举办基层党组织书记培训班，75 人参加培训；10 月 11—12 日，举办新任农村党组织书记培训班，300 人参加培训；10 月 14—16 日，举办创新思维与园区能级提升培训班，90 人参加培训；12 月 6—17 日，举办廊坊市直单位新任职科级职务公务员和新录用公务员培训班，116 人参加培训。

【党史学习教育】 以位于县委党校的香河县红色文化教育基地为阵地，深入开展党史学习教育。2021 年，县委政法委、县财政局、县人民医院、廊坊市“北三县”消防救援大队联盟等 22 家单位 350 余名共产党员，先后参观香河县红色文化教育基地，接受革命传统教育，重温入党誓词。3 月，人民日报客户端、河北电视台《河北新闻》栏目、《河北经济日报》、廊坊电视台《廊坊新闻》栏目分别对党史学习教育和香河县红色文化教育基地进行报道。

【教研工作】 2021 年，为促进党校教研工作的开展，教研室下增设政治理论教研组和能力建设教研组，指定专人负责，制订年度教研活动计划。每位教师确立各自的教研方向，围绕理论基础、世界眼光、战略思维、党性修养 4 个方面的教学内容，确定基本专题，以保证主体班教研工作的广度和深度。成立科研管理领导小组，制定《教研工作管理制度》，实现对科研项目申报、成果形成等有序管理；完善科研成果激励机制，实行资金支持，奖惩分明，全校大兴科研之风。年内，在省级以上刊物发表理论文章 5 篇：7 月 30 日，农业农村部主办的《农村工作通讯》，刊登县委书记、县委党校校长李桂强（任至 5 月）的《强化基层基础，推动乡村振兴》文章；国家发展和改革委员会宏观经济研究院主办的《宏观经济研究》2021 年第 8 期，刊登教师陈海涛的《经济转型中地方政府干预的门槛效应研究——基于全要素生产率的视角》文章；南洋大学主办的《经济学报》期刊 2021 年第 12 期，刊登教师陈海涛的《业绩考核制度与中央企业全要素生产率——基于一项准自然实验的研究》文章；中原出版传媒集团主办的《试题研究》刊登香河县委党校兼职教师吴仕永的《核心素养视域下历史课堂教学研究》文章；10 月 30 日，《河北经济日报》刊登县委书记、县委党校校长梁宝杰的《让千载运河焕发崭新生机》文章。市级刊物发表理论文章 1 篇：11 月 12 日，《廊坊日报》刊登县委组织部部长、县委党校第一副校长王国强的《深学百年党史，赓续奋斗使命，推动新时代组织工作高质量发展》文章。

【调查研究】 2021 年，党校教研室以组织全校教师申报课题为契机，实施课题带动策略，组织教师深入全县机关、企业、农村、学校开展专题调研，了解民情、集中民智，掌握了香河县经济社会发展现状第一手资料，形成一批有价值的调研成果。其中，获省级课题立项 1 个，教师陈海涛的《城乡统一建设用地民事权利制度构建研究》课题，在西北政法大学立项；市级课题立项 1 个；兼职教师吴仕永的《在历史课堂中依托核心素养践行立德树人的教学实践研究》课题，在廊坊市教育科学规划领导小组办公室教育科学“十四五”规划课题组立项。校级课题立项 5 个，分别是《经济转型中地方政府干预的门槛效应研究》《不忘初心担使命，矢志不渝为人民》《新形势下如何提高组工干部的能力素质》《以人民为中心将改革进行到底》《立足新时代、贯彻新思想，促进文旅深度融合，助力乡村振兴》。决策咨询成果获得县委领导批示批转的有教师薛福巨、丁云梅的《关于公务员职务与职级并行制度在基层落实情况的调查与思考》，教师薛福巨、杨会新的《 关于环北京党建示范带创建工作的调研与建议》，教师薛福巨、池占凤的《香河县公务员队伍管理工作调查与对策》，教师薛福巨、闻金环的《关于加强乡镇机构改革后领导班子建设的专题调研报告》，共计 4 篇。

【加大软、硬件投入】 为突破固有思维模式，拓宽视野，提升科研水平，县委党校特设立兼职教师师资班人才库，截至 2021 年，聘请校外兼职教师 51 名；设立科研专项基金，鼓励教师勤思考、勤动笔，多出科研成果；实行科研目标管理责任制，做到各科室和个人目标明确，责、权、利分明。在硬件设置上，投入资金，为每位教师配备电脑；加强网络建设，开通网络党校。

（孟宪东　屈秀艳）

党史研究

【概况】 2021年，香河县党史研究工作以习近平新时代中国特色社会主义思想为指导，在县委的正确领导和上级部门的精心指导下，紧紧围绕县委中心工作和全年任务目标，深入拓展党史资料整编范围，加大对重大事件、重要人物档案资料以及口述史、回忆录征集力度，推进党史研究工作上水平、上台阶。

【《历史风云话南下》编辑出版】 2021年6月，由县委党史研究中心编辑的《历史风云话南下》印刷出版，全书分3个部分、12.3万字。该书记述的时代背景为：1948年底至1949年初，中共中央为了解放全中国，完成广大南方地区的接管与建设，从华北革命老区抽调数万名干部，随中国人民解放军南下，赴新解放的南方各省开展接管建政工作；记述的主要内容是：1949年5月，香河县包括因南下于3月卸任的县委书记杨光、县长杨文正在内100余名干部，南下湖南省宁远县开展工作的史料。县委党史工作者为大力弘扬香河县南下工作团成员大无畏革命精神，远赴湖南省永州市宁远县调查、座谈、查阅档案资料，在62名南下干部名单线索基础上，经过外调、查阅档案资料，查询到105名南下干部名单，搜集整理了香河县65名南下工作团成员的传略和简历，并收集了部分南下干部视频音像资料。

【党史编纂工作】 截至2021年，《中共香河县党史》第二卷完成4编、32个章节初稿编纂，进入查阅史料充实内容阶段。

【党史专题编修】 2021年，启动1979—2012年期间的党史专题编修，包括《平反冤假错案》《家庭联产承包责任制的建立和完善》《国营、集体企业改制、改革》3个专题。

【党史大事记编修工作】 2021年，启动党史大事记编修，结合《中共香河县党史》第二卷的编修，对2001年出版的《中共香河县党史大事记》第一卷（1949—1978）进行修改、充实和完善，重新出版党史大事记。

【党史教育基地建设】 以开展党史学习教育为契机，县委党史研究中心与县委党校合作，充分利用香河县红色文化教育基地资源，推进党史教育基地建设。

【开展党史宣讲活动】 深入开展香河地方党史宣讲活动，不断充实党史宣讲队伍，利用党史、国史、军史及纪念日等关键节点，充分宣传党史人物和党史事件，进一步推动党史宣传教育进机关、进学校、进社区、进企业、进农村。加强党史正面宣传，在涉及改革开放以及重大事件、重大党史人物纪念等时间节点与宣传、网信、报刊、电视等部门加强合作，及时引导网上舆论，对在网络上歪曲党史、国史、军史的错误言论和错误倾向予以坚决回应，同历史虚无主义错误观点和错误倾向作斗争。会同相关部门联合举办党史图片展15场次，联合开展党史人物、党史事件宣传、宣讲活动14场。向市委党史研究室报送党史工作信息12篇。

（李　京）

老干部工作

【概况】 2021 年，全县老干部工作在县委、县政府的正确领导和市委老干部局的具体指导下，坚持以习近平新时代中国特色社会主义思想为指导，贯彻落实中共十九大和十九届历次全会精神，结合开展党史学习教育，紧紧围绕全县工作目标，大力弘扬运河通航精神，不忘初心、牢记使命，秉持“以人为本、服务为先”的理念，倾心聚力帮助老干部解决急难愁盼问题，着力加强老干部服务中心信息化、精准化、规范化建设，不断提高服务老干部工作质量。3月，香河县离退休老干部党建工作以“四强化四提升，助推老干部党建工作上水平”为题在全市老干部局长会议上作典型发言。6月，香河县老干部服务中心第四党支部被河北省委老干部局授予“先进离退休干部基层党组织”称号。年内，香河县老干部工作的信息刊发在《中国老年报》2篇、《老人世界》4篇、《廊坊日报》4篇，在国家、省、市、县四级微信公众号报道23篇。

【新冠肺炎疫情防控】 强化组织领导，成立疫情防控工作领导小组，认真贯彻落实上级决策部署，建立疫情防控联络群，及时向广大离退休干部第一时间发布信息，上报新情况新问题，在离退休干部中全面推广“廊坊健康”App的下载和使用。老干部们以捐款捐物、亲自参与、创作文艺作品等多种形式，为表达对防疫工作的响应和支持，3月，388名离退休老干部捐款53740元、捐物40余件，其中1名离休老干部委托子女捐款1万元。诗词爱好者在老年大学诗词班党支部倡议下，先后撰写诗词1000余篇赞美防疫一线工作人员。离退休老干部用点滴善举汇聚拳拳大爱，谱写了一曲曲守望相助、众志成城的战“疫”颂歌。

【落实老干部政治待遇】 按照政策规定为老干部征订党报党刊，为老干部党支部书记订阅《中国老年报》《健康时报》。深入开展党史学习教育。精心研究制定既有规定动作，又有老干部工作特色的《党史学习教育实施方案》；组织指导老干部参加党史学习教育，对年老体弱、行动不便的老干部，采取走访慰问、送学上门等形式；运用“学习强国”“燕赵红枫”和微信公众号等信息化平台，开展形式多样的学习教育，充分发挥老年大学、老干部活动中心主阵地作用；组织离退休干部集中学习习近平总书记关于党史的重要论述、在庆祝中国共产党成立100周年大会上的重要讲话精神；开展党史学习宣讲3次，“我看建党百年新成就”专题调研活动1次，开展主题党日学习15次，上党课2次，召开老干部座谈会5次，组织广大离退休干部收看党史学习教育网上专题报告会3场；4月，对全县离休及处级以上退休干部进行家访，将全国“两会”精神以大字号印刷成明白折页，连同党史学习教育必读书籍送到老干部手中；5月，组织老干部党支部书记和部分处级退休老干部赴乐亭县参观李大钊纪念馆和李大钊故居，走进香山革命纪念馆，近距离感受和学习先驱足迹，重温入党誓词，聆听红色故事，感悟百年党史；举办党史百年100题知识问答。开展以“摸实情、送温暖、解难事”为主题的走访慰问活动，摸清符合“光荣在党50年”纪念章颁发条件的离退休老干部250名，为1名离休干部送去慰问品和特困帮扶金5000元。

【老干部党组织建设】 2021年，完成香河县“老党员驿站”创建工作。对标市级“老党员驿站”，进行实地观摩学习，以现有党员活动室、图书室、离退休干部党校、老年大学等为依托，进行合理设计和包装改造，建设香河县“老党员驿站”，分会议学习区、娱乐活动区、影像电教区3个功能区，建立健全管理和服务制度；10月，“老党员驿站”通过检查验收；“老党员驿站”采取菜单式服务管理，吸引离退休干部走进“老党员驿站”。健全完善《老干部服务中心党总支成员分包老干部支部制度》，老干部党支部坚持“三会一课”制度、学习制度、联系党员制度和民主生活会制度，全年组织老干部上站学习78次。坚持送学上门和走访制度，统一制定学习计划、走访细则等，及时将老干部意见建议向上级领导做好反馈。年内，调整老干部党支部书记1人，转入党员1名，党支部之间调整党员23人。

【落实老干部生活待遇】 2021年，健全完善《领导干部联系老干部工作制度》《特困离退休干部帮扶制度》等。春节前夕，县四大班子主要领导对全县离休干部和县级实职退休干部进行慰问，并通报了全县政治、经济、社会和文化发展形势；“七一”前夕，慰问离休干部37人，中秋节前夕，慰问老干部代表17人。

严格落实特困救助制度，2021年，为生活困难离退休干部发放帮扶资金5万元。坚持老干部“四必访一祝贺”，即重大节日必访、有特殊困难必访、重要来信必访、生病住院必访，生日祝贺。年内，开展走访老干部活动4次，看望生病老干部25人次，为9名实职副县级以上离退休干部庆贺生日，协助处理7名去世老干部家属办理抚恤金等事宜。

【开展“四送”敬老活动】 2021年，开展送温暖、送关怀、送祝福、送知识“四送”敬老活动。送温暖。对全县36位获得“光荣在党50年”纪念章的离休老党员、老干部进行走访慰问。送关怀。10月14日“重阳节”之际，县四大班子相关领导陪同全县50余名离退休老干部参观游览北运河，老干部们充分感受香河县日新月异的发展变化和千年运河的风采神韵；参观中信国安第一城影视特效基地，老干部们实地体验现代科技与传统文化的完美结合。送祝福。联合大爱书院，在香河大爱城养老中心开展“久久情长·相聚重阳”文艺联欢会，丰富了老干部们的精神文化需求。送知识。组织县直老干部党支部100余名党员，集中学习习近平总书记对老干部工作及老龄工作的重要论述。

【老年大学】 2021年，县老年大学授课32周、160课时，完成全年教学计划。年内，香河县老年大学学生作品入选省《老年大学联盟文学作品集》书画19幅、诗词22首；市老年大学举办建党百年书画作品展，香河县老年大学5幅书画作品参展；市党史研究会举办建党百年书画作品展，香河县老年大学20幅书画作品参展；县总工会第三届职工书画作品展，县老年大学41幅书画作品参展；县老年大学和老年书画研究会联合开展以“书党恩、绘发展、夕阳向党”为主题老年书画展，展出作品100幅，并编印《诗书画集》。

【关心下一代工作】 2021年，香河县关心下一代工作委员会（简称县关工委）编辑出版《雨露报》4期，印刷1.2万份；县关工委全年召开集体学习4次，基层关工委集体学习510场次；加强关工委互联网平台建设，申请并完成“香河雨露网”平台和“香河雨露公众号”签约；抓“五老”（老干部、老战士、老专家、老教师、老党员）青少年服务中心阵地建设，年内，新增渠口镇店子务中心小学“五老”青少年服务中心和安平镇“五老”青少年服务中心。开展中小学生思想状况调研，走访7个镇、10个重点村街、5个社区；与县教育和体育局联合组织参加廊坊市中小学生庆祝中国共产党成立100周年，学习党史“传承红色基因，争做时代新人”读书征文活动，全县有35名学生的征文获奖；7月，组织开展党史教育宣传暨党史文献赠书活动；8月，组织3批次、2000余名青少年到香河县店子务省级青少年红色教育基地参观；围绕乡村振兴等重大战略，深入乡镇、村街一线调研，帮助蒋辛屯镇4个村街小学购置学习用品桌椅、电脑等；做好家庭困难青少年的帮扶工作，为1名高中学生继续学习提供资金帮扶。

【老年体育活动】 创新老年健身活动方式，将传统交流活动模式和网络线上交流活动有机结合，采取多样、灵活的方式深入基层，开展健身指导和健身项目技能培训。5月，组织参加全国太极拳大联动展示交流活动；6月，组织骨干参加河北省健身秧歌培训班；8月，组织参加2021年中国老体协全民健身日线上主题展示活动，参加项目为太极拳和广场舞，分别获得二等奖；10月，组队参加2021年中国老体协举办的“九九”重阳全国老年人健身展示活动，参加项目是广场舞、健身球、柔力球和太极拳；组织重阳节庆祝活动，为离退休干部表演太极拳、广场舞、打花棍、健身秧歌、健身球等老年人体育活动，展示了文体养老和健康老龄化的理念和精神面貌。

【老干部活动中心】 2021年，对老干部服务中心各活动室内的活动器械及老旧铁窗进行了整体更换，对门球场进行了整体的维修，为老干部的学习、娱乐创造了良好条件和环境。

【县老区建设促进会活动】 2021年，香河县老区建设促进会深入渠口镇东梨元村、店子务村进行调研，完成革命老区振兴发展调研报告。10月，开展赠书助学活动，为店子务中心小学送去图书1700册。

（陈卫彬）

信访工作

【概况】 2021年，县信访工作在县委、县政府的正确领导下，在上级信访部门的大力支持下，县信访局坚持把信访工作作为经济社会发展的基础工程和首要任务，坚持以习近平新时代中国特色社会主义思想为指导，坚持稳中求进的工作总基调开展信访工作。年内，全县各级各部门立足当前信访工作实际，坚持对信访群众的教育疏导，针对群众的利益诉求，认真对待，真心实意为群众着想；对群众的合理诉求，及时向群众通报处理意见和处置结果，确保件件有回音，事事有结果。圆满完成中国共产党成立100周年庆祝活动，中共十九届六中全会，国家、省、市人大政协“两会”，“5·18”中国廊坊国际经济贸易洽谈会等重要会议和活动期间的信访服务保障工作，维护了全县信访秩序和社会公共秩序，得到省、市主管部门的肯定。

【信访基本情况】 2021年，县信访接待中心接待群众来访750件次，2300余人次。其中，反映占地补偿、土地承包、宅基地、破坏耕地方面等问题112件次，村民待遇类7件次，建筑违规、拆迁补偿、农民工工资等问题232件次，村干部经济、村务公开、换届选举问题64件次，涉法涉诉及纠纷问题7件次，优抚救济、历史遗留、水电暖问题12件次，其他问题316件次。年内，香河县发生进京、赴省、到市访189批421人次（含集体访和个人访）。进京访62批86人次，同比下降23.46%，其中，进京个人访58批61人次，同比下降21.62%；进京集体访4批25人次，同比下降42.86%。赴省个人访31批53人次，同比上升10.71%，年内未发生赴省集体访。赴市访96批282人次，同比下降33.33%，其中，赴市个人访84批149人次，同比下降28.21%；集体访12批133人次，同比下降55.56%。年内未发生有较大影响的越级集体上访。

【信访联席会议工作制度建立】 为加强县委、县政府对信访工作的领导，充分发挥各镇（社区）、园区和县直各部门的职能作用，及时妥善解决重大、复杂、疑难信访事项，提高工作效率，根据《信访工作条例》的有关规定，制定县信访联席会议工作制度。县信访工作联席会议在县委、县政府统一领导下开展工作，县委副书记张玉林为联席会议第一召集人，县委、县政府分管信访工作的领导为联席会议召集人，有关单位、部门负责人为成员。联席会议设立办公室，办公室主任由县信访局局长担任，负责日常工作。县信访工作联席会议每月召开一次，遇特殊情况可随时召集。一般情况下，由县信访联席会议办公室或联席会议成员单位提请，经召集人批准召开。

【领导干部集中接访】 2021年，县委多次组织召开常委会会议、信访联席会议，定期调度分析信访形势，通报上访情况，部署下步工作，切实把信访工作与全县发展同分析、同部署、同检查、同落实。为进一步畅通信访渠道，实行县四大班子主要领导及所有成员接访大排班，确保每个工作日都有2名县级领导在县信访接待中心接访，并通过县电视台提前向社会公布；各镇（社区）、香河经济开发区均实行班子成员轮流坐班接访，有效吸附上访群众，切实将问题解决在萌芽状态、解决在基层。对于领导接访工作，坚持做到谁接待、谁签批，谁协调、谁督办，直至问题解决，群众息诉罢访，通过开展领导接访，一批比较棘手的信访案件得到妥善解决。

【矛盾纠纷排查】 将信访工作重心从事后处理转移到事前排查化解上来是香河县的典型做法，坚持定期开展信访苗头排查工作，每月定期汇总各类信访案件，为领导接访、解决信访案件提供第一手资料。2021 年，在全县范围内开展 23 次大排查、大清理活动，排查梳理出苗头 150 余个。扩大排查范围。在健全完善县、镇、村三级排调网络的基础上，逐步将“触角”向流动人口聚集区以及行业组织延伸，对排查出的问题逐一登记造册，建立台账，确保信访苗头随时掌握，牢牢把握信访工作的主动权。灵活排查方法。坚持把“群众找”变为“找群众”，对摸排出有信访问题的群众，主动进行约访或下访，由县、镇主要领导联合信访、公、检、法、国土、住建、民政等重点部门“一把手”共同会诊，集中商议，当场确定包案领导、责任单位和解决时限，有效杜绝了部门间的推诿扯皮现象。协调同步推进。年内，虽受新冠肺炎疫情影响，仍坚持每月 2 次排查、上报。全国人大政协“两会”、庆祝中国共产党成立 100 周年、暑期安保、中共十九届六中全会前组织集中排查，180 余件矛盾全部纳入视野，未发生一起漏排案件。在全国人大政协“两会”、庆祝中国共产党成立 100 周年、暑期安保、中共十九届六中全会期间，坚持每天排查，确保全覆盖、无遗漏，实现重要时期越级上访零发生。

【信访案件处置】 “五包一”工作机制逐案落实。按照专项行动要求，逐案落实包案县级领导、责任单位负责人、直接责任人、1 名包村干部、1 名包村干警，包 1 个信访案件的“五包一”工作机制，逐个建立台账，逐一明确责任，实行“一岗双责”。县委常委按照分包乡镇的安排分包所辖乡镇的信访案件，党政领导班子成员按照工作分工，各负其责，每人分包各自分管系统的信访案件。坚持每月一梳理、每月一汇总、每月一刷新，由县信访局及时调整、梳理部署、动态分包、集中攻坚，强力推进案件化解。

领导包联信访案件化解工作。年内，涉及香河县第一批市级领导包联案件 3 件，全部息诉息访办结；第一批县级领导包联案件 216 件，全部按期办结，其中，息诉息访 167 件。临近年底，部署开展第二批省市县领导包联信访事项化解工作，其中，涉及香河县第二批省级领导包联案件 1 件，市级领导包联案件 25 件，县级领导包联案件 163 件，年底前全部交办，已办结县级领导包联案件 10 件，其他案件按照省市规定的时间节点和步骤有序办理。年内，通过争取上级解决信访疑难问题专项资金 3 万元，解决信访案件 1 件。

网络投诉案件办理。年内，中、省、市网上交办访、信、电子邮件要结果信访案件 91 件，截至年底，共办结 73 件，未出现退查退办案件，其他案件处在办理当中。年内，中、省、市通过河北省信访信息系统共转送访、信、电子邮件信访案件 1831 件，全部第一时间接收，并转送至各相关单位和部门，按期督促各单位和部门及时做好接收告知、按期办理答复意见，以及做好满意度评价等网上信访案件受理率、按期办结率、息诉罢访率工作，网上信访 “三率”各项指标均达到任务目标。全年通过“省长信箱”交办香河县信访事项 228 件次，县信访部门将信访事项转送交办至各相关单位，截至年底全部按期办结。

问题楼盘信访案件化解。自 2019 年 10 月底以来，省、市信访部门共交办香河县问题楼盘 65 件次，通过交办属地单位、成立问题楼盘专班、县处级领导包案以及实地督导等举措，截至 2021 年 6 月底，全部按期办结。

【信访治理依法依规】 依法治理信访。在保护上访人合法权益的同时，依法打击非法上访行为，严厉打击上访人“以闹求决、以访牟利、以缠施压”等不良行为，及时处置信访工作中的违法犯罪。对信访活动中少数人违反法律法规，损害国家、社会、集体利益和其他公民合法权益的行为，坚决依法严肃处理。年内，全县对各类违法上访人员全部进行了依法处理，训诫 57 人次，警告 123 人次，行政拘留 14 人次，在全社会树立"非正常上访不但无助于问题解决，反而要受到依法打击"的导向，有效维护了正常的信访秩序和社会公共秩序。依规开展信访问责。修改完善《香河县信访工作考核办法》，按照"属地管理"原则，将信访案件和信访责任向乡镇、部门延伸，突出乡镇和部门的主体责任，实行《信访月通报制度》，每月一排名，对工作落后的乡镇、部门"揭丑""亮短"，对工作不到位、责任不落实、越级集体上访、非正常上访或造成严重后果的责任人，依据相关规定严肃追究责任。年内，因信访问题对 5 个单位进行全县通报批评，对 8 名工作人员分别给予党内警告和调离工作岗位处理，形成了压力层层传导，责任逐级落实的局面。

【信访值班工作】 2021 年，在全国、省、市人大政协"两会"，中国共产党成立 100 周年庆祝活动、中共十九届六中全会、"5·18"中国廊坊国际经济贸易洽谈会、暑期北戴河安保等重要时期，按照中央、省、市及县委主要领导指示精神，组织各镇（社区）、园区以及相关县直部门，安排懂业务、有经验的领导干部参与信访值班工作，及时稳妥协调处理了各类群众信访问题，完成了上级提出的不发生重大政治案件、不发生影响恶劣的群体性事件、不发生重特大治安灾害事故、不发生重特大恶性案件的"四个不发生"工作目标。

（陈　薇）

机构编制

【概况】 2021 年，县委编制工作坚持把习近平总书记对机构编制工作提出的一系列新思路、新要求作为机构编制工作的行动指南，把加强党的领导贯穿机构编制工作的各方面和全过程。以贯彻落实《中国共产党机构编制工作条例》《中共河北省委机构编制管理规定》为着力点，准确把握新时代机构编制工作总体要求，扎实完成各项重点工作，通过开展"学党史、办实事、解难题"实践活动，持续巩固深化改革成果，为全县经济社会发展提供有力机构编制保障。

【开发区管理体制创新】 为进一步完善开发区管理体制机制，促进开发区创新发展，县委编办深入贯彻落实党中央和省市委关于促进开发区创新管理的决策部署，结合香河县实际，规范开发区管理机构，统筹推进强化功能定位、明确属地管理、加强机构编制动态调整、创新人事薪酬制度、完善开发区管理模式和运行机制、加强党的领导等各项工作。按市委编办要求，拟定并上报了《香河县规范开发区管理机构促进开发区创新发展工作方案》。

【组建北运河、潮白河香河段事务中心】 2021 年，组建香河县北运河、潮白河香河段事务中心，为县政府直属正科级事业机构，设主任 1 名，副主任 2 名。负责统筹协调"两河"、湿地公园等域内河流及保护区的文化旅游、海事航道、生态建设、自然资源规划、水利河道等方面事项。

【中小学教职工编制落实】 根据市委编办、市教育局关于推动中小学教职工编制全面达到国家基本标准工作要求，县委编办研究制定《关于公办中小学教职工编制达标工作方案》，通过公立医院改革等挖潜本级编制资源 295 名，向上级编制部门申请周转编制 139 名，共向中小学教职工调剂补充教职工编制 434 名，保障全县基础教育事业发展需求，推动中小学教育事业高质量发展。

【成立香河县乡村振兴局】 根据上级编制部门关于全面推进乡村振兴工作的要求，经市委编办批准，将原相关扶贫工作职责划转至香河县乡村振兴局，在县农业农村局加挂"香河县乡村振兴局"牌子，主要负责巩固拓展脱贫攻坚成果、统筹推进实施乡村振兴战略有关具体工作。7 月，县委编办下发编制调整通知，向县农业农村局调剂行政编制4名。

【行政管理体制改革】 加强文物保护利用工作，推动文化旅游融合高质量发展，经市委编办批准，在县文化广电和旅游局加挂县文物局牌子；为加强党对档案工作的领导，发挥党管档案工作优势，推动香河县档案事业高质量发展，经市委编办批准，在县委办公室加挂县档案局牌子；贯彻执行中央、省、市、县关于深化应急管理综合行政执法改革有关精神，在县应急管理局加挂“香河县应急管理综合行政执法大队”牌子，整合应急管理综合行政执法队伍，实行“局队合一”体制，统一行使应急管理综合执法职责；理顺香河县非公有制经济组织和社会组织工作委员会管理体制，有效推进全县非公有制经济组织和社会组织党建工作规范开展，向市委编办申请在县委组织部加挂县委非公有制经济组织和社会组织工作委员会牌子。

【第二次机构编制核查工作】 根据《中共廊坊市委机构编制委员会关于深入开展第二次全市机构编制核查工作的实施方案》（廊编〔2021〕32号）精神，县委编办认真贯彻落实党中央和省市委严格控制机构编制的要求，组织开展全县机构编制核查工作。协调组织、财政、人力资源和社会保障等部门，在2014年机构和人员编制核查工作的基础上，依托统计及实名制系统对全县各类机关和事业单位、各镇（社区）、香河开发区机构编制数据进行核查。制定印发《关于深入开展第二次全县机构编制核查工作的实施方案》（香编〔2021〕7号）和《关于推进全县机构编制核查工作的通知》（香编委办〔2021〕22号），明确核查的总体要求、范围、内容、时间、步骤等，扎实开展核查工作。通过此次核查，实现“四清两对应”的目标，即机构清、编制清、领导职数清、实有人员清，实有人员与配备的编制职数相对应、实际设置机构与批复机构相对应，为加强管理和深化改革提供依据和保障。

【机构编制管理】 2021年，持续做好控编减编工作，严格编制使用核准制度，不断强化机构编制前置刚性约束机制，全年为县委科级以上干部任职办理编制调整72人，股级以下人员调整51人，县内教师交流调动160人，入编手续98人，核减人员186人（其中，退休146人、调出县外24人、死亡5人、辞职11人）。通过“河北省机构编制信息管理平台”开展机构编制实名制管理，完成年度统计工作及每月月报的同时，确保数据及时更新、信息准确完整，实现县内人员编制动态管理，机构编制工作更加协调、统一。为继续深入推进全县机构编制实名制平台数据建设，编办组织开展机构编制实名制平台数据复核完善工作，合理安排全县各机关事业单位复核信息，实现在编人员36项基本信息应录尽录，为推进“一网通办”提供数据基础。

【公益事业机构设置】 2021年，为促进公益类事业单位均衡发展，在机构编制限额内，进行事业单位调整优化和规范设置，成立县纪委监委综合服务中心、巡察数据信息中心、电子政务内网建设中心、新时代文明实践综合服务中心、党外知识分子服务中心、法律援助中心6家事业单位，实现事业单位整体效能得到提升。

【科级领导职数增设】 为进一步加强领导干部队伍建设，规范领导职数管理，更好地推进香河县经济社会发展，在县委办公室增设县委国家安全委员会办公室专职副主任1名（副科级），在县人民医院、中医医院、中西医结合医院、县第一中学、职业技术教育中心、教师进修学校各增设纪检监察专员1名（副科级），共增设科级领导职数7名。

【中文域名注册】 2021年，香河县注册党政机关中文域名共计354家，其中政务域名69家、公益域名285家，续费与网站挂标率100%。

【统一社会信用代码赋码工作】 2021年，共办理机关统一社会信用代码赋码总数70家，其中机关法人赋码数量55家、垂管机关赋码数量4家、特殊情形赋码数量2家、群团法人赋码数量9家。

【事业单位登记管理】 2021年1月1日至5月31日，开展2020年度事业单位法人年度报告工作，全县169家事业单位法人参加年度报告，经保密审查后，在“机关赋码和事业单位管理网”网上进行集中公示。年内，办理事业单位法人设立1家、变更36家、注销1家。制定《关于对事业单位法人实施“双随机、一公开”监管工作的实施方案》，明确抽查事项清单、事业单位法人监督管理法律文书样本、实施细则。更新了事业单位法人名录库、抽查对象名录库和检查人员名录库，通过随机检查和专项检查相结合的方式，对4家事业单位进行实地检查，抽查比例2.35%。

（陈　放）

网络安全和信息化

【概况】 2021年香河网络安全和信息化工作认真贯彻落实市委网信办的各项工作部署，在互联网宣传推介、内容管理、网络评论、舆情管理、技术治网及信息化推进方面，切实扛起主体责任，推动网信各项工作扎实有序开展。率先在全市建设完成全省领先、全市唯一的网络生态综合治理督导平台，实现本地网站、微博、公众号等各类具有社会动员类媒体属性的全覆盖监管；承办中央网信办“千问千寻大运河暨2021我是家乡代言人”网络主题活动启动仪式；在全省新媒体影响力评价和扶持工作中，短视频《香河肉饼》获得“千优作品”荣誉称号，“平安香河”政务号获评河北省“十佳政法号”，H5作品《月是故乡明，又是一年中秋夜》获得最佳人气奖；微电影《上官》成功参评全省网络精品扶持工程，被省委网信办全省推送；省级数字乡村试点县建设稳步推进；作为市级数字乡村试点的蒋辛屯镇北李庄村，以全市第2名的成绩顺利通过数字乡村市级试点村验收；积极与省委网信办对接，争取省委网信办、省发改委智慧城市建设扶持资金500万元。

【网络宣传】 围绕“北运河廊坊段通航”“党史学习教育”“聚焦城乡环境提升”“我为群众办实事”“新冠肺炎疫情防控”等10个议题，组织域内政务媒体、新媒体形成宣传矩阵，议题总点击量超1700万人次。“弘扬运河通航精神”话题，推送稿件196篇，总点击量超100万人次。依托北运河廊坊段与北京段实现旅游通航，承办中央网信办“千问千寻大运河暨2021我是家乡代言人”网络主题活动启动仪式；11月17日和19日，通过网易新闻全国频道直播《逛水岸潮白，品香河肉饼》，直播点击量206.15万人次，直播《寻觅大运河的千年文脉活动》、直播点击量280.06万人次，“抖音”“快手”及微信视频号等平台联动，直播总点击量超过480万人次，4万名网友在线参与互动，人民网、新华网、光明网、中国经济网、中国新闻网、中国网等主流网站以及国内有较大影响力的网络名博代表转载相关稿件，累计推送30余篇，点击量3600万人次。

【网络系统安全检查】 技术治网，筑牢网络安全屏障。建设全省领先、全市第一的网络生态综合治理督导平台，对县域内307家网站、1071个属地微博、495个属地微信公众号、29个属地论坛版块进行管理，深入清理网络违法违规和不良信息。检查各单位机房运行状况、网络安全防护、消防设施、机房配置以及使用环境，了解网络安全运行状况，及时发现各单位网络安全漏洞与隐患。开展“清朗·燕赵净网2021”网络生态治理专项行动，联合公安部门累计打击网络违法犯罪45起，约谈整顿违规网络主体21家，关停无互联网信息传播资质网站5家，罚没款19.5万元。对全县20家单位和各镇（社区办）、香河经济开发区进行网络安全检查，发现各类网络安全漏洞256个，针对突出问题和薄弱环节下发整改评估报告函，提出整改意见，切实保障全县网络信息系统安全稳定运行。通过人工技术检测与EDR安全监测系统对重点单位进行全面检测评估，加强对交通、教育、医疗、供水、供电等领域系统和业务之间关联风险评估及防范，严防连锁连片式网络安全事故发生。

【网络安全防护】县网信办协调移动、联通、电信3家运营商在新冠肺炎疫情期间免费为政府部门提供抗DDOS（分布式拒绝服务）攻击及相关服务，为新冠肺炎疫情防控提供网络安全保障。装备EDR网络安全防护系统以及网络安全防火墙，实时感知互联网运行轨迹，为党委、政府网络安全运行提供保障。加强“网信香河”官方网站安全防护，组建EDR安全防护智慧平台，针对重点单位加装防护端点，达到互联网出口与PC端双重防护效能。

【网络安全和信息化领域监督】2021年，利用“15832612377”互联网违法和不良信息举报电话，维护互联网信息传播秩序，成功举报、关停违法违规网站23个，清理谣言类信息45篇、标题党信息17篇，恐怖惊悚类信息8篇，约谈违规公众号负责人4次。新冠肺炎疫情防控期间，举报平台共接到电话举报58个，公众号后台举报16个，志愿者举报63个，有效遏制谣言及不良信息大范围传播。针对新冠肺炎疫情期间各类谣言，主动发布辟谣信息80余篇，其中，针对香河本地谣言11篇。利用“香河头条”公众号，对各类谣言进行辟谣，年内，发布辟谣公告10余篇，总点击量4万余次。《网络信息内容生态治理规定》颁布后，多次召开县内重点社会自媒体座谈会，要求对涉及政治营销、传谣造谣、侵权假冒、标题党、违规采访和色情、“三俗”（低俗、庸俗、媚俗）等方面内容进行全面自查。加强属地50余家政务新媒体和自媒体的建设与管理，对“今日香河”微信公众号负责人进行约谈，要求加强信息内容、跟帖、留言等管理，提醒公众号避免出现各类违规现象。

【强化媒体管理稳定社会舆情】依法依规对全县政务新媒体和社会自媒体进行严格管理，加大对发布有害信息相关责任人的惩处力度，对4家从事危害社会、扰乱正常秩序的自媒体从业人员违规行为进行了约谈和训诫。走好网上群众路线，聘请8名社会舆论观察员，收集全县群众反映相对集中的社会舆情，编发《网络问政》专报，编辑刊发156期《网络舆情日报》，得到县委、县政府主要领导签批21次。抓取省内舆情典型事件，编发《网络舆情动态》24期，编编发舆情预警45期，处置市委网信办预警60个，舆情后续跟进处理工作全部完成。作为省级舆情直报点，报送舆情信息3500余篇，舆情直报工作获得省委网信办通报表扬。

【智慧化城乡建设】新型基础设施建设取得初步成果，5G基站建设不断加快，宽带网络、数据中心，基础平台等各类支撑性资源统筹共享，全县已建立450余个5G基站，城区已基本实现5G信号全覆盖。大力推进互联网协议第6版（IPv6）规模部署，新型智慧城市智能化指挥调度中心互联网协议第6版（IPv6）改造完成，全县互联网协议第6版（IPv6）网站支持率为35.7%。协调推进智慧城市二期建设，学习国内先进地区智慧城市建设和运营经验，全力与省委网信力对接，争取省级智慧城市建设专项扶持资金500万元。智慧城市网络安全三级等保现场初评渗透与漏扫完成，数据中心数据已冗灾备份，大数据安全边界已完成安装，可随时启用。全力推进数字乡村省级、市级试点建设，稳步推进省级试点各项工程建设和总结汇报工作，市级试点村街北李庄以全市第2名的成绩顺利通过数字乡村市级试点村验收工作。

【网络引领凝聚抗疫正能量】2021年，香河县委网信办秉承弘扬正能量、凝聚民心的宣传原则，扎实做好疫情防控宣传、规范信息发布等工作。为进一步筑牢疫情防控屏障，网信办组织融媒体中心在“融媒体发布”“香河头条”等新媒体平台开设专题专栏，大密度播发疫情防控工作部署、通知通告、管控措施等权威信息和科学防疫知识，全方位报道香河县各级各部门和党员干部、一线人员的先进典型事迹。推出《香河县委网信办发布自媒体倡议书》，针对恶意炒作、疫情谣言等有害信息，会第一时间依法处置，并及时通报网上反映的属地涉嫌虚假宣传、扰乱市场秩序、侵害民生权益等线索，协调有效处置，共同营造文明安全的网络空间。创新量化网络评论工作。加强网评员队伍管理，出台网评员队伍管理及考核制度，推动网络评论工作规范化、常态化，传递网络正能量。

【非公互联网企业党建】 4月30日，香河县互联网协会经县直工委同意，批复成立中共香河县互联网协会党支部。年内，中共香河县非公互联网企业联合党支部和中共香河县互联网行业协会党支部，同步开展“弘扬运河通航大讨论”活动，收听收看“弘扬运河通航精神”事迹报告暨大讨论活动动员会议视频、“抗美援朝人物事迹”红色影片，解读学习党史及新中国史的必要性和重要性，先后12次进敬老院、进农村、进社区开展帮扶献爱心、创城志愿服务等活动。

10月11日，县委网信办在县城内第二小学开展2021年国家网络安全宣传周活动
刘佳朋 摄

【“香河头条”网信公众号】 为宣传习近平新时代中国特色社会主义思想，塑造香河地域文化形象，满足网民需求。2021年“香河头条”公众号累计发布3200余篇稿件，“强力推进北运河旅游通航”“党史学习教育”“我为群众办实事”“聚焦城乡环境提升”等10余个专题系列版块总点击量超35万人次，其中，“弘扬运河通航精神”版块，累计推送稿件200余篇，转发5000余次，总点击量超100万人次。协调推送县融媒体中心庆祝中国共产党成立100周年系列作品《大型红色组歌献礼党的百年华诞》，在国内各大网站刊载转发，点击量超过30万人次。开展“网络中国节”网络主题宣传活动，作品《关于中秋的那些事儿》被市委网信办授予最佳人气奖。

【网络安全宣传活动】 围绕《中华人民共和国网络安全法》、网络安全责任制以及网络安全管理措施三方面内容，结合网络安全典型案例，组织开展网络安全培训工作，切实提高各单位网络安全责任意识、业务素质和防范能力。2021国家网络安全宣传周开展校园日、电信日、法治日、金融日、青少年日、个人信息保护日六大主题日活动，在青少年意识培养、金融风险防范、个人信息保护等领域大力宣传引导，创建县第十三中学为首个网络安全示范校园，带动全县各级各类学校抓实抓深网络安全教育；扎实开展国家网络安全宣传周系列活动，统筹协调相关单位在线上线下做好《中华人民共和国网络安全法》等相关法律法规的宣传，进一步提升群众网络安全意识。

（杨丽建）

香河县人民代表大会

责任编辑　陈述龙　张　丹

综　述

2021 年，香河县人民代表大会常务委员会(以下简称县人大常委会)在县委坚强领导下，坚持以习近平新时代中国特色社会主义思想统领人大工作，着力加强政治建设，把党的领导落实到人大工作的全方面、各环节，为人大工作提供科学指引和根本遵循。县人大常委会紧扣县委重大决策部署，确定人大履职和监督工作重点，服务全县中心工作开展。

依法履行监督职责是宪法和法律赋予人大及其常委会的基本职权。常委会准确把握新时代人大工作围绕中心、服务大局的基础定位，按照县委的工作思路确定监督计划，注重问题导向和目标导向相结合，创新方式，完善程序，加大力度，监督的针对性和实效性得到进一步增强。人大代表工作是人大工作的基础。常委会牢固树立人大代表主体意识，在不断提升代表履职水平、丰富代表活动形式、保障人大代表依法履职和激发人大代表履职热情等方面进行积极探索，取得明显成效。

坚持把办好议案建议作为促进人大代表履职、发挥人大代表作用的重要途径，健全完善常委会集体督办、主管副主任牵头督办、相关工委跟踪督办、人大代表参与督办、政府领导班子成员挂牌督办、部门联合督办的“六办”机制，对社会关注度高、群众反映强烈的建议进行重点督办，有效带动了其他建议办理。县十五届五次和县十六届一次人民代表大会人大代表共提出意见建议 58 件，县人大常委会加强督办和跟踪问效力度，人大代表建议办理质量进一步提高，代表满意率达 96.5%。

县人大常委会机构设置

【县人大常委会领导机构】 2021 年，县第十五届人民代表大会常务委员会有主任 1 名，副主任 4 名(其中，女性 1 名)。7 月 25—27 日，县第十六届人民代表大会第一次会议召开，选举产生香河县第十六届人民代表大会常务委员会主任 1 名、副主任 4 名(其中，女性 1 名)、委员 24 名。

【县人大常委会工作机构】 2021 年，香河县人大常委会工作机构有办公室、选举任免代表工作委员会、科教文卫工作委员会、法制工作委员会、财政经济工作委员会。

（吴　姣）

县人民代表大会会议

【概况】 2021 年，召开两次人民代表大会，即县第十五届人民代表大会第五次会议和县第十六届人民代表大会第一次会议。

【县第十五届人民代表大会第五次会议】 2021 年 3 月 2—4 日，香河县第十五届人民代表大会第五次全体会议在第一城国际会议中心国际报告厅召开，参会代表应到181名，实到176名，大会由县人大常委会主任闫再兴主持。

会议听取审议并通过县长齐泽旭所作的《香河县人民政府工作报告》；听取审议并通过《香河县国民经济和社会发展第十四个五年规划纲要（草案）》《香河县2020年国民经济和社会发展计划执行情况与2021年国民经济和社会发展计划的报告》《2020年县本级预算及县总预算执行情况和2021年县本级预算及总预算（草案）的报告》《2020年县本级预算及总预算执行情况的报告》；听取审议并通过闫再兴所作的《香河县人大常委会工作报告》；听取审议并通过《香河县人民法院工作报告》《香河县人民检察院工作报告》；审议并通过《县政府2021年民生实事项目表决（草案）》。

【县第十六届人民代表大会第一次全体会议】 2021年7月25—27日，县第十六届人民代表大会第一次全体会议在第一城国际会议中心国际报告厅召开。县第十五届人大常委会主任闫再兴主持会议。会议应到代表230名，实到225名，符合法定人数。县政协会议全体委员，不是县级人大代表的县级在职领导干部及县直部门有关负责人列席会议，市委换届督导组有关人员到会指导换届工作。

会议听取和审议县政府副县长、代县长李海滨所作的《香河县人民政府工作报告》，县第十五届人大常委会主任闫再兴所作的《香河县人大常委会工作报告》，县人民法院副院长、代院长李德军所作的《香河县人民法院工作报告》，县人民检察院副检察长、代检察长杨国学所作的《香河县人民检察院工作报告》；会议表决通过《选举办法（草案）》《关于县第十六届人大各专门委员会组成人员人选的表决办法（草案）》。

7月27日，县第十六届人民代表大会第一次全体会议选举郭建勇为县人大常委会主任，选举李一超（女）、高宏伟、姚立民、冯国祥为县人大常委会副主任；选举李海滨为县政府县长，选举张华维、刘振华（满族）、张显民、刘宇、刘海霞（女）、翟明明为县政府副县长；选举张晓宇为县监察委员会主任、李德军为县人民法院院长、杨国学为县人民检察院检察长。新当选人员及县第十六届人大各专门委员会组成人员集体向《中华人民共和国宪法》宣誓。新当选的县人大常委会主任郭建勇、县政府县长李海滨作表态发言。

会议推选出席市第八届人民代表大会代表55名。会议审议并通过各项报告和决议（草案）。

（吴　姣）

3月2—4日，香河县第十五届人民代表大会第五次会议召开，图为开幕会现场
县融媒体中心供图

县人大常委会会议

【概况】 2021年，县人大常委会召开13次会议。其中，县第十五届人大常委会召开10次会议，县第十六届人大常委会召开3次会议。

【县第十五届人大常委会第28次会议】 1月25日，县人大常委会主任闫再兴主持召开县第十五届人大常委会第28次会议。会议表决通过了《关于补选县十五届人大代表的决定（草案）》。根据《中华人民共和国全国人民代表大会和地方各级人民代表大会选举法》《中华人民共和国地方各级人民代表大会和地方各级人民政府组织法》和《省人大选举实施细则》的有关规定，结合香河县实际，决定：在第29选区（蒋辛屯镇）补选代表2名，第32选区（香河经济开发区新兴产业园）补选代表2名，第74选区（香河经济开发区环保产业园）补选代表2名，第16选区（安平镇）补选代表1名。补选县十五届人大代表选举日为2021年1月31日。

【县第十五届人大常委会第29次会议】 2月5日，县人大常委会主任闫再兴主持召开县第十五届人大常委会第29次会议。会议补选柴宝良为廊坊市第七届人民代表大会代表。

【县第十五届人大常委会第30次会议】 2月24日，县人大常委会主任闫再兴主持召开县第十五届人大常委会第30次会议。会议审议通过代表资格审查委员会副主任委员王雨所作的《代表资格审查报告》，确认出席县十五届人大四次会议的181名代表资格有效。会议审议通过《民生实事表决办法（草案）》。会议研究召开县十五届人民代表大会第五次会议的有关事宜。经过表决，会议审议通过召开香河县第十五届人民代表大会第五次会议的决定和大会主席团及秘书长建议名单、议案审查委员会建议名单、计划预算审查委员会建议名单。会议对《县人大常委会工作报告》进行认真讨论并责成县人大常委会办公室根据讨论意见作进一步修改。

【县第十五届人大常委会第31次会议】 4月8日，县人大常委会主任闫再兴主持召开县第十五届人大常委会第31次会议。会议听取、审议并通过县人大法工委提交的《关于规范性文件备案审查的工作报告》；会议审议并通过《县人大常委会2021年工作要点》。

【县第十五届人大常委会第32次会议】 5月11日，县人大常委会主任闫再兴主持召开县第十五届人大常委会第32次会议。会议听取、审议并通过县人大常委会《关于县乡两级人大换届选举工作的实施方案（草案）》；会议听取、审议并通过县人大常委会《关于设立香河县选举委员会的决定（草案）》《关于任命各镇选举委员会的决定（草案）》，县人大常委会决定任命淑阳、安平、钳屯、渠口、蒋辛屯、刘宋、安头屯、钱旺、五百户9个镇选举委员会。

【县第十五届人大常委会第33次会议】 5月24日，县人大常委会主任闫再兴主持召开县第十五届人大常委会第33次会议。根据市委安排，齐泽旭调廊坊市工作，向县人大常委会提出辞去县政府县长职务。经表决，会议决定接受齐泽旭辞去县政府县长职务的请求。县人大常委会副主任宋品仲受县人大常委会主任会议委托，向会议作《关于李海滨任职的提案》的报告，并介绍李海滨基本情况及任职理由。经划票表决，会议一致通过，决定任命李海滨为县政府副县长、代县长。

【县第十五届人大常委会第34次会议】 6月4日，县人大常委会主任闫再兴主持召开香河县第十五届人大常委会第34次会议。会议进行人事任免事项。根据刘君、刘振华本人申请，经过表决，会议一致通过，决定接受刘君辞去县人民法院院长职务的请求，接受刘振华辞去县人民检察院检察长职务的请求。县委副书记王宏民、县人大常委会办公室主任周学军、县人大常委会选举委员会主任王雨被提名为县十六届人大代表候选人。县委副书记王宏民向县人大常委会申请辞去县选举委员会主任职务，周学军、王雨2人申请辞去县选举委员会委员职务，经过表决，会议决定接受3人辞去县选举委员会所任职务的请求。县人大常委会副主任宋品仲受县人大常委会主任会议委托，向会议作《关于李德军等同志任职的提案》；周向伟代表县政府作《关于提请张华维等同志任免职的报告》，并介绍了拟任人员基本情况和任职理由；张华维作了供职报告；经过表决，会议一致通过，决定任命张华维、张显民为县人民政府副县长，任命李德军为县人民法院副院长、代院长，任命杨国学为县人民检察院副检察长、代检察长，决定免去齐建光、刘雪艳、闫明杰、张锦山县人民政府副县长职务。

9月18日，香河县第十六届人大常委会第一次会议召开　　县融媒体中心供图

【县第十五届人大常委会第35次会议】 6月11日，县人大常委会主任闫再兴主持召开香河县第十五届人大常委会第35次会议。会议根据牛静本人申请，经过表决，一致通过，决定接受牛静辞去县监察委员会主任职务请求。县人大常委会副主任宋品仲受县人大常委会主任会议委托，向会议作《关于张晓宇同志任职的提案》报告；周向伟代表县政府作《关于提请刘海霞等同志任职的报告》，并介绍拟任人员基本情况和任职理由；刘海霞作供职发言；经过表决，会议一致通过，任命张晓宇为县监察委员会副主任、代主任，任命刘海霞、翟明明为县政府副县长。

【县第十五届人大常委会第36次会议】 7月8日，县人大常委会主任闫再兴主持召开县第十五届人大常委会第36次会议。会议进行人事任免事项。焦为代表县政府作《关于提请路洪亮等同志任职的报告》，并介绍了拟任人员基本情况和任职理由。经过表决，一致通过任命。会议表决通过《关于补选县十六届人大代表的决定（草案）》。鉴于县十六届人大代表出缺，会议决定，由代表出缺的第21、27选区各补选1名县十六届人大代表，补选县十六届人大代表的选举日为2021年7月14日。

【县第十五届人大常委会第37次会议】 7月22日，县人大常委会主任闫再兴主持召开县第十五届人大常委会第37次会议。会议审议通过《代表资格审查报告》，确认出席县十六届人大一次会议的230名代表资格有效。会议研究召开县十六届人民代表大会第一次会议的有关事宜。经过表决，会议审议通过《关于召开香河县第十六届人大一次会议的决定》《香河县第十六届人大一次会议主席团及秘书长建议名单》《香河县第十六届人大一次会议议案审查委员会建议名单》。会议讨论并原则通过《县人大常委会报告》，会议责成县人大常委会办公室根据讨论意见作进一步修改。

【县第十六届人大常委会第1次会议】 9月18日，县人大常委会主任郭建永主持召开县第十六届人大常委会第1次会议。县委组织部副部长郭凤娟代表县政府作《关于提请刘振华等同志任职的报告》，并介绍了拟任人员基本情况和任职理由。经过划票表决，一致通过任命。县人大常委会副主任姚立民传达市第七次党代会和市八届人大一次会议精神。

【县第十六届人大常委会第2次会议】 10月29日，县人大常委会主任郭建永主持召开县第十六届人大常委会第2次会议。会议听取县人大常委会副主任高宏伟传达中共中央总书记习近平在中央人大工作会议上的重要讲话精神、听取省委书记王东峰在省十三届人大常委会第25次会议上的讲话。会议要求县人大常委会组成人员要加强学习，深入领会，把握精神实质，抓好贯彻落实。会议通过人事任免事项。经过划票表决，会议一致通过，决定任命李德军为县人民法院审判委员会委员、审判员，任命冯维娜、周树斌为县人民法院审判委员会委员。会议审议批准县政府《关于2021年度预算调整方案（草案）的报告》（简称《报告》），县财政局局长沈雪松代表县政府对《报告》作具体说明。会议听取、审议并通过县财政局局长沈雪松代表县政府所作的《关于2021年1—9月财政预算执行情况的报告》，书面审议并通过县政府《2020年度财政决算报告》、县审计局《关于2020年财政预算执行情况的审计报告》、县发展和改革局《关于2021年上半年国民经济和社会发展计划执行情况的报告》。

【县第十六届人大常委会第3次会议】 12月23日，县人大常委会主任郭建永主持召开县第十六届人大常委会第3次会议。会议通过人事任免事项。经过表决，会议一致通过，决定任命王亚彬为县政府副县长（挂职1年），任命石磊为县人大常委会法制工作委员会副主任。决定免去朱维县政府副县长职务，免去任永涛县人大常委会财政经济工作委员会副主任职务。县人大常委会副主任高宏伟传达中共十九届六中全会精神。会议要求，要把学习贯彻中共十九届六中全会精神作为当前和今后一个时期的重大政治任务抓紧抓实抓好，领会精神实质，感悟精髓要义，抓好贯彻落实。经过表决，会议一致通过《香河县人民代表大会常务委员会组成人员守则》。县人大常委会委员程合林、王雨、刘顺生3人就如何履职、发挥代表作用等向人大常委会述职。会议审议通过县政府《关于2021年度预算调整方案（草案）的报告》，县财政局副局长张宝栋代表县政府对报告作具体说明。会议书面审议并通过《2020年全县行政事业性国有资产管理情况的报告》《县人民法院民事执行工作开展联动监督的报告》《县人民检察院开展公益诉讼工作情况的报告》《县政府2021年代表建议办理情况的报告》。

（吴　妓）

依法监督

【概况】 监督是宪法赋予人大的一项重要职权，按照依法行使职权的原则，2021年，县人大常委会依法对香河县政治、经济、司法等各领域实施监督。

【强化四项联动监督】 2021年，县人大常委会扎实开展纪律监督、监察监督、派驻监督、巡察监督“四项联动”监督工作。按照全覆盖、抓重点、做到位、见实效的总体要求，加强组织领导，层层压实责任，每位县人大常委会副主任分别担任专项检查组组长，精准开展监督。组织82名省、市、县三级人大代表参与联动监督工作，聚焦突出问题，运用听、看、察、审等多种形式，打好监督组合拳，督促政府部门建立清单台账，倒逼各项整治任务落实，有效推动了营商环境、农业结构调整、地下水超采、公共医疗卫生服务4个重点领域相关问题的解决。5月10日，省人大常委会副主任范照兵到香河督导检查“四项联动”工作，对香河县工作给予充分肯定。

【强化经济运行监督】 着眼推动高质量发展，听取审议县政府国民经济和社会发展计划执行、财政预算执行、财政决算情况的报告，围绕落实主要经济指标、重点任务和提高资金使用绩效等提出意见建议。听取审议县政府2021年上半年经济社会发展计划执行情况的报告、县财政局关于2021年1—9月财政预算执行情况的报告，依法研究批准预算调整方案，有效维护了预算执行的严肃性和权威性，助力全县经济高质量发展。

【强化重点领域监督】 审议县政府《关于环境状况和环境保护目标完成情况的报告》《关于行政事业性国有资产管理情况的报告》。围绕协同发展、城乡环境整治提升、道路交通、重点项目建设等重点工作开展13次专题调研视察，形成调研报告，针对存在问题提出40余项意见、建议。县委主要领导对县人大常委会工作给予高度评价，要求有关部门要高度重视县人大常委会提出的意见建议，并认真加以落实。

【司法工作监督】 认真行使法律赋予的监督职权，本着突出重点，讲求实效的原则，围绕大局，贴近中心，把当前香河县改革发展稳定中的重大问题、人民群众普遍关心的热点难点问题作为重点，开展了一系列监督工作，取得较好效果。

对县人民法院民事执行工作开展联动监督。组织常委会部分委员和人大代表到县人民法院视察诉讼服务中心、综合审判庭和执行指挥中心，现场查阅案件执行卷宗、清单、台账等档案资料，听取县人民法院相关负责人就民事执行机制建设、队伍建设、管理等方面工作汇报，提出具体意见建议。充分发挥人大代表联动监督作用，提高了办案的透明度，促进了县人民法院阳光执行、规范执行、高效执行。

视察县人民法院基层法庭工作。组织常委会部分委员和市县人大代表视察渠口、蒋辛屯2个基层人民法庭，察看审判法庭、信息化建设及办公环境等各方面情况，了解法庭审判、审判管理、基层队伍建设及服务镇域经济等方面的工作，听取相关工作情况汇报并提出意见建议。通过视察，充分发挥人大代表、群众监督作用，进一步推进了基层法庭建设，通过典型案例以案释法，让更多的人理解、支持法院工作，努力让人民群众在每一个司法案件中感受到公平正义，促进社会和谐稳定。

视察县人民检察院公益诉讼工作。组织县人大常委会委员和市县人大代表视察县“12309”检察服务中心远程接访、提审、开庭等智慧检务，观看批准逮捕、公诉案件网上办理流程演示以及检察风采展示厅等检察文化阵地建设。通过进检察门、听检察事、看检察人、议检察题，详细了解检察工作情况，并就加强队伍建设、全面履行法律监督职能等方面工作提出具体意见建议，推动检察院公益诉讼工作高质量发展。

对县司法局公共法律服务工作进行调研。组织部分市县人大代表对县司法局公共法律服务工作进行调研。重点围绕公共法律服务“三大平台”规范管理建设，进一步加强覆盖城乡居民的公共法律服务体系建设，积极拓展公共法律服务领域，切实加强矛盾纠纷化解工作，公共法律服务体系建设取得新的成效，在服务中心工作、服务民生改善、促进社会和谐稳定等方面发挥重要作用。

【“6+1”联动监督“回头看”工作】 根据省人大常委会组织全省人大系统开展“6+1”联动监督“回头看”工作的总体安排部署，结合香河县实际，制订工作方案。深入学习贯彻习近平总书记关于土地管理重要指示批示及中央和省、市、县委重大决策部署，坚持依法监督、正确监督、有效监督，推动《中华人民共和国土地管理法》《中华人民共和国城乡规划法》《中华人民共和国自然保护区条例》全面贯彻实施，聚焦违法违规圈占土地、乱占耕地建房、违建别

9月8日，县人大常委会召开全县四项联动监督暨“6+1”联动监督“回头看”工作推进会　　县融媒体中心供图

墅等突出问题，依法推动各级政府和相关部门全面排查、摸清底数，分类施策、解决问题，健全机制、源头治理，推进严格保护土地、节约集约用地、盘活存量土地，规范农村宅基地审批，提高土地利用质量和效益，维护国家、集体、社会公共利益和群众合法权益，为新时代全面建设美丽幸福新香河贡献力量。

【对国民经济和社会发展计划、财政预决算执行情况审议监督】 县人大常委会密切关注全县国民经济和社会发展计划、财政预决算执行情况，深入县财政局、县发展和改革局、县审计局、县税务局等职能部门调研，了解情况，起草审查报告，指出存在问题，提出意见建议，为县人大常委会会议审议《2021年1—6月香河县国民经济和社会发展计划执行情况》《2021年1—9月香河县县本级预算和全县总预算执行情况》提供第一手资料。与计划预算委员会、财政经济预算审查监督专家咨询委员会一起，认真做好相关报告的预审工作，为人大常委会会议《审议2020年财政预算执行情况的审计报告》《关于2021年上半年经济社会发展计划执行情况的报告》《关于2021年1—9月财政预算执行情况的报告》提出主体审议意见，履行工作职责。

【对行政事业性国有资产情况审议】 12月，县人大常委会听取和审议县政府关于对全县《2020年行政事业性国有资产管理情况的报告》。为做好对《全县行政事业性国有资产管理情况的报告》的审议，县人大常委会组织对全县行政事业性国有资产管理情况进行调研。调研组深入相关部门召开座谈会，听取部门行政事业性国有资产管理情况的汇报，了解行政事业性国有资产管理情况，召开调研组成员全体会议，全面汇总调研成果，客观分析全县行政事业性国有资产管理情况；初审县人民政府拟提交县人大常委会审议的全县《2020年行政事业性国有资产管理情况的报告》；讨论县人大财经工委草拟的关于上述报告的初审意见。

【推进预算联网监督工作】 实施预算联网监督既是加强人大对本级财政预算执行实施有效监督的重要举措，也是推动财政部门实施全面规范、公开透明预算制度的有效措施。县人大财经工作委员会已经按照相关要求，完成香河县预算联网监督基础数据统一录入工作。8月，顺利通过省、市人大财经工作委员会的检查。

【批转督办信访案件】 全力做好信访接待工作，及时批转相关部门认真办理，并会同相关部门做好信访人思想工作。对社会影响较大、群众反映强烈的涉法涉诉信访问题进行重点督办。认真落实上级人大交办、转办的信访事项，切实帮助群众解决实际问题，真正做到来访有接待、来信有登记、交办有落实、事后有回音，尽量让群众满意，有效化解矛盾，维护人民群众合法权益。2021年，共受理群众来信来访8件次，按照信访案件办理程序转交并及时督促“一府两院”做好办理工作。

（吴　姣）

视察调研

【概况】 2021年，县人大常委会为深入了解全县经济发展脉搏，组织相关人员下基层、进企业视察调研，帮助企业研究解决问题，助力香河县经济社会持续发展。

【开展农业专项调研】 2021年，县人大常委会紧紧围绕中心工作、服务发展大局，组织县人大常委会委员、人大代表视察调研，准确掌握县域经济发展脉搏。4月20日，组织部分县镇人大代表对全县种子市场情况进行专题调研。调研组在县农业农村局召开座谈会，并深入实地调查研究，和相关人员交流种子市场情况，探讨存在的问题及下一步工作重点。5月27日，组织部分人大常委会委员和县、镇人大代表对全县绿色生态农业发展和质量安全情况进行专题调研。调研组到县农业农村局、农业合作社和特色种养基地视察调研，了解全县绿色生态农业发展情况和质量安全情况，对全县农业农村现代化建设中存在的问题提出意见建议。

【视察调研项目建设】 9月1日，县人大常委会对全县招商引资、重点项目和香河经济开发区三年倍增计划开展情况进行视察调研。视察调研组先后到稻香村香河食品有限公司、香河天亚木业有限公司、河北富都华创家具制造有限公司、专显（河北）科技有限公司、香河云储数字经济产业基地，实地察看项目进展情况，详细了解项目存在的问题和困难。座谈会上，香河经济开发区管委会、县发展和改革局等相关单位就相关工作进行汇报。县人大常委会主任郭建永要求，相关单位要把工作重心聚焦到项目建设上来，全力以赴抓好项目谋划、招商引资和要素保障；要在加快项目建设上出实招，推进企业投资项目承诺制改革，健全准入退出机制和亩均效益评估机制，对项目进行全程跟踪服务，加快项目建设速度，提高项目建设质量水平；要在产业转型上抓提升，推动特色产业做优做精、主导产业做大做强、战略培育产业做深做实、传统产业转型升级，推进民营企业“二次创业”，加快解决瓶颈制约；要对视察调研中发现的问题抓紧研究，拿出解决方案，尽快解决项目建设过程中遇到的困难和障碍，县人大常委会将对问题解决予以关注和追踪。

【视察调研交通路网体系建设】 10月9日，县人大常委会对全县交通路网体系建设工作开展情况进行视察调研。部分省、市、县、镇四级人大代表通过实地视察和座谈，对工作中存在的主要问题及改进措施提出意见建议。视察调研组先后到县城区雨污分流改造工程施工现场、香河惠安公交公司、安石路在建工地和蒋辛屯镇滨河路，对在建工程进度、公交公司运营、交通路网建设管理情况进行视察调研。座谈会上，县交通运输局负责人汇报了重点交通路网工作。各位人大常委会委员、人大代表对全县交通路网体系建设工作取得的成绩给予充分肯定，对雨污分流改造工程表示极大关注，对市政道路规划设计、市政路网配套完善、危旧桥梁改造、公交线路设计和运行的科学性等问题提出意见建议。

【对企业用工情况专题调研】 为11月1—30日，县人大常委会对全县企业用工需求情况进行调研；11月18日，对县职教中心、县人力资源和社会保障局进行视察调研。调研结束后，与企业用工相关单位和县职教中心、县人力资源和社会保障局等部门座谈，研究解决企业用工需求的方式方法，并撰写针对性、可行性较强的调研报告。

【对协同发展进行专题视察调研】 12月22日，县人大常委会对全县推进京津冀协同发展情况进行专题视察调研，县人大常委会主任郭建永带领视察调研工作组，实地视察京唐高铁香河站商务区项目、香河石材城、北京潞河医院香河医康院区、韵达电商（华北）产业中心。视察调研组充分肯定全县推进京津冀协同发展工作取得的成绩，并对后续工作提出意见和建议。

【配合市人大开展立法调研】 组织相关部门参加市人大开展《廊坊市国土绿化条例（草案征求意见稿）》（简称《条例》）立法调研，各部门负责人结合《条例》和工作实际，充分发表意见建议，为践行绿水青山就是金山银山理念，改善和保护生态环境，美化人居环境，保护、培育和合理利用森林资源，加快国土绿化，为建设美丽廊坊贡献智慧。

（吴　姣）

人大代表履职

【概况】 代表工作是人大工作的基础，县人大常委会牢固树立代表主体意识，不断提升代表履职水平，丰富代表活动形式。人大代表履职主要通过广泛联系群众，倾听群众呼声，体察民情、反映民意、集中民智、下情上达、上情下达，走访选举单位和选民，听取和收集群众的意见，人大代表成为党和国家联系人民群众的桥梁和纽带。

【县乡人大换届选举工作完成】 2021年，根据《中共河北省委批转省人大常委会党组〈关于市县乡三级人民代表大会换届选举工作的意见〉的通知》（冀发〔2021〕11号），香河县县乡两级人大换届选举工作在县委和县人大常委会党组坚强领导下，依法依规顺利完成。全县共划分选区92个，选民登记系统录入选民265449人。在6月18日全县选举日，组织实施选举，选举产生香河县十六届人大代表230名；镇级人大代表559名。7月25—27日，县第十六届人民代表大会第一次会议召开，选举产生香河县第十六届人民代表大会常务委员会。

【提升代表履职能力】 加强对代表的培训，全面提高县、乡人大代表履职能力和工作水平。9月，组织香河县第十六届人大初任代表和乡镇人大主席团成员200余人集体培训，聘请教师姚生泉讲授《正确认识代表职务，充分发挥代表作用》。

健全完善代表参与人大常委会工作机制，安排85名代表参加执法检查、调研视察、旁听法院庭审和检察院公诉等各项活动。教育引导广大代表当好汇集民意的信息传递员、解读时政的政策宣传员、跟踪问效的人民监督员。

【落实"双联系"制度】 为落实县人大常委会与代表、代表与选民"双联系"制度，广泛听取和了解代表与群众的意见、呼声，促进县人大代表依法履职，制定出台《香河县人大常委会关于"双联系、双述职"工作制度》，要求县人大常委会组成人员每人联系5名县人大代表，每名县人大代表要主动联系3名选民，严格落实"五个一"（把握一个原则即自觉坚持党的领导，突出一个重点即认真履行法定职责，抓住一个根本即积极推动依法治县，夯实一个基础即努力做好代表工作，强化一个保障即不断加强自身建设）内容。推动人大代表向选民面对面述职，在原有书面述职的基础上，要求每年25%的县人大代表要向所在选区选民当面述职，汇报履职情况的同时，回答选民提问，为选民答疑。2021年，有6名人大常委会委员向县人大常委会述职，有51名县人大代表向选民代表当面述职，接受人民群众监督。代表联系选民690人次，倾听基层民意，共同提升治理效能。

【人大代表联络站职能发挥】 为密切人大代表与群众的联系，广泛征求群众意见，畅通社情民意反映渠道，为群众提供高效、优质服务。制定出台《香河县人大常委会人大代表联络站管理办法》，编写《2021年度全县"人大代表联络站"工作的安排意见》，旨在发挥好联络站作用，提高各级代表履职能力和履职水平，使之真正成为密切联系人民群众的主阵地、接受群众监督的主渠道、推进基层社会治理的主平台，进一步拉近代表与群众的联系，切实为民办实事，办好事。2021年，共开展代表联络站活动28次，组织开展学习、视察、调查研究、民主评议等活动，充分发挥监督职能，依法履职尽职。各联络站联系选民共计1750人次，接待群众来访489人次，广泛收集社情民意，并及时反馈给相关部门。

【代表议案建议办理】 坚持把督办代表议案、建议的办理作为支持代表行权履职的重要工作来抓，健全办理机制，全面提高议案、建议的办理质量和办理实效。做好代表议案、建议交办工作，对会议及闭会期间代表提出的议案、建议进行整理和分类，及时转交政府及其他有关部门办理。加大督办工作力度，选择群众关心、涉及面广、落实难度大的议案、建议进行重点督办，有效提高议案、建议的办成率和代表的满意率。深入有关部门了解办理工作情况，督促有关部门加快办理进度，注重办理实效，切实解决实际问题。及时向代表通报办理情况，让代表更好地知情、参与和监督，确保人大代表提出的建议件件有落实，事事有交代。在答复验收阶段，坚持求实较真，要求承办单位清晰说明办理情况，精准评估承办效果。2021年，县十五届五次人代会、县十六届一次人代会代表共提出意见建议58件，县人大常委会加强督办和跟踪问效力度，代表建议办理质量进一步提高，代表满意率达到96.5%。

【干部任前考法】 2021年，对包括1名县长、4名副县长在内的47名提请县人大常委会任命政府部门工作人员进行任前法律考试。通过以考促学、以学促用，进一步推动拟任人员尊法、学法、守法、用法的自觉性，提高依法决策、依法行政的能力和水平。

【乡镇人大工作】 加强对乡镇人大工作的联系和指导，县人大常委会副主任按工作分工，定期深入各镇、社区指导开展工作，推动基层人大规范化建设。举办人大代表培训班，对县乡人大代表进行集中培训，优化人大代表工作理念，提升人大代表履职能力。

【人事任免】 2021年，香河县第十五届人大常委会任命政府工作人员18名，免职14名；第十六届人大常委会任命政府工作人员27名。

2021年香河县第十五届人大常委会任命县政府及部门负责人一览表

表10

姓　名	任职单位	职务	姓　名	任职单位	职务
李海滨	县政府	副县长、代县长	李德军	县人民法院	副院长、代院长
张华维	县政府	副县长	杨国学	县人民检察院	副检察长、代检察长
张显民	县政府	副县长	张晓宇	县监察委员会	副主任、代主任
刘海霞	县政府	副县长	翟明明	县政府	副县长
路洪亮	县政府办公室	主任	绳　军	县水务局	局长
成英杰	县发展和改革局	局长	高立军	县文化广电和旅游局	局长
沈雪松	县财政局	局长	孙宏伟	县卫生健康局	局长
周向伟	县人力资源和社会保障局	局长	张铁兵	县应急管理局	局长
韩景丰	县住房和城乡建设局	局长	李爱兵	县审计局	局长
刘爱军	县交通运输局	局长	张天亮	县行政审批局	局长

2021年香河县第十五届人大常委会县政府部门负责人免职一览表

表11

姓　名	原任职单位	免去职务	姓　名	原任职单位	免去职务
成英杰	县应急管理局	局长	冯国祥	县发展和改革局	局长
沈雪松	县审计局	局长	刘　宇	县财政局	局长
高立军	县住房和城乡建设局	局长	白颖浩	县交通运输局	局长
孙宏伟	县人力资源和社会保障局	局长	姚立民	县文化广电和旅游局	局长
李爱兵	县水务局	局长	李洪波	县卫生健康局	局长
王　强	县政府办公室	主任	王艳文	县行政审批局	局长
齐建光	县政府	副县长	刘雪艳	县政府	副县长

2021年香河县第十六届人大常委会任命县政府部门负责人一览表

表12

姓　名	任职单位	职务名称	姓　名	任职单位	职务名称
刘振华	县公安局	局长	刘爱军	县交通运输局	局长
王　强	县市场监督管理局	局长	绳　军	县水务局	局长
路洪亮	县政府办公室	主任	孟繁章	县农业农村局	局长
成英杰	县发展和改革局	局长	高立军	县文化广电和旅游局	局长
姜建明	县教育和体育局	局长	孙宏伟	县卫生健康局	局长
石宝智	县科学技术和工业信息化局	局长	曹国藩	县退役军人事务局	局长
马宝生	县民政局	局长	张铁兵	县应急管理局	局长
郭宏伟	县司法局	局长	李爱兵	县审计局	局长
沈雪松	县财政局	局长	康会伟	县统计局	局长
周向伟	县人力资源和社会保障局	局长	陈宝东	县城市管理综合行政执法局	局长
高金刚	县自然资源和规划局	局长	张天亮	县行政审批局	局长
韩景丰	县住房和城乡建设局	局长	杜文洪	县医疗保障局	局长
李德军	县人民法院	县审判委员会委员、审判员	王亚彬	县人民政府	副县长（挂职1年）
冯维娜	县人民法院	县审判委员会委员	石　磊	县人大法工委	副主任
周树斌	县人民法院	县审判委员会委员	—	—	—

【先进评选】 为总结经验、表彰先进，激励全体县人大代表及人大工作者不忘初心、牢记使命，更好履行职责、发挥作用。2021 年，县人大常委会对评选出的 3 个基层人大工作先进集体、13 名人大工作先进个人和 30 名优秀县人大代表予以表彰。基层人大工作先进集体：钱旺镇人大主席团、淑阳镇人大主席团、刘宋镇人大主席团。基层人大工作先进个人：淑阳镇吴俊英、安平镇李伶伶、钳屯镇张强、五百户镇张波、刘宋镇程海峰、安头屯镇张东尧、渠口镇曹占国、钱旺镇靳洪艳、蒋辛屯镇王斌石、新开街社区办周佳伟、新华街社区办杨立丽、香河经济开发区新兴产业园许会秋、香河经济开发区环保产业园罗爽。优秀县人大代表：孙伯晖、董建红、程合林、李水喷、李新生、刘金奎、黄妍、刘芳旺、陈立霞、董杨、范国生、王晓娜、后建忠、张建强、赵晓静、李洪朋、董建军、付海泉、靳长龙、王学明、李建华、董克娜、杨雅朝、孟彤、赵晓曦、赵健、马申茂、陈立红、陈萍、张国茹。

（吴　姣）

香河县人民政府

责任编辑　陈述龙　张　丹

综　述

2021年，香河县人民政府（简称县政府）坚持以习近平新时代中国特色社会主义思想为指导，在县委坚强领导下，在县人大、县政协监督支持下，团结带领全县人民，抢抓与北京市通州区一体化高质量发展重大机遇，深入开展“三重四创五优化”等系列活动，统筹推进常态化疫情防控和经济社会发展，圆满完成全年目标任务。

坚定信心、矢志发展，综合实力稳步增强。全县地区生产总值完成257.2亿元，增长8.6%；固定资产投资增长7.2%；规上工业增加值增长8.5%；一般公共预算收入完成32.4亿元，增长5.3%；实际利用外资完成15774万美元，增长411%；城镇和农村居民人均可支配收入分别达到52041元和23039元，分别增长7.6%和9.6%。园区能级持续提升。出台支持园区发展若干措施，加快实施经开区改革等工作，园区“二次创业”由破题开路进入实质推进阶段，主营业务收入、税收收入分别完成175亿元和20.5亿元，同比分别增长15.8%和26.3%。招商引资量质齐升。明确“1+3+2”产业定位，组织开展“北京招商月”、招商推介会等一系列活动，全力推进“链长制”招商、“标准地”招商、以商招商和全民大招商，对接目标企业100余家，45个项目成功签约。项目建设扎实推进。建立重点产业项目联席会议制度，创新推行承诺制、容缺审批等机制，为12个项目解决用地指标、手续办理等方面问题50余个，专显河北科技有限公司、香河海春机械设备有限公司等项目实现当年签约、当年投产。全年新开工亿元以上产业项目21个，争列省市重点项目23个，均实现同比翻番。科技创新成效明显。与北京工业大学、北京科技大学深度合作，成功孵化北硬科技香河有限公司、阿尔泰新材料香河有限公司等一批企业。全县通过认定科技型中小企业279家、高新技术企业26家，获批省级“专精特新”企业6家，被列入省重点技改项目13个，规模以上工业企业突破100家。营商环境不断优化。206项业务实现“一窗受理”，198项审批事项赋权乡镇，24小时自助大厅建成投用，村街综合服务站实现全覆盖。制定《关于支持民营经济发展十项措施》，深入开展“三包四帮六保五到位”（“三包”：各级领导干部包括市县、包项目、包重点企业；“四帮”：帮助企业解决发展资金短缺问题、用工数量不足问题、要素保障不力问题、市场销售困难问题；“六保”：保居民就业、保基本民主、保市场主体、保粮食能源安全、保产业链稳定、保基层运转；“五到位”：政策到位、措施到位、责任到位、服务到位、落实到位）、“入企服务周”等活动，激发全民创业热情。全年新增市场主体1.04万家，总量达到4.8万家，香河县获评河北省民营经济发展先进县。

对标对表、精准发力，协同发展步伐加快。运河通航如期实现。

坚决扛起政治责任、主体责任，全力推进“一闸、一坝、两桥、五码头”等工程建设，6月26日如期实现与北京同步同标准旅游通航。高标准编制《北运河廊坊段沿线发展规划建议》，启动实施运河民俗风情项目，开放京绣、景泰蓝烧制等工艺体验，展示运河文化魅力。产业协作持续深化。与通州区建立信息共享、联合招商机制，云储数据中心等11个转移项目成功签约。抢抓小米新能源汽车落户北京契机，积极谋划配套产业园建设，精准对接上下游企业，吉林首信、延峰彼欧等企业达成初步合作意向，县域产业加速与北京产业链、供应链、创新链融合发展。跨界路网加快建设。京唐高铁域内架梁全部完工，安石路在北三县协同发展跨界道路中率先启动建设，3条直达北京四惠客运班线开通运营，两地通勤更加便利。公共服务合作加强。香河大爱医院一期、通州潞河医院香河医康院区完成主体施工，北京景山学校香河分校初中部招生运行，70项政务服务事项和453项高频便民事项实现与通州“区域通办”。

标本兼治、强力攻坚，环境面貌根本改观。聚焦改善城乡环境，深入开展城乡环境综合整治提升行动，以前所未有的决心和力度拆违建、治脏乱、优环境，累计拆除私搭乱建61万平方米，清理坑塘沟渠、残垣断壁、乱堆乱放2.65万处，整修养护各级公路310.7千米，改造老旧小区31个；整改卫片图斑和农村乱占耕地建房527宗169.44公顷（2541.6亩），拆除率位居全市前列，土地市场秩序发生了根本性转变。聚焦提升城市品质，大力实施县城建设提质升级三年行动，县人民广场、民兵训练基地和垃圾焚烧发电厂等工程正式投用，27.67千米城区雨污分流改造如期完工；8个街头游园和小微绿地建成开放，城区新增绿地面积近1万平方米；5条京唐高铁被交路完成改造，香河至廊坊客运班线实现公交化运营，香河县获评河北省城乡客运一体化试点县。聚焦推进乡村振兴，完成666.67公顷（1万亩）高标准农田建设，新增4家市级农业产业化龙头企业，香河县被评为河北省数字乡村试点县，水岸潮白综合体被评为市级休闲农业示范区；持续抓好农村人居环境整治，推进农村垃圾一体化治理，3457座农厕改造完成，40.5千米连村道路竣工通车，北李庄等4个省级美丽乡村完成创建，蒋辛屯镇、刘宋镇被评为“四好农村路”省示范镇。聚焦提高生态质量，持续打好污染治理攻坚战，空气质量综合指数和PM2.5年均浓度同比分别下降6.94%和3.18%，优良天数由248天增至266天，均达到有监测记录以来最好水平；植树造林超额完成任务，6个国省市控考核断面水质稳定达标，北运河分别获评省、市“秀美河湖”。

纾困解难、惠民为民，社会大局和谐稳定。新冠肺炎疫情防控有力有序。精准落实各项防控措施，建立“八支队伍”和“1+6+1”信息化系统，3岁以上人群疫苗接种率达到97.3%，位居全市前列。教育质量不断提升。13项教育工程竣工投用，40所民办幼儿园完成普惠性创建，319名教师充实教学一线，“双减”政策全面落实，中小学课后服务实现全覆盖，顺利通过省政府教育督导评价。卫健事业加快发展。五百户卫生院改造等8项工程竣工投用，基层医疗机构全部实现标准化建设，香河县被评为全市深化医药卫生体制改革先进县。社会保障持续增强。脱贫攻坚成果不断巩固提升，城乡低保、特困供养等政策严格落实，孤儿救助、退役军人服务等工作扎实开展，城镇登记失业率控制在2%以内，就业再就业工作保持全市前列。文体事业蓬勃发展。举办系列文化惠民演出100余场，县文化馆被评为“国家一级文化馆”，《香河年鉴（2020）》荣获第八届全国地方志优秀成果特等奖。高标准承办全市文化旅游产业发展大会，中旅风景等5个项目成功签约，蒋辛屯镇获评全国乡村旅游重点镇，梁家务村获评全省乡村旅游重点村。社会治理成效显著。丰富“群众说事、干部解题”工作内涵，全市唯一一家“12345”县级分中心即将投入运行，五百户镇获评全国乡村治理示范乡镇，县司法局获评全国组织宣传人民调解工作先进集体。

常态开展道路交通、消防安全、食药安全等领域专项治理，圆满完成中国共产党成立100周年等重大活动安保任务，香河县获评平安中国建设示范县，连续4次被授予全国平安建设最高奖“长安杯”。档案、气象、统一战线、兵员征集、民兵建设等工作也取得了新成绩。

固本强基、综合施治，自身建设全面加强。突出政治引领。深入学习贯彻党的十九届六中全会精神，深刻理解“两个确立”的决定性意义，扎实开展党史学习教育和“四史”宣传教育，自觉增强“四个意识”、坚定“四个自信”、做到“两个维护”。坚持依法行政。修订完善政府工作规则，严格落实“三重一大”集体决策机制，自觉接受人大法律监督、政协民主监督和社会公众监督，227件人大代表建议和政协委员提案全部妥善办理。勇于改革创新。制定出台产业用地带方案出让办法，实现“拿地即开工”；组建资本规模超40亿元的财信城投公司，进一步规范土地一级开发，加快基础设施建设。敢于担当负责。坚持“新官理旧账”，本着对历史、对发展、对群众负责的态度，出台了不动产登记、征迁补偿等方面政策措施，解决了京唐高铁拆迁安置和群众关心的办证难、取暖难等问题，卸下了增减挂钩历史欠账包袱。强化作风建设。深入开展“弘扬运河通航精神”大讨论活动，举办“协同创新大讲堂”系列培训班，重拳整治“庸、懒、疲、虚”等作风顽疾，党员干部思想行动空前统一，干事创业氛围愈加浓厚。

（杨　波）

县政府机构

【县政府领导机构】　2021年，县政府领导机构由8名成员组成，其中，县长1名，副县长7名（其中，常务副县长1名，挂职副县长1名）。

【县政府工作机构】　2021年，县政府工作部门有香河县人民政府办公室（挂香河县人民政府外事办公室、香河地方金融监督管理局、香河县人民政府金融工作办公室牌子）、香河县发展和改革局（挂香河县商务局、香河县粮食和物资储备局牌子）、香河县教育和体育局、香河县科学技术和工业信息化局、香河县公安局、香河县民政局、香河县司法局、香河县财政局、香河县人力资源和社会保障局、香河县自然资源和规划局（挂香河县林业局牌子）、香河县住房和城乡建设局（挂香河县人民防空办公室牌子）、香河县交通运输局、香河县水务局、香河县农业农村局（挂香河县乡村振兴局牌子）、香河县文化广电和旅游局（挂香河县文物局牌子）、香河县卫生健康局（挂香河县爱国卫生运动委员会办公室牌子）、香河县退役军人事务局、香河县应急管理局（挂香河县地震局牌子）、香河县审计局、香河县市场监督管理局（挂香河县知识产权局牌子）、香河县统计局、香河县城市管理综合行政执法局、香河县行政审批局（挂香河县政务服务管理办公室牌子）、香河县医疗保障局。

县政府直属事业单位：香河县地方志编纂中心，香河县北运河潮白河事务中心。

（杨　波）

县政府常务会议

【概况】　2021年，县政府全年召开15次常务会议。其中，十五届县政府召开常务会议10次，十六届县政府召开常务会议5次。

【2021年十五届县政府第1次常务会议】　1月5日，县长齐泽旭主持召开第1次县政府常务会议。会议审议并原则上通过《关于申请拨付运河通航征地补偿资金的请示》《关于申请拨付运河旅游通航工程征占地费用的请示》《关于申请拨付北运河通航工程所需资金的请示》《关于申请北运河通航工程乡间人家码头占地补偿款的请示》。

【2021年十五届县政府第2次常务会议】　2月19日，县长齐泽旭主持召开第2次县政府常务会议。会议审议并原则上通过《政府

工作报告（讨论稿）》，会议研究并原则上通过2021年香河县民生实事候选项目，审议并原则上通过《关于香河县2020年国民经济和社会发展计划执行情况与2021年国民经济和社会发展计划（草案）的报告》《香河县国民经济和社会发展第十四个五年规划纲要（草案）》《关于做好全国“两会”和节后复产复工重点时期安全生产工作及下一步工作建议的报告》《香河县关于深入推进下放自然资源领域行政处罚事项工作方案》《关于成立香河嘉禾投资控股集团有限公司的请示》《关于租赁城区小学幼儿园校舍的请示》《关于提高乡镇机关事业单位工作人员乡镇工作补贴标准的工作方案》《关于供电线缆拆改和旧王家摆桥改造的请示》《关于签订〈京唐铁路香河站站房规模扩大新增投资事宜合同协议书〉相关工作的请示》《关于香河县2020年全县总预算及县本级预算执行情况和2021年全县总预算及县本级预算草案的报告》《关于2021年全县及县本级收支预算草案情况的汇报》。

【2021年十五届县政府第3次常务会议】 3月24日，县长齐泽旭主持召开第3次县政府常务会议。会议研究并原则上通过《香河县流域治理清分工程PPP项目合同》《关于妥善化解2019年隐性债务的请示》。

【2021年十五届县政府第4次常务会议】 4月15日，县长齐泽旭主持召开第4次县政府常务会议。会议学习《中华人民共和国消防法》《河北省消防安全责任制实施办法》。会议研究并原则上通过《关于进一步加强全县流动人口和房屋租赁管理工作的实施方案》《关于拨付香河县第一中学迁建工程中尾款利息的请示》。会议听取并原则上通过《关于贯彻落实习近平总书记对打击治理电信网络新型违法犯罪工作重要指示和全国电视电话会议精神的情况报告》。会议研究并原则上通过《关于推进经开区高质量发展的若干措施》《关于拨付廊坊瑞盛投资股份有限公司园区建设运营资金的请示》《关于制定香河国兴水业有限公司供水水价的请示》《北运河香河段生态综合整治项目PPP合同之补充合同（四）》《关于凤港减河入北运河口新建临时钢桥的请示》《关于通武线有关苗木移植和平香线南延绿化带建设的请示》《关于管线迁改及绕行道路修补费用的请示》《关于申请办理廊坊北500千伏变电站土地划拔手续的请示》《关于明确北部新城供热区域的请示》《关于申请继续执行〈香河县2018年集中供热企业燃煤锅炉淘汰改造方案的通知〉并拨付三强热力有限公司东外环供热站燃煤锅炉淘汰补贴资金的请示》。

【2021年十五届县政府第5次常务会议】 4月30日，县长齐泽旭主持召开第5次县政府常务会议。会议研究并原则上通过《关于县文化艺术中心公开转让的请示》《关于购置县财政局公开拍卖县文化艺术中心资产的请示》。

【2021年十五届县政府第6次常务会议】 5月15日，县长齐泽旭主持召开第6次县政府常务会议。会议研究并原则上通过《关于进一步做好征兵及退役士兵优抚安置工作的实施意见》《关于推进增减挂钩历史遗留问题整改工作的请示》《关于荣盛兴城投资有限责任公司缩短政府付费年限的请示》《香河县流域治理清分工程PPP项目补充协议》《关于香河鼎泰园区建设发展有限公司委托区域开发建设资金拨付的请示》《关于拨付廊坊瑞盛投资股份有限公司园区开发建设资金的请示》。

【2021年十五届县政府第7次常务会议】 5月27日，副县长、代县长李海滨主持召开第7次县政府常务会议。会议传达省委书记王东峰调研北运河段旅游通航指示精神及省委专题会议精神。会议研究并原则上通过《香河县城乡环境综合整治提升行动实施方案》。

【2021年十五届县政府第8次常务会议】 6月23日，副县长、

代县长李海滨主持召开第 8 次县政府常务会议。会议听取并原则上通过《关于汲取近期事故教训强化全县安全生产工作举措的报告》。会议研究并原则上通过《香河县 2021 年大气污染综合治理工作方案》《关于拨付迎宾小区项目补办手续费用的请示》《关于购买张家口市宣化区增减挂钩节余指标的请示》。

【2021 年十五届县政府第 9 次常务会议】 7 月 15 日，副县长、代县长李海滨主持召开第 9 次县政府常务会议。会议学习《医疗保障基金使用监督管理条例》。会议研究并原则上通过《香河县农村无害化卫生厕所改造厕屋建设奖补方案》《香河县农村人居环境整治提升拆除费用以奖代补方案》《香河县农村人居环境整治提升长效管护方案》《关于提请审议京唐铁路民宅拆迁安置有关政策的请示》《关于申请 2019—2020 年度取暖季延长供暖给予补贴资金的请示》《关于大辛路（唐通线至义井大桥段）养护改造工程变更及材料调差的请示》。会议听取并原则上通过《关于工业企业“四个一批”工作进展情况的报告》。

【2021 年十五届县政府第 10 次常务会议】 7 月 20 日，副县长、代县长李海滨主持召开第 10 次县政府常务会议。会议审议并原则上通过《政府工作报告（讨论稿）》。

9 月 30 日，十六届县政府第 2 次常务会议召开　　县融媒体中心供图

【2021 年十六届县政府第 1 次常务会议】 9 月 7 日，县长李海滨主持召开十六届县政府第 1 次常务会议。会议学习《中华人民共和国土地管理法》《中华人民共和国土地管理法实施条例》《河北省节约用水条例》《统计违法案件学习资料》。会议听取并原则上通过《关于 2021 年全县食品安全重点工作情况的报告》《关于成立香河产业发展基金情况的报告》。会议研究并原则上通过《关于推进香河经济开发区“双倍增”计划的二十条措施》《关于支持民营经济发展十项措施》《关于建立重点产业项目联席会议制度及其保障机制的实施意见》《香河县县级财政投资评审管理办法》《关于政府投资项目评审审批等相关问题的意见》《河北融投担保集团风险化解国隆系香河项目推进方案备忘录（草案）》《关于组建香河县财信城市投资控股有限公司的实施方案》《关于解决唐县土地增减挂钩节余指标的请示》。

【2021 年十六届县政府第 2 次常务会议】 9 月 30 日，县长李海滨主持召开十六届县政府第 2 次常务会议。学习《中华人民共和国安全生产法》，听取并原则上通过《关于今年以来安全生产工作开展情况及下一步工作建议的报告》。会议研究并原则上通过《香河县人民政府工作规则》《关于对淑阳镇工业园实施托管的请示》《关于流转增减挂钩节余指标的请示》。

【2021 年十六届县政府第 3 次常务会议】 11 月 1 日，县长李海滨主持召开十六届县政府第 3 次常务会议。会议传达学习习近平总书记关于统计工作重要指示批示

精神；会议传达学习《关于认真贯彻落实〈国务院关于支持北京城市副中心高质量发展的意见〉若干措施的通知》和《关于贯彻落实省委、省政府〈关于廊坊市三河、大厂、香河三县（市）与北京市通州区一体化高质量发展的指导意见〉的实施方案》；会议听取并原则上通过《关于水污染防治约谈会议精神传达的报告》。会议研究并原则上通过《关于进一步促进现代服务业及社会消费品零售企业发展壮大的实施意见》《关于加快解决不动产登记若干历史遗留问题的实施意见》。传达学习《市委、市政府关于贯彻落实省委书记王东峰在廊坊调研检查时确定需要落实的重点事项进展情况的报告》。会议研究并原则上通过《关于体育休闲公园（原园林绿化公园）有关建设费用的请示》。

【2021 年十六届县政府第 4 次常务会议】 11 月 17 日，县长李海滨主持召开十六届县政府第 4 次常务会议。会议研究并原则上通过《香河县关于认真贯彻落实〈国务院关于支持北京城市副中心高质量发展的意见〉的若干措施》《关于香河县与北京市通州区一体化高质量发展的实施方案》《关于调整全县部分行政审批事项的请示》《香河县产业用地使用权带设计方案出让实施办法（试行）》《香河县人民政府廊坊银行股份有限公司战略合作框架协议》《关于申请 2020—2021 年度取暖季提前及延长供暖相关费用的请示》。

【2021 年十六届县政府第 5 次常务会议】 12 月 9 日，县长李海滨主持召开十六届县政府第 5 次常务会议。会议学习《中华人民共和国基本医疗卫生与健康促进法》，学习传达王东峰在省第十次党代会上的报告及《中共河北省委关于认真学习宣传贯彻省第十次党代会精神的通知》；学习《河北省重点行业领域安全生产监管责任清单》。会议听取并原则上通过《关于资产整合优化工作情况的报告》《关于充实香河县财信城市投资控股有限公司资产的报告》。会议审议并原则上通过《关于提请香河机器人小镇热源厂、香河机器人小镇污水处理厂、香河经济开发区起步区供水厂特许经营实施方案的请示》《关于申请拨付新建烛口排水管网项目施工费用的请示》《关于申请拨付环保产业园相关村街土地流转金及重点项目土地征收补偿款的请示》。会议研究并原则上通过《关于申请拨付经费的请示》（香开〔2021〕202 号）。会议学习传达省委书记王东峰关于河道内村庄搬迁工作重要批示精神，宣读《关于成立香河县河道内村庄搬迁安置工作领导小组及责任分工的通知》，审议并原则上通过《香河县河道内村庄搬迁安置工作方案》。

（杨　波）

县长办公会议

【概况】 2021 年，县政府召开县长办公会议 52 次。

【2021 年第 1 次县长办公会议】 1 月 5 日，县长齐泽旭主持召开第 1 次县长办公会议。会议听取各位副县长分管系统领域重点工作情况汇报，并就县政府近期重点工作进行安排部署。

【2021 年第 2 次县长办公会议】 1 月 22 日，副县长闫明杰、张锦山主持召开第 2 次县长办公会议。会议就国兴环球土地整理开发有限公司违法占地进行协调调度，听取县自然资源和规划局关于国兴环球土地整理开发有限公司违法占地有关情况汇报。

【2021 年第 3 次县长办公会议】 4 月 6 日，县长齐泽旭主持召开年内第 3 次县长办公会议。会议安排部署党政主要领导干部经济责任审计和自然资源资产审计整改工作，安排部署政府近期重点工作。

【2021 年第 4 次县长办公会议】 4 月 25 日，副县长闫明杰主持召开年内第 4 次县长办公会议。会议听取京唐铁路民宅拆迁安置工作汇报。

【2021 年第 5 次县长办公会议】 5 月 12 日，副县长刘雪艳主持召

开年内第5次县长办公会议。会议就香河县民政事业服务中心综合楼不动产权登记工作进行研究部署。

【2021年第6次县长办公会议】3月27日，常务副县长齐建光、副县长张锦山组织召开第6次县长办公会议。会议就北运河香河段生态综合整治PPP项目，涉及两宗土地收储补偿款，用于支出北运河工程项目款项事宜，进行专题研究部署。

【2021年第7次县长办公会议】5月19日，常务副县长齐建光主持召开第7次县长办公会议。会议就国兴公司与富力公司协议纠纷一事进行专题研究。

【2021年第8次县长办公会议】5月25日，副县长、代县长李海滨主持召开年内第8次县长办公会议。对县政府领导班子成员工作分工进行安排，并就县政府近期重点工作进行部署。

【2021年第9次县长办公会议】5月29日，副县长刘宇主持召开第9次县长办公会议。会议听取涉房信访办证难、入住回迁难问题情况汇报。

【2021年第10次县长办公会议】6月2日，副县长、代县长李海滨主持召开第10次县长办公会议。会议听取运河通航、平香线、通武线工程用地手续办理情况汇报。

【2021年第11次县长办公会议】6月4日，副县长刘宇主持召开第11次县长办公会议。会议听取县城区环境整治工作进展情况汇报，并就相关工作进行安排部署。

【2021年第12次县长办公会议】5月31日，副县长、代县长李海滨主持召开第12次县长办公会议。会议就潮白河河道内村庄搬迁工作进行专题研究部署。

【2021年第13次县长办公会议】6月15日，副县长刘宇主持召开年内第13次县长办公会议。会议专题听取县支油支铁办公室关于完善京唐铁路民宅拆迁安置政策有关情况汇报。

【2021年第14次县长办公会议】6月10日，副县长张显民主持召开年内第14次县长办公会议。会议就《香河县2021年大气污染综合治理工作方案》进行专题研究。

【2021年第15次县长办公会议】6月22日，副县长刘宇主持召开第15次县长办公会议。会议听取迎宾小区项目历史遗留问题解决情况汇报。

【2021年第16次县长办公会议】6月20日，副县长张显民主持召开第16次县长办公会议。会议就大辛路（唐通线—义井大桥段）养护改造工程变更及材料调查的请示进行专题研究。

【2021年第17次县长办公会议】6月22日，副县长刘宇主持召开第17次县长办公会议。会议听取县自然资源和规划局关于异地购买增减挂钩指标情况汇报。

【2021年第18次县长办公会议】6月28日，副县长刘宇主持召开第18次县长办公会议。会议听取老旧小区改造、雨污分流改造和新建改建路网等市政工程建设情况汇报。

【2021年第19次县长办公会议】7月2日，常务副县长张华维主持召开第19次县长办公会议。会议听取县供销合作社联合社关于消除烟花爆竹库存产品工作情况的汇报。

【2021年第20次县长办公会议】7月8日，副县长刘宇主持召开第20次县长办公会议。会议听取河北融投国隆系风险化解和望运观潮项目推进工作情况汇报。

【2021年第21次县长办公会议】7月9日，常务副县长张华维主持召开第21次县长办公会议。会议听取县发展和改革局关于成立香河县产业发展基金相关情况的汇报，并就下步工作进行研究部署。

【2021 年第 22 次县长办公会议】7 月 7 日，副县长、代县长李海滨主持召开第 22 次县长办公会议。会议就加快全县智慧安防小区建设工作进行安排部署。

【2021 年第 23 次县长办公会议】7 月 12 日，代县长齐泽旭主持召开第 23 次县长办公会议。会议本着优化全县工业布局，实现产业集约、集聚发展的要求，对经开区托管淑阳镇工业园事项进行研究议定，并就“两个清单”上报工作进行安排部署。

【2021 年第 24 次县长办公会议】7 月 5 日，副县长张显民主持召开第 24 次县长办公会议。会议就平安污水处理厂、现代污水处理厂提标改造和潮北片区污水管网建设等相关事宜，召开专题调度会议。

【2021 年第 25 次县长办公会议】7 月 14 日，副县长刘宇主持召开第 25 次县长办公会议。会议听取县住房和城乡建设局关于 2019—2020 年度延长供暖的情况汇报。

【2021 年第 26 次县长办公会议】7 月 9 日，常务副县长张华维主持召开第 26 次县长办公会议。会议听取县发展和改革局关于成立香河产业发展基金相关情况的汇报，并就下步工作进行研究部署。

【2021 年第 27 次县长办公会议】8 月 3 日，县长李海滨主持召开第 27 次县长办公会议。会议听取城区便民市场建设工作情况汇报。

【2021 年第 28 次县长办公会议】8 月 10 日，副县长刘宇主持召开第 28 次县长办公会议。会议听取河北融投资风险化解国隆系望运观潮项目相关工作情况汇报。

【2021 年第 29 次县长办公会议】8 月 3 日，常务副县长张华维主持召开第 29 次县长办公会议。会议就水域救援消防站、市政消火栓和消防水鹤、第二消防站（廊坊市“北三县”消防救援指挥中心）、小型消防站建设等事项进行研究部署。

【2021 年第 30 次县长办公会议】8 月 3 日，副县长刘宇主持召开第 30 次县长办公会议。会议听取县污水处理厂建设和垃圾处理费征收有关情况汇报。

【2021 年第 31 次县长办公会议】8 月 19 日，副县长刘振华主持召开第 31 次县长办公会议。会议就县城内车辆违规乱停乱放问题提出要加大排查整治工作力度，进一步加强停车场日常监管，建立健全停车场登记备案制度，有效解决“停车难、停车乱”问题，并进行研究部署。

【2021 年第 32 次县长办公会议】8 月 25 日，副县长刘宇主持召开第 32 次县长办公会议。会议听取渠口污水处理厂有关情况汇报。

【2021 年第 33 次县长办公会议】9 月 12 日，副县长刘宇主持召开第 33 次县长办公会议。会议听取新民居增减挂钩项目周转指标整改工作情况汇报。

【2021 年第 34 次县长办公会议】9 月 10 日，副县长刘宇主持召开第 34 次县长办公会议。会议听取县自然资源和规划局关于原林业部门负责的道路绿化工程管护情况汇报。

【2021 年第 35 次县长办公会议】9 月 23 日，常务副县长张华维主持召开第 35 次县长办公会议。会议专题研究富力（香河）房地产开发有限公司退还土地使用权相关事宜。

【2021 年第 36 次县长办公会议】9 月 11 日，副县长张显民主持召开第 36 次县长办公会议。会议就北运河束堤工程与京唐高铁交叉占地事宜进行研究部署。

【2021 年第 37 次县长办公会议】9 月 27 日，常务副县长张华维主持召开第 37 次县长办公会议。会议听取县水务局、荣安公司关于运河旅游通航工程占地流转金及地上物补偿工作相关情况的汇报，并就下一步工作进行研究部署。

【2021 年第 38 次县长办公会议】 9 月 30 日，常务副县长张华维主持召开第 38 次县长办公会议。会议就运河旅游通航工程占地流转金及地上物补偿等相关事宜再次进行研究部署。

【2021 年第 39 次县长办公会议】 10 月 2 日，副县长刘宇主持召开第 39 次县长办公会议。会议听取县九矗热力公司、县三强热力公司关于冬季供暖煤炭储备情况汇报。

【2021 年第 40 次县长办公会议】 10 月 11 日，常务副县长张华维主持召开第 40 次县长办公会议。会议就小型消防站建设进行专题研究部署。

【2021 年第 41 次县长办公会议】 10 月 23 日，副县长张显民主持召开第 41 次县长办公会议。会议就农村人居环境整治,美丽乡村项目竣工结算评审相关问题进行研究调度。

【2021 年第 42 次县长办公会议】 10 月 30 日，副县长刘宇主持召开第 42 次县长办公会议。会议听取香河县冬季供暖相关情况汇报。

【2021 年第 43 次县长办公会议】 11 月 2 日，副县长刘海霞主持召开第 43 次县长办公会议。会议就部分审批事项划转工作进行专题研究。

【2021 年第 44 次县长办公会议】 11 月 15 日，副县长刘宇主持召开第 44 次县长办公会议。会议听取县住房和城乡建设局关于 2020—2021 年度冬季取暖季提前及延长供暖相关情况的汇报。

【2021 年第 45 次县长办公会议】 11 月 8 日，副县长刘宇主持召开第 45 次县长办公会议。会议听取县住房和城乡建设局、县财政局关于新建矬口排水管网项目情况的汇报。

【2021 年第 46 次县长办公会议】 11 月 10 日，常务副县长张华维主持召开第 46 次县长办公会议。会议听取廊坊银行关于与县政府签订《战略合作框架协议》有关情况的汇报。

【2021 年第 47 次县长办公会议】 11 月 13 日，常务副县长张华维主持召开第 47 次县长办公会议。会议就县公有资产经营公司资产优化整合等相关事宜进行研究部署。

【2021 年第 48 次县长办公会议】 11 月 19 日，常务副县长张华维主持召开第 48 次县长办公会议。会议听取县财信公司关于充实公司资产有关情况的汇报,并就下步资产划转工作进行研究部署。

【2021 年第 49 次县长办公会议】 12 月 20 日，常务副县长张华维主持召开第 49 次县长办公会议。会议就北运河生态整治项目农发行贷款事宜进行研究。

【2021 年第 50 次县长办公会议】 12 月 24 日，副县长张显民主持召开第 50 次县长办公会议。会议就河道内村庄搬迁安置工作进行研究部署。

【2021 年第 51 次县长办公会议】 12 月 28 日，县长李海滨主持召开第 51 次县长办公会议。就河道内村庄搬迁安置工作进行专题研究部署。

【2021 年第 52 次县长办公会议】 10 月 8 日，副县长张显民主持召开第 52 次县长办公会议。会议就一般工业垃圾和农作物垃圾收运处置工作进行研究部署。

（杨　波）

施政辑要

【新冠肺炎疫情防控】 应对及时。县疫情防控指挥部实时关注疫情变化，精准研判疫情形势，及时调整应对策略;针对省市疫情调度会议精神和工作要求,县防疫办每日梳理汇总，及时传达下发，确保各项工作迅速部署、立即落实；先后将国家、省市疫情防控政策进行整理，印成《疫情防控政策汇编》，将“1办14组”制定的64个工作细则、应急预案全部辑印成册，形成《香河县疫情防控工作指南》，防疫办根据最新政策要求动态更新调整，确保疫情防控政策清晰、措施明确、标准统一、处置迅速。决策果断。廊坊市其他县（市）出现确诊病例后，香河县高度重视、紧急调度，全面启动应急机制，对全员核酸检测准备、涉疫人员排查、冷链冷库、进口货品管理等工作再次进行安排部署；针对省市领导批示，香河县迅速传达学习，逐条制定具体措施，逐级压实工作责任，全力确保各项工作要求不折不扣落实到位。执行有力。县委县政府主要领导靠前指挥、一线推动，分管负责人直接负责、每日调度，各专项组负责人分工协作、强化统筹，各级各部门听从指挥、服从命令，全县上下坚持“一盘棋”，同心协力、步调一致，全力确保各项防控措施落地见效；不断加大督导考核力度，督导检查组对县新冠肺炎疫情防控指挥部安排部署、决定事项，逐一进行专项督查，对发现问题紧盯不放、一抓到底，有力推动县新冠肺炎疫情防控指挥部各项工作部署落实到位。

【确保北运河廊坊段旅游通航】 按照省委、省政府和市委、市政府要求，香河县会同河北省水利规划设计研究院有限公司研究起草《北运河廊坊段旅游通航规划》和《北运河廊坊段旅游通航规划实施方案》，并由中国城市规划设计院对规划进行深化提升。规划将北运河廊坊段旅游形象定位为“京畿首驿·如意香河”。聘请中国城市规划设计院、北京市市政工程设计研究总院、林同棪国际工程咨询（中国）有限公司、河北省水运工程规划设计院等5家单位对各项通航工程进行专业设计，按照“保通航、塑风情、兴文旅”的思路，通过保树营林、留滩还湿、文旅融合等策略，构建“大河景观面、贯通绿道线、缤纷十景园”整体设计结构，塑造自然野趣的生态运河和璀璨缤纷的活力运河。经过征求意见、专家评审、部门审核、省政府审定等多个环节，2020年9月，《北运河廊坊段旅游通航规划》经廊坊市政府印发实施。年底，重点工程进入实质建设阶段。在省委、省政府，市委、市政府的坚强领导和直接指挥下，在省市直有关部门的全力支持下，香河县四套班子和县直部门、镇（社区办）、香河经济开发区全面发动，全县3200余名干部职工和通航建设者分秒必争、昼夜奋战，仅用时3个月征占流转土地453.33公顷（6800亩），用时6个月完成橡胶坝改建，用时5个月完成5个码头建设，用时4个月完成船闸建设，用时3个月完成王家摆旧桥改造和钢架桥建设，用时3个月完成6万余株乔灌木、地被种植和滨河路、节点公园工程，用时9天半完成安运桥拆除。沿河打造森林生态文化区、运河历史文化区、田园农耕文化区北中南三大景区板块和十大缤纷节点。2021年6月26日，北运河廊坊段与北京段全线通航仪式同步同时同标准举行，实现同步旅游通航。

【大运河文化传承】 深入挖掘大运河文化，编排运河题材舞蹈《香·韵》《红纱巾》，创作诗歌《京杭运河颂》，开展《文物集萃》《非物质文化遗产集萃》等丛书编制工作，实施中幡、景泰蓝、通臂拳、京绣、京东大鼓等非遗项目传承基地和金门闸遗址改造提升工程，进一步展示运河文化魅力，讲好大运河故事。在文旅融合发展方面，抓住旅游通航契机，成功承办全市旅发大会，推介京冀精品旅游线路和运河体验游、生态休闲游等8条北运河旅游专线，展演中幡、京东大鼓、地方快板等传统民间节目，开放京绣、景泰蓝烧制等代表性工艺体验，赋予“文旅香河”强大势能，有力促进大运河文旅融合发展。在旅游运营管理方面，推出大运河文化体验系列活动，其中，国庆节期间举办“文旅香河国庆嘉年华”，设置展销展示非遗项目、特色美食、娱乐节目60个，体验活动30种，接待游客1万余人，单日售出船票1000余张。自北运河旅游通航运营以来，出港游船227船次，载客5000人次，实现船运收入30万元。在特色小镇建设方面，高标准推进北部生态康养、中部民俗风情、南部田园农创3个特色小镇建设。年内已编制北运河廊坊段沿线发展规划建议，并与中冶集团签订战略合作框架协议，制订以谭庄为起步区的运河不夜城初步设计方案，通过修筑码头驿站、保留老街古坊、传承地方民俗，集中打造运河风情、民俗体验、文化创意三大街区，以及古渡春荫、渡口遗址公园等精品节点，再现千年运河盛景。在生态保护修复方面，启动实施北运河生态综合整治工程，全面开展散乱污治理、河道清淤疏浚、河道岸线修复、生态湿地打造和沿岸景观提升。通过常态化监测、动态排污管控、搭建小型生态系统等方式，改良底质、净化水体，保障运河水质不低于Ⅳ类标准。是年，运河两岸遍植垂柳、海棠、碧桃、元宝枫等四季观赏植物10余种、6万余株，构建一条大水厚绿、鸥鹭翔集的生态廊道。

【融入北京城市副中心建设】 县委、县政府全面贯彻落实党中央决策部署，贯彻落实习近平总书记关于推动京津冀协同发展重要指示批示精神和在河北考察时重要指示精神，在省委、省政府和市委、市政府的领导下，一切从政治上考量、在大局下行动，承接非首都功能疏解，支持服务北京城市副中心建设，推进与通州区一体化高质量发展。2021年，中央和省、市密集出台了《国务院关于支持北京城市副中心高质量发展的意见》《关于廊坊市三河、大厂、香河三县（市）与北京市通州区一体化高质量发展的指导意见》等一系列政策文件，廊坊市委、市政府专门召开“举全市之力推动‘北三县’与通州区一体化高质量发展誓师大会”。为贯彻落实好上级决策部署，对标北京城市副中心，进一步抬高工作标尺、调整工作思路，确定了建设“协同发展示范区、绿色活力幸福城”的奋斗目标，并研究制定《香河县与通州区一体化高质量发展实施意见》，细化推进124项具体任务，打造与通州区一体化高质量发展示范区。

【打造现代高端产业聚集区】 明确产业发展定位。对照《北京市通州区与河北省三河、大厂、香河三县市协同发展规划》要求，以智慧家居、智能制造、智慧健康为主导支撑，以数字科技、现代服务为战略培育的“1+3+2”产业发展定位。明确重点产业链条。学习借鉴江苏昆山之路成功经验，聘请北京创元智酷公司围绕智能制造、智慧家居两条产业链，精准绘制了产业链全景图、发展路线图和招商地图，并由园区主要领导担任“链长”，按照“强链补链延链”思路，从研发技术、核心部件等细分领域，全面梳理头部企业清单、目标企业清单和政策清单，一企一策、专班跟进。专显科技、海春科技等智能制造项目实现当年签约、当年投产，安川都林、美国ATI等140余家企业进驻机器人小镇，智能制造产业呈现集聚发展态势；家居产业汇聚了喜临门、爱依瑞斯、富都华创等一批行业优势企业。发挥香河战略性新兴产业示范基地（机器人）的集聚作用，延展产业链条，拓宽高端机器人伺服电机、变频器等进口关键零部件采购渠道，加强与国内可替代产品生产企业的合作，保障配套产品供应顺畅。积极引进伺服电机、变频器、执行器、控制器等国内外领军企业，提高机器人关键部件自我配套 和系统集成能力。依托美国ATL安川都林等龙头企业，培育集 研发设计、生产制造、场景体验等于一体的香河机器人特色小镇。不断延伸整机、零部件与系统集成产业链，努力突破一批关键技术，打造以工业机器人、特种机器人、服务机器人为重点，覆盖机器人本体、减速器、伺服电机、控制器等优势产业链。

【推进生态环境治理】 大气污染治理。2021年，香河县年度综合指数为4.69，排名全市第八，环京组第四，同比下降6.94%，排名全市第八，环京组第四；PM2.5累计浓度为42.6微克/立方米，排名全市第九，环京组第四，同比下降3.18%，排名全市第九，环京组第三。PM10累计浓度为75微克/立方米，排名全市第六，环京组第三，同比下降6.25%，排名全市第六，环京组第二；优良天数为266天，达标率为72.9%。水污染治理。在

4个国省控考核断面：潮白河入境吴村断面水质类别为Ⅳ类（考核三河、大厂、香河）、出境大套桥断面水质类别为Ⅳ类、北运河出境土门楼断面水质类别为Ⅳ类、鲍丘河罗屯闸断面水质类别为Ⅴ类（考核三河、大厂、香河）；2个市控考核断面：小友垡排干渠汇入北运河口断面水质类别为Ⅳ类、青龙湾减河仉村大桥断面水质类别为Ⅳ类。土壤污染治理。2家土壤重点监管单位完成自行监测与土壤污染隐患排查工作；大运河流域2个沿线村庄农村生活污水治理任务全部建设完成；严格落实网格化监管机制，对县域300个行政村村内500－1000米区域内、乡级以上公路两侧200米范围内的坑、塘、沟渠（不含城乡接合部）进行日常巡查排查，未发现农村黑臭水体。

【乡村振兴战略落实】 2021年，香河县深入贯彻落实乡村振兴战略部署，制定印发《关于全面推进乡村振兴加快农业农村现代化的实施意见》《关于全面推进抓党建促乡村振兴工作的实施方案》等政策文件，实现对全面乡村振兴各领域重点工作任务的统筹引领、顶层设计，确保各级决策部署深入落实。组织开展乡村振兴战略实绩考核，制定印发《香河县实施乡村振兴战略实绩考核评价办法（试行）》《香河县2021年度推进乡村振兴战略实绩考核评价方案》，明确了对镇级考核和县直单位评价的程序和时间节点要求，全面落实乡村振兴战略一级抓一级责任。香河县先后获评平安中国建设示范县、全省县级城乡客运一体化试点县、全省整县屋顶分布式光伏开发试点县，香河县文化馆获评“国家一级文化馆”，蒋辛屯镇成功入选第一批全国乡村旅游重点镇，北李庄村入选全国乡村旅游重点村名录，梁家务村入选河北省第三批乡村旅游重点村。五百户镇获得第二批全国乡村治理示范乡镇称号，入选全国农业产业强镇创建名单。蒋辛屯镇、刘宋镇获评省“四好农村路”示范乡镇。2021年，廊坊市旅游发展大会、“北三县”城乡环境综合整治提升暨北运河旅游通航工作观摩推进会议、廊坊市“群众说事，干部解题”现场会等全市性会议在香河县成功召开。

【群众幸福指数提升】 教育质量不断提升。安头屯镇四营小学等13项工程竣工投入使用，安平镇周庄小学等12项工程加紧施工，523万元教育教学装备全部配备到位，319名新聘任的教师充实到教学一线，4400名教师开展交流培训，40所民办幼儿园完成普惠性创建，81所中小学实现免费课后服务，香河第一中学大学本科上线率达90.52%，香河县顺利通过省政府对县政府履行教育职责督导评估。

卫健事业提质升级。五百户镇卫生院等8项工程完成建设，刘宋镇卫生院等3项工程加快推进，新购16辆负压救护车、1辆移动核酸检测车、480台红外测温设备全部投入基层诊疗一线。全县所有镇级卫生院和村街卫生室达到标准化建设要求，县中医医院和县中西医结合医院成功申报省级现代医院管理制度建设样板。严格执行“十个常态化”30项新冠疫情防控措施，加强重点人员排查管控，严守环京“三道防线”，3岁以上目标人群疫苗接种覆盖率达到97.3%。

文旅产业融合发展。成功举办全市文化旅游产业发展大会，开幕式在线人数、相关视频浏览量创历届之最，蜻蜓FM、中旅风景全域旅游等5个项目成功签约，位居全市首位。全力做好运河旅游通航“后半篇”文章，理顺游船运营机制，完善码头内部功能，建立旅游标识系统，加快推进“香河运河文化丛书”出版发行，“淑阳八景”荷包礼盒获得省文旅商品创意设计大赛金奖，蒋辛屯镇获评全国乡村旅游重点镇称号，梁家务村荣获河北省乡村旅游重点村称号。成功举办文化惠民演出活动100场，文化馆、图书馆、文博馆累计开展线上线下活动783场，文化活动更加丰富多彩。

政务服务持续优化。24小时自助大厅建成并投入使用，206项审批事项纳入“一窗通办”，70项政务服务和453项高频便民事项与通州区实现“区域通办”，198项审批事项全部依法赋权乡镇，除不宜网上办理事项外，全流程网办事项实现全覆盖。317个村（社区）建立综合服务站，县镇村三级贯通、线上线下深度融合的政务服务体系基本实现全覆盖。

【民政保障工作全面加强】 全县有城镇低保对象152户、199人，年内，发放城镇低保资金195.12万元；有农村低保对象3070户、3805人，年内，发放农村低保资金2580.7万元，每个月的低保金足额按时发放。城乡低保严格按照复核要求，做到“应保尽保，应退必退”。按照省市安排，香河县率先开展低保审批权下放试点工作，城乡低保审批权由民政局下放到乡镇级，此项工作已落实到各镇（社区办）、香河经济开发区，工作运行平稳。下放以来，审批低保215户240人。淑阳、渠口、刘宋3所中心敬老院入住特困集中供养老人128人，年内，通过加强集中供养机构建设，3所中心敬老院不断完善服务设施，老人们丰衣足食，冷暖适宜，文娱活动丰富，服务水平不断提高。特困人员救助供养标准严格按照上级规定，及时足额发放，全县有特困供养分散人员共1008人，每人每月1440元已经通过农商银行将救助金全额发放到个人账户中，共发放分散特困供养资金1809.5万元。按照全自理特困人员每人每月89.5元、半护理每人每月179元、全护理每人每月358元的标准，发放特困供养人员护理补贴141.84万元。享受重度残疾人护理补贴5523人，享受困难残疾人生活补贴2726人，重度残疾人护理补贴标准每人每月100元，困难残疾人生活补贴标准每人每月255元，共发放护理补贴657.72万元、生活补贴834.64万元，有效维护了“两残”人员的基本权益。全县有已脱贫的建档立卡贫困户56户、117人，从2017年10月起，陆续将建档立卡贫困户中符合低保条件的贫困户纳入兜底保障范围，截至2021年年底，兜底保障52户、96人，其中，低保户40户、84人，特困12户、12人，户占比92.8%，人占比82.05%，无劳动能力户16户、27人，全部纳入兜底保障范围。严格临时救助审核手续，全年共发放临时救助资金8.28万元，救助城乡困难群众42人次，解决了困难群众突发性、紧迫性、临时性生活困难。福利院现有在册孤儿9人，事实无人抚养儿童27人，孤儿生活费每人每月1600元，事实无人抚养儿童生活费每人每月1440元，全年足额发放生活费63.41万元；入户走访散居孤儿2次，对孤儿及事实无人抚养进行每年1次体检，及时解决孩子各类问题；“六一”儿童节期间，组织开展丰富多彩的文化娱乐活动，并发放生活用品，让孩子们度过一个“快乐祥和、有趣有味”的节日，感受到党和政府的温暖。多次组织县救助站工作人员走上街头，向市民宣传救助站职能，营造全社会共同关爱社会流浪乞讨群体的浓郁氛围；加大秋冬季巡街力度，开展寒冬送温暖活动，为不愿到站接受救助的流浪人员发放衣被及食品，将需救助人员按照预防新型冠状病毒工作应急预案规定流程，严格接待、救助、查询、离站等各个细节，及时进行救助，全年救助流浪乞讨人员56人次。

【养老服务体系建设稳步发展】 2021年，全县新建社区日间照料服务站任务11个，其中，提质增能7个，已于9月底全部建设改建完成。截至年底，全县有16个社区日间照料服务站，实现日间照料服务站全覆盖。按照上级民政部门要求，将社区养老服务设施全部录入民政部“金民系统”。年内，已完成16个社区日间照料服务站基本信息填报和210个互助幸福院账号创建工作，同时，完善了河北省养老信息管理系统（河北CA）养老机构数据录入。按照京津冀协同发展对养老业的要求，鼓励社会兴办养老机构，推动提质增效。截至年底，大爱（香河）养老服务有限公司开放床位1677张，收住老人521人，其中北京籍老人466人。入驻的北京籍老人信息全部录入北京市养老福利综合平台，等待北京市各区的运营补贴政策落实，有效缓解了北京养老业的压力。对年满 60 周岁的低保和重点优抚对象，按照每人每月 60 元的标准发放养老服务补贴，共发放养老服务补贴 164.73 万元，让弱势老年人群体切身感受到党和政府的关怀与温暖。

【退役军人事务保障力度加大】 坚持落实各项优待抚恤政策，及时梳理个人信息，确保每一条数据准确无误。2021 年，及时足额发放各项抚恤金、补助资金和义务兵家庭优待金、医疗补助和报销住院费用；向企业军转干部发放生活困难补助金、失业救济金，春节和“八一”建军节发放慰问金。完成县光荣院一期改造，并配齐室内设施；完成县骨灰堂升级改造，将 36 位无名革命烈士骨灰重新存放，并举办“9·30”公祭活动。春节和“八一”建军节期间慰问重点优抚对象，发放慰问金、慰问信；帮助驻香河部队协调解决资金，补充其经费紧张难题；慰问全县军休干部并发放慰问品；集中开展送喜报活动，并发放立功奖励金；高标准规划建设占地 1.95 公顷（29.3 亩）的烈士陵园，年内，完成规划设计、土地调规、征地流转等前期工作。

依托 1938 年日本侵略军给渠口镇店子务村造成的惨案历史，在村内古槐树旁修建占地 280 平方米的红色爱国主义教育基地。将该村主街打造成为“双拥”一条街，切实推动“双拥”文化走到群众身边、融入百姓生活。集中为退役士兵办理退役相关手续，提供“一站式”服务，举行退役军人返乡欢迎仪式，彰显“入伍光荣、退役荣耀”良好氛围。全面推行“阳光安置”，2021 年，做好军转干部、随军家属和符合政策安排工作的退役士官安置工作，召开线下退役军人专场招聘会 2 场、退役士兵人才“推介会”3 场，提供充足的就业岗位 600 余个。落实军休干部“两个待遇”，丰富其晚年生活。征订报刊杂志，供军休干部到所阅读；春节、“八一”节期间积极开展慰问活动；组织军休干部开展健康有益的文娱活动；定期做好每年一次的军休老干部健康体检工作；坚持每月组织军休干部参加政治理论学习；按时足额发放军休干部离退休金及各项生活补贴；积极协助遗属办理丧葬事宜，并按政策发放丧葬费、抚恤金等相关待遇。

【加强市场监管强化食药安全】 全年开展食品药品安全专项整治 20 次，消除安全隐患 73 个；抽检食品 2309 批次，药品 30 批次，对 58 批次不合格产品进行处理；开展“全国安全用药月”“食品安全宣传周”等宣传活动 17 次，发送食品质量安全科普信息 160 条，发布消费提示 12 篇，发送化妆品警示信息 5 万条。全县食品药品安全形势持续向好，群众获得感和满意度不断提升，2021 年度全市食品药品安全工作考核评价香河县等次为 A 级。年内，全县有 23 家经营单位获得了市级“美丽河北·诚信商家”荣誉称号。全年共抽检工业产品 122 批次、成品油 421 批次。全县 13 家气瓶充装单位已全部完成气瓶质量安全追溯系统建设，在用气瓶 49667 个，全部办理使用登记并粘贴电子标签，保障了气瓶使用安全。针对公共场所和小区在用电梯进行专项检查，排查出 1788 部电梯存在隐患，有效避免电梯突发事故。

【持续做好农资供应】 完善“统一购进、统一价格、统一配送、统一服务”的经营模式，将农资连锁经营服务网络向农业技术培训、农业产品推广、测土施肥、送肥到田间地头等公益性服务拓展，有效杜绝假冒、伪劣农资产品进入香河县市场，防止坑农害农事件的发生。截至年底，县供销合作社联合社生产资料公司已建有直营店 15 个，加盟店 80 个，下设网点覆盖各镇和 60%以上农资需求量较大的村街，开展“农资、农技下乡服务活动”6 次，充分发挥县供销合作社联合社农资供应主渠道作用，解决了农民“不会种”的难题，实现助农增收根本目的。2021 年，县供销合作社联合社积极促进河北供销便利店连锁有限公司与县政府对接，就平台建设交换意见，细化和完善《香河县为农服务综合平台建设规划实施方案》和《香河县为农服务综合平台项目合作框架协议》。该项目总投资预算约为 2.2

亿元，用于建设新型农贸市场、镇级综合服务中心、社区综合服务站、村级综合服务站等，建成后将大大提升县供销合作社联合社为农服务能力，带动全县农业发展。

【水利工程建设加强】 继续推进北运河香河段生态综合整治 PPP 项目治理工程建设。2021 年，完成牛牧屯引河至曹店橡胶坝段岸坡防护工程 5.7 千米；北运河束堤工程完成 1.5 千米，防洪标准由 20 年一遇提高到 50 年一遇；投资 9300 万元，完成曹店橡胶坝改建工程，防洪标准 50 年一遇；总投资 1.5 亿元，按 VI 级船闸标准建设完成船闸工程，为全省第一座具备通航条件的船闸。共投资 668 万元，完成老武河、蒲池河清淤工程，共计 3.9 千米。

【厕所改造实施】 2021 年，上级下达香河县农村户厕改造任务 1000 座，实际完成农户厕改造 3457 座。研究制定《香河县农村人居环境整治提升长效管护方案》，按照每年每人 100 元标准由县财政安排补助资金，妥善解决村街日常管理维护所需的资金问题。规范建立粪污处理体系，采取“粪污处理站＋粪污中转站”的模式，推进农村厕所粪污的无害化处理。厕所粪污处理站共 2 处，农村厕所粪污中转站 7 座，已完工投入使用。年内，投资 90 万元，采购大型吸污车两辆，与县环卫服务中心吸污车共同负责厕所粪污中转站和处理站之间的转运。现有粪污清淘工人 64 人，配备吸粪车 46 辆，建立厕所维修站点 8 个，维修人员 24 人，基本满足全县 300 个村的需要。

（杨　波）

综合事务管理

【概况】 作为县政府综合事务管理的县政府办公室，紧紧围绕全县中心工作和发展大局，贴近领导思路，把握工作规律，突出工作重点。特别是在“三重四创五优化”、“三包四帮六保五到位”、北运河廊坊段旅游通航、城乡环境整治提升、全市旅发大会筹办等全局性工作中，积极联系上下、协调左右，及时牵头组织会议，协调研究解决问题，为圆满完成各项任务提供了有力保障。2021 年，县政府办公室被市政府办公室评为廊坊市政府系统 2021 年度承办人大代表建议政协提案工作优秀承办单位、廊坊市政务信息工作先进单位、“12345”热线承办工作先进单位。

【政务信息】 及时搜集整理各领域重点亮点工作，精心筛选具有针对性、参考性、启发性和借鉴性的信息素材，充分展示全县经济社会发展成绩。全年编辑上报政务信息 330 余篇、专报信息 8 篇，其中被省、市采用 110 余篇，县政府主要领导 3 次对信息工作作出肯定性批示。9 月，县政府办公室在全市政府系统信息工作培训会上作典型发言。

【调查研究】 围绕领导关心、群众关注的热点难点问题，分头深入部门、企业、村街，开展调查研究，积极提出有重要参考价值的对策建议。全年撰写调研文章 8 篇，其中，《加快解决问题楼盘和涉房信访问题的调研报告》等 2 篇调研得到县政府主要领导肯定性批示，部分工作建议被纳入政府决策清单。

【办文办会】 文稿草拟坚持站在大局高度和领导角度，准确领会意图，把握精神实质；对文稿内容逐级审核负责，严把政策关、事实关、语言关、格式关。全年高质量起草领导重要讲话及大型汇报材料 340 余篇，印发各类政府公文 100 余件；规范公文处理工作，进一步明确了各单位公文报送格式、沟通事项和文件签批流程，有效提高了公文流转效率。全年共处理请示报告、电报传真等各级来文 6200 余件，切实做到传签及时、归档有序；做好会务组织和接待服务工作。全年共组织各级电视电话会议、现场会等重大活动 200 余次，迎接国家省市督导检查、考核验收 40 余次，切实做到安排周密、注重细节，圆满完成了各项任务。

【政务公开】 2021 年，香河县人民政府门户网站设置《今日要闻》《县域动态》等栏目20个，发布各类新闻1500余条。在政务公开平台建设方面，聘请河北省中信联公司对政府信息公开平台进行改版升级，实现政府门户网站与政府信息公开平台数据无障碍互通共享。公开内容主要涉及全县国民经济和社会发展情况、机构设置、发展规划、宏观经济、服务指南、重点项目、社会事业、安全生产、食品药品安全等热点话题，全年发布信息近1000条，在服务大局、引导舆论方面发挥积极作用。

【政务督查】 抓好《政府工作报告》7大方面99项重点目标任务跟踪督办，建立台账、倒排工期，实行月总结、季通报制度，全面推动政府中心工作高效开展；认真抓好热点难点工作专项督查，对违法占地拆迁、老旧居民小区改造等开展专项督查20余次，会同县委督查室就城乡环境整治、疫情防控等六项重点工作进行联合督查，坚持说实话、出实招、谋实策，形成督查专报35期，有力推进重点工作稳步开展；抓好领导批示件督办工作，专人盯办、一事一报，全年下发督办通知10次，及时反馈领导批交事项330余件，真正做到件件有着落、事事有交代；牵头做好国务院大督查迎检工作，起草制订方案，明确重点任务，组织相关部门深入开展“回头看”，确保国家各项利民惠企政策在基层落地落实。

【议案提案承办】 对人大代表的议案和政协委员的提案，及时跟踪办理进度，主动联系提件人听取意见建议，多次组织人员赴承办件数量较多、综合协调任务较重的单位给予业务指导。对答复文件内容和格式严格把关，不符合要求的坚决退回，确保办理高质量。截至年底，承办的227件省、市、县建议提案全部回复完毕，回复率100%，满意率99.1%。其中，“建立雨污分流排水系统”“减轻教师教学外的额外负担”“推进中小学生传统文化教育”等一批建议提案，承办单位创新工作思路，采取有力措施，取得较好成效，得到县人大代表、政协委员和社会群众的充分认可。

【金融运行监管】 常态化开展防范非法集资宣传教育活动，累计悬挂条幅、张贴海报、发放宣传材料3万余份，通过村街“大喇叭”、LED电子屏以及微信等新媒体开展普法宣传，进一步提高公众的识别能力和防范意识；开展重点金融行业领域风险排查，加强源头管控和治理，坚决遏制金融风险高发蔓延势头，全年共排查金融相关机构770余家，未发现重大风险隐患；做好地方金融组织市场准入、日常监管和风险处置工作，对中信国安第一城投资控股有限公司、上海绿地集团香河投资控股有限公司等6家企业变更事项进行了会商审批，根本遏制非法金融活动增量风险；做好行政许可和行政处罚信息报送工作，全年共报送“双公示”信息（行政许可、行政处罚等信用信息作出决定后上网公示的制度）1.7万余条，组织相关部门向“信易贷”平台推荐信用良好企业，方便金融机构自由审查并发放贷款，进一步畅通资金直达企业渠道。

【信用体系建设】 加强信用信息归集和报送。协调县发展和改革局、县科学技术和工业信息化局、县市场监督管理局、县人民法院等重点部门定时更新信用数据库，确保数据准确性、时效性。2021年，与市政府专网实时传输上报“双公示”信息1.77万余条；加强信用产品应用和推广。在金融服务方面，制定实施《优质客户贷款限额管理办法》《中小企业联保贷款管理办法》《农村信用社优质客户贷款限额管理办法》等一系列信贷政策，不断完善金融生态体系。在信用推广方面，建立中小企业贷款网上对接平台银企对接常态化机制，组织县科学技术和工业信息化局、县住房和城乡建设局等部门向“信易贷”平台推荐信用状况良好的企业，各金融机构通过线上查询企业信用状况自主审查并发放贷款，缓解银企信息不对称、企业融资难问题；加强联合惩戒与失信治理。印发实施《香河县人民政府关于建立完善守信联合激励和失信联合奖惩制度加快推进社会诚信建设的实施方案》，信用牵头部门会同县法院、人社、住建部门建立失信被执行人信息公开机制、拖欠农民工工资“黑名单”制度、建筑市场信用管理暂行办法和建筑市场“黑名单”，并予以公开，充分运用失信、限制高消费、限制出（国）境、限制乘坐飞机高铁软卧以及采取司法拘留、罚款等各种措施，惩治“老赖”失信行为。

（杨　波）

行政审批

【概况】 2021年，香河县行政审批工作在县委、县政府领导下，贯彻落实中央和省、市关于统筹常态化疫情防控和经济社会发展的决策部署，以效率、效益、效果为导向，坚持一手抓疫情防控、一手抓经济社会发展，全力优化服务流程，不断提高审批效能，激发市场活力，持续优化营商环境，以推进便民利企“微改革”为抓手，为推进全县经济社会发展做出应有贡献。6月，市委改革办联合市行政审批局对各权责清单制度落实情况进行了督察。年底，省公共资源交易协会为香河县行政审批局公共资源交易中心颁发“2021年度公共资源交易平台建设贡献奖”。年内，7篇关于香河行政审批亮点工作和先进经验的文章被《人民日报》《经济日报》《河北日报》及“学习强国”河北学习平台、廊坊新闻等重点媒体发布和转载，廊坊电视台和香河电视台5次对香河行政审批工作进行新闻报道，“香河政务服务”微信公众号发布消息211条。

【行政审批事项受理】 2021年，完成项目业务审批322件，新登记注册内资企业5830户，新登记个体工商户4954户，办理注销登记共6109户，通过“一窗通”平台共办理分公司登记5户。市场服务类行政审批事项办结3699件，交通城管类行政审批事项办结323件，社会事务类行政审批事项共受理业务1658件，农林水务类行政审批事项办理16件。

【落实权责清单制度】 编制《香河县权责清单事项总表》《香河县权责清单事项分表》《香河县权责清单责任事项和追责情形依据分表》3种政府部门权责清单，涉及县交通运输局、县人力资源和社会保障局、县自然资源和规划局、县市场监督管理局等26个政府部门的2642项行政审批事项，县行政审批局会同县政府办公室、县人大法工委、县司法局、县委编办进行审核，并在香河县人民政府门户网站上进行公示。权责清单制度落实工作在全市考核中获得优秀，得到县委主要领导肯定性批示。

【梳理事项清单】 依据河北省相关事项清单，梳理调整《香河县行政许可中介服务事项清单》《香河县纳入政府部门审批程序的技术性服务事项清单》《香河县行政许可事项通用目录（2020年版）》《香河县公共服务事项通用目录（2020年版）》《香河县政务服务事项（除行政许可、公共服务）通用目录（2020年版）》，并及时在政府门户网站上公开，接受社会监督。

【行政事权下放】 香河县乡镇改革事权下放工作涉及19家县直部门、198项事项。县行政审批涉及23项下放事项，6月，对其中的20项行政许可委托事项与各镇、香河经济开发区签订《行政许可委托书》。

【深化证照分离工作改革】 深化证照分离，优化营商环境，激发市场主体发展活力。县行政审批局对照改革任务，结合香河县工作实际，广泛征求各部门意见建议，梳理编制《香河县涉及的涉企经营许可事项改革清单》，制定出台《关于持续深化“证照分离”改革进一步激发市场主体发展活力的工作方案》，从涉企经营许可事项改革清单、改革方式、事中事后监管、保障措施等多方面对全面开展“证照分离”改革工作作出安排部署，持续深化“证照分离”改革全覆盖，大幅提高市场主体办事的便利度和可预期性，加快打造市场化、法治化、便利化的营商环境。

【“一窗通办”专区设立】 为方

便群众综合政务服务需要，搭建“一窗通办”受理专区，群众通过专区内任意一个窗口即可办理全区任意一项服务，推动窗口综合化、全科化。对审批局6个股室涉及的206项审批事项重新梳理汇总，全部纳入“一窗通办”受理专区，实施“前台综合受理、后台分类审批、统一窗口出件”的运行模式。实现审批申请统一受理、受理人员统一管理和对外咨询统一答复，避免出现窗口忙闲不均、个别窗口排队超长的现象。在设立“一窗通办”受理专区的基础上，积极建立各股室间业务的融合贯通机制，强化跨专业业务培训，进一步提升受理人员的业务办理能力。为适应随时出现的政策调整需要，建立起股室间沟通、综合受理与分类办理流转、政策变化与审批标准衔接的工作机制，全面实现业务协同办理；在保持部门职能不变的基础上，将部门政务办事事项的收取材料、发放证照等服务业务分离出来，统一由综合窗口办理，实现不见面审批。综合受理窗口实行“一次告知、清单受理”，审批后台实行“内部流转、限时审批”，实现了“受理”与“审批”的相对分离，有效提升了窗口受理范围、工作效率和综合服务能力。

【建设项目审批模式优化】 将建设项目审批所需的34项审批事项全部整合至投资项目审批专区，通过“建设项目并联审批平台”和“工程项目审批管理系统”，实现同时受理、同步审批、统一出证，并联审批率达到100%。开展容缺办理，开启审批“直通车”，2021年，采取容缺审批方式核准办理北运河通航工程等项目手续5件。探索实现拿地即开工的审批模式，在香河华海云谷云计算数据中心项目中创新工作方式方法，研究细化工作流程，实现产业项目拿地即开工，大大缩短了审批时限，实现早开工、早建设、早受益。

【企业登记便利化】 企业开办审批流程持续优化。在坚持“一网办”“一区办”“一机办”“一日办”的基础上，着力解决企业开办过程中的难点问题，加大改革力度，及时推出视频认证、拍照认证等方式，解决了企业相关人员不能到现场实名认证问题，确保企业及时办结各项业务。实行“一照多址”登记改革，推行市场主体住所登记实行申报登记制，企业名称自主申报，免费刻制公章和发票专用章、免费快递服务，实现了“办理不出家、执照送到家、一次不用跑”。

【推进“互联网+政务服务”】 按照全省政务服务工作会议精神，加强推动“互联网+政务服务”工作，推进一体化政务服务水平大幅提升，增强群众获得感。电子证照应用。积极对接市局及河北省电子认证有限公司，协调解决县直各单位及乡镇电子印章制作及备案中的问题，加快电子签章的全覆盖工作，截至年底，完成县级国办章制作61个，完成电子证照签发21544张。全流程网办。严格按照《河北省推进政务服务全流程网办实施方案》开展工作，提升在线政务服务能力水平，推动企业群众办事“一网通办”，开通全流程网办事项453项。“好差评”工作。大力推进政务服务部门、事项的评价度，推进医保、公安部门“好差评”系统对接，将各个部门办理的政务服务事项全部纳入“好差评”系统进行评价，逐步实现政务服务事项全覆盖。“互联网＋监管”工作。持续推进“互联网+监管”系统建设，组建“香河县互联网+监管”微信群，及时转发省市关于“互联网+监管”相关工作通知，定期通报监管行为覆盖率及未覆盖监管事项明细。“冀时办”对接。不断拓展政务服务渠道，推进“冀时办”App微信公众号的推广和应用，“冀时办”App大厅预约功能已开发完成并投入使用，积极推进覆盖范围广、应用频率高的政务服务事项向客户端、移动端延伸，推动实现更多政务服务事项“掌上办”“指尖办”。

【推进政务服务与通州区实现“区域通办”】 2021年5月，廊坊市“北三县”与北京城市副中心通州区签订政务服务“区域通办”联动机制框架协议，453项高频便民事项、70项政务服务事项实现“区域通办”，方便两地群众和企业“家

市民在县便民服务中心 24 小时自助厅办理北京政务服务自助业务　县行政审批局供图

门口”就近办事；6月，与通州区市场监督管理局签订《市场主体登记服务协同互通协议》，香河县在全市率先实现营业执照“跨省通办”；梳理廊坊市“北三县”政务服务一体化事项 38 项，加强与副中心沟通对接，引进北京综合政务服务自助设备，不进京即可办理北京市社会保障、市场监管、公积金、医疗保障、税务服务、住房置业等 23 个部门的 179 个政务服务事项，截至年底，通过北京市政务服务自助终端办理各类业务 781 件，各类业务点击量 3139 次，自助厅建设、群众查询、自助办理业务总数处于全市领先位置。行政职权对比。县行政审批局对香河县 1907 项行政职权与北京市通州区 1183 项行政职权事项的职权名称、职权类型、行使层级、审批权限差异、办理时限差异等做了逐一比对，整理并上报 548 项与北京市通州区相同或相近的行政职权事项，并对职业技能鉴定督考员资格等向上级主管部门提出权限需求。

【24 小时政务服务自助大厅建设】 高标准建成香河县 24 小时政务服务自助大厅，从便民化、利企化角度对自助厅进行优化设置，实现政务服务从 8 小时向“全天候”服务的跨越，填补了办公时间外的服务盲点。自助大厅整合社保、税务、公积金、身份证、不动产查询、百川燃气缴费、北京综合政务服务等多个部门自助终端设备，提供高频政务服务事项 24 小时办理，切实解决群众“上班时间没空办事，休息时间没处办事”的困扰，为广大市民带来更为高效便捷的政务服务。

【村（社区）综合服务站建设】 截至 2021 年底，全县辖区内各镇（社区办）、香河经济开发区的 323 个村（社区），建成村（社区）综合服务站 323 个，政务服务实现村（社区）100%全覆盖。

【公共资源交易】 把改革创新作为加强公共资源监管的有效途径，坚持集中交易、网络运行、源头防腐的改革思路，以体制、科技、制度为重点，促进交易活动规范化、科学化、制度化运行。实现不见面开标，开标由线下“面对面”转变为网上“键对键”，进行远程在线实时开标。安装远程异地评标系统软件，与省市交易平台对接，通过共享其他县（市、区）的评标设施、场所、监管环境等资源，缓解专家资源不足问题，提高评标效率，节约成本。2021 年，县公共交易中心完成交易 320 项，标的金额 800435.23 万元，为各方交易主体节约资金 5689.99 万元，增加财政收入 590.73 万元。其中，政府采购 211 项，总投资 340976.06 万元，成交金额 337685.19 万元，节约资金 3290.87 万元；建设工程类项目 94 项，总投资 283872.03 万元，中标金额 281472.91 万元，为投资主体节约资金 2399.12 万元；土地拍卖 5 项，起拍价 96013.15 万元，成交金额 96478.47 万元，增加财政收入 465.32 万元；产权交易 10 项，起拍价 79573.98 万元，成交金额 79699.39 万元，增加财政收入 125.41 万元。

（马　龙）

中国人民政治协商会议香河县委员会

责任编辑　陈述龙　张　丹

综　述

2021 年，中国人民政治协商会议香河县委员会常务委员会(简称县政协常委会)，在中共香河县委的坚强领导下，在县政府的大力支持下，坚持以习近平新时代中国特色社会主义思想为指导，认真贯彻中共十九大、十九届历次全会以及省、市党代会精神，紧紧围绕县委部署的大事要事，突出团结和民主两大主题，认真履行政治协商、民主监督、参政议政三大职能，踔厉奋发、昂扬竞进、主动作为，为加快建设“协同发展示范区、绿色活力幸福城”贡献智慧和力量。围绕传达学习中央和省、市、县委重要会议精神，先后召开专题会议 4 次，发放学习资料 600 余份。围绕“协商民主与人民政协”“提高委员履职能力”等专题，组织委员参加省、市政协视频培训 4 次。坚持一切重要工作在县委的领导下开展，一切重要活动围绕县委中心任务进行，一切重要安排报县委审定。先后就调研视察、人事调整等重大事项，及时向县委请示报告 14 次，切实把党的领导贯穿于政协工作始终。

聚焦打造“宽领域、多层次、常态化”的协商格局，选取“城乡环境综合整治提升”“校外培训机构监管”“城市建设与管理”等事关全县发展、群众广泛关注的重点课题，深入一线开展调研，广泛征求各界意见，召开专题议政性常委会会议进行研讨，提出工作建议 60 余条，为推进相关工作发挥积极作用。加强提案监督，全年办理委员提案 153 件。加强社会监督，组织委员先后参加县人民法院、县人民检察院以及县直部门组织的座谈、听证和问卷调查等活动 120 余人次。加强视察监督，组织委员围绕“园区和项目建设”“文明县城创建常态化”等工作开展专题视察 2 次，提出 15 个方面 45 条建议。组织 7 个委员活动组围绕大气污染治理、教育优质均衡发展、新冠肺炎疫情防控等工作开展调研，及时就群众关心关注的热点问题发出声音、提出建议。围绕解决道路交通堵、幼儿入学难、便民市场少、工程建设慢等问题，广泛征求委员意见与建议，先后发放征求意见表 150 份，征集有效建议 20 余条。积极助力项目攻坚，组织召开大爱城、绿地食品城项目协调对接会议 5 次，梳理相关问题 14 个，有效推动项目推进。围绕北运河廊坊段建设、提高土地利用效率、优化营商环境等课题，协助省、市政协完成调研视察活动 6 次，介绍先进经验、宣传香河做法。强化自身建设。修订完善了政协香河县委员会《全体会议工作规则》《常务委员会工作规则》《专门委员会通则》等 7 个文件，使其更加符合形势要求和工作实际。按照组织程序，配备了农业和农村委员会主任，使工作运转更加顺畅。深入开展“弘扬运河通航精神”大讨论活动，对标对表北京市政协学习委等先进单位，努力学先进、争先进。开展“干部作风大转变、工作效能大提升”活动，主动开展机关工作满意度调查，征求委员意见建议，进一步补短板、强弱项。认真召开民主生活会，深入开展批评和自我批评，检视出问题12个，制定整改措施17条。年内，政协香河县委员会被省政协常委会办公厅评为新闻宣传和学刊用刊先进单位。

（付　震）

政协香河县委员会机构设置

【政协香河县委员会常委会领导机构】 2021年，政协香河县第九届委员会有主席1名，副主席4名（其中，非中共人士2名、女性1名）。7月24—26日，政协香河县第十届委员会一次会议召开，选举产生政协香河县第十届委员会，政协香河县第十届委员会有主席1名，副主席4名（其中，非中共人士2名）。

【政协香河县委员会工作机构】 2021年，政协香河县委员会工作机构有办公室、提案委员会、科技经济委员会、社会发展委员会、农业和农村委员会。（付　震）

政协香河县委员会全体会议

【概况】 2021年，召开政协香河县第九届委员会第五次全体会议和政协香河县第十届委员会第一次全体会议。

3月1—3日，中国人民政治协商会议香河县第九届委员会第五次会议召开。图为开幕会现场　　县融媒体中心供图

【政协香河县第九届委员会第五次全体会议】 2021年3月1—3日，政协香河县第九届委员会第五次会议在第一城召开，参加会议委员应到158名，实到150名。会议听取和审议县政协主席马文龙所作的《中国人民政治协商会议香河县第九届委员会常务委员会工作报告》；听取和审议县政协副主席苏宽所作的《中国人民政治协商会议香河县第九届委员会常务委员会关于九届四次会议以来提案工作情况的报告》；全体政协委员列席县十五届人大五次会议第一次全体会议，听取并协商讨论《政府工作报告》，协商讨论其他报告；通过大会政治决议。

【政协香河县第十届委员会第一次全体会议】 2021年7月24日至26日，政协香河县第十届委员会第一次会议在第一城召开，参加会议委员应到160名，实到152名。会议听取和审议县政协主席马文龙所作的《中国人民政治协商会议香河县第九届委员会常务委员会工作报告》；听取和审议县政协副主席刘奖波所作的《中国人民政治协商会议香河县第九届委员会常务委员会提案工作报告》；列席县十六届人大一次会议第一次全体会议，听取并协商讨论《政府工作报告》，协商讨论其他报告；会议选举焦国强为政协香河县第十届委员会主席，张浩波、刘奖波、王强、孙志坚为副主席，任宏伟为秘书长，选出政协常务委员会委员23名；通过大会政治决议。

（付　震）

县政协常委会会议

【概况】 2021年，县政协常委会召开8次会议。其中，县政协九届常委会召开5次，县政协十届常委会召开 3 次。

【县政协九届二十次常委会会议】 2 月 24 日，县政协主席马文龙主持召开县政协九届二十次常委会会议。会议讨论并通过《县政府 2020 年全县经济社会发展情况的通报》和《关于县政协九届四次会议以来提案办理情况的通报》；审议通过由统战部提交的委员调整方案；审议通过由统战部提交的县政协换届时间调整方案，香河县政协换届完成时间由 2022 年 2 月提前到 2021 年 7 月；会议决定政协香河县第九届委员会第五次会议定于 3 月 1—3 日在第一城召开，会期 3 天。会议审议通过政协香河县第九届委员会第五次会议议程、日程草案；审议通过《中国人民政治协商会议香河县第九届委员会常务委员会工作报告（讨论稿）》和《中国人民政治协商会议香河县第九届委员会常务委员会关于九届四次会议以来提案工作情况的报告（讨论稿）》，并协商确定马文龙、苏宽分别为上述两个报告的报告人；讨论通过政协香河县第九届委员会第五次会议期间秘书长建议名单草案；大会副秘书长建议名单草案；提案审查委员会主任、副主任、委员建议名单草案；对政协全会工作做出安排。

【县政协九届二十一次常委会会议】 3 月 3 日，县政协主席召开马文龙主持县政协九届二十一次常委（扩大）会议。会议听取政协委员对《政府工作报告》及其他报告协商讨论情况的汇报，全体与会委员充分肯定《政府工作报告》，结合自身的工作及全县的实际，提出建议和意见，概括起来，主要有以下几个方面：一要不断解放思想，推动高质量发展。二要保障和改善民生，增进民生福祉。三要切实转变工作作风，提升公信力和执行力；听取各组对县委书记李桂强讲话及政协常委会工作报告、县政协九届四次会议以来提案工作报告讨论情况的汇报；审议通过本次会议决议（草案），一致同意提交第五次全体会议审议。

【县政协九届二十二次常委会会议】 4 月 29 日，县政协主席马文龙主持召开县政协九届二十二次常委会会议。会议学习全国“两会”期间习近平总书记分别参加内蒙古、青海代表团审议，出席中国人民解放军和武警部队代表全体会议，看望政协医药卫生界、教育界委员并参加联组会上的重要讲话精神；学习十三届全国人大四次会议、全国政协十三届四次会议精神，传达河北省学习贯彻全国“两会”精神及领导干部会议精神和市委有关要求部署。会议通报县政协《2021 年度协商和监督工作计划》，通报《中共政协香河县委员会党组 2021 年工作要点》。会议强调，政协委员尤其是县政协常委要充分发挥好“领头雁”作用，按照中央和省、市、县委决策部署，把助推“十四五”发展作为履职重点，积极建言资政，强化履职担当，为建设美丽幸福新香河贡献政协力量。

【县政协九届二十三次常委会会议】 7 月 17 日，县政协主席马文龙主持召开县政协九届二十三次常委会会议。会议审议政协香河县第十届委员会委员推荐人选名单和常委推荐名单，按照市委、县委关于县政协换届工作的要求，政协香河县第十届委员会应聘委员 165 名，为给以后政协届中调整增补委员留有余地，暂聘委员 160 名，预留 5 名空额。界别设置为 15 个，分别是中共、无党派人士、工青妇科协、工商联、侨联、文化艺术与新闻出版、科学技术、农业、社会科学、经济、教育与体育、医药卫生、社会福利与社会保障、少数民族与宗教、特别邀请人士。在 160 名委员中，中共党员 62 名，党外人士 98 名，所占比例分别为 38.8%和 61.2%；继续提名委员为 55 名、占总数的 34.4%，新提名委员为 105 名、占总数的 65.6%。县十届政协一次全会拟安排常委 31 名，因需常委预留名额待届中增补，实际拟安排常委 29 名。

【县政协九届二十四次常委会会议】 7 月 22 日，县政协主席马文龙主持召开县政协九届二十四次常委会会议。会议讨论并通过县政府《关于县政协九届五次会议提案办理情况的通报》；会议决定政协香河县第十届委员会第一次会议于2021年7月24日至26日在第一城召开，会期3天；审议通过政协《香河县第十届委员会第一次会议议程（草案）、日程（草案）》；审议通过《政协香河县第九届委员会常务委员会工作报告（讨论稿）》和《政协香河县第九届委员会常务委员会提案工作报告（讨论稿）》，同意将上述两个“报告”提交政协十届一次会议审议，会议决定推举马文龙、刘奖波分别为上述两个“报告”的报告人；会议协商讨论政协香河县第十届委员会主席、副主席、秘书长、常委建议名单（草案）；协商讨论政协香河县第十届委员会第一次会议期间大会主席团成员建议名单（草案）；主席团常务主席建议名单（草案）；大会秘书长建议名单（草案）；大会副秘书长建议名单（草案）；提案审查委员会主任、副主任、委员建议名单（草案）；审议政协香河县第十届委员会第一次会议委员分组及组长建议名单；对政协全会工作做出安排。

【县政协十届一次常委会会议】7月30日，县政协主席焦国强主持召开县政协十届第一次常委会会议。会议学习《中国共产党香河县第十二次代表大会工作报告》《中国共产党香河县第十二次代表大会决议》，学习县委书记梁宝杰在中国共产党香河县第十二次代表大会闭幕式上的讲话、在县委十二届一次全会结束时的讲话、在政协香河县第十届委员会第一次会议开幕式上的讲话、在香河县十六届人大一次会议闭幕时的讲话。

【县政协十届二次常委会会议】9月13日，县政协主席焦国强主持召开县政协十届第二次常委会会议。会议学习习近平总书记在河北承德考察调研时的重要讲话精神和习近平总书记在中央党校（国家行政学院）中青年干部培训班开班式上的重要讲话精神，学习省委书记王东峰在全省领导干部电视电话会议上的重要讲话精神，学习市第七次党代会和市“两会”精神。会议审议修订《政协香河县委员会全体会议工作规则》《政协香河县委员会常务委员会工作规则》《政协香河县委员会专门委员会通则》《政协香河县委员会委员履职工作规则》《政协香河县委员会常委提交年度履职报告工作办法》《政协香河县委员会协商议政质量评价工作办法》《政协香河县委员会提案审查工作实施细则》等7个文件。会议通报《关于免去刘国华十届政协常委职务和撤销委员资格的决定》。会议审议通过《政协香河县委员会关于推进大运河文化带建设的调研报告》《政协香河县委员会关于加强校外培训机构监管的调研报告》。

【县政协十届三次常委会会议】12月9日，县政协主席焦国强主持召开县政协十届三次常委会会议。会议主要内容是：听取并讨论县政府关于政协十届一次会议以来政协提案办理情况。县政协十届一次会议以来，政府系统承办委员提案89件，已全部办理完毕，其中，提案中提出的问题得到解决或基本解决的42件，正在解决或列入计划准备解决的35件，受立项条件或上级政策等因素制约暂无法解决的12件，委员满意率100%。听取并讨论县政府《关于2021年全县经济社会发展情况的通报》。审议并原则通过县政协《关于加强城市建设与管理的调研报告》《关于推进城乡环境综合整治提升行动的调研报告》两个专题协商议政报告。传达学习中共十九届六中全会精神和省第十次党代会精神。研究县政协专委会人事任免事宜，表决通过《政协香河县第十届委员会农业和农村委员会主任任命名单（草案）》，同意刘东任县政协农业和农村委员会主任，不再担任县政协科技经济委员会副主任职务。

（付　震）

政治协商

【概况】　2021年，县政协紧扣县委、县政府中心工作和群众普遍关心的热点、难点问题，通过全会协商、专题协商等形式，聚焦全县经济和社会发展，献计献策，推进建设“协同发展示范区、绿色活力幸福城”。

【全会协商】 2021 年，召开县政协九届五次全会和县政协十届一次全会，重点围绕“一府两院”工作报告及其他报告和全县中心工作开展协商，委员通过现场发言和书面交流发言的方式，围绕全县政治、经济、法治、教育、文化、生态环保、社会保障等各个方面，紧扣县委县政府中心工作，聚焦民生热点、难点，提出意见和建议，得到县委县政府的重视和采纳。

【专题协商】 9 月 13 日、12 月 9 日分别召开 2 次专题议政性常委会会议，围绕北运河旅游通航工程，积极组织人员进行实地踏勘，与部门沟通对接，与专家研讨交流，搜集整理资料，查找分析问题，形成推进大运河文化带建设的调研报告，为做好运河通航“后半篇文章”提供参考。聚焦打造“宽领域、多层次、常态化”的协商格局，选取城乡环境综合整治提升、校外培训机构监管、城市建设与管理等事关全县发展和群众广泛关注的重点课题，深入一线开展调研，广泛征求各界意见，召开专题议政性常委会会议进行研讨，提出工作建议 60 余条，并形成专题报告上报县委，得到县委主要领导充分肯定，为推进相关工作发挥了积极作用。

（付　震）

民主监督

【概况】 2021 年，县政协围绕建设“协同发展示范区、绿色活力幸福城”这一目标，紧贴民生福祉，改善推进民主监督，采取提案监督、视察监督、社会监督等形式，探索创新民主监督形式，不断完善监督机制，将监督贯穿履职全过程，民主监督的组织化程度和监督实效明显提升。

【提案监督】 加强提案监督，全年共提出提案 153 件，形成《九届五次全会提案简编》《十届一次全会提案简编》上报县委、县政府，为县委、县政府科学决策提供有益参考，有效促进了燃气安全保障、便民市场建设等一批民生实事的推进。县政协十届一次会议以来，政府系统共承办委员提案 89 件，已全部办理完毕。提案中提出的问题得到解决或基本解决的 42 件；正在解决或列入计划准备解决的 35 件；受立项条件或上级政策等因素制约暂无法解决的 12 件，委员满意率 100%。

【视察监督】 9 月 7 日，组织政协委员围绕“园区和项目建设”开展专题视察，并召开县政府相关职能部门负责人和企业主要负责人参加的协商议政座谈会；10 月 30 日，组织委员围绕“文明县城创建常态化”开展专题视察。县政协在 2 次专题视察中提出 15 个方面 45 条意见和建议，有效促进全县经济和社会的发展。

【社会监督】 2021 年，先后组

9 月 7 日，组织政协委员围绕园区和项目建设开展专题视察并召开座谈会。图为县政协主席焦国强（右）带领政协委员到香河经济开发区视察云储数字经济产业基地项目建设情况
县融媒体中心供图

织委员 120 余人次参加县人民法院、县人民检察院以及县直部门开展的座谈、听证和问卷调查等活动，做到在参与中支持、在支持中服务、在服务中监督。

（付　震）

参政议政

【概况】 2021 年，县政协围绕县委、县政府中心工作，经济社会重点工作和群众关心的热点、焦点问题，积极参政议政，建言献策。

【聚焦实事议政建言献策】 县政协十届一次会议期间，组织委员认真讨论政府工作报告和其他重要报告，为全县经济社会发展出点子、提建议、献良策。组织 7 个委员活动组围绕大气污染治理、教育优质均衡发展、新冠肺炎疫情防控等工作开展调研，及时就群众关心关注的热点问题发出声音、提出建议。围绕解决道路交通堵、幼儿入学难、便民市场少、工程建设慢等问题，广泛征求委员意见与建议，发放征求意见表 150 余份，征集有效建议 20 余条，均充实到相关报告中，促进了问题解决，推动了工作开展。

【助推全县重点工作开展】 积极助力项目攻坚，先后 3 次组织人员深入大爱城、绿地食品城项目现场进行实地调研，组织召开协调对接会议 5 次，梳理相关问题 14 个，逐一确定责任人员，明确解决路径。其中，水厂定价等 9 个问题已基本解决，其余 5 个问题在推进解决中。认真落实信访接待制度，妥善化解涉房信访积案 5 件，为维护全县稳定大局贡献了力量。严格落实河长责任，定期巡查分包河（渠）段，下发河长令，整改水面垃圾等问题 20 余项。主动落实包联责任，深入企业调研走访，宣传惠企帮扶政策，建立问题台账，帮助企业协调解决用电、供气、招工等实际困难 10 余项，保障了企业安心经营、健康发展。

【交流合作】 充分发挥政协人文荟萃、联系面广的优势，先后组织政协委员到北京市政协参加轨道交通运营、协同发展等方面的学习交流活动 3 次，拓宽了视野，增进了友谊。围绕北运河廊坊段建设、提高土地利用效率、优化营商环境等课题，协助省、市政协完成调研视察活动 6 次，介绍了先进经验、宣传了香河做法。围绕推进乡村旅游高质量发展、农业基础设施建设等内容，接待了张北县、霸州市政协来香河进行考察交流活动，三地政协组织相互学习、取长补短，达到交流合作的目的。

【文史资料编辑】 2021 年 12 月，县政协组织编辑的《水毓淑阳——香河水文化遗产辑录》印刷出版，进一步推动了香河历史文化的传承与传播。为加强香河历史文化的挖掘整理，开展香河水文化遗产专项研究，厘清香河社会发展的水脉络，构建香河水文化遗产保护体系，提升香河文明城市建设的软实力，8—11 月，县政协成立香河水文化研究课题组，对全县的水文化遗产资源进行调查，涉及 20 世纪 70 年代以前建设的物质类水文化遗产 400 余处，非物质水文化遗产 50 余个，通过现场勘查、走访调查、文物征集、查阅典籍等形式，对全县水文化遗产现状进行深入挖掘整理，其间，邀请本县专家学者召开专题研讨会 4 次。全书按照遗产类型和文章内容设河流故道、水坝闸渠、桥梁堤防、渡口码头、石碑石刻、出土沉船、古迹遗址、水缘村落、水文化器具、非物质水文化遗产、水利文献 11 章，整理、选编各类文章 90 余篇，16 万字，配以地图、照片和插画 200 余幅。

【强化自身建设】 严格执行《委员履职工作规则》《常委提交年度履职报告工作办法》，建立委员和常委履职档案。9 月，修订完善了政协香河县委员会《全体会议工作规则》《常务委员会工作规则》《专门委员会通则》等 7 个文件；为进一步强化委员履职本领，分 3 批次开展以“知县情、爱家乡、助发展”为主题的全员培训活动，学习政协《中国人民政治协商会议章程修正案》等知识，到北运河香河中心码头、香河机器人小镇、中粮可口可乐华北饮料有限公司、县垃圾焚烧发电厂等处参观学习，激发委员热爱家乡、发展家乡的热情和责任。强化机关队伍建设，配备农业和农村委员会主任，使工作运转更加顺畅。结合党史学习教育，组织机关干部到乐亭县参观李大钊故居和纪念馆，瞻仰先烈风采，传承革命精神。深入开展“弘扬运河通航精神”大讨论活动，对标对表北京市政协学习委等先进单位，努力学先进、争先进、做先进。扎实开展“干部作风大转变、工作效能大提升”活动，先后组织各类会议活动 20 余次，起草各类文件材料 40 余份，做到了高效有序。主动开展机关工作满意度调查，征求委员意见建议，进一步补短板、强弱项。认真召开民主生活会，深入开展批评和自我批评，检视出问题 12 个，制定整改措施 17 条。

（付　震）

政协委员提案办理及建议选载

【概况】 2021 年，政协香河县九届、十届委员会政协委员围绕香河县政治经济社会发展，针对发展中存在的问题，认真撰写提案和建议。提案和建议涉及雨污分流、营造企业发展环境、建议县内各小学增加阅读课程，开放学校图书室、加大安全使用燃气的宣传力度等。

【提高居民使用燃气的安全意识】 该议案由香河县百川燃气公司政协委员张然提出。主要内容是：居安思危，防微杜渐，让家园更安全，建议官方媒体利用各种宣传手段，加大宣传力度，提高居民使用燃气的安全意识。

县住房和城乡建设局对张然委员的提案给予答复：香河县住房和城乡建设局（简称“县住建局”）坚持“标本兼治、综合治理、源头管控”的安全监督理念，按照“全覆盖、零容忍、严执法、重实效”的总体要求，认真贯彻落实《城镇燃气管理条例》《河北省燃气管理条例》等规章制度，严格落实部门和企业责任。县住建局不定期联合各镇组织燃气企业开展燃气安全知识宣传活动。采用群众喜闻乐见的大秧歌表演形式，将煤改气安全使用常识与大秧歌相结合，组建煤改气安全宣传秧歌队，入村进行安全宣传。拍摄快板形式的短视频，把煤改气的好处及安全用气、事故应急处理等向用户进行宣传，使用户增强防范意识、安全意识。县住建局聘请了有资质的检测机构参与燃气行业安全隐患排查。2021 年，累计入户检测 6000 户，发现并整改问题隐患 400 余处。县住建局将严格督导燃气企业每年按规定完成入户安检。为提高入户安检效率，县住建局要求燃气企业入户安检前，必须提前联系用户，同时县住建局将引导用户每年主动联系燃气企业进行入户安检。2020 年 5 月 29 日，县住建局印发了《关于加强全县域内燃气设施附近动土施工保护通告》，规定任何单位和个人不得擅自在燃气设施保护范围内从事敷设管道、打桩、顶进、挖掘、钻探、取土等可能影响燃气设施安全的活动。若必须实施勘察、建设、施工或拆改迁移，之前应与县住建局、县安全生产监督管理局等燃气管理部门进行备案，备案后方可施工。施工时，建设单位应会同施工单位与燃气公司共同制定燃气设施保护方案。在各建设单位施工过程中，由香河县百川燃气销售有限公司给予协助，提供燃气设施资料，指明燃气设施位置走向，派人现场监护施工等措施，配合做好燃气设施的保护工作。

政协委员张然对县住建局的答复表示满意。

【多措并举管控道路非机动车辆】 该提案由县审计局政协委员靳哲雯提出，提案主题是多举措管控非机动车辆。近两年，为创建省级文明县城，香河县先后对新华大街、府前街、新开街、迎宾路等路段进行施工修建，但道路竣工恢复通车后，暴露出非机动车行使挤占机动车道，尤其是上下班高峰时段，加大了发生交通事故的风险，鉴于上述情况提出以下建议：是否可以对道路多设置一些引导设施和指示牌，降低非机动车辆与机动车辆发生碰撞的可能性；是否可以增加执法手段，强制与引导相结合；多举办遵守交通规则方面的一些活动，利用图片、视频等方式加大宣传，提高居民素质。

县公安交通警察大队（简称县交警大队）给予答复：为进一步加强和规范非机动车通行管理，县交警大队合理安排警力，以超市、学校、医院、商铺、广场为重点，加强重点时段和重点路段的动态巡逻管控，采取日常查控和集中整治相结合的方式，严查电动车闯红灯、逆向行使、占用机动车道等严重影响交通安全的违法行为，特别是在午间及晚间送餐高峰时段，严查严处外卖非机动车不戴安全头盔、闯红灯等违法行为。通过传统媒体及微信、交通广播等新媒体平台加大宣传力度，曝光典型事故案例及非机动车违法行为，以案说法，形成“曝光一起，教育一片”的效果。下一步，县交警大队将加大治理力度，始终保持对电动车严管严查的高压整治态势，进一步提升非机动车遵章守法率，确保整治行动取得实效。

政协委员靳哲雯对县公安交警大队的答复表示满意。

【关于加强文明养犬管理】 该提案由政协委员张景艳提出，提案的主要内容是：近年来随着经济社会的发展，人民生活水平大幅提升，不少居民将狗作为宠物饲养。由于缺乏有效的监管措施，经常发生宠物犬随地大小便、咬人伤人、犬吠扰民、不力和谐社区建设等问题，据此提出如下建议：加大文明养犬宣传力度，加强对养犬户主的宣传教育工作，提高其公共道德水平和环保意识；做好宠物登记，建立宠物档案，实行动态跟踪监测；加强防疫，定期给宠物打防疫针并接受随时检查；加大执法处罚力度，宠物犬禁止出入商场、饭店、菜市场、儿童游乐场等公共场所；大型犬必须用链绳牵导，产生的污秽物由犬主人及时清理。

县公安局给予答复：县公安局积极协同有关部门成立香河县养犬管理协调领导小组办公室，重点对饲养禁养犬，无证养犬，遛犬不拴绳，犬只随地便溺，不注射狂犬病疫苗等不文明养犬行为加强治理。通过制作宣传展板、张贴海报、街头社区电子屏等形式，着力提升文明养犬宣传声势；立足“百万警进千万家”活动，组织民警采取进社区、进村居、进学校、进企业等形式，向各界群众广泛宣传文明养犬工作，发放宣传单，张贴《香河县文明养犬通告》提高群众文明养犬意识，营造全民知晓、全民参与的良好氛围。截至年底，共悬挂条幅标语 40 余处，利用电子显示屏 80 余处，县公安局自媒体平台发布信息 5 条（次），有力助推了文明养犬宣传工作的深入开展。年内，免费为养犬群众办理犬证及犬牌 1450 余张，教育批评不文明养犬行为 80 余起，通过此次治理，使群众认识到依法、文明、科学养犬的重要性，也增强了爱护家园从我做起的意识。按照《香河县人民政府关于文明养犬的通告》，县公安局警方及相关部门将重点整治遛犬不束犬链、不及时清理犬只排泄物、携带犬只（导盲犬除外）进入公共场所或乘坐公共交通工具、犬只干扰他人正常生活、放任犬只恐吓他人或驱使犬只攻击伤害他人、养犬不及时给犬免疫等不文明养犬行为，将依法依规处以警告、罚款等行政处罚，情节严重构成犯罪的，依法追究当事人刑事责任。强防疫，经常检查，定期注射狂犬病疫苗。在城区内设立 4 个宠物狂犬病疫苗注射点，分别是香河县瑞派仁仁动物医院有限公司、香河县兴牧动物医院有限公司、香河县安安宠物医院、香河县乐康动物诊所，由县农业农村局统一定制“动物狂犬病免疫证”为养犬户提供狂犬疫苗注射和发放免疫证明服务。

政协委员张景艳对县公安局的答复表示满意。

【建设便民菜市场解决城区占道经营】 政协委员王秀玲对城区内商贩占道经营问题提出意见和建议。县城区内占道经营妨碍市民出行，严重影响周围环境卫生由来已久，如老鱼市道路两侧、育龙香苑小区南门道路两侧等，县城市管理综合行政执法局曾投入大量人力物力来解决，但乱占道乱经营问题始终没能彻底解决。小摊贩占道经营虽然方便了居民购买，但环境卫生、车辆通行、人员拥挤所带来的问题不可小觑。因此，建议有关部门合理规划，建设便民菜市场；降低市场门槛，对于菜农、果农等小商贩可以降低税费，发挥小商贩入场经营的积极性。

县市场监督管理局给予答复。县市场监督管理局积极谋划推进便民农贸市场建设，已在凯荟广场地下一层建设祥和便民农贸市场，规划7000平方米，拟于2021年年底前投入使用。市场启用后，可解决“老鱼市”及周边居民日常生活采购问题。同时，县市场监督管理局积极谋划推进城区主干道沿线居民密集区附近便民农贸市场建设工作，谋划建设3—4个便民农贸市场，从根本上解决马路市场占道经营问题。

政协委员王秀玲对县市场监督管理局的答复表示满意。

【优化营商环境，助力企业品牌推广】 政协委员马润果提出，近两年受外部环境和新冠肺炎疫情的影响，生产型企业一度低迷，政府职能部门监管力度加大，对一些不合规企业进行处罚，对企业来说如同雪上加霜。面对企业现状，马润果提出如下建议：为加快企业经济发展，政府相关部门应助力本县企业品牌推广，县内有的企业在全国相关行业中处于领先水平，可在县内很少有人知道它的存在，政府职能部门应加强与企业的沟通、宣传；为创造更好的营商环境，相关职能部门应尽量减少对企业的处罚，改为限期整改等；政府相关部门应定期为企业提供一个开展览会的场所，让县内相关企业举办自己的产品展览、销售等。要把香河县打造成一个生态文明的经济强县，优先使用本县生产的产品，促进本县企业发展，达到双赢。

县发展和改革局给予答复：县委、县政府高度重视优化营商环境工作，及时调整以县长为组长，常务副县长为常务副组长，相关职能局主要负责人为成员的香河县优化营商环境领导小组，制定决策部署和“三重四创五优化”活动总体安排，认真组织开展优化营商环境工作，各项任务稳步推进，全县营商环境持续改善；印发了《关于进一步优化营商环境更好服务市场主体若干措施的贯彻落实方案》，对提升投资建设便利度简化企业生产经营审批和条件等六个方面进行了细化分工；印发《关于优化营商环境的实施方案》，开展深化商事制度改革专项行动、提升政务效能专项行动、优化纳税服务专项行动等十大专项行动，不断推进营商环境工作落地。全面推进部门联合“双随机、一公开”监管，与企业信用风险分类管理相结合，减少对守法诚信企业的检查次数；严格落实行政执法“三项制度”，即建立执法全过程记录制度、严格执行重大执法决定法制审核制度、执行行政执法公示制度，坚决防止超越法定权限或违反法定程序实施监管、滥用自由裁量权、选择性执法等行为发生；对正面清单企业已完善监管制度，并对生态环境监管正面清单进行动态调整，通过核实企业条件，对符合条件的企业及时纳入正面清单；对不符合正面清单条件的企业及时剔除，真正做到动态监管。并严格落实生态环境监管正面清单制度，加强企业差异化管理，在重污染天气应急响应期间，对正面清单企业，在确保污染防治设施有效运行的情况下，做到不限产、不停产、不检查、不打扰，保障企业满负荷生产，鼓励企业自主减排。做好宣传工作，鼓励相关企业参与绩效评级，帮扶企业对标先进水平，提升治污能力，对绩效评为A级及引领性企业在重污染天气应急预警期间，可采取自主减排措施，B级及以下企业和非引领性企业，严格落实重污染天气应急减排措施，减排力度不低于《重污染天气重点行业应急减排措施制定技术指南（2020年修订版）》要求。依托“香河人社局”微信公众号组织开展线上招聘“春风行动”，及时发布岗位信息，为企业招聘、个人求职提供在线支持和“一对一”服务，引导企业运用“共享用工”“兼职配送”“临时客服”等灵活就业新模式，提高人力资源配置效率。

政协委员马润果对县发展和改革局的答复表示满意。

（付　震）

纪检监察

责任编辑　陈述龙　张　丹

综　述

2021 年，香河县纪检监察工作在廊坊市纪委监委和县委的坚强领导下，县纪委监委认真履行监督首责，坚持实事求是，坚定不移地贯彻落实全面从严治党，有力推动中共中央和省、市、县委的决策部署有效落实，一体推进不敢腐、不能腐、不想腐，持续增强“四个意识”、坚定“四个自信”、捍卫“两个确立”、做到“两个维护”，忠实履行党章和宪法赋予的职责，深入推进全面从严治党、党风廉政建设和反腐败斗争，圆满完成市纪委监委部署的工作任务，为全县经济和社会健康发展提供坚强保证。完成县纪委监委的换届工作，选举产生新一届县纪委委员和县纪委监委领导班子成员。不断深化纪检监察体制改革，扎实推进规范化法治化建设，不断加强干部队伍建设，全力推动纪检监察工作高质量发展。

纪检监察机构

【中共香河县纪律检查委员会领导机构】　2021 年，中共香河县纪律检查委员会（简称县纪委）举行换届，中共香河县第十一届纪律检查委员会有常委 7 名，其中，书记 1 名、副书记 2 名，女性 1 名；中共香河县第十二届纪律检查委员会有常委 7 名，其中，书记 1 名、副书记 2 名。

【香河县监察委员会领导机构】　2021 年，香河县监察委员会（简称县监委）有主任 1 名，副主任 2 名，委员 4 名（不含主任、副主任）。

【县纪委监委工作机构】　2021 年，县纪委监委内设机构 18 个：办公室、组织部、宣传部、党风政风监督室、信访室、案件监督管理室、第一至第五监督检查室、第六至第十一审查调查室、案件审理室。

【县纪委监委派出机构】　2021 年，县纪委监委有派出机构 1 个，为香河经济开发区纪工委，在县纪委监委和香河经济开发区党工委双重领导下开展工作。香河经济开发区纪工委设书记 1 名，副书记 1 名。

【县纪委监委派驻机构】　2021 年，县纪委监委下设派驻机构 5 个：县委政法委纪检监察工委、县纪委监委驻县委办公室纪检监察组、县纪委监委驻县政府办公室纪检监察组、县纪委监委驻县财政局纪检监察组、县纪委监委驻县自然资源和规划局纪检监察组。

（闫雅玲）

县纪委重要会议

【概况】　2021 年，县纪委召开两次全会，分别是县纪委十一届四次全会和县纪委十二届一次全会。

【县纪委十一届四次全会】　3 月 2 日，中共香河县第十一届纪律检查委员会第四次全体会议召开，全会由县委常委会主持。县委书记李桂强出席会议并讲话，县委、县人大常委会、县政府、县政协和县人民法院、县人民检察院领导出席会议，有关方面负责人参加会议。全会以习近平新时代中国特色社会主义思想为指导，全面贯彻落实中共十九大和十九届三中、四中、五中全会精神，按照十九届中央纪委五次全会，省纪委九届六次全会，市纪委六届五次全会和县委十一届八次全会要求，回顾总结 2020 年纪检监察工作，部署 2021 年工作任务。全会审议通过由县纪委书记、监委主任牛静代表县纪委常委会所作《推动香河县纪检监察工作高质量发展 为全县“十四五”开好局提供坚强保障》的工作报告。

【县纪委十二届一次全会】 7月21日，中共香河县第十二届纪律检查委员会第一次全会召开，全会由县纪委常委会主持。省委组织部相关负责人到会指导。本次会议选举中共香河县第十二届纪律检查委员会常务委员会委员会书记、副书记，通过《中共香河县第十二届纪律检查委员会第一次全体会议决议》。会议强调全县纪检监察系统要以习近平新时代中国特色社会主义思想为指导，深入贯彻中共十九大和十九届二中、三中、四中、五中全会精神，增强“四个意识”、坚定“四个自信”、做到“两个维护”；以推动高质量发展为主题，坚定不移全面从严治党，立足新发展阶段，贯彻新发展理念，构建新发展格局，有力推动党中央和省市县委决策部署有效落实；一体推进不敢腐、不能腐、不想腐，深化纪检监察体制改革，扎实推进规范化法治化建设，不断加强干部队伍建设；为建设“协同发展示范区、绿色活力幸福城”提供坚强保障。

（闫雅玲）

政治监督

【概况】 县纪委监委坚持知行合一，坚守政治机关职能定位，有效发挥监督保障执行、促进完善发展作用，坚决把捍卫“两个确立”、做到“两个维护”落实到行动上、体现在工作中。

【把准政治方向】 县纪委监委始终把学习贯彻习近平新时代中国特色社会主义思想作为首要政治任务，不忘初心、牢记使命，扎实开展党史学习教育，推进“两学一做”学习教育常态化制度化。县纪委常委会坚持中心组理论学习、班子成员带头讲党课，以上率下带领机关全体党员开展学习研讨，撰写交流材料、心得体会，开展党史教育系列活动，干部思想受到锤炼和洗礼。

【推进政治监督】 聚焦京津冀协同发展，制定《关于开展京津冀协同发展政治监督的工作办法》《政治监督任务分解清单》，压紧压实政治责任。针对北运河廊坊段旅游通航工程，选派 12 名干部督导推进工程进度，对景观工程 2 期 13 个标段开展巡查监督 22 次，督导推进解决问题 30 余项，确保 6 月 26 日顺利通航及后续工程有序推进。聚焦新冠肺炎疫情防控，协助县疫情防控联合督查组开展专项督查 52 次，向县疫情防控工作领导小组反馈报告 20 份，涉及问题 74 个，指导督导检查组制发联合督查专报 16 期，约谈工作滞后单位“一把手”34 人，压紧压实疫情防控责任。聚焦换届风气监督，录制《换届正风气》短视频 1 部，开展巡回督导检查 4 轮，审查换届选举候选人 67 批 3966 人次，为换届工作提供严格纪律保障。

【优化政治生态】 开展“四位一体”监督监测评估，定期为政治生态体检、“画像”，防微杜渐。以参会监督和专项检查方式对民主生活会制度执行情况进行督导检查，查纠落实党内政治生活走过场、打折扣等问题，追究相关责任人责任。严把干部选拔任用政治关、廉洁关、形象关，有效防止“带病上岗”“带病提拔”等现象发生。

（闫雅玲）

党风政风监督

【概况】 坚持一严到底、持续纠

治“四风”，让新风正气不断充盈。锲而不舍落实中央八项规定精神及其实施细则，对决策部署落实中做选择、搞变通、打折扣等突出问题精准施治。以全县“弘扬运河通航精神”大讨论活动为契机，县纪委监委开展了“干部作风大转变、工作效能大提升”活动，开展专项监督，确保活动取得实绩实效。对享乐主义、奢靡之风坚持露头就打，推动党员干部行动自觉、化风成俗。常态化推进“好风传家”家风家规建设，教育引导党员干部管好家属子女，严格家教家风。始终注重压实责任，监督质效不断提升。紧紧扭住主体责任这个“牛鼻子”，强化协助职责、监督责任、推动作用，促进各类监督贯通融合，不断增强监督治理效能。

【全面从严治党主体责任落实】 县纪委监委紧盯主体责任传导压力，协助县委制定出台《关于落实全面从严治党主体责任的实施意见》，对全县各单位落实党风廉政建设责任制“签字背书”和“双报告”制度情况进行督导，确保主体责任落细落实。创新制定运用《“第一种形态”使用手册（试行）》，推动党委（党组）抓牢管党治党责任，全县各级党委（党组）运用《手册》开展谈心谈话600余次。

【盯紧“关键少数”加强监督】 协助县委制定《加强“一把手”和领导班子监督重点任务分解表》，县纪委监委跟进制定《关于加强“一把手”和领导班子监督的工作办法》，细化任务分解，针对46项重点任务，进一步明确责任部门，扎实推进各项监督工作稳步开展。开展“压茬式”近身监督检查，并通过“面对面”谈话方式压实“一把手”管党治党责任。盯紧“关键少数”，通过联合约谈、个别谈话方式约谈单位主要负责人，推动“一把手”履责到位。2021年，县纪委监委共向主管县领导发出工作提示11份，向县直部门负责人发出工作提醒22份，及时有效推动工作落实和问题整改。

【运用“四种形态”监督】 2021年，县纪委监委运用监督执纪“四种形态”批评教育帮助和处理237人次，其中第一种形态占比66.2%、第二种形态占比28.7%，监督执纪进一步向“管住大多数”拓展。

【落实中央八项规定纠治“四风”】 锲而不舍地持续落实中央八项规定及实施细则和纠治“四风”，推动党风政风向好。以全县“弘扬运河通航精神”大讨论活动为契机，县纪委监委开展“干部作风大转变、工作效能大提升”活动，与“大讨论”活动有机融合，用2个月的时间，针对全县干部在素质能力、担当意识、思想观念和纪律规矩4个方面存在的“庸、懒、疲、虚”16个突出问题开展专项整治。坚持敞开大门搞活动。专项整治开展后，坚持问题导向，针对重点工作推进中的不作为、窗口单位服务中的慢作为、审批执法过程中的乱作为等6个方面重点问题，进行线索起底和明察暗访，调取监控录像100余份、查阅审批执法部门卷宗30余份，检查机关单位37家，走访企业156家，发放《信访举报明白卡》万余份、“给县纪委书记直邮信封”千余封，畅通监督渠道，方便群众及时反映问题，倒逼相关部门履职尽责；全县共查处违反中央八项规定精神问题5件，给予党纪政务处分5人。坚持问题导向抓整改。将损害营商环境问题列为日常作风监督重点，在全县范围内筛选16个重点企业和重点工程设立营商环境监测点，制定《班子成员包联企业工作方案》，实行班子成员与监测点企业项目“一对一”结对联系机制，通过定期调研、随时沟通等方式，听取和收集意见诉求，对行政机关及其工作人员在审批、管理、服务过程中存在的形式主义官僚主义问题，第一时间调查核实，及时跟进督促整改；查处营商环境问题2件，给予政务处分2人。坚持动真碰硬出实效。为进一步推动作风整治走细走深，县纪委监委在第一轮全面监督基础上，又组织班子成员带队深入14家具有行政审批执法职能的单位进行蹲点调研，深挖细查权力运行中的作风问题和制度漏洞，截至年底，召开座谈会20次，座谈311人次，查看资料2505份，明察暗访或走访企业220家，帮助蹲点单位完善建立制度6个，发现问题35个，已全部督促整改到位，涉及违规违纪问题已全部问责到位，推动全县干部作风及营商环境持续提升。

（闫雅玲）

惩治腐败

【概况】 县纪委监委始终坚持“严”字主基调，始终保持“严”的氛围、“惩”的力度，一体推进不敢腐、不能腐、不想腐的机制。严厉查处腐败问题，形成对腐败对象的强力震慑。始终坚持执纪为民，持续整治群众身边腐败和不正之风，深入整治群众身边的“微腐败”、放纵包庇黑恶势力的“保护伞”、妨碍惠民政策落实的“绊脚石”，保障群众合法权益、促进社会公平正义，切实提升人民群众的获得感、幸福感、安全感。2021年，全县纪检监察机关共处置问题线索200件，立案68件，结案81件，处分80人，审查调查市纪委监委指定管辖案件1件，自办留置案件1件，移送司法机关2人，下发纪检监察建议书22份。

【开展“我为群众办实事”实践活动专项整治】 围绕“我为群众办实事”实践活动，建立职能部门牵头、县纪委监委推动、派驻机构跟进督导机制，采取“班子成员+工作专班”模式，每件“实事”由1名班子成员牵头，做到监督有专班、推进有方案，深入一线、发现问题、监督推动，确保“实事”落实。查处停车管理领域违法违规问题1件，给予党纪处分1人，批评教育、谈话提醒3人。

【开展“涉黑涉恶”专项整治】 围绕政法队伍教育整顿，成立3个专项巡察组，对“涉黑涉恶”线索起底倒查，共处置问题线索7件，给予党纪处分1人，运用“第一种形态”处理1人。县纪委监委获“廊坊市扫黑除恶专项斗争先进集体”荣誉称号。

【围绕专项问题整治】 将北运河、潮白河、青龙湾河和万亩荷塘逐个区域安排常委分包，逐段现场踏勘，监督推动“湿地公园”范围内16个违建全部拆除；处置生态环保领域损害群众利益问题线索1件，追责问责18人；查处执法领域违纪案件1件，给予政务处分1人；督促整改乱占耕地建房问题2宗，问责干部2人。聚焦黑臭水体治理、房地产“办证难”“入住难”等7个领域和群众关注的涉及环保、医疗、地下水超采等15个民生领域开展专项监督，共发现问题线索4个，处理20人，切实让群众感受到公平正义。

【开展粮食购销领域专项整治】 围绕粮食购销领域专项整治工作，查处香河县兴粮国有资产运营有限公司刘某某失职犯罪和私分国有资产违纪违法问题，挽回经济损失85万余元。

【规范基层小微权力运行】 协助县委制订出台《农村“小微权力”规范运行的实施方案》，并将“小微权力”工作列入对村干部“两考三评一定”考核内容；指导乡镇出台《村务管理监督工作办法》，开列监督清单39项，制定监督制度8项，层层明确责任41项，进一步扎紧制度笼子，规范农村“小微权力”运行，相关工作得到省市主要领导的重视和肯定，并在全省推广学习。

【信访问题查办】 2021年，县纪委监委共接收检举控告268件，同比下降48.95%，年内办结268件，办结率100%。针对年初信访办结率较低、重复信访的问题，重新部署领导班子成员和监督检查室、审查调查室包联镇（社区办）工作，并将两个审查调查室调整为监督检查室，进一步明确包联职责，充实监督力量。通过常委包联指导、“室组镇”合力攻坚，检举控告信访办结率迅速提升，第三季度办结率为100%。为减少重复信访问题的发生，研究制定《香河县纪委监委重复信访举报件预警研判制度》，及时将信访问题化解在初期，防止问题拖大、拖炸。注重发挥信访举报政治生态“晴雨表”

作用，每季度定期对信访举报工作进行调研和研判，并以信访分析报告的形式呈报县委，为县委压实部门主体责任、化解信访举报问题提供参考，年内，编印信访分析报告4篇。

【开展检举控告件专项评查】2021年，对检举控告件开展专项评查，共检查初信初访件85件，发现事实证据、程序手续、管理归档、办案安全4个方面8类36个共性问题和5个个性问题，通过以查促改，以查促学，推动信访处置由高效率向高质量提升。对中纪委交办富泰家园小区“办证难”问题持续跟进监督，促进问题通过法律途径解决。

（闫雅玲）

反腐倡廉宣传教育

【概况】 2021年，县纪委监委围绕一体推进“不敢腐、不能腐、不想腐”体制机制，深化纪律教育和警示教育，常态化开展廉洁文化教育，为营造风清气正的政治生态环境和发展环境创造良好氛围。

【对村街基层干部开展学习培训】2021年，县纪委监委着力解决新任村街干部纪律规矩意识不强的问题，在全县范围内开展“学规矩、守规矩”“四个一”活动，通过“面对面”履职谈话、纪律规矩培训、印发《村街党员干部违规违纪问题典型案例选编》等方式，提升村街干部纪律规矩意识。各镇掀起“学规矩、守规矩”热潮，换届后累计开展专题培训25批次，履职谈话300余次，印制各类纪律教育材料1800余份，培训村街干部1500余人次，干部纪律规矩意识全面增强，第三季度初次检举控告中涉及村街干部比例环比减少5%。

【素质提升培训】 9月10日，县纪委监委举办新一届乡镇纪检监察机构工作人员素质提升专题培训班。县委常委、纪委书记、监委主任张晓宇做开班动员讲话，县纪委监委信访室、党风政风监督室、案件监督管理室有关负责人进行授课。此次培训促使基层纪检监察机构和全体纪检监察干部进一步知责、明责、担责、尽责，为推动全县纪检监察工作高质量发展夯实基础，提供保障。

【廉洁文化教育活动】 建立“廉政大讲堂”，赴县委政法委等单位开展警示宣讲6期。每逢传统节日期间，向领导干部推送反腐倡廉信息，年内，推送廉政短信2500条，引导广大党员干部知纪明律，崇俭尚廉。依托“清廉香河”微信公众号，打造掌上廉政教育平台，年内，推送党风廉政新闻信息200余条、廉政教育文章117篇。通过抖音公众号，录制“走企说廉”短视频3期，让廉政教育“动”起来、“活”起来。在全县打造“廉政文化墙”1700余平方米，营造正风肃纪反腐的良好氛围。

【全县领导干部警示教育大会】12月31日，召开香河县党建工作暨领导干部政治性警示教育大会。县委书记梁宝杰出席会议并讲话，县委副书记王宏民主持会议，县委常委、纪委书记、监委主任张晓宇传达省、市党建工作暨领导干部政治性警示教育大会精神，通报全县纪检监察机关在干部作风大转变、工作效能大提升活动中查处的典型案件，实现“查处一案、警示一批、教育一片”的效果；集中观看警示教育片，真正让问题干部红脸出汗，用身边事教育身边人，坚决做到挺纪在前、警钟长鸣。

（闫雅玲）

纪检监察体制改革和自身建设

【概况】 县纪委监委持续深化改革、提升监督质效，推进党内监督和国家监察全覆盖。从严自我监督，提升履职能力，建设政治素质高、忠诚干净担当、专业化能力强、敢于善于斗争的纪检监察铁军。

【县纪委监委信访体制改革】 针对年初信访办结率较低、重复信访较多的情况，重新部署领导班子成员和监督检查室、审查调查室包联镇（社区）工作，并将两个审查调查室调整为监督检查室，进一步明确包联职责，充实监督力量。

【县纪委监委派驻机构体制改革】 在派驻机构方面，着力解决履职不到位、监督不精准的问题，制定《派驻机构履行监督职责工作办法（试行）》，从工作职责、监督内容及监督方式、工作保障3个方面，明确了派驻机构5项监督内容和12种监督方法，推动派驻机构履职更加规范。截至年底，5个派驻机构均按照监督内容建立了工作台账，记录监督工作进展。县纪委常委派驻机构落实制度、规范履职情况进行随时指导监督，县纪委常委会定期听取派驻机构工作汇报，评估履职情况，提出改进意见，年内，召开工作汇报会3次。

【镇级纪委体制改革】 结合乡镇实际，细化制度举措，针对镇纪委新人较多、业务生疏、工作不规范的情况，县纪委监委研究制定《镇纪委监督执纪工作指引（试行）》，从自身建设、职责定位、监督内容方式、执纪办案程序4个方面对镇纪委工作进行全面规范，并结合镇纪委实际修改完善了相关文书模板48个、流程图5个，促进镇纪委履职更加规范、精准、高效。县纪委常委对镇级纪委在落实制度、规范履职情况进行随时指导监督，县纪委常委会定期听取镇级纪委工作汇报，评估履职情况，提出改进意见，年内，召开工作汇报会3次。

【纪委监察队伍建设】 严格按照省市换届工作要求，强化自身换届风气监督，圆满完成县镇两级纪委换届任务。新一届县纪委监委领导班子带头加强自身建设，将党史学习教育与宣讲中共十九届六中全会精神、弘扬运河通航精神大讨论活动相结合，以上率下带动全系统加强理论武装，组织理论中心组专题学习12次，班子成员带头讲党课6次，发放党史学习书籍400余册，组织机关党员观看党史学习教育片8次。用好用足纪检监察干部系列课程讲义，开展“学制度、用制度”全员培训活动，举办新一届乡镇（街道）纪检监察机构素质提升专题培训班，共40余名乡镇党政“一把手”和乡镇纪检监察干部参加培训。全年共组织全县纪检监察干部集中学习10次，学习交流5次，闭卷考试14次，培训856人次。换届后，调整县纪委班子成员2名，镇纪委书记5名。

（闫雅玲）

巡察工作

【概况】 2021年，在县委和市、县巡察工作领导小组的坚强领导下，县委巡察工作领导小组办公室深入学习贯彻习近平总书记关于巡视巡察工作的重要论述，全面贯彻落实巡视工作的重要论述，全面贯彻落实巡视工作方针，精准落实政治巡察要求，有效发挥巡察监督在全面从严治党中的利剑作用，持续推进县委巡察工作提质增效。

【常规巡察】 2021年4月22日，召开十一届县委第七轮常规巡察暨巡察“回头看”工作动员会议，贯彻落实中央和省市县委关于巡视巡察工作的新部署新要求，对十一届县委第七轮巡察暨巡察“回头看”工作作出动员部署。开展十一届县委第七轮常规巡察暨巡察“回头看”，县委安排5个巡察组利用2个月时间对县人民医院、县中医医院、县中西医结合医院和县供销社 4 家单位的党组织开展常规巡察。对县市场监督管理局、县行政审批局、县综合行政执法局、县科学技术和工业信息化局、县应急管理局、县医疗保障局和县地方志编纂中心7家“优化营商环境和干部作风整顿”重点单位党组织开展巡察“回头看，共发现问题196个，问题线索1件，涉及1人。

7月底至9月初，按照市委巡察办统一部署，县委安排2个巡察组对县公安局党委、县人民法院党组开展了常规巡察。共发现问题69个，问题线索2件，涉及3人。巡察中，县委巡察办邀请市委指导组实地参加县巡察动员会议，组织召开指导督导座谈会3次，围绕指导组提出的24条意见建议，形成会议纪要2份，印发各巡察组学习研究，对照整改，对“审核被巡察单位汇报材料不够严格、巡察宣传不够广泛、监督重点不够突出、客

12月7日，香河县巡察工作会议暨十二届县委第一轮巡察工作动员会议召开
县融媒体中心供图

观定性分析问题不够精准、巡察报告结构划分不够明晰”等方面13个问题对照整改。

12月7日，召开香河县巡察工作会议暨十二届县委第一轮巡察工作动员会议，安排4个巡察组对县水务局、县教育和体育局、县财政局、县环卫服务中心、县融媒体中心、县园林绿化中心、新开街社区办、新华街社区办8家单位开展为期2个月的常规巡察。巡察重点突出，在《“三个聚集”监督清单》基础上，突出对县第十二次党代会部署任务落实情况、项目建设及经济运行情况、“弘扬运河通航精神”大讨论活动开展情况的监督检查，为全县“十四五”开好局、起好步提供政治保障。此轮巡察发现问题215个，问题线索18件，涉及18人。

【专项巡察】 5月中旬至7月初，县委安排1个专项巡察组，对70个村街和16个社区“三资”管理和“小微权力”运行情况、村街集体经济合同规范化情况开展专项巡察，发现问题19个，问题线索4件，涉及7人。有效推动村街发展，维护村街稳定。9月初至10月初，按照中共中央巡视工作领导小组办公室关于对全国粮食购销系统开展上下联动专项巡视巡察工作的统一部署，县委安排专项巡察组，对县粮食主管部门和粮食购销企业开展专项巡察，发现问题17个，问题线索1件，涉及1人。

（王友杰）

群众团体

责任编辑　王树春

综　述

2021年，香河县总工会、共青团香河县委员会、香河县妇女联合会、香河县科学技术协会、香河县工商业联合会、香河县文学艺术界联合会、香河县残疾人联合会、香河县红十字会、香河县计划生育协会等群众团体创新工作思路，探索服务新路径，研究确立新方法，拓宽服务新领域，攻坚克难，克服新冠肺炎疫情影响，发挥群众团体的作用，全力建设协同发展示范区、绿色活力幸福城。

香河县总工会

【概况】　2021年，香河县总工会不断创新工作方式方法，更好地服务职工，《1+X模式提升服务职工水平》和《打造单身职工联谊服务站》两项服务创新课题取得初步成效，并成功申报省级创新课题。加强基层工会组织建设，启动2021年度“职工医疗互助”活动，慰问新冠肺炎抗疫一线人员，丰富职工文化生活，关爱劳动模范，扎实推进普惠化服务工作，开展农民工法治服务专项行动，规范“爱心妈妈小屋”建设，开展“共同约定”行动，举办单身职工联谊会，在推进改革中提升工作水平。

【基层工会组织建设】　2021年，召开专题办公会议，对各项工作指标进行量化分解，责任到人。截至年底，全县新增工会组织3家；3家基层工会完成换届工作；各类法人单位建会率和25人以上单位建会率均100%，各类法人单位职工入会率96%，基层工会规范建设达标率90%；刘宋镇总工会顺利通过省级优秀基层工会验收。

【职工权益保护】　2021年，收到12次“12351”法律服务热线的咨询，均妥善解决相关维权服务。6—10月，依托职工流动服务站继

6月16日，香河县总工会“律师进企业法律服务”活动走进香河强胜电动车制造有限公司，为企业职工举办法律服务专题讲座　　县总工会供图

续开展法律进企行动，携手律师为一线职工进行法律知识宣讲和相关劳动争议咨询。入企宣传6次，开展专题讲座1场。加强劳动关系矛盾纠纷动态监测，着力防范化解重大风险，在指导全县6家劳动关系动态监测点数据信息季度化准确填报、动态管理的基础上，推荐香河正大有限公司作为“和谐同行”能力提升三年行动计划参与单位。保生产、稳就业，开展“共同约定”行动，与22家企业签订约定协议书。

【职工技术创新】 2021年，上报创新工作室1个，香河正大有限公司、香河众旺木业有限公司2家创新工作室获得“市级优秀创新工作室”荣誉称号，分别获得2万元奖励资金，用于提升创新工作室研发能力。

【劳动模范评选及服务】 2021年，按照市委办公室、市政府办公室《关于开展廊坊市劳动模范、先进工作者和先进集体评选表彰工作的通知》要求，组织做好推荐评选工作，评选出市级劳动模范和先进工作者10名、先进集体8个。对全县省部级劳动模范困难情况进行调查摸底，并帮助省级劳动模范赵文福进行困难补助申报。安排全县170名劳动模范免费进行健康检查，完善劳动模范健康档案。发放市级劳动模范荣誉津贴，并按最新规定落实省级劳动模范待遇。

【网上服务平台运行平稳】 继续做好“冀工之家”网上工会工作，利用好平台资源，宣传香河职工精神风貌。截至2021年年底，香河县职工服务网完成实名认证会员4783名；网上受理业务申请921件，办结921件，办结率100%；网上发稿8565篇，浏览量32291人次；全县493家基层工会入驻“冀工之家”基层工会服务平台，入驻率100%，全县基层工会活动开展情况上传212篇，活跃度值18409。

【普惠化服务】 10月，开展职工普惠服务月活动，包括文化普惠、健康普惠、家电普惠3项活动。其中，文化普惠10元看电影活动惠及2180名职工；家电普惠补贴15938元；健康普惠补贴25450元。

【职工帮扶救助】 2021年，建立并规范困难职工和意外致困职工家庭档案，按规定2020年度第四批中央财政专项帮扶资金发放到建档困难职工和意外致困职工家庭；为1名困难职工提供创业就业扶持资金7000元，为1名困难职工家庭子女发放金秋助学补贴800元；中秋节期间开展慰问困难职工活动。继续开展“职工医疗互助”活动，收到118个单位、12471名职工捐款62.35万元，截至年底，救助84人，拨付救助补贴43.48万元。

【慰问一线职工】 2021年，县总工会对香河县40名援助石家庄市和廊坊市固安县新冠肺炎疫情防控工作一线的医护人员进行慰问，发放慰问金7.1万元。元旦春节期间，开展“送温暖”活动，慰问供电、卫生、交通运输等9家单位在节日期间坚守岗位的一线职工，送去猪肉、面粉等节日慰问品。“五一”国际劳动节期间，开展以

7月15日，县总工会到县城市管理综合行政执法局开展送清凉活动，慰问一线职工
县总工会供图

12 月 26 日，县总工会、县教育和体育局联合举办香河县 2021 年职工陆地冰壶比赛
县总工会供图

“心系职工·情暖五一”为主题的慰问活动，走访慰问 2 名支援石家庄新冠肺炎疫情防控工作的一线人员。7 月，筹集 16 万元资金开展“送清凉”活动，向坚守在高温环境中工作的一线职工送去清凉套装、毛巾、西瓜、矿泉水等慰问品。

【职工教育培训】 2021 年，为丰富职工业余文化，弘扬和传承中国传统文化，县总工会组织举办书法、绘画、诗词、瑜伽兴趣培训班，参加总人数 818 人。其中，书法 A 班 106 人，书法 B 班 117 人，绘画班 124 人，诗词班 64 人，瑜伽班 407 人。

【职工文体活动】 2021 年，分别举办全县职工乒乓球、象棋、台球比赛，有 181 名职工参赛。12 月，会同县教育和体育局，组织全县职工冰壶比赛，有 49 支队伍、196 人参加比赛。组织职工参加网上诵读大赛，全县有 521 名职工参赛，参赛作品 563 个。组织职工参加全省职工群众网络歌咏比赛和职工网络摄影展、职工云上运动会等。9 月 16 日至 10 月 6 日，在香河县文化艺术中心举办职工书画展，征集作品 259 幅，其中，书法作品 166 幅，绘画作品 93 幅。春节前，印制春联 3 万副，发放到基层工会和一线职工手中。

【单身职工联谊活动】 2021 年 6 月 20 日，县总工会携手中粮可口可乐华北饮料有限公司举办“当可口遇见可乐”单身职工交友联谊会，全县 110 余名单身职工参加。

（马　慧）

中国共产主义青年团香河县委员会

【概况】 2021 年，中国共产主义青年团香河县委员会（简称团县委），紧紧围绕县委中心工作，团结带领广大团员青年，求真务实、锐意进取、扎实工作，加强共青团基层组织建设，开展特色主题活动及各类志愿服务活动，做好少先队工作和青年创业就业活动，开展“五四”青年节表彰系列活动，加强新冠肺炎疫情防控工作，为加快建设美丽幸福新香河做出新的努力和贡献。

【共青团基层组织建设】 2021 年，按照团市委下发团员发展名额和关于指标号段的要求，结合全县基层团组织的实际情况，团县委严格落实，对指标进行统一调配，全年发展团员 332 名。按照《廊坊共青团发展团员实施办法》要求，团县委组织学校团干部进行业务培训，学习《廊坊共青团发展团员实施办法》，对基层工作进行不定期督导，确保此项工作顺利完成。

【组织开展党史学习教育】 2021 年，在思想引领上，团县委将党史学习教育工作作为一项政治任务。不打折扣，全员参与。动员各基层团组织深入开展党史学习教育，打通学习教育“最后一公里”。加强领导，落实责任。香河县党史学习教育方案出台后，团县委第一时间集中开展以“学党史、知党恩、颂党情、跟党走”为主题的党史学习教育。3 月初，组织召开党史学习教育动员大会，58 名基层团干部参加；4 月 22 日，召开党史学习教育宣讲会，发挥开展党史学习教育的指导和启迪意义。持续掀起网上“青年大学习”热潮。依托共青团“青年大学习”网上平台，团县委将党史学习教育带到青年身边，组织全县团员青年、少先队员参与学习，参与率100%，累计参与44万人次，排名位居全市第一。组织开展党史知识竞赛活动。4月15日，联合县委宣传部、开展“学党史、强信念、跟党走‘十四五’·青年说”主题演讲比赛。5月初，在廊坊市党史知识竞赛中，香河县青年组和少先队组代表分别获得第三名。拍摄党史学习教育短片。借助党史学习教育契机，用青年人喜闻乐见的新媒体形式，精心制作党史学习教育短片、庆百年《千千万万》MV、志愿者参加新冠肺炎疫情防控宣传片和其他快闪作品，在全县范围内推广传播。

10月16日，团县委联合县委网信办组织开展国家网络安全宣传周“青少年日”活动。图为县城内第二小学青少年开展争做“四有好网民”倡议签名活动　　团县委供图

【特色主题活动】　2021年，团县委开展特色主题活动，打造共青团品牌亮点工作。组织开展“寸草心”爱老敬老活动。每月定期组织志愿者开展“寸草心”爱老敬老活动，志愿者进社区、进村街、进独居老人家里，清理垃圾，净化、美化居民的生活环境。开展巡河护河志愿服务活动。4月初，联合县水务局在安头屯镇后独立潮白新河河段开展“河小青”巡河护河志愿服务活动，打造天蓝、水清、岸绿的生态环境。开展大学生文化、科技、卫生“三下乡”行动。7月28日至8月1日，团县委2021年暑期大学生“三下乡”社会实践团队开展了以“支教助学传希望，党史宣讲扬精神”为主题的社会实践活动，实践团队到安头屯镇第二小学，为学生带去价值1600元的学习用品，助学10人。开展2021国家网络安全宣传周“青少年日”活动。10月16日，团县委联合县委网信办组织开展国家网络安全宣传周“青少年日”活动，通过开展观看宣传展板、组织青少年争做“四有好网民”倡议签名、网络安全知识进课堂等活动，让广大青少年了解当前网络环境和安全形势，提高网络安全意识，成为有高度的安全意识、有文明的网络素养、有守法的行为习惯、有必备的防护技能的“四有”好网民。

【志愿服务活动】　2021年，团县委组织开展各类志愿服务活动。开展城乡环境综合整治活动，组织120余名青年志愿者，先后在城区和各镇分别开展形式多样的城乡环境综合整治志愿活动，通过“小手拉大手”、商户换位体验垃圾收集等方式，助力城乡环境提升，将此项工作纳入机关重点工作，团县委持续发动各基层团组织常态化开展城乡环境综合整治活动，全面打造香河县整洁、优美、文明、和谐的城乡新形象。开展服务北运河廊坊段旅游通航工程，在植树节当天，动员150余名返乡大学生、青年志愿者、青年岗位能手参与北运河植绿造景。6月26日，招募并组织30名青年志愿者、40名团员代表在县中心码头全程服务北运河廊坊段旅游通航仪式。9月16日，团县委招募志愿者110名，服务于9月27—28日在香河县召开的廊坊市文化旅游产业发展大会。凝聚社会力量助力脱贫攻坚，面向社会爱心组织、爱心人士发起“情暖童心 暖冬行动”“红领巾微心愿圆梦行动”倡议，募集 1.4 万元物资，为 51 名困难儿童送去暖冬福袋和儿童节礼物。

【少先队工作】 2021 年，做好 2020 年度先进少先队集体和个人的表彰工作。“六一”期间，团县委联合县教育和体育局开展“选树 2020 年度香河县少先队工作先进集体和先进个人”活动，活动表彰“优秀红旗大（中）队”先进集体组织 17 个，优秀少先队员 94 名，优秀少先队辅导员、星星火炬奖章获得者等先进个人 133 人。5 月 26 日，团县委、县少工委联合县消防救援大队开展红领巾“少年军校课外实践——消防救援大队站”主题实践活动。“青少年消防实践基地”成立授牌仪式在县消防救援大队举行，县城内第一小学 60 名少先队员参加活动，先后开展参观“消防体验馆”、消防器材展示及云梯车体验等活动。10 月 13 日，县少工委在县城内第一小学开展“红领巾奖章”二星章颁章仪式暨运河通航精神宣讲主题活动。

10 月 13 日，县少工委在县城内第一小学开展“红领巾奖章”二星章颁章仪式暨运河通航精神宣讲活动 团县委供图

【青年创业就业活动】 2021 年，团县委回应青年创业需求，定期举办培训讲座，开展“创新创业”大赛，帮助青年创业者破解发展瓶颈，联合县青年企业家商会，为高校毕业生提供就业岗位 26 个。

【“五四”青年节表彰】 2021 年，团县委开展“五四”青年节表彰系列活动。4 月 29 日，团县委在县青年中心剧场召开纪念五四运动 102 周年庆祝大会，会议以“青春沐党恩 薪火永相传”为主题。团县委制作并播放青年党史教育短片，为中国共产党成立 100 周年献礼。优秀团组织、优秀团干部和青年致富带头人代表所作典型发言，对在校大学生志愿者通过现场视频连线方式进行问候，团县委负责人汇报 2020 年重点工作和取得的成绩，举行新发展团员代表入团宣誓，向县青年志愿者协会、县中医医院、县公安局授予“青年志愿者服务队”“青年突击队”“青年先锋岗”旗帜。全县各基层团委（支部）书记及优秀青年代表 220 人参加会议。

【新冠肺炎疫情防控】 2021 年，团县委助力打赢疫情防控阻击战。网上招募 1800 余名青年志愿者，年初，在 2 次县域全员核酸检测中，2 小时内动员 260 余名青年志愿者自备电脑到岗。8 月，网上招募 300 余名青年志愿者，覆盖全县志愿点位 35 个，广大青年志愿者成为防疫堡垒的中坚力量。

（刘昱呈）

香河县妇女联合会

【概况】 香河县妇女联合会（以下简称县妇联）是县委领导下的社会群众团体，是党和政府联系妇女群众的桥梁和纽带，是国家政权的重要社会支柱，最基本的职能是代表和维护妇女权益，促进男女平等。2021 年，县妇联始终按照“党建带妇建、妇建促党建”工作思路，立足香河新发展环境，围绕运河通航精神，着力做好政治引领、改革创新、妇女发展、家庭建设、依法维权、党的建设等项工作，强力推进 2021 年度“3+1”重点工作（“‘巾帼心向党 奋斗新征程’庆祝中国共产党成立 100 周年群众性宣传教育活动”“深化美丽庭院示范创建”“打造‘燕赵家政·河北福嫂’巾帼家政品牌”3项重点工作，1项特色工作由各市确定），扎实做好常规性工作，团结带领广大妇联干部履职尽责、实干担当、拼搏奉献，引领广大妇女群众在推动香河高质量发展中贡献“半边天”力量。是年，县妇联在全省妇联系统实施“县级妇联改革破难争星行动”中，被评为五星妇联；县妇联“巾帼爱心汇”志愿服务团队被河北省精神文明建设委员会办公室推选为河北省先进志愿服务组织；被市妇联等17个单位评为2020年度廊坊市学雷锋志愿服务“先进志愿服务组织”；香河县妇联心理辅导志愿服务队被市妇联等17家单位评为廊坊市学雷锋志愿服务“先进志愿服务组织”；县妇联被县委县政府评为2020年度创建省级文明县城先进单位；被县委县政府评为2020年度文明单位。县妇联代表廊坊市在全省美丽庭院示范创建暨思想政治引领工作观摩推进会上做了题为《坚定扛起思想政治引领职责 双线发力唱响新时代主旋律》的典型发言；代表廊坊市妇联迎接省妇联对3项重点工作和创新工作的考核。县妇联制作的《肖光合：老物件里重温岁月》微视频获评省妇联优秀作品奖，制作的《凝心聚力谋发展 奋楫扬帆启新程》宣传片得到省市妇联领导的批示和肯定并被县委组织部、宣传部评为“庆祝中国共产党成立100周年”优秀文艺作品征集评选活动视频类三等奖。《致敬最美的她》微视频入选全国妇联举办的巾帼志愿关爱行动微电影大赛候选作品，并在全国妇联微信平台进行展播。年内，县妇联微信公众平台推送信息845篇，其中，被中国妇女报采用5篇，学习强国刊发2篇，《河北日报》、长城网等省级媒体采用5篇，市级媒体采用136篇，县级媒体刊发98篇。

【群众性宣传教育活动】 2021年，以党史学习教育为目标，以庆祝中国共产党成立100周年为主基调，深入开展“巾帼心向党 奋斗新征程”群众性宣传教育活动。精心谋划，制订方案。制订《县妇联开展“学党史”主题实践活动暨“巾帼心向党、奋斗新征程”迎庆祝中国共产党成立100周年主题系列活动的实施方案》《县妇联“我为群众办实事”实践活动实施方案》《县妇联关于“巾帼心向党、奋斗新征程”庆祝中国共产党成立100周年群众性宣传教育活动方案》，扎实推进党史学习教育。线上宣传，力求新颖。深入开展线上“学党史 明初心 感党恩”活动。在县妇联微信公众平台专门开设“巾帼英雄故事”展播专栏，讲述100位巾帼英雄模范人物事迹；开设“创意巾帼展风采”专栏，展示香河女性才艺；开设 “学党史、迎华诞”百年党史知识答题专栏；开设“颂党恩、跟党走”“颂党恩、传家风”“美丽庭院迎春风、诗情画意颂党恩”等专栏；开设“建党百年、童心献礼”亲子朗读专栏，推送以家庭为单位的优秀视频朗诵作品，激励广大家庭继承和发扬党的光荣传统。线下活动，内容丰富。组织基层妇联干部党史学习专题会议，发放印制宣传手册5000余份；走进基层妇女之家开展专题党课活动；组建学党史巾帼志愿讲师团进基层宣讲61场次，受众2.2万人，录制宣讲视频音频线上专题推送16期；依托村街、社区阵地开展红色家风故事讲述会3期；组织以“童心向党 迎庆建党百年”为主题的家庭亲子朗读大赛、“童心向党 党的故事我来讲”、红色故事进校园等活动27场次；联合相关部门开展“讴歌锦绣中华 致敬百年华诞”全民诵读活动进军营活动。组织举办基层妇联干部参加的党史知识竞赛活动；组织妇联专职干部观看一部革命题材影片。帮困解难，凝聚人心。联合县人民医院为全县党龄50年的老党员免费体检等活动；联合县中医医院开展“妇儿健康保健知识讲座”11场次，受众家长及儿童2700人。聚焦“河北福嫂、燕赵家政”巾帼家政工作，邀请德孝缘、云松家政培训学校讲师开展巾帼家政大宣讲活动24场次，受众1.5万人。“六一”儿童节之际，各级妇联组织慰问困境儿童家庭50户，发放慰问金和慰问品3.6万元。

【美丽庭院示范创建工作】 2021

年，围绕乡村振兴和推动京津冀协同发展，把美丽庭院示范创建纳入年度重点工作，推进全县创建工作提档升级。提高政治站位，深化创建认识。成立领导小组，制定实施方案、印发《争创美丽庭院、共建幸福家园》《县妇联开展城乡人居环境综合整治提升行动》倡议书，先后召开创建工作启动会、推进会和调度会4次；举办县、镇、村三级妇联干部线上线下学习培训、专题宣讲、现场座谈等，深入重点村街现场指导10余次；县镇妇联干部将美丽庭院奖牌和奖品送奖入户，推动美丽庭院创建常态化、规范化。拓展宣传路径，激发创建活力。通过微信公众平台和妇联微信工作群矩阵，广泛倡议宣传、动态介绍创建知识、推送先进典型和精品庭院照片等；谋划“跟着抖音赏庭院、庆祝中国共产党成立100周年”系列主题宣传活动，结合党史学习教育，精选20户省市最美家庭、美丽庭院示范户，以“颂党恩 跟党走”为主题，制作推送视频宣传作品；将6月作为环境综合整治提升和美丽庭院创建集中宣传活动月，在县妇联微信公众平台和荷香香河·美丽庭院”官方抖音号陆续推送各镇工作进展、宣传展示创建成果等；结合爱国卫生运动，引领广大妇女群众居家开展卫生大扫除，清理居室和庭院环境卫生。丰富人文内涵，提升创建品质。县美丽庭院巾帼志愿讲师团以线上“微课堂”和镇村妇女之家、妇女讲习所和美丽庭院大讲堂为主要宣讲形式，展播县妇联制作的视频宣传片《聚合庭院“小美” 成就“大美”乡村》，开展妇儿保健常识、家政服务和家教家风等培训14场次，近1万人次参与；把创建美丽庭院与争做最美家庭同部署共推进，以村、镇为单位，常态化开展寻找“最美家庭”活动；开展线上讲述“红色家风故事”“巾帼英雄故事”展播和“建党百年、童心献礼”亲子朗读活动。县妇联精选制作100余幅省市十佳百优美丽庭院示范户照片，在各镇巡回展示；将10户省市十佳百优美丽庭院照片制作成宣传彩页发至农户，在镇村宣传栏集中展示十佳百优户风采；制作的《肖光合：老物件里重温岁月》微视频获评省妇联优秀作品奖，通过微信群、抖音号广泛转发。年内，肖光合庭院获评省级十佳美丽庭院，县妇联连续五年均有精品户入选省级“十佳百优”美丽庭院；11户获评市级十佳百优美丽庭院。

【打造巾帼家政品牌】 2021年，把“燕赵家政·河北福嫂”巾帼家政宣讲工作落到实处，推荐上报1名省巾帼家政宣讲团宣讲员，成立市宣讲团分团，组建由云松、爱帮美、德孝缘3家家政公司负责人组成的县级宣讲团。持续推进巾帼家政大宣讲进乡村、进社区、进企业、进学校，年内，宣讲10场次，培树巾帼家政基地2个，“荷香福嫂”典型15名，带动妇女实现就业200余人。县妇联为云松职业培训学校和德孝缘职业培训学校两家市级巾帼家政基地拍摄巾帼家政工作专题片，在市电视台播出，展示香河巾帼工作在促进城乡妇女创业就业增收方面的显著成效。

【提升妇女创业就业能力】 调研走访谋发展。2021年，紧紧围绕学党史、悟思想、办实事、开新局要求，县妇联领导干部深入云松和德孝缘两家巾帼家政基地和省巧手脱贫示范基地云鹏工艺品厂进行走访调研，详细了解基地建设规模、运营现状、带动妇女创业就业情况及存在的困难和问题，并与负责人共同研究解决问题的可行措施和办法，更好地推动全县巾帼家政服务业提质扩容，有效引导妇女从事家政及手工加工行业。线上培训促提升。邀请市巾帼家政示范基地讲师，通过微信公众平台，开展家政线上技能教学，内容涵盖小儿推拿、育婴知识、养老护理等方面，将技能培训送到妇女身边，满足广大妇女群众尤其是有就业意愿的劳动者居家在线学习需求，提升就业创业能力。市巾帼家政示范基地云松职业培训学校开展为妇女免费送技能、送岗位活动，“三八”期间开设300余人的网上育婴师知识培训班，为16名持证妇女安排家政就业岗位。

【创新妇联改革】 2021年，高质量完成镇村妇联换届，优化妇联执委结构。率先在全市完成镇（社区办、园区）妇联换届，选举产生新一届镇（社区办、园区）妇联干部165名，其中，妇联主席11名，专职副主席11名，兼职副主席22名；妇联执委平均年龄较上届降低5岁，其中，35－45岁61名，大学专科学历41名，大学本科学历47名，硕士研究生学历6名。全县300个村、23个社区完成妇联换届，选举产生新一届村级妇联执委2256名，社区妇联执委121名，妇联主席全部进村（居）“两委”班子。镇村妇联换届完成后，集中开展妇联干部素质提升暨“领头雁”培训班，增强妇联执委履职能力。

【妇联组织建设】 2021年，构建立体化、多层面的妇联组织体系，拓展妇联工作覆盖和组织覆盖。抓好机关事业单位“会改联”工作。完成县人民医院、县幼儿园等8个单位“会改联”工作。通过单独建、联合建、挂靠建等方式，扩大新领域、新业态、新阶层、新群体等“四新”组织中的妇女组织覆盖面，截至年底，睿子国学幼儿园、启城幼儿园等42家“四新”组织建立妇联。实行“妇联点单＋执委认领”工作模式，促进基层妇联执委履职尽责，年内，县妇联执委带头，带动镇（社区办、园区）、村（居）、机关事业单位及“四新”组织妇联执委认领任务累计5000余个，在防疫抗疫、稳岗留工、环境治理、巾帼普法、家政服务、创业创新等工作中发挥重要作用。县妇联通过开设“优秀妇联组织事迹展播”“优秀妇联执委风采展示”专栏，对优秀的妇联组织典型、妇联执委典型进行宣传展示。发挥“示范妇女之家”作用，更好地服务妇女儿童。以省市级“示范妇女之家”为主阵地，开展巾帼家政、家教家风、垃圾分类、普法讲座等各类培训31场次。延伸工作手臂，在全县广泛建立“妇女微家”，总计建设各类“妇女微家”396个。

【家庭文明创建活动】 2021年，全县推荐上报“最美家庭”55户，最美绿色家庭13户。推荐上报省级最美家庭1户，市级最美家庭5户、最美绿色家庭5户，曹丽家庭获评“河北省最美家庭”称号。在市级最美家庭家风故事展播中，王胜男家庭代表香河县参加展播活动，录制的专题片在市妇联微信公众平台和廊坊电视台连续播出。县妇联会同相关部门开展庆祝中国共产党成立100周年“讴歌锦绣中华、致敬百年华诞”全民诵读活动。开展以“童心向党、迎庆建党百年”为主题的家庭亲子朗读大赛，精选36个优秀视频朗诵作品陆续在微信公众平台推送。开展家长故事团走进幼儿园、“童心向党 党的故事我来讲”及红色故事进校园等活动。依托村街、社区阵地组织广大家庭广泛开展“党的光辉照我家”红色家风故事讲述会3期。在国际家庭日之际，新开街社区妇联开展以“传承红色基因，培育良好家风”为主题，邀请退役军人、老党员分享红色经典故事，在安抚社区举办“同心筑梦新时代 童心向党唱经典”主题文艺演出。开展“亲子共读长相伴、沐浴书香助成长”共读红色经典活动。在母亲节来临之际，各级妇联组织开展走访慰问、爱心义诊、文艺演出、童心献礼等多种形式活动，营造感恩母亲、敬老孝老的良好氛围。“六一”儿童节期间，各学校、幼儿园妇联组织各类“六一”庆祝活动。开展“学党史颂党恩、守护安全伴成长”2021暑期儿童关爱服务活动，举办“暑期安全教育培训班”6期，参与的家长儿童500余人次。开展“我们的节日・爱在重阳”主题活动，各级妇联组织家风分享会、好家风交流会13场，600余人参与；县中西医结合医院妇联组织重阳义诊活动和老年人日常保健知识宣传活动；县天使幼儿园妇联等纷纷组织丰富的重阳节活动。

【关爱困境儿童】 2021年，以“学党史、悟思想，我为群众办实事”活动为契机，开展困境儿童家庭慰问活动。利用春节、“六一”儿童节等节点开展困境儿童走访慰问活动，先后走访慰问困境儿童7人，为困境儿童发放慰问金、防疫用品及文具等慰问品，各级妇联也纷纷开展走访慰问活动，走访慰问困境儿童50人，发放慰问金、慰问物品总计3万元。

【维护妇女儿童合法权益】 2021年，全面开展妇女乳腺癌、宫颈癌“两癌”防治知识宣传。在线上开设妇女“两癌”科普专栏，定期推送防治知识；深入省级示范妇女之家新华街社区办迎宾社区，开展全国妇联中央彩票公益金妇女“两癌”防治知识到村庄、到社区活动；向省市妇联申报19名低收入“两癌”妇女，其中4名确定为基金救助对象；各镇级妇联相继在辖区示范妇女之家开展宣讲活动18场次，提高女性健康意识。开展普法宣传活动。组织全县2339名妇女参与省妇联维权法律知识微信竞答活动，答题参与率6.3%，位居全省第一名；推进法治宣传教育，各级妇联积极开展“三八”妇女维权周活动，通过线上普法、集市咨询、入户宣传等形式，集中宣传男女平等基本国策及《中华人民共和国民法典》《中华人民共和国妇女权益保障法》《中华人民共和国反家暴法》《中华人民共和国婚姻法》等法律法规，发放普法宣传资料2000份，接受群众咨询200人次；以国际反家暴日、宪法宣传周和世界艾滋病日为契机，向广大妇女群众广泛宣传法律及预防艾滋病知识等；邀请廊坊市木兰有约法治宣讲团讲师宣讲《中华人民共和国民法典》《中华人民共和国禁毒法》及禁毒相关知识，发放禁毒宣传彩页2万余份；组织各镇深入开展防范电信网络诈骗宣传，提升群众识骗、防骗、反骗意识和抵御网络诈骗风险防控能力；刘宋镇、钱旺镇、渠口镇等开展妇女维权法律知识宣传暨法律知识竞答活动。县妇联评选香河县维护妇女儿童权益先进集体10个、香河县维护妇女儿童权益先进个人30人。全力做好妇女来电来信来访工作。年内，县妇联接待妇女维权案件24件，重复访10余次，案件涉及主要是困难救助、妇女政治权益及婚姻家庭矛盾纠纷，全部得到协调解决。

（刘新梅）

香河县科学技术协会

【概况】 2021年，香河县科学技术协会（以下简称县科协）立足服务发展、服务决策、服务落实、服务科技工作者“四个服务”，在做好新冠肺炎疫情防控的基础上，扎实开展科协工作，围绕活动主题，广泛开展全国科技工作者日、全国科普日、科技活动周、防灾减灾日等群众性科普活动。

【全民科学素质提升】 2021年，进一步落实好《全民科学素质行动纲要》，提高全民科学素质，充实工作内容，创新工作方法，广泛开展面向公众的科学教育、传播与普及，增强全民的节能意识、环保意识、健康意识，做到以点带面、以干部带群众、以重点人群科学素质行动带动全县全民科学素质的提高。在科技、文化、教育、优化软环境等方面，提高全民科学素质，促进全县经济又好又快发展。

【开展全国科技者工作日活动】 2021年，开展全国科技者工作日活动。走访慰问一线科技工作者。全国科技者工作日期间，县科协主要领导带队，走访慰问全县9个镇科协37名基层科技工作者代表，带去县委、县政府对广大科技工作者节日的祝贺和问候，并与各位代表进行深入细致的座谈讨论，实地了解他们在新冠肺炎疫情防控中的工作和生活状况，倾听他们对科普工作的意见和建议。5月28日，县科协联合县农业农村局、县市场监督管理局、县水务局、县卫生健康局、县人民医院、县中医医院、县老科协和县反邪教协会等单位，在新城公园共同组织开展全国科技者工作日宣传活动，采取悬挂宣传条幅、展板展示、发放知识手册、发放印有宣传材料的小礼品等形式，向广大群众传授卫生健康、航天科技、防震防灾、食品安全、垃圾分类等科普知识，激发和调动群众参与科普活动的积极性，共发放宣传单1000份、印有宣传标语的杯子和雨伞900个、环保手提袋2000个；科技志愿者现场为群众提供咨询并讲解科普知识。

【开展全国科普日活动】 2021年，县科协组织开展全国科普日宣传咨询活动。9月11—17日，县科协联合县教体局、县老科协、县反邪教协会和各镇科协等单位，组织开展“百年再出发，迈向高水平科技自立自强”为主题的2021年全国科普日科普进村街系列宣传活动。活动中志愿者们紧扣科普日主题，抓住与广大群众日常生活关系密切、社会普遍关注的卫生健康、航天科技、防震防灾、食品药品安全、垃圾分类、节约用水等问题，采取悬挂宣传条幅、展板展示、发放知识手册、发放印有宣传材料小礼品等形式宣传科普知识。活动现场共展出展板20块，发放宣传资料1500份、印有宣传标语的各种宣传品600个、环保手提袋1000个、义诊200余人次。为群众解答老百姓身边最关心的问题，让群众感受到科普就在你我身边，进一步弘扬科学精神，倡导科学、健康、文明的生活方式。

【开展科普进校园活动】 2021年，科协开展科普进校园活动。组织“国旗下讲话”科普活动。在全国科普日活动期间，以升旗仪式作为教育学生的重要渠道，利用“国旗下讲话”宣传“科普法”和科学文化知识，广泛发动学生写发言材料，以每班为单位，评出1名学生参加学校评选，全校评出1名学生国旗下讲话。开展科普专题讲座。组织学生分低段、中段、高段三个组分别观看科教短片，让学生在有声有色、有形有彩的世界里汲取科学知识，培植科学精神，激发创造欲望。进行校级科技创作比赛。在活动期间，举行科技创作比赛，通过比赛，发现一批科技爱好者和动手能力强的学生。

（刘雪至）

香河县工商业联合会

【概况】 2021年，香河县工商业联合会（以下简称县工商联）牢牢把握非公有制经济健康发展、非公有制经济人士健康成长“两个健康”工作主题，围绕全县发展大局，以服务为宗旨，充分发挥职能作用，求真务实，扎实工作。3月，完成县工商联（总商会）第十三届执委会换届工作；12月，香河县工商联被中华全国工商联评为2020—2021年度全国“五好”县级工商联。

【参政议政建言献策】 注重发挥工商联组织和会员中人大代表、政协委员的作用，提出有价值的建议和提案，为建设“协同发展示范区，绿色活力幸福城”建言献策。

【政策宣传与培训教育】 工商联作为党和政府的宣传员、传声筒，在加大企业的信息反馈，做好优秀商会及会员企业家先进典型事迹的宣传报道上下功夫。加强微信平台运行管理，及时更新板块内容，提高信息化水平。大力宣传工商联系统重点、亮点工作，广泛宣传全县民营企业家创业创新、履行社会责任优秀事迹，展现社会主义建设者风采和良好形象，发挥先进典型的示范带头作用。2021年，向市县投稿30余篇。县工商联向县委推荐的香河赢创科技有限公司总经理孙爱杰、河北富都华创家具制造有限公司总经理曹凤宇被确定为香河县第一批青年拔尖人才。5月，组织县工商联机关干部、县青商会、女企协全体党员以及部分会员代表到香河县红色教育基地开展理想信念教育培训。

【引导企业践行社会责任】 2021年，县工商联引导企业践行社会责任，开展各项慰问及帮扶活动，引导民营企业开展“万企帮万村”行动。助力抗击新冠肺炎疫情。县工商联号召直属商会和广大会员企业行动起来，主动担当，全力配合做好新冠肺炎疫情防控工作，香河县女企业家和青年企业家商会组建起300余人的志愿者团队，由党员带头下沉到新冠肺炎疫情防控一线，在核酸检测点、居民小区卡口等关键位置值班值守；2月1日，香河县青年企业家商会慰问县新冠肺炎疫情防控大数据核查专班，为一线工作人员送去价值3.6万元的慰问品；香河汇文节能科技有限公司向后彭务中心小学捐赠口罩1万个、医用酒精300瓶（每瓶100毫升）、84消毒液300瓶（每瓶480毫升）等防疫物资。开展慰问活动。“5·12”护士节，县女企业家协会和青年企业家商会到县人民医院慰问医护人员，捐赠苏打水 200 箱；6 月 4 日，县青年企业家商会开展助力高考爱心捐赠活动，为全县 2260 名高考学生及 500 名教务教师送去矿泉水 150 箱、乘凉帐篷 15 个、口罩 2000 个、藿香正气水 500 支；在“九九”重阳节之际，香河第一城酒业有限公司通过县红十字会向香河县淑阳中心敬老院、渠口中心敬老院、刘宋中心敬老院捐赠空调、电视机、电热开水器、被褥等价值 30 余万元的物品，县女企业家协会、青年企业家商会分别为渠口中心敬老院和刘宋敬中心老院送去慰问品。支援河南洪水灾区。县青年企业家商会开展“情系河南 大爱无疆”驰援河南灾区行动，募集抗灾帐篷 33 个、折叠床 170 张、床垫 500 张用于安置受灾群众。引导民营企业开展“万企帮万村”行动。香河合益包装机械有限公司捐款 2 万元，用于支援全县新冠肺炎疫情防控工作；河北宏源东盛石材有限公司向安平镇王指挥庄村捐款 1 万元，用于村街乡村振兴工作；香河城外楼饭店、香河富强包装制品等企业解决村民就业问题；8 月 31 日，香河千城网络科技有限公司向蒋辛屯镇 4 所小学捐赠椅子 200 把，价值 1.29 万元；教师节之际，香河第一城酒业有限公司通过县红十字会定向为县教育和体育局捐款 200 万元用于教育事业；香河三强公益慈善基金会资助渠口镇 10 名贫困学生，根据年龄，每月资助 500—800 元，直至学业结束或不再需要资助，并为其大学毕业后提供就业机会供其选择。

【开展调查研究】 县工商联新一届领导班子分别到北京建安特西维殴特种设备制造有限公司、美博瑞（香河）电子信息科技有限公司、香河凯华齿轮有限公司、香河第一城酒业有限公司等民营企业就生产经营情况及存在的困难进行走访调研，到香河县合益包装机械有限公司考察学习企业党建工作。县委常委、统战部部长张昆宁到香河恒泰建筑有限公司、河北强盛通信工程有限公司、香河县通利达福利纸业有限公司、香河昆仑化学制品有限公司等企业就优化营商环境和助力高质量发展开展调研，征求企业对营商环境的意见建议，与企业负责人探讨可行性措施和解决方案，更好地服务企业。

【搭建服务平台】 2021 年 4 月 14 日，在香河经济开发区维泰汽配电商产业园召开香河县工商联（总商会）法律服务暨银企对接工作会议，邀请专家进行法律讲座，金融部门负责人为会员企业介绍金融政策，解答企业的疑问，形成良好互动。7 月 28 日，组织会员企业召开香河县工商联“税务知识讲堂，助力企业发展”财税专题培训会。10 月 20 日，在开发区建安特西维欧特种设备制造有限公司召开银企对接会，助推民营企业“二次创业”。

【加强基层商会建设】 2021 年，县工商联加强对镇（社区办、园区）基层分会、行业商协会的服务和指导，推动商协会工作上新台阶。县工商联加强指导与商协会发挥主体作用相结合，典型引路与整体推进相结合，按照班子建设好、团结教育好、服务发展好、自律规范好“四好”商会标准，认真开展理想信念、守法诚信教育实践活动，引导企业转型升级、创新发展，规范商会建设。县工商联分别组织县青年企业家商会和女企业家协会在香河帅佳生态园举办喜迎建党百年暨迎“五一”企业经营分享会、“不忘初心、牢记使命”庆祝中国共产党成立 100 周年文艺会演。

（王　然）

香河县
文学艺术界联合会

【概况】 2021 年，香河县文学艺术界联合会（简称县文联）坚持以“人民为中心”，以出人才、出精品为宗旨，聚焦全面建成小康社会这条主线，开展各种丰富多彩的文艺活动，组织广大文艺工作者紧跟新时代脉搏、唱响新时代主旋律，展示新时代香河人民良好的精神风貌。县文联围绕中心，服务大局，扎实开展系列文艺庆祝活动，不断强化文艺队伍服务和会员信息动态管理，保障队伍活力；创新工作方式方法，延伸工作手臂，真正为会员解难事、办实事，把文联组织建设成为覆盖面广、凝聚力强、温馨和谐的文艺工作者之家。大力优化文联组织体系，自觉克服机关化、行政化和脱离群众的问题，建立联络文艺人才常态化工作机制，主动对接基层文联文艺团体、文艺企业及文艺工作者，提升服务基层工作水平，打通联系全县广大文艺工作者的“最后一公里”，推动全县基层文艺工作可持续发展。2月，县文联荣获河北省文联系统“争创人民满意的公务员”十佳集体称号。

【庆祝中国共产党成立 100 周年系列文艺活动】 2021 年，围绕庆祝中国共产党成立 100 周年、鼓舞人民为实现中华民族伟大复兴的中国梦奋勇前进这一主线，书写百年来党团结带领全国各族人民为实现中华民族伟大复兴的中国梦而不懈奋斗的光辉历程，县文联开展系列活动庆祝党的百年华诞，歌颂党的丰功伟绩和在改革开放中取得的伟大成就。

1月9日，县文联在县文化艺术中心举办“京畿福地 ·大美香河”大书法艺术名家书画作品邀请展暨第三届廊坊市硬笔书法大会展网络线下启动仪式，展览面向全县征集作品 2000 余件，选出 400 余件作品线上线下展出。4月，举办香河县“庆祝中国共产党成立 100 周年、推进党史学习教育”少长咸集书画展，以艺术的形式来检验党史学习教育的成果。5月9日，在香河县中信国安第一城举办庆祝中国共产党成立 100 周年“红船精神”暨京津冀京东大鼓名家演唱会，讴歌党的光辉业绩，歌颂“红船精神”。6月29日，香河县庆祝中国共产党成立 100 周年书画作品展在文化艺术中心开幕，弘扬传统文化，传承红色文化，展出书画作品 100 幅和剪纸作品 100 幅，展览不仅突出书画的艺术性，还依托北运河廊坊段旅游通航项目，邀请书法家张旭光、张志庆、王厚祥、张纬东、刘京闻等为北运河香河中心码头景石题字，书写“香河大河”“古渡春阴”“京畿首驿 如意香河”等题名、古诗，并立石镌刻，讴歌盛世。6月，县文联举办庆祝中国共产党成立 100 周年诗词征文活动，并组织专家评委评出优秀作品，集中在《香河文艺》专版刊登。7月，县文联会同相关部门在香河文化艺术中心联合举办香河县第二届中小学生器乐比赛，庆祝中国共产党成立 100 周年，丰富全县中、小学生的文艺生活，提高广大学生的文艺兴趣及水平。7月23日，县文联与县委宣传部、县文化广电和旅游局联合举办“随梦起舞 · 华彩廊坊”2021 年第五届廊坊市舞蹈大赛香河地区海选活动，庆祝中国共产党成立 100 周年，繁荣发展舞蹈艺术，提升舞蹈创作水平，发现舞蹈骨干人才。11月19日，县文联举办香河县庆祝中国共产党成立 100 周年暨“弘扬运河通航精神”摄影图片展，公开征集摄影作品 350 余幅，选出 100 幅优秀作品在香河文化艺术中心进行展览，持续推动全县弘扬运河通航精神活动的深入开展。

【弘扬运河通航精神】 2021 年，县文联大力弘扬“忠诚担当、创新实干、敢打必胜、聚力争先”的运河通航精神，深入挖掘大运河丰富的历史文化资源，全面展示全县广大干部群众“激情满怀干事业、昂扬竞进当先锋”的精神风貌，举办多种活动，动员和号召全县各界人士，大力弘扬和践行运河通航精神，加快建设“协同发展示范区、绿色活力幸福城”。10月，开展以“弘扬运河通航精神”为主题的征文活动，征集 200 篇文章。12月，举办“弘扬运河通航精神”诗词作品书法展，选出 80 首诗词进行书法创作，并在香河文化艺术中心进行展览。年内，为大力弘扬运河通航精神，全面展示全县广大干部群众“激情满怀干事业、昂扬竞进当先锋”的精神风貌，县文联组织精干力量，整理“弘扬运河通航精神”事迹报告暨大讨论活动动员会上的领导讲话和事迹报告，以及《新香河》报刊发表的“弘扬运河通航精神”系列评论，搜集全县上下决战运河通航和运河两岸风光的照片 100 余张，编印《香河文艺》“弘扬运河通航精神”增刊。

【文艺活动助力抗疫】 2021年，县文联组织香河书法家协会举办抗疫网络书法展览，有60余人参加，收集抗疫书法作品150余幅，网络展出书法作品80余幅，传播社会正能量。协调香河舞蹈家协会和香河平心公益共同举办“2021年香河县抗疫志愿者视频舞蹈大赛”，通过活动展现一线志愿者不畏严寒、积极抗疫的精神面貌，并通过各网络直播号进行宣传播放。

【书法六进活动】 2021年，县文联组织开展书法进农村、进社区、进学校、进企业、进军营、进机关活动(简称“书法六进活动”)，活跃基层群众文化生活。6月，组织书法家们分别到县第三中学、县进修学校、县第十三中学、县城内第三小学、五百户镇第二小学、五百户镇政府等地，为学校教职员工和机关工作人员书写作品500余幅。12月，组织5场送春联下乡活动，书法家们分别到平安街社区、县中医医院、义井村、河北吴村等地，现场书写并赠送春联2000余副和书法作品100余幅。

【戏曲六进活动】 2021年，组织开展戏曲进农村、进社区、进学校、进企业、进军营、进机关活动（简称“戏曲六进活动”）。6月10日、22日、26日、29日，7月1日、15日，分别在香河县少年宫礼堂、安头屯镇西口头村、刘宋镇刘宋村、欧陆豪庭小区、安头屯镇安二村、香河县城内第五小学举办庆祝中国共产党成立100周年戏曲专场演出活动。

【《香河文艺》编辑】 《香河文艺》由县文联主办。2021年，出版《香河文艺》5期。其中，编辑出版了“弘扬运河通航精神”增刊。

（刘春林）

香河县残疾人联合会

【概况】 2021年，香河县残疾人联合会（以下简称县残联）听取残疾人意见、反映残疾人需求、维护残疾人权益、为残疾人服务；倡导残疾人发扬乐观进取精神，自尊、自信、自强、自立，为经济社会发展贡献力量。弘扬人道主义，宣传残疾人事业，沟通政府、社会与残疾人之间的联系，动员社会理解、尊重、关心、帮助残疾人。开展残疾人康复、教育、劳动就业、扶贫、文化、体育、科研、用品供应、福利、社会服务、无障碍设施和残疾预防等工作。协调落实对残疾人的各种优惠政策，创造良好的环境和条件，扶助残疾人平等参与社会生活。年内，被县委、县政府授予“2020年度文明单位”“香河县创建省级文明县城先进单位”荣誉称号。

【残疾人康复工作】 2021年，做好辅助器具的发放工作，提高残疾人生产生活质量，县残联在完成残疾人辅具需求摸底筛查的基础上，投资11.13万元，免费为肢体残疾人发放轮椅181台、座便椅27台、浴椅23台、腋杖6副、手

4月25日，县残联为听力障碍人员适配助听器　　马子童 摄

7月21日，县残联组织残疾儿童在专业康复机构进行康复训练　　马子童　摄

杖4副、盲杖4副、助行器4个、助视器1个；投入资金9.3万元，为47名听力残疾人适配助听器；投资9.2万元，为11名肢体残疾人安装假肢。做好康复救助工作，县残联安排21名0—14周岁残疾儿童在市残联定点专业康复机构进行康复训练，补贴救助资金34.6万元。

【残疾人职业技能培训】　2021年，县残联完成4期残疾人职业技能培训，培训116人次。其中，1期珐琅工艺制作，2期中式面点制作，1期农村种养殖技术培训班。

【残疾人就业】　2021年，为27名残疾人安排就业；开展“残疾人就业援助月”活动，组织30名残疾人参加河北省残联举办的残疾人专场招聘会；对140家企业进行残疾人就业保障金征收年度审核和复核。

【残疾人社会保障及救助】　2021年，完成全县享受低保的残疾人生活补贴和重度残疾人护理补贴的统计，截至年底，全县享受低保生活补贴的残疾人2630人，享受护理补贴的重度残疾人5370人，申报材料移交县民政局，两项补贴由民政部门负责发放。5月，正式实施困难残疾人生活补贴和重度残疾人护理补贴资格认定申请的“跨省通办”，残疾人两项补贴办理不再受户籍地限制，可在全国各个街道、乡镇的残疾人补贴窗口办理。做好残疾人托养工作，县残联投入资金32万元，依托淑阳镇卫生院精神病专科对43名精神残疾人进行集中托养，并采取托养加治疗相结合的康复治疗方法，成效显著，精神类残疾人托养工作既减轻了患者的家庭负担，又一定程度上维护了社会稳定。投资30万元，依托淑阳中心敬老院建立残疾人托养就业机构，并对托养就业机构进行维修改造。对191名有需求的持证精神类残疾人免费发放药品价值8.49万元。做好残疾人子女考生补贴发放工作，县残联为4名残疾人子女考生发放补贴资金1万元，其中，省级补贴0.6万元，县级补贴0.4万元。

【残疾人维权】　2021年，做好残疾人生活无障碍改造工作，为20户残疾人家庭进行无障碍改造，改造项目为安装门窗、低位灶台、橱柜、灶具、太阳能等基础设施，投资总额9.6万元。做好残疾人信访及燃油补贴发放工作。年内，县残联接待到访残疾人20人次，残疾人的实际需求和困难均得到解决；为2名残疾人机动轮椅车申报燃油补贴。

【全国助残日宣传活动】　2021年5月16日，是第三十一次全国助残日，县残联在新城公园组织开展“巩固残疾人脱贫成果、提高残疾人生活质量”的主题活动，发放宣传册1000册，宣传品1500件。

【残疾人基层组织建设】　2021年，县残联、县民政局联合出台《关于加强和改进村（社区）残疾人协会工作的实施意见》（香残联〔2021〕13号），健全村（社区）残协组织，构建基层组织网络，实现残疾人组织机构的全覆盖，提升服务残疾人的能力和水平。年内，配齐全县14个镇（社区办、园区）、

300 个村和 19 个社区的残疾人专职委员，并落实专职委员的待遇。全年发放村级专职委员补贴 36 万元、社区专职委员补贴 6.84 万元；镇级专职委员补贴，按照文件要求不低于当地最低工资标准进行发放，并缴纳各种社会保险。全年办理残疾人证 2000 例。其中，为不便离家的残疾人上门办证 120 例，并了解其生活状况及需求，为精准康复提供翔实的数据。

（刘跃波）

香河县红十字会

【概况】 2021 年，香河县红十字会充分发挥人道工作领域助手作用，围绕县委、县政府工作部署，大力弘扬“运河通航”精神，推进红十字事业科学发展。开展“三救三献”（应急救援、人道救助、应急救护，献血液、献造血干细胞、献人体器官组织）、新冠肺炎疫情防控、红十字志愿服务等扶贫帮困和送温暖活动及红十字文化宣传等工作。年内，县红十字会被省红十字会评为十佳人民满意的公务员集体，被廊坊市无偿献血领导小组评为廊坊市无偿献血志愿服务先进组织，被市红十字会评为先进集体、宣传工作先进单位、捐献造血干细胞工作先进县称号和造血干细胞捐献及志愿服务工作优秀组织奖，被县委授予先进基层党组织、先进单位等称号。

【便民救助】 2021 年，县红十字会以弱势群体为主要工作对象，积极募集资金和物资，持续开展健康促进、大病救助、扶贫帮困等人道救助工作。开展以“办实事 解难题 献礼中国共产党成立 100 年”为主题的困难群众救助活动，为 57 户符合救助标准的困难群众发放救助资金 25.4 万余元。从省红十字会争取救助金 6.3 万元，救助贫困家庭 79 户；争取救助物资价值 0.49 万元，全部发放给困难群众。为 5 名白血病患儿家庭申请小天使救助基金 17 万元，给患儿家庭带来支持和帮助。开展“捐出您的一天收入 奉献您的一份爱心”为主题的“博爱一日捐”活动，通过多种形式大力宣传发动，激发机关企事业单位干部职工及社会各界及广大群众的捐赠热情，接受捐款 39.67 万元，第一时间将接受捐款情况进行公示。

【博爱送万家】 积极开展“博爱送万家”活动，把党和政府的关爱送到困难群众心中，把关注民生、保障民生、改善民生作为工作的出发点和落脚点，积极为困难群众解决实际困难。2021 年春节期间，县红十字会购置大米、食用油等价值 3.7 万元的生活物资，发放给 139 户困难家庭。

【开展捐资助教活动】 11 月 10—19 日，县红十字会联合县教育和体育局开展捐资助教活动，接收 27 家爱心企业捐资助教捐款 1022 万元，捐赠将全部用于全县校园建设、教育教学设备购置，以及对业绩突出的学校和教师进行表彰等。

【爱心物资捐献】 2021 年，在重阳节来临之际，县红十字会联合香河第一城酒业有限公司，为淑阳、渠口、刘宋 3 所中心敬老院捐赠价值 32 万元生活物资，进一步改善 3 所中心敬老院老人的生活条件。河南省发生水灾后，县红十字会组织各界爱心人士和爱心企业为灾区捐款 19.69 万元，驰援河南新乡等受灾严重地区人民重建家园。

【无偿献血】 2021 年，县红十字会宣传推动无偿献血工作，通过融媒体、抖音、微信公众号等多种网络平台形式，加大普及无偿献血知识的宣传。通过“世界献血日”，加大宣传力度，通过无偿献血知识进社区、进街道等形式，提高群众献血意识，传播无偿献血的健康知识，营造“无偿献血、人人有责”的社会氛围。年内，在集中献血活动中，有 1388 人成功捐献，献血量 48.32 万毫升。

【造血干细胞招募及捐献】 开展以“做中华骨髓库志愿者，献礼百年”为主题的造血干细胞血样采集活动。在全县开展造血干细胞知识巡回讲座，邀请廊坊市红十字会干细胞工作负责人到香河开展讲座，受教人数 1000 余人。通过电视、公众号等形式，宣传全县第一例造血干细胞捐献者事迹。通过宣传发动，全县有1000余名志愿者加入中华骨髓库，位居廊坊各县之首。6月2日，县红十字会开展以“做中华骨髓库志愿者 献礼中国共产党成立100周年”为主题的造血干细胞血样采集活动，10名爱心志愿者进行造血干细胞血样采集。

【遗体和人体器官捐献】 2021年，县红十字会加强遗体和人体器官捐献工作，通过媒体、报刊、微信公众号等形式进行宣传，在主要交通路口和繁华街道，悬挂宣传条幅和宣传标语，让群众了解遗体捐献相关知识，达到润物无声的效果。截至年底，全县有1人实现遗体捐赠，8人签订捐献意向书。

【新冠肺炎疫情期间社会捐助】 2021年，县红十字会按照县委、县政府关于常态化疫情防控工作的部署要求，始终保持坚决有力的战疫劲头，针对疫情防控的新形势新要求，严格落实各项疫情防控举措，结合重点工作与时俱进调整防疫策略，健全常态化疫情防控机制。持续做好捐赠款物的接收、分配和使用工作，强化防护宣传工作，深化疫情防控期间的人道服务，推进困难群体救助工作，真正把县委、县政府重要部署落到实处。接收疫情捐款3.58万元，其中，定向拨付县疾控中心2万元；接收社会捐赠物资价值7.49万元，全部发放完毕。

【应急救护的宣传与培训】 开展急救知识普及工作。以应急救护推进年活动为契机，推动红十字会应急救护培训进学校、进社区、进农村、进机关、进企事业单位，大力提升应急救护知识普及率，2021年，县红十字会开展多场急救知识普及培训，红十字会工作人员深入机关、学校、乡镇开展心肺复苏、气道异物梗阻排除等急救知识宣传培训，并就心肺复苏技术中的体位翻转、心脏按压、开放气道、人工呼吸等环节进行现场演示，使2000余名基层干部、学校师生、企业员工和社区群众了解、掌握了基本的自救互救知识。开展暑期安全教育宣讲活动。

年内，县红十字会蓝天救援队深入6所学校开展“儿童防溺水应急知识进校园”主题安全教育宣讲活动，向学生宣传、讲解溺水事故发生的危害性及防溺水的重要性，提高学生防溺水安全意识，有效防范溺水事故发生，受益学生2100余人。开展应急救护员培训班。12月1—2日，组织部分机关、企事业单位和广大爱心公益事业的志愿者，开展为期2天的应急救护员培训班，邀请市红十字会培训讲师授课，40余名参训学员顺利通过考试，并取得应急救护员证书。

12月2日，县红十字会举办应急救护培训讲座　　县红十字会供图

【红十字志愿服务活动】 2021年积极组织红十字工作人员、志愿工作者开展志愿服务工作。全县各级红十字会参与志愿服务和抗疫救助工作的志愿者有200余人，志愿服务总时长3.5万余小时。

【红十字会基层组织建设】 2021年，全面完善乡镇和县直机关红十字会组织建设，加强对乡镇红十字会工作人员业务知识培训。在部分县直单位建立红十字会组织，扩大红十字会组织覆盖面。

（孙桂英）

香河县计划生育协会

【概况】 2021年，香河县计划生育协会（简称县计生协）紧紧围绕建设“协同发展示范区、绿色活力幸福城”这一目标，以深化计生协改革为主线，全面落实宣传教育、生殖健康咨询服务、优生优育指导、计划生育家庭帮扶、权益维护、流动人口服务等6项重点工作，有序承接计划生育奖特扶政策落实、避孕药具发放、诚信计划生育和群众健康服务等职能，进一步增强计生协参与公共管理和社会服务的能力。积极推进“健康香河、健康家庭”建设。

【计划生育家庭帮扶】 2021年，落实帮扶措施，深入开展“生育关怀、困难救助”活动，走访慰问困难计划生育家庭38户，发放慰问金11.4万元。开展失独（独生子女意外亡故）家庭“暖心行动”，在母亲节，走访慰问困难母亲9户，发放慰问金2.7万元。开展扶困助学行动，9月，救助困难大学生13名，求助金额3.9万元。持续开通医疗服务绿色通道，指定县人民医院为特殊计划生育家庭绿色通道定点医院，为特殊计划生育家庭人员在就医诊疗方面给予减免、优先、优惠及各项服务。年内，有34人次享受到绿色通道相关政策和服务。

【生殖健康服务】 2021年，大力促进生殖健康服务，强化宣传，重点加强药具管理工作。加强药具管理服务网格建设。在各镇（社区办、园区）卫计办和卫生院均配备专（兼）职药具管理人员，村药具管理员和卫生室工作人员共同承担本辖区药具服务工作，建立以药具管理机构为主干，以基层计划生育工作网络和医疗卫生服务机构为分支的基本避孕项目服务体系，年内，全县有避孕药具人工发放点377个，微信扫码自助发放机60台，扫身份证自助发放机17台，形成以定点人工服务为主，自助服务为辅的药具服务网络。推广平台使用。利用河北省免费避孕项目和健康宣传服务管理平台，推进“药具+互联网”管理和服务工作，引导群众在平台上注册登记，注册用户能够从平台提供的地图上查找附近的药具发放点，领取需要的药具，截至年底，药具平台累计注册用户69384人，占全县总人口的15.45%。做好平台的日常维护。安排专人实时关注发放点预警、断货情况，提醒管理员及时配货，确保发放点工作正常。注重健康服务，积极推进流动人口健康服务进企业、进社区。年内，以爱依瑞斯家具有限公司为试点，成立企业计划生育协会，发展会员11人，投放避孕药具自助发放机1台，企业计划生育协会积极为员工提供宣传教育、生育关怀、健康促进、权益维护等服务，不断提升员工的凝聚力、向心力，促进家庭和企业共同发展。

【计划生育宣传】 2021年，县计生协围绕“5·29”会员活动日、庆祝中国共产党成立100周年、三胎政策放开和优生优育指导，组织开展4次集中宣传。在优生优育进万家宣传活动中，邀请县妇幼保健院医生，在活动现场进行答疑解惑，引导育龄妇女树立科学孕育观，促进育龄妇女科学育儿。组织举办3次集中义诊，接受咨询200余人次，发放慢病预防常识宣传单、健康小常识、生殖健康手册、控烟宣传彩页4000余份。制作《新冠肺炎疫情防控》科普宣传片，在县电视台、微信公众号、微信群等媒体进行广泛宣传，提高群众防控意识，丰富群众防疫常识，促进各项防控措施落实。

【志愿服务活动】 2021年，开展志愿服务等工作，主动融入新冠肺炎疫情防控工作中。发挥计生协的群众工作优势，组织动员各级会员、志愿者落实联防联控、群防群控各项措施，积极参与宣传引导、人员摸排、健康监测，提供力所能及的关怀慰问、心理疏导等服务，助力疫情防控。

（李　晶）

军　事

责任编辑　王树春

综　述

2021年，香河县人民武装工作取得新的发展和进步，落实党管武装工作，完成兵员征集工作，“双拥”共建开展有力。县国防教育办公室发挥省级国防教育基地作用，开展各类国防教育主题活动，突出重点，抓出特色，成效显著。香河县人民防空办公室加强人防工程建设、管理、维护，开展人防宣传工作，审批就地人防建设项目和易地人防建设项目，确保人防设施使用效能，县重点人防工程项目完成建设。

香河县人民武装部

【概况】　2021年，香河县人民武装工作坚持以党在新形势下的强军目标和习近平主席系列重要讲话为指导，全面贯彻落实中共十九大精神，紧紧扭住听党指挥、履行使命、安全稳定等工作重点，扎扎实实打基础，认认真真抓落实，坚持不懈强作风，大力弘扬“运河通航精神”，以“满怀激情干事业，昂扬竞进当先锋”为指导，扎扎实实工作，使全县国防后备力量建设呈现出稳步发展的良好局面，各项工作任务圆满完成，单位全面建设取得新的发展和进步。7月，县人民武装部迁入新址办公。

【党管武装工作】　2021年，做实做强党管武装工作，深入学习贯彻中共十九大及十九大历次全会精神，增强“四个意识”、坚定“四个自信”，坚决拥护“两个确立”，始终做到“两个维护”，贯彻军委主席负责制，围绕“争创一流人武部、争当军分区窗口单位”的发展目标，按照“抓规范、严标准、上台阶、管长远”的工作思路，班子成员自觉服从发展大局，牢记自身职责使命，始终合心谋事、合力干事、合拍成事，在工作上相互支持，生活中相互关心，延续了“团结向上、合作进取”的优良传统。认真落实每周四党委中心组学习制度，同步参加省军区理论学习周，为机关干部职工购买相关学习图书，提升机关人员学习质效。紧跟习近平主席“七一”重要讲话精神等内容抓好理论学习，组织全体干部职工认真开展组织生活会，逐人撰写心得体会。结合新基地搬迁入住，以深化“传承红色基因、担当强军重任”和“不忘初心、牢记使命”学习教育活动为主题，更新文化宣传栏内容，重点突出安全和保密教育内容。

5月31日，召开2021年度民主生活会，通过认真开展批评和自我批评，增强班子凝聚力、向心力、战斗力，部党委书记以“学习百年党史，奋进未来之路”为主题，对全体干部职工进行授课辅导。观看全国“两会”、庆祝中国共产党成立100周年大会电视直播。在每名现役干部和文职人员手机安装“学习强军”“学习强国”“军职在线”App，强化军事职业教育学习，将学习拓展贯穿全天，抓紧抓实学习效果。组织全体干部职工学习党史知识100问，并对党史知识进行考核，在每周四集中学习基础上，同步参加上级党史学习教育授课辅导。认真组织党的建设法规学习月活动，原原本本传达学习上级文件精神和重要指示。结合民兵应急分队训练，组织民兵文艺小分队以“奋斗百年路、启航新征程”为主题，举办庆祝中国共产党成立100周年文艺汇报演出。

【“双拥”工作】 2021年，春节期间，联系县民政局、县退役军人事务局，对全县抗日战争时期老兵、困难退役军人及现役军人家属进行逐一走访慰问，送去组织关心关怀，全体走访人员重温抗战老兵光辉历史、感受战争气息、再次进行精神洗礼。利用党日党课活动时间带领县人武部全体机关人员到社区开展学雷锋志愿者活动，提升实践转化。

【民兵工作】 2021年，按照“早计划顶层设计、早研究抓实方案、早布置反复推进、早用力分工落实”的工作思路，狠抓战备秩序规范和民兵工作落实，年内，在省军区组织的民兵建设“交叉互检”中取得廊坊市第一名。组织各基层武装部对民兵工作管理系统的操作使用进行培训。针对新冠肺炎疫情防控实际，及时调整工作重点，采取视频连线、电话问询等方式，扎实推进民兵建设工作进程。截至6月底，基干民兵、普通民兵人员信息采集录入工作全部完成。协调县应急管理局采购民兵应急指挥、防汛抗洪、地震救援、森林灭火及存放架和运转箱等装备器材，有力保障民兵遂行多样化任务。严格按照大纲规定科目和训练标准组织人武部机关和民兵分队训练，5月18—20日，协调县政府成立军地联合检查组，通过现场拉动、电话抽检、查看软硬件资料的方式，对全部乡镇民兵应急分队进行拉动点验，下发检查通报和整改清单，持续督导各单位认真推进民兵整组工作。6月11日，结合军分区拉动，组织县民兵应急连召开点验大会。6月15—26日，组织民兵应急分队和专武干部，在县民兵训练基地开展训练，历经12个训练日，落实军事科目17个、100小时，开展政治教育16课时。6月30日，迎接省军区民兵建设工作“交叉互检”，在县医院拉动点验医疗救护连。7月6日，联合县应急管理局、县自然资源和规划局、县水务局等部门，合力开展汛期辖区河道内村庄转移安置实战演练，为防大汛、抢大险、救大灾积累经验。10月11—25日，组织对口保障空军的安全警戒和伪装防护分队，在县民兵训练基地组训，历经15个训练日，落实军事科目17个、120小时，开展政治教育16课时。

【兵员征集】 2021年，全县兵员征集工作完成任务，其中，上半年大学毕业生征集比例为32.2%；下半年大学毕业生征集比例80.5%。印发《香河县关于进一步做好征兵及退役士兵优抚安置工作的实施意见》，及时调整征兵工作领导小组成员单位，明确职责任务，建立沟通协调和集中办公机制。定期组织专武部长召开征兵工作推进会，建立每周通报制度。组织做好大学毕业生调查摸底工作，落实大学生尤其大学毕业生士兵定向招聘优惠政策。指导乡镇武装部设立征兵政策咨询站，加强精准宣讲措施。结合兵役登记核查和民兵整组检查验收，印制兵役登记公告和流程图分发各乡镇进行张贴宣传。通过广播、电视台、手机短信、微信和微博等形式，播放征兵宣传片、推送征兵宣传短信，加大对征兵工作宣传。到辖区的3所高中进行征兵宣传活动；高考期间，在县第一中学、第三中学考点设立征兵咨询站。县四大班子领导、征兵工作领导小组成员单位和乡镇征兵办人员积极参加征兵集中宣传日活动，发放宣传单，讲解征兵政策。组织对征兵工作人员进行业务培训和结业考核，严格落实体检、政考工作各项程序，从体检政考、役前训练、档案整理、新兵欢送、交接起运各项环节都细化方案预案，专人负责，确保征兵工作稳步推进。向社会公开征兵政策规定和条件标准，公布征兵工作人员名单，公布举报电话、举报信箱，对征兵工作人员进行廉洁教育，签订《廉洁征兵责任书》；选聘县级廉洁征兵监督员和乡镇级廉洁征兵监督员。

（杨双十）

国防教育

【概况】 2021年，香河县全面加强国防教育，提升党员干部、青少年和广大群众的国防意识和国防观念。以《中华人民共和国国防教育法》颁布实施20周年和第21个全民国防教育日为契机，开展系列国防教育主题活动，激发大家爱国热情，增强国防观念。

【党员干部国防教育】 2021年，持续加强全县党员干部国防意识，增强国防观念。在《中华人民共和国国防教育法》颁布纪念日和全民国防教育日到来之际，将《中华人民共和国国防教育法》《国防教育大纲》辑印成册下发各镇、香河经济开发区和县直各部门，全县党员干部利用周五学习日时间，对国防和国防教育法律法规、国防教育大纲进行学习。组织县四大班子领导及部分机关干部开展“军事日”活动，增强领导干部关心和支持国防的意识。

【青少年国防教育】 2021年，组织学校中小学生开展各类国防教育活动，加强青少年国防教育。在清明节期间，组织全县中小学生开展“清明祭英烈 传承中华魂”活动，通过微信为先烈送寄语、诵古诗、读佳作革命传统教育，利用班会课开展主题班队会等活动，引导学生尊重传统、继承传统、弘扬传统，增进爱党、爱国、爱社会主义情感，激发爱国热情，提高自觉履行国防义务。在《中华人民共和国国防教育法》颁布纪念日和全民国防教育日期间，会同县教育和体育局在各中小学校开展“国防知识宣传周”活动，充分利用校园广播站、橱窗、黑板报开辟国防历史、国防知识的宣传专栏，通过以读书演讲、国防橱窗、国防墙报、知识竞赛、国防课形式开展国防教育主题活动，在校园内播放滚动标语口号，增强学生履行国防义务的责任感。在活动开展中，向学校发放国防法律法规宣传读本2000本、宣传折页3000份、宣传书袋3000个。暑假期间，广泛开展军训周活动，加强中学生国防教育，磨炼意志、强健体魄、增强技能的军事训练活动。会同县教育和体育局组织全县中小学生参加“爱我中华 强我国防”河北省中小学生国防教育征文活动，收集筛选出100余篇高质量征文，上报省市。通过开展各种活动，增强中小学生国家安全意识、国防意识和忧患意识，提升国防观念，掌握基本国防知识，激发爱国热情，提高自觉履行国防义务的意识。

9月17日，县第九中学开展“国防知识宣传周”活动　　县国防教育办公室供图

【广大群众国防教育】 以民兵整组工作为契机，组织全县专职人民武装干部、民兵预备役人员，学习国防教育法律法规。通过悬挂条幅张贴标语、大喇叭广播等多种形式，加强对村街群众的宣传教育。通过文艺演出、电视台播放爱国影片和国防教育公益广告、在主要街道、路口、市场的LED显示屏播放宣传片等形式，营造浓厚的国防教育氛围，有效增强全县广大群众的国防意识。

【国防教育主题活动】　2021年，开展第21个全民国防教育日活动。9月17日，会同县文联在县民兵训练基地，组织县书画协会部分会员，开展主题书画进军营活动；县书画协会会员围绕“迈向强国新征程 军民共筑强军梦”主题，为官兵送去书画作品；设立宣传咨询站，向过往的群众发放国防教育法律法规宣传资料3000份和国防教育宣传品4000份，解答群众问题；在县城主要街道悬挂宣传标语30条，通过通信公司给全县2万名手机用户发放宣传标语口号，在县电视台晚间黄金时段播发一条国防教育宣传标语，在县城主要街道、广场电子显示屏播放宣传标语。播放国防教育爱国影片。把9月定为“国防教育月”，每晚黄金时间在香河电视台利用滚动字幕播放国防教育宣传标语口号，并在每晚的《香河新闻》结束后播放爱国影片；通过媒体、公众号等宣传平台，发放免费观看的70部爱国影片网址。为预征新兵上好入伍前第一课。对经体检、政审层层筛选出的预征新兵，开展以“打牢思想基础、增强适应能力、提高守纪意识”为目标的为期一周的役前训练，开展基础训练、教育引导，激发预征青年保家卫国的决心和忠心。

（王海林）

人民防空

【概况】　2021年，香河县人民防空办公室认真贯彻落实《中华人民共和国人民防空法》《河北省实施〈中华人民共和国人民防空法〉办法》等法律法规，坚持“长期准备、重点建设、平战结合”的建设方针，加强人民防空工程建设，加大人民防空宣传教育力度，全力维护好人民防空设施，确保人防设施使用效能。

【人民防空工程建设与维护】　2021年，全县完成新增报监人防工程项目和竣工人防工程项目，其中，县直属人防工程，竣工并投入使用。加强人防工程质量建设。在人防工程施工期间进行2次检查，重点检查在建人防工程防护部位的预埋件是否按规范要求全部预埋安装到位、是否满足防护密闭要求，门框墙、剪力墙等部位钢筋是否符合设计要求和规范规定，设备是否按照标准进行安装及调试，以确保人防工程防护功能的可靠性和完整性，对存在的问题及时要求整改。做好人防工程维护管理。对竣工工程进行检查，并全面落实平战转换设计要求，工程统一标识，对已建成的人防地下室管理单位进行严格监督检查，确保管理维护到位；对已投入使用的人防工程进行巡查，督促使用单位对人防设施进行定期维护管理，确保人防设施使用效能。

【人民防空通信和应急准备工作】　2021年，加强人民防空通信警报建设，新增电声警报器1台，加装3台储能电池。完善组织指挥体系，制定《香河县人民防空应急预案》，修订完善《香河县重要经济目标单位防护方案》。

【人民防空宣传教育】　2021年，县人民防空办公室加强人民防空宣传工作，在广场、公园及社区进行展板宣传，在示范点利用电子屏幕播放人防知识，向群众赠送《人民防空知识读本》400套；在县人民广场开展人防宣传3次，累计发放宣传材料3000余册。

（王照月）

法　治

责任编辑　王树春

综　述

2021 年，县委政法委协调政法各部门全力维护社会大局稳定，深入推进社会治理创新，严密治安防控体系，主动融入建设“协同发展示范区、绿色活力幸福城”发展大局，深化“群众说事、干部解题”工作机制。加强社会治安防控体系建设，开展社会治安综合治理智能化建设，开展扫黑除恶专项斗争，严厉打击各类违法犯罪，打击非法传销活动并做好教育转化工作，探索矛盾纠纷多元化解机制，加强完善城乡社区治理体系，推进香河县社会稳定评价体系建设，强化普法宣传工作，全面推进社会治理创新，推进社会治理现代化。公安机关依法惩治违法犯罪，加强道路交通安全管理，强化社会治安管理，做好安全保卫工作。检察机关进行司法责任制改革，加强控告申诉检察、刑事检察、刑事执行检察监督、民事行政审判监督工作，推进公益诉讼、社会治理创新、阳光检察、未成年人检察工作及“12309”检察服务中心工作。审判机关加强刑事案件审判、民商事案件审判、行政案件审判及案件执行工作，行使监督职能，深化司法改革，实行多元调解，开展阳光司法行动，强化智慧法院建设。司法行政机关加强法治宣传教育培训、司法鉴定、人民调解、人民陪审员选任、社区矫正、安置帮教、法律援助、律师监管、法律服务、公证等工作，加强法治政府建设，强化行政规范性文件管理，深化基层执法改革，规范行政执法行为及行政复议和行政诉讼工作。法治建设取得全面发展，为全县经济社会稳定发展保驾护航。截至 2021 年，香河县连续 24 年被评为“全国平安建设示范县”，4 次获“长安杯”殊荣。

政法工作

【概况】　2021 年，香河县政法工作在县委、县政府和县委政法委

12 月 15 日，平安中国建设表彰大会在北京举行，香河县获评平安中国建设示范县（2017—2020），并获“长安杯”　　县委政法委供图

的正确领导下，坚持以人民为中心，主动融入建设“协同发展示范区、绿色活力幸福城”发展大局，深化“群众说事、干部解题”工作机制，深入推进社会治理创新，严密治安防控体系，不断增强群众的获得感、幸福感、安全感，为庆祝中国共产党成立100周年创造良好的社会治安环境。大力弘扬“忠诚担当、创新实干、敢打必胜、聚力争先”的运河通航精神，进一步统一思想、振奋精神，深刻理解弘扬运河通航精神的重要意义，做到知行合一，把运河通航精神践行社会治理各项工作始终。

【维护社会稳定】 2021年，以重大安保为牵引，全力维护社会大局稳定。把各项安保任务作为首要政治任务，超前谋划、周密部署、统筹推动、大力督导，完成全国“两会”、中国共产党成立100周年及中共十九届六中全会等重大活动的安保工作。开展涉稳风险排查管控行动，以社会安全隐患大排查大整治行动为抓手，全面推进流动人口和出租房屋、矛盾纠纷排查化解、治安隐患、消防隐患、交通隐患等清查整治行动，全面剔除各类安全隐患，最大限度铲除违法犯罪滋生土壤。截至年底，开展专项整治行动93次，出动警力8510人次，警车2890辆次，检查各类行业场所2160家次，登记流动人口1.6万人、出租房屋7020户，发现整改问题隐患191处，查处涉黄涉赌违法行为10起，捣毁传销窝点14处，抓获公安机关在互联网上通缉的在逃人员4人。

【平安香河建设】 2021年，深入推进平安香河建设。始终坚持以提升人民群众安全感为目标，扎实开展“铸平安、保稳定、促和谐，迎接中国共产党成立100周年”百日行动，不断严密社会治安防控体系，增强社会面管控能力，有效净化了社会环境，保持社会治安秩序持续稳定。强化社会面管控。紧扣县域社会治安环境，深化“亮警街头”活动，提高街面见警率和快速反应能力，最大限度挤压违法犯罪分子的活动空间。圆满完成“五一”“暑期”“七一”“十一”等重要节点安保工作，通过狠抓巡逻防控和常态化疫情防控，全面强化社会面管控，节日期间，未发生重特大刑事案件、治安案件和治安灾害事故，有效确保社会治安大局持续稳定。以说事解题为着力点，夯实平安建设基层基础。依托香河县社会治理信息系统，深化“群众说事、干部解题”工作机制，深入推进社会治理创新，严密治安防控体系，增强群众的获得感、幸福感、安全感，在“说事解题”考核中被评定为全市第一档次。

【社会治安防控体系建设】 2021年，强化社会治安防控体系建设，开展政治安全织网筑墙行动。围绕捍卫政治安全织密防控网、筑牢防护墙，坚决当好河北首都政治“护城河”排头兵。严密治安防控体系，增强群众获得感、幸福感、安全感，加强社会治安综合治理智能化建设，提高“雪亮工程”覆盖面，增强技防水平。全县在前期监控视频联入基础上，对“雪亮工程”使用情况，尤其是农村视频监控系统建设、使用情况和工作推进情况进行调研摸底，克服资金紧张等困难，谋划推进农村“雪亮工程”扩面工作。推进“情指勤舆”一体化（情报、指挥、勤务、舆情管控一体化警务运行机），研究制定《香河县公安局巡逻防控和快速反应工作方案》，通过指挥助手对快速反应组、护学岗、公安巡逻、应急值守工作常态化拉动。针对突出的电信网络诈骗案件、盗抢案件以及追逃工作进行多次专题研判。健全防控体系，严格落实“四项机制”和“1、3、5分钟”快速反应措施，每日组织优势警力开展加强式、立体化、全时域巡控工作，切实提高街面见警率、管事率、控制力、震慑力。抓好突出犯罪的预警防控，开展进校园、进社区、进村街、进机关、进企业的“五进”宣传活动，入户13.6万余户，完成常住人口应入户数的99%。引导群众扫码下载“国家反诈中心”App，下载145587人次，注册率为38%；协调中国移动、中国联通、中国电信3家通信公司为各单位干部职工免费增设反诈宣传彩铃业务9300余户，发送短信25万条；引进“东风反诈平台”完成预警5187次。严厉打击群众反映强烈的违法犯罪，以“打击电信网络诈骗犯罪百日会战和打击盗犯罪百日会战”及“燕赵——砺剑铸盾2021”等一系列专项行动为着力点，破获各类刑事案件330起，抓获犯罪嫌疑人556人，逮捕181人，起诉427人；抓获公安机关在互联网上通缉的在逃人员57人；打掉犯罪团伙13个，先后破获电诈案件76起，抓获帮信、引流、侵公等各类涉诈嫌疑人87人；6月15日，县公安局全链条破获“4·8”重大电信网络诈骗案，抓获犯罪嫌疑人11人，查封、冻结涉案账户47个，冻结资金70余万元；成功侦破“6·24”特大电信网络诈骗案，23名主要涉案嫌疑人落网，冻结账户资金650余万元。打击涉毒案件26起，其中，刑事案件7起、行政案件18起，刑事拘留13人、行政处罚19人，缴获毒品139.25克；新发现吸毒人员13人，强制戒毒4人，社区戒毒人员2人，移送起诉12人。先后破获孙某成团伙盗窃电动三轮车案，抓获3名盗窃、隐瞒犯罪所得犯罪嫌疑人，从中破获盗窃案件4起，缴获大量被盗电动三轮车等物品，为群众挽回经济损失50万元；破获闫某等人团伙系列盗窃变压器铜芯案，抓获团伙成员5人，从中破案14起。

【社会治安综合治理智能化建设】2021年，强化社会治安综合治理智能化建设，开展社会治理提质增效行动。依托“香河县社会治理信息系统”，夯实县、镇、村三级综治中心平台，全力打造全科网格员，着力推进网格员、说事员、代办员“三员合一”工作制度。

【完善城乡社区治理体系】2021年，深入开展政法系统“筑平安勇担当、护发展做贡献”主题实践活动。制定下发社会治理提质增效行动、群众安全感攻坚进位专项行动实施细则，强化督导落实，确保主题实践活动取得实效。社会治理提质增效行动中，依托“香河县社会治理信息系统”，夯实县、镇、村三级综治中心平台，全力打造全科网格员，着力推进网格员、说事员、代办员“三员合一”工作制度，深化“群众说事、干部解题”群众诉求快速响应机制。10月15日，市委常委、政法委书记邢晟就“群众说事、干部解题”工作专门到香河调研，对香河县工作给予充分肯定。群众安全感攻坚进位行动中，严厉打击群众反映强烈的违法犯罪，以丰硕的行动战果提升广大人民群众的安全感和对政法队伍的满意度。10月21日，县平安建设领导小组办公室召开全县平安建设工作会议暨群众安全感满意度测评工作会议，会后平安建设领导小组各成员单位强化宣传发动，充分调动群众参与测评的积极性，政法各单位利用各自的微信公众号等新媒体广泛宣传政法工作成效，让群众更充分了解政法工作和政法队伍。依法治理涉访违法行为，严格信访处置流程，切实履行行政行为的告知送达、政策宣讲，确保行政行为程序合法。有效维护公共安全，严格落实安全生产责任，结合“防风险、除隐患、保安全”安全生产大排查大整治行动，先后检查企业785家，排查问题隐患2176项，停产整顿3家。深入开展消防隐患排查整治，截至年底，通过专项检查和随机抽查的方式检查单位203家，发现并督促整改火灾隐患70处，临时查封1家，行政处罚1家。

【“群众说事、干部解题”工作】2021年，以完善机制为着力点，深入推进“说事解题”工作。依托“香河县社会治理信息系统”，持续推动“说事解题”机制建设向规范化、标准化、社会化、智能化方向发展。年初，制定下发《香河县关于深入推进“群众说事、干部解题”工作机制建设实施意见》，压实镇村主责，在提高群众知晓率和满意度方面下功夫。规范镇村说事站（点）建设。明确镇说事站、村说事点建设标准，并为全县各村街（居委会）统一制定并配发说事员公示栏、线下说事工作台账、说事员公示牌。通过规范建设镇（村）说事站（点），规范设置说事员、说事箱，确保来访群众有地说事、放心说事。压实镇村主责。规范以主管领导、包村干部、职能部门、

7 月 14 日，在淑阳镇“群众说事 干部解题”工作站，镇党委、政府主要负责人为群众调解矛盾
淑阳镇政府供图

综合执法队为主体的“解题队伍”，推进网格员、说事员、代办员“三员合一”全科网格工作制度，积极借鉴“老赵工作室”经验做法，广泛引导志愿者队伍等社会各方力量参与到“解题”工作中来，做到矛盾纠纷发现得早、控制得了、解决得好，确保问题解决在萌芽，矛盾化解在基层。发挥综治中心指挥调度枢纽作用。通过县镇两级综治中心充分调动纳入“说事解题”体系的职能部门参与“解题”积极性，建立跨部门、跨层级、跨镇域会签会商制度，完善综治中心指挥协调、各职能部门协同联动的“说事解题”工作机制。充分利用“香河县社会治理信息系统”平台的信息收集、数据分析、研判预警作用，实现突出问题的专项治理、重点治理、超前治理，通过解决一件事，研究一类事，举一反三，带动同类问题的一揽子解决，把群众说事、干部解题的过程变成加强社会治理、为群众办实事的过程。截至年底，成功化解各类矛盾纠纷 23689 起，解决各类事件 9568 起，基本实现小事不出村、大事不出镇、矛盾不上交。

【扫黑除恶专项斗争】 2021 年，香河县着力巩固和拓展扫黑除恶专项斗争成果，总结经验，把握规律，始终保持对黑恶势力的严打高压态势，坚持打早打小、除恶务尽，高标准高质量推进常态化扫黑除恶专项斗争，深入开展信息网络、自然资源、交通运输和建筑工程四大行业领域整治工作。

提高认识，强化领导。加强常态化扫黑除恶专项斗争的领导，保障常态化运行，重新调整县扫黑除恶专项斗争领导小组及其办公室，明确工作职责和工作要求，并按照“有黑扫黑、无黑除恶、无恶治乱”的原则，切实履行属地管理责任，充分调动各镇（社区、园区）、法院、检察院、公安局等有关部门的协调配合，形成强大合力。

广泛宣传，强化摸排。采取集中宣传和日常宣传相结合的方法，组织干部上街摆放展板，发放宣传材料，讲解相关知识。深入村街社区、重点单位、行业场所等，通过悬挂标语、张贴宣传画、布设宣传展架等形式，向广大人民群众宣传扫黑除恶专项斗争常态化的政策、意义以及开展扫黑除恶专项斗争打击重点、涉黑涉恶违法犯罪形式。借助微博、微信等新媒体开展系列报道。坚持突出重点、精准打击，始终把打击的矛头对准威胁政治安全特别是制度安全、政权安全，骗取人大代表和政协委员资格、捞取政治资本，侵蚀农村基层政权，扰乱市场秩序、垄断工程建设以及非法采石挖沙、破坏自然资源，金融放贷、信息网络等新兴行业领域的黑恶势力。先后向辖区内发放相关宣传资料 1.5 万余份，在各镇村显著位置悬挂横幅 320 条，营造出良好的宣传氛围。加大力度对较为混乱区域以及企业、经营业主、项目建设等领域进行摸排，集中摸排，及时发现和移交垄断农村资源、在征地租地过程中煽动闹事、在土地确权和农村权益分配中抗法闹事等方面涉黑涉恶线索。年内，先后组织出动 2500 人次警力对镇村 863 个重点区域部位进行巡查。结合镇村换届选举落实联审工作机制，严防黑恶渗透，全县排查换届总人数 3226 人，被清退两委成员和有前科劣迹人员 26 人。接收全国扫黑办“12337”智能化举报平台转办线索 5 件，办结 5 件，办结率 100%。省内其他线索

2件，在办理当中。无本地查否、提级核查或异地核查查实的线索。

综合治理，强化打击。全力推动信息网络、自然资源、交通运输和建筑工程四大行业领域整治工作。信息网络领域整治。坚持打防结合、防范为先，构建“党政主管、行业主责、政法主打、社会各界共同参与”的全民反诈工作格局，积极开展“防电诈”宣传工作，组织各派出所以社区、村街为单位，逐家逐户进行反电信诈骗知识宣传，引导群众扫码下载“国家反诈中心”App；深入开展“云剑2021”“燕赵——砺剑铸盾 2021”专项行动，年内，破获电信诈骗案76起，抓获犯罪嫌疑人87人，冻结账户149个，涉及金额1400万元，批捕电信网络犯罪19件36人，审查起诉18件50人，追加起诉1人，抓获涉非法买卖电话卡、银行卡人员46人，惩戒9人，打掉收贩非法买卖电话卡、银行卡团伙6个，止付涉案银行账户2582个。自然资源领域整治。全县无矿产资源，河道禁止采砂，不存在“砂霸”“矿霸”问题。交通运输领域整治。深入摸排涉交通领域违法犯罪线索，充分依托县扫黑除恶专项斗争线索举报平台、“12328”交通运输服务监督电话等平台，畅通举报渠道，完善处置机制，全面收集群众举报线索，加大线索核查力度，年内，未发现违法犯罪线索。工程建设领域整治中，住建等部门对以插手干预工程招投标为重点，对本行政区域内的在建房屋和市政基础设施工程项目进行集中排查、摸清底数，并深挖工程建设领域涉黑涉恶及行业乱象问题线索，年内，未发现违法犯罪线索。

在强化综合整治的基础上，常态化打击涉黑涉恶犯罪，成功破获团伙系列恶意索赔敲诈案件4起，抓获犯罪嫌疑人4名。抓获“漏网之鱼”专项行动逃犯1人，并帮助北京警方抓获1名“漏网之鱼”目标逃犯。年内，全县提起公诉涉恶案件2件4人，全部在审限内办结，无超审限情况。

【打击各类违法犯罪】 2021年，开展群众安全感攻坚进位行动，严厉打击群众反映强烈的违法犯罪，以丰硕的行动战果提升广大人民群众的安全感、满意度。抓获涉恶类犯罪嫌疑人45人；侦破电信诈骗案件76起，抓获犯罪嫌疑人87人，破获传统侵财案件64起，抓获犯罪嫌疑人61人；成功侦办省督案件“11·16”开设赌场案、“繁花国际”特大网络赌博案和张某萍等人开设赌场案，刑事处理犯罪嫌疑人24人，冻结银行卡24张，冻结资金2400余万元，扣押涉案资金300余万元，缴获银行卡、U盾、手机、电脑等作案工具200余件；侦破其他一系列黄毒网、食药环等涉及民生的各类案件60余起，抓获公安部门在互联网上通缉的在逃人员34人。

深入开展“打击防范电信网络诈骗犯罪和盗抢犯罪”两个百日会战，破获一批群众反响强烈的电诈、网赌案件和身边“小案”，强化追赃挽损，实现“发案、损失双下降”，破案、抓人和打击处理同比提升的工作目标。成功破获系列盗窃韩系汽车三元催化器案，一举查处治安案件24起，打击处理违法犯罪嫌疑人9人。“两个百日会战”专项行动中，破获盗抢案件29起，抓获人员18人，破获电信诈骗类案件3起，抓获犯罪嫌疑人14人。引进“东风反诈平台”完成预警1.5万余人次，破获电信诈骗案76起，抓获犯罪嫌疑人87人，冻结账户149个，涉及金额1400余万元。严厉打击涉毒类违法犯罪行为，刑事拘留涉毒人员13人，新发现吸毒人员13人，社区戒毒2人，强制戒毒4人。积极落实“打、查、管、宣”的打传要诀，构筑打击传销链条，遏制传销违法活动的猖獗势头。年内，破获组织、领导传销活动案2起、抓获犯罪嫌疑人5人，破获因传销引发的非法拘禁案立案2起、抓获犯罪嫌疑人10人。

【社会稳定评价体系建设】 2021年，做好社会稳定评价工作。按照《香河县社会稳定评价办法》，对各镇（社区办、园区）社会稳定状态中能够量化、显性、结果性的指标进行汇总、对比、计算，形成各镇（社区办、园区）总体社会稳定评价分值，并根据社会稳定状况和变化情况，每月制作一期《社会稳定评价报告》抄报县四大班子领导，为保障社会稳定提供参考。针对市平安建设领导小组办公室下发的《廊坊市社会稳定评价报告》通报减分事项进行认真研究，剖析原因，有针对性地整改落实。

【“雪亮工程”系统提升工作】 2021 年，全面完成“雪亮工程”系统提升。3 月，完成新旧平台转换对接工作，完善联网共享和实战应用。

【特殊人员管理】 2021 年，强化特殊人员管理。为全县 1499 名精神障碍患者监护人缴纳 2021 年度责任险 14.99 万元，为符合“以奖代补”条件的 26 名重症患者监护人季度发放全年“以奖代补”资金 6.24 万元。

【开展服务发展暖企护航行动】 2021 年，开展服务发展暖企护航行动。组织全县政法各单位对园区和重点企业、重点项目进行集中大走访和大调研，深入了解企业生产经营、重点项目建设情况和需要政法单位重点解决的问题，围绕企业周边治安环境重点摸排影响项目建设、破坏企业生产经营的违法犯罪线索，坚决做到发现一起，打击一起，最大限度保障项目建设和企业生产顺利进行。全力开展法律服务进企业活动，组建法律服务志愿团，建立服务企业机制，主动为全县中小企业提供全方位、高效率的法律服务。

8 月 27 日，县人民法院组织开展“暖企护航”送法进锦绣潮白旅游公司活动
县人民法院供图

【网格化服务管理工作】 2021 年，网格化管理服务水平不断提高。全面推进网格化管理、组团式服务工作模式，健全完善全县网格化服务管理工作，推动大事全网联动，小事一格解决。全县实行网格员定人定岗，以镇为单位，科学设置划分三级网格，全县农村划分网格 443 个，网格员全部在村两委干部中评选聘任，实现定人定岗，明确职责。年内，全县 13 个镇（社区办、园区）的 698 名网格员经过培训全部走上工作岗位。“群众说事、干部解题”工作机制不断深化。依托“香河县社会治理信息系统”，夯实县、镇、村三级综治中心平台，全力打造全科网格员，着力推进网格员、说事员、代办员“三员合一”工作制度，积极深化“群众说事、干部解题”群众诉求快速响应机制，夯实县域社会治理基层基础。不断深化镇村说事站点规范化建设，压实镇村主责，着力解决群众的操心事、烦心事、揪心事。

【“三道防线”建设】 2021 年，积极推进河北省省域周边、省域内、环京周边“三道防线”建设，实现京冀融合。积极将进京安检“三道防线”融入京津冀协同发展大局，推进京冀检查站联勤机制，拱卫首都安全。10 月，进京主要道口检查站实现与北京检查站联勤查控，其中，北京西集检查站、牛牧屯检查站实现冀警入京，香河县安平检查站实现京警入冀。

【智慧社区建设】 2021 年，全面完成智慧社区建设工程，投入资

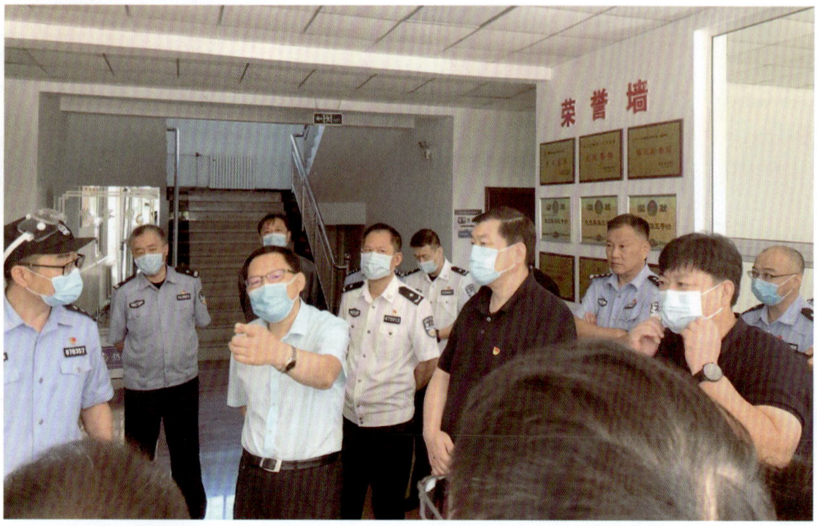

9月17日，北京市发改委副主任、北京市京津冀协同发展办公室副主任刘伯正（左三）组织北京市公安等部门到香河调研进京检查站工作情况　　李宏林 摄

金5800万元，推进智慧安防小区建设。截至9月28日，全县192个智慧安防小区建设任务全部完成前端建设，建成率100%；截至10月15日，192个小区的视频、常态化数据全部上传市公安局、省公安厅，上传率100%。

【政法队伍建设】 2021年，持续开展政法队伍整饬行动。强化民生领域执法司法，改进政法公共服务，让人民群众在每一起案件、每一次服务、每一件小事中收获满意。聚焦人民群众“急难愁盼”，开展“我为群众办实事”活动，真正把实事办好、把好事办实，让人民群众的获得感、幸福感、安全感更加充实、更有保障。持续深化政法队伍教育整顿，常态化开展政治轮训、政治督查、举报线索核查、法律监督检查、队伍建设巡查、纪律作风集中整治等活动，全力提振广大政法民警敬业精神和履职状态，确保干警清正、队伍清廉、司法清明。以教育整顿为契机，全面提升政法队伍水平。突出铸牢政治忠诚、清除害群之马、整治顽瘴痼疾、弘扬英模精神“四项任务”，压实学习教育、查纠整改、总结提升“三个环节”，通过刮骨疗毒式的自我革命、激浊扬清式的“延安整风”、铸魂扬威式的主题教育，锤炼队伍作风、强化自身素质、提高服务水平。

【政法系统思想政治建设】 2021年，县委政法委坚持以习近平新时代中国特色社会主义思想为指导，求真务实，扎实工作，与时俱进，不断提升全县政法系统思想政治建设水平。加强政治理论学习，努力提高政法系统理论水平和自身修养，始终把用科学理论武装头脑放在思想政治建设的首位，大力倡导学习之风，切实加强政法系统政治理论学习。坚持学习政治理论，强化理想信念。政法系统适应时代发展和工作需要，把学习放在重要位置，努力争做勤奋学习、善于思考的模范。制定了周密的学习计划，认真落实学习制度。解放思想、统一认识。政法系统在学习理论知识的同时，把讲政治、讲大局、服从党的领导和围绕党的中心开展工作摆在首要位置，不断提高自身的政治敏锐性和政治鉴别力。在学习中注意积累和反思，增强学以致用的能力。经常围绕党的发展建设，充分运用理论学习成果，撰写调研报告和理论研讨文章。通过学习，政法系统自身素质不断提高，对处理复杂事务、解决尖锐矛盾问题的能力和开拓创新的能力得到增强。

（邱亚红）

法治政府建设

【概况】 2021年，香河县全面依法治县委员会研究并安排部署全年依法治县工作，组织召开全县平安建设暨依法治县工作会议，加强法治政府建设。严格推进行政规范性文件及合法性审查工作，坚持法治建设引领，全面依法规范行政执法用权。做好行政复议和行政应诉工作。

【全面依法治县委员会】 2021年，香河县全面依法治县委员会办公室逐步健全在县委统一领导下全面依法治县工作机制，安排部署全年依法治县工作，组织召开县平安建设暨依法治县工作会议，对全县依法治县工作进行安排部署，组织开展党委、政府第一责任人述法工作。起草全面依法治县工作的相关文件，制定并下发《中共香河县委全面依法治县委员会关于进一步推动落实党政主要负责人履行推进法治建设第一责任人职责的实施意见》；起草《法治香河建设规划（2021—2025 年）》《法治香河建设规划（2021—2025 年）重要举措分工方案》《香河县法治社会建设实施方案（2021—2025 年）》《香河县法治社会建设实施方案（2021—2025 年）重要举措分工方案》《中共香河县委全面依法治县委员会 2021 年度工作要点》《2021 年法治政府建设工作要点》《中共香河县委全面依法治县委员会关于进一步推动落实党政主要负责人履行推进法治建设第一责任人职责的实施意见》以及《中共香河县委全面依法治县委员会工作规则》《中共香河县委全面依法治县委员会协调小组工作规则》《中共香河县委全面依法治县委员会办公室工作细则》，组织召开香河县全面依法治县委员会第四次会议，并对上述相关文件进行审议，对相关工作进行部署。

【行政规范性文件管理】 2021 年，严格推进行政规范性文件及合法性审查工作，认真落实规范性文件相关规定，不断完善行政规范性文件前置审查和备案审查管理制度，针对县政府常务会、政府签转文件等涉及法律、政策事项等提供法律咨询建议 50 次，出具审查意见书 27 份，征求意见建议类 39 件。年内，对全县所有现行有效的规范性文件进行集中全面清理，清理出各类规范性文件 72 份。其中，拟保留文件 52 份（含拟修改完善 4 件），拟废止文件 10 份，拟宣布失效文件 10 件。认真总结开展规范性文件清理工作，针对清理出的 72 份各类规范性文件列出清单，按程序及时上报县政府。

【行政执法监督】 2021 年，坚持法治建设引领，全面依法规范行政执法用权。加强行政执法人员资格管理，开展新型执法证件换发，为 1021 名执法人员换发新型执法证件，开展罚没许可证年检工作。对各执法部门罚没主体资格是否合法、罚没依据变动情况、罚没财物是否有处罚案卷等方面进行审查，通过审查确认罚没主体 41 个，包括全县 9 个镇人民政府；将罚没许可证年检情况在香河县人民政府门户网站予以公告；组织行政执法案卷评查，抽取 35 个执法单位 44 本处罚案卷，8 本许可案卷，围绕执法过程中是否做到事实清楚、证据确凿、定性准确、程序合法、手续完备等方面进行审查。以查促改，规范执法行为，提升执法水平。组织全县新增的 165 名行政执法人员进行培训；对各镇（社区办）承担下放行政处罚事项职责的行政执法工作人员再次进行全面业务培训，开展专题培训 10 次，座谈交流 8 次，现场观摩 2 次。规范各镇人民政府（社区办）行政执法行为，提高行政执法规范化水平，促进严格规范公正文明执法，确保乡镇改革行政执法事项放得下、接得住。县司法局下发《河北省乡镇人民政府和街道办事处执法文书格式范本》《全省乡镇和街道综合行政执法指导案例（光盘）》《河北省乡镇街道综合行政执法用车标识》，要求各镇严格按照省级要求执行，并要求各镇严格落实行政执法公示制度、执法全过程记录制度、重大执法决定法制审核制度和行政处罚自由裁量权基准制度，配备行政执法全过程记录相关设备，配齐相应能力的法制审核人员。对各镇综合行政执法改革后行政执法工作开展情况进行调研，准确摸清各镇行政执法现状。

【行政复议和行政应诉】 2021 年，县司法局接待当事人 78 次（90 人次），作出行政复议补正 5 件，新收行政复议申请 64 件。受理 21 件，不予受理 43 件。审结 18 件，其中维持 9 件、责令履职 3 件、撤销 1 件、驳回 4 件、撤回申请终止 1 件。县本级承办行政应诉案件 14 件，按照审理程序统计，一审案件 7 件，二审案件 6 件，再审案件 1 件，胜诉 6 件，其余均在审理中。

县政府部门及乡镇政府为被告 70 件，败诉 2 件，胜诉 36 件，审理中 32 件，行政机关负责人出庭应诉 19 件。

（简　聃）

公　安

【概况】 2021 年，香河县公安局主动融入建设“协同发展示范区、绿色活力幸福城”发展大局，防风险、护安全、战疫情、保稳定、促发展，完成各项维护稳定任务，维护全县社会治安大局的持续稳定。县公安系统全年有 20 个集体和 146 名个人荣获县级以上表彰。其中，特警巡警大队被公安部、中华全国总工会评为全国公安机关成绩突出集体，被公安部评为全国公安机关庆祝中国共产党成立 100 周年安保维稳工作成绩突出集体，被省公安厅评为全省公安教育训练成绩突出集体，被市委授予先进基层党组织称号；安平公安检查站被省公安厅评为 2021 年全国“两会”安保环京“护城河”三道防线先进单位；县公安局被市委、市政府评为 2020 年度廊坊市基层平安建设先进单位；蒋辛屯公安派出所被市公安局记集体三等功。

【庆祝中国共产党成立 100 周年安保】 2021 年，县公安局上下同心同德，顽强拼搏，锐意进取，

6 月 9 日，副省长、省公安厅厅长刘凯（右二）到安平公安检查站视察环京“护城河”工作　县公安局供图

营造和谐稳定的社会治安环境，全力开展庆祝中国共产党成立 100 周年安保工作。适时启动环京“三道防线”，检查车辆 37.8 万辆，人员 44.3 万人，抓获公安部在互联网上通缉的在逃人员 1 人，涉毒人员 1 人，缴获危险化学品 3 件，查获管制刀具 3 把，有效杜绝各类危险因素途经香河县进入北京。其间，开展京津冀集中统一行动，对重点物品、重点车辆、重点部位“天天清、滚动清、反复清”，清查重点部位场所 1788 处，开展入户清查和反诈宣传 6890 户、13.2 万人，查获涉嫌盗窃摩托车的犯罪嫌疑人 1 名，收缴仿真枪 34 把、子弹 110 发，捣毁传销窝点 2 处，查获传销人员 14 名，持续打造安全稳定的社会环境。针对香河进京通道多、管控难度大、人力防范效能不高等问题，副县长、县公安局局长刘振华实地调研指导，最终确定在王指挥庄北与北京市公安局通州分局联合建立北运河警务站，6 月 20 日，正式与北京警方联勤，全面开展巡逻防范、治安管理、安检查控等工作，共同服务北运河通航和安保工作。在此基础上，拓展与北京城市副中心区域警务协作渠道，逐步形成检查站互相进驻（冀警入京或京警入冀）工作格局。6 月 10 日，国务委员、公安部部长赵克志，副省长、公安厅厅长刘凯等到安平公安检查站视察环京“护城河”工作，对香河县公安局安检查控工作予以肯定。

【新冠肺炎疫情防控】 2021 年，按照新冠肺炎疫情防控“外防输入、内防反弹”的要求，全面落实各项管控措施。在环京环津主要通道设置疫情防控检查站点 12 处，累计检查车辆 175 万辆（其中，冷链物流车 918 辆）、人员 248 万人。针对疫情多次反弹等形势特点，迅速调整工作部署，全面持续抓好境

1月19日，县公安局巡警特警大队教导员李永会在京哈高速香河北出入口新冠肺炎疫情防控卡点执勤 县公安局供图

外到香河及返回香河人员，中高风险地区、密接、次密接等重点人员摸排工作，核查上级推送涉疫数据316批次、涉及30366人，全部按照疫情防控“快、全、准”的标准和要求，精准落实分类管控措施，人员核实率100%，实现动态清零。疫情防控期间，全体民警辅警实行个人及家庭成员身体状况每日报告和人员外出报备制度，进入单位严格登记、测温、亮码通行，公共场所环境严格执行消杀、定期通风等，引导广大民警、辅警及工作人员严格落实佩戴口罩等安全防护措施，减少参加聚会、聚餐等活动。坚持监所防疫标准高于社会面工作标准，启动高等级勤务模式，民警辅警全员闭环管理，对新收押人员严守“封闭管理、核酸检测、过渡隔离、轨迹核查”四条底线，确保监所疫情“零感染”，安全“零事故”。

【严厉打击刑事犯罪】 2021年，以“打击电信网络诈骗犯罪百日会战、打击盗抢犯罪百日会战”和“燕赵——砺剑铸盾2021”等一系列专项行动为抓手，破获各类刑事案件374起，抓获犯罪嫌疑人619人。协调移动、联通、电信三大运营商和五大银行专人负责，全力配合公安局反诈中心实体化作战，实现快速查询、止付、冻结银行账号及查询、封停电话号码和网站等功能，有效预防网络诈骗犯罪。利用反诈软件平台，开展电诈预警反制1.5万余人次，拨打反诈宣传电话26万余次，推广安装“国家反诈中心”App软件10万余人。集中优势兵力，多警协同、专案攻坚，先后破获电诈案件76起，抓获各类嫌疑人87人。破获“4·8”重大电信网络诈骗案、“6·24”特大电信网络诈骗案，主要涉案嫌疑人全部落网，冻结账户资金700余万元。先后破获各类侵财犯罪案件143起，抓获嫌疑人129名。破获孙某成团伙盗窃电动三轮车案、刘某银等人系列团伙盗窃案，为群众挽回经济损失50万元。以“净边2021”专项行动为依托，始终保持禁毒严打高压态势，先后破获涉毒案件26起，缴获毒品139.25克，铲除罂粟541株，行政处罚15人。开展涉税专项行动，成功破获“8·13”虚开增值税专用发票案、三河市某纸箱加工有限公司虚开增值税专用发票案。集中开展打击传销清查行动，破获组织、领导传销活动案2起，破获因传销引发的非法拘禁案2起。开展“昆仑2021”“蓝天、净土、碧水”保卫战、“打击非法倾倒处置危险废物”等专项行动，先后破获污染环境案29起，依法处理67人。破获假冒注册商标案，生产销售伪劣产品、有毒有害食品案等案件8起，抓获各类嫌疑人16人，成功破获省公安厅督办的“天津磨铁图书有限公司出版物被侵权案”，8名犯罪嫌疑人被全部抓获。

【严格社会治安管理】 2021年，以“燕赵——砺剑铸盾2021”“枪爆整治”等专项行动为载体，严厉打击各类违法犯罪活动，全面净化社会治安环境。针对重要目标线索，采取专案经营、统一侦查、整体打击、挂牌督办等形式，重拳出击，成功侦办省督“11·16”开设赌场案、张某萍等人开设赌场案等特大网络赌博案件。对辖区宾馆、洗浴、足疗按摩等行业场所开展集中清查，发现并整改安全隐患 15 处，消除辖区不安全、不稳定因素。开展烟花爆竹禁燃禁放、打击整治枪爆违法犯罪等一系列专项行动，累计查处违法燃放烟花爆竹案 12 起，非法销售烟花爆竹案 3 起，收缴烟花爆竹 70 余箱。打击网售仿真枪案 17 起，收缴仿真枪 225 支。破获涉枪刑事案件 1 起，收缴枪支 6 支，处罚涉枪涉爆单位 3 家，下达整改通知书 6 份。强化校园安全保卫工作，组织各派出所在辖区的每一所中小学、幼儿园门口建立“护学岗”公示牌，认真落实上、下学高峰时段校园门口及周边“见警察、见警灯、见警车”的“三见”措施，有效提高公安机关防范和应对校园突发事件的能力。

【全面夯实基础工作】 2021 年，结合全警入户进企大走访活动，全面开展反诈、禁毒宣传，流动人口清查和消防安全检查，通过入户走访、宣传，厘清底数，为建立反诈平台打牢基础。在入户走访过程中，对发现的安全隐患，及时剔除，彻底整改。此项工作累计入户 13.6 万余户，入户完成率 99%。登记出租房屋 1 万余处、登记流动人员 4 万余人，清查中介机构 109 家、用工单位 312 家，张贴、发放反诈宣传单、告示 3 万余份，反诈宣传受众 33 万余人次。活动开展以来，全县电信诈骗案总数和日平均数均明显下降，并实现县域连续多日电诈“零发案”。打造适应社会治理体系和治理能力的高水平派出所，在强化警力配置方面，警力实现双“40%”目标（派出所警力和社区警力分别达到总警力的 40%），全部消除 5 人以下派出所。在推进“一室三队”改革方面，探索实行派出所与交警队“所队融合”，实行“一室三队”警务运行模式，做到信息联采、矛盾联控、事件联处。在做实城乡社区警务方面，48 个警务区落实“一社区两辅警”、300 个村街落实“一村一辅警”，实现全覆盖。

【加强道路交通管理】 2021 年，结合事故预防“减量控大”（减少事故死亡总量，防控较大事故，严防发生重特大事故）工作、公路交通安全隐患排查整治、国省道及农村地区交通秩序整治，以微型面包车、接送学生车辆以及农用车、摩托车为主要整治对象，组织集中统一行动 82 次，查处各类交通违法 26.6 万起，行政拘留 140 人。加强交通安全源头管控，对全县重点运输企业、车辆、驾驶人实施“分色预警、分级管控”，综合运用检查、通报、约谈、下发《隐患整改通知书》、处罚等措施，督促运输企业严格落实交通安全主体责任，持续开展重点车辆、重点人员安全隐患“清零”和重点问题车辆隐患“清零”，提高重点车辆检验率、报废率，消除交通安全隐患，下发整改通知书 7 份，约谈企业 12 次，处罚黑校车 23 起。推动“文明交通行动计划”落实，开展交通安全宣传“七进”（进农村、进校园、进社区、进企业、进机关、进公共场所、进家庭）活动，提高群众交通法制意识、安全意识。年内，开展交通安全教育讲座 56 场次，发布微博微信 420 余条，开展执法大直播 12 次，曝光典型交通违法、事故案例 32 个。

【深化“放管服”】 深入推进“铸平安勇担当、护发展做贡献”系列活动，大力推行服务管理事项网上预约办、掌上即时办、延时错时办，多项业务实现网上运行。出入境、交管、户籍窗口组织民警进农村、进社区、进企业、进校园，送证上门、服务到家，打通服务群众“最后一公里”。蒋辛屯派出所依托“平安蒋辛屯”微信小程序，预约处理、精准推送各类便民服务事项，实现户籍、流管等业务“网上办、一次办、自助办”。

【政法队伍教育整顿】 2021 年，全国政法队伍教育整顿启动后，县公安局党委多次组织召开党委（扩大）会议，就贯彻落实全国政法队伍教育整顿安排部署，深入开展政治教育、党史教育、警示教育、英

3月23日，县公安局组织召开队伍教育整顿征求意见座谈会，邀请市县部分人大代表、政协委员、企业代表出席　　县公安局供图

模教育，做到领导干部带头学、政治轮训集中学、线上线下创新学，教育全警树牢政治意识、大局意识、责任意识、担当意识、纪律意识、德育意识、争创意识、服务意识等“八种意识”，不断提升驾驭公安工作的能力水平。结合教育整顿，大力开展党史学习教育活动，引导广大群众知史爱史、知史爱国、知史爱社会主义，形成学党史的浓厚氛围，激发广大群众的爱国爱党情感，引导广大群众坚定跟党走的信心。年内，开展政治教育40次，党史学习教育（活动）2次，警示教育活动39次。通过学习教育、查纠整改各项措施落地落实，班子建设、队伍管理、廉洁执法、纪律作风得到加强和提升，确保公安队伍绝对忠诚、绝对纯洁、绝对可靠。在自查自纠阶段，采取多种形式宣传讲解，使全警熟知政策标准、掌握政策界限，促使有问题民警打开心结，主动坦白存在的问题。其间，全局召开警示教育、廉政教育等会议35次，开展谈心谈话1099人次，营造风清气正的政治生态。

3月19日，县公安局党委领导班子成员、各警种部门负责人及民警代表50余人到香河红色文化教育基地开展革命传统教育。图为全体人员重温入党誓词，向党旗宣誓　　县公安局供图

【忠诚履职，凝聚警心】 2021年，加强和改进新形势下党的建设，切实发挥基层党支部战斗堡垒的作用，提升全局战斗力、凝聚力，顺利完成原19个基层党支部的换届工作。提高民警综合素质，从贴近实战，服务实战的角度出发，分层次、分阶段地对基层一线民警开展培训，集中开展春训秋考警务实战技能培训、全国“两会”、庆祝中国共产党成立100周年安保培训、新招录巡防队员警务技能培训、政法队伍教育整顿政治轮训、新冠肺炎疫情防控检疫查控及突发情况应对处置等技能培训，有效提高民警的综合素质、实战水平和执法水平。依托民警互助协会对73名因病住院、亲属去世人员进行走访慰问，发放互助金19.3万元。高度重视战时宣传和典型培树工作，依托“平安香河”微信公众号和抖音等媒体平台，突出对一线双警、警医家庭、青年民警，深挖事迹、高调宣传，展示公安民警克己奉公、无私奉献的良好形象。

（马　静）

检 察

【概况】 2021年,香河县人民检察院在上级检察院和县委的正确领导下,在县人大及其常委会的监督下,在县政府的大力支持和有关部门的密切配合下,常态化开展“不忘初心、牢记使命”“队伍教育整顿”“党史学习教育”“我为群众办实事”等专项活动,深入学习习近平总书记“七一”重要讲话和十九届六中全会精神,深入贯彻落实市、县“两会”精神,采用内外联动的方式让学习实起来。以“筑平安勇担当、护发展做贡献”主题实践活动为契机,以实际行动投身到建设“协同发展示范区、绿色活力幸福城”的实践中,为绿色香河、法治香河、平安香河创造公正高效的法治环境。

【侦查监督检察业务】 2021年,受理审查逮捕案件224件288人,审结批准逮捕225人,不批准逮捕75人 ,不捕率25%。受理监督立案9件,监督实际立案5件,监督立案率56%。受理监督撤案2件,监督实际撤案 2 件,监督撤案率100%。纠正漏捕 4 人,纠正漏捕后起诉5人。书面纠正侦查活动违法情形18件次,纠正采纳18件次,采纳率100%。捕后不起诉2人,捕后不诉率 0.77%,捕后判缓刑35人,捕后判缓刑率19.55%。

【公诉检察业务】 2021 年,受理审查起诉案件369件548人,审结 554 人,其中,提起公诉 468人,不起诉83人,不诉率14.98%。提出量刑建议408人,提出量刑建议占一审宣告判决人数 99.76%,全市排名第一;法院采纳384人,采纳率94.12%。提前介入17件,自行补充侦查56件,纠正移送起诉遗漏罪行1人,纠正遗漏同案犯6人。提出抗诉2件,均为被告人适用认罪认罚反悔无故上诉,县人民检察院对此提出抗诉,后被告人均撤回上诉;书面纠正审判活动违法 3 件次,采纳 3 件次,采纳率100%。撤回起诉5件11人,法院判处免于刑事处罚3人。经济类、侵财类案件开展追赃挽损22件。“案-件比”情况受理案件数 369件,退回补充侦查44件,延长审查起诉期限5件,撤回起诉5件,检察机关建议延期审理14件,国家赔偿1件,案件比1.187。认罪认罚从宽制度适用情况审查起诉审结554人(同期起诉468人,情节轻微不起诉59人,附条件不起诉3人,合计530人),适用认罪认罚从宽制度案 489 人,适用率92.3%。提出量刑建议362人,其中,确定刑量刑建议329人,确定刑量刑建议提出率90.9%,确定刑量刑建议采纳率95.3%。出庭程序280件,其中,简易程序169件,速裁程序39件,速裁程序适用率13.9%。检察建议工作情况制发刑事检察建议12件,均回复并采纳。公开听证举行刑事案件听证会 18件,其中,拟不起诉案件17件,其他类型案件1件。羁押必要性审查侦查阶段依申请进行羁押必要性审查3人,变更强制措施1人;审查起诉阶段依职权审查45人,依申请审查6人,变更强制措施9人;审判阶段依职权审查4人,变更强制措施3人。

【未成年人检察业务】 2021年,受理审查逮捕案件10件10人,受理审查起诉16件17人。不批捕未成年嫌疑人2人,不捕率100%。附条件不起诉未成年嫌疑人3人,附条件不起诉率 75%。不起诉未成年嫌疑人1人,不起诉率100%。批捕阶段受理性侵案件7件,提前介入4件。发出督促监护令6份,督促家长更好履职。开展亲职教育34人次,心理疏导30余次,帮教30余次。社会调查14人次。涉未成年人领域公益诉讼案件受理案件线索3件,立案3件,发出诉前检察建议3份,相关机关均完成整改,并回复本院。开展未成年人救助工作,年内,开展送法进校园活动7场,检察长、副检察长、检察官分别走进校园开展法治宣讲,检查校园安全,1600 余名师生参加讲座。12 月 3 日,县人民检察院与县司法局共同签订《关于加强未成年人社区矫正工作配合协作的意见》。发出检察建议2份,向公安机关发出纠正违法通知书3份。撰写的信息 9 篇,分别被《新香

9 月 14 日，到香河富士嘉利纸制品有限公司开展“暖企护航”行动　县人民检察院供图

河》、廊坊市人民检察院和河北省人民检察院转发。县人民检察院与廊坊市品诺社会工作服务中心签订未成年人检察社会支持体系项目合作协议，以便更好开展未成年人工作。

【民事检察业务】 2021 年，县人民检察院受理民事审判程序违法监督案件 5 件，受理民事执行监督案件 5 件，受理对生效裁判、调解书监督案件 1 件，均办结。深入贯彻落实习近平总书记关于加强政法队伍建设的重要指示精神，贯彻落实全国、全省、全市检察机关检察队伍教育整顿动员会议，省、市、县政法队伍教育整顿会议精神，按照中共中央、省委、市委和香河县政法队伍教育整顿领导小组办公室的有关要求，结合县人民检察院实际，开展法律监督专项活动。按照法律监督实施方案内容，与县人民法院沟通联系，调取 2018－2020 年民事案件审判卷宗 14 本、民事执行案件卷宗 15 本，立案 3 件并办结。按照“筑平安勇担当、护发展做贡献”主题实践活动要求开展涉民营企业执行监督活动。以消极执行、违法拍卖、错误分配财产、滥用终结本次执行程序等问题为重点，维护民营企业合法权益，通过和县人民法院沟通联系，调取相关案件卷宗 30 本，立案 2 件并办结。

【行政检察业务】 2021 年，县人民检察院受理行政审判程序违法监督案件 4 件、行政非诉执行监督案件 2 件，办结 6 件；办理行政争议实质性化解案件 1 件。办理李某某与县住房和城乡建设局行政争议实质性化解案件 1 件。县人民检察院第二检察部在受理案件后，通过查阅案卷、调查核实、公开听证、司法救助等方式，充分发挥检察一体化优势，并与被诉行政机关积极沟通，将行政检察视野拓宽到社会治理层面，促成对李某某等享受低保待遇的退役伤残军人这一类人的租金问题予以解决，并对李某某进行司法救助，切实保障退役军人的合法权益，解决退役军人的实际困难，最终李某某决定撤回起诉，行政争议得到实质性化解，为脱贫攻坚、社会治理贡献检察力量。此案被省人民检察院评为精品案例，得到市人民检察院领导批示，在全市范围内推广办案经验。

【公益诉讼检察业务】 2021 年，县人民检察院摸排行政公益诉讼案件线索 22 件，立案 23 件，办结 23 件，其中，8 件发出诉前检察建议，均收到整改回复。受理刑事附带民事公益诉讼案件线索 1 件，立案 1 件，提起诉讼 1 件，法院判决 1 件，支持检察机关全部诉讼请求。开展大运河保护公益诉讼工作，按照市检察院《京杭大运河廊坊段综合治理暨公益诉讼保护专项监督活动方案》的安排部署，县人民检察院第二检察部调查走访本县域内涉及北运河乱占、乱采、乱堆、乱建等“四乱”问题，摸排公益诉讼案件线索 6 件，立案 6 件，公开听证 1 件文物保护领域公益诉讼案件，发出诉前检察建议 2 件，磋商结案 4 件。办理督促县文化广电和旅游局保护文庙文物行政公益诉讼公开听证案件。县人民检察院第二检察部邀请县人大代表、政协委员作为听证员，县文化广电和旅游局、县教育和体育局、县城内第一小学等 3 个单位代表参加听证会，借助公开听证会就案件涉及的焦点问题进行协商，达成公益保护的共识。促进行政机关依法履职，唤起社会各界保护文物的热情，对文物保护工作起到积极的推动作用，提升社会各界对检察公益诉讼工作的知晓度和认同感。该案也被廊坊市人民检察院评选为全市检察机关“十佳检察听证案例”。组织召开“河长 + 检察长”工作机制建设联席会议。县人民检察院会同县水务局、廊坊市生态环境保护局香河县分局及相关责任单位召开“河长 + 检察长”工作机制建设会议，副县长张显民出席会议并为工作联络室揭牌。县人民检察院第二检察部充分履行检察公益诉讼监督职能，把“河长 + 检察长”工作机制做深做实，与行政机关协同推进水生态保护与治理，此机制建立后，县人民检察院第二检察部办理 3 件行政公益诉讼案件和 1 件刑附民案件。

【刑事执行检察业务】 刑事执行活动监督提出纠正违法 10 件，均得到依法纠正。财产刑执行活动监督提出纠正违法 19 件，均得到依法纠正。监外执行活动监督提出纠正违法 11 件，均得到依法纠正。移送司法工作人员职务犯罪线索 1 件。重大案件讯问合法性核查 1 件。法院暂予监外执行决定前听取检察机关意见 12 件，均依法回复。监督看守所提请暂予监外执行 1 件。判处实刑未交付执行 25 人，已清理纠正 22 人，上网通缉 2 人，三河市看守所拒收 1 人。

【控告申诉检察业务】 控告申诉部门受理群众来信来访 41 件，其中，来信 12 件，来访 20 件，网络信访 9 件，接受法律咨询 268 件次。检察长批阅信件 18 件，受理立案监督案件 12 件，民事申诉案件 3 件，行政监督案件 1 件。办理刑事申诉案件 1 件。办理涉非公经济信访案件 2 件，受理司法救助案件 10 件，其中，办结发放救助金 6 件、19 万元。办理国家赔偿案件 1 件。办理重复信访案件 19 件，办理“三色信”（网上信访信息系统对群众来信标注三种不同颜色：首次来信的标为“绿信”；重复来信 1 至 4 次的标为“橙信”；重复来信 4 次以上的标为“红信”）42 件。开展简易公开听证 1 件。移送县扫黑除恶专项斗争办公室案件线索 1 件，移送纪检监察部门案件线索 1 件。所有信访案件均按要求做到 7 日内程序性回复，3 个月内办理结果答复。

【“12309”检察服务中心】 积极发挥“12309”检察服务中心的窗口、桥梁与纽带作用，建立信访案件“三色信”办理机制，妥善处理群众来信来访 47 件次，均做到“7 日内程序性回复，3 个月内办理过程或结果答复”。

【阳光检察】 牢固树立接受人大监督意识，主动向县人大及其常委会报告重点工作、重要部署，员额检察官向人大报告履职情况。主动邀请人大代表、政协委员、律师等 60 余人次，参与刑事不起诉、司法救助等各类案件听证会 17 件次，充分听取评议意见，实现各业务条线阳光检察“全覆盖”。其中，督促县文化广电和旅游局保护文庙文物行政公益诉讼公开听证案被廊坊市人民检察院评为“十佳检察听证案例”。更加全面接受社会监督。通过案件信息公开系统，依法公开案件程序性信息 500 条、法律文书 143 份。运用检察官网、微博、微信及新闻客户端等新媒体平台，结合检察开放日、赠阅报刊等形式，让社会各界更多更好地了解、支持、监督检察工作，其中，微信平台自发转发信息 185 条，微博自发转发信息 230 条，“今日头条”发布信息 75 条，门户网站发布信息 80 条。诚恳接受律师监督，听取律师意见 414 人次，及时安排律师阅卷 73 人次。

【法警工作】 2021 年，县人民检察院法警大队加强与检察业务部门配合，保护检察官开庭公诉 6 人次，协助检察官提审 12 人次，参与刑事执行检察社区矫正 4 次，为公益诉讼提供警务保障 12 次，

6 月 29 日，县人民检察院举行升国旗活动，庆祝中国共产党成立 100 周年
县人民检察院供图

送达各类法律文书 26 次，维护法律宣传现场秩序 8 次，领导交办其他任务 20 次。

【检察机关队伍建设】　2021 年，县人民检察院扎实开展警示教育活动。及时召开全院警示教育大会，制订警示教育方案。认真落实中央《领导干部干预司法活动、插手具体案件处理的记录、通报和责任追究规定》《司法机关内部人员过问案件的记录和责任追究规定》《关于进一步规范司法人员与当事人、律师、特殊关系人、中介组织接触交往行为的若干规定》等防止干预司法“三个规定”，全体检察干警签订《检察人员严格执行“三个规定”及大事项报告承诺书》。建立健全记录、通报和责任追究机制，确保检察权依法独立、公正、廉洁行使，上报重大事项 62 件。建立检察干警廉政档案，实现全员覆盖，保持县人民检察院检察干警违法违纪为零的纪录。扎实推进政法队伍教育整顿和党史学习教育各项学习活动，提升县人民检察院干警学习意识。组织全体干警深入学习习近平总书记系列重要讲话精神，研读《政法工作条例》和党史等规定的学习篇目，并交流心得体会。教育和引导干警不断提高政治判断力、政治领悟力、政治执行力，牢记初心使命，筑牢道德底线，恪守党的纪律，严守检察官职业道德基本准则和执法行为规范，做到公正廉洁执法，提升执法公信力。充分发挥党支部战斗堡垒作用。稳步推进模范机关创建工作。书记讲党课、党史教育测试、主题党日等活动，做到入脑入心；升旗仪式、宣誓仪式、演讲比赛、歌唱比赛、诗歌朗诵等，极大地激发干警爱国爱党的激情。以党建促队伍建设，全力打造高素质的检察队伍。充分利用每周五下午学习日时间，开展“检察大讲堂”活动，发挥好战斗堡垒作用。年内，香河县人民检察院被评为全省检察机关基层党支部标准化规范化建设示范点。

（张颖杰）

法　院

【概况】　2021 年，香河县人民法院积极践行以人民为中心的发展理念，大力弘扬“运河通航精神”，全面护航香河经济社会发展。受理各类案件 11901 件，结案 11843 件，结案率 99.51%。涉案标的额 54 亿元，员额法官年人均办案 372 件，收结案数、人均办案数创历史新高。有 8 个集体、20 名个人受到市级以上表彰奖励，县人民法院被廊坊市中级人民法院授予“集体三等功”，被最高人民法院新闻传媒总社授予“司法宣传和通联工作先进单位”荣誉称号，作为廊坊市唯一一家法院在全省法庭工作会议上作典型发言。

【刑事案件审判】　2021 年，继续保持高压态势，严惩各类刑事犯罪。全年受理刑事案件 350 件，审结 326 件，依法判处各类刑事犯罪 440 人。持续推进扫黑除恶专项斗争，审结涉恶案件 3 件，剑斩“毒瘤”，筑梦平安。打击新型网络犯罪，审理 10 件帮助信息网络犯罪活动罪案件，涉案金额 1800 余万元；强化青少年维权工作，庭前调查、庭中教育、庭后帮教积极挽救失足青少年,对5名未成年人适用非监禁刑;正确理解和执行宽严相济的刑事政策,对情节轻微的初犯、偶犯及未成年人犯罪,依法予以从宽处理。

【民商事案件审判】 2021年,立足案结事了,推动经济社会发展。县人民法院结合"廊坊经验"重塑工程,突出调解工作功能定位,受理民商事案件6784件,审结6753件,调解撤诉3049件。其中,审理涉合同纠纷案件3869件,平等保护各类主体合法权益,重建互利共赢信任;审理民间借贷案件921件,为当事人挽回损失近1.5亿元;审理婚姻家庭案件680件,坚持用柔性司法实现法律的刚性约束,消除对抗、弥合感情;健全破产审判工作机制,3件案件进入破产重整程序,助力债权人合法利益最大化;积极协调上级法院有序化解涉"万润运河湾"住宅项目等涉众型房屋买卖纠纷,为政府、企业纾困解难。

【行政案件审判】 2021年,实施行政案件调处化解,提升依法行政水平。坚持合法性审查与审判相结合,支持、监督行政机关依法行政,审理行政诉讼案件237件、审查行政行为602件;加强与行政机关良性互动,积极探索诉前行政争议化解,走访乡镇执法部门7次,努力把行政争议消灭在萌芽状态;强化对行政行为的监督,提出司法建议11条,规范行政行为。在全省法院首家发布行政审判白皮书3份,助推法治政府建设。

【案件执行工作】 2021年,织密执行天网,强力兑现胜诉权益。穷尽执行措施,用足用好拘传、拘留、限制高消费、限制贷款、信用惩戒等强制执行措施,严惩抗拒、规避执行行为,受理执行案件5520件,执结5340件,执行到位金额4.76亿元,让裁判文书上的鲜红印章彰显司法权威。年内,开展集中执行活动85次;877名失信被执行人被纳入"黑名单",2370名失信被执行人被限制高消费,彰显信用惩戒威力;累计执结涉黑恶案件25件,罚没资产、追缴违法所得、退赔金额1600余万元,在全市法院中率先达到涉恶案件执结率100%。运用智慧执行App系统办理执行案件,居全省首位。

【接受监督】 2021年,自觉接受各界监督。坚持"开门受监督",提高法院工作的透明度。全年邀请人大代表、政协委员、人民检察官,旁听庭审、亲历执行、见证执行和参与听证近100余人次;邀请检察长列席审判委员会2次,检察院派员参加案件讨论5次;邀请人民陪审员参与案件审理450件;公布监督电话及电子邮箱,畅通民意沟通渠道。

【司法改革】 2021年,县人民法院各项司法责任制改革工作取得显著进步。32名员额法官人均结案324件。全面落实未入额人员停止分案后重新组建审判单元以员额法官为核心配备司法辅助人员,采取"1+N"(1名员额法官加法官助理、书记员等)模式。

11月30日晚,县人民法院组织开展案件执行统一行动　　县人民法院供图

县人民法院专业法官会议，对审委会研究案件进行前置过滤，强化宏观指导功能，审委会研究案件数同比减少近 70%。1 月，县人民法院被河北省高级人民法院评为“2020 年度新闻宣传和舆论引导工作先进单位”；12 月，县人民法院被最高人民法院新闻传媒总社评为“司法宣传和通联工作先进单位”。

4 月 28 日，县人民法院组织法官到县第十中学开展“送法进校园”法治宣传活动，并将模拟法庭搬进校园　　县人民法院供图

【智慧法院建设】 2021 年，县人民法院强化信息科技支撑，深化智慧法院应用司法公开实质化。建设高标准数字法庭 15 个，充分满足开庭需要，所有庭审实现音视同录、网上直播。年内，网络庭审直播 4677 件；公布审判流程信息 8942 条，公开率 99.68%；法律文书公开率 100%，充分保障人民群众的知情权和参与权。实现审判事务智能化，启用刑事审判“三方庭审”系统 4，降低疫情防控及押解风险，保障刑事诉讼庭审安全；推广使用庭审语音识别系统 5，实现诉讼参与人发言实时转化生成笔录。积极推进法院智审系统应用，实现电子法律条文查询、裁判文书生成、文书智能纠错，电子卷宗同步生成率 100%。实现便民服务现代化，推广使用“河北移动微法院”小程序，涵盖案件查询、法律文书送达等 10 余项服务功能。强力推进异地“跨域立案”，让“家门口立案”变为现实，各项网上诉讼应用在全市位居前列，为当事人提供 24 小时“全天候诉讼服务”。

【阳光司法】 2021 年，县人民法院创新理念，丰富司法民主形式。与县司法局共同推进诉前调解协议司法确认及公证工作。邀请公证处及人民调解委员会派员进驻诉讼服务中心，由公证员、人民调解员参与调解。

【司法为民】 2021 年，县人民法院践行“我为群众办实事”活动。为符合条件的困难当事人减缓免诉讼费 35 万余元，解当事人燃眉之急；为 45 名特困申请人发放救助金 140 余万元；扩建诉讼服务中心，当事人等候区由寒热不均的室外搬入舒适明亮的室内；面向社会公开承诺“办事只需来一次，等待不超十分钟”，打通为人民群众服务“最后一公里”。积极延伸司法触角，与各镇、园区签订共建协议，推动法官下沉到基层参与社会综合治理。开展“法律六进”活动 25 次，以模拟庭审、以案释法等多种形式进行法律宣传，营造全民学法、懂法、守法的良好社会风尚。强化诉源治理力度，前移诉讼服务关口，做实诉前化解工作，依托 5 个中心法庭、8 个法官工作站，与全县 698 名网格员实现层层联通。年内，开展矛盾纠纷排查近 1 万次，诉前调解成功 2978 件。

【多元调解】 2021 年，县人民法院实施立体联动，多元共治。提高多方调解纷纷参与度，与各行业协会加强联动，将诉前矛盾纠纷中专业性较强的案件委托行业协会先行调解或协助调解，解锁专业弱项难题。将村“两委”、乡镇职能部门纳入诉源治理和大调解体系。借力村“两委”熟悉辖区民情的优势，与村干部形成调解合力，310 件进入诉讼程序的案件由村“两委”主动介入参与调解，提高群众信任度。

（赵红楠）

司法行政

【概况】　2021 年，香河县司法行政工作紧紧围绕县委、县政府的中心工作，牢牢把握政治过硬、业务过硬、责任过硬、纪律过硬、作风过硬的总要求，以维护区域社会稳定为中心，以加强基层基础建设为重点，以提供优质法律服务为宗旨，全力推进基层社会治理法治现代化进程，不断完善社会矛盾纠纷多元预防调处化解综合机制，重点抓好法治宣传、基层治理、特殊人群管控、公共法律服务等工作，为推动香河社会经济健康快速发展贡献司法智慧和力量。年内，蒋辛屯镇北三百户村、安头屯镇小青庄务村、五百户镇五百户村、钳屯镇尚店村、安平镇王家摆村 5 个村被评为第六批省级“民主法治示范村”，香河县司法局荣获全国组织宣传人民调解工作先进集体称号，香河县依法行政工作被市政府评为优秀等次，安平镇司法所荣获全国模范司法所称号。

【普法工作】　2021 年，普法工作进入第八个五年规划阶段，6 月 16 日，中共中央、国务院转发了《中央宣传部、司法部关于开展法治宣传教育的第八个五年规划（2021－2025 年）》并发出通知，香河县迅速贯彻落实，积极开展“八五”普法工作，坚持立足实际、创新形式、丰富内容，以示范村居、文艺演出、文化主题广场公园和新媒体等为依托，深入开展法律进机关、进乡村、进社区、进学校、进企业、进单位、进监所、进中介、进军营（简称“法律九进”），深入开展依法行政示范机关、依法管理示范单位、民主法治示范村、民主法治示范社区、依法治校示范校、学法守法示范家庭、依法经营示范企业、公平守信示范市场、诚信文明示范景区示范创建活动（简称法治“九建”），坚持德法共建，通过示范引领，文化熏陶、精神陶冶等方式方法，将新时代法治理念、法治思维、法治文化带入群众生活，带进百姓家中。围绕乡村振兴这一主题，全力加强民主法治示范村建设，蒋辛屯镇北三百户村等 5 个村街被评为第六批省级“民主法治示范村”。

【学习宣传《中华人民共和国民法典》】　2021 年，围绕《中华人民共和国民法典》宣传，建起以民法典宣传为主的法治公园，编排以《中华人民共和国民法典》为主要内容的京东大鼓《学法典》、快板书《民法典之歌》等一批文艺节目。

【人民调解】　2021 年，坚持和发展新时代“枫桥经验”，通过持续加大人民调解宣传力度、聘任专职人民调解员、组建品牌调解室和强化行业性专业性调委会建设等措施，不断夯实基层基础。以村“两委”换届为契机，大力推行“两个兼任”，即村党组织书记（或村民委员会主任）兼任调委会主任、村网格员兼任调解员。配备镇村两级调解组织 328 个，调解员 1330 余名。在全县打造“公共法律服务”特色品牌，整合人民调解、律师、公证、法律援助、行政复议等职能资源，实现非诉讼纠纷的一站服务和一站办理。部署开展“为民办实事、解民忧、促和谐”专项活动，司法所和村街法律顾问人员联手走村入户，排查化解矛盾纠纷。年内，调处化解各类纠纷 2100 余起，调解率 100%。注重加强典型引领。强化人民调解工作业务培训和骨干培育，先后涌现出边海宇、王立军、邢懿飞等一批示范带动性强的金牌调解员。安平镇司法所被评为全国模范司法所，所长王立军被评为全国专项活动先进个人。五百户“老赵调解室”的老赵调解事迹被河北省电视台经济生活频道予以专题拍摄播放并大力宣传推广。先后成立完善“王大哥”工作室、“老兵”调解室等个人品牌调解室，人民调解工作不断上档升级。

【社区矫正】　2021 年，香河县社区矫正工作依靠社区矫正机构及司法所工作人员的团结努力，不断规范执法程序，严格落实各项矫正措施，着力提高社区矫正质量，获得省级评定的社区矫正对象“零再犯罪县”。截至年底，全县累计接收社区矫正对象 1435 人，累计解除矫正 1250 人，实有社区矫正对象185人。本年度接收社区矫正对象172人，解除矫正155人。县司法局充分利用“社区矫正管理系统”线上优势，加大社区矫正信息化建设，结合实际优化管理系统，在日常特别是在疫情防控和重大安保任务期间发挥突出作用，有力提高社区矫正质量，在维护全县社会和谐稳定中发挥积极作用。

【安置帮教】　2021年，接收刑满释放人员105人，解矫转安置帮教155人，全年累计安置帮教人员928人。

【法律援助】　2021年，健全完善公共法律服务体系，充分发挥县、镇、村三级法律服务平台作用，整合律师、人民调解员、法律援助工作者等各种法律服务资源，为群众提供“一站式、普惠式、均等式”服务，及时公布法律援助相关信息、办理流程及监督投诉电话，及时受理、指派、办理法律援助案件。深入推进法律援助工作，法律援助中心接待来访600人次，电话咨询1100次，指派律师办理援助案件56件，指派有经验的专业律师提供法律援助。升级“12348”法律服务热线平台，建立咨询台账，咨询信息及时录入系统。切实履行好窗口接待、电话接听等职责，安排专业律师为群众解疑释惑，在接待咨询中加强对当事人的心理疏导和人文关怀。探索开通公共法律服务新媒体手段，探索利用微信客户端，及时更新法律援助工作动态，与网民线上线下交流，了解广大网民需求。实现法律援助网上咨询、便捷申请、就近办理，法律援助服务更加现代化、信息化、便捷化。

【律师监管】　2021年，组织律师为企业提供全方位法律服务。组建法律服务志愿团，深入企业开展健康体检，建立服务企业机制，完善工作制度，创新服务模式，主动为全县中小企业提供全方位、高效率的法律服务。引导律师积极参与社会公益活动。开设“以案说法”专栏，每周在《新香河》报纸上通过典型案例宣传法律知识，提高全民法律素养，年内，刊发90余期。引导律师参与接待信访，提升公众法律意识。筹建涉法涉诉信访案件法律服务工作站，建立律师参与化解和代理涉法涉诉信访案件志愿人才库，组织律师坐班参与信访化解，推动涉法涉诉走向法治化、规范化。年内，完成河北宝成律师事务所、河北正昊律师事务所改制工作，由国资所改制为合伙所。

【公证工作】　2021年，香河县公证处有工作人员5人，公证员2人，公证员助理3人。针对公证人员短缺这个现实情况，采用事先预约、集中办理的方式，既能保证办理公证案件的质量，又能满足当事人的公证需求。年内，办结公证案件899件。将“创新实干、忠诚担当、敢打必胜、聚力争先”的运河通航精神运用到实际工作中去，为拆违工作助力护航。对被拆迁物的有关事项进行证据保全公证，创新举措为民办实事。开展“我为群众办实事”实践活动，为困难群众提供及时救助，先后2次为癌症患者办理法律援助公证事项。服务上门，零距离办理公证。为年老体弱、行动不便等不能到场办理公证的当事人上门办理公证4件；教师节期间，为教师办理公证1件，并减免公证费；重阳节期间，为老人办理公证2件，提供延时服务并减免公证费。开展拥军优属活动。年内，为退役军人等群体办理公证事项11件。不断拓展公证业务领域。不断开拓新业务、新领域，做好委托、声明、证据保全、继承、合同等公证事项，积极开拓拆迁现场保全公证等适应政府职能和市场经济发展的公证业务，为政府各项工作的开展提供法律保障，为经济持续、快速、稳定发展保驾护航。与人民法院对接，开拓公证参与司法辅助业务，助力攻坚“执行难”，减少成诉率及法院诉讼压力；与县人民法院对接，将调解前置，成立香河县公证处驻县人民法院调解中心，派专人专班驻法院办理相关业务。

（简　聃）

综合管理

责任编辑　王树春

综　述

2021年，香河县加强宏观经济形势分析，制定出台《关于建立重点产业项目联席会议制度及其保障机制的工作方案》《关于进一步促进现代服务业及社会消费品零售企业发展壮大的实施意见》，研究制定《香河机器人小镇产业扶持办法》，经济运行稳中向好。财税部门坚持忠诚担当，克服经济下行、政策调控和疫情防控的影响，全面加强综合治税建设，制订科学合理的征管计划，确保财政收入及时足额入库，切实做到应收尽收，县政府制定印发《关于进一步加强财源建设壮大县域经济实力的实施方案的通知》，坚持短期挖潜与长期培源壮财并重；坚持招商引商与保商造商并重；坚持存量财源与增量财源建设并重；坚持财税常规措施与财税创新举措并重，进一步加强财源建设，加快推进香河经济实现更高质量发展，更可持续发展。坚持创新实干，全面提升民生保障能力，认真总结改革经验，进一步完善和深化各项改革措施。积极履行职责，主动作为，推进发展方式转变，克服困难，稳中求进，实现财政收入平稳增长，财政支出保障有力。统计工作克服新冠肺炎疫情的影响，牢固树立统计事业高质量发展的理念，主动担当，积极作为，众志成城，攻坚克难，统筹推进疫情防控和日常统计工作，扎实开展第七次全国人口普查后续工作及各项专项统计调查工作，加大统计执法检查力度，努力提高统计数据质量，完善统计监督和制约机制，提高统计公信力。审计部门聚焦主责主业，高标准完成重点领域的审计监督，紧紧围绕年初确定的工作计划，开展各类审计业务，突出审计在服务改革和经济社会发展中的作用。加强自然资源管理，制定土地综合规划，实行最严格的耕地保护制度，严格土地执法监察，有序推进各类违法用地整改工作。加强自然资源市场监管，做好自然资源交易及自然资源确权登记工作，完成不动产确权登记及测绘监管等工作。做好造林绿化工作，开展省级森林城市创建工作，打造景观绿化精品工程，加强生态文化教育基地建设，开展森林乡镇、森林村庄创建活动。发展林果业和林下经济，强化林业病虫害防治工作。加强林业资源管理和林业综合执法，加强对野生动植物的保护，维护生态平衡。做好林木管护及秋冬季森林防火工作，保护绿化成果，促进全县生态文明建设。市场监督管理持续优化营商环境，稳步推进质量提升，强化食品药品安全管理、质量监督管理及知识产权保护，坚持守护安全底线，大力维护市场秩序。加强应急管理和消防救援工作，强化应急预案体系建设及应急救援体系建设，加大应急管理信息化建设力度，落实安全生产责任制，强化危险化学品和烟花爆竹安全监管，加强防汛抗旱及防灾减灾工作。全面提升“决策指挥、安保防控、消防管控”能力，消防救援工作取得阶段性成效。

经济社会发展与经济调控

【概况】 2021年，县发展和改革局以党史学习教育为契机，按照县第十二次党代会和县人大第十六届一次会议确定的建设“协同发展示范区、绿色活力幸福城”奋斗目标，大力弘扬运河通航精神，牢牢把握“激情满怀干事业，昂扬竞进当先锋”这条主线，发挥发改部门工作职能作用，扎实推进各项工作，促进全县经济社会发展。抓政策编制，当好参谋助手。明晰发展定位，根据《京津冀协同发展规划纲要》《北京市通州区与河北省三河、大厂、香河三县市协同发展规划》及《北京城市副中心控制性详细规划（街区层面）（2016—2035年）》中有关香河县的发展要求，对香河县产业情况、发展定位和布局进行系统梳理和研究，聘请专家开展香河县产业差异化发展思路专项研究。围绕高端制造聚集区、商贸服务微中心、文旅康养目的地功能定位，重点打造以文化旅游为特色名片，以智慧家居、智能制造、智慧健康为主导支撑，以数字科技、现代服务为战略培育的“1+3+2”现代产业体系。加强宏观经济形势分析，制定出台《关于建立重点产业项目联席会议制度及其保障机制的工作方案》《关于进一步促进现代服务业及社会消费品零售企业发展壮大的实施意见》，研究制定《香河机器人小镇产业扶持办法》。经济运行稳中向好，全县地区生产总值增长8%；全部财政收入完成55.42亿元，其中，一般公共预算收入完成32.4亿元，同比增长5.3%；规模以上工业增加值同比增长8.5%；固定资产投资同比增长7.2%；实际利用外资完成15774万美元，同比增长411%。

【科技创新】 2021年，科技创新稳步提升。全县高新技术企业通过认定26家，科技型中小企业通过认定279家，获批省级“专精特新”企业6家，13项省重点技改项目被列入全省“千项技改”计划目录，规模以上工业企业总数突破100家，技术合同交易额完成4.62亿元。

【“十四五”规划编制与执行情况】 2021年，高标准制定发展规划。《香河县国民经济和社会发展第十四个五年规划和2035年远景目标纲要》由县人大十五届五次会议审议通过。《产业发展与科技创新规划》初步审议通过。筹备编写《现代服务业发展规划》。

【高质量发展综合绩效考核】 2021年，统筹抓好高质量发展综合绩效考核工作。严格按照高质量发展综合绩效考核指标体系及考核方法，确定各指标考核目标，并将指标分解到各责任部门，确保高质量绩效考核工作有序推进。

【优化营商环境】 2021年，持续做好优化营商环境工作。印发《关于进一步优化营商环境更好服务市场主体若干措施的贯彻落实方案》，对提升投资建设便利度、简化企业生产经营审批和条件等六个方面进行了细化分工。印发《关于优化营商环境的实施方案》，开展深化商事制度改革专项行动、提升政务效能专项行动、优化纳税服务专项行动等十大专项行动，通过建立微信工作群、月报告和台账等制度，不断推进全县营商环境持续优化。

【项目建设】 2021年，抓好项目建设，提升投资质效。全力以赴抓项目。全县大力实施产业项目倍增行动，掀起大抓项目、抓实项目的热潮。争列省、市重点项目23个，总投资452.26亿元。其中，省重点项目12个，总投资183.56亿元，年内计划完成投资27.37亿元，实际完成投资81.43亿元，投资完成率297.5%；2个计划开工项目全部开工建设，开工率100%。市重点项目11个，总投资268.7亿元，年内计划完成投资1.6亿元，实际完成投资3.66亿元，投资完成率228.6%；2个计划开工项目全部开工建设，开工率100%。年内，4次集中开工项目33个，总投资133.3亿元，完成投资27.64亿元，投资完成率101.2%。北运河旅游通航工程审批顺利通过。因北运河廊坊段通航工程项目申请使用的为省级项目代码，县级在投资在线审批监管平台系统上无受理权限，经多次赴省、市发改委沟通协调，省发改委特事特办，为香河县开放在线审批监管平台系统的受理审批权限，使项目得以顺利审批通过。土地要素保障不断强化。通过与省、市发改委长期有效的沟通联系，华电香河燃气能源站、北运河廊坊段通航工程被列入2021 年第一批国家重大建设用地保障项目清单，安运桥、安石路两个建设工程项目被列入国家建设用地保障省重大项目清单，为争取土地指标创造有利条件。充分发挥联席会议制度作用。立足于解决项目工作推进中的问题和困难，强化模拟审批、容缺审批，实现“拿地即开工”，制订出台《关于建立重点产业项目联席会议制度及其保障机制的工作方案》，全县重点产业项目联席会议制度实施以来，召开 3 次联席会议和 5 次联络员会议，为稻香村香河食品基地、众联医疗科技产业园等 10 余个项目解决实际问题 50 余个，云储香河数字经济产业基地和喜临门北方家具有限公司高档软体家具生产二期项目实现提前 1 个月开工。加大调度力度，充分发挥《项目考核办法》指挥棒作用，调动各镇区上项目的积极性，每季度通报考核结果，通过晾晒成绩，鼓励先进、鞭策后进，形成积极上项目的良好氛围。对项目情况进行周调度，及时协调解决遇到的各类问题，对没有达到会议议定进展的，对责任部门发提醒函，有效地提高项目建设进度。做好拉练观摩，通过全市项目观摩活动展现香河县项目特色，8 月 7 日、10 月 29 日，全市组织 2 次项目拉练观摩活动，北运河廊坊段旅游通航项目、香河大爱康复医院项目和北京顺鑫农业股份有限公司牛栏山酒厂香河生产基地设备升级改造项目参加全市项目拉练观摩，其中，北运河廊坊段旅游通航项目被评为优质项目。通过观摩活动，在展现全县项目建设特色，学习借鉴其他县（市、区）项目建设方面好的经验做法，提升项目建设品质。谋划“链长制”工作。通过对产业现状的调查研究，结合县域特色产业和未来发展的重点产业，拟选择智能制造产业链和家具产业链两条产业链，分别由县委书记和县长担任产业链“链长”，制订出台《香河县重点产业实行“链长制”工作方案》，统筹、推进和督促产业链建设工作。

8 月 7 日，廊坊市举办全市经济工作推进会议暨项目拉练观摩活动，图为市委书记杨晓和（前排左）带队到北运河香河中心码头，观摩北运河廊坊段旅游通航项目

县融媒体中心供图

【固定资产投资】 2021 年，固定资产投资工作稳中有进，全年完成 143 亿元，同比增长 7.2%。做好 2022 年政府性投资项目计划管理，积极发挥县本级政府性投资导向作用，10 月中旬，启动 2022 年政府投资项目投资计划编制工作，投资计划涉及财政、住建、农业、卫生、教育、交通、水务等多个部门。截至年底，全县政府投资结转项目和2022年新开工项目138项。

【争取专项债券和中央资金】 2021 年，积极争取专项债券和中央资金，及时传达国家、省市专项债券资金和中央资金相关政策，组织各部门申报专项债券资金项目。为北运河旅游通航交通基础设施项目争取专项债券资金 13 亿元；为北京至唐山高速铁路（香河段）项目争取地方政府专项债券资金 1.707 亿元；为老旧居民小区改造项目争取中央资金 1385 万元；为香河平安污水处理厂提标改造、三强智慧供热项目争取中央预算内投资支持 3250 万元；为香河县康泰机械制造股份有限公司申请省级专项资金 996 万元并拨付。

6 月 10 日，北京市发改委组织召开通州区与廊坊市“北三县”一体化高质量发展重点工作对接会　　李宏林 摄

【推进京津冀协同发展】 2021 年，抓协同发展，推进区域联动。强化主体责任，忠诚担当，切实发挥好参谋助手作用，就推进“四统一”工作创新实干，统筹协调并积极对接上级部门，全力争取政策、资金支持，与北京城市副中心（通州区）相关部门保持密切联系，抢抓一切机遇，主动融入。抽调精兵强将，选优配强“联络员”“跑办员”，全力服从配合市指挥部开展工作。督促各部门结合自身职能就近 3 年工作任务，制订更加详细的推进方案，提出更加细致的工作举措，明确更加准确的时间节点，用敢打必胜的决心支撑保障各项工作聚力争先。参与修订产业禁限目录，提出的“不再禁限列入‘十四五’规划和相关产业规划的县域特色产业集群发展”意见，被河北省京津冀协同发展领导小组办公室采纳，文件呈报国务院京津冀协同发展领导小组办公室待批。调整推进京津冀协同发展领导小组，完成《香河县经济社会发展情况与通州区对比分析的报告》。

着力推动与通州区一体化高质量发展。以贯彻落实《国务院关于支持北京城市副中心高质量发展的意见》及省、市文件精神为着力点，根据县领导指示批示精神，县发展和改革局会同各相关部门编制《香河县支持北京城市副中心高质量发展的若干措施》《香河县与通州区一体化高质量发展实施方案》，对近 3 年 10 个方面、39 个大项、124 个小项重点工作任务分年度细化分解时间节点、进度要求、牵头县领导和责任单位及责任人，确保方案能落地、有措施、可量化。做好北京市京津冀协同发展领导小组办公室副主任刘伯正、河北省副省长胡启生等领导的调研工作，多次参加与北京协同办的对接会议，反映发展诉求。

着力推动贴边处置，严守生态保护红线、永久基本农田保护红线和城镇开发边界。严格落实《廊坊市委书记、市长经济责任审计“北三县”协同办涉及问题》《对审计整改工作的具体要求》文件精神，会同县自然资源和规划局分类梳理 181 个贴边处置项目进展情况，主动发挥协调作用，多次争取上级指导意见，形成《贴边区内建设项目审计整改情况的报告》，为推进贴边处置工作提供有力支撑。

着力推动产业互补及公服共建。办好“北京·河北廊坊北三县项目推介洽谈会”，5 月 13 日，与北京签约涉及项目建设、技术合作、教师培训等重点领域项目（事项）11 个，计划投资约 55 亿元。专显科技、泓昂科技竣工投产，开云网红数字产业基地营业，中科电集团与香河比恩希公司开展技术合作，云储香河数字经济产业基地数据中心开工建设。北京景山学校香河分校初中部投入使用，校长、教师培训常态化展开，累计培训3000余人次。

协同一体发展，承接北京产业疏解。坚持同北京一体化协同发展，积极承接北京产业外溢。参加北京城市副中心绿色发展论坛，与通州投促服务中心签订联合招商协议，谋划派员入驻通州招商会客厅。在高端制造、文化旅游、现代服务等产业方面对接北京，延伸高端产业链条，与通州区建立协同招商、一体布局的招商新局面。积极对接北京高端项目，在文旅产业方面结合北运河旅游通航和乡村旅游同北京旅发投资控股有限公司、保信集团有限公司、中青旅控股股份有限公司等大型企业进行对接，并就相关合作达成共识。在高端制造产业方面与北京中发实业集团有限公司、三一重工股份有限公司、小米汽车有限公司等企业进行对接，就产业合作进行洽谈。在现代服务产业方面同京东电商、万润电竞、中能建等企业进行对接，形成合作意向。4月，在“北京招商月”活动当中，对接56家北京高端企业项目。5月，在“5·18”中国廊坊国际经贸洽谈会上签约项目9个。

【北运河廊坊段旅游通航】 2021年，着力推动运河工程建设及交通互联互通。以省、市及北京市领导调研为突破口，积极与上级相关部门沟通对接，第一时间就北运河通航、跨界道路涉及手续办理、资金、用地等问题，提出10余条急需省级层面解决的问题和发展诉求。安石路西延工程在全市四条跨界道路中率先启动，通宝路新建工程抓紧完善前期手续。

【实际利用外资】 2021年，实际利用外资成绩突出。截至年底，完成15774万美元，同比增长411%（上年完成3085万美元），是全年任务（4200万美元）的3.75倍，增速居廊坊市第一位。

【节能降耗】 2021年，抓节能降耗，实现绿色发展，推进节能减排。按照省、市下达的节能目标任务要求，认真分解，逐一落实，并督导各乡镇、园区将任务核发到重点企业。按照省、市要求，积极完成煤炭消减任务。制定《关于节约有序用电的提示函》，倡导各单位进行节约有序用电，确立科级干部包联制度，督导各包联乡镇开展有序用电工作。持续推进市场化电力直接交易工作，年内，有40家企业获得省发改委批准，进一步降低企业用电成本。做好采暖季气源保供，制订出台保供方案和应急预案，全力做好数据统计上报、落实“压非保居”、应急值守等各项工作任务。及时处置劣质散煤，按照《查扣没收散煤治理实施方案》要求，设置查扣、没收煤炭存储点，有制度、有台账，规范开展散煤治理工作，配合上级部门完成各项检查。年内，对各单位罚没的17批次、160.39吨劣质散煤进行处置。全力做好电代煤工程运行保障，及时更改运行补贴发放方式，完成确户台账银行卡办理。配合审计部门对冬季安全清洁取暖政策落实情况进行核查。协调各镇、园区和供电公司，对采暖季用电情况和补贴金额进行统计公示。组织相关镇、园区、县供电公司、施工企业对全县电代煤安全工作开展专项检查，彻查安全隐患。推进整县屋顶分布式光伏开发试点工作，通过整县光伏示范的契机，构建新能源产业链，将香河县打造成源网荷储一体的新能源应用示范县。年内，抓紧筛选施工主体，开发建设方案编制完成并上报省发改委。

【生态环境】 2021年，生态环境持续改善。空气质量综合指数同比下降6.94%，优良天数达到266天，达标率为72.9%，年度PM2.5浓度为42.6微克/立方米，同比下降3.18%。6个国省市控断面水质均达到考核要求。

【新冠肺炎疫情防控】 2021年，持续做好疫情防控常态化。优化隔离观察场所设置，按上级防疫要求备足隔离房间。在全县101个酒店（宾馆）中筛选出隔离酒店（宾馆）8个，隔离房间910间，超过全县900间隔离房间的要求，配合县卫健、防疫等部门做好隔离点的备用、启用工作。按照职责要求，妥善完成年初紧急筹措隔离生活用品捐赠石家庄、大型商超物资保障、生活必需品价格监测、无物业小区值守等工作。

【价格管理】 2021年，发挥价格管理统筹牵头作用。以稳定市场价格为重点，认真做好主要生活消费品价格的日常定期监测工作，并将监测情况及时、准确地上报上级价格主管部门。全面推进清理规范城镇供水供电供气供暖行业收费工作，严格管理、规范收费行为，增强企业服务意识，提高服务质量和效率，增强人民群众满意度和获得感。高效完成价格认证工作，接收公安机关价格认定协助230件，其中，出具价格认定结论书203件，接收乡镇和局机关价格认证协助书18件，出具18件。完成香河国兴水业有限公司自来水定价。认真开展停车管理领域违法违规问题排查整治工作。完成普通住宅小区前期物业服务收费备案1件。落实好重点领域价格改革政策，结合全县实际，出台香河县管道天然气配气价格、销售价格及实行价格联动机制的实施方案，推进电力价格改革，落实好相关电价政策。巩固和开展价格成本监审工作，协调开展城镇燃气企业配气价格成本监审工作，开展对香河县三强水厂2018－2020年供水定价监督审查，香河县三强热力有限公司、香河县葆丰热力有限公司、香河县九矗热力有限公司3家供热公司2018－2020年供热成本监督审查工作，为价格调整提供科学依据。

【民生工程】 2021年，扎实推进20项民生工程。牵头开展重大民生工程推进工作，及时汇总相关部门工作进展，按月报送活动开展情况。制订并印发《香河县2021年20项民生工程专项实施方案》，协调相关部门积极推进，组织开展民生工程推进月等活动，确保各项工程按时完工。

（杜振江）

招商引资

【概况】 2021年，香河县拓宽招商领域，改善营商环境，积极主动融入北京产业链、供应链、创新链，明确打造以文化旅游为特色名片，以智慧家居、智能制造、智慧健康为主导支撑，以数字科技、现代服务为战略培育的现代产业体系“1+3+2”的产业定位为招商方向，“外引内培”并重，全力抓好招商引资工作。重新谋划产业定位，坚持招商引资全县上下一盘棋思想，制定出台重点项目联席会议制度，学习浙江“妈妈式”服务，在项目引入和前期建设工作中协调全县资源，打破各自为政的局面。全年召开5次联席会议，为稻香村香河食品基地、云储香河数字经济产业基地、喜临门北方家具有限公司高档软体家具生产二期等10余个项目疏解审批堵点，解决建设难题。在稻香村香河食品基地、云储香河数字经济产业基地、喜临门北方家具有限公司高档软体家具生产二期、众联医疗科技产业园项目前期审批基础上，重新梳理、汇总产业项目审批流程，为新项目申报审批工作打好基础。年内，全县争列省、市重点项目23个，计划总投资452.26亿元；在谈5000万元以上项目81个，计划总投资内资777.5亿元、外资4.57亿美元；新签约5000万元以上项目45个，计划总投资内资416亿元、外资1.2亿美元。

【承接北京产业疏解】 坚持同北京一体化协同发展，积极承接北京产业外溢。参加北京城市副中心绿色发展论坛，与通州区投资促进服务中心签订联合招商协议，加入通州招商会客厅。在高端制造、文化旅游、现代服务等产业方面对接北京，延伸高端产业链条，与通州区建立协同招商、一体布局的招商新局面，积极对接北京高端项目。4月，在“北京招商月”活动中，对接56家北京高端企业项目，推动一批产业项目签约落地。5月在“5·18”中国·廊坊国际经济贸易洽谈会上签约项目9个。

文旅产业方面：结合北运河通航和乡村旅游，与北京旅发投资控股有限公司、中国保信集团、中青

喜临门北方家具有限公司床垫生产车间　　县融媒体中心供图

旅控股股份有限公司等大型企业对接，并就相关合作达成共识。

高端制造产业方面：与北京中发集团、三一重工集团、小米汽车科技有限公司等企业对接，就产业合作进行了洽谈。

现代服务产业方面：与京东电商平台、万润电竞、中国能源建设集团有限公司等企业对接，达成合作意向。

【“外引内培”项目】 2021年，香河县一手抓培育现有企业的资源整合、科技提升，一手抓引进外地企业对现有企业增资扩股、并购重组，减少对土地的占用，打破土地瓶颈制约。外引项目有众联医疗科技产业园、云储香河数字经济产业基地、稻香村香河食品基地等，内培项目有喜临门北方家具有限公司高档软体家具生产二期、香河东方电子股份有限公司半导体热电组件生产、香河合益包装机械有限公司二期等。

【优化投资环境】 编制招商引资项目落地流程图，将目标任务落实到具体项目、审批时效落实到工作日、项目责任落实到具体部门，通过“做减法”“调次序”“多联合”“变模式”的方式，进一步优化审批流程，提高审批效率，压缩审批时间。强化主动服务理念，全层级、全流程、全覆盖推进项目审批时间，提升项目审批服务效能，力促项目早落地、早开工、早投产。

（韩超颖）

财　政

【概况】 香河县财政部门围绕加快建设“协同发展示范区、绿色活力幸福城”目标，大力弘扬“运河通航精神”，解放思想、锐意改革、恪尽职守、积极履行财政工作职责和职能，全面落实积极的财政政策，坚持稳中求进、科学理财、锐意创新，全面提高财政保障能力，实现全县疫情防控和财政经济事业稳步发展，促进香河县经济建设和社会事业稳定健康发展。2021年，香河县财政局被省委、省政府命名为“省级文明单位”，连续22年被市委、市政府命名为“市级文明单位”。

【一般公共预算执行情况】 2021年，全县完成财政收入554243万元，同比增长1.4%。一般公共预算收入完成323966万元，同比增长5.3%。税收收入占一般公共预算收入比重为57.1%。财政一般公共预算支出559577万元，全年支出进度完成99.5%。

【政府性基金预算执行情况】 2021年，政府性基金收入74978万元，占调整预算的107.1%；支出198893万元，占调整预算的84%。

【社会保险基金预算执行情况】 2021年，香河县社会保险基金收入完成45228万元，支出完成41951万元，年末新增结余3277万元，滚存结余29713万元。

【政府债务风险防控】 2021年，结合政府债务实际情况，河北省财政厅下达香河县新增限额16.7亿元，政府债务限额394956万元。年末，香河县政府债务余额

301756万元，其中，政府债券301753万元、外债转贷3万元。香河县政府债务率为48%（年末债务余额与当年政府综合财力的比率，低于100%为风险控制标准），处于安全区范围内，且数值较低，债务运行不存在财政风险。县财政局每月组织各镇（社区办、园区）和县直单位在隐性债务监测平台上报本单位债务情况，强化债务风险防控约束能力，随时分析政府债务的规模、构成、偿还能力等，确保政策贯彻落实到位，杜绝发生政府隐性债务。

【预算管理】 2021年，按照河北省财政厅绩效预算改革要求，香河县全面开展预算绩效管理工作，积极推进预算绩效重点环节工作开展，完成预算部门的预算项目及部门整体预算绩效目标指标编报、审核工作及2020年度预算部门的预算项目及部门整体绩效自评；高质量完成河北省2020年度预算绩效管理考评工作，与市财政局保持联动，按照考评资料清单梳理佐证材料，考评资料顺利通过审核。做好2021年部门预算批复及预算指标导入财政管理一体化系统平台，通过香河县人民政府网站，及时做好预算信息公开；完成2022年度部门及政府预算编报工作。

【收费征管】 2021年，县财政局强化非税收入征缴，加大执收执罚力度，应收尽收、执罚到位；强化征管，严格执行“两项分离”（行政事业性收费票款分离、行政处罚罚没收入罚缴分离）和“收支两条线”规定。年内，全县有执收执罚单位78个、收费项目200余个；执罚部门40个、执罚主体108个，非税收入一般公共预算完成138918万元。

【盘活财政存量资金】 消化财政存量资金，包括一般公共预算结转结余资金、政府性基金预算结转资金、转移支付结转结余资金、部门预算结转结余资金、预算周转金、预算稳定调节基金管理、收入缴库管理、偿债准备金管理等。2021年，香河县存量资金3735万元，消化2020年底存量资金103768万元，消化比例96.5%。

【争取上级资金】 2021年，县财政局紧盯中央预算内资金和省级、市级预算资金投向，抢抓国家政策机遇，及早谋划储备项目，积极申报争取项目资金，全力支持北运河廊坊段旅游通航工程及全县重点项目建设。年初，研究制定《积极争取上级资金的奖罚办法》《上级资金四争取工作流程说明》《争取资金流程图解》《一般、专项债券项目申请前置条件表》《各部门争取上级资金政策分类指南》并组织实施，开展全县范围内的引进资金专题培训，督导部门落实开展相关工作，与省、市财政部门深入对接，尽可能用全用好上级政策，争取最大资金支持。年内，争取上级资金267448万元。其中，上级财政转移支付资金84748万元，政府债券资金182700万元（一般债券资金20000万元、专项债券资金147000万元、再融资债券15700万元），同比增加136981万元，同比增长105%，为北运河廊坊段旅游通航工程及全县重点工程建设保驾护航。

【新冠肺炎疫情防控资金保障】 香河县重视新冠肺炎疫情防控资金保障工作，按照“特事特办、急事急办”原则，将涉及防控资金支出的主管领导和业务人员调配到位，与省、市财政部门、银行系统沟通到位，建立防控资金“绿色通道”，对疫情防控、病人救治、防护用品采购等所需经费和项目支出及时予以拨付。全年累计拨付防疫资金10343万元。

【惠农资金投入】 2021年，制定《香河县农业支持保护补贴实施方案》，补贴面积12159.47公顷（182392亩），核定每公顷补贴标准1426.5元（每亩补贴标准95.1元），以“一折通、一卡通”形式发放农业支持保护补贴资金1734.55万元。落实对种粮农民的一次性补贴政策，补贴面积9994.18公顷（149912.65亩），每公顷补贴标准为289.65元（每亩补贴标准为19.31元），补贴金额289.48万元，通过“一折通、一卡通”的形式发放到农户账户。全县政策性农业保险保费总额1689.62万元，其中，各级财政投入政策性农业保险保费补贴资金1255.13万元，全年承保小麦种植面积3559.67公顷（53395亩）、玉米种植面积3084.33公顷（46265亩）、能繁母猪2725头、奶牛4682头、育肥猪50749头、蔬菜日光温室75.27公顷（1129亩）、蔬菜塑料大棚1137.13公顷（17057亩）；年内，政策性农业保险已决赔付578.34万元，涉及农户1580户。制定《香河县2021年农机购置补贴实施方案》，以“一折通”形式发放农机购置补贴资金185万元 。投入村级“一事一议”财政奖补项目资金1492万元，其中，县级财政投入1030万元、上级财政专项资金投入462万元，用于村级道路硬化、村内美化亮化工程和健身广场建设等项目，2.4万农村居民受益。投入农村环境整治资金6425万元，推动全县美丽乡村建设上档升级。投入村级公共服务资金926万元，全部为上级财政专项资金，主要用于村街路灯电费、道路维修、村内绿化维护等支出，农村亮化、绿化、美化和环境卫生成效显著。农村“厕所革命”项目资金175元，全部为上级财政专项资金。

【教育文化资金投入】　投入义务教育资金24657万元，用于加大义务教育特别是加大对农村义务教育的投入力度，促进义务教育均衡、持续、健康发展，2021年，全县小学生公用经费标准人均提升至685元，初中人均提升至885元。投入资金4232万元，加强农村中小学的校舍、图书馆、教学仪器、体育设施和信息技术教室建设，进一步促进了全县义务教育的均衡发展。落实职业教育免学费政策，拨付免学费资金436万元。落实特殊教育事业经费政策，特殊教育学生公用经费人均每年6000元，达到国家规定的标准，全年拨付特殊教育经费140万元。拨付资金111万元，用于支持县图书馆、文化馆和各镇文化站等公共文化设施建设。拨付资金55.2万元，活跃城乡人民群众业余文化生活，为组织开展文艺演出、农民体育比赛活动提供保障。

【生态环保资金投入】　投入各级环保资金24982万元，其中，中央资金687万元，省级资金1355万元，县级资金22940万元。重点支持全县农村地区“气代煤”“电代煤”工程运营、生物质锅炉和燃气锅炉改造、提升防治大气污染能力建设、农村垃圾治理一体化、垃圾填埋场建设、新能源公交车购置、重点流域水污染防治等项目。

【社会保障资金投入】　2021年，投入2448万元，用于4004名城乡低保对象的基本生活保障。筹集城乡居民养老保险资金17713万元，其中，上级财政补贴资金8414万元，县级财政补贴资金6105万元，个人缴费3053万元，利息收入138万元；城乡居民养老保险累计支出15750万元（基础养老金发放标准为181元/人·月）。投入再就业资金688万元，其中，上级财政补贴资金668万元，本级财政补贴资金20万元。投入基本公共卫生资金3114.33万元，其中，上级财政补贴资金2516.79万元、县级财政补贴资金597.54万元。投入1400万元福利彩票公益金，用于县、镇体育健身场地及其配套设施建设和光荣院、敬老院以及民政系统相关社会福利项目建设。投入保障性安居工程资金260万元，用于县城老旧小区改造及公租房补贴项目，确保保障性安居住房项目顺利开展。

【社会安全保障工程资金投入】投入4280万元，推进“智慧交通”一、二、三期工程建设；投入3013万元，推进平安社区一、二期工程建设，实现信息资源联通共享和大数据应用，构建全方位、信息化防控体系，发挥安全技术防范设施在预防、发现、制止、打击刑事犯罪和社会治理中的促进作用，切实推进和谐社会建设，群众安全感和满意度全面提升。投入3716万元推进智慧城市一期工程建设，提高城市信息化管理水平和部门工作效率，提升城市科技化水平。

【医疗卫生资金投入】 投入3114.33万元，其中，上级财政补贴资金2516.79万元、县级财政补贴资金597.54万元，用于建立居民健康档案、健康教育、预防接种、传染病防治、高血压和糖尿病等慢性病管理、儿童保健、孕产妇保健、老年人保健、重性精神疾病管理等九大基本公共卫生服务项目，确保基层卫生院基本公共卫生服务项目顺利开展。投入5398.53万元，其中，上级财政补贴资金407.32万元、县级财政补贴资金4991.21万元，加大对公立医院扶持力度，并将医改资金足额纳入财政预算，推动医改工作有力有序开展。投入4949.19万元（含村卫生室药品零差率补贴293.55万元），其中，上级财政补贴资金262.67万元，县级财政补贴资金4686.52万元，用于基层医疗机构综合改革药品零差率补助项目。

【重点民生项目建设资金投入】 全年拨付县本级建设类资金93782万元，支持全县重点民生项目建设。其中，总投资2.6亿元的香河人民广场工程竣工投入使用，总投资3589万元的15个老旧小区改造项目竣工，总投资2120万元新采购新能源公交车40辆交付使用，总投资7900万元的城区路网新建工程进入施工阶段，总投资3.5亿元的城区雨污分流工程如期竣工。

【扶贫资金投入】 香河县衔接推进乡村振兴资金838万元，包括中央财政投入19万元、省级财政投入233万元、市级财政投入24万元、县级财政投入562万元，年内，全部完成支出。其中，用于对口帮扶资金500万元，拨付张家口市张北县；用于产业扶贫资金319万元，拨付县农业农村局；支持少数民族发展的中央财政资金19万元，用于五百户镇香椿营少数民族村产业项目，拨付县委统战部。

【财政监督】 树立“过程监督”“绩效监督”理念，强化服务与创新，紧紧围绕财政改革和财政管理中心工作，加强外部监督，深化财政内部监督，积极推进财政监督长效机制建设，狠抓各项工作落实。2021年，完成绩效评价、会计监督检查、“双随机、一公开”抽查、财政部门内部监督检查、惠民惠农财政补贴资金“一卡通”专项治理、农业生产发展资金绩效评价、直达资金常态化监督、预决算公开检查、财政专项扶贫资金信息公开检查、政务公开等10项重点工作，确保全县财政工作安全、快捷、高效运行。

【政府投资风险评审】 2021年，县财政评审中心完成103项工程评审，项目总投资68390万元，审定金额64121万元，审减资金4269万元，平均审减率6.24%，将评审工作抓实、抓细、抓出成效，进一步提升评审质效。完成重点审核项目。香河县大辛路（唐通线至义井大桥段）景观亮化提升工程、雀林院小学改造项目、京唐高铁（香河段）被交路同步升级改造工程、规划E5路（新华大街至淑阳大街）道路综合改造工程、新华街社区老旧小区改造工程、新开街社区老旧小区改造工程、渠口镇人居环境整治提升工程、北运河廊坊段旅游通航码头第一期工程等。

【政府采购】 2021年，通过公开招标、询价采购、谈判采购等形式，实施政府采购158次，完成采购金额22849万元，节约资金519万元，资金节俭率为2.22%。制定出台《香河县深化政府采购制度改革实施方案》，建立政府采购内控制度，使各预算单位可以将政府采购相关职能进行合理分工，切实做到了职责明确、分工合理、相互监督、廉洁高效。

【国有资产管理】 国有资产及时入库。为减少国有资产收入在途时间，保证国有资产收入及时入库，县国资办在收入管理上严格执行“收支两条线”，真正实现票款分离和收缴分离，2021年，实现国有资产收入84121万元。做好地方企业国有产权登记数据汇总。全县国有及国有控股企业主要涉及电影放映和粮油仓储零售2个行业、9家企业，经营区域均为县域内，9家企业产权与上年相比均无变化。推进国有资产监管。认真贯彻落实《行政事业性国有资产管理条例》；针对全县行政事业单位国有资产管理使用中出现的问题，开展国有资产管理工作整改；推进国有企业改革，对县公有资产经营公司、香河经济开发区市政管理公司、县住房和城乡建设局廉租住房和经济适用住房管理中心、自来水公司、县交通运输局汽车运输一队等全民所有制企业的基本情况进行调查，制订《香河县国有企业公司制改革工作实施方案》，积极推进国有企业改革，撰写《香河县关于深化国有企业改革情况的汇报》。

【香河县财信城市投资控股有限公司成立】 2021 年，为推进香河县融资工作，按照《廊坊市财政局关于报送国有企业做大做强工作推进情况的通知》《关于组建香河县财信城市投资控股有限公司的实施方案》要求，组建香河县财信城市投资控股有限公司，实行现代企业制度，建立健全党组织、董事会、监事会，制定薪酬差异化分配机制。年内，香河财信城市投资控股有限公司正式成立，完成机构设置、人员调配并开展工作。

【公务用车管理】 完成全县机关单位及所属事业单位、县属国有企业公务用车到指定汽修厂完成原有标识涂抹和新统一标识粘贴工作，并将新标识车辆的左前、右后 2 张照片替换更新至河北省公务用车信息化管理平台信息数据中；完成全县公务用车更新安装北斗导航定位设备，由 2G 升级为 4G。按照省、市车改办要求，公务用车信息化管理办公室本着“集中调配、分散管理、有所侧重”的原则，重点保障生态环境治理、城区综合执法及全县重大公务活动、应急、抢险部门用车。

【会计管理】 组织会计人员开展继续教育培训。与华夏会计网联合建立香河县会计人员继续教育学习网，2021年，全县有628人参加继续教育培训。开展行政事业单位会计人员专业培训。4月和10月，县财政局分别举办行政事业单位财务管理培训班，90个单位、154人次参加培训。组织会计专业技术资格考试报名工作。组织493人报考会计专业中级资格，报名采取“网上报名、网上缴费”方式；3月，全县94人领取2020年度通过的会计专业技术中级资格证书，377人领取2020年度通过的会计专业技术初级资格证书。会计代理记账资格管理。完成代理记账机构年度备案审核工作，全县有41家代理记账机构。加强单位内部控制建设工作，提升各单位内部治理水平、规范内部权力运行、促进依法行政、推进廉政建设，完成2020年度内部控制报告编报。

【票据管理】 2021 年，加强结算票据管理，落实《河北省行政事业单位资金往来结算票据使用管理办法》，停止供应财政纸质结算票据，全县 193 个单位使用财政电子票据，实现行政事业单位财政电子票据全覆盖，有效防止偷逃税收行为的发生。年内，县财政局累计发放往来结算电子票据 26750 份，电子缴款书 61770 份，开具其他电子票据 9390 份；县人民医院、县中医医院、县中西医结合医院及 15 家乡镇卫生院全部使用医疗电子票据，全年发放医疗电子票据 2036500 份。4 月，完成对全县 41 个具有罚没主体资格的部门年检。

【政府对企业扶持政策落实】 县财政局会同县科学技术和工业信息化局、县发展和改革局等部门，积极组织企业申报各类专项扶持资金，为企业提供财政政策支持，将符合条件的企业项目应报尽报，最大限度争取扶持企业资金。全年争取中央、省、市各类扶持企业专项资金 1423.15 万元，扶持企业 136 家，包括中央财政企业专项资金 1.71 万元、省级财政企业专项资金 645.44 万元、市级企业专项资金 776 万元。其中，用于外贸发展专项资金 122.44 万元，扶持企业 9 家；用于中小企业发展专项资金 240.44 万元，扶持企业 99 家；用于企业工业转型升级（技改）资金 598 万元，扶持企业 20 家；工业设计及成果转化资金 362.27 万元，扶持企业7家；电子商务建设专项资金100万元，扶持企业1家。

（佟沅洪）

税　务

11月10日，税务干部到廊坊华兴现代建筑材料有限公司宣传讲解国家税收政策，为企业提供精准的税务政策服务　尹超　摄

【概况】　2021年，香河县税收征管工作紧盯县域重点产业项目，加强税收调研和政策辅导，努力培育新的税收增长点。加强综合治税，联动管理，依法清算土地增值税，清理企业代征契税，确保应征税款应收尽收。提升征管质效有的放矢。把好征管体制改革新方向，夯实征管基础，强化风险防控，推动税收管理更加规范高效。认真落实《河北省税收征管操作规范》，进一步规范税费业务办理流程。优化纳税服务，国家税务总局香河县税务局在全省纳税人满意度调查中，名列全市第一；在全县窗口单位营商环境调查中名列第一。聚焦税务法治建设，提升能力，精确执法，精准监管，全面推进依法治税。3月，县税务局领导班子被县委、县政府评为2020年度优秀领导班子；6月，县税务局被县委、县政府评为2020年度香河县文明单位；12月，被市委、市政府评为2020年度廊坊市文明单位。

【税费征收】　坚持依法依规组织税收收入，强化财力保障。加强税收分析预测，深入了解税源增减变化情况，认真分析行业特点、管理难点及税收前景，牢牢掌握收入主动权。紧盯县域重点产业项目，加强税收调研和政策辅导，努力培育新的税收增长点。加强综合治税，联动管理，依法清算土地增值税，清理企业代征契税。2021年，一般公共预算收入18.69亿元，同比减收0.44亿元，减幅2.3%。

【减税降费】　落实普惠性税费优惠政策，宣传贯彻煤电企业纾困解难、制造业中小微企业阶段性缓缴、研发费加计扣除等税费优惠政策。组织减税降费系列宣传活动，点对点走访企业，确保各项减税降费政策真正落地。2021年，全县减税降费规模达到1.91亿元，其中，2021年度新出台的政策减税降费0.81亿元，2021年展期实施政策减税降费1.04亿元，2020年年中出台政策在2021年的翘尾新增减税降费537万元。

【税种管理】　开展增值税专用发票电子化和一户式应用1.0版工作，落实“1+1+5+N”（1套业务流程及岗责体系；1套工作规范；内控、督导及纪律监督等5个方面制度保障；推进构建纵向各层级、横向跨区域、单位各部门间的全流程“大、中、小”闭环运行机制，实现发票服务和管理“四个有人管”，有效解决“四个脱节”，创新完善工作管理流程）运行机制，及时跟踪各项工作部署落实情况，保障增值税专用发票电子化试点工作落实到位。推进深化增值税改革、提高小微企业标准等增值税政策，宣传、辅导疫情防控税收政策，支持企业复工复产，确保中共中央、国务院关于减税降费的重大决策部署落到实处。落实消费税税收政策。开展成品油消费税核实和白酒消费税最低计税价格核定工作。加强出口退税管理。2021年，共受理审核186家次生产型出口企业退（免）税申报，办理退税24家，申报出口销售额92674.83万元，申报免抵退税额11398.23万元，其中，应退税额7204.56万元、免抵税额4225.91万元。完成11208家企业的企业所得税汇算清缴，汇算清缴入库1.67亿元；完成个人所得税综合所得汇算清缴，年内，全县个人所得税汇算清缴扣缴单位5256家，申报38218人，汇缴申报补税（不含豁免）1920人、补缴税款623万元，申报退税18823人、退税金额603万元。

4月9日，县税务局在香河便民服务中心开展“我为纳税人缴费人办实事暨便民办税春风行动” 任海龙 摄

【社会保险和非税收入】 2021年，征收社会保险费9.83亿元，同比增收2.44亿元，同比增长33.02%。1月1日起，水土保持补偿费、地方水库移民扶持基金、排污权出让收入、防空地下室易地建设费划转到税务部门征收，香河县涉及水土保持补偿费、排污权出让收入、防空地下室易地建设费3项；7月1日起，国有土地使用权出让收入、矿产资源专项收入、海域使用金、无居民海岛使用金、土地闲置费、城镇垃圾处理费6项非税收入划转至税务部门征收，香河县涉及国有土地使用权出让收入、土地闲置费、城镇垃圾处理费3项。年内，征收水土保持补偿费2.85万元，排污权出让收入144.14万元，防空地下室易地建设费2399.34万元，国有土地使用权出让收入25073.25万元。

【税收法治建设】 推进依法治税、依法行政，强化税法宣传、推进规范执法，将税收法治融入税收工作的全流程和各环节，有力提升依法治税水平和税收工作整体质效。依法全面履行税收工作职能，认真落实减税降费，规范组织税费收入，着力提高纳税服务质量。坚持严格规范公正文明执法，努力夯实税收征管基础，持续优化税务执法方式，持续优化税收营商环境。完善权利救济和纠纷化解机制，强化权力制约和监督，完善权力监督机制，全面推进政务公开。

【纳税服务】 提升纳税人、缴费人满意度和获得感。围绕“优化执法服务、办好惠民实事”主题，以“纳税服务质效提升年”为契机，开展“我为纳税人、缴费人办实事暨便民办税春风行动”。通过扩充导税区，增设自助终端，进一步缩减窗口，整合办税服务厅资源；以《办税服务厅纳税服务标准化手册》和《税务分局（所）纳税服务标准化手册》为着力点，强化业务学习；开设纳税人学堂，用好税企微平台，开展常态化宣传辅导；做好基础信息维护，建立分级走访机制，一对一宣传辅导；强化涉税专业服务机构监管，开展涉税专业服务机构实名制信息采集，加大对辖区内99家实名制登记的涉税专业服务机构的监管。完成2020年度纳税信用等级评价工作，A级纳税人812家、B级纳税人5003家、M级纳税人8776家、C级纳税人24家、D级纳税人269家。

【税收征管】 深化税收征管改革，落实中共中央办公厅、国务院办公厅印发的《关于进一步深化税收征管体质改革意见》。分段核定个体工商户“双定”户（实行定期、定额征收方式业户的简称）定额，做好新冠肺炎疫情期间定额调整工作。落实新冠肺炎疫情期间税收优惠政策，助力企业复产复工，做好延期缴纳税款和延期申报相关工作。规范发票开具，降低投诉率，做好轻微违法举报工作，提高纳税人满意程度。做好机动车发票换版工作。协助做好香河县政府停车场整顿、河北省市场监督管理局“企业一日办”以及政务服务平台星级事项维护工作。完善电子税务局使用功能，做好网上发票申领工作。做好信息系统配套升级，强化运维体系建设，推进征管基础保障工作。开展税收风险管理，年内，接收处置各种税收风险任务 29 批次、816 件，涉及补缴税款 8718.87 万元，滞纳金 4500.26 万元。开展跨区域风险协作，接收办理跨区协作任务 11 件。办理税务稽查协查案件 30 件，涉及开票金额 555.44 万元，税额 18.44 万元。通过检举专线受理的涉税检举案件 4 件、市税务局转办案件 5 件、市政府服务热线投诉 7 件，其中，2 件案件涉及补缴税款共计 62637.27 元，滞纳金 1023.21 元。

【税收队伍建设】 加强领导班子建设，坚持税收队伍思想教育，深化理论武装，提升政治自觉，强化政治理论学习，推进高素质专业化干部队伍建设。组织各类培训和业务比武，开展兼职教师选拔工作，落实新录用公务员培训轮岗制度，2021 年，入选廊坊市税务局兼职教师 5 人，兼职教师总人数达到 7 人，报考注册会计师、注册税务师和律师人数同比增长 127%，取得注册会计师、注册税务师和律师资格人员累计 15 人，占全局税务干部的 7%，1 人通过注册会计师考试，2 人获得律师职业资格。认真履行“两个责任”（党委主体责任、纪委监督责任），组织“一案双查”（查党员领导干部的违纪问题，查执纪过程中是否存在违规违纪行为）。加强对干部政治监督、日常监督和一体化综合监督，集中开展案例警示教育活动 4 次，开展纪律作风问题专项整治，组织各类研学、督导检查 52 次，提醒谈话 78 人次。成立纾困解难党员志愿服务队，开展志愿服务活动，展示税务干部良好精神风貌。

2021年香河县纳税1000万元（含）以上企业一览表

表13　　　　单位：万元

序号	纳税人名称	纳税金额	序号	纳税人名称	纳税金额
1	北京顺鑫农业股份有限公司牛栏山酒厂香河生产基地	74313	16	香河县百川燃气销售有限公司	3615
2	富力（香河）房地产开发有限公司	32530	17	荣盛房地产发展股份有限公司香河分公司	3523
3	香河第一城酒业有限公司	31948	18	香河嘉华房地产开发有限公司	3425
4	河北香河农村商业银行股份有限公司	11174	19	香河县运通投资开发建设有限公司	3314
5	香河县交通运输局	9815	20	中粮可口可乐华北饮料有限公司	3271
6	廊坊瑞盛投资股份有限公司	9204	21	荣盛建设工程有限公司	3048
7	河北香河经济开发区管理委员会	7941	22	荣万家生活服务股份有限公司	3003
8	香河中安房地产开发有限公司	7848	23	香河县三强建筑工程有限公司	2783
9	香河京御房地产开发有限公司	7104	24	荣盛（香河）房地产开发有限公司	2573
10	香河万通房地产开发有限公司	5957	25	香河万利通实业有限公司	2335
11	河北荣盛建筑材料有限公司	5060	26	香河西联建材装饰城有限公司	2102
12	喜临门北方家具有限公司	4827	27	香河珠光房地产开发有限公司	2036
13	香河鼎泰园区建设发展有限公司	4741	28	香河县城镇房地产综合开发有限公司尚乘华府项目部	1941
14	香河县自然资源和规划局	4415	29	香河博远房地产开发有限公司	1823
15	荣盛建筑设计有限公司	4265	30	香河县华宇房地产开发有限公司新世界名苑项目部	1772

续表 13

序号	纳税人名称	纳税金额	序号	纳税人名称	纳税金额
31	香河鑫福源商贸有限公司	1602	39	香河华宇房地产开发有限公司天琴湾二期东区项目部	1225
32	香河县华宇房地产开发有限公司蓝山庭苑项目部	1522	40	香河县城镇房地产综合开发有限公司	1179
33	中铁三局集团有限公司	1495	41	香河孔雀城房地产开发有限公司	1137
34	廊坊银行股份有限公司香河支行	1467	42	香河金韵达速递有限公司	1106
35	香河盈东房地产开发有限公司	1406	43	廊坊爱依瑞斯家具有限公司	1055
36	香河御景置业房地产开发有限公司	1362	44	香河裕龙房地产开发有限公司	1047
37	河北国隆房地产开发有限公司	1284	45	上海绿地集团香河投资开发有限公司	1046
38	香河鹏渤房地产开发有限公司	1256	46	香河恒泰建筑有限公司	1045

（孙美伶）

统　计

【概况】 2021 年，香河县加强统计队伍建设，注重基层统计人员业务知识和法律法规培训。加大统计执法力度，优化统计工作环境。针对社会反映热点、焦点问题，确定重点调研课题，深入基层开展统计调查研究。抵制和打击统计造假行为，溯本求源，努力提高统计数据质量。全面履行统计信息、咨询、监督职能，提高政府统计公信力，为全县经济社会发展提供前瞻性统计服务。6 月，县统计局被县委、县政府授予 2020 年度香河县文明单位荣誉称号；10 月，县统计局被河北省第七次全国人口普查领导小组办公室、省人力资源和社会保障厅、省统计局授予河北省第七次人口普查先进集体荣誉称号。

【统计内容】 2021 年，县统计局组织实施全县农林牧渔业、工业、建筑业、批发和零售业、住宿和餐饮业、房地产、服务业和能源、投资、消费、人口和城镇化率、劳动工资、就业、社会、科技、文化产业、城市基本情况、县乡村三级社会经济基本情况、资源环境、战略性新兴产业、高新技术产业、民营经济等统计调查，收集、汇总、整理和提供统计数据。组织实施县域经济发展、农业产业化、特色小镇、节能降耗、绿色发展、企业景气、妇女儿童检测、新产业新业态新商业模式、高质量发展等统计检测，收集整理和提供统计数据。

【统计培训】 2021 年，以开展经济运行专题培训班、统计人员专题网班及线上技能培训班等在线学习的方式，大力宣传，强化培训，不断提高各级党政领导统计意识和广大统计人员的统计法律知识和理论业务水平。组织学习和宣传《中华人民共和国统计法》《中华人民共和国统计法实施条例》《河北省统计条例》等法律法规，印发统计宣传条幅 1000 余条，统计宣传手册和统计工作手册各 1500 册，组织开展统计法律法规知识培训 3 次，培训基层统计人员、企业法人和财务人员等 1000 余人次，在全县营造知法、学法、守法的浓厚氛围。开展统计执法行政执法公示制度、执法全过程记录制度、重大执法决定法制审核制度等“三项制度”和“双随机”检查业务培训，使统计从业人员熟悉新修订的廊坊市统计执法三项制度和“双随机”抽查程序细节及系统操作内容，提高对统计执法检查重要性的认识，增强依法统计责任感，不断提升统计执法的自觉性，消除“零执法、零办案”。

【统计基层基础建设】 继续巩固和加强全县统计基层基础规范化建设。岗位设置到位。各镇（社区办、园区）在内设机构中继续保留独立、固定的统计工作岗位，具体负责承接市、县两级统计部门安排部署的常规统计工作及重大普查调查。人员配置到位。各镇（社区办、园区）依照年轻化、高素质化标准，配齐配强专职统计人员。职责履行到位。针对部分新调整的统计人员，县统计局专门组织统计法规培训，增强其法律意识，依法开展统计工作，确保经济数据应统尽统、不重不漏。

12月6日，县统计局组织局领导班子成员及业务科室负责人召开全县经济运行分析会议
县统计局供图

【第七次全国人口普查后续工作】 2021年1—5月，按照省、市人口普查办公室的统一安排部署，稳步推进全县第七次人口普查后续工作。以普查“时间轴”为统领，切实做好数据处理、汇总、评估等人口普查后续各项工作，6月23日，发布香河县第七次全国人口普查公报，对重要指标开展宣传解读。高质量做好人普数据开发和资料编印工作，利用全县人口规模、分布状况、结构情况等数据，使人普成果更好地服务全县经济社会发展。县统计局获得第七次全国人口普查工作省级先进集体荣誉称号。

【统计监测】 全面、及时、准确掌握全县经济目标任务完成进度和经济运行质量，加强数据分析，提升统计综合服务水平。结合县委、县政府的工作部署，多方收集数据，注重与上级统计部门、其他经济管理部门的沟通和联系，定期组织协调召开经济运行分析会议，对全县经济运行态势开展深入分析，对经济走势进行分析预判，适时提出经济指标预警。坚持数据质量评估制度，定期组织专业人员深入基层，实地考察，摸清情况，加强指导，在对数据进行全面、深入、有联系的比对、分析、评估基础上，对国民经济和社会发展计划主要指标进行全面分析论证，系统预测主要经济指标运行趋势，集中解决主要经济指标间数据不匹配和存在的漏报漏统问题。不断创新工作思路，积极探索新形势下统计工作的新方法，切实做到应统尽统，落实国内生产总值（GDP）核算部门联席会议制度，不断强化指标责任部门监管职责。做好与县内相关部门和上级统计部门的对接，及时反馈信息，有效地保证各项考核指标任务顺利完成。加强对报表数据的收集、审核和汇总，强化结构性分析，提出切实可行的建议措施，全年为县委、县政府提供信息21篇。及时掌握经济社会发展动态的第一手资料，按月份、季度、年度整理出统计分析资料汇编，集印成册，提供给县领导和相关部门，更好地发挥统计部门信息库、舆情表、参谋部的作用。

【统计调查】 2021年，贯彻新发展理念，对全县先进制造业、战略性新兴产业、现代服务业、高新技术产业、文化及相关产业、县域经济等重点领域、重点产业开展统计调查，确定重点课题，抓好调研，力促全县经济转型。探索开展生态环境、气候变化统计监测分析，加强能源消费、节能降耗基础统计研究。针对因县域内环保治理力度加大给生产企业带来的影响展开重点调查，提出合理化建议。

【统计法宣传与统计执法】 2021年，认真落实中共中央办公厅、国务院办公厅印发的《关于更加有效发挥统计监督职能作用的意见》，深入学习贯彻落实中央关于统计工作的重要文件精神，积极推进统计法律法规进党校，压实防范和惩治统计造假、弄虚作假责任，清理和纠正将统计机构作为地方目标完成责任单位的文件和做法，以案为鉴开展警示教育；针对督导发现的问题，认真分析原因，堵漏洞补短板，采取有效措施，筑牢防范和惩治统计造假、弄虚作假防线，确保全县统计造假专项整治取得实效。继续强化统计执法。与环保、应急管理等部门联合开展“双随机”抽查，分批次集中开展统计执法检查，净化统计工作环境。规范统计执法检查程序。严格落实统计执法“三项制度”，加大对重点项目、重点企业、重点行业的统计数据监管和质量抽查力度，对基层统计工作开展有针对性检查指导，做好数据审核、分析和评估工作。

（梁　赦）

审　计

【概况】　2021年，香河县审计局认真落实全国、全省、全市审计工作会议要求，准确把握进入新发展阶段、贯彻新发展理念、构建新发展格局对审计工作提出的新任务新要求，围绕中心、服务大局，依法全面履行审计监督职责，做好常态化“经济体检”工作，推动党中央、国务院、省委、省政府、市委、市政府和县委、县政府重大决策部署落地见效。聚焦主责主业，高标准完成重点领域的审计监督，紧紧围绕年初确定的工作计划，开展各类审计业务，突出审计在服务改革和经济社会发展中的作用。年内，完成审计项目69个。县审计局被省审计厅授予2020年度审计信息宣传工作先进单位、2020年度审计通联宣传工作先进单位称号；被市委、市政府授予廊坊市先进集体荣誉称号；被市审计局授予2020年度审计信息宣传工作先进单位、2020年度廊坊市审计业务工作先进集体、2020年廊坊市审计计划统计工作先进单位称号；被县委和县政府授予优秀领导班子、2020年度香河县文明单位、2020年度创建省级文明县城先进单位称号。

【政策措施落实跟踪审计】　2021年，按照党中央、国务院部署及年度审计计划，持续开展国家重大政策措施落实情况跟踪审计，围绕部门职责任务，重点关注积极的财政政策落实、“六稳”、“三大攻坚战”、防范化解重大风险、精准脱贫、营商环境优化等方面的情况，着力促进经济高质量发展。其中，对2016－2020年全县财政扶贫资金进行专项审计。2016－2020年全县累计使用财政扶贫资金10805.83万元，其中，用于产业扶贫项目1283.83万元，基础设施项目9407万元，技能培训扶贫55万元，开展金融扶贫60万元。对2018年以来隐性债务工作“回头看”进行审计。全县2020年政府隐性债务化解任务4笔、4494.44万元，化解3笔、2521.44万元，未化解1笔、1973万元。对全县促进就业优先政策落实情况进行审计，审计金额3211.42万元。做好中央直达资金政策落实审计。年内，香河县收到中央直达资金30838.8万元，支出20736.99万元。其中，共同财政事权转移支付资金收入29164.41万元，支出19086.58万元；一般性转移支付资金县级基本财力保障机制奖补资金收入1635万元，支出1635万元；专项转移支付资金普惠金融发展专项资金收入39.39万元，支出15.41万元。开展基层保工资、保运转、保基本民生等“三保”政策落实审计。2020年1月至2021年6月，全县基层“三保”支出355629.32万元，其中，“保工资”支出146366.58万元、“保运转”支出15270.7万元、“保基本民生”支出193992.04万元。完成2021年度香河县扶贫政策措施落实及资金管理情况审计及相关报表填报，2020年度香河县农村地区冬季安全清洁取暖政策措施落实情况审计及相关报表填报，2016－2020年香河县“气代煤”“电代煤”任务量完成情况、运行补贴发放情况审计及相关报表填报。

【开展预算执行审计】　2021年，

开展对县财政局县本级预算执行、决算草案及其他财政收支的审计。重点关注预算分配合理规范性、财政收支真实完整性、预算资金安全绩效性，确保审计重点突出，精准到位。部门预算执行审计实现一级预算单位审计全覆盖。本次审计涵盖58家一级预算单位，疑点核查上做到与大数据分析相结合、与财政同级审相结合、与传统审计方式相结合“三个结合”，提高工作效率和审计质量。

【惠企利民情况审计】 2021年，配合市审计局完成2020年度新增财政资金直达市县基层直接惠企利民情况审计。2020年度香河县收到新增财政资金26370.96万元（其中，正常转移支出6293万元、特殊转移支付11358.96万元、抗疫特别国债4719万元、一般债券4000万元）。本次重点审计抗疫特别国债、一般政府债券的管理使用情况，抽查7家单位、8个项目，涉及新增财政资金10158万元。

【网络安全和信息化建设审计】 2021年，开展网络安全和信息化建设审计。重点审计安可替代工程专项资金、网络安全和信息化建设情况，其中，包括目标任务和政策落实情况，资金筹集、管理和使用情况，工程建设和管理情况，产业支撑保障推进情况，重大违纪违法问题及产业发展情况，网络安全和信息化建设总体情况，重大网络安全和信息化建设情况，重大违纪违法问题及重点领域情况等。

【基本养老保险基金、医疗保险基金审计】 2021年，对2020年香河县基本养老保险基金、医疗保险基金筹集使用和运行管理情况进行审计。其中，2020年全县企业职工基本养老保险、城乡居民基本养老保险、机关事业单位养老保险基金收入总金额61010.35万元，基金支出总金额65223.1万元，发现重复享受养老保险待遇、跨省重复领取养老保险待遇问题方面问题，问题涉及金额15.93万元；2020年全县城镇职工基本医疗保险、城乡居民基本医疗保险、生育保险审计2020年基金收入总金额44973.96万元，基金支出总金额35443.98万元，发现特困人员等重点人群未参保、违规向不符合条件人员支付医保待遇、定点医疗机构违规收费、住院期间外出问题，问题涉及金额13.26万元。

【新冠肺炎疫情防控资金审计】 2021年，开展围绕新冠肺炎疫情防控财政专项资金、捐赠款物的筹集和使用情况及重点保障企业贴息贷款的分配管理使用情况开展审计。审计资金3014.52万元，未发现问题。

【优化营商环境政策落实审计】 2021年，积极开展围绕政策措施衔接是否到位、配套是否健全、落实是否有力，深入开展优化营商环境政策落实情况专项审计，从审计情况看，根据县委、县政府《关于优化营商环境的实施方案》，各部门各司其职，扎实推进，全县营商环境进一步得到优化。优化审批流程、规范办事指南，提升企业开办速度；持续深化“放管服”改革，利用“百事通”“冀时办”便民服务平台，全面提升政务服务效能；依托河北省政务服务网和省级在线审批监管平台，优化工程项目审批，加快项目落地；职能部门促进税收优惠政策落地落实，2019—2020年度房产税、城镇土地使用税、印花税及城建税4税种享受小规模纳税人优惠减免17721户次，减免税额1.12亿元。

【领导干部经济责任审计】 2021年，受县委组织部的委托，对37家有关单位和部门主要领导干部进行离任审计。

【行政事业审计】 2021年，全面开展对县人民医院、县中医医院、县中西医结合医院（原县气管炎哮喘医院）2020年度财务收支情况、专项资金、基金的管理和使用情况以及医改情况等进行审计，审计总金额84174.67万元。对县人民检察院2020年度财务收支情况进行审计，审计金额1591.26万元，查处各类违规金额合计1.36万元，罚没直接上缴财政0.5万元。对县城内第五小学2020年度财务收支情况进行审计，审计总金额730.39万元，审计查处管理不规范金额1.45万元，直接上缴财政2万元。

【政府投资建设项目的审计监督】 2021年，对“北运河香河段生态综合整治PPP项目一期工程及部分二期已完工程”进行专项调查审计；对《关于申请拨付S271省道景观综合改造工程市政三标段(高速出口——大厂界)剩余工程款的请示》出具相关说明；对《北运河旅游通航土地征迁补偿工程合作协议》出具相关建议；对新华街社区工作办公室《关于申请散烧煤替代工程资金的请示》出具相关说明；对新开街社区工作办公室《关于申请散烧煤替代工程资金的请示》出具相关说明；对香河经济开发区管理委员会《关于对香河县平安污水处理厂运营费用审计的请示》出具相关说明；对县住房和城乡建设局《关于申请香河县三强污水处理厂2018—2020年度运营费审计的请示》出具相关说明；对香河经济开发区管理委员会《关于安头屯污水处理厂2018年度、2019年度和2020年度运营费用审计的请示》出具相关说明。

【房产交易信息核查】 2021年，积极协助市审计局核查房产交易信息，重点与县不动产登记中心、县住房和城乡建设局核实房屋产权交易信息，相关材料上报市审计局。

【上级抽调审计】 2021年，根据上级审计机关统一部署，先后派出22名业务骨干做好上级抽调审计。配合省审计厅对石家庄市委书记进行任期经济责任审计；配合省审计厅对唐山市委书记、唐山市原市长经济责任审计和自然资源资产离任（任中）审计及唐山市节能减排专项资金审计；配合省审计厅对承德医学院原院长曹凯经济责任审计；配合市审计局对广阳区委书记、区长任期经济责任和自然资源资产情况进行审计；配合市审计局对永清县乡村振兴政策措施落实和资金情况进行审计；抽调5名人员配合县纪委开展巡视工作。抽调人员以外出审计为契机，以审带训，提升审计水平。

【强化审计整改工作】 2021年以来，县审计局严格按照上级要求，把审计整改工作作为重中之重，严格执行审计发现问题整改销号制度，开展审计整改回头看，对整改不到位、不及时的单位进行督促，提升各单位经济责任意识、遵守财经纪律的自觉意识、从事经济行为的规范意识，加大对领导干部权力运行经常性、有效性的制约和监督。抓好被审计单位整改工作，督促全县26家单位对县委原书记李桂强、县长齐泽旭任中审计发现问题进行整改、督促相关单位对市委原书记冯韶慧、市长赵革经济责任审计问题进行整改及十八大以来上级审计机关查出问题整改“回头看”督导工作。

【县委审计委员会会议】 2021年4月22日，中共香河县委审计委员会召开第五次会议，县委书记、县委审计委员会主任主持会议并讲话。会上，传达学习全国审计工作会议、省委

6月11日，县委审计委员会第六次会议召开　　县融媒体中心供图

审计委员会第五次会议、全省审计工作会议精神和市委审计委员会第五次会议精神，听取2020年度审计工作报告，审议通过《香河县2021年度审计项目计划》和《香河县审计局2021年度工作要点》，研究2021年全县审计工作。6月11日，中共香河县委审计委员会召开第六次会议。会上，县委书记、县委审计委员会主任主持会议并就做好审计整改工作讲意见，对相关工作进行安排部署。10月18日，中共香河县委审计委员会召开第七次会议，县委书记、县委审计委员会主任主持会议并讲话。会上，审议通过《香河县2020年度县本级预算执行及其他财政支出情况的审计报告（审议稿）》，研究部署相关工作。

【审计法治化建设】 2021年，开拓创新思路，加强审计法治化建设。强化工作程序。严格落实审计业务会和周汇报会制度，对在审计过程中发现的重大问题，做到及时发现、及时跟进、及时解决，确保每个审计项目按照预定时间、方案、程序推进。坚持依法执审。严格落实行政执法责任制，制定年度普法、依法行政、法治建设工作计划和普法责任清单，签订行政执法责任书，切实把依法审计、文明审计、廉洁审计牢记在心、落实到位；加大对部门所属下级单位延伸审计的力度，努力做到不留死角，确保审计全覆盖。严把审计关口。从审计证据、审计定性、审计评价、审计实施方案、审计程序、审计文书等方面进行严格审理，做到重点方面、重点环节突出，实现“有深度、有重点、有步骤、有成效”的审计全覆盖；聚焦审计质量、审计效率、审计形象、风险防控等环节，在审计项目实施进程中，将审计项目逐个确定分管领导，责任到人，明确完成时限，建立“工作任务台账”和“工作推进台账”，明确新目标、掌握新方法、提出新要求，力争多出优秀审计项目。创新审计思路。立足于审计新的职能定位，向县委、县政府提出意见建议：领导干部经济责任审计，由现行县委组织部委托的离任审计为主，转变为由县委审计委员会审批的任中审计为主、离任审计为辅的形式；恪守固定资产投资审计监督职能的独立性，严禁以审代结；审计发现问题整改是法律规定，在县委审计委员会领导下，坚持县政府主导，扭住被审计单位是审计发现问题整改的第一责任人不放松，依法依规整改，防范履职执政风险。

【内部审计工作】 2021年，按照中央、省、市委审计委员会关于进一步推动内审工作相关文件精神，结合全县实际，围绕内审机构设置及人员配备情况、内审制度建设、内审从业人员基本情况、年度内审计划、年度内审项目开展情况等，对县直重点部门（单位）进行内部审计工作调研。建立健全内部审计机构、完善内部审计制度，9月，对全县各单位内审情况进行统计报表填报工作，填报单位64家，设立内部审计机构单位29家，设立内部审计人员117人，开展内部审计工作2项。

（靳　苹）

自然资源管理

【概况】 2021年，全县土地总面积44800公顷（67.2万亩），其中，耕地25993.33公顷（38.99万亩）；园地26.67公顷（0.04万亩）；林地900公顷（1.35万亩）；草地273.33公顷（0.41万亩）；城镇村及工矿用地11473.33公顷（17.21万亩）；交通运输用地1906.67公顷（2.86万亩）；水域及水利设施用地3860公顷（5.79万亩）；其他土地366.67公顷（0.55万亩）。年内，加强城乡空间管控，完成贴边区域范围内合法已建、在建、已批未建和违法四类用地清查。开展土地资源保护工作，切实保护耕地资源。推进北运河廊坊段旅游通航工程。实施地籍管理，开展年度变更调查工作。进行土地储备开发，完成10宗新增建设用地收储工作。服务项目建设，争取用地指标。加强土地执法监察，坚持“以拆为主、拆补结合”的原则，采取多种有效措施，有序推进各类违法用地整改工作。做好自然资源市场交易，进行 5 批次拍卖出让国有土地。强化自然资源市场监管工作，做好全县行政区域内自然资源确权登记和不动产确权登记工作，加强测绘及测绘监管及地理信息管理工作。

【土地综合规划】 2021 年，防止北京副中心贴边区域“摊大饼式”扩张，全县完成贴边区域范围内合法已建、在建、已批未建和违法四类用地清查，清查已建合法项目 111 个，占地 880.06 公顷（13200.84 亩）；在建合法项目 18 个，占地 45.23 公顷（678.47）；已批未建项目 10 个，占地 18.43 公顷（276.38 亩）；违法项目 7 个，占地 8.11 公顷（121.64 亩）。四类用地清查为制定贴边区域处置方案奠定了基础，也为控制性详细规划的修编时制定具体管控规定提供了参考。在《北京市通州区与河北省三河、大厂、香河三县市协同发展规划》及“1+5+N”体系规划编制中，香河县严格落实上位规划管控政策，详细核实用地现状情况，加强对接和沟通，及时向规划编制组报送准确的基础资料，为规划编制工作顺利开展奠定坚实基础。

【耕地资源保护】 香河县贯彻执行“十分珍惜和合理利用每一寸土地，切实保护耕地”的基本国策，实行最严格的耕地保护制度。省、市规定香河县年度耕地保有量目标 20850 公顷（312750 亩），基本农田保护目标 17354.51 公顷（260317.65 亩）。

建立耕地保护共同责任机制。县政府与各镇（社区办、园区）县自然资源和规划局、自然资源所签订耕地保护责任书，逐级开展耕地保护责任目标履行情况考核。全面建立“纵向到底、横向到边”共同责任机制。明确各级政府为耕地保护责任主体、政府主要负责人为耕地保护第一责任人。将耕地保护责任延伸到集体经济组织和农户，落实到每个地块，形成县、镇、村和农户齐抓共管的责任体系。

将耕地保护目标纳入政府年度考核评价体系，建立土地违法违规政府领导干部问责制、政府领导干部耕地和基本农田保护离任审计制度。明确各镇及新开社区办、新华社区办、示范区、产业园一把手作为第一责任人，对本行政区域内耕地保有量和基本农田保护面积负责。规定在各类考核、评优中，实行耕地保护“一票否决”。

贯彻落实《中共中央、国务院关于加强耕地保护和改进占补平衡的意见》（中发〔2017〕4 号，以下简称《意见》）精神。改进管理方式、落实耕地占补平衡是适应耕地保护形势发展需要。改进耕地占补平衡管理，建立以数量为基础、产能为核心的占补新机制，通过“算大账”的方式，落实占一补一、占优补优、占水田补水田，促进耕地数量、质量和生态三位一体保护。自然资源主管部门高度重视、深刻领会，掌握要求、精心部署，更加科学、务实、高效地做好补充耕地工作，确保耕地占补平衡落实到位，严守耕地红线，保障国家粮食安全。

完善基本农田保护各项制度。全县在乡镇基本农田保护区设立 15 块标志牌。根据国家、省关于基本农田保护有关法律、法规和规定，全县建立以责任制为龙头的各项保护制度，包括保护责任制度、基本农田保护区制度、占补平衡制度、基本农田保护监督检查制度、禁止破坏和闲置荒芜基本农田制度，形成基本农田保护长效管理制度体系。

【协助北运河廊坊段旅游通航工程】 2021 年，县自然资源规划和管理局全力配合并积极推进北运河廊坊段旅游通航工程。积极上跑三级，针对北运河廊坊段旅游通航工程用地对全县土地利用总体规划予以调整并备案；积极上报旅游通航工程项目《节地评价》《踏勘论证申请报告》《占用永久基本农田补划方案》《占用国家湿地公园生态影响评价报告》等一系列要件，成功获得自然资源部批准的建设项目用地预审与选址意见书；提前介入项目用地的土地转用、征收工作，全力推进征地范围内权属调查、勘测定界、公示公告、征收组卷等工作；抽调近百名干部职工参与运河景观工程的绿化指导和包联工作，面对负责包联的一期六标段现场渣土堆积如山的初始地貌，局主要领导亲自协调和调用施工车辆，局执法监察大队连夜值守监督，40余辆施工车辆昼夜抢工，完成地表清理工作；在运河景观工程13个标段中初始地貌最复杂的一期六标段最先完成乔灌木栽植任务，用实际行动生动诠释了运河通航精神。

【地籍管理】 2021年，按照上级部门的要求和指示，完成2020年度变更调查工作，开展2021年度变更调查工作。

【土地储备开发】 2021年，按照香河县人民政府《关于规范收储、供应相关问题的指导意见》的规定，成功完成10宗新增建设用地收储工作，面积31.26公顷（468.84亩）。

【服务项目建设】 2021年，香河县累计争取用地指标50.40公顷（756.02亩），其中，省级重大项目指标18.53公顷（277.88亩）。是年，出具建设项目用地预审与选址意见书1宗，为公共管理与公共服务项目。

【土地执法监察】 2021年，香河县严格按照省自然资源厅相关要求，始终坚持"以拆为主、拆补结合"的原则，采取多种有效措施，有序推进各类违法用地整改工作。

2020年度卫片执法检查工作情况：违法图斑191宗，面积247.03公顷（3705.42亩），耕地188.98公顷（2834.74亩）。年内，拆除整改112宗，面积82.96公顷（1244.37亩），耕地面积65.19公顷（977.85亩）。平香线项目征地卷宗于7月30日上报廊坊市自然资源和规划局审核，完成第一轮审核，根据廊坊市自然资源和规划局下达的补正通知进行材料补正，尚缺24.10公顷（361.54亩）新增建设用地计划指标进行挂钩，待指标落实后，即可上报进行第二轮补正。若平香线项目完成补办用地手续后，香河县2020年卫片违法比例可降至6.4%，达到2020年卫片执法上级要求标准。

2021年度卫片执法检查工作情况：自然资源部下发香河县疑似图斑173宗，面积244.44公顷（3666.6亩），耕地161.86公顷（2427.9亩）。经核查认定，非新增用地图斑73宗，面积85.80公顷（1287.05亩），耕地69.33公顷（1039.97亩），不计入比例核算范围；合法图斑41宗，面积55.26公顷（829.13亩），耕地9.10公顷（136.47亩）；违法图斑59宗，面积103.36公顷（1550.42亩），耕地83.42公顷（1251.35亩）。完成整改23宗34.20公顷（512.98亩），耕地28.31公顷（424.66亩）。已履职国家和省级重点项目25宗63.39公顷（950.92亩），耕地50.76公顷（761.45亩）。

全县开展城乡环境综合整治行动，多部门联合执法，对各类违法违规用地依法依规予以拆除，年内，全县拆除违法用地323宗，面积164.34公顷（2465.16亩），耕地面积132.09公顷（1981.4亩），违法用地数量大幅度减少，用地秩序得到强力整顿。严格落实县委、县政府关于违法违规用地整改工作的安排部署，立足本职工作，加大对各镇的业务指导和工作督导力度，通过实行领导包联、台账管理、进度日报告、每周通报、集中拆除行动等一系列切实有效的工作举措，全县违法用地整改工作掀起前所未有的声势，取得前所未有的成效。

【自然资源市场交易】 2021年，香河县进行5批次拍卖出让国有土地。2月24日，进行第1批次拍卖出让国有土地，出让宗地6宗，成交宗地6宗。此次成交面积23.01公顷（345.12亩），土地出让金额22192万元。其中：工业用地4宗、面积17.45公顷（261.82亩）、土地出让金额11466万元；商业用地1宗、面积1.33公顷（19.97亩）、土地出让金额为2620万元；中小学用地1宗、面积4.22公顷（63.33亩）63.33亩、土地出让金额8106万元。与土地一同出让的地上建筑物罚没金额4454.06万元。4月27日，进行第2批次拍卖出让国有土地，出让宗地2宗，成交宗地2宗。此次成交面积

4.81 公顷（72.17 亩），土地出让金额 22675.67 万元。其中：居住用地 1 宗、面积 3.70 公顷（55.55 亩）、土地出让金额 21840.67 万元；工业用地 1 宗、面积 1.11 公顷（16.62 亩）、土地出让金额 835 万元。5 月 20 日，进行第 3 批次出让国有土地，出让宗地 2 宗，成交宗地为 2 宗。此次成交面积 3.44 公顷（51.54 亩），土地出让金额 20223 万元。其中：居住用地 2 宗、面积 3.44 公顷（51.54 亩）、土地出让金额 20223 万元。8 月 24 日，进行第 4 批次出让国有土地，出让宗地 5 宗，成交宗地 4 宗，未成交宗地 1 宗。此次成交面积 5.24 公顷（78.65 亩），土地出让金额 19332.8 万元。其中，居住用地 2 宗、面积 2.21 公顷（33.11 亩）、土地出让金额 12218 万元；商业用地 2 宗、面积 3.04 公顷（45.54 亩）、土地出让金额为 7114.8 万元。11 月 26 日，进行 5 批次出让国有土地，出让宗地 3 宗，成交宗地为 2 宗，未成交宗地 1 宗。此次成交面积 6.02 公顷（90.28 亩），土地出让金额 12055 万元。其中：工业用地 1 宗、面积 2.43 公顷（36.52 亩）、土地出让金额 1886 万元；商业用地 1 宗、面积 3.58 公顷（53.76 亩）、土地出让金额 10169 万元。

4 月 9 日，香河县自然资源和规划局举行“不动产登记+金融服务”政银合作签约仪式
县自然资源和规划局供图

【自然资源市场监管】 按照《河北省人民政府办公厅关于印发河北省公共资源交易平台服务管理细则的通知》（冀政办字〔2018〕1 号）文件精神，结合县域实际情况，土地使用权出让工作划转到县公共资源交易中心。与县公共资源交易中心协调完成国有土地使用权出让流程，并明确县自然资源和规划局、县公共资源交易中心的职责分工，确保国有土地使用权出让工作依法有序进行，县自然资源和规划局对整个出让过程进行监督管理。加强全县土地评估管理工作，建立公开、公平、公正的土地评估市场，县自然资源和规划局按照财政部门的采购要求依法依规招录业绩好的评估公司进行评估。

【自然资源确权登记】 2021 年，县自然资源和规划局按照河北省自然资源厅和廊坊市自然资源和规划局的统一部署，做好全县行政区域内自然资源确权登记工作，主要包括通告发布、权籍调查、界线核实、权属争议调处、公告、颁发证书等。自 2020 年开展自然资源确权登记工作以来，制定县级总体工作方案和年度实施计划，逐步铺开、分阶段推进全县自然资源确权登记工作，该项工作于 2020 年 6 月启动，2021 年全面推进。

【不动产确权登记】 2021 年度共计发放不动产登记证书 21506 本；不动产登记证明 12040 张。

【建立“不动产登记+金融服务”工作模式】 2021 年县自然资源和规划局不动产登记中心主动与银行专线平台对接，探索并建立“不动产登记+金融服务”工作模式，将不动产抵押登记业务延伸到各银行网点，并设立不动产抵押登记便民服务窗口，为群众提供“一窗式集成服务”，群众可在银行网点直接申请办理不动产抵押登记，实现抵押登记“零跑路”。4 月 9 日，县自然资源和规划局举行“不动产登记+金融服务”政银签约和政银合作揭牌仪式，首批开通不动产抵押登记服务网点的有香河农商银行和香河益民村镇银行 2 家金融机构。

【测绘及测绘监管】 2021 年，完成测绘综合执法巡查 12 次，未发现测绘单位违法从事测绘活动。

【地理信息管理】 2021 年，完成测绘备案地理信息 17 宗，测绘汇交 17 宗。

（田　雪）

市场监督管理

【概况】 2021 年，香河县市场监督管理局持续优化营商环境，稳步推进质量提升，坚持守护安全底线，大力维护市场秩序，从而使全县市场监管工作取得明显成效，初步实现“市场有活力、竞争有秩序、发展有质量、安全有保障”的工作目标，全年未发生食品、药品、特种设备、产品质量安全事故，被评为廊坊市先进集体和市级文明单位。10 月，廊坊城环城国际汽车配件销售中心跻身 2021 中国商品市场综合百强。

【“双随机、一公开”工作】 2021 年，加大部门内部联合抽查、跨部门联合抽查的力度。全年完成 4 次内部双随机抽查和 2 次省市场监督管理局派发的双随机抽查，完成 5 次跨部门双随机联合抽查和 1 次市市场监督管理局派发的跨部门双随机抽查，督导各成员单位完成抽查 55 次。

【执法稽查】 2021 年，县市场监督管理局开展各类执法稽查，综合利用日常监督、行政约谈、专项检查、飞行检查、监督抽查、风险监测等手段，围绕重点产品、重点区域、重点问题，聚焦农村市场、食品药品、假冒伪劣等群众反映强烈的突出问题，对破坏市场秩序、损害群众健康、危及公共安全等严重违法行为进行严厉打击，查处各类违法案件 370 件。

【企业信用监督管理】 2021 年，全县企业年报率 94.69%、农专年报率 93.25%、个体工商户年报率 70.88%、外商投资企业年报率 94.92%。核准内资企业年报数据更正申请 139 条、列入经营异常名录 1378 条、移出经营异常名录 77 条，农专列入经营异常名录 32 条，个体工商户核准恢复正常记载状态 449 条、标记经营异常状态 22 条，外资企业列入经营异常名录 3 户，移出经营异常名录 3 户。

【市场主体登记注册】 2021 年，优化审批环境，缩短企业开办时间，推行“容缺登记”服务，全面推广电子营业执照，持续加大简政放权、放管结合、优化服务力度，不断激发市场主体活力、培育壮大市场主体，持续提升市场主体满意度和获得感。截至 8 月 31 日，全县个体工商户 28572 户，新增 2879 户；全年外商投资企业 67 户，新增 6 户。9 月 1 日，按照省市场监督管理局《关于进一步做好赋予乡镇和街道个体工商户登记权限工作的通知》要求，个体工商户登记职能移交县行政审批局。

【市场经营秩序监督管理】 2021 年，认真落实公平竞争审查制度。7 月 28 日，召开全县公平竞争审查联席会议，对修订的《公平竞争审查细则》进行解读，使全社会充分认识到公平竞争审查工作的重要性。建立反不正当竞争工作联席会议制度，加强反垄断和反不正当竞争执法，制定印发《2021 年香河县反不正当竞争工作要点》，对全县供水、供电、供气、供暖 11 家公用企业就垄断问题进行告诫谈话。对快递行业、二手车行业、公章刻制行业、教育培训行业是否存在垄断和反不正当问题进行检查，未发现垄断和不正当行为。打击传销。广泛宣传，发放宣传单（品）1.5 万份、悬挂条幅 350 条、张贴宣传画 3000 张，利用微信公众号广泛宣传，实现了村街、社区、企业、校园、市场全覆盖；加大传销线索核查和打击力度，集中查处以“资本运作”“1040 工程”“连锁销售”“创业、就业”“招聘、介绍工作”等名义实施传销违法犯罪的案件，查处以“直销”名义从事传销违法犯罪活动，查处和防范以“消费返利”“电子商务”“金融互助”“虚拟货币”“一带一路”等名义的网络传销，查处区域性、集中性传销窝点或传销组织，年内，捣毁传销窝点18个，教育遣返传销人员177人。

【价格监督管理】 2021年，价格监督检查工作围绕人民群众和社会关心的价格热点问题，整顿和规范价格收费秩序，维护群众利益，促进全县经济和社会发展。开展重要节日价格专项检查。春节、“五一”和国庆节期间，对大型超市、公交公司、燃气公司及景区等涉及民生领域企业进行专项检查，督导企业落实价格政策。新冠肺炎疫情期间物价专项检查。对县域内的药品零售企业、商品零售企业进行督导检查，检查药品零售企业122家，大型购物超市25次，医院2家，重点对口罩、消毒液、抗病毒冲剂等防疫用品和米面油肉蛋奶菜等生活必需品进行价格监管，有效预防疫情期间囤积居奇、哄抬物价等违法行为的发生，维护疫情期间市场价格秩序。全面规范行政事业性收费。重点对户籍管理、道路运输管理、房产管理、殡葬管理等部门，执行行政事业性收费问题进行监督检查，未发现有超过规定标准收费和擅自设立收费项目问题。加强粮食专项领域监管。对辖区内粮库价格、计量情况进行监督检查，确保全县粮食市场价格稳定。全面清理行业协会、商会收费。检查家具、蔬菜、肉饼3家行业协会、21家企业，未发现违规收费问题。开展经营服务性收费监督检查。对高速管理、高速救援、有线电视、银行和通信部门等15个企业和网点进行监督检查，未发现超过国家和省定标准收费问题。开展房地产中介机构专项整治。通过现场巡查、合同抽查、台账核查、投诉受理等方式，对辖区内房地产中介企业进行专项检查。加强涉企收费专项治理。开展水电气暖等重点领域价格违法违规问题排查整治，打造公平有序的竞争环境。支持企业复工复产政策落实，降低企业用水用电用气成本，对供水、供气、供热等企业进行约谈和检查，检查供暖企业6家次、供水企业5家次、供气企业3家次，未发现违规超标准收费、自立项目收费等行为。开展收费停车场专项治理。联合相关职能部门开展收费停车场专项治理，对于不符合收费条件的19家停车场所给予限期拆除处理。

【广告监督管理】 2021年，强化广告导向监管，对涉及导向问题或造成社会不良影响的广告及时调查、快速处置，提升广告日常监管的主动性和实效性，检查广告经营单位、药品经营单位、商场超市、房产中介、教育培训机构138家，检查户外广告444条，检查医疗药品保健品广告27条，检查印刷品广告3110条次，检查经营场所536个次。

【消费权益保护】 积极推进放心消费创建，2021年，全县有23家经营单位获得了市级“美丽河北诚信商家”荣誉称号。畅通投诉举报渠道，依法保护消费者合法权益，截至年底，收到各个渠道投诉举报6393件，办结率95%以上，挽回经济损失450余万元，有效化解了消费纠纷，维护社会和谐稳定，收到消费者赠送锦旗13面。开展民用品维修专项整治行动。检查汽车维修行业141家、家用电器维修行业10家、手机维修行业12家、其他维修行业27家，通过整治，全县民用品维修行业得到进一步规范，民用品维修投诉举报数量大幅度降低。加强消费者个人信息保护，规范房地产销售企业人脸识别系统。排查售楼处13处，发现违规使用人脸识别系统售楼处1处，非法采集消费者个人信息的房地产销售企业1家，全部完成整改。深入开展单用途商业预付卡专项检查工作，严厉打击欺诈消费者行为。年内，出动执法车辆15车次，出动执法人员45人次，检查预付卡企业25家；受理单用途预付卡投诉6起，调解成功6起，为消费者挽回经济损失1.6万元。

【争创中国商品百强市场】 2021年，县市场监督管理局积极开展争创中国商品百强市场工作，助力企业发展，提高企业创优争先意识。在充分调研的基础上，主动与上级主管部门对接沟通，帮助廊坊城环城国际汽车配件销售中心有限公司申报“中国商品百强市场”。10月，中国社会科学研究院公布2021中国商品百强综合市场榜单，廊坊城环城国际汽车配件销售中心榜上有名，列第46位。

【新冠肺炎疫情防控】 2021年，成立新冠肺炎疫情防控工作专班8个，按照“管行业必须管防控、管业务必须管防控、管生产经营必须管防控”的原则，落实行业责任，强化社会面防控。加强人员密集场所管控，宣传督导商场、超市、药店、集贸市场、农村大集等场所，落实“体温检测、验码、一米线”等措施。强化冷链监管，督促食品生产经营使用单位（者）将产品信息录入“河北冷链追溯管理系统”。全年审核冷链追溯数据录入冷链食品27908批次，疫苗、注射液、检测试剂等进口非食品物品信息709条。推进购药登记工作，在全县304家连锁药店、48家单体药店推进省市场监督管理局药品流通监管系统药品销售登记，实名销售止咳、退烧、抗病毒、抗菌“四类药品”并按时将销售登记情况录入系统。做好重点人群核酸检测，组织一线监管人员、集贸市场、商场超市、餐饮单位、冻库、外卖员等重点场所及人员开展核酸检测，全年检测53235人次，检测结果全部阴性。

（周凤伟）

知识产权保护

【概况】 2021年，全县专利授权806件，其中，发明专利授权18件，同比增长80%。全县拥有有效发明专利87件，同比增长10.13%，万人有效发明专利拥有量为1.94件。国内商标注册量平稳增长，全年新注册商标申请1783件，注册完成1500件，截至年底，国内有效商标注册总量累计为6302件，同比增长30.23%。截至年底，全县有地理标志证明商标1件（“香河韭菜”），集体标志商标1件（“香河肉饼协会”），驰名商标1件（香河天音乐器有限公司注册的“爱迪”商标），境外单独国家注册商标8件。

【知识产权运用】 2021年，县知识产权局积极培育知识产权贯标企业，组织香河合益包装机械有限公司、香河天亚木业有限公司、萨克森建材（北京）有限公司香河分公司、香河东方电子有限公司和香河凯华齿轮有限公司5家企业申报知识产权贯标，年内，香河合益包装机械有限公司、香河天亚木业有限公司、香河凯华齿轮有限公司3家企业获得知识产权管理体系认证证书。推进知识产权质押贷款，年内，河北银行香河支行同意开展知识产权质押贷款，其他金融机构目前均未开展此项业务。深入企业开展专利保险政策宣传，联合人保财险香河支公司积极推进专利保险业务，年内，香河强胜电动车制造有限公司、香河雅伊华家具有限公司投保930万元被侵权险，其他有意向投保的企业积极与人保财险香河支公司联系沟通。

【知识产权保护】 严厉打击知识产权侵权行为。年初，制定印发《香河县2021年知识产权行政保护实施方案》、转发《廊坊市2021年知识产权保护推进计划》；先后开展酒类、汽车配件侵权假冒专项整治行动，打击商标侵权、违法行为，净化知识产权市场；年内，查办各类商标侵权案件38件，结案36件，移交办理2件，罚没款128万元；为廊坊市知识产权局提供专利侵权线索8条。做好香河县家具城知识产权保护规范化市场工作。香河县家具城2017年被国家知识产权局认定为第二批全国“知识产权保护规范化市场”，2020年年末通过续延审查，继续被认定为全国“知识产权保护规范化市场”。开展“知识产权服务万里行”“知识产权信息进企业促创新”等系列活动，制订印发《2021年“知识产权服务万里行”活动方案》。规范和扶持知识产权代理服务机构。年内，4次清理非正常专利申请260件，推进国家知识产权局“蓝天行动”，加大对知识产权服务业的监管力度，引导商标、专利代理机构为企业提供高质量知识产权服务。落实《香河县商标、专利专项资金管理办法》。组织县级资助资金申领工作，全县 10 家企业 78 件专利获得资金资助，资助金额为 15.4 万元。

【地理标志商标申报及驰名商标培育】 2021 年，积极开展地理标志商标申报及驰名商标培育工作。拟申报“香河玉米”地理标志证明商标，处于申请材料准备阶段，待材料准备完成适时向国家知识产权局提出申请；积极培育驰名商标，将获得廊坊市政府质量奖的香河县天亚木业有限公司的“众旺天亚”商标作为重点培育对象，待条件成熟后组织申报。

【“香河肉饼协会”集体商标】 2021 年，围绕“香河肉饼协会”集体商标的深度开发，引导现有肉饼店按照香河肉饼大众店模式改造升级，提升香河肉饼品牌的知名度和影响力。帮助企业先后起草《餐饮服务协议书》《加盟店合同》《肉饼协会入会协议书》等行业准入程序、约束条件、退出机制及惩戒措施，保护“香河肉饼”知识产权，强化品牌保护和指导。

【中小微企业知识产权托管】 2021 年，积极开展中小微企业知识产权托管工作。筛选中小微企业。筛选一批有意向接受知识产权托管服务，拥有知识产权相关意识，能够在一定程度上采纳知识产权托管机构提供的相关意见且近 3 年内无不良信用记录的科技型中小微企业，最终选中河北银洲鑫业电器设备有限公司、香河县兴华金属制品有限公司、香河智通电器设备有限公司、河北傲森祥珑家具制造有限公司、香河强胜电动车制造有限公司、智捷智能科技香河有限公司 6 家企业。对接专业服务机构。选定北京志霖恒远知识产权代理事务所（普通合伙）廊坊分所、石家庄旭昌知识产权代理事务所（特殊普通合伙）参与知识产权托管服务工作。帮助中小微企业建立完善知识产权管理制度，加强知识产权布局与规划，促进知识产权转化运用。截至年底，全县有 6 家中小微企业与专业服务机构达成托管意向，并签署了托管合同。

【知识产权宣传与培训】 开展知识产权宣传周活动。印发《2021 年香河县知识产权宣传周活动方案》，围绕“全面加强知识产权保护，推动构建新发展格局”主题，开展线上线下宣传普及活动。通过电视台、电台、微信公众号平台，进行《中华人民共和国知识产权法》普法宣传和视频播放；采取张贴宣传海报、悬挂宣传条幅、电子显示屏循环滚动播放宣传海报、现场发放宣传资料等形式，深入企业、校园、广场、公园等场所宣传知识产权法律法规及知识普及。举办知识产权业务培训班。6 月 28 日，举办县内重点企业负责人参加的知识产权业务培训班，邀请到石家庄旭昌知识产权代理事务所雷莹讲解《高价值专利的探索与实践》；围绕知识产权创造、运用、保护、管理、服务，着力开展知识产权强企提升行动，开展知识产权宣传入企业活动 4 次，深入企业 10 余家培训 100 余人次；组织县市场监督管理局各分局和相关业务科室参加知识产权远程教育培训，注册人数 30 人。

（周凤伟）

食品药品监督管理

【概况】 2021 年，坚持把食品药品安全作为“一把手”工程，紧紧围绕县委、县政府各项决策部署，一手抓食品药品安全，一手抓监管领域疫情防控，全县上下协调联动、齐抓共管，全县食品药品安全形势持续向好，群众获得感和满意度不断提升。香河县在廊坊市市场监督管理局 2021 年度食品药品安全工作考核评价中等次为 A 级，考核评价得分 99.9 分（百分制）。

【安排部署食品安全工作】 组织召开 2021 年香河县食品安全监管工作部署会议，结合年度实际情况与工作重点对全年食品安全工作进行统一安排部署，制定印发《2021 年香河县食品生产、流通、餐饮环节监管计划》，保障食品各环节日常监管工作有序开展。

【食品安全监督管理】 2021年，加大食品安全日常监管力度，杜绝假冒伪劣食品流入市场。通过定期对食品安全状况进行检查、督促食品生产经营单位亮证经营、监督网络食品交易第三方平台提供者和集中交易市场开办者全面落实食品安全管理责任，防范食品安全风险隐患，确保全县食品安全。年初，制订印发2021年食品生产、流通、餐饮环节监管计划，召开2021年香河县食品安全监管工作部署会议。在春节、中秋、国庆等重要时间节点开展食品安全隐患排查整治行动，对辖区内食品生产环节、流通环节和餐饮服务环节进行排查整治，排查各类单位1769家，消除整改隐患9项。

围绕农残超标、私屠滥宰、“瘦肉精”、非法添加、保健食品虚假宣传、无证照经营等问题开展专项治理，清查种养殖环节70家，屠宰环节10家，食品生产环节8家，流通环节105家，餐饮服务环节92家，特殊食品10家，餐饮具集中消毒环节3家，发现整改隐患22处。

食品安全专项整治。年内，先后开展茶叶市场、涉罂粟壳、餐饮具清洗消毒、食品安全隐患排查整治百日行动等专项整治活动，检查茶叶经营单位35家，食品生产环节2家、食品经营单位36家、餐饮服务单位31家，排查隐患总数9项，隐患整改数9项，抽检茶叶5批次，全部合格。

强化网络餐饮服务第三方平台管理，集中约谈“美团”“饿了么”等送餐平台3次，要求相关人员按时进行核酸检测，对资质不全的餐饮单位进行下架处理。

食用农产品追溯体系建设。在香河三强农贸批发市场推行食用农产品追溯体系建设，截至年底，市场内61户食用农产品经营摊位全部入网，上传数据进货单数1643条，销售单数40157条，食用农产品464个品种。

食品安全检验。以大型超市、农贸市场、农村地区为重点区域，以食用农产品、肉制品、乳制品等为重点品种，开展食品安全监督抽检、专项抽检、保障性抽检，共抽检各类食品2290批次，不合格62批次，全部依法进行了处置。

【校园食品及“小餐桌”监管】 2021年，在春季和秋季开学、中考和高考等重要节点保障校园食品安全，深入全县109家学校、幼儿园食堂，针对食堂环境、从业人员健康情况、食品原材料索证索票、冷链食品追溯录入等问题开展督导检查，发现问题21个，对14家幼儿园下达责令整改通知书，抽检各类食品14批次。

【药品、医疗器械监督管理】 2021年，开展药品、医疗器械安全专项整治行动9次，检查中药饮片经营使用单位49家、疫苗接种单位43家、疾控机构1家、药品经营使用单位63家、民营医院3家、医疗机构130家、医疗器械经营企业156家、发现并整改问题53个，立案16起。持续推进全省药品流通追溯平台建设，全县355家药品经营使用单位入网，其中，344家上传数据信息800余万条。

【化妆品及医疗美容监督管理】 2021年，开展化妆品安全隐患排查整治、化妆品经营环节进货查验专项整治、儿童类化妆品专项检查等，严查无产品名称、无生产企业和无生产许可证的国产化妆品和无中文标签、无进口批准文号和无进口化妆品检验检疫证明的进口化妆品，检查化妆品经营企业92家，抽检化妆品3批次，立案查处28起。开展医疗美容专项整治，提高美容医疗机构依法执业意识，强化医疗美容医疗器械质量和安全管理，防范医疗纠纷和安全风险，严厉打击非法生产、经营和使用美容医疗器械的行为，严格规范医疗美容医疗器械生产、流通和使用监管，严厉打击生产、经营和使用不符合国家规定医疗美容医疗器械的行为。

【保健食品监督管理】 2021年，规范特殊食品（保健食品、婴幼儿配方、特殊医学用途配方食品）市场秩序，通过“双随机、一公开”监督抽查，保障特殊食品安全，随机抽查经营单位9家，未发现违法行为。开展特殊食品专项整治1

次，检查经营单位256家，整改保健食品与普通食品混放问题1个。

【食品和药品、医疗器械、化妆品安全宣传培训】 2021年，开展“全国安全用药月”“食品安全宣传周”等宣传活动17次，发放宣传资料1400册、宣传品600份，组织350家药店张贴悬挂安全用药科普宣传用语，利用“香河市场监管”“香河头条”“香河通”等微信公众号和移动公司发送食品质量安全科普信息160条，发布消费提示12篇，发送化妆品警示信息5万条。年内，被各级报刊、杂志采用食品药品宣传信息146篇。

（周凤伟）

产品质量监督管理

【概况】 2021年，加强质量强县战略，实施标准化管理，强化生产许可管理，加强产品质量抽检。强化认证监管，坚决整治认证乱象。加强检验检测市场监管，加强计量基础建设。开展特种设备专项检查，规范全县特种设备生产使用行为。

【质量强县战略】 2021年，制定《香河县实施质量强县和标准化战略2021年工作要点》，对开展质量提升、对标交流活动及政府质量奖培育工作进行安排部署。制订《香河县重点特色区域质量提升工作方案（2020－2022年）》《香河县2021年重点区域质量提升推进方案》全面开展质量提升活动，全年，开展质量提升活动4次，帮扶培育中粮可口可乐华北饮料有限公司、河北富都华创家具制造有限公司2家龙头企业争创市政府质量奖。

【标准化管理】 2021年，坚持标准引领，香河东方电子有限公司等3家企业参与省级企业领跑者评选；荣万家生活服务有限公司等4家企业参加地方标准制修订项目；香河恒通电气设备有限公司和香河丞悦电气设备有限公司办理了“采标”（采用国际标准和国外先进标准的简称）；全县42家企业在企业标准信息自我声明平台上声明，11家企业、17项内容进行“百城千业万企”对标达标提升。

【产品质量管理】 2021年，强化生产许可管理，聘请省级专家对县域内2家从事危险品生产的企业开展监督检查，对发现的问题进行立行整改。加强产品质量抽检，全年，抽检家具15批次、电线电缆11批次、消防器材3批次、化肥20批次、钢筋8批次、纤维制品6次、乳胶漆11批次、人造板材4批次、儿童玩具6批次、文具盲盒4批次、服装15批次、纸杯17批次、口罩2批次，对不合格产品，依法依规处理。严格车用汽柴油质量检查，对县域内实际经营的48个加油站（点）进行全覆盖抽检，抽检成品油421批次，查处销售不合格成品油案件2起，没收不合格油品2.82吨。

【产品质量认证】 2021年，强化认证监管，坚决整治“认证乱象”，检查五金电料商店25家，消防器材8家，玻璃生产企业15家，儿童玩具经销商户25家，电动三轮车生产企业2家，电动自行车销售单位26家，查处违法行为5起。

【检验检测工作】 2021年，加强检验检测市场监管，严厉打击假检验、假报告、假数据等违法行为，对全县11家检测机构进行专项检查，对发现的问题责令逐一整改。

【计量监督检查】 2021年，加强计量基础建设，免费检定计量器具20652台（件）。对213家企业的8979台（件）强制检定计量器具进行备案。监督检查计量器具使用单位133家次。创建诚信计量承诺单位19家。

【特种设备安全监察】 2021年，针对锅炉、压力容器（含气瓶）、压力管道、电梯、起重机械、大型游乐设施等特种设备开展专项检查，检查使用单位366家，检查特种设备3220台，发现特种设备安全隐患44个，下达安全监察指令书44份，查处特种设备违法行为

17 起，取缔气瓶非法充装单位 1 家。对气瓶充装单位、电梯维保单位、香河石材城、香河第一城酒业有限公司等相关责任人进行警示约谈 4 次，约谈人员 79 人次。开展大型游乐设施应急救援演练 1 次，有效规范全县特种设备生产使用行为。

（周凤伟）

应急管理

【概况】 县应急管理局是县政府管理全县应急工作的部门，负责应急管理工作。2021 年，县应急局设 6 个内设机构，分别是办公室、应急救援指导股、安全生产综合协调股、危险化学品安全监督管理股、安全生产基础股、法制和调查统计股；5 个所属事业单位，分别是宣教培训中心、防汛抗旱中心、地震和灾害防御救援中心、科技和信息化中心、安全生产监察大队（下设 3 个执法中队）。机关编制 18 名（行政编制 7 名，锁定事业编制 11 名），事业编制 32 名。是年 12 月，内设机构、编制调整。撤销应急救援指导股，相关职能划入法制和调查统计股。设立政治部，负责协助开展党的建设、思想政治建设和干部队伍建设工作，政治部在办公室挂牌，日常工作由办公室承担。调整后，核定机关编制 13 名（行政编制 7 名，锁定事业编制 6 名）。所属事业单位调整，将香河县应急管理局科技和信息化中心更名为香河县应急救援指挥中心。安全生产监察大队（下设 8 个执法中队）。调整后，核定事业编制 50 名。相关职能进行调整，法制和调查统计股主要职责是：负责执法监督综合性工作，指导应急管理系统法治建设，组织开展普法活动，承担规范性文件的合法性审查和行政复议、行政应诉等工作，承担行政许可工作，依法公开行政审批信息。依法承担生产安全事故和事故举报的调查处理工作，监督事故查处和责任追究情况，负责应急管理统计分析工作；承担应急救援指挥相关行政职能。应急救援指挥中心主要职责是：承担应急值守工作，参与拟订事故灾难和自然灾害分级应对制度工作，衔接解放军和武警部队参与应急救援工作，协助编制全县总体应急预案和安全生产类、自然灾害类专项预案，综合协调各类应急预案衔接工作，参与全县应对重大灾害指挥部的现场协调保障工作，拟订自然灾害风险管理制度，协助开展自然灾害综合风险与减灾能力调查评估；拟订综合性消防应急救援队伍干部教育培训规划、计划，指导应急救援队伍教育训练，负责应急管理方面的对外交流合作；承担应急管理、安全生产的科技和信息化建设工作，规划信息传输渠道，健全自然灾害信息资源获取和共享机制，拟订有关科技规划、计划。

2021 年，县应急管理局先后被评为 2020 年河北省“安全生产月”“安全生产燕赵行”活动先进单位、河北省化工行业安全生产整治攻坚行动先进单位、2020 年全省应急安全知识网络竞赛优秀组织单位；2021 年度廊坊市安全生产目标管理考核优秀单位、2020 年度廊坊市安全生产目标管理考核优秀单位、2020 年度廊坊市文明单位、2021 年安全生产应急救援技能竞赛优秀组织奖。

【应急预案体系建设】 根据有关法律、法规、标准的变动情况，组织开展预案编制和修订工作，针对安全隐患和可能发生的事故灾害特点，制定具有科学性、针对性和可操作性的应急预案，并与有关的安全生产规章制度、标准和规程相符合，与其他相关预案相衔接。加强应急预案管理，完善相关应急预案并收集整理各职能单位的专项应急预案。需要编制修订的县级专项应急预案 33 个，涉及 16 个部门，修订完成预案 22 个。需要编制修订部门应急预案 45 个，涉及 20 个部门，修订完成 36 个。其他预案均在修订中。

【应急救援体系建设】 2021 年，重点行业企业都建立了兼职应急救援队伍，6 月 23 日，组织香河县第一城酒业有限公司和香河喜临门 2 支企业救援队参加廊坊市 2021 年度安全生产应急救援技术竞赛，取得 3 项个人二等奖、1 项个人三等奖和1项优秀组织奖。按照县政府《关于做好2021年民兵建设工作的通知》等有关文件要求，依托现有资源，建设以基干民兵为主的基层应急队伍，各镇分别按要求建立基层应急队伍。建立完善应急救援队伍，提高应对处置各类突发公共事件的能力。协助蓝天救援队在香河县注册登记，现有队员多名，志愿者多名，对提升全县应急救援工作能力、维护社会和谐稳定起到积极推动作用。

2月3日，县政府组织召开2021年第一季度安全生产暨消防工作例会。图为与会人员观看安全生产警示教育宣传片 县应急管理局供图

【应急演练】 2021年，多次开展应急演练活动。组织在县第一幼儿园开展“防震减灾安全疏散演练”活动，发放应急安全宣传折页、宣传品500余份，切实增强在园师生应急安全和防震减灾意识；组织开展全县2021年甲苯二异氰酸酯泄漏事故应急救援演练，各镇区、安委会成员单位相关人员，危化企业负责人和安全员240余人进行现场观摩；防汛办通过桌面推演+实战演练的方式组织开展2021年防汛抢险综合应急演练，为防大汛、抢大险、救大灾积累实战经验。

【应急管理信息化建设】 2021年，按照国家、省、市对信息化建设工作要求和2020年香河应急指挥信息化实施方案，完成香河县应急指挥中心建设。采取风险监测预警平台和重点企业监控平台人工巡查等方式，对全县重点企业进行实时监控并对故障监控设备记录、联系第三方公司进行检修。

【落实安全生产责任制】 2021年，香河县落实中共中央办公厅、国务院办公厅《地方党政领导干部安全生产责任制规定》和省、市、县实施细则要求，层层压实党政领导责任，切实增强党政领导干部安全生产责任意识、担当意识。在此基础上，县政府与各镇（社区）、香河经济开发区和重点部门签订安全生产目标管理责任状，对发生重大安全生产事故的单位，坚决实施“一票否决”，并取消评优评先资格。及时修订《香河县安全生产监管责任清单》，将各项安全监管责任逐条逐项落实到具体岗位、具体人员，明确各单位、各部门安全生产监管任务，努力消除监管盲区，充分调动和发挥行业监管部门作用，督促不折不扣落实安全生产监管责任。

【落实安全生产专项整治三年行动】 2021年，香河县推动各镇（社区）、经开区、有关行业部门认真贯彻落实习近平总书记关于安全生产重要论述和“从根本上消除事故隐患”的重要指示精神，按照属地监管和“管行业必须管安全、管业务必须管安全、管生产经营必须管安全”的原则，严格落实安全生产责任制；以“双控”机制建设为抓手，充分利用专家力量，帮助企业查找问题隐患，加强警示教育培训，逐步提升企业安全管理水平；坚持常态化开展隐患排查治理，督促各牵头部门、责任部门切实发挥好牵头作用，强化安全监管执法，推动企业将风险隐患排查整治贯穿企业生产经营活动的全过程，有力促进全县安全生产形势持续稳定好转。

【安全生产宣传教育】 2021年，

组织开展“5·12”防灾减灾宣传日暨全国第一次综合风险普查启动宣传贯彻活动，发放宣传材料3500余份，群众咨询1100余人次；开展2021年全国安全生产月活动，其中，安全生产咨询日活动发放宣传资料2000余份，设立宣传图板50余块、悬挂各类宣传横幅10余条，发放印有安全知识的宣传物品1000余份；开展安全宣传“五进”系列活动，发放各类宣传资料1万份；开展“安全进万家 幸福你我他”志愿服务活动，发放各类宣传资料3500余份；开展“7·28”防震减灾宣传活动，发放各类宣传资料1500余份；通过微信公众平台发布各类安全生产提示，发布129期、273条。

【安全生产专业培训】 2021年，香河县强化安全生产专业培训活动。制作《强化责任担当、狠抓责任落实——香河县党政领导干部安全生产责任制警示教育片》，让安全生产警示教育片真正起到直击党政领导干部心灵的震慑、警示作用；组织全县一般行业企业负责人、安全管理人员310人参加安全教育培训和知识能力考核；开展燃气安全大培训活动，各镇（区）村街协管员及燃气使用单位安全管理人员1600余人参加；开展安全培训月活动，赠送《中华人民共和国安全生产法》读本2万余册。

【安全生产隐患排查整治】 2021年，开展安全生产各项专项行动。开展危险化学品使用单位安全隐患专项整治行动，检查企业97家，发现隐患问题2716处，下发督办卡24份；开展燃气行业安全专项整治，全县检查企业123家，发现一般隐患281处，关闭取缔6家；开展安全生产集中攻坚整治行动，检查各类生产经营单位3897家，特种设备使用单位172家，特种设备313台，排查整改问题隐患3033处，责令停用特种设备3台，临时查封2家，关闭取缔企业5家，立案20起；开展工贸行业领域专项整治行动，全县检查企业315家，发现问题隐患3734处；开展暑期汛期联合检查工作，检查企业48家，发现问题隐患171处；加强联合检查督查工作，检查企业105家，发现问题隐患475处。

【“双控”机制建设】 2021年，全县34家危化化工企业完成三级标准化创建和评审工作，全县规模以上、高危行业及中小微生产经营单位完成“双控”机制建设486家，创建示范企业23家。

【安全生产执法】 2021年，立案处罚336.84万元，无1例行政复议案件、无1例因行政执法造成的诉讼案件，无1例因行政执法引发的上访事件。

【行政执法“三项制度”建设】 坚持实施执法公示制度，通过相关公示载体定期公示行政许可事项和行政处罚情况，接受群众监督。坚持行政执法全过程记录制度，按照规定配备执法记录仪、照相机等音像设备，保障执法全过程文字记录和音像记录完整。坚持行政执法决定法制审核制度，明确所有按照一般程序处理的案件必须经过法制审核才能下达处罚决定，从而确保行政执法决定的合法性和合理性，促进严格规范公正执法。对日常执法文书进行审查，确保执法文书规范，案卷完整齐全。聘请顾问律师对疑难案件进行把关，定期对执法人员进行培训。

【危险化学品和烟花爆竹安全监管】 2021年，强化危险化学品和烟花爆竹安全监管。印发《危险化学品企业复工复产安全提示》明白纸到企业负责人和安全员手中，聘请危险化学品专家就危险化学品行业有限空间作业、动火、外委施工等特殊作业对企业负责人和安全员进行深入浅出的图文讲解，并组织观看县应急管理局制作的《警示教育片》。聘请危险化学品专家对48家危险化学品企业和化工企业开展安全隐患排查，发现并整改问题隐患338处。经过再次聘请专家全面复查，企业完成整改，上交报告，形成闭环管理。及时制定《香河县应急管理局落实烟花爆竹禁售禁放工作方案》，下发到各镇、经开区应急办，督促各部门做好村街、库房、仓库、闲置厂房、出租屋的排查工作，严禁非法生产、储存、销售烟花爆竹。先后制定并悬挂烟花爆竹打非条幅 300 条，悬挂在各村街的显要位置；印制《香河县应急管理局烟花爆竹打非群众举报奖励办法》的通告 3400 张，张贴到各镇、村街、学校、小区的显要位置。利用微信公众号发送举报办法，扩大烟花爆竹禁售和打非的知晓范围，营造全民打非氛围。

【重点时期安全巡查】 在春节、清明、"五一"、中秋、国庆等节日期间，制订工作方案，开展安全生产巡查检查。检查各类生产经营单位 610 家，发现问题隐患 1220 余项。

【防汛抗旱】 2021 年，在修订完成《2021 年香河县防汛抗旱应急预案》《香河县河道内村庄群众紧急转移避险预案》的基础上，聘请专家对潮白河、北运河、青龙湾减河行洪河道的堤防、险工险段、河道内村庄、闸涵泵站及北运河通航工程进行实地查看，全面了解河道防洪情况，从应急救援救灾方面，编制完成《香河县潮白河防洪专项预案》和《香河县北运河防洪专项预案》，聘请专家进行评审，提高预案的实用性和可操作性。汛期组织气象、水务、住建、交通等部门开展会商研判 10 次，实时掌握雨情、汛情概况，研究应对措施，其中，全县启动防汛四级应急响应 4 次，4 条主要行洪河道水势较为平稳，未发生险情、灾情。组建汛情快报，为县防汛抗旱指挥部第一时间提供雨情、水情、汛情信息，确保政令畅通。组织防指成员单位、基层防汛责任开展全县防汛抗旱业务能力培训会，通过培训，提高基层防汛责任人的防汛意识、责任意识及防汛抢险处置能力。

【防灾减灾】 2021 年，加强防灾减灾工作，对位于安头屯镇安三村及五百户镇香城卫生院的 2 个强震监测台站进行日常维护检查，对记录数据进行分析，保障上传省、市地震局和防灾科技学院数据准确无误。完成 2021 年度全县 8 万户政策性农房保险续保工作，每户最高理赔 9.5 万元。对《香河县突发地质灾害应急预案》《香河县地震应急预案》指挥部成员单位人员进行调整。

【安全生产标准化和诚信体系工作】 2021 年，香河县强化安全生产标准化和诚信体系工作。建立诚信企业清单，实现诚信体系建设动态化管理。督促企业诚信等级有限期满后按时申请重新评定。对新申请诚信等级评定的企业按照河北省企业安全生产诚信管理实施方案要求，进行评定。下发《关于进一步推进企业开展安全生产诚信等级评定的通知》。

【行政审批】 2021 年，加强行政审批工作，根据工作职能，将生产经营许可证办理流程图、服务指南，办理条件明白卡，全部进行公开公示。将办理结果全部在相关网站公示。

【推进安全生产责任保险】 2021 年，组织召开安责险推进会，汇总报送安责险信息。推动安全生产责任保险投保全覆盖，截至年底，全县 58 家企业全部投保。

【新冠肺炎疫情防控】 2021 年，加强新冠肺炎疫情防控工作。编制《香河县应急管理局关于调整新型冠状病毒感染的肺炎疫情防控工作领导小组的通知》《香河县应急管理局新冠肺炎病毒疫情防控工作应急预案》《香河县应急管理局常态化疫情防控工作方案》和《香河县集中隔离医学观察点突发安全生产事故应急预案》。实时了解中高风险区情况，及时排查返回香河人员，并向县防控办上报排查情况。组成专项检查组，检查涉疫重点场所和企业。联合县卫生健康局、县消防救援大队对全县 9 处涉疫场所、12 家疫情防控物资生产企业、12 家集中隔离医学观察场所进行安全检查。

（田永康）

消防救援

【概况】 2021年，香河县消防救援工作以贯彻落实《河北省人民政府关于加强和改进消防工作的实施意见》为契机，大力开展火灾防控工作，全面提升“决策指挥、安保防控、消防管控”能力，消防救援工作取得阶段性成效。年内，制定印发《香河县消防救援事业发展“十四五”规划》。

【强化组织领导】 2021 年，香河县加强对消防救援工作的组织领导，夯实责任。组织召开全县消防工作会议、火灾防控专题工作会、消防安全重点工作会等消防工作会议 7 次。县消防救援委员会办公室向各镇（社区办）、香河经济开发区和县直部门发放消防安全工作提示函 14 次 420 余份，印发 18 个消防工作文件指导推进全县各级各部门开展消防工作。

【消防隐患整治】 2021 年，加强火灾防控工作，强力整治隐患。县消防救援大队检查 1428 家单位，发现并督促整改隐患 1272 处，查封 23 家，关停 14 家，罚款 201.12 万元；县消防救援委员会成员部门开展联合执法检查行动，及时发现、整改、消除一大批火灾隐患，营造良好的消防安全环境。

【消防基础设施建设】 2021 年，加大消防经费投入，夯实基础保障。投资 1000 万元，建设香河县第二消防站（特勤消防站）和刘宋镇、渠口镇 2 座模块化小型消防站

4 月 7 日，全县消防工作会议召开。图为县委常委、常务副县长齐建光（左二）代表县政府与各镇政府签订消防安全责任书 县应急管理局供图

项目。年内，香河县第二消防站项目（特勤消防站）项目办理前期手续；11 月，刘宋镇和渠口镇 2 座模块化小型消防站完成主体工程建设，钱旺镇模块化小型消防站施工建设中。

【推进消防救援社会联动工作机制】 2021 年，加强灭火救援联动，提升公共安全。制定印发《香河县灭火与消防应急救援社会联动工作机制》，明确各部门职责。县消防救援委员会办公室充分发挥消委会平台作用，一旦发生火情，积极联系各镇（社区办）、香河经济开发区值班人员实施灭火救援联动，做到及时有效应对处置火灾等灾害事故，最大限度保护人民群众的生命财产安全。

9 月 29 日，县长李海滨（右三）带队开展消防安全检查 县应急管理局供图

【开展木材加工行业整治】 2021年，加强木材加工行业整治，打造试点单位。香河县结合“全国安全生产专项整治三年行动”重点开展各专项治理工作，持续开展木材加工行业消防安全治理，打造木材加工企业消防安全规范化管理试点单位。组织各镇（社区办）、香河经开区、应急管理和消防等部门持续开展木材加工企业消防安全检查，选取金钥匙国际家具汇展中心、东瓯家具厂作为试点进行打造。2次组织召开消防安全试点建设协调会，集中约谈试点建设相关部门和企业，协调推进试点建设。9月8日，廊坊市消防安全委员会在香河县召开全市木材加工产业消防安全规范化管理现场会，各县（市、区）消防救援委员会办公室主任和每个县（市、区）3个乡镇长代表参加会议，香河家具产业治理经验在全市推广。

【消防宣传教育】 2021年，加强消防宣传教育，提升消防意识。香河县高度重视消防宣传工作，以县消防救援大队为主的各相关部门向各镇（社区办）和重点单位下发消防安全视频80余部、音频160余条，向县教育体育局赠送消防安全教育读本3000册，印发消防宣传资料1.3万份，深入广场、农村集市开展流动宣传90余次。走进县第一幼儿园、县第五小学、县第二中学等开展“开学第一课”，在县职业教育中心开展“消防进军训”活动，受益师生3000余人。培训高层住宅物业负责人、乡镇街道网格员、派出所所长及分管消防工作民警、微型消防站队员800余人。督促各重点单位利用LED显示屏滚动播放宣传视频、提示等5万余次，农村“大喇叭”播放2万余次。开放消防科普教育基地40余次，接待校园师生和消防志愿者等1000余人，县团委为消防科普教育基地挂牌“青少年消防实践基地”。县消防救援大队依托县融媒体中心微信公众平台，每月曝光火灾隐患，督促居民注意日常火灾防范，年内，曝光火灾隐患11次，曝光重大火灾隐患1次，提升消防安全影响力。

（殷桂群）

交通　邮政　供电

责任编辑　杨东林

综　述

2021年，香河县把握京津冀协同发展机遇，攻坚克难，真抓实干，按照全县经济社会发展思路，全力推进交通运输工作高质量开展，站在讲政治的高度，大力推动北运河廊坊段旅游通航工程建设，6月，北运河廊坊段与北京同步实现旅游通航；加快与北京市跨界路网建设，启动安石路西延工程；京唐铁路建设顺利推进；实施道路升级改造工程，完成城乡道路新建、改造，坚持道路养护与路政管理相结合，进一步优化路域环境；强化交通运输业管理，确保交通运输安全顺畅；是年，香河县交通运输局被市委、市政府评为“廊坊市文明单位”，被县委、县政府评为“创建省级文明县城先进单位”，交通运输局机关党委被县委评为“先进基层党组织”。邮政事业在代理金融业务、包裹快递、电子商务、发行投递等业务上有新进展。能源关系国计民生，电网服务千家万户，香河县强化电网风险管控，电力供应保持平稳有序，全力保障重点工程建设，坚持“需求响应优先、有序用电保底、节约用电助力”，充分发挥需求侧管理的供需调节作用，守住大电网安全生命线，坚持不懈强化、细化各项风险管控措施，为全县经济和社会发展提供电力保障，大力优化营商环境，提升供电服务水平。

公　路

【概况】　2021年，香河县等级公路通车总里程为1042.09千米，全县公路网密度为2.33千米/平方千米。其中，高速公路23.955千米，国、省干线公路60.782千米，农村公路957.353千米（其中，县级公路56.762千米，乡级公路90.97千米、堤顶路76.011千米、村级路733.61千米）。全县公路有大、中型桥梁22座，小型桥梁111座。农村等级公路比例为100%，铺装率为100%，农村公路列养率为100%。

【高速公路】　穿越县境的高速公路有2条，全长23.955千米，其中，京哈高速（编号G1）公路境内长21.303千米，路面宽30米，路基宽34.5米，在香河经济开发区新兴产业园设香河北出入口，在钱旺镇、渠口镇交界处设香河东出入口；首都地区环线高速公路（编号G95）境内长2.652千米，在蒋辛屯镇梁家务村设香河西出入口。

【国省干线公路】　经过境内的国道3条，全长54.016千米。其中，京滨路（北京—滨海新区，编号G103）境内长3.87千米，通武线（通化—武汉，编号G230）境内长23.415千米，唐通线（京唐港—通州，编号G509）境内长26.731千米。穿过境内的省道有2条，全长6.766千米，其中，平香线(平谷—香河，编号S274)，境内长5.128千米，蒋辛屯镇梁家务互通连接线（编号 SLZ6）县境内全长 1.638 千米。

【农村公路】 2021 年，全县有农村公路 597 条，总里程 957.353 千米。其中，县级公路 4 条，总长 56.762 千米，香北线（香河—河北屯）长 22.11 千米，倪李线（倪庄—李庄）长 17.632 千米，香务线（香河—河西务）长 10.302 千米，蒋渠线（蒋福山—渠口）长 6.718 千米；乡级公路 14 条，90.97 千米；村级路 579 条，733.61 千米；堤顶路 76.011 千米。

【“四好农村路”建设】 加快农村公路提档升级，新改建农村公路 30 千米。完善县、乡、村三级路长组织体系，规范设置路长公示牌。改革创新养护经费与质量挂钩考评机制，建立以公共财政为主的养护资金保障体系。城乡道路客运一体化水平保持 AAAAA 级的同时，不断提高服务质量。开展“四好农村路”示范镇、示范村和美丽农村路创建活动，全力推进“四好农村路”高质量发展。

【公路桥涵】 境内国省干线公路有桥梁 20 座，其中，大型桥梁 5 座（重建中 1 座），中型桥梁 3 座，小型桥梁 12 座。县乡公路有桥梁 46 座，其中，大型桥梁 7 座，中型桥梁 4 座，小型桥梁 35 座。干线公路桥梁大部分为 1999 年后修建，总体技术状况相对稳定。县乡公路桥梁中三类以下桥梁占总数的 19%，总体技术状况基本稳定。为保证日常通行安全，公路养护部门按照河北省桥梁管理规定，坚持对桥梁进行日常巡查、经常检查、定期检查，对安全隐患做到早发现、早治理。

【公路工程建设】 2021 年，农村公路工程完工 30 千米。农村公路危桥改造工程完成部分结构。大辛路（唐通线—义井大桥段）景观亮化提升工程完成道路及桥梁路灯安装。对京唐高铁香河段 6 条被交路进行升级改造，4 条道路完工通车。

【安石路工程建设】 安石路工程（安平至石槽，含北运河王家摆大桥）是廊坊市“北三县”与北京市通州区 4 条跨界道路率先开工项目。东起运河大道和新开街交叉口，向西跨越北运河至冀京界，与北京市通州区拟建新石小（石槽至小屯）路相接，全长 3624 米，桥梁段长 1060.1 米，路基段长 2563.9 米。采用一级公路兼城市主干路标准建设，道路标准横断面采用 4 幅路形式，双向 6 条机动车道，外设非机动车道和人行道，路基宽 47 米。2021 年，进行前期工作并进场施工，完成王家摆大桥桥梁下部结构施工和路基土方工程。

【公路扬尘治理】 对国省干线公路、重要县镇级公路每天进行机械清扫和洒水降尘，除降水天气和洒水结冰的情况外，洒水车每天洒水降尘，国省干线公路每天清扫 2 遍、洒水 2 遍；主要县镇级公路每天清扫 1 遍、洒水 2 遍。安排保洁员，对机械清扫不到位的点、面进行人工清扫，捡拾、清理路界内垃圾、飘挂物。

【公路养护】 坚持人工作业与机械作业相结合、日常养护与集中整治相结合，提高公路养护效果。每 2.5 千米安排 1 名保洁员，对沿线公路用地范围内的垃圾、杂物进行捡拾、清理；成立 2 个维修小组，对国、省、县、乡公路的路面坑槽、损坏标志、构造物进行维修，对路面裂缝进行灌封。在城乡环境综合整治提升行动中，对标北京市通州区，对国省干线公路及主要县乡公路路基、路面、桥涵构造物、标志、绿化进行标准化整修，对路肩、边坡、边沟内杂物、垃圾进行清理，做到路肩平整坚实、边坡顺适无冲沟、边沟通畅无杂草，对出现损坏的沿线设施进行集中维修更换，对里程碑、百米桩、示警桩、红线控制碑、村庄标志等进行清洗。年内，修补路面坑槽 40645 平方米，刷新桥梁引道钢护栏 3810 米，粉刷排水沟挡墙 2850 米，维修排水沟 385 米，更换路缘石 428 块，更换立道牙 8362 米，砌筑雨水井 121 个，维修、矫正公路标志 34 块，更换示警桩 343 根、百米桩 481 根。

（李桂杰）

铁　路

【概况】 2021年，香河县境域在建高速铁路1条，为京唐铁路，在县境内约31.36千米，经过蒋辛屯镇、淑阳镇、钳屯镇、五百户镇、环保产业园、安头屯镇和刘宋镇，在县域内设车站1座，位于环保产业园，距县城3千米。

【服务铁路建设】 做好土地组卷、林勘审批、水源井迁移、铁路专用配电线路建设工作，协助施工单位推进电力、电信、广播电视设施迁改等工作，积极推进京唐铁路香河段建设。编辑、印制《京唐铁路资料汇编》。

【建设进度】 2021年，铁路红线占地84.7公顷（1270.89亩）全部进场施工，桩基、承台墩身、架梁工程全部完成，桥面系统工程和站房工程施工。

（王晓利）

运　输

【概况】 香河县有长途客运站1家、出租汽车公司6家、货物运输企业（含1家危险货物运输企业）5家、物流企业3家、汽车维修企业49家、机动车驾驶员培训学校2家，香河慧安公共交通运输有限公司负责县内公交运营，与5条北京公交线路零距离换乘。

【长途客运】 香河汽车站始发营运班线10条（始发班线为香河至天津市，内蒙古自治区赤峰市敖汉旗新惠镇、锡林郭勒盟正蓝旗、赤峰市林西县，河北省唐山市、平泉市、张家口市沽源县；过路班线为内蒙古自治区赤峰市，河北省承德市、承德市承德县下板城镇），营运车辆16辆，日发车12班次。隶属香河汽车站车辆12辆：香河至天津1辆，石虎辛庄至天津1辆，刘宋至天津1辆，香河至承德市兴隆县1辆，香河至张家口市沽源县1辆，香河至内蒙古自治区赤峰市敖汉旗新惠镇1辆，香河至燕郊6辆。

【香河至北京公共交通】 香河至北京公共交通由北京公共交通控股（集团）有限公司第五客运分公司香河第一车队运营，北京市交通部门负责行业管理，共5条线路、141辆公交车。主要线路为：938（快），由香河总站至大北窑南站，运营车辆56辆；810路，由香河总站至通州区北苑路口西站，运营车辆33辆；938路，由安平香汐花园站至通州区北苑路口西站，运营车辆22辆；823路，由安平香汐花园站至郎家园站，运营车辆27辆；810（快），由富力新城站至大郊亭桥东站，运营车辆3辆。

【县域公共交通】 县域公交线路11条，线路总长288千米，辐射全县城乡，运营新能源公交车100辆，日发班次599个，年运营总里程约650万千米。票价统一2元，对学生、残疾人及65周岁以上老人优惠或免费。

【出租车运营】 县内有鑫瑞、通达、宝达、瑞隆、新越、铭浩6家出租汽车公司，审批出租汽车724辆。2021年，投入运营385辆，从业人员400余人。

【货物运输】 县内有各种货运车辆87辆，其中，挂车23辆。有危险货物运输企业2家，运输车辆及罐体技术等级符合国家相关法律规定，运输车辆安装卫星定位装置，从业人员全部持证上岗。

（李桂杰）

交通运输管理

【概况】 交通运输部门依法保护公路、公路用地、公路设施，维护路产路权，对道路客货运输市场进行监督检查，规范经营行为，维护运营秩序，保障交通运输行业健康有序发展。

【北运河廊坊段旅游通航工程】 县交通运输部门负责北运河廊坊段旅游通航工程中交通基础设施工程建设，重点实施2座碍航桥梁改造、5座码头建设及导航和助航设施配备工程。对标先进理念和管理经验，实行“代建+监理”一体化建设管理模式，依托项目数字化管理平台，实施精细化管理，利用科技手段，在设计、施工等方面严格把关，保障工程质量，控制项目投资，加快建设进度，明确目标任务，并联推进各项工作。6月24日，与北京同步实现旅游通航。

【公路建设项目手续办理】 2021年，香河县全力推进公路建设项目前期手续办理，推进互联互通等重大路网项目落地落实。国道230（通化至武汉）钳屯弯道至老夏安线段建设工程，跨北运河通航条件影响评价报告得到省交通运输厅批复、可行性研究报告得到省发展和改革委员会批复。通宝路（通州至宝坻）工程与北京签订接线协议，确定道路路线方案，组织可研编制单位与防洪评价单位、京唐高铁设计单位全面对接。

【交通运输行政执法】 推进法治交通建设，落实《河北省交通运输行政执法公示办法》《河北省交通运输行政执法全过程记录办法》《河北省交通运输重大行政执法决定法制审核办法》，严格规范交通行政执法行为，加强执法监督，维护当事人和交通运输主管部门及其所属执法机构、执法人员的合法权益，促进严格执法、规范执法、公正执法、文明执法。将“双随机、一公开”作为交通运输领域市场监管活动的基本手段和方式。加强行政执法与刑事司法的衔接，增强整体工作合力。全年查处各类交通运输违法案件45起，维护了客货运输市场秩序。

【公路路政管理】 按照国省干线公路每天巡查不少于2次、重点地方道路每2天巡查不少于1次的标准，对公路加强日常巡查，及时发现、处理路政违章案件，维护道路安全。全年清理非公路标志135块、摆摊设点66处，清理堆积物20处。提高科技治理超限超载水平，升级改造平香线联合治超检测站科技治超系统，建设全市首个高速预检不停车检测系统。与公安交警部门配合，打击超限超载行为，把超限率控制在2%以下。2021年，联合治超检测站检测车辆11070辆，卸载超限车辆155辆，卸载货物10513.9吨。

【客运管理】 抓好年度查验、日常监管及路检路查等项工作，深化司乘人员素质教育，倡导文明服务。做好春节、“五一”、“十一”等运输高峰期及重要节点旅客运输工作，严格落实安全管理措施，实行领导包保责任制，层层分解落实任务，重点把好驾驶员、营运车、客运站等关键部位，规范运营秩序。完成对6家出租汽车公司及243辆出租汽车的年审，更换灭火器21个、更换标志标识98个、办理监督卡49个、更新换证5个。加强路检路查，严厉打击“黑出租”等违法违规行为，提高正规出租汽车服务水平。高考期间，出租汽车司机自发开展免费接送考生活动。为提升乘客打车体验，引入云享出租监控平台，乘客可通过“好的约车”App进行线上约车。

【公路货物运输行业管理】 做好公路货物运输企业年审工作，及时健全车辆台账，加强单证管理，强化运输服务。加强危险货物运输企业运输安全管理，加强车辆和从业人员资格管理，严格落实危险货物运输安全责任制。坚持路面治理与源头管理相结合，以车辆管理和装载源头管理为重点，加大对散煤运输及沙石运输车辆货物脱落、扬撒行为的查处，有效减少运输对路面的污染。

【机动车驾驶员培训管理】 加大对香河双安驾驶员培训学校和香河东岳长江驾驶员培训学校的监管，严把学员结业考核和学员培训记录审核关，对培训不合格、培训学时不够、内容不全的不予签批。定期对理论教学、教练员资质、教练车技术状况和安全设施配备情况进行监督检查，排除安全隐患。

【车辆维修业管理】 检查汽车维修企业271家次，对18家涉及灭火器过期、危废物品随意堆放、配电箱盖缺失等问题的汽车维修企业限期整改；对涉及环保问题的

16 家汽车维修企业抄报廊坊市生态环境局香河县分局；对 3 家汽车排放污染维修治理站抽检 46 次，对尾气排放不合格车辆，在维修完成后将车辆信息上传至平台，注明超标排放维护车辆，对超标排放车辆检验、维修形成闭环管理。

【交通战备保障】 对战备路开展常态化巡查，及时发现排除安全隐患，时刻保障道路安全畅通。组建由 20 名专业人员组成的道桥抢修队，配备 5 台大型道桥抢修机械设备，随时应对突发事件。

【新冠肺炎疫情防控】 严格落实部门职责，统筹推进新冠肺炎疫情防控工作。针对公交公司、长途汽车站、出租汽车公司等客运企业和场站人员密集、流动性强的特点，在场站严格落实体温检测、实名登记、消毒、通风、设立隔离室等措施；对工作人员、司乘人员严格执行每周核酸检测、测温登记、佩戴口罩等疫情防控措施，禁止带病上岗；对乘客加强排查及管理，排队候车实行“一米线”制度；营运车辆配备使用测温仪及消毒液和喷壶等消毒用具，坚持每日发车前、收车后全面消毒，2 小时通风 1 次。在运河中心码头落实疫情防控措施，做好船舶及乘客管理，保证码头和参加运营的船舶消毒率达到 100%，乘客全部佩戴口罩、验码测温。成立检疫组，在安平检查站、北运河警务区和通州区牛牧屯、西集、梁家务 3 个联勤检查站健康筛查点 24 小时值守，对入境人员进行疫情防控排查。

（李桂杰）

邮　政

【概况】 2021 年，中国邮政集团公司河北省香河县分公司设有金融业务部、集邮与文化传媒部、渠道平台部、寄递事业部 4 个专业经营单位，邮政支局（所）10 个，金融网点 6 个，自办邮路 2 条，邮路单程总长 62 千米。城镇投递道段总长 260 千米，农村投递道段总长 2166 千米，邮政车 14 辆。自有房屋建筑面积 6467 平方米，其中，生产用房面积 4527 平方米。

【主要业务指标完成情况】 2021 年，完成营业收入 2895.67 万元，占年计划的 106.73%，同比增长 19.35%，完成率和增长率均列全市第 1 位；全年累计实现利润 204 万元，超收 175 万元，超收绝对值列全市第 4 位。其中，邮政板块业务完成 2118.31 万元，占年计划的 113.40%；寄递板块完成 777.36 万元，完成年计划的 91.99%。邮政板块中金融业务完成收入 1531.65 万元，占年计划的 125.03%，同比增长 35.21%（其中，保险完成 482.32 万元、占年计划的 194.48%，中间业务完成 249.1 万元、占年计划的 115.54%），中邮保险、商户收单、理财、基金定投等金融业务考核指标完成情况均居全市前列。寄递板块中市场开发标快完成 147 万元，同比增长 145%。

【企业建设情况】 营业网点正常运营率、乡镇网点覆盖率、建制村直接通邮率均达到 100%。努力打造支局经理、理财经理、金融部业务管理 3 支队伍，互相支撑，全力促进金融业务发展。金融网点在各节点以“客群大梳理、网点大比拼、爆点大突破”为着力点，利用电话邀约、微信公众号、LED 滚屏、厅堂看板、台卡、荧光板等进行客户邀约，设计不同主题的厅堂游戏和优惠购活动，吸引客户办理储蓄存款、保险、理财等金融业务。

【基础设施建设】 不断加强基础设施建设，完成渠口营业所迁址改造，积极申请刘宋营业所原址改造，完成普通服务网点升级改造，为各项业务的持续健康发展奠定基础。

（芮文颖）

供　电

【概况】 2021 年，香河县坚持人民电业为人民的宗旨，国家电网冀北电力有限公司香河县供电分公司（以下简称香河供电公司）是国家电网冀北电力有限公司下属的趸售县分公司，负责香河县的电力供应。有员工 305 人，固定资产净值 3.33 亿元。香河供电公司干部职工忠诚担当、主动作为，全面深化依法治企，确保电网平稳，防范各类风险，优化营商环境，加强安全生产，圆满完成各项工作。是年，香河供电公司荣获河北省质量管理小组活动“优秀企业”称号，1 项 QC 成果荣获 2021 年度国网冀北电力有限公司优秀质量管理小组成果二等奖、北京质量协会第 78 次成果发表会品质成果奖，安平镇供电所被评为国家电网有限公司“五星级乡镇供电所”，刘宋供电所被评为国网冀北电力有限公司“四星级乡镇供电所”，11 名干部职工获得市级以上表彰；在人民日报客户端、新华网、“学习强国”平台、“电网头条”、《河北工人报》等各级媒体发表稿件 645 篇。

7 月 8 日，香河供电公司施工人员在新建廊坊北 500 千伏变电站工程现场开展架构、横梁的吊装工作　王爱华 摄

【电网建设】 发挥属地优势，积极跑办对接，密切配合廊坊市供电公司开展廊坊北至北京市通州区 500 千伏线路工程、廊坊北 220 千伏配套工程等属地协调任务，保障相关工程的顺利推进。

【电网运行维护检修】 2021 年，实施技改大修、内部大修项目 8 项，境内 35 千伏 3 处跨风险点全面消除。完成 3 座 35 千伏变电站、4 条 35 千伏线路预试检修，改造 10 千伏老旧线路 9 千米，供电设施大幅改善。周密部署迎峰度夏工作，强化电网风险管控，组织停电联合应急演练，有效应对短时强降雨等极端天气考验，电力供应保持平稳有序。

【电力营销】 2021 年，大力推进“阳光业扩”服务模式，完成新装用户 155 户，容量 11.6 万千伏安；大力实施电能替代，完成替代电量 1.09 亿千瓦时。加大反窃查违力度，累计追补电费及违约金 67.68 万元，电费回收率达到 100%；运用财产保险索赔，挽回经济损失 23.92 万元，申请稳岗补贴收入 13.99 万元。实现综合能源服务业务收入 641.46 万元，超额完成全年任务指标。

【电力保供】 2021 年，香河供电公司把电力保供作为压倒一切的重大政治任务，聚焦执行电价政策，全力保供应、稳民生、优服务。全力确保电网平稳度夏。周密部署迎峰度夏工作，强化电网风险管控，组织停电联合应急演练，有效应对短时强降雨等极端天气考验，电力供应保持平稳有序。全力做好今冬明春电力保供。强化大电网安全稳定，严格执行电网运行规程，加强“煤改电”等重要设备巡视巡护，保障各级电网安全稳定运行，坚决防止造成系统性事故；全力做好秋检预试和迎峰度冬工作，持续夯实网络安全基础，及时消除各类风险隐患。强化需求侧管理，坚持“需求响应优先、有序用电保底、节约用电助力”，充分发挥需求侧管理的供需调节作用；完善有序用电方案，对事故拉闸序位进行再检查、再优化，严控高耗能、高污染行业不合理用电需求；抓好有序用电方案刚性规范执行，坚决守住民生用电底线，坚守纪律红线；完善电力需求响应机制，加快推动可中断负荷资源市场建设，以市场化方式引导用户合理错峰避峰；加强应急管理，完善应急预案，全面提升应急处理能力；准确把握电力供需形势，坚持问题导向，系统思考、准确研判，科学、精准、有力地采取各项保供措施。年内，香河供电公司圆满完成春节、“两会”、高考、中考、庆祝中国共产党成立100周年、北运河廊坊段旅游通航仪式、廊坊市文化旅游产业发展大会等重要节日和重大活动期间的电力保障。

【优化营商环境】 持续优化营商环境，积极推广零上门、零审批、零投资，省时、省力、省钱为主要内容的“三零”“三省”服务。全力做好供电服务，及时响应客户需求，秉承“所到之处，全能服务”的理念，客服电话“95598”投诉数量同比降低67.65%，客户满意度进一步提升。落实燃煤电价市场化改革政策，积极做好代理购电各环节工作，深入调研客户用电需求，引导客户合理确定用电申请容量，提高客户满意度和电网设备利用率。贯彻国务院《优化营商环境条例》，构建“便利化、透明化、标准化、规范化”的“阳光业扩”服务模式。建立业扩报装内部管控机制，推进流程自动提醒、办电环节实时查询，实现办电服务全环节透明、全流程管控、全方位服务。主动接受政府监管和社会监督，坚决杜绝客户受电工程“三指定”（对用户受电工程指定设计单位、施工单位和设备材料供应单位）问题。深化依法治企。引导干部员工自觉遵法、学法、守法、用法，切实把依法治企全面融入企业管理，贯穿各层级、各业务、各岗位；强化制度的闭环管理和刚性执行，抓好各项管理标准和规章制度的贯彻落实；加强重点领域管控，对重要岗位、核心资源和关键环节实行更加严格的管理，强化流程约束和节点管控，确保管深、管实、管到位；认真梳理审计检查中暴露出的问题，举一反三、标本兼治，坚决整改违法、违纪、违规、违章等“四违”问题。

【提升管理质效】 坚持质量第一、效益优先，充分发挥提质增效“升级版”作用，着力提升经营管理质效，确保实现全年经营目标。持续加大电费回收、反窃查违和高损台区治理力度。加快实施提质增效重点任务，加强经营管控，强化依法合规管理，有效发挥审计监督作用，加强问题整改长效机制建设，加快推进问题整改见底清零。挖掘生产经营潜力，推动技术降损和管理降损，持续深入开展台区三相电流不平衡治理，压实10千伏分线及台区线损管理责任，强化同期线损监测，提升智能化降损决策能力。

【安全生产】 防范和化解各类风险。守住大电网安全生命线，强化、细化各项风险管控措施，切实做到“三杜绝、三防范”，积极推进安全生产专项整治三年行动；强化电网运行管理，严格遵守调度规程，加强设备运维，滚动优化检修安排，推进应急管理。科学制定迎峰度冬方案，加强用电负荷分析测算，持续优化电网运行方式安排。守住纪律红线，杜绝发生责任不落实、工作不闭环、失职失察等事件。筑牢闭环管理，强化金融风险防控，稳妥化解存量风险、严格防范增量风险。认真开展法律合规风险排查，做好重大风险分析、处置和报告。2021年，全年累计督查施工现场23个、到岗到位57人次。树立“隐患就是事故”的理念，持续开展专项行动，累计清理线路通道内树障2.5万棵，消除各类隐患772处。常态化巡护京唐高铁、北运河廊坊段旅游通航、廊通线500千伏工程等8处施工项目现场，全力避免外破风险；强化消防安全管理，指导供电所维护、使用消防设施。截至12月31日，香河供电公司实现连续安全生产13567天。

（孙丽明）

农业　农村

责任编辑　王树春

综　述

2021 年，香河县农业农村工作以实施乡村振兴战略为总揽，围绕粮食安全、产业提升、乡村改善、农村改革 4 条主线，夯实根基、重点突破、系统推进，大力促进农业高质高效、乡村宜居宜业、农民富裕富足，扎实推进农业农村各项工作。立足农业农村现状，统一思想，提高站位，研究制定《香河县农业发展“十四五”规划实施方案》《关于持续深化“四个农业”促进农业高质量发展行动方案（2021—2025 年）》《香河县“四个农业”2021 年推进方案》，按照方案要求推进实施，促进全县农业高质量发展。承接组织召开全市农机牌证业务管理座谈会。全面推进乡村振兴，打造“一村一品”专业村 77 个，申报市级农业产业化龙头企业 4 家，总投资 2936 万元的 1733.33 公顷（2.6 万亩）高标准农田项目全面开工建设，农业品牌影响力不断扩大。北李庄等 4 个省级美丽乡村精品村完成创建，蒋辛屯镇获评第一批全国乡村旅游重点镇，梁家务村获评全省乡村旅游重点村，五百户镇获评第二批全国乡村治理示范镇、国家级农业强镇，蒋辛屯镇、刘宋镇被评为“四好农村路”省级示范镇。

农作物种植

【概况】　2021 年，香河县坚持藏粮于地、藏粮于技战略，加强农业防灾救灾，加强农作物病虫害等自然灾害监测预警，科学指导香河小麦、香河玉米等重要农作物的生产管理。全年完成粮食播种面积 11744 公顷（18.02 万亩），粮食产量 72892 吨，超额完成廊坊市下达的粮食生产任务指标。县农业农村局被授予省级小麦条锈病监测防控工作先进单位称号。

【粮食作物】　2021 年，完成粮食播种面积 11744 公顷（18.02 万亩），粮食产量 72892 吨。其中，香河小麦种植 4591 公顷（68865 亩），总产 29583 吨；香河玉米种植 7029 公顷（105435 亩），总产 42912 吨；香河豆类种植 86.67 公顷（1300 亩），总产 260 吨；香河薯类种植 33.33 公顷（500 亩），单产 2700 千克，折合粮食总产 270 吨，完成目标任务。

香河玉米历史悠久。1979 年，香河玉米种植主要是与小麦套种；随着玉米优良品种的引进，到 20 世纪 90 年代，香河（县）玉米种植主要春播和夏播，套种面积很少，春播面积逐年减少，夏播面积逐年增加；2000 年以后，香河玉米品种由春播品种逐步过渡为中晚熟春夏兼用品种。1998 年，香河玉米播种面积达到 20153 公顷，产量为 6660 千克/公顷；1999 年、2000 年、2002 年受自然灾害影响，香河玉米单产较低，分别为 4200 千克/公顷、4455 千克/公顷、4440

千克/公顷；2008 年，香河玉米播种面积 18400 公顷，产量 6810 千克/公顷，总产 12.52 万吨；2021 年，香河玉米播种面积 6773 公顷，总产 4.8 万吨。

1990 年后，引进以“农大 108”“蠡玉 13”“掖单 13”“沈单十”等品种。1996 年，春播品种以“农大 108”“蠡玉 13”为主，夏播品种以“掖单 4”“唐抗五”为主。1998 年，引进“冀单 26”“郑单 958”“新纪元一号”“高优一号”“农大 80”等品种，“农大 108”“掖单 4”“唐抗五”播种面积逐渐缩小。2000 年后，“郑单 958”播种面积逐年增加，成为玉米种植主要品种；2005 年，“郑单 958”播种面积占玉米播种面积 80%，当年该品种病虫害发生较重，2006 年以后播种面积有所减少，随后引进“浚单 20“”浚单 22”“先玉 335”“宽诚 15”“京单 28”“中科 11”“富友 16”“农大 84”“丰玉四”等优质玉米品种。2008 年，实施良种补贴 1 万公顷，主要种植品种有“郑单 958”“浚单 20“”浚单 22”“宽诚 15”“京单 28”“中科 11”。2021 年，香河玉米主要种植品种有“隆创 310”“泰棒 111”“玉丰 303”“隆禧 109”“航研 9088”“农本 313”“纪元 128”“纪元 168”等。

刘宋镇“万亩荷塘”生产的香河莲藕　　李连明 摄

【蔬菜生产】 2021 年，香河县全力抓好蔬菜生产保障。香河蔬菜产业发展迅猛，特别是实施食品放心工程，进一步改良棚室结构，引进优良品种，按照无公害蔬菜生产技术规程组织生产，大力推广无公害蔬菜生产技术，进一步提高了香河蔬菜产品的品质和市场竞争力。强化指导检查，统计蔬菜生产、冬贮蔬菜总量等生产情况，抓好蔬菜生产保障和高质量供给工作，全力满足县内群众及北京“菜篮子”供给。畅通运输渠道，保障农产品运输通畅和北京“菜篮子”产品的物资供应。统计发放进出河北疫情防控物资运输车辆通行证 586 张。年内，全县蔬菜及信用菌播种面积 8876 公顷（133140 亩），总产量 494605 吨。

西河头冬瓜以其皮薄肉厚、肉质鲜嫩、耐贮藏等优点远近闻名。20 世纪 90 年代初，渠口镇西河头村 80%的农户开始种植冬瓜，并不断引进优良品种，扩大种植规模，种植西河头冬瓜成为该村发展农业经济、促进农民增收的重要途径；自 2008 年起，西河头冬瓜种植逐渐向规模化发展，参与种植户 400 余户，种植面积 40 公顷；2021 年，西河头冬瓜种植面积 33.33 公顷（500 亩），总产量 5000 吨。

香河自然资源优势明显，河渠纵横、坑塘连片、常年富水，香河莲藕是香河最具记载传承的蔬菜品种，有着悠久的藕种植历史。2014 年，香河莲藕种植规模 906.67 公顷，荷花种类 200 余种，成为中国北方平原莲藕单体面积最大的种植观赏基地之一。2021 年，香河莲藕种植面积 800 公顷（1.2 万亩），总产量 3 万吨，培育飘花、大地红、珍珠 6 号等 10 余个莲藕精品品种 66.67 公顷（1000 亩），大力推行生态循环农业发展，提升香河莲藕品质及生产效率。

【无公害蔬菜认证】 2021 年，香河县严格落实各部门监管责任，切实保障农产品质量安全监管工

11 月 2 日，五百户镇西张庄蔬菜大棚的茴香获得丰收　　县融媒体中心供图

作有序开展。推动农产品认证和品牌建设，实施农产品优质化发展，积极推动发展绿色、有机、地理标志等优质特色农产品认证工作。年内，完成蔬菜样品农残定性检测6000余批次，定量检测600余批次，配合中央、省、市农产品监管检测部门完成农产品质量安全抽检110批次，农药残留检测合格率100%。开展检验检测机构资质认定证书（CMA）和农产品质量安全检测机构考核证书（CATL）“双认证”工作。完成涉及蔬菜类、畜产品类、水产品类等30项检测项目参数检测预实验，积累实验数据。完成检验检测资质认定材料专家组现场检查和考核，获得检验检测机构资质认定证书（CMA）。在河北省国家农产品质量安全县创建活动中，全县群众综合满意度78%以上。

【农业品牌创建】　2021年，香河县扩大品牌影响力。积极打造“一村一品”示范村，成功申报“一村一品”专业村77个，超额完成专业村数量达到县域行政村总数25%的任务目标。年内，完成国家级“一村一品”示范村刘宋镇庆功台村网上系统的数据填报和情况汇报等工作；成功推荐蒋辛屯镇北李庄村为省级“一村一品”示范村。成功申报4家市级龙头企业，截至年底，市级以上龙头企业11家。培育农业产业联合体，以香河正大有限公司为核心企业的香河肉鸭养殖加工现代农业产业化联合体，成功申报为省级联合体，认定县级农业产业化联合体4个。成功推荐香河新恒昌养鸡有限公司为第八批粤港澳大湾区“菜篮子”生产基地，是廊坊市唯一一家获得认定的单位。

【耕地质量监测】　2020－2021年，香河县耕地质量监测是实施耕地质量保护和地力建设的一项公益性和长期性的基础性工作，推进耕地质量建设与管理工作，对耕地质量实施动态监测，建立耕地质量监测长效机制，完善本行政区域耕地质量监测网络。通过对耕地质量监测数据进行系统的汇总分析，掌握香河县耕地质量状况，为制定耕地质量保护政策、开展耕地质量建设、指导农民科学施肥、合理利用土地、指导当前农业生产提供基础数据支撑。按照《耕地质量调查监测与评价办法》要求，开展耕地质量监测工作。按要求安排4个耕地质量监测点：前马房村、成自务村、西大街村和幞头屯村，种植制度为小麦—玉米轮作方式。土壤有机质是土壤肥力的核心，是衡量耕地肥力高低的一个重要指标。从定位监测点看耕层土壤有机质含量基本稳定。土壤全氮代表着土壤氮素的总贮量和供氮潜力，土壤氮素绝大部分来自有机质，两者正相关，也是耕地肥力的主要指标之一。全县定位监测点2020年土壤全氮平均含量为1.09克/千克，2021年为1.10克/千克，土壤全氮比较稳定。土壤有效磷是土壤中能被植物吸收利用的磷，是土壤磷素养分供应水平高低的指标，一定程度反映出土壤中磷素的贮量和供应能力。定位监测点2020年土壤有效磷平均含量为45.4毫克/千克，2021年平均含量为36.6毫克/千克。从这两年定位监测可以看出土壤有效磷含量总体呈降低趋势。钾是肥料三要素之一，能提高作物产量改善作物品质。全县定位监测点 2020 年土壤速效钾平均含量 132 毫克/千克，2021 年平均含量 96 毫克/千克。缓效钾是速效钾的主要储备仓库，可以反映出土壤供钾潜力指标。据全县定位监测点监测，2019 年土壤缓效钾平均含量1039毫克/千克，2020 年土壤缓效钾平均含量 986 毫克/千克。土壤酸碱度对土壤肥力及植物生长影响较大，对养分的有效性影响也较大，在农业生产中应注意土壤的酸碱度，积极采取措施加以调节。2020 年，全县定位取土点土壤 pH 平均值 8.15；2021 年，全县定位取土点土壤 pH 平均值 8.07。香河县耕地有效铁监测平均值 17.52 毫克/千克；有效锰监测平均值 13.75 毫克/千克；有效铜监测平均值 1.28 毫克/千克；有效锌监测平均值为 1.86 毫克/千克；有效硫监测平均值 11.92 毫克/千克；有效硼监测平均值 0.95 毫克/千克；有效硅监测平均值 409.06 毫克/千克；有效钼监测平均值 0.06 毫克/千克；交换性钙监测平均值 2235 毫克/千克；交换性镁监测平均值279毫克/千克。重金属土壤镉监测平均值 0.16 毫克/千克，铬监测平均值 50 毫克/千克，铅监测平均值 25.85 毫克/千克，汞平均值 0.04 毫克/千克，砷平均值 7.67 毫克/千克，对比农用地土壤污染风险筛选值的标准，香河县耕地监测点重金属含量未出现超标。基础肥力水平总体仍处在较低水平，土壤有机质有待进一步提升；土壤有效磷养分积累过快，造成潜在环境风险。土壤中过高的磷素累积对农业环境造成潜在的环境风险，土壤有效磷积累过快的原因主要是农田磷肥施用量过高，施肥量远超作物吸收量。因此，应当适当降低配方肥磷素含量，提高磷素利用效率，稳定土壤磷含量。土壤肥力不均衡问题仍然突出，高低肥力并存。土壤磷、钾平均含量丰富，但同时存在大量缺钾监测点位。肥力的不均衡导致部分地区过量施肥、施肥不平衡问题等比较突出。因此，应针对低肥力地区开展土壤改良，优化施肥配方，推广精准施肥，提高土壤肥力和综合生产能力。

【耕地质量等级评价】 香河县 2020－2021 年耕地质量等级评价。本次耕地质量等级评价，根据河北省耕地质量监测保护中心《关于进一步做好耕地质量等级调查评价工作的通知》（冀耕地保护函〔2020〕19 号）、农业农村部办公厅《关于做好 2020 年退化耕地治理与耕地质量等级调查评价工作的通知》（农办建〔2020〕4 号）和河北省土壤肥料总站关于印发《河北省耕地质量评价技术操作规程（试行）》（冀土肥〔2018〕12 号）的通知，参照中华人民共和国国家标准《耕地质量等级》（GB/T33469-2016）、中华人民共和国农业行业标准《耕地质量划分规范》（NY/T2872-2015）、中华人民共和国农业行业标准《耕地地力调查与质量评价技术规程》（NY/T1634-2008），运用县域耕地质量评价信息系统和河北省耕地质量数据管理平台进行具体评价。2020 年耕地质量等级评价结果：香河县耕地综合评价指数在 0.848628－0.938530 范围内。按照河北省耕地质量 10 等地划分标准将香河县耕地划分为 2、3、4、5 四个等级。通过加权平均求得该县的耕地质量平均等级为 3.18。评价结果显示：香河县 2、3、4、5 等地面积分别为 869.81 公顷（13047.15 亩）、12793.69 公顷（191905.35 亩）、2558.69 公顷（38380.35 亩）、697.38 公顷（10460.7 亩），分别占全县总耕地面积的 5.14%、75.61%、15.12%、4.12%。2021 年耕地质量等级评价结果：香河县耕地综合评价指数在 0.846092－0.944879 范围内。按照河北省耕地质量 10 等地划分标准将香河县耕地划分为 2、3、4、5 四个等级。通过加权平均求得该县的耕地质量平均等级为 3.07。评价结果显示：香河县 2、3、4、5 等地面积分别为 2098.57 公顷（31478.55 亩）、11704.3 公顷（175564.5 亩）、2874.13 公顷（43111.95 亩）、242.56 公顷（3638.4 亩），分别占全县总耕地面积的 12.40%、36.18%、16.99%、1.43%。

【病虫测报发布】 2021年，香河县小麦播种面积5120公顷（7.68万亩），病虫草害发生面积14746.67公顷（22.12万亩）次，病虫草害防治14373.33公顷（21.56万亩）次，专业化统防统治6633.33公顷（9.95万亩）次，专业化统防统治覆盖率46.2%，绿色防控面积2466.67公顷（3.7万亩），绿色防控覆盖率48.18%；小麦病虫害测报结果每周二以动态周报、小麦重大病虫动态周报的形式上报到省站测报科、防治科、药械科、并报市植保植检站。每周三登录农业农村部“农作物重大病虫害数字化监测预警”系统报告，上半年发布病虫情报6期，农作物重大病虫动态周报20期，小麦病虫周报16期。印发技术资料1万份。适时指导大田防治。玉米病害总体为偏重发生，病害发生程度相比上年较重，虫害发生与上年相当。是年，全县自6月初加大监测密度，全县设性诱监测点20处，开展田间调查300余次，参加田间调查技术人员500人次，未发现草地贪夜蛾成虫和幼虫。由于夏季温度较高，雨水量较多，病虫害总体发生程度中等，病害发生与上年相比较重。黄瓜霜霉病、黄瓜白粉病、黄瓜细菌性角斑病偏重发生；番茄灰霉病、蔬菜烟粉虱、菜青虫、甜菜夜蛾等中度发生；番茄病毒病、茄子褐纹病、白菜软腐病、白菜黑斑病、棉铃虫等轻发生。

【农作物病虫害防治】 2021年，香河县建立2个绿色防控示范区，分别是韭菜全程绿色防控示范区，示范面积4公顷（60亩），主要采用短稳杆菌，金龟子绿僵菌等防治韭蛆，辐射带动面积666.67公顷（1万亩）；玉米全程绿色防控示范区，示范面积133.33公顷（2000亩），主要采用生物制剂如食诱剂，金龟子绿僵菌等防治玉米病虫害，辐射带动面积3333.33公顷（5万亩）。示范区采取全程绿色防控措施，通过示范区示范，实现周边宣传带动作用。是年，全县重点监测草地贪夜蛾，购买200支诱捕器，玉米病虫害发生较重，县农业农村局组织专业化防治队伍进行统防统治，全县安放16台太阳能杀虫灯，20台灭虫灯，1台高空杀虫灯，1台虫情测报灯，1台物联网虫情测报灯。发放各类技术资料2000余份。年内，发布病虫情报12期，将培训会开到田间，有效宣传、普及绿色防控技术。培训农民300人次。推广色板诱虫技术。县农业农村局购买黏虫板2000张，用于韭菜全程绿色防控示范区防治韭蛆。每公顷悬挂诱虫板150张，全生育期更换3次。全县香河韭菜全程绿色防控示范区实现农药减量73.33%，香河玉米全程绿色防控示范区，示范区实现农药减量33.49%。全县农药使用量为154.95吨，较上年降低2.3%，其中，农作物农药使用量为140.95吨，较上年降低1.76%。

【农药化肥监管】 2021年，香河县按照全面推进依法行政工作要求，推进培育农业农村学法用法示范户工作，面向县域内119家农资经营企业及全县农业投入品行业从业人员开展涉农政策法律法规培训服务，增强农业投入品经营企业及从业人员等经营主体的法治意识，从源头推动全县农业投入品市场健康协调发展。年内，农产品质量安全大排查工作，办理农产品质量安全案件8起，查办农安案件数量在全市居首位。开展农资打假行动。对全县农资经营网点逐户检查，检查106家，抽查农药标签60个，抽检农药质量16个，抽检玉米种子质量3个，抽查小麦种子质量样本3个。行政处罚3起。是年，香河农业行政执法改革工作受到省市考核领导的肯定和表扬。

【优良品种引进与推广】 2021年，全县引进与推广香河小麦品种有“河农6424”666.67公顷（1万亩）、“河农6049”666.67公顷（1万亩）、“河农6425”333.33公顷（5000亩）、“冀麦22”666.67公顷（1万亩）、“远大1”333.33公顷（5000亩）、“金钻6”333.33公顷（5000亩），香河玉米品种有“隆创310”“泰棒111”“玉丰303”“隆禧109”“航研9088”“农本313”“纪元128”“纪元168”等，大豆品种有“沧豆13”“中黄55”“济豆12”等。

（苏绍辉）

农业项目

【概况】　2021 年，香河县大力发展强农项目。推动农产品仓储保鲜冷链设施建设，发展冷链项目，提升产地冷藏保鲜能力和商品化处理能力，降低农产品损耗和物流成本。7 家建设主体有序开展，完成全部建设任务。成功申请中央财政奖补资金 1000 万元，用于建设香河韭菜循环农业发展项目、香河现代农产品物流配送销售体系、农旅设施等强农项目。年内，一期资金 300 万元到位。五百户镇霍刘赵村以村民土地入股模式完成一期 15.33 公顷（230 亩）土地征用。

【农业综合开发高标准农田项目】2021 年，香河县全面完成 2020 年高标准农田建设项目，建设规模 666.67 公顷（1 万亩），购置安装水泵 162 套，新建智能配电箱 162 套；修建过水涵洞 17 座；安装铺设输水管道 43 千米；新建半固定式铝管喷灌 60 公顷（900 亩）；硬化水泥路 11.5 千米；架设输电线 29.9 千米，安装变压器 18 台等。启动 2021 年香河县高标准农田建设项目，该项目建设规模 1733.33 公顷（2.6 万亩），总投资 2936 万元，其中，中央财政资金 2047 万元、省级配套资金 875 万元、县级配套资金 14 万元；该项目涉及刘宋、五百户、蒋辛屯、渠口 4 个镇的 30 个行政村，建设内容包括铺设防渗管道 122 千米、修建涵洞 12 座、修建闸连涵 2 座、架设高压线 4.86 千米和低压线 41.22 千米、安装变压器 29 台、购置安装水泵 191 套、购置安装智能配电箱 357 套、硬化水泥路 31 千米等。

【耕地保护补贴政策项目】　2021 年，全县耕地地力保护补贴统一标准为 95.1 元/亩，补贴面积为 1.22 万公顷（18.24 万亩），补贴金额 1734.55 万元。全县实际种粮农民一次性补贴标准为 19.31 元/亩，补贴面积 1 万公顷（14.99 万亩），补贴金额 285 万元。

【地下水超采综合治理项目】2021 年，全县旱作雨养项目任务 433.33 公顷（0.65 万亩），推介适季适水的旱作雨养作物和适宜的旱作雨养种植技术，推广适合的抗旱保墒耕作方式，统一组织关停机井，利用自然降雨，不再抽取地下水灌溉，总压减地下水超采量 143 万立方米，给予农民适当补助。是年，农机深松整地项目深松耕地 600 公顷（0.9 万亩），打破土壤犁底层，加速土壤熟化进程，改善耕地质量，增强土壤蓄水保墒和抗旱防涝能力。

（苏绍辉）

畜牧水产养殖

【概况】　2021 年，香河县畜牧水产养殖业平稳发展，有各类养殖户 2936 家。其中，规模化养殖场 48 个、省级标准化养殖场 1 个，市级标准化养殖场 7 个。是年，全县生猪存栏 3.7 万头；牛存栏 1.7 万头（其中奶牛 0.27 万头）；羊存栏 6.63 万只；鸡存栏 405.79 万只；鸭存栏 7.76 万只。蛋产量 2.77 万吨、奶产量 1.46 万吨、水产品产量 1723 吨。全县养牛大户 95 户，其中，奶牛养殖（20 头以上）2 户，肉牛养殖（150 头以上）7 户；养猪大户（存栏 500 头以上）8 户；养羊大户（存栏 1000 只以上）1 户；养鸡大户（存栏 10000 只以上）29 户；养鸭大户（存栏 3000 只以上）5 户。是年，香河县坚决贯彻落实生猪稳产保供，畜禽废弃物资源化利用，生鲜乳的生产，蛋鸡产业集群等几项重点工作开展，全县规模养殖场的粪污处理设施设备的配套率保持在 100%，畜禽粪污综合利用率 89%以上。制定计划，推动全县的规模化养殖场的标准化生产，因地制宜发展特色畜牧业，加快促进黑猪养殖、黄颡鱼、加州鲈鱼、金龙鱼等热带鱼养殖及香河绿野旅游开发有限公司休闲渔业的产业发展，持续抓好畜牧水产业稳产保供和农民增收，推进香河县畜牧业高质量发展。

【动物疫病防控】　2021 年，香河县动物疫病防控工作强化组织、经费、物资保障、常态化防控措施十二条的落实，推进非洲猪瘟防控标准化建设。加强管理及督导检查，做好技术指导。修订完善《香河县突发重大动物疫情应急预案》，根据《香河县非洲猪瘟疫情应急预案》《香河县突发重大动物疫情应急预案》等规定，充实防疫物资储备，纳入财政预算。强化应急值守，切实做好储备物资、应急队伍等应急准备工作、人员防护。切实落实“八要八禁止”密罐式、封闭生物安全管理措施，强化疫情报告制度，专业技术人员深入养殖场指导各养殖场（户）进行自检消毒，不定期地到各养殖场（户）进行走访排查。加强对生猪养殖、经营、屠宰等相关从业人员的宣传教育，增强自主防范意识，积极营造群防群控的良好局面。全县消毒生猪养殖场 2386 个，消毒面积 728.48 万平方米，用药量 4.52 吨，无害化处理厂消毒面积 158.56 万平方米，用药量 0.87 吨，定点屠宰场 7 家，累计消毒面积 578.72 万平方米，用药量 2.448 吨，其他场所场数 518 个，消毒面积 102.18 万平方米，消毒药品 0.78 吨。春秋防免疫应免数量百分百完成，秋防全县免疫猪口蹄疫 2.08 万头，猪蓝耳病 2 万头，猪瘟 2.04 万头，鸡禽流感 80.26 万只，鸡新城疫 80.32 万只，羊口蹄疫 7.02 万只，羊小反刍兽疫 7.82 万只，羊布病 6.08 万只，鸭禽流感 6.28 万只，其他禽 1.01 万只，牛口蹄疫 1.03 万头。全县开展畜禽抗体监测工作，完成新城疫抗体监测 220 份，免疫抗体合格率 100%；高致病禽流感抗体检测 1080 份，免疫抗体合格率 98.5%；H7N9 禽流感抗体检测 1920 份，免疫抗体合格率 98.4%。口蹄疫抗体检测 1510 份、免疫抗体合格率 95%；猪瘟抗体检测 290 份，免疫抗体合格率 97.5%。小反刍兽疫病抗体检测 115 份，免疫抗体合格率 96.5%。布病感染抗体检测 155 份，全部合格。病原学检测主要开展非洲猪瘟、口蹄疫、禽流感病毒核酸检测。检测非洲猪瘟病毒核酸检测 1112 份，检出阳性样品 0 份；口蹄疫病毒核酸检测 215 份，检出阳性样品 0 份；禽流感病毒核酸检测 265 份，检出阳性样品 0 份；小反刍兽疫病毒核酸检测 50 份，检出阳性样品 0 份。结核病监测工作定期开展一次，全群普检 2300 头，未检出。纳入结核病净化场 2 家，送省、市农业农村局样品 900 余份，全部合格。

【动物及动物产品检疫】 2021 年，香河县针对动物及动物产品检疫，严格落实产地检疫、屠宰检疫证章标志管理，专人专管制度，严格证章标志领取登记制度和入库保存制度。规范产地检疫、屠宰检疫程序，落实畜禽产地检疫、屠宰检疫申报制度和官方兽医电子出证制度，落实到场（厂）到户或指定地点实施检疫，确保不出现不检疫就出证的行为。全县 7 家畜禽屠宰企业，年内，全县产地检疫生猪 11138 头，牛 16135 头，羊 49882 只，禽 7048427 只。全县屠宰检疫生猪 535804 头，牛 14207 头，羊 363258 只，禽 11243012 只，动物、动物产品检疫出厂合格率 100%，确保上市肉产品质量安全。年内，获廊坊市动物检疫技术大比武优秀集体二等奖。

【病死畜禽无害化处理情况】 2021 年，香河县病死畜禽无害化处理网格化管理健全，设立举报电话。病死猪无害化处理与保险联动开展运行，全县处理生猪 817 头，禽 27381 只，牛 5 头，其他动物产品 240.588 吨，无害化处理规范。

【畜禽养殖废弃物资源化利用】 2021 年，香河县动物疫病预防控制中心负责全县兽用医疗废弃物收集体系建设工作的开展和指导，对全县动物强免疫苗的领取发放及空瓶回收、销毁工作进行指导，县农业农村局与有处理资质的第三方公司签订危废处理协议，全部由危废处理公司统一进行回收处理。对县级 1 个兽医实验室、镇级 9 个动物防疫分站辖区内的 94 个畜禽规模场及 7 个设有实验室的畜禽屠宰厂，下发兽用医疗废弃物回收桶和兽用医疗废弃物管理制度牌及各项回收登记表，在畜禽养殖过程中使用的免疫疫苗瓶、治疗药瓶药袋及县级兽医实验室、畜禽屠宰企业化验室检测过程中产生的医疗废物，由县级兽医实验室及畜禽屠宰企业、畜禽养殖场暂时保存，县农业农村局及各镇动物防疫站都按要求设立危废间，防雨，防渗，防漏，并设立门牌和安全标识，对回收的医疗废弃物实行分区管理，定期由辖区乡镇动物防疫分站进行回收、暂存、登记。实行专人专管，加强生物安全防控和消毒，严防回收物品外流。年内，全县自开展兽用医疗废弃物管理工作以来，回收兽用医疗废弃物 341 千克，回收疫苗空瓶 109.1 千克。县农业农村局加强医疗废弃物回收处理工作的管理，确保全县兽用医疗废弃物回收工作顺利开展，为畜牧业发展保驾护航。

（苏绍辉）

农业产业化

【概况】 2021 年，香河县紧紧围绕推进农业供给侧结构性改革，认真贯彻落实中央一号文件精神和省市工作部署，坚持把大力发展农业产业化作为推进乡村振兴战略实施的切入点和突破口，创新工作思路，狠抓关键环节，发挥农业产业化龙头企业的带动作用，加快发展绿色农业、科技农业、品牌农业，为实现农业增效、农民增收、农村发展奠定坚持基础。

【农业产业化龙头企业】 2021 年，香河县省级重点农业产业化龙头企业 2 家，分别是香河新恒昌养鸡有限公司和香河正大有限公司。市级重点农业产业化龙头企业 11 家。分别是香河正大有限公司、香河新恒昌养鸡有限公司、河北华香清真肉类加工有限责任公司、香河牧富民畜牧养殖有限责任公司、香河县兴旺粮油有限责任公司、香河新宇肉类有限公司、香河县百运达食用菌种植园、香河富华肉类有限公司、香河凤发养殖有限公司、香河县和顺农林园艺有限责任公司、香河天亚木业有限公司。

2021年香河县省、市级农业产业化龙头企业情况一览表

表14

序号	企业名称	主营产品	企业类型	企业资产（万元）	地 址	级 别
1	香河正大有限公司	鸭鸡生熟食制品	加工型	13540	淑阳镇小罗屯村	省级、市级
2	香河新恒昌养鸡有限公司	鸡蛋	生产型	9452	五百户镇南刘庄村	省级、市级
3	河北华香清真肉类加工有限责任公司	冷鲜肉	加工型	9511	安平镇一街村	市级
4	香河牧富民畜牧养殖有限责任公司	生猪	生产型	615	蒋辛屯镇梁务村	市级
5	香河县兴旺粮油有限责任公司	香河玉米、香河小麦	流通型	308	渠口镇渠口村	市级
6	香河新宇肉类有限公司	冷鲜猪肉	加工型	1421	渠口镇金庄村	市级
7	香河县百运达食用菌种植园	食用菌	生产型	2000	蒋辛屯镇北六百户村	市级
8	香河富华肉类有限公司	冷鲜牛肉	加工型	3100	蒋辛屯镇北六百户村	市级
9	香河凤发养殖有限公司	鸡蛋	生产型	1556	刘宋镇中营村	市级
10	香河县和顺农林园艺有限责任公司	苗木、蔬菜	生产型	434	香河农业园区	市级
11	香河天亚木业有限公司	环保木质板材	加工型	20513	五百户镇后马坊村	市级

【畜产品加工产业集群】 2021 年，全县有畜产品加工产业集群 1 个，包括香河正大有限公司、河北华香清真肉类加工有限责任公司、香河县新宇肉类有限公司、香河县双利生猪屠宰点、香河县富华肉类有限公司、香河双盈清真肉类加工有限责任公司、香河双安禽类屠宰加工有限公司 7 家企业。

【农业产业化联合体】 2021年，以香河正大有限公司为核心企业的香河肉鸭养殖加工现代农业产业化联合体，通过市级现代农业产业化联合体监测，并成功申报为省级现代农业产业化联合体。年内，为全面推进全县农业产业化联合体培育创建工作，充分发挥联合体示范带动作用，加快推进一、二、三产业融合发展，组织开展县级农业产业化联合体申报工作，认定县级农业产业化联合体4个，分别为香河肉鸭养殖加工现代化农业产业化联合体、香河和顺蔬菜种子生产农业产业化联合体、香河县众旺天亚人造板农业产业化联合体、香河新恒昌蛋鸡养殖农业产业化联合体，自认定之日起2年内有效。

【培育新型农业经营主体】 截至2021年年底，全县累计登记注册各类农民专业合作社483家、家庭农场41家，认定农民专业合作社示范社41家，示范家庭农场13家。年内，新增家庭农场7家，新增农民专业合作社28家，新增社会化托管组织20家，新增县级示范合作社23家，新增县级示范家庭农场7家，新增市级示范合作社1家，市级示范家庭农场2家。

【农业园区建设】 2021年，县级财政安排奖补奖金200万元，扶持10家特色农业园建设。开展创建特色农产品优势区工作，香河县2020年获评“廊坊市韭菜生产优势区”，2021年获评“香河叶菜”市级特色农产品优势区。香河蔬菜产业发展向集约化和规模化种植、高投入、高产出、绿色环保、无公害方向发展，全县蔬菜种植区已形成五百户镇的香河韭菜；蒋辛屯镇和钱旺镇的香河食用菌；安平镇王家摆、曹店和五百户镇前楼、后楼、四百户等村的香河苦瓜；渠口镇东魏各庄、西魏各庄的香河甘蓝，西河头村的西河头冬瓜；钱旺镇田贾庄的香河莴笋。3月11日，香河新恒昌养鸡有限公司被粤港澳大湾区“菜篮子”工作办公室认定为第八批粤港澳大湾区“菜篮子”生产基地，是廊坊市唯一一家获得认定的单位。

（苏绍辉）

农业机械

【概况】 2021年，香河县农机总动力190651千瓦，拥有拖拉机2315台，旋耕机1165台，播种机915台，大型收获机械368台，青饲料收获机22台。11月9日，香河县农机驾驶员电子考试场举行揭牌仪式并投入使用，为全市唯一一家农机驾驶员电子考试场。

【农机补贴政策】 2021年，全县使用补贴资金185万元（其中，购机补贴181万元、报废补贴4万元），补贴资金使用比例100%。受益农户64户，补贴各类机具65台，其中，动力机械49台，玉米收获机械10台，花生收获机械1台，秸秆还田机械1台，耕整地机械3台，精量播种机械1台。报废老旧农机具2台。通过实施农机购置补贴政策，充分调动农民购买使用农机新机具的积极性，老旧农机具得以淘汰更新，有效推动农业机械化转型升级，提升全县农业机械化装备水平。

【农业机械社会化服务】 2021年，香河县有农机专业合作社3个，入社户数近40户，全年作业服务总面积4万亩。农机专业合作社平均每社拥有社员13户，服务农户的数量近1000户，拥有农机具63台。农机专业合作社组织化、规模化、产业化程度不断提高，成为推进农业机械化和发展农业社会化服务的生力军。

（苏绍辉）

农业管理

【概况】 2021年，香河县农业农村工作深入贯彻落实中央一号文件精神，严格按照省市县关于“三农”工作的决策部署，以实施乡村振兴战略为总揽，紧扣产业兴农、生态建村为主基调，深入调整农业结构、做强特色农业，引育新型经营主体，促进一、二、三产业融合互动，全力实现农业农村高质量发展。

【农产品质量安全监管体系建设】 2021 年，进一步健全农产品质量安全监管体系，落实网格化监管制度，明确工作目标。强化属地管理责任，依托镇级农业服务中心、县农业农村局各基层动物防疫站等部门，强化镇级农产品质量安全监管站建设，由各镇主管农业领导直接负责，落实责任到人。32 名县、镇级监管人员配备农产品质量安全监管移动终端设备，便于开展各项农产品质量安全监管工作。

【农产品质量检测】 2021 年，香河县加大日常监督抽检力度，保障农产品质量安全。通过农药残留速测、监督检查和专项抽检，定期对全县农产品生产企业的蔬菜、畜禽类进行例行抽检，抽检样品基本覆盖本地主导农产品种类。年内，完成蔬菜样品农药残留定性检测 6000 批次，定量检测 600 批次，配合完成国家、省、市农业农村部门农产品质量安全抽检 121 批次，农药残留检测合格率 98.5%以上。县农产品质量综合检测中心通过了检验检测机构资质认定考核和农产品质量安全检测机构考核，获得检验检测机构资质认定证书（CMA）和农产品质量安全检测机构考核证书（CATL），完成县级农产品质量综合检测中心“双认证”工作。

【农产品质量安全专项整治】 2021 年，香河县重点突出关键环节监管，严把农产品质量关。针对农产品生产经营单位等开展农产品安全监督检查工作。以蔬菜、水果为重点产品，开展果蔬产品专项整治，全面排查违规使用禁限用农药、不遵守安全间隔期制度、储运环节防腐剂、保鲜剂等问题隐患。以禽蛋、生猪、肉牛、肉羊、水产品养殖为重点，加大对养殖环节的检查力度，严厉打击违法使用“瘦肉精”、禁用药品及其他化合物等禁用物质、不执行休药期规定、生产销售残留超标畜禽产品等行为。开展畜禽屠宰专项整治，严查未按规定落实屠宰环节非洲猪瘟自检和官方兽医派驻制度及生猪私屠滥宰、屠宰病死猪、注水注药等行为。针对农药、种子、肥料、兽药、饲料及饲料添加剂等农业投入品，加大监管执法力度。针对县域范围内 93 家农畜产品生产经营单位、7 家屠宰企业、106 家农药等投入品经营单位开展拉网式监督检查，实现在册监管对象全覆盖，抽检检测转基因样品 5 个、抽查农药标签 60 个、抽检农药质量 16 个、抽检玉米种子质量 3 个、抽查小麦种子质量样本 3 个、行政立案 9 起，办结 9 起，行政处罚 2 起无证经营限用农药案，处罚金额 13060 元。

【农产品质量安全认证】 2021 年，香河县围绕推进农业供给侧结构性改革，提高绿色优质农产品供给能力，实现农业高质量发展等发展目标，县农业农村局积极开展绿色食品、有机农产品、农产品地理标志认的证宣传工作，提高全县农产品生产者绿色农业、质量农业、科技农业发展意识。筛选推荐香河浓香情农业有限公司生产的韭菜和香河碧鲜特蔬菜种植合作社生产的冬瓜、莴笋 3 个蔬菜品种申报绿色食品认证。

【农业综合执法】 2021 年，深入推进农业综合行政执法改革，健全制度保障，充实先进装备，拓展监管服务思路、改进工作方式，加强和完善农业综合行政执法体系建设，增强农业投入品经营企业及从业人员等经营主体法治意识，开展形式多样的法律法规宣传教育实践活动，加大对农业农村领域违法案件的查处力度，不断提升执法水平，深入推进依法治农、依法护农、依法兴农。年内，受理群众举报、投诉 43 起，替群众挽回经济损失 1.5 万元，行政处罚案件 13 起，罚没 15.1 万元。开展农产品质量安全监管执法，检查经营单位 92 个，办理案件 6 起。开展陆域综合执法，对农药经营网点、非洲猪瘟假疫苗、屠宰检疫等开展专项行动，排查 175 家次，办理案件 6 起。开展县域内河道非法捕鱼专项执法及非法网具河道清理，印发《香河县人民政府关于电、毒、炸鱼和禁渔期制度的通告》300 余份，在电视台、融媒体等县内 8 家媒体和抖音、微信朋友圈广泛发布，悬挂横幅 120 条，出动执法车辆 59 辆次、执法人员 189 人次。陆上巡河 430 千米，出动执法船 10 艘次、水上巡航 100 余海里，清理并销毁地笼 240 余块、围网 1.12 千米。行政处罚非法捕捞案件 1 起。全县农业行政执法改革工作跃上新台阶，省市考核组领导给予高度评价。

【农药、兽药和农膜等包装废弃物回收】 2021 年，根据香河县农药经营许可情况，结合农药销售使用现状，在全县设 116 个农药包装废弃物回收点，制定回收规则和制度，按照“谁使用谁交回、谁销售谁收回、谁生产谁处理”的原则履行相应的农药包装废弃物回收处理义务。自实施农药包装废弃物回收处理工作以来，全县田间地头的“白色污染”得到有效改善，减少农药包装废弃物对农田生态系统的破坏。改变农民长期以来在生产活动中形成的随意丢弃农药废弃物的不良习惯，有力推动全县绿色农业建设。年内，全县农膜回收率 96.3%，完成农膜 90%回收率任务目标。初步形成“农户收集、网点收购、企业加工处理”的废弃农膜回收利用体系。

【农业科技培训】 2021 年，香河县完成新型职业农民项目培训基地（县农业农村局科技教育中心）、2 个实训基地（香河佳秀农业开发有限公司、香河县乐农美联蔬菜产销专业合作社）的遴选上报工作，制定《香河县农业农村局 2021 年高素质农民培育实施方案》。推进“万民素质提升工程”与高素质农民培育项目在全县同步实施。上报农机手培训实训基地，制订《2021 年香河县农机手技能提升培训工作实施方案》。完成高素质农民培训 160 人，农机手技能提升 50 人。

【农业技术推广】 2021 年，香河县完成全年农业技术推广信息平台推广机构及农业技术人员信息录入。该平台定期采集汇总了全国基层农业技术推广机构、农业技术人员、推广机构承担项目等信息，及时掌握基层农业技术体系发展动态，推进基层农业技术推广体系规范化、信息化、制度化管理，为相关政策的制定提供科学依据。

【互联网＋农业】 2021 年，香河县完成益农信息社县级运营中心建设，完成全县 231 个益农信息社站点选址、设施设备安装工作，完成全县 231 名信息员遴选、培训工作，完成全县信息入户工程前期准备工作，待时机成熟即可开展运营工作。

【旅游休闲农业】 2021 年，香河县大力发展休闲农业，将休闲农业与乡村旅游深度结合，培育打造以水岸潮白田园综合体、大爱农场、荷香园生态农场、乐农美联生态农场及荷花产业园为主体的休闲农业项目，高标准规划推荐“春赏花”“夏纳凉”“秋采摘”旅游线路，水岸潮白田园综合体被评为市级休闲农业示范点和休闲农业示范区，荷花产业园被列为市级休闲农业示范区。第一城、水岸潮白

位于刘宋镇庆功台村的荷花产业园一角　　县融媒体中心供图

景区入选廊坊市乡村休闲游之“和畅暖冬、怡然共享”线路。

（苏绍辉）

农村经济管理

【概况】 2021年，香河县认真贯彻落实中央、省、市关于发展壮大村集体经济的各项决策部署，坚持农业农村优先发展的理念，把盘活农村集体资产，激活农村各类要素，促进集体经济不断发展壮大，提升村集体的自我造血能力作为乡村振兴的重要抓手，作为强村富民、夯实基层基础和加快农村经济社会发展的重头戏来抓，不断创新思路，持续强化措施，发展壮大村集体经济工作扎实有力有序推进。香河县农村经济服务中心内设农村政策宣传股、农业社会化服务股和农村财务服务股。其中，农村政策宣传股，负责宣传集体产权、承包地等农村综合改革政策；解读农村土地承包、农村宅基地、集体经济等政策，按要求配合做好宅基地统计、分配、使用、流转及闲置宅基地和闲置农房利用工作。农业社会化服务股，负责推进农业社会化服务体系建设；负责农民专业合作社、家庭农场等新型农业经营主体扶持培育、规模经营等工作。农村财务服务股，负责农村集体资产、资源、资金统计分析；负责农村财务培训、农村合作经济组织建设、农村经济年度调查统计工作；按要求配合做好减轻农民负担、村民“一事一议”筹资筹劳、村级财务账务等工作。11月22日，香河县农业农村局联合中国邮政储蓄银行股份有限公司香河县支行、河北新中大数据有限公司成立新型农业经营主体财税和金融服务中心并举行揭牌仪式。

【农村集体产权制度改革】 2021年，香河县300个村街完成村集体经济组织换届选举工作，确认成员选民211389人，推选成员代表3859人。其中，58个村街是通过成员大会选举（含成员户代表选举）的方式产生的，242个村街是经授权的成员代表大会选举的方式产生的。推选理事会300个，根据理事长换届情况，更换打印新的赋码登记证。制定印发《关于组织开展农村集体产权制度改革“回头看”工作方案》，组织全县开展农村集体产权制度改革“回头看”和整改工作。组织农村集体经济组织成员信息录入农业农村部农村集体产权制度改革信息管理平台。组织镇、村妥善解决农村集体经济组织成员身份重复确认问题。组织完善农村集体经济台账管理工作。是年，全县300个村街的集体产权制度改革档案完成整理、移交。督导各镇完成股权证打印工作。

【农村土地承包经营权确权登记】 2021年，香河县通过与第三方专业服务公司通力合作，加大土地承包经营权确权登记工作力度。其中，测绘公司2个，河北天元地理信息科技工程有限公司、河北恒华信息技术有限公司；质检验收公司1个，四川鱼鳞图信息技术股份有限公司。截至年底，全县应确权村街249个，全部开展确权工作，占全县应确权村总数的100%。签订家庭承包合同57640份，占应完善合同总数的98.3%；健全登记簿57640份，占应完善登记簿总数的98.3%；颁发土地承包经营权证书56196份，占应发放权证总数的95.84%；完善数据库录入248个村，占应确权村街总数的99.6%。完成与省农业农村厅和农业农村部的数据库汇交，并通过农业农村部人工质检，完成电子档案的扫描及纸质档案的移交工作。

【农村土地承包经营权流转】 2021年，香河县坚持“健全流转制度，规范流转形式，保障农民权益，促进农民增收”的工作思路，不断规范农村土地承包经营权流转，促进农业农村经济可持续发展。全县流转土地总面积3698.52公顷（55477.79亩），占家庭承包经营土地面积的15.8%。其中，出租2820.49公顷（42307.28亩），其他形式流转878.03公顷（13170.51亩）。在流转的土地中，流转入农户的土地2531.15公顷（37967.28亩），用于粮食生产的1250.41公顷（18756.11亩）。通过流转实现规模经营的面积

1196.13 公顷（17942 亩），占流转总面积的 32.34%。签订流转合同 11089 份，涉及土地面积 3597.45 公顷（53961.69 亩）。

【农村宅基地管理】 2021 年，县农业农村局负责全县农村宅基地改革和管理有关工作，农村村民住宅用地，由各镇人民政府审核批准，指导各镇建立联审联办和动态巡查制度，村街建立村级民主管理制度并设立宅基地协管员，组织开展全县农村宅基地基础数据调查工作。

【农村财务监督管理】 2021 年，对全县各村账目资金情况实时进行网络监管审核，定期公开村财务收支，推动村级财务管理相关制度的健全、完善和落实，带动村级账务处理的及时、规范与完整，促进村级财务公开经常化、制度化和有效化，增强村民民主理财的实质性、责任感与监督力，保障村级集体资产的安全、稳定与保值、增值，维护农村群众的合法权益，减少因村级财务问题引发的群众上访案件。加强和规范农村集体经济组织管理和运营，更好落实农村“三资”管理服务，委托香河县海天职业培训学校对各村财会人员进行免费培训。经过为期 3 个月线上线下培训，培训合格农村财务人员 203 名，培训合格人员将颁发省级专项能力证书，全国通用，可作为农村集体股份经济合作社财务人员持证上岗的条件之一。9 月 10 日，县农业农村局组织开展第二期农村财务人员培训班，正式开班培训，参训人员 160 人，培训合格农村财务人员 112 名。

【农民专业合作组织和新型家庭农场】 2021 年，香河县工商注册有农民专业合作社 483 家，平台录入家庭农场 353 家，其中，县级以上合作社 35 家，县级以上示范家庭农场 10 家。年内，开展 2021 年度中央财政资金补助合作社和家庭农场项目申报工作。2021 年度中央财政资金支持合作社项目申报单位是香河土果途益果蔬种植专业合作社，项目内容是引进山东节水设备和扩大反季节葡萄的种植规模，项目完成可增加合作社经济收入，使合作社由传统型转向新型农业方向发展，带动成员和周边农户增收；2021 年度中央财政资金支持家庭农场项目申报单位丰农家庭农场和泃河湾生态家庭农场，项目扶持重点是主要引导家庭农场采用节水新技术，引进科技新品种。县级扶持对象为丰农家庭农场和泃河湾生态家庭农场。开展县级家庭农场和合作社的申报，年内，新增家庭农场 7 家，新增农民专业合作社 28 家，新增县级示范合作社 23 家，新增县级示范家庭农场 7 家，新增市级示范合作社 1 家，市级示范家庭农场 2 家。加快推广农业市场托管服务模式，年内，新增社会化托管组织 20 家。

（苏绍辉）

乡村振兴

【概况】 2021 年，香河县深入贯彻落实乡村振兴战略部署，制定印发《关于全面推进乡村振兴加快农业农村现代化的实施意见》《关于全面推进抓党建促乡村振兴工作的实施方案》等政策文件，实现对全面乡村振兴各领域重点工作任务的统筹引领、顶层设计，确保各级决策部署深入落实。组织开展乡村振兴战略实绩考核，制定印发《香河县实施乡村振兴战略实绩考核评价办法（试行）》《香河县 2021 年度推进乡村振兴战略实绩考核评价方案》，明确对镇级考核和县直单位评价的程序和时间节点要求，全面落实乡村振兴战略一级抓一级责任。

制定印发《关于全面推进乡村振兴加快农业农村现代化的实施意见》《关于深入实施农村人居环境综合整治提升助力乡村振兴的实施意见》《关于持续深化“四个农业”促进农业高质量发展行动方案》《香河县 2021 年度推进乡村振兴战略实绩考核评价方案》《香河县美丽乡村建设行动实施意见》《乡村产业振兴实施方案》。打造以蒋辛屯镇为核心区域的省级乡村振兴示范区，先后制定《香河县乡村振兴示范区创建实施方案》《香河县省级乡村振兴示范区 2021 年美丽乡村建设专项工作方案》《香河县省级乡村振兴示范区

蒋辛屯镇北李庄村水岸潮白景区一角　　县融媒体中心供图

2021 年美丽乡村建设专项工作实施意见》，坚持项目优先安排、资金优先投入、政策优先扶持的原则，形成工作合力。采取政府投入 + 市场运作模式，先后在示范区内统筹开展人居环境、道路交通、集体经济、基层组织、乡村旅游等扶持项目 20 余个，示范区内人居环境、基础设施、公共服务水平全面提升，产业增收、基层治理、文化惠农、便民服务等全面推进。引入集种植、采摘、观光于一体的农业旅游项目 12 个，围绕“春踏青、夏娱水、秋游园、冬冰雪”，吸引周边游客，形成水岸潮白、锦绣潮白特色休闲农业集群，打造百果园、百蔬园、千亩梨花园、原野佳葡萄园等特色农业项目，打造乡村振兴新亮点新典型，示范带动全县乡村振兴建设水平不断提升。

建立健全乡村振兴半年总结评价、年终考核报告、定期督导调度等工作机制，组织召开全县乡村振兴战略实绩考核调度会，组织申报了以蒋辛屯镇为核心的省级乡村振兴示范区，利用省级资金 1500 万元，完成 14 个人居环境整治重点项目。制定《香河县乡村治理体系建设试点镇工作推进方案》，推荐申报 4 个典型案例，五百户镇入选国家级乡村治理示范乡镇典型，有效发挥统筹协调作用，实现上级的决策部署全部得到贯彻落实，乡村振兴整体工作接受市委改革办的专项督查，得到充分认可。

【农村人居环境整治】　2021 年，以实施乡村振兴战略为总抓手，以“补短板、美环境”为重点，大力开展农村人居环境整治提升行动，提升基础设施建设标准，提高生态环境建设水平。人居环境整治重点任务全部完成，组织开展农村改厕排查整改，排查 51366 座，发现问题厕所 6871 户，全部完成整改，顺利通过省级验收。完成 2021 年农村户厕改造 1000 座的硬任务，实际完成 3457 座，超额完成省市任务。2021 年厕所革命整村推进奖补项目涉及上级资金 64 万元。全面完成北李庄、梁家务、小尹庄、北村 4 个省美丽乡村建设提升任务。加快推进农村人居环境整治新建项目建设。对 2021 年农村人居环境整治新建项目实施清单制管理，涉及 21 个村街道路硬化，16 个村街污水处理，16 个村街村民服务中心建设，14 个村街绿化、美化、亮化及 4 个省级美丽乡村创建；年内，五百户镇完成前土门楼污水项目和 3 个村街道路硬化，钳屯镇完成红庙村污水治理项目、起河屯村太阳能路灯项目，钱旺镇西大街村，钳屯镇钳屯村、茅草店村，安头屯镇大青庄务村等 4 个村街村民服务中心入场施工。

【农村人居环境整治提升长效管护】　2021 年，研究制定《香河县农村人居环境整治提升长效管护方案》，将农村厕所（含户厕和公厕）、污水处理、街巷道路、安全饮水、村庄照明、绿化养护以及村民中心相关设施设备的日常管理运维等内容全部纳入管护范围，按照每年每人 100 元标准由县财政安排补助资金，妥善解决村街日常管理维护所需的资金问题。高素质农民培训顺利完成，开展“万民素质提升工程”，确定培训基地、实训基地，完成 160 名高素质农民和 50 名农机手的培训任务。规范建立粪污处理体系。按照省、市关于一类县厕所粪污基本得到处理和资源化利用的相关要求及技术标准，全县采取“粪污处理站+粪污中转站”的模式，推进农村厕所粪污的无害化处理。厕所粪污处理站有 2 处，采用固液分离处理方式，其中，一处位于蒋辛屯镇梁家务村集中式污水处理站东侧，日处理能力 100 立方米，完工验收投入使用；另一处位于县垃圾填埋场，为县城公厕粪污处理站，日处理能力 600 立方米。投资 393.78 万元升级污水处理装置，完工投入使用。农村厕所粪污中转站 7 座，分别位于五百户镇、刘宋镇、钳屯镇、钱旺镇、渠口镇、安平镇和环保产业园区，全部完工投入使用。投资 90 万元，采购大型吸污车 2 辆，结合环卫部门吸污车，负责厕所粪污中转站和处理站之间的转运。配有 64 人的粪污清淘队伍，配备吸粪车 46 辆，建立厕所维修站点 8 个，维修人员 24 人，基本满足全县 300 个村街的需要。

【推进乡村建设】 2021 年，持续整治农村人居环境，深入推进乡村建设。坚持把城乡人居环境整治作为助推乡村振兴的重要抓手，制定私搭乱建拆除费用、无害化卫生厕所改造厕屋建设等奖补方案，整治提升长效管护方案，城乡环境综合整治精品线路建设台账等相关文件，明确“三大四精五到位”整治思路，将农村人居环境整治纳入各镇（园区、社区办）年度任务目标，年底进行打分排名；将拆除私搭乱建和建立卫生长效机制建设纳入对村街“两委”干部绩效考核重点，与村干部工资直接挂钩，强化责任，传导压力。累计清理垃圾杂物 29.3 万立方米，拆除违章建筑 2.1 万余处，硬化主街道及小街小巷 1171.3 千米，新改建农村公路 38 千米，安装路灯 1.4 万盏，打造美丽庭院 3.2 万户，新建镇级大型垃圾中转站 17 座，300 个村街日常保洁和垃圾清运实现市场化运作。

【开展村庄清洁行动】 2021 年，强力推进，深入开展村庄清洁行动。结合城乡环境综合整治行动，全面开展“五清”行动。各镇村累计清理农村生活垃圾 53670 立方米，清理村内坑塘沟渠 528 处，清理畜禽养殖粪污等农业生产废弃物 1309 立方米，清理残垣断壁 194 处，清理乱堆乱放等各类杂物 25871 处，拆除厕所背房私搭乱建 8440 处，44.06 万平方米。

【美丽乡村建设】 2021 年，香河县落实省、市《2021 年美丽乡村建设实施方案》，确定蒋辛屯镇北李庄村、梁家务村，香河经济开发区新兴产业园小尹庄村，刘宋镇北村 4 个省级美丽乡村建设示范村。重点根据乡村振兴“五美”（产业美、环境美、人文美、和谐美、建设美）要求和美丽乡村建设标准，本着“缺什么补什么、什么弱提升什么”的原则，着力完善农村基础设施，加强建筑风貌整治，提升公共服务水平，发展“一村一品”特色产业，打造乡村建设示范样板。年内，4 个村美丽乡村建设工程全部完工，其中，北李庄村、梁家务村申请省级美丽乡村精品村，完成市级初验。

【发展特色农业】 2021 年，安排奖补资金 200 万元，扶持 10 家特色农业园建设，香河新恒昌养鸡有限公司被认定为第八批粤港澳大湾区“菜篮子”生产基地，是廊坊市唯一一家获得认定的单位，“香河叶菜”优势区通过市级公示，高标准规划推荐了“春赏花”

蒋辛屯镇北李庄村航拍图　　县融媒体中心供图

"夏纳凉""秋采摘"休闲农业旅游线路。

【开展服务"三农"活动】 2021年，以活动促工作，深入服务"三农"。严格落实县委、县政府各项决策部署，统筹推进各项活动。以党史学习教育促为民办实事和作风转变，在深学党史理论的基础上，将为农服务办实事作为落脚点。通过开展高标农田建设、农机审验核发驾照、培训高素质农民、加强农业执法等具体举措，深入践行服务农民宗旨。在查处种子违法经营中，挽回群众损失9000元；成立了全市唯一的农机驾驶员电子考试场，方便农机手在本县就能驾考。以开展"三创四建五优化""三基"建设年活动，推动人居环境整治和基层产业体系深入落实，安排人居环境整治资金1亿余元，深入开展村庄清洁行动和拆违，全县有168个村街基本达到"五清"要求。乡村产业体系加快发展，形成传统农业提质增效、休闲农业良好发展的产业格局。以开展"弘扬运河通航精神"大讨论活动促进位争先，深入组织开展大调研、对标学习、工作承诺等措施，累计走访调研企业28家，形成调研报告24份，解决实际问题23件，完善相关制度16项，先后顺利通过上级各类检查10余次，获市动物检疫技术大比武优秀集体二等奖。

切实加强指导培训，增强服务能力。各部门在工作中，坚持业务主导、服务第一，坚持下乡入村、到田间地头、到农户企业，广泛开展技术服务、生产指导、农情调查、政策宣传、督导检查等各项工作，确保各项任务、各项政策不折不扣落实。先后开展了重大动物疫病防控、高素质农民、农村财务人员、巩固拓展脱贫攻坚与乡村振兴衔接政策、旱作雨养项目、农产品质量安全、农业投入品行业法律法规等各类技术性、政策性、法制性培训，累计培训600余人，切实提高县镇村三级相关人员的技术能力、法制意识、综合素质。首次成功推荐2名农业领域青年，入选县委第一届青年拔尖人才。与新恒昌养鸡公司充分合作，建立省级农业创新驿站，协助其引进蛋鸡新品种，改进生产工艺，在新恒昌公司龙头带动下，使全县蛋鸡存栏增加到400余万羽。大力稳定粮食生产，将粮食生产任务分解落实到乡镇、到村、到地块、到作物，明确责任人，开展耕地"非粮化"排查整治和宣传引导，摸清耕地利用底数现状，坚决遏制耕地"非粮化"增量，充分利用村街"大喇叭"和镇村网格员作用，宣传好、贯彻好国家保护耕地保护粮食安全的政策要求，对耕地撂荒、农田种树等行为及时发现、及时制止。与邮储银行和新中大公司联合成立"新型农业经营主体财税和金融服务中心"，落实金融支农举措。全力稳产保供，年初新冠肺炎疫情期间，切实保障新冠疫情防控期间农产品的充足供应，深入统计各镇进京运送农产品货车情况，发放进出河北疫情防控物资运输车辆通行证586张，确定农业重点保供企业10家，畅通运输渠道，保障农产品运输通畅和北京"菜篮子"产品的物资供应。局属各基层动物防疫站，全力发挥一线阵地防控作用，全面落实重大动物疫病防控、强免疫苗接种、检疫合格证发放等，全面监管好各大小养殖场、养殖户，建立健全养殖台账，确保在养殖环节的畜禽产品安全。

【培育农业经营主体】 2021年，培育农业经营主体，筑牢乡村产业支撑。深入落实相关政策，支持引导各类社会资本投入乡村产业发展。累计登记注册各类农民专业合作社483家、家庭农场41家，认定农民专业合作社示范社41家，示范家庭农场13家。有省市级重点农业龙头企业11家，其中，省级2家、市级9家。组织确定农业生产托管服务组织10家，托管服务面积10万亩次。积极发展培育高端精品产品，打造蛋鸡产业发展集群，以新恒昌养鸡有限公司为龙头，以五百户镇和钳屯镇为重点区域，打造河北省重要的绿色鸡蛋产品供应基地。培育农业产业联合体，打造以香河正大有限公司为核心企业的香河肉鸭养殖加工现代农业产业化联合体，成功申报为省级联合体。向市级申报"一村一品"专业村77个，超过市定专业村数占村街总数 25%的目标。大力发展休闲农业，做好“农业+”文章，深入拓展农业功能，将休闲农业与乡村旅游深度结合，培育打造了以水岸潮白田园综合体、大爱农场、荷香园生态农场、乐农美联生态农场和荷花产业园为主体的休闲农业项目，高标准规划推荐了“春赏花”“夏纳凉”“秋采摘”旅游线路，水岸潮白田园综合体被评为市级休闲农业示范点和休闲农业示范区，荷花产业园被列为市级休闲农业示范区。第一城、水岸潮白景区入选廊坊市乡村休闲游之和畅暖冬怡然共享线路。

1 月 28 日，蒋辛屯镇北李庄村党支部组织召开 2021 年（第二届）水岸潮白旅游开发有限公司、旺丰合农宅旅游合作社股东分红大会，为入股村民分红　县融媒体中心供图

【发展壮大农村集体经济】 2021 年，深化改革规范管理，发展壮大农村集体经济。深入完成农村集体产权制度改革，300 个村街集体股份经济合作社换届与村“两委”换届同步完成，全部换发新的登记证，完善村级“五位一体”组织架构。制定《关于充分发挥农村集体经济组织功能推动农村集体经济发展的实施意见》《关于村委会和村股份经济合作社账务分设业务核算的指导意见》《关于加强和规范农村集体资产监督管理的指导意见》，完成省级农村集体经济收入台账管理系统录入，完善农村集体“三资”监管平台，对全县各村账目资金情况实时进行网络监管审核。开展农村财务人员培训，取得省级职业资格证书 208 人。拓宽增收思路，制定《关于进一步规范和完善农村土地经营权流转工作的实施意见》《关于支持引导发展农业生产托管服务的实施意见》，支持引导镇村广泛参与农业生产托管和土地流转等工作服务，并允许村集体根据相关政策适当收取管理费用或收益分红，拓宽集体资源匮乏村街增收来源。深入总结宣传集体增收典型，先后总结蒋辛屯镇北李庄盘活闲置土地和农宅发展乡村旅游、梁家务村整治坑塘建便民市场，安头屯镇东兴隆庄发展特色种植等典型，示范带动各村街积极谋划自我发展思路和路径，不断拓宽集体增收途径。

【落实农业生态保护】 2021 年，落实农业生态保护，推进农业绿色发展。主推深耕增碳减肥综合管理技术、秸秆还田综合技术、减肥减药节水增效生产技术，秸秆综合利用率保持 95%。健全完善农业生产包装废弃物回收体系，废旧农膜等回收实现全覆盖。加强草地贪夜蛾等重大病虫害监测防控和灾害性天气的防御工作。深入增强地力，实施耕地深松面积 600 公顷（0.9 万亩），召开 2021 年机收减损工作现场演示培训会，开展技能培训，宣传机收减损知识，提升粮食机收作业质量。推广测土配方施肥技术面积 1.67 万公顷（25 万亩）次，主要农作物统防统治面积 1.25 万公顷（18.75 万亩）次，覆盖率 47.09%；绿色防控面积 0.55 万公顷（8.3 万亩），覆盖率 46.52%。设立 7 个农膜收购站点、125 个兽用医疗废弃物和农药包装废弃物回收点，覆盖全县 300 个村街。以畜禽养殖业为重点，强化疫病防控和粪污治理，规模养殖场粪污设施装备配套率 100%，粪污资源化利用率 89% 以上，规模养殖场产地检疫率、屠宰检疫率、规模养殖场强制免疫率、出厂产品检疫合格率、病害动物及产品无害化处理率均 100%。

【农业领域生产安全】 2021年，强化执法监管，保障农业领域生产安全。突出陆域综合执法、水域监管执法和农产品质量安全监管三大领域，全面落实执法检查“双随机、一公开”制度，和县市场监督管理局联合双随机抽查1次，行业内部双随机抽查6次。编制县级《农业综合行政执法事项指导清单》，涵盖种植业、畜牧业、渔业、农机、农村集体财务、宅基地等方面行政执法事项265项。受理群众举报、投诉43起，替群众挽回经济损失1.5万元，行政处罚案件13起。开展农产品质量安全监管执法，检查经营单位92个，办理案件6起。开展陆域综合执法，对农药经营网点、非洲猪瘟假疫苗、屠宰检疫等开展专项行动，排查175家次，办理案件6起。开展县域内河道非法捕鱼专项执法及非法网具河道清理，出动执法车59辆次、执法人员189人次。陆上巡河430余千米、执法船10艘次、水上巡航100多海里、清理并销毁地笼240余块、围网1120余米。与县检察院、县法院联合首次开展非法捕捞刑事附带民事公益诉讼案件，在相关水域增殖放流鱼苗150余千克、6000余尾。全面开展“瘦肉精”专项整治，排查养殖场（户）1009家，排查132307头（只），累计抽检尿样7000余份，签订承诺书46份，累计抽检尿样421份。排查兽药、饲料生产和经营场所23家，有效宣传法律法规、震慑违法活动。加强农机安全生产监管。开展查处拖拉机、联合收割机的无牌无证作业、无年检作业、带病作业等违章行为，检查农机具200台，消除事故隐患50起。

【脱贫攻坚成果持续巩固】 2021年，香河县全面贯彻党中央、国务院和省委、省政府关于巩固脱贫成果的决策部署，落实省、市《关于实现巩固拓展脱贫攻坚成果同乡村振兴有效衔接的意见》要求，把巩固脱贫成果摆在乡村振兴的突出位置，严格落实过渡期内脱贫不脱责任、脱贫不脱政策、脱贫不脱帮扶、脱贫不脱监管“四个不脱”要求，不折不扣地推进责任落实、政策落实、工作落实。

【新冠肺炎疫情防控】 2021年8月3日，按照县委办、政府办《关于调整香河县新型冠状病毒感染的肺炎疫情防控领导小组和县疫情防控工作总指挥部的通知》要求，成立防控排查监测组（大数据排查和防控排查分指挥部），设在县农业农村局，负责日常工作。以村、社区、党政机关、企事业单位、学校（幼儿园）、敬老院、宾馆、宗教场所等为单位，以网格为基础，落实各项防控排查措施，做好新冠肺炎疫情防控工作，及时排查、检查、发现和控制疫情，防止疫情的传播和蔓延。8月21日，调整疫情防控排查监测组工作职责，更名为防控排查管控协调组。负责公安推送大数据比对除重、落地查人、监测管控；负责外地协查函的推送、落地查人、反馈协查信息；负责督促全县各镇（社区办、园区）、村（含辖区小区）管理管控工作；督导落实大数据推送、外地协查函的人员信息落地查人、监测管控工作；督导落实所有外来人员的排查、登记、管控；督导落实按照属地管理原则，登统与疫情发生地有接触史的人员信息，落实相关防控措施；督导落实做好重点风险地区到返香河人员管控工作；督导防疫政策措施快速有效落实。在人员安排方面，分别从县直14个部门抽调工作人员28人、教师12人、志愿者15人。在村、社区防控排查方面，各镇（社区办、园区）、村负责落实辖区所有外来人员的排查、登记、管理等排查管控工作，统计外来人员、疫情中高风险地区、发热人员情况，制作台账、统一管理，及时汇总上报排查信息，落实好相关监测管控措施。各村出入口实行24小时值班值守，全面落实体温检测、扫健康码、行程码等措施。加强防疫知识宣传，确保各项防控措施全部落实到位。成立2个督导检查组，实行组长负责制，分包乡镇和部门，通过明察暗访等方式不定期开展督导检查工作，形成督导检查记录报防控排查管控协调组备案，对督导中发现的问题，及时交办、迅速整改。

（苏绍辉）

水　务

责任编辑　王树春

综　述

2021年，是中国共产党成立100周年，也是“十四五”规划的开局之年，香河县坚持习近平总书记“节水优先、空间均衡、系统治理、两手发力”治水方针不动摇，按照《香河县水利发展“十四五”规划》工作总基调和总思路，努力改善水环境、解决水问题、做好水文章，扎实推进北运河廊坊段旅游通航、河长制深化落实、地下水超采综合治理、水旱灾害防御等重点工作，为建设“协同发展示范区、绿色活力幸福城”贡献水务力量。

水利工程建设

【概况】　2021年，重点推进北北运河廊坊段旅游通航工程中的景观、河道清淤疏浚、岸坡防护、橡胶坝、船闸等工程。

【水利资金引进】　2021年，香河县引进水利专项资金207.74万元。其中，中央水库移民后期扶持资金2.64万元，冀财农〔2020〕126号；中央水利发展资金50.4万元，冀财农〔2020〕135号；省级地下水超采综合治理专项资金7.7万元，冀财农〔2021〕64号；省级地下水超采综合治理专项资金138万元，冀财农〔2021〕68号；省级地下水超采综合治理专项资金9万元，冀财农〔2021〕59号。

【北运河廊坊段旅游通航】　2021年，北运河旅游通航工程作为县委、县政府“一号工程”，按照分工，县水务局承担着景观、河道清淤疏浚、岸坡防护、橡胶坝、船闸等工程。县水务局抽调各科室骨干力量组成局运河专班，把办公室搬到了施工现场，快速推进河道清淤疏浚、岸坡防护等基础工作，为旅游通航工程打牢基础，保证各项工程高效高质推进。在施工过程中，切实加强对PPP项目的监管，严格落实施工规范，严把质量、安全、效率关口，倒排工期、争分夺秒，并联推进各项工作，6月26日，北运河廊坊段与北京段全线通航仪式同步、同时、同标准举行，实现与北京同步旅游通航。截至年底，京冀界至土门楼闸段河道清淤疏浚及岸坡防护基本完成；两侧驳岸景观完成乔灌木、地被种植及滨河路建设，并进行园建；曹店橡胶坝改建工程、河北省第一座船闸工程和姚止务险工段1.15千米堤防建设均建设完成。后续工作持续推进中，景观工程在完善相关手续。堤防建设列入流域治理清分工程PPP项目一期工程，组织召开初设审查会，待初设批复后，进行施工图设计及审查工作，实施工程。

【潮白河香河段综合整治工程】工程范围是潮白河两堤之间，上游至北京市通州区界、下游至天津市宝坻区界，主要建设内容包含水利工程、生态景观工程和水质净化工程。项目可研成果已通过专家审查，经修改后报省水利厅审批。6月，海河水利委员会按照水利部要求，编制完成《潮白河综合整治与生态修复方案》并组织专家审查后，上报水利部。潮白河治理项目已被列入水利部“十四五”规划实施范围。县水务局积极与上级部门沟通，进行项目的前期工作，为项目实施做准备，待水利部批复方案后，进行下一步工作。

【青龙湾减河土门楼闸至庆功台扬水站段治理工程】 工程治理范围为青龙湾减河土门楼闸下至冀津界河段，治理长度 17.7 千米。主要对青龙湾减河土门楼闸至庆功台扬水站段左右岸堤防进行加固维护及险工段进行防护。根据 2021 年廊坊市水利重点工作，已按要求于2021年9月24日完成青龙湾减河土门楼闸至庆功台扬水站段治理工程竣工验收工作。

（宋俊婷）

农村水利

【概况】 2021 年，香河县以农民群众的根本利益作为出发点和落脚点，重点抓好河渠清淤工程。

【农村河渠清淤】 2021 年，按《香河县 2021 年水污染防治重点工作实施方案》要求，加快推进潮白河（香河段）、老武河、鹳池河清淤工程。截至年底，3 条河底泥污染严重区段完成施工方案设计、工程量匡算和政府财政评审等，申请政府采购和招投标，召开相关涉及镇临时地上物补偿调度会，确保前期工作顺利开展。

（宋俊婷）

防汛抗旱

【概况】 2021 年，香河县认真贯彻中央和省市关于防汛抗旱工作的指示精神，按照“安全第一、常备不懈、以防为主、全力抢险”工作方针，扎实做好各项防汛抗旱工作，确保人民群众生命财产安全和社会大局稳定。

【雨情水情】 2021 年，全县降水总量为 957.6 毫米，比 2020 年同期（401.8 毫米）增加约 138.3%，比常年平均同期（532.3 毫米）增加 79.9%，其中，2021 年汛期（6 月 1 日至 9 月 30 日）降雨量为 804.3 毫米，比 2020 年同期（302.7 毫米）增加 166%，比常年平均同期（427.2 毫米）增加 88.2%。入汛以来，县域内发生多次强降雨过程，青龙湾站最大洪峰流量 388 立方米/秒，潮白河吴村站最大洪峰流量 218 立方米/秒，为保障全县行洪、排沥安全，根据气象预警，及时制定《香河县应对强降雨过程应急预案》，根据气象、水文预警信息，按照指挥领导小组指令，各扬水站根据水位情况提前预排水，全年，扬水站累计开车排水 5476.58 台时，累计排水总量 3113.4 万立方米。

【防汛备汛】 2021 年，开展隐患排查，消除风险隐患。对县域内主要行洪河道、13 处险工险段、4 座橡胶坝、9 座扬水站、41 座干渠闸、14 个河道内村庄及在建涉河工程等是否存在风险隐患进行全面详细的排查，并建立台账，就检查发现的安全隐患问题全部落实完成整改消除安全隐患。完善各类防汛预案，提高应急处置能力。保障度汛安全，编制完成《香河县主要行洪河道防洪预案》《香河县防洪除涝预案》《香河县橡胶坝调度方案》《香河县防汛物资储备及调度预案》《香河县县级河（渠）洪（沥）水调度方案》《香河县险工险段抢险预案》等相关的预案，提高预案的针对性、实用性和可操用性。完善防汛物资储备，提供全面充足的保障。县级防汛物资总价值 200 万元，汛前对县级防汛物资进行清点核查，并对部分防汛物资进行维修、养护，确保防汛物资“拉得出、用得上”。闸涵维修养护，保障渠道排沥安全。汛前，对县域内 55 座闸涵 121 台启闭机及闸板进行维修、养护。加强汛期值班，增强信息联络。加强防汛值班力量，完善汛期 24 小时值守制度和其他各项规章制度，提升信息报送管理能力，保证汛情得到及时收集和上报。加强与上游北京市北运河管理处、杨洼闸管理所、通州区防汛部门，下游天津市宝坻区、武清区水务部门沟通，建立经常性的联系机制，确保上下游信息畅通，及时掌握上下游水情、工情（水利工程运行情况）。

【河道内村庄易地搬迁工程】 2021 年，临时过渡安置工作情况，研究制定《香河县河道内村庄村民搬离安排方案》，县财政落实临时过渡安置资金 3898.15 万元，拨付至辖区镇、香河经济开发区，进行核发。涉及的 8 个村庄均实施临时过渡安置工作。新村建设情况，全县有 8 个村需要搬迁，其中，3 个村新村建设完成，剩余河北吴村、杨簸箕庄、仓头、王店子、吴打庄等 5 个村新村尚未开工建设。年内，县委、县政府多次召开专题会议研究制定河道内村庄搬迁安置工作。对香河县河道内村庄搬迁领导小组成员进行完善调整，由县委、县政府主要负责人任组长，明确各县直单位职责分工；修改完善河道内村庄搬迁安置方案，计划采取货币化安置和整合建新村两种模式进行安置，并确定具体搬迁安置补偿标准，待县政府常务会议、县委常委会议审定通过后实施；整合建新村模式，采用与原村址临近且位于堤外的村一并整合建新村方式搬迁安置，新村建设为 2 层新民居，其中，河北吴村并入梁家务、杨簸箕庄并入大窑上、仓头并入北三百户、王店子并入头百户、吴打庄并入李庄。

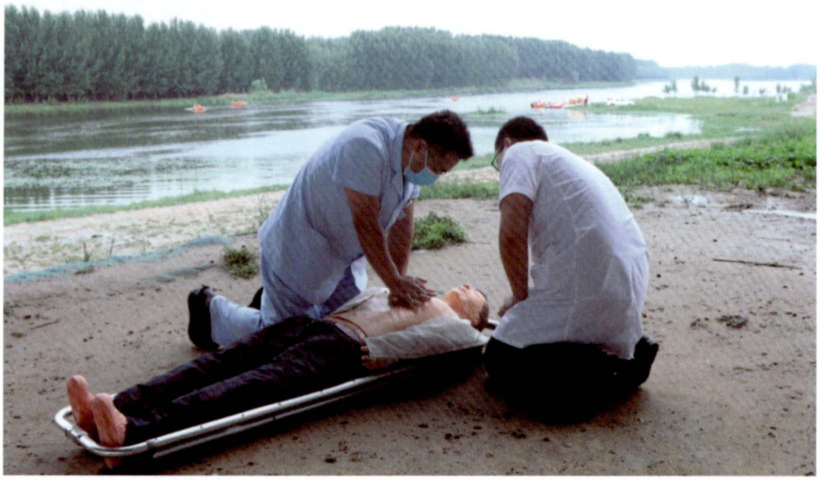

7 月 6 日，香河县在潮白河畔开展 2021 年防汛抢险综合应急演练活动。图为医务人员模拟开展抢救溺水群众演练　　县融媒体中心供图

【防汛应急演练】 2021 年 7 月 6 日，组织主要力量进行水上搜救和打桩防汛抢险演练，提高抢险队伍的防灾意识和实战能力，为“防大汛、抗大洪、抢大险、救大灾”积累实战经验。

【抗旱工作】 2021 年，避免或减轻旱灾发生，做好抗旱工作，积极引蓄地上水。年内，引蓄地上水 5430 万立方米，为农业灌溉用水及浅层地下水的补充提供水源保障。

【重点部位防守】 2021 年 5 月，对全县 9 座扬水站电气设备进行预防性试验和重车排水试验，充分做好汛期除涝的各项准备工作。各橡胶坝汛前完成维养，严格按照指令调蓄坝袋高度，在确保行洪安全的前提下，积极拦蓄地上水。加强河道堤防及河道险工险段巡查频次，发现问题及时进行修复整治，确保度汛安全。

【预测预警】 2021 年，积极与气象部门和上游北京市北运河管理处、杨洼闸管理所，廊坊市水利局吴村闸管理所、土门楼闸管理所以及廊坊市水文局沟通联系，确保第一时间了解雨情、汛情和闸坝的运行情况，增加信息预警预报的准确性和及时性，对全县扬水站、橡胶坝的通信设备进行全面细致的检测维修，健全无线超短波通信系统，确保信息及时传达到位。

（宋俊婷）

水资源保护

【概况】 2021 年，香河县加强水资源管理保护工作，落实河长制，做好河道采砂监管、调水补水、节约用水、水资源费征缴、水政监察执法等工作。

【水资源管理】 2021 年，严格

落实取水许可制度，规范取水许可证发放工作，全县年终保有取水许可证90套，年内，新办1套，补办28套，延续17套，变更3套，注销1套。加强计划用水管理，香河县辖区内用水单位严格按照规定要求申报用水计划。年内，申报非农用水计划数量79户、申请水量1233.4815万立方米，管网内计划用水数量14户，申请水量78.3450万立方米，农业用水计划数量440户，申请水量2617.7163万立方米。开展地下水超采综合治理工作，制定印发《香河县地下水超采综合治理2021年度实施方案》，通过高标准农田项目和2021年0.65万亩旱作雨养项目完成地下水超采综合治理约束性指标194万立方米，总体实现县域内地下水采补平衡，浅层地下水超采问题得到解决，地下水位止降回升。截至年底，全县浅层地下水埋深4.21米，同比回升1.98米，在本年度全省地下水超采综合治理考核中考核等次为好。

香河县境内的北运河河心岛附近的秀美风光　　县融媒体中心供图

【落实河长制】 2021年，扎实开展河长巡河工作，县域内33条河渠均实现河长全覆盖，形成县、镇、村三级河长制管理体系。全县有县、镇、村三级河长344人，其中，县级河长8人、镇级河长122人、村级河长214人，配备专业技术参谋20人，另有巡河员67名。年内，各级河长及巡护员累计巡河63860次，累计发现垃圾、围网捕鱼、水面漂浮物等问题1846处，全部整改完成。强力推进河渠“清五乱”，按照省、市河湖“四乱”清理整治工作要求，对河渠“四乱”进行全面排查，建立台账，排查“四乱”问题42处，其中，乱建问题8处（14460平方米）全部拆除清理完毕，乱堆垃圾问题34处，全部清理完毕。

【打造全省“秀美河湖”品牌】 2021年10月，香河县北运河（廊坊段）以全市第一名的成绩获得市“秀美河湖”称号；12月，香河县北运河（廊坊段）被河北省水利厅评为全省“秀美河湖”。

【河道采砂监管】 2021年，制订《2021年打击河道非法采砂取土专项行动实施方案》，对全县范围内河道采砂违法行为进行巡查执法，建立巡查台账，出动执法巡查车130辆次，执法人员487人次，每月按照要求报送巡查台账。联合县河长制办公室制定《香河县河道非法采砂取土专项整治行动实施方案》，以镇（社区办）、香河经济开发区为单元，对域内所有河道持续开展排查，镇、村级河长为排查责任人，累计出动执法人员3722人次，巡查里程7325千米，严厉打击非法采砂取土行为，确保河道防洪、生态、涉河基础设施安全及社会和谐稳定。

【调水补水】 2021年，积极引蓄地上水，全年，引蓄地上水5430万立米，为农业灌溉用水及浅层地下水的补充提供水源保障。

【节约用水】 2021年，利用“世界水日”“中国水周”紧紧围绕“深入贯彻新发展理念、推进水资源集约安全利用”这一主题，组织人员在主要街道、居民小区、县人民广场悬挂条幅、发放宣传资料，为来往群众讲解水资源知识。在人流密集的商场通过电子屏幕滚动播放节水知识、动画等影像资料，在公交车电子广告位播放节水标语，并在微信公众号“今日香河”头版头条推送节水宣传信息 10 万条。7 月，深入企业、走进社区，组织社会全民参与“节水”“惜水”宣传标语征集和《河北省节约用水条例》网络有奖答题活动，推进节水理念、引导社会公众转变用水观念、增强节水意识。

【水资源税征缴】 2021 年，全县确认非农取用水纳税户 79 家。在用水计量上，严格按照标准安装用水计量设施，水务局定期对企业取用水计量设施进行排查，发现问题及时解决，每月 10 日前完成取用水量核定，并依法向申报人核发《河北省水资源税纳税人取用水量核定书》，申报人向税务部门申报纳税。全县农业水资源税纳税人认定工作依法开展，对全县农业用水户通过以电折水方式进行水量核定，确定香河正大有限公司钱旺养殖场和香河春山养殖有限公司 2 家企业属于超限额取用水纳税人，需要缴纳农业水资源税。年内，完成申报缴纳。

【水政监察执法】 2021 年，对河道非法采砂取土、取水许可后续监管、涉河渠工程检查以及未经水行政主管部门批准的其他违法行为进行执法巡查。出动执法巡查车 130 辆次，执法巡查人员 487 人次。处理各类违法案件 14 件，处罚金额 86 万元。对群众举报的案件，及时到现场调查核实，发现问题立即处理，及时将调查处理结果反馈给举报人。

【安全生产】 2021 年，按照市县安全生产工作要求，成立县水务局安全生产领导小组，全面加强安全生产工作的组织领导，年初与各股室站所负责人以及水利工程施工企业负责人签订《安全生产责任书》。认真开展水利安全生产专项整治三年行动工作，结合水务局实际工作，做好 2 个专题、2 个重点领域的推动实施。年内，对北运河廊坊段旅游通航工程、河道堤防、扬水站、水闸等水利工程安全运行，安全生产检查 92 次，出动 276 人次，领导带队检查 16 次，发现一般隐患 35 次，做到立行立改，整改率 100%。认真开展完成对全县 5 家供水企业有限空间安全生产作业的督导检查工作。

（宋俊婷）

农村居民供水

【概况】 2021 年，香河县辖 300 个行政村，农村供水人口 295373 人，水源类型均为地下水，全县自 2004 年在全县范围开展“村村通自来水”工程建设，自来水普及率 100%。年内，积极开展水源地含氟量超标村街水源置换工作，保证农村饮水安全。

【农村供水】 2021 年，全县有农村供水水厂 5 座，分别为香河县三强水厂、香河国兴水业有限公司、香河现代水业有限公司、香河潮东水业有限公司和香河县平安水厂，供水村庄 71 个，农村供水人口 70749 人；其余村街均采用单村或联村集中供水的方式为发群众供水，全县无分散供水。

【农村饮水安全工程】 2021 年，做好水源地含氟量超标村街水源置换工作。全县饮用水水源地含氟量大于 1.5 毫克/升的村街有安平、安头屯、刘宋、渠口、王百户等 5 个镇的 27 个村。其中，安头屯镇商汪甸村、太平庄村、黄庄村及刘宋镇北村等 4 个村的自来水与香河国兴水业有限公司供水管网连接，只是一直未使用。经协商，由香河国兴水业有限公司负责对供水管道和阀门井进行维修更新，为安头屯镇商汪甸村、太平庄村、黄庄村及刘宋镇北村等 4 个村供水。该项工作进行管线踏勘、施工准备等前期工作。

【及时完善农村饮水安全系统信息】 2021 年，需填报和随时维护的农村饮水安全系统 3 个，分别是省水利厅农村饮水安全信息管理系统、水利部门户网站和河北省脱贫攻坚农村饮水安全信息系统，对 3 个系统的信息及时进行更新和维护，确保数据的正常传送。

（宋俊婷）

工业　信息业

责任编辑　杨东林

综　述

2021年，香河县在工业和信息化建设上，突出重点、打造亮点、真抓实干，克服疫情影响，实现加速发展。全县有工业经济单位6078家，累计完成营业收入334.75亿元，同比增长9%；实现利润23.3亿元，同比增长9.65%；累计纳税15.51亿元，同比降低2.94%。全县有规模以上工业企业91家，累计实现总产值115.65亿元，同比增长13.87%；规模以上工业企业增加值同比增速8.5%，在全市排名第4位；规模以上工业企业实现利润5.2亿元，同比降低18.1%；规模以上工业营业收入利润率增长5.2%；规模以上高新技术产业增加值增长19.5%；规模以下工业企业增加值增长7.7%。年内，香河县获得2020年度省级民营经济先进县荣誉称号；县科学技术和工业信息化局被廊坊市委、市政府授予2020年度廊坊市文明单位称号；被市工业和信息化局推荐参评河北省工业和信息化系统先进集体，是全市工业和信息化系统唯一获得推荐的县级局。

在信息化建设上，中国移动通信河北有限公司香河分公司、中国联合网络通信有限公司香河分公司、中国电信集团有限公司香河分公司三大网络运营公司继续做好基础设施建设，抓好业务发展、服务保障、安全生产工作，助力新冠肺炎疫情防控和文明城市建设，提高服务质量和客户满意度。

继续加强智慧城市建设，确保智能化指挥调度中心、智慧城市展示中心、智慧香河数据中心和智能化立体地图管理平台、社会管理与服务综合信息平台高速运转，推进智慧政务信息服务系统、智慧安监信息服务系统、智慧环保信息服务系统、中小企业信息服务系统、智慧城管信息服务系统、智慧交通信息服务系统、智慧医疗信息服务系统和智慧旅游信息服务系统建设。1月25日，香河县召开智慧城市应用整合推进工作会议，进一步明确智慧城市建设下阶段重点工作任务，全力推进智慧城市二期建设提“智”提速。

规模以上工业企业

【概况】　2021年，香河县有规模以上工业企业91家，其中，新增规模以上工业企业14家，超额完成市下达7家的目标任务；规模以上工业企业实现总产值115.65亿元，同比增长13.87%；规模以上工业企业增加值同比增速8.5%，超额完成市下达7.5%的目标任务，全市排名第4位。年内，全县规模以上重点行业克服新冠肺炎疫情影响，加速发展，在民生领域、汽车配件、家具制造、机械设备制造、印刷包装、建筑建材、白酒酿造等行业均有较大规模的发展。

2021年度香河县规模以上工业企业一览表

表15

序号	所属地	企业名称	序号	所属地	企业名称
1	香河经济开发区	香河县通利达福利纸业有限公司	33	淑阳镇	香河宏鹏非织造布有限公司
2	香河经济开发区	香河县高氏印务有限公司	34	淑阳镇	廊坊爱依瑞斯家具有限公司
3	香河经济开发区	香河富士嘉利纸制品有限公司	35	淑阳镇	香河三丰混凝土有限公司
4	香河经济开发区	赛铭瑞汽车零部件（廊坊）有限公司	36	新开街社区办	香河汇美塑胶有限公司
5	香河经济开发区	河北安旭专用汽车有限公司	37	安平镇	香河富强包装制品有限公司
6	香河经济开发区	香河凯华齿轮有限公司	38	安平镇	香河百利铭泰包装有限公司
7	香河经济开发区	香河金柏包装技术开发有限公司	39	安平镇	河北华香清真肉类加工有限责任公司
8	香河经济开发区	香河宝冠塑业助剂有限公司	40	钳屯镇	香河县宏远机械有限公司
9	香河经济开发区	香河正大有限公司	41	钳屯镇	国尊金属制品（香河）有限公司
10	香河经济开发区	中粮可口可乐华北饮料有限公司	42	钳屯镇	香河晋邦涂料有限公司
11	香河经济开发区	香河第一城酒业有限公司	43	钳屯镇	香河龙勇木业有限责任公司
12	香河经济开发区	香河鑫山钢结构有限公司	44	钳屯镇	廊坊精兰科技有限公司
13	香河经济开发区	香河金华帝金属制品有限公司	45	钳屯镇	香河平安混凝土搅拌有限公司
14	香河经济开发区	萨克森建筑新型材料（廊坊）股份有限公司	46	五百户镇	香河海潮制件有限公司
15	香河经济开发区	河北新仟瑞新型建材有限公司	47	五百户镇	香河港龙汽车配件制造有限公司
16	香河经济开发区	河北四喜达新型材料有限公司	48	五百户镇	香河亚辉铸造有限公司
17	香河经济开发区	河北宏泰铝业有限公司	49	五百户镇	香河华尚高分子材料有限公司
18	香河经济开发区	香河县御娇龙家具有限公司	50	五百户镇	香河众旺木业有限公司
19	香河经济开发区	喜临门北方家具有限公司	51	五百户镇	香河天亚木业有限公司
20	香河经济开发区	河北双叶家具有限公司	52	刘宋镇	香河伊斯曼乐器有限公司
21	香河经济开发区	河北富都华创家具制造有限公司	53	刘宋镇	香河汇海实木家具有限公司
22	香河经济开发区	众力（香河）食品设备有限公司	54	安头屯镇	香河县中兴铝材有限责任公司
23	香河经济开发区	香河汇文节能科技有限公司	55	渠口镇	香河县兴华金属制品有限公司
24	香河经济开发区	热视际河北科技有限公司	56	渠口镇	香河县通达电器设备有限公司
25	香河经济开发区	奥腾工业自动化（廊坊）有限公司	57	渠口镇	香河华腾金属制品厂
26	香河经济开发区	香河合益包装机械有限公司	58	渠口镇	香河奥尔利金属制品有限公司
27	香河经济开发区	晶创铭盛电子科技（香河）有限公司	59	渠口镇	河北宝友电器设备有限公司
28	香河经济开发区	河北飞图机器人科技有限公司	60	渠口镇	香河锟泰钢材加工有限公司
29	香河经济开发区	河北百纳信达科技有限公司	61	渠口镇	廊坊银丰科艺家具有限公司
30	香河经济开发区	海利天梦（香河）科技有限公司	62	渠口镇	香河县康泰机械制造股份有限公司
31	香河经济开发区	河北赤恒盛达保温材料有限公司	63	渠口镇	河北睿高机器人科技有限公司
32	香河经济开发区	香河昆仑化学制品有限公司	64	渠口镇	香河洋鑫博傲钣金制造有限公司

续表 15

序号	所属地	企业名称	序号	所属地	企业名称
65	香河经济开发区	晟朗（香河）电力电子有限公司	79	渠口镇	河北天诚通达电气设备有限公司
66	香河经济开发区	华威博奥（廊坊）电力设备有限公司	80	钱旺镇	香河天兴纸制品有限公司
67	香河经济开发区	河北知行合一电器设备有限公司	81	钱旺镇	香河强胜电动车制造有限公司
68	香河经济开发区	河北天域九五电气有限公司	82	钱旺镇	河北银洲鑫业电器设备有限公司
69	香河经济开发区	河北松岛菱电设备有限公司	83	钱旺镇	香河县中辰铝业有限责任公司
70	淑阳镇	香河旭明源汽车配件有限公司	84	钱旺镇	廊坊聚成实验室工程技术有限公司
71	淑阳镇	香河县百川燃气销售有限公司	85	钱旺镇	香河格瑞混凝土有限公司
72	淑阳镇	香河县希泉泡沫有限公司	86	钱旺镇	香河富源混凝土搅拌有限公司
73	淑阳镇	香河锦圣泡沫有限公司	87	钱旺镇	廊坊华兴现代建筑材料有限公司
74	淑阳镇	香河汇利丰压延塑胶有限公司	88	蒋辛屯镇	香河富华肉类有限公司
75	淑阳镇	香河雅伊华家具有限公司	89	蒋辛屯镇	香河县胜强混凝土有限公司
76	淑阳镇	香河兴源建丰木业有限公司	90	热力公司	香河县九矗热力有限公司
77	淑阳镇	香河锦澜非织造布有限公司	91	三强水厂	香河县三强水厂
78	淑阳镇	香河嘉尼曼家具有限公司	—	—	—

【民生领域规模以上工业企业】 2021年，全县有香河富华肉类有限公司、河北华香清真肉类加工有限公司、香河第一城酒业有限公司、香河百川燃气有限公司、香河九矗热力有限公司、香河正大有限公司、香河三强水厂、中粮可口可乐华北饮料有限公司8家民生领域规模以上企业，年内，累计实现产值25.59亿元，占规模以上工业总产值的22.11%，同比降低1.36%。

【机械制造领域规模以上工业企业】 2021年，全县有众力（香河）食品设备有限公司、香河县康泰机械制造股份有限公司、香河汇文节能科技有限公司、热视际河北科技有限公司等11家机械设备制造领域规模以上工业企业，年内，累计实现产值8.3亿元，占规模以上工业总产值的7.18%，同比增长46.87%。

【电器机械和器材制造领域规模以上工业企业】 2021年，全县有香河洋鑫博傲钣金制造有限公司、香河昆仑化学制品有限公司、晟朗（香河）电力电子有限公司等8家电器机械和器材制造领域规模以上工业企业，年内，累计实现产值8.83亿元，占规模以上工业总产值的7.64%，同比增长61%。

【汽车配件领域规模以上工业企业】 2021年，全县有香河旭明源汽车配件有限公司、香河海潮制件有限公司、香河港龙汽车配件制造有限公司、赛铭瑞汽车零部件（廊坊）有限公司、河北安旭专用汽车有限公司等7家汽车配件领域规模以上工业企业，年内，累计实现产值22.94亿元，占规模以上工业总产值的19.83%，同比增长10.2%。

【家具制造及配套领域规模以上工业企业】 2021年，全县有喜临门北方家具有限公司、廊坊爱依瑞斯家具有限公司、河北富都华创家具制造有限公司、香河众旺木业有限公司、香河天亚木业有限公司等23家家具制造及相关配套领域规模以上工业企业，年内，累计实现产值25.5亿元，占规模以上工业企业总产值的22.05%，同比增长14.3%。

香河海潮制件有限公司生产车间，工人在操作机械进行零部件焊接　　朱钰爽　摄

【印刷包装领域规模以上工业企业】　2021 年，全县有香河县高氏印务有限公司、香河富士嘉利纸制品有限公司、香河富强包装制品有限公司等 6 家包装制造领域规模以上工业企业，年内，累计实现产值 6.24 亿元，占全部规模以上工业总产值的 5.4%，同比增长 15.23%。

【非金属矿物质领域规模以上工业企业】　2021 年，全县有香河富源混凝土搅拌有限公司，廊坊华兴现代建筑材料有限公司、河北赤恒盛达保温材料有限公司等 7 家非金属矿物质领域规模以上工业企业，年内，累计实现产值 4.23 亿元，占规模以上工业总产值的 3.66%，同比增长 13.11%。

【金属制品领域规模以上工业企业】　2021 年，全县有香河县兴华金属制品有限公司、香河县通达电器设备有限公司、香河华腾金属制品厂等 18 家金属制品领域规模以上工业企业累计实现产值 11.72 亿元，占规模以上工业总产值的 10.13%，同比增长 15.18%。

【其他领域规模以上工业企业】　2021 年，全县有香河伊斯曼乐器有限公司、香河强胜电动车制造有限公司、香河宝冠塑业助剂有限公司等 3 家其他领域规模以上工业企业，年内，累计实现产值 2.3 亿元，占规模以上工业总产值的 2.01%，同比增长 13.17%。

（李春燕）

民营经济

【概况】　2021 年，全县有民营经济单位 4 万余家，带动就业 20 万人，年营业收入超 750 亿元、纳税 34 亿元。县委、县政府将民营经济“二次创业”作为工作着力点，制定《香河县民营经济“二次创业”三年行动方案》《2021 年度香河县民营经济“二次创业”“精准服务年”推进工作方案》《香河县关于民营经济发展十项措施》，实施六大专项行动、建立五大推动机制、完善五大奖补机制，民营经济掀起“二次创业”的热潮。

【开展包联帮扶工作】　开展县级领导包联帮扶企业活动，制定《2021 年县级领导包联“四上”企业工作方案》《县级领导包联帮扶企业项目活动周活动实施方案》，在全县范围内筛选有代表性的民营企业 125 家，作为县级领导包联帮扶对象。县级领导深入包联帮扶企业，详细了解企业在用工、用地、用电、融资等方面的运营状况及发展中存在的问题和相关诉求，年内，26 名县级领导共深入企业 160 次，为企业解决问题及难题 50 个，发放《国家、省、市扶持企业发展政策汇编》130 份。

【强化涉企服务】　立足项目建设，提升涉企服务品质，助力企业发展。2021 年，申报省重点技改项目 13 项，并全部被列入河北省千项技改项目计划目录。为香河东方电子有限公司、香河县御娇龙家具有限公司等企业申报了信贷纾困资金贷款贴息、科技惠企、军民融合等多个项目。其中，河北安旭专用汽车有限公司“安旭多功能清扫机”项目获批中国生产力促进中心协会生产力促进奖，被认定为省级国民经济动员中心。为香河海潮制件有限公司、美博瑞（香河）电子信息科技有限公司、热视际河北科技有限公司等企业申报A、B、C级研发机构，截至年底，有60家企业获得研发机构证书，其中，规模以上企业建立研发机构31家。年内，香河县鼎力中小企业融资担保有限公司为廊坊爱依瑞斯家具有限公司、香河县康泰机械制造股份有限公司等17家企业签订委托担保协议和反担保抵押合同，完成担保贷款手续，担保金额1.14亿元，累计担保金额达12.06亿元。帮助河北安旭专用汽车有限公司等6家企业申报并获批省级专精特新企业，全县累计获评省级专精特新企业18家。

【实施科技创新】 通过政策引导和资金扶持，鼓励企业建立各类研发平台，全面提升企业创新研发能力，推进科技成果转化及产业化。2021年，西维智能控制技术（香河）有限公司、香河合益包装机械有限公司等11家企业研发中心被认定为市级企业技术研发中心；为荣盛建设工程有限公司等5家企业争取研发投入奖补资金126万元；加强对全县8家科技企业孵化器和众创空间规范化管理。积极培育新的创新平台，推动孵化企业数量及科技创新能力提升，实现高质量发展，年内，培育香河中恒泰丰电子技术有限公司、河北众置创业孵化器有限公司2家企业申报市级众创空间，培育香河赢创科技有限公司、香河维泰商贸有限公司2家企业申报市级孵化器；香河强胜电动车制造有限公司等企业申报省、市级资助工业设计成果转化项目；香河雅伊华家具有限公司等企业申报省、市级资助购买工业设计服务项目；耐尔得智能科技香河有限公司工业设计中心获批市级工业企业设计中心称号。

香河县众旺木业有限公司的智慧生产车间内，工人查看机器的运行情况

香河众旺木业有限公司供图

【民营高新技术企业】 2021年，全县推荐申报高新技术企业34家，获批32家，净增6家，总数达到82家，全部为民营企业。

【特色产业集群】 2021年，全县有家具产业和金属产业2个特色产业集群，第四季度，将金属产业集群合并到家具产业集群。年内，家具特色产业集群（含金属产业集群）实现营业收入170.58亿元，同比增长24%；实缴税金1.76亿元，同比增长24%。纳税超过百万元的家具制造及配件的企业有喜临门北方家具有限公司、廊坊爱依瑞斯家具有限公司、香河众旺木业有限公司、河北富都华创家具制造有限公司、香河兴源建丰木业有限公司、香河天亚木业有限公司、河北双叶家具有限公司、香河嘉尼曼家具有限公司8家企业。

（李春燕）

工业企业管理

【概况】 2021年，香河县以“三重四创五优化”（“三重”：重大国家战略、重大项目建设、重大民生工程；“四创”：创新，创业，创全国文明城市、国家卫生城市、国家森林城市，创平安河北、法治河北；“五优化”：优化政治生态、优化经济结构、优化自然生态、优化营商环境、优化基层治理）活动为契机，以推动民营经济“二次创业”为切入点，聚焦主责主业，践行担当作为，推动涉企服务。

【申报工业项目】 2021 年，香河县加大企业申报工业项目力度，做好“专精特新”项目、研发机构项目、技改项目、填补国内空白项目、工业设计项目等申报工作。

申报“专精特新”企业。2021 年，香河县拓宽“专精特新”发展之路，培育一批发展战略专业化、管理及生产精细化、产品或服务特色化、技术或经营模式新颖化，在行业内技术领先、产品质量优、市场份额高、发展前景好的中小企业。为河北安旭专用汽车有限公司、廊坊聚成实验室工程技术有限公司、美博瑞（香河）电子信息科技有限公司、热视际河北科技有限公司、河北宝友电器设备有限公司、香河县伊斯曼乐器有限公司 6 家企业申报廊坊市 2021 年度“专精特新”中小企业，分别获得市级“专精特新奖补资金”10 万元。为河北安旭专用汽车有限公司、廊坊聚成实验室工程技术有限公司、美博瑞（香河）电子信息科技有限公司、热视际河北科技有限公司、河北宝友电器设备有限公司、香河海春机械设备有限公司 6 家企业申报河北省 2021 年度“专精特新”中小企业。河北富都华创家具制造有限公司获得第四批河北省“专精特新”示范企业称号。

申报企业研发机构。为促进企业技术创新，增强企业创新活力，推动产业转型升级，按照《河北省工业企业研发机构认定管理办法》规定，继续开展工业企业研发机构申报认定工作。热视际河北科技有限公司、河北宝友电器设备有限公司申报 C 级研发机构，美博瑞（香河）电子信息科技有限公司申报 B 级研发机构，海潮制件有限公司申报升级为 A 级研发机构。

申报技改项目。鼓励企业开展技术创新、设备更新改造，推进企业技改升级。筛选并指导企业做好河北省工业企业重点技术改造项目网上申报，年内，申报省重点技改项目 13 项。为香河强胜电动车制造有限公司电动车环保生产线更新改造项目申报 2021 年河北省级技改专项资金项目。为香河县康泰机械制造股份有限公司新增年产 200 台套大型振动冲击器项目、香河天亚木业有限公司环保清洁型新材料分拣流水线技术改造项目等申报 2021 年市级技改专项资金项目。年内，香河强胜电动车制造有限公司新增年产 15 万辆电动车项目，获得 2021 年度市级技改专项资金 423 万元。

申报填补国内空白项目。为河北中瑞丸达智能科技有限公司控制器底座及智能快速布线系统产品申报市级填补国内空白项目，并获得市级填补国内空白奖补资金 20 万元。

申报工业设计项目。为耐尔得智能科技香河有限公司申报廊坊市工业设计中心项目，并获得市级工业设计奖补资金 50 万元。香河强胜电动车制造有限公司高端电动三轮车整车设计成果转化项目、河北睿高机器人科技有限公司全自动激光切割机及激光数控机床操作平台设计成果转化项目等，分别获得市级工业设计成果转化专项资金 99.62 万元和 15.31 万元。香河强胜电动车制造有限公司两轮与三轮可自由切换的设计成果转化项目、河北安旭专用汽车有限公司新型全功能防暴水炮车设计成果转化项目，分别获得省级工业设计成果转化专项资金 50.26 万元和 31.33 万元。香河雅伊华家具有限公司 RED&Y 系列原创家具产品设计获得省级购买工业设计服务项目奖补资金 20 万元。

【融资担保服务】 发挥香河县鼎力中小企业融资担保有限公司担保作用，帮助企业解决融资难题。2021 年，为廊坊爱依瑞斯家具有限公司、香河县康泰机械制造股份有限公司等 17 家企业进行担保调查，与 15 家企业签订委托担保协议和反担保抵押合同，完成担保贷款手续，担保贷款金额 1.03 亿元，累计为全县企业担保贷款金额 12.44 亿元。

6月16日，县科学技术和工业信息化局主要负责人到晶创铭盛电子科技（香河）有限公司调研，宣传疫情期间国家、省、市扶持企业发展相关政策

县科学技术和工业信息化局供图

【入企调研】 建立包联企业长效机制，制定《香河县科学技术和工业信息化局关于对全县规模以上工业企业开展“大走访大调研大协调”活动的包联方案》，由副科级以上干部带队，分成7个小组，深入规模以上工业企业、高新技术企业及年度纳税超50万元企业，开展入企摸底调研活动，了解企业运行态势，协调帮助企业解决遇到的各类问题，提升精准帮扶效能，助力企业高质量发展。

【组织企业参加专业培训】 香河众旺木业有限公司、香河万水环保材料有限公司等参加节能环保技术对接会；香河强胜电动车制造有限公司、香河星耀新材料科技有限公司、香河县康泰机械股份有限公司、廊坊精兰科技有限公司等，参加企业家进高校培训等活动；7月，摩云阁香河机器人有限公司参加河北省重点技术改造项目计划（千项技改）发布会暨政银企对接会；香河凯华齿轮有限公司、香河港龙汽车配件制造有限公司、香河海潮制件有限公司、赛铭瑞汽车零部件（廊坊）有限公司等4家企业参加京冀（廊坊）汽车产业链对接活动；香河海潮制件有限公司、香河安旭汽车零部件有限公司等参加“专精特新”百场万家公益活动。

【安全生产】 深入贯彻“管行业必须管安全，管业务必须管安全，管生产经营必须管安全”的要求，聘请安全生产专家对全县规模以上企业和高新技术企业进行指导。发放安全生产宣传海报和宣传手册400余份、光盘100余份，包括《习近平总书记和李克强总理关于安全生产工作的批示、指示、论述摘编》《河北省安全生产风险管控与隐患排查治理规定》《中华人民共和国安全生产法》等，制作安全教育标牌100余套。对企业安全生产主体责任落实情况、安全生产教育培训情况、员工档案管理情况、应急预案编制和演练情况、企业安全风险分级管控和隐患排查治理情况进行督导检查。深入企业生产一线排查隐患、分析问题，提出整改意见，查找隐患946处，并限期完成整改。组织安全生产培训3次，聘请专家讲座，结合事故案例，解读《中华人民共和国安全生产法》，明确企业负责人和安全管理人员责任，坚守“以人为本，生命至上”的红线，严格依法依规生产，杜绝各类事故的发生。

【大气污染治理】 制订印发《香河县2021年工业企业料堆扬尘治理工作方案》，建立工业企业料堆场管理台账，涉及企业12家，其中，搅拌站7家。年内，出动检查人员40余人次，车辆20余辆次，对企业逐一进行检查督导，有效减少扬尘污染，未发现新增整改提升类“散乱污”企业。

【行业监督管理】 制订《香河县2021年食盐供应安全专项整治行动工作方案》，开展食盐专营管理“回头看”和食盐供应安全专项整治行动。推动工业节水活动，涉及香河正大有限公司和香河第一城酒业有限公司2家企业，其中，为香河正大有限公司申报节水型企业。开展新能源汽车推广工作，累计完成推广新能源汽车 595 辆。开展地条钢生产铸造排查工作，排查出香河旭明源汽车配件有限公司、香河亚辉铸造有限公司、香河县北务屯计量器具厂 3 家铸造企业。

【工业用电】 2021 年，全县工业用电量 80464.98 万千瓦•时，占总用电量的 41.35%，同比增加 9923.05 万千瓦•时，增长 14.07%。

2021年香河县工业用电量前10名企业用电情况一览表

表16

序号	企业名称	年电量（万千瓦·时）	占全县工业用电量比重（%）	同比增长（%）
1	香河天亚木业有限公司	4224.70	5.25	17.69
2	香河众旺木业有限公司	3817.35	4.74	10.76
3	中粮可口可乐华北饮料有限公司	3204.57	3.98	12.12
4	香河兴源建丰木业有限公司	2728.73	3.39	1.42
5	香河第一城酒业有限公司	1043.32	1.30	4.88
6	香河县李程商业管理有限公司	973.27	1.21	34.97
7	赛铭瑞汽车零部件（廊坊）有限公司	965.69	1.20	14.50
8	喜临门北方家具有限公司	849.84	1.06	11.07
9	香河县高氏家具有限公司	818.30	1.02	21.32
10	香河汇美塑胶有限公司	784.22	0.97	-2.47

【新冠肺炎疫情防控】 2021 年，香河县加强对工业企业的新冠肺炎疫情防控，做到一手抓疫情防控，一手抓企业生产。

新冠肺炎疫情防控应急物资生产企业调查。1 月 7 日，对疫情防控物资生产企业进行摸底调查，全县有新冠肺炎疫情防控物资生产企业 17 家，涉及医疗物资生产配套、口罩生产、民生物资供应等方面，其中，列入省重点新冠肺炎疫情防控物资生产企业 10 家（生产口罩企业 2 家，医疗物资配套生产企业 8 家），并按要求做好企业信息上报工作。

及时掌握防疫物资信息。与市工业和信息化局沟通，及时掌握防护服、隔离衣、医用防护口罩、核酸试剂盒等防疫物资生产企业名单，并将信息提供给县卫生健康局疾病预防控制中心，便于县应急物资储备库调拨购买。通过微信公众号和微信工作群等宣传推广《廊坊市家庭应急物资储备建议清单》。

配备安装自动测温人脸识别设备。对自动测温人脸识别设备配备及需求情况进行调查摸底，全县需安装自动测温设备 1414 套，其中，县级统一采购 112 套，市级统一采购 1302 套（大屏式 108 套、立柱式 1194 套）。制订《香河县配备自动测温人脸识别设备工作方案》，组织各镇（社区办）、香河经济开发区、县直相关部门开展自动测温人脸识别设备安装，8 月 17 日开始安装，9 月初安装完毕。按照市、县《配备自动测温人脸识别设备工作方案》和廊坊市防控办《关于做好人脸识别融合测温设备建设应用工作的通知》要求，所安装的自动测温人脸识别设备具有联网功能，实现人像和体温数据的高效传输、安全存储、便捷溯源，并与人脸识别系统互联互通，统一采购设备全部联网，实现在数据平台的数据传输，并与公安大数据互联互通。

（李春燕）

信息业

【概况】 2021年，香河县加强信息业建设，电子政务外网平台运行平稳，链路畅通。全县有省级“两化”融合示范企业7家。

【政务网络建设】 香河县电子政务外网平台设在县科学技术和工业科信息化局，全县有电子信息企业8家。公务网络平台运行平稳，链路畅通，未发生网络安全事件。

【“两化”融合发展情况】 以“互联网+”为着力点，大力推动数字产业化，加强“两化”融合“数字车间”项目示范、申报工作，引领支持重点骨干企业实施数字化改造。2021年，全县有76家企业完成“两化”融合评估工作，完成率为88.37%。其中，香河天亚木业有限公司获批2021年市级数字化车间项目，香河第一城酒业有限公司获批市级数字经济发展专项资金项目。

【电子信息企业】 2021年，全县有8家电子信息产业企业。其中，电子信息制造业7家，分别为香河东方电子有限公司、河北安旭专用汽车有限公司、香河国瑞智测试设备有限公司、香河汇文节能科技有限公司、香河昆仑新能源材料股份有限公司、晟朗（香河）电力电子有限公司、河北百纳信达科技有限公司；软件和信息技术服务业1家，为河北联智创意网络技术有限公司。年内，电子信息产业实现主营业务收入57583万元，其中，电子信息制造业主营业务收入57270万元、软件和信息技术服务业主营业务收入313万元。

（李春燕）

网络通信

【概况】 香河县有中国移动通信集团河北有限公司香河分公司、中国联合网络通信有限公司香河县分公司、中国电信集团有限公司香河分公司3家网络通信公司。2021年，网络通信运营公司进一步加大通信设施建设力度，提升网络通信运行速度和质量，提高客户的感知度和满意度，为全县经济和社会发展提供通信保障。截至年底，全县拉入互联网宽带用户176679户，固定电话用户8700部，移动电话用户522595部。

【中国移动通信集团河北有限公司香河分公司】 2021年，中国移动通信集团河北有限公司香河分公司（以下简称中国移动香河分公司）加大网络基础设施建设，扩大网络覆盖范围，强化对网络的优化处理，提高网络质量，不断满足客户要求，提升客户的满意度。

通信基础设施建设。2021年，中国移动香河分公司有基站613个。其中，汇聚及综合业务机房17个、基站401个（自留站址41个，铁塔站址360个）、室内分布系统195个；开通5G基站235个，主要覆盖香河城区、安平镇及其他镇的主要街区。家用宽带覆盖485个点位，覆盖30.77万户，分光器总端口16.59万个，开通使用端口5.7万个。做好京唐铁路香河段4G和5G信号覆盖规划，协调相关部门，做好传输和用电准备工作。规划通信管网建设，提升原有管道承载能力，提高市政道路通信管网覆盖率。

做好通信服务保障工作。每天安排专人值班，遇到紧急情况及时上报并处理。加强巡站，每天抽查，保障基站正常运行。及时处理客户投诉，进行信号测试，确保保障设备的正常运行。做好新冠肺炎疫情联防联控小程序服务工作。

开展“我为群众办实事”实践活动。结合党史学习教育，开展“我为群众办实事”实践活动，制定“我为群众办实事”实践活动重点项目清单，实施台账管理，按月跟进，推进办实事重点项目举措清单落实，切实增强人民群众获得感、幸福感、安全感。

服务新冠肺炎疫情防控。按照县委、县政府安排部署，开展新冠肺炎疫情防控，做好联防联控小程序服务工作，为县新冠肺炎疫情防控办公室、县公安局、县卫生健康局等部门提供通信服务与保障，借助联防联控、体温检测设备、云MAS等信息化产品，助力相关部门开展疫情防控。

开展网络安全宣传活动。6月，联合中行香河支行、县公安局网络安全保卫大队在县人民广场，开展“庆祝中国共产党成立100周年防范电信网络诈骗”活动。10月13日，开展以“网络安全为人民、网络安全靠人民”为主题的网络安全宣传日活动，深入宣传《中华人民共和国网络安全法》等网络知识，向客户和群众宣传网络安全、防范电信诈骗等知识。在府前街营业厅内宣传网络安全知识、开展网络知识答题、“断卡行动”（为了打击治理电信网络新型违法犯罪，依法清理整治涉诈电话卡、物联网卡以及关联互联网账号的行动）宣传、利用LED电子屏滚动播放网络安全知识、展架上摆放宣传单页和卡片、视频播放反诈知识等方式，营造网络安全宣传氛围，增强广大群众的网络安全意识，维护群众自身信息安全及财产安全，进一步增强了广大群众维护个人信息权益和防范诈骗的意识、规避信息安全风险的能力，使广大群众远离各类电信诈骗风险，牢固网络安全基层“防火墙”，共建清朗网络空间。

（李　娜）

【中国联合网络通信有限公司香河县分公司】 中国联合网络通信有限公司香河县分公司（以下简称中国联通香河分公司）是具有全业务经营资质的省级电信运营企业，主要经营GSM/WCDMA/第四代数字蜂窝移动通信业务、5G无线接入业务、移动电话、固定电话、宽带等基础通信产品和信息应用、信息内容、系统集成等综合信息服务产品。2021年，中国联通香河分公司自有营业厅5个，合作营业厅47个，为全县党政机关、企事业单位和300个村街提供通信保障服务。年内，进一步做好通信建设维护工作，为业务的保有及发展提供保障，多举措加大服务监管力度，提高服务水平，提升客户感知度，为全县经济和社会发展提供坚强的通信保障。

通信基础设施建设。网络支撑进一步优化。2021年，建4G站4个，开通5GNR2100基站237个、开通5G3.5基站57个，开通深度覆盖4G宏站16个，开通室内分布系统8处、拆闲补盲14个点位、网络优化325次，驻地网建设95个、大客户应急工程61项、光缆建设330皮长千米，资源可视化完成续时进度。

宽带提速保障。宽带及IPTV上行共计100G出口带宽，完成33台10GPON（光纤到户）设备安装，完成213个小区的万兆升级，为实现宽带200M普及，500M引领，1000M接入示范提供保障。

装机、维修品牌提升。装机履约率99.76%，修机履约率99.85%，宽带修障全量进系统，进系统率达到98%，加大“十个一”标注化服务和用户满意度的考核，对一周没有达到标准的2名装维人员进行相应的督导和处罚，装维服务得到全面提升。

5G客户拓展。拓展5G及真千兆宽带规模发展，2021年，有5G套餐用户7.9万个；聚焦全屋光宽带业务，通过实体渠道“金融包装”“家客线随销”等活动，带动家庭互联网及FTTR产品，累计发展家庭互联网1.2万户，发展FTTR（光纤敷设到远端节点）500余户，让用户感受到5G优势；聚焦光猫升级置换，以宽带提质、提速，累计置换终端1.1万户，让用户感受高带宽速率。

全面提高通信服务水平。在保证对营业厅每月1次明查的基础上，省、市公司均聘请第三方进行暗访，每月对明查和暗访结果进行排名通报，并与各单位绩效考核有机结合，有效提高服务质量；加大对服务窗口的服务检查和考核，每天通过视频监控检查各营业厅的服务情况，发现问题及时通知负责人进行整改；在每月的服务质量分析会上，对较突出、较严重、履次整改不到位的问题和好的典型、好的做法进行通报，鞭策后进、鼓励先进；出台并实施奖惩办法，有效的提高了窗口服务人员整体服务质量。

改善客户感知。将客户投诉纳入网格小CEO关键绩效指标考核，按月考核；严格执行“服务态度差零容忍”，出现一例，严惩一例；严控升申诉，制定专项考核管理办法，对直接责任人进行专项处罚，对网格负责人进行关键绩效指标考核；承诺宽带装维当日装、连夜修、画质优、差必赔，营业厅服务态度零容忍、业务办理零差错，对不达标服务进行主动赔付，倒逼公司改进流程；全员营销服务上门，各农村网格集体出动开展沃进社区活动，为不便进厅办理的用户上门受理业务。

助力县域经济发展和新冠肺炎疫情防控。配合县内规划建设及时完成线路迁改；做好县内重点落地项目的通信设施建设与服务保障；做实重大活动及县内重点单位的通信保障服务；新冠肺炎疫情期间提供中小企业云、返程流动大数据、医院上云、教育上云、云视频、疫情大数据平台等 21 项免费服务和支撑，助力疫情防控、线上教学和企业复工复产；10 月，开始参与大数据流调排查，依托“香河卫生健康”微信公众号，为核酸检测量身定制线上核酸检测助手，将核酸检测登记数字化，县域全员核酸检测时间由 2 天缩短到 4 个小时。

（李竹青）

【中国电信集团有限公司香河分公司】 中国电信集团有限公司香河分公司（以下简称中国电信香河分公司）主要经营固定电话、移动通信、卫星通信、互联网接入、智慧家庭及应用等服务。现有“电路”“新核云”“智慧城市”“云主机”“云桌面”等服务品牌，服务号段为“133、153、189、180、181、177、173、199、191”，“1349”号段为中国电信集团卫星通信有限公司卫星电话号段。2021 年，累计在网宽带存量用户 65488 户，其中，300 兆宽带以上用户占 71%，1000 兆宽带用户 3168 户，公众宽带渗透率 22.98%。累计 C 网存量用户 135108 户，5G 用户占比 60%。累计电视存量用户 58775 户、Wi-Fi 用户 33999 户。

通信基础设施。截至 2021 年年底，建有 4G 室外站 373 个、室内分布系统 99 个，县域 4G 网络覆盖率达 100%；建有 5G 基站 306 个，覆盖县城主干道路及部分镇村。

提升通信质量。持续加快千兆宽带网络设备割接升级，提升整体网络质量，年内，推行用户宽带品质升级，宽带提速 1000M，提升用户的上网感知。光纤到户布线 4.3 万户，累计覆盖 37.1 万户，部分居民小区具备千兆宽带入户能力。继续开展全民升 5G、千兆宽带大提速，实现全家智享 3000 兆，在存量用户 4G 升 5G 规模开展的同时，重点管控降收情况，以套餐迁转、5G 升级包业务加载进行提值为手段。从源头重点管控新入网用户质量，保证真实发展客户，客户真实使用。

通信项目建设。年内，承接全县医保系统网络建设项目，架设 14 条 VPN 专线，连接县医保局与各镇便民服务大厅，提供医保系统网络服务；承接香河老树客栈全市首家智慧酒店建设项目；承接县公安局“智慧社区”建设项目，为居民小区安全防范、疫情防控提供信息化服务；承接“智慧统战”建设项目，为县委统战部舆情监测、信息化监测，促进民族团结和国家安全提供保障。

电信业务服务。升级安装维修服务，推行安装维修服务“五个一”（一双鞋套、一块抹布、一块垫布、一张服务卡、一张服务质量监督调查表）标准，安装维修工作“十步曲”（上门之前需预约、入室前后需沟通、现场实施需谨慎、综合布线需规范、安全规范需遵守、实施完毕需认证、准确无误再验证、指导用户很关键、结束莫忘再提醒、清理现场显素质）；实行首问责任制，“谁联系谁负责，谁维修谁售后”，用户宽带或电视报修后 30 分钟内联系并上门维修；有电信布线资源的居民小区或村街，实施无条件装机，做到当日装当日通，城区范围内，每日 16 点前办理安装手续的用户当日安装，18 点前报修的故障当日维修，对新装及用户保障工单，进行 100%满意度回访，解决用户反映的各类问题。推出适老服务措施。承接推广老年人孝心卡，面向老年人组建智慧家庭产品销售礼包政策；设立“无健康码”登记服务绿色通道，增加老年人“健康码注册”帮扶服务；每个营业厅将 1 个业务受理柜台和休息区设置为“老年人爱心台席”；提供老年人及优抚人群免排队优先服务；保留传统金融服务，支持老年客户以现金、银行卡和移动支付等多种方式缴费。

（李新录　孙　萍）

香河县智慧城市展示中心　　县科学技术和工业信息化局供图

智慧城市建设

【概况】 2021 年，香河县大力推进“智慧城市”建设，围绕政务管理、产业发展、便民服务，利用互联网、物联网、云计算、大数据等先进信息技术，着力积累数据资源、建设智能设施，实现城市智慧化管理和运行，促进城市各要素和谐、可持续发展，有效发挥“智慧城市”系统的“中枢大脑”作用，持续推动城市管理实现规范化、精细化、智慧化。

【智慧香河数据中心】 智慧香河数据中心面积 330 平方米，由主机房和网络机房组成，主机房主要承担托管业务、数据存储备份业务、虚拟主机业务等。网络机房由中国联通、中国移动、中国电信、广播电视等运营商的网络接入，承载香河政务网络、香河公共免费 Wi-Fi(i-xianghe)各项业务；2021 年，完成数据中心扩容，新上网络安全监控、数据冗余备份、虚拟服务器扩容等设备，数据中心承载能力得到全面提升。

【智能化指挥调度中心】 智能化指挥调度中心面积 500 平方米，主要承担城市综合管理事务，起到指挥调度并高效联动的作用。2021 年，重点整合应急管理等 15 个部门的综合安防管理平台和重点企业实时监控系统平台、批管同步相关系统、香河县综合治理视频监控平台等 24 个应用系统，所有画面都可以在指挥中心大屏幕展示。

【智慧城市展示中心】 展示中心分为智慧城市整体介绍区、城市大脑展示区、智慧政务展示区、智慧产业展示区和智慧民生展示区 5 个功能区域，通过这 5 个功能区域，产品的优化展示、民生的延展应用展示等都可以在展示中心进行沟通互动。

【智能化立体地图基础管理平台】 智能化立体地图基础管理平台为指挥调度中心提供重要支撑，一图呈现智慧城市立体信息、资源共享，后期逐步打通各行业数据，最终搭建一个集社会管理与服务综合信息管理为一体的管理平台。全县 448 平方千米三维地形模型已经完成，30 平方千米建成区域和重点区域的实景三维模型已在指挥中心大屏幕完成展示，环保业务数据、Wi-Fi 业务数据、医疗设施分布等已上图展示。

【智慧城市二期项目建设】 智慧城市二期项目建设主要搭建大数据决策与分析支持平台、视频融合实时监控平台、一张图实时感知平台、指挥调度与监督考核平台 4 大平台；做好智慧政务、智慧产业和智慧民生 3 个方面应用；实施 10 个重点部门智慧化应用建设与对接，实现香河县智慧城市建设整体提升，打造国内一流、省内领先的智慧城市。12 月，完成智慧城市二期项目建设并通过验收。

【智慧城市二期“四大平台建设”】 智慧城市二期“四大平台”包括一张图实时感知平台、大数据分析与决策平台、视频共享平台、指挥调度与监督考核平台。2021 年，一张图实时感知平台完成了基础数据更新、各专题图层应用。大数据分析与决策平台重点部署了数据融合子系统，标签处理系统，大数据挖掘、抽取、清洗、转换、监控、运维管理、可视化应用系统和各类应用数据库，大数据平台已经接入1500 余万条政务数据。视频共享平台接入了应急管理、综合执法、水务等部门152路视频资源，依据权限在平台初步实现共享共用；指挥调度与监督考核平台主要部署了事件采集、受理、督办、处置、统计分析和融合通信等系统，可实现跨部门协同事项统一调度指挥，具备了随时上线随时处理业务的能力。

【智慧城市二期三个门户建设】 三个门户是指管理驾驶舱、企业服务平台、智慧城市门户 App。管理驾驶舱 App 手机端 App 已经完成开发部署并上线试运行。企业服务平台有惠企政策发布、转型升级、大数据分析决策、中小企业科技等板块，将以综合门户网站的形式与廊坊市企业云服务平台实现资源和数据对接。“爱香河”App 完成智慧公交的实时数据对接。

【智慧城市二期智慧化应用试点建设】 智慧城市二期智慧化应用试点建设，包括智慧环保、智慧水务、智慧社区、智慧消防等。

智慧环保应用：建立了全县涉污企业信息底档、接入省控和镇空气站等环境监测数据，完成 1000 余家企业经纬度数据修正。

智慧水务应用：在主要河段重点部位安装 12 套视频设备，可实现视频监控、蓄水量传感器子系统、雨量（含温度、气压、湿度、风向、风速等气象 5 个参数）传感器的自动感知。

智慧社区应用：完成珠光御景、香城郦舍、京汉君庭 3 个小区9558 户居民相关信息的录入。

智慧消防应用：选取香河县便民服务中心、文化艺术中心、香河华联香百超市、居然之家家具城、廊坊爱依瑞斯家具有限公司、第一城酒业有限公司 6 个试点单位，进行消防联网，实现试点区域的电烟感、消防栓水压等实时监测感知，可实现对试点单位消防设施运行情况及火情火警进行实时监控。

【智慧城市二期其他项目建设】 智慧城市二期其他项目建设，包括数据中心扩容与等保测评、容灾备份。完成数据中心存储空间扩容，存储能力明显提升，完成数据同城异地（廊坊市联通云计算中心）备份，数据安全得到有效保障。按照国家、省、市要求，完成 7 项应用系统的三级等保测评。

（李春燕）

河北香河经济开发区

责任编辑　杨东林

综　述

2021年，河北香河经济开发区弘扬“忠诚担当、创新实干、敢打必胜、聚力争先”的运河通航精神，立足新发展阶段，坚持新发展理念，抢抓与北京市通州区一体化高质量发展新机遇，切实扛起主体责任，以招商引资和项目建设为中心，攻坚克难、大干实干，加快推进高质量发展。河北香河经济开发区下辖智能制造产业园、新兴产业园、环保产业园，实行“一区三园”运行模式，规划面积23.97平方千米，辖区内有行政村32个，企业472家，其中，工业及其他企业441家、房地产企业31家。全年完成税收21.85亿元，占全县财政收入的39.43%，其中，工业及其他企业完成税收16.6亿元、房地产企业完成税收5.25亿元。公共财政收入完成6.96亿元，占全县公共财政收入的21.48%，其中，房地产企业完成4.09亿元，其他企业完成2.87亿元。完成固定资产投入47.45亿元，占全县的33.18%。实际利用外资15774万美元，占全县任务的100%。根据《河北省开发区综合考核办法（试行）》，2021年，河北香河经济开发区在全省26个省级综合类开发区中排名第6位、B等次。

园区建设

【概况】　2021年，河北香河经济开发区紧紧围绕与北京城市副中心一体化发展的战略机遇，落实工作责任，抓好疫情防控和企业复工复产，克服困难，迎难而上，在招商引资、项目建设、大气污染治理、安全生产等方面取得较大成绩。年内，制定实施《关于推进经开区高质量发展的若干措施》，通过全力推动项目建设进度、建设金融小镇、推进园区托管代管、积极培育规模以上企业、加快家具城“二次创业”、做好企业服务等措施，助力园区经济发展，促进实现规模和效益双提高，引领全县经济高质量发展。

【“四上”企业运营情况】　2021年，香河经济开发区有规模以上工业企业、资质等级建筑业企业、限额以上批发零售住宿餐饮企业、国家重点服务业企业等四类规模以上企业48家，其中，规模以上工业企业37家，完成产值68.04亿元，占全县58.79%；限额以上贸易企业2家，完成销售额16.7亿元，占全县66.94%；规模以上服务业5家，完成营业收入12.91亿元，占全县71.3%；资质建筑企业4家，完成产值64.76亿元，占全县83.6%。

2021年香河经济开发区“四上”企业运营情况一览表

表17

序号	类型	企业名称	营业收入（万元）	纳税（万元）	产值（万元）	产值同比增速（%）	所属行业
1	工业	香河金柏包装技术开发有限公司	8639	385.6	9718	0.84	汽车零部件生产
2	工业	香河昆仑化学制品有限公司	32747	282.32	35255	202.19	电池制造
3	工业	香河凯华齿轮有限公司	3326	131.11	3638	3.5	齿轮生产
4	工业	萨克森建筑新型材料（廊坊）股份有限公司	3355	7.81	3401	-70.17	生产金属吊顶
5	工业	河北飞图机器人科技有限公司	17848	103.7	23431	86.8	生产无人机
6	工业	河北天域九五电气有限公司	3447	162	15743	109.94	高压开关制造
7	工业	香河宝冠塑业助剂有限公司	3592	132.5	3870	39.46	塑料包装物
8	工业	河北新仟瑞新型建材有限公司	6114	268.53	6110	22.15	金属装饰板材制造
9	工业	河北宏泰铝业有限公司	5303	126.07	6097	-3.1	生产批发铝制品
10	工业	香河正大有限公司	34394	91.93	23784	-11.47	牲畜屠宰及食品加工
11	工业	华威博奥（廊坊）电力设备有限公司	10895	268.25	10895	-0.53	配电开关控制设备制造
12	工业	河北知行合一电器设备有限公司	4613	147.71	5062	13.66	保温板生产
13	工业	香河合益包装机械有限公司	12058	368.94	11776	20.22	机械设备制造
14	工业	众力（香河）食品设备有限公司	4577	121.04	4567	50.06	生产智能食品机械设备
15	工业	河北四喜达新型材料有限公司	5255	93.5	5255	28.95	电气设备制造
16	工业	河北百纳信达科技有限公司	2120	24.72	2001	-0.53	电子设备制造
17	工业	热视际河北科技有限公司	2058	57.51	2252	-14.64	生产消防设备
18	工业	海利天梦（香河）科技有限公司	4234	53.28	4234	21.99	生产无人机
19	工业	奥腾工业自动化（廊坊）有限公司	9444	660.85	10053	109.92	生产机器人末端执行器
20	工业	晶创铭盛电子科技（香河）有限公司	7596	372.02	7916	74.61	半导体制造
21	工业	喜临门北方家具有限公司	70885	4381.56	59053	23.11	床垫制造
22	工业	中粮可口可乐华北饮料有限公司	64157	3271.29	63896	7.74	饮料生产
23	工业	河北双叶家具有限公司	2984	207.78	3125	-41.27	板式家具制造
24	工业	晟朗（香河）电力电子有限公司	8896	280.51	9885	-24.52	开关电源制造
25	工业	香河县高氏印务有限公司	25483	618.72	26556	15.65	纸制品制造
26	工业	香河汇文节能科技有限公司	4899	-27.63	6203	14.66	半导体制冷应用
27	工业	河北富都华创家具制造有限公司	21143	508.27	21143	3.47	办公家具制造
28	工业	香河县御娇龙家具有限公司	2137	54.08	2137	-7.94	酒店家具制造
29	工业	河北安旭专用汽车有限公司	6234	104.66	8700	12.29	生产专用汽车
30	工业	河北赤恒盛达保温材料有限公司	3557	72.25	3959	-0.9	金属建筑材料生产
31	工业	河北松岛菱电设备有限公司	3602	120.02	3704	13.85	配电开关控制设备制造

续表 17

序号	类型	企业名称	营业收入（万元）	纳税（万元）	产值（万元）	产值同比增速（%）	所属行业
32	工业	赛铭瑞汽车零部件（廊坊）有限公司	68192	139.07	127755	4.23	汽车零部件制造
33	工业	香河第一城酒业有限公司	90520	31947.93	113096	10.19	白酒制造
34	工业	香河富士嘉利纸制品有限公司	12990	347.43	14125	3.38	纸制品制造
35	工业	香河金华帝金属制品有限公司	3968	34.33	3968	13.96	金属结构制造
36	工业	香河县通利达福利纸业有限公司	8692	–2.25	10983	31.48	纸制品制造
37	工业	香河鑫山钢结构有限公司	7025	173.1	7025	27.23	金属结构制造
合计	—	—	586979	46090.51	680371	14.95	—
1	服务业	香河金韵达速递有限公司	39107	1105.51	2.9	45.8	交通运输、仓储和邮政业
2	服务业	荣万家生活服务股份有限公司	36464	3002.81	237.1	42.7	物业服务
3	服务业	荣盛建筑设计有限公司	45259	4264.52	260.2	80.2	专业技术服务业
4	服务业	香河鸿坤物业服务有限公司	1309	81.26	7.8	0.5	物业服务
5	服务业	河北国安第一城景区管理有限公司	6984	257.44	2242	128.9	商务服务业
合计	—	—	129123	8711.54	2750	—	—
1	贸易业	香河鑫福源商贸有限公司	32519	1602.39	—	–15	批发业
2	贸易业	河北荣盛建筑材料有限公司	164442	5059.6	—	–16.5	批发业
合计	—	—	196961	6661.99	—	—	—
1	建筑业	荣盛建设工程有限公司	337969	2867.13	—	–19.63	建筑
2	建筑业	河北文跃电力工程有限公司	6816	172.31	—	101	建筑
3	建筑业	香河万利通实业有限公司	300716	2335.13	—	11	建筑
4	建筑业	香河鑫易达建筑工程有限公司	2147	116.12	—	4950.8	建筑
合计	—	—	647648	5490.69	—	—	—

【商务活动开展】 2021 年，香河经济开发区项目接待 42 次，外出考察 16 次，参加中金普洛斯仓储物流封闭式基础设施证券投资基金、万科企业股份有限公司、京东集团、东方龙商务科技集团有限公司、启迪控股股份有限公司及中关村创业大街等项目考察招商活动。

【招商引资】 2021 年，积极开展线上线下招商，重点开展以商招商、产业链招商、产业对接持续提速，完善创新机制。全年引进项目 70 个，其中，智能智造园 21 个、环保产业园 31 个、新兴产业园 18 个。包括总投资 1.2 亿元的年产 300 万套汽车同步器项目、总投资 1 亿元的新能源材料研究开发中心项目、总投资 1.5 亿元的年产 20 万件智能家具项目、总投资 1 亿元的年产 2000 台套水处理设备项目、总投资 750 万元的泓昂科技导航装置及传感器项目、总投资 500 万元的专显科技光电子显示器件及整机研发项目、总投资 12 亿元稻香村香河食品生产项目、香河云储数字经济产业基地数据中心项目、新建年产 20 万台半导体热电组件项目、喜临门高档软体家具生产二期项目、华都科创中心项目、高性能复合结构硬质合金材料及深加工产品项目、富力商业综合体项目、中冶香河德贤汇项目等。

【引进重点项目】 2021 年，引进省重点项目 6 个，总投资 87 亿元；市重点项目 7 个，总投资 259 亿元。香河云储数字经济产业基地数据中心、东方电子、富力商业综合体、华都科创中心等 8 个已签约促开工项目，计划总投资 45.28 亿元。华电国际电力股份有限公司香河能源站、喜临门家具有限公司二期工程、博云融众智慧医疗产业香河基地等 7 个促落地项目，总投资 132.8 亿元。鸿昂科技导航装置及传感器研发制造、万德尔移动式电动汽车充电机生产、专显光电子显示器件及整机相关产品研发生产项目已投产。6 月，稻香村香河食品生产基地项目开工建设。

5 月 13 日，2021 年北京 • 河北廊坊“北三县”项目推介洽谈会暨北京城市副中心(通州区)与廊坊“北三县”一体化高质量发展论坛在大厂县举行。图为在项目签约仪式上，香河经济开发区的比恩希先进封装设备关键核心零部件加工制造基地、香河云储数字经济产业基地数据中心等项目成功签约　　县融媒体中心供图

2021年香河经济开发区签约5000万元以上项目一览表

表18

序号	项目名称	签约时间	投资主体	合作省份	建设内容及规模	项目位置	项目进展情况
合计 45 个							
高端制造业 8 个							
1	中发豪辰智能制造产业示范中心	3 月	河北豪辰智创科技有限公司	河北	分两期建设，一期 6.67 公顷商业用地，建设研发商务区、高新技术产品展示交易区、金融服务区等。二期 6.67 公顷工业用地，建设智能制造区生产车间	环保产业园	完成项目选址、土地测绘，办理土地前期手续
2	年产 20 万台半导体冷热空调	6 月	香河东方电子有限公司	山东	建生产车间、办公楼及附属设施 2.59 万平方米	环保产业园	土地证已办理，正在进行设计图纸审批。
3	联东U谷•智能制造产业园	1 月	北京联东投资（集团）有限公司	北京	占地 4.67 公顷，建筑面积 8 万平方米，导入精密仪器生产企业、电子元器件生产研发企业、电子信息类企业等	智能制造园	11 月，赴上海进行实地考察，对项目准入等事项进行对接
4	汽车构件生产	2 月	香河金柏包装技术开发有限公司	江苏	占地约 20 亩，建筑面积 1.3 万平方米，主要建设办公楼、生产车间、宿舍楼	智能制造园	完成项目选址工作
5	年产 300 吨合金材料及深加工产品	7 月	北硬科技（香河）有限公司	北京	租赁厂房 3000 平方米，购置相关生产设备，年可生产 300 吨高性能超细、超粗、复合结构硬质合金材料及深加工产品	香河经济开发区	取得营业执照和备案证书
6	年产 1500 吨粉末冶金铝合金材料及大尺寸制品	11 月	阿尔泰新材料（香河）有限公司	北京	购置相关生产设备，年生产 1500 吨新型高强、高韧、耐蚀粉末冶金铝合金材料及大尺寸制品及高性能铝合金材料研发、制造、销售；高性能钛合金材料压延加工	香河经济开发区	取得营业执照和备案证书

续表 18

序号	项目名称	签约时间	投资主体	合作省份	建设内容及规模	项目位置	项目进展情况
7	3D打印设备研发生产	10月	耐尔得智能科技香河有限公司	北京	研发、生产、销售：3D打印设备、建筑材料生产专用机械、电子工业专用设备、工业机器人、仁验分析仪器、仪器仪表、电子元件及组件；技术开发、技术转让、技术咨询	香河经济开发区	取得营业执照
8	半导体设备、光伏太阳能装配、研发三期	8月	晶隆铭兴科技香河有限公司	北京	项目用房面积2500平方米，主要生产电子工业专用设备、光伏设备及元器件、光学仪器	香河经济开发区	取得营业执照
现代服务业项目17个							
9	新建保健、营养食品产业基地	4月	香河盛宴食品科技有限公司	河北	建设保健和营养食品产业园区（包括保健和营养食品研发中心、深加工中心、质量检测中心）、保健和营养食品供应链中心、商业综合服务中心等三大功能区技术研发中心及相关附属设施	智能智造园	签订入区协议
11	廊坊香河高端综合科技园	3月	东久新宜（中国）企业管理有限公司	上海	占地6.67公顷，建筑面积6.7万平方米，分六大功能板块：产业化定制厂房、原材料仓储、结算中心、研究中心、展示中心和成品供应链中心	淑阳工业园	就汽车零部件制造领域与项目方洽谈，计划到长春总部进行实地考察
12	广蓉欧香河数智化供应链及跨境贸易融合产业园	6月	广蓉欧集团	广东	占地21.33公顷，总建筑面积38万平方米，拟引进华为为龙头企业的ICT产业聚集，以模块集成、实景应用、测试、销售等为核心的数智化供应链产业基地；华北区跨境贸易分拣、分拨及销售中心	新兴产业园	对该项目进行实地考察，下一步由项目方出具可研报告，而后进行项目签约
13	华电香河燃气能源站	1月	华电香河能源有限公司	北京	总建设规模1300兆瓦级。一期工程建设一套二拖一重型燃气轮机组，额定出力为350兆瓦。可实现热、电、冷、汽、水五联供。二期建设规模1000兆瓦级，将建设两套一拖一F级重型燃气轮机组。全部建成后，年发电量54亿千瓦时，年供热能力1026万G焦，可满足2200万平方米供热需求	新兴产业园	完成一期9.4公顷土地补偿；一期工程已列入国家燃气轮机创新发展示范项目，二期已申报首台重大技术装备示范项目
14	万科香河食品多温区供应链产业园	2月	万科集团	深圳	主要建设多温区智能冷链中心、常温食品存储中心、全球展示交易中心等，生产加工车间等，总建筑面积7.4万平方米	新兴产业园	已完成项目预选址，完善入区协议
15	京东集团香河全产业链项目	7月	京东集团	北京	建设智能运营销售结算中心、无界零售产业培育中心、高端智能制造中心、云计算城市信息化管理中心、互联网+创新产业中心于一体的综合性服务平台，计划总投资约100亿元，打造京东集团产业带	环保产业园	已签订全面合作意向协议，首期供地6.67公顷，建造京东香河电商产业园
16	富力商业综合体	11月	香河富力房地产开发有限公司	广东	主要建设一栋商业综合体和部分公寓楼	新兴产业园	已获得规划许可证、开工许可证；联系施工单位进场
17	华都科创中心	10月	香河国旺房地产开发有限公司	北京	园区以创业孵化区、科技研发区、总部经济区和公共服务布局，主要建设商务办公楼、科技孵化中心、总部办公楼、公共服务设施及地下设备用房等	环保产业园	制定设计方案

续表 18

序号	项目名称	签约时间	投资主体	合作省份	建设内容及规模	项目位置	项目进展情况
18	国际名木文化博览交易中心	8月	海森商贸有限公司	河北	建设结算中心、进口名木文化展示中心、国际名贵木材交易中心、电商网络中心	环保产业园	已完成初步选址
19	现代供应链金融创新（香河）示范基地	7月	民生集团	重庆	主要建设金融结算电商中心、转运中心、加工车间及附属设施 12.9 万平方米	环保产业园	完成项目可研报告；进行项目选址
20	新建智能家居应用平台项目	10月	香河县启正科技有限公司	天津	占地 13.33 公顷，建设研发楼、实验室、展示大厅等，总建筑面积 12.75 万平方米；搭建网络技术服务平台，购置设备 125 台（套）。智能家居服务平台共分为单机版、家庭版、企业版三个版本	香河石材城	已取得营业执照和备案证书
21	新建中央厨房项目	3月	香河县哲辉食品有限公司	上海	占地 16 公顷，总建筑面积 21 万平方米，建设生产车间、办公研发楼等。项目分两期建设，一期达产后年产 3000 万份水蒸类包点；二期达产后年产 900 万份米粉汤料及配料，15000 吨荤素类菜肴	蒋辛屯镇	已取得营业执照和备案证书
22	年拆解 3 万辆报废汽车项目	2月	香河县祥锦再生资源有限公司	北京	占地 2.4 公顷，总建筑面积 2.9 万平方米。主营业务为再生资源开发、销售；废旧物资回收；报废机车回收拆解，零部件再制造及技术研发、销售，旧机动车交易、咨询服务等	香河经开区	已取得营业执照
23	新建韵环电子商务综合体	7月	香河县韵环商业综合体管理服务有限公司	北京	占地 11.13 公顷，总建筑面积 31 万平方米。新建电子商务中心、购物中心、酒店及相关配套设施	香河经开区	已取得营业执照和备案证书
24	德贤汇商务综合体	11月	中冶集团	北京	总建筑面积 5.68 万平方米，集商业、公寓等配套设施为一体的商业综合体	香河经开区	计划 2022 年上半年开工建设
25	京东电商产业园	10月	京东集团	北京	结合香河家具城，打造线上电商产业园	香河经开区	开始制定具体规划
26	香河金融服务中心	6月	香河通金博源企业运营管理服务有限公司	北京	北京万通集团建设香河金融小镇，包含金融科技产业园、数字经济产业园、金融服务贸易产业园、基金产业园香河金融小镇	安平镇	已经展开招商；正在进行一期占地 10 公顷的规划方案设计
					新一代信息技术项目 4 个		
27	嘉信数字经济产业园	4月	嘉信大数据科技（香河）有限责任公司	北京	主营业务为自建自营数据中心，业务范围包括且不限于数据中心规划咨询、供应链、项目管理、运营、数据应用、计算与租赁等	环保产业园	土地补偿款已到位，完成一期 3.87 公顷土地征占组卷、立项、稳定风险评估及电力规划方案；能源技术评价方案已获省、市批复
28	香河云储数字经济产业基地数据中心项目	10月	香河云储数据科技有限公司	杭州	项目分两期建设，一期占地 3.33 公顷，二期 5.87 公顷，总建设期 36 个月，项目拟建成容纳 1.5 万个机柜能力的大型现代化IDC机房，总建筑面积 12.44 万平方米	智能制造园	项目一期已通过县规划委员会审批，建筑图已完成，正在办理施工许可证
29	华海云谷云计算数据中心	3月	香河华海云谷科技有限公司	北京	项目分两期建设，总建设期 36 个月，主要建设数据处理的云计算数据中心	新兴产业园	能源技术评价、电力规划方案已获批复；完成选址并签订土地补偿协议，土地补偿款到位

续表 18

序号	项目名称	签约时间	投资主体	合作省份	建设内容及规模	项目位置	项目进展情况
30	中化金茂数字创新产业基地项目	6月	中化金茂智慧能源公司	北京	建设集研、产、算、储于一体的央企数字产业基地，其主要服务于中化集团全国各业务板块信息化、数字化产品应用、5G园区应用研发、区块链应用、重要加密数据	环保产业园	已选址，占地 3 公顷；项目方案已通过投资方公司内部评审
家具制造业项目 2 个							
31	智能家居产品研发生产	9月	千兴科技（香河）有限公司	北京	主要生产智能家居产品、电子元件及组件的技术 研发、技术推广、技术服务、技术转让；制造、销售、安装、维修：电子元件及组件、电子工业专用设备	香河经开区	已取得营业执照
32	年产 100 万张床垫软床二期工程	4月	喜临门北方家具有限公司	河北	建设宜家生产车间、海绵生产车间	环保产业园	配足土地指标
生物医药项目 3 个							
33	博云融众智慧医疗产业香河基地	10月	香河众旺集团、北京中联云数科技有限公司	北京	以医疗设备、医用材料、物联网终端为主导产业，以智慧物流供应链为产业链配套，打造京东智慧医疗生产基地。主要建设总部办公、研发生产厂房、智慧物流供应链和配套服务设施等，总建筑面积 32 万平方米	环保产业园	已完成选址，进行方案设计工作
34	叁鑫医疗	8月	叁鑫医疗生物科技公司	北京	建设年生产 30 亿片片剂产品的自动化、智能化生产线。产品全部参加国家医保局主持的 4+7 药品集中采购试点，并可出口到美国及欧洲等国家、地区。产品前期已由CRO公司进行开发、验证工作	环保产业园	拟定一期占地 50 亩选址位置；初步确定项目自开工之日到投产达效之日，为期 3 年，到第 4 个会计年度，亩均税收不低于 30 万/亩
35	生物医药科技园	6月	中能建控股集团有限公司	北京	占地 7.07 公顷，建筑面积 9.2 万平方米，主要建设总部办公楼、技术交易中心、生物医药研发中心、孵化器、医药冷链运营中心、供应链资源共享平台等	智能制造园	完成初步投资方案，就物流类项目亩均税收与项目方进行洽谈

【开工项目建设】 2021 年，香河经济开发区有香河云储数字经济产业基地数据中心、喜临门高档软体家具生产二期、稻香村香河食品生产等 10 个项目开工，总投资约 33.65 亿元。

2021年度香河经济开发区开工项目一览表

表19

序号	项目单位及名称	建设地址	主要建设内容、生产能力及产品主要用途	开工时间	计划竣工时间	总投资（亿元）
1	香河云海数据服务有限公司云海数据中心A1 期	现代产业园	占地 1 公顷，总建筑面积 1 万平方米，新建符合国家A级标准PUE值在 1.5 以下的数据机房，划分为 5 个模组，每个模组存放 300 架 42U标准化服务器机柜	1月	2022 年 12 月	5
2	喜临门北方家具有限公司高档软体家具生产二期	环保产业园	占地 8.27 公顷，在现有厂区内建设 3 栋生产车间，总建筑面积 10 万平方米。达产后，年产 44 万套高档软体家具	11月	2024 年 1 月	5.2
3	稻香村食品集团（香河）有限公司食品生产项目	环保产业园	占地 13.33 公顷，其中，一期占地 8.67 公顷，建设生产车间、库房、物流中心、加工中心、电子商务中心、研发中心及工业体验中心等，总建筑面积 20 万平方米。建成投产后，年可生产各类食品 2.4 万吨	6月	2023 年 6 月	12

续表 19

序号	项目单位及名称	建设地址	主要建设内容、生产能力及产品主要用途	开工时间	计划竣工时间	总投资（亿元）
4	首都医科大学附属北京潞河医院香河医康院区项目	新兴产业园	占地 3.43 公顷，总建筑面积 8.5 万平方米，建设以骨科、神经内科、康复等为主的非营利性二级综合医院，拥有床位 499 张。依托首都医科大学附属北京潞河医院优质医疗资源，突出骨科、神经内科、康复医疗、中医等重点科室建设，同时与北京安贞医院对接导管室建设	1 月	2022 年 12 月	5
5	香河丰丰食品有限公司健康食品生产项目	新兴产业园	占地 2 公顷，建设 1.3 万平方米生产车间 1 栋。主要生产福袋、兰花干等食品。采用最先进的进口食品设备生产线，达到设备自动化、产品包装化、生产标准化的一体化流程	3 月	2022 年 6 月	2
6	香河合益包装机械有限公司环保型食品包装生产项目	智能制造园	占地 1.67 公顷，总投资 1.2 亿元，主要生产食品包装盒，年产 50 亿件食品包装的生产能力，产品主要用于国内各大知名食品厂的食品级包装	5 月	2022 年 4 月	1.2
7	香河凯华齿轮有限公司新建年产 300 万套汽车同步器项目	智能制造园	占地 1.33 公顷，总投资 1 亿元，主要建设生产车间 2 万平方米，引进全自动生产线生产设备，年产 300 万套变速箱同步器	7 月	2022 年 6 月	1
8	河北松岛菱电设备有限公司节能变频器及灯具生产二期项目	新兴产业园	在原厂区内建设，占地 1.33 公顷，总建筑面积 1.7 万平方米，主要生产电气控制设备及照明灯具	9 月	2022 年 6 月	1
9	廊坊瑞盛投资股份有限公司现代污水处理厂提标改造工程	新兴产业园	主要新建厌氧池、新建深度处理车间、新增处理单元除臭系统、脱水机房改造。改造处理后污水排放标准由国家一级A提至京标B	11 月	2023 年 10 月	0.2
10	香河国兴污水处理有限公司安头屯污水处理厂扩建提标工程	环保产业园	主要承接环保产业园以及县城部分污水，改造厂区格栅渠及提升泵站等，新建一座细格栅间、一座旋流除砂池等。改造扩容后处理规模每天 3 万立方米，水质由国家一级A提高到京标B标准	12 月	2023 年 12 月	1.05

【产业升级】 按照河北省《关于进一步明确开发区产业规划相关工作的通知》等文件精神，依据全县新的产业规划，香河经济开发区开展产业发展规划编制工作，助力县域经济和产业高质量发展。形成产业发展规划“四个协同”的发展方向，着力构建“2+2+3”现代产业链体系（2 大支柱产业：智能装备、智能家居；2 大新兴产业：新一代信息技术、生命健康；3 大支撑产业：商务服务、现代物流、科技服务）。产业协同规划。立足机器人、家居、节能环保等产业发展基础，坚持“补链”“延链”“强链”，重点发展以智能机器人、智能家居、节能环保等为代表的新兴产业，全面提升香河产业链、供应链现代化水平。区域协同规划。紧抓京津冀协同发展战略机遇，积极承接北京高端制造业生产制造环节产业，重点发展以氢能、动力电池装备、光伏装备等为代表的新能源装备产业，推动香河成为独具魅力的智造名城。增长协同规划。抢抓数字经济和健康经济发展热潮，依托北京全球电子信息和生物医药产业发展高地，重点发展以智能硬件、新型电子元器件、新型显示等为代表的新一代信息技术产业，以及以生物医药、高性能医疗器械、健康食品、健康养老等为代表的生命健康产业。生态协同规划。围绕“智造＋”“家居＋”和“高铁＋”产业，以打造先进制造和泛家居产业生态圈为发展宗旨，加快发展以商务服务、现代物流、科技服务等为代表的现代服务业，推动重点产业链闭环式发展。

【人才引进】 2021 年，加大入驻园区内企业人才引进工作力度，推进园区高质量发展。重点企业引进大学专科以上学历人才 200 余名，为企业发展提供智力支撑。促成区内企业和县职教中心的联系，开展校企对接，帮助企业解决招工难、用工难、专业技术工人培训引进等问题。

【优化营商环境】 优化审批服务。以服务企业、推动发展为核心，扎实开展作风建设，全面推进权力公开透明运行，切实提高行政审批工作水平。坚持以提升能力为基础，组织人员赴相关职能部门及北京经济技术开发区、燕郊高新技术产业开发区等地学习培训，提升人员业务能力和服务意识；坚持以制度机制为保障，建立健全首问负责、限时办结、服务承诺等工作机制，实行清单管理，对申请材料、办件环节、办理时限等进行适时调整与精简，提高服务效能；坚持以优化服务为核心，设立审批服务大厅，所有审批事项全部进驻，开通预约、延时服务，主动接受企业、群众监督。2021 年，有审批服务事项 3 类、15 项，完成企业项目立项备案 38 个、核准 3 个，核发建设用地规划许可证 6 个，核发建筑工程施工许可证 2 个，审批城镇污水排水管网 1 个，审批水土保持方案 1 个，个体工商户涉及 66 家、变更 15 家、注销 20 家，注销公司 56 个，备案小摊点 48 个，核发公共卫生许可证 9 个。推进区域评估。加快推进产业发展规划编制，根据《2020 年全省深化工程建设项目审批制度改革要点》要求，完成区域规划环境评价报告编制及成果运用，确定剩余 5 项区域评估事项，解决建设项目评估多、耗时长、成本高问题。实行园区封闭式管理。按照《关于推进香河经济开发区“双倍增”计划的二十条措施》，采取派驻执法人员等举措，确因工作需要入区进行行政执法和检查的，统一安排实施，最大限度减少执法检查对企业生产经营造成的影响。

【基础设施建设】 2021 年，香河经济开发区国兴环球土地整理开发有限公司投资 5070 万元，在环保产业园建设输水管线 3.5 千米、供水管线 1.5 千米、再生水管线 4.2 千米、电力排管 2 千米、水源井 7 眼，修补道路 2500 平方米，对污水处理厂进行提标扩建。瑞盛公司投资 718 万元，在新兴产业园新建香河第一城酒业有限公司专用污水管网 3.7 千米，百户西路配套污水管网 0.94 千米。

截至 2021 年，新兴产业园累计投资 36.68 亿元，建设园区道路 30.7 千米，雨水管网 31 千米，污水管网 30 千米，给水管网 39 千米；日供水能力 1 万吨自来水厂 1 座；日处理能力 1 万吨污水处理厂 1 座。智能制造产业园累计投资 4.56 亿元，建设园区道路 8 条共 13.33 千米；供热能力 20 万平方米热源厂 1 座；日供水能力为 2000 吨自来水厂 1 座；日处理能力 2000 吨污水处理厂 1 座。环保产业园累计投资约 15 亿元，建设起步区“三纵三横”道路及绿化、供水、电力、雨水、污水、通信、燃气等配套管网约 13 千米；日处理能力 1.5 万吨的污水处理厂 1 座；污水配套管网 71.5 千米及提升泵站 5 座；给水管网 70 千米及日供水能力 1 万吨自来水厂 1 座；电力 4 进 16 出开闭站 1 座，10 万千伏安线路 4 条，电力排管 2 千米；再生水管网 4.2 千米。

【清理违规用地】 2021 年，全面摸清用地底数，核实土地数据，全面核实土地审核区内的土地情况，通过核查，区内土地核准范围内符合城市总体规划和土地利用规划未建设用地 239.8 公顷（3598.13 亩），其中，工业用地 110.2 公顷（1653.26 亩），其他地类 129.6 公顷（1944.87 亩）。对 11 宗违规用地进行清理。

【盘活存量土地】 加大点对点招商力度。5 月 28 日，组织华夏平台公司和相关企业到北京工业大学考察，就推动校企合作进行深入交流；7 月 22 日，香河经济开发区管委会与创客天下北京科技发展有限公司、华夏幸福基业股份有限公司香河分公司签订战略合作协议，就科技成果在香河转化量产达成共识；年内，北京工业大学硬质合金课题组与香河星耀稀有金属科技有限公司达成合作，并在香河注册北硬科技（香河）有限公司，计划投资 6000 万元，建设年产 300 吨高性能、超细、复合结构硬质合金材料及深加工项目。大力发展“园中园”。组织低效用地企业赴

香河经济开发区运河大道　　县融媒体中心供图

北京及三河等周边城市对标，学习先进经验，鼓励企业建设“园中园”，提振企业信心，盘活存量土地，让“园中园”成为经济发展的新亮点。

【美化园区环境】 加大对园区投资主体公司环境整治督导力度，加强环卫队伍建设，精心组织，统筹谋划，每天对道路进行喷洒作业。环卫清洁队每日对道路进行 2 次全面保洁，对各路段实行定人、定岗、定责任目标，消除脏乱差现象。对道路及绿化带实行全天候保洁，督导各平台公司对辖区道路两侧绿化带和广场、公园的绿植进行有效管护。加大基础设施投入，全力打造平安大街和机器人小镇两条精品路线，更换平安大街广告布约 9000 平方米，补修路牙石 8794 米，绿化带绿植补栽约 6 万棵。加大对运河大道机器人小镇段的巡查督导，提升精品路线和精品片区的环境综合治理能力和管理水平。

【生态环境保护】 把环保工作列入重点工作，制定工作目标任务，成立领导小组，建立与园区运营商协调联动，密切配合的工作机制，明确环境保护责任人及工作职责。深入实施大气污染治理，不断提升环境空气质量。按照园区网格化管理要求，健全网格化机制，以企业负责人定点看护与园区环保队伍全面巡查相结合，落实各项管控措施，全面开展工业污染治理、扬尘污染综合整治、散煤治理、餐饮油烟管控、烟花爆竹禁燃禁放管控、秸秆垃圾露天焚烧管控、“散乱污”综合整治及臭氧污染管控等工作。全面落实水环境治理，不断改善水环境质量。开展流域水污染防治专项整治，加快辖区内香河县平安污水处理厂、香河现代污水处理有限公司蒋辛屯污水处理厂、香河国兴污水处理有限公司安头屯污水处理厂的提标改造工程及园区内污水管网建设，推进辖区内水环境综合整治工作。

【应急管理】 2021 年，以安全生产专项整治三年行动为工作指南，紧盯重点场所、重点部位、高危行业，推进风险辨识与隐患排查治理，加大监管力度，严厉打击各类违法行为，保障辖区安全生产形势持续稳定向好，未发生一起生产安全事故。深入 200 余家企业进行全方位检查，发现各类隐患 1000 余处，对发现的各类问题建档立卡，并要求企业限期整改。建立安全生产监管云平台，对电气引发火灾的主要因素进行大数据分析，通过物联网技术实时发现电气线路和用电设备存在的安全隐患，及时向管理人员发送预警信息，指导企业单位开展隐患治理，把隐患消灭在萌芽状态。年内，有 45 家企业安装安全生产监管云平台设备。

【持续推进开发区体制改革】 2021 年，按照省、市《关于深化开发区改革开放的实施意见》和香河县《关于香河经济开发区人事制度改革的意见》，全面推进香河经济开发区管委会人事和薪酬体制改革，建立适应全员聘用制干部人事制度要求的薪酬管理体系，实现因事设岗、按岗聘用、以岗定薪、绩效考核、优劳多得，建立以绩效工资为核心的工资制度，打破平均主义，合理拉开收入层次，进一步激发内生活力。聘请北京正略钧策咨询公司对人事和薪酬体制改革方案进行全面细化，并征求县委组织部、县财政局、县人力资源和社会保障局和县委编办等部门意见，多次召开相关部门参加的对接会议，研究完善改革方案，报县委、县政府审定。

【新冠肺炎疫情防控】 坚持“政府主导、部门联动、属地管理”和“科学研判、科学防控、群策群力”的原则，强化底线思维和风险意识，加强做好常态化疫情防控和突发疫情处置工作，全面排查防控，超前谋划预案，强化常态化联防联动，切实切断新冠肺炎传播途径，确保辖区疫情总体可控，力争辖区不发生疫情传播。成立香河经济开发区新冠肺炎疫情防控工作领导小组，下设办公室、督导组、应急处突组、治安处置组、防疫处置组，建立排查监测、联席会商、责任追究等机制，围绕重点区域、重点环节、重点人群，特别是外来人员、外出返回人员、发热病人、密切接触者等重点人群，组织开展摸底排查工作，建立健全排查台账，严格日报告、零报告和大事报告制度。严格落实辖区内村街、社区、企业、学校、幼儿园、商场超市、饭店及农贸市场等各项疫情防控措施。

（李万勇　果韫韬）

新兴产业园

【概况】 2021 年，新兴产业园辖 17 个行政村、22 个居民小区，面积 22.58 平方千米，耕地 733.3 公顷（1.1 万亩），人口 2 万人，由香河经济开发区管委会社会事务管理一局负责管理新兴产业园所辖行政村和居民小区具体事务。年内，新兴产业园以弘扬“忠诚担当、创新实干、敢打必胜、聚力争先”运河通航精神为主线，以“三重四创五优化”为目标，统筹做好疫情防控、乡村振兴，环境整治、民生事业和社会稳定等各项工作，为建设“协同发展示范区，绿色活力幸福城”做出积极贡献。

【重点项目建设】 华电集团廊坊北 500 千伏变电站项目是河北省重点建设项目，位于打鹧户村北，占地面积 11.5 公顷（173 亩），总投资 50 亿元。项目建成后，每年为北京传输 54 亿度电量，保障香河县和北京城市副中心 2500 万平方米取暖，消减全县发电燃煤量 170 万吨，实现税收 2.5 亿元，是香河县重大保障类基础设施项目。2021 年，项目竣工并投入运营。

【农村人居环境整治提升】 全面落实全县城乡环境综合整治工作部署，深入开展农村人居环境治理工作，创建良好村容村貌。环境卫生整治。集中拆除村街私搭乱建、残垣断壁，全面清理村街周边河流支渠垃圾，实现村内无积存垃圾、无污水横流。拆除垃圾池（箱）109 个，清理农村生活积存垃圾 1800 立方米；清理残垣断壁 11 处；清理坑塘沟渠 21 处；清理乱堆乱放 122 处；整治完成大街小巷“五堆”（柴堆、草堆、粪堆、土石堆、垃圾堆）1000 余处；清理潮白河左堤小尹庄村口至潮白河大桥北段 5000 平方米，清理杂草、垃圾 3300 立方米；清理前建各庄村大堤、王庄子村观景台、小尹庄村西杂草、垃圾 135 立方米。美丽乡村建设。加强村街道路“四化”（硬化、亮化、绿化、美化）建设，积极推进小公园、小游园景观打造，村街人居环境得到明显改善，村容村貌得到全面提升；翻修祁羊店出村路 1928 平方米，硬化北四百户村街道路 2.1 万平方米、铺装 3900 平方米；完成前建各庄等 9 个村街亮化工程，安装路灯 2040 盏；完成小尹庄村绿化提升工程 1 万平方米。实现违建清零。拆除整改土地卫片违法图斑 9 宗、耕地违规建房 47 处、小朱庄原村址和京东新城私搭乱建 50 余处，拆除面积 4000 余平方米，实现违建“清零”目标。

【生态环境保护】 制订《秸秆垃圾露天禁烧工作实施方案》《关于清理取缔非法回收拆解报废机动车行为攻坚行动方案》《水污染治理工作方案》，成立大气污染整治领导小组，建立网格化管理体系，深入开展环境治理各项工作。全力做好“散乱污”企业动态清零监管，治理村街燃用散煤、露天焚烧。全面落实河长制，扎实推进水污染防治，持续开展河渠“清四乱”行动，积极开展水源地排查整治，保障饮用水安全。加强臭氧防治工作，对涉气企业、挥发性有机物（VOCs）企业净化设施、饭店油烟装置进行定期排查，整治露天烧烤行为，做好重污染天气应急，常态化路面洒水降尘、企业落实错峰生产等项工作。完成工地扬尘治理6处，裸露地面苫盖2.3万平方米。清理取缔"散乱污"企业6家、非法回收拆解报废车企业5家。淘汰国三及以下排放车辆53辆。封堵梁家务、田贾庄干渠排污口4处，清理河道内垃圾356立方米。加强垃圾秸秆露天禁烧巡查治理，处理火点40余处。

【应急管理】 健全安全监管体制机制。建立"一岗双责"安全生产责任制，制定《安全生产宣传教育计划》并组织实施，将安全生产方针政策和法律法规纳入党员领导干部培训内容。开展"双控"机制建设。制定《2021年安全生产工作计划和安全生产重点工作责任清单》，与辖区企业、村街签订《安全生产责任书》《消防安全责任书》。扎实开展安全生产专项整治三年行动。抓好辖区消防安全排查整治工作，重点检查出租房、建筑工地、人员密集场所；对重点行业和单位实施"零距离"监管，定期开展安全大检查，全年累计检查企业、商铺130余家次，发现问题隐患190个，下放整改通知130余份，及时排除事故隐患。开展"全国安全生产月"活动。运用黑板报、标语、横幅、宣传挂图等多种形式，宣传安全生产法律、法规以及安全防护知识，年内，发放安全生产宣传挂图100余张、宣传折页500余册，悬挂条幅20余条，播放教育片30余次。开展"防风险、除隐患、保安全"安全生产大排查大整治行动。制订行动方案，对人员密集场所、木材加工、家具产业、消防通道、电动车治理、高层建筑、彩钢板建筑、物流仓储、易燃易爆等建立检查台账；加强春节、"两会"、庆祝中国共产党成立100周年等期间的安全生产。做好企业复工复产安全生产工作。对复工复产企业进行安全指导检查，组织收看"开工第一课"10场次；加强安全生产培训，坚持先培训后上岗，特殊工种持证上岗。

【行政综合服务】 2021年，新兴产业园行政综合服务大厅设立市场准入、城市建设、卫生健康、民生保障、流动人员管理和综合服务6个窗口，涉及综合服务、农村养老保险服务、医疗保险服务、生殖健康服务、涉企服务、涉农服务和涉军服务等198项，实行"一厅式办公、一站式服务、小时式办结"，建立"基建审批一条龙"服务，设置"多证联办"工作机制。年内，接待群众3000余人次，受理咨询800余人次，办理事项2600件，其中，办理市场准入业务1528件、卫生健康业务214件、社保业务522件、其他业务336件，接办业务办结率100%。

【信访工作】 落实领导干部接访制度，运用定点接访、重点约访、专题接访、带案下访等方式，重点解决重大疑难复杂问题、落实政策措施、加强督查问效；落实信访首问、信访领办、领导包案、矛盾纠纷排查等多项信访工作制度，形成对重点案件实行信访领办、领导包案到底，各部门协调联动的工作机制；加强纠纷排查和信访督查、督办工作，进一步细化矛盾纠纷排查制度，切实做到早发现、早处理，从根本上减少群众的重复访；对群众反映强烈的热点、难点问题进行督查，限期解决。2021年，受理"阳光信访"平台496件、"智慧信访"平台28件，走访300余人次，办结和处理回复"12345"市长热线490件，办结和处理回复率100%。

【社会保障】 2021年，全面提升服务水平，便民服务大厅以提高业务水平、改善服务质量为核心，实现接办业务办结率100%。落实城乡居民社会保险政策，10110人参加养老保险，转入城乡居民养老保险关系6人，发放社会保障卡56张，核定年满60周岁享受养老金待遇135人；13400人参加医疗保险；发放丧葬补贴152人；完成城乡低保对象入户复核工作；有农村低保134户、164人，城镇低保3户、6人，特困供养8人（其中，集中供养1人，分散供养7人），通过社会化方式按时足额发放低保和特困供养人员费用。强化残疾人保障工作，为16名重度残疾人申请生活补贴，为18名重度残疾人申请护理补贴，为3名残疾人申请辅具，辖区享受生活补贴110人，享受护理补贴281人。对2户、4名已脱贫的建档立卡人员继续实施帮扶，巩固脱贫攻坚成果。抓好汛期过渡安置，以"保护人民群众生命财产安全"为中心，启动程辛庄村汛期临时过渡安置。

【文化建设】 开展多项文化惠民活动，以庆祝中国共产党成立100周年活动为契机，组织机关、村街参加党史学习教育系列活动，营造积极向上的氛围。加强"农家书屋"的完善与维护工作，对17个村街的"农家书屋"图书进行查看、统计，并对图书管理员进行培训，全天候免费开放，提升村民综合素质，拓展群众视野。依法开展"扫黄打非"工作，对辖区商铺、市场、KTV等娱乐场所及网络音乐平台进行拉网式排查。

【精神文明建设】 坚持以习近平新时代中国特色社会主义思想为指导，旗帜鲜明讲政治，守正创新谋发展，为全面建设现代化经济强市、美丽香河凝聚强大精神力量，提供坚强思想保证。高扬思想旗帜凝聚前行力量，宣传思想战线坚持把学习、宣传、阐释习近平新时代中国特色社会主义思想作为首要任务，在学懂弄通做实上持续用力，使之成为广大党员干部群众政治上的主心骨、思想上的定盘星、行动上的指南针，推动党的创新理论落地生根。坚持系统学、深入学、跟进学，先后组织理论学习中心组围绕习近平新时代中国特色社会主义思想、习近平总书记"七一"重要讲话精神、党的十九届六中全会精神、省第十次党代会精神等学习，推动党员干部坐下来、静下心，读原著、学原文、悟原理，在深学笃行中淬炼思想、汲取力量、指导实践。赓续红色血脉，凝聚奋进力量，按照"学史明理、学史增信、学史崇德、学史力行"的总要求，深化理论武装，广泛开展宣讲，精心组织宣传，营造浓厚政治氛围、舆论氛围、社会氛围。结合"我为群众办实事"实践活动，把党史学习教育成果转化成为民办实事的实际行动，通过"我为群众办实事"活动，不断增强人民群众的获得感、幸福感、安全感。创新方式方法，安排部署各层面的宣讲工作，用活"学习强国"学习平台，激发学习力量。紧紧围绕更好"强信心、聚民心、暖人心"，聚焦党中央决策部署和省委、市委、县委工作安排，围绕京津冀协同发展、大运河文化带建设等重大主题开展宣传，为经济社会发展凝心聚力。

【意识形态】 以中心组理论学习为着力点，以党史学习教育活动为契机，结合宣传教育工作，深抓思想意识形态，以理论学习促进实际工作，新一届领导班子上任后，解决群众最关心、反映最强烈的事情作为"开门一件事"。强化中心组理论学习。精心安排学习内容，以集中学习和研讨为主，采取办读书班、"七一"专题党课、党员培训，召开组织生活会等多种方式，着力提高基层领导干部政治理论水平。强化对外宣传工作，通过微信平台、公众号、中央和省市媒体发布，全方位，多角度对园区亮点工作进行推介，树立园区外部良好形象。在《人民日报》《河北日报》《廊坊日报》和廊坊电视台等多家媒体发布信息20余条。开展"红色宣讲"。深化党史学习教育，弘扬"明理、感恩、诚信、自强"社会主义精神风尚，成立"红色宣讲团"，走进村街、社区为百姓宣传"党史""红色故事"，将市、县党代会精神带到群众身边，全年入村宣讲14次，受众2.6万人次。

【新冠肺炎疫情防控】 2021年，新兴产业园始终把人民群众生命安全和身体健康放在首位，严格落实上级工作部署，坚持科学防治、精准施策、联防联控，抓紧抓实抓细疫情防控各项措施，筑牢基层防线，最大程度保障群众生命安全和健康。园区所有村街进村路口和居民小区门岗全部设置检查点，实行24小时值班制度，对外来人员进行登记、测量体温、扫健康码和行程码、车辆消毒，严格落实管控措施。完成17个村街、22个居民小区、32家企业疫苗接种和核酸检测工作。

【基层党组织建设】 2021年，圆满完成村街“两委”换届工作。坚持党管换届工作原则，严格程序，高质量推进，先后召开6次镇党委领导班子会议，研究村街换届工作。17个村街共选任新一届“两委”班子93人。其中，党支部委员63人、村委会委员51人，交叉任职21人，占“两委”班子成员总数的22.6%；女性村“两委”15人，占“两委”班子成员总数的29.4%；大专以上学历村党支部书记7名，占总数的41.2%；50岁以下党支部书记9名，占“两委”班子成员总数的53%。开展新一届村“两委”干部培训和警示教育大会，提升村务工作水平，严肃政治纪律。发展党员。严把发展党员“入口关”，全年发展党员20名，其中，村街党员13名、机关党员7名，35岁以下党员14名、占70%，女性党员9人、占45%，大学本科学历党员4名、占20%。党员干部培训学习。全面提升干部素质，举办党史学习教育和乡村振兴培训活动13次，培训党员1727人次，进一步加强党员干部的责任意识、担当意识、先锋意识，政治素质和干事激情得到全面提升，为乡村振兴提供政治保障。加强社区党建示范点建设。建立1300平方米“京东新城党群综合服务中心”，设便民服务窗口、党支部会议室、图书室、文化活动室等，实现挠子庄、匠庄、小朱庄、后骆驼港4个村街合署办公，提升党建阵地硬件配备；年内，挠子庄、匠庄被评为市级“首都政治护城河”党建示范村。

【全面从严治党】 制定《关于落实全面从严治党主体责任的实施方案》《全面从严治党主体责任清单》，明确新兴产业园党委及党委领导班子成员的主体责任，党委书记与班子成员签订《落实党风廉政建设主体责任承诺书》。科学运用《“第一种形态”使用手册》扎实开展廉政谈心谈话活动，党委书记是第一责任人，其他班子成员履行“一岗双责”。加强机关效能建设，落实中央八项规定。制定《河北香河经济开发区新兴产业园机关管理制度》，以机关效能建设为抓手，深入推进机关纪律作风整顿。强化对党员干部的廉政教育，对17个村的“两委”班子成员进行集体廉政谈话，要求村“两委”班子成员要充分认识加强农村基层干部自身廉政建设的重要意义，加强自身修养。

（刘艳新　陈春晖）

环保产业园

【概况】 2021年，环保产业园下辖15个行政村，总人口12775人，行政区面积19.2平方千米，由香河经济开发区管委会社会事务管理二局负责管理环保产业园所辖行政村和居民小区具体事务。年内，环保产业园坚持以习近平新时代中国特色社会主义思想为指导，全面贯彻党的十九大和十九届历次全会精神，坚决落实县委、县政府决策部署，立足园区实际，聚焦党的建设、民生发展、疫情防控、安全稳定等重点工作，圆满完成各项工作任务。

【项目建设】 2021年，完成众联生命健康科技园、博云智慧医疗产业基地和喜临门北方家具有限公司二期等重点项目征地，涉及项目用地14.7公顷（221亩）；香河县垃圾焚烧发电项目及35千伏线路等附属设施，涉及占地21.6公顷（324亩），年内，该项目投入运营，有效解决全县垃圾无害化处理和原垃圾填埋厂环境污染问题；京唐铁路香河站站前广场涉及占地4公顷（60亩），该项目为国家重点战略基础设施，年内，完成基础性建设。

【农业】 以合作经营带动农民致富，采取“合作社+农户”模式，走以党员创业示范带动群众致富的新路，2021年，共有农民合作社11家，家庭农场4家，其中，香河县皓牧养殖专业合作社总投资520万元，有安格斯种牛、和牛种牛及西门塔尔牛220头，年出栏90头，带动周边40余家农户发展相关产业；香河顺盈合作社投资500万元，占地1.3公顷（20亩），建设冷藏库；发挥政府引导作用，为产业发展壮大增添活力，依托“潮白河文化旅游带”，发展观光农业，香河香润苗木种植专业合作社，建成占地13.3公顷（200亩）观光农业园，被评为市级示范社。以改革成果促集体创收，全面完成农村集体产业制度改革，对15个村街的经营性资产、集体机动地等登记造册，通过村内议事决策，将闲置的集体资产进行招标，增加集体收入，有7个村的闲散土地全部进行流转经营，南刘庄、后彭家务村出租旧校址，村集体增收140余万元。

【农村人居环境整治提升】 深入开展城乡环境综合整治提升工程。对违法违章建筑和村街私搭乱建进行登记造册，建立台账，挂号督办；全年完成土地卫片违法用地拆除13宗，占地4.47公顷（67.01亩）；拆除香武公路两侧违法建筑58处，面积5.4万平方米。继续实施村街美丽乡村创建工作，实现美丽乡村全覆盖，对重点美丽乡村，实施地下管网、道路硬化、村庄绿化、厕所改造等12个专项行动。开展“三清一拆”（清庭院、清杂草、清垃圾、拆除私搭乱建和违章建筑）行动，拆除农村乱占耕地建房23处、面积4.4万平方米，拆除村街违规建筑279处、面积1.6万平方米。实施农村环境提升工程，突出村街文化底蕴，培树健康文明的乡土风情，孙家庄、南刘庄、南王庄子、后彭家务等精品村街完成粉刷外墙17860平方米，硬化街道3500平方米，栽植树木1800余棵，修缮桥涵4座。

【生态环境保护】 实现“散乱污”企业动态清零。加强对域内企业及已取缔的“散乱污”企业进行巡查、复查，确保“散乱污”企业动态清零。继续加强扬尘整治，安排3辆水车和1辆雾炮车，对香武路、双安路、香北路、景观大道等园区内主要道路进行每天至少3次的湿扫作业，降低扬尘污染，对料堆及公路两侧裸露地面进行全面苫盖，苫盖总面积2万平方米。开展挥发性有机物（VOCs）企业达标治理，企业危废间使用、环保设备运行等进行定期检查，确保设施正常运转、长期稳定达标排放；召开3次现场会，组织企业进行参观学习，截至2021年，有104家工业企业获得排污许可证。严格履行“河长制”。加大日常巡河护河力度，进一步强化河道水环境保护，对辖区15千米河渠进行集中清理，清理河渠周边的违章建筑8处，清运垃圾、漂浮物5600立方米，封堵排污口26处，更新辖区河长制公示牌11块。

【应急管理】 2021年，环保产业园有生产经营单位96家，其中，危险化学品企业7家（加油站3家，燃气站4家），化工企业1家，工贸行业企业88家（其中，涉爆粉尘企业56家，饭店4家，学校、幼儿园3所，养老院1家）。制定《安全生产月活动方案》，园区企业服务专班深入企业走访排查，对发现的隐患限时整改，对整改不到位的企业，令其停产整顿，有效防范和坚决遏制重大事故发生。向辖区42家生产经营企业下发《安全生产防控方案》，指导企业严格按照方案要求做好安全生产工作。深入88家工贸行业企业和7家危化企业进行宣传，发放宣传资料120份；开展安全生产线上培训，组织10家企业的642名员工，通过网络平台收看安全生产专项培训视频和安全生产警示教育视频；利用安全生产工作微信群播放安全警示片2部，音频广播1个，450人收听收看音视频。深入15个村街进行安全宣传，发放安全生产宣传资料170份。

【信访工作】 坚持依法治访，通过完善机制、规范程序、强化细则，进一步畅通信访渠道，维护信访秩序，营造和谐发展环境。截至年底，辖区全年进京、赴省、到市信访9件，同比下降57%。其中，进京访4件，赴省访1件，到市访4件。妥善处理了庞营村、铁佛堂村因占地引起的信访32件。

【行政综合服务】 2021年，完成63项个体工商户窗口业务，其中，办理网上“云窗办照”登记21家、个体工商户经营场所或经营范围变更登记9家、个体工商户注销31家、个体工商户登记2家，建立了监管登记业务台账。参加县市场监督管理局、县行政审批局组织的业务知识培训5次，学习业务办理与法律法规，提高了业务办理和操作能力。

【平安社会建设】 成立社会事务综合治理办公室，将工作分解到部门、落实到人，形成既分工明确又形成合力的工作机制，健全矛盾调处机制，保证网格员全员在岗。聘请法律法规专业人员培训村街、社区网格员3次，组织网格员经验交流会2次，提高了网格员的理论水平，增加了调处成功率和群众的满意度。设置“群众说事干部解题的办公窗口”，成立“王大哥调解工作室”。派出所深入村街、社区、企业，组织网格员入户宣传讲解防诈骗知识，帮助群众下载“国家反诈中心”App手机软件。

【社会保障】 2021年，持续开展农村贫困户危房排查改造工作，确定辖区3户民房符合改造条件，33户符合抗震改造补助资金申请条件；全力提升社会救助兜底保障工作，做到应保尽保；为60名残疾人办理困难残疾人生活补贴、重度残疾人护理补贴，为26人办理残疾证；为符合政策的341人发放高龄补贴24.72万元。

【新冠肺炎疫情防控与企业复工复产】 成立新冠肺炎疫情防控工作领导小组，下设8个专项工作组，制订《河北香河环保产业园区新冠肺炎疫情联防联控工作方案》，开展重点人员排查，做好建档立卡工作，及时报送疫情信息；完成新冠肺炎疫苗及加强针注射工作。排查防疫重点人员。对辖区内3164户居民（含流动人口）逐户开展摸底调查，重点排查防控等级高风险地区有往来的人员，排查不明原因发热患者以及密切接触者，将32家超市、1家宾馆、45家商铺、56户出租房作为重点检查对象，明确房东、业主为责任主体，登记人员出入情况，形成动态管理台账。规范疫情处理流程。全面排查人员出入信息，建立排查统计日报告、零报告制度，及时汇总当日辖区居民排查信息，全年累计排查86.7万人次。加强宣传。充分利用宣传栏、村街“大喇叭”公布新冠疫情防控信息，加强新冠疫情防疫宣传，提高群众自我防范意识和疫情防范水平，引导居民自觉参与防控，形成人人参与，群防群治格局。制定《复产复工安全生产工作方案》，通过安全生产企业管理微信平台传达至企业，组织企业开展复工复产职工线上培训，共培训企业员工125人；开展复工复产企业安全检查，共检查企业26家，其中，检查使用危险化学品企业7家、一般企业19家，发现安全隐患165处，全部整改完毕，确保企业复工复产达到安全标准。

【基层党组织建设】 2021年，深入推进党史学习教育活动，各基层党组织分别制订学习计划，结合“三会一课”、组织生活会，每月集中或自学3次以上；利用电教设备和“学习强国”“先锋在线”App等进行在线学习。各基层党支部严格落实“三会一课”制度、组织生活会制度、民主评议党员制度，规范记录《党支部工作手册》，组织员办公室定期自查，发现问题及时整改。

深入推动村街“两委”换届后“开门一件事”活动开展，将这项活动与深入开展党史学习教育、“三基”建设年活动有机组合，推动解决老百姓“急难愁盼”问题，以办实事凝聚民心，以解难题汇聚民力，以“一件事”撬动“大干事”，推动党史学习教育活动走深走实、见行见效，建立活动台账，明确办实事内容、举措、目标成效和完成时限。

制订《在环保产业园党员中开展庆祝中国共产党成立100周年系列活动实施方案》，组织基层党组织举行升国旗、唱国歌、重温入党誓词、文艺会演等活动，庆祝中国共产党成立100周年，并为100名“光荣在党50年”老党员颁发纪念章。组织开展以“我为群众办实事”为主题的党日活动，为基层出谋划策、排忧解难；推动党员常态化参与志愿活动，依托党员活动室，组织党员围绕疫情防控、抢险救灾、社会救助、扶贫帮困等进行志愿活动。

持续加强队伍建设。年内，发展党员28名，确定入党积极分子10名，为9名党员办理组织关系转入手续；建立健全农村发展党员预警机制，对3个超过2年不发展党员的村党支部书记进行预警提醒，对2个3年以上不发展党员的村党支部书记进行诫勉谈话，并限期整改；定期更新党员档案管理，完善党员信息采集。健全规范村“两委”干部档案，完成辖区88名村干部档案信息收集、审核、整理、入档工作。制定《环保产业园关于开展新时代基层干部主题培训行动计划的实施方案》，开展新时代基层干部主题培训，全年组织各项培训30余次。

制定《村“两委”主要干部管理办法》，严格深化履行“两考三评一定”绩效考核办法，促进村“两委”干部履行职责；举办村街“两委”主要干部党务、村务工作“擂台赛”，进一步增强村干部履职能力和干事创业的激情。坚持定期报告制度，村“两委”主要干部及时向园区党委汇报村街工作开展情况，全面掌握村情，肯定成绩，指出不足，发现问题及时解决。严格轮流坐班制度，年初，15个村街制定村“两委”干部轮流坐班表，每天有1名“两委”干部在岗坐班处理村务，服务村民群众。

【换届选举】 3月，启动15个村“两委”换届选举工作；4月，村“两委”换届选举工作全部结束。选举出新一届村“两委”班子成员88人，高中以上学历占65%；15个村街全部实现村党支部书记、村委会主任“一人兼”，年龄全部在60岁以下；每个村街“两委”班子成员中至少有1名女性成员；15名村党组织书记中，有致富带头人13名，退役军人X名；村“两委”干部交叉任职22人，占25%；村委会和村民代表中，党员占35%。15个村街全部完成村务监督委员会换届，共选出村务监督委员会成员45人。

【全面从严治党】 持续加强党风廉政建设。坚持全面从严治党，把反腐倡廉与本职工作同部署、同落实，坚持“一岗双责”，驰而不息纠正“四风”，组织召开作风专项整治工作大会，严格落实中央八项规定，有计划、有步骤、有重点地组织开展监督检查。利用“第一种形态”，开展谈心谈话；组织召开廉政警示教育大会，给基层干部敲响警钟，彰显监督震慑作用，聚焦“四风”问题，进行早提醒、早警示，要求领导干部以身作则，带头崇廉尚俭、正风肃纪。全年收到信访举报线索6条，同比下降62.5%，给予1名党员严重警告处分，给予3名党员批评教育并责令检查，下达《纪律检查建议书》1件。

（陈金玉）

特色小镇

责任编辑　杨东林

综　述

香河县坚持与北京城市副中心一体化高质量发展，积极承接非首都功能疏解。倾力打造机器人小镇和健康小镇 2 个省级特色小镇。2021 年，加强特色小镇的基础设施建设，积极招商引资，高质量编制特色小镇的总体布局规划和控制性详细规划，明确小镇功能定位、产业特色、空间布局和建筑风貌，体现产业特而强、功能聚而全、形态小而美的特色，加强对特色小镇规划、创建等工作的指导，加大要素保障力度，协调解决制约小镇发展的瓶颈问题，推动小镇健康、快速、高质量发展。

香河机器人小镇

【概况】 香河机器人小镇位于河北香河经济开发区智能制造产业园内，凭借先进的特色小镇发展理念，以机器人产业为主导，通过对产业类、生态类、服务类配套中心建设，成为集智能制造、孵化加速、创意展示、工业旅游等功能于一体的智能科技特色小镇。主动承接京津冀机器人和人工智能技术产业转移，精准聚焦工业机器人、培育服务机器人，做强做大核心零部件和系统集成环节，培育打造集研发设计、生产制造、场景体验于一体的最具影响力、竞争力的工业机器人产业集群。香河机器人小镇始建于 2014 年，由德国 FTA 建筑设计有限公司规划设计，由幸福物业服务有限公司提供五星级物业服务，规划总占地 45.1 公顷（676 亩），规划总建筑面积 54 万平方米，计划总投资 40 亿元，主要建设机器人研发大厦、1－8 期产业港（包括系统集成、核心零部件、展示培训）以及机器人酒店、运动公园等。截至 2021 年年底，已经建成 1－4 期机器人产业港，总占地 17.3 公顷（260 亩），总运营面积 14 万

香河机器人小镇内的机器人产业港　　牛宝森　摄

平方米；建筑面积2万平方米的香河机器人大厦、5万平方米的香河机器人云计算数据中心在建中。香河机器人小镇获评科学技术部科技领军人才创新驱动中心、中国机器人十大优秀园区、中国产学研合作创新示范基地及机器人恰佩克奖，获得河北省创建类特色小镇、河北省战略性新兴产业示范基地、河北省智能制造示范园区、河北省机器人重点联系出口聚集区、河北省重大项目加速器、河北省科技企业孵化器、河北省国际科技合作示范基地等称号。2021年，香河机器人小镇通过省科学技术厅考核评审，成为河北省国际科技合作示范基地。

德国尼玛克焊接技术设备（香河）有限公司生产车间　　县融媒体中心供图

【基础设施建设】　截至2021年，香河机器人小镇累计完成投资4.56亿元，建设道路8条，总长13.33千米，建设供水厂、污水处理厂、供热厂各1座，实施电力项目3个，建设运动公园1个，建设运河大道两端节点公园、“大黄蜂”机器人模型广场，绿化3.5万平方米。供水厂占地面积3460平方米，建筑面积1282平方米，日供水能力2000吨，当前实际每日供水量600－800吨。污水处理厂占地面积4667平方米，建筑面积1249平方米，日污水处理能力2000吨，当前日处理量1500吨。供热站占地面积4667平方米，建筑面积1111平方米，供热能力20万平方米，当前供热面积6.3万平方米。电力项目。机器人小镇电力升级改造，新建10千伏线路5.9千米，可提供3.5万千伏安电力容量；机器人小镇110千伏迁改线路5.3千米，总投资5300万元。运动公园，位于机器人小镇产业港3期东北侧，占地2公顷（30亩），景观面积为2万平方米，总投资749万元，于2018年6月投入使用。年内，完成供热站增容14万平方米，铺设污水管道0.5千米，完成运河大道两端公园、“大黄蜂”机器人模型广场、运动公园的维护。

【入驻企业】　截至2021年，香河机器人小镇有韩国安川都林机器人应用设备（河北）有限公司、德国尼玛克焊接技术设备（香河）有限公司、美国ATI工业自动化公司等国际机器人龙头企业领军的各类机器人企业150余家落户，机器人全产业链初步形成，成为京津冀机器人产业标杆和北方最具发展活力的机器人产业高地。香河机器人小镇已逐步构建起以高新化、特色化、集群化为导向，精准定位产业规划，坚持产业链招商的机器人产业生态体系，构建起自我升级的产业集群优势。

【产业升级战略】　香河机器人小镇抢抓协同发展机遇，实施机器人产业升级战略，加速产业协同，完善公共服务配套，导入科技人才，形成北京城市副中心的科技创新微中心，打造国家机器人创新示范小镇，聚焦高质量、强品牌、高税收，持续吸引世界500强企业、规模类科技创新领军企业。充分拓展工业机器人与服务机器人全产业链，搭建产业创新内生动力。以国际标准规划建设系统集成产业园，完善公共服务，实现职住平衡，做强北京功能疏解。锚定国内外重点科研机构，吸引国家重点实验室研究员、企业科研人员、科技创新创业人才，加强产业研发创新示范，打造国家级机器人人才培养基地。

耐尔得智能科技香河有限公司生产的混凝土砂浆 3D 打印机

耐尔得智能科技香河有限公司供图

【校企合作推动产业创新升级】 截至 2021 年年底，香河机器人小镇与美国加利福尼亚大学伯克利分校、韩国在华创新中心等国际院校、创新机构建立国际科技合作关系，签订合作协议；与位于人工智能研发领域前沿的东北大学和沈阳工业大学签订战略合作协议，进一步推动香河机器人和人工智能产业创新升级；引进北京航空航天大学、河北工业大学和中国机械自动化研究所资源，与北京航空航天大学机器人研究所共同建设了北航智能技术与机器人（香河）研究中心，与河北工业大学、中国机械自动化研究所等高校和科研院所合作，成为中国产学研合作创新示范基地。香河机器人小镇科普基地先后获得廊坊市科技企业孵化器、科学技术部科技领军人才创新驱动中心、中国产学研合作创新示范基地授牌、河北省科技企业孵化器、河北省国际科技合作基地等称号。香河机器人小镇利用产业资源及机器人展厅，组织各类参观活动，成为中国民航大学、香河县城内第一小学、香河县向阳幼儿园的实践基地。年内，顺利通过省科技厅对香河机器人小镇作为河北省国际科技合作基地的考核评审；香河星耀稀有金属科技有限公司与北京工业大学、北京科技大学达成两项合作，分别为年产 300 吨高性能、超细、复合结构硬质合金材料及深加工项目，年产 1500 吨新型高强、高韧、耐蚀金属材料及大尺寸制品项目。

【签约项目】 2021 年，香河机器人小镇签约项目 6 个，分别是泓昂科技廊坊有限公司、耐尔得智能科技香河有限公司、北京恒泰士仪表有限公司、西安云裳美奢品牌管理有限公司、专显（河北）科技有限公司、河北曼斯维尔仪器有限公司，签约投资额 2550 万元。年内，全部投产运营。其中，耐尔得智能科技香河有限公司工业设计中心被市工业和信息化局授予廊坊市工业企业设计中心称号。

2021年香河机器人小镇新增项目一览表

表20

序号	企业名称	项目总投资（万元）	产业领域	主要产品
1	泓昂科技廊坊有限公司	750	传感器	导航装置及传感器
2	耐尔得智能科技香河有限公司	200	智能制造设备	3D 打印设备
3	北京恒泰士仪表有限公司	200	仪表	智能微功耗仪表
4	西安云裳美奢品牌管理有限公司	100	服装	服装
5	专显（河北）科技有限公司一期	1000	电子	光电子显示器件及整机
6	河北曼斯维尔仪器有限公司	300	仪表	仪器仪表

2021年香河机器人小镇主要入驻企业情况一览表

表21

序号	企业名称	项目总投资（万元）	产业领域	主要产品	产值（亿元）
1	香河金柏包装技术开发有限公司	10000	汽车	汽车零部件	1.1
2	河北宏泰铝业有限公司	5300	建材	建材	0.9
3	萨克森建筑新型材料（廊坊）股份有限公司	2200	建材	建材	0.8
4	河北新仟瑞新型建材有限公司	10000	建材	建材	2.2
5	香河宝冠塑业助剂有限公司	4500	工业原料	工业添加剂	0.8
6	香河凯华齿轮有限公司	15300	机器人	机器人零部件	1.3
7	河北星耀新材料科技有限公司	54000	新材料	新材料	0.6
8	河北天域九五电气有限公司	35300	电气设备	电气设备	0.86
9	华威博奥（廊坊）电力设备有限公司	45000	电气设备	电气设备	0.98
10	河北敏嵘建材有限公司	5000	建材	建材	1.36
11	河北知行合一电器设备有限公司	17000	电器设备	电器设备	0.98
12	香河合益包装机械有限公司	6900	食品包装	食品包装	0.86
13	奥腾工业自动化（廊坊）有限公司	20000	机器人	前端执行器	1.2
14	西维智能控制技术（香河）有限公司	10000	航空航天	航空航天	0.6
15	安川都林机器人应用设备河北有限公司	5000	机器人	工业喷涂机器人	0.25
16	摩云阁（香河）精密齿条有限公司	22000	机器人	桁架机器人及精密齿条	0.2
17	专显（河北）科技有限公司	1000	电子	光电子显示器件	0.5

（韩　静　徐安然）

香河健康小镇

【概况】 香河健康小镇即富德生命香河大爱城（以下简称香河大爱城），是富德生命人寿保险股份有限公司旗下的康养项目，位于渠口镇，紧邻京哈高速香河东出入口，总占地320公顷（4800亩），规划建设用地200公顷（3000亩），总建筑面积300万平方米，是国家“爱晚工程”养老示范项目，由大爱城控股投资有限公司投资建设。2021年9月，富德生命人寿保险股份有限公司投资入股大爱城控股投资有限公司，香河大爱城作为大爱城控股投资有限公司的旗舰项目，被冠以富德生命香河大爱城。作为廊坊市“北三县”唯一的省级健康小镇，香河大爱城以大爱为核心价值，独创书院式养老模式，打造以健康养老产业为核心的全龄层、全配套、亲情健康美好社区，形成养老、教育、健康、生活、生态完整服务体系，全面落地多场景、多维度、多文化的大爱乐享生活美学体系；通过聚焦特色医疗、康复护理、养老服务、教育培训、智能康复辅具、健康食品、现代农业等方面，打造成为承接医疗、养老、教育等非首都功能转移的社会化养老创新示范基地和大健康产业集聚发展平台，成为北京市通州区与廊坊市“北三县”一体化发展健康产业的主要承载空间、区域经济高质量发展的新平台、城乡融合发展的新支点。香河大爱城将在医疗、康养、教育、科创、文旅等产业上持续发力，重点瞄准早期筛查、先进医疗、药品及研发服务、耗材器械、抗衰老、医美、健康食品、高科技等高品质产品及服务项目，围绕康养医学产业链重点环节，部署健康产业“研发—孵化—中试—加速—产业化”科技创新链；依托行业智库深度整合产学研资源，形成康养医学“理论研究—科学实践—成果转化”示范经验，以健康产业先行、基金以投促产、产城融合发展为规划目标，为中国健康产业发展起到先行示范作用。截至2021年，建设完成香河大爱书院养老中心、养生公馆，大爱酒店，香河大爱医疗中心，大爱城生态农场，北京景山学校香河分校、大爱克丽斯幼儿园、香河大爱城居家养老一期项目、二期项目。其中，香河大爱城居家养老一期项目占地面积24.6万平方米，建筑面积33.37万平方米；香河大爱城居家养老二期项目占地面积25万平方米，建筑面积48.9万平方米。正在建设香河大爱医院、大爱体育公园、商业中心、香河大爱城居家养老三期项目。其中，香河大爱城三期项目占地面积10万平方米，建筑面积21.75万平方米；大爱体育公园为集运动、健身、休闲于一体的生态园林。

获得的荣誉。2018年3月，香河大爱城被中国社会工作联合会授予全国首家美好社区计划实践创新基地称号；6月，入围河北省第二批特色小镇培育类榜单。2019年10月，入围河北省第三批特色小镇创建类榜单。2020年1月，香河大爱书院养老中心荣获2019年度中国养老行业优秀康养社区称号；8月27日，在2020中国国际养老产业发展高峰论坛上，大爱书院荣获中国养老十大品牌、香河大爱城荣获中国养老社区十大品牌的称号；12月30日，由北京晚报社主办的2020年度北京“金口碑”康养机构总评榜揭榜，香河大爱城获评2020年度北京“金口碑”品牌价值养老社区、香河大爱书院获评2020年度北京“金口碑”品牌养老机构、大爱书院管理团队获评2020年度北京“金口碑”养老行业优秀管理团队、大爱控股投资有限公司总裁李大彦获评2020年度北京“金口碑”养老行业领军人物。2021年1月20日，2020年度中国康养产业运营商品牌影响力TOP30榜单发布，香河大爱城入围榜单，排名第10；4月28日，由人民日报健康客户端、健康时报社主办的第十三届健康中国论坛在北京举行，香河大爱城项目获评第十三届健康中国十大康养项目，大爱城控股总裁李大彦获评第十三届健康中国·重要影响力年度人物；5月29日，由中国林业与环境促进会和中国建筑技术集团有限公司主办的2021中国生态康养峰会在海南省博鳌开

香河健康小镇　　张越 摄

4月28日，由人民日报健康客户端、健康时报社主办的第十三届健康中国论坛在北京举行，香河大爱城项目荣获“十大康养项目”奖　　张越　摄

幕，全国首批星级生态康养基地正式发布并授牌，香河大爱城荣获全国首批五星级生态康养基地称号；6月5日，由中国产学研合作促进会、中国康养医学协同创新联合体主办的首届中国康养医学发展论坛暨中国康养医学协同创新联合体成立大会在北京召开，香河大爱城被评为中国产学研合作创新示范基地，大爱城控股总裁李大彦被聘请为中国康养医学协同创新联合体理事会副主席；12月23日，亿翰智库、产城观察网在上海举办“中国文康旅产业高峰论坛暨2021中国康养产业运营商百强峰会”，富德生命人寿保险股份有限公司入围2021中国康养产业运营商综合实力TOP30，名列第6，富德生命香河大爱城康养项目，入围2021中国康养产业优秀项目TOP10，名列第5，国家民政部养老服务业专家委员会委员、大爱城控股副总裁兼养老运营公司总经理、博士乌丹星作题为《新型康养社区运营实践——以富德生命香河大爱城康养项目为例》的演讲；12月23日，《北京晚报》发布2021年度北京品牌康养机构年终总评，富德生命人寿保险股份有限公司旗下康养服务品牌大爱书院获评2021年度北京养老行业影响力品牌，富德生命香河大爱城康养项目获评2021年度北京极具综合实力康养社区。

年内，主流媒体和重要活动对香河大爱城的宣传报道。3月19日，《中国科技产业》2021年第3期刊发专题《香河大爱城健康产业创新发展之路》。5月6日，廊坊市委宣传部组织《人民日报》、新华社、中央广播电视总台、《河北日报》、《廊坊日报》等中央、省、市33家主流媒体采访团，到香河大爱城大爱书院、香河大爱康复医院的建设现场、北京景山学校香河分校等地进行深度采访报道。5月7日，河北广播电视台公共频道《新闻六号线》节目组到香河大爱城，对京津冀协同发展战略下的“书院式养老”新模式进行专题采访报道。7月18日，《经济日报》第6版刊发《康养产业兴、养老更安心》，对香河大爱城康养项目进行报道。8月，在人民日报健康客户端康养频道，人民日报社《健康时报》特别举办的“晒出最美夕阳

6月5日，由中国产学研合作促进会、中国康养医学协同创新联合体主办的首届中国康养医学发展论坛暨中国康养医学协同创新联合体成立大会在北京召开，香河大爱城被评为中国产学研合作创新示范基地　　张越　摄

红·我的康养我的家”有奖征集活动中，香河大爱书院报送的作品中，文章类作品获金奖1项、银奖2项，图片类作品获金奖2项、银奖1项，视频类获特等奖1项、金奖2项。9月，由人民日报社主办的《人民论坛》杂志2021年9月刊，专题报道北京景山学校香河分校展现新时代育人风采。9月28日，香河大爱城项目以线上直播的形式亮相2021年廊坊市文化旅游产业发展大会。12月23日，《北京晚报》第5、30版分别刊发《大爱书院式养老，幸福生活“五步曲”》《大爱美好社区，用实力让“三代心安”享幸福》，对香河大爱城康养项目进行报道。

【养老模式创新】 大爱城投资控股有限公司依托中国传统文化，以大爱为核心价值，独创书院式养老模式，打造居家养老、社区养老、机构养老“三位一体”、以文化和尊严为突出特点的养老服务体系，通过高品质文化养老服务，辅助健康医疗服务，维护和提高老年人生命质量，实现身体健康与精神享受双丰收，走出一条“新三代同堂”的新型养老之路。香河大爱城从家文化观念出发，构建全龄层、全配套的亲情健康美好社区，创新养老模式，让更多家庭拥有“情满三代”的大爱人生。

品质居家养老。居家养老以家庭为核心，以专业化服务为依托，为老年人提供从餐饮服务、医疗服务到居家护理、紧急救助、家属健康培训等全方位的保障，让老年人乐享儿孙绕膝的晚年生活，足不出户享受完善的养老服务。

温暖社区养老。大爱书院养生公馆既让老年人保持对家的归属感，丰富的文化娱乐活动满足老年人社会交往的需要，还可享受大爱书院养老中心及大爱美好社区全配套全方位服务。

幸福机构养老。香河大爱书院养老中心占地面积4万平方米，设有独立生活区、协助生活区、专业护理区及记忆护理区；拥有1.3万平方米的会所，配备图书馆、多功能教室、棋牌室、手工活动室、健身房、游泳池、茶艺室等超50类一站式养老文化活动空间，聘请国内外知名专家学者授课，并设置多种文化课程与娱乐活动，保障老年人的精神生活需求，为入住老年人提供以养生和艺术类为主的专业化、高品质教育文化服务，使入住老年人全方位体验“书院式养老”的全新晚年生活。香河大爱书院养老中心342间精装养老公寓，房间内配置适老化家具、社区无线定位、紧急呼叫系统等30项安全设计，打造专属于老年人的安全舒适之家。香河大爱书院被廊坊市职业技能鉴定指导中心授予职业技能等级鉴定评估机构和香河县养老服务指导中心，具有养老行业人才培训资质。截至2021年年底，入住老年人420人，其中，95%来自北京。10月，中共香河大爱城书院党支部成立。

【医养融合模式创新】 大爱控股投资有限公司重点发展健康医疗，秉承“医养融和、大爱至善”的医疗理念，通过整合优质资源，打造新型养老医疗融合的创新模式，实现医疗资源和养老服务无缝对接。实现疾病防、诊、治、康一体化，医、康、护、养紧密结合，提供一对一专注个人健康的家庭医生，建立完整的健康档案，设计针对性健康管理方案，全方位护航入住老年人和居民的健康。

香河大爱康复医院。建设中的香河大爱康复医院，是一所三级综合性专科医院，以康复医学为重点，总建筑面积约10万平方米，一期工程300张病床、二期工程400张病床，配备国际先进智能化诊疗设备，汇集京城近百名医学专家，以亚健康、慢性疾病及恶性肿瘤人群为主要服务对象，医院面向香河大爱城及京津冀中老年群体，将现代医疗服务与养老保障有效结合，提供生命全周期、疾病全过程、防诊治康全流程的高质量个性化精准医疗健康服务。

香河大爱医疗中心（综合门诊部）。香河大爱医疗中心（综合门诊部）作为大爱书院养老中心和大爱城社区医疗护理保障体系核心服务平台，是以家庭医生服务为主导，以多个专业科室为支撑的一站式医疗服务中心，建筑面积2000平方米，医疗中心设内科、外科、中医科、疼痛科、妇科、眼科、康复科、耳鼻喉科、检验科、医学影像科、急诊科、体检科等8个临床科室和4个医技科室，设置国际远程会诊中心，配备国际先进医疗设备30余台，聘请北京协和医院、安贞医院、解放军总医院、阜外医院、同仁医院、中日友好医院、北京大学第三医院等三甲医院专家坐诊。为老年人提供线上线下相结合的国际化家庭医生服务、医疗费用保障方案定制及疾病筛查、健康管理、上门诊疗、病房服务、健康资讯、远程医疗、保健医学、健康讲座、双向转诊为一体的整体健康医疗方案。与北京多家三甲医院开通绿色通道，搭建直升机救援、999专用救护车、自动体外除颤器（AED）救援设备等多重立体救护体系，提供及时的转诊服务。实现一体化的全程健康管理服务，为香河大爱城居民、大爱书院老年人及周边地区群众提供健康体检、常见疾病门诊急诊处置、卫生宣教等服务。大爱医疗中心按照国际化医疗服务理念与标准创建的综合门诊部，致力于打造个性化的预防、治疗、康复、安养四位一体健康管理医疗平台，未来将成为香河大爱医院一级医疗科室——社区与家庭医学科，作为社区级全科门诊为社区家庭提供健康管理、家庭医生和紧急救护服务。2018年7月，香河大爱医疗中心（综合门诊部）正式投入运行。2021年4月1日，香河大爱医疗中心（综合门诊部）信息系统成功对接到“国家医疗保障信息平台”，实现数字化管理，同时，完成本地城镇职工医保数据的测试工作，即日起可以实施廊坊地区医保人员实时刷社保卡结算；自7月12日起，香河大爱医疗中心成功对接“国家医保服务平台”，完成跨省异地门诊结算接口对接，完成异地就医备案的京津冀地区城镇职工及居民在此就诊，可异地刷卡直接结算。

【生态康养模式创新】 建设香河大爱农场，促进休闲农业与健康养老养生深度融合，打造休闲农业+养老产业的田园生活方式，自然与生活有机融合。

香河大爱城生态农场占地面积65.2公顷（978亩）。农场利用规划区外围大型生态廊道的绿廊体系，向片区内部渗透，梳理内部水系与绿脉廊道的关系，构建内部生态网络系统，突出中心区生态核心地位；挖潜水网格局，构建生态骨架，即梳理整体区域的生态格局，明确可利用和需维护的水系；保护规划区原有生态基底面貌，保持规划区的生态活力，在原有农田耕地的肌理上加入生态农业、庄园经济，因地制宜进行农作物种植，引进先进农业科技，在高效利用土地的同时保护整体生态环境。已经建成并开园的核心区13.3公顷（200亩），集生态观光、果蔬采摘、老年人及全家庭休闲健身活动功能于一体，规划百果采摘区、生态示范区、运动餐饮区、大棚种植区、休闲游乐区、田地租赁区六大全家庭休闲体验区，为社区及周边居民提供优质农业服务，为香河大爱城老年人与社区居民提供生态健康食材，创造有机、生态、放松的养老生活。2021年4月3—4日，香河大爱生态农场举办“纸鸢漫想、时春之趣”主题活动，涵括彩绘风筝、汉服体验、风筝比赛、律动蹴鞠、温室果蔬采摘、五彩棉花糖等内容。

【教育模式创新】 作为联合国教科文组织提出的“终身教育”理念的拥护者与实践者，大爱城投资控股有限公司积极响应京津冀协同发展战略，以教育文化作为产业链中的重要引领，在香河大爱城中逐步落地首都优质教育资源，打造全龄优质教育配套体系，包括幼儿园、小学、初中、高中、老年终身教育、社会公共教育平台等。

香河大爱城引入克丽斯学前教育，建设大爱克丽斯幼儿园。克丽斯教育由教育专家、博士李洁于1989年在英国创建，以教学法研究为基础，践行用教育回报社会的理念，追求尊重生命、科学育儿，针对都市化进程中幼儿早期精神运动不足呈现的问题，研发针对性的功能游戏，促进幼儿全面发展。幼儿园设置托班、小班、中班、大班4个年级，2020年10月，大爱克丽斯幼儿园正式开园。2021年，大爱克丽斯幼儿园有教职工19

名，幼儿 65 名。

引入北京景山学校教育资源，建设北京景山学校香河分校。北京景山学校是一所专门进行城市中小学教育改革试验的学校，也是北京市示范高中及联合国教科文亚洲教育更新计划联系中心之一。北京景山学校香河分校由香河县人民政府、北京景山学校和大爱城投资控股有限公司合作创办，占地 16 公顷（240 亩），建筑面积 10 万平方米，是一所集小学（5 年制）、初中（4 年制）、高中（3 年制）及国际部为一体的 12 年一贯制的民办学校，教学工作由北京景山学校全面托管，小学、初中教材和教学方法与总校同质化。北京景山学校香河分校按照北京景山学校教学和管理方式，实现课堂同步，从小学到高中，为学生提供一站式精英教育，共享北京优质教育资源，有效解决香河大爱城居民及周边社区居民子女的教育问题，为香河乃至环京地区提供更加优质的教育资源。2017 年 7 月 6 日，“我爱景山——北京景山学校香河分校揭牌仪式暨招生推介会”在北京景山学校香河分校举行；8 月 28 日，北京景山学校香河分校正式开学；8 月 31 日，北京景山学校香河分校举行开学典礼。2021 年，北京景山学校香河分校有教职工 74 名，学生 500 名，其中，小学部 1－5 年级 18 个教学班，初中部 6－7 年级 2 个教学班。由人民日报社主办的《人民论坛》杂志 2021 年 9 月刊，专题报道北京景山学校香河分校展现新时代育人风采。

老人在香河大爱书院图书馆阅读学习　　张越 摄

建设香河大爱书院。创建书院式文化教育，以文化促进养老，香河大爱书院设置老年图书馆、课程教室、棋牌室、手工活动室、健身房、游泳池、茶艺室等多种文化课程与娱乐活动设施，通过丰富多彩的文化课程和趣味活动，帮助老年人提升自身个性发展与自我实现的精神追求。

引进国家开放大学社会工作学院教育资源。国家开放大学社会工作学院由国家开放大学与中国社会工作联合会合作成立，大爱城投资控股有限公司作为企业共建代表，积极参与国家开放大学社会工作学院建设，在行业资源引入、招生就业扶助、建设经费支持等方面提供有力保障。国家开放大学社会工作学院作为社会工作专业人才的培养基地，持续向大爱城投资控股有限公司提供社工及养老领域的教学、研发、培训服务，培养和输出优秀专业人才。2017 年，香河大爱城被国家开放大学社会工作学院认定为实习实践基地。截至 2021 年底，开设社区管理与服务（专科）、社会工作（专科）、社会工作（本科）3 个专业，在校学生 3 万余人。

【社区管理与服务】 打造社区新型管理模式及可持续发展、全民参与、兴趣互动、交流学习、共享共议、专业性人才培育的多元化平台，培育、孵化、建立社会组织或社工机构，组织社区兴趣领袖、社区小秘书、助老爱幼社工等，以社群的方式促进社区精神文化建设，实现居民自治，打造创新型社区运营模式。大爱美好社区服务中心为客户提供生活缴费、日常报修、装修办理、管家服务、居家养老、房屋手续办理、产权咨询等服务。

（张　越）

商贸流通

责任编辑　杨东林

综　述

2021年，香河县商贸流通运行平稳，消费品市场供销两旺，节日市场供应稳定。制定《关于进一步促进现代服务业及社会消费品零售企业发展壮大的实施意见》，加快推进现代服务业及社会消费品零售企业发展；制定《关于进一步优化营商环境更好服务市场主体若干措施的贯彻落实方案》，持续做好优化营商环境工作；制定《香河县加强县域商业体系农产品供应链体系农村电子商务体系建设工作方案（2021—2022年）》，进一步完善农村商业体系，搞活农村商贸流通，助力乡村振兴；制定《关于进一步促进现代服务业及社会消费品零售企业发展壮大的奖励办法》，配合构建国内大循环的战略，扩大内需、提振消费的要求，推动香河县商贸流通及服务业提质增效，快速发展，开展对服务业的企业帮扶，汇总重点企业发展需解决问题；落实国家、省、市外贸专项资金政策，对县域内重点外贸企业开展“一对一”精准帮扶，对外贸易成效显著。开拓粮食流通市场，完善应急保障预案，确保粮食安全。供销商业继续实施服务乡村振兴战略，为“三农”服务水平进一步提升，多措并举推进传统主营业务发展。物流快递业发展势头强劲，烟草经营和成品油市场平稳有序、健康发展。

国内贸易

【概况】　2021年，全县社会消费品零售总额完成122.6亿元，同比增长4.2%。其中，限额以上企业（单位）实现消费品零售额6.3亿元，同比下降24.6%。按销售地区分，乡村市场发展快于城镇市场，城镇市场实现零售额96.6亿元，同比增长0.3%；乡村市场实现零售额26.0亿元，同比增长21.8%，乡村市场高于城镇市场21.5个百分点。按行业区分，批发需解决的问题；落实国家、省、市外比增长4.2%；住宿餐饮业实现零售额4.2亿元，同比增长3.8%。

【市场体系建设】　进一步推进农村商贸流通高质量发展，制定《香河县加强县域商业体系农产品供应链体系农村电子商务体系建设工作方案（2021—2022年）》，为完善农村商业体系、搞活农村商贸流通、助力乡村振兴提供指导和保证。便民市场建设。年内，香河华联香百超市有限公司建设完成香河惠兰生鲜超市并投入运营；推进城区便民市场合理布点、加快建设，将祥和便民农贸市场、新花园市场和永泰路便民市场列为重点支持对象，并上报市级备案。

【市场供应应急管理】　落实线上报告制度。通过商务部业务系统平台，要求大型超市报送生活必需品市场监测周报、商贸流通业统计分析月报，国庆节、春节黄金周进行日报告。对全县生活必需品市场运行监测，对粮、油、米、面、肉、蔬菜、水果、水产品、食盐、食糖等生活必需品的价格波动进行监测分析，做好国庆节、春节两个黄金周期间的生活必需品保供和市场运行监测分析报告。制定印发《防疫指南》，对相关行业的防控保障数据汇总上报，分别制订疫情防控常态化、应急状态及全封闭期间的市场保供工作方案，制订部门及行业分级疫情防控应急预案，确保市场供应稳定。

【服务入统企业】 2021年，起草《香河县发展和改革局关于推进商贸流通行业入统的工作报告》，详细分析了商贸流通行业入统工作面临的问题并提出工作建议。进一步落实《关于进一步促进现代服务业及社会消费品零售企业发展壮大的实施意见》（香政办〔2021〕31号），分别制定规模以上服务业和限额以上贸易业培育建库的具体措施，促进经济发展持续向好。制定《关于进一步促进现代服务业及社会消费品零售企业发展壮大的奖励办法》。挖掘新的增长点，探索新业态入统途径。联合相关部门对家具城、石材城、汽配城就建立统一结算中心的可行性进行调研，形成报告后报县政府，便于帮扶及入统工作顺利开展。

【电子商务】 争取省级资金，推动电商经济加快发展。以香河维泰汽配电商产业园为龙头，推动电商经济集聚发展，争取省级奖补资金100万元。选取云直播中心作为重点培育对象，对云直播中心开展人才培训、创业辅导，加大培育力度，为直播电商发展提供人才支持和业务指导。2021年，全县有电商直播企业500余家。

【平台数据反馈】 加强平台数据反馈工作。持续保证“商务部业务系统统一平台”中市场监测信息报送的及时性，做好市场运行监测网络样本9家企业的跟踪，在保障报送率的基础上，提高商务预报及市场分析的水平；加大对“河北省数据直报平台”的数据信息反馈力度，组织相关企业及时填报。

（杜振江　韩超颖）

对外贸易

【概况】 2021年，香河县继续落实中央、省、市外贸产业政策，立足新发展理念、构建新发展格局，推动县域外贸产业以创新为路径，以高水平争列和建设国家级外贸新业态、新模式试点为突破口，以发展跨境电子商务、市场采购贸易、外贸综合服务企业和海外仓为着力点，培育外贸发展新动能，增强国际竞争新优势。

【出口贸易】 2021年，香河县完成外贸进出口总值11.37亿元，同比增长5%。出口总值9.67亿元，同比增长3%。

【出口企业申报】 2021年7月，组织香河经济开发区管委会、相关镇政府和华夏幸福基业股份有限公司香河分公司申报相关材料，将“河北省香河县汽车零部件出口聚集区”申报升级为“河北省香河县汽车零部件外贸转型示范基地”，将“河北省香河县机器人出口聚集区”申报升级为“河北省香河县机器人外贸转型示范基地”，是廊坊市2021年唯一获得申报资格的县（市、区），为全县外贸产业集聚、集中发展提供强大助力。

【落实外贸企业扶持资金】 落实国家、省、市外贸专项资金政策，成立香河县贸易促进联席会议领导小组，对全县9家市级重点外贸企业开展“一对一”精准帮扶。组织企业申报国家、省、市外贸发展专项资金和补贴，并做好专项资金和补贴的发放。2021年，为香河旭明源汽车配件有限公司、香河紫辰汽车配件有限公司、喜临门北方家具股份有限公司、香河汇文节能科技有限公司等重点外贸进出口企业申请并发放各类专项资金128万元。

【境外就业服务】 2021年，河北万龙境外就业服务有限公司在香河县注册成立，业务范围是为京津冀对外投资企业到域外发展提供人才招聘和培训服务，是廊坊市唯一一家外派劳务服务公司。

【境外投资】 鼓励县内企业对外投资。香河旭明源汽车配件有限公司在越南投资建设越凯机械制造有限公司，截至2021年底，投资414.5万美元，完成厂房主体建设和设备安装调试。

【企业参展与培训】 组织企业参加第18届中国—东盟博览会、第130届中国（广州）进出口商品交易会、2021年第四届中国国际进口博览会，助力企业开拓国外市场，增加出口订单。开展“暖企助企”稳外贸线上免费培训护航活动，使外贸企业掌握扶持政策。

（杜振江　韩超颖）

粮食流通

【概况】 2021年，香河县进一步完善粮食应急预案，确保粮食应急供应，保持粮食价格基本稳定，维护粮食市场秩序；进一步做好粮食监督检查，加强危仓老库维修改造，做好新冠疫情防控期间的粮食供应，加强粮食安全生产。

【储备粮增储轮换】 2021年，按照县长办公会议纪要〔2021〕21号要求，县粮食和物资储备中心联合县财政局、中国农业发展银行，监督指导香河县兴旺粮油有限责任公司和香河县兴业粮油有限责任公司完成县级0.5万吨小麦增储任务和0.1万吨小麦储备轮换。

【粮食应急保障】 根据省、市要求，对11家粮食应急供应点经营情况和经营地点变化情况进行检查、核实，并在网上填报，上传至国家粮食应急保障网站。确定香河县旺雪面粉加工厂为粮食应急加工企业，亿镖局居民服务有限公司为应急运输企业，兴军粮油公司为成品粮应急储存企业。做好新冠肺炎疫情防控期间粮油应急保供工作。加大对粮油市场的检测力度和频率，及时掌握疫情发展对粮油市场供应和价格变化的影响；对重点地区、重点品种、重点时段跟踪监测，将价格异常波动的品种纳入重点监测范围。

【粮食安全】 2021年，香河县在夏粮、秋粮收获期间遇到持续阴雨天气，粮食部门积极引导农民科学储粮，促进农民增产增收，密切跟踪粮食市场动态，及时发布粮油供求、购销、价格信息；年内，全县夏粮收购小麦10894.25吨。五百户粮库智能化升级改造工程初检结束，进入试运行阶段。对省、市提出的粮库管理系统存在的问题进行整改。县储备粮转移至香河县兴旺粮油有限责任公司储存，粮库智能化仪器设备同步迁移至香河县兴旺粮油有限责任公司，年内，协调市粮食和物资局、第三方安装公司，对设备进行迁移、安装和验收。做好世界粮食日和全国粮食安全宣传周期间的宣传工作。10月16日是第41个世界粮食日，所在周为全国粮食安全宣传周，其间，组织在线观看“河北省2021年世界粮食日和全国粮食安全宣传周”启动仪式，在香河县军粮供应站开展主题宣传活动。

【军粮供应】 2021年，县粮食和物资储备中心落实国家军粮供应的各项政策，把军粮供应当作首要的政治任务，高质量完成军粮供应工作，完成2022年军粮加工（供应）企业的推荐上报工作。年内，开展“粮油科技”进军营活动，加大“粮油科技”宣传力度，进一步推动军粮供应工作的开展；宣传推介河北军粮产品，扩大河北军粮影响力，提高河北军粮知名度。

【粮油质检站建设】 根据省、市粮食和物资储备局《2021年新收获粮食质量安全监测方案》要求，6月22日，完成香河县粮食质检站的验收，完成夏粮的市级扦样2份、县级检测任务2项，秋粮检测省级扦样2份、市级扦样2份、县级检测任务3份。有效杜绝了重金属、农药残留及真菌霉素等超标粮流入市场，确保全县粮食市场安全有序运转。

【安全生产】 对安全生产体系建设情况、安全生产责任制落实情况、仓储设施设备和作业安全情况、储粮化学药剂安全情况、消防和用电安全情况进行检查并签订《安全生产责任书》。确保生产环境安全，杜绝事故的发生，确保作业人员的人身安全。7 月 30 日，召开全县粮食行业安全生产警示教育现场会，结合县内案例，对安全生产工作进行部署，确保粮食行业安全生产零事故。

【“双控”机制建设】 按照《香河县安全生产风险分级管控和隐患排查治理双重预防机制建设推进工作实施方案》要求，全县中小微生产经营单位全面完成“双控”机制建设。香河县兴旺粮油有限责任公司、香河县兴业粮油有限责任公司和香河县兴军粮油有限责任公司，全部完成“双控”机制建设，按照“双控”机制建设要求开展工作，确保安全生产事故零发生。

（杜振江　韩超颖）

供销合作

【概况】 2021 年，县供销合作社联合社围绕县域经济发展大局，创新实干、聚力争先，扎实有序推进各项工作，开创供销合作事业新局面。年内，全县供销合作社系统实现销售收入 1150 万元，上缴税金 23.8 万元，分别占全年任务的 104.55%和 170%；下辖盐业公司、生产资料公司、土产公司和产权交易公司。

【为农服务平台建设】 2021 年，香河县加强县、镇、村三级为农服务平台建设，积极对接河北省农村供销合作社便利店连锁有限公司，加快农村供销合作社便利店平台建设，细化和完善《香河为农服务综合平台建设规划实施方案》和《香河为农服务综合平台项目合作框架协议》。

【农村产权交易中心建设】 2021 年，加强对产权交易中心的管理，提高农村产权交易服务站、村级服务点覆盖率。截至年底，成立县农村产权交易中心镇级服务站 13 个，实现镇级服务站全覆盖；成立村级综合服务点 280 个，其中，新增 50 个，村级综合服务点覆盖率 93%，交易额由上年度的 17.6 万元增长至 209.4 万元。开展产权交易相关政策、法律法规宣传和业务培训，对 300 个行政村负责人进行新平台操作、交易规章制度等业务培训，推进农村集体交易应进必进。

【农资供应】 通过完善“统一购进、统一价格、统一配送、统一服务”的经营模式，将农资连锁经营服务网络向农业技术培训、农产品推广、测土施肥、送肥到田间地头等公益性服务方向拓展，加大对全县农资流通网络的整合力度，全面推进放心农资连锁经营和配送工作，保障农资产品的质量安全，有效杜绝假冒伪劣农资产品进入香河市场，防止坑农害农事件发生。截至 2021 年底，已建设农资直营店 15 个、加盟店 80 个，网点覆盖全县各镇和 60%以上农资需求量较大的村，全年销售尿素 1100 吨、磷酸二胺等复合肥 2500 吨，销售农药 400 吨，农业投入品占当地农业投入品总量的 20%－30%。

【盐业经营】 2021 年，盐业公司在保障全县食盐供应的同时，积极履行社会义务，充分发挥食盐储备职能，加强疫情期间食盐储备，严格落实市、县新冠肺炎疫情防控工作领导小组关于《应对新冠肺炎疫情保障生活必需品供应工作方案》要求，切实保障香河县食盐供应充足、价格平稳。全年共购进食用盐 1725 吨，工业盐 258 吨，销售食用盐 1638 吨，工业盐 206 吨。

【土产公司转型】 根据香河县全域内禁止燃放烟花爆竹的规定，1 月 31 日，土产公司停止购入烟花爆竹。2 月 1 日，完成对烟花爆竹摊点的未售商品回收工作，清查、封存所有烟花爆竹库存商品。3 月 25 日，完成烟花爆竹库存商品清零，正式退出烟花爆竹经营。4 月，土产公司开始业务转型，由以销售烟花爆竹为主转型为销售特色农副产品，建立特色农产品直销店，年内，组织调入黑龙江汇全通米业和五常市春鹤米业的大米、小米、黑米等 10 余个特色农产品，调入湖南省竹笋干、炒米、酱板鸭、蜂蜜等特色农产品，并与多家企业达成合作意向。

【成立县供销社监事会】 2021年，为深入贯彻省政府《关于持续深化供销合作社综合改革，助力全面推进乡村振兴的方案》的通知（冀政字〔2021〕13号）精神，8月，县供销社召开社员代表大会，选举产生监事会监事和主任，在全市率先成立县级供销社监事会，完善供销社理事会、监事会、社员代表大会“三会”建设，为推进供销社综合改革奠定坚实的组织基础。

（杨雪莲）

烟草专卖

【概况】 2021年，香河县烟草专卖局（营销部）在县委、县政府和廊坊市烟草专卖局（公司）的正确领导下，认真宣传贯彻《中华人民共和国烟草专卖法》《中华人民共和国烟草专卖法实施条例》，对县内烟草专卖品生产、销售、运输、储存的管理和监督，依法查处辖区内涉烟违法违规案件，审核、发放和管理烟草专卖零售许可证，加强对县内卷烟零售客户的营销服务。

【经营情况】 以规范经营为重点，不断提高服务质量，保持销售平稳、结构优化。2021年，全年销售卷烟14319箱，销售金额48364万元，其中，河北省省产卷烟销售2720箱，金额6619万元。

【市场监管】 专卖管理工作以市场管理、打假破网、治理卷烟非法流通为重点，坚持内管外打，打管结合，综合治理。2021年，查处各类涉烟案件70起，查获各类违法违规卷烟102.6万支，上缴罚没款1.77万元。

【行政许可】 2021年，持续推进“互联网＋行政许可”工作，优化完善许可审批流程，提升行政许可水平和质量。年内，办理烟草专卖零售许可证213份，延续153家、停业9家、歇业114家、审批注销25家，网上办证率30.89%。

【加强对未成年人保护】 强化对电子烟监管。对电子烟售卖点进行全面排查，劝导商户对电子烟产品自行下架，定期开展回头检查，防止电子烟重新上架销售。强化校园周边清理整顿。持续开展对中小学校园及幼儿园周边区域进行专项清理整顿，召开现场会，宣传讲解《中华人民共和国未成年人保护法》《保护未成年人免受烟侵害“守护成长”专项行动方案》《廊坊市局烟草制品零售点合理布局规划》，使零售商户熟悉相关法律法规，进一步提升保护未成年人、不向未成年人售烟的意识。

（成志云）

物　流

【概况】 2021年，香河县基本完成县、乡、村三级农村物流网络节点建设，加快完善物流体系。物流市场主要分布在家具城、石材城、汽配城周边，面向北京、天津、山东、河南、内蒙古、山西、辽宁、吉林、黑龙江等省（自治区、直辖市），从业人员1000余人。快递业务发展迅速，香河县的快递业务由廊坊市邮政管理局监管。

【物流企业】 全县有3家货运站（场），分别为香河八方物流有限公司、香河县北方物流基地、香河县亨瑞达物流有限公司，总占地面积8.5万平方米，从业人员108人，年货物吞吐量20余万吨。物流目的地为北京、天津、河北、辽宁、吉林、黑龙江、内蒙古、宁夏、甘肃、青海、新疆、四川、重庆等省（自治区、直辖市），重点服务香河家具产业。

【物流企业管理】 加强对道路货物运输站（场）生产经营的监督管理，依法查处违反道路货物运输经营管理规定的行为。加强对道路货物运输站（场）经营业主的信用监管，对道路货物运输站（场）企业的安全生产行业监管，督促企业履行安全生产主体责任。

（李桂杰）

【快递业务】 2021年，香河县快递业务由廊坊市邮政管理局监管，有EMS快递、百世快递、德邦快递、京东快递、申通快递、顺丰快递、天天快递、中通快递、圆通快递、韵达快递等快递公司。

（廊坊市邮政管理局）

【韵达电商华北产业中心】 2019年2月，在北京通州区与廊坊市"北三县"项目推介会上，韵达电商华北产业中心项目与香河县政府签约，选址毗邻京哈高速香河北出入口香河经济开发区新兴产业园，占地面积13.33公顷(200亩)。6月，项目一期完成并投入运营；9月，项目完成全部建设并投入运营，韵达北京总部迁入香河。主要建有智能化快递中心、客户中心、财务结算中心、华北地区快递枢纽港等，所有经由韵达投递至北京方向的快件将在香河分拣派送。2021年，韵达电商华北产业中心，日快件量达260万件，日最大揽收500万单，中转输出运输车辆130辆，交件车辆300辆，年营业收入12亿元。

石油专卖

【概况】 中国石化销售股份有限公司河北廊坊香河石油分公司(以下简称香河石油分公司)隶属于中国石化集团公司，下辖11座加油站，分布在县城和淑阳镇、安平镇、钳屯镇、安头屯镇、渠口镇、钱旺镇、蒋辛屯镇。2021年，香河石油分公司认真贯彻落实上级石油公司的安排部署，努力克服新冠疫情防控、企业停产限产、高温天气错峰卸油、城区雨污分流断交、加油站升级改造等不利因素，确保县域内成品油市场供应稳定、加油站正常运转，为县域经济和人民群众生产生活保驾护航；深入开展隐患排查和整治活动，确保安全生产落到实处，圆满完成"两会"安保、庆祝中国共产党成立100周年等重要会议和重大活动期间的安保任务；认真贯彻落实《河北石油分公司加油站现场管理禁令》，提升加油站管理水平和员工素质。全年实现轻油零售31930吨，占计划任务101%，零售同比增长3233吨，同比增长11.27%。

【业务经营】 经营业务范围包括乙醇汽油、柴油、润滑油等油品零售业务，为医疗救护、抢险救灾、抗洪防汛、工程抢险、行政办公、夏秋农忙等提供燃油保障，确保县域燃油市场供应。香河石油分公司各加油站均配备易捷便利店，部分加油站增设自助洗车业务。2021年，完成成品油销售收入28490万元，非油品销售收入980.79万元，完成税收206.9万元。

【新冠肺炎疫情期间市场供应】 香河石油分公司时刻关注新冠疫情防控信息，提前做好保证市场供应工作，保证物流配送及时到站，全年未出现脱销断档现象。

【环保措施落实】 落实环保措施，严格执行错峰加油、接卸油的工作，县城内第一加油站坚持从上午8点至下午6点停止接卸油作业；委托第三方对所辖加油站进行环境评估，严格执行油气回收检测制度，按指标要求进行季度检测，坚决打赢蓝天保卫战。

6月17日，香河石油分公司组织开展加油站安全生产专项检查　　香河石油分公司供图

【安全生产】 2021年，香河石油分公司以“清洁革命”为契机，强化加油站安全管理，为客户营造安全健康的服务环境。定期开展应急预案演练，确保站内监控24小时正常运行，禁止为客户打散装油。严格落实安全生产责任制，积极开展安全教育培训，认真排查安全隐患并及时整改。制定安全生产预案，认真贯彻落实《河北省石油分公司加油站现场管理禁令》，提高员工的安全意识和服务水平，地罐交接合格率不断提高、损溢管理显著提升。全年未发生任何等级的安全生产事故。

2021年香河县石油分公司加油站分布一览表

表22

序号	加油站名称	地　址	占地面积（平方米）	经营范围	油罐总容积（立方米）	级别
1	第一加油站	淑阳镇新华大街40号	2949	乙醇汽油	120	二
2	第二加油站	淑阳镇五一路南段	3387	乙醇汽油、柴油	135	二
3	第三加油站	安平镇京滨公路西侧	3200	乙醇汽油、柴油	105	二
4	第五加油站	渠口镇渠口村通唐公路北侧	2350	乙醇汽油、柴油	90	三
5	第六加油站	蒋辛屯镇蒋辛屯村大香线旧线东侧	2260	乙醇汽油、柴油	45	三
6	第九加油站	安平镇延福屯村大香线北侧	3207	乙醇汽油、柴油	135	二
7	第十四加油站	渠口镇王刘圈村通唐公路北侧	1643	乙醇汽油、柴油	75	三
8	第十五加油站	安平镇二街京滨公路东侧	1273	乙醇汽油、柴油	75	三
9	第十七加油站	安头屯镇铁佛堂村西香北公路北侧	1233	乙醇汽油、柴油	75	三
10	第十九加油站	钱旺镇大河各庄平香公路东侧	1000	乙醇汽油、柴油	105	二
11	第二十一加油站	钱旺镇大六王村通唐公路北侧	1715	乙醇汽油、柴油	90	三

（孔薇薇）

香河家具城

责任编辑　杨东林

综　述

香河家具城由32座单体展厅组成，总面积300万平方米，参展企业7500余家，知名品牌1500余个。2021年，香河县加快推进家具城“二次创业”进程，大力开展家具市场诚信体系建设，补充和丰富市场业态，创新宣传推广模式，激发市场潜能，提升市场活力，加快促进家具产业转型升级，推动家具市场健康发展。5月18日，香河县人民政府与中科未来人居国际产业集团签署战略框架协议，联手打造未来香河家居；12月29日，中国家具协会授予香河县人民政府中国家具产业集群共建先进单位称号，授予香河嘉美家具城有限公司、香河北方家具城有限公司、香河鑫亿隆家具城中国家具产业集群品牌企业称号。

5月18日，香河县人民政府与中科未来人居国际产业集团举行战略合作框架协议签约仪式。图为县家具城发展中心主要负责人代表县政府与中科未来人居国际产业集团相关负责人签署战略合作协议　　县家具城发展中心供图

家具城“二次创业”

【概况】　2021年，香河家具城积极推进家具产业振兴进程，不断完善提升家具城“二次创业”工作目标和具体措施，在平稳推进家具城管理体制改革的基础上，克服新冠肺炎疫情对家具市场的影响，推行《家具城销售服务公约》《家具售后服务公约》《家具城物流管理公约》《安全生产监督巡查管理公约》和《展厅运营总经理（物业经理）自律守则》。制定行为规范，发挥行业管理者与经营者之间的桥梁纽带作用，指导、监督经营者规范经营，维护家具城市场秩序，营造诚信经营的市场氛围，提升香河家具城的品牌形象。

【打造数字家具城】　2021年，香河家具城加快转型升级，创新家具产业发展新模式，实现“线上线下”销售的模式同步推进，鼓励倡导各展厅和家居销售商开展短视频宣传和线上推广销售，有590余家企业开展线上营销。

利用香河家具城的品牌优势和产业底蕴，积极对接市场，确定香河智狐风向标网络科技有限公司为运营主体，在“天猫”“京东”“淘宝”“拼多多”“抖音”“快手”“微拍堂”“玩物得志”8电商大平台上搭建香河家具城旗舰店或体验店，申请“抖音”官方家居产品产业链服务商。完成26个展厅的展示架构设计，采集350家企业，570套产品，单体产品数量3400余件。链接推出香河家具城各个展厅所有商家产品，实现家具类产品在各个电商平台成为最大旗舰店和体验店。多渠道寻找电商合作伙伴，利用新电商模式与线下体验销售相结合，在电商领域推出香河家具城品牌，把家具城打造成“数字家具之城”。

【做好宣传推介】 运用新媒体手段，加大宣传力度，提高知名度。创新广告宣传模式，利用当前新媒体宣传手段，鼓励引导商户运用自媒体进行宣传推广。2021年，受疫情影响，多数商户开通抖音、快手等新媒体平台进行宣传，对家具城的整体宣传推广起到了很好的效果。提升家具城官网和微信平台影响力，扩大受众群体，降低宣传成本，家具城官网浏览量每年达400万人次，对香河家具城宣传推广起到了重要推动作用。

【加强售后调解服务】 推行《家具城售后服务公约》，细化顾客投诉分类及责任划分，明确相应处罚措施，提升售后服务水平，降低投诉率。2021年，共接听消费者咨询、投诉电话2101个，调解投诉案件205件，其中，电话投诉24件、顾客到访投诉7件、政府热线转接投诉165件、派出所转接投诉6件、市长热线留言投诉1件、省政府热线留言投诉1件、网络舆情投诉1件。

【香河家具协会】 香河家具协会为中国家具协会副理事长单位、河北省家具协会副理事长单位。截至2021年年底，香河家具协会发展副会长单位13个、会员单位52个，组织召开香河家具协会扩大会议暨授牌仪式。发挥香河家具协会作用，整合家具制造与销售企业，形成合力。联系建行香河支行、香河农商银行和中行香河支行，召开银企对接会，帮助企业解决资金不足、融资困难等问题。

【业务培训】 积极开展业务培训，提高企业市场竞争力。针对家具市场的发展趋势，有针对性地开展业务培训。对录用的从业人员进行家具城行为规范、家具销售技巧、消防知识等培训。采取线上线下同步直播的方式，扩大教学培训的覆盖面。

（李万青）

家具城建设

【概况】 2021年，家具城发挥自身资源优势，积极创收，实现自我造血。进一步加大招商引资和项目建设力度，提升家具城形象。

【香河家具城雄安店项目】 为支持雄安新区建设，香河县与容城县联合开展“家具保供，幸福容城”活动，由香河家具城发展中心下属的香河众兴家具城建设发展有限公司牵头，与第三方公司合作，在雄安新区容城县豪丹路207号，建设香河家具城雄安店，项目总投资2800万元，占地4.67公顷（70亩），规划建设展厅面积3.2万平方米，停车位400个，是集民用家具、办公家具、酒店家具、小件饰品、窗帘、家用电器于一体的大型“一站式”家居购物服务平台，立足中档品牌，以香河县域家具企业为主。6月，香河家具城雄安店开始试营业；10月，正式营业，为雄安新区居民顺利回迁新居提供服务和保障。

【创新营销模式】 创新宣传推广模式。围绕提高销售业绩，创新广告宣传模式，充分利用新媒体宣传手段，线上推广，线下引流，导航入店，鼓励引导商户运用自媒体进行宣传推广，利用直播、家具城官网、微信平台等，扩大受众群体，降低宣传成本，提升香河家具城的市场影响力。鼓励引导商户利用新媒体平台开展宣传销售活动，拓宽销售渠道。

12月29日，在成都举行的中国家具产业集群大会暨中国家具协会第七届二次理事会会议上，香河县人民政府被中国家具协会授予中国家具产业集群共建先进单位称号。图为颁奖现场　　香河家具城服务中心供图

【出席中国家具产业集群大会暨中国家具协会第七届二次理事会会议】　12月29日，中国家具协会在成都举行中国家具产业集群大会暨中国家具协会第七届二次理事会会议，香河经济开发区管委会和香河家具城发展中心主要负责人出席会议。会上，香河县人民政府荣获中国家具产业集群共建先进单位称号，香河嘉美家具城有限公司、香河北方家具城有限公司、香河鑫亿隆家具城荣获中国家具产业集群品牌企业称号，香河家具城发展中心主任李万青荣获中国家具产业集群突出贡献奖。

（李万青）

家具城管理

【概况】　2021年，家具城进一步优化行政监管、强化社会管理、创新市场运营模式，确保运行机制完善、布局结构合理、激发市场潜能，做到职能统一、权责一致，高效精干。

【加强诚信市场建设】　加强诚信市场建设。制定推行《香河家具城销售服务公约》《香河家具城售后服务公约》《香河家具城物流服务公约》《安全生产管理公约》以及《香河家具城展厅运营总经理（物业经理）自律守则》，通过建立完善的制度体系和管理体系，大力谋划市场诚信建设体系与行业管理和规范行业协会相促进，逐步形成分工明确、结构合理、功能完善、监管有力的体系框架和运行机制，有效规范市场行为。

【家具城服务】　提升市场服务水平。加强市场规范化建设，通过加强厅内市场秩序的规范和厅外环境的治理，探索物流企业规范化管理，改善提升售后调解服务，培训赋能，提高企业能力水平等途径，为消费者提供安全、舒适、便捷、放心的购物环境。

【消防安全管理】　加强监督检查，清除消防隐患。做好日常检查，每天对家具展厅进行拉网式排查，对在家具展厅内的商户逐一排查，发现隐患及时上报，并按照《香河家具城安全生产管理公约》进行了相应处理；开展夜间检查。每天晚上联合家具城派出所开展夜间抽查，发现隐患及时整改；组织消防联查。4月19—23日，会同家具城派出所对家具展厅的消防设施进行区域性抽查，发现安全隐患24处，均已整改到位；进行电气检测。在对各展厅进行拉网式排查的同时，对各展厅变压器、开关柜、厅内分路开关箱负荷进行检测，杜绝超电流、超温度的情况出现。加强对展厅内装修审批。对家具城内的装修商户执行装修审批，并全程监督，年内，办理装修审批295户，杜绝了在装修期内出现私拉乱接、违规使用大量易燃品、不刷防火涂料等安全隐患。做好对沿街商户的安全检查。累计检查家具城沿街商户150余家次，发现安全隐患110余处，全部整改到位。加大宣传力度，增强安全意识。6月，是第19个全国“安全生产月”，组织各家具展厅开展以“落实安全责任，推动安全发展”为主题的宣传活动，通过悬挂条幅、张贴标语、开展岗位培训等方式，做好安全生产宣传工作，提高全体从业人员的安全生产意识；5月和10月，组织各家具展厅开展上、下半年生产安全事故应急疏散演练，进一步强化从业人员的安全意识，提高义务消防队员的实战灭火技能，检验了各展厅应急预案的可行性、可操作性；协助家具城各展厅组织从业人员进行消防安全知识培训，使从业人员会使用灭火器、会报警、会扑救初级火灾、会逃生，增强从业人员的安全责任意识。

【新冠肺炎疫情防控】 2021年，针对香河家具城市场范围大、人员流动多的特点，香河家具城认真落实新冠肺炎疫情防控各项工作流程，对疫情防控工作做出周密部署，严格落实各项疫情防控制度，尽早尽快复工复市，将疫情对市场的影响降到最低。

制定防疫措施。制定《疫情防控应急预案》，做好疫情防控人员配备和物资保障。落实工作流程。对营业区及重点部位每天定时消毒，设置人员进出通道及警戒线，对人员进行体温检测、信息核查、扫码登记、安全防护等各项检查，根据疫情防控工作流程，制定完善消毒记录表、保洁记录表、进出人员登记表、巡查登记表等工作台账。加强检查督导。对疫情防控工作落实情况进行检查，及时发现问题，进行整改。抓紧复工复市。制定《香河家具城恢复营业工作流程》，对各展厅的通道设置、消毒保洁、物资储备、检测流程、垃圾清理等做出规定，家具城展厅共有227个通道，复工复市期间封闭162个，开放65个；在沿街展厅安装13台大屏式人体测温设备，6台立柱式人体测温设备，对进厅购物人员进行登记，确保疫情防控无死角、市场安全有保证，保证了良好的市场经营秩序，为市场在疫情条件下快速复苏、保持健康良性运转提供可靠保障。

（李万青）

金 融

责任编辑　董长江

综　述

2021 年，香河县金融系统继续认真贯彻落实稳健的货币政策，采取多项措施，积极引导全县金融机构以稳增长、调结构、惠民生为目标，在确保贷款稳步增长的同时，积极调整信贷投向，加大对实体经济的支持力度，有效地促进全县经济发展。

银行业

【概况】 截至 2021 年 12 月末，县域内共有银行业金融机构 15 家，其中，政策性银行 1 家、国有商业银行 4 家、股份制银行 1 家、城市商业银行 6 家、邮政储蓄银行 1 家、地方法人金融机构 2 家，分支机构（网点）共有 78 个；全辖银行业机构从业人员 953 人。全辖银行机构总资产 971.69 亿元。各项存款余额 546.12 亿元，较年初增加 50.27 亿元，比上年同期增加 50.27 亿元；各项贷款余额 688.74 亿元，较年初增加 38.99 亿元，比上年同期增加 38.99 亿元。存贷比例为 126.12%，比上年年末降低 4.92%。不良贷款余额 19.06 亿元，较年初增加 819 万元；不良贷款率 2.77%，比上年年末下降 0.15%。全辖金融机构实现账面利润 10.56 亿元，较上年同期增加 2.63 亿元。较上年同期增长突出主要原因是：上年年末中国农业发展银行香河支行不良贷款准备金计提，导致全辖金融机构上年账面利润低。

（高建峰）

【中国人民银行香河支行】 2021 年，中国人民银行香河支行（简称人行香河支行）共有在职员工 24 人，其中，专业技术人员 16 人。

支持实体经济发展。强化政策工具运用，全力支持新冠肺炎疫情防控和企业复工复产，为辖区 2 家法人金融机构发放支小再贷款 4000 万元，2 家地方法人金融机构累计为 257 户普惠小微企业和个体工商户到期贷款进行了延期，延期还本付息 335 笔，金额 5.35 亿元，共获得人行香河支行 441.29 万元的资金激励。创新举措，推进金融支持小微企业和稳企业保就业工作，推动 2 家法人金融机构为 323 户普惠小微企业和个体工商户办理 344 笔信用贷款，金额 1.51 亿元；继续实施新型农业经营主体“主办行”制度，支持农业经济发展；组织开展对全县企业客户的“全覆盖式”走访对接，各银行机构对本行基本户开户企业，有序、逐户走访对接，了解融资需求，解决实际问题，年内，走访 15000 余户企业和个体工商户，为企业和个体工商户增加授信额度 96.84 亿元，贷款投放 86.48 亿元。

维护金融安全稳定。组织金融机构开展防范非法集资宣传活动，指导金融机构利用营业网点开展防范非法集资宣传，加强金融知识宣讲，利用农村金融综合服务站在农村地区开展集中宣传活动；加强存款保险宣传工作，组织金融机构开展存款保险知识集中宣传月活动；召开辖区银行业金融机构专题会议，传达《中国人民银行石家庄中心支行关于确保不发生挤兑事件的通知》文件精神，强调工作重点；组织开展2021年金融机构突发事件应急演练，此项工作信息《香河支行组织开展突发事件应急处置桌面推演》被廊坊市金融稳定工作简报2021年第3期转发；完善《香河县银行业信贷资产质量风险监测工作实施办法》，按期开展监测，维护辖区金融稳定，实施后成效显著，辖区不良贷款快速上升的势头被成功遏制，不良贷款率回归到安全状态；严格落实金融机构重大事项报告和风险提示制度，加强预警与提示，将风险隐患消灭在萌芽状态。

提升金融服务水平。做好征信管理服务。做好新冠肺炎疫情期间征信查询服务工作；做好信息主体信息保护工作；围绕“五进”，即进社区、进乡村、进企业、进机关、进校园，做好征信宣传工作。以“6·14”信用记录关爱日为主线，结合“3·15”消费者权益保护和9月的反假人民币宣传活动，大力开展诚信主题宣传；严格按照程序处理涉及征信方面的投诉，就征信处理工作约谈相关银行，督促情况反馈，在规定期限内及时回复客户。提高金融统计水平。做好金融统计、用工调查等各类报表、报告等基础性工作，对金融机构开展业务指导，学习《金融统计管理规定》《金融统计数据报送规范》等制度要求；要求金融机构提高政治站位，落实好上级行对调查统计工作的决策部署，密切协同配合，确保调查统计工作全面顺利推进，加强数据管理和预测分析，规范金融统计行为，提高金融统计质量。拓展外汇工作成效。开展“资本项目微视频集中宣传周”活动，宣传情况被国家外汇管理局河北省分局以信息形式转发。组织外汇指定银行，进行资本项目微视频宣传共4期；积极完成国家外汇管理局廊坊中心支局布置的外汇企业货物贸易数据治理工作2批次，修改完善33家企业名录信息。前后5次协助国家外汇管理局廊坊中心支局进行调研，对企业发放调查问卷以及形成详情汇总报告；防范跨境资金异常流动风险，充分发挥各外汇指定行的积极作用，坚持施行《香河县外汇指定行本外币分类管理考核办法》，效果良好。推进辖区支付环境建设。开展优化银行账户服务暗访；配合公安机关，深入开展“断卡”行动，切实改善金融用卡环境，有效打击新型网络电信诈骗行为；配合地方政府“平安社区”建设工作，制定《人行香河支行“全民反诈”活动工作方案》，推动安装“国家反诈中心”App；推进移动便民工程建设，有效改善农村支付结算环境，做好香河家具城特色商圈建设，提高移动便民工程建设水平，继续改善加强家具城商圈和医院、学校等移动支付场景建设，利用银行卡助农取款点优势，不断扩大宣传效果；完成反洗钱义务机构评级工作。做好经理国库工作。持续做好国债发行月首日巡查工作；落实中央新增财政资金直达政策，准确核算相关款项；继续做好支持新冠肺炎疫情防控工作，及时、准确地完成新冠肺炎疫情防控资金拨付22笔，金额3596万元；积极配合税务部门做好个人所得税退税工作；参与“国际财税动态编译”工作，全年上报人行河北省分行29篇，其中，被中国人民银行总行采用3篇。现金服务更加高效。做好应对疫情现金服务工作；在实现银行业金融机构全渠道现金收入全额清分的基础上，提升清分效能和质量；提升社会现金需求满足率，做好金融机构小面额现金备付工作暗访和有无拒收现金现象暗访；做好反假货币宣传与制贩假币的打击工作、继续开展拒收现金整治专项行动，积极开展“反假小超人”网络答题活动。

（王　希）

【中国农业银行股份有限公司香河支行】 2021年，中国农业银行股份有限公司香河支行（简称农行香河支行）认真贯彻落实省市分行安排部署，面对区域经济持续盘整、同业竞争压力不断增大、新冠肺炎疫情影响等不利局面，农行香河支行领导班子带头攻坚、率先垂范，找症结、抓队伍、建机制、强管理，取得较好经营业绩。截至年底，本外币各项存款余额 89.6 亿元，本外币各项贷款余额 110.67 亿元，累放 14.66 亿元。实现中间收入 2062 万元，实现拨备后利润 22386 万元。年内，获得 2021 年度中国农业银行五一劳动奖状，2021 年度农行系统全省先进支行、综合营销“春天行动”先进支行称号，获 2020—2021 年度廊坊金融团工委授予的“青年文明号”称号。

认真履行普惠金融职责。坚持“面向‘三农’、服务城乡”发展定位，通过发放惠农卡、设立惠农金融服务点、布设电子机具等，深入改善金融基础设施，构建线上线下一体、多层次广覆盖的现代化农村金融服务体系。年内，258 个惠农通服务点机具全部升级，落实管户责任人和工作规范，“农村组织经济服务和三资平台服务”取得营销突破，在农行廊坊分行获得 300 个村独家代理权，成为农行系统“三资”平台服务首批合作单位。24 万名居民持有农行香河支行社会保障卡，20 万名居民持有农行香河支行惠农卡。面对新冠肺炎疫情不利影响，农行香河支行主动将金融支持农产品稳产保供、春耕备耕、畜牧养殖作为重中之重，抢抓农时，积极对接农资和农产品生产、流通、加工等各环节主体，投放惠农 e 贷 1.4 亿元。

主动践行大行责任。新冠肺炎疫情期间，农行香河支行网点对医院、商场、超市等服务行业的金融需求优先满足，特别是现金存取方面，专门购置现金消毒柜，保证对外支付现金的安全。

（祁会颖）

【中国工商银行股份有限公司香河支行】 2021 年以来，中国工商银行股份有限公司香河支行（简称工商银行香河支行）始终坚持“安全生产”的经营理念，齐心协力，奋力拼搏，支持地方经济发展，较好地完成各项工作。截至 2021 年末，营业收入 3.27 亿元，拨备前利润 3.04 亿元，净利润 2.29 亿元，同比下降 11%；中间业务收入 2051 万元，同比下降 69%。本外币全部存款日均较年初增加 3.08 亿元，增量同业排名第三位，时点较年初增加 1.49 亿元，增量同业排名第三位；各项贷款余额 127.53 亿元，较年初增加 7.76 亿元，时点与增量均居同业第一。年度经营绩效和业务发展考评分内排名第三位。

储蓄存款。坚持高管抓高端，积极发展私人银行等高端客户，获授省行私人银行业务。同时，优化考核办法，充分调动员工积极性，开展多点营销。截至 12 月末，储蓄存款时点增量（较年初）3.56 亿元，同业占比提升 10%，同业排名提升一个位次。

个人贷款业务。加速个人贷款业务拓展，巩固个人贷款精品强行地位，截至 12 月末，个人贷款时点增量 6.38 亿元，个人住房贷款时点增量 6.06 亿元，居同业第一位。不良贷款额和不良贷款率较年初分别下降 105 万元、0.01%，实现“双降”。

客户发展不断扩大。贯彻落实工商银行河北省分行“客户服务质量提升年”活动，积极开展客户拓展活动，做好存量维护、增量拓展、场景营销等，进一步拓展客户数量，全量个人客户较年初增加 2.04 万户，完成计划的 121%，居同业第一位，对公结算账户较年初增加 431 户，完成计划的 60%，居同业第二位。

开展金融知识宣传。加大宣传教育力度，向消费者面对面开展金融知识普及教育。年内，开展“3·15”征信知识宣传、防范反洗钱风险、普及金融知识和守护钱袋子等宣传活动，通过把金融消费知识普及贯穿于消费者的日常金融活动中，切实提升消费者整体金融知识水平，提高消费者风险防范意识。

（黄　娜）

【中国建设银行股份有限公司香河支行】 2021 年，中国建设银行股份有限公司香河支行（简称建行香河支行）按照县委、县政府和上级银行党委发展要求和经营理念开展工作，严格履行社会责任，凝心聚力谋发展。严格落实总行以“三大战略”为主体的新金融战略，助力实现人民对美好生活的向往，支持地方经济发展。

存款业务。2021 年末，一般存款余额 46.44 亿元，年新增 7.2 亿元，其中，个人存款余额 34.68 亿元，当年新增 6.1 亿元，同业排名第一；对公存款 11.76 亿元，当年新增 1.05 亿元。

贷款业务。2021 年末，贷款余额 99.83 亿元，年新增 2.29 亿元。其中，对公贷款余额 115736.67 万元，比年初新增 44861.42 万元；普惠贷款余额 63706.85 万元，比年初新增 7310.7 万元。全年累计发放个人住房贷款 1283 笔，金额 72822 万元。其中，一手房贷款 411 笔，金额 26731 万元；二手房贷款 788 万元，金额 44362 万元；商业住房贷款 84 笔，金额 1729 万元。

2021 年，对公结算账户累计新增 230 户，位列全市建行系统第二位，全年累计新增对公账户 651 户，长尾无贷户新增套餐签约率 90%，新增代付活跃客户增量 27 户，各项指标均处全市各支行前列，中间业务收入 5491 万元，实现利润 2.56 亿元。

推进乡村振兴战略。依托“裕农通”平台，实现了智慧政务、农资服务、农户信贷、金融服务、技术培训、政策宣传六大服务进乡村，有效降低了“三农”群体获取金融资源的门槛。通过“裕农通”平台加载政务事项办理功能，实现村民足不出村办政务；通过加载在线问诊功能，实现小病就近看，大病预约看；通过加载金融服务功能，实现金融业务身边办；专门创新推出针对土地经营流转、确权农户、集体经济组织的专属信贷产品，极大提升广大农村群体贷款获得便利性。全年裕农通发卡 6860 张，点均新增发卡 24.5 张。全年签约农户 3445 户，点均签约农户新增 12.3 户，签约农户时点资金沉淀新增 13850 万元，在全省重点支行排名第三位。打造三星级以上农村服务点 137 个，其中，三星级服务点 66 个，四星级服务点 31 个，五星级 40 个。全年新增裕农快贷授信客户 197 户，涉农贷款发放合计 52955 万元，重点支行中排名第一。业主签约农户注册“裕农通”App 达 1427 人次。

助力地方经济发展。加大贷款投放，实现政府、企业、银行三方共赢。北运河廊坊段旅游通航项目作为京津冀协同发展的重要项目，由于项目的投资规模大、建设时间紧，作为项目的中标方荣安香河环境工程有限公司承担了较大的资金压力。与企业达成合作后，建行香河支行成立运河项目推进团队，建立省、市、县三级联动机制，通过对接施工项目、现场勘察调研，撰写授信材料、制定融资方案，建立绿色审批通道等举措，于 11 月 25 日 22 时，5 亿元贷款实现投放。

（祁福兵）

【中国银行股份有限公司香河支行】 中国银行股份有限公司香河支行（简称中行香河支行）是隶属于中国银行燕郊分行的县级支行。内设 5 个部室，下辖 2 个支行，员工 42 人。2021 年，实现净利润 6653.58 万元，人均利润 162.28 万元。

存款业务。截至年底，各项人民币存款余额 227299 万元。其中，人民币公司存款余额 53958 万元，人民币储蓄存款 173290 万元；外币存款折美元 921 万美元，其中，储蓄存款 490 万美元，企业存款 431 万美元。

贷款业务。截至年底，各项人民币贷款余额 645402 万元，比年初下降 26912 万元。其中，个人消费贷款 637741 万元，公司贷款 7661 万元，卡透支 10159 万元。2021 年，国际结算量 13749 万元。

工作创新。利用“乐享天天”“乐享七天”“惠享天天”等表外理财产品吸引行外资金进入。利用大额存单、结构性存款、优惠利率等产品固化活期存款的同时，吸引客户他行资产转入。在 2021 年末“全力抢抓资金盛宴实现个人客户全量资产圆满收官”活动中，单日个人存款新增 4648 万元。优客分期业务是提升非息收入、存款和银行卡客户的重要着力点，全年实现放款 262 笔，金额 4140 万元，12 月份单月非息收入达到 130 万元。大力拓展冬奥卡，全面压降信用卡不良余额，累计实现发卡 657 张，年末信用卡不良余额 42 万元，完成中国银行燕郊分行下达的不良余额 90 万元任务。

业务拓展。抢抓市场机遇，助力全量金融资产稳步提升。坚持公私联动战略，持续做好深耕园区争揽优质客户工作，成功营销了赛铭瑞汽车零部件（廊坊）有限公司、香河云储数据科技有限公司、香河鑫山钢铁结构有限公司、香河合益包装机械有限公司等企业落户。

（刘晓静）

【中国农业发展银行香河支行】 中国农业发展银行香河支行（简称农发行香河支行）是香河县唯一一家农业政策性银行。2021 年，在岗正式员工 12 人，机构网点 1 个。

存款业务。全面贯彻“以客户为中心”的服务理念，加大营销推广力度，主动营销客户，持续增加网银企业客户数量，将存贷款、网银推广合体营销。累计营销 30 家开户企业使用农发行网银进行日常结算。其中，8 家企业使用网银实现 1000 余人的工资发放，所有网银客户均签约开通网银对账功能，全年电子支付替代率位于廊坊市前列。2021 年，日均存款 12818 万元，年末存款余额 17024 万元，年末存贷比 1227.33%。

贷款业务。全年累放贷款 66555 万元，年末贷款余额 208940 万元，比年初增加 55686 万元，增长 36.34%。

服务“三农”，确保粮食安全。认真做好粮食储备企业的资金供应与管理，把支持粮棉油收储作为全行工作的重中之重，开展香河县兴旺粮油有限责任公司 2021 年县级粮油储备增储事项，储备量规模合计 0.6 万吨，向香河县兴旺粮油有限责任公司发放县级储备粮贷款 1555 万元。

提质增效，助力中长期贷款项目落地。积极向地方党政领导推介农发行信贷产品，抓住推动地方政府投融资公司转型发展的契机，帮助香河县国有公司梳理思路、搭建平台。进入香河县城投转型专班，参与地方投融资平台建设，主动帮助地方政府按照规划目标谋划发展路径、落实措施、推进策略，变被动服务为主动服务、超前服务。2021 年，累计投放城乡一体化贷款（项目）65000 万元，助力县域经济建设发展。

（王　娇）

【中国邮政储蓄银行股份有限公司香河县支行】 中国邮政储蓄银行股份有限公司香河县支行（简称邮储银行香河县支行）是隶属于中国邮政储蓄银行廊坊市分行的县级支行。2021 年，邮储银行香河县支行坚持以客户为中心，打造线上和线下互联互通、融合并进的金融服务体系，为广大客户提供优质、便捷、高效的综合化金融服务。坚持“普之城乡，惠之于民”的经营理念，在提供普惠金融服务、发展绿色金融、支持精准扶贫等方面，积极履行社会责任。内设综合管理部、‘三农’金融部、营业部、公司业务部，下辖 1 个自营网点、6 个代理网点，在岗员工 35 人。

存款业务。为应对复杂多变的金融环境，提高转型速度，提升核心竞争力，邮储银行香河县支行围绕省、市分行经营发展战略，贯彻“融合发展”理念，持续深化转型发展。在个人存款业务发展上，注重综合营销，力求全面发展，各项业务稳步推进。始终重视储蓄存款的维护，使客户资金进得来、留得住。并对客户进行分层逐级管理模式，丰富网点转型产品，注重深化维护管理、提高客户满意度。在公司业务存款发展上，优化客户结构，拓展客户来源，开展专题营销活动，提高营销能力、拉近银政银企关系、加强行内资源协同、提升邮储品牌。截至年底，存款余额 15.18 亿元，其中，储蓄存款 11.23 亿元，对公存款 3.85 亿元。

贷款业务。支持地方经济建设能力不断提升，加大满足农户、商户及小微企业融资需求，致力为居民提供便捷金融服务，打造服务“三农”和支持地方经济的特色银行。2021 年，以再就业贴息贷款为着力点，与县人力资源和社会保障局、县财政局新签署再就业贴息贷款补充协议，确保小额贷款业务提质增量。与县农业农村局签订合作协议，搭建农业农村局平台，新型农业经营主体财税与金融服务中心挂牌并设置办事处。贯彻以客户为中心的经营理念，深入本县市场，对地方经济和特色行业进行专项调研，深挖客户需求，对本行产品进行要素调整申请，加大产品创新，在促进全行经营类贷款稳步发展的基础上，配合市分行开发出更贴合客户的产品，争取更多的客户及占有更大市场份额。个人消费贷款业务保持了较快增长速度，通过合作平台关系维护，坚守风险防控底线，筛选优质中介进行合作。结合同业的精准调研和错峰营销，保证了房贷规模和资产质量。截至12月底，零售类贷款余额35.42亿元，年度净增7.72亿元。

个人综合业务。以“扩大发卡规模”为信用卡业务工作主线，实施“厅堂+外拓”相结合的方式。上门营销重点行业、重点企业和单位，提高县内重点单位的渗透率；抓好“超市满减”“加油满减”“特惠洗车”“特惠洗衣”等营销活动，借助平台推广宣传信用卡业务，提高客户刷卡热情；全年信用卡累计进件4679张。拓展网上银行、手机银行线上交易渠道，利用移动展业设备进行营销，通过手机缴费、邮E平台等功能及营销活动进行手机银行客户的开发，全年新增手机银行客户数3680户。

（陈柄达）

【河北香河农村商业银行股份有限公司】 河北香河农村商业银行股份有限公司（简称香河农商银行）于2018年5月18日开业。截至2021年末，共有28个营业网点，员工339人，各项存款余额170.77亿元，各项贷款余额125.68亿元。多年来，香河农商银行始终坚持服务“三农”、服务县域、服务中小企业，不断开拓创新，深化改革，全方位地为香河人民提供更好的金融产品和服务，做香河人民自己的银行，用责任和担当为县域经济腾飞发展助力提速。

机构网点。内设部室16个，分别为综合办公室、人力资源部、党委办公室、信贷管理部、小贷管理部、市场拓展部、风险合规部、计划财务部、结算管理部、资金营运中心、审计部、纪检监察室、安全保卫部、科技部、营业部、客户经理部。下辖20个支行，8个分理处，11个小贷中心，辐射县域内全部乡镇。

存款业务。制订“开门红”“四季度再冲锋”存款营销方案，稳固各项存款余额；明确目标，稳步推进，科学划分网点年度、季度、月度存款目标，合理细分存款任务，做到人人有压力，人人有动力，人人想办法；开展拉网式宣传、扫街式营销，结合“普惠金融年”活动，制定存款宣传统一文案，并在全行范围内通过微信朋友圈等新媒体宣传香河农商银行的存款优势，通过结合电子银行产品、代发业务等组合式营销，吸引客户的潜在资金源，扩大存款规模；开展“政银企”对接，拓展对公存款业务，加强对财政预算外资金、社保资金、住房公积金、住房维修资金等行政事业单位和重点企业等活期存款的营销，有效吸收低成本存款；重视贷后结算资金回笼，通过银企座谈会、定期对贷款户回访等措施将利率定价办法宣传到位，提高信贷资金归行率；实行包行领导责任制，将29个网点按照存款规模平均划分给各部室经理进行帮扶督导，建立存款“周通报”制度，有效促进存款工作进度；执行大额存款回访制度，定期回访优质客户，建立持久稳定的客户关系，稳定及进一步扩大存款规模。

贷款业务。坚持贷款营销全员化。利用“百行进万企”“纳税信用等级M级以上企业”“普惠金融年”“政银企对接会”等活动，挖掘信贷投放潜在客户；开展“基本户对接走访”等银企对接活动，对接走访基本户5075户。深入推进普惠金融。确定“普惠金融”为2021年发展主线，制订《“2021普惠金融年”活动方案》和《“2021普惠金融年”竞赛奖励实施方案》，明确各项业务发展目标，要求各战区和活动小组定期进行督导和活动总结，根据活动进展及时调整重点工作方向，切实提高普惠金融服务水平，提高市场竞争力。优化信贷结构，推进小贷业务发展，与县农业农村局签订《乡村振兴金融服务战略合作协议》，围绕乡村振兴战略加大“三农”领域信贷支持，深入小微企业了解客户需求和市场情况，制定《普惠小微客户贷款及利率执行指导意见》，积极营销支持小微企业发展。针对不同客户群体，推出“工薪贷”“家庭贷”“消易贷”等小贷产品，加大个人消费贷款授信力度。全力做好大额贷款压降工作。制订《大额贷款压降工作实施方案》，加强大额信贷业务管理和监测，对存量大额贷款进行全面摸排，摸清经营风险状况，科学制定大额贷款占比达标规划，按月压降；摒弃“垒大户”的经营理念，将资金向普惠型小微企业等重点领域倾斜，在增户扩面上下功夫。加强贷款管理。加强存量贷款管理并严把新增贷款出口关，贯彻落实各项贷款制度，确保信贷业务合法合规；根据县域内房地产成交价格，修改房地产抵押物指导价格，有效加强房地产抵押管理，防控信贷风险；制定《香河农商银行非融资类人民币保函管理办法（试行）》，规范了非融资类保函业务发展，制定《客户经理等级评定办法》，规范客户经理日常行为。加强政银合作，提升信贷竞争力。与县农业农村局签订金融支持乡村振兴战略合作协议，更好地满足乡村振兴多样化、多层次的金融服务需求；与县自然资源和规划局合作，设立不动产抵押登记便民服务网点，为客户抵押登记贷款提供一站式服务，提高信贷竞争优势。全力支持新冠肺炎疫情防控与企业复工复产。为生产口罩、医疗仪器设备等河北省疫情防控重点物资的企业，发放贷款 24 笔，金额 2.2 亿元。

4 月 9 日，香河农商银行与县自然资源和规划局举行不动产抵押登记便民服务网点揭牌仪式　王力　摄

5 月 30 日，香河农商银行组织职工开展健步走活动　任娟娟　摄

中间业务。促进电子银行业务发展。以手机银行为重点，增加电子银行用户量；积极提升新型收单商户业务发展，将客户数量推广向质量提高上转型；加大 ETC 业务的开展。制定全员营销的工作目标和考核办法，将任务直接分解到每名员工，做到了人人有压力，同时结合总行开展的普惠金融营销宣传取得了很好的效果，截至年末，新发展 ETC 车辆 2042 余台；增加中间业务收入。将中间业务增长点确定在代理保险手续费和代销贵金属上，要求各代理网点深挖借款人意外险的同时，还要对客户重点介绍以往重视不足的财产保险；加强智能设备布放。在营业部和蒋辛屯支行等网点布放智能设备 17 台。

企业文化。继续推进流程银行建设，对标现代金融企业建设要求和监管导向，明晰部室职责，优化业务流程，完善公司治理，打造具有农商行特色的流程银行。优化服务形象，制订《网点标准化建设实施方案》，对网点卫生环境、柜面服务质量、员工职业形象等内容进行量化考核，切实提升企业形象；钳屯支行装修改造完成，10 月通过网点与适老化双项认证；蒋辛屯支行 10 月迁新址且布放了智能设备，建立了母婴室；营业部 10 月通过网点标准化认证，智慧银行建设完成；王家摆支行 12 月迁新址并开业，将从网点硬件和软件设施上为客户提供舒适高效服务；档案库也在建设当中，将助推档案管理再上台阶。发挥工会作用，继续推进基层网点“五小”建设，组织职工开展“健步走”“三八”国际妇女节插花比赛等积极向上的文体活动，开展亲情化组织建设，加强基层调研，提高员工归属感与团队凝聚力。加强宣传，选拔政治素质高、文字能力强的基层员工充实到信息宣传队伍，丰富宣传媒介，做好品牌、服务宣传，创办《香河农商银行周报》内刊，加强内部宣传与交流；通过布放车体广告、站牌广告、送电影下乡等活动加强农信品牌宣传。推进队伍建设，下发《考试、竞赛及在职学历教育、职称晋升奖励办法》《进一步明确中层管理岗位竞聘资格及员工岗位调整原则的通知》，鼓励员工参加从业资格和职称考试，加强岗位交流，持续推进星级柜员、客户经理评定工作，开展专业技能培训与竞赛；举办电子银行业务、合规操作、柜面业务操作等专题大讲堂，提升全员整体业务素质；选拔青年员工参加廊坊审计中心“信合新青年”锻炼，建立素质优良、结构合理的青年人才梯队。

（任娟娟）

【兴业银行股份有限公司香河支行】 兴业银行股份有限公司香河支行（简称兴业银行香河支行）于 2013 年 10 月 18 日正式开业，隶属于兴业银行股份有限公司廊坊分行。辖内拥有 1 个网点和 1 社区营业网点；内设 4 个部室，即企业金融部、零售信贷部、营业厅和营业室，在编人员 21 人。

存款业务。年末，各项存款余额 14.6 亿元，同比增加 1.69 亿元。其中，公司存款余额 6.82 亿元，个人储蓄存款余额 7.78 亿元。

贷款业务。年末，各项人民币贷款余额 19.65 亿元，其中，公司贷款余额 2080 万元；个人贷款余额 19.44 亿元。

工作创新。2021 年，营业厅配备专业的理财经理和理财低柜，为客户提供专业化服务；上线“客户关系管理”（CRM）系统，将存量客户受托到厅堂工作人员名下，由相关受托人员为其提供专业周到的服务。年内，实现厅堂管理和零售信贷业务电子化和便捷化。上线零售信贷工厂系统，在为客户办理信贷业务时，通过信贷工厂系统可随时查询每笔业务所处状态、上级行的审批结果等。

业务拓展。坚持发展存款业务、资产业务，代发工资业务，利用现金管理产品、结构性存款、企业理财等，满足广大企业客户需求。客户经理深入企业开展调研，及时向上级银行反馈企业需求，根据企业需求创设新兴产品；零售业务以按揭贷款业务为基础，以快速经营贷、全网收单、大额定期存单以及代销保险等业务为着力点，依托产品和优质服务赢得客户。

（许　明）

【河北银行股份有限公司香河支行】 河北银行股份有限公司香河支行（简称河北银行香河支行）于 2012 年 12 月 28 日开业。2021 年，秉承“朋友金融，知心致行”的品牌理念，不忘“服务地方经济、服务中小企业、服务城乡居民”初心，坚持差异化、特色化、专业化发展道路，主动适应经济新常态，持续推进创新转型，实现了自身经营质效提升与地方经济发展的良性互动，业务规模、风险防控、经营效益得到同步提升。截至年底，各项存款时点余额 10.21 亿元，各项存款日均规模 9.59 亿元，各项贷款时点余额 18.63 亿元。

存款业务。2021 年末，对公存款时点余额 2.69 亿元，较年初减少 1.55 亿元；储蓄存款时点余额 7.52 亿元，较年初增加 0.47 亿元。对公存款日均 2.46 亿元，较年初减少 1.86 亿元；全行储蓄存款日均7.14亿元，较年初增加0.34亿元。

贷款业务。小企业贷款时点余额17105万元，较年初减少645万元；个人贷款时点余额16.92亿元，较年初减少13897万元，非按揭个贷增长825.23万元。

其他业务。全年实现中间收入90.68万元，其中，理财销售54376.68万元，基金销售3055.05万元，代理保险销售821万元。通过金融顾问式服务为客户提供一对一财富规划，实现产品销售的多元化同时，提升了客户理财意识，增加了财富收入。

加强内部管理，防范案件风险。内部合规管理，在全行范围内，先后开展了扫黑除恶专项斗争活动、全面风险自查、金融领域风险深度排查等工作；对员工采取记名形式，集中对涉黑涉恶线索进行排查，全员签订《河北银行员工行为承诺书》；落实岗位责任制，加强员工培训，提高风险意识，重视合规经营，杜绝屡查屡犯的问题的发生。开展反洗钱工作，因人员变动，调整了2021年反洗钱领导小组成员组织架构，并按要求进行备案；按时组织召开反洗钱季度工作例会，加强内部培训，提高反洗钱业务知识水平，有效减少和防范了各类业务洗钱风险；组织员工参加总行运营业务，年内，河北银行香河支行在河北银行廊坊分行反洗钱竞赛中夺得第一名。定期开展排查自查，根据"银行业市场乱象"自查工作要求，对照廊坊分行下发的自查工作要点进行了全面自查。主要包括履职与考评方面、业务方面、产品方面、人员行为方面、行业廉洁风险等方面；对新开户定期开展风险排查，按季开展收费自查，确保合规经营。

加强与政府部门合作，服务地方经济发展。同县住房和城乡建设局开展合作，新开立预售房资金监管1户、安措费账户2户、预储金账户1户；严格执行企业账户开户服务承诺，特事特办，多渠道办理开户预约，为企业解决开户难问题，全年开户电子渠道预约率达90%以上。全部落实《中国人民银行 银保监会 发展改革委 市场监管总局关于降低小微企业和个体工商户支付手续费的通知》（银发〔2021〕169号）中要求的降费让利事项。除通知中要求减免的费用外，对单位结算卡ATM手续费实施免费政策。此次服务价格调整，进一步减轻了客户负担，降低了市场主体经营成本。

（李　彬）

【沧州银行股份有限公司香河支行】 沧州银行股份有限公司香河支行（简称沧州银行香河支行）成立于2013年1月18日，2021年，沧州银行香河支行认真贯彻落实各项监管政策，以依法经营为前提，以强化管理为手段，以科学发展为指导，以共创佳绩为目的，紧紧围绕提质量、防风险和控成本的工作思路，稳步推进各项工作。辖区内设立1个营业网点，内设办公室、营业室、信贷部、存款部4个部室，有员工26人。

存款业务。为保证对公存款稳定增长，指定专人与各单位及企业负责人保持沟通，及时掌握资金最新动向，同时针对各项存款指标制定相应的考核办法，均取得了显著的营销成果。截至2021年末，存款余额44.89亿元，较年初增加1.69亿元。

贷款业务。始终坚持服务实体经济，精耕细作，创新机制，持续投入，以金融"活水"为企业发展注入新动能。2021年末，贷款户数78户，贷款余额16.2亿元，较年初增加1.49亿元，公司客户贷款余额15.1亿元，占贷款余额的93.23%，其中，租赁和商务服务业3.3亿元，制造业5.11亿元，房地产业1.48亿元，建筑业1.8亿元，电力、热力、燃气及水生产和供应业2.98亿元。

服务创新工作。着重发展低成本存款业务，积极营销对公开户、代发工资、聚合支付业务，保持基础客户群体稳定增长。全年新开立活期对公结算账户71个，到年末新开户客户存款达到4437万元，签约代发工资28户，月代发人数661笔，月代发额332万元，聚合支付入网126户。取得社会保障卡代办资格，开办社会保障卡业务。

推进县域经济。2021年，坚

持以服务实体经济及民营企业为导向，以深化金融改革创新为动力，以解决融资难融资贵问题为着力点，以防控化解金融风险为保障，加快转变金融发展方式，继续坚持“区别对待、有扶有控、有保有压”的授信投放原则，紧跟国家行业政策导向，积极推动地方经济发展，为县域经济快速、健康、可持续发展贡献力量。全年上缴税金657.86万元。

（姚　想）

【廊坊银行股份有限公司香河支行】 2021年，廊坊银行股份有限公司香河支行（简称廊坊银行香河支行）内设运营管理部、业务发展部、综合办公室3个部门，员工48名。县内拥有5个营业网点，其中，1个一级网点，3个综合网点、1个小微网点，布设存取款自助机具11台，超级柜员机5台。是县域唯一一家“银行业文明规范服务五星级网点”，新华大街支行通过第三方金融标准化认证为国标四星级网点。各网点严格执行五星级网点服务标准，不断提升服务质量，优化业务办理效率，进行适老化改造，完善老年人基础金融服务，热力代扣缴系统、城镇医保代缴费系统稳定运行，便民服务水平不断提高。截至年底，资产总额56.58亿元，年实现净利润0.86亿元，上缴税金1544万元，同比增加161万元。年内，荣获“2020年度香河县创城省级文明县城先进单位”称号，在银行金融机构支持实体经济情况综合评价中，城市商业银行、地方法人机构组排名第二。作为香河县工会会员卡、居民健康卡承办行，累计服务客户约29万户。

存款业务。继续秉持“廊坊银行是廊坊人自己的银行”宗旨，坚持做好基础业务和服务。以稳存增存为核心，通过电话回访服务体验、线上发送产品信息、线下与战略合作方举办客户回馈活动，对原有客户进行深度维护。公私联动营销工资代发业务，集中争取优质客户，提高客户留存率。多措并举，储蓄存款成为存款增长主要动力，存款规模总量提升。截至年底，各项存款余额48.49亿元，较年初增长4.92亿元，增速11.3%。其中，对公存款17.37亿元，较年初增长0.29亿元；储蓄存款31.12亿元，较年初增长4.63亿元。

贷款业务。将制造业企业、小微企业贷款作为投放重点，信贷资金投向县域内优质、稳健的民营实体经济企业，信贷结构持续优化。狠抓贷款投放风险管理，规范贷前调查、贷中操作细节，开展贷后检查，定期对授信企业经营状况、抵押物状况进行检查分析，严控信贷风险，促进了贷款安全稳定增长。截至年底，表内外授信余额28.55亿元，较年初增长2.79亿元，增速10.82%。其中，对公表内外授信17.93亿元，个人贷款10.62亿元；制造业企业授信余额3.18亿元，占比11.16%；小微型企业授信余额8.46亿元，占比29.63%。

信贷服务。支持地方重点项目建设，积极介入基础设施建设、运河治理PPP项目，持续跟进重点项目建设融资事宜，为项目融资建言献策；金融赋能乡村振兴，开展乡村振兴业务调研，走访五百户镇政府、部分专业合作社和农户，初步了解市场需求；强化小微企业金融服务，常态化开展银企对接，提高授信业务审批效率，免除贷款手续费、评估费、保险费等，降低企业综合融资成本；根据市场需求，创新“税联贷”“房抵贷”等抵押担保类产品和“工薪贷”“银税贷”等线上信用类贷款产品；加强与担保公司的合作，推荐有资金需求的企业准入担保公司，多渠道解决企业融资问题。全年为多家小微型企业新增投放经营性贷款3.68亿元，助力本地实体经济发展。

业务宣传。利用网点资源优势，在柜面设立金融服务咨询台、组织进社区公园外拓300余次，开展“小小银行家”“中医会诊”“口腔义诊”等微沙龙活动10余次，进行支付结算、财富管理、信贷融资、普惠政策宣传，当好居民的金融顾问。积极参与金融消费者权益保护宣传，设立行长接待日，开展防范非法集资、金融知识万里行、国家宪法日、老年人金融风险防范等知识宣传，发放宣传折页1万余张，向广大群众普及金融知识，提升公众保障自身财产安全的意识和能力，传播社会正能量。

（张　洁）

【张家口银行股份有限公司香河支行】张家口银行股份有限公司香河支行（简称张家口银行香河支行）成立于2014年9月21日，截至2021年末，在职员工15人，下设1家支行，1家小微支行，2个自助设备网点。

存款业务。截至2021年末，各项存款余额90633万元，其中，对公存款16683万元，储蓄存款73950万元。存款余额较上年下降10261万元，主要由于对公存款下降11373万元，致全行存款余额负增长。

贷款业务。截至2021年末，贷款余额17054万元，全年累计放款13941万元，其中"惠享贷""小微易贷"放款4707万元，用于支持小微企业发展，新冠肺炎疫情期间，充分履行金融行业对小微企业的资金扶持义务。

业务拓展。截至2021年末，累计开立个人借记卡19478张，贷记卡发放367张，对公账户383户，注册手机号支付1189户。储蓄存款由2020年末占比72%上升到81.6%，存款稳定性增强。

内控、风险管理。2021年，不断加强制度建设，强化制度约束力与管控力，开展消防培训、逃生演练、防盗抢及声誉风险演练。开展至少2次员工行为排查，落实轮岗、强制休假等工作，强化员工内控意识与识别风险的能力，确保不发生风险事件。

创新工作。贯彻落实张家口银行总行10条行训、企业使命、核心价值观、70条行为准则，全面约束各岗位员工行为，保证各项业务合规、有序发展。坚持到乡镇开展假币识别、防范金融诈骗、远离非法集资等知识宣讲，真正做到"银行回归服务的本源"。全面提升网点服务水平，将客户体验视为网点发展重要目标。继续推出"家银惠民"终端、美团联名信用卡、MSP移动终端等新业务；各项业务下沉到乡镇，实现村民在家门口办理借记卡开卡、信用卡激活、定期存单卡户等基础业务，打通金融服务"最后一公里"。小微易贷、小家易贷等业务可继续在微信公众号直接提交贷款基础资料，利率低、放款快、免评估费等政策的实施，支持了中小企业资金需求。

（孙文静）

【承德银行股份有限公司香河支行】承德银行股份有限公司香河支行（简称承德银行香河支行）于2020年5月营业，2021年，始终以"服务地方经济、服务中小企业、服务居民百姓"为己任，不断加大金融创新力度，提升金融服务水平，截至年底，各项存款余额18807.72万元，各项贷款余额42667.2万元，无不良贷款。

开展业务。个人贷款业务有个人存单质押贷款、个人住房按揭贷款和个人商业用房按揭贷款；公司贷款业务有最高额抵押贷款、微小企业联保贷款、固定资产贷款、签发银行承兑汇票业务、应收账款质押担保贷款和票据贴现业务。

（王中秋）

【香河益民村镇银行股份有限公司】2021年，香河益民村镇银行股份有限公司（简称香河益民村镇银行）资产、负债、存款、贷款等多项规模指标平稳发展，整体经营质量不断提升。10月，被中国村镇银行发展论坛组委会、《当代县城经济》杂志编辑部授予2020年度"全国百强村镇银行"称号，连续三年获此殊荣。截至年底，香河益民村镇银行存款余额15.88亿元，贷款余额11.3亿元。下设9家营业网点，覆盖县域各镇。

2021年，香河益民村镇银行以产品创新强化信贷扶持，创新并研发新型贷款产品6项。为持续纾解新冠肺炎疫情期间小微企业短期流动资金周转困难并贯彻稳企业保就业的政策要求，延续上年度贷款延期还本付息政策并继续下调年度经营预算，全年累计办理贷款本金延期业务92笔，金额1.57亿元，整体贷款平均收息率较上年度下降0.9%（90个基点），为小微客户节省利息支出600余万元。

完善软硬件环境，提升金融服务能力。完成网点适老化改造，通过完善服务设施、优化服务流程、创新服务产品对网点进行全面适

4月9日，香河益民村镇银行与县自然资源和规划局举行"不动产登记+金融服务"政银合作揭牌仪式　　县自然资源和规划局供图

老化升级，以城区营业部和钳屯支行为试点，开展改造工作，经权威认证机构审核，成为全国首家村镇银行适老服务达标机构；提高信贷服务水平，完善贷款系统，实现客户集中电子化管理，为客户提供更加高效、便捷的服务；推动"不动产登记＋金融服务"政银合作项目，做好驻点抵押登记窗口业务，有效解决客户"两头跑、登记难"问题，全年累计为客户办理抵押登记业务149笔、撤押业务117笔。

开展乡村振兴行动，助力乡村金融发展。制订《2021年支持乡村振兴行动方案》，成立专项领导工作小组，开展乡村振兴试点项目、惠农产品创新、整村授信建档评级、村街金融知识宣教和乡村金融服务提升等方面工作。以养殖户的肉牛存栏量为着力点，开展以互保、联保为主要担保方式的融资业务，在刘宋镇和五百户镇试点推进实施"农易贷"贷款项目，于5月初将产品试点机构放宽至其余乡镇。

（张　毅）

保险业

【概况】　截至2021年12月末，县域内共有保险机构13家，其中，人寿保险机构6家、财产保险机构7家，下辖分支机构12个，从业人员148人。2021年，全辖保险机构实现保费收入6.42亿元，较上年同期下降0.68%，理赔支出1.46亿元，较上年同期增加36.76%。（受到保费改革影响，保费收入整体运行稳中有降）

【中国人寿保险股份有限公司香河支公司】　中国人寿保险股份有限公司香河支公司（简称人寿保险香河支公司）成立于1996年，隶属于中国人寿保险股份有限公司。2021年，内设个人保险、银行保险、团体保险3个发展渠道，综合、客服2个部门，有内勤员工26人，外勤员工421人。下辖渠口、五百户、蒋辛屯、安头屯、刘宋、安平6个营销网点。

承保情况。优化承保体验，客户通过线上投保，避免了查阅纸质投保单的繁琐。登录国寿E店，实现客户身份资料识别、收取保险费、核销回执，全流程一体化操作，节省了客户投保时间，轻松获得保险保障。2021年，新开发、升级产品160款，其中，人寿保险12款，健康保险138款，意外保险2款，年金保险8款；保障型产品共计144款，长期储蓄型产品共计16款。全年保费总量达到3.41亿元，其中，首年标保1655.01万元，首年期交4683.7万元，10年及以上期交2398.05万元；5—9年期交99.82万元，5年以下期交2185.83万元，短期意外险保费705.04万元，短期健康险保费1423.27万元。

理赔情况。坚持为保险咨询或申请理赔的客户提供踏实、贴心的服务。2021年，实现从新单投保到合同签收的承保全流程线上化服务，积极应用理赔医疗险及非医疗险全类型业务的智能作业，有效提高理赔服务效率。全年赔款支出908万元，其中，医疗给付751万元，死亡给付442万元。

（王翠鑫）

【中国人民财产保险股份有限公司香河支公司】　中国人民财产保

险股份有限公司香河支公司(简称人保财险香河支公司),位于香河县淑阳镇康平路 6 号。内设经理室、综合部、理赔分部、修理厂团队、个险直营销团队、商团业务团队、农险团队,下辖淑阳、安平、钳屯、安头屯、刘宋、渠口 6 个农村营销服务部。

承保情况。2021 年,完成总保费 9281.27 万元,其中,车险保费收入 5802.16 万元,农险保费收入 1485.11 万元,非车非农保费收入 1994 万元,市场份额 42.49%,同比增长 4.68%,保险金额 1817.56 亿元,同比增长 88.89%。缴纳各种税款 1236.38 万元。

理赔情况。新冠肺炎疫情期间,引导客户线上办理业务,简化理赔手续,开通理赔绿色通道,提供线上理赔服务。严格执行 2000 元以下 24 小时赔付,涉及人伤损失金额在 3000 元以下的小额案件,推行了小额人伤案件快速处理机制。推荐电子授权,电子发票,实现理赔无纸化理赔服务。2021 年,立案数量 6952 件,赔案数量 6785 件,案件处理率 95.64%。赔款金额 5030.69 万元,综合赔付率 53.56%,其中,车辆保险赔款 2732.67 万元;商业非车辆保险赔款 1068.07 万元;农业保险赔款 1229.95 万元。

经营险种。主要经营机动车辆保险、企业财产保险、农业保险、家庭财产保险、货物运输保险、意外伤害保险以及各种责任保险。

客户端服务方式。客户端服务方式包括线上自助投保,柜台承保服务,农村服务部、验车、车商网点业务,电话承保平台,网上承保平台,专业营销员上门承保,理赔绿色通道,线上化理赔。

做好政策性保险。年内,承保县域小麦、玉米等农作物,为种植户提供近 3000 万元风险保障;承保 1388 头猪、5941 头牛,为养殖户提供 5500 万元风险保障,全年农业保险各项赔款 1229.95 万元。统保农房保险、防贫保险以及各镇、园区的燃气责任保险、治安家财保险、校园方责任保险及学生意外险等,使人民群众在自然灾害和财产损失上得到及时补偿。

(张建悦)

【中国平安人寿保险股份有限公司香河支公司】 中国平安人寿保险股份有限公司香河支公司(简称平安人寿香河支公司)成立于 2010 年,位于香河县新华大街 99 号碧盛家园二期 A 区综合楼四层,使用面积 420 平方米。2021 年,内勤 3 人,代理人 93 人。全年保费收入 6336.34 万元。

经营范围。承保人民币和外币各种人身保险业务,包括各类人寿保险、健康保险(不包括“团体长期健康保险”)、意外伤害保险等保险业务;办理各种法定人身保险业务,代理国内外保险机构检验、理赔及其委托的其他相关事宜,证券投资基金销售业务。

科技创新。推出急速、极简服务,借助互联网技术,将整个理赔流程缩短至 30 分钟。客户及代理人只要通过“平安金管家”App 或“口袋 e 行销”进行在线理赔申请,30 分钟内即可赔款到账。闪赔带来“材料极简、时效极快”的理赔新体验,让客户“足不出户、掌上闪付”。

“平安金管家”App。平安金管家还可满足客户缴费变更、挂失补发、空中客服、保障变更等多种需求,保障客户足不出户办理各项业务,平安人寿香河支公司依托科技驱动服务,强化业务功能,满足了客户个性化需求,真正实现简单便捷、友善安心。

(邹伟琪)

【中国太平洋财产保险股份有限公司廊坊香河支公司】 中国太平洋财产保险股份有限公司廊坊香河支公司(简称太平洋财险香河支公司)成立于 2018 年,2021 年,秉承“诚信天下、稳健一生、追求卓越”的核心价值观,实施以客户需求为导向的战略转型,坚持推动和实现可持续的价值增长,全年完成保费收入 1692.45 万元,其中,车辆保险业务 1071.65 万元,非车辆保险业务 104.53 万元,农业保险 516.26 万元,全年累计赔款 1207 万元。

业务发展。2021 年,按照持续巩固拓展脱贫攻坚成果、有效衔接乡村振兴战略的要求,全面响应国家强农惠农政策，不断加强服务意识，深入农村，助力农业，心系农民，贴近“三农”发展需要，践行“责任、智慧、温度”的服务理念，开发地方优势特色农业保险产品，深化应用“太保 e 农险”数字化农险经营管理体系，实现适用不同农业场景、覆盖业务全流程的数字化运营管理平台集群，为赋能农业保险高质量发展奠定坚实基础。截至年底，为全县农户提供了 516.26 万元的农业风险保障，赔付金额达到 321.69 万元，为保障民生、服务农业农村现代化发挥了积极作用。

（李　萌）

【中华联合财产保险股份有限公司香河支公司】 中华联合财产保险股份有限公司香河支公司（简称中华财险香河支公司）于 2007 年 1 月 30 日成立，位于新开街东段 14 号。2021 年，有员工 10 人，营销员 36 人，保费收入 1907.14 万元，赔款支出 996.06 万元。

经营险种。经营险种近 5000 个，主要包括机动车辆保险、农业保险、人寿保险、短期意外保险、健康保险、责任保险、信用保证保险、企业财产保险、家庭财产保险等。

服务承诺。为满足市场和客户的服务需求，年内，推出中华财险承诺的车辆保险标准服务内容，电话“4001999999”和“e.cic.cn”投保，出单 48 小时内免费送单上门；客户上门投保，双方对保险事项达成一致后，20 分钟内出具保险单证，中华保险 cic 微信客户端，指导客户现场自助理赔；异地出险，通赔通付；“www.cic.cn” 网站自主查主查询承保理赔信息；出单一张“安全行驶贴”“一份服务指南”，出险“一份贴心关怀”（夏季一瓶慰问水，冬季一袋暖手宝，雨天一把爱心伞）、“一张服务监督联系卡”；全天候、全方位受理客户咨询和投诉，为客户提供更贴心的服务，“人身伤害绿色通道”紧急救治、温情探视等人文关怀服务；投保车辆损失险的 11 座及以下非营运车辆客户，免费享有全国非事故车辆道路救援。

企业文化。中华财险企业文化具有开放性、包含兼蓄性、凝聚力和感召力。公司愿景：成为国内领先、专业化的综合保险金融集团。使命：引领行业发展造福中华百姓。企业精神是：创新、进取、专业、协同。核心价值观：诚信、守护、包容、共享。经营理念：稳健、永续、价值、发展。服务理念：感同身受、便捷至诚。

（张　媛）

【中国大地财产保险股份有限公司香河支公司】 中国大地财产保险股份有限公司香河支公司（简称大地财险香河支公司）成立于 2005 年 12 月 6 日。2021 年，坚持以客户为中心的发展理念，致力于打造独具特色的客户服务体系。开展“线上化、数字化、智能化”工作，通过创新保险产品和服务方式，提升专业保障服务能力和水平。全年保费收入 705.07 万元，其中，车辆保险 596.03 万元，财产保险 45.16 万元，意外保险 47.73 万元，健康保险 16.15 万元。

服务模式。“95590”全国统一服务专线。全天候提供报案、咨询、投诉、承保理赔信息查询和客户回访等服务，接到报案后 10 分钟内与客户联系，在约定的时间内查勘。对保险责任明确、索赔材料齐全的 10 万元以下的车险案件 1 个工作日内赔付。

车辆保险小额案件快赔。对保险责任明确的 5000 元（含）以下车辆保险小额非人伤赔案，可以现场定损或采取微信自助查勘，远程定损保险责任明确、索赔资料齐全的，30 分钟内付款。

人身伤害温情关怀。提供小额人身伤害现场调解、住院伤员定期探视、伤残鉴定陪同、医疗救援指导、人身伤害理赔及诉讼调解专业建议和咨询等服务，对案件事实清楚、损失金额基本确定的，可根据客户需求提前赔付。

全国通赔，就近理赔。方便客户在异地出险时，就近接受理赔服务，不收取异地理赔费用。

特色服务。在线理赔，一站式完成。小额案件可通过电话、微信、支付宝等形式实现报案、查勘及支付一站式理赔服务，让客户省心省事。智能理赔，科技引领未来。

OCR（光学字符识别）图像识别科技实现“三证一卡”信息的秒级录入；以 AI（人工智能）为基础实施智能定损；OBD(车载自助论断系统)位置实时共享保证客户安心等待、快速理赔，人工智能让理赔更简单。智能理算，简约更加简单。简易案件的核价、核损、理算、核赔、支付等节点均实现系统自动化处理。人身伤害理赔“帮办时代”。对被保险人及伤者提供“四帮”（帮助客户确定事故责任、垫付医疗费用、协调事故损害赔偿争议、提供专业法律意见）、“两免”（万元以下免纸质单证、伤残等级明确的无须评残）、“两关爱”（温馨探视、礼品家访）等全程关爱服务。

（凌　珍）

【名阳保险销售有限责任公司香河分公司】 2021 年，名阳保险销售有限责任公司香河分公司（简称名阳保险香河分公司）完成财产保险业务 1834.21 万元，人寿保险业务 408 万元，企业员工责任保险业务 348 万元。有内勤人员 6 人，外勤营销人员 132 人，

提升服务水平。面对新冠肺炎疫情，名阳保险香河分公司勇担社会责任，积极发挥保险的保障功能，结合自身优势，发挥所长，协调国内 20 余家保险公司及时为县域各类行业打通抗疫保障通道。在服务上坚持“以消费者为中心”，主动突破常规、特事特办，第一时间开启绿色理赔通道，启动特案预赔服务，简化理赔手续和材料，降低理赔门槛，放宽赔付责任，快速高效做好新冠肺炎疫病的保险理赔服务。

（李会民）

2021年度香河县保险机构一览表

表23

序号	名　称	地　址
1	中国人民财产保险股份有限公司香河支公司	香河县淑阳镇康平路 6 号
2	中国人寿保险股份有限公司香河支公司	香河县淑阳镇新开街 24 号
3	中国平安人寿保险股份有限公司香河支公司	香河县淑阳镇新华大街 99 号（碧盛家园二期 A 区综合楼四层）
4	中国人寿财产保险股份有限公司香河县支公司	香河县淑阳镇新开街 24 号（新开园居民小区商住楼西单元 101 号门市）
5	中国平安财产保险股份有限公司香河支公司	香河县淑阳镇新华大街北侧 68-10 号
6	阳光财产保险股份有限公司香河支公司	香河县淑阳镇兴济路碧盛家园居民小区西侧底商 3-1-S0107 号
7	中华联合财产保险股份有限公司香河支公司	香河县淑阳镇新开街 14 号
8	中国大地财产保险股份有限公司香河支公司	香河县淑阳镇绣水街 74 号（锦绣家园 12 号楼 2-02 号商铺）
9	中国太平洋人寿保险股份有限公司香河支公司	香河县淑阳镇新华大街 117 号（香格今典小区 1 号商贸楼 0007、0008 号门市）
10	中国人民人寿保险股份有限公司香河县支公司	香河县淑阳镇五一路 30 号（双隆金地居民小区 1 号楼 6 号门市）
11	中国太平洋财产保险股份有限公司廊坊香河支公司	香河县淑阳镇新华大街 51 号（自在城居民小区底商 3-000-5 号商铺）
12	新华人寿保险股份有限公司廊坊中心支公司香河营销服务部	香河县淑阳镇新华大街 28 号（白庙路口东侧商贸楼三层）
13	泰康人寿保险有限责任公司河北廊坊香河营销服务部	香河县淑阳镇新华大街 31 号（宏润家园小区 3 号底商西 2 号）

（高建峰）

旅　游

责任编辑　董长江

综　述

2021 年，香河县挖掘旅游自然文化资源，依托运河文化资源，谋划建设特色小镇，完善旅游基础设施，优化智慧旅游系统，打造精品线路，推动全域旅游发展。是年，旅游市场受新冠肺炎疫情影响较大，全县旅游接待人数达 350 万人次，同比增长 6%，其中，接待过夜游人数 16.6 万人次，同比增长 5%；实现旅游总收入 14.7 亿元，同比增长 4%。旅行社及服务网点 17 家。截至年底，全县有国家 AAAA 级旅游景区 2 个、AAA 级旅游景区 1 个、AA 级旅游景区 1 个，国家乡村旅游重点镇 1 个（蒋辛屯镇），国家乡村旅游重点村 1 个（北李庄村）；省级乡村旅游重点镇 1 个（蒋辛屯镇），省级乡村旅游重点村 4 个（北李庄村、岭子村、庆功台村、梁家务村）。先后获评京津冀最佳休闲旅游目的地、全国最佳休闲旅游目的地奖，荣登“最美中国榜”。2020 年，香河县成功获评省级全域旅游示范区。

全域旅游

【概况】 2021 年，香河县抓住京津冀协同发展、北京城市副中心建设等重大历史机遇，围绕“协同发展示范区、绿色活力幸福城”目标定位，全力建设“文旅香河”。按照“通航引领、产业带动、文旅融合、全域发展”的推进思路，确立“京畿首驿 · 如意香河”的最新旅游形象定位，全力打造北运河文化旅游带，推进运河国家文化公园建设，构建以北运河为轴心、带动全县全域旅游发展的总体格局。

【创响“京畿首驿 · 如意香河”品牌】 以北运河廊坊段全线旅游通航为契机，全面整合旅游资源，依托“生态＋”和“文旅＋”的产业模式，全面创响“京畿首驿 · 如意香河”旅游品牌。按照“保通航、塑风情、兴文旅”的思路，聘请中国城市规划设计研究院编制相关规划，确立“通航引领、产业带动、文旅融合、全域发展”的推进思路，搭建“一河贯通、分段定位、辐射城乡”的整体空间架构，以此形成“一带、三段、两翼、多核”的旅游通航发展格局。“一带”即以运河旅游通航为核心的文化旅游发展带；“三段”即北部森林风貌、中部休闲风情、南部田园风光 3 个特色风景区段；“两翼”即运河旅游辐射带动的东西两侧城乡旅游发展片区；“多核”即以中心码头、王家摆、金门闸等为核心的文旅项目。

【多业态旅游融合发展】 整合县域文化旅游资源，探索旅游与文化、影视、农业、工业、科技等多种产业融合创新发展模式，打造历史文化游、影视文化游、家居文化游、科技文化游、工业文化游、美丽乡村游、教育研学游、美食文化游等诸多旅游新业态、新产品，推出多条文化旅游精品线路。非物质文化遗产展示中心成为展示香河运河文化的重要窗口。景泰蓝珐琅制品厂的珍宝馆，集景泰蓝“非遗”文化展示、工艺精品和国礼展陈、景泰蓝工艺观摩体验、研学旅游教育等多功能为一体，成为景泰蓝文化传承传播基地与对外文化交流平台。位于中粮可口可乐华北饮料公司内的可口可乐大世界，展示了可口可乐丰富神秘的企业文化，观光廊道上实地观看产品的生产工艺流程，实现“旅游+工业”的融合互动。香河机器人产业小镇拥有机器人产业研发、核心零部件制造、系统集成及机器人本体制造的完整产业链条，已发展成为集人工智能科技、数字文化创意、双创孵化基地、信息交互平台、教育培训中心、科技文化体验等多功能于一体的科技文创小镇和工业文化旅游目的地，实现“旅游＋科技”的融合发展。依托安平大樱桃、高庄蜜桃、渠口冬瓜、五百户韭菜等区域特色农产品，引导农民合作社发展农事体验、果蔬采摘等项目，实现“旅游＋农业”的有机统一。一系列产业融合举措满足了不同层次游客的多元化需求，给游客以多彩多姿的文化旅游新体验。

9 月 23 日，县文化广电和旅游局与通州区文化和旅游局联合举办“河美香通”——北运河文旅采风及品牌线路推广活动　　县文化广电和旅游局供图

【打造精品旅游线路】　近年来，香河县立足区位优势，推出京冀精品旅游线路和香河精品旅游线路。京冀精品旅游线路即大运河森林公园（通州区）—水岸潮白田园综合体—运河中心码头—第一城；香河精品旅游线路包括运河体验游（运河水上旅游景区—运河文化公园—金门闸遗址公园）、皇家文化游（第一城）、生态休闲游（由潮白河、北运河、青龙湾河堤顶路和滨河绿道连接而成的百里绿色风景廊道）、家居文化游（香河国际家具城）、乡村农庄游（水岸潮白田园综合体—东方千年古葡萄庄园—乐农美联生态农场—万亩荷塘）、工业文化游（香河机器人小镇—中粮可口可乐华北饮料有限公司）、香河记忆游（香河文博馆—香河非物质文化遗产展示中心—景泰蓝博物馆）、美食文化游（香河肉饼—香河运河宴）。主题线路的推出，将香河的运河文化和自然资源串点成线，进一步撬动首都客源地资源。

9 月 23 日，香河县文化广电和旅游局、通州区文化和旅游局联合举办“河美香通”——北运河文旅采风及品牌线路推广活动，旨在以文化为载体融入北京城市副中心建设，全面推介香河运河旅游资源，打造一体化文化旅游精品线路。通州区旅游行业协会负责人介绍了通州运河文化发展沿革以及通州、香河一脉相承的运河之缘。本次采风推广活动从北京市通州区京杭大运河北起点开始，围绕京冀精品旅游线路和香河精品旅游线路、“运河体验游、乡村农庄游”等主题，采风团深入探访了香河水岸潮白田园综合体、第一城、运河中心码头等景区景点。

（侯立英）

旅游基础设施建设

【概况】　2021 年，香河县加强旅游基础设施建设，完善北运河香河段码头基础设施内部功能建设并设计完成运河旅游标识系统，完成旅游厕所建设任务。

【北运河香河段码头基础设施】完善码头基础设施内部功能建设。按照相关功能完成中心码头 13 处集装箱内部设计布置工作，书屋、便利店、水吧、文创店、肉饼店、游客中心、大运河文化研究会等功能用房实现试运营。

设计完成运河旅游标识系统。将北运河香河段做为 AAAA 级以上景区打造，按照相应标准配置旅游标识系统。计划设置一级标识牌（全景导览标识）10 个，二级标识牌 40（景点介绍标识）个，三级标识牌（导向及位置标识）70 个，四级标识牌（警示及教育标识）40 个，五级标识牌（公共信息符号牌）40 个，共计 200 个。年内，完成设计方案，中心码头安装部分标识。

【旅游厕所建设】 录入 2021 年全国旅游厕所管理系统厕所 1 座，建设完成菊香小镇 AA 级旅游厕所 1 座。

（侯立英）

旅游活动开展

【概况】 2021 年，为进一步塑造香河旅游品牌形象，提升香河旅游知名度和美誉度，香河县组织承办运河通航仪式、承办 2021 年廊坊市第六届文化旅游产业发展大会等重大活动，向国内外游客推介香河旅游文化。组织参加廊坊市第

6 月 26 日，北运河廊坊段全线旅游通航仪式在北运河香河中心码头举行。图为副省长时清霜（左八）、市委书记杨晓和（右七）和市长杨燕伟（左六）等领导为运河通航建设者发放“匠心筑梦人”画册

县融媒体中心供图

四届乡村旅游创客大赛和“京娘湖杯”第三届河北省文创和旅游商品创意设计大赛，均取得优异成绩。

【北运河廊坊段旅游通航仪式】历时 6 个月，香河县将北运河廊坊段打造成为全省第一条内陆旅游通航河流，建成全省第一座具备通航条件的船闸和集旅游、海事、安全保障为一体的综合性内河码头，开辟了国际领先、国内最为先进的数字化旅游航道，并沿河打造了森林生态文化区、运河历史文化区、田园农耕文化区北中南三大景区板块和十大缤纷节点。6 月 26 日上午，在北运河香河中心码头，举行北运河廊坊段全线旅游通航仪式。副省长时清霜宣布通航，市委书记杨晓和致辞，县委书记梁宝杰介绍了北运河廊坊段通航建设情况，市长杨燕伟、县长李海滨等市县领导出席通航仪式，省水利厅、省发改委、省交通厅、省自然资源厅、省文物局等省直有关部门负责人应邀出席通航仪式。仪式主要围绕“刻画北运河文化的“香河神韵”、亮出北运河通航的“香河成绩单”、展示北运河通航的“香河经验”、致敬通航建设者的“运河精神”、奏响运河文化带的“运河旋律”5 个方面进行展示。现场展演中幡技艺、原创诗朗诵《古运展新图 礼赞新时代》，为参与运河通航建设者发放“匠心筑梦人”画册。北运河廊坊段与北京段通航仪式同步同时同标准举行，实现与北京同步旅游通航。

【2021 年廊坊市第六届文化旅游产业发展大会】 9 月 27—28 日，由廊坊市委、市政府主办，香河县委、县政府，市文化广电和旅游局共同承办的 2021 年廊坊市文化旅游产业发展大会在香河县举行。本

9 月 28 日，2021 年廊坊市文化旅游产业发展大会开幕式在北运河香河中心码头举行。图为在开幕式上举行的文化旅游重点项目签约仪式，香河县的水岸菊香科普小镇、全域旅游战略合作项目等 5 个项目成功签约　　县融媒体中心供图

次会议采用“线上＋线下”相结合的方式进行，围绕大运河文化主题，以“百年红色传承，千年运河流香”为主题口号，在中国共产党成立 100 周年之际，充分挖掘大运河丰富的历史文化资源，统筹推进大运河世界文化遗产保护、传承、利用与文旅产业绿色发展，通过优化布局、整合资源、文旅融合、创新业态，着力扩大优质文旅产品供给，打造文旅核心产品和“爆款”品牌，打造北运河特色文化旅游品牌，打造运河文化新样板，推进全域旅游建设，推动廊坊文化旅游事业实现创新发展、高质量发展。本届大会主要内容包括大会开幕式、文化旅游发布会暨运河文化大讲堂、文化旅游工作推进会、项目观摩 4 项主体活动，以及房车露营大会暨房车音乐节、香河运河宴、京津冀中幡交流大赛文旅大会成果展、运河文创产品暨非遗精品展、主题摄影展、香河北运河骑行比赛等 22 项配套活动，大会主会场设在中信国安第一城景区。27 日，组织参观中信国安第一城、北运河中心码头、水岸潮白景区等多个观摩项目，举行文化旅游发布会暨运河文化大讲堂等活动；28 日上午，在北运河香河中心码头举行大会开幕式，市委副书记、市长杨燕伟致辞并宣布开幕，省文化和旅游厅党组副书记、副厅长翟玉虎致辞，市四大班子主要领导和相关领导出席，通州、武清、宝坻文化旅游主管部门主要负责人，国内有关文旅投资集团负责人、知名业界专家和媒体记者等 200 余人出席；会上，全市 12 个文旅项目成功签约，涉及政银企 3 方文旅合作、文旅投资建设、文旅产业合作、文旅战略合作协议等 4 个方面，总投资 35.2 亿元，其中香河县的水岸菊香科普小镇、全域旅游战略合作项目等 5 个项目成功签约。大会期间，设置廊坊文旅“云展厅”，通过 VR（虚拟现实）、3D（三维）、视频、图片等形式，重点宣传展示“一河一城一田园”特色资源和文旅大会观摩项目，在线观看开幕式直播突破 323 万人次，网络视频播放及相关话题阅读量近 500 万次。10 月 15 日，赴山东济宁举办廊坊市文化旅游资源（济宁）推介会，全力宣传廊坊和香河的文化旅游资源，完成 2021 年廊坊市文化旅游发展大会的后续宣传工作。

【组织参加省、市文旅大赛】 组织县内 50 家文旅企业参加廊坊市第四届乡村旅游创客大赛，经过初赛和复赛的选拔，在全市 467 个项目中，香河县水岸潮白菊香小镇、香河大张肉饼、水岸房车文旅小镇项目入围前 20 名的决赛，最终水岸潮白菊香小镇项目在决赛中获一等奖，水岸潮白文旅小镇和香河大张肉饼获潜力奖，香河县获优秀组织奖。组织文旅企业参加“京娘湖杯”第三届河北省文创和旅游商品创意设计大赛，香河县“淑阳八景”荷系列荷包礼盒获得金奖。

【组织开展北运河文旅采风及品牌线路推广活动】 为推进北运河京冀段全线旅游通航，助力 2021 年廊坊市文化旅游产业发展大会的举办，以文化为载体融入北京城市副中心建设，全面展示和推介香河运河旅游资源，9 月 23 日，香河县文化广电和旅游局、通州区文化和旅游局在北京市通州区京杭大运河北起点，联合举办“河美香通”——北运河文旅采风及品牌线路推广活动启动仪式，共同开展旅游产品开发，打造一体化文化旅游精品线路，本次采风推广活动从北京市通州区京杭大运河北起点开始，围绕京冀精品旅游线路和香河精品旅游线路、“运河体验游、乡村农庄游”等主题，采风团深入探访了香河水岸潮白田园综合体、第一城、运河中心码头等景区景点。《中国旅游报》《中国文化报》《河北日报》《燕赵都市报》《河北农民报》和中青网、河北新闻网、河北广电网等京津冀重点媒体记者，通州区和香河县旅游协会负责人，知名自媒体代表参加本次活动。

【举办“周末游廊坊·相约北运河”推介会】 4月15日，“周末游廊坊·相约北运河”推介会在香河文化艺术中心成功举办。活动旨在预热6月北运河香河段与通州段同步旅游通航，并以本次通航为契机，借势借力促进北运河沿线文化旅游资源有机融合，打造北运河航旅枢纽和区域休闲旅游目的地。针对京津冀近郊客源市场，推出以周末游、短途游、自驾游为特色的精品旅游线路，重点推介北运河风情体验之旅、北运河生态休闲之旅两条精品旅游线路。

（侯立英）

旅游景点

【概况】 截至年底，全县有AAAA级国家旅游景区2家，分别为中信国安第一城和金钥匙景区，AAA景区1家即水岸潮白景区，AA景区1家即锦绣潮白景区；市级工农业旅游示范点3家，分别为万亩荷塘、东方千年古葡萄庄园和乐农美联生态农场。

【中信国安第一城景区】 中信国安第一城是由中信国安集团投资兴建的一座集会议展览、旅游观光、休闲度假、娱乐健身、美食购物、影视拍摄、文化演艺、养生养老等多种功能于一体的大型综合性文化旅游景区，坐落于京、津、冀交界的黄金地带河北香河经济开发区，距北京市中心52千米，天津市中心70千米，总占地面积221.3公顷（3320亩），建筑面积54万平方米，总投资约80亿元。第一城外仿明清时期北京都城的城垣风貌，内聚中华几千年民族建筑之精华，采取内九外七的格局，建成了皇宫王府、市井茶肆、圆明盛景、22座城关、十里古城墙，周边5千米的空腹城墙、错落有致的城楼、具有浓郁中国传统文化风格的建筑群和独具匠心的皇家园林，亭台楼榭，九曲回廊，雕梁画栋，融中国南北古典造园艺术于一身。每年6—8月，第一城芙蓉满园、荷香四溢，成为京津冀地区著名的赏荷基地之一，是国家AAAA级旅游景区。

特色活动。年内，相继举办“2021新春游园会”“春满第一城 五一游园会”“荷花节游园”“国庆金秋月 璀璨耀一城”等活动，为广大京津冀游客提供了良好的休闲娱乐游览场所。

中信国安第一城景区　　牛宝森 摄

金钥匙景区　　　　牛宝森 摄

工程建设。7月，启动新能源改造项目，运用地源热泵、空气源热泵、燃气锅炉、水冷机组等系统，为第一城项目范围内提供制冷、供暖、生活热水服务，至年底，完成大部分区域供能改造；8月，按照国家AAAAA级景区游客服务中心标准改造的第一城游客中心落成，并于10月1日正式对外接待游客。游客中心位于城前广场西南部，建筑面积388平方米，其设计既与第一城古建筑风格相协调，蕴含文化特色，又满足了旅游咨询、物品寄存、物品租赁、游客休息、旅游纪念品展卖、游客医疗救护、景区经营信息播报等需求。

接待活动。3月2—4日，政协香河县第九届委员会第五次会议和香河县第十五届人大第五次会议在第一城召开；9月27—28日，2021年廊坊市文化旅游产业发展大会在第一城召开。

【金钥匙景区】 金钥匙景区于2003年11月23日开业，占地面积15万平方米，建筑面积18万平方米。是从事商品流通的大型家具连锁企业，主要从事中、高档家具商品销售并为家具供应商提供产品展示、分销、物流配送及信息服务，是北方规模超大、配套齐全、行业集中、功能强大的超前商业中心。展厅全面引入“一站式购物”模式。经营种类包括品牌家私、家庭用品、时尚布艺、床上用品、家居饰品等。满足消费者一站式购物的消费需求。2011年12月30日，被国家旅游局评定为国家AAAA级旅游景区。景区汇集全国400余家企业，经销民用、办公、宾馆、饭店、儿童套房及红木、藤艺、沙发等500余个品牌，年成交额20亿元，年纳税3000万元。

景区一层为综合体验馆，展示国内家具知名品牌200余家，划分成实木套房区、睡眠区、客厅区、沙发区、老榆木区、工艺品区等展区。二层为品牌体验馆，包括银座街、轩尼诗大道、威尼斯大道，3条主通道把二层分为3个环形展区。外环集中芝华士、罗兰索、慕斯、欧瑞、喜临门、西班牙露依莎、全友等品牌家具展位；中环设有咖啡厅、儿童乐园、精品画廊可供游人休憩观赏；内环设欧式家具展区，金凤凰、伊丽莎白等品牌家具在此设有展位。三层为罗浮宫家具，立志打造经典欧式家具，17世纪欧式宫廷的装修风格，20余个品牌的欧式家具。四层为红木典藏馆，美联、友联、年年红等红木品牌在此展示经典的家具设计。展厅内设电梯30余部。

【水岸潮白景区】 水岸潮白景区位于香河县蒋辛屯镇北李庄村，紧邻涿密高速香河西出口。2019年5月开业，同年11月获批国家AAA级景区。景区利用北方田园乡村基质，以种、养、购、吃、住、游为要素，集优质特色花果种植、景泰蓝工艺品加工、旅游观光度假于一体。占地33.33公顷（500亩），建有火车主题商业街、李家大院（乡村博物馆、旅游接待中心）、

4 月 18 日，香河县首届“乡约潮白”赏花旅游节暨中青旅与水岸潮白景区签约仪式在蒋辛屯镇潮白河畔水岸潮白景区举行　　县文化广电和旅游局供图

共享农庄、农事体验区、儿童研学区、油菜花海、林下种植区等主题景点。2021 年 4 月，与中青旅集团签署深度合作协议，正式更名为中青旅遨游国际水岸潮白景区。年内，整改提升水岸潮白景区文化旅游服务中心建设内容，完善旅游咨询、导览、解说等服务功能，配齐雨伞、应急药箱、充电设备、轮椅等便民设施设备，打造非遗产品展示展销功能厅。先后举办恐龙节、梨花节、龙虾王国等大型活动，累计接待游客 7.8 万人次，累计经营收益 120 余万元。

【锦绣潮白景区】 锦绣潮白景区位于蒋辛屯镇，西临潮白河，占地 6.67 公顷（100 亩），设置东南、东北 2 个出入口。景区以主题民宿为纽带，建有木屋栈道、古林风情、荷花池、紫藤廊道等景点。各区域功能明确，视线通畅。景区道路分主要景观道、次要景观道和景观小道。景区绿化采用国槐、柳树及成片的小雏菊分层种植。景区有一套完善的照明系统，体现田园慢生活的情趣。已经形成主题民宿建筑群，风格各异，吸引大量游客前来参观入住。

【万亩荷塘景区】 万亩荷塘景区位于县东南部刘宋镇庆功台村，东邻天津市宝坻区，南接天津市武清自然生态保护区，为国家级湿地公园试点、省级湿地公园、市级农业科技园区。2013 年，刘宋镇按照政府引导，市场运作的方式，种植藕荷 933.33 公顷（1.4 万亩），为北方平原莲藕单体面积最大的种植基地，品种有大地红、红莲、飘花、野荷、珍珠等 10 余个系列，并育有精品荷花园。在荷塘中有荷花定情园、观荷厅、荷宴园、牤牛场旧址、庆功之台、杨六郎大破辽军古战场等 10 余个景点。2015 年，在国家旅游局和国务院扶贫办共同主办的全国乡村旅游提升与旅游扶贫推进会议上，刘宋镇庆功台村获评中国乡村旅游模范村。2016 年，万亩荷塘万亩森林片区获得首批市级乡村旅游片区称号。

【左岸农业千年古葡萄庄园】 左岸农业东方千年古葡萄庄园位于安头屯镇大青庄务村南，是以传承世界重要农业文化遗产“宣化牛奶葡萄”的种植、采摘、研发、保护于一体，集葡萄种植、酿酒以及休闲观光、生态旅游于一体的中国历史文化农业示范园区，其葡萄苗木

万亩荷塘景区　　县融媒体中心供图

被列为世界重要文化遗产，是中国古老的优质葡萄品种之一，采取传统的漏斗架方式进行栽培。主要包括大型漏斗架葡萄种植园、世界葡萄品种及架型展示园、葡萄研发基地、生态阳光房等设施。已栽植葡萄 26.67 公顷（400 亩），总计 200 余架、1400 株。

【乐农美联生态农场】 乐农美联生态农场位于安头屯镇大青庄务村东，占地面积 26.67 公顷（400 亩），有高档阳光暖棚 1.5 万平方米、蔬菜大棚 2 万平方米。是集观光旅游、餐饮美食、休闲娱乐及特色种植养殖于一体的新型农业项目，主要包括种植采摘区、珍味养殖区、生态木屋住宿区及农家特色小吃街等功能区域，年接待游客 3 万人。

2021年度香河县A级旅游景区一览表

表24

序号	景区名称	地 址	级别	获批时间	联系人
1	香河金钥匙景区	香河县淑阳镇家具大道 31 号	AAAA	2011 年 12 月	苏玉维
2	中信国安第一城景区	香河经济开发区	AAAA	2002 年 4 月	赵国营
3	水岸潮白景区	香河县蒋辛屯镇北李庄村	AAA	2019 年 11 月	周 鑫
4	锦绣潮白景区	香河县蒋辛屯镇	AA	2017 年 12 月	李建华

2021年度香河县旅行社及服务网点一览表

表25

序号	名 称	地 址	联系人
1	香河春秋旅行社有限公司	新开街 54–1 号	唐春海
2	廊坊市新华旅行社有限公司	新开街 23 号	王宏波
3	河北虹宇国际旅行社有限公司香河新华大街分社	新华大街永新居民小区商住楼 1 号门市	徐继生
4	河北携程国际旅行社有限公司新华大街营业网点	新华大街 119–32 号商住楼商五 B–096	殷宏宇
5	廊坊市全景假日旅行社有限公司香河服务网点	新开街 87–1	程慧娜
6	河北乐道国际旅行社有限公司香河新华大街服务网点	新华大街 13 号	成蒙蒙
7	廊坊春光国际旅行社香河欧陆服务网点	新华大街欧陆豪庭居民小区 柏林乐韵 6 号楼 1 单元 9 号车库	刘志男
8	盈科美辰国际旅行社有限公司香河县永泰路服务网点	永泰路香江逸景小区 2 号商住楼 3 号门市	尹德富
9	盈科美辰国际旅行社有限公司香河县新开街服务网点	新开街 12–1 号	刘云峰
10	承德海航乐游国际旅行社有限公司香河服务网点	迎宾路东侧花园公寓第 3 幢 0114 号房	张淑云
11	河北携程国际旅行社有限公司新开街服务网点	新开街自来水小区北楼 3 单元西门一侧	吴 洁
12	河北康辉国际旅行社有限责任公司香河县新开街服务网点	新开街 56 号	朱民璋
13	海洋国际旅行社有限责任公司香河服务网点	新开街 56–2 号门市	郭孟然
14	廊坊市金龙假日国际旅行社股份有限公司香河服务网点	迎宾路新天地商业区 5 区 138 号门市	李 航
15	廊坊市五洲国际旅行社有限公司香河淑阳服务网点	淑阳商业街 9 号楼 8 号	王子龙
16	北京鹏飞翔空国际旅行社有限公司香河服务网点	新开街 62 号	王国勇
17	盈科美辰国际旅行社有限公司香河县兴业公寓服务网点	新华大街兴业居民小区底商	高清华

（侯立英）

北运河廊坊段旅游通航

责任编辑　董长江

综　述

大运河全长近3200千米（包括隋唐大运河、京杭大运河、浙东运河），具有2500余年历史，是世界建造时间最早、工程规模最大、里程最长的人工运河。2014年，被列入世界遗产名录。其中，北运河全长143千米，流经河北省21.7千米，上接北京市通州区，下连天津市武清区，全部在廊坊市香河县境内，其中，冀京界河段长2.4千米，香河权属段长13.3千米，冀津界河段长6千米。中共十八大以来，以习近平同志为核心的党中央高度重视大运河文化保护、传承和利用工作。2017年6月，习近平总书记作出重要批示："大运河是祖先留给我们的宝贵遗产，是流动的文化，要统筹保护好、传承好、利用好。"2019年，中共中央办公厅、国务院办公厅印发《大运河文化保护传承利用规划纲要》《长城、大运河、长征国家文化公园建设方案》。河北省委、省政府把推进北运河廊坊段与北京市通州区段互联互通、同步旅游通航作为贯彻落实习近平总书记关于大运河文化带建设的实际行动和落实京津冀协同发展战略的具体举措，多次进行专题研究，2019年11月，省政府下发《北运河廊坊段旅游通航规划编制工作方案》，安排部署旅游通航规划编制工作。省委书记、省人大常委会主任王东峰3次到香河县北运河现场检查指导，明确要求做好与北京市、天津市的规划衔接，加快推进北运河廊坊段旅游通航工程建设，确保2021年6月实现与北京同步旅游通航。香河县委、县政府认真贯彻省委、省政府的安排部署，坚决扛起政治责任、主体责任，把北运河廊坊段旅游通过作为重要政治任务和头等大事来抓，坚持领导带头和问题导向，采取容错免责、容缺审批的方式，倒排工期，挂图作战，采取超常措施，克服一切困难，举全县之力推进北运河廊坊段旅游通航工程建设，2021年6月26日，如期实现与北京同步同标准旅游通航。

规划设计

【概况】 2019年11月，省政府下发《北运河廊坊段旅游通航规划编制工作方案》，香河县会同规划编制单位研究起草《北运河廊坊段旅游通航规划》《北运河廊坊段旅游通航规划实施方案》，经过征求意见、专家评审、部门审核，2020年6月，省政府常务会议审议通过，2020年9月，廊坊市人民政府印发《关于北运河廊坊段旅游通航规划和北运河廊坊段旅游通航规划实施方案的通知》（廊政发〔2020〕8号）正式实施。

【规划编制】 按照省委、省政府和市委、市政府要求，香河县会同河北省水利规划设计研究院有限公司研究起草了《北运河廊坊段旅游通航规划》和《北运河廊坊段旅游通航规划实施方案》，并由中国城市规划设计研究院对规划进行深化提升。规划将北运河廊坊段旅游形象定位为“京畿首驿•如意香河”。同时，聘请中国城市规划设计院、北京市市政工程设计研究总院、林同棪国际工程咨询（中国）有限公司、河北省水运工程规划设计院等 5 家单位对各项通航工程进行专业设计，按照“保通航、塑风情、兴文旅”的思路，通过保树营林、留滩还湿、文旅融合等策略，构建“大河景观面、贯通绿道线、缤纷十景园”整体设计结构，塑造自然野趣的生态运河和璀璨缤纷的活力运河。经过征求意见、专家评审、部门审核、省政府审定等多个环节，2020 年 9 月，《北运河廊坊段旅游通航规划》经廊坊市政府印发实施。

《北运河廊坊段旅游通航规划》将北运河廊坊段旅游形象定位为“京畿首驿 · 如意香河”。“京畿首驿”：香河县为北运河通航旅游出京第一站，应落实京津冀协同发展要求，充分借势北京，发展运河休闲旅游；“如意香河”：从空中鸟瞰北运河香河全段形似一柄镶嵌在大地上的“翡翠如意”，通航旅游应营造如意圆满、轻松闲适的休闲氛围。按照“保通航、塑风情、兴文旅”的思路，塑造一河贯通、分段定位、辐射城乡的整体空间架构，形成“一带、三段、两翼、多核”的旅游通航发展格局。“一带”即以运河旅游通航为核心的文化旅游发展带；“三段”即北部森林风貌、中部休闲风情、南部田园风光三个特色风景区段；“两翼”即运河旅游辐射带动的东西两侧城乡旅游发展片区；“多核”即以河心岛、王家摆、金门闸等为核心的文旅项目。

【设计理念】 坚持综合统筹，确保通航。统筹考虑与旅游通航相关的水量保障、航道及配套设施建设、碍航设施改造等问题，实现按时、安全通航；统筹考虑北运河沿线的文化遗产保护传承利用、生态建设和旅游发展。坚持生态优先，绿色发展。共抓大保护，不搞大开发，严守生态保护红线管控要求；合理确定航道、码头等级，杜绝破坏性建设，严格控制污染排放，开展生态保护与修复，建设林水相依、绿廊相连的生态北运河。坚持保护遗产，彰显文化。挖掘北运河传统文化内涵，推动运河文化高质量保护和创造性转化，彰显时代特征和地域特色，讲好香河大运河自己的故事，凸显香河大运河自身特质。坚持壮大旅游，引领全域。依托运河通航，深度融入京津冀旅游市场，着力发展面向京津客源的休闲旅游，不断提升旅游服务品质，促进全域旅游及关联产业高质量发展。坚持区域协同，部门合力。积极参与建立北运河通航和旅游发展的跨界协同机制，全面保障上下游通航条件，落实香河在北运河旅游通航中的核心节点功能，加强区域和部门联动，形成工作合力。

【规划实施】 2020 年，完成曹店橡胶坝至牛牧屯引河区段清淤疏浚、航道治理，实现曹店橡胶坝至安运桥区段旅游通航。2021 年，实现与北京互联互通、分段通航；滨河生态景观建设成效显著；运河沿线文化资源得到有效保护，旅游产品和线路建设初见成效；运河旅游发展的协同机制初步形成。2025 年，完成全线河道整治、桥梁拆除改造，实现与北京直航，具备与天津通航的条件；实现与陆上快进慢游交通网的全面衔接；旅游基础设施建设完善，服务保障能力全面提升；水上航线及旅游市场发展成熟，北运河文化旅游形成统一品牌，打造区域重要的生态空间和亮丽的文化名片；滨河生态景观工程全面建成，风情魅力突出；香河运河旅游品牌叫响京津冀，显著带动全县经济社会发展。

（张苗苗）

组织领导

【概况】 完善北运河廊坊段旅游通航工作的统筹决策机制，由市、县党委政府统一领导，主要领导亲自挂帅，整合相关部门，筹建北运河廊坊段旅游通航的决策和协调机构，组织开展重要问题、重大事项的研究工作；完善相关部门的统筹联动机制，加强部门间信息沟通，理顺决策程序，明晰职能职责，形成密切配合、分工明确、协同联动的互动机制，完善重大项目的评估、审查和决策机制；加强各部门在相关重大项目空间布局和建设时序上的协调，合理确定生态保护和建设重点任务的年度安排和行动计划，加强规划管控、财政投入和土地保障；各相关单位各负其责，切实担负起建设工作责任，并将其纳入重要议事日程，及时解决建设中的重点和难点问题，确保项目建设有序推进。为稳妥高效推进北运河旅游通航工程建设，经县委、县政府研究决定，成立并根据分工及时调整北运河旅游通航工程指挥部。

【廊坊市北运河旅游通航工程调协推进领导小组】 2020年12月10日，市委、市政府成立廊坊市北运河旅游通航工程协调推进领导小组，市委书记任组长，市长任第一副组长，市委副书记任常务副组长，负责指挥调度、统筹协调北运河旅游通航各项工作，实行一周一调度，并下设6个专项推进组，从各组分别抽调一名处级干部和一名科级干部，成立驻县一线指挥部，每周到香河县实地督查指导。

【香河县北运河旅游通航工程指挥部】 县委、县政府制定印发《关于成立香河县北运河旅游通航工程指挥部的通知》（香发〔2020〕9号），县委书记任指挥长、县长任第一副指挥长、相关县级领导任副指挥长和相关部门主要负责人为成员的北运河旅游通航工程指挥部，指挥部下设办公室，县交通运输局主要负责人任办公室主任；指挥部设置综合协调、交通工程、水利及景观工程、文旅融合、土地保障、资金保障、宣传报道和督察8个专项工作组，分别由县委、县政府主管领导任专项工作组组长，明确职责；在推进北运河旅游通航工作中，实行定期调度、人大审议、专家论证、容错纠错、督导问效5项机制。为继续稳妥高效推进北运河旅游通航后续相关工作，2021年12月1日，县委、县政府制定印发《关于调整香河县北运河旅游通航工程指挥部的通知》（香发〔2021〕25号），县委书记任指挥长、县长任第一副指挥长、相关县级领导任副指挥长和相关部门主要负责人为成员的北运河旅游通航工程指挥部，指挥部办公室设在县“两河”事务中心；指挥部下设综合协调、沿线小镇建设推进、交通工程、水利及景观工程、文旅融合、土地保障、资金保障、宣传报道和督察9个专项工作组，分别由县委、县政府主管领导任专项工作组组长；在工作中实行定期调度、人大审议、专家论证、容错纠错、督导问效5项机制。

（张苗苗）

保障措施

【概况】 为实现北运河廊坊段与北京通州段旅游通航的目标，香河县坚持一切从政治上考量、在大局下行动，实行指挥部负责制、专班推进制、四套班子包联制，制定了定期调度、容错免责、台账管理、晾晒评比、督察考核等制度机制，各级领导干部以身作则、以上率下，有力破解资金、土地制约；实施“一线工作法”，24名县处级领导干部和23个单位部门包联工程项目，深入一线，了解进展，解决问题，督导进度，加快推动工程建设。强化与省直有关部门、市各专项工作组密切配合、协调联动，构建了条块结合、权责明晰、立体高效的组织架构；县党政班子和相关部门干部多次赴省到市，对接有关部门，汇报工程进展，在政策、土地、资金保障等方面争取最大支持；县北运河旅游通航工程指挥部、工作专班、各包联工作组和参建单位齐心协力、合力攻坚，倒排工期，挂图作战，高效推进各项工程交叉作业和有序衔接；配合省市有关部门建立协同对接机制，不断强化与上下游地区和国家有关部委的联系沟通，及时反馈旅游通航工程进展情况，全力协调解决工程建设中涉及的水量调配、水质考核等各类问题，为旅游通航提供坚强保障。

【领导分包机制】 履行包联项目主体责任，北运河旅游通航工程按照“一个项目、一位领导、一套班子、一本台账、一抓到底”的机制，将各项任务从中心码头起，依次分别由县四大班子领导分包，配备县直部门并形成工作专班，统筹推进各项工程建设。

【工作运行机制】 围绕2021年6月实现北运河廊坊段与北京通州段旅游通航目标，在指挥部各专项工作组职责分工基础上，实行县级领导干部包联制度。县四大班子主要领导挂帅出征，县处级领导干部深入一线，亲自指挥、协调推动，形成条块结合、权责明晰、立体高效的领导架构，统筹推进各项工作全面开展，县纪委监委统筹做好督导问效，不参与具体工程分包。每一项工程明确由一名县级领导分包，一个职能部门负责，建立任务台账，将工程细化分解。各位牵头领导统筹时间、集中精力，实施“一线工作法”，及时深入工程一线，了解工程进展，协调解决问题，督导工程进度，推动工程建设。重要情况和重大问题及时向县指挥部汇报。要牢固树立“一盘棋”思想，强化各专项工作组和县内各有关部门的协调联络，统筹做好工程建设工作。

为进一步压实各包联工作组和专项工作组责任，及时协调解决工作中遇到的问题，凝心聚力、全力以赴推进工程建设，建立日调度、日报告、台账式管理、晾晒评比、督查考核、容错免责机制。日调度机制。自3月1日起，县指挥部对北运河旅游通航工程实行每日调度，听取当日工作进展情况汇报，研究解决遇到的实际问题，统筹推进各项任务目标的落实。日报告机制。各包联工作组每日上报项目进展情况和工作中遇到的问题，明确解决的办法或建议，真正压实责任，推动工作落实。台账式管理机制。建立工程进度日报台账和总台账，明确任务目标、责任领导、责任部门、责任人及完成时限，紧紧围绕通航目标和倒排工期，挂图作战，全力推进各项工程建设，完成一项销号一项。晾晒评比机制。对每项工程完成工程量、进度比等情况通过每日工作动态、工作快报、周报、微信群等方式进行集中公开晾晒，鼓励先进、鞭策后进，督促广大党员干部充分发挥表率作用，自我加压，鼓足干劲，努力形成比学赶超的浓厚氛围。督查考核机制。县纪委、县委组织部、县委督查室、县政府督查室等部门加大对各包联工作组、专项工作组和广大党员干部在推进工程建设、履行工作机制情况的督查考核力度，将工作成效作为年终干部考核和提拔使用干部的重要依据，纳入绩效考评体系，对工作中推诿扯皮、敷衍应付，严重影响工程进度的单位、个人追究责任，严肃处理。容错免责机制。按照上级安排部署，对干部在改革创新、干事创业、履职担当过程中，出现过失、失误或错误，但不违反党纪国法，且勤勉尽责、无主观故意、未谋取私利的，不作负面评价，免除相关责任。

【破解资金瓶颈】 加强财政支持力度，设立专项资金，建立政府主导、市场运作、多元投入的共建共享机制。增强项目资金针对性和有效性，统筹财政、文旅、水务、环保、交通等政策资金，协同推动、聚焦发力，加大各级财政投入力度，形成资金合力。积极争取中央预算内投资对项目建设资金支持、国省对北运河专项资金和专项债券支持，确保资金供应和有效使用。

建立多渠道多元化模式，鼓励和引导企业资金、社会资本参与北运河廊坊段旅游通航投资和运营，探索推出针对性优惠扶持政策，吸引国际合作组织机构、社会资本等参与北运河文化保护传承利用。

通航工程总投资约71亿元，其中，通过PPP模式筹集资金约41亿元，剩余通过申请债券资金的方式筹集。2021年，申请专项债券13亿元（用于建设王家摆桥和码头工程），一般债券2亿元（用于建设安运桥）。年内，争取交通运输部车辆购置税补助资金3亿元，用于安运桥建设；争取省交通运输厅200万元用于专项建设曹店智慧船闸系统，该工程由省交通运输厅直接出资并自主招标建设，6月完工。

（张苗苗）

工程建设

【概况】 北运河廊坊段旅游通航

主要涉及以主河道清淤扩挖、险工段治理为主的清淤疏浚及岸坡防护工程；以乔灌木、地被种植，滨河路、节点公园建设为主的景观提升工程；安石路（王家摆桥）工程；通武线（安运桥）工程；橡胶坝及船闸工程；中心码头和鲁家务码头、王家摆码头、安运码头、金门闸码头5座旅游码头工程。工程项目采取“PPP＋政府投资”模式，由中铁一局集团有限公司、中冶交通建设集团有限公司、中交一公局集团有限公司、国安（香河）环境工程有限公司、荣盛兴城投资有限责任公司等10家知名央企、国企、民企参与工程建设。2020年12月底，重点工程进入实质建设阶段。在省委、省政府，市委、市政府的坚强领导和直接指挥下，在省市直有关部门的全力支持下，香河县四套班子和县直部门、属地镇区全面发动，全县3200余名干部职工和通航建设者分秒必争、昼夜奋战，用时3个月征占流转土地453.33公顷（6800亩），用时6个月完成橡胶坝改建，用时5个月完成5个码头建设，用时4个月完成船闸建设，用时3个月完成王家摆旧桥改造和钢架桥建设，用时3个月完成6万余株乔灌木和地被种植、滨河路和节点公园工程，用时九天半完成安运桥拆除。

【土地流转】 北运河廊坊段旅游通航主要涉及清淤疏浚及岸坡防护工程、景观提升工程、安石路（王家摆桥）工程、通武线（安运桥）工程、橡胶坝及船闸工程、中心码头和鲁家务码头、王家摆码头、安运码头、金门闸码头5座旅游码头工程，共征占流转土地453.33公顷（6800亩），地上物清表400公顷（6000亩），涉及淑阳、安平、钳屯和五百户4个镇。

【碍航公路桥梁改建工程】 包括安石路（含王家摆桥改建）工程和G230通武线（钳屯弯道—夏安旧线段，含安运桥改建）改建工程。

安石路（含王家摆桥改建）工程。安石路起于运河大道和新开大街交叉口，向西跨越北运河（新建王家摆桥）后，向南与幸福路相交，经安平镇三间房村南侧向西至冀京界，与通州区拟建新石小路相接；全长约3.62千米，全部为新建路段，同步建设照明、绿化等相应配套工程采用双向六车道一级公路兼城市主干路标准建设，设计速度60千米/小时，道路标准横断面采用4幅路形式，双向6条机动车道，其中，中央分隔带宽2米，两侧机动车道各宽11.75米，两侧机动车道与非机动车道隔离带各宽2米，非机动车道各宽3.5米，人行道各宽4.5米，最外侧土路肩各宽0.75米，标准道路路基顶面总宽度47米，局部横断面宽度根据功能需求适当调整，全线路基顶面总宽度变化范围为47－50.5米，路面面层采用沥青混凝土结构；新建桥涵设计汽车荷载等级采用公路－Ⅰ级。安石路王家摆桥全长1054.1米，主桥长256米（55米＋170米＋31米），采用抱翅型拱梁组合体系，墩台及基础采用混凝土结构，主梁及主拱采用钢结构；引桥长798.1米，大部分为30－35米的预制小箱梁，部分采用钢混组合梁（跨度38米及以上），墩台及基础采用混凝土结构；桥梁桩基共479根，主桥桩基63根（直径2.5米15根，直径2米48根），主桥桩长约70米；引桥桩基416根，直径1.2米（桩长35米368根，桩长25米48根）。安石路（含

3月29日，改造建设中的王家摆临时桥　　县融媒体中心供图

王家摆桥改建）工程估算投资 9.4 亿，其中，建安费 6.4 亿；总占地 23 公顷（345 亩，不含与堤防、河道重合部分）。

王家摆桥临时改造工程。为满足王家摆新桥修建时的临时通行及通航要求，对现状王家摆桥进行改造。规划船闸引航道穿过现状王家摆桥东侧路基，在东侧路基引航道穿过位置架设相比原路基抬高约 3 米跨度为 45 米的钢架桥以满足临时通行及通航要求，为保证坡度顺接，需拆除现状王家摆桥一半的上部结构，更换为贝雷梁桁架桥，下部结构拆除桥台一个，合计改造桥梁长度约 157.4 米，改造道路长度约 78.86 米。截至 2020 年底，原王家摆桥需拆除部分完成拆除，临时钢栈桥修建完成；2021 年，安石路（王家摆桥）进行下部结构施工，主桥桩基、引桥桩基、引桥承台以及引桥墩柱完。

G230 通武线（钳屯弯道—夏安旧线段，含安运桥改建）改建工程。东起钳屯弯道，西至老夏安线，全长 5.04 千米，本次改建工程，维持现况一级公路标准，设计车速 80 千米/小时，其中，桥梁段长度 2920.5 米，路基段长度 2119.09 米；路基段标准横断面采用 4 幅路形式，中央隔离带宽 2 米，机动车道各宽 12.25 米，机非分隔带各宽 2 米，非机动车道各宽 3.5 米，人行道各宽 4.5 米（含设施带），土路肩各宽 0.75 米，路基全宽 48 米，采用沥青混凝土路面结构。安运桥

北运河香河中心码头　　县融媒体中心供图

位于北运河两堤之间范围需全部改建为桥梁，总长 2920.5 米，由主桥和引桥两部分组成，总面积 123409.6 平方米，其中，主桥结构形式为 V 形钢构 + 拱桥，总长 280 米，面积 12580 平方米；引桥结构形式为简支结构的预制小箱梁、现浇箱梁及钢梁，长度 2640.5 米，面积 110829.6 平方米。整体工程估算总投资 15.84 亿元，其中，建安费 11.69 亿元；工程总占地 35.53 公顷（532.91 亩），包含现状公路用地 19.77 公顷（296.48 亩），新增用地 15.76 公顷（236.43 亩）。2021 年 5 月 31 日，工程可行性研究报告获省发改委批复；6 月 1 日，完成项目断交手续，6 月 15 日拆除完毕，满足通航条件；年内，启动 G230 通武线（钳屯弯道—夏安旧线段，含安运桥改建）改建工程前期准备工作。

【游船码头】 为了满足北运河旅游通航需求，自北向南设置 5 个旅游码头，分别是鲁家务码头、香河中心码头、王家摆码头、安运码头、金门闸码头。香河中心码头。是北运河香河段规模最大的码头，是进入香河的水上门户，连通县城和北运河的水陆综合枢纽，建设地点位于运河大道与新华大街交叉口西南侧临河区域，占地 11.54 公顷（173.1 亩），呈“如意”形状，泊位 34 个，其中，游船泊位 32 个、海事泊位 2 个，总投资为 1.97 亿元，建设内容包括码头、港池、护坡、亲水平台及陆域配套设施等。鲁家务码头、王家摆码头、安运码头、金门闸码头工程建安费均在 2300 万元，采用一字形顺岸布置形式，泊位按照 4 个 120 客位设计船型设置，兼顾其余设计船型，每座码头结构均由两座混凝土墩台、两座引桥及一座浮桥结构组成，均可同时停靠 4 艘 80－120 客位游船。截至年底，5 座码头工程完工，导助航设施完成安装，配置旅游标识系统，设置 1－5 级标识牌共计 200 个。拥有游船 6 艘，核载人数 302 人，救援船 1 艘，执

法艇2艘。48名船舶适任人员通过海事局考试合格。自北运河旅游通航运营以来，共出港游船227船次，载客5000人次，实现船运收入30万元。

【清淤疏浚及岸坡防护工程】 曹店橡胶坝至土门楼闸治理工程。治理范围为北运河香河段曹店橡胶坝至土门楼枢纽，主河道长度约8.6千米，包括河道主槽清淤疏浚及岸坡防护；工程于2017年1月开工，截至2019年5月，该段河道清淤疏浚全部完成，岸坡防护工程完成6.46千米主河槽石笼岸坡防护。牛牧屯引河至曹店橡胶坝段治理工程。治理范围为北运河主河槽牛牧屯引河至一期工程首端曹店橡胶坝下游约100米，长5.7千米。工程于2020年6月开工，2021年6月，完成全部清淤疏浚及岸坡防护。京冀界河段河道治理工程。建设内容为京冀界至牛牧屯引河段2.4千米主槽扩挖疏浚。工程于2021年2月开工，3月竣工。

【景观工程】 曹店橡胶坝至土门楼闸段景观工程。分5个标段施工，建设内容包括乔灌木种植、地被种植、园建工程和道路工程。工程于2021年3月开工，6月竣工，完成乔灌木种植约1.8万株，地被种植69.48万平方米，园建工程3.31万平方米，道路工程10.6千米，剩余部分滨河路面层未完工。

京冀界河至曹店橡胶坝段景观工程。分8个标段施工，建设内容包括乔灌木种植、地被种植、园建工程和道路工程。工程于2021年3月开工，6月竣工，完成乔灌木种植5.38万株，地被种植110.22万平方米，园建工程4.81万平方米，道路工程12.7千米，剩余部分滨河路面层未完工。

曹店橡胶坝和船闸　　县融媒体中心供图

【曹店橡胶坝改建工程】 曹店橡胶坝改建工程位于王家摆桥南侧，为满足通航及船闸建设要求，对旧坝进行拆除改建，建筑面积173.4平方米，顺水流方向长为108.7米，总坝长140米，坝高4.0米，设计蓄水位12.03米，由上游连接段、坝室段和下游连接段三部分组成。设计使用年限50年，防洪标准50年一遇。工程于2021年1月6日开工，6月竣工。

【船闸工程】 船闸工程位于曹店橡胶坝左岸河滩位置，上闸首上游端与曹店橡胶坝坝室段上游端齐平。闸室设计宽度10米、长度65米，船闸闸室段与橡胶坝临水侧距离29米，新挖航道顺水流向长度940米，其中船闸直线段总长384米，上下游引航道采用不对称布置。上游船舶进出闸方式为“直线进闸、曲线出闸”，下游船舶进出闸方式为“曲线进闸、直线出闸”。上下游导航、调顺段长度分别为75米，停泊段靠船侧长度为65米。上下游引航道宽度均为28米。工程于2021年2月21日开工，6月竣工，船闸水工主体、金结设备、管理房已施工完毕，景观铺装、绿化种植基本施工完成。

（张苗苗）

弘扬运河通航精神

【概况】 香河县开展“弘扬运河通航精神”大讨论活动以来，全县各部门弘扬践行“忠诚担当、创新实干、敢打必胜、聚力争先”的“运河通航精神”，不断推进城乡建设，改善生态环境，打造文旅香河，优

10 月 10 日，香河县"弘扬运河通航精神"事迹报告暨大讨论活动动员会议召开
县融媒体中心供图

化营商环境，推进工业转型升级，构建绿色活力幸福城。

【"6·26"北运河廊坊段与北京市通州区同步旅游通航】 历时 6 个月，香河县将北运河廊坊段打造成为全省第一条内陆旅游通航河流，建成全省第一座具备通航条件的船闸和集旅游、海事、安全保障为一体的综合性内河码头，开辟了国际领先、国内最为先进的数字化旅游航道，并沿河打造了森林生态文化区、运河历史文化区、田园农耕文化区北中南三大景区板块和十大缤纷节点。6 月 26 日，北运河廊坊段与北京段全线通航仪式同步同时同标准举行，实现与北京同步旅游通航。

【"弘扬运河通航精神"事迹报告暨大讨论活动动员会议】 10 月 10 日，全县"弘扬运河通航精神"事迹报告暨大讨论活动动员会议召开。县委书记梁宝杰强调，要深化思想认识，准确把握运河通航精神的核心内涵，立足香河实际，深刻理解弘扬运河通航精神的重要意义，做到知行合一，把运河通航精神践行各项工作始终，加快实现建设"协同发展示范区、绿色活力幸福城"的奋斗目标。为大力弘扬"忠诚担当、创新实干、敢打必胜、聚力争先"的运河通航精神，全县上下要进一步统一思想、振奋精神，对标先进、鼓足干劲，合力谱写加快建设"协同发展示范区、绿色活力幸福城"的崭新篇章。

【"弘扬运河通航精神"大讨论活动开展】 "大讨论"活动启动以后，全县各单位按照《关于开展"弘扬运河通航精神"大讨论活动实施方案》（以下简称《实施方案》）要求，成立机构，制定方案，宣传发动，狠抓落实，用足用好蹲点调研、督导检查两个着力点，开展"对标对表找差距、一线调研解难题、专题研讨寻良策"三项行动，确保活动扎实有序推进。形成制度成果 182 个，实践成果 201 个，作风成果 162 个。连续 24 次获评平安中国示范县，第 4 次捧回全国平安建设最高奖"长安杯"，县司法局被评为全国组织宣传人民调解工作先进集体，五百户镇被评为第二批全国乡村治理示范乡镇，《香河年鉴（2020）》获评第七届全国地方志优秀成果特等年鉴，安平镇司法所被司法部授予全国模范司法所称号，县公安局看守所四级高级警长李向国被中共中央组织部、中共中央宣传部评为全国最美公务员。

（丁惠姝）

北运河廊坊段旅游文化

【概况】 2021 年，香河县充分挖掘大运河丰富的历史文化资源，统筹推进大运河世界文化遗产保护、传承、利用与文旅产业绿色发展，通过优化布局、整合资源、文旅融合、创新业态，着力扩大优质文旅产品供给，打造文旅核心产品和"爆款"品牌，打造北运河特色文化旅游品牌，打造运河文化新样板，推进全域旅游建设，推动香河县文化旅游事业实现创新发展、高质量发展。

【大运河云名片】 2019 年 8 月 12 日，依托移动互联网前沿技术打造的全国首张大运河文化传播“云名片”——“千年文脉·大运怀淑”，在首届香河县文化和旅游产业发展大会上正式发布上线。香河大运河文化云名片通过移动互联网科技手段，设计“香河印象、运河钩沉、文化志略、地图导览”四大板块、25个子项目建设数据库，涵盖香河印象：概况、交通、历史、民俗、非遗、美食、节庆；运河钩沉：流域变迁、漕运水务、风物遗存、运河传说、历代名人、村镇源流、淑阳八景；文化志略：传统戏剧、传统曲艺、传统音乐、传统武术、民间工艺、民间花会、民间文学、诗词书画；地图导览：以“图文＋VR全景＋地图导航”形式介绍香河的文化艺术设施。植入慧游香河小程序，实现传统文化的数字化、可视化传播，让传统文化真正活起来，让香河大运河文化看得见、摸得着、带得走、用得上、传得开，从而推动香河文化旅游产业发展，助力大运河文化带建设。

【红庙村金门闸遗址】 红庙村金门闸遗址位于香河县钳屯镇红庙村南、五百户镇后土门楼村北的青龙湾减河旧河道上，西北距北运河青龙湾减河口约1千米，今钳屯镇红庙村南土门楼泄洪闸南侧。清雍正七年（1729年），雍正皇帝旨授“于河西务上流之青龙湾建坝四十丈，开引河长九十里，夹以长堤，注七里海”（《光绪顺天府志·河渠志》）；清雍正八年（1730年），开挖王家务引河（今青龙湾减河），两岸筑长堤，并在三百户村与王家务村之间的河道上建减水坝四十丈，雍正九年（1731年）竣工；清乾隆二年（1737年），因减水坝距北运河减河口太远，洪水宣泄不畅，遂将旧坝废弃，在红庙村与后土门楼村之间的减河上新建减水石坝，移建后的减水坝“金门宽四十丈”（民国《香河县志》），名王家务减水坝；清乾隆三十七年（1772年），为治理北运河水患，重修王家务减水坝，将坝顶高程降低一尺，并在南北两岸增建了坝台，乾隆皇帝御赐名为“金门闸”。民国14年（1925年），顺直水利委员会对金门闸（王家务减水坝）实施改建，闸板改为进口钢制，“在滚水坝上增建了闸墩、闸门，总宽127米，40孔，净宽110米”（《海河志》第二卷），“随时起闭，筑以洋灰，上作桥式，行人均由桥上经过，咸称便利”（民国《香河县志》），此后金门闸改称土门楼闸。1973年，河北省根治海河指挥部批准，天津地区根治海河指挥部组织施工，在土门楼闸以北100余米位置新建“土门楼闸泄洪闸”，1974年5月竣工，新建土门楼泄洪闸竣工，北运河青龙湾减河口亦随之北移，旧河道及旧闸废弃。现金门闸遗址仅存南、北两处闸台（坝台）。北闸台保存较为完整，平面略成梯形，外壁为条石，内填夯土，夯土层厚约20厘米，南北长约30米，东西宽约26米，高4.4米。南闸台（坝台）上迎水、由身、下分水等部位条石无存。红庙村金门闸曾是北运河上的重要水利工程，作为北运河上现存的重要遗址，对研究运河史、水利史及古代水利科学技术具有重要价值。2006年6月，红庙村金门闸遗址被国务院列为全国重点文物保护单位。

在红庙村金门闸遗址的南坝台上，曾立有乾隆三十八年《题王家务》御制诗碑。民国《香河县志》记载：“乾隆三十七年，浚王家务减河，又将坝之南北两岸，建筑石台，中铺石块，较旧坝落低，水自石上宣泄，名曰金门闸，南坝台上有石碑一，刻乾隆御笔诗云：金门一尺落低均，疏浚引河宣涨沦。通策例同捷地闸，大都去害贵抽薪。”此碑于“文化大革命”时被推倒，后又屡遭毁坏。2010年6月24日，在红庙村南金门闸遗址南坝台桂林中发现乾隆御制诗残碑，残碑宽1米、高1.3米、厚0.33米，汉白玉石质，四周环绕云纹，雕刻精美；碑文仅存“……尺落低均……疏浚引河宣……策例同捷地闸……大都去害……王家务……”等文字及“捷地闸”下注解小字，经考证“捷地闸”下注解小字全文就为“是地减水坝口，高于正河过甚，不足泄涨，高晋等用修建捷地闸落低之例，亦落低一尺”。该残碑后保存于廊坊市文物管理处，2019年，回藏于香河县文博馆。在北基院内，尚存清朝无字碑一块，保存完好。

（王爱民）

【安头屯中幡】 安头屯中幡起源于隋唐时期，有1300年余的历史。安头屯中幡始于大运河、兴于大运河，唐宋时期，大运河航运过程中，帆用在船上借以增加船的航速和调整船的航向，京杭大运河（香河段）漕运船工闲暇时将船帆在陆上玩耍，逐渐发展出各种花样和手法，创造成为一种文娱项目。中幡分筒、面、楼三部分，筒长6米，控制幡速减轻下垂惯力，幡面衬风，使幡的重心稳固平衡。经多年的改进与创新，发展成为有组织的民间表演艺术团体，取名为中幡会，以其过硬的功夫、超群的技艺、精湛的演技、极强的观赏性而成为民间花会一绝。在清代，安头屯中幡盛行，曾两次受到皇封。清乾隆十六年（1751年），乾隆皇帝巡视江南，从杭州沿运河返京途经香河段时，安头屯中幡老会迎驾表演，深得乾隆皇帝赞誉，诏令敕封安头屯中幡会幡面一对，上书“龙翔凤舞”，下书“人神共说”，并赐黄马褂等全副值式（演出服饰）12套，另赐打鼓、花钹、门幡等。清咸丰元年（1851年），咸丰帝举办登基大典，颁诏安头屯中幡老会进京参加庆祝，颁诏再次敕封幡面一对，上书“风调雨顺”，下书“国泰民安”，并御赐安头屯中幡会“重兴老会”会名，所有人员值式1套，其中，“国泰民安”幡面现藏于香河县非物质文化遗产展示中心。安头屯中幡有100余个动作，是全省民间花会的优秀代表，成为全县民间花会的一枝奇葩。2008年6月，成功入选第一批国家级非物质文化遗产扩展项目名录；2008年11月，香河县安头屯镇被文化部命名为“中国民间文化艺术（中幡会）之乡”；2012年5月，香河县被中国民间文艺家协会命名“中国中幡文化之乡”，并挂牌“中国中幡文化研究中心”；2015年11月，安头屯中幡表演队荣获第十二届中国民间文艺“山花奖”；2016年，香河中幡被评为河北省美丽乡村特色体育品牌项目；2019年11月22日，香河县文化馆被文化和旅游部命名为国家级非物质文化遗产代表性项目（安头屯中幡）保护单位。

6月26日，在北运河廊坊段旅游通航仪式现场表演的国家级非物质文化遗产项目安头屯中幡　　　县融媒体中心供图

【王家摆渡】 隋朝时，京杭运河开通后，两岸交通受阻。元末明初，王姓弟兄二人在香河县境内运河西岸定居，以开设摆渡为业，驾驶渡船把人员和物资安全送到对岸。时间长了，就把这个渡口叫作王家摆渡。1948年，为了支援解放平、津，战勤委员会在北运河上修复23米、宽7米的临时浮桥；1949年改造为长43米的季节桥，每年一拆一架；1957年10月，据相关部门统计，渡口累计接送18194辆各种社会车辆，每日近606辆，来往行人不计其数；1958年，县交通局技术员杨冠英设计并组织施工，将该桥加长到125米，荷载能力为8吨的超洪半永久性桥，自此，千年古渡王家摆渡口，完成了它的历史使命。

（侯立英）

城乡建设

责任编辑　杨东林

综　述

2021年，香河县落实“多规合一”，突出规划引领作用，加快推进国土空间总体规划编制工作；修改调整生态保护红线、永久基本农田和城镇开发边界三条控制线；统筹推进控制性详细规划和专项规划编制工作，完成香河县城控制性详细规划和专项规划调研工作。聚力“美丽香河”，持续推进“城乡治理”工程，加快推进重大城建项目建设，统筹推进城市功能与品质提升，纵深推进城乡环境综合整治，大力实施净、绿、亮、美等重大工程，实行台账化管理、清单式推进，硬化小街小巷2.2万平方米，清理垃圾8.1万立方米，安装路灯70盏，排查更换井盖210个，拆除违建12.3万平方米。以民为本，持续推进“住房保障”工程。继续保持房地产市场健康平稳发展，完善住房保障体系。规范房地产市场秩序，深化住建领域“放管服”改革、工程建设项目审批制度改革、建筑业供给侧结构性改革。城市建设发展成就显著。推进城市公共事业发展，在城区供水水质监测、居民燃气保障、冬季取暖保障等城市公共事业方面发展迅速。深入开展城市园林绿化提升行动，加强城区绿化工程和绿化管护，加快生态文明建设，提高城市绿化水平，增加城市绿化总量，积极创建园林单位和园林小区。大力开展城乡环境卫生工作，在垃圾处理、垃圾分类、垃圾焚烧发电，数字环卫等方面发展迅速。马路市场、店外经营等整治行动扎实推进，市容市貌持续改观，在网络体系建设、大气污染治理、提升城市品位方面加强综合管理。住房公积金在归集管理、贷款发放、公积金提取等方面做到规范管理。对建筑节能、农民工工资保障、建筑市场管理、工程质量等方面加大管理力度。在危房改造，美丽乡村建设、特色小镇建设上成效显著，农村居住环境得到改善。加强油气管线管理与维护，确保油气管线安全运行；全面推进京铁路香河段建设，为施工建设提供服务保障。

城乡建设规划

【概况】　2021年，香河县加快推进国土空间总体规划编制工作，国土空间总体规划强化底线约束，推进国土空间节约集约利用，提高国土空间利用质量和利用效益。服从服务京津冀协同发展战略，围绕非首都功能疏解，构建区域协调和城乡统筹发展新格局。增强国土空间规划的科学性和实用性，助力美丽幸福新香河建设。统筹推进控制性详细规划和专项规划编制工作，进一步严格规划管控与审查。

【国土空间总体规划编制】　2021年，继续落实“多规合一”，突出规划引领作用，加快推进国土空间总体规划编制工作。香河县国土空间总体规划在双评价、双评估、专题研究等阶段成果的基础上，形成初步成果，按省、市多轮技术审查意见进行修改完善。对生态保护红线、永久基本农田和城镇开发边界3条控制线按照省、市的技术要求进行修改调整。积极推进各镇国土空间规划编制工作。年内，安平镇、五百户镇、刘宋镇、安头屯镇、渠口镇、钱旺镇和蒋辛屯镇的国土空间规划在多次调研的基础上，形成初步方案，待香河县国土空间总体规划编制完成后，加快推进各镇国土空间规划编制。

【控制性详细规划和专项规划编制】 统筹推进控制性详细规划和专项规划编制工作。对接省规划院，完成香河县城控制性详细规划和专项规划调研工作；督促各专项规划加快推进编制进度，大部分专项规划已经完成初步成果；完成城市建筑风貌设计招投标及基础资料调研；深入落实廊坊市“北三县”与通州区“5+12”系列规划，包括燕郊组团（三河市）、祁各庄镇（大厂回族自治县）、蒋辛屯镇、安平镇4个重点地区的控制性详细规划和廊坊市“北三县”与通州区交界区域“北三县”一侧生态绿带控制性详细规划，以及廊坊市“北三县”产业发展与科技创新、生态建设、综合交通、综合水战略、综合能源、综合防灾、绿色空间、公共服务设施、警务基础设施、市政基础设施、智慧城市、海绵城市等12个专项规划，启动安平镇、蒋辛屯镇控制性详细规划修编工作。

【规划管控与审查】 2021年，香河县召开4次国土空间规划委员会会议，签批项目方案1个；审议并通过控规修编方案2个；通过项目规划方案14个，其中，市政设施类项目3个、工业项目5个、房地产项目6个。组织5次专家论证会，论证项目方案10个。收到征求规划设计条件函70份，出具规划设计条件68份。

（田　雪）

市政建设

【概况】 2021年，香河县加快市政建设，全面提升城市品位，在市政设施、城区道路、排水管网建设上加大投资，加强管理。做好城区防汛，确保安全度汛。

【香河人民广场改造】 为进一步扩大和提升市民休闲娱乐空间、缓解香河人民广场周边停车压力，县委、县政府于2019年11月末，启动香河人民广场改造工程，12月起，实施基坑支护和土方开挖；2020年3月，进行地下主体工程施工；7月底，地下主体工程封顶；10月，完成覆土回填，地上部分开始进行基础处理和绿化美化，地下部分开始内部施工。2021年2月底，开始进行地上硬化铺装、绿化和各地下进出口施工；5月10日，人民广场改造工程全部竣工。5月18日，县委、县政府在新落成的香河人民广场举行全县重点民生工程启用仪式，为中国共产党成立100周年献礼，县委、县人大、县政府、县政协四大班子领导出席。

香河人民广场改造作为庆祝中国共产党成立100周年献礼工程和造福群众的民心工程，充分体现“以人民为中心”的设计理念和爱党爱国爱家乡的丰厚内涵，自然景观和文体设施有机结合，现代文明同历史文化交相辉映。景观文化广场以运河意象为轴，展示香河历史沿革，书写绿色崛起之路；中心区域的景观地标图匠心独运，将行政区划浓缩脚下，使“九镇四河”跃然眼前，一河一景增添乡情乡趣，一村一镇唤醒乡音乡愁。

香河人民广场改造项目总投资2.8亿元，总建筑面积5.95万平方米，该工程分地上、地下两部分。其中，地上部分面积2.5万平方米，建有林下庭坐国学休闲区、大众健身活动区、儿童活动区、地标文化展示区、环形步道，布局合理，功能完善，步移景异，四季可赏，动静兼顾，老少咸宜。环形步道串联分区，国学小径曲径通幽，广场绿地花树掩映，《三字经》《百家姓》妙语启蒙益智，“四书五经”金句滋养身心，四支荷伞形照明灯彰显“荷香·香河”韵味。地下部分建设二层，建筑面积3.45万平方米，建有群众活动中心和停车场，其中，停车场可提供近700个车位；下沉广场和群众健身休闲场所

5000 平方米，4 个活动室可作为乒乓球、羽毛球、健身和儿童娱乐场所。县人民广场南、北各立有一块景石，北侧景石刻有“不忘初心、牢记使命”8 个镏金大字，面对县委县政府办公楼大门；南侧入口景石正面刻有时任县委书记李桂强题写的“香河人民广场”6 个镏金大字，背面刻《香河人民广场碑记》，碑文由王宏仁、王长泉、刘铁山撰写初稿，李桂强修改定稿。

改建后的香河人民广场夜景　　县融媒体中心供图

改造后的香河人民广场成为城市新地标，为市民提供更多的地上地下休闲空间，有效缓解了广场周边停车压力，进一步满足市民休闲、健身、娱乐等方面的需求，提升了市民的获得感、幸福感。

【市政设施建设】 为改善城区面貌，对城区主要道路进行维修，新华大街、新开街两侧人行便道铺设石材 3000 平方米，铺设透水砖 1000 平方米。更换破损井盖 300 余个，疏通堵塞管线及污水检查井 60 余处。

【城区道路建设】 2021 年，新开街（永泰路至运河大道段）道路升级改造工程：东起永泰路西侧车行道外边缘，西至运河大道东侧车行道外边缘，道路全长 6 千米，道路红线 40 米，主路面宽 29 米。年内，完成沥青混凝土路面铺设 3 万平方米，雨、污水管道铺设各 550 米。市场路（绣水街至建新路段）综合改造工程：北起绣水街，南至建新路，道路全长约 1200 米，主路宽 20 米，年内，完成沥青混凝土底层路面铺设 1 万平方米。

【“雨污分流”改造】 2021 年，统筹推进城市功能与品质提升，投资 4.23 亿元，实施县城区“雨污分流”改造工程，对新华大街、淑阳大街、迎宾路、永泰路等 7 条城区主要道路的 11 条管道实施“雨污分流”和改造提升，“雨污分流”改造合流制管网长度 27.67 千米，分 7 个标段，采用 EPC 模式（公司按照合同约定对工程建设项目的设计、采购、施工、试运行等实行全过程或若干阶段的承包进行实施）。年内，县城区“雨污分流”改造工程全部竣工，同步完成路面恢复，县域发展承载力进一步提升。其中，一标段：新华大街雨污分流综合改造工程，新建污水管道和部分雨水管道，原合流制管网作为雨水管道使用，改造合流制管网 4.13 千米。二标段：淑阳大街雨污分流改造工程，由永明路至康宁路段新建雨水管道，原合流管道作为污水管道使用；康宁路至永泰路段新建污水管道，原合流管道作为雨水管道使用。改造合流制管网 2.04 千米。三标段：绣水街雨污分流综合改造工程，新建污水管道，改造合流制管网 7.3 千米。四标段：永泰路雨污分流综合改造工程，新华大街至东干渠段，新建雨污水管道，改造合流制管网 3.2 千米。五标段：迎宾路雨污分流综合改造工程，新建雨、污水管道，原合流管道作为污水管道使用，改造合流制管网 3.64 千米。六标段：“五一”路雨污分流综合改造工程，新建污水管道及雨水管道，原合流管道作为雨水管道使用，改造合流制管网 6.1 千米。七标段：污水管线连接及兴业家园东侧雨水主方涵工程，新建污水管道及雨水方涵，改造合流制管网 1.26 千米。

【城区防汛】 制定防汛应急预案，对城区防汛设施 2 个排水闸和 1 个排水提升泵进行全面检查维护，保证汛期排水闸、提升泵随时启用，对城区主要街道 1000 余个雨水收集井内的垃圾进行清理，防止堵塞管道口。东干渠泄洪闸年久失修，破损严重，已无法正常运行。

（王建月）

城市公共事业

【概况】 2021 年，香河县加强对城市自来水、燃气供气系统、取暖供热等城市公共事业管理，强化责任意识、安全意识、服务意识，确保人民群众安居乐业。

【城市供水】 制订国家节水型城市方案。制订供水应急预案，保障居民正常安全用水。对水厂供水设备、管网、水质、计划用水和节约用水等进行检查，进一步改善供水设施，提升供水能力和质量。加强对二次供水的管理，确保二次供水的能力和质量，合理制定水价。

【燃气保障】 2021 年，香河县有燃气经营企业 10 家。其中，管道燃气公司 1 家，为香河县百川燃气销售有限公司，建有高压门站 5 座，输气能力为日均 120 万立方米，在取暖季前积极向上争取燃气指标，签订保供合同，制定燃气保供应急预案，全力保障全县燃气供应；液化石油气站 5 家，分别为鑫华液化气站、兴旺液化气站、泰安液化气站、大鹏液化气站、聚鑫液化气站；汽车加气站 4 家，分别为香河县通顺加油站、泰达汽车加气站、香河县百川燃气销售有限公司汽车加气站、香河县宏远汽车燃气配件销售有限公司。年内，对全县 10 家燃气经营企业、5 家液化气站、4 家汽车加气站进行安全检查，发现安全隐患问题 30 余处，已全部整改完毕；开展多次燃气安全知识宣传活动，现场讲解并发放各类宣传资料 500 余份。

【“气代煤”隐患排查】 坚持对“气代煤”村开展拉网式隐患排查，对发现的隐患全部整改到位。加强日常检查的专业技术力量和技术支撑，聘请第三方安全评价公司共同参与检查，增强隐患排查的针对性和科学性。2021 年，开展隐患排查 4 次，发现并整改安全隐患 300 余处。5 月 13 日，县住房和城乡建设局组织香河百川燃气销售有限公司在钳屯镇赵屯村开展燃气泄漏抢修应急演练，有效检验了燃气企业救援力量的快速反应能力、应急处置能力，进一步健全和完善了燃气安全应急预案。6 月 15 日、10 月 26 日，组织 2 次农村“气代煤”村街燃气安全协管员培训。深入村街开展燃气安全宣传，通过广播、发放宣传图册、张贴海报等方式宣传燃气使用知识，增强广大群众的安全用气意识。

【取暖保障】 2021 年，城区有香河县九矗热力有限公司、香河县葆丰热力有限公司、香河县三强热力有限公司 3 家供热企业，城区供热管网总长 290 千米，集中供热面积 1500 万平方米。年内，3 家热力企业完成供热监管平台建设工作，并启动运行，实现对热源、换热站各项数据的实时监测及用户室温的监测。各供热企业科学管理，制定供暖事故应急救援预案，为居民供热提供安全保障，在供暖季前对管网、水泵、换热设备、自控设备、水系统设备等进行检修维护保养，对上个采暖季存在问题较多的小区、楼宇、单元及用户进行重点排查。落实省、市提前及延长供暖要求，印发提前及延长供暖通知，明确提前及延长供暖时限，要求供热企业进一步做好运行管理、燃煤储备等工作，根据气候变化情况及时调整供热运行参数，严禁擅自停暖和向居民用户额外收取取暖费用。

（王建月）

住房保障

【概况】 2021 年，香河县按照“房子是用来住的，不是用来炒的”定位，实现了“稳地价、稳房价、稳预期”的目标，建立住房限购、预警提示、上市预报、房价申报承诺、网签预报等控价机制，强力调控房价。全力做好政府保障性住房建设，加强农村危旧房改造工作，规范房地产开发企业经营行为，维护房地产市场秩序，依法依规把好预售审批。严格审核商品房预售资金使用、拨付，防范商品房交易风险。掌握房地产市场交易数据，督办拟建、在建房地产开发楼盘项目手续备案，巡查监管销售公司等中介机构，规范销售行为，杜绝无证预售、违规销售。加强物业管理，进一步促进物业公司与业主关系融洽和谐。

【政府保障性住房建设】 2021年，香河县开始实施常态化公共租赁住房申请、审核、分配工作，符合申请条件的居民可随时申请、随时受理，有效解决特定人群的住房保障问题。截至2021年年底，累计发放公租房租赁补贴1267户、分配限价商品房1331套、经济适用房535套；通过集中建设、商品房配建等方式累计筹集公共租赁住房2890套，其中，实物保障公共租赁住房1506套。

【农村危旧房改造】 2021年，开展农村房屋安全隐患排查，完成全县79593户农村房屋的安全隐患排查录入工作。巩固拓展脱贫攻坚成果。7月，组织第三方鉴定公司对全县2018年建档立卡贫困户住房情况逐户进行安全性鉴定，未发现安全隐患。对农村低收入群体等重点对象住房建立动态监测机制。县住房和城乡建设局、县财政局、县民政局联合印发《香河县关于做好农村低收入群体等重点对象住房安全保障工作实施方案》，继续做好农村低收入群体等重点人员住房安全的动态监测和住房安全保障工作，对低收入群体住房进行安全鉴定，年内，完成低收入群体危房改造52户。农村房屋抗震改造。开展农村房屋抗震改造试点工作，引导群众建设功能现代、成本经济、结构安全、绿色环保的宜居型农村住房，重点引导群众采用EPS建筑模块建房新工艺和建房节能措施。截至年底，完成1223户农村房屋抗震改造，其中，EPS新型模块建房196户，节能示范户303户。

【商品房建设】 2021年，在建商品房项目52个，建筑面积188.69万平方米，其中，新开工项目10个，建筑面积26.2万平方米；办理竣工备案18个，建筑面积77万平方米。

【商品房销售】 2021年，新建商品房销售9283套，同比增长44.01%；销售商品房面积93.04万平方米，同比增长56.36%；销售均价9607元/平方米，同比下降11.91%。其中，住宅销售8679套，同比增长55.67%；销售面积86.22万平方米，同比增长59.99%；销售均价9799元/平方米，同比下降11.9%。

【新建商品房预售资金监管】 2021年，新增商品房预售资金监管企业42家，重点监管资金14.64亿元，本年度缴存9.35亿元，拨付金额5.5亿元，余额3.85亿元。

【房屋中介监管】 完善房地产中介机构的备案制度，规范房地产经纪活动，保护房地产交易及经纪活动当事人的合法权益。2021年，对备案的126家中介机构存在代理销售不具备商品房销售条件、经纪服务合同未由经纪人签字等违法违规行为进行治理，促进房地产中介市场健康发展。

【物业管理】 2021年，对92个无物业居民小区尝试开展引入物业服务，进入办理招投标手续阶段，确保首批试点居民小区如期引入物业服务。建立物业服务企业质量评估机制，继续聘请第三方公司对4个居民小区物业质量评估，日常检查8个居民小区。3月31日，成立香河县物业服务企业协会，引导物业服务企业有序健康发展。

【老旧住宅小区改造】 2021年，投资5506万元，对31个老旧住宅小区的2600户老旧住宅实施改造，改造面积31.95万平方米。

【住宅专项维修资金】 2021年，

全面建立规范的住宅专项维修资金及时缴纳制度，取消企业代收代缴模式，杜绝新增欠缴行为，全年收缴住宅专项维修资金 8000 万元。简化支取流程，支持鼓励合理使用公共维修资金，加强维修资金使用过程监管，全年支取住宅专项维修资金 285 万元，涉及 16 个住宅小区、2300 户居民。

（王建月）

住房公积金管理

【概况】 2021 年，廊坊市住房公积金管理中心香河县管理部继续加强住房公积金管理，维护住房公积金所有者合法权益，促进城镇住房建设，提高城镇居民居住水平，加强住房公积金法规宣传，在住房公积金的缴存、提取、使用、管理上为公积金所有者提供服务。

【住房公积金归集管理】 2021 年，完成住房公积金归集 2.25 亿元，新增缴存职工人数 182 人，新增建制单位 19 个，住房公积金累计归集余额 8.69 亿元。

【住房公积金贷款发放】 2021 年，为 237 户职工发放住房公积金贷款 1.12 亿元，累计为 3526 户职工发放住房公积金贷款 11.64 亿元，累计贷款余额 7.23 亿元，个人贷款率为 80.90%，个人贷款逾期率 0%。

【住房公积金提取】 2021 年，为 5401 人次提取住房公积金 1.49 亿元，年度提取率 66%，提取额同比增长 6%。

【信息平台建设】 2021 年，廊坊市住房公积金管理中心香河县管理部根据上级要求，与香河县自然资源和规划局、住房和城乡建设局协商合作，于 10 月底完成信息资源共享，实现购房信息、不动产登记信息网上查询。

（高鑫淼）

建筑业管理

【概况】 2021 年，持续深化住房和城乡建设领域“放管服”改革，规范项目建设全流程办理程序、简化质量安全监督手续，深化、优化建设施工前期报备资料，优化公共服务供给，提高用水、用气服务水平，优化压缩各项用水、用气报装手续，推行“一站式”办公流程，持续优化营商环境。年内，全县共有混凝土搅拌企业 7 家，检测公司 4 家，监理公司 1 家，已备案的建筑企业 46 家，其中，具有建筑工程总承包资质的建筑企业 36 家、市政工程总承包资质的建筑企业 10 家。

【建筑市场监管】 2021 年，参照《香河县住房和城乡建设局相关行业社会信用管理暂行办法》，对 1 家房地产开发企业、2 家建筑施工企业、2 家监理公司通报批评，并计入负面信用档案。其中，1 家监理公司被记入香河县建筑市场主体严重失信“黑名单”，不予参与香河新建项目，不予进行新项目的施工备案。加强智慧工地平台建设与利用，对建筑市场与施工现场实行联动管理，实时对安全生产和文明施工进行视频监控，采取智慧化防范，应对各类突发事件。开展建筑领域监督执法检查。以日常检查和“双随机、一公开”检查相结合，对建筑和房地产市场的大气污染治理、中介机构售楼处违法宣传销售、工程质量、劳务合同、违法发包、未按图施工、围标串标、现场履职情况、挂证等各类问题进行检查，年内，开展建筑和房地产领域“双随机”活动 10 次，检查非法集资 3 次，出动执法车辆 300 余次，扬尘治理管控线索移交属地政府 50 份，对 45 起违法行为进行行政处罚。

【建筑工程质量监测】 2021 年，监测在建工程项目 74 个、建筑总面积 402.14 万平方米，雨污分流改造工程项目 7 个。对工程项目现场检查 340 次，下发整改通知书 190 份，处理违反相关法律法规的工程项目 4 个。

【建筑工程招投标】 坚持公开、高效、公正、廉洁的工作理念，高标准、严要求完成招投标业务受理、审核、监督工作。2021 年，完成建筑工程和市政基础设施工程招投标监督项目 13 个，涉及 32 个标段，均为公开招标项目，涉及招标金额 6.48 亿元，其中 EPC 总承包（承包方受业主委托，按照合同约定对工程建设项目的设计、采购、施工等实行全过程或若干阶段的总承包，并对其所承包工程的质量、安全、费用和进度进行负责）项目 8 个。

【安全生产规范化建设】 2021 年，重点对基坑土方开挖、支护、降水工程、模板工程及支撑体系、起重机械、脚手架工程、施工临时用电、临边防护、高空作业、消防安全、职业卫生和新冠疫情防控等方面进行监督检查，全年未发生建筑领域的安全生产事故。下发安全生产类文件 22 个、2200 余份，下达建设工程施工现场安全检查通知单 54 份，发现安全隐患 158 处，已全部整改完毕，对违规的 12 家企业进行行政处罚。聘请专业技术人员对建筑起重机械进行抽检，设备全部合格。

【建筑节能监管】 落实项目建筑节能和绿色建筑要求，确保节能建筑达到 75%及绿色建筑基本级以上达到 100%，加强对建设单位组织的建筑节能验收的监管，采取随机抽查和专项检查相结合，对工程项目施工中执行建筑节能和绿色建筑的相关法律法规情况进行监督检查。

【建筑领域清欠】 严查恶意欠薪、恶意骗薪等违法行为，避免群体性讨薪事件发生，切实维护农民工合法权益。加大宣传力度，宣传法律、法规，尊重公序良俗，坚持公平公正，源头预防，多方联动，标本兼治，开展法治宣传教育，弘扬社会主义核心价值观，普及法律知识，宣传典型案例，引导公众以理性合法方式解决纠纷。按照《河北省房屋建筑和市政基础设施领域导致农民工工资拖欠违法行为集中整治工作方案》要求，依法履职，配合人力资源和社会保障部门做好农民工工资支付保障工作，对问题线索移交人力资源和社会保障部门依法处理。按照职责，依法开展行政调解、行政裁决、行政复议工作。主动巡查，集中排查，建立纠纷集中排查、专项排查和经常性排查相结合的排查分析工作制度，定期开展纠纷排查，健全纠纷源头发现和预警机制。完善纠纷预防、排查、调处机制，从源头上预防化解，把矛盾消化在萌芽状态。

【农民工工资保障金管理】 开设农民工工资保证金专用账户，专项用于农民工工资保证金的收缴及退还。2021 年，农民工工资保证金分别采用现金缴纳、银行保函、保证保险 3 种方式进行收缴。严格落实国务院《保障农民工工资支付条例》《河北省保障农民工工资支付办法》规定的部门职责，县住房和城乡建设局配合人力资源和社会保障局做好农民工工资保证金和工资专用账户监管工作的平稳过渡。

【信访受理】 做好全县房地产领域风险防范工作，定期召开房地产市场会商协调小组会议暨房地产领域风险防范处置联席会议，协调化解房地产领域信访案件 162 件，实现房地产问题楼盘“减存量、控增量、防变量”，基本实现“显性风险可化解、隐性风险可防控、总体形势可控制”的总目标，有力维护了人民群众的合法权益；建立健全完善遏制黑恶势力滋生蔓延的长效机制，行业风气进一步好转；提高办案意识，加强行政执法，依法开展信访工作，建立信访事项办理与其他化解纠纷途径有机衔接的工作机制，促进纠纷依法、及时化解。2021 年，接待受理来访 216 件、市长热线 6200 件、网上信访 696 件、其他途径信访 20 件，分别涉及农民工欠薪、物业、公用事业、房屋质量及房地产开发等事项，结案率 98%。

【建筑工地扬尘管理】 严格落实建筑工地“六个百分之百”（工地周边围挡 100%、物料堆放苫盖 100%、出入车辆冲洗 100%、施工地面硬化 100%、拆迁湿法作业 100%、渣土密闭运输 100%）和“两个全覆盖”（视频远程监控和空气质量监测设备全覆盖），充分利用视频监控系统和扬尘在线检查设备，实时对建筑工地扬尘污染进行监控，发现问题，立行立改。

【新冠肺炎疫情防控】 坚持“一手抓防疫，一手抓发展”，切实抓好新冠肺炎疫情防控与建设项目复工复产。印发《香河县住房和城乡建设局推进建设项目有序复工的通知》《香河县住房和城乡建设局建筑工地疫情防控工作指南》《香河县住房和城乡建设局有效应对疫情促进建筑业和房地产业健康发展的若干措施》《关于住建系统扎实做好“六稳”工作落实“六保”任务的若干措施》等文件；建立帮扶企业队伍，开展干部进村蹲点、入企帮扶项目，有效促进了企业复工复产，建筑业、房地产业复工率在全市排名前列。

（王建月）

城市园林绿化

【概况】 2021 年，香河县贯彻落实城市绿化法律、法规，依法查处违规行为，编制城镇绿化规划、制定绿化计划，加强对城镇绿化的设计、施工单位的资质审核和申报，对基建工程项目的绿化、规划方案进行审批、指导、检查、监督。弘扬运河通航精神，制定实施运河两岸绿化方案及任务推进表。与先进市县对标，到北京市通州区学习考察，制定《绿化管护技术指导月历》《精细化管护工作标准》《对标通州，绿化管护工作考评实施细则》，提高城区内管护地块的管护标准，推动城区绿化管护水平上档升级。3 月，县园林绿化中心被县委、县政府评为 2020 年度香河县创建省级文明县城“先进单位”；6 月，县园林绿化中心被县委、县政府评为香河县 2020 年度“文明单位”。

【城市园林绿化工程】 2021 年，围绕“促进生态提升出精品”这一主线，高标准实施城区绿化。

通武线苗木移植和平香线绿化工程。对通武线两侧有关绿化苗木移植至平香线南延待建绿化带中，同步实施平香线绿化带工程。共移植树木 3700 株，栽植地被 33000 平米，投资 600 万元。

大香线两侧绿化带改造工程。提升路缘石 1.2 万米，改造土方 300 立方米，加装挡土桩及围墙 2400 米，调整种植地被 4000 平方米，栽植草坪、地被 200 平方米。彻底解决大香线绿化浇水、降雨流泥和污染环境问题。

城区整体修缮、提升工程。投资 131.6 万元，对体育公园、新华大街与五一路交口、城区行道树等进行补植补栽、改造提升。在新华大街西段两侧路灯灯杆安装花钵。年内，在新华大街与迎宾路交口、通唐线与新华大街交口及新华大街、新开街、五一路、永泰路、永盛路、绣水街、淑阳大街等街道灯杆花箱内，分 3 次栽植垂吊时令花卉 38 万余盆。

京唐铁路与城区被交路绿化同步升级改造工程。完成京唐铁路与通唐线、运河大道 2 条被交路段的 1856 株绿化乔灌木、1007 平方米地被进行移植。

【小微绿地建设】 利用拆违拆迁和闲散空置土地，对拆违地块进行绿化、美化，将游园、绿地建在街头巷尾、百姓身边，方便群众健身休闲和使用。2021 年，修建兴达房产路南游园、一中北门游园、香城郦舍南游园、老沙发材料市场小微绿地、孔雀城悦园东游园、淑阳镇东游园、京哈高速香河北出入口西侧游园升级改造、新开街路中绿化带等，总面积 9382.4 平方米。

【重要活动、重大节日美化亮化工程】 6 月 26 日，北运河廊坊段与北京段同步旅游通航，其间，在京哈高速香河北出入口、县人民广场、香河文化艺术中心等设置立体花坛、花箱等，摆放花卉 7.4 万盆。对活动沿线绿化进行高标准、全方位管护。 2021 年，廊坊市文化旅游产业发展大会和国庆节期间，在京哈高速香河北出入口、县人民广场、香河文化艺术中心、亚太城、新华大街与五一路交口、新开大街与五一路交口、新华大街西口等地设置立体花坛、花箱等，共计摆放花卉 50 余万盆。春节期间，投资

9月18日，完成香河人民广场花坛摆放　　县园林绿化管理中心供图

350.2万元，在城区主要街道、公园、路口等重要节点实施夜景亮化工程。

【城市园林绿化管护】 2021年，提高城市园林绿化管护标准，由原三级管护标准提升至二级管护标准，重点区域由二级管护标准提升至一级管护标准，城市园林绿化管护继续实行社会化管护与自管相结合。制定《香河县园林绿化管理考评办法及细则》，对社会化管护工作实行打分机制，每月下旬对各标段进行考评打分，奖优罚劣，各个标段的管护效果明显提升。年内，完成对城区各主要街道及大香线、通唐线7000余株行道树修剪及树干刷白，对主干街道两侧行道树和公园、绿化带等所有苗木进行清点检查，清除100余株枯死苗木并及时补栽；邀请省、市植保专家对病株弱苗会诊，科学制定方案，施药、施肥、杀虫、去病、修剪透气，改善环境，提高弱株成活率，共喷洒药液60吨、施肥10吨；开展巡回拉网式精细管护，对公园和绿地内园路硬化、小微广场、护栏栅栏、长椅坐凳、公共厕所、垃圾箱池、健身器材、照明设施、水池泵闸等进行清查检修，及时粉刷、修理、更换，确保设施功能正常、整洁完好。

【园林式单位、居民小区创建】 为提高城市绿化水平，增加城市绿化总量，对重点单位、居民小区绿化进行摸底调查，对符合条件的可申请省、市级园林式单位、居民小区、街道、公园分别进行登统。2021年，申报市级园林式居民小区4个、省级园林式居民小区1个。大运河孔雀城润园、大运河孔雀城泽园、富力新城悦汀郡、富力新城香溪郡4个居民小区已验收。孔雀城运河家园（轩园）通过审批，被评为省级园林式居民小区。

（陈彩霞）

城乡环境卫生

【概况】 2021年，香河县以全面建设“协同发展示范区，绿色活力幸福城”为目标，秉承“发现问题，及时解决，超前谋划，持续改进”的工作思路，提高环卫作业水平，为群众创造更加洁净的生活环境，环卫部门切实履行工作职能。在做好新冠肺炎疫情防控工作常态化的同时，对标京津，完善环卫设施建设与监管维护，大力开展城乡环境综合整治，制定《香河县环境卫生管理局环境卫生作业检查考核办法》，严格工作标准、管理标准和考核标准，制定对道路清扫保洁、生活垃圾收集转运、垃圾分类、公厕保洁、大型车辆规范作业、农村生活垃圾治理、焚烧发电项目等工作的考核办法，城镇与乡村环境卫生得到同步发展，城乡人居环境进一步提升。是年，香河县有各类清运、清扫车辆120余辆，清扫保洁面积400万平方米，每天清运生活垃圾500余吨，生活垃圾无害化处理率100%；实行24小时综合作业法，道路机械化清扫率90%；每日上门收集垃圾2500家次；果皮箱、垃圾桶、地埋箱等各类垃圾收集设施3500个，其中，中型以上收集设施150个；有固定式垃圾中转站17座，移动式垃圾中转站5座，基本满足全县垃圾转运需求。微信公众平台“香河环卫在线”“香河环卫月报”累计发送信息900余条，累计点击量50万次，新关注1500人，累计有2.28万人关注。4月，香河县环境卫生服务中心清运车队被市委、市政府授予廊坊市先进集体荣誉称号；8月，在河北省“大学习”职工诵读活动中，廊坊市总工会授予香河县环境卫生服务中心优秀组织奖；年内，县环境卫生服务中心荣获2020年度香河县文明单位、2020年度香河县“学习强国”学习平台推广使用先进单位、2020年度香河县新闻外宣工作优秀单位等称号。

【农村生活垃圾治理】 6月1日，香河县开启农村生活垃圾治理特许经营模式，由社会资本参与项目的投资建设与运营维护，负责对全县300个村街生活垃圾的清扫、保洁、清运等工作。由香河轩昂环境治理服务有限公司负责县域西部，包括淑阳镇、安平镇、钳屯镇、蒋辛屯镇、新开街社区、新华街社区、香河经济开发区环保产业园和新兴产业园；由香河盈联环保科技有限公司负责县域东部，包括五百户镇、安头屯镇、刘宋镇、渠口镇、钱旺镇。2家特许经营单位建立了环卫管理工作机构，配备环卫管理人员和保洁员1400余人，垃圾清扫、收运工具2000余件，每日对村内主次干道、公共场所进行清扫保洁，上门收集各户生活垃圾，集中清理积存垃圾2.6万余吨，实现村内垃圾及时收集、清运。

【城区环境卫生】 县城区环境卫生实行“以克论净”工作模式和“街长制”环卫网格化管理制度。对人员密集场所和街道增加清扫工人，延长人工清扫保洁时间，增加清扫保洁频率，利用真空吸尘车，实现机械清扫与人工保洁无缝对接，减少路面浮土。垃圾清运日产日清，城区日清运垃圾约160吨，每天上门收集商户垃圾2500余家次。餐厨垃圾由餐厨垃圾车单独收集，单独运输，确保不滴漏、不污染。

【垃圾分类】 2021年，按照《廊坊市生活垃圾分类2021年工作要点》及《香河县推进生活垃圾分类实施方案》要求，香河县垃圾分类的任务目标是实现城区公共机构全覆盖、累计有20%的社区建成生活垃圾分类示范片区。为实现20%的社区建成生活垃圾分类示范片区，新华街社区所辖居民小区垃圾分类覆盖率需达到50%、新开街社区所辖居民小区垃圾分类覆盖率需达到30%。年内，新华街社区办、新开街社区办确定碧盛家园、国隆府等26个居民小区作为年度生活垃圾分类示范片区，组织开展垃圾分类各项工作，引导居民正确投放垃圾。公共机构垃圾分类工作由各单位自行开展，不断提升全县居民对垃圾分类的知晓率、参与率、投放正确率。为实现垃圾分类公共机构全覆盖，县环卫服务中心于12月16日对全县1169家责任主体单位的垃圾分类全覆盖工作进行公开招标，中标服务公司在县环卫中心监督下开展全县垃圾分类公共机构全覆盖工作。

【垃圾处理】 2021年，香河县生活垃圾处理以卫生填埋为主，县域内垃圾全部由专用垃圾压缩运输车从中转站运送至垃圾填埋场进行无害化处理，生活垃圾无害化处理率达到100%。年内，香河县新建焚烧发电项目竣工并投入试运行，开启生活垃圾处理以卫生填埋为主转变为以焚烧发电为主的新模式，生活垃圾得到资源化再利用。城区日产餐厨垃圾10—12吨，餐厨垃圾统一进行收集转运至餐

9月17日，环卫工人对城区公厕进行日常消毒杀菌作业　　县环卫服务中心供图

厨垃圾资源化处置中心进行无害化处理，全县有规模为 2 吨和 10 吨的餐厨垃圾处理设备，餐厨垃圾的处理能力 12 吨/日；粪便污水资源化处理能力为 600 吨/日。

【公厕建设与管理】 2021 年，香河县在城区的安抚寨村、建新路东段后井亭村北、大香线温莎郡居民小区旁、汇文金街北口新建公厕 4 座，改建体育公园、迎宾路淑阳派出所南侧、迎宾路与淑阳大街交口西北侧、县第二幼儿园前公厕 4 座。截至 2021 年底，香河城区有公厕 74 座，其中，县环卫服务中心负责管理 68 座，县园林绿化管理中心负责管理 5 座，新华街社区办负责管理 1 座。城区公厕数量和公厕分布均已达到城市建成区每平方千米 4 座的标准。加强公厕管理，严格落实“厕长制”，确保公厕内设备设施完好率 90%以上，抽淘率、消毒杀菌率、正常使用率、日常保洁合格率 95%以上。

【垃圾焚烧发电项目建设】 香河县垃圾焚烧发电项目于 2019 年 9 月 20 日开工建设，是河北省 20 项民心工程之一，项目位于香河县经济开发区环保产业园铁佛堂村西侧，紧邻安洁垃圾填埋场，占地 8.19 万平方米，总投资 4.56 亿元，该项目采用政府与社会资本合作（PPP）模式进行建设。项目一期设计日处理生活垃圾 750 吨，年处理 27.38 万吨；二期预留日处理生活垃圾 500 吨焚烧线 1 条。2021 年，完成主工艺系统、环保设施设备调试，实现与国家电网冀北电力有限公司廊坊供电公司供电 35 千伏电网的联接。7 月 1 日，垃圾焚烧发电项目整套系统正式启动；11 月 19 日，完成垃圾焚烧发电系统倒送电试验；11 月 22 日，点火启炉，开始试运行；11 月 25 日，首次并网发电获得成功；12 月 30 日，完成 72+24 小时试运行。

11 月 22 日，香河县垃圾焚烧发电项目点火试运行　　县环卫服务中心供图

【建筑垃圾资源化再利用一体化生态工厂项目】 根据县政府 2020 年第 13 次常务会议精神，授权县环境卫生服务中心作为项目实施机构，采用特许经营模式，实施建筑垃圾资源化再利用一体化生态工厂项目。2021 年，启动项目建议书、项目可行性研究报告、项目实施方案和项目城乡规划方案编制，启动土地征用工作。

【生活垃圾填埋场好氧稳定化减容封场项目建设】 香河县垃圾填埋场好氧稳定化减容封场项目，位于香河县经济开发区环保产业园区铁佛堂村西，项目占地面积 12.2 公顷（183 亩），总投资 2.83 亿元，计划工期 5 年，自 2021 年 5 月至 2026 年 4 月。2021 年，完成项目招投标，上海康恒环境修复有限公司中标；与中标单位签订 EPC 总承包合，中标单位已按照合同要求进场；生活垃圾渗滤液处理运行 4 个月，处理渗滤液 1.3 万立方米。

【香河县垃圾填埋场扩建工程】 香河县垃圾填埋场扩建工程是垃圾焚烧发电配套工程，用作飞灰填埋。该工程项目选址在香河经济开发区环保产业园铁佛堂村西，占地 2.55 公顷（38.33 亩），总投资约 2290.15 万元，2020 年 9 月开工，完成土建、设备采购和安装调试。2021 年 5 月，竣工并通过验收；7 月，投入使用。

【新冠肺炎疫情防控】 县环境卫生服务中心加强一线环卫作业人员的安全防护工作，严格督促环卫工人按要求佩戴和使用卫生防疫用品，做到勤洗手、勤消毒，禁止聚集扎堆，严格消杀环卫设施，对果皮箱、垃圾桶、环卫车辆、中转站、化粪池等每日进行消毒。严格按防疫要求对隔离点周边垃圾进行无害化处置。

【大气污染防治】 严格按要求进行洒水、雾炮、湿扫作业，3—10 月，在温度、湿度适宜的情况下，雾炮车与湿扫车在城区主次干道巡回作业抑尘，15 辆湿扫车、20 辆大型洒水车、10 辆小型高压清洗车全部投入使用。在天气允许的条件下，每天对县第一中学、第二中学周边人行便道、小街巷、无物业管理小区实施洒水降尘。对沿街绿植进行冲洗，为空气增湿、降尘，改善城区空气质量。

【关心关爱环卫工人】 2021 年，县委、县政府开展夏季送清凉，冬季送温暖，用实际行动表达出对环卫工人的关心与爱护，增强环卫工人的工作积极性与幸福感。香河县浙家都生活超市有限公司、中粮可口可乐华北饮料有限公司等企业和各界爱心人士以多种方式开展爱心关爱环卫工人活动。

（李月然）

2 月 10 日，县四大领导班子主要领导慰问环卫工人　　县环卫服务中心供图

城市综合管理

【概况】 2021 年，香河县以创建省级文明县城为契机，结合城乡环境容貌整治提升行动，“弘扬运河通航精神”大讨论活动，紧紧围绕工作重点，认真履行城市管理职能，真抓实干、勇于担当，全力维护城区环境秩序，加强执法队伍建设，推动城市管理工作迈上新台阶。香河县城市综合管理由县城市管理综合行政执法局负责，管理范围包括：东起潮白河西岸，西至运河大道，南起双安路，北至京哈高速香河北出口（含香河经济开发区新兴产业园）。

【网格化管理】 按城区范围和街道分布将管理区域划分成东区、中区、西区三大片区，采取定岗布控、责任到人、徒步巡查、整体联动的执法精细化管理模式。每个片区实行队长负责、不定期轮岗工作制，明确任务，夯实责任，扎实有效推进城市管理工作有序开展。

【规范整治市容环境秩序】 2021 年，市容环境秩序整治以创建省级文明城市为目标，按照城市精细化管理标准，严格落实市容管理措施，在确保城区“三纵三横”重点街道日常管理基础上，不断深化治理标准，扩大“样板街”数量。

强化全天候全面管控。实行“队员包段、队长包片、领导班子成员包区域”，以及定岗、定责、定人、定时的网格化精细管理模式，明确任务，夯实责任，扎实有效推进城市管理工作有序开展。

常态化开展交通秩序专项整

治行动。联合县交通运输局、公安交通警察大队，每天巡查违规上路的机动三轮车和电动三（四）轮车，减少了交通事故的发生，城区交通环境得到有效改善。

疏堵结合治理马路市场。按照“取缔一批、规范一批、逐步压缩、全面清理”的原则，依法取缔永盛路南段、淑阳大街西段、永明路等马路市场，拆除淑阳大街东段马路市场私搭乱建棚亭 94 处，联合县环卫部门清理该路段两侧垃圾 34 车次；有效缓解交通压力。

年内，累计规范流动经营、店外经营等违规行为 13612 次，发放治理通知 411 份，清理占用消防通道违规行为 2 次，依法依规暂扣机动三轮车、电动三（四）轮车 184 辆。

【校园周边环境常态化治理】 制定《香河县城市管理综合行政执法局 2021 年综合整治中小学校（幼儿园）周边环境实施方案》；在高考、中考前及考试期间，每天 6：30—21：00 开展巡查治理，重点清理校园周边 200 米范围内的店外经营、流动经营、违规宣传、噪声扰民等违规行为；在学生上下学高峰时段，执法人员采取错时交接班制度，确保不空岗、不断岗、不留管理死角，加大对校园周边主要交通路口的巡查力度，全力营造安静、整洁、舒适的学习生活环境。

【户外广告规范化管理】 坚持户外广告规范化管理与创建省级文明县城、城市容貌提升、城市管理水平提升相结合，通过清理违规户外广告、影响市容的户外广告、非法小广告，实现户外广告减量规范，城市形象和品位得到进一步提升。2021 年，规范、拆除广告牌匾 517 处，清除小广告 8970 处，清除临时设置违规灯箱、LED 灯、LED 广告牌 2156 处，清除违规设置和破损条幅 838 处，喷涂小广告 150 余平方米，粉刷墙体 435 平方米，治理散投商品广告 1346 张，批评教育散投人员 68 名。

【餐饮及露天烧烤整治】 深入推进大气污染防治，开展城区餐饮行业露天油烟直排集中治理行动，以早餐摊点、小吃车、熟食加工为主要治理目标，集中治理城区主要商业街、居住区、校园周边及城乡接合部地段，对于涉及油烟直排及散煤燃烧商户坚决依法惩治。加大对夜间烧烤、油烟直排等情况的巡查力度；加大宣传和执法力度，对违规行为采取“零容忍”治理，提高城区商户环保意识。2021 年，检查城区早餐摊点和小餐饮油烟直排 4721 处，发现并治理违规堆放装修垃圾 70 处、焚烧祭祀用品 282 起、露天烧烤 9 起，全力改善城市环境和空气质量。

【规范渣土车运输】 对渣土及建筑垃圾运输车辆实施 24 小时严格管控治理，每天出动执法车辆进行日常巡查，对未经过审批备案、未安装卫星定位装置、未按规定进行改装、未按规定路线行驶、苫盖不严、外观不洁和存在遗撒行为的渣土及建筑垃圾运输车辆进行严厉查处。2021 年，查处违规土方运输车辆 5 辆、违规施工工地 1 个。

【建筑领域监管】 2021 年，依法依规打击建筑领域违法违规行为。加强对建设项目的规划手续检查及放验线、规划验收等工作的监管，对尚城华府、运河国际生态城、九锦御府、博悦山等住宅小区建设项目进行放验线及竣工验收，对国兴环球土地整理开发公司 1 处违规建筑和香河县民政事业服务中心综合楼项目违规行为进行处罚。拆除违法违规私搭乱建，开展违法建设动态排查，建立违建拆除台账，对县城区域内未经城乡规划建设行政主管部门审批、发证，擅自在建成区内主次干道两侧新建、改建、围院、搭棚等违法建筑依法给予拆除，年内，拆除违法违规私搭乱建 635 处，面积 9837 平方米。

【市政设施监管】 对城市道路、绿化树木等市政基础设施实行全天候监控，全力维护市政设施。加大巡查监管力度，重点检查擅自挖掘道路、破坏树木和市政设施等行为，发现问题及时处理，对需要修缮、更新的，协调相关部门及时修缮、更新。2021 年，清理私设锥桶、安全墩、地锁、地桩 810 个，拆除占道围挡 72 处，清理私装路肩坡道 145 处，清理违章圈占公共用地 31 处，清理占道停车场 5 处。

【城区停车场建设】 2021 年，县城区新建停车位 1000 个，有效缓解城区“停车难”问题。其中，新华大街西段县便民服务中心西侧公共停车场，增设停车位 229 个；月星家居城公共停车场、绣水街与五一路交口东北角，增设停车位 300 个；永明路、康宁路、向阳街、新华大街增设停车位 471 个。

（何建好）

建设中的京唐铁路香河段　　县住房和城乡建设局供图

支油支铁

【概况】 2021 年，香河县加强境内油气管线管理，制定措施，调处纠纷，切实保证油气管道设施安全、顺畅。协调北运河开发与秦京石油管道交叉、陕京四线天然气管道与京唐高铁交叉工作。全力推进京唐铁路香河段建设，年内，县域内全部进场施工，完成桩基、承台墩身、架梁工程，桥面系统工程和站房工程有序推进。

【油气管线的安全管护】 2021 年，秦京输油管线处于停输状态，管线的风险等级降低，县支油支铁服务中心依然加强安全管理，协调秦京输油管道和陕京四线天然气管道管理部门，制订本县应急预案，开展安全生产巡线工作，对秦京输油管道和陕京四线天然气管道违法占压及阀室安全运行情况进行巡线巡查，对存在问题进行整改；做好“暑期”安保及主汛期防汛工作。年内，县域内的油气管线运行安全，无事故发生。

【油气管线改线及穿越保护】 做好秦京输油管线与北运河廊坊段旅游通航航线交叉工作。对接县水务局和秦皇岛石油天然气管道分公司，协调推进相关迁改工作，妥善处理需迁改的管道封存，协调管道迁改土地征用，完成土地流转费用及管道迁改费用合同签订。做好秦京石油管线与新建安石路交叉工作。对接县交通运输局和秦皇岛石油天然气管道分公司，协调安石路与秦京石油管线交叉迁改相关手续办理及施工费用。做好陕京四线天然气管道与京唐高铁交叉工作。对接陕京四线天然气管道管理单位与京唐高铁建设单位，要求京唐铁路建设单位中铁二局集团有限公司制定陕京四线天然气管道防护方案，按照陕京四线管理单位要求施工。

【服务京唐铁路建设】 2021 年，全力推进京唐铁路占地、征地、拆迁、安置工作。根据民宅拆迁安置工作中遇到的问题，对民宅拆迁安置补偿政策进行修改完善，签订铁路占地红线内安置补偿协议 102 个，完成 72.34%；签订敏感区内安置补偿协议 99 个，完成 83.9%。积极申请地方债券，筹集京唐铁路建设地方分担资本金。京唐铁路建设资本金地方分担部分需要申请地方债券 3.467 亿元。其中，2020 年已批准地方债券 1.76 亿元；2021 年，需申请的 1.707 亿元地方债券通过省主管部门的审批拨付到县财政局，按程序上交市级出资人代表。全力服务京唐铁路建设。协助、配合施工单位做好土地组卷、林勘审批、水源井迁移、铁路专用配电线路建设等方面工作，协助施工单位积极推进电力线路、电信光缆线路和广播电视线路迁改等方面工作；编印《京唐铁路资料汇编》；推进京唐铁路香河段各方面建设，年内，京唐铁路在香河县境内红线占地 84.7 公顷（1270.89 亩）已全部进场施工，完成桩基、承台墩身、架梁工程，桥面系统工程和站房工程有序推进。监督、指导施工单位做好施工现场扬尘治理、新冠肺炎疫情防控、安全生产等方面工作。

（王晓利）

新民居建设

【概况】 2021 年，香河县加快推进新民居建设，进一步解决城乡建设用地增减挂钩项目历史遗留问题，做好项目回迁安置及土地复垦工作，有序推进河道内村庄搬迁工作。香河经济开发区环保产业园石辛庄村因垃圾焚烧发电项目需要拆迁，县新民居建设办公室对回迁用地、拆迁模式、项目资金情况进行提前谋划。积极推进北运河沿线发展规划起步区建设工作。

【新民居建设用地增减挂钩项目指标归还】 持续推进新民居建设用地增减挂钩项目历史遗留问题整改工作。2021 年，筹集资金 12074.39 万元，用于购买新民居建设用地异地增减挂钩指标归还。

【推进新民居项目回迁安置及复垦工作】 2021 年，推进望运观潮新民居项目回迁安置工作。同淑阳镇和河北国隆房地产开发有限公司研究制定《淑阳镇望运观潮新民居项目回迁安置补偿方案》，明确补偿方式、补偿标准，并完成初稿审议。积极推进潮北新城新民居项目土地复垦工作，截至 6 月底，完成蒋辛屯镇后场村、小祁庄村原村址 19 公顷（285.06 亩）土地复垦，并达到验收标准。

【河道行洪区内村庄搬迁】 全县河道行洪区内村庄搬迁涉及 8 个村。其中，淑阳镇凌家吴村、河南吴村规划搬迁至淑阳镇望运观潮新民居项目；五百户镇吴打庄，香河经济开发区新兴产业园程辛庄，蒋辛屯镇杨簸箕庄、仓头、王店子、河北吴村 6 个村规划与周边村联建新村。县新民居建设办公室按照县河道行洪区内村庄搬迁工作实施方案，对搬迁补偿资金进行测算，分别与淑阳镇政府、五百户镇政府、蒋辛屯镇政府和香河经济开发区管委会沟通，研究制定补偿标准。

（刘洪霞）

旧城改造

【概况】 2021 年，对全县城中村旧城改造项目的协议签订情况、工作开展情况、存在问题、落实政策等内容进行详细梳理，为推进城中村旧城改造工作奠定扎实基础。

【旧城改造】 2021 年，香河县加大城中村旧城改造拆迁工作力度，围绕道路、绿化等基础设施建设及便民市场、停车场等公共服务设施建设，重点做好迎宾路北延、永盛路占地涉及改造村街的拆迁改造工作。

【城中村改造】 根据拆迁费用、土地成本、容积率变化等，对淑阳镇河北止务村拆迁改造项目土地一级开发涉及的盈亏平衡关系进行测算，提出可行性建议，通过采取资金补偿、项目配地、提高收益等方式解决。完成对淑阳镇河北止务村 2021-15、2021-18、2021-19 号 3 宗改造地块审核工作，同意参照《香河县城中村、旧城改造管理办法》第十二条内容享受相关优惠政策。发函告知县自然资源和规划局、县住房和城乡建设局、县财政局、县行政审批局和淑阳镇政府等单位，明确 2021-15 号地不得用于商业开发，严禁为该地块办理商品房销售手续。

（刘洪霞）

生态环境

责任编辑　杨东林

综　述

2021 年，香河县坚持把改善环境质量作为首要工作，严格落实各项治理措施，强力推进生态环境保护，集中力量打赢“蓝天、碧水、净土”保卫战和生态环境风险防范攻坚战。生态环境保护工作完成省、市下达的各项任务目标，坚持疫情防控和污染防治两手抓，聚焦“气、水、土”三大攻坚任务，强化作风能力建设，提升执法监管水平，攻坚克难、埋头苦干，推进环境质量持续改善。贯彻落实《河北省大气污染防治三年行动计划实施方案》，探索适合香河县实际的防治办法，坚持科学施治、标本兼治，确定了以产业结构优化调整、能源结构调整、运输结构调整、用地结构调整、工业企业深度治理、臭氧污染综合治理、农业面源污染防治和秋冬季污染防治 8 大攻坚战为重点的 32 项具体任务。贯彻落实水污染防治“国 10 条”和“省 50 条”，坚持系统治理、综合施治，重点河流水质明显好转。贯彻落实《河北省“净土行动”土壤污染防治工作方案》，全力推进土壤污染治理。加强生态环境风险防范，严格生态保护红线准入，把生态保护红线作为全县国土空间开发的底线，推进生态环境风险隐患大排查、大整治，强化专项执法，严防问题反弹。完成对辖区内空气环境质量监测、水环境质量监测、声环境质量监测、生态环境监测及污染源的监测任务；在全市第一个完成微生物实验室建设并顺利通过现场评审。做好造林绿化工作，开展省级森林城市创建工作，打造景观绿化精品工程，开展森林乡镇、森林村庄创建活动，全力打造北运河、潮白河生态绿洲。组织参与全国生态环境保护执法大练兵活动，年内，廊坊市生态环境局香河县分局通过省生态环境厅认定并上报生态环境部参加全国评比；廊坊市生态环境局香河县分局被生态环境部评为“2021 年生态环境保护执法大练兵表现突出集体”；在廊坊市环境监控中心监测技术能力考核中荣获笔试成绩团体第三名；3 月，荣获 2020 年度香河县创建省级文明县城先进单位称号；6 月，被县委、县政府评为 2020 年度香河县文明单位；12 月，被市委、市政府评为 2020 年度廊坊市文明单位。

生态环境管理

【概况】　2021 年，香河县强化生态环境管理，加大环境执法力度，依靠空气自动监测站、远红外报警系统、污染源在线监控等科技手段，实时掌握区域环境质量及重点企业的污染排放情况，严厉打击企业违法排污行为。坚持执法与服务并重，服务项目建设，促进香河县经济可持续发展。加强宣传，提升全社会自觉保护环境的法律意识和自觉性，让香河的天更蓝、水更清。

【生态环境目标监测】　2021 年，

香河县加强对空气环境质量、水环境质量、声环境质量、生态及污染源监测。培训专业技术人员 190 人次，进一步提高监测水平。新建 600 平方米微生物实验室，扩展监测资质 5 项、8 种方法，总监测资质达到 37 项、48 种方法。购置紫外分光光度计、离心机、全自动蒸馏仪、便携式浊度计等，市生态环境局统一配发大肠杆菌扩项设备、耗材、玻璃器皿和药品，设备总数 45 台套。加强疫情监测点、国省河流控断面、水功能区、入河排污口、北运河香河中心码头、田贾庄排干渠、农业面源污染控制断面、农村生活污水、农村万人千吨饮用水水源地和重点排污单位的水质监测。每天 11—13 时更新空气质量预报数据，发布县级空气质量预报信息。对城市区域 101 个点位开展声环境质量监测，20 个点位开展城市道路交通声环境质量监测，7 个点位开展城市功能区声环境质量监测。对 11 个镇级空气自动监测站进行检查。对重点企业进行环境监测，指导 416 家企业自行监测，其中，重点管理企业 22 家，简化管理企业 394 家；全国污染源监测信息管理与共享平台重点管理的 22 家企业完成率 99.64%，简化管理企业完成率 95.82%；对自行监测企业进行检查，存在问题，责令整改，切实保障环境监测数据真实可靠，提高环境监测数据公信力和权威性，为加快建设“协同发展示范区、绿色活力幸福城”提供良好的生态环境保障。

【上级环保督察交办问题整改】配合生态环境部、河北省生态环境厅对香河县进行督导检查。2021 年，中央环保督察帮扶组对香河县进行两轮检查。第一轮检查涉及河北新仟瑞新型建材有限公司、香河强胜电动车制造有限公司、香河天亚木业有限公司、香河兴源建丰木业有限公司、香河达民加油站 5 家企业，发现 12 个问题，立行立改 6 个问题，跟踪督办 6 个问题，已全部完成整改。第二轮检查涉及香河兴源建丰木业有限公司，发现 4 个问题，立行立改 3 个问题，跟踪督办 1 个问题，已完成整改。

【生态环境执法】 强化依法治污，始终保持生态环境执法高压态势。2021 年，出动执法人员 2.16 万人次，执法车辆 5400 车次，开展夜查、晨查 135 次，立案处罚 141 件，处罚金额 901.56 万元，行政拘留 4 人，有效震慑了破坏生态环境行为。开展“双随机、一公开”执法检查，抽查企业 522 家，对企业存在问题进行帮扶指导，确保治污设施正常运行。制定《廊坊市生态环境局香河县分局行政执法过程记录办法》《廊坊市生态环境局香河县分局重大行政执法决定法制审核办法》《廊坊市生态环境局香河县分局行政执法投诉举报办理办法（试行）》《廊坊市生态环境局香河县分局关于规范行政处罚案件一般程序查处分离工作流程的通知》，规范执法检查行为。排污权确权交易。对持有排污许可证单位开展主要污染物排污权确权交易工作“回头看”，梳理 414 家企业，其中，305 家企业填报排污权确权“回头看”申请表，109 家企业完成排污权确权核算报告，45 家应交易而未交易企业已全部完成交易手续。完成企业污染源动态库更新，对全县 1153 家企业重新核实、调整。组织参加全国生态环境保护执法大练兵活动。

【第二次全国污染源普查】 截至 6 月 30 日，完成第二次全国污染源普查工作，涉及企业 1583 家，立案处罚企业 7 家，发现问题企业 143 家，其中，立行立改 107 家，签订整改承诺书 36 家。

【危险废物监管】 2021 年，对香河县登录河北省固体废物动态信息平台的 399 家企业进行监管，企业月度申报率为 100%。印发《香河县 2021 年危险废物规范化管理工作检查方案》《香河县危险废物污染环境防治监督管理工作联席会议制度》《香河县 2021 年危险废物规范化环境管理评估工作方案》，持续开展危险废物排查整治工作。年内，出动 3336 人次，排查涉危企业 1172 家，发现问题 1 个，为立行立改问题，已整改完成。

【医疗废物、废水环保处置监管】新冠肺炎疫情期间，每天对医疗机构、隔离观察场所的医疗废物、废水管控处置情况进行检查。对设立发热门诊、筛查发热病人的县中医医院、县人民医院进行环保业务帮扶指导。对医疗废物在产生、收集、转运、贮存、处置等环节中的环境污染防治情况进行检查。监督县域内其他医疗机构及隔离场所，对医疗废物及时储存、妥善处理，严防外漏，严格落实河北省生态环境厅下发的《医疗机构和医疗废物处置执法指南和帮扶手册》中的要求。加强医疗和城镇污水监管，强化污水处理工艺控制和运行管理，确保稳定达标排放。

【开展化学品国际公约管控物质统计调查】 2021 年，开展化学品环境国际公约管控物质调查专项行动，该次持久性有机污染物统计调查对象为全氟辛基磺酸类化合物、六溴环十二烷、十溴联苯醚、氯化石蜡、全氟辛酸及盐类和相关化合物的生产和加工使用企业；汞及汞化合物调查对象为汞冶炼、回收汞、汞化合物生产企业、含汞锌粉、电光源用固汞、含汞浆层纸、绿化工触媒、（聚）氯乙烯、含汞体温计、含汞血压计、牙科汞合金、含汞电光源、含汞电池等生产企业。根据调查数据，全县无以上持久性有机污染物和汞及汞化合物生产企业。

【重点排污单位】 2021 年，全县有重点排污单位企业 21 家，其中，新增企业 5 家，分别为香河县卓一铝业有限公司、香河宝冠塑业助剂有限公司、香河康恒再生能源有限公司、香河春华农业生物科技有限公司、香河鼎泰园区建设发展有限公司。

【远红外报警系统】 为推进空气质量持续改善，确保人民群众身体健康，全县 24 个视频监控点位与市级监控平台联网，实现视频监控和红外报警系统县域内全覆盖。对秸秆垃圾露天焚烧情况做到实时监控，发现火源及时处置。

【污染源在线监控】 在全县 17 家企业安装污染源在线监控系统，并与生态环境部、河北省生态环境厅监控平台联网，数据进行实时上传监测。

【核与辐射安全监管】 加强对核技术利用单位与放射源的监管，开展核与辐射安全隐患排查，提升核与辐射的安全性。开展国家核技术利用单位安全管理系统数据质量核查，对全县 15 家核技术利用单位的相关数据进行核查，完善相关信息。15 家持证的辐射企业中，涉放射源单位 2 家，V 类放射源 3 枚。年内，对涉源及射线装置单位按照规定检查 48 次，接受省、市辐射防护与安全检查组抽查 2 次。

【城市声环境质量监管】 制订《香河县声环境功能区划分方案》，对香河县声环境功能区进行划分，为香河县总体布局、构建和谐香河提供科学依据，并为区域内环境质量评价、建设项目审批、噪声污染纠纷评判提供依据。城市区域声环境质量监测。每年对县城区 101 个点位开展 1 次昼间监测，每个点位监测 10 分钟，全年累计监测 101 个点位。城市道路交通声环境质量监测。每年对 20 个点位开展一次昼间监测，每个测点监测 20 分钟，记录并报送 20 分钟车流量，全年累计监测 20 个点位。城市功能区声环境质量监测。每季度对 7 个点位进行监测，每个点位连续监测 24 小时。

【环境评价审批和排污许可】 严格执行国家产业政策及京津冀协同发展领导小组办公室制定的《河北省京冀交界地区新增产业的禁止和限制目录》，对禁止、限制、淘汰等项目不予审批，控制新污染源的产生。严控审批关，对新、改、扩建项目，实行污染物总量控制，做到增产不增污，从源头减少大气污染物、水污染物的排放量。2021 年，全县通过建设项目环境评价审批 39 个。按照国家出台的相关行业技术规范，根据《排污许可管理条例》和《排污许可管理办法（试行）》要求，延续排污许可证 3 家、变更排污许可证 1 家。

【企业生态环境信用管理】 依据《河北省企业生态环境信用管理办法》规定，按照《河北省企业生态环境信用初次评价标准》所列评价指标、评分细则等，对企业排污许可制度执行、环境监测管理、污染物排放控制和大气、水污染物管控以及重污染天气应对等 12 个方面的 37 项指标进行核实、评分，确保评价结果客观、公正、准确。

【服务经济发展及项目建设】 落实项目包联责任制，对全县重点建设项目和民生工程开辟环境评价审批绿色通道，加强对项目的前置服务、跟踪服务、指导服务，实行“一次性告知制”和“一站式”服务，印制明白纸、审批流程图，优化建设项目环境准入审批流程，简化办事程序，全面落实限时办结制度，提升审批效率。深化“放管服”改革和优化营商环境。做好省、市下放审批权限的衔接工作，取消了水土保持、行业预审等环评审批中的各种前置，与项目核准实施并联审批。取消建设项目试生产审查、竣工环保验收行政许可，实施建设单位自主验收。优化审批环节，审批时限进一步缩短，报告书审批由 60 个工作日缩短为 15 个工作日，报告表审批由 30 个工作日缩短为 7 个工作日，登记表随到随办，保障了重大民生、基础设施和先进产业项目落地。帮扶企业做好因新冠肺炎疫情停工后的复工复产工作，重点帮助企业查找和发现污染防治设施、在线监测设施、应急物资储备等方面存在的问题，全面消除复产期间环境安全隐患，确保企业达标排放。

【环保信访工作】 2021 年，廊坊市生态环境局香河县分局接到群众举报信访案件 243 件，同比下降 40.5%。其中，全国“12369”环保举报系统 86 件，河北省环境投诉受理系统 6 件，市级纸质版交办 49 件，省级纸质版交办 7 件，市长热线“12345”举报 95 件，均在规定期限内办理完成，未出现超期办理现象，办结率 100%。

【突发环境事件应急管理】 香河县高度重视突发环境事件的应急管理工作，着力强化应急预案体系和制度建设，成立应急工作领导小组，编制《香河县突发环境事件应急预案》，由县政府办公室发至成员单位，对突发事件实行统一领导、统一指挥，调动社会力量和各种资源，协调处理各类突发环境事件应急工作。完成 499 家涉危险废物企业、医疗废物产生和处置单位、加油站、污水处理厂等部门的预案修编工作。6 月 25 日，组织参加河北省廊坊市和北京市通州区（暨 2021 潮白河流域）跨区域突发水环境事件研究性实战联合应急演练，进一步提升应对突发环境事件的处置能力。

【环保知识培训与提升专业素质】 12 月 8 日，廊坊市生态环境局香河县分局组织执法人员学习《中华人民共和国行政处罚法》，提升行政执法人员行政能力和水平。参加由廊坊市生态环境局组织的环境行政执法业务培训。结合环境行政执法，将业务技能与职业素质并进，基础理论知识讲授与实际案例解剖相结合，提升基层人员业务水平和处置问题能力。

6 月 25 日，河北省廊坊市和北京市通州区（暨 2021 潮白河流域）跨区域突发水环境研究性实战联合应急演练在大厂县潮白河樱花公园潮白沙滩举行

廊坊市生态环境局香河县分局供图

【环保宣传】 6月5日，是第50个世界环境日，以“人与自然和谐共生”为主题，在香河人民广场设立法规咨询和资料发放服务台，摆放宣传展板8块，发放宣传手册6000份、环保袋2000个，解答群众咨询150余人次；在县城内重要路段悬挂“6·5”世界环境日宣传横幅，各镇（社区办）、香河经济开发区结合本地实际进行宣传。8月25日，是第9个全国低碳日，围绕“低碳生活，绿建未来”主题，在香河人民广场开展宣传活动，通过悬挂条幅、发放宣传资料、解答群众咨询等方式宣传低碳发展理念，普及应对气候变化知识，提升公众低碳意识，倡导公众选择简约适度、绿色低碳的生活方式。

（杨　旭）

大气污染治理

【概况】 制订《香河县2021年大气污染综合治理工作方案》，以细颗粒物和臭氧协同控制为主线，对挥发性有机物和氮氧化物协同治理，打好大气污染防治攻坚战，实现全县环境空气质量持续改善。2021年，全县年度大气综合指数为4.69，同比下降6.94%；PM2.5累计浓度为42.6微克/立方米，同比下降3.18%；PM10累计浓度为75微克/立方米，同比下降6.25%；优良天数为266天，达标率为72.9%；重污染天数为8天。全年启动应急响应8次，累计50天。

2021年度香河县空气质量情况一览表

表26

日 期	综合指数	综合指数同比	PM2.5	PM2.5 同比	优良天数	优良天数比例
1月	4.47	-31.65%	44	-44.30%	24	77.4%
2月	5.84	9.16%	71	5.97%	16	57.1%
3月	6.09	50.37%	73	92.11%	13	41.9%
4月	4.55	-0.66%	40	11.11%	25	83.3%
5月	3.89	-12.78%	31	-11.43%	23	74.2%
6月	4.02	-13.55%	35	-2.78%	20	66.7%
7月	3.2	-29.98%	28	-36.36%	20	64.5%
8月	3.21	-24.47%	26	-29.73%	25	80.6%
9月	3.84	-2.78%	30	-3.23%	24	80.0%
10月	4.62	-8.70%	45	-4.26%	26	83.9%
11月	4.79	3.46%	51	18.60%	23	76.7%
12月	4.33	-0.92%	41	13.89%	27	87.1%
1-12月	4.69	-6.94%	43	-2.27%	266	72.9%

【大气污染监测】 2021年，全县有省控环境空气自动监测站2个，分别位于香河县第一中学和第二中学；市控镇级环境空气自动监测站9个。11个监测站均已完成国标六因子升级改造任务。

【传统行业深度整治提升】 对全县家具企业进行认真梳理，建立“2021年香河县传统行业建设标杆企业清单”“2021年香河县传统行业深度整治提升清单”。香河县东瓯家具厂、香河海德医疗器械有限公司等5家规模企业为标杆企业，需要深度治理。香河县鑫时尚家具厂、香河县鹏宇家具有限公司等10家涉挥发性有机物（VOCs）企业需要深度整治提升。截至10月底，5家标杆企业完成深度治理工作，10家深度整治提升企业完成光氧催化燃烧+活性炭吸附工艺治理，减少了有害气体排放。

【“散乱污”企业治理】 严格落实属地管理责任，坚持源头严控、过程严管、后果严惩，发挥干部群众的积极性，强化社会监督、舆论监督、群众监督，切实解决“散乱污”问题，整改提升到位，建立长效机制，坚决杜绝反弹。截至2021年底，全县“散乱污”企业保持动态清零。

【持续巩固清洁取暖成果】 2021年，未新增燃煤项目。持续保障农村清洁化取暖，加强散煤全过程监管，为保障县城区空间监测站点周边空气质量，对新华街社区万福辛庄村等距离监测站点近且未完成“气代煤”“电代煤”工程村街，在取暖季开展入村摸排和夜查行动，发现散煤复燃行为及时通知属地管理部门，在保证村民正常取暖的前提下，及时进行清理取缔。全县46家养殖企业全部采用电取暖。在采暖季期间，安装炉前视频监控系统9家，累计完成煤质抽检4次，在9个供热站安排32名驻厂员监督指导。查处违法销售散煤行为4件，结案4件，查扣散煤

6月10日，廊坊市生态环境局香河县分局与北京市通州区生态环境局在香河县安平镇联合开展对重型柴油货车尾气检测　段骥骜 摄

27.61吨，蜂窝煤1170块。

【锅炉改造】 2021年，根据《香河县燃煤锅炉替代和整治提升整改工作实施方案》要求，对全县130台燃气锅炉开展手动阀排查整治，取消3台手动阀燃气锅炉，拆除1台；有19台燃煤锅炉需要安装DCS（分散控制）系统，年内，全部安装到位。

【车辆尾气排放管控】 2021年，常态化开展非道路移动机械编码登记，共编制环保号牌330个，严格禁止未进行编码登记的非道路移动机械进入主城区作业，对违规进入排放控制区或超标排放的非道路移动机械依法实施处罚，禁止国二及以下排放标准非道路移动机械在禁止区域内作业。强化重点用车单位管理，指导督促重点用车单位全面建立绿色运输责任制和承诺制，使用国五及以上排放标准的重型柴油货车、重型燃气车或新能源车。加强对排放检验机构监督管理，实行排放检验机构清单式、台账制管理，督促指导汽车排放检验机构依法落实汽车排放检验主体责任，加大对全县3个机动车排放检验机构的抽检力度，实现排放检验机构监管全覆盖，确保检验数据的真实性和准确性。年内，共出动342人次进行路检路查，对途经县域的中、重型柴油货车检测3672辆次，遥感监测389953辆次，未发现尾气超标车辆上路行驶。开展汽车维修企业检查，共检查271家次，对18家汽车维修企业下达限期整改通知书，并全部完成整改。依托城区大型货车管控执勤点，全天24小时加强对机动车管控工作，处罚高排放车辆1953辆，劝返1953辆。淘汰国三及以下营运柴油货车355辆，完成国三排放

标准非营运重型柴油车加装改造污染控制装置28辆。

【油品质量和油气排放监管】 对加油站、储油库油气回收装置安装情况进行摸底调查，并建立了《2021年度加油站、储油库油气回收装置安装情况台账》。联合县发展和改革局，聘请第三方检测公司对县内48个加油站油气回收装置密闭性、液阻、气液比进行检测，确保油气回收装置正常运行，污染物稳定达标排放。对县域内48个加油站（点）抽检成品油571批次，对县域内高速公路、国道和省道沿线加油站（点）销售的车用尿素抽检15批次，对加油站油气回收运行情况抽查抽检130次；夏季高温时段，主城区加油站早6点至晚8点停止卸油作业。立案查处销售不合格油品案件2起，罚没14.9万元，没收不合格油品2.82吨。

【扬尘面源污染防治】 深入贯彻落实河北省人大常委会《关于加强扬尘污染防治的决定》，严格执行《河北省施工场地扬尘排放标准》，开展扬尘污染达标治理专项行动，落实达标整治验收要求，健全文明施工体系。构建过程全覆盖、管理全方位、责任全链条的建筑施工扬尘治理系统，确保全县所有建筑工地扬尘全部达到省、市建筑工地扬尘污染治理标准；进一步规范工业企业料堆扬尘治理工作，建立工业企业料堆场扬尘治理长效机制，4月，印发《香河县2021年工业企业料堆扬尘治理工作方案》，开展专项排查，对县内12家涉及料堆的工业企业（其中，搅拌站7家）建立和完善台账，加强料堆监管，做好路面清扫和料堆的苫盖棚储以及扬尘防治工作。

【遏制秸秆和垃圾露天焚烧】 督促各镇（社区办）、香河经济开发区加大巡查力度，调动各方积极性，加大宣传力度，发挥网格员职能，有效开展工作；强化巡查机制，构筑人员防控+技术防控安全网，有效遏制秸秆垃圾露天焚烧问题。1—12月，全县共确认火点75起。

【挥发性有机物治理】 按照《廊坊市2021年大气污染综合治理工作方案》要求，年内，对香河县东瓯家具厂、香河县刘宋跃文办公家具厂、香河县雅伊华家具有限公司、香河海德医疗器械有限公司、喜临门北方家具有限公司等5家重点行业企业完成深度治理。全县1010家涉气企业全部完成相应挥发性有机物（VOCs）治理，推广使用低挥发性有机物（VOCs）原辅料。

【臭氧污染防治】 参照《香河县臭氧污染综合管控实施方案》等相关文件，夏季高温天气10—16时，暂停建筑墙体涂刷、建筑装饰、市政道路画线、栏杆喷涂等户外作业，减少VOCs（挥发性有机物）排放；在预判可能出现较重臭氧污染时段，对家具行业、工业涂装、包装印刷、汽车修理等涉VOCs（挥发性有机物）排放企业实施错时生产；城区加油站在晚8时至次日早6时期间开展卸油作业，落实晚8时至次日早6时期间加油优惠政策，引导群众避开高温时段加油。通过治理，在臭氧高发时期臭氧浓度大幅降低。

【重污染天气应对】 针对重污染天气应急响应情况，确保香河县1010家涉气企业严格落实《香河县重污染天气应急实施方案》，在重污染天气条件下，主管部门加强组织领导，做到管理到位，区域统筹，现场帮扶，帮助企业制作“一厂一策”公示牌，实施差异化管控。大力推动应急减排措施区域联动，指导对应镇（区）企业按照预警级别严格落实停产、限产要求，高标准完成重大活动期间空气质量保障工作。

【重点行业企业在线监测】 为4家热力公司、1家垃圾焚烧发电厂、5家污水处理厂、2家肉类食品加工企业、香河县第一城酒业有限公司、中粮可口可乐华北饮料有限公司、香河安洁垃圾填埋有限公司等15家重点行业企业安装污染源在线监控系统，与生态环境部、河北省生态环境厅、廊坊市生态环境局监控平台联网，实时上传监测数据。

【涉气企业帮扶】 树立“在监管中服务、在服务中监管”理念，依托全县生态环境执法监管网格责任制，解决企业生产过程中存在的环境问题隐患，减少污染环境问题发生，深入分析同类企业或同一区域存在的共性、个性问题，实施精准帮扶，实现污染防治和企业生产协同发展。帮助企业解决在发展过程中存在的困难和问题，实现“绿色发展，高质量发展”。

【重点工业企业分表计电】 按照廊坊市大气污染治理工作领导小组办公室《关于在全市范围内开展重点工业企业治污设施与生产设施分表计电工作的通知》（廊气办字〔2019〕32 号）《关于加快推进工业企业分表计电工作的通知》（廊气办字〔2019〕93 号）要求，对涉气企业、污水处理厂、年产生 10 吨（含 10 吨）以上危险废物企业以及危险废物（含医疗废物）处置企业实施分表计电，对企业用电量实时监测，及时发现、查处用电量异常企业，对企业依法依规经营起到关键作用。2021 年，分表计电平台运行平稳，

【污染源减排】 2021 年，对刘宋跃文办公家具厂、香河东瓯家具厂工业挥发性有机物项目进行治理，预计挥发性有机物减排量 2.79 吨，减排工程类型为工业 VOCs（挥发性有机物）治理，减排工程内容由单一的光氧催化处理升级为催化燃烧处理。

【餐饮业油烟管控】 按照《关于香河县城区餐饮油烟污染防治专项整治工作方案》要求，全县 249 家餐饮单位和县城区 54 家党政机关及事业单位食堂均已安装高效油烟净化设施，定期进行清洗维护，保留清洗台账，确保餐饮油烟稳定达标排放。制定动态管理清单，实施动态管理。规范油烟净化设施的安装和运行，全年累计检查餐饮企业和经营商户 5957 家次，发现问题 196 起，完成整改 165 起，完成改造升级 31 起。

（杨　旭）

水环境治理

【概况】 2021 年，香河县扎实推进水污染防治工作，加强水环境治理，坚持顶层设计，科学制定工作方案，印发《香河县 2021 年水生态环境保护工作实施方案》，年度水生态环境保护工作目标、责任主体和责任部门，深化重点河流综合治理，加强重点河流生态管控，促进地表水环境质量持续改善。

落实河长制，全县有河长 344 人，其中，县级河长 8 人、镇级河长 122 人、村级河长 214 人，配备专业技术参谋 20 人、巡河员 67 人。全年河长累计巡河 39219 次，发现问题 1846 处，全部整改完成。县、镇级河长巡河率均 100%，村级河长巡河率 99.9%，形成分级负责、无缝衔接、全面覆盖的水污染防治体系。

开展多项水污染防治项目，加快推进重点项目建设，提升区域污水收集处理能力，有效改善河流水质。严格落实排污口审批制度，禁止未经审批的入河排污口私自排放污水，加大执法检查力度，强化监测预警，确保入河排污口稳定达标排放。

科学监管，加强水环境精细化管理，对重点河流水质自动站实时监控，全面掌握水质变化情况。根据每月 1 次的重点河流手工加密监测数据，精准判断河流超标节点，为精准治污提供数据支撑。组织第三方对全县重点河流进行巡查，督导各镇（社区办）、香河经济开发区采取措施，形成“发现问题、交办问题、整改问题、督办通报、汇总分析再应用”全过程闭环管治模式。

【水环境质量状况】 香河县对潮白河、北运河、鲍邱河 3 条重点河流进行水环境监测。潮白河入境河北吴村断面、出境大套桥断面和北运河出境土门楼断面 3 个国省考断面，均达到地表水四（Ⅳ）类水体标准，鲍邱河罗屯闸断面达到地表水五（Ⅴ）类水体标准，符合生态环境部、省生态环境厅考核要求。市控小友垡排干渠入北运河口断面和青龙湾河仉村大桥断面均达到地表水四（Ⅳ）类水体标准，符合市生态环境局考核标准。

2021年度香河县水环境监测情况一览表

表 27　　　　单位：毫升/升

河流断面级别	河流断面名称	水体标准	CODcr（化学需氧量）含量	氨氮含量	总磷含量	BOD_5（生化需氧量）含量
国、省控考核断面	潮白河入境河北吴村断面	四类	24.0	0.30	0.115	3
国、省控考核断面	潮白河出境大套桥断面	四类	20.5	0.19	0.110	4.3
国、省控考核断面	北运河出境土门楼断面	四类	22.5	0.28	0.132	3.5
国、省控考核断面	鲍邱河罗屯闸断面	五类	26.1	0.9	0.195	6.5
市控考核断面	小友垡排干渠入北运河口断面	四类	18.7	1.16	0.273	—
市控考核断面	青龙湾减河仉村大桥断面	四类	24.8	0.46	0.136	—

【北运河水环境综合治理】 确保北运河水质稳定达标，对接上下游相关单位，通过生态补水、调控上下游闸坝等措施，调控流量，恢复河流生态基流，提升水环境质量，推进跨界水污染防治工作；加强监测，做到精准测量，狠抓断面管控，确保国家、省、市北运河监测断面水质达标。结合北运河旅游通航工程，制定《北运河中心岛码头藻类治理方案》，全力以赴保障北运河旅游通航工程顺利通航，预防水华发生。推进平安污水处理厂提标改造和管网建设，加大河渠垃圾、漂浮物清理力度。强化河道生态管护，组织相关镇（社区办）、香河经济开发区持续在断面及两岸上下游打捞清理杂草、垃圾，全面改善水环境质量。

6月22日，环保工作人员在北运河香河中心码头监测水质　　李志伟 摄

【北运河沿岸村庄生活污水治理】 2021年，完成北运河流域沿线五百户镇前土门楼村和钳屯镇红庙村2个村庄生活污水治理任务。五百户镇前土门楼村有372户，投资309.86万元，建设单户分散式污水处理设施372座；钳屯镇红庙村有642户，投资414.7万元，按每3户建设1个分散式污水处理设施标准，建设污水处理设施220套。

【潮白河水环境综合整治】 与北京市通州区和三河市、大厂回族自治县建立联防联控机制，共享断面水质监测数据，预警水质变化情况，为水污染防治提供有力数据支撑。制订《潮白河大套桥断面水质达标整改方案》，确定8项整改措施，明确责任部门和完成时限，着力改善水体质量。对支流干渠周边存在垃圾堆存、污水乱排等问题及时处置，坚决杜绝污染隐患。实施潮白河（香河段）、老武河、蒲池河清淤和生态修复等综合治理。强化潮白河、鲍丘河河道生态管护，组织相关镇（社区办）、香河经济开发区持续在断面及两岸上下游打捞清理杂草、垃圾，全面改善水环境质量。加强与上下游地区的协调，通过上下游闸坝控制，加大河流生态流量，提升水环境质量，定期做好水质监测工作，掌握水环境质量变化情况，并及时预警。

【小友堡排干渠整治】 督促香河经济开发区做好园区污水闸门的密闭工作；加大对平安污水处理厂的巡察监管力度，确保企业污水达标排放；实施平安污水处理厂升级改造，提高污水处理能力，提升出水水质，确保汇入小友堡排干渠水质稳定达标；封堵沟渠排污口，清理垃圾杂物，增加巡查频次；做好砾石床的运营运维工作。

【入河排污口排查】 开展重点河流入河排污口摸底排查。全县经审批的入河排污口5个，分别是原市水务部门审批的香河国兴污水处理有限公司安头屯镇污水处理厂排污口，香河县三强污水处理厂入河排污口，原县行政审批局审批的香河现代污水处理有限公司蒋辛屯污水处理厂排污口，市生态环境局审批的香河平安污水处理厂排污口，香河经济开发区污水处理厂排污口。5个入河排污口全部安装规范化标识牌，在线设备全部联网运行，达到入河排污口规范化建设要求。

【城镇污水处理设施建设】 2021年，全县建成并投入运行的污水处理厂有5座，分别为香河县三强污水处理厂，设计处理污水能力4万吨/日；香河现代污水处理有限公司蒋辛屯污水处理厂，设计处理污水能力1万吨/日；香河经济开发区污水处理厂，设计处理污水能力2000吨/日；香河国兴污水处理有限公司安头屯污水处理厂，设计处理污水能力1.5万吨/日；香河平安污水处理厂，设计处理污水能力1.5万吨/日。5座污水处理厂的进、出水口全部安装在线监测设施。年内，香河县三强污水处理厂完成提标改造，出水水质由国标一级A提升至京B标准；完成渠口镇污水处理厂建设；对香河平安污水处理厂、香河现代污水处理有限公司蒋辛屯污水处理厂进行提标改造；加强对香河现代污水处理有限公司蒋辛屯污水处理厂的运行监控，确保污水全收集、全处理。加强潮白河北岸地区污水管网建设，完成园区雨水提升泵站管网改造，纬三路韵达快递东侧铺设污水管网0.34千米，香河第一城酒业集团重新铺设污水管网3.5千米，完成1.6千米施工。完成县城建成区雨污分流改造管网27.67千米。结合农村人居环境整治工程，因地制宜建设大运河沿线五百户镇前土门楼村和钳屯镇红庙村的分散式、集中式污水处理设施。

【水源保护区规范化建设】 县城区集中式饮用水水源保护区划定技术报告获省政府批复，完成县级以上集中式饮用水水源保护区勘界，按照《饮用水水源保护区标志技术要求》，规范保护区标志和标识，设置界碑、交通警示牌、宣传牌等，对饮用水水源一级保护区实施隔离防护，饮用水水源保护区内存在的环境问题由县住房和城乡建设局牵头，廊坊市生态环境局香河县分局、淑阳镇、新华街社区办、新开街社区办共同解决。镇级集中式饮用水水源地保护区划定及规范化建设工作，聘请第三方专业技术公司编制《集中式饮用水水源保护区划分技术报告》上报省生态环境厅、省水利厅，得到省政府批复（《河北省人民政府关于廊坊市62个集中式饮用水水源保护区划分的批复》冀政字〔2020〕44号）。严格按照省政府批复及技术报告要求进行规范整治，确保全县饮用水源安全。对安平镇、安头屯镇、钱旺镇、蒋辛屯镇4个“千吨万人”集中式饮用水水源地保护区开展水源地环境保护专项排查，摸清水源保护区标志牌设立情况、排查保护区周边隔离防护设置情况和水源保护区内违法违规破坏环境问题。2021年，县城区集中式饮用水水源和“千吨万人”集中式饮用水水源水质全部达到《地下水质量标准》中的三类标准。

【水质自动监测站】 2021年，县域内有国控水质自动监测站6个：潮白河河北吴村、大套桥水质自动监测站；北运河土门楼、王家摆、王家摆老站（已拆除）水质自动监测站；潮白新河大套桥（老）水质自动监测站。省控水质自动监测站1个：青龙湾减河土门楼水质自动监测站。市控水质自动监测站2个：小友垡排干渠汇入北运河口、潮白河田贾庄排干渠汇入潮白河下游处水质自动监测站。

【农村生活污水治理】 制订农村生活污水治理和管控长效机制，截至2021年年底，全县完成188个村庄的生活污水治理，其中，82个村接入市政管网；22个村建成34个污水处理站；84个村建成分散式污水处理设施。112个管控村全部达到生活污水不出户、不出村的管控标准。

（杨 旭）

土壤环境治理

【概况】 2021年，全力推进全县土壤污染防治工作，确保土壤环境安全，香河县坚持以改善土壤环境质量为核心，以保障农产品质量和人居环境安全为目标，完成省、市各项目标任务，全面推动土壤污染防治各项重点工作。截至年底，全县受污染耕地安全利用率100%，污染地块安全利用率100%，重点行业重金属排放量为0，完成任务目标。

【土壤环境质量监测】 配合市生态环境局对香河县土壤污染重点监管单位、工业园区和污水集中处理设施、固体废物处置设施周边土壤开展执法监测。年内，涉及土壤污染监督性监测结束，检测报告已完成。

【动态更新全国污染地块环境管理系统香河县信息】 2021年，对全国污染地块土壤环境管理系统中涉及香河县的2宗疑似污染地块动态更新，通过土壤污染状况调查和专家评审后，移除全国污染地块环境管理系统，用途变更为住宅、公共管理与公共服务用地。结合重点行业企业调查结果与全国污染地块土壤环境管理系统，对从事过有色金属采选、有色金属冶炼、石油开采加工、化工、医药、焦化、制革、电镀、铅蓄电池、钢铁等行业生产经营活动，从事过危险废物、固体废物贮存、利用、处置活动的用地，拟收回土地使用权，对已收回土地使用权及用途变更为住宅、公共管理与公共服务用地等地块开展全面排查，未发现需纳入疑似污染地块的关闭、搬迁、腾退工业企业用地。

【重点监管单位管理】 2021年，加强对香河万水环保材料有限公司和香河县安洁垃圾填埋有限公司2家土壤重点监管单位的管理，制定《廊坊市生态环境局香河县分局关于推进2021年度土壤污染重点监管单位自行监测工作及相关法律规定义务落实的通知》（廊生香分〔2021〕75号），定期督导2家单位的土壤自行监测情况、土壤污染隐患排查制度建立情况、土壤污染防治义务履行情况。2家重点监管单位的土壤污染隐患排查工作与自行监测工作均已完成。

【建设用地准入管理】 严格建设用地准入管理，及时完善疑似污染地块名单、污染地块名录，实行动态管理。土地性质变更为住宅，公共管理和公共服务用地的地块，土地使用权人应委托专业机构开展土壤污染状况初步调查，在评审意见出具前，该地块不得擅自开发利用，严禁未经土壤污染状况调查，开发利用为住宅、公共管理与公共服务用地。

【黑臭水体排查】 按照“属地管理、分级负责”原则，严格落实网格化监管机制，以镇（社区办、园区）为责任主体，以村为单位，对县域300个行政村周围500—1000米区域内，镇级以上公路两侧200米范围内的坑、塘、沟渠（不含城乡接合部或县城建成区）进行日常巡查排查，全年未发现农村黑臭水体。严格落实常态化排查机制，持续开展农村黑臭水体动态排查，对发现的问题和污染隐患，做到随查随清，立查立改，实现持续性动态清零。

【畜禽养殖粪污无害化处理】 坚持以规模养殖场为重点，推进源头减量、严格过程控制、强化末端利用、落实主体责任，加快畜禽养殖粪污处理设施建设，养殖废弃物资源化利用，构建种养结合、农牧循环长效机制。畜禽规模养殖场粪污处理设施装备配套率100%，畜禽粪污综合利用率90%以上。

（杨　旭）

林业及林业管理

【概况】 2021年，香河县做好造林绿化工作，开展省级森林城市创建工作，打造景观绿化精品工程，加强生态文化教育基地建设，开展森林乡镇、森林村庄创建活动。全县果树花卉生产取得丰硕成果，果树品种、品质得到显著改善，有效提高果农经济效益。其中，核桃面积82.73公顷（1241亩），各镇都有分布；枣树面积6.67公顷（100亩），零星分布在钳屯镇、刘宋镇和蒋辛屯镇等地。

【植树造林】 2021年，市下达给香河县造林任务为80公顷（1200亩），全县紧紧围绕“创建国家森林城市”总体部署，坚持把造林绿化作为一项必须高质量完成的政治任务，举全县之力，强力推进、集中攻坚，聘请第三方公司振华园林对春季造林核查验收，春季造林完成93.53公顷（1403亩），完成廊坊市下达的造林任务。

【省级森林城市创建】 2021年，开展省级森林城市创建工作，进行总体安排，根据省、市有关文件精神，及县委、县政府《关于开展“三创四建”活动加快建设美丽幸福新香河的实施方案》，全县创建国家森林城市工作总体安排是：2022年，争取创建成省级森林城市；2025年，力争创建成国家森林城市。启动编制森林城市建设总体规划。经公开招投标，确定河北省城乡规划院为编制单位。经深入调研、多次汇报沟通，形成森林城市建设总体规划初稿，上报市自然资源和规划局、省自然资源厅，待省级评审及批复。开展创森主题宣传活动。3月12日，在北运河香河中心码头举办全县义务植树活动1次，县四大班子领导参加活动。5月25日，在新城公园开展以“保护森林健康、普及创森知识”为主题的宣传活动1次。9月1日，在城区和各镇（社区办、园区）集中开展《廊坊市国土绿化条例》宣传活动。开展森林防火宣传2次。打造景观绿化精品工程。重点实施县人民广场改造提升工程、城区整体绿化修缮提升工程、平香线南延绿化带工程、北运河景观绿化工程等，全县绿化水平和档次得到提升。千方百计提高城区绿化水平，弥补短板，园林部门新建香河第一中学北门、淑阳镇政府东侧等6处小游园、口袋公园。加强生态文化教育基地建设。各镇依托现有公园、绿地，设置科普展牌、树木名片等，相继建起生态文化教育基地。开展森林乡镇、森林村庄创建活动。在全县开展省级森林乡村、市级森林村庄、森林乡镇创建工作。蒋辛屯镇北李庄村获批省级森林乡村；安头屯镇获批市级森林乡镇，安头屯镇后独立村、安平镇王指挥庄村、蒋辛屯镇北李庄村和岭子村、渠口镇谭家务村、钳屯镇贾庄村6个村庄获批市级森林村庄。

【林下经济】 积极鼓励企业、单位、大户、合作社等社会组织、个人参与林下经济发展工作，大力培育主导产业和龙头企业，大力推广

市级森林村庄——蒋辛屯镇岭子村　　县融媒体中心供图

"龙头企业+专业合作社+基地+农户"运作模式，推进林下经济规模化、产业化、特色化发展。2021年，发展水岸潮白林药种植和长宏农业林粮种植等企业的林下经济模式。在宣传引导方面，通过对全县林地资源的调查，筛选适宜发展林下经济产业的林地，与林地产权人面对面讲政策、讲收益，引导他们发展林下产业。年内，全县林下经济发展达到 170.67 公顷（2560亩），林地利用面积 120 公顷（1800余亩），产值 1920 万元。形成包括林菌、林草、林禽、林畜、林粮、林菜、林药 7 种较为成熟的林下经济模式。

【果品生产】 2021 年，全县果品无公害化生产取得明显成效，基本使用高效、低残留农药，施用有机肥，采用果实套袋技术等高科技生产标准。

【花卉生产】 2021 年，全县完成花卉面积 186.67 公顷（2800亩），完成全年任务的 100%。其中，常绿观赏苗木 82.73 公顷（1241亩），草地面积 141 公顷（2115亩）。完成盆花 15 万盆，观赏苗木 120 万株。

【专业科技培训与推广】 2021年，香河县继续推广果园标准化生产技术，果园全部完成无公害果品环评认定工作。通过推广科学施肥技术，增施有机肥，减少化肥用量，降低对土壤和环境的污染；大力推广安全间隔期用药技术，加强农药科学使用技术指导；加强病虫害预测预报，大力推广黏虫板、杀虫灯等物理防治措施，大力推广生物农药和高效、低毒、低残留的农药，充分利用天敌防治主要害虫，形成生物防治、物理防治和化学防治相结合的综合防治体系。积极鼓励企业、单位、大户、合作社等社会组织、个人参与林下经济发展工作，大力培育主导产业和龙头企业，推广"龙头企业+专业合作社+基地+农户"运作模式，推进林下经济规模化、产业化、特色化发展。树立典型，示范带动。发现、培树、宣传林下经济先进典型，通过典型的示范、引领、带动作用，以点带面推动林下经济快速发展。

6 月 27 日，渠口镇谭家务村种植的套袋黄桃成熟　　县融媒体中心供图

【病虫害防治】 2021 年，全县林木病虫害主要有春尺蠖、美国白蛾、杨小舟蛾等，县自然资源和规划局坚持"预防为主、科学治理、依法监管、强化健康"的方针，制订具体防治实施方案，精准做好林业病虫害防治工作。加强虫情监测，完善 15 处黑光灯监测点，详细记录各种常发病虫害的始发期、发生盛期和盛末期，并指导全县的各种病虫害防治工作。针对各种林业有害生物在全县的发生发展规律，确立调查标准地，定期观测，对发生重点村街进行随机抽查，确定病虫害的防治最佳时期，及时发布林业信息，组织开展有效的防治工作。年内，编写印发各种林业有害生物的林业信息 6 期，飞防通告 1800 余份，为全县的防治工作提供可靠的理论依据。明确责任精准防治，加强对春尺蠖、美国白蛾防治工作部署，县委、县政府下发《香河县 2021 年春尺蠖防治实施方案》《香河县 2021 年美国白蛾防治实施方案》。全县上下主要领导负总责，主管领导亲自抓，县、镇、

村层层划定责任区，明确责任人，层层签订责任状，做到分级负责，一级抓一级，逐级抓落实，确保防控不出现责任空档，坚持“谁经营，谁防治”的责任制度，调动全民防治积极性，责任落实到位，保障林业有害生物防治工作有序进行。实施飞防作业，香河县针对春尺蠖、美国白蛾、杨小舟蛾三种林业有害生物组织进行4次飞防工作，飞防总面积约1.77万公顷（26.5万亩），其中，春尺蠖约0.41万公顷（6.1万亩），第一代和第三代美国白蛾分别约0.48万公顷（7.2万亩），杨小舟蛾约0.4万公顷（6万亩）。飞防作业区域包括京哈高速路、平香线、国安路、双安路、运河大道等通道干线两侧的林木，潮白河、运河、引沟入潮河、青龙湾减河等河渠两侧林木以及部分片林。通过药效检测，飞防效果良好，确保有虫不成灾。加强地面防治，全县地面喷药防治作业面积约2.1万公顷（31.5万亩），其中，春尺蠖地面防治作业面积约0.07万公顷（1万亩），美国白蛾、杨小舟蛾地面防治作业面积约2.03万公顷（30.5万亩）。加强宣传营造氛围，开展“5·25”植物检疫宣传日和检疫检查专项行动，组织林业植物检疫员对木材交易市场松树板材、钳屯镇、刘宋镇等多个苗圃进行现场检疫。到新城广场开展“5·25”林业植物检疫宣传，向群众发放《林果病虫害防治技术手册》500余份，接受群众咨询200余人次。

【林木管护】 2021年，香河县做好林木管护工作，落实管护责任，实行分区、分片的种植模式，各镇党委政府强化责任人、监管人责任和意识，与承包人签订责任书，加强管护工作，确保每一片、每一棵树都有专人看护。加大宣传力度，利用广播、横幅、宣传标语等方式，加大《中华人民共和国森林法》等法律法规宣传，增强群众爱绿护树意识，提高广大群众管护树木的自觉性，营造起林木管护的良好氛围。积极做好浇灌工作，加大树苗浇水力度，要求各村积极对新植树木进行充分浇灌，及时埋坑封土进行保墒，防止水分蒸发，高标准对树干下1米进行涂白，增强抗病和抗虫能力，针对病虫害及时组织喷洒农药。

【森林防火】 2021年，切实做好秋冬季森林防火工作，保护绿化成果，促进全县生态文明建设，有效预防和扑救森林火灾，确保不发生财产损失和人员伤亡。县自然资源和规划局在森林火灾高发期，给各有关单位下发《香河县自然资源和规划局关于切实做好秋冬季森林防火工作的通知》。提高认识，高度重视森林防火工作。各镇（社区办、园区）坚持以人为本的指导思想和“预防为主、积极消灭”的工作方针，按照行政区域划分严格落实《香河县森林防火责任书》，认真履行森林防火职责，周密部署秋冬季森林防火工作，抓好各项工作措施的落实。广泛宣传，杜绝人为火患因素。通过广播、电视、大喇叭、微博微信等方式，进行防火宣传教育，提高全社会森林防火意识，让“护林防火，人人有责”的意识深入人心，营造全社会自觉参与森林防火的浓厚氛围。组织开展森林火灾隐患排查，最大程度降低森林火灾发生。加大巡护检查力度，重点监控，严格落实火灾隐患网格化排查。特别是重大片林、重点区域、重点路段、绿色通道，进行全面彻底排查，对存在森林火灾隐患的区域立即整改、清理，消除火患，降低森林火灾发生概率。县自然资源和规划局组织精干力量对各单位清除火患工作进行不定期抽查，对于森林火灾隐患严重区域下达限期整改通知，确保清除火患工作落到实处。加强领导，严格落实防火责任。按照森林防火行政领导负责制“五条标准”的要求，落实森林防火责任制。按照森林防火责任书的要求严格落实，切实加强森林防火工作，组织做好森林防火排查、清理工作，解决好工作中遇到的问题。

【林业资源管理】 2021年，香河县在林木检疫方面，依照《植物检疫条例》的规定，加强森林植物调运管理和进出县管理，严防危险性病虫的传入和传出。严格要求，加强规范化管理，按照法律法规严格办理流程，防止人为带入带出。通过松材线虫病疫情普查，松材线虫病疫木检疫执法专项行动，在全县辖区内对松材线虫进行拉网式普查，对重点区域进行详查，做到“监测全覆盖，普查无盲区”，防患于未然，防止松材线虫病入侵。加强外省市园林绿化树木检疫要求书的签发管理，针对省内外出现的重点病虫害，要求发出地严格按照香河县签发要求做好植物检疫。检疫人员深入各苗木交易市场、苗圃和种植基地开展详细的检疫检查，并随时查验调入调出苗木。根据生产种苗单位的报检，杜绝林木病虫害的传播与蔓延。

【林业综合执法】 2021 年，香河县牢固树立依法治林、依法兴林、依法护林、依法富林的执法观念，转变执法作风，强化执法人员素质，规范执法行为，做到文明执法、服务于民，使林业执法工作走上规范化的轨道。做好《中华人民共和国森林法》《中华人民共和国森林法实施条例》《中华人民共和国野生动物保护法》《森林防火条例》等法律法规的宣传、督导工作。加大对破坏森林资源案件的打击力度。依据林业相关法律、法规，对涉林案件等违法行为进行督导查处工作，年内，查处林业违法案件 4 起，其中，行政处罚 3 起，移送公安机关刑事立案 1 起。受公安局委托协助派出所到林业现场勘查 3 次。有效地遏制林业违法案件的发生，有效保护森林资源。

【野生动植物保护】 2021 年，加强对野生动植物的保护，维护生态平衡，县自然资源和规划局不断创新形式。加强宣传，结合“世界野生动植物日”和“爱鸟周”活动，在全县范围开展野生动植物保护宣传工作，悬挂条幅宣传保护野生动物、保护生态环境标语 130 条，印制彩页，印发《拒食野生动物的倡议书》1000 份、《保护野生动物倡议书》1000 份、《“世界野生动植物日”倡议书》500 份，并专门下发到各镇（社区办、园区），集贸市场以及野生动物驯养繁殖场所管理人员手中。广大群众远离“野味”形成共识，能够主动参与监督举报猎捕、贩运、食用野生动物的违法行为，给群众讲解野生动植物保护常识及法律法规，提升社会各界对野生动植物保护重要性的认识。切实加强湿地野生动物疫源疫病监测及候鸟野生动物保护。根据实际情况，在潮白河、北运河采取定点监测和巡查监测相结合的方式进行防控，不留死角，日常巡护监测并记录台账，为候鸟等野生动物营造更加稳定安全的栖息繁衍和迁徙环境，维护野生动物种群安全，更好地掌握全县候鸟等野生动物迁徙、栖息的详细情况。

（田　雪）

科学技术

责任编辑　董长江

综　述

2021年，香河县通过政策引导及资金扶持，鼓励企业建立各类研发平台，全面提升企业创新研发能力，推进科技成果转化及产业化。西维智能控制技术（香河）有限公司、香河合益包装机械有限公司等11家企业研发中心获评市级企业技术研发中心；为荣盛建设工程有限公司等5家企业争取研发投入奖补资金126万元；加强对已有8家科技企业孵化器和众创空间规范化管理。积极培育新的创新平台，推动孵化企业数量及科技创新能力提升，实现高质量发展。培育香河中恒泰丰电子技术有限公司、河北众置创业孵化器有限公司2家企业申报市级众创空间，培育香河赢创科技有限公司、香河维泰商贸有限公司2家企业申报市级孵化器；香河强胜电动车制造有限公司等企业申报省、市级资助工业设计成果转化项目；香河雅伊华家具有限公司等企业申报省、市级资助购买工业设计服务项目；耐尔得智能科技香河有限公司工业设计中心获市级工业企业设计中心称号。

科技创新

【概况】　2021年，全县河北省科技型中小企业累计达到842家、高新技术企业82家、市级以上企业研发平台64家；河北安旭专用汽车有限公司安旭多功能清扫机项目荣获中国生产力促进中心协会生产力促进奖，香河昆仑化学制品有限公司高比能量高安全动力锂电池电解液获批中国生产力促进中心协会“中国好技术”项目，香河县人民医院11个项目获批市级自筹经费科技计划项目；河北中瑞丸达智能科技有限公司和香河县人民医院共8个科技项目通过省科技厅科技成果评价。

12月2日，耐尔得智能科技香河有限公司被市工业和信息化局授予2021年度廊坊市工业设计中心牌匾　　县科学技术和工业信息化局供图

6月30日，县科学技术和工业信息化局开展高新技术企业申报、科技创新券和技术合同登记政策专题培训　　县科学技术和工业信息化局供图

【科技型中小企业】 2021年，全县通过认定河北省科技型中小企业279家，实现净增98家，超额完成市对县下达的净增75家任务目标，全县通过认定的河北省科技型中小企业总量达842家。

【高新技术企业】 2021年，全县推荐34家企业申报高新技术企业，其中获批32家，实现净增6家，总量达82家。

【企业研发平台建设】 2021年，全县新增市级企业研发中心11家，市级以上企业研发平台累计64家，其中，省级技术创新中心1家、市级产业技术研究院1家、市级重点实验室1家、市级企业技术研发中心61家。

【创新创业平台建设】 2021年，全县新增市级众创空间2家，创新创业平台累计达到15家，其中，国家级众创空间1家、省级科技企业孵化器2家、省级星创天地5家、市级科技企业孵化器1家、市级众创空间6家。

【科技项目研究立项】 2021年，为企业申报各类科技惠企项目5项，香河东方电子有限公司“低品位余热利用温差发电系统及产业化”项目申报省级重大科技成果转化专项；香河昆仑化学制品有限公司“高比能量高安全动力锂电池电解液研发与产业化”项目申报市级重大科技成果转化专项；热视际河北科技有限公司的应急救援装备研发项目申报省社会公共事业创新专项；河北安旭专用汽车有限公司安旭多功能清扫机项目获批中国生产力促进中心协会生产力促进奖；香河昆仑化学制品有限公司高比能量高安全动力锂电池电解液项目获批2021年“中国好技术”项目。

【科普宣传】 2021年，全县年新增科普基地3家，总数累计达到8家。5月25日，在香河新城公园联合县委宣传部、县科协、县教育体育局、县卫生健康局、县农业农村局等相关部门举办以“百年回望：中国共产党领导科技发展”为主题的科普宣传活动；6月2日，联合县文化广电和旅游局分别在安平镇王指挥庄村、运河新村社区举办科普进社区、进村街系列科普惠民活动。

【科技培训】 5月19日，组织河北中瑞丸达智能科技有限公司与日本正城设计制造株式会社在“5·18”中国廊坊国际经济贸易洽谈会中日科技创新合作暨新技术项目发布对接会上签约，双方将围绕CAN总线控制器技术及高度集成一体化专用控制器研发展开深入合作；6月30日，举办高新技术企业认定、技术合同登记、科技创新券专题培训；9月15日，组织12家重点企业参加省级科技创新券业务培训，助力服务科技型中小企业。

2021年度香河县科普基地情况一览表

表28

序号	科普基地名称	企业名称	认定时间	归属地
1	香河合益食品包装科普基地	香河合益包装机械有限公司	2021 年	香河经济开发区
2	河北绿农食品检测科普基地	河北绿农食品检验服务有限公司	2021 年	香河经济开发区
3	香河智捷智能搬运设备科普基地	智捷智能科技香河有限公司	2021 年	钳屯镇
4	乐农美联无公害蔬菜培植科普基地	香河县乐农美联蔬菜产销专业合作社	2020 年	淑阳镇
5	香河正大肉鸭科普基地	香河正大有限公司	2020 年	淑阳镇
6	安旭特种专用车辆生产科普基地	河北安旭专用汽车有限公司	2020 年	香河经济开发区
7	香河机器人小镇科普基地	香河鼎泰园区建设发展有限公司	2020 年	香河经济开发区
8	香河华北致冷科普基地	香河华北致冷设备有限公司	2020 年	香河经济开发区

2021年香河县众创空间情况一览表

表29

序号	众创空间名称	级 别	获批时间	运营主体	归属地
1	中信国安创客众创空间	国家级	2016 年	国安创客投资有限公司	香河经济开发区
2	中冶长城创客空间	市 级	2016 年	中冶长城重型机械制造有限公司	香河经济开发区
3	香河机器人创客空间	市 级	2017 年	香河鼎泰园区建设发展有限公司	香河经济开发区
4	香河人工智能产业众创空间	市 级	2018 年	太库（香河）科技孵化器有限公司	香河经济开发区
5	美家尽有众创空间	市 级	2019 年	香河美家尽有创客空间有限公司	淑阳镇
6	香河浩宇众创空间	市 级	2021 年	香河浩宇企业孵化器有限公司	香河经济开发区
7	众置众创空间	市 级	2021 年	河北众置创业孵化器有限公司	新开街社区办

2021年香河县荣获市（含）以上企业研发平台一览表

表30

序号	研发平台名称	所属企业	级别	归属地
1	廊坊市智能控制蓄能器技术研发中心	西维智能控制技术（香河）有限公司	市级	香河经济开发区
2	廊坊市光纤激光切割机技术研发中心	香河悍光科技有限公司	市级	渠口镇
3	廊坊市环保生物饲料技术研发中心	河北瑞硕双赢农业开发有限公司	市级	安头屯镇
4	廊坊市电动三轮车安全节能技术研发中心	香河强胜电动车制造有限公司	市级	钱旺镇
5	廊坊市高性能环保复合板材技术研发中心	香河天亚木业有限公司	市级	五百户镇
6	廊坊市薄壁件精加工技术研发中心	河北金戈懋元科技有限公司	市级	香河经济开发区
7	廊坊市环保纸制品食品包装技术研发中心	香河合益包装机械有限公司	市级	香河经济开发区
8	廊坊市车载电子控制系统优化技术研发中心	香河疆拓科技有限公司	市级	香河经济开发区
9	廊坊市工业机器人线束技术研发中心	河北捷诺宏达科技有限公司	市级	香河经济开发区
10	廊坊市新型纤维材料防护装备制造技术研发中心	热视际河北科技有限公司	市级	香河经济开发区
11	廊坊市自动化食品加工设备技术研发中心	众力（香河）食品设备有限公司	市级	香河经济开发区

2021年度香河县高新技术企业一览表

表31

序号	企业名称	获批时间	证书编号	归属地
1	香河天亚木业有限公司	2019 年	GR201913000154	五百户镇
2	香河鑫城电气设备有限公司	2019 年	GR201913000218	钱旺镇
3	河北安旭专用汽车有限公司	2019 年	GR201913000242	香河经济开发区
4	香河慧创网络科技有限公司	2019 年	GR201913000370	新开街社区办
5	河北飞图机器人科技有限公司	2019 年	GR201913000436	香河经济开发区
6	香河县通达信息科技服务有限公司	2019 年	GR201913000480	淑阳镇
7	香河恒通电气设备有限公司	2019 年	GR201913000483	钱旺镇
8	香河华北致冷设备有限公司	2019 年	GR201913000705	香河经济开发区
9	香河东方电子有限公司	2019 年	GR201913000836	香河经济开发区
10	香河畅通自动化设备科技有限公司	2019 年	GR201913000866	香河经济开发区
11	香河博阳达信机械设备有限公司	2019 年	GR201913000948	香河经济开发区
12	香河万丰链条输送设备有限责任公司	2019 年	GR201913000949	钱旺镇
13	河北万维克林精密设备有限公司	2019 年	GR201913001000	香河经济开发区
14	河北睿高机器人科技有限公司	2019 年	GR201913001267	渠口镇
15	河北联智创意网络技术有限公司	2019 年	GR201913001502	新华街社区办
16	众力（香河）食品设备有限公司	2019 年	GR201913002326	香河经济开发区
17	香河铁科智能科技有限责任公司	2019 年	GR201913002349	香河经济开发区
18	香河美景网络科技有限公司	2019 年	GR201913002415	新华街社区办
19	香河名航达科技有限公司	2019 年	GR201913002919	香河经济开发区
20	河北宝友电器设备有限公司	2019 年	GR201913003040	渠口镇
21	香河云龙锻造有限公司	2019 年	GR201913003161	刘宋镇
22	香河强胜电动车制造有限公司	2019 年	GR201913003162	钱旺镇
23	河北金戈懋元科技有限公司	2019 年	GR201913003195	香河经济开发区
24	华威博奥（廊坊）电力设备有限公司	2019 年	GR201913003211	香河经济开发区
25	安川都林机器人应用设备河北有限公司	2019 年	GR201913003234	香河经济开发区
26	热视际河北科技有限公司	2019 年	GR201913003285	香河经济开发区
27	河北强胜通信工程有限公司	2019 年	GR201913003310	钳屯镇
28	香河县宏远机械有限公司	2019 年	GR201913003311	钳屯镇
29	中科辰安（香河）科技有限公司	2019 年	GR201913003442	香河经济开发区
30	香河合益包装机械有限公司	2020 年	GR202013000872	香河经济开发区
31	香河天音乐器有限公司	2020 年	GR202013000571	香河经济开发区
32	摩云阁香河机器人有限公司	2020 年	GR202013000387	香河经济开发区

续表 31

序号	企业名称	获批时间	证书编号	归属地
33	佳龙远大装配式建筑有限公司	2020 年	GR202013000659	香河经济开发区
34	智捷智能科技香河有限公司	2020 年	GR202013000132	钳屯镇
35	香河千城网络科技有限公司	2020 年	GR202013000681	新开街社区办
36	香河县高氏印务有限公司	2020 年	GR202013002260	香河经济开发区
37	廊坊翰科天成科技有限公司	2020 年	GR202013001280	新开街社区办
38	香河众旺木业有限公司	2020 年	GR202013002413	五百户镇
39	香河疆拓科技有限公司	2020 年	GR202013002390	香河经济开发区
40	耐尔得智能科技香河有限公司	2020 年	GR202013002817	香河经济开发区
41	香河县峰阳金属制品有限公司	2020 年	GR202013002639	渠口镇
42	意帕科技河北有限公司	2020 年	GR202013002649	香河经济开发区
43	河北绿农检测技术服务有限公司	2020 年	GR202013000935	香河经济开发区
44	河北新仟瑞新型建材有限公司	2020 年	GR202013000669	香河经济开发区
45	香河汇文节能科技有限公司	2020 年	GR202013000876	香河经济开发区
46	河北富都华创家具制造有限公司	2020 年	GR202013000652	香河经济开发区
47	香河县康泰机械制造股份有限公司	2020 年	GR202013000128	渠口镇
48	荣盛建设工程有限公司	2020 年	GR202013002996	香河经济开发区
49	香河万利通实业有限公司	2020 年	GR202013002964	香河经济开发区
50	廊坊聚成实验室工程技术有限公司	2020 年	GR202013002588	钱旺镇
51	河北欧施德电气设备有限公司	2021 年	GR202113000683	渠口镇
52	西维智能控制技术（香河）有限公司	2021 年	GR202113000826	香河经济开发区
53	北钨新材料科技（香河）有限公司	2021 年	GR202113001702	香河经济开发区
54	河北天诚通达电气设备有限公司	2021 年	GR202113000670	渠口镇
55	香河讯飞康达电子科技有限公司	2021 年	GR202113000971	香河经济开发区
56	河北宏泰铝业有限公司	2021 年	GR202113000873	香河经济开发区
57	河北中自仪传感器有限公司	2021 年	GR202113001721	香河经济开发区
58	廊坊华兴现代建筑材料有限公司	2021 年	GR202113001881	钱旺镇
59	河北天域九五电气有限公司	2021 年	GR202113001821	香河经济开发区
60	香河港龙汽车配件制造有限公司	2021 年	GR202113001505	五百户镇
61	香河海潮制件有限公司	2021 年	GR202113001102	五百户镇
62	香河凯华齿轮有限公司	2021 年	GR202113000107	香河经济开发区
63	大正华嘉科技（香河）有限公司	2021 年	GR202113000334	香河经济开发区
64	晶创铭盛电子科技（香河）有限公司	2021 年	GR202113000195	香河经济开发区
65	美博瑞（香河）电子信息科技有限公司	2021 年	GR202113001452	香河经济开发区

续表 31

序号	企业名称	获批时间	证书编号	归属地
66	河北中瑞丸达智能科技有限公司	2021 年	GR202113000907	香河经济开发区
67	香河晋邦涂料有限公司	2021 年	GR202113000299	钳屯镇
68	香河海春机械设备有限公司	2021 年	GR202113000902	香河经济开发区
69	河北庄重工程机械有限公司	2021 年	GR202113003162	香河经济开发区
70	河北捷诺宏达科技有限公司	2021 年	GR202113002602	香河经济开发区
71	中能兴盛（香河）机电设备有限公司	2021 年	GR202113002337	香河经济开发区
72	河北三鑫华瑞消防检测有限公司	2021 年	GR202113002740	淑阳镇
73	香河昆仑化学制品有限公司	2021 年	GR202113002909	香河经济开发区
74	香河瑞和通汽车零部件有限公司	2021 年	GR202113001977	香河经济开发区
75	香河胜兴实业有限公司	2021 年	GR202113003014	钱旺镇
76	河北百纳信达科技有限公司	2021 年	GR202113002823	香河经济开发区
77	河北金戈安家具有限公司	2021 年	GR202113003750	钱旺镇
78	香河县通利达福利纸业有限公司	2021 年	GR202113003353	香河经济开发区
79	香河航材百慕科技有限公司	2021 年	GR202113004067	香河经济开发区
80	香河森森包装材料有限公司	2021 年	GR202113004076	淑阳镇
81	河北星耀新材料科技有限公司	2021 年	GR202113003692	香河经济开发区
82	荣盛建筑设计有限公司	2021 年	GR202113004016	香河经济开发区

（李春燕）

气　象

【概况】　香河县气象局于 1964 年 1 月正式建站，是香河县人民政府主管气象的职能部门，属国家一般站，业务上受廊坊市气象局指导。2021 年，有工作人员 6 名，其中，副高职工程师 1 名，工程师 1 名，大专以上学历占 100%。年内，加快气象现代化建设，推进研究型业务及加快业务体制改革，发挥气象灾害防御指挥部职能，增强气象防灾减灾能力，加强气象安全生产，进一步推进气象服务供给体系建设，气象服务提质增效。做好新冠肺炎疫情防控气象保障服务；为防汛救险应急演练提供气象保障，完成了汛期气象服务工作；加强气象灾害风险防范能力建设；组织开展气象灾害重大风险隐患普查。全年降水量 974.6 毫米，比上年（433 毫米）增加 1.25 倍，比常年（528.9 毫米）增长 84.27%。其中，6—8 月主汛期降水量 639.8 毫米，未出现重大灾情。

【气象设施现代化建设】　香河气象自动站、区域站运行正常，观测资料数据传输及时有效；3 月，对 9 个镇的气象观测站进行重新校检。按照县级综合气象业务提升方案，加强综合业务管理，提高整体业务技能，消除安全隐患，局、站分离远程观测模式运行良好。加快基层气象“一流台站”建设，积极配合做好香河国家气象观测站迁建工作。在对 2020 年度现代化评估工作中，得分 97.57 分。

【公共气象服务】　香河县气象局

制订《2021 年决策气象服务周年方案》，密切监测天气变化，做好服务。根据天气情况及时制作相关服务材料并报送到县委、县政府及各相关单位，报送雨情信息 35 期，环境气象周报及专题 45 期，其他气象服务产品 100 余期；发布预警信息 137 期。

落实重污染天气应急响应，按照《香河县重污染天气应急预案》的要求，加强对天气特别是雾霾天气的监测、预报、预警工作，加强与廊坊市生态环境局香河县分局的沟通合作，积极应对雾霾天气和大气污染，为全县大气污染治理做好气象服务和保障工作。

做好庆祝中国共产党成立 100 周年保障服务；重新核实辖区内农民合作社、专业大户、农业企业等新型农业经营主体信息，做好直通式服务，完成备案；开展乡村振兴气象保障服务，主动赋能美丽乡村建设；提升气象公共服务供给能力，满足人民群众美好生活需要。

【气象防灾减灾】 2021 年，为进一步加强气象信息员队伍建设，提升重特大气象灾害应对能力，核实并更新全县信息员。气象灾害防御指挥部及办公室发文 19 期，完善气象信息报送制度。利用“香河县气象灾害防御工作微信群”和“智慧气象信息员平台”发挥防灾减灾作用；按照全国灾害普查要求，全面开展气象灾害普查工作。

发挥突发事件预警信息发布中心作用，县人民防空办公室、安全生产委员会办公室等多部门通过平台发布防灾减灾信息；优化气象服务供给，向社会公布获取公众气象服务产品的官方渠道。利用农村“大喇叭”、“钉钉”、广播电视等社会资源传播预警信息，建立灾害性天气预警信息在广播电视全频道快速插播机制。

【气象安全生产】 为进一步提高气象灾害应急处置和服务能力，熟悉预警信号发布、启动应急响应和相关应急处置工作的流程，做好应对汛期复杂天气过程的气象服务保障工作。7 月 6 日，为有效应对汛期可能发生的暴雨洪水及各类防汛突发事件，开展 2021 年香河县防汛抗洪抢险综合应急演练，县气象局作为防汛抗旱指挥部成员单位，参加实战演练。7 月 12－13 日，全县出现强降雨过程，最大降水量出现在钱旺镇为 119.3 毫米，最小降水量出现在渠口镇为 57.4 毫米，最大雨强为 39.1 毫米/小时出现在钱旺镇，全县平均降水量为 93.6 毫米；副县长张显民到县气象局调研指导强降雨天气应对工作，气象局通过部门内部上下联动，取得良好服务效果。全面落实气象主管机构在行业安全生产方面的监管责任和企业的主体责任，10 月 19 日，县气象局联合县应急管理局、县市场监督管理局、县生态环境局在全县范围内开展跨部门“双随机、一公开”联合抽查，对安全生产主体责任落实不到位、隐患多、安全意识淡漠的企业下达了责令停止违法行为通知书。贯彻落实全国自然灾害综合风险普查精神，根据《河北省气象灾害综合风险普查实施方案》文件要求，开展全县气象灾害综合风险普查工作。

【气象科普宣传】 在“3・23”气象日、“5・12”防灾减灾日，根据县气象部门实际以及当前疫情防控现状，按照“线上为主”的活动原则，在全县范围内营造了全社会关心气象了解气象和应用气象的良好氛围。发挥职能优势，加强部门合作，全力做好疫情期间农业生产气象保障服务工作，多措并举助力春季农业复工复产，香河电视台进行了 2 期新闻报道。

香河县2021年度各月气温、日照时数、降水量一览表

表32

月 份	1	2	3	4	5	6	7	8	9	10	11	12	合计
气温（℃）	-5.0	1.3	8.3	14.0	19.6	24.5	26.2	24.8	21.2	12.1	4.9	-0.6	—
日照（小时）	217.6	224.1	173.9	244.7	324.6	234.9	159.2	230.9	124.9	185.2	144.8	210.8	2475.6
降水量（毫米）	1.5	8.2	30.9	3.2	5.8	74.9	468	96.1	170.2	85.4	26.6	3.0	974.6

（赵春森）

地震监测

【概况】 2021年，地震监测重点从“科学防震防灾、地震知识基层宣传培训、地震监测设施维护”方面展开工作，地震监测设备、设施正常运转，均已通过廊坊市地震局验收。

【地震监测设施管理】 对安头屯镇地震前兆观测台和五百户镇强震监测台站进行日常维护检查，对记录数据进行分析，保障上传省、市地震局和河北防灾科技学院数据准确无误。

【防震减灾宣传和培训】 2021年，“5·12”防灾减灾宣传周期间，香河电视台进行了全方位多角度的报道，《防灾减灾自救》小视频每天不间断循环播放；组织工作人员和安全志愿者深入珠光御景社区、欧陆豪庭社区、廊坊爱依瑞斯家具有限公司等开展防灾减灾日宣传活动。“7·28”防震减灾宣传周期间，在县新城公园组织开展防震减灾现场咨询活动。两次咨询现场共悬挂条幅20块，摆放地震知识、抗洪抢险等展板10块，向过往群众发放《防灾减灾知识手册》《避险指南》《燃气安全常识》等宣传材料2万份。年内，开展第一次全国自然灾害综合风险普查。

【防震减灾资金保障】 将防震减灾工作专项经费列入县财政预算，包括地震前兆观测台站项目资金、防震减灾宣传费等，2021年度共计10万元，全部做到专款专用。

【防震减灾组织保障】 香河县抗震救灾指挥体系健全，2021年，重新调整《香河县地震应急预案》上报县政府并下发至相关成员单位，调整抗震救灾指挥部成员单位和职责分工。将防震减灾工作列入各单位年度考核内容，确保相关单位防震减灾工作落到实处。

（赵俊军）

教育　体育

责任编辑　董长江

综　述

2021 年，香河县以打造教育强县、办好人民满意教育为目标，以促进全民健身、提高群众身体素质为根本，推动香河教育和体育工作高质量发展。学前教育、义务教育、普通高中教育、职业教育、成人教育、民办教育、特殊教育稳定有序发展。全年荣获省级奖励 5 项，市级奖励 46 项，县级奖励 100 项。顺利通过河北省人民政府教育督导委员对香河县履行教育职责评价督导检查。县教育和体育局荣获全国青少年爱国主义读书教育活动组织优秀奖、河北省教师教育学会先进单位称号，香河县第一中学荣获河北省节水示范校园称号；香河县第十二中学、香河县第十三中学、钳屯镇钳屯中心小学 3 所学校被河北省教育厅和河北省生态环境厅命名为第十二批河北省绿色学校。人民日报客户端、新华网、“学习强国”App、河北电视台、《河北日报》、《廊坊日报》、《新香河》等媒体宣传报道香河教育体育工作 50 余次，香河教育体育影响力显著提升。

（贾晓坤）

教育结构

【概况】 2021 年，全县有各级各类学校 178 所，教职工 7247 人，在校学生（含幼儿）82062 人。其中，国办幼儿园 4 所，小学 68 所，初中 11 所，高中 2 所，职业技术教育中心、教师进修学校、特殊教育学校各 1 所；注册民办教育机构 90 所（其中，幼儿园 84 所、小学 2 所、九年一贯制学校 2 所、高中 2 所）。

（张来顺　张炳江）

【学前教育】 全县有独立国办幼儿园 4 所，小学附设幼儿班 63 所，教学班 696 个。在园（校）幼儿 7931 人，其中，县直幼儿园在园幼儿 2334 人，小学附设幼儿班在园幼儿 5597 人。

【小学教育】 全县有小学 68 所，其中，独立设置少数民族学校 1 所，为五百户镇香椿营回民小学；教学班 962 个，在校学生 39084 人，其中，寄宿学生 1069 人，少数民族学生 1267 人。

【初中教育】 全县有初级中学 11 所，教学班 313 个，在校学生 15471 人。其中，寄宿学生 4182 人，少数民族学生 718 人。

【普通高中教育】 全县有普通高级中学 2 所，教学班 131 个，在校生 7031 人。其中，寄宿学生 4551 人，少数民族学生 342 人。

【职业高中教育】 全县有职业高中 1 所，为香河县职业技术教育中心，在校学生 2077 人。

【成人中等专业学校】 全县有成人中等专业学校 1 所，为香河县教师进修学校。

【特殊教育】 全县有特殊教育学校1所，在校学生140人，教学班8个。

（张来顺）

【民办教育】 2021年，全县有全日制注册民办高级中学3所（廊坊京城学校、香河县实验中学、廊坊树高高级中学）、九年一贯制学校2所（香河县少林文武学校、北京景山学校香河分校）、小学2所（香河县星宇学校、香河富力新城配套学校），有教职工329人，在校学生3213人；有注册民办幼儿园82所，教职工1841人，在园幼儿7285名。加快发展普惠性学前教育，普惠性民办幼儿园由2017年的2所增加至39所，受惠幼儿5300人。

年内，中共中央办公厅、国务院办公厅印发的《关于进一步减轻义务教育阶段学生作业负担和校外培训负担的意见》，香河县认真落实“双减”政策，制定出台《香河县校外培训机构专项治理行动方案》，强化校外培训机构，特别是义务教育阶段学科类培训机构治理，取缔关停无证无照机构。截至年底，全县校外培训机构由上年度的79家压减至56家，学科类培训机构清零。

（张炳江）

2021年香河县幼儿园基本情况一览表

表33

序号	幼儿园名称	地址	教职工数（人）	班级数（个）	幼儿数（人）	办园性质
1	香河县幼儿园	淑阳镇文昌街10号	114	25	745	公办
2	香河县第二幼儿园	淑阳镇永盛路（便民服务中心北）	158	27	906	公办
3	香河县第三幼儿园	淑阳镇康宁路香河经济开发区委员会东	65	15	440	公办
4	香河县七色光幼儿园	淑阳镇新华大街103号碧盛家园居民小区内	21	6	110	民办
5	香河县七色光第二幼儿园	淑阳镇淑阳大街62号（县城内第一小学东）	23	6	101	民办
6	香河县睿子国学幼儿园	淑阳镇新开大街西段公安局西200米路南	22	4	110	民办
7	香河县睿子国学府前街幼儿园	淑阳镇府前街1–9号（县财政局对面）	11	3	71	民办
8	香河福睿幼儿园有限公司	淑阳镇府前街41号贵都家园底商	22	6	90	民办
9	香河县慧德爱婴京汉幼儿园	淑阳镇汇展路23号京汉君庭居民小区内	15	4	87	民办
10	香河县京师实验幼儿园	淑阳镇前卫街与新开街交叉路口西南约60米	14	4	42	民办
11	香河县阳光幼儿园	淑阳镇新开街98号	13	3	58	民办
12	香河县天使幼儿园	淑阳镇新华大街38–1号	34	7	120	民办
13	香河县育英幼儿园	淑阳镇新华大街26号	24	8	193	民办
14	香河县太阳帆幼儿园	淑阳镇康宁路西金鼎府邸居民小区内	14	4	70	民办
15	香河馨语幼儿园有限公司	淑阳镇东南街村	9	3	32	民办
16	香河县汇佳幼儿园有限责任公司	淑阳镇新华大街我家公坊居民小区内	16	4	111	民办
17	香河县圣恩乐思幼儿园	淑阳镇新华大街100号欧陆豪庭居民小区内	21	6	160	民办
18	香河县汇稚艺园幼儿园	淑阳镇府前街23号	33	9	162	民办
19	香河县金字塔老树幼儿园	淑阳镇新开街13–11号老树客栈院内	21	6	108	民办
20	香河县大拇指亲子幼儿园	淑阳镇新华大街109–6号	34	10	254	民办

续表 33

序号	幼儿园名称	地址	教职工数（人）	班级数（个）	幼儿数（人）	办园性质
21	香河县向阳幼儿园新华园	淑阳镇新华大街 109-4 号	18	5	85	民办
22	香河县金色未来幼儿园	淑阳镇淑阳大街 70 号	20	5	132	民办
23	香河县金种子幼儿园	淑阳镇新华大街自在城居民小区内	32	9	208	民办
24	香河县艾贝尔幼儿园	淑阳镇新开社区	11	3	50	民办
25	香河县永明金宝贝幼儿园	淑阳镇永明路新绣社区	12	4	36	民办
26	香河县向阳幼儿园	淑阳镇永泰社区	22	6	90	民办
27	香河县福德幼儿园	淑阳镇新华社区	24	8	156	民办
28	香河县聚多多幼儿园	淑阳镇淑阳大街泰河家园南侧约 40 米	11	3	48	民办
29	香河县福爱幼儿园	淑阳镇新开社区	11	3	50	民办
30	香河县京师立德幼儿园	淑阳镇永兴社区	25	4	86	民办
31	香河县小天使幼儿园	淑阳镇淑阳大街东段泰河家园东 50 米	11	3	42	民办
32	香河县爱乐宝贝幼儿园	淑阳镇香榭家园底商	14	6	82	民办
33	香河县海天幼儿园	淑阳镇康宁路 58 号香	13	3	60	民办
34	香河县海天幼儿园新开园	淑阳镇新开街 76 号	11	4	60	民办
35	香河县海天幼儿园许台园	淑阳镇新华大街 4 号	12	3	46	民办
36	香河县品尚公学幼儿园	淑阳镇新绣社区	24	5	90	民办
37	香河县聪明豆幼儿园	淑阳镇永明路 79 号	14	4	87	民办
38	香河县音格幼儿园	淑阳镇新华大街香城郦舍对面	27	7	162	民办
39	香河县德培幼儿园	淑阳镇新开社区	33	3	51	民办
40	香河县金朝阳幼儿园	淑阳镇新开街 24-1 号	10	4	88	民办
41	香河县大风车幼儿园	淑阳镇秀水街 78 号	19	5	122	民办
42	香河县星宇幼儿园	淑阳镇后景亭村	0	0	0	民办
43	香河县北京博苑鸿翊幼儿园	淑阳镇永兴社区	9	3	36	民办
44	香河县双叶幼儿园	淑阳镇安抚路 14 号附近	18	5	128	民办
45	香河县雅飞幼儿园	淑阳镇计庄子村	10	3	37	民办
46	香河县爱未来幼儿园	淑阳镇新华社区	15	4	87	民办
47	香河县聚多多帝景幼儿园有限公司	淑阳镇新开社区	18	5	111	民办
48	香河跃成幼儿园有限公司	淑阳镇新华社区	14	4	58	民办
49	香河县博师原点幼儿园	淑阳镇计庄子村	22	6	104	民办
50	香河县红缨馨园幼儿园	淑阳镇新开街 84 号	8	3	68	民办
51	香河县艾贝尔第二幼儿园	淑阳镇永泰社区	27	3	52	民办
52	香河朗恩幼儿园有限公司	淑阳镇新华社区	14	3	56	民办
53	香河芭蕾雨幼儿园有限公司	淑阳镇安抚路 70 号附近	13	3	55	民办

续表 33

序号	幼儿园名称	地址	教职工数（人）	班级数（个）	幼儿数（人）	办园性质
54	香河县金橙果幼儿园	淑阳镇西南街村	16	4	116	民办
55	香河县运河新村幼儿园	安平镇草沙河村	31	8	243	公办
56	香河县鑫森幼儿园	安平镇平安丽景 B 区	13	4	90	民办
57	香河县好孩子幼儿园	安平镇世纪华联超市北	32	8	118	民办
58	香河县启城幼儿园	安平镇新城街	32	8	170	民办
59	香河县淘乐思香汐幼儿园	安平镇延福屯二村	23	4	70	民办
60	香河县安平镇中心幼儿园	安平镇京津公路东侧	26	8	140	民办
61	香河县小博士幼儿园	安平镇京津公路东侧安平商贸区	18	4	70	民办
62	香河县阳光天悦幼儿园	安平镇天悦小区阳光天悦幼儿园	16	3	49	民办
63	香河县汇英阳光幼儿园	安平镇京津公路东侧	25	5	108	民办
64	香河县香悦幼儿园	安平镇香汐小区西门斜对面南侧	24	7	181	民办
65	香河贝贝乐幼儿园有限公司	安平镇二街村	10	3	54	民办
66	香河慧德爱婴原源幼儿园有限公司	安平镇一街村	11	3	51	民办
67	香河县博苑爱贝嘉幼儿园	钳屯镇贾庄村	9	3	35	民办
68	香河思泽幼儿园有限公司	钳屯镇刘庄村	15	3	62	民办
69	香河县星蕾幼儿园	钳屯镇钳屯村	10	3	53	民办
70	香河县五百户向阳幼儿园	五百户镇五百户村	11	4	53	民办
71	香河县北京百年幼儿园	五百户镇安抚社区	7	2	22	民办
72	香河县大树幼儿园	刘宋镇刘宋村	10	3	65	民办
73	香河县小牛顿幼儿园	刘宋镇刘宋村	16	5	85	民办
74	香河县未来之星幼儿园	安头屯镇安一村	8	3	25	民办
75	香河县蓝天幼儿园	渠口镇渠口村	13	4	112	民办
76	香河县瑛玮特幼儿园	渠口镇渠口村	12	3	43	民办
77	香河县康乐幼儿园	渠口镇大鲁家口村	10	3	71	民办
78	香河县晨光幼儿园	渠口镇大鲁家口村	9	4	98	民办
79	香河县羽晟清芦屿幼儿园	钱旺镇荣盛白鹭岛小区	14	3	57	民办
80	香河县新起点幼儿园	钱旺镇钱旺村	16	6	103	民办
81	香河县金子塔幼儿园	钱旺镇钱旺村	12	3	45	民办
82	香河县爱唯宝幼儿园	钱旺镇钱旺村	17	7	105	民办
83	香河县阳光第二幼儿园	蒋辛屯镇北六百户村	26	7	182	民办
84	香河县乐新幼儿园	蒋辛屯镇大香线东侧富力新城一期保障房示范区 5 号楼	29	6	120	民办
85	香河县童悦幼儿园	蒋辛屯镇小祁庄村	12	4	130	民办
86	香河星蕾小精英幼儿园有限公司	蒋辛屯镇大香线西 130 米京都新城东侧香公馆小区南侧	18	4	104	民办

2021年香河县小学基本情况一览表

表34

序号	学校名称	地址	教职工数（人）	班级数（个）	在校学生数（人）	学校性质
1	香河县城内第一小学	淑阳镇淑阳大街68号	245	81	4412	公办
2	香河县城内第二小学	淑阳镇新开街35号	179	53	2766	公办
3	香河县城内第三小学	淑阳镇新华大街55号	187	61	3298	公办
4	香河县城内第四小学	淑阳镇新华大街西延北侧永盛路3号	179	58	3019	公办
5	香河县城内第五小学	香河县香武路东侧300米香秀排水渠南侧	103	32	1609	公办
6	淑阳镇北岗子小学	淑阳镇北岗子村	43	17	676	公办
7	淑阳镇白庙中心小学	淑阳镇白庙村	33	12	481	公办
8	淑阳镇池套小学	淑阳镇前套村	26	11	363	公办
9	淑阳镇矬口中心小学	淑阳镇矬口村	56	17	607	公办
10	淑阳镇后彭务中心小学	淑阳镇后彭务村	24	9	267	公办
11	淑阳镇大罗屯小学	淑阳镇大罗屯村	28	11	380	公办
12	淑阳镇河南止务小学	淑阳镇河南止务村	16	4	47	公办
13	淑阳镇姬止务小学	淑阳镇姬止务村	46	15	689	公办
14	淑阳镇孙止务小学	淑阳镇孙止务村	18	5	155	公办
15	淑阳镇河南吴村小学	淑阳镇河南吴村	20	6	145	公办
16	安平镇第一小学	安平镇一街村	115	32	1629	公办
17	安平镇周庄中心小学	安平镇周庄村	62	23	1162	公办
18	安平镇第三小学	安平镇赶古庄村	98	30	1582	公办
19	安平镇王家摆小学	安平镇王家摆村	32	10	339	公办
20	安平镇王指挥庄中心小学	安平镇王指挥庄村	25	8	315	公办
21	安平镇鲁家务小学	安平镇鲁务村	20	6	155	公办
22	钳屯镇钳屯中心小学	钳屯镇钳屯村	38	12	538	公办
23	钳屯镇红草湾小学	钳屯镇红庙村	24	7	170	公办
24	钳屯镇天都希望小学	钳屯镇二百户村	15	6	116	公办
25	钳屯镇西延寺小学	钳屯镇西延寺村	22	6	192	公办
26	钳屯镇池屯小学	钳屯镇池屯村	21	6	185	公办
27	钳屯镇雀林院小学	钳屯镇雀林院村	38	12	523	公办
28	五百户镇五百户中心小学	五百户镇五百户村	46	17	622	公办
29	五百户镇第二小学	五百户镇后马房村	52	17	631	公办
30	五百户镇李庄中心小学	五百户镇李庄村	19	6	192	公办
31	五百户镇荒庄小学	五百户镇荒凌庄村	15	6	95	公办
32	五百户镇前楼小学	五百户镇前土门楼村	17	6	104	公办

续表 34

序号	学校名称	地址	教职工数（人）	班级数（个）	在校学生数（人）	学校性质
33	五百户镇香城中心小学	五百户镇香城村	34	9	223	公办
34	五百户镇仉村小学	五百户镇仉村	16	6	55	公办
35	五百户镇香椿营回民小学	五百户镇香椿营村	19	6	207	公办
36	刘宋镇刘宋中心小学	刘宋镇刘宋村	39	16	520	公办
37	刘宋镇张庄中心小学	刘宋镇张庄村	22	7	189	公办
38	刘宋镇庆功台小学	刘宋镇庆功台村	17	6	218	公办
39	刘宋镇中营小学	刘宋镇中营村	18	6	144	公办
40	刘宋镇北务屯小学	刘宋镇北务屯村	27	9	257	公办
41	刘宋镇幞头屯小学	刘宋镇幞头屯村	17	6	127	公办
42	刘宋镇大田小学	刘宋镇大田村	27	11	250	公办
43	安头屯镇安头屯中心小学	安头屯镇安头屯一村	48	18	763	公办
44	安头屯镇第二小学	安头屯镇前独立村	28	9	227	公办
45	安头屯镇东口头小学	安头屯镇东口头村	28	10	279	公办
46	安头屯镇四营中心小学	安头屯镇杨营庄村	22	6	121	公办
47	安头屯镇黄顾小学	安头屯镇顾家屯村	20	6	140	公办
48	安头屯镇铁佛堂小学	安头屯镇铁佛堂村	21	6	155	公办
49	渠口镇渠口中心小学	渠口镇渠口村	46	15	566	公办
50	渠口镇店子务中心小学	渠口镇店子务村	30	12	360	公办
51	渠口镇东梨园中心小学	渠口镇东梨园村	21	7	185	公办
52	渠口镇王刘圈小学	渠口镇王刘圈村	19	6	133	公办
53	渠口镇小河各庄小学	渠口镇小河各庄村	29	7	218	公办
54	渠口镇牛济河中心小学	渠口镇牛济河村	20	6	104	公办
55	渠口镇石虎中心小学	渠口镇石虎辛庄村	45	15	486	公办
56	渠口镇蔡庄小学	渠口镇蔡庄村	17	6	75	公办
57	渠口镇大鲁口中心小学	渠口镇大鲁家口村	40	14	483	公办
58	钱旺镇钱旺村小学	钱旺镇钱旺村	32	12	469	公办
59	钱旺镇成自务小学	钱旺镇成自务村	20	7	226	公办
60	钱旺镇大河各庄小学	钱旺镇大河各庄村	30	11	296	公办
61	钱旺镇西马家窝小学	钱旺镇西大街村	25	8	247	公办
62	钱旺镇田贾庄小学	钱旺镇田贾庄村	34	11	398	公办
63	蒋辛屯镇蒋辛屯中心小学	蒋辛屯镇蒋辛屯村	99	32	1539	公办
64	蒋辛屯镇后建各庄小学	蒋辛屯镇后建各庄村	38	12	547	公办
65	蒋辛屯镇打卜户中心小学	蒋辛屯镇蒋辛屯村	28	12	369	公办

续表 34

序号	学校名称	地址	教职工数（人）	班级数（个）	在校学生数（人）	学校性质
66	蒋辛屯镇梁家务小学	蒋辛屯镇梁家务村	32	11	388	公办
67	蒋辛屯镇北吴村小学	蒋辛屯镇河北吴村	19	6	101	公办
68	蒋辛屯镇大窑上中心小学	蒋辛屯镇大窑上村	36	13	555	公办
69	北京景山学校香河县大爱城分校	渠口镇爱晚大道东段	69	19	457	民办
70	香河富力新城配套学校	香河新兴产业示范区姬庄村	89	24	643	民办
71	香河县星宇学校	淑阳镇后景亭村	33	6	180	民办
72	香河县少林文武学校	香河县安平镇京津公路西侧	70	11	400	民办

2021年香河县中学（含高中）基本情况一览表

表35　　单位：人

序号	学校名称	地址	教职工数（人）	班级数（个）	在校学生数（人）	学校类别	学校性质
1	河北省香河县第一中学	淑阳镇新开街 81 号	378	81	4309	高中	公办
2	香河县第二中学	淑阳镇新华大街 65 号	226	57	3055	初中	公办
3	香河县第三中学	淑阳镇新华大街 101 号	221	50	2704	高中	公办
4	香河县第四中学	刘宋镇西发街 62 号	88	23	1187	初中	公办
5	香河县第五中学	五百户镇五百户村	113	32	1516	初中	公办
6	香河县第六中学	蒋辛屯镇蒋辛屯村	140	36	1841	初中	公办
7	香河县第七中学	安平镇延福屯村南	138	37	1870	初中	公办
8	香河县第八中学	渠口镇许庄村北	120	30	1495	初中	公办
9	香河县第九中学	淑阳镇北岗子村西	108	30	1448	初中	公办
10	香河县第十中学	安头屯镇安四村	51	15	667	初中	公办
11	香河县第十一中学	钳屯镇钳屯村	57	13	598	初中	公办
12	香河县第十二中学	钱旺镇钱旺村平旺街 2 号	49	14	604	初中	公办
13	香河县第十三中学	淑阳镇姬止务村	88	26	1190	初中	公办
14	香河县实验中学	安平镇京津公路西侧	48	13	638	高中	民办
15	廊坊京城学校	安平镇中信国安第一城内	31	14	325	高中	民办
16	香河县少林文武学校	安平镇京津公路西侧	20	10	403	九年一贯制	民办
17	北京景山学校香河县大爱城分校	渠口镇爱晚大道东段	12	1	11	九年一贯制	民办

（张来顺　张炳江）

教育教学

【概况】　聚焦高质量协调发展，统筹新冠肺炎疫情防控和教育教学工作，实施“学前教育补齐短板、义务教育均衡发展、高中教育优质提升、职业教育特色融合、民办教育健康规范”五大工程，稳步推进开学复课，做好线上线下教学衔接，努力克服疫情对教学的影响，教学质量稳步提升。

（贾晓坤）

【学前教育教学】　加大各级示范性幼儿园的创建力度，加强对幼儿园的管理与指导，规范幼儿园办园行为，全面提高保教质量。2021年，县直第三幼儿园被省教育厅认定为河北省示范性幼儿园，运河新村幼儿园和安平镇中心幼儿园被市教育局分别认定为城市一类幼儿园和农村示范性幼儿园；县直第二幼儿园通过河北省示范性幼儿园复查，县直第一幼儿园通过城市一类幼儿园复查，五百户镇第一中心幼儿园等35所幼儿园通过农村示范性幼儿园复查；廊坊市委改革办联合市教育局督察组对香河县学前教育普及普惠发展情况进行实地督查，督查结果为优秀。县教育和体育局组织开展了幼儿教师技能大赛、优质课评选、幼儿园园本课程教育教学论文和案例评选、幼儿园班级主题墙创设及区域材料投放评比等活动。在廊坊市幼儿园教师游戏案例精品优质课评选活动中，4名教师荣获一等奖，6名教师荣获二等奖，5名教师荣获三等奖；在廊坊市教育研究工作项目活动中，2名教师的优质课分别荣获一、二等奖；在廊坊市幼儿教师技能大赛活动中，3名教师荣获二等奖，县教育和体育局荣获优秀组织奖。

（张艳丽）

【九年义务教育教学】 全面贯彻执行党的教育方针，明确关于加强教学管理提高教学质量的工作重心，规范学校常规管理及教师常规教学，在规范的基础上谋求提高，在提高的基础上谋求创新；结合各校实际情况，认真总结过去，科学规划教研活动安排，以质量为根本，以创新求发展；以基础教育改革为主线，加强教师队伍建设和课堂教学改革研究；加强学校质量监测，促进教学质量全面提升。

（刘凤义）

【普通高中教育教学】 以“课程、课堂、课题”为着力点，深入贯彻落实国务院办公厅《关于新时代推进普通高中育人方式改革的指导意见》，加强新高考和课堂教学研究，强化常规教学管理，有针对性地开展分层教学，排除新冠肺炎疫情干扰，科学备考，教育质量实现持续提升。强化高中学籍管理，严格按照中考成绩录取，遵守招生纪律，规范招生行为，推进阳光招生，实现普通高中“零借读”。

【职业高中教育教学】 为应对新冠肺炎疫情，优化创新教学模式，严格落实“停课不停教、停课不停学”，以专业系部为单位，制订线上教学实施方案，组织全体任课教师学习网络教学技术。优选资源，保质保量，开展网络云课堂，制定明晰的课程表，辅以“钉钉群”“微信群”“QQ群”“千聊”“腾讯会议”等方式，全面有序推进线上教育教学工作，确保线上教学全覆盖，确保教学任务按计划完成。借鉴经验，科学安排。借鉴2020年优秀线上教学典型经验，组织教师学习提升信息化教学能力和水平。科学施教，合理科学安排学时，注重加强爱国主义教育、生命教育和心理健康教育，鼓励学生锻炼身体、开展课外阅读，并严格落实“双减”（减轻义务教育阶段学生作业负担和校外培训负担）和“五项管理”（加强中小学生作业、睡眠、手机、读物、体质管理）要求。精心组织，做好线上线下衔接。复学复课前，全体任课教师提前制订衔接计划。复课后，对学生居家学习情况进行全面摸底，对学习质量和效果进行诊断评估。根据结果，调整教学计划，做到线上线下教学有效衔接，确保教育教学保质保量。组织校内外各类社会培训和学生中级工技能鉴定工作，完成本校电子行业特有工种的鉴定申报，举行汽车运用与维修专业1+X职业技能等级认证（初级）考试，汽车运用与维修专业69名考生顺利通过考核。

（张炳江）

【民办教育教学】 加强招生和教学行为监管，促进民办教育规范发展。研究制定《香河县规范民办义务教育专项工作发展》，全面加强民办学校党的建设和教育教学管理，落实民办教育“立德树人”根本任务；依据《河北省幼儿园办学行为督导评估实施方案》，对民办幼儿园办学条件和教育教学量化评估，督促民办幼儿园进一步改善办学条件，提升教育教学质量；严格校外培训机构学科类与非学科类鉴定工作，对校外培训机构的教学计划、教材教案进行审核备案，规范校外培训机构培训内容，严禁出现超纲教超纲学现象；规范校外培训机构师资队伍建设，严格培训教师资格准入关，提高培训质量。

2021 年，在全县教师节表彰大会上，6 名民办学校、民办幼儿园教师被评为优秀教师。

（张炳江）

教师队伍

【概况】 全县各级各类学校共有教职工 7247 人（含劳务派遣教师 1454 人）。其中，幼儿园 1777 人、小学 3047 人、初中 1223 人、九年一贯制学校 139 人、普通高中 852 人、职业高中 148 人、成人中等专业教育 43 人、特殊教育学校 18 人。

【学历结构】 幼儿园有专任教师 1310 人。其中，高中阶段毕业 61 人，大学专科毕业 847 人，大学本科毕业 398 人，硕士研究生毕业 4 人。

小学有专任教师 2672 人。其中，高中阶段毕业 25 人，大学专科毕业 639 人，大学本科毕业 1962 人，硕士研究生毕业 46 人。

初中有专任教师 1210 人。其中，大学专科毕业 99 人，大学本科毕业 1079 人，硕士研究生毕业 32 人。

高中有专任教师 678 人。其中，大学专科毕业 4 人，大学本科毕业 590 人，硕士研究生毕业 84 人。

职业高中有专任教师 140 人。其中，大学专科毕业 8 人，大学本科毕业 129 人，硕士研究生毕业 3 人。

成人中等专业学校有专任教师 33 人。其中，大学专科毕业 2 人，大学本科毕业 31 人。

特殊教育学校有专任教师 17 人。其中，高中阶段毕业 1 人，大学专科毕业 8 人，大学本科毕业 8 人。

【年龄性别结构】 幼儿园有专任教师 1310 人。其中，24 岁及以下 173 人、25—29 岁 370 人、30—34 岁 331 人、35—39 岁 111 人、40—44 岁 141 人、45—49 岁 70 人、50—54 岁 104 人、55—59 岁及以上 10 人。

小学有专任教师 2672 人。其中，24 岁及以下 206 人、25—29 岁 612 人、30—34 岁 393 人、35—39 岁 195 人、40—44 岁 614 人、45—49 岁 360 人、50—54 岁 230 人、55—59 岁及以上 62 人。

初中有专任教师 1210 人。其中，24 岁及以下 101 人、25—29 岁 242 人、30—34 岁 107 人、35—39 岁 81 人、40—44 岁 339 人、45—49 岁 239 人、50—54 岁 85 人、55—59 岁及以上 16 人。

高中有专任教师 678 人。其中，24 岁及以下 35 人、25—29 岁 122 人、30—34 岁 85 人、35—39 岁 117 人、40—44 岁 155 人、45—49 岁 92 人、50—54 岁 55 人、55—59 岁及以上 17 人。

职业高中有专任教师 140 人。其中，29 岁及以下 33 人、30—34 岁 13 人、35—39 岁 7 人、40—44 岁 33 人、45—49 岁 24 人、50—54 岁 15 人、55—59 岁及以上 15 人。

成人中等专业学校有专任教师 33 人。其中，30—34 岁 1 人、35—39 岁 1 人、40—44 岁 11 人、45—49 岁 11 人、50—54 岁 9 人。

特殊教育学校有专任教师 17 人。其中，30—34 岁 3 人、40—44 岁 10 人、45—49 岁 3 人、50—54 岁 1 人。

专任教师男女比例，幼儿园女教师占 98.32%、小学女教师占 84.92%、初中女教师占 69.50%、高中女教师占 68.88%、职业高中女教师占 70%、成人中等专业学校女教师占 96.97%、特殊学校女教师占 76.47%。

【职称结构】 幼儿园专任教师 1310 人。其中，高级教师 68 人、一级教师 211 人、二级教师 221 人、未定职级 810 人。

小学专任教师 2672 人。其中，高级教师 225 人、一级教师 933 人、二级教师 757 人、未定职级 757 人。

初中专任教师 1210 人。其中，高级教师 264 人、一级教师 474 人、二级教师 271 人、未定职级 201 人。

高中专任教师 675 人。其中，高级教师 134 人、一级教师 293 人、二级教师 149 人、未定职级

102 人。

职业高中专任教师 140 人。其中，高级教师 47 人、一级教师 40 人、二级教师 9 人。未定职级 44 人。

成人中等专业教育专任教师 33 人。其中，高级教师 4 人、一级教师 25 人、二级教师 4 人。

特殊教育专任教师 17 人。其中，高级教师 4 人、一级教师 6 人、二级教师 7 人。

（张来顺）

基础设施及教育设备

【概况】　2021 年，继续加大资金投入力度，加快全县教育基础设施建设步伐，进一步推进城乡基础设施“优质、均衡”发展，依据《城市普通中小学校校舍建设标准》《农村普通中小学校建设标准》和全县中小学校校舍现状，制定全县中小学校校舍改造计划，协调相关职能部门办理各项工程手续，年内，实施 26 项重点教育工程项目，截至年底，竣工 13 项、在建 12 项、正在办理项目手续 1 项。着力提升教育装备水平，改善办学条件，城乡教育环境全面改善。加强校园环境保护宣传教育，组织开展绿化、美化校园活动，年内，3 所学校荣获河北省绿色学校称号、15 所学校荣获廊坊市绿色学校称号；扎实推进全县教育系统 ISO 14001 环境管理体系良好运行。加强现代教育技术装备建设，提高教育技术装备水平，年内，全县投入资金 843.27 万元，为中小学及幼儿园配备教学设备。为大力推进全县教育信息化建设，做好香河教育云服务平台运行维护和推广应用工作；健全乡村教育网络化基础设施，发展“互联网+教育”，推动县城区优质教育资源与乡村中小学对接，完成“三通”工程建设，即宽带网络校校通、优质资源班班通、网络学习空间人人通。

（贾晓坤）

计算机教室　　县教育和体育局供图

【基础设施建设】　2021 年，全县实施重点教育工程项目 26 项，总投资 1.38 亿元，改造校舍面积 4.55 万平方米，其中，列入县重点民生项目 22 项。年内，竣工并投入使用工程 13 项，分别为县第七中学平房改造工程、彩钢板房工程，淑阳镇大罗屯小学危房改造工程，五百户镇李庄中心小学运动场改造工程，安头屯镇四营中心小学改造工程、黄顾小学运动场改造工程，渠口镇店子务中心小学二期工程、牛济河中心小学运动场改造工程、东梨园中心小学运动场改造工程、小河各庄中心小学运动场改造工程，蒋辛屯镇后建各庄小学运动场改造工程，县第三中学道路硬化维修工程，2021 年维修改造工程；在建工程 12 项，分别为县第六中学食堂和宿舍楼工程，县第二幼儿园外墙面及屋面防水维修工程，安平镇周庄中心小学教学楼工程、王家摆小学改造工程，钳屯镇雀林院小学改造工程、天都希望小学改造工程，五百户镇仉村小学改造工程，安头屯镇东口头小学改造工程，渠口镇大鲁口中心小学改造工程、店子务中心小学幼儿园工程、石虎辛庄中心小学新建教学楼项目，钱旺镇成自务小学改造工程；筹建工程 1 项，为安头屯中心小学改造工程，办理各项相关手续。

（李秋良）

2021年度香河县重点教育工程项目一览表

表36

序号	项目名称	建设内容	建设面积（平方米）	投资金额（万元）	项目进度
1	县第七中学平房改造工程	新建平房校舍	316	75	工程竣工投入使用
2	安头屯镇四营小学改造工程	新建平房校舍	1545	424	工程竣工投入使用
3	渠口镇店子务小学二期工程	新建食堂附属工程	2045	910	工程竣工投入使用
4	县第七中学彩钢板房	彩钢房	840	100	工程竣工投入使用
5	淑阳镇大罗屯小学危房改造工程	新建平房校舍	950	230	工程竣工投入使用
6	五百户镇李庄小学运动场改造工程	新建 110 米塑胶运动场	—	116	工程竣工投入使用
7	渠口镇牛济河小学运动场改造工程	新建 150 米塑胶运动场	—	166	工程竣工投入使用
8	渠口镇东梨园小学运动场改造工程	新建 110 米塑胶运动场	—	95.4	工程竣工投入使用
9	蒋辛屯镇后建小学运动场改造工程	新建 100 米塑胶运动场	—	88.5	工程竣工投入使用
10	渠口镇小河各庄小学运动场改造工程	新建 130 米塑胶运动场	—	110	工程竣工投入使用
11	安头屯镇黄顾小学运动场改造工程	新建 150 米塑胶运动场	—	140	工程竣工投入使用
12	县第三中学道路硬化维修工程	重修路面硬化及排水管道等设施	—	96	工程竣工投入使用
13	2021 年维修改造工程	11 所学校防水维修等	—	97	工程竣工投入使用
14	县第六中学食堂和宿舍楼工程	新建食堂及男女宿舍楼各一栋	8214	1978	男女宿舍楼、食堂已经封顶，实施二次砌筑
15	安平镇周庄小学教学楼工程	新建教学楼一栋	5431	1570	在进行基础施工
16	渠口镇大鲁口小学改造工程	新建教学用房	3436	996.95	部分单体结构施工已完成
17	县第二幼儿园外墙及屋面防水维修工程	外墙保温及防水	—	164	在进行保温粘贴
18	渠口镇店子务小学幼儿园工程	新建幼儿教学楼一栋	1336	399	已完成招投标，正在基础施工
19	钳屯镇雀林院小学改造工程	新建教学楼、综合楼及连廊一栋	11317	3400	在进行基础施工
20	渠口镇石虎辛庄小学新建教学楼项目	新建教学楼一栋	4549.51	978	已完成未完工部分预算和清单编制
21	安平镇王家摆小学改造工程	新建平房校舍	1235.3	360	工程手续已办理完成，即将进场施工
22	钱旺镇成自务小学改造工程	新建平房校舍	505.84	203	工程手续已办理完成，即将进场施工
23	香河天都希望小学改造工程	新建平房校舍	912	309	工程手续已办理完成，即将进场施工
24	安头屯镇东口头小学改造工程	新建平房校舍	490	201	工程手续已办理完成，即将进场施工
25	五百户镇仉村小学改造工程	新建平房校舍	553	164	工程手续已办理完成，即将进场施工
26	安头屯镇安头屯中心小学改造工程	新建教学楼一栋	1574.23	397	已出具最高限价，即将进行招投标

（李秋良）

【校园环境改善】 加强环境宣传教育，开展丰富多彩的生态环境教育活动，加大校园及周边环境卫生整治，积极应对重污染天气，做好绿化美化、垃圾分类、节能低碳等工作，进一步改善校园环境质量，优化育人环境。2021 年，县第十二中学、县第十三中学、钳屯镇钳屯中心小学 3 所学校被省教育厅、

获评第十二批河北省绿色学校的香河县第十三中学校园　　县教育和体育局供图

省生态环境厅授予第十二批“河北省绿色学校”荣誉称号；县城内第一小学、县城内第二小学等15所学校被市教育局、市生态环境局授予“廊坊市绿色学校”荣誉称号。经专家评审，结合网络投票情况，县第一中学被河北省水利厅、河北省教育厅评为2021年度“省级节水示范校园”；县城内第三小学被市水利局、市教育局评为市级“节水示范校园”。

（刘　娜）

【教育教学设备购置】 2021年，共投入522.5万元购置教育教学设备。其中，投入50万元，为县直第一幼儿园购置玩教具等设备35508件套；投入145.8万元，为县第三中学购置学生桌椅等教学设备1532件套、计算机221台；投入296.9万元，为中小学购置计算机、教学多媒体及实验室设备253件套；投入29.8万元，为幼儿园购置触控一体机22套。

（魏建军）

【香河教育云服务平台运行维护和推广应用】 2016年3月，经县政府批准启动实施香河教育云服务平台建设项目，项目总投资1189万元。同年10月，经公开招标，11月初开始建设，2017年5月通过验收并试运行，2019年2月香河教育云服务平台正式运行。年内，完成机房硬件日常巡检、等保测评二级复测、廊坊市公安局网监大队备案、新教师和新增班级注册、云主机、联通光纤和运维相关资料整理工作。截至年底，香河教育云服务平台开通学校空间85个、班级空间355个、教师个人学习空间4370个，平台资源总数88124个。香河教育云服务平台与5所学校新建的录播教室互联，通过录播设备使5所学校实现课堂直播、同步授课。推动智慧教室建设及应用，使教师通过香河教育云服务平台资源与师生移动端搭建了智慧课堂教学新环境，推广云平台深度应用。

（张洪波）

教育管理

【概况】 坚持“立德树人”不动摇，加强思政教师队伍建设，开展丰富的教育实践活动，提升未成年人思想道德建设水平。以创建义务教育优质均衡县为目标，强化政策引导，加强过程性督导，促进全县义务教育优质、均衡发展。坚持以课例为载体，牢牢把握教学“主阵地”，聚焦课堂效果效率，组织课堂研究，加强教学常规视导，加快教师成长步伐，促进教学质量整体提升。将中学校际交流、小学大区域教研与“专家顾问精准帮带”活动有机融合，统筹全县优质教育资源，成功组建9个教学共同体，从办学理念、管理经验、课堂教学等方面进行交流学习，精准开展帮扶工作，教师参与热情高涨，形成“以强带弱、以老带新、以新激老、共同提高”的生动局面。

（贾晓坤）

【思想政治教育】 开展道德与法治核心素养的教学实践探索，为年轻教师提供锻炼、展示、交流的平台。组织举办小学道德与法治板书设计比赛活动。参赛的15名教师赢得了各位评委老师的赞誉。此次大赛的开展，加强了道德与法治课堂教学的交流，也为参赛老师搭建一个挖掘潜能、展现风采、超越自我的机会，在比赛中历练，在历练中成长。开展师德师风建设巩固年活动、师德专题教育活动、廊坊市师德巡回报告团香河分会场报告会、中学思政课教学视导活动、中学思政教师以“践行社会主义核心价值观、凝聚中华正能量”为主题的演讲比赛、组织开展思政优秀论文、优质课评选活动。

（刘凤义）

9月30日，香河县2021年优秀教师先进事迹报告会在县青少年活动中心召开

县教育和体育局供图

【教师队伍建设】创新人才引进模式，加大人才引进力度。面向全国公开招（选）聘319名优秀毕业生充实教师队伍。通过互动、培养、支教形式交流教师219人，进一步促进教育资源均衡发展，缩小了校际、城乡师资水平差距。

延续队伍激励机制，不断激发工作热情。发放农村教师边远补助、乡镇补贴，提高农村学校中、高级职称岗位设置比例。表彰优秀教师、教育工作者，农村工作10年以上优秀教师和教育工作者，农村工作30年以上在岗教师和教育工作者等177名，激发教师工作热情，浓厚尊师重教、教书育人的良好氛围。

加强师德师风建设，打造风清气正教师队伍。以开展师德师风建设巩固年活动为重点，进一步强化师德师风建设，在全县中小学幼儿园开展师德师风巩固年活动，落实师德师风第一标准，进一步加强师德建设长效机制建设，全面提升中小学教师思想政治素质和职业道德水平。教师节期间评选表彰县级师德标兵90名，1名教师被评为省级师德标兵，8名教师被评为市级师德标兵。以“学史崇德守初心、培根铸魂育新人”为主题，组织中小学幼儿园教师师德论坛征文暨师德风采演讲活动。组织廊坊市教育系统爱岗敬业模范事迹巡回报告香河分会场报告活动，全县各级各类学校500名干部教师参加报告活动。组织优秀教师先进事迹报告活动，在全县范围内选拔12名优秀教师、优秀校长，组成优秀教师先进事迹报告团，组织报告活动4场，县级、乡科级领导干部和各镇工作人员、教育系统中小学校长及师生1200人次聆听了报告。

注重骨干教师培养，发挥辐射带动作用。12名教师被评为市级骨干教师。评选表彰175名县级骨干教师。通过评选，激励优秀教师脱颖而出，发挥骨干教师的示范带动作用，全面提升教师队伍整体素质和教育教学水平。依托1个省级名师工作室、3个市级名师工作室、6个县级学科工作室，组织开展研修活动，培养骨干教师团队。各名师工作室、学科工作室积极开展研修活动，到海口、天津、廊坊等地学习培训，开展线上学习、送教下乡，取得良好效果。

加大教师培训力度，促进队伍素质提升。与北京市教育委员会、通州区教育委员会、通州区教师研修中心协调，安排校长、教师到通州区跟岗培训，选派教师参加通州区教师研修中心组织的研修培训活动，利用通州区优质教育资源开展培训活动，提升干部教师素质。年内，10名中小学校长、10名骨干教师到通州区跟岗研修；中、小学和幼儿园教师3500人次通过现场或线上远程方式参加通州区教师研修活动。暑假期间，聘请廊坊、唐山及京津等地知名教研员和知名教师，组织小学语文、小学数学、小学英语、图书管理、网络管理、科技创新、学科工作室成员等教师培训活动，培训教师550人。组织教师参加河北省教师教育学会的优质课评选、教学案例评选和主题论坛征文等活动，促进教师专业成长，提升业务能力。5月，县教育和体育局被河北省教师教育学会评为2015－2020年学会工作先进单位。

（王　涛　刘凤义）

【推动教育均衡发展】 开展全县义务教育均衡发展质量监测，推动义务教育优质均衡发展，2021年，全县义务教育发展基本均衡系数小学为0.44、初中为0.24，达到国家和河北省规定标准（达到基本均衡评估的国家标准为：小学综合差异系数不高于0.65、初中综合差异系数不高于0.55；河北省标准为：小学综合差异系数不高于0.5、初中综合差异系数不高于0.45）。完成市级县域义务教育质量监测工作，本次监测范围是县域内四年级和八年级学生，监测内容为数学和身心健康。4月8－9日，市政府教育督导委员会督导评估组对县政府2020年履行教育职责情况进行评价检查，评价结果为合格，香河县顺利通过市政府评价检查；同时，督导评估组对2021年省政府对县级政府履行教育职责评价检查进行过程性督导，提出《关于对香河县人民政府2017－2020年履行教育职责评价的反馈意见》。12月13－15日，省政府教育督导委员会组成履职评价组，对县政府2017－2020年履行教育职责情况进行评价检查，评价结果为合格，香河县顺利通过省政府评价检查。

（杨玉国）

【课堂研究】 5月，县教育和体育局教师发展中心中学组举行九年级语文、历史、政治中考复习综合观摩课活动，全县同学科教师参加听课、研讨活动，教研员针对所讲课程进行全面细致的点评，提出具体要求，明确复习方向。教师发展中心在总结“一师一优课、一课一名师”活动经验的基础上，组织开展中小学“基础教育精品课”评选活动，活动展示教师教学成果，汇集优质教学资源，服务师生教与学，促进优质均衡发展。10—11月，小学组、音体美组以教学视导为载体组织安排语文、数学、英语、科学、道德与法治、音乐、体育、美术优质课评选。10—11月，初中组以教学视导为载体安排组织语文、数学、英语、历史、地理、生物、物理、化学、道德与法制优秀课评选。10—12月，综合组组织安排心理健康、综合实践、校本课程三学科说播课、优质课比赛。

（刘凤义）

【教学常规督导检查】 加强教学常规管理，推动基础教育课程改革不断深入。下半年，教师发展中心安排了为期5周的全学科教学视导。每名教研员在总结几年来基础教育课程改革经验的基础上，根据本学科教学实际，总结出有效的课堂教学模式，再下乡进行教学视导。教研员深入课堂和教研组，了解掌握各校课堂教学效果，教师专业水平，教师精神状态，教学研究氛围及班风、校风、学风，指导课堂教学，主导由课堂教学为载体的学校校本教研、乡镇区域教研，对课堂教学、教学理念、教学设计、学生辅导、作业布置、作业处理及在教学联查中存在的问题，结合本校实际与一线教师共同研究，给出正确合理的评价，以便教师今后自身水平的提高，确保教学质量稳步提升。

强化教学常规管理，规范办学行为。教师发展中心对各校的工作计划、工作安排、工作总结进行评估，并对计划、安排的落实情况进行过程性检查，参与学校的校本教研活动共计150次。5月，进行九年级复习课随机听课。

（刘凤义）

【开展学科竞赛活动】 5月，举办小学生阅读理解能力竞赛，121名学生参加竞赛，51名学生获得奖励，74名教师获得优秀指导教师奖，5个单位获得团体奖。4月27日，举行高年级英语口语综合技能评比活动，参加比赛和现场观摩师生140人，68名学生获得奖励，24名教师获得优秀指导教师奖，8个单位获得优秀团体奖。

（刘凤义）

【语言文字工作】 4—6月，在全县中小学校开展师生规范汉字书写和经典诵读活动并举行县级比赛，440名师生获得奖项，165名教师被评为优秀指导教师。9月，以“普通话诵百年伟业、规范字写时代新篇”为主题，开展第二十四届推广普通话宣传周、推广普通话和推行规范汉字宣传月活动，增强了机关工作人员、学校师生和广大群众自觉规范使用国家通用语言文字的意识和自觉传承弘扬中华优秀传统文化的意识。

（王玉萍）

【教育扶贫】 组织建立县教育和体育局、学校、帮扶老师包联已脱贫的农村建档立卡贫困学生“三包一”制度，帮扶教师与学生结成“一对一”暖心对子，坚持每月家访了解学习、生活和思想情况，及时给予帮助和关怀，培养乐观向上的生活态度，树立正确的人生观、价值观，识党恩、知党恩、感党恩。

组织建立已脱贫的建档立卡贫困学生一人一档，落实“三免一助”（免学费、免住宿费、免教科书费，享受国家助学金）、“两免一补”（免学杂费、免教科书及课本费，享受寄宿生生活补助）等资助政策，做到已脱贫的建档立卡贫困学生资助“全覆盖”。

严格落实“控辍保学”（控制学生辍学，保证适龄儿童和少年完成九年义务教育）“七长”（县长、教育局局长、镇长、村长、校长、家长、师长）责任制，建立县、镇（街道）、村（社区）、学校四级管理台账，健全月报和动态监测长效机制。

2021年，发放学前教育资助金7.45万元，惠及149人；发放义务教育阶段困难学生生活费补助47.17万元，惠及1320人次；发放高中国家助学金45.15万元，惠及326人次；为251人次高中学生减免教科书费、学杂费和住宿费32.31万元；发放高中大学新生入学救助金3.6万元，惠及57人。发放职业高中助学金13.9万元，惠及139人，减免学费425.6万元，惠及4256人。义务教育阶段已脱贫的建档立卡贫困学生无一辍学，巩固率100%。

（王丽娜）

【新冠肺炎疫情防控】 加强学校新冠肺炎疫情防控硬性要求，切实保障防疫物资供应，实时监测师生体温，严格执行学校晨、午、晚检制度。组建疫情监测、宣传舆情、防控指导、安全稳控等多个工作组，对学校疫情防控工作督导检查，确保各项防控措施落实到位。严格落实省、市教育主管部门分批次复学要求，多部门联合对各校开学方案进行审核并实地查验，确保各类学生安全有序开学。加强新冠肺炎疫情监测，建立疫情信息报告网络和快速反应机制，实行“零报告”“日报告”制度，每天对全县中小学、幼儿园（含私立）师生出行动态、身体状况进行全面摸排统计，建立台账，分类管理，做到监测全覆盖、不隐瞒、不遗漏。多种形式开展新冠肺炎疫情防控知识宣传，精密安排学校生活区、教学区、食堂餐厅、图书馆等公共区域开展卫生大清理，每日进行严格消毒工作，把师生身心健康放到第一位。落实寄宿制学校每周二进行核酸检测，实现应检尽检，进一步细化本单位疫情防控应急预案，完善工作流程，从指挥协调、人员分工、场地安排、物资分发、隔离转运、信息报送等各操作环节到岗到人，达到无缝衔接。民办学校在疫情防控工作上，坚持与公办学校、幼儿园同部署、同要求、同检查。在寒暑假开学前，县教育和体育局悉心指导各民办学校、幼儿园和校外培训机构完善开学方案、应急预案，逐一检查各单位疫情防控措施落实情况，确保师生、幼儿健康安全。

（董新明　张炳江）

法治安全及信访工作

【概况】 以打造“安全和谐校园”为目标，加强校园安全工作管理，加大安全设施投入力度和扫黑除恶专项斗争工作力度，强化安全法治教育宣传，增强师生自我保护意识，提高应急避险能力，促进学校安全管理能力提升，维护校园和谐稳定。

【校园法治教育】 5月，开展预防传销集中宣传月活动，累计发放宣传资料300余份。6月，在全县教育系统内开展学习宣传贯彻实施新修订的教育法活动。9月，联系公安、检察院、法院、司法等部门，为全县87所中小学幼儿园配备校外法治副校长94名，并邀请其为学校做讲座，提高了师生的法治意识。12月，依托宪法宣传周开展学宪法、讲宪法活动；开展青少年禁毒宣传教育工作，在市、县禁毒办组织的禁毒知识竞赛中，有29名教师、4名学生获得表彰；联合县司法局、县法治宣传教育领导小组办公室在全县教育系统内开展法治征文活动，212名教师、177名学生获奖；开展反诈骗宣传教育活动，发放宣传资料3万余份，提高广大师生反骗防骗能力；组织全县教育系统员工安装“国家反诈中心”App，安装率100%，通过开展“小手拉大手”活动，动员学生引导家长安装“国家反诈中心”App，家长安装率70%以上。

【平安校园建设】 围绕创建“平安和谐校园”工作目标，强化安全隐患排查治理，全面加强校园安全管理。强化责任意识，与各国办中小学校、各镇中心总校签订《香河县教育系统2021年安全目标管理责任书》《2021年度消防安全责任状》，厘清安全责任边界，完善健全管理体系，实现安全管理人员、时间和空间上的全覆盖。

加强安全教育。通过安全知识讲座，收看安全警示教育纪录片、开学安全第一课，发放安全宣传材料，开展应急演练等形式进行交通安全、消防安全、食品安全、防溺水等宣传教育活动，全面增强广大师生的安全意识和安全防范能力。

强化排查整治。重点加大基础设施安全、校园安防管理、消防安全、饮食安全、交通安全等9项重点检查内容力度，投入17.1万元，委托县气象局和县卫生健康局等部门对学校饮用水、防雷装置、1.5万平方米校舍进行检测。经查，发现防雷装置不合格学校23所，安全隐患50处，全部整改到位。

加强校园安防建设。投入资金650余万元，为全县公立学校配备185名专职保安员和专用防暴器械，通过一键报警、铁马护栏、智能升降柱和配置专职保安等方式加大校园安防力度，确保校园师生安全。

维护系统和谐稳定。开展全民反诈、“严防传销进校园”、“护苗·法律知识进校园”网络答题竞赛、普法进校园、禁毒宣传等活动，组织75所中小学校校外法治副校长聘任进校园开展普法工作，增强师生法治意识，营造学法、知法、守法、用法环境氛围。

（黄云华）

【信访工作】 做好矛盾纠纷排查和调处，针对群众反映的问题，进行深入调查，并按规定及时进行反馈，得到了广大群众的支持和理解，提升了教育系统的社会声誉。2021年，全县教育系统情况稳定，没有群体性事件和大规模上访事件发生，没有出现越级上访事件，全年受理信访件461件，办结率、答复率均100%。

（范江文）

教育成果

【概况】 2021年，全县实施重点教育工程项目26项，总投资1.38亿元，改造校舍面积4.55万平方米，其中，列入县重点民生项目22项。投入522.5万元，购置教育教学设备。扎实开展疫情防控，稳步推进开学复课，教学质量稳步提升。面向全国公开招（选）聘319名优秀毕业生充实教师队伍。通过互动、培养、支教形式交流教师219人，进一步促进教育资源均衡发展，缩小了校际、城乡师资水平差距，大班额治理成效显著。营养改善计划、助学政策、惠民政策全面落实。普惠性民办幼儿园由2017年的2所增加至39所，受惠幼儿5300人。全县校外培训机构由原来的79家压减至56家，学科类培训机构全部清零。

（贾晓坤）

【中考】 2021年，香河县中考成绩居全市各县（市、区）前列。中考包括文化课考试和体育考试，中考总分数为640分，其中，文化课考试占600分，体育考试占40分，6月21—22日举行文化课考试。全县中考报名人数为3679人，比上年增加289人。县第一中学计划录取统招生234人，实际录取232人，录取分数线545分；计划录取指标生936人，实际录取943人，最低分数控制线455分。县第三中学录取分数线389分，县职业技术教育中心录取分数线为255分。

（高凌辉）

【高考】 2021年，全县高考报名人数2977人，比上年减少50人。单招提前录取559人，选科后参加6月7—9日普通高考人数为2261人。普通高考考生中，在县第一中学考场参加首选科为物理科的考生1080人，在县第三中学考场参加首选科为历史科的考生1150人，对口类考生31人。县第一中学高考分数600分以上高分段有38人，大学本科上线人数1413人，上线率90.5%；县第三中学大学本科上线人数为388人，上线率64.3%。全县大学本科、专科录取考生2554人，高考总录取率85.8%，其中，大学本科录取考生1393人，专科录取考生1161人。

（王海鹏）

【国家、省、市、县级课题立项】 2021年，“十三五”省级课题结题1项、市级课题结题9项，香河县教育科学研究“十三五”规划课题完成结题；完成“十四五”规划课题立项工作。

（刘凤义）

【教育、教学研究成果】 2021年，在河北省教育厅开展的“基础教育精品课”遴选活动中，香河县7名教师获得省级一等奖；校本课程《运河流香》参加省级优质课评选；在河北省高中综合实践活动优质课评选活动中，县第一中学教师薛福莲《高中生考试焦虑问题的研究》一文获二等奖。在廊坊市教育研究工作项目活动中，香河县32名教师获得市级奖励；在廊坊市中小学教师教学技能大赛中，香河县9名教师获得市级奖励；在廊坊市中小学思想政治理论课教师授课比赛中，香河县8名教师获得市级奖励；在廊坊市优质课评比活动中，香河县有40名教师参加并取得了优异成绩；在廊坊市小学语文、数学、英语、道德与法治学科教师素养大赛活动中，香河县获得英语一等奖，语文、数学、道德和法治分别获得二等奖；全县有12名教师被评为市级骨干教师。

2021年，在河北省中小学实验教学说课活动中，香河县1名教师获省三等奖；在河北省信息技术与教学融合优质课大赛评比中，香河县1名教师获一等奖、1名教师获二等奖、2名教师获三等奖；在河北省第六届微课大赛评比中，香河县2名教师获一等奖、2名教师获二等奖、9名教师获三等奖。在廊坊市小学科学教师说播课比赛中，香河县1名教师参赛并获得一等奖；在廊坊市中小学实验教学说课活动中，香河县6名教师获一等奖、6名教师获二等奖、6名教师获三等奖；在廊坊市信息技术与教学融合优质课大赛评比中，香河县4名教师获一等奖、3名教师获二等奖、7名教师获三等奖；在廊坊市第六届微课大赛评比中，香河县11名教师一等奖、15名教师二等奖、36名教师三等奖。

在河北省教师教育教学信息化交流评比活动中，香河县1名教师获二等奖、1名教师获三等奖。在廊坊市教师教育教学信息化交流评比活动中，香河县1名教师获一等奖、11名教师获二等奖、13名教师荣获三等奖；在廊坊市第三十一届自制教具评选活动中，香河县教育和体育局获优秀组织奖、3名教师获一等奖、6名教师获二等奖、10名教师获三等奖；在廊坊市中小学经典阅读与读书活动评比中，香河县4件作品获一等奖、5件作品获二等奖、4件作品获三等奖；在廊坊市中小学教师信息化教学研修与实践成果交流评比活动中，香河县5件作品获一等奖、9件作品获二等奖、15件作品获三等奖；在廊坊市第二届科普作品征集活动中，香河县获科学图画类一等奖1名、二等奖3名、三等奖6名，科学短视频类一等奖2名。

在廊坊市第十五届中学生运动会足球比赛中，香河县获得初中男子组第五名，初中女子组第三名，县教育和体育局获得体育道德风尚奖和优秀组织奖；10月8—11日，在廊坊市体育教师技能大赛中，香河县16名教师获得一等奖；在廊坊市小学教师教学技能大赛中，香河县1名教师获一等奖、3名教师获二等奖。

（刘凤义）

【个人成就及奖项】 2021年，教师董克娜被评为河北省师德标兵；田海仙、徐春霞、杨超颖、康东明、李颖、张毅、于红文、赵静、韩海霞、李双红、陈志华、董克娜12名教师被评为廊坊市骨干教师；董克娜、刘长虹、程海英、张佩珍、张玉珍、李颖、张伟、胡伯龙9名教师被评为廊坊市师德标兵。

（刘凤义）

【文化艺术类比赛】 坚持以社会主义核心价值观为主线，突出爱国主义教育，促进学生全面、健康、快乐成长，培养文明、有礼、爱国、奉献的新时代好少年。开展"传承红色基因、清明祭英烈"主题教育活动，全县4.5万余名师生参与网络祭奠、主题班会、书画及征文作品征集等线上活动。组织学习"青年大学习"网上主题团课；举办迎国庆"爱我中华、强我国防"主题演讲；"关注时事胸怀天下"中小学时事知识竞赛；"爱国心、报国情、强国志"主题征文，征集作品140余件，培养学生良好政治素质，加强爱国主义教育。

（王亚莉）

河北省香河县第一中学

【概况】 河北省香河县第一中学始建于1940年，是河北省示范性普通高中、省级重点中学、中华绿色名校。学校占地15.67公顷（235亩），总建筑面积7.2万平方米。2021年，有教学班76个，学生4309名，在岗教师436名，其中，正高级教师1名、副高级教师121名，省特级教师4名、省级骨干教师5名。教育教学设施具有多媒体教学设备、计算机教室、电子备课室、校园网、天文观象台、理化生实验室、通用技术专用教室、图书馆。3月，被廊坊市教育局评为2020年度廊坊市学校安全工作先进单位；11月，被共青团廊坊市委评为廊坊市星级中学团校；12月，被中共廊坊市委、廊坊市人民政府评为廊坊市文明校园；先后被县委县政府评为2020年度优秀领导班子、香河县创建文明县城先进单位、2020年度文明单位和教学质量先进集体。

【干部队伍建设】 领导班子队伍通过不断学习、实践，做到讲政治、讲党性、讲原则，具有大局意识、奉献精神和较强的组织领导能力。加强学习、培训、指导，打造一支政治过硬、业务精湛、善于管理的中层干部队伍。坚持办公会议和工作通报制度，建立健全勤政廉洁制度和工作责任追究制度，落实党风廉政建设主体责任，层层签订责任书，建立健全班子成员值班制度和分包年级组和科室制度。

【教师队伍建设】 开展师德师风建设，持续推进在职教师有偿补课治理活动。培树"名师"，加大教研教改力度，以科研促教学，以科研推动"专家型、学者型"教师的培养，更新教育观念。加大听评课以及集体教研的力度，高度重视青年教师的培养，组织好全校的过关课、示范课、优质课，不断提高师资水平。"请进来，走出去"，进行"新课程、新教材、新高考"等方面的培训，拓宽教师视野。

【学生管理】 学生违纪率控制在0.5%以内，未出现违法犯罪等治安案件；进行"成人"教育，加强学生思想政治教育、德育教育、生命健康教育、安全法制管理、心理健康教育、文明礼仪养成教育。培养学生良好的自主学习习惯，增强劳动观念，提高综合素质。

【教学工作】 加强教育科研和教学研究。推进教师走学术型发展道路，加强先进教育理论的学习，加强先进教学模式、教学方式成果的推广和实践，坚持教育科研为教育教学服务、为促进教师专业发展服务。加强常规教学管理和教学质量管理。组织2021年高考经验交流大组教研活动，对教师备课、上课、听课、教学反思、作业批改与辅导情况进行严格检查确保常规教学质量。加强对学生学习方法的指导。注重培养学生良好的学习习惯、学习兴趣；开展英语学科书写比赛及各学科不同形式内容的学习竞赛活动；作业的布置做到适量适中、批改与讲评及时，提高了作业的有效性。严格考试管理，进行科学质量分析。各年级扎扎实实做好月考分析工作，有数据，有理论，有方法，有措施，使教学工作稳步推进，教学成绩不断提高。

【改善办学条件】 4月底，香河县第一中学体育馆工程开工建设，工程建筑面积5187.97平方米，占地面积3091.22平方米，建筑高度20.95米，11月10日完成项目主体封顶施工。东花园渣土外运清理，园内绿化及景观、道路等进行修整。锅炉房、中水房用电改接西路变压器，连接发电机，确保停电状态供水正常。暑假期间，运动场绿荫草皮改造升级。

【教学成果】 2021年，高考大学本科上线率90%，高考物理组合本科上线835人、历史组合本科上线578人，为高校输送优秀人才1413人。600分以上高分段人数38人；香河县第一中学学生李铁在山西省参加高考，成绩701分，被北京大学录取。省学考通过率98.6%，体育达标率100%。

（赵默然）

香河县教师进修学校

【概况】 香河县教师进修学校位于香河县淑阳镇兴济路10号，是一所隶属于县委、县政府的中等专业学校，总占地面积1.25公顷（18.75亩）。2021年，在编在岗教职员工43人，其中，专任教师33人，全部为大学本科及以上学历；高级职称8人，中级职称21人，助理级职称4人。主要担任全县中小学教师继续教育工作、科任教师培训、骨干教师培训、师德培训、学历提高培训等，对新上岗教师、非师范类毕业生、新任小学校长等进行岗前培训。拥有集办公、教研、教学于一体的综合楼1栋，标准教室8个，其中，普通教室2个，微格实验室、专用语音教室、综合实验教室、图书资料室、微机室、档案室各1个，能同时开展350人以上的培训。建有网络系统，能够实施网络教学。学校图书室藏书8500余册，各类报刊74种，音像资料总量1300余小时。

【校园建设】 2021年，做好校园绿化、美化和校园文化建设，改善办公条件，优化校园环境。安装15平方米高标准宣传橱窗，加强宣传阵地建设；更换办公室、专业教室的窗户，更新部分桌椅，购置电子白板、触控一体机各1套，更新微机室、多媒体教室教学一体机；安装启用人脸识别系统，校园出入口安装电动门，提升校园的安全保障；新建教师活动室，校园内安装健身器材，丰富校园文化生活，增强教职工体质；安装净水机，保障教师的饮水健康。

【教学教研】 完成全县中小学教师全员远程培训工作。3月起，对2020年度全县中小学教师全员进行远程培训，学校9名辅导教师通过网上学习、研修、交流、辅导答疑与校本教研、校本研修相结合的模式开展培训，圆满完成了2020年度继续教育各项培训任务，协助督促全县参训教师按时段完成网上学习，及时反思、整理培训过程中出现的问题，总结经验，为下一年度培训做好准备。

【特色教学】 组织全县中小学教师到北京市通州区参加研修培训。为提高全县中小学教师的教学能力，经与北京市通州区教师研修中心协调，会同县教育和体育局组织全县小学语文、英语、科学、数学，初中地理、历史、语文等286名学科教师赴通州区芙蓉小学、史家小学通州分校、后南仓小学、潞河小学、运河中学、人大附中通州校区等多所名校研修交流学习，提升了一线中小学教师的业务水平和教育教学能力。

6月9日，香河县英语教师代表到北京市史家小学通州分校开展教研交流　　冯晓明 摄

【教师资格证注册工作】 组织全县 106 名中小学教师完成教师资格证网上申报、网上确认、网上初审工作。现场审核教师资格定期注册申请表、教师资格证原件、继续教育证原件，现场审核聘用、考核、师德表现、身心健康证明等材料。协助廊坊市教育局进行网上审核和材料审核，协助县教育和体育局对教师资格注册档案材料归档整理。

【校本教研】 为提高教师的基本功，陶冶教师的情操，5 月，举办教师毛笔字、钢笔字、粉笔字比赛；邀请香河书画协会到校开展书画笔会，教职工与书画家进行深入学习和交流，提升了广大教职工语言文字应用能力和人文素养，提高了规范汉字的书写水平。10 月，开展教师优质课评比活动，聘请专业评委进行评比，对评选出的优秀作品获奖教师给予表彰奖励。

（冯晓明）

河北省香河县职业技术教育中心

【概况】 河北省香河县职业技术教育中心（简称县职教中心）是一所集职业高中、职业中专、技能培训多种办学形式于一体的中等职业教育机构，占地 5.7 公顷（85.5 亩），建筑面积 26815.6 平方米，有主楼 7 栋，其中，教学楼 2 栋、实训楼 1 栋、生活服务楼 3 栋、办公楼 1 栋，可容纳学员 2000 余人。2021 年，有教职员工 148 人，专任教师 140 人，教学班 52 个，全日制在校生 2077 人，年内招生 609 人，应届毕业生合格率 100%，就业率 96%。荣获 2021 年廊坊市第一届中等职业学校班主任能力大赛团体三等奖、廊坊市中等职业学校技能大赛教学能力比赛优秀组织奖，荣获香河县“诵读中国”经典诵读大赛一等奖及“五好”活力团组织、创建省级文明县城先进单位、文明单位、教育经费统计先进单位、巾帼建功先进集体等称号。

【师德师风建设】 组织教师学习贯彻全国教育大会、全国职业教育大会和河北省“办好人民满意的教育暨职业教育大会”精神，把握职业教育发展方向、类型定位，了解现代职业教育体系的构成和中职教育的基础性地位，提升全体教师的担当意识、职责意识。组织全体教师学习《中华人民共和国教育法》《中华人民共和国教师法》《中小学教师职业道德规范》《关于中小学教师违反职业道德行为处理办法》等相关法律法规，不断强化师德师风对践行立德树人根本任务的保障作用。及时传达省教育厅致全体教师的一封信，警钟长鸣，提示教师时刻不忘自身育人职责。在县教育和体育局举办的 2021 年师德论坛征文暨师德风采演讲活动中，5 名教师分别荣获二等奖、三等奖、优秀奖和最佳风采奖。

【高考成果】 精心组织参加天津市春季高考、河北省高职单招和对口升学考试。大学本科上线 2 人，分别被天津财经大学珠江学院酒店管理专业和天津大学仁爱学院机械设计制造及自动化专业录取，43 人分别被天津市其他重点高职高专院校录取，省内高职院校上线221人。

【加强师资培训】 41名教师参加“职业教育教学成果奖培育与申报策略”慧网抗疫直播公益大讲堂活动，为河北省第十届职业教育教学成果申报做准备。113名教师参加“全国职业院校在线精品课程建设培训班”学习。5名教师参加国家级培训项目学习，11名教师参加省级培训，1名教师参加县级培训，均圆满完成培训任务。全体教师参加廊坊市2021年高中心理健康（生涯规划）教育研究直播学习，全员远程培训第三阶段合格率100%。40名新入职教师参加市县2020—2021年新聘任教师岗前培训，县职教中心举行第二批新老教师“青蓝工程”结对仪式，鼓励老带新、传帮带。52名教师参加河北省教师教育学会组织的优质课评选、教学案例评选和主题论坛征文等活动，21名教师获奖。5支教学团队共18名教师参加廊坊市中等职业学校教学能力比赛均获奖。

【助力京津冀协同发展】 保持并推动天津春季高考项目向更高质量发展，45名学生全部升入高等院校，其中有2名学生学被本科院校录取。继续深化“通武廊”和廊坊市“北三县”与通州区一体化两个板块的职业教育协同发展。积极组织参加第二届市级“通武廊”职业学校技能竞赛各赛区赛项，再次承办学生职业生涯规划设计比赛，并取得优异成绩。2名学生获职业生涯技能挑战赛一等奖，30余名师生分获各赛项二、三等奖。与北京新城职业学校结对，两校教师开展教学研讨。“58”同城大学引产入校项目签订协议，与长安汽车北京基地初步达成汽车运用与维修专业共建合作意向。

5月18日，组织参加2021年“丹佛斯”杯通武廊职业学校学生技能大赛职业生涯技能挑战赛 县职业技术教育中心供图

【密切校企合作】 定向培养，产教融合。根据学业水平和就业意愿，开设技能班，围绕企业需求和产业导向，加强技能培养。输送35名学生到中酿艺品（北京）酒业有限公司跟岗实习，输送80名实习生参与北京市政府“12345”市长热线、卫生健康委员会“114”挂号系统热线跟岗实习。持续输送旅游服务与管理专业学生参加全国“两会”服务，得到中央军委机关事务管理总局京西宾馆管理局、北京铁道大厦有限责任公司的高度评价。高铁服务专业对接北京铁

11月5日，县职业技术教育中心与香河经济开发区管委会联合召开服务企业发展恳谈会 县职业技术教育中心供图

路局北京客运段、北京地铁等单位；3D 打印专业以 3D 建模、后期处理、打印工程师、3D 打印成品修复等为主要实习及就业岗位，学生向北京、上海、天津、深圳、厦门等全国一、二线城市实习就业；汽车运用与维修、计算机、学前教育、机械加工技术等专业积极对接京津冀生产或服务型实体企业。11 月 5 日，县职教中心与香河经济开发区管委会联合召开服务企业发展恳谈会，助力企业解决招工难、用工难问题，并就现行职业教育政策及未来职业教育发展、校企合作、专业共建、人才培养、技能培训等进行讨论交流，15 家规模以上企业负责人参会。

【推动人才培养】 推进“1 + X”证书试点建设，巩固电子商务、汽车运用与维修、网店运营推广“1 + X”证书项目成果。探索企业新型学徒制培训。筹划引入企业新型学徒制（招工即招生、入企即入校、企校双师联合培养）教学新模式，探索企业职工培训新方式，助力企业青年技能人才培养，促进劳动者高质量就业。对接香河县强盛电动车制造有限公司、香河凯华齿轮有限公司、香河县大拇指亲子幼儿园、香河县北大附属幼儿园等企业，发放“新型学徒制”资料，达成共同探索“双主体”育人、推进校企合作协同育人共识。

（侯亚凝）

体　育

【概况】 按照全民健身与健康深度融合总体要求，加强健身场地建设、大力发展冰雪运动、广泛开展全民健身活动和中小学体育赛事活动，全力促进香河体育事业高质量发展。

【城乡体育设施】 2021 年，香河县投资 189 万元，建成 63 处社区和农村体育健身设施；申请体彩公益金 20 万元，完成北岗子村篮球场建设；投资 106 万元，为钳屯镇红草湾小学、县第四中学、县第五中学、县第六中学、县第八中学 5 所学校铺设悬浮地板，并购置相关体育器材，圆满完成各项体育民心工程任务，进一步丰富了城乡公共体育健身设施，实现全民健身场地全覆盖。

【冰雪运动】 成立香河县加快冰雪运动领导小组和香河县第三届冰雪运动会组委会，主管副县长任组长，各相关职能部门和各镇相关负责人为成员，推进冰雪运动深入开展。开展冰雪运动会。12 月 10 日，举行香河县第三届冰雪运动会暨校园冰雪联赛开幕式，全县各中小学代表队、冰雪运动协会、运动员、教练员、裁判员及工作人员 350 余人参加开幕式；举办第三届冰雪运动会陆地冰壶、轮滑和滑轮等各项赛事活动，运动员、教练员、裁判员及相关工作人员 2000 余人参与运动会。开展冰雪进校园活动。全县各中小学举办校园冰雪季联赛系列活动，增加师生对冰雪运动的认识，普及冰雪运动，并通过“小手拉大手、小手教大手”方式，提高群众对冰雪运动的关注度和参与度。为 11 所农村小学发放轮滑鞋 410 双；筹措资金 80 万元，为 18 所学校购买轮滑鞋 1017 双，为县域中小学普及轮滑运动奠定基础。全县 7.35 万名中小学生参

9 月 16 日至 10 月 22 日，香河县开展冰雪“大篷车”活动。图为冰雪“大篷车”进校园，向学生传授轮滑技术　　县融媒体中心供图

与到冰雪活动，实现冰雪进校园全覆盖。推动全民参与冰雪运动。开展"乡村冰雪大篷车""企业冰雪大篷车"下基层等活动，在9个镇的27个行政村、16个社区举行冰雪体验活动，培训冰雪社会指导员300余名，开展冰雪体验活动50次。加强媒体宣传。在国家级媒体发稿2篇，省级媒体发稿12篇，市级媒体20篇，发放冰雪知识手册5万余份，营造了全民参与的浓厚氛围，全县参与冰雪运动人数达到19.89万人。

4月28—29日，2021年度香河县中小学田径运动会在县第一中学体育场举行。图为初中女子组100米比赛　县融媒体中心供图

【群众性体育活动】 5月，在水岸潮白旅游片区举办河北省自行车联赛（香河站）。赛事由水岸潮白旅游开发有限公司、香河县铠骑自行车俱乐部协办，来自京津冀地区500余名爱好者参赛。为挖掘大运河体育旅游资源，打造香河县"大运河"体育文化特色示范活动品牌，6月，举办"走大运"健步走活动，2000余人参与。4—11月，举办第九届京津冀大联盟足球赛，来自香河、北京、天津、唐山等地14支球队参赛，香河县已成功举办9届京津冀大联盟足球赛。参与"全民健身日"启动仪式，8月8日为全国"全民健身日"，县教育和体育局通过"线上＋线下"相结合的方式，在做好新冠肺炎疫情防控的前提下，开展线下健身活动，丰富群众业余生活，满足大众健身需求；自行车、跆拳道、足球、篮球、羽毛球、长跑等多个县级协会组织开展线上展示主题活动。

【校园体育比赛】 牢固树立学校教育"健康第一"指导思想，全面提高学生的身体素质，促进学生全面发展，组织开展中小学乒乓球赛、篮球赛、门球赛、长跑赛等各项赛事。4月28—29日，2021年度香河县中小学田径运动会在县第一中学体育场举行（部分投掷项目于27日在县第七中学举行）。副县长刘雪艳，县委宣传部、县教育和体育局等相关单位负责人及各学校领队出席开幕式，县城内第二小学、县第二中学、县城内第四小学、县第一中学分别进行团体操表演，县融媒体中心对开幕式进行现场直播，媒体点播率达到10万余人次。本次运动会设有小学组、初中组、高中组，包括100米、400米、跳远、跳高等项目，其中，高中女子组跳远和高中男子组100米两项成绩打破县田径纪录。

5月18—21日，2021年香河县中小学生篮球赛（小学组）在县城内第四小学举行，全县44支球队参赛。其中，小学男子组14支球队、女子组14支球队，初中男子组8支球队、女子组6支球队，高中男子组2支球队。

6月2—3日，2021年香河县第二十一届中小学生门球赛在香河县老干部局服务中心门球场举行，全县15支代表队参赛。

4—7月，组织开展全县中小学体育学科教师的案例、教学设计评比活动，参评体育与卫生课件186份、体育与健康课教学案例128份，经审核，选出体育优秀课件71份、卫生优秀课件20份、体育教学案例68份。

【赛事活动】 组织参加廊坊市第八届全民运动会，荣获群体组门球、足球赛第一名，持杖健步走体育道德风尚奖；全县170名优秀青少年运动员参加青少年组的13个项目的比赛，获得金牌13枚、银牌11枚、铜牌21枚，其中，荣获青少年组象棋赛丙组第一、第二名，女子田径获团体总分第二名，男子篮球、羽毛球、跆拳道和女子田径、柔道获得团体总分第三名；香河县以956分的总成绩排名全市第五。组队参加廊坊市第三届冰雪运动会，在轮滑、陆地冰壶、滑冰等比赛项目中，荣获9项冠军、6项亚军、6项季军，香河县代表队荣获突出贡献奖、优秀组织奖和体育道德风尚奖。

【体育协会组织】 2021年，全县拥有体育总会、老年体育协会、冰雪运动协会、社会指导员协会以及足球、篮球、长跑等其他各类体育协会和俱乐部24个。县教育和体育局做好各协会的业务管理工作，指导各协会发挥群众体育服务作用，增强群众体育活力，引领和带动更多的群众参与体育健身活动，推动全县体育事业健康、蓬勃发展。

（袁炳毅 刘凤义）

2021年度香河县举办体育（赛事）活动一览表

表37

举办时间	体育（赛事）活动名称	主办单位
4月5日	香河县第九届京津冀大联盟足球赛	香河县教育和体育局
6月24日	香河县第五届“县长杯”青少年足球赛暨香河县中小学生足球赛	香河县教育和体育局
6月26日	香河县大运河健步走活动	香河县教育和体育局
9月16日	香河县社区和乡村冰雪运动暨“冰雪大篷车”启动仪式	香河县人民政府
9月30日	香河县“心向冬奥”校园冰雪季启动仪式	香河县人民政府
12月10日	香河县第三届冰雪运动会暨校园冰雪联赛开幕式	香河县人民政府
12月18日	香河县第三届冰雪运动会轮滑比赛	香河县人民政府
12月26日	香河县第三届冰雪运动会陆地冰壶比赛	香河县人民政府

（袁炳毅）

2021年度香河县教育和体育系统集体获县以上荣誉一览表

表38

序号	获奖单位	荣誉名称	授奖单位	授奖时间
1	县教育和体育局	全国青少年爱国主义读书教育活动组织优秀奖	全国青少年爱国主义读书教育活动组织委员会	6月
2	县教育和体育局	河北省教师教育先进单位	河北省教师教育学会	7月
3	蒋辛屯镇蒋辛屯中心小学	“传承红色基因、争做时代新人”学党史知识竞答活动优秀组织奖	河北省教育厅、河北省关心下一代工作委员会、河北青年报社	6月
4	刘宋镇刘宋中心小学	“手拉手学勤俭、争做新时代好队员”征文活动优秀组织奖	河北省少工委 中国少年儿童新闻出版总社	4月
5	县第四中学党支部	先进基层党组织	中共廊坊市委教育工作委员会	6月
6	县第八中学党支部	先进基层党组织	中共廊坊市委教育工作委员会	6月
7	安头屯镇安头屯中心小学党支部	先进基层党组织	中共廊坊市委教育工作委员会	6月
8	安头屯镇中心总校党支部	先进基层党组织	中共廊坊市委教育工作委员会	6月

续表 38

序号	获奖单位	荣誉名称	授奖单位	授奖时间
9	淑阳镇河南吴村小学党支部	先进基层党组织	中共廊坊市委教育工作委员会	6月
10	五百户镇第二小学党支部	先进基层党组织	中共廊坊市委教育工作委员会	6月
11	渠口镇店子务小学党支部	先进基层党组织	中共廊坊市委教育工作委员会	6月
12	县教育和体育局	廊坊市“秀我个性、炫我风采”幼儿教师技能大赛活动优秀组织奖	廊坊市教育局	5月
13	县教育和体育局	廊坊市“诵党史经典、绽劳模风采”诵读活动优秀组织奖	廊坊市总工会	8月
14	安平镇第一小学	廊坊市“爱国心、报国情、强国志”主题征文活动优秀组织单位	中共廊坊市委宣传部、廊坊市教育局	1月
15	香河县第二中学	廊坊市大、中、小学生国家安全教育网络知识问答活动优秀组织奖	中共廊坊市委国安办、廊坊市国家安全局、廊坊市教育局	4月
16	香河县第二中学	2020—2021 年度廊坊市优秀少先队大队	共青团廊坊市委、廊坊市教育局、廊坊市少工委	6月
17	县城内第五小学	2020—2021 年度廊坊市优秀少先队大队	共青团廊坊市委、廊坊市教育局、廊坊市少工委	6月
18	县城内第五小学	廊坊市依法治校示范学校	廊坊市教育局、司法局	9月
19	安平镇运河新村幼儿园	城市一类幼儿园	廊坊市教育局	6月
20	县职业技术教育中心	廊坊市第一届中等职业学校班主任能力大赛团体三等奖	廊坊市教育局、人力资源和社会保障局	5月
21	县职业技术教育中心	廊坊市中等职业学校技能大赛教学能力比赛优秀组织奖	廊坊市教育局	8月
22	香河县第一中学	2020 年度廊坊市学校安全工作先进单位	廊坊市教育局	3月
23	县幼儿园	2020 年度廊坊市学校安全工作先进单位	廊坊市教育局	3月
24	刘宋镇刘宋中心小学	2020 年度廊坊市学校安全工作先进单位	廊坊市教育局	3月
25	县幼儿园	廊坊市“五好”活力团组织	共青团廊坊市委	5月
26	香河县第二中学	廊坊市“五好”活力团组织	共青团廊坊市委	5月
27	香河县第十二中学	廊坊市“五好”活力团组织	共青团廊坊市委	5月
28	香河县第三中学	2020 年度廊坊市绿色校园	廊坊市教育局、生态环境局	4月
29	香河县第十中学	2020 年度廊坊市绿色学校	廊坊市教育局、生态环境局	4月
30	县第二幼儿园	2020 年度廊坊市绿色校园	廊坊市教育局、生态环境局	4月
31	安平镇第一小学	2020 年度廊坊市绿色学校	廊坊市教育局、生态环境局	4月
32	安平镇第三小学	2020 年度廊坊市绿色学校	廊坊市教育局、生态环境局	4月
33	安平镇运河新村幼儿园	2020 年度廊坊市绿色学校	廊坊市教育局、生态环境局	4月
34	钳屯镇红草湾小学	2020 年度廊坊市绿色学校	廊坊市教育局、生态环境局	4月
35	五百户镇第二小学	2020 年度廊坊市绿色校园	廊坊市教育局、生态环境局	4月
36	刘宋镇北务屯小学	2020 年度廊坊市绿色学校	廊坊市教育局、生态环境局	4月
37	渠口镇渠口中心小学	2020 年度廊坊市绿色学校	廊坊市教育局、生态环境局	4月
38	渠口镇牛济河中心小学	2020 年度廊坊市绿色学校	廊坊市教育局、生态环境局	4月
39	县教育和体育局	廊坊市第八届全民运动会青少年组男子篮球第三名	廊坊市体育局	1月
40	县教育和体育局	廊坊市第八届全民运动会青少年组田径比赛女子团体第三名	廊坊市体育局	1月
41	县教育和体育局	廊坊市第八届全民运动会青少年组跆拳道男子团体第三名	廊坊市体育局	7月
42	县教育和体育局	廊坊市第八届全民运动会青少年组柔道比赛女子团体第三名	廊坊市体育局	6月

续表 38

序号	获奖单位	荣誉名称	授奖单位	授奖时间
43	县教育和体育局	廊坊市第八届全民运动会群体组持杖健步走优胜奖	廊坊市体育局	5 月
44	县教育和体育局	廊坊市第八届全民运动会群体组足球第一名	廊坊市体育局	6 月
45	县教育和体育局	廊坊市第八届全民运动会门球比赛第一名	廊坊市体育局	6 月
46	县教育和体育局	廊坊市第十五届中学生运动会足球比赛初中女子组第三名	廊坊市教育局	7 月
47	县教育和体育局	廊坊市第十五届中学生运动会足球比赛初中男子组第五名	廊坊市教育局	7 月
48	县教育和体育局	廊坊市第十五届中学生运动会足球比赛优秀组织奖	廊坊市教育局	7 月
49	县教育和体育局	廊坊市第十五届中学生运动会足球比赛体育道德风尚奖	廊坊市教育局	7 月
50	香河县第一中学	教学质量先进集体	中共香河县委、香河县人民政府	9 月
51	香河县第一中学	2020 年度优秀领导班子	中共香河县委、香河县人民政府	3 月
52	香河县第一中学	2020 年度文明单位	中共香河县委、香河县人民政府	6 月
53	香河县第二中学	2020 年度文明单位	中共香河县委、香河县人民政府	6 月
54	香河县第三中学	2020 年度文明单位	中共香河县委、香河县人民政府	6 月
55	香河县第四中学	2020 年度文明单位	中共香河县委、香河县人民政府	6 月
56	县职业技术教育中心	2020 年度文明单位	中共香河县委、香河县人民政府	6 月
57	县城内第二小学	2020 年度文明单位	中共香河县委、香河县人民政府	6 月
58	县城内第五小学	2020 年度文明单位	中共香河县委、香河县人民政府	6 月
59	淑阳镇池套小学	2020 年度文明单位	中共香河县委、香河县人民政府	6 月
60	淑阳镇矬口中心小学	2020 年度文明单位	中共香河县委、香河县人民政府	6 月
61	安平镇第一小学	2020 年度文明单位	中共香河县委、香河县人民政府	6 月
62	钳屯镇钳屯中心小学	2020 年度文明单位	中共香河县委、香河县人民政府	6 月
63	五百户镇五百户中心小学	2020 年度文明单位	中共香河县委、香河县人民政府	6 月
64	刘宋镇庆功台小学	2020 年度文明单位	中共香河县委、香河县人民政府	6 月
65	安头屯镇安头屯中心小学	2020 年度文明单位	中共香河县委、香河县人民政府	8 月
66	渠口镇渠口中心小学	2020 年度文明单位	中共香河县委、香河县人民政府	6 月
67	蒋辛屯镇梁家务小学	2020 年度文明单位	中共香河县委、香河县人民政府	6 月
68	县城内第五小学党支部	先进基层党组织	中共香河县委	6 月
69	县职业技术教育中心	2020 年度创建省级文明县城先进单位	中共香河县委、香河县人民政府	3 月
70	香河县第二中学	2020 年度创建省级文明县城先进单位	中共香河县委、香河县人民政府	3 月
71	香河县第三中学	2020 年度创建省级文明县城先进单位	中共香河县委、香河县人民政府	3 月
72	县城内第二小学	2020 年度创建省级文明县城先进单位	中共香河县委、香河县人民政府	3 月
73	县城内第三小学	2020 年度创建省级文明县城先进单位	中共香河县委、香河县人民政府	3 月
74	县城内第五小学	2020 年度创建省级文明县城先进单位	中共香河县委、香河县人民政府	3 月
75	香河县第二中学	香河县第五届“县长杯”青少年足球联赛暨香河县中小学生足球赛亚军	香河县人民政府、县教育和体育局 香河县启航足球俱乐部	5 月
76	县城内第三小学	2020 年度“学习强国”推广使用先进单位	中共香河县委宣传部	2 月
77	蒋辛屯镇蒋辛屯中心小学	香河县中小学生国家安全教育网络知识问答活动优秀组织奖	中共香河县委国家安全委员会办公室 香河县教育和体育局	6 月

（贾晓坤）

文 化

责任编辑 董长江

综 述

2021 年，香河县以满足人民群众日益增长的精神文化需求为出发点和落脚点，坚定文化自信，推动文化惠民，凝聚文化力量，完成了既定目标任务。7 月，蒋辛屯镇获评河北省乡村旅游重点镇，蒋辛屯镇梁家务村获评第三批河北省乡村旅游重点村。8 月 25 日，文化和旅游部、国家发展改革委员会联合发布《关于公布第三批全国乡村旅游重点村和第一批全国乡村旅游重点镇（乡）名单的通知》（文旅资源发〔2021〕88 号），香河县蒋辛屯镇入选全国乡村旅游重点镇（乡）名录。在第四届廊坊市乡村旅游创客大赛上，香河县水岸潮白菊香小镇项目获金枝奖（一等奖），香河县大张肉饼、水岸房车文旅小镇项目获潜力奖，香河县文化广电和旅游局（以下简称县文广旅局）获得优秀组织奖。6 月，香河文化馆刘思璋在河北省百集红色故事展播活动中被评为“十佳小小讲解员”；刘思璋表演的作品《我的“自白书”——陈然》入选百集优秀红色故事名单。在河北省文化和旅游厅与河北省工业和信息化厅共同主办的“京娘湖杯”第三届河北省文创和旅游商品创意设计大赛决赛中，香河文创作品“淑阳八景”荷系列荷包礼盒获得金奖。11 月 18 日，香河县文化馆被文化和旅游部命名为国家一级文化馆。在庆祝中国共产党成立 100 周年优秀文艺作品征集评选活动中，县文广旅局荣获优秀组织奖。8 月 28 日，县文广旅局加挂香河县文物局牌子。

文化事业

【概况】 2021 年，香河县加大基层文化综合服务中心建设力度，进一步发展壮大公共文化事业；积极抓好文化产业示范基地的龙头作用，维护文化市场健康有序运行，进一步加强非物质文化遗产的保护和传承力度，全面提升文化事业发展。

【文化产业工作】 修订《香河县县级文化产业发展引导资金使用管理办法》，7 月和 11 月，两次下发《关于开展 2021 年度县级文化产业发展引导资金申报工作的通知》，经过考察论证，对香河运河非物质文化遗产数字博物馆、香河肉饼示范店推广等 8 个项目给予 229.1 万元资金扶持，发挥县级文化产业发展引导资金的引导帮扶作用，推动全县文化产业发展。年内，新增规模以上文化企业 1 家，为廊坊文林广告传媒有限公司。组织县融媒体中心《香河县融媒体制作先导车购置改装项目》申报 2022 年度省级宣传文化发展专项资金。组织相关人员赴福建省三明市沙县区考察，制定香河肉饼团体标准，完成县域内 9 家传统香河肉饼老店的改造提升，推动香河肉饼产业化发展。

【文化产业示范基地】 全县有省级文化产业示范基地 1 个，香河国华影视基地；市级文化产业示范基地 1 个，香河县景泰蓝珐琅制品厂，在“2019 中国—东盟博览会文化展”上景泰蓝珐琅制品获最佳创意奖；2019 年 7 月，香河盛隆景泰蓝被中国老字号文化研究中心评为“燕赵老字号”。

【文化市场】 2021 年，全县有印刷企业 74 家（其中，包装装潢企业 56 家，其他印刷品企业 12 家，出版物企业 7 家，排版制版企业 1 家），互联网上网服务经营场所 14 家，文艺表演艺术团体 8 家，演出场所经营单位 1 家，歌舞娱乐场所 12 家，书店 41 家，影院 4 家，影视制作基地 2 家。

【非物质文化遗产保护与传承】 2021 年，打造建设“非遗”传承基地、“非遗”传习所 7 个。在安头屯镇文化站、蒋辛屯镇岭子村菊香小镇、淑阳镇景泰蓝工业园、蒋辛屯镇北李庄水岸潮白景区分别打造中幡和景泰蓝传承基地；在钳屯镇起河屯村、钱旺镇焦庄村、安平镇王指挥庄村分别建立通臂拳和京东大鼓传习所。统一制作标识、制度、计划、荣誉墙以及“非遗”传承所门头，设置通臂拳习练点展示牌 14 处，在小区、广场、公园、村街广场等公共场所的近 30 个习练点给予立牌明示宣传。组织开展匠心香河“非遗”文化进军营、匠心香河“非遗”文化走进香河消防、“非遗”活动进景区和“非遗”活动进校园等活动。组织香河肉饼、臭豆腐制作技艺、京绣制作技艺、虎头鞋虎头枕、五行通臂拳、安头屯中幡、烧蓝技艺参加廊坊市“非遗”中心征集活动，长城脚下话“非遗”活动、《国士吕端在廊坊》漫画丛书的编辑和“百年红色传承 千年运河流香”京津冀中幡交流大赛等活动；组织原创舞蹈《我的“自白”书》和京东大鼓《红船精神》参加河北省群众文艺作品展演。开展县级非物质文化遗产传承人推荐和香河青年特色人才申报工作。经专家评委综合评定，评选出 7 名代表性传承人和 6 名青年特色人才入围。

9 月 28 日，廊坊市文化旅游产业发展大会“文旅香河非遗展”在北运河香河中心码头举办。图为香河肉饼技艺传承人现场制作香河肉饼　　县融媒体中心供图

【文物挖掘与保护】 启动金门闸遗址公园项目建设。对涉及的政策法规进行专题研究，组织文物方面的专家召开金门闸遗址公园规划设计方案对接会，对金门闸遗址公园涉及文物保护方面的原则、程序等相关问题进行论证，与金门闸遗址资产权属方市水利局进行对接沟通。4 月，启动金门闸遗址改造提升工程，包括游客中心基础工程、环境整治、展厅设计等。年内，游客中心主体建设完工，建筑面积 50 平方米，改造完成大门 1 处；铺设南北闸台环行甬道，修葺闸台侧面护坡，做好环境整治；展厅布置金门闸遗址简介展板、乾隆御诗碑拓片及注释展板、民国金门闸复原图、多媒体互动电子图 + 动画 + 视频、模型塑造等。开展文物保护工作。对香河文庙大殿及两侧房间墙面治理涂刷，门窗外侧及柱子打磨翻新，墙面进行反碱治理，屋脊损坏部分进行修缮，彩画采用除尘保护施工；在运河沿岸 5 个码头设置运河保护石碑，内容为运河保护范围；在香河文庙、香椿营清真寺、宝庆寺设置县级文保单位保护标识；举办为期一周的“百年记忆 同心向党”庆祝中国共产党成立 100 周年革命文物展。

2021年度香河县市级以上非物质文化遗产项目一览表

表39

序号	名称	等级	传承人	序号	名称	等级	传承人
1	安头屯中幡	国家级	—	14	花丝制作技艺	市级	崔晓峰
2	五行通臂拳	省级	徐崇武	15	珐琅镶嵌制作技艺	市级	赵瑞民
3	大河各庄竹马	省级	赵明浩	16	古建模型制作技艺	市级	谢长青
4	西南街音乐会	省级	王新颖	17	香河肉饼技艺	市级	张井林
5	烧蓝技艺	省级	齐兆友	18	金漆百宝镶嵌制作技艺	市级	艾建超
6	龙舞	市级	陈秀林	19	肉糕制作技艺	市级	—
7	龙舞（倪庄老龙会）	市级	—	20	孟氏中药配制技艺	市级	—
8	西路评剧	市级	阎学文	21	京东大鼓	市级	王从民
9	文武高跷会	市级	段学中	22	田各庄臭豆腐制作	市级	姜宝臣
10	王家摆大头会	市级	—	23	红木烫蜡技艺	市级	阮昱清
11	烙画技艺	市级	阮永军	24	金银细工制作技艺	市级	钳海强
12	剪纸技艺	市级	丁云梅	25	京绣技艺	市级	王学辉
13	玉雕技艺	市级	董玉林	—	—	—	—

2021年度香河县重点文物保护对象一览表

表40

序号	名称	保护级别	类别	年代	地址
1	红庙村金门闸	国家级	古建筑	清	钳屯镇红庙村西南
2	八户村遗址	县级	古遗址	战国	刘宋镇八户村北
3	官坟遗址	县级	古遗址	战国	蒋辛屯镇苍头村西口
4	北岗子遗址	县级	古遗址	战国	蒋辛屯镇岭子村北 300 米
5	兴隆庄遗址	县级	古遗址	战国	五百户镇兴隆庄村东 300 米
6	于辛庄村北墓群	县级	古墓葬	汉	五百户镇于辛庄村东北 200 米
7	北务屯南大寺遗址	县级	古遗址	宋、元	刘宋镇北务屯村南 300 米
8	淑阳镇文庙大殿	县级	古建筑	明	淑阳镇淑阳大街县城内第一小学院内
9	香椿营清真寺	县级	古建筑	明	五百户镇香椿营村
10	宝庆寺	县级	古建筑	明	安平镇王指挥庄村北、北运河南岸
11	三岔口朝阳桥	县级	古建筑	清	渠口镇三岔口村西南

（侯立英）

影视制作产业

【概况】 全县有影视产业基地2家，分别为香河县国华影视基地和中信国安新桥影视基地。

【香河国华影视基地】 香河国华影视基地坐落在香河县钱旺镇，始建于2005年，占地约666.67公顷（1万亩）。是一家专门从事影视剧拍摄、景观制作、红色旅游、国防教育、休闲度假等综合性影视文化传播活动的民营企业。拥有高规格封闭式摄影棚9座，影棚建筑面积9.5万平方米，实景打造毛泽东主席专列、抗日战场、国防体验营、天鹅湖、国华酒堡等景观20余处。大佛快捷宾馆、明星楼等可以满足剧组及游客入住。是中国广播电影电视协会指定拍摄基地。与北京数十家电视剧制作公司、河北广播电视台及多家电影公司合作，先后拍摄了《最后一小时》《赵氏孤儿》《辛亥革命》《天下人家》《家有儿女》《亮剑2》《神话》《徐悲鸿》《狼烟北平》《百年荣宝斋》《决战黎明》《迷情姐妹》等几十部影视剧，连续3年承制并出品CCTV-11“春节戏曲联欢晚会”。

（郑万强）

【中信国安新桥影视基地】 中信国安新桥影视基地，是中信国安集团拓展影视文化产业、打造国际化电影工业体系的重要举措。基地位于中信国安第一城景区内，全部功能布局和技术标准均由好莱坞专家指导、国内顶尖行业专家参与设计，总投资约5.3亿元。是北京电影学院唯一授牌的校外实训基地，中国音乐工作委员会生产实践基地，著名软件公司THE FOUNDRY的授权培训基地和联合实验室，著名软件公司ADOBE的考试基地。影视基地由国安文化传媒（北京）有限公司进行全面管理和经营。作为国内最先进的电影一站式制作平台，基地涵盖大型摄影棚、动作捕捉棚、绿幕抠像棚、电影调色棚、音乐录音棚、杜比全景声混录棚以及特效制作区、集群渲染区、特效教学区等。基地汇聚了国际化的特效艺术家和后期制作艺术家团队，可提供从摄影棚及外景场地租赁、后期制作、特效制作、制片协作到住宿餐饮、后勤支持等全方位、高质量的电影制作全流程服务。2021年，中信国安新桥影视基地承接中央广播电视总台出品的大型院线电影《跨过鸭绿江》的影棚置景拍摄、后期制作和特效制作业务，该片荣获第八届丝路国际电影节最佳视效奖，俄罗斯奥泽罗夫军事电影节最佳视效奖。承接由爱奇艺出品，李雪琴、梁龙出演的大型系列都市情景喜剧《黏人俱乐部》的影棚拍摄；央视大型青少电视栏目《大风车》的长期影棚拍摄合作；《濒海交锋》《猎狐》《忽必烈》等影视作品的影棚置景拍摄和后期制作业务。

（孙东光）

文化旅游市场监督管理

【概况】 香河县共有A级景区4家、网吧14家、KTV12家、旅行社及服务网点17家、文艺表演艺术团体8家、演出场所经营单位1家。文化监管涉及A级景区、旅行社及服务网点、导游、互联网上网服务营业场所、经营性互联网文化单位、营业性演出、娱乐场所共7项。年内，进一步加大对文化娱乐业的监管力度，促进规范经营。

【文化旅游市场综合执法】 开展“双随机、一公开”监管工作。制定《2021年度“双随机、一公开”监管工作实施方案》，梳理年度随机抽查工作计划、随机抽查事项清单、培训计划，并在香河县人民政府信息公开平台予以公示，共组织参与1次内部抽查、2次跨部门抽查，结果均录入平台并公示。加大文化市场执法检查力度。以保障文化领域意识形态安全和文化市场平安稳定为工作重点，全面深化执法改革，加强工作队伍建设，开展市场巡查和执法监管，全年出动执法人员500余人次、车辆220余辆次，检查文化旅游市场经营企业1200余家次。深化文化市场综合行政执法改革，厘清工作职责，将8个文化市场行政执法项目下放至乡镇，并对乡镇执法人员进行专题业务培训。开展全县文化和旅游市场集中整治行动，从文化市场、文物市场、出版物市场、广播电视市场、电影市场、旅游市场和“扫黄打非”工作 7 个方面进行集中整治，查处非法出版行为 1 起。分组赴包联的企业就新冠肺炎疫情防控、安全生产和市场秩序情况开展督导检查。节日期间，每日汇总景区当日运营情况，确保各项数据无误。进一步补充完善政务服务事项清单。在完成事项梳理工作基础上，对政务平台中已认领的政务服务事项，逐条检查、核对，确保全部实施清单要素内容完整，与业务办理实际情况相符。并做好日常维护管理。

【“扫黄打非”专项行动】 2021 年，开展“扫黄打非”清源、净网、护苗等专项行动。查获黄院村一图书库房内 51 种、7 万余册盗版图书，该案件被移送公安机关立案追诉；查获渠口镇王刘圈村一图书库房内 113 种盗版图书，依法予以处置。开展校园周边社会治安综合治理项检查，及时查处校园周边淫秽色情书刊和非法出版物，查处互联网上网服务营业场所违规经营行为，开展联合执法 3 次，累计检查文旅市场 30 家次。

【安全生产】 2021 年，开展文旅行业大排查大整治专项行动，对全县文旅行业采取企业自查、行业抽查的方式进行隐患排查。与企业签订安全生产责任书和消防承诺书，并分层次对各企业负责人进行约谈，强化企业主体责任的落实。开展“安全生产月”活动，向市民发放安全生产知识手册，大力宣传安全生产知识。组织全县文旅企业开展安全生产培训、消防安全培训、应急演练、防汛演练，加强企业负责人的安全生产知识水平和应对突发事件的能力。

【新冠肺炎疫情防控】 制订并完善《香河县文化广电和旅游局新型冠状病毒疫情应急预案》，根据县防疫办《关于进一步加强 33 类重点人群核酸检测有关工作的通知》要求，每周按时组织旅游景区及配套服务设施工作人员、娱乐场所工作人员参加核酸检测。建立旅游景区及配套服务设施工作人员、娱乐场所工作人员疫苗接种台账，实时提醒接种加强针。每日坚持对全县的景区和网吧、KTV 等文化娱乐场所进行检查指导，督导各文旅经营场所按照疫情防控相关文件与指南的要求做好相关防控工作，对存在的问题提出明确的整改要求。

（侯立英）

公共文化

【概况】 建立健全县、镇、村三级公共文化服务体系，县级建有香河文化艺术中心，内设图书馆、文博馆、文化馆、非物质文化遗产展示中心，对外实行免费开放服务。2021 年，9 个镇级综合文化站定期组织开展文化活动，村（社区）综合服务中心 316 个，覆盖率达到 100%，充分满足了人民群众的文化生活需求。

【香河文化艺术中心】 香河县文化艺术中心项目是县委、县政府加强公共文化服务体系建设、改善民生的重点工程之一，采取政企共建模式进行建设。文化艺术中心是集剧场、影院、文化馆、图书馆、博物馆、“非遗”展示中心、乒羽中心、健身房等功能为一体的大型综合文化类公益项目。该项目位于县城区新华大街西段，总投资 3.3 亿元，占地面积 37.38 亩，建筑规模 3 万平方米，由香河鼎泰园区建设发展有限公司投资建设。项目于 2016 年 11 月底竣工，2017 年 4 月 28 日全面对外开放，文化馆、图书馆、文博馆、“非遗”展示中心 4 馆免费对外开放。2021 年，受新冠肺炎疫情影响，继续实行预约进馆。通过“乐享冀”“畅游冀”微信小程序，分时段、实名预约，凭预约码入馆，文化馆、图书馆、文博馆全年预约进馆 68129 人次，60 周岁以上老年人或残障人士可持本人有效身份证或退休证现场实名登记入馆。

【香河县图书馆】 香河县图书馆位于香河文化艺术中心二、三、四层，总面积 9446.5 平方米，2015 年，按照部颁二级图书馆标准进行施工建设，2018 年 8 月，在第六次全国县级以上公共图书馆评估定级中被评为二级图书馆。每周免费开放 6 天（星期二闭馆整理），开放时间为 9：00—21：00，每周开放 72 小时。每周六下午举办品味书香读书会，每周日下午举办绘本讲读活动、每周一课、英语角等惠民活动。截至 2021 年，香河县图书馆藏书 34 万册，其中，纸质图书 21 万册，电子书 10 万册，听书 3 万辑，期刊 114 种、报纸 14 种、特藏图书 3135 册，图书馆数字资源达到 8TB。

2021 年，香河县图书馆在做好新冠肺炎疫情防控的基础上，积极开展线上、线下公共文化服务，图书馆全年服务读者 12.96 万人次，文献流通 8.16 万册次，读者咨询 9000 余条；新增办理读者证 801 张，累计办理读者证 1.2 万余张；“香河县图书馆”微信公众号新增关注人数 1206 人，累计关注人数 11738 人；组织线上线下公共文化活动共 417 场，其中，线上活动 248 场、线下活动 37 场，志愿者活动 22 场、展览 26 场、讲座 26 场、公益文化培训班开展活动 26 场、流动服务 32 场；服务线上、线下读者 30 余万人次；完成基层业务培训、指导乡镇分馆工作，完成内部业务培训 22 场；香河县图书馆作为公益性组织，年内，有志愿者 559 人，开展志愿服务活动

4 月 26 日，县图书馆举办“迎五一 颂劳动”儿童阅读和志愿劳动实践活动
县文化广电和旅游局供图

22 场。

开展特色活动。4 月 17 日，举办“4·23”世界读书日军民共读“讴歌锦绣中华 致敬百年华诞”全民诵读活动；5 月 3 日，在文化艺术中心一层剧场演出儿童剧《灰姑娘与水晶鞋》；9 月 11 日，在文化艺术中心戏楼开展“情满中秋 共度好时节”迎中秋主题活动；9 月 16 日，在香河县特殊教育学校，举办“爱在中秋”送文化进特校慰问活动；4 月 26 日，举办“迎五一 颂劳动”儿童阅读和志愿劳动实践活动；9 月 25 日，在北运河香河中心码头举办“手绘运河 礼赞家乡”——文化创意亲子手绘看盘活动；开展“快乐学习助成长 扬帆启航赢未来”青少年研习社活动，共 10 期，230 余组家庭参加了活动。开展“传承优良家风、坚

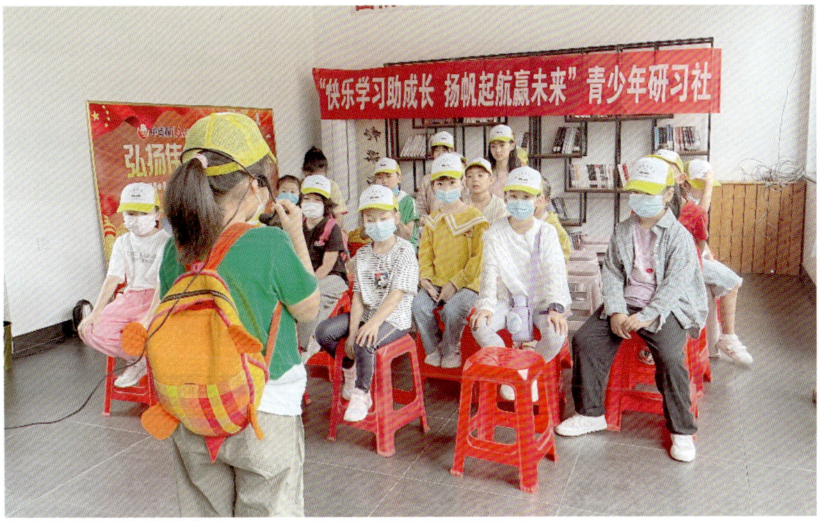

7 月 24 日，“快乐学习助成长 扬帆启航赢未来”青少年研习社活动在香河图书馆隐庐分馆举办。图为青少年分享优秀绘本、红色故事　　县文化广电和旅游局供图

定文化自信”专题讲座、母亲节手工制作等家风家教教育实践活动10场，参与653人次。

公益培训。开办插花、面花礼馍、茶道、科学实验公益培训班26期，参与300人次。

原创视频创作。举办线上“儿童益智小课堂”栏目32期，馆员录制废物利用、手工制作、手工折纸、黏土粘贴、简笔画等多种益智手工视频，培养幼儿自主动手激发想象力和形成立体空间观念。举办线上“儿童趣味绘本馆”栏目29期，馆员录制经典儿童绘本的视频，并在线上发表，发展儿童初步的想象和创造能力。开展线上“图书荐读”活动25期，馆员甄选优秀书目并录制推荐视频，在线上发布，满足不同年龄段、不同知识层、不同阅读偏好的读者需求。

流动服务进基层。发挥县、镇两级总分馆作用，进一步拓展县级图书馆的服务功能，组织开展流动服务进社区、进村街、进军营、进校园、进广场、进景区等活动32场，现场借书和阅览图书共5000余册，服务群众1万余人次。

总分馆业务指导。通过下乡指导、培训会、建立总分馆微信群等形式，对各乡镇分馆提高图书管理、系统操作、业务实操以及如何开展读者活动等相关业务进行指导和培训。共开展总分馆业务培训8场，培训150人次。

【香河县文博馆】 文博馆位于香河文化艺术中心一、二层，总面积1272平方米，谨遵“朴素大气、厚重典雅、自然流畅、特色鲜明、科技环保”的设计原则，参照新型博物馆建设标准，全力打造县域历史文化展示中心。文博馆一层为历史展，以“运河驿站，荷香香河”为主题，聚焦于香河历史沿袭与文明遗址。历史展分为“香河之源”“运河金波”“古城大观”“近代风云”四个篇章。二层为文化展，以“富美于斯，历久弥新”为主题，聚焦香河文化传承与生活场景。重现百年来的香河民间生活的景象，传递出香河商贸富裕、文化富足、精诚为美的人文风貌特点。文博馆展出文物188件，主要出土的朝代是辽代、唐朝、宋朝、清朝；场景复原7处(香城古树、张堪建渠、乾隆南巡、安平事件谈判礼堂、老茂生、哈家肉饼、木器店)。香河文博馆全年免费对外开放，每周开放6天（星期一闭馆），开放时间为9：00—16：00，每周42小时。2021年，县文博馆进馆人数3839人次；完成参观接待104场次，接待2200人次；开展线上活动54场，通过抖音短视频的方式，开展线上参观文博馆的活动参与达4.1万人次。

【香河县文化馆】 香河县文化馆位于香河文化艺术中心四层，总面积6259.5平方米，集公益演出、培训、展览、创作、研究、交流、非物质文化遗产保护等于一体，对市民免费开放，每周开放72小时。2021年，根据《文化和旅游部办公厅关于开展第五次全国文化馆评估定级工作的通知》（文旅办公共发〔2020〕99号）精神，香河县文化馆严格按照国家一级文化馆的工作标准和要求，精准开展公共文化服务，切实满足广大人民群众日益增长的精神文化需求，努力实现全民艺术普及，经自查自评、评估组线上评估与实地抽查等环节，12月28日，文化和旅游部印发《关于公布第五次全国文化馆评估定级上等级文化馆名单的通知》（文旅公共发〔2021〕133号），香河县文化馆被评定为国家一级文化馆。年内，县文化馆组织开展各类活动239场次，参与12万余人次；其中，线上活动138场，线下活动101场，开展“非遗”大讲堂活动8场，文化进万家活动10场，下基层培训指导15个舞蹈队，完成文艺骨干培训10余场，公益文化培训590课时，培训5000余人次。

3月27日，在武警廊坊支队执勤二大队香河中队驻地，举办匠心香河·“非遗”文化进军营活动，为全体武警官兵带来精彩的“非遗”技艺展演展示和精心编排的“非遗”主题文艺节目。3月28日，以垃圾分类为主题的文化惠民儿童剧《垃圾城的匹诺曹》，在文化艺术中心剧场上演，600余名家长及小朋友观看。4月18日，在县消防救援大队，举办匠心香

3月27日，“匠心香河·非遗文化进军营”活动在武警廊坊支队执勤二大队香河中队驻地举办　　县文化广电和旅游局供图

河·“非遗”文化进消防活动，为消防员们带来精心编排的红色文艺节目、精彩的本地“非遗”技艺展演展示；同日，香河县首届“乡约潮白”赏花旅游节暨中青旅控股股份有限公司与水岸潮白景区签约仪式在香河县蒋辛屯镇潮白河畔举行，同时，开展“乡约潮白·走进春天”香河县文化馆送文化进景区活动。5月，先后上演儿童剧《灰姑娘与水晶鞋》《三只小猪》，每场观众500余人次。6月11日，在香河文化艺术中心，成功举办“人民的非遗、人民共享”2021年“文化和自然遗产日”非遗宣传展示暨文化遗产进校园启动仪式。7月24日，在文化艺术中心剧场，举行“童心向党·筑梦新时代”乐动香河文艺会演，10余个优秀艺术培训学校和文化馆馆办班的200余人参与演出，演出23个精选节目，涵盖器乐演奏、歌曲、舞蹈、模特走秀、武术搏击、朗诵等。9月18日，在五百户镇五百户村举办“我为群众办实事，我们的中国梦、文化进万家”助力乡村振兴文艺演出，为群众送上一场精彩有趣的节日文化大餐。10月1—7日，在北运河香河中心码头，开展“献礼国庆·品游运河，文旅香河国庆嘉年华”活动，包括模特走秀、乐队现场表演、运河“非遗”美食等，1万余人次参与活动。11月23—30日，县文化广电和旅游局组织县文化馆的书画教师到钳屯、刘宋、安头屯、钱旺、渠口等9个镇综合文化站，开展以“弘扬运河通航精神·爱家乡”为主题的首期书画培训班活动。

2021年香河县文化馆组织开展文化活动情况一览表

表41

序号	时间	活动名称	活动地点
1	全年	合唱培训班	县文化馆
2	全年	舞蹈培训班	县文化馆
3	全年	口才培训班	县文化馆
4	全年	计算机培训班	县文化馆
5	1—6月	乒乓球培训班	县文化艺术中心
6	1—10月	瑜伽培训班	县文化馆
7	3月28日	乒乓球公益推广活动	县文化艺术中心
8	3月28日	儿童剧（垃圾城的匹诺曹）	县文化艺术中心剧场
9	4—7月	书画骨干培训班	县文化馆
10	4月12日	“我们的中国梦”——文化进万家活动	安平运河新村、潮白新村
11	4月19—28日	“我们的中国梦”——文化进万家活动	钳屯、安头屯、钱旺等镇文化站
12	5—11月	匠心香河·“非遗”文化大讲堂——刺绣	县“非遗”中心
13	5月3日	儿童剧《灰姑娘与水晶鞋》	县文化艺术中心剧场

续表 41

序号	时间	活动名称	活动地点
14	5 月 10 日	文化大讲堂——香道	县文化馆
15	5 月 29 日	儿童短剧《三只小猪》	县文化艺术中心剧场
16	6 月 7 日	“党旗映初心、共圆中国梦” 献礼建党 100 周年舞蹈会演	县文化艺术中心剧场
17	6 月 19 日	“祝福祖国、唱响经典”红歌展演	县文化艺术中心剧场
18	6 月 22—25 日	下基层培训合唱	县职教中心
19	7 月 1—3 日	红船精神暨京津冀京东大鼓“非遗”文化进基层展演	文化艺术中心戏楼
20	7 月 24 日	“童心向党、筑梦新时代”乐动香河文艺会演	文化艺术中心剧场
21	9 月 18 日	“我为群众办实事，我们的中国梦 、文化进万家”助力乡村振兴文艺演出	五百户镇五百户村
22	9 月 20 日	“喜迎国庆、欢度中秋”香河县公益文化活动	县文化艺术中心戏楼
23	10 月 1—7 日	文旅香河国庆嘉年华	北运河香河中心码头
24	10 月 12—18 日	组织幼儿园学生开展“宝贝爱家乡”参观研学活动	县文化艺术中心
25	10 月 17 日	香河县文化馆“我们的节日”——重阳节惠民文艺演出	安平天悦小区、安平燕都新城小区
26	11 月	“弘扬运河通航精神，爱家乡”第一期书画培训班	各镇（社区办）综合文化站
27	12 月 13 日	中幡展演	香河人民广场

【香河非物质文化遗产展示中心】 香河非物质文化遗产展示中心展厅总面积 1289 平方米，采用主题展板展陈、“非遗”活态展示、“非遗”数字化展示及“非遗”实物展陈、“非遗”文创等实物展陈相结合的方式。设置展区 8 个，包括国家级“非遗”展区、省级“非遗”展区、市级“非遗”展区、县级“非遗”展区、“非遗”视界、“非遗”活态展示区、“非遗”文创区和传承体验区。“非遗”展示中心全面展示北运河香河段的非物质文化遗产资源，彰显香河深厚的历史文化底蕴和民俗风情的无限魅力，弘扬大运河文化，传承大运河精神，讲好大运河故事，推进香河非物质文化遗产的有效保护和活态传承，推动大运河优秀传统文化的创造性转化、创新性发展。

【镇级文化站】 全县 9 个镇均按照标准建有综合文化站，各功能室设置齐全、文化器材齐备。提升综合文化站服务效能，综合文化站每天安排工作人员坐班，并根据新冠肺炎疫情常态化防控要求，每天进行消毒杀菌，确保文化站正常开放。组织开展综合文化站工作人员进行公文写作、图书借阅、活动组织等方面培训 3 次。组织红歌红舞征集活动、“4·23”全民阅读活动等文化活动 150 余场次。结合群众需求，打造“一站一品”，安平镇、蒋辛屯镇文化站分别设置“农家博物馆”和“文化展厅”，记录新农村改造前后的百姓生活；刘宋镇文化站建有 3000 平方米的“大舞台”，每周举办“欢乐星期五”大型文艺演出，吸引了天津市宝坻区、武清区等地群众参与。年内，淑阳镇、安平镇、五百户镇、安头屯镇 4 个文化站获评全县优秀综合文化站；评选优秀基层文化队伍 16 支，分别奖励电脑、投影仪、电子琴、音箱等文化器材。

【基层综合文化服务中心】 香河县共建设完成村（社区）综合性文化服务中心 316 个，实现村（社区）100%全覆盖。年内，按照上级要求，完成 12 个村（社区）综合文化服务中心的整改任务，完成率 80%，整改后的综合性文化服务中心、广场面积均达到 200 平方米。

【大运河文化带建设有效推进】 6 月 26 日，组织承办北运河廊坊段旅游通航仪式。活动主要围绕刻画北运河文化的“香河神韵”、亮出北运河通航的“香河成绩单”、展示北运河通航的“香河经验”、致敬通航建设者的“运河精神”、奏响运河文化带的“运河旋律”5个方面进行展示，现场展演精湛的中幡技艺、原创诗朗诵《古运展新图 礼赞新时代》，为参与运河通航建设者发放《匠心筑梦人》画册。

讲好大运河故事。委托香河大运河文化研究会挖掘整理香河运河“非遗”资源，包括《香河非物质文化遗产》《香河民俗文化》《香河饮食文化》《香河民间艺术》《香河民间文学》等“非遗”内容的《香河运河文化丛书》完成初稿。

完成北运河旅游导游词编制和补充完善工作，聘请专业公司将讲解词录制成视频，在游船上播放；组织开展讲解员培训。设计完成运河旅游标识系统。以AAAA级以上景区标准打造北运河香河段，按照相应标准配置旅游标识系统，计划设置一级标识牌（全景导览标识）10个、二级标识牌40（景点介绍标识）个、三级标识牌（导向及位置标识）70个、四级标识牌（警示及教育标识）40个、五级标识牌（公共信息符号牌）40个，总计200个，完成设计方案，中心码头安装部分标识。

举办活动，促进文旅消费。国庆节期间在香河中心码头开展“文旅香河国庆嘉年华活动”。设置展销展示摊位，组织剪纸、京绣、葫芦烙画等“非遗”项目20个，香河肉饼、臭豆腐、酱香羊蹄等特色美食10个，套圈、抓娃娃等娱乐项目10余个，集惠民音乐演出、汉服秀、非遗、文创、文玩、美食、游艺、游船等30余种体验项目，满足群众不同的观赏和消费需求。

组织专家对北运河沿线文旅资源进行调研。加强与北京市通州区等周边文旅资源对接，编制完成《北运河文旅品牌线路策划书》，推出“运河水上精品线路、香河主题精品线路和京冀经典景点精品线路”3条近期旅游线路和11条中远期旅游精品线路。立足县域内的旅游资源，初步确定“皇家文化、影视文化、家居文化、生态观光、休闲农业”五大主题旅游产品。

推进运河生态休闲湾小镇、运河风情驿站小镇两个小镇的建设与开发。编制完成运河生态休闲湾小镇、运河风情驿站小镇概念性规划和招商手册。在2021年中国廊坊国际经济贸易洽谈会、河北省文旅厅举办的长城大运河国家文化公园招商项目进行了推介，两个小镇的招商项目被列入2021年河北省旅发大会招商项目手册。

（侯立英）

文化活动

【概况】 2021年，香河县文化惠民活动丰富多彩，开展文化惠民演出100场，广场文艺演出16场，“非遗”文化进军营、送文化进景区、助力乡村振兴以及书画展等多种文化惠民活动。扎实推进全民阅读、文化交流等活动。

【文化惠民活动】 在“香河文化旅游”微信公众平台上发布《香河县文化广电和旅游局关于征集2021年文化惠民演出节目的通知》，面向全县广泛征集文化惠民演出优秀文艺节目和原创节目。对征集到的节目进行现场审核，共筛选出歌曲、戏曲、曲艺、舞蹈以及魔术杂技等优秀的文艺节目50余

5月，“奋斗百年路 启航新征程”庆祝中国共产党成立100周年系列惠民文化演出活动走进县第十三中学　　县文化广电和旅游局供图

个，经过精心编排整合后，深入全县各村镇社区、学校军营、工矿企业等地，举办“奋斗百年路 启航新征程”庆祝中国共产党成立100周年系列文化惠民演出活动90场，“激情满怀干事业、昂扬竞进当先锋”推动运河通航精神主题文艺演出10场，将优质精神文化送到广大群众中间。全年开展文艺演出100场，完成演出任务。

5月8日，举办香河县文化惠民卡发放仪式，采取现场发放和微信公众平台发放相结合的方式，发放价值400元的文化惠民卡300张；依托文化馆、图书馆、文博馆的各项文艺会演、下乡演出、培训、儿童剧、“非遗”展览展示等方式向群众免费发放惠民券，共发放文化惠民券1.49万张。

完成“美丽幸福新香河”广场文艺演出。先后举办“奋斗百年路 启航新征程”庆祝中国共产党成立100周年广场文艺演出启动晚会、“激情满怀干事业、昂扬竞进当先锋”暨推动运河通航精神主题文艺演出、戏曲专场《花为媒》等文艺演出。

【全民阅读活动】 2021年，香河县图书馆在做好疫情防控工作的同时，认真组织、筹划、开展一系列全民阅读活动。

流动服务进基层。县图书馆积极开展流动服务进社区、进村街、进军营、进校园、进广场、进景区等活动，将服务的触角延伸至基层的角落。在流动服务过程中，县图书馆充分发挥县镇两级总分馆作用，积极落实未成年人思想道德建设，开展特殊群体服务，繁荣基层群众文化生活，消除公共文化服务盲区。打通阅读的“最后一公里”，进一步提高文化惠民的效能。2021年，共组织32场流动服务进基层活动，现场借书和阅览图书共5000余册，服务群众1万余人次。

全民阅读特色活动。4月17日，县图书馆举办“讴歌锦绣中华、致敬百年华诞”全民诵读活动。广大群众走进军营，与官兵齐沐书香、共读华章，热情讴歌百年辉煌。

县图书馆举办“悦享书香·云端筑梦”青少年演讲比赛，全县20余名中小学学生参赛。参赛的选手们以《我想去……》为题，现场脱稿演讲，进一步增强了“勤读书、善读书、读好书”的良好读书氛围，弘扬了时代精神、传递了青春正能量。

线上阅读推广活动。为满足广大读者居家期间的阅读需求，县图书馆为大家持续免费地提供丰富的线上资源和服务，让大家足不出户尽享阅读资源和听书资源。全年举办线上讲座、党史讲堂、线上展览、“艺”起阅读、红歌赏析、红色故事绘、连环画阅读推荐等线上活动110余场，参与1.2万余人次。

【文化交流】 举办2期香河县美术创作人才交流培训班，邀请国家二级美术师、中国美术家协会会员、北京京徽画院副院长郭庆志授课，通过培训班的学习，学员们创作出了很多优秀的美术作品，有5幅美术作品先后入围国展，其中，2幅作品入选中国美术家协会组织的国家级画展。举办“运河印象·百年辉煌”庆祝中国共产党成立100周年京津冀书画展，100余幅参展作品刻画了中国共产党百年的历史巨变和运河沿岸人民的

7月28日，“运河印象 百年辉煌”庆祝建党100周年京津冀书画展开展仪式在香河文化艺术中心举行　　县文化广电和旅游局供图

幸福生活。举办香河县“大运河杯”朗诵大赛，180 余名选手报名参赛，大赛最终评选出各组别一等奖 1 名、二等奖 2 名、三等奖 3 名，单项奖 5 名；对比赛进行全程 5G 线上直播，实现线下和线上同步进行，2 万余人在线上与现场观众同步观看比赛。

2021年香河县开展文化惠民活动情况一览表

表42

序号	时间	活动名称	活动地点	组织单位
1	2 月 5 日	文化赋彩 金牛迎新——“走进我们的小康生活”迎新春送祝福线上直播活动	线上活动	县文化广电和旅游局主办
2	3 月 27 日	匠心香河·“非遗”文化进军营	武警廊坊支队执勤二大队香河县中队	县文化广电和旅游局主办
3	4—7 月	“非遗”文化大讲堂——京东大鼓	香河驻军	县文化广电和旅游局主办
4	4 月 17 日	“4•23”军民共读，讴歌锦绣中华、致敬百年华诞全民诵读活动走进军营	武警廊坊支队执勤二大队香河县中队	县委宣传部、县文化广电和旅游局、县妇联主办
5	4 月 18 日	“乡约潮白、走进春天”香河县文化馆送文化进景区	蒋辛屯镇水岸潮白景区	县文化广电和旅游局主办
6	4 月 18 日	匠心香河·“非遗”文化走进香河消防	县消防救援大队	县文化广电和旅游局主办
7	6 月 26 日	助力北运河（廊坊段）旅游通航仪式	北运河（廊坊段）	市委、市政府主办 县委、县政府承办
8	5 月 9 日	庆祝中国共产党成立 100 周年“红船精神”暨京津冀京东大鼓名家演唱会	中信国安第一城	县委宣传部、县文联、县文化广电和旅游局主办
9	5 月 9 日	2021 年香河县文化惠民卡发放仪式举行	县文化艺术中心	县文化广电和旅游局主办
10	5 月 22 日	曾来德书画院开馆仪式	县文化艺术中心	县委、县政府主办
11	6 月 11 日	“人民的‘非遗’、人民共享”2021 年文化和自然遗产日暨文化遗产进校园启动仪式	县文化艺术中心	县委组织部、县委宣传部、县文化广电和旅游局主办
12	6 月 18—28 日	“百年记忆、同心向党”——庆祝中国共产党成立 100 周年革命文物展	县文化艺术中心	县委宣传部、县文化广电和旅游局主办
13	6 月 19 日	“爱运动、爱健康、爱生活”百人国球助力操助力北运河通航	县文化艺术中心北广场	县委宣传部、县文化广电和旅游局、县教育和体育局主办
14	6 月 30 日	“红色理想照耀中国 、致敬建党百年华诞”红色经典歌舞会演	县文化艺术中心	县委宣传部、县文化广电和旅游局主办
15	7 月 23 日	“随风起舞·华彩廊坊”2021 年第五届廊坊舞蹈大赛香河地区海选	县文化艺术中心	县委宣传部、县文化广电和旅游局、县文联主办
16	7 月 28 日—9 月 13 日	“运河印象、百年辉煌”庆祝中国共产党成立 100 周年京津冀书画展	县文化艺术中心	县委宣传部、县文化广电和旅游局主办
17	9 月 14 日	安头屯中幡中心码头展演	香河中心码头	县文化广电和旅游局主办
18	12 月 10 日	“弘扬运河通航精神 传承国学传统文化”京津冀文物展暨文庙授牌仪式活动	香河文庙	县委宣传、县文化广电和旅游局、县教育和体育局主办
19	12 月 17 日	庆祝中国共产党成立 100 周年系列活动综艺演出	县文化艺术中心	县文化广电和旅游局主办
20	12 月 18 日	庆祝中国共产党成立 100 周年系列活动杂技专场	县文化艺术中心	县文化广电和旅游局主办
21	12 月 19 日	庆祝中国共产党成立 100 周年系列活动戏曲专场	县文化艺术中心	县文化广电和旅游局主办

（侯立英）

文艺协会

【概况】 2021 年，香河县积极支持文艺组织发展建设，各类文艺协会发展到 15 个，会员 1488 人，各协会从自身实际出发，发挥优势，以多出人才，多出精品，提高服务质量为工作重点，以满足人民群众日益增长的精神文化生活需求为工作核心，开展丰富多彩的文艺活动，为全县营造浓厚的文化艺术氛围。

2021年香河县文艺协会及会员情况一览表

表43　　单位：人

序号	协会名称	会员	其中		
			国家级会员	省级会员	市级会员
1	县曲艺家协会	56	2	12	36
2	县戏剧家协会	354	—	9	75
3	县作家协会	55	1	10	16
4	县诗词协会	488	52	28	32
5	县书法家协会	90	1	4	22
6	县摄影家协会	86	1	7	31
7	县舞蹈家协会	50	—	1	20
8	县影视家协会	50	—	1	6
9	县美术家协会	77	—	7	20
10	县硬笔书法家协会	46	—	—	2
11	县音乐家协会	60	—	1	50
12	县收藏家协会	76	3	—	1
合计	—	1488	60	80	311

【县曲艺家协会】 5月9日，在香河县第一城举办庆祝中国共产党成立 100 周年“红船精神”暨京津冀京东大鼓名家演唱会。7 月 1 日，参加县委举办的“红色理想照耀中国 致敬建党百年华诞”大型文艺晚会，京东大鼓传承人王从民代表香河曲艺家协会，携弟子 6 人演唱燕赵群星奖作品《红船精神代代传》。7 月 2—6 日，在县文化艺术中心剧场、蒋辛屯镇北李庄民宿景点演出 8 场曲艺节目，深受百姓喜爱。8 月，参加县电视台“说运河、唱运河”快板及京东大鼓《运河新貌》的录制。9 月，参加香河县旅发大会，表演快板《话运河》、京东大鼓《运河新貌》等文艺节目，受到游客欢迎。10 月，参加县文化馆组织的戏剧曲艺进校园活动，在县内 10 所小学进行巡回演出，弘扬民族传统文化。7—10 月，县曲艺家协会共创作曲艺作品 26 篇（段），其中，快板 5 段、京东大

7 月 1 日，香河县举办“红色理想照耀中国 致敬建党百年华诞”大型文艺晚会。图为王从民及弟子表演京东大鼓《红船精神代代传》　　县文化广电和旅游局供图

鼓鼓词21篇。

【县戏剧家协会】 截至年底，县戏剧家协会拥有13个剧社，其中，京剧社3个、评剧社10个，会员发展到354名。6月22日、26日，香河春意剧社组织开展以“唱响百年光辉历程·弘扬传统文化”为主题的大型戏曲活动，先后在香河县少年宫礼堂、安头屯镇西口头村文化广场进行专场演出，唱响不忘初心跟党走、牢记使命为人民的爱国思想，教育引导基层群众发扬红色传统，传承红色基因，以更加饱满的爱国情怀为中国共产党成立100周年献礼。7月，祥和京剧剧社组织戏曲进校园活动走进县城内第五小学。7月15日，祥和京剧剧社联合春意剧社、闫胡套剧社在天津市宝坻区牛道口镇庞各庄村举办京津冀戏曲大赛。

【县作家协会】 县作家协会组织会员参加省、市、县庆祝中国共产党成立100周年征文等系列活动，王宏任、胡树林、张艺腾、刘丽、王从喜、刘佩华等作者作品获奖，县作家协会荣获优秀组织奖，作品先后在《廊坊文学》《香河文艺》等刊物上刊登。推荐3名作者加入廊坊市作家协会，会员增至16人。开展内部文学大讲堂活动，由协会内老师讲解小说结构、小说语言等文学技巧，加强文学交流，提高写作技巧。组织“弘扬运河通航精神”征文活动，弘扬正能量，歌颂通航精神，展现全县上下忠诚担当、不惧困难、砥砺奋进、实干创新的工作激情。在“香河作家”微信公众号发布作品500余篇，发现和培养了一批优秀作者。

【县诗词协会】 2021年，做好创建“中华诗词之乡”迎检工作。围绕创建“中华诗词之乡”目标，认真查漏补缺，做到随时迎检，放心迎检。以喜迎中国共产党成立100周年为契机，围绕“百年征程波澜壮阔，百年大党风华正茂，庆祝中国共产党百年华诞”“学党史、悟思想，办实事、开新局”“庆贺北运河疏浚通航”“弘扬运河通航精神”“支援扬州、石家庄等地抗疫活动”等一系列重大主题，开展诗词创作活动。全体会员共创作有关“庆祝中国共产党成立100周年”的诗词700余首，编辑出版《百年辉煌》一书。利用《香河文艺》期刊、《新香河》报纸、协会微信公众号和微信群等，开展“创诗乡，颂家乡”“重大节日”的同体诗征集及“诗词百家”展播活动，进一步聚焦时代主题，弘扬正能量。编辑出版《香河诗词》4期，创作诗词1200余首。开展以“学党史，颂党恩”“红色记忆——迎建党百年”“迎建党百年，创诗词之乡”等为主题的诗词系列培训及吟诵活动，打造“运河诗派”。对协会会员加大培训力度，培养诗词骨干，壮大诗词队伍；鼓励会员多参赛、勤参赛，互通征稿信息，积极向国家、省、市级各项诗词大赛投稿，提高会员的诗词精品创作意识，赵金堂、赵连旭、杨洪卫、张媛培、李传春、刘新雷、李春萍等分别在各级诗词大赛中获奖。

【县书法家协会】 2021年，县书法家协会发展新会员20余人，会员达90人，其中，国家级书法家协会会员1人，省级书法家协会会员4人，市书法家协会会员22人。5月，县书法家协会与硬笔书法家协会联合举办临帖展。6月，组织部分书法家分别到县第三中学、县进修学校、县第十三中学、县城内第三小学、五百户镇第二小学、五百户镇政府为学校师生和镇政府工作人员书写作品500余幅。6月中旬，县书法家协会联合县美术家协会、县硬笔书法家协会举办庆祝中国共产党成立100周年大型书法展览，展览作品100余幅。12月，组织5场送春联文化下乡活动，赠送单位职工和村民2000副春联和100余幅书法作品。

【县摄影家协会】 组织协会成员参加第二十八届全国摄影艺术展，香河县有1人1组作品进入第二轮评选。参加河北省决战决胜脱贫攻坚摄影征稿、河北省第二十五届摄影艺术展，其中，香河县牛宝森摄影作品《真想遇见你》获河北省第二十五届摄影艺术展优秀奖、《濯濯童山》获评委提名奖。组织参加廊坊市第四届摄影艺术展，协会有

8 人 24 幅作品参选，2 人 3 幅作品入选。在“运水流香”——香河大运河主题摄影作品征集活动中，县摄影家协会有 10 人 80 幅作品入选。参与、全程跟拍北运河廊坊段旅游通航仪式和 2021 年廊坊市文化旅游产业发展大会，并承办“廊坊市文化旅游产业发展大会摄影展”。11 月，举办庆祝中国共产党成立 100 周年暨弘扬运河通航精神摄影图片展，收到摄影作品 350 余幅，选出 100 幅作品进行展览。为县政协编写的《香河水文化遗产名录》丛书拍摄图片，涉及县内 4 条主要河流、4 座橡胶坝、6 座漫水桥、9 座扬水站、26 条干渠、41 座闸、72 座桥梁、15 处水文化遗址等内容。全年组织线下研讨 2 次，线上研讨 4 次，邀请天津美术学院高岩、自由策展艺术家海杰当面授课指导，组织与友好市县摄影协会交流。参与县妇联的美丽庭院、文明家庭的拍摄；参与大运河文化记录文献资料的拍摄；举办香河县农民丰收节暨美丽庭院摄影展和香河县“脱贫攻坚”成果摄影展。

【县舞蹈家协会】 7 月，县舞蹈家协会举办“随梦起舞 华彩廊坊”2021 年第五届廊坊市舞蹈大赛香河地区海选活动。7 月 22 日至 10 月 29 日，参加香河县文化惠民文艺演出 40 余场。10 月 18 日，县舞蹈家协会主席赵秀花为“奋斗百年路 启航新征程”文艺演出创编舞蹈《幸福中国一起走》，得到领导和观众好评。

【县影视家协会】 7 月，承办香河影视网红庆祝中国共产党成立 100 周年文化联欢会。与北京紫金花影业共同筹办网络电影《大明星》，并完成前期制作。年内，申报省级会员 1 名，市级会员 4 名。

【县美术家协会】 5 月，承办北京当代翰墨文化艺术院组织的“传承筑梦”青少年书画巡展香河站展出。7 月，承办香河县庆祝中国共产党成立 100 周年书画作品展。9 月，参加河北省大运河采风创作美术作品展。10 月，参加廊坊市“修身守正、立心铸魂”主题美术作品网络展。10 月，成立香河县美术家协会创作基地“煌诚书院”。

【县硬笔书法家协会】 6 月，举办庆祝中国共产党成立 100 周年全县中小学生书法大赛，收集作品 200 余幅，评选出优秀作品并给予表彰。推进廊坊市硬笔书法协会香河县少儿分会成立筹备工作，发展少儿分会会员以及少儿分会理事单位及会员单位，广大中小学生书法爱好者积极申请入会。

（刘春林）

融媒体

【概况】 2021 年，县融媒体中心扎实抓好媒体融合、新闻宣传、产品创优、队伍建设等工作，为“保通航”“优环境”“促发展”“庆百年”等全县重点工作的开展营造良好舆论氛围，为建设“协同发展示范区、绿色活力幸福城”提供思想舆论保证和精神文化支撑。

1 月，在廊坊市新闻短视频征集创作竞赛活动中，《河北香河：文化进军营》等 20 部作品被评为优秀作品，县融媒体中心被市委宣传部评为优秀组织单位。3 月，“快手”平台融媒学院公布“2020 年快手区域媒体年度奖项”，“发现香河”快手号获得最佳媒体融合奖。4 月，县融媒体中心被光明网传媒有限公司、北京师范大学新闻传播学院授予 2020 年全国区县融媒体中心优秀案例提名奖，是河北省唯一一家获得此项殊荣的单位，选送的作品案例为《手绘长卷：致敬劳动者》。7 月，县融媒体中心被省广播电视局授予河北省广播电视媒体融合先导单位称号。8 月，作品《河北香河：民营企业助推乡村振兴》在 2021 年第 3 期“学习强国”平台全国县级融媒体中心优秀作品双月赛中荣获三等奖，中共中央宣传部新闻局、宣传舆情研究中心，“学习强国”学习平台联合授予荣誉证书。9 月，县融媒体中心建设经验“根深才能叶茂、源远方能流长——扎实抓好县级融媒体中心建设的‘香河模式’”成功入选 2020 年度全国新闻出版深度融合发展创新案例。12 月，在第二届全国县级融媒体中心能力建设年会上，县融媒体中心被中共中央宣传部直属事业单位中国新闻出版研究院、全国县级融媒体中心能力建设年会组委会评为“2021年全国县级融媒体中心能力建设十佳创新案例”；在廊坊市新闻短视频征集创作竞赛活动中，《香河：千年北运河、焕发新生机》等 10 部作品被评为优秀作品，县融媒体中心再次被市委宣传部认定为优秀组织单位；在全市新闻短视频和新闻图片征集创作竞赛活动中，中心 25 件作品被认定优秀及入围，其中，12 部作品分获一、二、三等奖。在香河县庆祝中国共产党成立 100 周年优秀文艺作品征集评选活动中，县融媒体中心被县委宣传部授予特别贡献奖，3 部作品分获视频类一、二等奖。年内，县融媒体中心先后荣获廊坊市文明单位，香河县文明单位、创建省级文明县城先进单位等称号；县融媒体中心领导班子被县委、县政府评为 2020 年度优秀领导班子；被县委宣传部授予 2020 年度新闻外宣工作贡献突出单位称号，4 名干部获评新闻外宣工作优秀个人。

年初，面对新冠肺炎疫情再次突发，县融媒体中心全力做好社会舆情引导，新冠肺炎疫情防控宣传具体做法得到省广播电视局局长王离湘的充分肯定。“河北广电”微信公众号以《不负使命，香河奏响抗疫宣传最强音！》为题，报道香河县融媒体中心抗击疫情宣传

12 月 18 日，2021 第二届全国县级融媒体中心能力建设年会在四川省成都双流区开幕，香河县融媒体中心入选全国县级融媒体中心能力建设十佳创新案例，图为颁奖现场
县融媒体中心供图

引导工作情况；县融媒体中心始终保持“忠诚担当、创新实干、敢打必胜、聚力争先”的良好工作作风，在“弘扬运河通航精神”宣传和外宣工作中取得良好效果，县委书记梁宝杰对融媒体中心提出表扬：“县融媒体中心围绕全县改革发展大局，创新实干、拼搏竞进，发稿量在全市绝对领先，宣传了香河，助推了各项工作开展。”

【媒体融合扎实推进】 2021 年，县融媒体中心不断完善平台指挥调度中心、节目生产中心、节目播发中心“三个中心”功能，进一步推进智能协同的综合传播体系建设和媒体深度融合发展，促进“一体策划、一次采集、多种生成、多元传播”的融媒传播理念有效落地。4 月 12 日，在渠口镇创立了中国（京津冀）广播电视媒体融合发展创新中心（香河）短视频拍摄基地，

4 月 12 日，省广播电视局党组书记、局长王离湘（左）和县委书记李桂强（右）为中国（京津冀）广播电视媒体融合发展创新中心（香河）短视频拍摄基地揭牌
县融媒体中心供图

为京津冀地区首家县级媒体融合拍摄基地。省广播电视局党组书记、局长王离湘与县委书记李桂强为基地揭牌，《人民日报》、新华社、《河北日报》、“学习强国”河北学习平台、河北新闻网、河北广电、澎湃新闻、今日头条、冀云、环京津新闻网、廊坊发布等多家媒体平台和客户端纷纷对此进行报道。北京广播电视局副局长孔建华，河北省广播电视局党组成员、副局长葛成锁等先后到短视频拍摄基地进行调研，均对基地给予高度评价。

中国（京津冀）广播电视媒体融合发展创新中心（香河）短视频拍摄基地面积760平方米，着重打造富有历史文化气息、诗情画意般的情境、质朴的田园风格等多个拍摄场景，整体环境塑造清新雅致、绿色生态，可满足多样化短视频创作的拍摄需求。并融合拓展了香河农耕教育基地、香河北运河文化公园、蒋辛屯镇水岸潮白田园综合体和菊香小镇、渠口镇大爱农场、安头屯镇千年古葡萄庄园、刘宋镇万亩荷塘湿地公园等作为基地的拍摄分部，统筹组建成立中国（京津冀）广播电视媒体融合发展创新中心（香河）短视频拍摄基地运行中心，对县域内农业产业项目和种植园项目等进行梳理，精准策划选题，大力宣传推广。未来基地的主要职能是打造香河乃至廊坊农产品电商的培训基地，根据本县果菜农的需求，利用直播带货宣传，帮助广大农户拓宽销售渠道，并依托香河融媒体平台百万粉丝号，为本地农产品进行推广引流，成为广大农户的经纪人。同时，以资源节约、结构合理、差异发展、协同高效的全媒体传播体系高质量推动媒体深度融合发展，重构新时代媒体的引导力、传播力和影响力。

【新闻报道】 2021年，香河电视台《香河新闻》栏目播发新闻1400余条。先后开设《中国共产党成立100周年——不忘初心、牢记使命》《在习近平新时代中国特色社会主义思想指引下——学党史、悟思想、办实事、开新局》《大干一百天、奋战保通航》《城乡环境综合整治提升行动“一把手”访谈》《建设“协同发展示范区、绿色活力幸福城”一把手访谈》《弘扬运河通航精神——忠诚担当、创新实干、敢打必胜、聚力争先》等10余个专栏。电视、广播、报纸、微信公众号等平台围绕弘扬运河通航精神、全省师德师风事迹报告会和城乡环境综合整治，发布《叫响“干在实处、走在前列”——“运河通航精神”在全县落地生根是推进香河高质量发展的前提》《大爱育人、止于至善——大力弘扬运河通航精神，加快推进香河教育高质量发展》《做足“里子”才有“面子”——全面提升城乡环境品质是加快香河高质量发展的重要基础》等8篇融媒述评。对县第十二次党代会、县人大和政协“两会”及全县“十三五”时期取得的重大成果和“十四五”发展展望进行重点宣传报道。

“香河融媒发布”微信公众平台围绕全县重点工作发布信息1600余条，并同步更新至“冀云香河”App。先后开设“强力推进北运河旅游通航”“党史学习教育”“聚焦城乡环境提升”“我的党支部”“大力弘扬运河通航精神”等近20个专题系列版块及相关系列标语。为宣传报道好县“两会”精神，创新报道方式，在微信平台推出《AI主播说“两会”》系列报道15期，利用AI虚拟主播，通过图解、数据、思维导图等多种形式，多角度、全方位解析《政府工作报告》，解读“两会”热点核心词，第一时间呈现“两会”热点资讯，为全县人民带来更富科技感的“两会”报道。

香河人民广播电台（FM105.6）围绕全县中心工作及时调整宣传方向，持续转播央视新闻《中国之声》，同步转播香河电视台《香河新闻》，利用《交通广播》等多档栏目高频率、多角度加强全县重点工作的宣传报道，先后开设了《“两会”进行时》《百年本色、初心使命》《京畿首驿、如意香河》《战疫一线党旗红》等20余个专栏，充分发挥媒体融合优势，高效共享微信平台优质新闻资源，持续扩大新闻信息传播力、影响力。截至2021年年底，《交通广播》栏目自开通视频直播以来，已播出1856期，收听收看点击率突破943万次，有效扩大传播范围，增强传播效果。

《新香河》周报编辑出版51期，刊发各类政治、经济、民生、文化等新闻1370余篇。其中，围绕县第十二次党代会、县“两会”、北运河旅游通航、廊坊市文化旅游产业发展大会、弘扬运河通航精神等重大主题先后出版彩色特刊7期，图文并茂，为工作开展营造强大的舆论声势。开设《学党史》《我为群众办实事》《聚焦城乡环境整治提升》《弘扬运河通航精神》等多个主题专栏。编辑出版《河北广播电视报生活家周刊（新香河）》12期。

【服务民生】 县电视台制作播出《影子说事》栏目16期，聚焦社会热点事件，追踪报道群众身边的奇闻趣事，并围绕重大主题，特别推出了香河“两会”全纪实、“我们在一起，打赢这一战”新冠肺炎疫情防控专题节目、2021年廊坊市文化旅游产业发展大会专题节目和“弘扬运河通航精神”系列节目等。制作播出《以案说法》栏目6期，围绕盗窃、赌博、酒驾问题以及“3·15”保护消费者合法权益等多个群众普遍关注的热点话题进行深入法律解析，并邀请法律专家和县自然资源和规划局相关负责人分别对《中华人民共和国民法典》《中华人民共和国土地管理法》进行系列解读。广播电台在持续保证《交通广播》《经典书场》《这里是香河》等多个专题栏目高水准的同时，利用诗朗诵、歌曲、快板、京东大鼓、散文、日记等多种群众喜闻乐见的方式播出大量原创作品，为传统媒体的内容生产注入新的活力。为庆祝中国共产党成立100周年，精选多部优秀红色电影、电视剧在香河电视台综合频道播放。严格按照上级有关部门要求，加大科学接种新冠肺炎疫苗、消防安全、防治大气污染等为主要内容的宣传标语、公益广告、短视频的播出力度，进一步有效引导社会舆论。春节期间，因新冠肺炎疫情取消录制大型春节晚会，以模仿普通家庭和和美美过大年的情形为线，成功录制以“如意香河幸福春”为主题的2021年香河春晚特别节目；电视栏目《影子说事》推出“回家过年”特别节目；香河人民广播电台推出《香河味道中国年》特别板块，16期节目从风俗、食俗不同侧面展现香河独特的春节文化，《香河交通》栏目将春运、春节、广播三大元素结合，推出特别节目56期；“香河融媒发布”微信平台也推出“香河，谢谢过年不回家的你”新年专题。

【对外宣传】 2021年，县融媒体中心新闻信息在中央电视台、新华社、人民日报客户端河北频道等中央级媒体发布104条，省级媒体播发24条，市级媒体播（刊）发340余条，居廊坊市各县市区前列。5月3日，《千年运河再现生机》在央视一套《新闻联播》播发。多部图文和短视频作品先后被环京津新闻网、央视移动网、央视频、人民日报客户端人民号、新华社现场云等平台和客户端多家媒体转载发布。5月14日，由河北广播电视台公共频道，香河县委、县政府，香河县融媒体中心联合制作播出的“直播河北”，聚焦北运河旅游通航对工程进展情况进行了持续1小时的直播展示。

【重要活动专题报道】 结合全县“保通航、优环境、促发展、庆百年”活动，先后组织近5000人精心拍摄了红色组歌MV“最美歌声献给党”，充分展现全县各级党员干部和各界群众积极向上、奋发有为的精神风貌和爱党爱国热情。完成2021年廊坊市文化旅游产业发展大会大型全媒体直播活动，10个小时不间断线上直播，以“百年红色传承、千年运河流香”为主题，以“运河＋”为主线，打造了与历史对话、与时代对话、与世界对话、与未来对话四大主题板块，运用“智慧化会议平台＋云会议＋云展览＋5G＋视频直播＋VR直播＋AR体验”，全方位、多角度、立体式宣传展示好大运河廊坊香河段文化带建设丰厚的物质和文化资源，平台在线观看人数达到688万人。

【专题片创作】 2021年，为认真贯彻落实习近平总书记关于大运河保护传承利用的重要指示精神，更好地弘扬大运河文化精髓，拍摄制作纪录片《千年梦、运河情》和专题片《壮写运河新华章》，为北运河廊坊段旅游通航这项历史性工程留下珍贵的影像资料，向中国共产党成立100周年献礼。创作廊坊市强力推进北运河旅游通航纪实汇报片《通航就是命令、效率就是担当》、香河县强力推进北运河旅游通航工程建设宣传片《京畿首驿·如意香河》等10余部关于运河通航的专题片。截至年底，已拍摄大型系列历史文献纪录片《香河·印记》16集。配合全县党史学习教育、人才工作和新冠肺炎疫情防控，制作《学深悟透百年史、砥砺前行新时代》《才聚香河筑未来——香河县亮点人才工作汇报》《战"疫"·香河答卷——香河疫情防控纪实》等6部专题片和《使命》《答卷》等4个疫情防控短视频。为更好地宣传"文旅香河"建设，支持廊坊市文化旅游产业发展大会线上直播活动，策划拍摄文旅宣传片《香河节拍》，并制作了60余个视频材料。开展微电影创作，传播社会正能量。为向党的百年华诞献礼，谋划拍摄"上"系列微电影3部，年内，原创微电影《上官》发布，取得良好社会反响，影片以反映基层党员干部践行运河通航精神，勇做建设"协同发展示范区、绿色活力幸福城"先锋，加快推进城乡发展为故事背景，讲述了新上任的年轻基层乡镇干部，扎根基层，为群众解决实际问题的故事，体现了基层干部"承担大责任、拥有大情怀、肩负大担当、实现大作为"，是新时期基层党员干部工作的缩影。

【香河融媒矩阵】 县融媒体中心自2019年开通"发现香河"抖音号后，又连续开通快手号、今日头条号、视频号、火山小视频、西瓜小视频"发现香河"账号，短视频内容在人民日报客户端人民号、央视频、央视移动网、冀云香河、新华社现场云、冀时客户端等平台同步更新，打造"发现香河"短视频品牌矩阵，取得良好宣传效果。"发现香河"抖音和快手平台"粉丝"量均达到23万余人。全年累计发布短视频260余条，播放量突破千万次的作品4部，突破百万次的作品27部。其中，围绕全县城乡环境整治工作，策划制作《拆的是违建，顺的是民心》《和谐拆违才是我们的最终目的》《一把尺子量到底》等短视频28部，总浏览量达638万次。

（吴玉婷）

广播电视管理

【概况】 2021年，香河县加强对广播电视播出管理，实施"优化管理"工程，落实好意识形态责任制和阵地管理，规范播出、传送秩序，督促播出机构严格遵守宣传管理各项规定，提高节目质量。持续加强日常监管和专项整治，提升监管水平，开展2021年度广播电视宣传管理专项检查。

【安全播出】 加强频率频道的监管，开展广播电视安全播出大检查活动，进一步完善节目制作、信号传输、播控发射等重要环节规章制度和应急预案，确保两节、两会等重点时期广播电视安全播出。开展配合公安机关2021年度网络安全执法检查、进一步保护广播电视微信接收站免受5G基站干扰等工作。为确保"中央广播电视节目无线覆盖工程"全面排查了本辖区内非法占用数字电视频道的行为。应上级要求在本辖区电视台开展了信息体统码泄漏风险的排查工作。为加强对调频广播秩序的监测监管，开展了辖区调频广播秩序治理专项行动的工作。组织香河电视台仔细研究《国家广播电视总局办公厅关于对地面数字电视700兆赫频率迁移工程实施相关文件征求意见的通知》，及时反馈了香河县实际情况及相关建议。为做好广播电视冬奥宣传工作，每周开展北京冬奥会无线电台（站）及无线发射设备监督检查工作。

【网络视听】 开展短视频拍摄、网络视听宣传和安全播出工作。协助完成省广电局网络视听节目管理处处长吴跃先一行到香河县就推进网络视听协同创新建设、融媒体中心短视频制作等相关工作进行调研。

【广告管理】 严格按照行业法规加强广告管理、扩大监管范围、压缩广告时段、整治广告秩序。对县电视台播出的广告进行检查，重点是医疗器械保健食品药品广告，对所有在播、备案广告进行认真排查，严防违法广告播出。

【审核职能履行】 2021 年，初审通过拓影文化传媒河北有限公司、香河嗨皮涛课文化传媒有限公司广播电视节目制作经营许可证。审批通过《关于香河县广播电视台变更名称和开办广播、电视节目的请示》。初审通过《关于香河广播电视台申请地面数字电视单频网建设情况的申请》。

（侯立英）

档 案

【概况】 2021 年，县档案馆认真履行“为党管档、为国守史、为民服务”的职责，以档案资源建设为重点，以档案信息化建设为主线，全面落实年度档案工作目标，有力推进档案工作健康发展。

【档案接收】 2021 年，县档案馆有序接收全县各立档单位档案进馆，共接收档案 12783 卷、12876 件。第四季度，集中对全县“新冠肺炎疫情防控”档案和“脱贫攻坚”档案进行收集和入馆，共收集两类档案 5000 余件。

【档案数字化】 2021 年，县档案馆加强档案数字化建设，进一步提升硬件设施、数据库等方面建设，全年完成档案扫描 255153 页，目录著入 32619 条，加快了档案数字化进程。

【档案开放】 按照《中华人民共和国档案法》规定，年满 25 年的档案应向社会开放。截至 2021 年，县档案馆对 1996 年以前应开放的档案全部向社会开放，共计 27502 卷，其中，永久卷 14632 卷、长期卷 12870 卷。全年开放档案 7459 卷，其中，永久卷 3496 卷、长期卷 3963 卷。

【档案安全管理】 坚持“以防为主、防治结合”的工作方针，加强对档案库房安全管理。定期对库房进行常规巡检，检查档案保管状况、档案保护设施设备状况，确保档案馆运行“零事故”。

【档案服务】 2021 年，接待查阅档案 600 人次，提调档案资料 1 万余卷（件），复印档案资料 1 万余页。为全县经济建设、机关查考、编史修志、落实政策、调解纠纷、学术研究等方面提供了翔实的第一手资料，充分发挥档案服务社会、服务民生的作用。

（吴 华）

地方志

【概况】 2021 年，香河县地方志编纂中心解放思想，开拓创新，坚持正常工作与新冠肺炎疫情防控两手抓、两手硬。2020 年 12 月 30 日，《香河年鉴（2019）》获评第七届全国地方志优秀成果（年鉴类）县级综合年鉴二等奖，获评河北省地方志优秀成果（年鉴类）一等奖，2021 年 1 月，受到市政府分管领导和县委、县政府主要领导的肯定性批示与表扬；2 月，廊坊市人民政府办公室下发《关于转发全国地方志优秀成果和全省地方志优秀成果（年鉴类）评审结果的通知》，对香河地方志整体工作取得的成绩和成功经验给予充分肯定，并树为全市地方志工作标杆。6 月，县地方志编纂中心荣获 2020 年度香河县文明单位称号。12 月 31 日，《香河年鉴（2020）》获评第八届全国地方志优秀成果（年鉴类）县级综合年鉴特等奖，获评河北省地方志优秀成果（年鉴类）特等奖。

【《香河年鉴（2021）》编纂出版工作】 2021 年，县地方志编纂中心进一步对《香河年鉴（2021）》编纂任务进行充实、调整、完善和提升，使得框架更科学、

11 月 24 日，《香河年鉴（2021）》编纂工作调度会议召开，结合方志出版社的评审意见，对年鉴编纂工作进一步安排部署　　李学涛　摄

合理和严谨，为提升《香河年鉴（2021）》的编纂质量提供强有力的基础支撑。3 月 16 日，全面启动《香河年鉴（2021）》编纂工作，通过县政府政务通新媒体平台和微信等联系方式，向全县各镇（社区办）、香河经济开发区、县直各部门、中省市直驻香河部门和相关企业事业单位总计 136 个单位发出《香河县人民政府办公室关于印发〈香河年鉴（2021）〉编纂方案的通知》《〈香河年鉴（2021）〉编纂任务》。9 月，完成《香河年鉴（2021）》一审稿。10 月，完成组稿、图片插入、初步排版和二审，交付专业排版。10 月底，交付方志出版社进行专家评审。12 月底，完成《香河年鉴（2021）》编纂出版，全书设类目 35 个、分目 237 个，102.9 万字，275 幅图片，表格 18 个。

【省市年鉴供稿工作】　为省市年鉴提供资料，是县地方志编纂中心的一项重要业务工作。6 月，按要求高质量完成《河北年鉴（2021）》供稿任务。8 月，完成《廊坊年鉴（2021）》供稿任务。

【政务新媒体运行情况】　2021 年，香河县地方志编纂中心充分利用政务新媒体，拓展地方志的受众范围和宣传渠道，传播香河的悠久历史、文化底蕴和地情信息等，成为宣传香河、展示香河、推介香河的窗口，使地方志工作更好地服务香河经济社会发展和满足人民日益增长的文化需求。截至年底，香河方志网站、澎湃新闻香河方志政务号、今日头条香河方志政务号、微信香河方志订阅号发送文章 1249 篇，获得 1397.7 万人次浏览量，单日点击量最高 10.7 万人次，单篇最高阅读点击量 62.8 万人次。其中，香河方志网站发送文章 763 篇，浏览量 379.8 万人次；澎湃新闻香河方志政务号发送文章 251 篇，获阅读点击量 100 余万人次；今日头条香河方志政务号发送文章 218 篇，获阅读点击量 17.6 万人次，被推荐浏览 412.6 万人次；微信香河方志订阅号发送文章 17 篇，浏览量为 2417 人次。

在新冠肺炎疫情期间，数字方志馆通过网站平台、数据应用、航拍全景技术和虚拟现实技术相结合，实现线上实景展示香河方志馆馆藏场景，使群众足不出户就能了解到香河文化、自然状况、历史沿革、社会风貌和地方特点，大大增强本土历史文化的凝聚力和辐射力。方便资料的搜集和保存，减轻志鉴资料查找的难度，实现资源共享的目的。

【香河方志馆】　香河方志馆位于香河文化艺术中心一、二层，总面积 1272 平方米，谨遵“朴素大气、厚重典雅、自然流畅、特色鲜明、科技环保”的设计原则，参照新型博物馆建设标准，全力打造县域历史文化展示中心。方志馆一层为历史展，以“运河驿站，荷香香河”为主题，聚焦于香河历史沿袭与文明遗址。历史展分为“香河之源”“运河金波”“古城大观”“近代风云”四个篇章。二层为文化展，以“富美于斯，历久弥新”为主题，聚焦香河文化传承与生活场景。重现百年来的香河民间生活的景象，传递出香河商贸富裕、文化富足、精诚为美的人文风貌特点。方志馆

香河方志馆部分馆藏文物　　王树春 摄

展出文物188件，主要出土的朝代是辽代、唐朝、宋朝、清朝；场景复原7处（香城古树、张堪建渠、乾隆南巡、安平事件谈判礼堂、老茂生、哈家肉饼、木器店）。香河方志馆于2017年4月28日建成并对外免费开放，每周开放6天（星期一闭馆），开放时间为9：00—16：00，每周42小时。2021年，进馆3839人次；完成参观接待104场次，接待2200人次。香河地方志地情资料特藏室位于县图书馆3层，建筑面积80平方米。年内，投资5.49万元，购置中国地方志集成系列志书79册和全国优秀地方志书、地方志政策理论书籍3册，截至年底，馆藏书籍3185册。

【旧志的传承与保护】 2021年，推进《香河县志》旧志点校注释工作，成立领导小组，明确职责分工，组织精干力量，在不影响《香河年鉴》编纂进度情况下，利用工作之余，查阅旧志古版本、古籍资料和汉语工具书，对旧志依意断句、校勘和字词注释，以求最大限度发挥旧志之功效。年内，完成《〈香河县志〉明·万历版点校注释》初稿，11卷、12万字。申报并获批2022年度新增财政预算项目。

【行业志、村镇志编纂】 2021年5月，《香河县人民法院志》付梓出版，分上、中、下三册，全书25编、119章、365节，210万字，图片1450幅。年内，《安平镇志》完成二审，全书28章161节，42万字；《庆功台村志》已出样书，样书设30章138节，42万字。

【开展地方志进基层活动】 积极开展地方志服务基层、服务群众，满足群众日益增长的文化需求。2021年8月，县地方志编纂中心主要负责人带队到香河图书馆，宣传讲解地方志文化及香河县的地情人文等方面知识，为香河图书馆赠送《香河县志》4套、20册，进一步满足广大读者需求。

【协助开展国家地理标志等商标领域注册】 发挥地方志功效，协助开展国家地理标志等商标领域注册工作。截至年底，协助县知识产权局成功注册“香河韭菜”国家地理标志证明商标，“香河肉饼协会”集体商标成功完成注册；“香河玉米”“香河苦瓜”“香河莲藕”等国家地理标志证明商标的申请办理有序推进。

（王树春）

卫生健康

责任编辑　董长江

综　述

香河县统筹新冠肺炎疫情防控和卫生健康业务工作，坚持“两手抓、两手硬”，秉持“学党史、树行风、强服务、办实事”工作理念，树立“担当、服务、干净、实干”工作精神，全力落实新时代卫生与健康工作方针，全面加强健康香河建设，紧抓公立医院综合改革、推进县域医共体建设、建立现代医院管理制度等重点任务，进一步健全分级诊疗制度，不断提高医院整体水平，全方位、全周期维护和保障人民健康，为建设“健康香河”提供坚实的健康保障。2021年，香河县被评为全市深化医药卫生体制改革先进县。

医疗卫生

【概况】　2021年，全县有医疗机构488所，卫生系统工作人员共694人。

【医疗机构】　2021年，全县有各级各类医疗卫生单位488家。其中，县级公立医院3家，妇幼保健院1家，疾病预防与控制中心1家，卫生健康监督执法队1家，镇卫生院9家，非乡镇所在地医院6家，村卫生室333家，社会办医院12家、门诊部23家、诊所96家、医务室3家。

【医疗卫生队伍状况】　2021年，全县卫生健康系统工作人员694人。其中，县卫生健康局机关52人，县级医院291人，县妇幼保健院64人，乡镇卫生院216人，县疾病预防控制中心31人，县卫生健康综合监督执法队27人，县药品配送中心8人，县卫生学校5人；正、副主任医师88人，主治、主管医师218人，医师级147人，医士级106人；干部490人，固定工40人，合同制164人；行政87人，工勤76人，医疗452人，预防保健79人；大学本科学历215人，大学专科学历302人，中专及以下学历177人。

全县有乡村医生269人，其中，乡医主治医师52人、乡医师134人、乡医士61人。

【全县医疗床位状况】　2021年，全县医疗机构共有床位2260张，其中，4家县级公立医疗机构床位1420张（县人民医院762张、县中医医院380张、县中西医结合医院200张、县妇幼保健院78张），9所镇卫生院床位439张，撤乡并镇一级医院床位161张，社会办医院床位240张，按照年末全县常住人口44.9万人测算，每千人口床位数5.03张。

【基层药品销售改革】　2021年，全县乡镇卫生院全部实行“药品零差率销售”，县财政拨付收支差额补助资金4014.37万元。

【乡镇卫生院运营】　2021年，乡镇卫生院接诊24.15万人次、住院0.07万人次，业务收入3935.75

万元。15 家乡镇卫生院中，业务收入500万元以上的有2家,其中,渠口中心卫生院 964.71 万元，淑阳镇卫生院 593.13 万元。

【乡村一体化管理全面落实】 全面落实乡村一体化管理规定和人员、工资、财务、药械、业务、管理、准入退出、培训教育、绩效考核、奖惩“十统一”管理要求，一体化管理水平进一步巩固提升。年内,为 128 名乡村医生缴纳养老保险 137.11 万元。年满 60 周岁的村医，按照原“赤脚医生”待遇按月发放养老补助,全年发放村医养老补助 281.23 万元。为村卫生室和计划生育专职干部缴纳年度医疗责任险 8.1 万元，进一步增强了村级医疗机构抵御医疗风险能力。全县共有 300 个行政村，其中，撤村委会改居委会 18 个，一体化管理村卫生室 282 个,一体化管理村医 285 名。

【医药卫生体制改革】 2021 年，深化医药卫生体制改革稳步推进。2—3 月，认真做好迎接省市 2020 年度深化医药卫生体制综合改革、县级公立医院综合改革示范县创建和县域医共体建设等 3 项医改工作的考核验收。受新冠肺炎疫情影响,各项考核验收工作由每年的常规现场考核改为书面会审形式，按照每项医改考核内容,县医改办与被查县、镇医疗机构逐条逐块精心准备考核内容的佐证材料,确保

位于县人民医院的医共体远程影像会诊室　　县卫生健康局供图

每一项被考核内容都能精准体现工作开展情况,保证了考核的真实性和准确性,保质保量完成了年度考核工作。年内，香河县被市医改领导小组办公室授予 2020 年度深化医药卫生体制改革先进县称号。

【现代医院管理制度建设样板争创】 2021 年，积极开展现代医院管理制度建设样板争创工作,县中医医院、县中西医结合医院被遴选为争创省级现代医院管理制度建设样板单位。两家县级医院高度重视,把争创现代医院管理制度建设样板融入医院管理各环节,围绕现代医院管理制度建设核心,对照《现代医院管理制度建设任务》，加强组织领导,细化工作目标和重点指标，全力抓好创建工作，确保创建成功，改革取得实效。医院管理更加科学规范,医疗服务更加优质高效，群众满意度明显提升。年内，县中医医院、县中西医结合医院已完成申报省级现代医院管理制度建设样板工作。

【“医共体”建设】 组建由县人民医院、县中医医院和县中西医结合医院 3 家县级医院牵头，9 家镇卫生院参与的 3 个紧密型县域医共体。在县级医院整合建立检验、心电、病理、影像等资源共享中心。县级医院通过建立医共体远程会诊中心，患者在镇卫生院的 CT、常规心电图、24 小时动态心电图等图像资料,镇卫生院通过远程平台申请远程会诊,县级医院专家实时指导、明确诊断，实现信息共享互通，检验结果互认共诊。2021 年，共为医共体成员单位审阅 CT 片 896 张，核磁片 145 张，远程心电图判读 1856 份，远程检验报告判读 15 份，群众在家门口就医更加便捷、更加有保证。

【基层公共医疗服务惠民工程】 2021 年，全面启动基层公共医疗服务惠民工程。全县 90%的镇卫

4月23日，副县长刘雪艳代表香河县在2021年度全市卫生健康暨基层公共医疗服务惠民工程启动视频会议上作典型发言　　县卫生健康局供图

生院和村卫生室达到标准化规范化要求；镇卫生院同村卫生室实行一体化管理，药品品种保持一致，且根据群众就医需要持续增加。诊所、医务所（室）、护理院等其他基层医疗机构作为补充，满足步行15分钟内就医服务圈需求。为9家镇卫生院、6家非乡镇医院、县妇幼保健院配备负压救护车16辆，为县疾控中心配备移动核酸检测车1辆，为9家镇级卫生院、333家村卫生室、6家非乡镇医院、132家其他基层医疗机构，配备红外线测温设备480台。强化基层医务人员全员培训，提高镇卫生院、村卫生室核酸采样能力，充分发挥基层疫情防控"哨点"预警作用。加强"医联体"建设，推进县级医院专业技术人员下沉镇卫生院全覆盖，提升基层医疗卫生机构服务能力。4月23日，2021年度全市卫生健康暨基层公共医疗服务惠民工程启动视频会议召开，在县卫生健康局分会场，副县长刘雪艳以"深化医药卫生体制改革　增进人民健康福祉"为题作典型发言。

【提升国家基本公共卫生服务项目质量】 全面开展基本公共卫生服务工作，促进国家惠民政策落实，全面提高国家基本公共卫生服务项目工作质量。不断加强县、镇两级公共卫生机构工作人员自身业务知识的学习培训，做好对村卫生室实施基本公共卫生服务的业务指导。对标准低的项目和排名靠后的镇卫生院以点带面，全面推进。加强项目宣传，通过村委会广播、设置宣传栏、发放宣传手册，对辖区居民开展政策宣传；医务人员通过QQ群、微信朋友圈等并按媒体普及公共卫生服务项目知识做到宣传与服务同步推进，提高群众对服务项目的知晓率、满意度。

【家庭医生签约服务】 为实现建立村级首诊、分级诊疗的服务新模式，2019年开始全面推行家庭医生签约服务。2021年6月，印发《香河县家庭医生签约服务实施方案（试行）》，规范了家庭医生签约服务的服务内容、人员安排、经费保障、工作持续性等内容；通过"世界家庭医生日"等多种形式宣传活动，有效营造了家喻户晓的宣传氛围。截至年底，全县建立家庭医生签约服务团队319个，签约居民218239人，签约率57.7%，其中，重点人群签约93843人，重点人群签约率83.8%，履约率95%。

【落实赤脚医生养老补助】 按照省卫生健康委等3部门《关于印发原"赤脚医生"养老补助办法的通知》要求，全年发放认定符合条件的原"赤脚医生"养老补助281.24万元，补助人数768人。

【健康扶贫】 继续全面落实健康扶贫政策，为已脱贫困的建档立卡人口提供健康保障。家庭医生签约已脱贫的农村建档立卡贫困人口118人，签约率100%。对已脱贫的农村建档立卡贫困人口中患有大病的，发现一例救治一例。县域定点医疗机构实施"先诊疗，后付费"和"一站式"结算，落实城乡贫困患者在县域内住院"免押金、直接住院"的健康扶贫政策。落实村医"空白点"招聘工作，常住人口500人以上、非乡镇卫生院所在地行政村卫生室、村医“空白点”问题全部获得解决。县内贫困患者基本医疗和大病保险支付后，因病愁吃愁穿和人为抬高标准造成过度保障问题均不存在。

2021年香河县公立医疗机构情况一览表

表44　　单位：张、人

序号	医院名称	级别	类别	医院性质	床位数量	职工总数	卫生技术人员数量	执业医生数量	护士数量
1	县人民医院	二级甲等	综合医院	非营利性	762	1078	764	302	421
2	县中医医院	二级甲等	中医（综合）医院	非营利性	380	586	554	216	249
3	县中西医结合医院	二级	中西医结合	非营利性	200	260	217	71	71
4	县妇幼保健院	二级	妇幼保健院	非营利性	78	148	107	57	27
5	刘宋中心卫生院	一级	卫生院	非营利性	34	48	45	20	6
6	渠口中心卫生院	一级	卫生院	非营利性	89	74	65	28	10
7	安平中心卫生院	一级	卫生院	非营利性	24	32	30	11	1
8	蒋辛屯卫生院	一级	卫生院	非营利性	25	27	20	8	7
9	五百户镇卫生院	一级	卫生院	非营利性	20	36	10	7	4
10	安头屯镇卫生院	一级	卫生院	非营利性	48	47	36	15	7
11	钱旺镇卫生院	一级	卫生院	非营利性	19	26	7	5	2
12	钳屯镇卫生院	一级	卫生院	非营利性	30	44	35	14	9
13	淑阳镇卫生院	一级	卫生院	非营利性	66	75	53	27	13
14	五百户镇香城医院	一级	卫生院	非营利性	20	21	13	8	1
15	五百户镇李庄医院	一级	卫生院	非营利性	20	12	10	5	0
16	渠口镇东鲁口医院	一级	卫生院	非营利性	20	13	10	3	3
17	渠口镇石虎医院	一级	卫生院	非营利性	20	16	11	8	1
18	淑阳镇金辛庄医院	一级	卫生院	非营利性	20	27	20	9	2
19	蒋辛屯镇梁家务医院	一级	卫生院	非营利性	20	28	20	6	2

（罗杰夫）

卫生健康管理

【概况】　2021年，县卫生健康部门依法开展公共场所卫生、饮用水卫生、学校卫生、医疗卫生、职业卫生、放射卫生、传染病防治、计划生育、中医服务、餐饮具集中消毒单位监督等行政执法工作，查处违法行为，整顿和规范医疗服务市场秩序。全年共出动监督员800余人次，监督车240余辆次，监督检查医疗机构600余家次，查处违法违规医疗机构25家，罚款13万元，取缔非法行医12户。

【公共卫生监管】　全县辖区内公共场所425家，其中，住宿业77家、美容美发场所200家、公共浴室和足浴场所78家、游泳场所5家、商场超市53家、影剧院3家、卡拉OK歌舞厅9家。由于公共场所执法事项下放，全年监督检查各类公共场所174家次，立案处罚19家，处罚4.72万元。

【学校卫生监管】　完成辖区88所学校的日常监督检查，全部填写学校传染病专项监督检查表，对21所学校进行国家“双随机”监督检查，将检查结果上传至国家数据库。

【职业卫生监管】　为保障劳动者的身体健康和企业健康持续发展，

县卫生健康部门严格按照上级部门和国家法律法规的要求，不断普及宣传职业病防治知识。2021 年，对辖区内 98 家相关企业进行了监督检查，下达《责令改正通知书》25 份，《卫生监督意见书》65 份。被监督企业对所发现问题全部进行了整改。

【饮用水卫生监管】 辖区内集中式供水单位 5 家，二次供水单位 9 家。年内，对 14 家供水单位进行了专项监督检查，重点检查供水单位持证情况，直接从事管、供水人员是否持有效健康证明，水源防护措施是否得当，水处理工艺是否符合卫生规范和要求，是否规范投加消毒剂，使用的涉水产品是否取得相关卫生许可批件，是否建立健全各项卫生管理制度，水污染事件应急处理预案及水质监测情况。经检查，均符合国家卫生标准。

【医疗美容监督】 2021 年，出动 190 余车次，日常监督生活美容机构 130 家，医疗美容机构 4 家，医疗机构 90 家，其中，生活美容机构无卫生检测报告及健康证 4 家，处罚 4 家；医疗卫生机构查处 3 家，处罚 3 家。

【放射诊疗监管】 2021 年，监督检查辖区内全部 21 家放射诊疗场所，均持有放射诊疗许可证，并建立了应急预案，放射安全防护管理制度及操作规程，放射工作人员均持有放射工作人员证和职业健康监护档案，并佩戴个人剂量计从事放射诊疗活动，个人防护用品配备相对齐全。

（罗杰夫）

疾病防控

【概况】 2021 年，香河县精准精细做好新冠肺炎疫情防控工作，持续关注疫情发展态势，第一时间启动应急预案，激活指挥体系和运行机制，做好应对突发新冠肺炎疫情等重点传染病疫情的准备工作，圆满完成了重点疾控目标任务。县疾病预防控制中心被国家卫生健康委人口文化发展中心、中国家庭报社授予 2021 年中国家庭健康守门人称号，被市委、市政府授予廊坊市先进集体称号，被县妇联授予香河县“三八”红旗集体称号；多名干部职工荣获优秀共产党人、最美逆行者、最美接种工作者等称号。

【监测项目开展】 2021 年，开展学生常见病和健康影响因素监测项目、死因监测项目、慢阻肺监测项目、空气污染（雾霾）特征污染物及成分对人群健康影响监测与防护项目、尘肺病主动监测项目。

学生常见病和健康影响因素监测项目。该项目为国家试点项目，县疾控中心是全市第一家正式投入使用预警系统的单位。通过该系统，2021 年，学生体检、影响健康因素问卷以及教学环境监测数据可利用信息化手段实现实时运行上传，可快速建立儿童青少年一人一档电子化健康档案，动态监测儿童青少年健康状况，可供各级疾控、医疗、学校和家长使用，为构建“学生家庭—学校—专业卫生机构—行政主管部门”四位一体监测干预管理体系提供支持。

死因监测项目。辖区共计 19 所医疗机构负责死因监测的直报工作，覆盖率 100%，2021 年，全县上报死亡卡 2682 份，死亡报告率为 6.87‰，及时审核率 100%。超额完成全年任务数，位居全市前列。8 月，按照上级的工作要求，抽取 3 个乡镇 110 个行政村，开展 2018 年 1 月 1 日至 2020 年 12 月 31 日三年的死因漏报调查工作，收集死亡人员 1794 人，漏报 208 人，均录入漏报系统。

慢阻肺监测项目。辖区刘宋镇卫生院、安头屯镇卫生院、钱旺镇卫生院、蒋辛屯镇卫生院、钳屯镇卫生院和安平镇卫生院 6 所医疗机构，承担慢阻肺的日常监测工作，均参加市疾控中心组织的现场培训学习，并取得资格证书。全县的监测任务数是 4599 人，实际完成 4680 人，完成率 101.76%。

空气污染（雾霾）特征污染物及成分对人群健康影响监测与防护项目。香河县为该项目农村监测点，县疾控中心继续组织开展空气污染（雾霾）特征污染物及成分对人群健康影响监测与防护，通过监测分析空气细颗粒物（PM2.5）污染特征及成分差异，了解县域空气污染对居民产生的急性影响和相关疾病患病情况，为政府采取有效干预措施和降低大气污染导致健康危害提供科学依据。

尘肺病主动监测项目。是年，香河县被定为尘肺病主动监测县，抽取接尘危害严重企业劳动者200人做免费体检，项目已完成，为16家企业的232人进行体检。辖区随访尘肺病例3例（现患病例2例，死亡病例1例），均为男性，采取电话方式随访，录入国家系统，调查完成率100%。

【传染病疫情报告处置】 重点传染病分析。2021年，报告法定传染病15种1068例，无死亡报告。其中，甲类传染病无报告、乙类传染病10种、丙类传染病5种，报告发病率为273.46/10万，报告发病数比上年同期下降9.64%。其中，报告手足口病157例，比上年同期上升406.45%；报告布病19例，比上年同期下降18.75%；报告风疹0例，麻疹无报告；报告流行性感冒55例，比上年同期下降81.42%；报告新冠病毒肺炎0例。重点传染病监测。对疟疾、布病、霍乱、流感等监测工作，按要求上报报表并对医疗机构开展相关业务培训。突发公共卫生事件处置。是年，辖区报告2起突发公共卫生事件，均按流程处置。1月5日，县城内第一小学报告1例水痘疫情；5月24日，县城内第五小学报告1起水痘疫情。

【慢性病及重症精神病人管理】 完成辖区医疗机构的培训督导工作。6月，上报的快板书《三减三健助健康》获河北省“慢性病综合防控科普创意大赛”视频类三等奖；创建健康性支持环境8个，发展健康生活方式指导员141人。心脑血管事件报告，上报心脑血管事件1240例，心脑血管事件报告率为317/10万，手工录入率100%，及时审核率100%；收集并录入肿瘤报告卡486例，按照上级要求及时上报了相关资料；以“世界高血压日”等宣传日为契机，开展线上和线下多形式宣传活动。重性精神疾病管理。全年建档重性精神疾病1861人，死亡162人，在册1699人，发病报告率4.35‰，管理率91.7%、规范管理率89.05%，面访率91.7%，服药率89.41%、规范服药率83.4%，精神分裂症服药率93.3%、精神分裂症规律服药率88.4%，体检率31.31%；6月，市精神卫生防治中心为淑阳镇卫生院免费发放价值3.05万元药品，按要求下发给重性精神疾病患者管理治疗项目贫困患者。

【地方病防治】 碘缺乏病监测。5月，市县两级疾控中心医务人员到淑阳镇、钳屯镇、五百户镇、刘宋镇、钱旺镇的5所小学及辖区，开展8－10周岁儿童和孕妇碘缺乏病监测现场采样工作，完成8－10岁儿童甲状腺B超检查200人，均正常，分别采集学生、孕妇尿样、家中食用盐盐样各300份，并将实验室检测结果录入地方病监测系统；7月，完成全县300个村的水碘采样监测及上报工作。水氟中毒监测。9月，对63个历史性高氟村所属的淑阳镇大罗屯小学、安平镇周庄小学、五百户镇香城小学、安头屯镇安头屯小学和钱旺镇钱旺小学5所小学的8－12岁儿童的氟斑牙病情情况进行现场调查，检测儿童1317人，其中，正常1088人、可疑85人、极轻130人、轻度12人、中度2人；水氟采样35份，均达到国家标准，县域地方性氟中毒基本得到控制，圆满完成地方病防治“十三五”终期评估。

【国家免疫规划】 适龄儿童免疫规划疫苗接种率。2021年，全县累计报告接种免疫规划疫苗87943人次，接种率97.13%。其中，乙肝首针及时接种率100%，各免疫规划疫苗接种率分别为乙肝疫苗97.64%、卡介苗100%、脊髓灰质炎疫苗96.77%、百白破疫苗96.91%、白破疫苗97.06%、麻疹类疫苗97.37%、A群流脑疫苗96.16%、A+C群流脑疫苗96.84%、乙脑疫苗97.15%、甲肝疫苗96.81%。

预防接种疑似异常反应监测。年内，共报告预防接种疑似异常反应病例117例，全部进行个案调查并上报。麻疹监测：共报告麻疹、风疹监测病例6例，实验室诊断排除麻疹、风疹病例5例，临床诊断病例1例，病例报告发病率为1.58/10万，监测病例48小时完整调查率100%，3日内血标本送达率100%，4天内血标本报告结果比例100%，散发监测病例病原学标本采集率83%。急性弛缓性麻痹病例监测：年内，报告急性弛缓性麻痹病例2例，按要求完成标本采集、送检和60天随访工作并录入AFP监测信息报告管理系统。

入托、入学查验接种证工作。年内，查验幼儿园113所、小学67所，辖区入托入学儿童人数为11010人，查验预防接种证11010人，应补证4人，实际补证4人。接种门诊对于应种儿童按照国家免疫规划疫苗漏种儿童补种原则进行了补种，补种完成率达到国家要求。

【结核病防治】 定期对定点医院及辖区医疗机构及敬老院进行培训与技术指导，多渠道组织开展结核病宣传活动。全年处理学校结核病预警13例，网报外辖区学校肺结核及发告知书5例，收到外辖区学生告知书2例，共登记2例学生肺结核患者，对每一例预警的可疑患者认真核实身份，密切跟进检查结果，及时联系学校负责人并指导学校开展结核病防治知识宣传和环境卫生消毒措施。9月，为县域3所高中新生进行结核病筛查工作，将结核病检查项目作为新生入学体检和教职工常规体检的必查项目。参与结核病防治健康科普作品征集暨百千万志愿者评选活动，征集作品49份，在全市大赛评比中，香河县获得优秀组织奖及视频类、美术类、科普类二等奖。

【性病、艾滋病防治】 截至2021年年底，全县在册存活的感染者和病人共计60例，无死亡病例，新发转介治疗人员11例，参加抗病毒治疗人员57人，治疗率约95%，所有感染者和病人均及时流调和随访，按时督促感染者和病人做CD4检测、结合检测、配偶检测。开展随访180人次，确保所有病人按时服药。高危人群行为干预。全年累计深入场所约70场次，干预3000余人次，发放宣传资料及安全套3500份，检测约2600人次；累计咨询检测1120人次，其中，重点检测40人次，初筛无阳性病例，所有档案独立保存，并及时上报主管机构；定期对县公安局看守所羁押人员开展HIV抗体检测，完成1—4季度检测工作，检测269人次，无阳性血样，结果均登记入册，及时上报市疾控数据库存档，并按时为公安系统提供初筛检测阴性报告；为19个医疗机构发放宣传资料1.4万册，通过问卷调查，大众艾滋病防治知识知晓率90%以上。

【卫生检验检测】 2021年，检测样本（不含新冠病毒核酸检测样本）1570份，出具各类检验报告410份。完成河北省食品污染物采样15批次，将样品及时准确上报廊坊市疾控中心。3月，完成水、尿碘、水、尿氟质控样的检测；6月，完成廊坊市新冠病毒核酸质控考核；7月，完成2021年度河北省市场监督管理局检验检测机构能力验证活动；8月，完成艾滋病质控样和梅毒质控样的检测；9月，完成2021年河北省职业卫生检测能力比对工作；10月，完成市疾控质量科盲样考核；5月、9月、10月、11月、12月分5次参加河北省临床检验中心的新冠病毒核酸检测室间质评工作。全年所有质控、盲样及能力验证检测结果均满意。

【体检工作】 从业人员体检和学生、幼儿入园体检情况。从业人员体检9520人，其中，食品从业人员检出手部湿疹1人，未发证；全年体检幼儿2621人、幼儿教师150人，均未见异常。职业健康及放射体检情况，职业健康检查79家单位、2805人，其中，对廊坊及周边地区企业体检25家、1210人，对县域企业体检54家、1595人，检出疑似噪声聋17人、疑似尘肺病3人、职业禁忌证29人。放射工作人员体检61家、133人；积极参加省里组织的微核盲样考核。工作场所检测项目，按照《廊坊市工作场所职业病危害因素监测质量控制方案》要求，完成26家检测任务，录入国家系统；完成职业卫生检测能力四项对比工作。健康企业创建工作，创建省级健康企业3家，市级健康企业3家；参与职业健康达人评选工作，上报职业健康达人10人。

5月21日，2021年香河县托幼机构卫生保健管理培训班举办，各镇妇幼医生、各幼儿园保健医生参加培训　　县卫生健康局供图

【生活饮用水监测及食源性疾病督导】 生活饮用水监测。每月上旬、下旬分别对全县5个水厂的水源水、出厂水、末梢水进行现场采集水样，并报送到县疾控中心检验室进行检验，做到城区与农村全覆盖，全部完成检测、录入上报工作。其中，香河县三强水厂负责县城区供水，设置4个末梢水监测点，年内，采样336份，送检样品检验合格率100%；农村饮用水设置14个监测点，分别进行丰水期和枯水期检测，出厂水22份、末梢水34份，农村学校供水3所，出厂水6份，共计采样62份。食源性疾病监测。对10所“哨点”医院食源性疾病病例进行督导上报，完成全年工作任务。

（罗杰夫）

妇幼保健

【概况】 2021年，香河县妇幼保健服务中心继续“以保健为中心，以保障生殖健康为目的，实行保健与临床相结合，面向群体、面向基层和预防为主”的妇幼卫生工作方针，加强妇幼健康服务体系建设，积极履行妇幼健康的公共职能，促进了全县妇幼健康事业发展。具体担负着全县妇女儿童近30万人的医疗保健项目及基层妇幼保健业务的指导监督检查任务，免费增补叶酸预防神经管缺陷、全县孕产妇包括流动人口孕早期免费检测艾滋病、梅毒和乙肝表面抗原、婚前检查、孕前优生检查、产前筛查、无创产前基因筛查、孕产妇健康管理、0—6岁儿童健康管理、儿童先心病筛查、儿童听力筛查、儿童遗传代谢疾病免费筛查、农村妇女“两癌”筛查、计划生育技术服务等国家卫生项目及全县托幼机构卫生保健人员培训、考核和业务指导及督导质控工作。

【儿童健康管理】 按照《国家基本公共卫生服务项目规范》《托儿所、幼儿园卫生保健管理办法》要求，落实0—6岁儿童保健服务措施，加强托幼机构卫生保健管理，由乡村医生进行产后访视并签订《香河县0—6岁儿童健康管理免费服务券》，按照基本公共卫生服务要求由乡镇卫生院为辖区常住的0—6岁儿童进行健康管理和免费体检。2021年，全县0—6岁常住儿童28374人，管理27441人，儿童健康管理率达96.71%；系统管理25207人，系统管理率88.84%。

加强托幼机构管理，4月12日，制定印发《香河县托儿所幼儿园卫生保健管理实施细则》，5月21日，举办全县托幼机构卫生保健管理培训班。对托幼机构开展卫生评价，加强托幼机构教职工及儿童体检，托幼机构教职工体检1750人，在园儿童体检1667人，新入园儿童体检10805人。

0—6岁儿童眼保健及视力防控工作，成立儿童及青少年近视防控中心。2021年，0—6岁儿童眼保健和视力筛查人数26479人，视力筛查率93.32%。

5岁以下儿童死亡监测项目。自1992年以来，香河县一直是省孕产妇死亡、5岁以下儿童死亡及出生缺陷监测点。通过实施保健措施，2021年，全县5岁以下儿童死亡10例，5岁以下儿童死亡率3.73‰。

【孕产妇健康管理】 孕产妇及高危孕产妇系统管理。由男方户籍所在乡镇卫生院为全县常住孕产妇免费发放《孕产妇健康管理免费服务券》和《母子健康手册》，4家县级助产机构免费首次建卡建档，按照基本公共卫生服务规范要求，在孕16—20周、21—24周、28—36周、37—40周各免费孕检一次，通过廊坊市保健综合管理平台系统，及时了解本辖区孕产妇情况，督促孕妇按时产前检查，有高危因素及时建卡、管理、随访。分娩后妇幼医生及时进行家访，发现问题及时解决，访视情况及时录入，提高了孕产妇系统管理的内在质量。

加强高危孕产妇管理随访工作，各助产机构在孕产妇首次建档时对其进行高危评估，实行五色标识管理，如发现评估为“橙色”或“红色”风险级别的高危孕产妇，按要求及时上报县妇幼保健院，县妇幼保健院将高危孕产妇信息及时转给孕产妇所在辖区的妇幼医生，共同做好高危孕产妇管理，辖区卫生院特派专人负责电话随访，定期督导孕产妇到助产机构进行孕前检查，随时掌握辖区高危孕产妇信息，如居住地变更，及时上报县妇幼保健院，根据具体情况做好转介。

做好孕产妇系统管理工作，降低孕产妇死亡率，是妇幼健康工作的基础。2021年，全县户籍活产2335人，非户籍活产346人，健康管理孕产妇2219人，健康管理率95.03%，住院分娩率100%。筛查出高危孕产妇877例，全部实行全程跟踪管理，高危孕妇管理率和住院分娩率均达100%，孕产妇死亡2例。

畅通孕产妇及新生儿转诊“绿色通道”。孕产妇及新生儿抢救中心设在县人民医院，严格按照要求设置孕产妇、新生儿抢救室，配备必要的设备和药品，开辟急救转诊“绿色通道”，配置急救车，开通24小时急救电话，并向社会公布。孕产妇和新生儿抢救中心和急救转诊“绿色通道”之间保持密切联系，运转畅通，保障了危重孕产妇和新生儿都能得到及时的抢救与治疗。

【增补叶酸预防神经管缺陷项目】 国家对准备怀孕妇女免费发放叶酸。根据上级的叶酸发放任务，按照全县上一年各乡镇活产数及各乡镇流动人口情况科学合理安排各乡的任务，为确保按时完成任务，利用多种形式多渠道宣传服用叶酸的好处，提高全民知晓率。在全县乡镇卫生院、各助产机构产科门诊、婚检及孕前优生检查室等多点发放叶酸以提高待孕及孕早期妇女叶酸的服用率。2021年，全县应服用叶酸9296人，服用8522人，服用依从7225人，服用率91.68%，服用依从率84.78%，增补叶酸知识调查2250人，知晓2232人，知晓率99.2%。

【婚前医学检查及孕前优生健康检查】 2021年，县妇幼保健院与县民政局联合办公，在县民政局设立婚前医学检查及孕前优生检查点，实现免费婚检孕检“一条龙服务”。免费婚前医学检查率较上年度有所提高，全年初婚登记2052人，婚前医学检查人数1437人，婚检率达到70%，孕前优生检查人数2205人，孕前优生检查完成率110%。

【农村妇女“两癌”筛查】 为保障妇女的生殖健康，早期发现危及妇女健康的常见疾病，年内，为全县35—64周岁农村妇女免费进行宫颈癌、乳腺癌和生殖道感染检查。免费乳腺癌筛查7123人，做乳腺钼靶719人，确诊乳腺癌6人；宫颈癌筛查7099人，做阴道镜321人，宫颈病理检查321人，宫颈高级别病变21人，低级别病变53人，宫颈癌2人，对所有筛查阳性人群均进行了追踪随访。

【预防艾滋病、梅毒和乙肝母婴传播项目】 由县级4家助产机构为全县孕产妇（包括流动人口）提供艾滋病、梅毒、乙肝相关知识的免费咨询和免费检测，为艾滋病、梅毒、乙肝感染孕产妇及所生儿童免费提供规范的相应干预措施。实行首诊负责制，由首诊报告医院做好阳性孕产妇及所生儿童的追踪随访工作，做到早发现、早干预，使更多的孕产妇及其家庭受益。2021年，全县孕产妇HIV抗体检测2672人、梅毒检测2672人、乙肝五项检测2672人，检测率99.92%。其中，检测出艾滋病阳性1人、梅毒阳性3人、乙肝阳性69人。

【孕产妇和儿童疾病筛查】 产前筛查。2021年全县助产机构唐氏筛查1667人，其中，发现高风险117人，均进行了转诊和随访。

免费无创产前基因筛查。由4家县级助产机构为县域孕产妇（包括流动常住人口）进行免费无创产前基因筛查，与免费唐氏筛查二者免费选做一项，年内，全县免费无创产前基因筛查1250人。

孕妇免费耳聋基因筛查。年内，继续实施孕妇耳聋基因免费筛查项目，通过孕期及时筛查、诊断和干预，降低出生缺陷发生率，不断提高出生人口素质。年内，全县免费耳聋基因筛查1969人，其中，发现高风险102人。

新生儿遗传代谢病筛查。年内，全县助产机构接生活产2682人，采集标本2654份，筛查率98.96%，县妇幼保健院负责新生儿遗传代谢病筛查材料的领取及发放，负责对全县助产机构血片的收集、上报、电脑扫描及质量控制，对全县可疑病例及血片不合格的负责通知到助产机构，进行复采。

新生儿听力筛查。年内，全县助产机构接生活产2682人，听力筛查2699人，筛查率100.63%，全县高危儿、初筛未通过的新生儿，由县妇幼保健院负责免费复筛，按廊坊市妇幼保健中心的要求电话联系3次以上，督促其复查，复查未过婴儿及时转至廊坊市妇幼保健中心进行确诊。

先天性心脏病筛查。县级4家助产机构承担各机构分娩的新生儿先天性心脏病筛查，为其进行血氧饱和度监测。2021年，全县助产机构活产2682人，新生儿先天性心脏病筛查2328人，筛查率86.8%，筛查阳性31人，逐一通知复查，对异常人群做好追踪随访。县妇幼保健院承担全县助产机构分娩的新生儿2—3个月时的心脏超声筛查，每周四上午，邀请北京陆军总医院附属八一儿童医院专家到院承担筛查工作，形成双向转诊绿色通道，为筛查阳性儿童提供便利、优质的服务；通知可疑病例在河北省儿童医院专家到廊坊筛查时进行复查，符合救助条件的给予救助。

【出生医学证明管理】 严格按照省市关于出生医学证明管理文件的精神执行，建立健全管理组织，制定香河县出生医学证明管理制度和出入库、领取制度，出生医学证明由专人负责领取、发放、登记等日常管理，并负责出生医学证明的打印及全县补发、医疗机构外出生的签发。为确保出生医学证明规范管理，防止差错发生，要求证、章专人分别管理，各助产机构也要专人领取保管，专人打印签发，及时进行各项登记。做好出生医学证明存根的保存，以防丢失。人员有变动的，对新上岗人员进行系统培训，全面领会了省市文件精神后方能上岗参加出生医学证明的相关工作。2021年，全县出生医学证明首次签发2733份，换发56份，补发136份，无机构外出生签发。

【妇幼保健服务中心】 2021年，妇幼保健服务中心继续“以保健为中心，以保障生殖健康为目的，实行保健与临床相结合，面向群体、面向基层和预防为主”的妇幼卫生工作方针，加强妇幼健康服务体系建设，履行妇幼健康的公共职能，不断提升保健院医疗质量和整体形象，促进了全县妇幼健康事业发展。全年妇幼保健服务中心门诊量64098人次，住院人数183人次。

依托京津冀医疗卫生协同发展。外聘妇产科、中医科、乳腺科、儿童先天性心脏病筛查科专家定期到院坐诊、带教，带动诊疗技术水平提高和临床科室发展。11月，与天津市儿童医院签订联合体医院协议，为辖区儿童提供连续、优质、方便的服务。全年阴道镜检查719人次、乳腺检查1632人次、乳腺微创手术33例。

加强学习培训。先后派出妇产、中医、检验、麻醉、CT、超声等科室14名业务骨干，到省儿童医院、省人民医院、市人民医院、秦皇岛妇幼保健院进修学习，派出1名副高级医师参加河北省第十期精神科医师转岗培训，以加强各科业务水平的持续提高和新业务开展。

推进医院中医文化建设，提升服务内涵。依托妇孺国医堂项目，聘请2名北京知名专家定期到院坐诊，为广大妇女儿童提供优质服务；先后派出4名医护人员到上级妇幼保健机构学习中医理疗、儿童心理等中医适宜技术；9月，香河县妇幼保健服务中心被评为河北省妇幼健康中医特色专科建设单位。2021年，开展中医诊疗5647人次，中药汤剂1309人次，中医定向透药治疗总计1033人次，小儿推拿497人次，皮内针1365贴，穴位放血75人次，穴位敷贴4887贴等。

强化健康教育管理。定期开展孕妇学校讲学，利用“三八”“六一”和爱眼日等节日广泛宣传妇幼保健知识，全年发放健康教育宣传资料5000余份，音像资料180余份，微信公众号受阅6000余人次。

（罗杰夫）

老龄健康

【概况】 6月23日，香河县第七次全国人口普查领导小组办公室发布《香河县第七次全国人口普查统计公报》，2020年11月1日零时，香河县常住人口为449038人，男性占比为50.93%，女性占比为49.07%，性别比为103.8；按照年龄构成0—14岁占比18.45%，15—59岁占比62.8%，60岁以上老年人占比18.75%，65岁以上老年人占比13.15%。2021年，全县80周岁及以上高龄老人9129人、同比增加286人，其中，100周岁及以上20人、同比增加6人；65岁及以上常住老年人45820人，接受健康管理32091人，老年人健康管理率70.04%。

【落实老年人优惠政策】 为70岁及以上老人开设专门窗口提供优先挂号、优先就诊、优先化验、优先检查、优先取药“五优先”服务，制作标识醒目的告示牌。在县便民服务中心设立老年证办理窗口，为有需要的年满60周岁居民现场办理老年优待证，年内，办理老年优待证65件。开展老年简易门诊和预约门诊，方便部分患慢性疾病需长期连续服药老年病人就诊配药，设立老年人专用候诊座位等。为解决80周岁及以上高龄老年人基本生活问题，提高高龄老人的生活质量，年内，为辖区符合条件的9129名高龄老人，发放高龄补贴541.43万元。为全县年满65周岁的“五保”“低保”人员、退役军人、计划生育特别扶持对象和环卫工人共计5997人，投保“助老安康”意外伤害保险，共计缴纳保险金29.99万元，以更好地应对人口老龄化，提高老年人抵御意外风险的能力，增强老年人安全感和幸福感。

【医养结合服务】 创建老年友善机构，落实医疗服务优待政策。2021年，县内45家医院完成老年友善医疗机构申报任务，分别是县人民医院、县中医医院、县中西医结合医院和渠口中心卫生院。建设完成富德医养结合康复中心，并顺利通过省、市、县三级评估验收，基本建设、专业设置、设备配置、人员配备、运营管理等均达到优秀标准。医疗卫生机构为签约养老服务机构开通急诊急救绿色通道服务，为入住老年人提供中医诊疗、中医康复、中医健康状态辨识与评估、咨询指导、健康管理等服务，为工作人员提供中医药技能指导，推广普及中医保健知识和易于掌握的中医推拿、贴敷、刮痧、拔罐、中医养生操等中医保健技术与方法。家庭医生签约服务团队开展上门服务，全县共建立家庭医生签约服务团队76个，年内，为辖区32091名老年人提供生活和健康状况评估、体格检查、辅助检查和健康指导服务。将老年人健康管理纳入县级绩效考核评估中。发挥家庭医生(团队)作用,优先为老年人,特别是贫困失能、半失能老人提供签约服务。

(罗杰夫)

人口与生育服务

【概况】 2021年,香河县坚持以“落实完善利益导向政策、稳步推进出生人口性别比综合治理、全面提升家庭发展能力建设”为重点,改革完善生育服务管理工作。

【贯彻执行人口与计划生育法律、法规】 2021年,香河县认真贯彻执行新修订的《中华人民共和国人口与计划生育法》及《河北省人口与计划生育条例》,加大宣传力度,通过电视台、电台、农村广播、微信、“明白纸”及流动宣传车等形式,将国家及河北省新修定的生育政策及时传送到千家万户;加大培训力度,组织县、镇、村(社区)三级相关干部及专业人员,认真学习新修定的人口与计划生育法律、法规,及时准确地掌握新政策,增强为群众服务的本领。

【落实计划生育特殊家庭救助政策】 为独生子女死亡人员落实每人每年10800元特别扶助金,共计206.28万元;为独生子女伤残人员落实每人每年9000元特别扶助金,共计64.8万元。为新增计划生育失独家庭发放每户2万元的一次性救助,为独生子女伤残家庭发放了每户1万元的一次性救助,共计35万元。为符合条件的计划生育特殊困难家庭夫妻及伤残子女报销住院治疗费自费部分的50%,共计22.18万元,并为其发放住院期间护工补贴每人每天100元,共计5.58万元;为4名生活不能自理的特扶人员发放生活护理补贴7万元。为符合条件的计划生育特殊家庭成员参加城乡居民养老保险的,按照规定给予参保缴费补贴,共计8.95万元;对60周岁及以上的计划生育特殊家庭夫妻,给予每人每年1200元养老补贴,共计16.08万元;为263名特扶人员发放健康体检卡,价值11.84万元。

【药具管理与服务】 免费发放避孕药具,加强妇女保健,减少育龄妇女非意愿妊娠避孕,及时请领、填装免费避孕药具发放机内的避孕药具,以保证社会群体对避孕药具的需求,张贴避孕药具相关知识二维码,使广大群众对如何选择避孕药具、避孕相关知识进行了解。全年发放避孕药具400余盒。

(罗杰夫)

爱国卫生运动

【概况】 2021年,香河县以创建国家卫生县城为目标,全面推进爱国卫生运动,不断提升县域居民健康素养和健康水平,持续开展城乡环境卫生综合整治,科学防控病媒生物,全面控制病媒生物密度,消除“四害”等项工作。提高环境卫生质量,打造整洁、优美的宜居环境。

【病媒生物防治】 2021年,实施以环境治理为主的综合防治措施,开展病媒生物预防控制活动,注重防“四害”设施建设,分别于4月、11月在全县范围内统一开展春秋季灭鼠灭蟑灭蚊蝇活动,总计发放药物2吨。重点区域包括市政地下管道、公共绿地、学校食堂、居民社区及地下空间、农贸市场、中小餐饮、宾馆、垃圾中转站及垃圾存放点等其他有鼠蝇蟑场所和部位,彻底清理病媒生物滋生地,改善城乡环境卫生面貌,最大限度减少传染病的暴发流行。

【禁烟工作】 年内,积极开展控烟活动,实现超市商场、网吧等公共场所有禁烟标志,机关事业单位、医疗机构和中、小学校园内及公共场所全面禁烟,县城城区无烟草广告,控烟取得明显成效。

【爱国卫生宣传】 依托“爱国卫生月”“世界卫生日”“世界无烟日”等重要节日,充分利用电视台、报纸、微信等新闻媒体,以及通过出动宣传车、设立宣传点、悬挂横幅、制作展板、印发资料等形式，大力宣传爱国卫生运动，进一步增强全民参与爱国卫生运动的积极性和主动性。全年累计出动宣传车120辆（次）、悬挂条幅100余条，印发资料4万余份、制作宣传展板300余幅。

（罗杰夫）

香河县人民医院

【概况】 香河县人民医院（以下简称县医院）始建于1950年，设有人民医院院区、心脑院区、新院区3个院区，总占地面积7.78万平方米，建筑面积10.8万平方米，固定资产6亿余元，编制床位762张，开放床位1200张。设25个临床科室、10个医技科室、20个职能科室、泰康老年公寓和天使幼儿园。职工总数1077人，其中，在编干部职工151人，人事代理、事务代理674人，劳务派遣55人，新参加工作临床人员169人，退休返聘28人。

2021年，县医院把人民健康和生命安全放在第一位，创新发展、创新服务，落实20项服务承诺，执行各项标准规范，医院综合服务能力全面提升。在做好疫情防控常态化的同时，顺利通过二甲医院复评，各项工作取得了新进展。先后荣获全国县级医院竞争力排行榜200强，河北省文明单位、全省职工诵读活动优秀组织奖，廊坊市先进集体、文明单位，香河县优秀领导班子、三八红旗集体等荣誉和称号。《光明日报》、《经济日报》、学习强国、人民网、新华网、网易廊坊、廊坊发布、健康县域传媒等国家和省市县级媒体先后75次报道医院发展先进事迹。

【主要业务指标完成情况】 2021年，县医院实现业务收入5.45亿元，同比下降2.47%。总诊疗患者73.61万人次，同比增长2.3%。收治住院病人2.3万人次，同比下降9.4%。实施大、中手术7443例，同比下降3.7%。药品零差率销售全部完成，临床路径管理达到54个，均次住院费用下降3.22%，无医疗事故。诊断符合率99.92%，患者满意度97.01%，人才培养39人，全部完成考核目标。

【提升综合服务能力】 高标准完成二甲医院复审。全年固定资产增加5363万元，购置更新62排CT机、数字减影血管造影X线机等大型设备310件。扩建放射肿瘤科病房460平方米、急诊楼316平方米，全部投入使用。对标三级医院，对新院区手术室、重症监护室、导管室进行改扩建，全面解决医院重症、手术用房不足、布局流程不合理等问题；加快建设高水平人才队伍，年内，160人到三甲医院进修、参加短期培训和交流，29人晋升中层管理岗位。26人晋升高级职称，全院高级职称人员达到142人，其中，正高级14人。走科研兴院之路，全年科研课题立项11项，科研验收结题4项。全年开展新技术35项，新项目30项，独立完成三、四级手术占比达50%以上，肿瘤相关非血管系统介入技术开展成为廊坊地区首例，实现了新突破。3月28日，县人民医院医美中心正式启动，成为香河县首家公立医美中心。

【增强群众获得感】 开展“强化承诺落实，聚力创新服务”优质服务大提升活动，重新修订20项服

3月28日，香河县人民医院医美中心启动仪式举行　　县人民医院供图

1 月 11 日，县人民医院紧急集结 100 余名医护人员到 104 个居民小区开展县域全员核酸检测　　县人民医院供图

务承诺，科科设立服务品牌，人人承诺上墙，深化服务内涵，强化全心全意为患者服务的理念。全院干部职工开展学习《毛主席语录、毛主席的五篇著作、毛主席诗词》《中共十九届六中全会公报》，通过重温红色经典，广大干部职工爆燃服务激情。大力推行 6S 管理（整理、整顿、清扫、清洁、素养、安全 6 个项目，因其英文单词均以“S”开头，简称 6S），开展精细化护理，不断优化就诊流程，开通公众号智慧医疗，线上分时段预约挂号、缴费、报告查询等功能。对接市卫健委完成“互联网 + 医疗影像云平台”上线应用，为患者提供便利。全年收到患者送来的锦旗、镜匾、表扬信 423 件。

【加强常态化疫情防控】 面对新冠疫情的不断反复和艰巨繁重的防控任务，县医院严格落实防控措施，充分发挥“哨点”作用，3 个院区 8 处预检分诊不分昼夜严控死守，发热门诊 24 小时出诊，全年筛查发热患者 4154 人次；住院病区实行封闭式管理，严格核酸检测和陪护制度，确保不发生院内感染；核酸检测点 24 小时不停诊，检测实验室 24 小时不“停机”，全年检测近 50 万人次，新冠病毒疫苗接种 4 万余剂次。高标准完成县内 7 个疫苗接种点和学校师生的疫苗接种，院内核酸检测保障，支援隔离宾馆防控，每周核酸外采及县域全员核酸检测等防控任务。“120”急救中心孟凡星、张利家主动请缨，驾驶 2 辆救护车驰援石家庄市藁城区疫情防控，圆满完成人员转运任务。

（孙媛媛）

香河县中医医院

【概况】 香河县中医医院（简称县中医医院）是一所以中西医并重，集医疗、教学、科研、急救、康复于一体的国家二级甲等中医医院。秉承“以人为本、传承创新、惠泽于民”的服务宗旨，拓宽服务功能，提高技术水平，改善就医环境，发挥中医药特色优势，加强中医特色专科专病建设，医院服务水平得到全面提升。2021 年，有职工 596 人，其中，正高级职称 6 人，副高级职称 51 人，中级职称 136 人。设有骨伤科、胃肠外科、泌尿外科、肝胆外科、甲乳外科、脑病科、心血管病科、肺病科、内分泌科、肾病科、肿瘤科、消渴病科、妇科、产科、急诊科、康复部、儿科、综合科等 11 个住院病区及门诊、医技等科室 45 个，其中，省市重点专科 6 个。年内，获得 2021 年中国心衰中心“质控达标之星”称号、河北省文明单位称号、2019－2020 年度河北省创建“青年文明号”、河北省胸痛中心建设优秀奖、2021 年度河北省医养结合先进模范单位称号、廊坊市先进集体称号、廊坊市先进基层党组织称号、2020 年度廊坊市文明单位称号、廊坊市医学会医院消毒与感染控制学分会常务会员单位称号、廊坊市全省职工诵读活动优秀组织奖、香河县文明单位称号、香河县创建省级文明县城先进单位称号、香河县“学习强国”学习平台使用情况先进单位称号等多项荣誉。

【主要业务指标完成情况】 2021 年，县中医医院整体情况综合运营

7 月 18 日，县中医医院与北京中医医院关于益气活血类方治疗心肌梗死的临床辨证循证优化研究启动会议召开　　县中医医院供图

良好，但受新冠疫情的影响，发展速度同比有所放缓，年门诊患者 36.9 万人次，同比增长 17%；出院患者 15295 人次，同比增长 2%；开展手术 2651 例，同比下降 11%。

【医疗技术不断提升】 以创建三级医院为目标，着力推进医疗技术提升工作，构建优质高效的诊疗体系。5 月 6 日，整合现有医疗资源，在内一科原有建制基础上成立脑病科。9 月，开展神经介入技术，助力脑卒中防治工作，实现脑血管病患者神内、神外“一站式”医疗服务模式，提升了急危重症脑血管的救治能力；同月，成功开展“首例”心脏介入手术，此项技术填补了县中医医院心血管介入治疗的空白，使心血管内科的治疗水平迈上了新的台阶。7 月 18 日，县中医医院与北京中医医院关于益气活血类方治疗心肌梗死的临床辩证循证优化研究启动会议召开，北京中医医院心血管科主任、教授刘红旭，心血病科党支部书记、教授尚菊菊，香河县中医医院主要负责人及相关科室负责人等出席会议。该项研究是国家重点研发计划项目，由首都医科大学附属北京中医医院心血管科牵头，为前瞻性、分层随机、双盲双模拟、安慰剂平行对照的多中心临床研究。香河中医医院作为项目分中心单位，承担相应比例研究患者入组。

【中医药文化继承与推广】 年内，在原有中医经典《伤寒论》《金匮要略》培训的基础上，继续邀请北京中医药大学人文学院副院长、教授陈子杰开展《黄帝内经》讲座，通过经典诵读，传承中医药文化，培养和造就院内理论功底深厚、医术精湛的优秀临床人才。同时，通过中医健康大篷车将中医药适宜技术、中医文化带到基层村街社区，让更多基层百姓了解中医、信任中医、使用中医，全面促进医院中医特色持续健康稳步的发展。

推进“中医药文化进校园”活动，与县城内第三小学完成项目对接，并在五年级 6 班实行试点，通过人物故事、自我保健、科学实验等多种形式，构建贴近生活、富有特色、通俗易懂、简便易学的中医药课程体系，推进中医药文化进课堂。在校园内开设中医药知识角、文化长廊文化墙等营造校园浓厚的中医药文化氛围，增进青少年对中医药文化认同感和归属感，为实现中医药事业后继有人、推进中医药传承创新发展奠定坚实基础。

【医疗人才培养】 通过采取“送出去、请进来”的方式加强人才培养，优化梯队建设。通过毕业院校招聘会、微信、网络、自主招聘接纳人才，全年招聘医、护、技等岗位职工 130 余人；组织安排初、中、高级职称人员参加各级各类医疗行政管理、护理培训共 1225 次；继续外聘知名三甲医院的专家长期来院出诊指导工作；采用柔性引进人才方式，特聘请享受国务院政府特殊津贴的教授罗侃到院指导工作；全年派出 10 余名医务人员到北京三甲医院进修培训，有效提高了医疗质量技术水平。

【“医联体”建设】 在与解放军总医院第七医学中心（原陆军总医院），北京中医药大学东直门医院，北京市中医医院，中国中医科学院望京医院、眼科医院，国家级名老中医黄丽娟、冯建春工作室继续深入合作的基础上，还与北京中日友好医院、北京天坛医院、北京阜外医院、北京安贞医院、北京积水潭医院、北京大学第三医院、北京同仁医院、北京妇产医院、北京儿童医院、首都儿科研究所、北京肿瘤医院、北京二龙路肛肠医院、北京朝阳医院等 10 余家三甲知名医院常年保持业务联系，各院知名权威专家随时到院开展门急诊、会诊、手术等临床工作，每年选派医护人员到各三甲医院进修学习。

7 月 2 日，县中医医院医务人员到香河机器人小镇佳龙集团，开展“走基层、进万家”国家基本公共卫生服务项目义诊咨询活动　　县中医医院供图

【走基层、送健康系列服务活动】 积极承接县域城区内国家基本公共卫生服务项目，成立健康管理科，组织各科主任、专家及医护人员深入社区、企业开展义诊宣传、健康咨询、急救培训、建立居民健康档案、现场解读体检报告等，建立居民健康档案达到 2.2 万余份；组织开展“走基层、送健康、服务百姓”活动，组织各科力量深入乡镇、村、敬老院、企业开展以“中医健康大篷车”为主题的大型义诊服务活动，免费提供量血压、测血糖，心电图、超声检查和中医适宜技术，年内，组织开展义诊活动 90 次，派出医护人员 1200 余人次，受益群众达到 1.5 万人次，发放健康手册、宣传资料 8000 余份，深得百姓好评；推广中医药技术文化，成立 6 个医疗服务战队进行网格化管理，与乡镇卫生院和村乡医对接，手把手地把中医适宜技术交给他们，让百姓受益；推进慢病管理工作，作为廊坊市慢病管理工作试点机构，按照项目组要求，与河北咱家健康软件科技有限公司对接，通过移动互联网、物联网、大数据等信息技术，做好以高血压、糖尿病、冠心病、慢阻肺、脑卒中为主要病种的慢病管理工作，取得了阶段性成效。通过开展走基层、送健康系列服务活动，深入乡镇、村街、社区、敬老院、企业开展义诊宣传、健康咨询和培训，普及健康知识，提高居民健康素养，为城乡居民提供全周期、全方位的医疗健康服务。

【新冠肺炎疫情防控】 新冠肺炎疫情期间，为切实做好疫情防控及医疗工作，县中医医院坚持一手抓防疫抗疫，一手抓医疗服务，确保各项医疗工作正常有序开展。全年完成应检尽检和愿检尽检人群的核酸采集 72253 人次；按照上级部门的安排部署，3 月开始，组织抽调高年资医护人员承担负责县疾控第一门诊、淑阳镇卫生院、刘宋镇卫生院、钱旺镇卫生院、钳屯镇卫生院新冠疫苗接种点的安保工作；4 月，启动新冠疫苗接种工作，完成疫苗接种 18946 人次；10 月起承担全县 3－11 周岁幼儿阶段新冠疫苗接种点的安保工作和重点人群隔离酒店的安保工作。

（李　伟）

香河县中西医结合医院

【概况】 香河县中西医结合医院坐落在河北香河经济开发区，毗邻北京市通州区和天津市武清区，占地面积 2.7 万平方米，其中，建筑面积 2.15 万平方米。是一所大型综合性全民所有制二级医疗机构，辐射周边 34 个居民区和村街，诊疗服务人口 9 万余人。2021 年，固定资产 8358 万元，开放床位 200 张，门急诊量为 106879 人次，住院患者 2745 人次，开展各类手术

634 例。先后被授予全国治疗哮喘病明星单位、中国知名专科医院、社会公认满意医院、中国传统医药特色疗法国际交流协作单位，河北省十大发明单位、河北省三星级窗口单位、消费者信得过单位等荣誉称号。《人民日报》《健康报》《河北日报》和中央电视台《中国报道》《经济半小时》栏目等媒体先后对县中西医结合医院进行报道。

2020 年 12 月 22 日，经县政府批准，香河县气管炎哮喘医院更名为香河县中西医结合医院，2021 年 1 月 1 日，正式挂牌。年内，先后设立和改革行政后勤科室 17 个，即党政办公室、财务科、人事科、医务科、护理部、院感科、信息科、宣传科、科教科、健康管理科、设备科、审计科、后勤科、后勤总务科、药剂科、收费处、医保科；临床科室 22 个，即呼吸（哮喘）科、内一科、内二科、外科、骨科、妇科、产科、急诊科、手术室、康复科、儿科、眼科、口腔科、皮肤科、肛肠科、泌尿科、耳鼻咽喉科、治未病科、针灸理疗科、健康管理减重科、体检科、综合门诊部；医技科室 4 个，即影像科、功能检查科、检验科、药学制剂中心。拥有百级净化手术室 1 个，万级净化手术室 4 个。其中，呼吸（哮喘）科为省重点中医专科。

3 月 27 日，香河县中西医结合医院举办中医药文化暨第一届膏方节
县中西医结合医院供图

【特色专科建设】 呼吸（哮喘）科是河北省重点中医专科，多次被评为重点中医专科先进单位，拥有优秀的人员梯队和领先的仪器设备。在中国首创以中医中药为主的绿色免疫增强体系疗法，运用口服中药汤剂及中药胶囊、温根汤足浴、梅花针扣刺、针刺治疗、穴位注射、中药贴贴敷、气运平衡操等综合疗法，配合先进的诊疗设备开展气管镜检查和灌洗治疗，可实现精准治疗肺部感染、支气管扩张，并对个体化治疗慢性支气管炎、支气管哮喘、肺气肿、肺心病等开展中西医结合治疗，见效快、疗效好，治愈率高、复发率低，尤其针对长期依赖激素、抗菌素的患者，疗效显著。就诊患者涉及 30 余个国家和地区，社会反响良好。呼吸（哮喘）科长期与首都医科大学附属北京胸科医院、北京中日友好医院、中国石油天然气集团中心医院开展合作和临床交流，成绩显著。

骨外科为院重点科室，以“展今续骨，仁德扶助”的建科理念和领先县域的医疗技术水平受到患者好评。科室医护人员均曾在北京、天津、廊坊等地三甲医院进修学习，具有较高的技术水平和良好的专业素养。科室坚持中西医结合的特色疗法，自创的“灵凡续骨散”“灵凡生肌膏”“中药热盐包”“中药泡洗包”“中药贴敷”等中医药特色技术得到患者的认可。科室可开展外科微创腔镜手术、体外冲击波碎石术、四肢骨折内固定、外固定架固定术、各种关节置换术、腰椎骨折内固定、椎体后凸成形术、腰椎间盘髓核摘除术等，在骨科创伤急救、关节外科、脊柱外科、手外科、骨病等治疗上取得了较好成绩。骨外科长期与北京积水潭医院、清华大学附属医院、中国人民解放军总医院等三甲医院合作，持续为广大患者提供安全、优质的医疗服务。

【创新医疗技术】 新冠肺炎疫情期间，副院长董树江研究出“参花扶正解毒汤”“太子灵芪膏”等抗病毒制剂，中药房熬制后免费供应

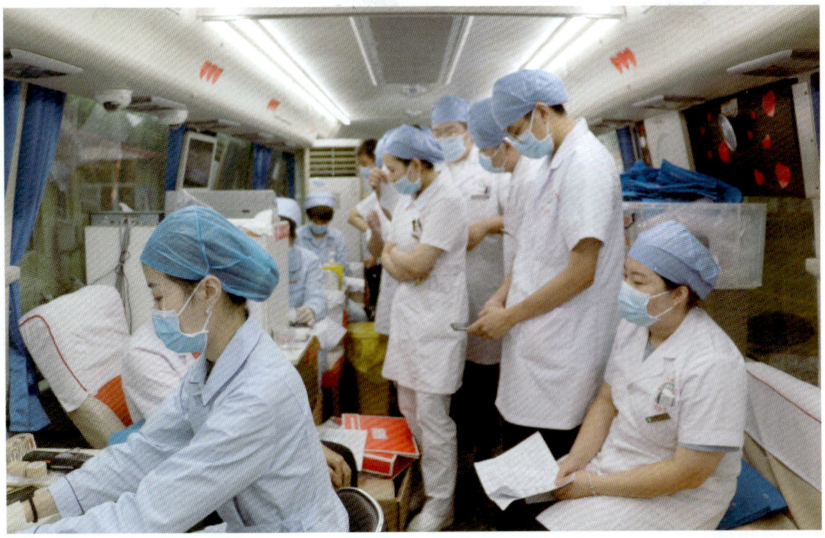

8月19日，医务人员无偿献血，以此庆祝第四个中国医师节　县中西医结合医院供图

职工和患者饮用，收到临床良好反馈，增强了服用者身体机能，提高了免疫力。呼吸（哮喘）科继续发扬特色专科优势，自拟温根汤1号和2号，可以通过足浴使药力直达脏腑，起到了温经通络、温补元阳健脾益肺的功效，有效地控制了呼吸道疾病的扩散和蔓延，提高了患者的生活质量。骨外科开展的胸腰椎骨折内固定术、退行性腰椎疾病手术治疗、经皮椎体成形术、股骨头无菌性坏死全髋置换术、髋关节翻修专术、全膝置换术、肩关节置换术、软组织缺损皮瓣修复、肌腱移植术、断指再植术等技术项目达到县内先进水平，赢得了县域百姓的信赖。3月27日，举办香河县中西医结合医院中医药文化暨第一届膏方节。

【“医联、医共体”建设】 2021年，继续紧跟京津冀一体化步伐，与北京等多地多家医疗机构建立多种合作。除与中国中医科学院广安门医院、北京清华大学第一附属医院、河北燕达医院建立了医联体外，年内，与北京朝阳医院、北京积水潭医院、中国人民解放军总医院、北京安贞医院、北京大学第三医院、北京妇产医院、北京儿童医院、北京宣武医院、北京同仁医院、北京中日友好医院、北京肛肠医院（原北京二龙路医院）等知名医院的特色科室建立长期的合作关系，聘请知名专家定期到院坐诊，患者也可预约专家进行诊治。通过绿色通道转诊、远程会诊、技术输出、管理输出等方式，促进优质医疗资源下沉，并继续与安平中心卫生院、钳屯卫生院保持医共体模式，紧密合作，为基层卫生院提供支持和帮助。在提升县中西医结合医院诊疗水平，让广大患者在家门口享受到北京专家团队医疗资源，最大限度方便群众看病就医。

【加强业务培训】 2021年，继续坚持“请进来、走出去”发展战略，外请专家走上讲台，作辅导、搞讲座。新冠肺炎疫情基本稳定后，继续邀请中国中医科学院、北京中医药大学、北京广安门医院、北京东直门医院、北京天坛医院、中国人民解放军总医院、北京妇产医院、天津眼科医院等权威机构和三甲医院的专家学者到院坐诊，进一步提高医院医疗水平，进行学术交流，充分带动全院技术水平的提高；年内，医院与北京天坛医院神经病学中心，中国人民解放军总医院骨科、消化内科，北京肛肠医院肛肠外科等医院科室建立合作关系，邀请专家定期到院开展教学查房，并能及时进行远程会诊；选派医生到北京胸科医院、北京朝阳医院、北京天坛医院、北京宣武医院、天津眼科医院、廊坊人民医院等京津冀地区的多家三甲级医院进修学习，以期提高医护人员的专业知识水平。年初，制订医护人员培训计划，每月严格按照计划进行培训考核，进一步提高医护人员专业知识水平。

【社会公益活动】 全年义诊29次。4月2日，举办“学党史、悟思想，我为群众办实事”义诊活动；4月7日，为县第七中学27个班级1302名学生进行全面的健康体检；5月5日，在县人民广场举行“学党史、悟思想，我为群众办实事”大型义诊活动；7月23日，义务开设爱心驿站，为环卫工人提供饮水、休息场所，并从22日起，利用半个月时间为全县环卫工人进行了免费体检；7月29日，受县公安局邀请，为全体公安民警进行急救知识培训，讲解传授遇到突发事件及意外伤害情况时应采取的急救方法；8月19日，医务人员无偿献血，以此庆祝第四个中国医师节；9月7日、10日，分别为县第七中学教师和安平镇第一小学师生进行健康专题讲座；10月12日，邀请北京广安门中医院中医专家到香河开展大型义诊活动，得到辖区群众好评。

（袁　超　曹振声）

新冠肺炎疫情防控

【概况】　2021年，面对国内局部聚集性疫情，全县上下在县委县政府的带领下，严格按照中央和省、市各项决策部署，落实落细各项疫情防控措施，积极稳妥推进各项工作扎实开展。按照省市县新冠肺炎疫情防控工作要求，坚持外防输入、内防扩散原则。制定印发《关于进一步加强重点人员流调管控工作的通知》《关于加大疫情重点地区来返香人员排查管控工作的通知》《关于做好学生假期返乡疫情防控工作的通知》等，明确有关具体事项，严防外来输入感染及疫情扩散；建立排查监测机制，实施防控排查监测；抓好集中隔离保障；扎实开展流行病学调查工作；建设核酸检测实验室并开展核酸检测；配强专业力量，做好集中收治工作；加强物资供应保障和市场供应监管；开展交通检疫和交通管控；坚决维护疫情防控期间社会稳定；加大新闻宣传力度；加大外籍人员到香河及境外返回人员疫情防控力度；切实加强全县冷链食品及从业人员常态化监测预警工作；将疫情防控工作列入全县重点工作督查内容，强化组织领导工作。

坚持精准部署，筑牢防控组织网络。严格落实党委统一领导、党政齐抓共管的疫情防控工作机制，根据疫情防控形势，调整优化疫情防控工作领导小组，由县委书记、县长共任“双组长”，并将“一办十组”调整为“一办十四组”。县委书记、县长多次组织召开领导小组会议和专题调度会议，及时传达党中央部署要求和省市各项会议精神，对疫情防控工作进行安排部署。抽调精干力量20人成立了工作专班，实行集中办公，及时传达上级指令，综合协调各专项小组工作，做到政令畅通、运转高效。

坚持精准高效，落实落细防控措施。发挥基层医疗机构、诊所药店等“哨点”作用，严格落实发热门诊、首诊负责、隔离留观、安全转运等制度，按照属地和归口管理原则，每周对34类重点行业人员开展一次常态化核酸检测，逐人建档立卡，做到应采尽采、应检尽检、流程科学、结果精准，截至2021年底，累计开展21轮、547823人次核酸检测工作，检测结果均为阴性。压实镇区属地责任和部门监管责任，加快疫苗接种进度，着力构建群体免疫屏障。截至12月28日24时，全县3岁以上人群累计接种423071人，接种覆盖率97.29%；3－11岁人群已完成第一剂次接种51948人，接种覆盖率93.84%；已全程接种41013人，接种覆盖率78.95%；加强针累计接种121450人，完成率68.19%；60岁以上人群累计接种56483人，接种覆盖率67.07%。

坚持院感防控，筑牢医疗机构防线。全县19家公立医疗机构、12家社会办医疗机构设立36个预检分诊台，严格实行24小时预检分诊工作制度，做到扫码、测温、一米线、戴口罩等常规措施，确保发热病人不进入诊区；发热门诊严格按照三区两通道设置，保持日常高频次消杀，执行“一人一诊一室”。落实首诊负责制，避免患者二次聚集，在发热门诊就诊的患者，全部进行核酸检测和相关检查，确保24小时内两次核酸检测，严格留观制度。加强医疗机构住院患者及陪护等人员管理，实行进院出院和住院期间每周两次核酸检测，严格落实“一床一陪护”的要求，实施非必要不探视，并做好体温检测、健康状况和信息登记等工作，确保能及时发现异常。

【新冠肺炎疫情防控工作领导机构】 2021年，进一步优化调整香河县新冠肺炎疫情防控工作领导小组、总指挥部，领导小组和总指挥部下设办公室及综合协调与数据分析组、防疫处置与流调隔离组、核酸检测与医疗救治组、防控排查监测组、物资保障组、新闻宣传组、交通检疫组、市场供应与监管组、社会维稳组、外事服务组、督导检查组、组织保障组、疫苗接种组、防控专家组14个小组，分别由县党政班子领导挂帅；县、镇、村三级分别成立新冠肺炎疫情领导小组。12月31日，县新冠肺炎疫情领导小组下设机构增设重点行业防控监管组。根据县新冠肺炎疫情防控工作领导小组安排，县级以下各镇（社区办）、村（社区）、机关企业事业单位成立新冠疫情防控工作领导机构，具体落实各项新冠疫情防控措施。

【疫情防控排查监测】 建立新冠肺炎疫情排查监测机制，各镇（社区、园区）组织动员村“两委”班子、镇级卫生院医务人员、乡村医生对辖区内所有居民开展全面摸底排查，县直各部门对本单位职工进行全面摸底排查，各医疗机构对就诊病人及家属进行摸排，重点了解是否有发热症状、是否长期在外、是否到过发生新冠肺炎疫情中高风险地区等情况，确保不漏1人。摸底工作形成台账，填报《外出（返乡）人员摸底排查台账》《发热人员日报表》，各镇（社区办、园区）、县直部门台账定期上报县新冠肺炎疫情领导小组办公室汇总，出现新情况，随时上报。县交通、公安、卫生健康部门，按照职责分工，组织开展县域高速、境内国省干道、重要路段等出入县境人员的排查、检查和监测工作，发现发热外来人员立即上报县新冠肺炎疫情领导小组办公室。严格落实重点领域疫情排查防控措施。由县农业农村局牵头，抽调公安、卫健等机关工作人员和社会志愿者共计50余人成立大数据专班，组建全县流调队伍411支，通过大数据推送、协查函、村街社区排查等方式，对重点人员进行全面排查，确保实现“当日清”。

【集中隔离医学观察】 根据疫情防控需要，按照“三区两通道、一人一间一卫”的规范标准，全县设定8家隔离点，房间总量910间，对涉疫重点地区、中高风险地区以及与确诊病例密接、次密接人员以及国内中、高风险地区人员和回国返香人员进行集中隔离。隔离场所远离居民区，建筑安全合法，消防设施完备；污染区、半污染区和清洁区物理分开，隔离人员与管理人员分布在不同楼层不同区域，实现分区管理，物理隔离。落实单人单间隔离措施（70岁以上老人及14岁以下未成年人，特殊情况可陪同居住），做到应隔尽隔，隔离房间通风良好，设有独立卫生间；酒店化粪池独立，并安装污水处理系统，控制传染源，切断传播途径。2021年，累计收住集中隔离人员1460人，有效防止了疫情的传播和扩散。

【流行病学调查溯源】 扎实开展流行病学调查（以下简称“流调”）工作。统筹调配疾控、监督、妇幼、乡镇医疗机构等专业技术人员

专业人员对隔离场所进行消毒　　县卫生健康局供图

107人，组建12个流调小分队，全面落实疫情防控流调工作。对全县企业进行大流调，排查确诊病例密接、次密接人员，实行集中隔离，全部完成核酸检测，均为阴性。截至12月31日，已流调2336人，年内，香河县已开展大型应急演练2次，聘请北京院感专家对镇（社区办、园区）8支队伍人员进行线下培训6次，培训人员达4105人次。“八支队伍”人员情况如下：流调队伍411支1611人；隔离队伍8支141人；医疗救治队伍28人；核酸采样队伍414支2902人；核酸检测队伍3支20人；消杀队伍410支1539人；社区防控队伍319支4611人；健康教育队伍363支1459人。

【核酸检测实验室建设】 在县疾控中心、县人民医院、县中医医院和县中西医结合医院建立4家核酸检测实验室（2021年11月11日，县中西医结合医院核酸检测实验室启用），全县核酸检测能力达单检8300人/天，1:10混检8.3万人/天。抽调机关干部3903人、医务人员1285人，科学划分了15个网格、61个检测小组、1112个采样点，并与北京、天津等8家域外检测机构签订了框架协议，优先为香河县预留检测能力，确保当天采样、当天检测。核酸检测人员培训及操作能力。检验检测人员均通过了核酸检测理论培训，人员全部掌握核酸检测理论基础，并通过网络考试，均取得合格证书，为临床诊断和全县的疫情防控工作提供有力保障，实现疫情防控和诊治工作有机融合、无缝对接，夯实“早发现、早报告、早诊断、早隔离、早治疗”的工作机制，为打赢疫情防控阻击战迈出坚实一步。

【核酸检测】 全县4个核酸检测实验室建成后，县疾控中心、县人民医院和县中医医院分别按照《新型冠状病毒肺炎实验室检测技术指南》，建立实验活动管理制度、安全防护措施、质量控制标准、实验操作流程、标本的采集运输检测制度、突发事件预案、仪器设备的管理、档案资料的保存等多方面制度文件。按照河北省临床检验学会安排部署，组织县级公立医院检验人员参加河北省临床检验学会组织的核酸检测网络理论资质培训，通过网络理论考试，全县30名检验人员取得核酸检测合格证书；同时，各医疗机构培养90名核酸检测后备人员。全县4个核酸检测实验室，承担“应检尽检”重点人群和“愿检尽检”人群核酸检测任务，为全县疫情防控发挥了积极作用。在全县11家医疗机构增设核酸检测临时采样点，依托县人民医院、县中医医院、县疾控中心和县中西医结合医院4个核酸实验室，对县乡村三级医护人员、养老院人员、福利院人员、监所人员、特殊学校和未放假的学校（幼儿园）师生、“三道防线”检查站（点）所有工作人员，各级党政群机关两周内到过中高风险地区的人员和各级防控指挥部人员全部进行核酸检测。制订全员检测方案，确保全县疫情发生时在2天内完成检测任务。

【疫苗接种】 压实镇区属地责任和部门监管责任，加快疫苗接种进度，着力构建群体免疫屏障。截至12月28日24时，全县3岁以上

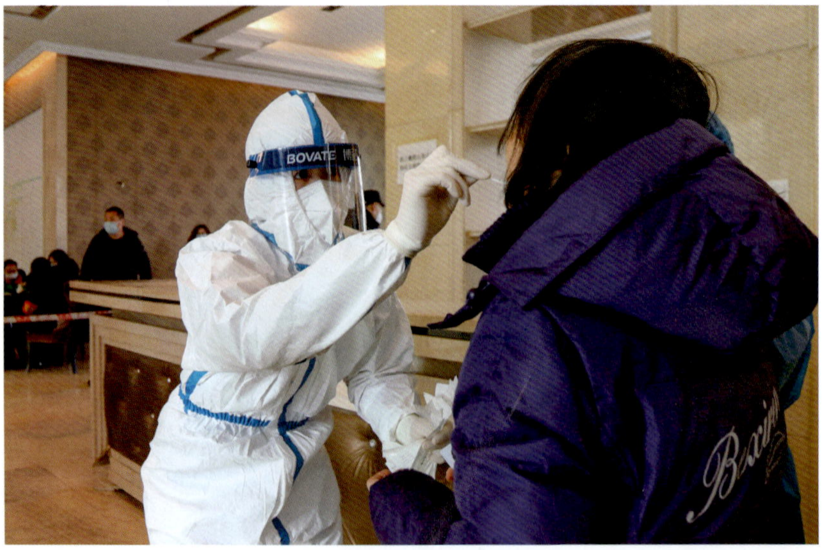

1月12日，全县域开展第一次全员核酸检测　　县卫生健康局供图

5 月 28 日，在县疾控中心第二接种门诊，居民接种新冠肺炎疫苗　县卫生健康局供图

人群累计接种 423071 人，接种覆盖率 97.29%；3—11 岁人群已完成第一剂次接种 51948 人，接种覆盖率 93.84%；已全程接种 41013 人，接种覆盖率 78.95%；加强针累计接种 121450 人，完成率 68.19%；60 岁以上人群累计接种 56483 人，接种覆盖率 67.07%。

【医疗救治】 配强专业力量，做好集中收治。严格按照“集中患者、集中专家、集中资源、集中救治”原则，统筹县域医疗资源，加强救治能力培训，规范急救流程，一旦发现疫情，第一时间开展治疗，减少重症病例发生。全力抓好医疗救治工作。根据县情实际，科学合理布局，确定县人民医院为定点救治医院，县中西医结合医院为定点隔离医院。县人民医院负责域外发热患者的筛查、诊断、隔离治疗，对经市疾控中心核酸检测的疑似患者向上转诊；县中医医院负责域外发热患者排查和县内普通发热患者诊疗；县中西医结合医院和镇级卫生院负责发热病人筛查、村街重点人员及检查站点过往人员体温检测。3 家定点县级公立医院已储备负压病房 7 间、负压救护车 12 辆、床位近 600 张，46 名救治专家队伍已配备到位，所有医护人员全部完成培训和应急演练。安排相关定点医疗机构严格落实国家和省市医保部门文件精神，对于新冠肺炎患者（含疑似患者）治疗产生的医疗费用，基本医保、大病保险、医疗救助等按规定进行支付，个人负担部分由财政按规定进行补偿，卫健部门制订的新冠肺炎诊疗药品和医疗服务项目临时纳入医保基金支付范围；对县人民医院、县中医医院 2 家设有发热门诊的医院各拨付专项预付资金，减轻医疗机构垫付压力。 2021 年，全县未出现新冠肺炎确诊病例。

【物资供应保障】 在金辛庄医院南建立 600 余平方米应急物资储备库，口罩、防护服等物资可满足 30 天满负荷运转需要。

【市场供应和监管】 全力以赴做好各项民生保障。县发改、市场监管等部门，加强市场服务监管，畅通供货渠道，确保产品质量，维护市场秩序，全力确保疫情防控期间百姓生活必需品供应充足、价格稳定。加强各种保障生活物资调度，每天对华联香百超市等 6 家大型超市销售、库存、货源等情况进行统计监控，张贴生活必需品保供公告稳定民心。粮食、肉、蛋、奶、食盐等物源充足、供应平稳。做好生活必需品价格监测。加大对超市、药店进行市场物价监测检查力度，建立疫情防控相关商品物价监测日报制度，每日对 3 家大型超市的 30 多种居民主要生活必需品及药店药品等防护商品的零售价格，实行日监测、日报告，做出分析，撰写监测日志。实时掌握县城重要商品物价走势，了解居民生活必需品、重点防疫药品的物价供应及运行情况。全县食品、药品等生活必需品价格基本稳定。

【交通检疫】 县域内公交车、出租汽车和长途汽车发车前、运营后分别进行一次全面消毒。要求对座套、安全带、座椅等重点区域按每 6 小时一次进行消毒，对车门把手等重点部位按每单进行消毒。车内环境保持清洁，并常备口罩、消毒液、喷壶等消毒防护用品。公交公司、车站和出租汽车企业开展驾驶员基本的疫情防护知识培训，对驾驶员做好体温监测工作，出现发热情况暂停营运及时就医，运营过程中驾驶员佩戴口罩，做好自我防护。乘坐公交车实行实名登记，乘客乘车前量测体温，出示健康码或者行程卡，利用手机微信扫码功能扫描公交车门旁的二维码，进行个人信息实名登记，扫码登记成功后须向安全员出示方可乘车，无法使用智能手机实名登记的，须随身携带身份证，进行人工实名登记；乘客实行全程佩戴口罩乘车，未按规定佩戴口罩或拒不测温的，司乘人员有权拒绝其乘车；控制客座率，按照疫情防控要求，每趟公交车客座率控制在核定载客人数的 50%以下；倡导乘客乘车使用电子支付或公交卡支付。严格落实日报制度和零报告制度做好应急运输保障，建立道路运输保障队伍，确保 10 辆货车、5 辆客车及部分加油、维修等保障车辆随时投入疫情防控工作，为疫情期间道路运输等工作保驾护航。

【交通管控】 加强“三道防线”管控，在 5 个环京检查站（安平检查站、北运河警务区、牛牧屯联勤检查站、西集联勤检查站、北京梁务联勤检查站）开展 24 小时无间断三班轮值工作，对进京车辆人员，执行与北京一致的防控政策和处置标准，严格落实“五必”（逢车必检查、逢人必测温、必核身份证、必验北京健康宝、必验通信大数据行程卡）要求，全力保障疫情不输入、不输出。2021 年以来，各检查站点出动警力 2.5 万人次、卫健人员 6800 人次，共检查车辆 175 万辆（其中冷链物流车 900 余辆）、人员 248 万人，劝返涉疫中高风险地区车辆 2086 辆、涉疫中高风险地区人员 3302 人。

【社会维稳】 坚决维护疫情期间社会稳定。公安机关等多部门密切配合，在全县范围加大查控力度，对哄抬物价、囤积居奇、扰乱秩序、妨碍公务、生产销售假冒伪劣医疗用品和网络造谣传谣等违法犯罪行为予以严厉打击。充分利用微博、微信等新媒体平台，广泛宣传涉及疫情的违法犯罪典型案例和相关法律常识，围绕群众关心的“出行、物价、市场供应、回城、当前疫情现状”等问题，第一时间发布官方声音，营造不信谣、不传谣，同舟共济、众志成城抗击疫情的良好舆论氛围。坚持在实现安全性的同时注重便利性，不对商户企业一关了之，不对村街社区一封了之，明确提出任何单位和个人不能断交断道，影响群众正常生活。

【新闻宣传】 充分利用广播、电视、官方微信公众号等媒体，以及县、镇、村宣传栏，农村大喇叭，发放宣传单、明白纸等，及时向公众大力宣传疫情防控最新政策、措施、科普知识以及疫苗接种相关信息。为做到防疫宣传“不漏一户、不缺一人”，各镇（社区办、园区）以包村干部、村（社区）干部为主体，采取“网格宣传、分片负责、进村入户”的宣传方式，发放《春节返香人员疫情防控措施告知书》《致全县广大居民的一封信》，宣传防疫最新政策，确保防疫宣传工作零死角、无盲区。加强以案说法。通过各种真实案例，定期在村街（社区）滚动播放，使群众明白自觉参与疫情防控是法定义务，违反传染病防治法将承担相应法律后果，自觉遵守法律规定，积极配合疫情防控，尤其是有发热、咳嗽等症状和中高风险地区旅居、病毒感染者接触史的要主动报告，否则将承担法律后果。并提醒广大群众进一步强化风险意识和防护意识，积极支持、配合疫情防控工作，非必要不外出，科学佩戴口罩，养成勤洗手、常通风、少聚集、保持“1米线”安全社交距离、用公筷公勺等良好个人卫生习惯。加强“两节”宣传。“两节”期间，进一步加强社会面疫情防控宣传，印发了《关于加强香河县元旦、春节期间疫情防控工作的通告》，通过大喇叭广播、微信、短信、电子屏幕、张贴标语等多种途径，引导群众不聚集、不扎堆，出行戴口罩，倡议群众“两节”期间非必要不外出，留香过年，减少省外出行，坚持“喜事缓办、丧事简办、宴会不办”，减少人员聚集，营造紧张有序的疫情防控氛围。

【外籍人员到香河及境外人员返回香河疫情防控】 香河县充分发

挥外事、工信、公安、卫健部门职能优势，积极发挥信息化在疫情防控中的重要作用，科学精准支撑全县疫情防控工作。认真核实省防控办和外省推送的入境人员信息，逐人建档立卡，做到信息翔实详尽、精确无误。落实国（境）外间接入香人员返香后的“点对点”转运管控政策，做到无缝衔接。强化国（境）外间接入香人员隔离管控工作，严格落实“14+7+7”隔离政策，凡不具备单人单户居家医学观察条件的，继续实行 7 天集中隔离。加强隔离期间健康监测，集中隔离期间每 2 天开展 1 次核酸检测；居家隔离期间，要于第 1、4、7 天各开展 1 次核酸检测。做好核酸检测呈阳性人员的发现、报告、转运各环节工作。实现国（境）外间接进入香河人员全流程闭环管理，做到责任明确、流程顺畅、精准高效，严防疫情输入，截至 12 月 31 日，全县共接回境外返香人员 294 人。

【督导检查】 落实县处级领导包联制度，每名县常委分包重点镇区，指导工作开展。并坚持一天一会商调度、一天一分析研判，及时细化完善防控措施，同时与各镇、社区、园区和县直部门实行网络视频直接联通，确保各项措施第一时间落实到基层一线。同时，把常态化疫情防控工作作为各级各相关部门年度目标考核的一项重要内容，对工作推动不力、监管不到位的单位和个人，严肃追责问责。

【组织保障】 2021 年，省内外多地疫情频发，县疫情防控组织保障组明确工作重点，细化责任分工，并指导各基层党（工）委组织保障组发挥职能作用，高质高效运转。县委组织部第一时间对部机关疫情防控领导小组及办事机构进行调整，下设综合组、组织组、督导组、宣传组、保障组，全员参与疫情防控工作。转发省委组织部《关于在当前疫情防控中充分发挥基层党组织战斗堡垒作用和党员先锋模范作用的通知》，印发《致全县各级党组织、广大党员干部的一封信》《关于进一步发挥全县组织系统职能作用，为疫情防控工作提供坚强组织保障的通知》，各基层党（工）委也通过印发倡议书、大喇叭广播等形式，教育引导广大党员干部投身疫情防控工作，支援村（社区）疫情防控工作。

注意在防控一线考察识别干部，及时了解和掌握领导干部在防控工作中的表现。县委组织部要求各单位继续按照《关于在打赢疫情防控阻击战中考察识别评价使用干部的通知》要求，做好在防控一线考察识别干部工作。印发《关于进一步做好在疫情防控中考察识别干部的通知》，要求各级党委（党组）把疫情防控作为了解干部的重要平台，详细记录干部在疫情中政治表现、全局观念、担当精神等方面情况，并定期收集汇总疫情中表现特别优秀干部的实际表现。县委组织部结合疫情防控督导检查，深入防疫一线，全力做好疫情防控工作中考察识别干部、基层组织党员队伍宣传发动、挖掘先进典型、党员干部思想动态监察等具体工作。

抽调机关干部下沉社区和村街做好防控工作。进一步做好香河县疫情防控工作，缓解基层一线防疫压力，县委组织部选派 6145 名县直机关党员干部（含卫生、教育、公安）充实到村（社区）一线，帮助做好核酸检测、卡口值守等工作。印发《关于进一步加强疫情防控期间选派干部管理工作的通知》，明确派出单位、各基层党（工）委的职责任务，并要求各基层党（工）委和派出机关一起做好派出干部的后勤保障工作，确保选派干部安心上阵。

注重典型培树，积极宣传推广。注重在防控一线培树典型，组织各镇（社区办、园区）、县公安局、县卫健局、县人民医院、县中医医院等一线部门推荐防控工作中涌现出的优秀集体和个人，先后涌现出县人民医院党委、县疾病预防控制中心党支部和县公安局巡特警大队教导员李永会、钳屯镇二百户村党支部书记卢爱民、安平镇扁城村党支部书记杨波、新华街城西社区党支部书记宋雪莲等先进基层党组织和优秀个人。加强工作典型宣传推广，有 22 篇宣传报道被省、市媒体采用。《香河县充分发挥党组织作用筑牢社区疫情防

1 月 15 日凌晨，香河县驰援石家庄的物资运输车辆准备启程　　县融媒体中心供图

控堡垒》被《河北日报》、“河北新闻网”刊发，《香河县赋能红色网格、构建疫情防线》《香河县党员干部闻令而动 密织无物业小区防疫网》《党旗引领克时艰、同心战疫显担当——香河县非公企业和社会组织党组织战疫纪实》《凝心聚力齐上阵、疫情防控党旗红》《党旗引领聚合力 志愿齐心战疫情》《香河县“红色网格”筑牢疫情防线》《众志成城，筑牢人民健康防护墙》《香河县五百户镇党建引领筑堡垒》等分别被《中国非公企业党建》、“长城网”、“河北共产党员网”、《廊坊日报》刊发，《赋能红色网格、构建疫情防线》《安平镇满格担当战疫、筑牢环京防线》《五百户镇打好四支“疫苗”战疫情》《香河县钳屯镇党委凝心聚力，筑牢战“疫”基层堡垒》被市委组织部《基层组织建设工作情况通报》刊发，香河县“两新组织”（新经济组织、新社会组织）抗疫典型事迹被省委组织部《基层组织建设情况通报》采用刊发。指导各镇（社区办、园区）通过微信公众号、“大喇叭”广播、“明白纸”等方式，宣传疫情防控政策、防疫知识和先进事迹，营造浓厚的抗击疫情氛围。

做好无物业小区疫情防控工作。县委组织下发《关于落实县直机关单位包联责任，进一步做好城市社区疫情防控工作的通知》，组织 74 个县直单位包联全县 126 个无物业小区，配合社区党委做好无物业小区疫情防控工作。县委组织部专门成立 5 个督导组，对无物业居民小区值守情况进行全面督导，压实职责责任。为包联县直单位配发 1.2 万个口罩，为全县 300 个村和无物业居民小区配发党旗、党员志愿者红马甲。进一步压实社区党委主体责任、县直单位包联责任，并最大限度调动辖区党员、热心群众、志愿者等参与防控工作，协同配合，联防联控，确保防控工作不留死角死面。1 月 19 日，全市居家隔离结束后，印发《关于做好无物业居民小区常态化疫情防控工作的通知》，指导各单位做好无物业居民小区常态化疫情防控工作。

【抗疫援助】 2021 年 1 月 6 日晚，香河县紧急组织 30 名医护人员组成应急队连夜驰援石家庄市裕华区，支援疫情防控工作。在连续三天的工作中，核酸采样队全体人员每天工作 10 个小时以上。共检测 1 万余人，仅用 3 天时间就圆满完成石家庄市裕华区裕兴街道办事处机关企事业单位、居民等人员核酸检测采样任务，裕华区委、区政府专门送来表扬信。1 月 15 日凌晨，香河县仅用 1 天时间，组织筹措了建设方舱医院所用的床、床垫、桌椅等 500 余套，总价值 100 余万元的防疫物资，9 辆大型货车连夜送往石家庄市，紧急驰援石家庄市正定县方舱隔离点建设。县委常委、常务副县长齐建光带队前往，助力石家庄市抗击疫情。11 月，香河县再次派出抗疫医疗队驰援石家庄市。

【全社会新冠疫情防控】 全社会参与新冠疫情防控，广大党员干部、志愿者投身到新冠疫情防控工作中来，充分发挥党组织的战斗堡垒作用，设立党员先锋岗，广大干部群众、志愿者投入村街、社区新冠疫情防控工作，各机关、企事业单位加强新冠疫情防控工作，各项防控措施落实到位。加强餐饮饭店、歌厅舞厅、大型聚会、超市、农贸市场、农村集市、商超、酒店防控。发挥志愿者作用，广大志愿者参与村（社区）的封控点值勤、村居消毒、排查、宣传、后勤保障等工作，为新冠疫情防控取得胜利贡献力量。

充分发挥党组织的战斗堡垒作用。结合“抗疫一线党旗红”活动，进一步组织发动党员身体力行、模范践行疫情防控相关要求，充分发挥模范带头作用，积极参与到社区联防联控、群防群控的工作中来，引导广大居民严格落实联防联控、封闭管理等各项措施，坚决遏制疫情扩散蔓延，坚决捍卫人民群众生命安全和身体健康，为坚决当好首都政治“护城河”排头兵作出积极贡献，让党旗始终在疫情防控第一线高高飘扬。印发《致全县各级党组织、广大党员干部的一封信》《关于进一步发挥全县组织系统职能作用，为疫情防控工作提供坚强组织保障的通知》《关于进一步做好在疫情防控中考察识别干部的通知》，各基层党（工）委也通过印发倡议书、大喇叭广播等形式，教育引导广大党员干部积极投身到疫情防控工作中来，力所能及地支援村街（社区）疫情防控工作。社区党组织紧密结合疫情防控和社区管理需要，引导党员在四个方面发挥作用：一是在联防联控中发挥作用，组织居家党员主动执勤值守、清洁消毒、组织居民进行核酸检测、开展爱国卫生运动，协助做好疫情监测、排查、预警、防控工作，推动各项防控措施落细落实落到位。二是在服务群众中发挥作用，通过多种形式组织居家党员帮助群众集中采购生鲜蔬菜、婴幼儿用品、急需药品等，为群众居家生活提供便利。三是在示范带动中发挥作用，积极“亮身份、上一线、当先锋”，坚决做到“六个带头”，即带头服从指挥、听从调度；带头不前往高、中风险区；带头及时报备相关情况；带头做好宣传动员、带头做好个人和家庭防护；带头在工作地过年，以实际行动为居民群众立标杆、作表率。四是在弘扬正气中发挥作用，组织居家党员做好群众思想政治工作，疏解焦虑情绪、消除恐慌心理，引导广大群众自觉落实防控措施，不信谣不传谣，构筑起疫情防控的人民防线。加强组织保障，设立党员先锋岗。全县在各村、社区道路卡口、防疫检查点等关键部位设立党员先锋岗 843 个，树立党旗 1124 面，配发红马甲 840 件。先后组织发动 12412 名党员干部参与疫情防控工作（含县、镇、村三级党员 8750 名），县直机关党员干部（含卫生、教育、公安）6145 名，镇、村（社区）党员干部 3008 名，3259 名村街（社区）党员一线值守，892 名居家隔离社区党员志愿者、243 名青年志愿者一线值守，确保防控工作不留死角死面。

村、社区新冠疫情防控。充分发挥基层党组织战斗堡垒作用和党员先锋模范作用，对 300 个村、226 个居民小区实行网格化管理、常态化防控，落实登记、验码、测温等防控措施。针对 126 个无物业居民小区，及时调整包联单位，安排县直单位 900 余名机关党员干部开展值班值守、走访排查、宣传引导等工作，确保疫情防控全覆盖、无盲区。针对“两节”期间入境及中高风险地区到（返）香河人员排查，提前摸排掌握情况，详细了解返回香河人员轨迹，特别是中高风险地区和中高风险所在县（市、区）返回香河大学生和其他人员，严格落实持有 48 小时核酸检测阴性证明、集中隔离和居家健康监测管控等防疫措施，真正做到精准查控、闭环管理。

爱心捐助。持续做好捐赠款物的接收、分配和使用工作，深化疫情防控期间的人道服务，推进因受疫情影响的困难群体救助工作。2021 年，接收用于新冠肺炎疫情防控捐款 35835 元，其中定向捐给县疾控中心的 2 万元已拨付；接收社会捐赠物资价值 74850 元，已全部发放完毕。

（陈大勇　王　然　丁惠妹）

社会生活

责任编辑　刘凤贤

综　述

2021年，县委、县政府积极应对复杂形势和严峻挑战，不忘初心、牢记使命，坚持“以人民为中心”的发展理念，把增加人民收入、增进人民福祉摆在突出位置，全力建设“协同发展示范区、绿色活力幸福城”，努力实现经济增长与人民幸福的和谐统一。稳就业保民生，加大支持多渠道灵活就业，援企稳岗帮助就业，保障高校毕业生、退役军人、农民工等重点群体就业，全县就业再就业工作继续在全市保持前列。加大医疗、养老、工伤等保险扩面征缴力度，提升城乡社会保障水平。落实门诊特种病等医疗待遇，让更多的人享受医保改革带来的红利。扎实做好困难群体救助关爱工作，提升特困供养服务水平，落实孤儿救助政策，构建以最低生活保障为基础，专项救助相配套，临时救助、社会组织救助为补充的社会救助体系。加强退役军人的事务管理，坚持政治关心、生活照顾、服务优先、依法管理，严格落实各项优抚安置政策。持续巩固脱贫攻坚成果，兜住民生底线，确保“脱贫不返贫、非贫不致贫”。年内，城镇和农村居民人均可支配收入分别为52041元、23039元，同比分别增长7.6%和9.6%，人民生活水平稳步提高。

人力资源

【概况】 2021年，香河县紧紧围绕稳就业保民生这条主线，统筹抓好疫情防控和稳就业工作，深入开展“三重四创五优化”“大众创业”活动，以就业促进工程为引领，确保就业局势总体稳定，以做好高校毕业生、退役军人、失业人员等群体为重点，落实各项就业创业政策。开展技能培训，举办创业大赛，不断提高就业创业能力，激发就业创业活力。年内，县人力资源和社会保障局先后5次派人参加北京市通州区及廊坊市“北三县”人力资源服务机构组织的培训、结对与行业交流活动，促进区域内人力资源服务产业的融合发展，进一步提升工作人员的服务能力和管理水平。5月，香河县人力资源和社会保障局团支部被共青团河北省委评选为“五四红旗团支部”。

【全县就业创业工作】 创新招聘服务，拓宽就业创业渠道。以“春风送温暖、就业送真情”为主题，开展线上线下招聘活动，为有用工需求的单位，搭建精准人岗对接平台，实现“留岗有关怀、就业有帮扶、用工有支持”。落实省委、省政府“三重四创五优化”活动的总体要求，举办香河县“启航杯”第四届创新创业大赛。依托“廊坊就业”App、“香河人社”微信公众号，为企业提供“全天候”“不打烊”的网络招聘服务。年内，“廊坊就业”小程序、“香河招聘求职网”线上招聘会参展单位共366家，提供岗位6269个，吸引求职人员5780余人，达成就业意向1046人。6月，为更好地为农民工就业创业提供公共服务，印发《关于设立农民工就业创业服务窗口的通知》，依托公共就业服务机构设立农民工就业创业服务窗口 10 个。2021 年，全县新增城镇就业人员 9300 人，占市下达任务目标 6000 人的 155%。

【就业创业扶持】 为进一步营造创新创业浓厚氛围，构建“政府扶持创业、创业带动就业、就业促进城乡居民收入倍增”的良好格局，县人力资源和社会保障局会同相关 6 家单位举办香河县“启航杯”第四届创新创业大赛，大赛以“扬帆创业激情，启航创新梦想”为主题，突出“创新引领创业、创业带动就业”的目标导向，重点关注项目的创新性、示范性、引领性、社会价值及发展现状和前景，16 个参赛项目分获一、二、三等奖。强化就业帮扶，发挥兜底保障作用。通过落实各项就业优惠政策、开发就业见习和公益性岗位、发放创业担保贷款等措施，积极做好重点群体就业服务工作。全年开展创业就业服务 1 万余人次，发放就业补贴 870.79 万元，开发公益性岗位 40 个，为 7 家个体工商户发放创业担保贷款 140 万元。优化基地平台，夯实就业创业载体，以强化孵化功能，提高服务质量为目标，对现有创业就业孵化基地进行规范提升。年内，2 家孵化器有限公司已孵化出小微科技型和新型的网络传播企业 29 家，带动就业 120 余人。

6 月 28 日，香河县第四届创新创业大赛举办　　县人力资源和社会保障局供图

【专项招聘活动】 2021 年，组织举办 6 场大型职场招聘会，其中，线上 4 场，线下 2 场。参与企业数量 570 家，提供就业岗位 9906 个，参加应聘 2175 人，成功应聘 1843 人。

香河县2021年度举办大型职场招聘会情况一览表

表45

序号	时　间	招聘活动名称	招聘方式	参与企业数量（家）	提供岗位数量（个）	应聘人数（人）	成功招聘人数（人）
1	2 月 18 日至 3 月 31 日	香河县 2021 年度“春风行动”职场招聘活动	线上	165	4322	540	472
2	3 月 24 日	北京市通州区与河北省廊坊市“北三县”联合开展“春风行动”专职招聘会	线上	52	513	60	21
3	4 月 9 日	香河县 2021 年度退役军人专场招聘会	线下	106	814	323	235
4	4 月 29 日	香河县 2021 年度“职在民企、就有未来”民营企业招聘月专场招聘会	线上	62	610	186	147
5	10 月 15 日至 16 日	香河县 2021 年度“暖心助航、就创青春”高校毕业生专场招聘会	线下	98	2823	554	462
6	10 月 18 日至 11 月 17 日	香河县 2021 年度“‘就’在金秋、‘职’面未来”金秋招聘月专场招聘会	线上	87	824	512	406
合计	—	—	—	570	9906	2175	1843

【职业技能培训】 开展职业技能培训，提高就业创业能力，对有培训意愿的企业职工、农民转移劳动力、下岗失业人员、就业困难人员、退役军人和未就业的高校毕业生等重点群体开展技能培训。实施互联网+职业技能培训计划、农民工稳就业职业技能培训计划、百万青年技能培训行动、康养职业技能培训计划、“马兰花”创业培训计划等专项行动。依托监管系统加强培训过程的监督管理，确保培训计划落实、培训质量提升；依托13家定点职业培训机构推动规模性职业技能培训的开展，实现培训一批专业技能人才，壮大一批创新创业力量，带动一批身边人就业。2021年，举办各类培训班80个，累计培训6784人。其中，重点群体培训2683人、学徒制培训220人、“展翅行动”培训168人、以工代训1800人、社会性培训1913人。培训工种主要包括焊工、电工、育婴员、保育员、家政服务员、养老护理员、中（西）式面点等15个工种，完成全年培训任务4300人的157.8%。

【人才引进】 2021年，深入全县规模以上企业进行用工需求调查，掌握企业人才需求情况；组织辖区内11家规模以上企业参加第九届京津冀招才引智大会、第十一届河北省沿海经济带高级人才洽谈会、第十二届中国河北高层次人才洽谈会及高校行等系列引才活动。年内，引进人才132人，其中，高级人才29人、中级人才103人，完成全年任务数80人的165%。

【农村劳动力向非农转移】 2021年，完成农村劳动力向非农转移3263人，上级下达的目标任务为3000人，完成目标任务的109%。

【人力资源市场管理】 2021年，依托县人力资源市场平台，先后组织“春风送岗位、就业暖民心”“就在金秋、职面未来”“职在民企，就有未来”“暖心助航，就创青春”等多场主题招聘活动。开展清理整顿人力资源市场秩序专项行动，从4月25日开始，对全县劳务派遣企业和职业中介机构进行全面检查，内容包括查看企业营业资质、劳动合同签订情况、劳务派遣协议、工资发放情况、职工花名册及社会保险缴纳情况、内部规章制度是否违反相关劳动法律法规、服务台账建立情况、是否收取被介绍劳动者押金和扣押介绍劳动者身份证等证件、是否介绍不满16周岁未成年人就业。通过检查，未发现违法问题。

【事业单位人员及劳务派遣人员公开招聘】 2021年，全县公开招聘事业单位工作人员65人；招（选）聘劳务派遣人员425人，其中，为县文化广电和旅游局招聘3名运河文化解说员，为县自然资源和规划局、蒋辛屯镇政府招聘劳务派遣人员21名，为县公安局招聘辅警61名，为县教育和体育局招聘劳务派遣教师340名。招录人员均已上岗工作。

【劳务派遣人员用工管理】 贯彻落实《人力资源市场暂行条例》，在全县人力资源服务机构和劳务派遣机构中开展执业能力素质提升培训和诚信服务主题创建活动。加强对劳务派遣机构管理，完善制度，强化日常监督检查，杜绝出现违规经营和侵害劳动者合法权益的行为。

【专业技术人员职称评审与管理】 2021年，深入推进职称制度改革，全面推行职称网上申报、网上审查、网上评审、网上查询，实行电子证书管理，支持人才跨单位、跨区域流动中职称资格确认。全面贯彻落实省、市职称评审政策规定，年内，推荐328人完成职称申报。其中，申报高级职称129人，含正高级职称9人、副高级职称115人（教育系统60人、卫生系统46人、小系列系统9人）、省代评中级职称5人；申报中级职称199人（教育系统183人、小系列系统7人、非公有制单位9人）。完成初级职称考核认定工作。完成2020年度职称晋升收尾工作，为2020年通过评审、考试取得资格的859人办理与发放专业技术任职资格证书，其中，通过评审534人（高级职称179人、中级职称

194人、初级职称161人），通过卫生资格考试325人（中级职称136人、初级职称189人）。

【机关事业单位人员年度考核】对全县政府系统事业单位股级及以下工作人员进行了2020年度考核，涉及45个单位、7172人。评出优秀人员1098人，嘉奖人员1373人，记功人员134人。通过褒先奖优，激发干部职工的工作积极性。

【乡镇工作补贴提标工作】2021年，根据上级文件精神，对乡镇机关事业单位工作人员的乡镇工作补贴标准进行上调，涉及9个镇的597人，人均增资805元。其中，一类地区4个镇，347人；二类地区4个镇，217人；三类地区1个镇，33人。

【退休人员审批和遗属补助审核】2021年，审批退休人员349人，其中，机关事业单位工作人员135人，企业职工214人。审批机关事业单位退休人员丧葬和抚恤金60人，核准丧葬抚恤金共计476.3万元，核定领取遗属补助人员23人；审批企业在职职工丧葬和抚恤金7人。

【就业失业动态监测】2021年，全县新增城镇就业人员9300人，占市下达任务目标6000人的155%。城镇登记失业率为1.02%，低于廊坊市下达的控制指标3.48个百分点。针对领取失业待遇人员，加强与养老、医疗等各经办机构信息比对，审慎甄别资格，严防冒领、骗取现象。

【劳动监察执法】从2月28日开始，开展“优化营商环境”专项排查，主要排查员工工资发放情况和劳动合同签订情况，共排查用人单位124家，发现存在违法问题的用人单位32家，整改18家，行政处罚14家。开展贯彻实施《保障农民工工资支付条例》宣传活动，深入辖区建设项目现场，就规范工资支付行为、明确支付主体等方面内容进行现场答疑，把治理欠薪上升到法律层面，教育和引导用人单位知法、守法，发放宣传资料500余份，接受咨询100余人次，提高了人们对《保障农民工工资支付条例》的知晓率。以工程建设领域为重点，在全县范围内开展根治欠薪专项行动，对可能发生工资拖欠的项目实行全面排查、重点监控，严厉打击恶意欠薪、讨薪行为，年内，为430名劳动者追回工资待遇530余万元。9月16日至10月15日，在全县范围内开展女职工产假等权益专项执法行动，检查用人单位8家，未发现侵害女职工权益的违法行为。

【劳动关系调解仲裁】维护劳动关系和谐稳定，保障群众利益，人力资源和社会保障局以线下调解为基础，大力推广线上调解模式，认真开展矛盾纠纷排查调处工作。年内，受理劳动争议案件168起，主要涉及工伤赔偿、经济补偿、社会保险、劳动关系确认、劳动合同纠纷、工资福利待遇等6类案件，其中，调解成功368起，仲裁裁决94起，涉案金额1095.7万元。推进仲裁院标准化建设。按照廊坊市人力资源和社会保障局印发的《关于加快推进劳动人事争议仲裁院标准化建设的实施方案》通知要求，对原有仲裁院软硬件做了提升改进。在办案场所方面，配置接待立案室、调解室、2个仲裁室、合议室、档案室和监控室；在后勤保障方面，按要求配备电脑、打印机、音像证据播放、监控等硬件设备，为仲裁员购置统一服装。各项指标已达到规定标准，等待省、市验收。

【劳动用工备案】2021年，按照《廊坊市人力资源和社会保障局关于进一步规范劳动用工备案工作的通知》精神，县人力资源和社会保障局全面推行河北省劳动用工备案信息管理系统运行，对县内353家企业进行该系统面授培训，年内，该系统已在县内正式运行。

（杨连永）

社会保障

【概况】2021年，全县社会保障体系不断完善，覆盖城乡的社会保险制度初步建成，城乡居民基本养老保险待遇水平逐步提高。推行社会保险综合柜员制改革，实行前台受理，后台办结、专窗反馈的社会保险综合柜员制服务模式，打破现有分险种经办形式，实现养老、工伤、失业等各险种业务统一经办，提高了服务效率和质量。香河县人力资源和社会保障局“下乡送服务，为村民现场激活社会保障卡”做法在河北日报报业集团、河北新闻网联合开展的“2021 年度阳光理政网民留言办理工作评选活动”中，被评为“我为群众办实事”阳光理政典型案例。12 月，香河县社会保险事业管理所被人力资源和社会保障部授予“全国人力资源和社会保障系统优质服务窗口”荣誉称号。

【城乡居民养老保险】 实现城乡居民基本养老保险待遇水平随经济发展逐步提高，确保参保居民共享经济社会发展成果，2021 年 10 月，将城乡居民养老保险基础养老金标准由每人每月 173 元提高至 181 元。年内，城乡居民基本养老保险累计参保缴费 202972 人，参保率达到 99.8%，其中，新增参保登记 1744 人，完成省市下达新增参保登记 1004 人任务指标的 173.7%。为 63210 人发放养老金 1.29 亿元。

【企业职工养老保险】 2021 年，企业职工养老保险累计参保企业 1951 家，参保职工 4.96 万人，征缴养老保险费 3.23 亿元，企业职工养老保险征缴扩面连续 3 年在全市名列前茅。年内，为 6345 名退休职工发放养老金 1.96 亿元。

【机关事业单位人员养老保险】 2021 年，机关事业单位人员养老保险累计参保 259 家单位，参保职工 1.6 万人，征缴养老保险费 2.1 亿元，征缴职业年金 0.46 亿元。年内，为 5057 名退休职工发放养老金 3.15 亿元。

【工伤保险】 2021 年，工伤保险累计参保 1951 家单位，参保职工 5.01 万人，征缴工伤保险费 1949 万元。认定的工伤案件 346 件，为 284 名工伤职工发放工伤保险基金 1175 万元。

【失业保险】 2021 年，失业保险累计参保 1756 家单位，参保职工 4.42 万人，累计为 443 人发放失业保险金 375.8 万元。代缴基本医疗保险费 77.94 万元，发放临时价格补贴 0.71 万元，发放取暖补贴 8.67 万元。

【贫困人口养老保险应保尽保】 2021 年，为 42 名建档立卡脱贫人员、1694 名低保特困人员代缴 2021 年度城乡居民养老保险保费 17.36 万元，为 2184 名重度残疾人员代缴 2021 年度城乡居民养老保险保费 21.84 万元。为 50 名建档立卡脱贫人员及 3387 名低保特困人员发放城乡居民基础养老金 62.21 万元。

【养老保险待遇资格认证】 为保障新冠肺炎疫情防控期间城乡居民社会养老保险工作健康有序开展，确保养老保险基金安全，有效减少人员聚集，避免交叉感染，采取“互联网＋”的形式，启用“看看社保”App 手机认证，对享受养老保险待遇人员进行资格认证，网上认证率达 98%。对未及时认证的人员暂停享受养老保险待遇，待认证后予以恢复。

【基金风险防控】 深化拓展“社会保险基金风险防控提升年”活动效果，聚焦社会保险基金管理领域的风险隐患，狠抓基础建设、规程规范、制度落实、防控体系，进一步提高风险防控能力和水平，实现社会保障事业的健康持续发展。2021 年，清查社保疑点信息 1356 条，其中，疑似死亡冒领 875 条，疑似重复领取待遇 156 条，疑似重复参保 325 条，全部解决处理到位，有效杜绝了基金风险，未发生社保基金运行安全事件。

（杨连永）

社会福利与救助

【概况】 2021 年，香河县社会福利与救助工作按照上级部门的总体部署，紧扣民生工程主题，完善社会救助制度，关爱社会弱势群体，认真履行各项工作职责，不断提高服务水平，着力改善民生福祉，工作再上新台阶。

【特困人员供养】 2021年，全县有特困集中供养老人128人，分别在淑阳、渠口、刘宋3所中心敬老院入住，通过加强集中供养机构建设，3所中心敬老院不断完善服务设施，老人们丰衣足食，冷暖适宜，文娱活动丰富，服务水平有了新提高；特困人员救助供养标准严格按照上级规定，及时足额发放。年内，全县有特困供养分散人员1008人，救助供养标准为每人每月1440元，通过香河农商银行将救助金全额发放到个人账户，全年发放救助资金1809.5万元；按照特困人员全自理每人每月89.5元、半护理每人每月179元、全护理每人每月358元的标准，发放特困供养人员护理补贴，共发放资金141.84万元。

【城乡居民最低生活保障】 2021年，全县有城镇低保对象152户、199人，共发放城镇低保资金195.12万元；有农村低保对象3070户、3805人，共发放农村低保资金2580.7万元，每个月的低保金足额按时发放。城乡低保严格按照复核要求，做到“应保尽保，应退必退”。年内，按照省市安排，在香河县率先开展低保审批权下放试点工作，城乡低保审批权由县民政局下放到镇政府，此项工作已落实到各镇（社区办）、香河经济开发区，工作运行平稳，审批低保215户、240人，经复核，不存在问题。

【“两残补贴”发放工作】 2021年，全县享受重度残疾人护理补贴5523人，标准为每人每月100元，全年发放护理补贴657.72万元；享受困难残疾人生活补贴2726人，标准每人每月255元，全年发放生活补贴834.16万元。

【临时救助工作】 严格临时救助审核手续，发放临时救助资金8.28万元，救助城乡困难群众42人次，解决了困难群众突发性、紧迫性、临时性生活困难。

【流浪人员救助】 5月、9月，县救助站工作人员走上街头，向群众宣传救助站职能，营造全社会共同关爱社会流浪乞讨群体的浓郁氛围。寒冬来临之际，增加巡街力度，开展寒冬送温暖活动，为不愿来站接受救助的人员发放衣被及食品；对需救助的人员，及时进行救助，在接待、救助、查询、离站等各个环节，严格执行预防新型冠状病毒工作应急预案规定流程。全年救助流浪乞讨人员56人次。

【香河县社会救助基金会】 12月9日，对3位困难群众进行救助，按照相关文件要求对他们的收入、支出情况进行核算确定发放标准，共发放救助金额13580元；12月27日，同廊坊市社会救助基金会联合开展“双节送温暖、关爱特困对象”活动，对全县69名全失能分散特困人员发放“两节”慰问金6.9万元。

【养老服务体系建设】 2021年，全县新建社区日间照料服务站任务11个，包括提质增能改建7个，9月，完成建设和改建任务。截至年底，全县共有16个社区日间照料服务站，实现了日间照料服务站全覆盖。按要求将社区养老服务设施全部录入民政部“金民系统”，年内，完成16个社区日间照料服务站基本信息填报和210个互助幸福院账号创建工作，完善河北省养老信息管理系统（河北CA）养老机构数据录入。

【养老服务补贴】 2021年，对年满60周岁的低保和重点优抚对象，按照每人每月60元的标准发放养老服务补贴，共发放养老服务补贴164.73万元。

【社会兴办养老机构】 按照京津冀协同发展对养老业的要求，鼓励社会兴办养老机构，推动提质增效。2021年，大爱（香河）养老服务有限公司开放床位1677张，共收住老人521人，其中，北京籍老人466人。入驻的北京籍老人全

6月30日，香河大爱书院被认定为香河县养老服务指导中心，县民政局相关负责人为大爱书院授牌 张越 摄

部录入北京市养老福利综合平台，有效缓解了北京市养老业的压力。6月，香河大爱书院被认定为香河县养老服务指导中心。

（崔成城）

社会事务管理

【概况】 2021年，香河县社会事务管理进一步加强，婚姻登记依法有序，殡葬改革深入推进，孤儿救助政策全面落实，地名工作标准规范，社会组织服务管理不断加强，养老服务体系更加完善，各项工作圆满完成目标任务，取得了良好社会效果。

【婚姻登记】 2021年，婚姻登记部门贯彻《中华人民共和国民法典》《婚姻登记条例》《婚姻登记工作规范》等法律法规条款，规范流程依法登记，优化办公环境，提高工作效率和服务质量，没有出现群众不满意的问题。做好疫情防控，继续实行预约登记，年内，办理婚姻业务5487宗，其中，办理结婚登记2060对，离婚登记1050对，补发结婚登记证774对，补发离婚登记证82件，档案查询976人次，受理离婚申请545对，合法登记率和登记合格率均为100%。

【儿童福利院】 2021年，香河县儿童福利院有在册孤儿9人，事实无人抚养儿童27人。孤儿生活费每人每月1600元，事实无人抚养儿童生活费每人每月1440元，全年足额发放生活费63.41万元。年内，对孤儿及事实无人抚养儿童进行了每年1次的体检；入户走访散居孤儿2次，对出现的问题及时解决；“六一”期间，向福利院儿童发放节日礼物，并组织开展丰富多彩的文化娱乐活动，让孩子们度过一个“快乐祥和、有趣有味”的节日。

【收养登记】 2021年，办理1起解除收养登记业务。

【殡葬管理】 2021年，殡葬改革持续深入推进，全县遗体火化率连续33年稳定在100%。加强祭祀用品监管和祭祀焚烧巡查，组织执法人员会同相关各部门，对县城区域内销售殡葬、祭祀用品的商户进行联合突击检查，严格制止城区祭祀品焚烧。做好殡葬服务设施规划工作，立足群众殡葬服务需求，统筹考虑县域人口增长规模，以及城镇化、农业农村现代化、生态文明建设需求等因素，科学合理确定全县殡葬设施数量、规模及建设周期。不断加强农村公益性公墓建设和管理，按照省政府办公厅要求，年内，完成4处乡镇中心型农村公益性公墓（骨灰堂）建设任务，其中，改建公益性骨灰堂2处，新建公益性公墓2处，进一步保障农村群众安葬服务需求。

【基层政权建设】 2021年，全县基层政权基础稳固。对全县26个社区“两委”干部做好任期和离任经济责任审计工作；持续关注村（居）换届后期信访问题，对换届后期上访问题定期通报，督促并配合属地及时解决；指导各镇（社区办）、香河经济开发区做好对新一届村（居）委会成员的培训和村规民约制定修订工作；对村（居）务管理混乱，村（居）委会顺利换届和推行党支部书记、村（居）委会主任1人兼难度较大等突出问题，开展专项排查整治；在全国基层政权建设和社区治理信息系统中录入队伍管理、组织管理、服务设施管理、服务机构管理、服务人才管理、乡镇（街道）信息、村（社区）信息、自治章程、村规民约等相关数据，将新一届村（居）“两委”成员信息全部录入河北省民政业务综合管理平台。

【社区管理】 县委、县政府高度重视社区建设与发展，不断完善社区建设体系，坚持以“为社区服务，为居民分忧，做奉献使者”为宗旨，社区自治功能显著加强，社区基础设施大幅改善，社区服务功能不断强化，社区人员素质不断提高，社区服务发展稳步提升。2021年，全县社区居委会26个，其中，新华街社区工作办公室下辖社区居委会12个，新开社区工作办公室下辖社区居委会10个，安平镇下辖社区居委会4个，年内，全县26个社区居委会完成第十二届居民委员会换届，居委会党支部书记、主任全部实现一人兼。社区办公用房落到实处。根据市委、市政府《关于加强和完善城乡社区治理的实施意见》（廊发〔2017〕23号）文件要求，进一步提高社区综合服务建设，每百户30平方米的标准预留社区办公用房，新建社区服务用房面积应不低于500平方米，每个新建小区都和所在镇政府、社区办签订了预留社区办用房协议书。社区服务设施明显改善。制定《新形势下加强和改进城镇社区建设管理的实施意见》，进一步明确社区服务设施标准，并结合实际，狠抓落实，建设了社区党员活动室、日间照料服务站、图书阅览室、休闲娱乐室等，为社区居住人员提供高效、便捷、多样化的服务。社区服务水平进一步提升。年内，全县26个居委会全面完善社区党建、社区精神文明、社区治安、社区服务、社区文化、社区卫生、医疗体系、社区计生、社区保障等机制并运转良好；服务窗口，以优质的服务态度、热情的办事效果，做到一次性办结、一站式服务；实现服务方式由“群众找服务”到“社区送服务”的转变，社区服务水平进一步提升。

【社会组织管理】 2021年，全县有社会团体组织82家，民办非企业单位103家。加强对社会组织管理。组织社会组织负责人学习《社会团体登记管理条例》《民办非企业单位登记管理条例》《民办非企业单位年度检查办法》《社会团体年度检查暂行办法》，确保社会组织依法依规开展活动。建立健全社会组织活动报告制度、财务管理制度、学习制度等，并在上半年对全县社会组织进行抽查，凡制度不健全或落实不到位的社会组织，予以警告并责令限期整改。做好年检工作，对登记时间超过6个月的社会组织进行年检，查看社会组织年度工作报告、审计报告，对发现的问题及时纠正。开展“双随机、一公开”活动，6月，对县域内系统随机抽取的7家社会组织进行实地检查，检查结果正常；10月，对县域内系统随机抽取的1家养老公司进行实地检查，检查结果正常；年内，完成《中国社会组织政务管理平台》录入工作。

【地名管理】 按照《地名管理条例》《香河县地名管理实施办法》规定，征求县地名委员会各成员单位、县人大常委会办公室、县政协办公室及部分文化界人士的意见，召开两次座谈会进行调整完善，制定印发《香河县城区地名规范命名方案》。按照《香河县城乡环境综合整治提升行动实施方案》要求，针对城乡美化工程中推进地名标志设置标准化要求，制定印发《关于在全县设置标准化地名标志的工作方案》，进一步指导设置村、街、路、巷、门户等地名标志牌，做到设置标准规范、精细美观。

（崔成城）

巩固拓展脱贫攻坚成果

【概况】 2021年，香河县全面贯彻党中央、国务院和省委、省政府关于巩固脱贫攻坚成果的决策部署，落实省、市《关于实现巩固拓展脱贫攻坚成果同乡村振兴有效衔接的意见》要求，把巩固脱贫成果摆在乡村振兴的突出位置，严格落实过渡期内脱贫不脱责任、脱贫不脱政策、脱贫不脱帮扶、脱贫不脱监管“四个不脱”要求，不折不扣地推进责任落实、政策落实、工作落实，各项工作取得明显成效。

【机构设置】 2021年，按照省、市要求，香河县扶贫开发和脱贫工作领导小组更名为香河县巩固拓展脱贫攻坚成果领导小组，组织架构、成员单位和职责分工保持不变，领导小组办公室设在县农业农村局，原县扶贫办工作职责由县民政局调整到县农业农村局，6月5日，县农业农村局加挂乡村振兴局牌子，承担相应职责。

【建立健全相应责任机制】 严格落实党委、政府的主体责任。县委、县政府主要领导亲自抓，多次召开县委常委会、县政府常务会、县巩固拓展脱贫攻坚成果领导小组会议等，研究巩固拓展脱贫攻坚成果同乡村振兴有效衔接工作，制定出台相关政策，研究部署具体工作。制定印发《关于实现巩固拓展脱贫攻坚成果同乡村振兴有效衔接的意见》《香河县扶贫项目资产后续管理办法》等文件，对巩固拓展脱贫攻坚成果工作提出具体要求，明确责任和分工。按照在5年过渡期内严格落实脱贫不脱责任、脱贫不脱政策、脱贫不脱帮扶、脱贫不脱监管“四个不脱”要求，各行业主管部门制定相关巩固拓展脱贫攻坚成果衔接方案，进一步明确政策不变，力度不减；持续帮助脱贫户享受各项帮扶政策，加强低收入人口的防返贫监测预警，坚决防止返贫和新增贫困发生；有人员变动的单位，切实做好工作交接，做到工作不留空当、政策不留空白；责任人定期走访脱贫户，监测预警防返贫；组织部定期对帮扶干部和村街干部进行培训，讲解最新的帮扶政策。县乡村振兴局对各成员单位和各镇巩固脱贫成果工作进行督导检查，成员单位对分管部门进行督导检查，对国家、省、市督导检查发现的共性问题和点对点问题逐项逐条梳理、逐项检查，发现问题逐个督促整改，逐个销号，确保各类问题整改落实到位。

【防贫监测】 落实河北省《关于健全防止返贫动态监测和帮扶机制的工作方案》要求，重点对脱贫不稳定户和边缘易致贫户以及因病、因灾、因意外事故等刚性支出较大或收入大幅缩减导致基本生活出现严重困难户加强排查监测。明确责任，镇、社区、村街落实属地责任，实时监测，做到早发现，早帮扶，每月上报监测预警情况；县医保局结合住院报销情况，预警排查因病返贫人员情况；县应急管理局监测预警突发事件造成重大支出人员情况；县残联动态监测预警残疾人员情况；县人力资源和社会保障局动态监测预警脱贫人口就业情况等。依托全国扶贫开发信息系统和社会救助信息系统，通过农户申请、镇村报警、部门大数据分析预警等方式，对年收入低于6600元且有致贫风险的脱贫不稳定人口和边缘人口进行动态监测，及时将有返贫风险人口和预警边缘人口纳入帮扶范围，坚决避免边缘人口滑入贫困人口序列。

【减贫成效】 利用多种增收途径，增加脱贫户收入。通过对脱贫人口产业帮扶、务工就业，各项补贴等，2021年，脱贫户收入增速高于全县农村居民人均可支配收入增速。

【义务教育保障】 制定印发《关于严格落实控辍保学工作职责，进一步做好控辍保学工作的通知》《关于建立健全教育脱贫防贫长效机制的实施方案》，切实把巩固教育脱贫成果纳入教育工作重要议程。年初，对义务教育阶段适龄儿童进行全面排查，明确各校开展义务教育阶段学额巩固监控的工作流程，建立月度学额监测制度，学校每月需上报辍学学生登记表，通过及时关注学生动态情况，确保全县学额巩固；对存在有辍学迹象的学生和厌学的学生加强思想疏导，落实“两知道”（旷课半天校长知道、旷课一天局长知道），班主任每天两次对学生考勤制度进行登记，月末将考勤情况上报县教育和体育局资助中心。2021年，全县义务教育阶段在校生53841名，其中，义务教育阶段脱贫户学生17人(小学10人、初中7人)，全部入校上课，无因学致贫，因贫失学情况。

对所有脱贫户家庭经济困难学生，继续执行“两免一补”(免学杂费、免教科书费、补助寄宿生生活费)、“三免一助”(免学费、书费、住宿费，发放助学金)和“雨露计划”资助政策。年内，全县26名脱贫户学生享受资助4.01万元，免除学杂费、住宿费、课本费4.92万元；义务教育阶段资助低保学生538人次、发放贫困生生活费19.54万元，资助孤儿34人次、金额1.23万元；资助家庭经济困难残疾学生125人次、金额4.83万元。

【基本医疗保障】 落实基本医疗保障、脱贫人口参保、大病集中救治、先诊疗后付费、家庭医生慢病签约服务、“一站式”结算等各项健康扶贫政策。全县确定2家大病集中救治定点医院，成立了30种大病救治专家组，细化大病诊疗方案和临床路径。2021年，为20人提供30种大病专项救治；为60名脱贫人口提供慢性病管理服务，实现家庭医生签约履约率100%；落实“先诊疗后付费”和“一站式”结算政策，确定19所县、镇两级医院作为定点医疗机构，脱贫户患者出院后，仅需支付除医保报销、医疗救助、大病保险外的个人自付费用，实现脱贫人口在政策范围内费用报销比例达到90%。年内，全县脱贫人口住院10人次、门诊151人次，报销5.44万元；医疗救助766人次，支付医疗救助金68.68万元。

【住房安全保障】 全力做好住房安全排查、加固、改建工作。县住房和城乡建设局制定印发《关于加强和完善建档立卡贫困户等重点对象农村危房改造若干问题的通知》，进一步明确C级危房通过维修方式解决、D级危房通过除险加固或翻建方式解决，县住房和城乡建设局、县财政局、县民政局联合制定印发《做好农村低收入群体等重点对象住房安全保障工作实施方案》，健全完善农村低收入群体住房安全保障的长效机制。继续做好农村低收入群体等重点人员住房安全的动态监测和住房安全保障工作，加强农村房屋安全排查。7月，组织第三方对全县住房进行安全鉴定，对25户进行施工改造。

【饮水安全保障】 围绕水量、水质、用水方便程度和供水保证率4项指标，定期开展饮水安全问题排查；设立饮水监督电话，畅通饮水安全问题反馈渠道，提高饮水安全监管水平；依托本县具有CMA资质的疾病预防控制中心成立饮水安全水质检测中心，对全县饮用水水质进行专业化检测。2021年，全县建档立卡贫困户全部实现集中式供水，自来水普及率100%，水量、水质、用水方便程度和供水保证率全部达到国家饮用水标准。

【产业扶贫】 组织开展扶贫产业田间课堂、集中培训、现场指导等多种形式的技术培训。增加产业发展指导员，开展设施蔬菜、食用菌等特色种植方面的技术服务；开展山羊、牛等特色养殖业方面的技术服务和防疫免疫；将贫困户纳入新型职业农民培训工程，开展农业实用技术培训。2021年，聘请产业发展指导员35名，指导贫困户解决生产经营管理中存在的问题，并为所有贫困户建立产业发展台账，脱贫户种植养殖收入明显提高。

【就业扶贫】 先后出台转发了《关于进一步做好疫情期间就业扶贫工作的通知》《关于做好贫困劳动力稳岗就业工作的通知》等文件，确保符合条件的脱贫人员全部享受就业政策，帮助有就业意愿的未就业人员实现就业，促进已就业人员稳定就业。2021年，全县在册脱贫人口56户、117人，有劳动能力并有就业意愿的52人，全部实现稳定就业，其中，扶贫公益岗位就业14人，出省务工3人(北京2人、天津1人)，县内企业就业35人，稳定就业率100%。结合贫困劳动力需求及意愿，就地就近提供多样的针对性劳动技能培训，进一步提升就业能力，年内，分别为2名有培训需求的贫困劳动力进行育婴月嫂和计算机专业免费培训。

【防贫保险】 2021年，香河县安排本级防贫保险资金159.2万元，对因病、因学、因灾、因意外等有可能发生致贫返贫情况时，进行有针对性救助，有效降低返贫风险和致贫风险发生。

【扶贫小额信贷】 全面健全扶贫小额信贷工作机制，深入推进县镇村金融服务网络建设，金融扶贫政策支撑体系实现全覆盖。全力支持有意愿贷款的脱贫户投入生产。2021年，新增贷款1户、0.4万元。

【兜底保障】 2021年，按照省人力资源和社会保障厅、省财政厅《关于继续实施城乡居民基本养老保险费代缴政策通知》文件要求，对16—59周岁符合代缴政策脱贫人员代缴了城乡居民养老保险费，对60周岁以上符合待遇领取政策的脱贫人员按月足额发放待遇。年内，为42人代缴保费每人每年100元，为49名60周岁以上脱贫人员按月足额发放养老金待遇，标准为每人每月173元（10月基础养老金调整到181元后，自2021年1月给予补发），所有符合条件人员全部实行兜底保障，做到应代尽代、应发尽发。

【扶贫资产管理】 制定印发《香河县扶贫项目资产后续管理办法》，明确扶贫项目资产资本范围、扶贫资产资本的产权归属和后续看管维护主体，扶贫资产按要求分别确权到县乡村户。2021年，全县安排财政专项扶贫资金338万元，用于保障各项帮扶政策落实，其中，中央资金19万元、省级资金233万元、市级资金24万元和县级衔接资金62万元。

【对口帮扶】 2021年，香河县高度重视对口帮扶张北县工作，将其列为巩固拓展脱贫成果的一项重要任务。在资金帮扶上，安排对口帮扶资金500万元，拨付到张北县财政局。在产业帮扶上，介绍本地有投资意愿的企业到张北投资建设项目，香河金原螯合油体肥有限公司计划与张北县合作，在张北县建设年产2万吨油体肥项目。与张北县文化和旅游局沟通交流，宣传当地旅游线路和文旅产品，吸引更多游客到张北游览。在劳务帮扶上，建立共享用工信息机制，开展劳务对接，向张北县人力资源和社会保障部门推送岗位650个，保障张北县有外出就业意愿的劳动力有充分的就业岗位。在消费帮扶上，鼓励大型企业、县域龙头商场超市等采购销售对口地区农副产品，与“扶贫832”平台张北县供货商对接，增设张北县帮扶商品专柜，开展线上下单、线下配送业务。在医疗、教育帮扶上，组建3支帮扶医疗服务队，深入张北县重点乡镇、村开展医疗下乡巡诊工作；选派县优秀校长、教师、学科带头人等到张北县开展讲学指导和送教活动，县中小学、幼儿园开展“一对一”结对帮扶。在社会力量参与上，县工商联筹集对口帮扶捐款9万元；志愿者协会、各基层团组织和少先队组织，捐赠价值2.2万元的物资。

（杨茂金）

退役军人事务

【概况】 2021年，香河县退役军人事务工作围绕“让退役军人和其他优抚对象成为全社会尊重的人，让军人成为全社会尊崇的职业”这一目标，切实为退役军人办实事、办好事，加强服务管理，做好移交安置，推进就业创业、“双拥”共建工作，全力维护退役军人正当权益。

【“双拥”工作创建】 通过广播、电视、报刊等宣传媒体形式广泛宣传爱国主义教育和国防教育，营造军爱民、民拥军的浓厚社会氛围。加强军政军民团结，动员社会力量参与“双拥”、支持“双拥”，完善落实军地共体要求、互办实事。2021年，对驻香河部队广场进行维修，为驻军官兵提供更好的出操和军事训练环境；为武警廊坊支队执勤二大队香河中队安装监控设施；驻香河部队义务为县第十二中学讲授国防教育课程，增强学生的国防观念；参加香河县义务植树活动，全力支持地方经济建设。春节、“八一”等重要节日期间，慰问重点优抚对象，发放慰问金；慰问全县军休干部，并发放慰问品；开展送喜报活动，发放立功奖励金；有计划、有组织地开展经常性的社区共建活动，组织驻军基层连队与县光荣院、敬老院、爱心家园、优抚定点医院以及优抚对象、低保户、贫困学生等开展共建活动。10 月，驻香河部队与县光荣院结对共建，定期到县光荣院开展爱老敬老活动，部队官兵带着理发器材为老人修剪头发，帮老人打扫卫生。

【规划烈士陵园及教育基地】 2021 年，高标准规划建设占地 1.95 公顷（29.3 亩）的香河县烈士陵园，开展规划设计、土地调规、征地流转等前期工作。依托渠口镇店子务惨案历史，在村内修建占地 280 平方米的红色爱国主义教育基地，展厅在加紧建设中。

【退役军人移交安置】 集中为退役士兵办理退役相关手续，提供“一站式”服务，2021 年，积极稳妥地做好退役士兵接收安置工作。9 月 24 日，举办 2021 年度退役士兵返乡欢迎会，体现了“入伍光荣、退役荣耀”。为 2020 年秋冬季接收的自主就业退役士兵发放一次性经济补助金，为通过审核的退役士兵接续医疗保险。全面推行“阳光安置”，做好军转干部、随军家属和符合政策退役士官的安置工作，11 月 15 日，符合政府安排工作条件退役士兵完成公开选岗；12 月，完成军队转业干部和随军家属安置工作；年内，对符合援助性就业条件退役军人安排到各镇政府工作。为 2021 年秋季接收自主就业退役士兵完成落户手续办理；在退役军人服务中心设立专门窗口，为退役军人党员转接提供“一站式”服务；做好待安置期间退役士官党员教育管理、党费收缴等工作，并建立动态转出机制，对已落实工作单位的及时将其党组织关系转出。

【退役军人就业创业】 开展线上线下招聘会，2021 年，先后召开线下退役军人专场招聘会 2 场、退役士兵人才“推介会”3 场；搭建退役军人就业创业平台，有 10 家企业加入，发布适合退役军人岗位 120 个；通过微信公众号发布就业信息 60 条，发布就业岗位 1200 个，有就业意愿的退役士兵基本成功入职；开展适应性培训，组织 2021 年秋季自主就业退役士兵开展适应性培训；开展高职扩招工作，充分利用多种媒介，宣传高职扩招政策，为自主就业退役士兵完成身份认定。

【“两站一中心”建设】 2021 年，在严格落实关于退役军人服务保障体系“硬件”建设的基础上，县退役军人服务中心和各镇退役军人服务站进一步加强政治文化环境建设，将习近平总书记关于退役军人工作重要论述、阅兵和接待退役军人代表等图片及《中华人民共和国退役军人保障法》相关内容全部上墙。组织各镇退役军人服务站站长参加全国示范型退役军人服务中心（站）创建培训会议，并

11 月 17 日，县委常委、县人武部部长陈润彬（左四），县政府副县长翟明明（左一）及相关部门负责人为荣立二等功的香河籍现役军人家属送去立功喜报和奖金

县退役军人事务局供图

按照全国示范型退役军人服务中心（站）创建75项验收评分标准，开展整改提升工作。培育淑阳镇和渠口镇创建标杆型退役军人服务站。

【优抚褒扬】 2021年，坚持落实各项优待抚恤政策，及时梳理个人信息，确保每一条数据准确无误；全年为各类优抚对象发放抚恤和补助资金2300万元，门诊医疗补助89万元，报销住院费用50万元；发放2021年义务兵家庭优待金480万元；向企业军转干部发放生活困难补助金117万元、失业救济金6万元，春节和“八一”节日期间发放慰问金6.75万元；完成县骨灰堂升级改造，将36位无名革命烈士骨灰重新存放；9月30日革命烈士纪念日之际，举行革命烈士公祭活动。年内，有2名香河籍现役军人在部队荣立二等功。

【军休干部服务管理】 认真落实军休干部“两个待遇”。订阅报纸杂志，满足军休干部阅读需求；坚持每月组织军休干部参加政治理论学习；组织军休干部开展健康有益的文娱活动；按时足额发放军休干部离退休金及各项生活补贴；协助家属办理丧葬事宜，并按政策发放丧葬费、抚恤金等相关待遇。春节、“八一”期间，开展慰问军休干部活动。

【信息采集和建档立卡】 2021年，常态化开展退役军人和其他优抚对象信息采集、动态更新维护，做好新退役人员和新入伍现役军人的家属实名信息采集。账号实名制工作，接收省退役军人事务厅邮寄数字证书76个，为乡镇建立一体化平台账号，完成账号与数字证书“一对一”绑定。组织开展为全县各村、社区居委会“兵支书”“兵委员”建档立卡工作。

（庄英艳）

医疗保障

【概况】 2021年，县医疗保障局在县委、县政府的正确领导和市医疗保障局的精心指导下，认真贯彻落实县“两会”和全市医疗保障工作会议精神，做到疫情防控和服务民生两不误，大力推进全民参保工作，使更多人享受到医保改革带来的红利；宣传贯彻《医疗保障基金使用监督管理条例》，确保医保基金运行安全；落实药品集中采购政策，不断降低药品价格；加强待遇保障工作，维护了参保人合法权益。完成2020年度总额预算支付方式改革清算工作。2020年度城镇职工医疗保险实际县域外统筹支付2992.25万元，年度预算为3757.07万元，结余764.82万元；县域内实际统筹支付5381.28万元，年度预算为4882.35万元，超支498.93万元，累计结余265.89万元。2020年度城乡居民医疗保险实际县域外统筹支付1627.36万元，异地直接结算支付3587.77万元，域外总支出5215.13万元；县域内实际统筹支付11650万元，年度预算为9500万元，超支2150万元，收支缺口比上年度大幅缩小，有效保证了基金平稳运行。

【“四医联动”改革】 2021年，进一步推进医疗、医保、医药、医价“四医联动”改革，以更加优质高效的医疗服务，为就医群众提供有力“医靠”。根据省、市文件精神，对住院起付线、转诊转院备案和直接结算、生育津贴的申报和发

7月17日，香河县医保局DIP支付方式改革业务培训会议召开　　县医疗保障局供图

放、省内无异地等医保政策进行了调整，更加惠及民生。为进一步加强医疗保障标准化信息化建设，4月，廊坊市医保信息平台系统切换到全国统一医保信息平台系统，县医疗保障局妥善处理系统切换期间参保群众就医问题，确保参保群众待遇不受影响。完成推进廊坊市基本医疗保险支付方式改革工作，开展以区域总额预算为主要支付方式的改革。邀请河北医科大学第二医院病案室主任王炜杰到香河县培训DIP（指区域点数法总额预算和按病种分值付费，是用一个模糊数学的办法来解决医保支付的问题，包括了按病种付费和总额预算管理）支付方式改革方面的业务知识并积极参加市医疗保障局组织的专项培训，为推进DIP支付方式改革打下坚实基础。

【国家药品集中带量采购】 做好国家药品集中采购工作。组织定点医疗机构跟进落实河北高血压和糖尿病“两病”药品带量续约13个品种药品上报，京津冀联合带量采购8个品种药品上报，第二批国家组织药品集中带量采购第二周期32个品种药品上报，第五批国家组织药品集中采购60个品种药品上报，第一批药品集中采购第三个采购周期25个品种药品上报，第六批国家采购胰岛素药品上报，对各医疗机构采购量汇总填报；组织定点医疗机构签订三方协议并及时采购，确保参保患者按期用上集中采购药品，减轻经济负担。组织医疗机构完成耗材集中带量采购工作。组织一次性使用输液器类和静脉留置针类集中带量采购，京津冀冠脉扩张球囊医用耗材带量采购，冠脉支架联合采购，骨科创伤耗材采购，弹簧圈等3类高值医用耗材带量采购，鲁晋冀豫4省联盟高值耗材采购（血管介入治疗类压力泵、血管介入治疗类腔静脉滤器、切口保护器、一次性使用不可吸收高分子结扎夹），人工关节采购。按照省、市《关于对医疗机构采购异常情况进行提醒的通知》要求，不断规范定点医院药品采购行为，全县二级独立采购单位共替换低价药品53种，可节约医药费用1066.8万元；乡镇卫生院共替换54个品规药品，可节约医药费用120万元。做好医保资金结余留用考核工作。做好高血压和糖尿病“两病”药品，第二批、第一批第二周期国家带量采购药品医保资金结余留用考核，重点对医疗机构落实、宣传集采政策，零差价销售等方面进行核查，通过调取数据、现场查看等方式，对涉及的4家县级医院、14家镇级医院和2家民营医院进行考核，根据考核结果，发放结余留用资金206.68万元，以激励医疗机构积极开展药品集中招采。

【落实门诊特种疾病待遇】 上半年，完成随时申报特种疾病病种认定588人，其中，城镇职工98人、城乡居民490人；邀请专家组对定期申报城镇职工和城乡居民门诊特殊疾病病种进行集中认定1769人，其中，城镇职工266人、城乡居民1503人；及时发放了门诊特殊疾病专用证，确保门诊特殊疾病人员及时享受医保报销待遇。下半年，按省市要求，改变以前门诊特殊疾病申报程序，全面推行门诊特殊疾病网上随时申报、医疗机构评审认定的新模式，进一步简化审批流程，方便参保人及时享受医保待遇；完成线上申报认定门诊慢（特）疾病人员1694人，其中，慢性疾病认定通过1334人、特殊疾病认定通过360人。加强对门诊特殊疾病认定工作监督管理，定期对门诊特殊疾病认定运行情况进行分析评估，9月，对县4家门诊特殊疾病认定医疗机构人员之间互查，及时通报门诊特殊疾病认定有关情况，有效遏制违规问题的发生。

【落实高血压、糖尿病政策待遇】 落实完善城乡居民高血压、糖尿病两病门诊用药保障机制，组织专家对全县城乡居民符合高血压、糖尿病两病标准的参保人进行鉴定，减轻患者门诊用药负担。2021年，全县有300余名高血压、糖尿病两病人员享受相关待遇。

【医疗保障基金监督管理】 强化定点医药机构和参保人员维护基金安全法治意识，营造全社会关注打击欺诈骗保，自觉维护医保基金安全的良好氛围。开展集中宣传月活动。4 月为打击欺诈骗保宣传月，采取线上与线下相结合方式，发放宣传彩页 1.3 万份，张贴海报和公告 500 份，挂标语横幅 140 条，组织现场宣传 2 次。利用智能监控系统加强线上监管，指定专人对医保监管系统进行管理，对出现的疑点及时进行处理，全年处理疑点 1569 条，稽核扣款 222 条，扣除追回违规费用 7.48 万元；为定点医院安装可视化监控系统，进一步规范就医流程，不定期对参保人员住院情况进行随访，防止挂床住院情况发生，全年随访住院患者 421 人次，有 18 人次未能完成随访，对相关医院机构负责人进行约谈，共拒付违规费用 0.34 万元。持续加大打击欺诈骗保力度，深入开展欺诈骗保问题全面排查整治、尿毒症透析专项排查和打击“三假”专项排查整治活动，对发现的问题，责令医疗机构立即整改，健全机制，堵塞漏洞。规范定点医疗机构的服务行为，提高医保基金使用效率，要求各定点医药机构认真开展自查自纠，建立问题台账，逐项整改，并将所有自查出的违规费用主动上缴。

【城镇职工医疗保险】 2021 年，全县有 1700 余家企业参保，参保人数 47640 人，同比增加 1573 人，医保基金总收入 26278 万元、总支出 17786 万元，医保基金结余 8492 万元。年内，按政策对县城镇职工基本医疗保险单位缴费比例进行阶段性调整（调整期限为 2021 年 10 月至 2022 年 9 月），缴费比例由 6% 调整到 5%，减轻了参保单位经济负担，助力企业发展。

【城乡居民医疗保险】 截至 3 月底，2021 年度城乡居民医疗保险缴费期结束，全县城乡居民参保人数 28.8 万人。11 月，组织召开全县城乡居民保险征缴工作动员大会，启动 2022 年度城乡居民保险征缴工作。

【城镇职工医疗救助和健康体检】 组织开展 2020 年度参保的城镇职工医疗救助（自费额度超过 1 万元）活动，通过“香河医保”微信公众号和微信工作群对全社会发布公告及救助流程，全县符合救助条件的城镇职工 624 人，发放救助金 286.7 万元。组织开展城镇职工免费健康体检活动，时间为 2021 年 4 月至 2022 年 3 月，惠及全县 1600 家参保单位、4.6 万名参保职工，所需费用由医保基金支付。

【省内就医无异地】 按照省、市相关政策，自 2021 年 9 月 1 日起，全面实行省内无异地就医直接结算，推动省内优质医疗资源共享，方便参保群众省内看病就医结算。

【落实新冠肺炎疫情期间医保政策】 2021 年，全力做好新冠肺炎疫情期间医疗保障服务，及时跟进、掌握、落实疫情防控期间的最新医保政策。对新冠肺炎患者治疗产生的医疗费用，基本医保、大病保险、医疗救助等按规定进行支付；完成为县医院、县中医医院各拨付的 2020 年度预付金 50 万元结转，并将根据医疗机构需求及时增加预付金额度；转诊转院、异地安置、意外伤害、生育备案等业务，原则上全部实行网上办理，因疫情

2021 年 4 月至 2022 年 3 月，香河县医保局开展城镇职工免费健康体检活动
县医疗保障局供图

影响延迟申报报销材料的，不受6个月申报时限的限制；根据省市要求及时调整新冠病毒核酸检测等基本医疗保险诊疗项目及价格。

【脱贫人口医疗保障】 2021年，全面落实脱贫人口基本医疗保险、大病保险、医疗救助报销制度，实现了脱贫人口在统筹区内和住院政策范围内费用报销比例达90%，年内，全县脱贫人口住院10人次，门诊151人次，共计报销5.44万元。为全面落实脱贫防贫长效机制，有效解决因病致贫、因病返贫问题，县医疗保障局利用城乡居民医保报销系统，对全县参保患者自付费用达到预警线的信息数据进行监测、统计，为防贫综合分析研判提供数据支撑。全年共核实反馈因病防贫监测信息433条，涉及人员无因病致贫返贫风险，无须纳入防贫监测对象。

（阮永旺）

居民生活

【概况】 2021年，全县各级各部门坚持以习近平新时代中国特色社会主义思想为指导，在县委、县政府的坚强领导下，抢抓与通州区一体化高质量发展重大机遇，深入开展“三重四创五优化”等系列活动，统筹推进常态化疫情防控和经济社会发展，经济工作稳中向好，实现了“十四五”规划良好开局。城乡居民收入持续增长，生活水平不断提高。

【城镇居民生活】 2021年，香河县城镇居民人均可支配收入52041元，同比增长7.6%。

【农村居民生活】 2021年，香河县农村居民人均可支配收入23039元，同比增长9.6%。

【“四上”企业从业人员工资】 2021年，全县规模以上工业企业、资质等级建筑业企业、限额以上批零住餐企业、国家重点服务业企业等“四上”企业从业人员平均工资67020元，同比增长2.2%。

（张占葵）

乡镇（社区办）

责任编辑　刘凤贤

综　述

2021年，香河县各镇（社区）党委、政府（社区办）在县委、县政府的正确领导下，围绕建设“协同发展示范区、绿色活力幸福城”的发展目标，不忘初心、牢记使命，团结和带领广大人民群众，立足发展新阶段，坚持发展新理念，融入发展新格局，激情满怀干事业，昂扬竞进当先锋。在抓好新冠肺炎疫情防控的同时，招商引资、项目建设扎实推进，一、二、三产业全面发展；城乡人居环境综合整治提升，大气污染得到有效防治；社会保障体系更加完善，法治建设、基层社会治理成效显著；圆满完成镇（社区）、村两级“两委”班子换届，干部队伍进一步优化，基层党组织战斗力不断增强。年内，五百户镇成功入选第二批全国乡村治理示范乡镇、国家级农业产业强镇；蒋辛屯镇被文化和旅游部、国家发展和改革委员会评为第一批国家乡村旅游重点镇，蒋辛屯镇、蒋辛屯镇梁家务村被省文化和旅游厅、省发展和改革委员会评为第三批河北省乡村旅游重点村镇；安平镇司法所被司法部评为全国模范司法所、安平镇党建办公室被全国妇女联合会评为全国巾帼文明岗。刘宋镇被河北省交通运输厅评为河北省“四好”农村路示范乡镇、获河北省第七次全国人口普查先进集体荣誉称号，刘宋镇庆功台村党总支被省委、省政府授予河北省脱贫攻坚先进集体荣誉称号；安头屯镇被省统计局评为河北省投资领域统计工作先进单位；新华街社区工作办公室获河北省第七次全国人口普查先进集体、2021河北省志愿服务示范社区(站点)称号；淑阳镇团委获河北省“五四”红旗团委称号；新开街社区工作办公室妇联获河北省巾帼建功先进集体称号，绣水社区被评为2021年度河北省儿童之家示范点；渠口镇店子务村农家书屋获河北省“红色书屋”称号。

全县辖淑阳、安平、钳屯、五百户、刘宋、安头屯、渠口、钱旺、蒋辛屯9个镇，300个行政村，总面积448平方千米；设新开街、新华街2个社区工作办公室，年内，平安街社区工作办公室并入安平镇；有新开、新绣、安抚、段庄、永泰、康宁、绣水、五一、府前东、兴业、新华、永兴、迎宾、城西、珠光、城北、永清、永胜、汇文、嘉园、潮白、兴济、民安、新城、正阳、安泰26个社区居民委员会，其中，新增潮白社区居民委员会，11月成立。

淑阳镇

【概况】 2021年，淑阳镇政府驻地县城新开街77号，位于县政府驻地西南部，全镇总面积25.66平方千米，辖28个行政村街，财政收入17.34亿元。年内，淑阳镇获廊坊市文明乡镇、先进集体、统计工作先进集体和县优秀领导班子称号，团镇委获河北省五四红旗团委称号，镇退役军人服务站获廊坊市最优退役军人服务站称号。

【工业】 2021 年，围绕做大做强镇域经济，加速发展战略性新兴产业和现代服务业，全镇完成固定资产投资 11 亿元，实现工业企业产值 17 亿元，其中，规模以上工业企业 12 家，实现工业企业产值 15.8 亿元。新增规模以上工业企业 3 家，分别是香河锦澜非织造布有限公司，占地面积 4 万平方米，注册资本 1000 万元，年内，完成工业产值 1863 万元；香河宏鹏非织造布有限公司，占地面积 2 万平方米，有固定资产 5000 万元，年内，完成工业产值 2685 万元；香河三丰混凝土有限公司，占地面积 2 万平方米，注册资本（总投资）3000 万元，年内，完成工业产值 4872 万元。

【项目建设】 2021 年，有上年结转项目 5 个。分别是：麓山花园住宅项目计划总投资 14.7 亿元，年内，完成投资 2.8 亿元；蓝山庭院住宅项目计划总投资 13.31 亿元，年内，完成投资 1.33 亿元；理想家园住宅项目计划总投资 3.9 亿元，年内，完成投资 1.04 亿元；御景嘉园住宅项目计划总投资 3.52 亿元，年内完成投资 8093 万元；锉口方沟项目计划总投资 2135 万元。新增项目 2 个，为北运河香河中心码头项目与安石路建设工程项目，其中，香河中心码头计划投资 1.97 亿元，建设码头、港池、护岸、亲水平台及陆域配套设施，建设泊位 34 个，年旅客通过能力 32.5 万人次，6 月竣工；安石路（含王家摆桥改建）工程，安石路起于运河大道和新开大街交叉口，向西跨越北运河（新建王家摆桥）后，向南与幸福路相交，经安平镇三间房村南侧转向西，至冀京界与通州区拟建新石小路相接，计划总投资 9.4 亿元，年内，完成投资 3.59 亿元。

北运河廊坊段通航是县委、县政府承接省委、省政府的一项重点工程项目，项目占用淑阳镇 13 个村街土地 53.33 公顷（800 亩），主要用于堤防、景观、船闸、中心码头等建设，镇党委政府全力做好土地征占、补偿工作，确保项目如期开工、竣工。

交通路网项目建设。淑阳大街西延项目。东起五一路，横穿永盛路，西至河南止务村东，全长 700 米，宽 30 米，占地 1.4 公顷（20.95 亩），年内，完成占地及地上物补偿和勘测工作。永盛路中段建设项目。永盛路中南段，长 430 米，宽 30 米，占地 1.22 公顷（18.26 亩），南起新开大街，北至淑阳大街；永盛路中北段，长 600 米，宽 30 米，占地 1.96 公顷（29.4 亩），南起淑阳大街，北至新华大街；年内，完成占地及地上物补偿、规划设计和地表垃圾清理工作。新开街西延拓宽项目。拓宽路段长 2300 米、宽 40 米，占地 2.35 公顷（35.31 亩），年内，完成项目占地及地上物补偿工作，保障了工程建设按时开工。

【淑阳工业园】 2021 年，淑阳工业园核准面积为 162.64 公顷（2439.6 亩），企业占地 72.67 公顷（1090 亩），有企业 36 家，其中，规模以上工业企业 10 家。

【中国京津冀汽车零部件物流交易中心】 中国京津冀汽车零部件物流交易中心主要承接北京市非首都核心功能的疏解工作，占地面积 106.67 公顷（1600 亩），总投资 162 亿元，商铺 1326 间，配置办公区、餐饮区、配套服务区等，自 2018 年投入运营，有全国知名汽配城经销商及北京市外迁经销商达 1200 家，物流公司 100 余家。河北三强实业集团与北京城环城国际汽配城联合组建城环城国际汽车配件销售中心有限公司，负责中国京津冀汽车零部件物流交易中心的整体运营与管理，2021 年，入选中国商品市场综合百强榜单。

【农业】 2021 年，全镇农作物种植面积 27.29 公顷（409.34 亩），其中，小麦种植面积 17.65 公顷（264.8 亩），玉米种植面积 9.64 公顷（144.54 亩）。生猪存栏 1438 头，牛存栏 649 头，羊存栏 5691 只，禽存栏 26051 只。“大棚房”专项清理整治回头看工作，辖区有温室大棚 79 个，其中，塑料温室大棚 42 个、普通日光温室大棚 36 个、高档连栋温室 1 个，逐一核实，无非农化现象。完成耕地地力保护补贴面积统计工作，涉及 5 个村街、17.35 公顷（260.3 亩）。完成一次性种粮补贴统计和发放工作，涉及 8 个村街 27 户农民、21.22 公顷（318.3 亩），补贴金额 6146 元。植树造林 93.33 公顷（1400 亩），加强对林业有害生物的监测与防治，确保造林成果。

【农村人居环境整治提升】 2021 年，制定印发淑阳镇《关于城乡环境综合整治的提升方案》，明确各村街党支部书记为村街环境卫生第一责任人，村“两委”干部分片定责，成立 3—6 人的清扫保洁队伍，坚持每天清扫，及时将垃圾运到垃圾清运点，做到垃圾日产日清。组织村街人员及车辆对村街进行统一卫生清理，包括村街内道路两侧白色垃圾、杂草、杂物乱堆乱放、非法广告标识清除等，对房前屋后、坑塘河渠等处的陈久性垃圾进行彻底清理，全面消除卫生死角死面。年内，出动垃圾清运车、洒水车、铲车、挖掘机等 50 台次，人员 330 人次，清理垃圾废物 1800 吨，治理苫盖料堆和施工工地共计 50 处；清理路边摆摊商户 70 家，整治乱摆乱放、违规占道、门前脏乱的临街商户 126 家。结合“厕所革命”，对铁口、计庄子、金辛庄、许台 4 个村街，进行高标准“硬化、美化、绿化、亮化”整治提升，打造成为精品村街。

【生态环境保护】 在各村街开展“治脏、治乱、治污、治巷、治墙”专项治理行动，全面消除卫生死角死面。2021 年，拆除私搭乱建 842 处、83101.67 平方米、清理垃圾 98387.5 吨，清理卫生死角 108 余处。抽调 6 名科级干部组成纳污坑塘专项整治行动小组，由镇长任组长，各村街党支部书记为本村的第一责任人；发挥各村街网格化作用，对坑塘开展排查，发现纳污坑塘 45 处；对 45 处纳污坑塘进行治理，清理垃圾杂物 800 余吨，设立警示牌 45 块，设置围挡，建立纳污坑塘长效管理机制。全面加强大气污染防治。持续巩固对“散乱污”企业整治取得的成果，对已取缔和治理的 126 家“散乱污”企业进行逐一排查，未发现死灰复燃现象；加强露天焚烧秸秆、垃圾管控巡查力度，镇环保所和执法队工作人员分为 5 个巡查组，每天对辖区内 28 个村街进行不定时巡查，配合 35 名网格员对全镇域开展全方位不间断巡查，重点部位全部安排专人盯守；安排专人专车，对全镇域进行“地毯式”巡查，对发现的裸露土堆、料堆进行苫盖，对施工工地进出口地坪、场内主要道路路面进行硬化处理；持续加强对散煤管控力度，成立散煤管控“百日会战”领导小组，在各村街路口设置散煤管控检查点，网格员每天入户摸排检查，及时发现散煤储备并收缴；对辖区餐饮业进行检查，确保油烟净化器设备安装到位并正常运转。持续加强对河道水环境整治，年内，召开镇级河长会议 1 次、村级河长会议 2 次，组织开展镇级河长培训 1 次、村级河长培训 2 次，更新河长公示牌 24 块；镇政府配备的 3 名专职河道巡护员每日巡河 1 次，村级河长每周巡河 2 次，镇水管站人员不定期巡河检查，发现问题及时解决；开展对河渠内的杂草、垃圾、漂浮物、废弃物等进行集中清理，共清理河渠、闸口、排水沟等垃圾 5443 立方米。

【河道内村庄搬迁】 淑阳镇有河道内需要搬迁的村 2 个，为凌家吴村、河南吴村。县新农村建设办公室已将凌家吴村、河南吴村整体搬迁至望运观潮居民小区列入近期城中村改造计划，初步拟定拆迁补偿协议，并配合企业办理相应手续，待条件成熟后，开启凌家吴村、河南吴村搬迁安置工作。望运观潮居民小区位于通唐公路东侧，北邻郭辛庄村，建有住宅楼 9 栋及配套商业、村民活动中心等，总建筑面积 16.7 万平方米，其中，住宅 1600 套、建筑面积 15.9 万平方米，社区商业用房面积 5086 平方米，村民活动中心面积 3303 平方米。

【综合执法】 2021 年，对镇辖区东、西片 28 个村街和淑阳工业园的私搭乱建、违章建筑、大气污染治理、开展城乡环境综合治理工

8 月 3 日，拆除违建的香河富民钢材市场　　淑阳镇政府供图

作等突出问题进行重点整治，对辖区主路两侧路边摊贩、占道经营、路边烧烤等突出问题进行治理，年内，立案行政处罚 2 件，罚没金额 2 万元；简易程序案件 4 件，罚没金额 450 元。5—6 月，开展城乡环境综合整治。落实对违法建设治理管控，拆除金辛庄村违建 82 处；落实广告牌匾正字提升工程，拆除香宋路两侧违规广告牌 100 余处；落实县级城乡环境精品片区，清理整治新华大街西沿两侧违规门市 50 余家；落实大气污染防治巩固提升工程，清理违规汽车配件经营 110 余家。清理整顿违规违建项目和清理规范房地产开发项目，对麓山花园、理想家园、运河家园、珠光御景家园、万润运河湾一期住宅小区和机器人产业园专家公寓等项目建设监督巡查，促其规范施工。开展土地卫片违法用地拆除。7—8 月，完成对占地 28 公顷（420 亩）违建的香河富民钢材市场整体拆除，对 265 家商户进行分类统计、整体搬迁；年内，共拆除卫片、违反生态红线、乱占耕地建房等违法用地 49 宗 34.11 公顷（511.6 亩），全部完成整改任务。

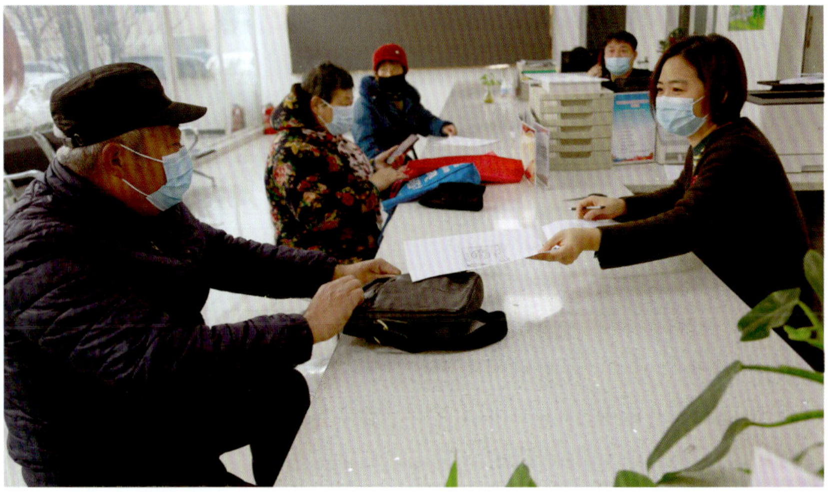

淑阳镇行政综合服务中心实行开放式便民服务　　淑阳镇政府供图

【应急管理】　2021 年，在全镇范围内开展了“防风险、除隐患、保安全”安全生产大排查大整治专项行动，活动期间检查企业 90 家，发现并整改隐患 705 个，整改率 100%，关停取缔非法生产经营企业 1 家。复产复工期间，组织辖区 70 余家企业利用手机、电脑等采取单独观看的方式收看“开工第一课”网络讲座，下载“链工宝”App，进行复产复工前线上安全培训；开展安全生产月活动，利用“6·16”安全宣传咨询日活动，普及安全生产法律法规及消防知识。开展进企业、进农村、进社区、进家庭、进学校活动，年内，进企业 13 家、进农村 30 次、进社区 2 次、进家庭 1400 户、进学校 8 所，悬挂条幅 100 余条，发放宣传单、宣传手册 3000 余份，发送安全提示 114 次，组织 7 所学校 2700 余名学生观看“开学第一课”。做好食品安全工作，健全组织体系，强化宣传引导，加大检查监督力度，进一步规范食品市场经营秩序，对食品经营、餐饮经营、小摊贩、小作坊开展专项治理行动，严厉打击销售不符合食品安全标准的食品行为。

【行政综合服务】　以优化审批流程、规范办理行为和加强监督管理为重点，配合各有关部门，对行政审批项目进行简化清理，实施审批流程梳理再造，重新简化优化办事指南和流程。根据《河北省乡、村两级政务服务事项通用目录》，结合工作实际，对198项服务事项进行梳理，制定相关的工作制度模板上墙上窗。建立首问负责、限时办结、一次性告知、AB岗值守、行为规范、投诉举报、责任追究等相关制度，设置敞开式服务柜台，通过梳理下放事项及相应对口县直部门，进行分类整合，设置综合窗口、民生保障、市场准入、宣传咨询、涉军事务、卫生健康、城乡建设等9个业务窗口。不断提高办结业务率，2021年，为群众解决办理各项事务1260件，提前办结率100%，按时办结率100%，现场办结率100%，无超期件和违纪行为的发生。延伸行政综合服务中心功能，在28个村建立综合服务站，统一配备办公设备、工作制度，各村街设立1—2名“两委”干部代理办公，实现一站式办理、一条龙服务。打造3个精品综合服务站，配齐便民设施，为百姓提供便利。

【平安社会建设】 开展扫黑除恶专项斗争活动，镇扫黑除恶专项斗争领导小组办公室通过流动宣传车巡回广播，各村街通过定点广播、张贴公告、发放明白纸、悬挂条幅等形式广泛宣传，出动宣传车200余辆次，建立永久性固定标语80余处，发放明白纸5000份，悬挂宣传条幅200条；在学校、幼儿园、医院、汽车站等敏感区域发放调查问卷50份；各村成立扫黑除恶专项斗争领导小组，建立专职巡逻队，确保扫黑除恶专项斗争有序高效开展。开展“扫黄打非”专项行动，组织6次集中暗访行动，对全镇出版物市场、印刷企业、音像市场进行暗访督导，进一步净化文化市场。重点打击非法集资及非法传销活动，加大对融资性担保公司、小额贷款公司、非融资性担保公司及投资咨询公司的检查力度。

【基层社会治理】 2021年，全镇以强化基层基础社会治理建设为核心，深入排查调处矛盾纠纷，健全村综治网格化管理机制，全镇28个村街分别划定具体网格，每个网格配备网格长和网格员各1人，对村民进行实名制统计与管理；加强资源整合工作，在㳚口、小罗屯、许台等村建立比较健全的集综治办、治保会、调委会、警务室、外来人员管理站为一体的“五位一体”村级综治办；狠抓综治队伍建设，建立了33个联防队，由镇派出所带班，实行24小时巡防，有效遏制违法犯罪的发生；开展普法宣传，发放宣传材料，营造人人学法、懂法、守法氛围；发挥基层调解委员会作用，设有调解委员会29个，调解员88人，年内，接到调解申请120起，受理120起。

【信访工作】 建立健全信访分包工作机制、科级干部轮流坐班接访制度、日常周排查和重点时期日排查工作机制，全面掌握辖区内矛盾。发挥重大村务先行风险评估、信访积案干部认领、关口前移筑牢村街防线、亲情感化等工作方法效用，从源头预防矛盾，化解信访问题。2021年，接待群众到访135件次、到访群众300余人次，上报各类信访案件材料45件，网信办理案件429件，受理“12345”市长热线电话投诉案件295件，无迟报、漏报现象。

【社会保障】 2021年，居民养老保险缴费10251人、238万元，其中，新增参保394人；医疗保险参保征缴31701人、1014.43万元。为农村低保户195户、219人发放低保金126.29万元；为城镇低保户13户、18人发放低保金17.59万元；为分散供养40户、40人发放特困户补贴资金70.85万元；集中供养特困人员17人。完成残疾人普查工作，全镇1027名残疾人的信息及时得到更新；新增享受生活补贴残疾人10人、享受护理补贴残疾人38人，核减36名不再符合享受生活补贴条件的残疾人、8名不再符合享受护理补贴条件的残疾人；为4名六级以上伤残军人报销医疗费用7万元。春节和“八一”期间为全镇退役军人发放慰问信，对重点优抚对象每人每次发放慰问金500元。加强返贫预警监测，严格落实返贫动态监测机制和精准帮扶机制，建立防贫监测站；实行动态管理制度，通过开展摸排核实、日常监测等工作，重点对村街内低保户、特困户、重度残疾人家庭、大病人员家庭以及边缘贫困户家庭进行逐户走访排查，做到防贫预警监测实现全覆盖；完成符合危房改造条件的11户住房改造。开展生育服务，建立村街卫计队伍和村医统一管理制度，开展育龄妇女乳腺癌和宫颈癌“两癌”筛查、孕前优生检测等活动，依法办理第一个子女生育服务卡登记58个、第二个子女生育服务卡登记80个、第三个子女生育服务卡登记6个。

【文化建设】 督导检查28个村街村级文化活动中心、活动广场、健身路径的安全状况，对安全隐患进行报备修缮。组织群众开展党史培训、读书活动。加强农家书屋管理利用，保证发放书籍及时配备到位，督促各村街结合“新时代乡村阅读季”开展阅读活动。2021年，为各村街发放各类图书2400册。2月，镇综合文化服务站被授予香河县优秀综合文化站，小罗屯、许台村的两支文化队伍被评为香河县优秀基层文化队伍。

【精神文明建设】 成立以镇党委书记为组长，副科级以上干部为成员的精神文明建设领导小组。深入开展社会主义核心价值体系和廉洁从政教育，组织镇、村党员干部开展集中培训学习会，认真研读学习习近平新时代中国特色社会主义思想、十九届六中全会等学习资料。开展十九届六中全会专题培训以及科级干部下村宣讲活动。组织机关干部和党员志愿者参加文明交通劝导志愿活动，助力文明城市创建。组建学雷锋志愿者服务队200余人，以“一助一”或“多助一”等结对帮扶形式，为有困难的未成年人、空巢老人、残疾人、下岗职工等弱势群体提供爱心帮助、亲情沟通、心理疏导等志愿活动。在机关干部中，推进文明科室、文明职工、文明岗位等基础创建活动；在村街中，推进“好婆婆、好儿媳”“最美家庭”评选活动。开展“文明餐桌”“公勺公筷”实践活动，在机关食堂、水房等地粘贴节约标语30余块，通过新时代文明实践中心宣传“公勺公筷”文明用餐活动。

【新冠肺炎疫情防控】 2021年，全镇党员干部在抗击新冠肺炎疫情工作中，用责任和担当筑起疫情防控的堤坝。加强领导，成立镇、村疫情防控领导小组。根据全国疫情多点频发特点，及时召开会议，部署工作，传达落实上级疫情防控精神。群防群治，制定《淑阳镇关于加强当前日常疫情防控工作的公告》并进行大力宣传，在28个村街和5个社区路口设置固定小喇叭广播提示，充分利用村街广播、微信公众号、张贴明白纸、条幅等方式，引导群众增强自我防范意识，发放宣传材料1万余张，悬挂宣传标语300余条，大喇叭每天早中晚循环播放防疫信息，微信公众号发布防疫消息30条。强化管控排查，在28个村街、5个小区、11家企业、汽配城设立检查站（点）46个，实行24小时值班制，对村街卡口严格规范管理，由村“两委”干部、卫计专职干部和村医组成的110个排查小组，对2.7万名常住人口及重点人员逐户进行排查，全年排查200余万人次，大数据累计排查6100条，排查出

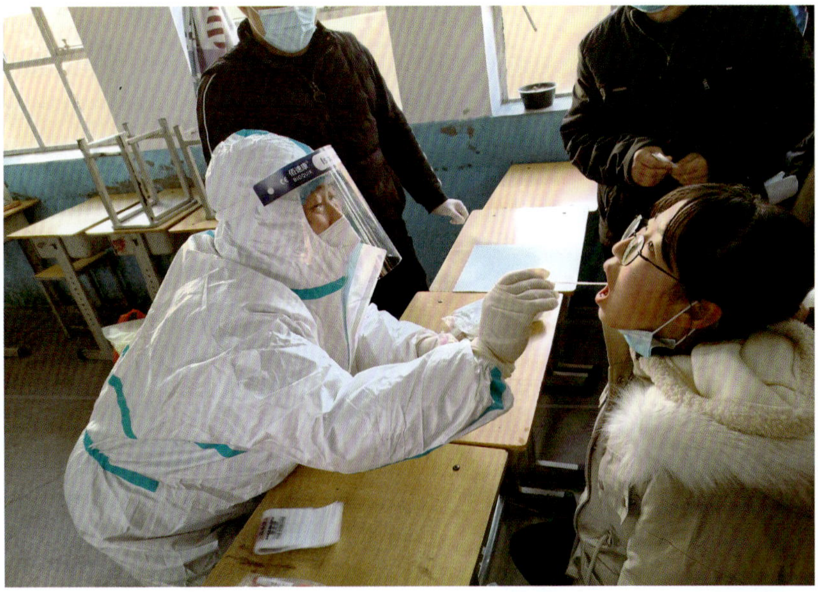

1月12日，淑阳镇第一次全员核酸检测　　淑阳镇政府供图

各类中、高风险重点人员300人。全力开展好疫苗接种工作，构建全民免疫屏障，18周岁以上常住人口完成新冠肺炎疫苗接种2.1万余人，接种率86%；加大18周岁以下人群接种力度，精准摸排3—17周岁疫苗接种人口3719人（其中，3—11周岁2630人，12—17周岁1089人），完成接种3083人，接种率82.9%。

【基层党组织建设】 2021年，全镇有基层党支部41个，党员1507名。抓实思想政治建设。扎实开展党史学习教育，把“学党史、悟思想、办实事、开新局”的要求贯穿党史学习教育全过程，不断提高政治判断力、政治领悟力、政治执行力，不断增强抓落实的政治自觉、思想自觉和行动自觉。压实党建责任。落实基层党组织书记抓党建工作第一责任人责任，建立抓党建责任清单、任期承诺目标，推动党建工作见实效、管长效。扎实开展基层建设、基础工作和基本功训练“三基”建设年活动。聚焦组织、队伍、基础、标准、责任等5个方面，全面推进基层党建规范化建设。做好首都政治“护城河”党建示范村创建工作，打造凌家吴村、许台、大罗屯、孙止务、前套5个党建示范村。实施党建引领+网格化管理。将镇村划分为“片区、村街、党小组”三级网格，其中，一级网格15个、二级网格28个、三级网格88个，网格员298人，构建党建网格和基层治理网格“两网融合”格局。抓实党员教育管理。认真落实“三会一课”、主题党日、民主评议党员等组织生活制度，扎实开展评星定级、无职党员设岗定责、党员先锋示范岗、党员划片定岗联户等工作，引导党员发挥先锋模范作用；结合党史学习教育，以庆祝中国共产党成立100周年为契机，开展重温入党誓词、“红心永向党，祝福颂党恩”集体签名、讲党课、观看红色电影、党史知识测试等系列活动，在“淑阳镇党员之家”微信公众号推送“百年党史100讲”，持续用好“学习强国”“先锋在线”等党员教育管理平台。提标升级党建阵地。实施党建阵地欠账清零、改造提升工程，推动村级组织活动场所提标升级，郭辛庄村级组织活动场所完成提标升级。加强农村干部队伍建设。圆满完成村“两委”换届工作，全镇28个村街全部实现党支部书记、村委会主任“一人兼”，党支部书记均为致富带头人，其中，连选连任14人，高中学历19人，大专学历7人，本科学历2人；组织新任村“两委”干部培训；扎实开展“开门一件事”活动，切实解决群众最关心最直接最现实的问题，以“我为群众办实事”为依托，帮助辖区群众实现“微心愿”1020件。规范发展党员工作。全年发展党员64名，其中，机关党员15名、农村党员30名、非公企业党员19名，高中以上学历41名，40岁以下42名。2个连续三年不发展党员村、11个连续2年不发展党员村全部得到解决。规范制度运行机制。严肃党内组织生活，指导各基层党组织规范开展“三会一课”、组织生活会、民主生活会、民主评议党员、党员活动日等制度，印发学习要点12期、800余份；规范村街运行机制，明确村干部5项职责，进一步规范“四议一行一监督”、网格化管理、村务监督管理、村级财务审计、党务村务公开5项村务工作运行机制。规范农村小微权力清单，全面推行“亲情代办”和“轮流坐班”制度，构建统一协调、运转有序、精干高效的“五位一体”村级组织运转体系；持续推行“两考三评一定”绩效考核办法，激发农村干部干事创业热情。

【意识形态工作】 高标准、高质量开展党史学习教育，围绕实际，研究制定党史学习教育方案，从明确学习任务、开展专题学习、强化政治引领、推动学习实践、加强组织领导等方面精心谋划部署。为全镇28个村街、镇机关各科室发放党史学习教育书籍200余册，组织镇领导干部进村街、进企业、进社区，为党员干部群众作专题宣讲，开展各类宣讲活动120余场，参与达4500人次。庆祝中国共产党成立100周年，开展“重温入党誓词”、“红心永向党，祝福颂党恩”集体签名、“讲党课”、观看“红色电影”、党史知识测试等一系列

3月26日，淑阳镇开展党史学习教育进校园活动，为池套小学师生送去党史学习教育书籍和资料　　淑阳镇政府供图

党性鲜明、内容丰富的主题活动。开展镇党委中心组理论学习15次，编写、上报各类信息稿件280篇，编辑推送微信消息760余条。开展“弘扬运河通航精神”大讨论活动，结合“入企服务周”“三基建设年”“我为群众办实事”“群众说事、干部解题”等活动，组织科级干部带头深入群众、带头深入基层，开展“基层大调研、干部大讲堂、素质大提升”“干部作风大转变、工作效能大提升”等活动。围绕疫情防控、征地拆违、城乡环境综合整治等重点领域存在的难点问题，深入自查自纠，坚持立行立改，构建长效机制，切实把大讨论活动成果转化为发展实效。

【全面从严治党】　组织镇党委、政府班子成员，中层干部以及全体党员召开会议，传达学习省、市、县党建工作暨领导干部政治性警示教育大会会议精神，强化政治纪律和政治规矩意识，将全面从严治党和加强党风廉政建设主体责任进行任务分解，落实责任领导和责任分工，履行“一岗双责”职责。分别与各村街党支部书记签订《党风廉政建设责任书》，使全面从严治党和加强党风廉政建设责任层层压实。聚焦疫情防控、防汛、城乡环境整治提升行动等重点任务强化监督检查，从群众反映强烈的热点难点问题入手，加大查案、办案力度，2021年，查处违纪党员2名。不断提升履职能力，参加县纪委组织的“学制度、用制度”全员培训活动，新一届镇纪委班子成员在县纪委测试中通过率100%。

（李　盼）

新开街社区

【概况】　2021年，新开街社区辖10个社区居委会、8个村街，总人口75078人。新开街社区工作办公室在县委、县政府的领导下，解放思想、对标对表、聚力争先，真抓实干，圆满完成各项工作任务，荣获廊坊市文明单位、2021年度廊坊市投资领域统计工作先进单位、廊坊市第二次污染源普查表现突出集体，香河县安全生产目标管理考核优秀单位等称号；新开街社区工作办公室妇联荣获河北省巾帼建功先进集体、香河县“三八”红旗集体称号，绣水社区荣获2021年度河北省儿童之家示范点称号。

【综合经济实力】　2021年，完成财政收入4083万元，固定资产投资完成6.2亿元，规模以上工业企业实现产值12520万元。有民营经济组织4943家，其中，民营企业1455家，个体工商户3488家；新增限额以上商贸企业3家，分别为廊坊市罗勒医药连锁有限公司、顶奕香河商务酒店管理有限公司和比格披萨香河有限公司。

【项目建设】　2021年，有重点项目6个。其中，在建亿元以上项目3个，即投资2.1亿元的春城丽景住宅小区一期建设项目、投资40.3亿元的经纬家具城二期项目、投资4.2亿元的东华广场项目；储备项目3个，即计划投资5亿元的绣水经典住宅小区二期项目、计划投资2亿元的时代商业广场项目、计划投资10亿元的金港花园住宅小区项目。

【城中村改造】 截至2021年年底，完成南台、前店子、安抚寨一期、周元村一期等城中村拆迁改造，村民完成回迁；西南街回迁楼香城壹号住宅小区9号、13号楼建设完工，村民回迁入住，完成2号楼主体建设，商业楼已竣工；完成段庄平房小区一期改造，建回迁楼3栋，并完成居民回迁；富泰二期A区住宅楼主体已完工，并已办理入住；西南街、东南街、段庄、闫庄4个村已确定开发主体。加大对城中村改造档案管理，对开发主体企业的档案和城中村回迁档案实行分类管理。对辖区内问题楼盘的项目进展情况及时上报，督促开发企业推进项目进度，保证拆迁户按时回迁。

【老旧居民小区改造】 2021年，有14个老旧居民小区完成改造提升。其中，第一批有康宁园小区、五处小区、驻军小区、社保小区，经贸局小区、康宁小区、民政局小区、县社小区等8个老旧居民小区，总投资2056.12万元；第二批有农行家属楼、法院家属楼、水利局家属楼、广播局家属楼、种子公司家属楼、新绣小区等6个老旧居民小区，总投资1144.65万元。

2021年新开街社区老旧居民小区改造项目一览表

表46

序号	小区名称	改造项目	资金投入（万元）	竣工时间
1	经贸小区	改建混凝土、透水砖路面，粉刷住宅楼外墙面、围墙、楼梯间，更换单元门、楼梯间外窗、立面雨水管、给排水管道，改造雨水外线、封堵垃圾通道、增设垃圾收集点，小区入口设公安监控、架空飞线整理等项工程	173.3	10月
2	民政局小区	改建沥青、透水砖路面，粉刷住宅楼外墙面、围墙、楼梯间，储藏间外墙粉刷、屋顶加彩钢板、架设电线加装电表，更换单元门、楼梯间外窗、立面雨水管、给排水管道，改造雨水外线，小区入口设公安监控、架空飞线整理等项工程	173.3	10月
3	康宁园小区	改建沥青、混凝土、透水砖路面，更换路缘石，粉刷住宅楼外墙面、楼梯间、围墙，更换单元门、换楼梯间外窗、立面雨水管、给排水管道、雨水外线，更新绿化，更换为住宅楼挑檐单层彩板瓦，增设自行车棚、充电桩、太阳能路灯、垃圾收集点，弱电线路改造整理、储藏间架设电线加装电表、小区入口设公安监控、施划车位线等项工程	1000	10月
4	康宁小区	部分路面改建透水砖路面，粉刷住宅楼外墙面、围墙、储藏间外墙、楼梯间，更换单元门、楼梯间外窗，封堵垃圾通道，清理污水管线，储藏间加装电表、屋顶加彩钢，更换增设垃圾收集点，小区入口设公安监控、架空飞线整理等项工程	70.4	10月
5	社保小区	改建混凝土、透水砖路面，粉刷住宅楼外墙面、围墙、储藏间外墙、楼梯间，更换单元门、楼梯间外窗、立面雨水管、给排水管道、雨水外线，封堵垃圾通道、储藏间加装电表、屋顶加彩钢，更换增设垃圾收集点，小区入口设公安监控、架空飞线整理等项工程	53.71	10月
6	县社小区	部分路面改建透水砖路面，增设垃圾收集点，粉刷住宅楼外墙面、围墙、楼梯间、储藏间外墙，更换单元门、楼梯间外窗、立面雨水管、给排水管道、雨水外线，储藏间加装电表、屋顶加彩钢，封堵垃圾通道，架空飞线整理、增设太阳能路灯，小区入口设公安监控等项工程	310	10月
7	驻军小区	改建混凝土、透水砖路面，粉刷住宅楼外墙面、楼梯间，更换单元门、立面雨水管，储藏间外墙粉刷、外门除锈刷漆、屋顶新增屋面防水，改造给水和雨水，污水管道清淤，增设垃圾收集点，小区入口设公安监控、架空飞线整理等项工程	117.85	10月
8	五处小区	路面改建混凝土路面、透水砖路面，增设垃圾收集点、粉刷住宅楼外墙面、围墙、楼梯间、储藏间外墙，更换单元门、楼梯间外窗、立面雨水管、给排水管道、雨水外线，封堵垃圾通道，储藏间加装电表、屋顶加彩钢板，架空飞线整理、增设太阳能路灯，小区入口设公安监控等项工程	157.56	10月
9	农行家属楼	改建沥青路面，清洗主楼外墙、修补外墙砖，主楼散水重做，更换单元门、立面雨水管、给排水管道、雨水外线、车棚顶，粉刷围墙、楼梯间，封堵垃圾通道，车棚安装刷卡充电桩，花池改建健身器材，架空飞线整理，增设太阳能路灯、小区入口设公安监控等项工程	240.5	10月

续表 46

序号	小区名称	改造项目	资金投入（万元）	竣工时间
10	法院家属楼	路面修建，粉刷主楼外墙、围墙、楼梯间、地下室公共区域，更换单元门、给排水管道、雨水外线，主楼散水重做，架空飞线整理，增设太阳能路灯、小区入口设公安监控等项工程	117.5	10 月
11	广播局家属楼	路面修建，粉刷主楼及储藏间外墙、楼梯间、围墙，更换储藏间屋顶、单元门、立面雨水管、给排水管道、雨水外线，主楼散水重做、楼梯间窗户修补、架空飞线整理，增设太阳能路灯、小区入口设公安监控等项工程	132.65	10 月
12	水利局家属楼	路面修建，粉刷主楼及储藏间外墙、围墙、楼梯间，更换单元门、储藏间屋顶瓦面，重建主楼散水、小区入口路面，更换给排水管道、雨水外线，封堵垃圾通道、围墙改为铁艺栏杆、架空飞线整理、增设太阳能路灯、小区入口设公安监控等项工程	120	10 月
13	种子公司家属楼	路面及小区入口处主路修建、铁艺围栏刷漆、主楼外墙粉刷、楼梯间内墙粉刷、主楼散水重做、封堵垃圾通道、架空飞线整理、增设太阳能路灯，更换立面雨水管、给排水管道、雨水外线，单元门，小区入口设公安监控等工程	104	10 月
14	新绣小区	改建沥青路面，粉刷主楼和车库及储藏间外墙、围墙、楼梯间，更换单元门、小区入口大门、立面雨水管、给排水管道、雨水外线、储藏间屋顶，主楼散水重做、屋檐防水、架空飞线整理、增设太阳能路灯、小区入口设公安监控，车库及储藏间架设电线及安装电表等项工程	430	10 月

【城中村人居环境整治提升】 完善道路排水及绿化工程建设。对段庄居民区、周元村南来顺饭店东侧等道路完善排水系统和绿化。完成重点区域道路硬化和升级。重点对矬口平房小区、段庄平房小区、西南街村、东南街村、老树客栈西侧道路等 3.8 万平方米道路进行升级改造；完成老沙发材料市场道路硬化面积 1.18 万平方米，安装路灯 8 盏，铺设燃气管道及更换供水管线。打造东南街、周元村、段庄、安抚寨等城中示范村。村街道路硬化，周元村街内道路 2.61 万平方米，安抚寨村道路硬化 0.94 万平方米，东南街村道路硬化 2.2 万平方米，段庄村道路硬化 1 万平方米；村街美化，对村街墙面进行粉刷 1.8 万平方米，沿街主路墙面彩绘 0.1 万平方米、安装进村牌楼 2 套，修建村内休闲建设场所，安装健身器材；村街亮化，道路两侧安装太阳能路灯，对老旧线路进行改造。加强环境卫生整治。对建新路、市场路和辖区各村街道路设专人负责，采用机械和人工相结合的方式确保路面清洁，开展村庄清洁行动，通过“门前三包”明确村街责任，推动村庄清洁常态化、持续化。

【生态环境保护】 “散乱污”企业治理。对已经关停取缔的“散乱污”企业进行全面复查，未发现死灰复燃现象。大气污染治理。禁焚烧，禁烧工作网格员每天不定期巡查；抑扬尘，加强露天经营性场所扬尘污染控制，对辖区内各类施工工地以及村街路边土堆和闲置、裸露的空地全部苫盖；散煤治理，全面取缔燃煤散烧设备，对辖区村街及门店进行拉网式巡查，发现问题及时处理；餐饮油烟治理，对辖区内餐饮企业进行排查，统一建立台账，安装油烟净化设备；落实重污染天气应急响应，启动重污染天气应急预案，第一时间将《重污染天气橙色预警并启动 II 级应急响应的紧急通知》以书面形式下达到企业，签字反馈回执留存，并按要求实行各项停限产措施；清理取缔报废机动车，对辖区 8 个村街、10 个社区内的废品收购点、机动车维修站等可能存在非法拆解报废机动车行为的场所进行巡查监管。

【综合执法】 清除违章建筑，提升城乡环境秩序。坚持“治旧控新”原则，对所辖 8 个村街、104 个小区，特别是 63 个无物业小区及 1363 户平房区进行全面摸底排查，对排查出的 895 处、2.4 万平方米违章建筑进行拆除，截至年底，完成 495 处、1.9 万平方米违章建筑拆除；完成对各村 134 处、0.5 万平方米房前屋后乱堆乱放进行全面清理。

【应急管理】 树牢安全“红线”意识，强化监督监管，深化隐患排查治理，坚决遏制生产安全事故发生。落实安全生产责任制。落实“党政同责、一岗双责”制度和安全生产例会制度，逐级逐人分解落实安全生产责任；与各村街、社区、企业签订安全生产目标责任书和消防安全责任书，按照“属地管理”“谁主管谁负责”的原则，落实属地监管和行业管理责任，强化对辖区内所有企业和生产经营部门的监督检查，强化安全生产日常监管、安全隐患排查和报告职责。开展“防风险、除隐患、保安全”大排查大整治活动。在辖区主要干道悬挂宣传条幅 20 条，利用广播、宣传栏、微信等有效载体，宣传普及安全生产和消防安全常识，增强居民的安全意识；在华联香百超市、凯荟广场、香河汇美塑胶有限公司、香河紫梦轩家具厂 4 家企业开展自查，发现隐患 6 处，均已完成整改；在元旦、春节、清明、五一等节日期间，对辖区内的村街、社区、企业进行安全检查，下达问题整改通知书 30 份，全部完成整改；成立专项检查组，对辖区内 51 家生产经营单位进行检查，发放宣传材料 2000 份，排查出的隐患，均已限时完成整改。发挥民兵在应急管理中的作用，组织基干民兵成立城市排涝队，8 人编入县民兵应急连反恐维稳班。

【平安社会建设】 创建“平安居民小区”“平安村街”，与居民小区、村街负责人签订治安责任状。开展扫黑除恶专项斗争，做好宣传发动，营造全社会共同参与氛围，深挖线索集中整治，对违法犯罪保持严惩高压态势。打击非法集资，5 月，在社区主要路口、农贸市场等地悬挂横幅，张贴《香河县人民政府关于防范和打击非法集资活动的通告》，利用农村广播进行宣传，让群众了解非法集资的危害，从源头上治理非法集资滋生和蔓延的环境。增强辖区群众识骗防骗意识和能力，在辖区范围内推广“国家反诈中心”App 安装，悬挂反诈宣传条幅 70 条，发放温馨提示宣传单 3.5 万份，语音播放 1 万余次，有 36491 人安装“国家反诈中心”App，安装率达 137.12%，位列全县第一。

【基层社会治理】 开展普法进社区工作。5 月，在段庄社区开展法律宣传咨询活动，组织司法所所长、社区人民调解会主任、社区综治员、人民调解员等 10 余人走上街头宣传法律知识；开展民法典宣传教育活动，活动现场解答法律咨询 20 余人次，发放《中华人民共和国民法典》150 余册。按照分类管理的要求，对矫正对象的特点进行分析，制定有针对性的矫正方案，定期进行谈话，对 3 名社戒社康人员联系派出所定期进行尿检；“崇尚科学、关爱家庭、珍惜生命、反对邪教”，打击传销；发动街道干部对辖区所有村街社区进行入户排查种植毒品情况。开展“一社一品”社区创建。坚持品牌引领，积极探索社区建设智能化，打造书香型新开社区、安民调解型五一社区、靓美型志愿服务绣水社区、互助关爱型永泰社区、党建示范型安抚社区、为老服务型段庄社区 6 个品牌社区，立足居民需求和社区特点，通过“品牌引领、示范带动”，打造以巾帼志愿者、青少年志愿者、助残服务、退役军人、楼门长等服务为特色的“一社一品”社区模式，绣水社区儿童之家获河北省儿童之家示范点荣誉称号，兴业、府前东社区日间照料服务站被列入市养老服务提质增能工程计划，各获得专项拨款 3 万元。

【信访工作】 落实领导接访制度，每天安排至少 1 名副科级以上领导干部接待到访群众，并将每周一定为党委书记接访日；及时解决群众诉求，不能及时解决的分类汇总整理上报并召开调度会专题研究。围绕重点信访案件，做到日汇报、周调度，力争件件有进展。开展重复信访治理工作，严格落实领导包联制度，逐案认真分析梳理问题症结，推动矛盾化解。聚焦涉房问题，积极化解信访热点难点问题。年内，为 100 余户香城壹号居民小区业主办理发放房产证，香城壹号住宅项目 2 号楼交房，为富泰家园居民小区业主办证工作有序推进，为新增的 150 余户云天国际商铺办理返租比例，为台南小区、老鱼市小区居民补齐拖欠的过渡金，西美花城住宅项目准备重新启动。2021 年，接待到访群众 450 批次，1100 余人次。

【社会保障】 2021 年，申请与发放社保卡 23 张，城乡居民养老保险征缴 3002 人，城乡居民养老保险待遇领取人员信息采集和认证 1223 人，全年发放养老保险金 306.65 万元；城乡居民医疗保险征缴 2939 人；就业困难人员 21 人。对城乡低保人员按家庭情况分类，进行年度复核，新增低保 2 人，注销低保 1 户 1 人；对特困户 13 户 13 人定期走访，新增特困 2 人，注销特困 3 户 3 人；为符合条件的 2 名儿童申请每月 1440 元抚养费，并为困境儿童建立档案，定期走访，保障其健康成长。年内，为 54 名 60 周岁以上人员办理计划生育奖励扶助，为 2 人办理计划生育特别奖励扶助，为 66 名退休独生子女父母办理 3000 元的一次性奖励；办理一胎子女生育登记卡 30 个、二胎子女生育登记卡 43 个、独生子女父母光荣证 20 个；组织适龄妇女免费参加乳腺癌、宫颈癌“两癌”筛查体检。

【文化建设】 新建新开街社区综合文化站，位于新开居委会，面积 500 平方米，设有多功能活动厅、图书室、电子阅览室、培训教室、信息资源共享服务室、管理用房等多个娱乐健身活动室，配备书柜、桌椅、电脑、电视、投影仪等软件设施；多功能活动厅配备跑步机、台球桌、羽毛球、象棋等文体器材；电子阅览室配有电脑 8 台，桌椅 10 套；图书室藏书 3000 余册，配备阅览桌 8 张，16 张座椅；综合文化站配有 8 名兼职工作人员，各活动室向群众免费开放。辖区 8 个村街、8 个居委会分别建有文化活动室，年内，投资 2 万元对前店子村综合文化站的设备进行维护、更新。加强文化队伍建设，培树西南街秧歌队、段庄轻舞飞扬现代舞队、荷花文艺演唱队等多支文体队伍；新开居委会成立荷花文艺社，下设诗词组、书画组、戏剧组等，年内，诗词组出版诗集《荷露文香》，书画组开展廉政书画展等多期活动。

【创建省级文明县城】 组建创建省级文明县城（以下简称“创城”）工作领导小组，将“创城”任务进行层层分解，确保责任到人，明确目标任务、工作标准、完成时限、责任人员。广泛宣传发动。年内，开展“创城”宣传 18 次，在村街、社区和主要街道悬挂宣传条幅 100 余条，利用村街广播、LED 显示屏、流动宣传车、社区微信平台等方式，宣传“创城”知识等正能量内容 1 万余次，发放各类宣传彩页、宣传手册 5000 册，更换宣传围挡 6000 平方米，更换、安装“创城”展牌 300 块，安装道旗 100 面；在各居民小区组织开展“小手拉大手”“文明一日行”等活动，提升居民对创建省级文明县城的参与度。开展环境整治。对 8 个村街、76 条村街道路及相关居民小区道路安排专业保洁公司常态化保洁清扫，划分责任区，落实保洁员，坚持常态化清扫和垃圾日产日清制度；对新开街、建新路和五一渠两侧以及建筑工地等 20 余处积存垃圾集中清理 6 次，对五一渠、东干渠水上垃圾清理 6 次，消除卫生盲区和死角；年内，出动车辆 300 辆次、人员 600 人次，开展环境治理 20 次，清理垃圾 500 吨，清除小广告 1000 余处；对各村街主要街道、城区背街小巷及无物业小区等区域照明设施开展日常巡查管护，修复灯杆倾斜、灯泡损坏等问题 57 处。

【新冠肺炎疫情防控】 2021 年，持续做好新冠肺炎疫情防控工作，维护辖区群众的生命安全和正常生产生活秩序。成立 125 个党小组，选派优秀党员干部入驻各村街、社区，建立党员先锋岗，构建疫情防控的坚强堡垒；对辖区 8 个村街、10 个社区 6 万余人开展 2 次全员核酸检测；按照应接尽接原则，组织开展新冠肺炎疫苗接种，18 周岁以上人员疫苗接种率 97.8%，推进 3—17 周岁人员疫苗和加强针的接种。

【基层党组织建设】 截至 4 月，所辖 8 个村街和 10 个社区全部完成“两委”换届工作，村（居）党

7月1日，新开街社区党委为老党员代表颁发"光荣在党50年"纪念章
新开街社区办公室供图

支部书记、村（居）委会主任一人兼比例100%。组织2次新一届村（居）"两委"班子成员教育培训，进一步增强了村级干部的法治观念和履职能力。发展预备党员23名、积极分子15名，及时更新党员"四库"管理目录。以党支部为单位，开展"心系党员·温暖同行"活动，慰问8户困难党员和群众，为111名老党员健康体检。

【意识形态工作】 加强政治理论学习。常态化开展"两学一做""三会一课""周二学习日"等活动，采取集中学习与自学相结合方式，引导党员领导干部以身作则、率先垂范，学深悟透、立行立改。以中国共产党成立100周年为契机，以学党史为主题，党委书记上台讲党课，增强管党治党意识，提高党员的政治素质和思想觉悟，发挥基层党组织战斗堡垒作用和共产党员的先锋模范作用。围绕"弘扬运河通航精神"开展大讨论，研究制定实施方案，将大讨论活动与党建、信访、环境整治、安全生产等重点工作相结合，党委书记带头走进"干部大讲堂"，科级干部结合自身工作实际撰写主题研讨报告，确保"弘扬运河通航精神"大讨论活动取得实效。

【全面从严治党】 严肃党内政治生活。严格推行组织生活提醒制度，扎实开展"主题党日"、党员活动日、党员志愿服务等党内活动；领导班子成员严格执行"一岗双责"，带头参加双重组织生活。2021年，开展股级以上领导干部谈心谈话70次，谈话对象130人次；立案3件，同比下降40%，已办结2件，办理中1件，给予党纪政务处分2人；受理检举控告类6件，其中重复件1件，均已办结。

（赵天超）

新华街社区

【概况】 2021年，新华街社区工作办公室辖12个社区、8个村街，其中，新增潮白社区，由嘉园社区分出；辖区东至白庙村、西至西外环路、南至淑阳大街、北至潮白河右堤，面积4.6平方千米。年内，获河北省第七次全国人口普查先进集体、河北省志愿服务示范社区（站点），廊坊市文明单位、志愿服务示范社区（站点）、"扫黄打非"进基层规范点位等称号。

10月12日，"弘扬运河通航精神"大讨论活动动员大会召开　新开街社区办公室供图

【项目建设】 2021年，固定资产投资完成69730.97万元，占年度任务的116%；在库项目15个，全部完成入统任务；在库社会消费企业12家，年内，入统5家，完成年度任务的166.67%。

【生态环境保护】 大气污染治理。制订实施《新华街社区办大气污染防治攻坚行动方案》，强化舆论宣传，通过微信平台、发放宣传单、悬挂条幅等多种形式，大力宣传大气污染防治工作的重要意义；建立动态巡查机制，对辖区内企业、居民区不定时巡查，发现污染源立即处理，年内，出动车辆500余次，督导苫盖裸土10万余平方米，清查饭店油烟问题420余次；对“散乱污”企业的治理和管控，取缔台账外“散乱污”企业9家(其中，涉气企业3家，其他企业6家)，对台账内已取缔的39家“散乱污”企业进行不间断巡查，无反弹现象；取缔非法拆解机动车企业14家；秸秆禁烧，各村街、社区配备禁烧巡查人员，加强巡查，发现问题第一时间处置；烟花爆竹禁放，全面落实烟花爆竹禁放管控，年内，出动车辆60次，劝阻燃放50次。环境治理。对拆除违法建筑后土地修复与综合利用同步推进，在潮白河右堤顶路南侧、北岗子村北拆迁废地进行绿化养护，刷白树木5000余棵，清理杂草垃圾6000立方米，播种1.9万平方米花种，打造花卉节点观赏区；在香河第一中学北门、新华大街与五一路交叉口、我家公坊居民小区北门等地修建“口袋游园”4个；在淑阳居民小区东侧、大王庄路口、福宁园居民小区等地施划停车位100余个；在西北街村拆违废地，修建临时便民市场、停车场，解决了商贩占道经营、百姓买菜不方便、居民停车困难等问题，又打造了有序、宜居的生活环境。对辖区河段的“河湖四乱”、侵占生态红线、河道垃圾、沿河直排旱厕、黑臭水体等问题进行排查，整改“河湖四乱”8处，清理河道6千米、垃圾4000立方米。

【拆除违法建筑工作】 贯彻落实省、市专题会议精神和县委县政府“保通航、优环境、促发展、庆百年”重点工作大会精神，制定拆违建实施方案，倒排工期，挂图作战。年内，拆除违建278处，涉路违建3.96万平方米，拆除生态红线违建3.5万平方米，拆除居民小区违建0.63万平方米，拆除西北街、东北街、北岗子3个村集中连片违建15.3万平方米。

【应急管理】 安全生产基础能力建设。开展安全生产标准化检查，对不达标企业制订方案进行整改，对长期不达标企业进行关停；在8个村、12个社区开展应急救援机构即微型消防站建设，截至年底，已完成8个微型消防站建设；制订2021年度《安全生产事故应急预案》和《安全生产事故应急演练方案》，定期在辖区内开展安全生产事故应急演练，组织开展安全生产“进企业、进家庭、进乡村、进社区、进家庭”、安全生产宣传日、安全生产知识竞赛等活动。复产复工及“两会”期间安全检查。年内，开展复产复工，元旦、春节和“两会”期间安全生产检查，人员密集场所检查，安全生产大排查大整治攻坚行动等专项行动，检查各类生产经营场所450余家，组织辖区企业利用手机、电脑等设备，采取单独观看的方式收看“开工第一课”网络讲座，组织企业员工下载“链工宝”App，进行复产复工前线上安全培训。安全生产风险管控与隐患治理。开展专项监督检查，促进“双控”机制建设，督促各生产经营单位开展宣传教育和培训、履行风险管控职责、开展风险因素辨识、制定风险管控措施、建立事故隐患排查清单和隐患治理信息台账，督促企业做好自查，排查事故隐患，截至年底，物美超市、浙加都超市、中石化香河分公司第一加油站和福江加油站完成“双控”机制建设，京玛超市（五一路店）、华联超市（珠光店）推进建设中。加强人员密集场所消防安全检查。对“三合一、多合一”场所、出租房屋等人员消防安全意识薄弱的场所加大摸排力度，将生产经营场所与人员住宿场所分隔开，防止发生“小火亡人”事故，对发现隐患不能整改的场所依法对其进行关停，对存在严重隐患的要依法取缔。加大燃气使用安全监管力度。对各生产经营单位燃气安全情况进行逐一排查，对各村街及社区“煤改气”用户进行安全检查及燃气安全宣传。做好防汛物资和器材储备。储备塑料布2415千克，木桩50根，编织袋1000个，消防水带1000米，铁锹100把，水泵3台，运输车辆1辆，应急车辆30辆。开展安全生产月宣传活动。2021年6月是全国第20个“安全生产月”，以“落实安全责任，推动安全发展”为主题，开展“安全生产月”活动，6月16日，在香城郦舍居民小区内举办安全生产咨询日活动；6月18日，组织志愿者开展安全生产进社区活动，对社区居民开展安全知识培训，使居民掌握灭火器使用，会报警、会逃生自救，提高群众的安全意识。

【平安社会建设】 把社会治安综合治理工作列入重要议事日程，切实加强领导，重点开展平安创建工作，提升群众安全感和满意度。健全矛盾纠纷排查调处机制，实行“群众说事、干部解题”工作机制。在社会治安综合治理工作中，坚持排查矛盾、化解纠纷、分析原因、妥善处理、消除隐患等工作措施，构建维持社会稳定的坚固防线；实行“群众说事、干部解题”工作机制，为群众解决实际问题。加强流动人口和房屋租赁管理排查整治。反邪教帮扶。以“崇尚科学、关爱家庭、珍惜生命、反对邪教”为主题，开展宣传活动，防范和遏制“邪教”等各种敌对势力的渗透、破坏和颠覆活动。防范和打击非法集资。在社区主要路口、农贸市场、村街等地悬挂宣传横幅，张贴《香河县人民政府关于防范和打击非法集资活动的通告》，进村街、社区发放宣传资料，并为群众讲解，教育群众自觉抵制非法集资，从源头治理非法集资滋生和蔓延的环境。做好“国家反诈中心”App安装工作。加强电信网络新型违法犯罪防范，建立常态宣传新机制，提升群众安全防范意识和防范能力，有效遏制电信网络新型违法犯罪高发态势，年内，46023人安装“国家反诈中心”App。做好全国“两会”、暑期安保及重大节日和重要活动期间的维护稳定工作。

12月13日，珠光社区开展反诈宣传活动　　新华街社区办公室供图

【基层社会治理】 社区管理。有12个社区居委会、101个居民小区，建立网格化管理体系，由居委会主任担任网格长，工作人员为网格员，分包小区，为社区居民提供多元化、细致化服务；以社区党委为引领，社区居委会、业主委员会、楼门长、物业服务公司、综合服务站构建“六位一体”治理框架，提高社区服务管理规范化、精细化和科学化水平；做好便民服务，建立社区“一站式”服务大厅9个，为群众提供低保、社保、就业、卫生等服务；完善基础设施建设，年内，新建潮白居委会、家和居委会办公场所，新建潮白社区、永兴社区、永清社区、嘉园社区4个日间照料服务站，升级迎宾社区、珠光社区2个日间照料服务站。人民调解。扎实开展人民调解工作，狠抓调解工作法治化、规范化，加强工作人员业务素质，提高业务水平，年内，没有因调解不及时而引起的民转刑案件和群众性集体上访案件的发生。社区矫正工作。规范“接收”

"解除"程序，采取固定和灵活相结合的矫正措施，每天通过手机定位系统24小时进行监控、对矫正人员进行3次定位，每月组织集中学习1次，利用手机学习8小时以上，年内，28名矫正对象无脱管漏管现象发生。动态掌握辖区吸毒涉毒人员，建立个人档案，定期组织尿检，监督社区康复人员完成在线学习情况。

【老旧居民小区改造】 2021年，投资1764.8万元，完成对17个老旧居民小区改造，路面破损、地下管网、墙体粉刷、楼宇门、路灯、电子屏、线路整理、雨漏管等问题全部得到解决。

2021年新华街社区老旧居民小区改造项目一览表

表47

序号	小区名称	改造项目	资金投入（万元）	竣工时间
1	淑阳小区	粉刷外墙、楼梯间，架空线路整理，更换雨漏管，拆除违建	46	11月
2	教师安居楼	粉刷外墙、楼梯间，架空线路整理，新建路面，更换下水管道、雨漏管，拆除违建	75.8	11月
3	师范南楼	粉刷外墙、楼梯间，架空线路整理，封垃圾通道	44.1	11月
4	税务小区（地税楼、国土楼）	粉刷外墙、楼梯间，架空线路整理，更换单元门、雨漏管，安装路灯、监控、电子屏，封垃圾通道、新建路面、粉刷储藏间外墙、给排水改造	446.95	10月
5	安居小区（网通公司楼）	粉刷外墙、楼梯间，更换单元门，安装路灯、监控、电子屏、封垃圾通道、给排水改造、新建路面、更换雨漏管	45.1	10月
6	工商小区	粉刷外墙、楼梯间，架空线路整理，更换单元门、楼梯间窗户、雨漏管，安装路灯、监控、电子屏，封垃圾通道、给排水改造、新建路面	81.23	10月
7	粮食局二门小区	粉刷外墙、楼梯间、储藏间外墙，架空线路整理，更换单元门、楼梯间窗户，安装路灯、监控、电子屏，封垃圾通道，重铺设下水管道，新建路面	68.41	10月
8	烟草局小区	粉刷外墙、楼梯间、储藏间外墙，更换单元门、雨漏管，安装路灯、监控、电子屏，封垃圾通道，重铺设下水管道，新建路面，小区入口新砌围墙、安装电动伸缩门	259.58	10月
9	公安局小区	修整小区门口路面，架空线路整理，清理院内杂物	10.1	11月
10	兴旺小区	粉刷楼梯间，架空线路整理，安装路灯	16.9	11月
11	工会小区	封垃圾通道，架空线路整理，安装路灯	4.5	11月
12	供电局南家属楼（老一中小区）	粉刷楼梯间，安装路灯，封垃圾通道，架空线路整理，清除杂物	19.7	11月
13	供电局北家属楼	粉刷外墙、楼梯间，架空线路整理，拆除违建，封垃圾通道，修整部分地面	104.3	11月
14	吉安苑小区	粉刷外墙、楼梯间，架空线路整理，更换雨漏管	114	11月
15	五一苑小区	修整部分路面，安装路灯，更换雨漏管，架空线路整理，拆除违建	16.5	11月
16	农发行小区（米面加工厂）	粉刷外墙、楼梯间，更换单元门、雨漏管，安装路灯、监控、电子屏，封垃圾通道，重新铺设下水管道，新建路面	135.52	10月
17	裕龙小区	粉刷外墙、楼梯间，更换单元门，安装路灯、监控、电子屏，新建路面	276.11	10月

【信访工作】 按照"适应新形势、创造新机制、建立新秩序"的要求做好信访工作。加强组织领导。成立以党委书记为组长，社区办主任和人大主席为副组长，科级干部为成员的信访工作领导小组，实行首问责任制。建立健全信访工作会议制度。定期由党委书记主持召开信访工作会议，剖析矛盾，总结经验，交办任务，统筹协调信访工作。建立健全党政领导接访下访制度。党委书记每周三接待到访群众，每天

安排 1 名党政领导班子成员在群众工作中心接待到访群众；包村领导和包村干部走村入户，实行接访和下访相结合的制度，了解掌握群众所思所盼，及时化解矛盾。建立健全矛盾纠纷排查化解制度。每周对各村街、社区进行一次常规性排查，特殊情况下和重要时期随时组织集中排查，及时汇总排查信息、建立台账、滚动分析，实行常态化管理。建立健全重点信访案件和人员台账管理制度，对重点信访案件和信访人员实行每案一档、每人一档。2021 年，网上信访案件答复率 100%，智慧信访平台答复率、满意率 100%，未发生进京、赴省访情况。

【社会保障】 做好年满 60 周岁以上人员每个月养老金正常发放工作，4 月、9 月两次进行养老资格认证；9 月、11 月进行城乡居民养老保险和城乡居民医疗保险收缴，2021 年度城乡居民医疗保险网上缴费人员 15121 人，缴费 483.87 万元。做好城镇及农村最低生活保障工作，有城镇低保 46 户、57 人，农村低保 21、户 28 人，每月按时将低保金发放到位。4－5 月，完成各村、社区残疾人协会换届工作；做好贫困残疾人生活补贴和重度残疾人护理补贴申报工作，年内，新增申报 44 人；办理和更换残疾证 63 个，为 13 名残疾人免费申报轮椅、助行器等器具 14 件，为精神残疾人免费发放药品 9 人次；组织残疾人参加中式面点制作、珐琅制作工艺等职业技能培训班 5 人次。落实计划生育奖扶政策，对符合计划生育奖励扶助政策的家庭按时按标准发放补助费；年内，办理第一个子女生育证 107 个、第二个子女生育证 128 个、再生育子女生育证 7 个、独生子女父母光荣证 52 个；在定点医院，免费为辖区 289 名妇女开展乳腺癌和宫颈癌筛查。做好退役军人的优抚工作，协助 60 周岁以上农村籍退役士兵申报生活困难补助，协助重点优抚对象申报医疗救助，住院医疗费用报销 1.17 万元。

【创建省级文明县城】 积极开展创建文明县城常态化工作，对村街、社区及背街里巷进行排查，对存在问题点位登记造册，限期完成整改；组织进行周末文明行动，清理生活垃圾，营造良好生活环境。安装更换公益广告 6700 块，设围挡 3000 平方米，张贴垃圾桶标识 5000 张次；更新 101 个居民小区公益展牌。开展文化、科技、医疗、法律等知识进社区活动，成立文化活动小分队、健身队等，定期组织开展群众性文化和文明创建活动，涌现出一大批文明家庭、文明楼院、文明小区。

【新冠肺炎疫情防控工作】 2021 年，持续做好新冠肺炎疫情防控常态化工作。加强组织保障。成立新冠疫情防控工作领导小组，下设综合协调组、物资采购组、应急组、网格化排查组、信息报送组，组建 8 支队伍，全面开展疫情防控工作；随时核查大数据推送信息，落实 3 小时内落地查人政策，按照人员属性落实相应防控措施，并及时将核查信息进行反馈；每天按时向村街、社区发布全国中高风险地区名单，对中高风险地区人员进行排查上报，每日按时核查发热人员、购药人员情况。全面摸排登记。年初，河北疫情突袭，按县委、县政府安排部署，1 周内组织开展 2 次全员核酸检测，检测 15 万余人次，结果均为阴性；疫情期间，重点摸排 14 天内有中高风险地区旅居史人员以及同确诊病例活动轨迹有交集的居民，建立《外出（返回香河）人员摸底排查台账》，年内，排查上报外地返回香河人员 2796 人、重点地区返回香河 1034 人、国外入境 32 人、通勤 1062 人。全面监督管控。在各居民小区和各村原则上只保留 1 个出入口并设卡值守，做好往来快递、外卖从业者以及外来人员测温、扫码、登记工作；加大对各商铺门店防疫检查，严格落实限流、戴口罩等措施，设置卫生健康服务点 20 处，加强对居家健康监测人员管控，落实“五包一”政策，全面为居家健康监测人员做好服务，年内，居家隔离 1036 人，集中隔离 108 人。疫苗接种，年内，完成新冠肺炎疫苗接种 31332 人。加强宣传引导。各社区、村采取线上线下相结合的方式，积极开展疫情防控宣传，提高居民对疫情形势和防控措施的认识，形成群防群控的良好氛围。

【基层党组织建设】 村（居）“两委”换届。完成各村（居）“两委”换届工作，选出村“两委”干部47名、社区“两委”干部65名，各村（居）全部实现党支部书记、村（居）委会主任1人兼，村街党支部书记全部达到高中及以上学历，社区党支部书记全部达到大专及以上学历，选出一批高学历、低年龄、强素质的基层干部队伍。提标基层党组织阵地。加强辖区8个村、12个社区“两室”提档升级，完成白庙、北刘庄、胡庄子、西北街、北岗子5个村“两室”的粉刷、翻新工作，其中，投入70万元，将白庙村“两室”扩建至230平方米，并配套相关设施；高标准建设家和、祥和、潮白3个社区党群综合服务场所并投入使用，嘉园社区居委会搬入新办公场所，兴济、城北、汇文3个社区居委会联合物业，计划将党群综合服务场所面积提升至500平方米；更换19个党支部上墙制度，补齐功能室标牌，完成规范标牌的更换。党员“四库”管理。发挥监审员作用，逐人监审、全程联审，档案整理，完成本年度23名党员发展任务。加强干部队伍建设。组织开展新一届村（居）干部岗前培训，切实提高工作能力和水平；继续贯彻落实“两考三评一定”考核制度，加强对村（居）干部的动态考核管理，激发干部干事创业热情。落实党内组织生活制度。按时开展“三会一课”、主题党日、组织生活会、民主评议党员等活动，并如实记录《党支部工作手册》。组织庆祝中国共产党成立100周年系列活动。组织收看庆祝中国共产党成立100周年大会，举办在党50年纪念章颁发仪式，开展红色宣讲、重温入党誓词等活动。

【意识形态工作】 坚持和完善党委中心组学习制度，扎实开展党史学习教育，抓好领导班子思想意识工作，全面提升班子成员的政治理论水平和法律法规意识。2021年，组织党委中心组理论学习12次，党委书记讲党课2次；在社区分层次、分阶段开展政治理论学习和宣讲，组织集中学习20次，累计培训600余人次；集中组织专题研讨8次，参与干部150人次。开展“弘扬运河通航精神”大讨论，解放思想，开拓创新，把大讨论活动成果转化为经济社会发展、改善民生的内在动力。

【全面从严治党】 落实党风廉政建设主体责任，党政班子成员与党委签订《落实党风廉政建设主体责任承诺书》，认真履行“党委主体责任”“一岗双责责任”。围绕监督执纪问责这条主线，贯彻落实纪委监督责任，促进党风政风根本性扭转，2021年，受理信访件5件，全部得到妥善处理；收到上级转办党员违纪案件1起，协助县纪委查办党员违纪案件3起，给予1人党内警告处分。运用监督执纪“四种形态”，对领导干部在廉洁方面、党员干部在违纪违法方面出现的苗头性、倾向性问题，做到早发现、早提醒、早纠正，年内，约谈党员、干部17人。

（李　佳）

安平镇

【概况】 安平镇政府驻地安平镇一街村，距县城12.5千米。2021年，全镇总面积33.52平方千米，辖29个行政村和4个社区；年内，县编委会撤销原平安社区工作办公室，其所辖4个社区并入安平镇管辖；财政收入完成21711万元，规模以上企业工业总产值完成1.13亿元，固定资产投资完成12.2亿元。2月，安平镇被市创建国家森林城市指挥部办公室、市绿化委员会办公室、市自然资源和规划局评为廊坊市森林乡镇；王家摆村、高庄村被评为廊坊市森林村庄；3月，安平镇党建办被全国妇联评为全国巾帼文明岗；5月，安平镇团委被团市委评为廊坊市五好活力团组织；10月，安平镇被市“扫黄打非”领导小组办公室评为第一批廊坊市“扫黄打非”进基层规范点位；安平镇司法所被司法部评为全国模范司法所；12月，安平镇被市委、市政府评为 2020 年度廊坊市文明乡镇；堡上村被市委、市政府评为 2020 年度廊坊市文明村；安平镇被市统计局评为 2021 年度廊坊市投资领域统计工作先进单位。

6 月 7 日，安平镇政府组织人员对老夏安线沿线违章建筑进行拆除　安平镇政府供图

【项目建设】 以“三重四创五优化”活动为着力点，持续优化营商环境，深化落实科级干部包联企业制度，召开企业座谈会、银企对接会，帮助企业解决政策审批、融资贷款、转型升级等方面问题和困难。整合土地、厂房资源，以北京市转移搬迁企业为重点，开展以商招商、产业招商，力促石材展销、印刷包装产业延链、补链，进一步增强产业综合实力。加快推进中商大厦、京津商业街项目建设，积极服务石材城和金融小镇项目建设。截至 2021 年年底，石材城累计完成投资 40 亿元，占地 93.33 公顷（1400 亩），入驻企业 1000 户，从业人员 3 万人；金融小镇项目积极开展招商工作，将全力打造中国北方最有影响力的基金产业集聚区和金融产业发展的新高地。

【北运河通航工程征地清表】 北运河廊坊段通航工程中的安石路西延、王家摆桥改建、码头建设、景观建设等项目需占用安平镇 233.33 公顷（3500 亩）土地，镇党委、政府将运河通航征地清表工作列为全镇“超一号工程”，成立攻坚指挥部，倾全镇之力，全员上阵，日夜奋战，仅用 3 个月完成北运河通航工程占地地上物登统、补偿和清表工作，全面保障项目如期进场施工。

【农村人居环境整治提升】 深入落实全县“保通航、优环境、促发展、庆百年”重点工作部署，按照新兴市镇的发展要求，对标北京城市副中心，以违法建筑拆除为着力点，全面打响城乡环境综合整治攻坚战。镇党政班子成员包联推进，累计拆除卫片违法用地 19 宗、31.93 公顷（478.91 亩），拆除农村乱占耕地建房 5 处、13079 平方米，拆除老夏安线及房前屋后违建 117 处、53899 平方米；清理生活垃圾 6873 立方米，农村厕所改造新建 1081 户，整改修缮问题厕所 791 户。

【生态环境保护】 “散乱污”企业整治。坚持动态监管，辖区“散乱污”企业保持“动态清零”。挥发性有机物（VOCs）污染治理。落实重点行业企业挥发性有机物（VOCs）“一厂一策”，建立健全污染防治长效机制；实行错时生产，设备运行维护实行台账式管理，督促企业定期检修治理设备，及时更换过滤棉、活性炭、钛板、灯管等，确保达标排放；杜绝无喷漆资质汽修企业实施喷漆作业，对有资质的汽修企业，实行错时生产，高温时段 10—16 时暂停喷漆工序，严禁户外钣金喷漆、焊接等露天作业。加大扬尘治理管控。对 29 个村重点区域和主要道路两侧料堆、土堆等涉及环境污染的堆放物进行巡查，发现问题立行立改；对主要干线公路实施洒水降尘作业，规范管理建筑工地扬尘污染。秸秆、垃圾露天焚烧整治。增大巡查频率，延长巡查时间，对露天焚烧行为一经发现及时劝阻，情节严重者通过镇智慧广播平台通报到各个村街，对焚烧者按照相关规定给与相应处罚。水污染防治。以落实“河长制”为着力点，压实23名河长责任，充分发挥河长在常态化治河中的作用，持续开展河渠排污口封堵、纳污坑塘治理管控等专项行动；对辖区内58个纳污坑塘进行集中整治，在坑塘周边设立围挡、责任公示牌、雨水排口标识牌；对运河断面和小友垡排干渠巡查，对水面漂浮物随时清理。

【应急管理】 把安全作为一切工作的底线，严格落实安全生产责任制度，推进生产经营单位“双控”机制建设。聚焦镇内道路交通、建筑工地、消防安全、“气代煤”安全、散装汽柴油非法销售等重点领域，以及农村、城乡接合部等重点区域，全面开展大排查大整治，列清单、抓整改，最大限度将隐患消除在萌芽状态。2021年，对辖区内餐饮行业累计检查56家次，发现问题隐患92处；对4家宾馆、大型商超检查16家次，发现问题隐患18处；对7家危化企业检查16次，发现问题31处；对2家可燃性粉尘企业检查16次，发现问题隐患38处；对工贸企业检查253家次，发现问题隐患173处，全部整改到位。

【信访工作】 制定出台《深化矛盾纠纷排查化解工作的实施意见》，引导各村街、部门提前介入、同频共振。健全常态化矛盾纠纷排查化解机制，构建人民调解、行政调解、司法调解三位一体的大调解格局。创建完善大联勤工作机制，形成“镇村联动、群防群治、齐抓共管”的社会治理新常态。“群众说事、干部解题”工作机制初步构建。

【社会保障】 2021年，城乡居民基本养老保险参保6452人，新增参保人员50人，新增领取养老金人员316人，办理发放社保卡100张；2022年度医疗保险参保6028人。全镇农村低保对象125户、150人，城镇低保5户、7人；分散五保对象20人，敬老院集中供养13人；不断加大教育投入力度，改善学校办学条件，为安平镇第三小学投入资金20万元，用于硬化地面、整修停车场和购置图书；为运河新村幼儿园投入资金39.7万元，用于修建柏油路、围挡、停车场等。

【新冠肺炎疫情防控】 严格落实京津冀联防联控机制，构筑群防群治防线，发挥首都“护城河”作用。全镇设立党员先锋岗66个，镇村党员干部、志愿者1800余人投身抗疫一线。高效组织开展全员核酸检测和新冠病毒疫苗接种工作，积极组织安装自动测温设备，高质量完成各项防控任务。

【基层党组织建设】 坚持把制度建设贯穿于基层党组织建设始终，党政班子队伍凝聚力战斗力全面增强。研究党建议题26个，解决党建疑难问题20个。不断筑牢基层战斗堡垒，截至4月10日，率先完成村街“两委”换届，各村(居)党支部书记、村(居)委会主任全部实现一人兼。发展党员48名。高标准打造沿运河党建示范带，对谭庄、高庄、太平庄、王家摆、鲁家务、曹店、成辛庄、运河新村党建阵地进行改造提升，坚持“示范

5月28日，“奋斗百年路 启航新征程”安平镇庆祝建党100周年广场舞汇演现场
安平镇政府供图

带动、规范提高、分类指导、整体推进”的思路，以创建促规范，以示范带全盘，以党建促发展，不断增强基层党组织的创造力、凝聚力和战斗力。加强对村（居）联合考核，细化26个大项70个小项的“两考三评一定”村务实绩考核，全面提振党员干部精神状态和干事效率。组织开展中国共产党成立100周年志愿服务活动10场，解决各类民生问题200件。

【意识形态工作】 持续推进“学习强国”平台应用和推广；扎实推进党史学习教育，组织专题党课2次、学习培训20余次；围绕全镇重点工作、亮点工作，在市级以上主流媒体发稿90余篇，在县级媒体发稿100余篇，微信公众号发布工作动态60余篇；完善省级、市级“扫黄打非”基层站点建设；完善镇村文化服务中心建设，举办“庆祝中国共产党成立100周年读书交流”、“奋斗百年路 启航新征程”广场舞汇演、“七进演出”、戏曲联谊等活动30余场。

【全面从严治党】 以“零容忍”的姿态抓党风廉政建设，保持高压态势，综合运用信访举报、线索排查、明察暗访等方式，对信访举报受理及日常监督检查发现的问题线索进行全面清理，严肃查处党员干部违法违纪案件，依法执纪，加强基层信访举报制度建设。2021年，处置问题线索12个，批评教育3人，立案2起。

（李春杰）

钳屯镇

【概况】 钳屯镇位于香河县城西南，镇政府驻地钳屯村，距县政府6千米，通武路（G230）、香武路、香务路、双安路、运河大道等5条国、省、县级道路从镇区纵横穿越；北运河、青龙湾减河2条河流在镇区西部和南部蜿蜒流淌。2021年，全镇总面积31平方千米，辖19个行政村，总人口18543人，农户6235户，从业人员9564人，常用耕地面积1768.73公顷，粮食播种面积1745.47公顷；粮食总产量17040吨，农林牧渔总产值3.07亿元，完成财政收入4054万元。年内，获评廊坊市文明乡镇、全民国防教育先进单位；镇行政综合服务中心多次代表香河县顺利通过省、市检查验收，获评香河县三八红旗集体；团镇委被团县委评为“五好”活力团组织；尚店村党支部被评为全市先进基层党组织，西延寺村、赵屯村党支部被评为全县先进基层党组织，贾庄、起河屯、窝头等12个村街被评为县级文明村街。

【工业】 2021年，固定资产投资完成7.1亿元，完成全年任务109.32%；引进千万元以上项目6个，总投资4.48亿元；5家规模以上企业实现产值3.5亿元，同比增长30%，主营业务收入2.8亿元；网上名录库新增法人单位112家、产业活动单位9家，新增500万元以上固定资产投资项目入统11家，其中，香河县宏远机械有限公司数字DR摄影系统（医疗设备）生产线技术改造项目投资5000万

10月14日，县委常委、县纪委书记、监委主任张晓宇（前排左二）到钳屯镇香河宏远机械制造有限公司调研　　钳屯镇政府供图

元；新增中小型科技企业 27 家，复审企业 15 家。

【项目建设】 2021 年，做好重点项目占地征用及清表工作。北运河通航项目，完成尚店、张庄、红庙 3 个村 60.67 公顷（910 亩）景观工程征地及安运桥、双安路两侧征地工作，完成金门闸码头工程施工单位进场对接协调工作；京唐铁路项目，涉及 7 个村、9.74 公顷（146.14 亩）土地，按时完成征地任务并交付施工单位。清山·奥莱城市综合体项目。截至年底，已完成投资 11 亿元，招商中心主体工程和内部装饰装修，临街商业主体工程和外部装修、外部景观工程均已经完成，一期工程 1、2 号沿街商铺已完成建设，9 栋商业公寓部分建成；清山·奥莱城市综合体项目工程参加“5·18”中国廊坊经贸洽谈会河北文化和旅游重点项目招商推介活动（线上）。京津冀共享文化产业港项目。精准引入京津冀共享文化产业港项目，助力盘活原香江 CBD 项目问题，制订重组方案，定位建设以培育和发展图书出版物为主导，书画创作、电商、直播、茶叶批发等文创产业园；引入投资人和代建方魁星文化发展有限公司进行开发运营，确保项目重组高效共赢，通过重组处置，盘活原香江 CBD 项目问题。

【乡村振兴】 2021 年，因村制宜制定发展规划，走出一条党建围绕产业转、党员创业示范带、群众致富跟着干的乡村振兴产业发展新路径。带动集体致富。在红庙、茅草店、后家湾等 5 个村街建立“新风绿园”市级集体经济示范区，打造发展农村集体经济样板村；在二百户、后家湾村高标准打造水岸御河农业示范园，建成新型节能日光温室 1 万平方米，4 月，第一批大棚瓜菜已经上市，对接北京新发地、水锥子市场和朝阳区部分物业公司，与易初莲花（中国）连锁超市有限公司和香河华联香百超市有限公司签订战略合作协议。打造红草湾田园农创小镇。以北运河旅游通航为契机，深入挖掘大运河人文和生态价值，全力打造南部红草湾田园农创小镇项目，项目建设用地 93.74 公顷，涉及红庙、茅草店、后家湾 3 个村，充分利用运河田园乡村基质，以农为本、以运河文化为魂，将一产农业与三产文旅有机融合，民俗风情与现代人文有机融合，绿色农业与休闲生活有机融合，打造运河民俗生态旅游精品片区；以绿色农业为基础，打造京东运河绿色蔬菜品牌；以特色民居为依托，打造“运河边的院子”民宿主题品牌，建设运河最美田园农创小镇。推进张庄村文化旅游民宿村项目。通过盘活村街闲置宅基地，发展休闲农业、餐饮民宿、文化体验等新业态，年内，投入 800 万元，完成 1 户民宿样板间、2 户双层民宿主体工程，4 户民宿开工建设。按照“规模化布局、标准化生产、产业化经营、品牌化运作”的思路，因地制宜发展特色产业，截至 2021 年底，全镇已发展 20 家专业合作社，其中，香河土果途益果蔬种植专业合作社被评为廊坊市农民合作示范社。

【农村人居环境整治提升】 在“拆”上下硬功夫。2020－2021 年度卫片违建拆除率 100%、例行督查卫片违建拆除率 100%、违法乱占耕地拆除率 100%；卫片以外违建拆除 3700 处、11 万平方米，其中，大香线沿线共拆除违建 20 处、8000 平方米，位于城乡接合部的刘庄村拆除私搭乱建 3 万平方米。在“清”上下苦功夫。19 个村清理垃圾集中堆放点 2180 个，清理积存垃圾 9129 立方米；清理畜禽养殖粪污等农业生产废弃物 80 立方米；清理坑塘沟渠 30 处；清理乱堆乱放 13740 处；清理规范广告牌匾 1150 处。在“建”上下真功夫。打造精品线路，对香务路、双安路、大香线进行全面提升，种植花卉组合 5 万平方米，月季、白蜡、国槐、松柏等 1.6 万棵，香务路硬化路肩 7500 平方米，路两侧建筑物外立面、村街主干道民房等粉刷新增 3800 平方米；建设便民市场，择新址建设 3000 平方米的便民市场，将镇政府周边的沿街零售摊点全部迁至市场统一管理，有效解决镇政府周边沿街路段的交通拥堵和环境脏乱差问题；扩建三角地公园，在拆除违建基础

11 月 13 日，双安公路与国道通武线相交的三角地公园施工现场　　钳屯镇政府供图

上，规划设计绿化景观，修建“人”字形道路 1000 平方米，种植绿化树木 14 种、500 余棵；修缮绿色廊道，对前延寺南部原有绿植廊道内的乱堆乱放和私搭乱建 5000 平方米进行全面清除；硬化村街道路，为赵屯、刘庄等 5 个重点村集中修路，完成前期规划，已进场清理施工；推进厕所改造，整改 9 个村有问题厕所 706 座，完成雀林院、刘庄、赵屯 3 个村改厕任务；抓实污水治理，安装完成红庙村 610 户、220 座污水处理设施。

【生态环境保护】 治理“散乱污”企业。对关停的 196 家“散乱污”企业实施动态监测，确保“散乱污”企业动态清零；对符合规划的企业进行环保整治改造升级，截至年底，辖区内有持排污许可证企业 86 家。加强秸秆禁烧和综合利用。制定钳屯镇禁烧区域图，标注地块，明确责任人，镇政府成立巡逻小分队，村街雇用防火员进行巡逻、监督，确保负责区域不出现焚烧现象；组织各农业合作社加大对秸秆、杂草、落叶的收集和有效利用，与动物粪便、村街厕所粪便制成有机肥料，年内，香河县红草湾合作社引进专业机器设备，利用秸秆等加工有机肥料，计划年产有机肥 5000 吨。道路扬尘治理。安排 2 辆雾炮车对镇区内大香线、香务路、双安路主要干道及连村公路实施散水降尘作业，26 名道路保洁员每天对道路两侧垃圾等进行清理。散煤清理。各村、企业、商铺和幼儿园等逐一进行排查，发现问题及时处理，确保辖区不出现散煤复燃现象；坚持疏堵结合，推广安装空气能取暖设备，截至年底，5 个“电代煤”村安装空气能设备 511 台。治理“河渠四乱”。严格落实“河长制”，镇村河长、巡河员加强日常巡查，水污染监督执法小分队，对沿河、沿堤村街的企业开展专项检查；在 2 条主要河流和 5 条支干渠明显位置，分别设置严禁倾倒垃圾、杂物和监督举报电话的宣传牌 18 块，在河道两侧和沿河村街悬挂宣传标语 40 条；对北运河土门楼断面加大巡查力度，组织专业队伍对水面及岸边进行清理，确保北运河土门楼断面水质稳定达标；年内，清理河渠垃圾 1000 立方米，拆除河渠违建 25 处，治理排污口 15 个。

【综合执法】 4 月 30 日，钳屯镇综合行政执法队挂牌成立。年内，全镇有 114 项执法事项，镇综合行政执法队按照网格化管理和日常巡查制度，科学划分责任区域和巡查时段，拆除影响市容、有安全隐患的户外广告牌 310 余块；有效治理双安路、香务路、大香线两侧的占道经营、摆摊设点、违规摆放广告牌等行为。全年巡查企业 235 家，下达安全生产限期整改通知书 70 份，整改各类安全隐患 90 处，对 45 家企业及个人进行立案调查，罚没金额 31 万元。

【应急管理】 把安全生产工作纳入镇经济社会发展总体规划，严格按照“党政同责，一岗双责”责任制，做到党政一把手亲自抓、分管领导具体抓、班子成员按分工落实。利用微信、广播等方式，宣传落实各项应急响应减排措施，及时发布重污染预警通知，安排部署应急响应工作。重污染天气预警期间，加强昼查夜查，督促涉气企业严格按照“一厂一策”方案，落实重污染天气应急减排措施。应急响应结束及时发布，通知各企业规范生产。在重大节日和重要活动期间，启动网格化安全管理系统，各村安全网格员全部上岗，对出租房、闲置厂房、超市、宾馆等重点部位及重点人员进行排查，确保镇域安全稳定。2021年，共排查隐患点位810处，全部整改完成。

【行政综合服务】 进一步优化窗口设置，详细梳理198项下放事项，设置高频服务事项线上扫码区，办事群众只需用手机扫描二维码，便可查阅办理事项所需的材料、流程等，做到“让信息多跑路，群众少跑腿”；在双安新城小区建设办事大厅，规划设计业务受理、后台办公、视频监控、群众休息4个区域；对19个村级行政综合服务站进行全面升级改造，实现镇村服务平台全覆盖。

【平安社会建设】 2021年，按照“实战化工作平台”的定位和“综治办+综治信息化+组团式服务”模式，建成镇综治中心，设立“一厅两室两中心”（接待大厅、视联网会议室、矛盾纠纷调处室、综治信息工作中心、视频监控中心），建成集群众接待、便民服务、平安指挥于一体的群众工作中心，并在窝头、二百户、红庙3个村街设立试点，按照“一格一员”的要求实行网格化管理。推进扫黑除恶专项斗争，并纳入对村目标管理考核内容；组织开展禁毒铲毒、打击非法传销、打击非法集资等维护社会稳定宣传活动，集中宣传6次，发放宣传材料2000份，在各村街悬挂宣传条幅400条，提升群众参与社会公众安全防范意识。持续开展普法宣传。开展“送法上门”活动，深入各村和居民小区，送法进千家万户；开展线上宣传，微信公众号和微信群推送法律法规知识500条次，受众1万余人；4月15日，在双安新城小区开展普法宣传活动，发放法律宣传单3000份，解答群众问题75人次。

【基层社会治理】 2021年，全镇19个村街全部完成村级综治中心高标准建设，健全综治中心、人民调解委员会组织，落实社会治理网格员57名，年内，调解案件1345件，调解成功1326件，调解成功率98.6%。做好社区矫正、刑释解教人员安置帮教工作。年内，解除社区矫正人员8人，尚有社区矫正人员14人；完善安置帮扶一体化机制，建立刑释解教人员必接必送的有效安置机制，加强法律教育，落实帮教措施，防止重新违法犯罪发生。

【信访工作】 2021年，进一步健全信访工作制度，规范信访工作程序，完善信访接待流程，及时处理上访案件和群众问题。年内，共接待群众到访30件次、50人，处理阳光信访、智慧信访两个系统中信访案件167件，处理“12345”政务服务热线投诉119件。

【社会保障】 2021年，继续落实居民医疗、养老保险、大病救助、残疾人救助、困难家庭帮扶、城乡最低生活保障、特困人员供养等各项民生政策。符合领取残疾人生活补贴117人、护理补贴346人，特困供养人员80人，享受最低生活保障110户、134人，困境儿童18人。全面落实退役军人各项政策，做好优抚资金发放；在春节和“八一”建军节期间，组织慰问优抚对象；做好接收安置退役士兵工作，打造退役军人创业就业平台，组织退役军人就业创业招聘对接会；辖区19个村街全部成立退役军人服务站。深化脱贫攻坚与乡村振兴有效衔接，为1名已脱贫的建档立卡贫困户量身制订防返贫方案；通过产业就业、公益岗位等多种措施，巩固脱贫攻坚成果，全力做好致返贫的排查监测，确保政策兜底有保障。办理生育登记卡110个，发放独生子女费6.41万元；新增计划生育奖励扶助206人，为享受计划生育奖励扶助人员发放养老保险补贴8.38万元，为享受计划生育特别扶助人员发放补贴6.23万元；办理独生子女意外伤害险454人，补贴金额4.54万元。

【文化建设】 2021年，为村文化活动中心更新办公桌椅、制作更新宣传标语、展牌，新添健身器材及篮球、乒乓球等健身娱乐设施，为赵屯村、后家湾村新建高标准村级活动场所，为张庄村扩建老年活动中心，全镇19个村全部配齐文化体育设施，实现农家书屋全覆盖。村民组建业余表演队和秧歌队30余支，戏迷协会3个。年内，开展“诵读红色经典 讴歌中国共产党成立100周年”、“党旗映初心 共圆中国梦”红舞培训、流动图书阅读、“庆祝中国共产党成立100周年”系列文化演出等活动。

【精神文明建设】 开展“升国旗、唱国歌，我与党旗合影”“重温入党誓词、与党旗合影”主题活动，结合党委中心组学习、党委书记讲党课、周五集中学习、理论大讲堂、“学习强国”平台应用等活动，将“两学一做”学习教育制度化、常态化。创建省级文明县城。通过室外LED显示屏、宣传栏、广播、微信平台、悬挂文化宣传展牌、组织专题活动等多种形式，引导广大群众为文明城市的创建工作贡献力量，张贴悬挂宣传文化展板550块、道旗88面，组织创城主题社区活动4次。配合“学习强国”“先锋在线”等平台进行线上学习，发动群众进行诵读红色经典故事会、开展“学党史、感党恩”诗词画笔会，使广大党员干部不忘党的历史，铭记初心使命。

【新冠肺炎疫情防控】 2021年，镇党委、政府按照既打“攻坚战”又打“持久战”的疫情防控思路，在做好阶段化应急防控工作的同时，注重常态化防控。立足农村防控特点，全面做好卡口值守、宣传引导、排查管控等工作，进一步织密管控体系网、排查防控漏洞，抓紧抓实抓细疫情防控各项工作。将辖区内的商超、市场、宾馆、KTV、饭店等人员密集场所作为防控重点，督导防疫物资配备和场所消杀等问题，不留盲区死角。全力做好新冠疫苗接种工作，精准推送，高效组织，年内完成3.5万针次的疫苗接种。

【基层党组织建设】 2021年，全镇有党支部33个、党员1000名；新发展党员47名，3年和2年未按要求发展党员村全部清零。完成镇级领导班子换届。召开钳屯镇第二次党代表大会，选举产生中共钳屯镇第二届委员会委员9名、中共钳屯镇第二届纪律检查委员会委员5名、出席县十二次党代会代表11名；召开第三届人大代表第一次会议，选举产生钳屯镇第三届人民代表大会主席1名、副主席2名，镇长1名、副镇长3名，当选人员均系县委预批人选。完成村“两委”换届工作。换届后，19个村党组织书记、村主任全部实现一人兼，其中，大专以上学历6人、占比31%，新上任1名35岁以下党支部书记；新任村“两委”干部平均年龄49岁，比上届下降6岁，其中，大专以上学历18人、占比19%，35岁以下年轻干部20人、占比21.5%，村委会女性成员19人，占比33%，村干部结构比例得到全面优化。抓好党建示范区创建。强化党建引领乡村振兴，围绕“三带三心”，将党建示范区与集体经济示范区、特色产业区融合共创，“三带”即沿运河党建示范带、北部新城党建示范带、双安路沿线党建示范带，“三心”即以“新风绿园”集体经济示范区为基础的“绿产重心”，以阅读小镇、奥特

6月15—17日，中国共产党钳屯镇委员会第二次代表大会召开。图为会议现场
钳屯镇政府供图

莱斯、双安新城为主体的“文旅轴心”，以西延寺特色养老服务为核心的“康养中心”，用党建示范带串联特色产业，走出一条党建围绕产业转、党员创业示范带、群众致富跟着干的发展新路，年内，已打造完成叶屯、池屯2个党建示范村。开展基层组织、基础工作、基本能力建设年活动。为深入贯彻落实县委、县政府《关于开展“三基”建设年活动的实施方案》，扎实推进全镇“三基”建设年活动顺利开展，镇党委根据“三基”《任务分解表》中涉及的各项重点工作，逐条列出任务清单4类、63项，建立目标台账，大力推进镇域各项工作，取得显著成效。

【意识形态工作】 明确镇党委书记为意识形态工作第一责任人，切实担负起抓意识形态工作的政治责任和领导责任，把意识形态工作作为党的建设重要内容，纳入重要议事日程和目标管理。及时召开镇党委会议，传达学习《党委（党组）意识形态工作责任制实施细则》，不断增强机关干部特别是领导干部的责任意识，全力打好意识形态工作主动战。开展党史学习教育。组织理论学习中心组学习、召开专题组织生活会、党委书记讲党课，举办党史专题读书班4期，开展“我为群众办实事”实践活动，为群众解决问题56件；各基层党支部制定学习清单20项，组织开展学习交流。开展“弘扬运河通航精神”大讨论活动，全镇组织专题研讨3次，举办干部大讲堂10次，开展基层调研12次，用实际行动践行“忠诚担当、创新实干、敢打必胜、聚力争先”的运河通航精神。推进基层党员干部学习教育常态化制度化，持续拓宽学习范围，开展理论培训、业务培训、特色培训，充分调动镇村干部学习主动性与积极性，全面提升镇村干部综合素质，激发学习正能量。利用“学习强国”“先锋在线”等学习平台抓好政治理论学习，截至年底，全镇党员在“学习强国”学习平台注册6000余人，参与率超过30%。在省、市、县等新闻媒体发表信息20余篇，“钳屯微视角”微信公众平台发布信息160条，推介钳屯镇经济社会亮点工作和成绩。

【全面从严治党】 深入推进全面从严治党，坚持“严”的主基调，落实“硬”的铁规矩，构建“清”的好生态，建设“强”的高素质。贯彻《钳屯镇“三重一大”事项议事规定》《钳屯镇工作规则》等制度，实行重大事项民主决策，提高科学执政、民主执政、依法执政的水平。严格履行党风廉政建设责任和领导干部“一岗双责”。2021年，镇党委召开专题会议12次，安排部署党风廉政建设工作；年初与各村签订《党风廉政建设责任书》；定期组织培训4次，通过讲授党课、观看警示教育片，使全体党员领导干部接受思想和灵魂的洗礼。抓好机关干部队伍建设制定和完善机关请销假、临时工管理、包村干部动态调整等制度，用制度约束机关干部。成立由镇纪委牵头的检查组，以转作风、提效能为重点，不定期进行抽查，严肃机关纪律。全面加强和规范党内政治生活，严格组织开展“三会一课”、民主生活会和组织生活会，时刻做到“咬耳扯袖”加强提醒，“红脸出汗”开展批评和自我批评。经常性开展谈心谈话，让党员干部常常受教育、时时受警醒。

（任晓明　苏　真）

五百户镇

【概况】 五百户镇位于县城南10千米，辖43个行政村，镇政府所在地五百户村，全镇总面积61.5平方千米，京杭大运河、青龙湾河穿境而过，香武路、双安路、香务路、倪李路等主要公路干线纵横交错，交通优势和区位优势凸显。2021年，常住人口3.8万人，耕地面积4000公顷（6万亩），其中，蔬菜种植面积2666.67公顷（4万亩），全镇经济发展稳中向好，基层治理能力不断提升，人居环境有效改善，民计民生持续增强，社会大局和谐稳定。年内，获全国乡村治理示范镇、国家级农业产业强镇、全市优秀基层党组织等荣誉称号。

11 月 2 日，五百户镇西张庄蔬菜大棚种植的油菜获得丰收　　县融媒体中心供图

【工业】 全面推进域内工业企业转型升级，壮大工业小区聚集功能、配套功能，助力区域经济持续发展。2021 年，完成固定资产投资 7.46 亿元，占年计划的 106.57%，同比增长 7%；有 6 家规模以上企业，完成总产值 7.94 亿元，同比增加 15.9%；有科技型中小企业 8 家。华欣（香河）科技网络有限公司与紫峰集团合作，注册成立紫华文化发展有限公司，计划投资 1.35 亿元，新建发行 6000 万册图书项目，积极申报争列市级重点项目。

【农业】 坚持一、二、三产业融合发展。依托镇现代农业示范园区、李庄蔬菜市场等平台，扶持发展以无公害种植养殖、净菜加工、冷链物流、乡村旅游等为特色的相关产业。4 月 28 日　农业农村部、财政部印发《关于公布 2021 年农业产业融合发展项目创建名单的通知》（农计财发〔2021〕10 号），香河县五百户镇入选 2021 年农业产业强镇创建名单。5 月，与中国农业大学达成合作协议，在五百户镇共建中国农业大学香河教授工作站，在技术交流、人才培养、课题研究、合作开发等方面建立长期合作关系，安排 33.33 公顷（500 亩）“香河韭菜”地理标志产品试种区，其中，建立香河教授工作站科研及实验室占地 1 公顷（15 亩）、实验用地 6.67 公顷（100 亩），进一步提高全镇农业产业竞争力和农企自主创新能力。实行土地集中托管。重点在霍刘赵、田各庄、东七百户、香城等村街实行土地集中托管试点工作，村党支部牵头成立合作组织，合作社负责经营管理，农户多元入股参与，促进农业产业做大做强。培植名优农产品品牌和龙头企业。国家地理标志农产品“香河韭菜”和邢营臭豆腐、香椿营牛羊肉、“珊珊”牌鸡蛋等特色农产品实现产销两旺，“香五”特色农业品牌更加响亮；3 月，香河新恒昌养鸡有限公司被粤港澳大湾区“菜篮子”工作办公室认定为粤港澳大湾区“菜篮子”生产基地（第八批），4 月，香河新恒昌养鸡有限公司被省政府认定为河北省农业产业化重点龙头企业，生产的“珊珊”牌鸡蛋热销北京、香港、澳门等地，并出口丹麦、日本等国家和地区。

【农村人居环境整治提升】 完善

香椿营村一角　　五百户镇政府供图

农村基础设施建设，提升人居环境，让广大农民有更多的获得感和幸福感。2021 年，对后马房、土山、前土门楼、荒凌庄 4 个村道路硬化，硬化面积 11 万平方米；完成香五路两侧 1.5 千米范围内乔木树干的涂白，对镇区照明路灯进行维修更换，与沿街商户签订“门前五包”责任书 180 份，拆除沿街乱摆乱设广告牌匾 46 处，清理乱贴乱画小广告 136 处，粉刷墙体 1690 平方米；以香五路、倪李路为重点，以沿线村街为辐射，覆盖全镇 43 个村街，全域推进整治提升行动，拆除各村违建 2248 处、4.91 万平方米，清理村街巷道乱堆乱放 2235 处，清运垃圾 1.47 万立方米，清除垃圾积存点 724 个，清理沟渠坑塘漂浮物和堆积物 0.38 万立方米；改造三格式、双翁式农户厕所 8689 座。

【生态环境保护】 2021 年，按照《香河县扬尘治理整治实施方案》要求，建立健全道路施工扬尘责任追究制度和严惩重罚制度，常态化对镇域内主要道路实施湿扫和洒水抑尘作业。组织镇村两级巡查员严格落实网格管控责任，严厉整治露天焚烧行为。常态化开展露天烧烤摊专项治理，对发现的露天烧烤摊点依法清理取缔，确保全部实现入店规范经营；严格要求镇域内餐饮企业加装高效油烟净化设施，确保达标排放。“散乱污”企业治理。建立“散乱污”企业动态管理台账，强化社区、村街两级干部网格责任制，对辖区内 2017 年以来的 150 家“散乱污”企业进行“回头看”检查，完成“散乱污”企业清理动态清零。工业企业挥发性有机物（VOCs）污染综合治理。列入挥发性有机物（VOCs）治理重点名单的 61 家企业，全部完成《重污染天气操作预案》的编写工作，经环保专家审核通过，已全部上传省生态环境厅网站备案。水污染治理。落实“河长制”，修改更换河长公示牌 51 块，47 名镇村两级河长巡河 5700 次，发现问题 300 余处，已全部整改到位；加强污水排放和取水口周边环境治理，控制畜禽养殖排污，辖区重点畜禽养殖企业全部安装粪污处理设施，加强农业面源污染防控，切实提升水环境质量；五百户镇区及香五新村污水处理设备安装完毕，进入调试运行阶段；前土门楼村 368 座分散式污水处理设施全部安装完毕。植树造林。年内，完成植树造林 37.33 公顷（560 亩）。

【综合执法】 结合全县城乡环境综合整治提升行动，对镇区主要街道内私搭乱建进行集中拆除，拆除镇区临街商铺违建 26 处、470 平方米，清理沿街流动商贩 45 处；全面加强香武路沿村路段环境整治，清理店外摆放、占道经营等 27 处，与沿街商户签订“门前五包”责任书 142 份。违法占地拆除。年内，卫片执法检查违法用地剩余 16 宗，面积 15.58 公顷（233.7 亩），全部整改到位；例行督察违法用地剩余 2 宗，面积 1.52 公顷（22.8 亩），全部拆除到位；违法圈占土地剩余 6 宗，面积 6.49 公顷（97.3 亩），全部拆除到位。散煤治理。加大对“电代煤”取暖的 29 个村散煤复燃问题清查力度，发现问题，立即整改。开展“学法懂法、依法执法”常态化教育培训活动，年内，参加上级培训 10 次，举办内部培训 15 次，执法水平和文明服务能力不断提高。

【应急管理】 集中开展安全生产大检查、消防安全整改专项行动。以用气安全、用电安全为重点，对全镇“气代煤”“电代煤”工程进行全面排查，发现并督促整改隐患问题 160 个。“双控”机制建设。23 家企业完成“双控”机制建设，其余企业按计划推进“双控”机制建设。防汛工作。制定《五百户镇 2021 年防汛预案》，举行吴打庄村群众紧急转移安置桌面演练、现场演练，组织村民签订汛期搬迁协议，有序外迁避汛。广泛宣传。在“安全生产月”活动中，悬挂宣传条幅 120 幅，发放宣传单 2800 张、宣传册 300 本，深入企业组织员工开展网络安全学习，组织企业员工观看安全生产警示教育片 1000 余人次。

【行政综合服务】 五百户镇行政综合服务中心使用面积 500 平方

米，设置服务区、咨询台、便民休息区和1000平方米的停车场等服务设施，服务区设立12个敞开式综合服务窗口，按照AB岗要求配备工作人员；与19个县直业务部门签订事权下放协议。2021年，收到行政许可审批业务申请118件。其中，窗口受理40件、网上受理78件；许可审批办理117件，不予许可审批办理1件。

【平安社会建设】 普法宣传。开展普法进村入户活动，宣传《中华人民共和国宪法》《中华人民共和国国家安全法》《中华人民共和国反间谍法》《中华人民共和国反恐怖主义法》《中华人民共和国网络安全法》《中华人民共和国公共卫生安全法》等法律知识，提高公民的法治意识；开展铲种禁毒活动，向居民发放《禁种铲毒宣传明白纸》等宣传材料，讲解“种毒违法、种毒必铲、种毒必究”禁种知识及毒品的危害性，严防非法种植毒品原植物，严打毒品违法犯罪活动，确保辖区居民不受毒品的侵害。社会治安综合治理。9月，深入辖区43个村开展无电信诈骗案件、无毒品、无传销、无非法上访村创建和出租房屋、流动人口清查活动，进一步维护和提升良好的治安环境。反诈宣传。开展反电信网络诈骗宣传活动，宣讲推介“未知链接不点击、陌生来电不轻信、个人信息不透露、转账汇款多核实”等反诈知识，提高群众防范能力；推广安装“国家反诈中心”App，守护群众财产安全。深入开展“扫黄打非”活动，对镇区44个基层站点、4家印刷企业、9所学校进行实时监管。

【基层社会治理】 抓好智能化综治平台建设，推动政府、社会组织、群众等治理主体多方共治，引导基层群众有序参与基层事务决策、管理和监督。规范村民自治权力范围，明确村街依法履行职责事项和社会组织协助政府工作事项，推进乡村治理由“为民做主”向“由民做主”“与民共治”转变；全镇43个村建立的群众“说事点”，安排村干部轮班值守，第一时间解决群众的操心事、烦心事、揪心事；将全镇划分网格132个，人、事、地、物全部纳入网格管理，村街情况更便捷地反映到镇级并及时作出处理，镇域范围基本实现投诉有门、解决有道、督办有方。“群众说事、干部解题”机制不断深入、日趋完善，在治安防范、矛盾调解、社会稳定中起到了重要作用。年内，被确定为河北省乡村治理试点镇和廊坊市“群众说事、干部解题”机制试点，4月18日，省委常委、宣传部部长张政到五百户镇就“群众说事、干部解题”工作进行调研并给予充分肯定；12月16日，全市“群众说事、干部解题”工作现场会在香河县召开，五百户镇主要负责人向大会作经验介绍，全体与会领导到五百户镇综治中心，现场观摩“群众说事、干部解题”工作运行情况，受到与会领导的肯定和称赞；五百户镇“群众说事、干部解题”相关经验做法在国家、省、市多家媒体报道推介。

【信访工作】 镇党委定期召开信访工作调度会议，多渠道将群众矛盾纠纷化解在萌芽状态，确保信访案件数量持续减少、信访形势明显好转。在抓好信访常态化工作的同时，做好重要时间节点的信访工作，元旦、春节，全国、省、市“两会”期间，落实包案、包片领导责任制，妥善解决和处置信访问题。保持村党支部、村委会“两委”换届期间信访秩序。因村制宜，研究制订信访处置方案，落实信访责任制，97%的村顺利完成换届。

【社会保障】 2021年，完成城乡居民养老保险和社会医疗保险征缴工作，参保比例均高于上年，参加医疗保险缴费30109人，享受农村养老金待遇13247人。全镇有低保户487户、637人，特困分散供养人员171人，全部落实政策待遇。巩固脱贫成果，对全镇已脱贫的建档立卡的贫困户12户、32人，继续落实各项帮扶政策，确保不发生返贫现象。做好贫困残疾人生活补贴和重度残疾人护理补贴申报、审批及发放工作，保障残疾人基本生活状况。发放救助公益金、特困人员补贴、城乡居民养老保险补贴等21.67万元，发放高龄补贴资金

72 万元。完成 4 户困难户的危房翻新改造，面积 238 平方米。办理生育服务登记卡和再生育证 246 例，办理独生子女父母光荣证 64 例；发放独生子女费 13.39 万元，为 751 名农村 12—27 周岁未婚独生子女办理意外伤害保险；发放计划生育奖励扶助资金 119.34 万元，计划生育特别扶助资金 36.16 万元。

【文化建设】 以建设文化强镇为目标，不断深化“诗词之乡”创建工作，调动广大诗词爱好者的创作积极性，创作反映“疫情防控”“歌颂人物事迹”等题材的诗词作品，弘扬全镇正能量。开展各种形式新颖、群众喜闻乐见的宣传活动，打造一批农村先进文化阵地，培养强有力的文化宣传队伍，推动农村基层文化建设工作，发挥 43 个村的小广场作用，不定期组织“大秧歌”、广场舞、篮球、乒乓球等比赛，丰富群众性文化生活。进一步加大农家书屋的开放力度，开展阅读评比、书画比赛和文艺表演等多种形式活动，丰富文化内涵，促进文化惠民工程落到实处。以大运河文化带建设为着力点，不断整合域内农业、文化、生态和地域等资源优势，全力做大“旅游 +”文章。发挥香椿营村全国少数民族特色村寨金字招牌，开展特色乡村旅游；五百户镇与廊坊市杨家将文化研究会联合打造的杨家将文化小镇，结合当地人文特色，新建游客接待中心、红色文化长廊等设施，功能不断完善，成为香河县乡村文化旅游新亮点。5 月，五百户镇入选《中国大运河发展报告（2021）》案例，运河文化保护利用和镇域各项产业深度融合发展取得突破。

【精神文明建设】 常态化开展创建文明城市工作，推进“最美家庭”“最美庭院”评选活动，培育各类道德模范先进典型，扩大社会影响面。弘扬主旋律，开展新时代文明实践中心建设，提升群众思想觉悟、道德水准、文明素养；全镇建有新时代文明实践所 1 处，新时代文明实践站 43 处，覆盖镇域 43 个村，各实践中心的门牌、开放时间、工作制度等全部上墙；年内，镇新时代文明所开展关于党史学习教育、全民健身、书画交流等文娱活动 20 余次，各村街新时代文明实践站开展系列活动 50 余次。组织各村街重新修订《村规民约》，引导广大群众积极参与村街建设管理，做好自己事、管好身边事、参与村里事，共建共享文明和谐新风尚。培养文明卫生习惯养成，组织群众做好室内外环境卫生，清除积存的垃圾、污物，引导群众不乱倒垃圾、污水，防止病媒生物滋生；组织各村对公共场所进行全面消毒，发放废弃口罩回收桶，由清运队伍进行单独收集清运。在新冠肺炎疫情防控工作中，劝导村民出门佩戴口罩、勤洗手、勤通风、勤消毒，切断病毒的传播途径，养成文明的生活方式。

【新冠肺炎疫情防控】 镇和村街建立防控、流调、采样、消杀等 8 支队伍，有序开展疫情防控工作。加大对疫情防控的力度，逐户逐人对镇域内的常住人口进行摸排并登记造册，建立居住人口台账。为方便群众接种新冠肺炎疫苗，在人员集中的地方，设立接种点，对出行困难的群众，安排车辆接送，超额完成疫苗接种任务。发挥党建引领和党员干部先锋模范作用，不断增强基层“战疫堡垒”，紧密依靠群众，全镇上下形成党组织引导、党员带头，政府投入、群众全力参与疫情防控工作的良好格局，有力、有效阻击了疫情。

【基层党组织建设】 换届工作。完成镇党委、人大、政府和纪委换届工作，选举产生党委、人大、政府领导班子 12 人（其中，女性 2 人），平均年龄 38 岁，最小年龄 29 岁、最大年龄 47 岁，本科学历 10 人、大专学历 2 人，新当选的班子成员专业、年龄、知识结构更加合理，班子活力和整体功能进一步增强；截至 4 月底，完成 43 个村党支部、村委会“两委”换届，村党支部书记、村委会主任一人兼比例达 100%，“两委”成员高中以上学历 150 人、占 72.4%，比上届提高 20%。压实党建责任，抓好学习教育，突出以学促进，开展多层次教育培训，提升党员干部的政治素养；突出宣传引领，以先进典型引领党员干部干事创业；做好党员管理工作，规范开展“三会一课”等党内组织生活。落实发展党员“四库”管理，严格规范发展党员程序，提高发展党员质量，超额完成全年发展党员指标任务。强化典型引领，扎实做好党建阵地提升工作。结合沿运河党建示范带创建活动，着力打造后土门楼村党建示范点；高标准新建香椿营、三百户2个村的党组织活动场所，将田各庄、蔡庄、夏辛庄3个村上报县委组织部备案升级，全镇43个村街全部规范达标。创新抓好考评激励。严格落实“两考三评一定”，创造性地将一年两考改为每季度考核一次；开展7期党支部书记工作“擂台赛”，43个村书记登台现场汇报讲解工作开展情况，学习先进经验，让工作出色的“露露脸”，给工作平庸的“施施压”，以赛促学、以赛促干，全面推动了队伍建设，营造了干事创业的良好氛围。

【意识形态工作】 深入开展党史学习教育。购置了200套党史学习教育书籍，发放给机关党员、43个村街以及非公企业党支部，并在镇文化站设立党史学习教育专区，供广大群众借阅；各村及非公企业党支部结合“三会一课”和主题党日，开展主题突出、特色鲜明、形式多样的学习活动，确保党史学习教育走心、走深、走实；在微信公众号开设党史学习教育专栏，每周定期更新党史知识；创新党委书记讲党课方式，将党课搬进线上直播间，围绕学史明理、学史增信、学史崇德、学史力行，讲述中国共产党百年奋斗的光辉历程和伟大贡献；坚持学习实践同步推进，把“我为群众办实事”实践活动贯穿学习教育全过程，制定镇、村两级“我为群众办实事”清单，切实为群众办实事解难题。抓好“学习强国”平台的推广应用和学习，充分调动镇村干部学习主动性与积极性，全面提升镇村干部综合素质，截至年底，全镇在“学习强国”平台注册党员6953人。开展弘扬“运河通航精神”大讨论活动。紧紧围绕素质能力、担当意识、思想观念和纪律规矩4个方面存在的“庸、懒、疲、虚”16个突出问题以及服务营商环境方面进行自查自纠，促进全镇干部作风大转变、工作效能大提升。采取多种形式，开展社会主义核心价值观和党的十九大精神宣传教育活动，大力弘扬民族精神和时代精神，制作各类宣传条幅200条、宣传展牌展板500块。加大新闻报送力度，组织系列外宣活动，扩大对外影响；年内，在新华社和《河北日报》《廊坊日报》《香河信息》《新香河》等新闻媒体发稿100余篇，真实、准确、全面地反映五百户镇的新思路、新做法、新经验、新情况。

【全面从严治党】 常抓作风建设。注重体察民情民意，增强为民服务意识，党委班子成员带头深入基层调查研究，倾听群众意见，切实了解群众的合理诉求和实际需要，帮助群众解决实际问题；在机关党员干部中，开展“服务口碑、吃苦耐劳、学习达人、突破创新、业务权威、包村贡献、突出贡献”7个方面评比，树典型、亮形象，营造担当实干氛围。抓党风廉政建设。定期召开党委会研讨执纪监督工作；利用微信工作群，定期推送廉洁信息，做到防微杜渐，端正行为；定期组织机关干部和村“两委”干部观看警示教育片；定期组织深入学习《中国共产党廉洁自律准则》《中国共产党纪律处分条例》，引导全镇党员干部明纪律、守纪律，讲规矩、懂规矩。

（彭　湃）

刘宋镇

【概况】 刘宋镇政府驻地刘宋村，位于县城东南部，距县政府20千米，有25个行政村，辖区总面积62平方千米，耕地面积5072.27公顷（76084亩）。2021年，全镇人口37343人，财政收入完成1827万元，其中，一般公共预算收入完成691万元。年内，刘宋镇党委、政府立足实际，突出创新，团结带领镇、村广大干部群众，按照年初既定的工作任务，解放思想、扎实工作，各项工作取得明显成效。4月，庆功台村党总支被评为河北省脱贫攻坚先进集体；5月，团镇委被评为廊坊市“五好”活力团组织；6月，刘宋村党总支被评为廊坊市先进基层党组织；11月，刘宋镇政府被评为廊坊市统计调查工作先进集体；12月，刘宋镇被评为河北省“四好”农村路示范乡镇、廊坊市文明乡镇，刘宋镇政府被评为河北省第七次全国人口普查先进集体、廊坊市投资领域统计工作先进单位。

【工业及项目建设】　2021年，全镇工业总产值完成30007万元，新增规模以上工业企业2家，分别为香河新艺达包装有限公司、廊坊宏斯家具有限公司；新增入统企业16家。固定资产投资完成6.42亿元，占年计划的107%。其中，香河县柏家丽家具厂新建年产4000套软体家具项目，总投资2500万元；香河县圣朝家具厂新建年产8000套软体家具项目，总投资4500万元；香河万有家具有限公司新建年产7000套软体家具项目，总投资4600万元；香河县奥鑫永家私家具厂新建年产6000套软体家具项目，总投资4800万元；香河县蒂尔克家具厂新建年产8000套软体家具项目，总投资4800万元；廊坊宏斯家具有限公司新建年产8000套软体家具项目，总投资4800万元；香河县豪派尊典家具厂新建年产7500套软体家具项目，总投资4550万元；香河县宏远家具厂新建年产6800套软体家具项目，总投资4500万元；香河县金柏丽家具厂新建年产7000套软体家具项目，总投资4650万元；香河县凯亚家具厂新建年产8000套软体家具项目，总投资4850万元；香河云龙锻造设备购置项目，总投资1050万元；香河伊斯曼乐器有限公司设备购置项目，总投资1154万元；香河莲耀农业开发有限公司新建年加工1.2万吨藕产品项目，总投资4950万元；香河利泽养殖专业合作社新建年繁育500头乳牛项目，总投资4500万元；香河恒吉盛良种繁育场建年繁育550头乳牛项目，总投资3500万元；香河县兴旺利达良种繁殖场新建年繁育600头乳牛项目，总投资4500万元。

【农业】　2021年，全镇小麦种植面积1519.4公顷（22791亩），产量11395.5吨；玉米种植面积1538公顷（23070）亩，产量13842吨；蔬菜种植面积766.67公顷（11500亩），产量34500吨；藕荷种植面积800公顷（12000亩），产量30000吨；果品种植面积13.33公顷（200亩），产量600吨；林地面积820公顷（12300亩）。全镇有大型养殖企业2家、规模养殖场区（户）29户、养殖大户128户、养殖专业合作社46个、家庭农场12个。截至年底，全镇有98个专业合作社，其中，种植专业合作社50个，养殖专业合作社46个，农机专业合作社2个；专业合作社带动种植专业户3680户、养殖专业户1650户，提供就业岗位2850个，农民增收1200元，有效促进全镇农村经济发展。

【万亩荷塘】　镇党委政府积极扶持、引导和培育藕荷产业，荷花产业园区被评为省级农业园区，藕荷产业成为刘宋镇庆功台村主导产

刘宋镇庆功台村万亩荷塘　　县融媒体中心供图

业、富民产业，组织成立香荷藕荷种植专业合作社，2021 年，合作社组织成员开展技术培训 30 次，聘请有关专家讲解荷花栽培技术，荷花栽培和莲藕产量大幅增加，藕荷种植面积 800 公顷（1.2 万亩），总产莲藕 3 万吨，年经营收入 9000 万元，每亩收益 3000 元。万亩荷塘景区重点打造杨家寨、荷香湖畔绿化景观节点，完善荷塘栈道、凉亭、交通等基础设施建设，丰富荷塘荷花品种培植和扩大种植面积，聘请专业管理公司加强荷塘的交通、安全、疏导、管理以及处理应急事件等，确保荷塘环境卫生整洁有序，给游客提供安全、方便、卫生、整洁的旅游环境，在荷花盛开期间，日接待游客突破 1 万人，吸引了众多慕名而来的京津游客和摄影爱好者，直接带动周边群众 5000 人就业。央视及各大报刊媒体多次对万亩荷塘进行宣传报道，CCTV-7《乡村大世界》“走进香河”特别节目在万亩藕荷成功录制播出后，进一步创响“荷香香河”生态品牌，全面展示香河县农民风采、地方特色、民俗文化，产生了巨大的经济效益、社会效益和生态效益。

7 月 8 日，志愿者清理村边建筑垃圾，开展城乡环境综合整治　　刘宋镇政府供图

【农村人居环境整治提升】 以改善农村人居环境为目标，有序开展城乡环境综合整治工作。拆除违建。累计拆除村内私搭乱建 1500 处，拆除面积 5 万平方米，打通断头路 10 条，解决欺街占道、非法占用公共空间的乱象，其中，北务屯村拆除违建 215 处、1.5 万平方米，马庄村拆除违建 45 处、6000 平方米，村容村貌焕然一新；对辖区内沿线及重点路段私搭乱建商铺、摊点以及违规广告标识进行集中整治，清理路边张贴广告及牌匾 400 处，路边摊点 35 家。打造精品线路。立足镇域实际，突出香北线、倪李路两个重点，修建幞头村乡村大舞台、香北线与倪李路节点公园，修缮北务屯村党建公园、庆功台村双十广场。开展农村无害化厕所改造、村污水治理、村容村貌改造提升等工作，着力打造建设“美丽乡村示范区”，年内，完成北村安全饮水、污水处理管网铺设工程，完成污水处理池的建设并已投入使用；进一步改善农村卫生环境，对全镇积存垃圾进行大清理，累计清运垃圾 2371 立方米，清理乱堆乱放杂物 3247 处，实现干净、整洁、有序。

【生态环境保护】 增强群众环保意识，通过悬挂条幅、各村广播、微信公众平台等渠道，向广大群众宣传环保知识，其间共悬挂条幅 100 条、微信发布信息 200 次，村广播 300 次。“散乱污”企业监管。对已取缔的“散乱污”企业不定期开展“回头看”，防止出现虚假整改、死灰复燃的现象，实现动态清零；对于符合整改提升条件的企业，协助办理相关环评手续，限期完成整改。落实重污染天气应急响应措施。重污染天气预警及应急响应启动后，涉气企业严格对照“一厂一策”标准落实各项应急减排措施；对辖区内企业逐一派员驻场监管，确保应急减排落实到位，对存在应急响应落实不到位的，一律现场查封，依法处理。散煤治理。加大对沿街商户和“电代煤”“气代煤”村的巡查力度，查处散煤违规销售和燃煤锅炉使用。做好秸秆及垃圾、落叶、荒草禁烧工作，严禁露天烧烤，加大对餐饮油烟的管控力度。道路扬尘管控。机械化保洁范围由主干道向次干道延伸，重点路段实施洒水降尘作业，对道路两侧的垃圾及时清理，对裸露的地面土方进行苫盖。落实河长责任制，保障河道水环境达标，对清理后的坑塘圈建防护围挡。完成植树造林33.33公顷（500亩），做好香北线、倪李线两侧绿化上档升级。

【应急管理】 建立健全组织指挥、情报信息、人力调配、群众工作、舆论宣传、后勤保障等应急处理工作预案，做好应对群体性事件的各项准备工作。坚持“安全第一，预防为主，综合治理”的方针，制订各项应急救援预案，与各村、企业单位签订《2021年安全生产目标责任书》《2021年消防安全目标责任书》，各村、企业主要负责人为安全生产第一责任人，负责做好各村、企业安全隐患自查整改。开展“防风险、除隐患、保安全”安全生产大排查大整治行动，共检查企业85家，下发整改通知书50份，排查问题隐患194处，已全部整改完成。开展安全用火、用电、用气、用油和应急疏散逃生等消防常识宣传活动，年内，组织安全生产、消防安全、食品安全知识培训4次，组织企业消防演练1次，累计检查企业120家，排查整改安全隐患240处。发挥民兵在应急管理中的作用，全镇普通民兵连编有工程抢修连、综合应急排、防汛抗洪排、伪装防护连等应急组织，6月15—26日，圆满完成县政府组织的民兵应急连训练任务，6月11日和30日，分别顺利通过廊坊市军分区和河北省军区对刘宋镇武装部及民兵应急排的检查验收。

【行政综合服务】 刘宋镇行政综合服务中心服务大厅使用面积120平方米，设置业务受理区、后台办公区、视频监控区、群众休息区，设6个服务窗口和1个咨询窗口，服务内容涉及民生保障、卫生健康、城乡建设、市场准入、涉军事务等。优化服务流程。对198项下放事项进行梳理，制定办事指南、办事程序、办事依据、办事材料清单给予公示，确保流程一次告知。优化服务方式。设置高频服务事项线上扫码区，办事群众只需用手机扫描二维码，便可查阅办理事项所需的材料、流程等信息。完善政务服务平台建设，做好平台信息录入及维护，涉及村级服务事项全部录入系统完成。开展村级综合服务站规范化建设，完善25个村级行政综合服务站软硬件建设，硬件配置全部到位，对村级行政综合服务站工作人员培训2次，培训人员50人次；打造完成庆功台、王务、程官屯村3个村级行政综合服务站示范点。镇服务中心全年办理业务3000件，接待人员3000人次，事项办结率100%。

【平安社会建设】 扫黑除恶专项斗争。成立扫黑除恶专项斗争领导小组，制定《刘宋镇关于开展扫黑除恶专项斗争的实施意见》，镇党委分别与25个村签订责任状，对专项斗争进行安排部署；利用村广播、悬挂条幅、展板、张贴宣传海报、微信群、流动宣传车、发放明白纸等形式，开展扫黑除恶专项斗争宣传；组建扫黑除恶专项斗争巡查队，对辖区不间断巡查，发现线索及时介入处置；4月，对新当选的村干部开展“回头看”，将黑恶势力背景人员清除出去，净化村“两委”干部队伍。为确保全镇社会治安秩序稳定，镇派出所对辖区企事业、旅馆、娱乐场所进行治安环境和安全检查，出动警力128人次，巡逻队员85人次，检查清理旅馆、网吧等10家；加大在重点地段香宋路、国安路、倪李路、渠庆线，重点村马庄、幞头屯、荆庄、北务屯等区域的社会面巡逻。发挥村群众工作站作用，做好普法宣传教育，严厉打击非法传销 、非法宗教以及“法轮功”等各种邪教组织。开展铲毒禁毒宣传，确保毒品“零种植、零产量”。开展电信诈骗防范宣传，增强人民群众对各类诈骗手段的识别和防范能力，1万余人安装“国家反诈中心”App。圆满完成全国“两会”、暑期安保和中共十九届六中全会期间的安全保卫工作。

【信访工作】 镇党委、政府高度重视，将信访工作列入重要议事日程，积极解决群众反映的焦点、难点问题，加大调处力度，信访案件大幅度下降。2021年，接待来信来访 210 人次，处理网上信访 90 件，“12345”热线信访 300 件。畅通群众信访渠道。制定以党政一把手亲自抓、分管领导直接抓、包村领导配合抓、镇村干部一起抓的具体工作措施和领导包案机制；将党政班子成员的手机号码和接访时间表向群众公开，每天安排党政班子成员公开接访；在各村，党支部书记和村主任轮流坐班，接待群众来访，确保群众的合理诉求能够得到及时有效地解决。做好政策宣传及矛盾排查工作。大力宣传《信访条例》，引导群众合理有序信访；集中精力对本辖区的矛盾纠纷和隐患进行排查清理、登记造册并建立工作台账，及时将矛盾化解在萌芽状态，做到小事不出村、大事不出镇、矛盾不上交。

【社会保障】 2021 年，加强社会保障，全面落实各项政策，确保各项政策补贴资金及时足额发放到位。年内，全镇养老保险缴费人数 12233 人，城乡居民医疗保险缴费人数 31300 人，60 周岁以上领取养老金人员 7989 人，落实 80 周岁以上老人高龄补贴政策；有农村低保 543 户、688 人，特困供养人员 154 人；有享受困难残疾人生活补贴 515 人、重度残疾人护理补贴 745 人，办理残疾人员证 140 件，发放辅助器具 43 件；有享受计划生育奖励扶持和特别扶助 213 人；落实退役军人各项优抚政策，动态更新退役军人基础信息数据，确保各类优抚对象抚恤金和生活补助核查准确无误。

【文化建设】 开展全民阅读活动 10 次，在 4 月 23 日世界读书日，举办“我爱祖国”读书系列活动，组织开展以“我读书，我快乐，让书香气息伴随我们成长”为主题的儿童读书系列活动。开展文体活动 12 次，以“强身健体、舞出青春、展现自我、分享快乐”为主题 ，倡导全民健身，提高居民参与文体活动的积极性，每月组织开展 1 次全民健身活动；以“墨鸣生活、笔舞青春”为主题，组织开展书画活动，充实学生的课外生活。开展文化艺术知识普及与培训 8 次，包括文化管理、歌唱、“劳动最光荣”主题教育宣传及普法宣传、生育与健康宣传等。开展文化下乡活动 6 次，包括戏曲联谊会，“唱红歌、颂党恩”歌唱比赛活动，“感党恩、庆七一”系列文艺活动，“庆十一”文艺演出活动，送春联活动、“爱祖国、爱家乡”送文化进村文艺演出等。每月编办 1 期文化宣传橱窗，全年编办 12 期。

【精神文明建设】 利用广播、公开栏、流动宣传车、条幅、发放宣传资料等多种形式广泛宣传，印制发放《文明城市创建倡议书》，在主要道路两侧、村路口等张贴悬挂标语，通过“荷香刘宋”微信公众号对工作中先进典型做法及时宣传，营造了浓厚的舆论氛围。立足助力创建文明县城，开展“最美家庭”寻找、培树、表彰活动。

【新冠肺炎疫情防控】 加强组织领导。成立刘宋镇新冠肺炎疫情防控应急领导小组，统一指挥协调全镇的疫情防控工作，镇党委书记任组长、镇长任副组长，副科级以上领导干部为成员，下设领导小组办公室；各村街成立以村支部书记为组长，村“两委”干部、村医为主要成员的疫情防控工作小组。加强人员出入管理。各村原则上只保留一个出入口，并在出入口设卡，每天 24 小时执勤，重点关注通勤、务工、出差、求学返乡人员。保障防疫物资供应。对全镇设立的 36 个检查口发放应急物品帐篷 37 个、体温枪 50 个、路口公示牌 37 个、温度计 50 个、消毒液 100 桶、口罩 5 万个。加强公共场所管理。取消各类大型群众聚集活动，加大对镇域内农贸市场、集贸市场、超市、网吧等人流密集场所的疫情防控检查力度；加强对企业疫情防控力度，确保企业按规定做好复工复产的各项准备工作。全力做好新冠疫苗接种工作，年内，完成新冠疫苗接种 27452 人。

【基层党组织建设】 加强党建示范区规范化建设。发挥先进典型的群体效应和示范带动作用，带动全镇党建水平整体提升，打造以庆功台村为核心的“水润荷香”党建示范区，发挥荷花带动效应，围绕“建设坚实班子、推动经济发展、打造宜居环境、促进和谐稳定”目标，提升庆功台、刘宋、程官屯、八户、王务、刘庄、太平庄、德辛庄等11个村党建水平，新建北务屯村党建主题公园，高标准打造沿线村。严格落实村“两委”干部“两考三评一定”绩效考核、村务活动专项考核、创建“五星”级党组织考核等制度，增强干部勤政廉政意识。采取集中学习、“大喇叭”广播、“荷香刘宋”微信平台、党建微信群等方式，对党员干部进行党章党规、习近平新时代中国特色社会主义思想和中央及省市县委一系列文件精神的传达学习，增强全体党员当先锋、做模范意识。镇村换届工作。截至4月13日，圆满完成25个村“两委”换届选举工作，全部实现村党组织书记和村委会主任一人兼，其中，60周岁以下25人，占100%，50周岁以下17人，占68%，新选任35周岁5人，占20%，高中以上学历25人，占100%，大专以上学历9名（新选任6名），占36%；新一届村委会成员和村民代表中党员比例分别提升了11%和10.4%；新一届村“两委”干部平均年龄比上届下降5.2岁。镇党委、人大、政府和纪委换届严格按照上级换届流程和相关要求，完成相应换届指标，为刘宋镇经济和社会发展奠定了坚实组织保障。

6月30日，刘宋镇庆祝建党100周年“七一”系列活动举行。图为镇党委主要负责人为老党员代表颁发并佩戴“光荣在党50年”纪念章　　刘宋镇政府供图

【意识形态工作】 推进理论学习常态化制度化。研究制定《刘宋镇党委中心组理论学习制度》及党委中心组理论学习计划，采取机关会议、中心组学习、讲党课等方式，确保领会精神实质，达到学以致用；党委班子成员进村入户把学习和开展调研结合起来，把学习和解决群众的实际困难和问题结合起来，把学习和加快发展结合起来，用理论来指导实践。切实抓好抓牢党史学习教育。深刻领会开展党史学习教育的重大意义，在全镇范围内全面深入开展学党史、强信念、跟党走活动，集中观看有关党史题材的电影和纪录片，认真回顾中国共产党成立100年来的光辉事迹和峥嵘岁月，深切缅怀老一辈革命先烈；认真学习领会习近平总书记在党史学习教育动员大会上的重要讲话精神，结合工作实际，提高政治站位，强化政治担当，以高度的思想自觉、政治自觉和行动自觉，组织好开展好党史学习教育。围绕“忠诚担当、创新实干、敢打必胜、聚力争先”的运河通航精神，转变作风，真抓实干、勇于担当，切实将“弘扬运河通航精神”与上级要求相结合、与中心工作相结合、与长远发展相结合，进一步提升责任意识、成事能力，推动各项工作向稳向快发展。加强对“学习强国”平台使用的管理督导。全镇在“学习强国”平台注册学员9200人，划分31个学习小组，制定干部学习效果评价、情况通报、激励奖励机制，每天进行学习督导，各学习小组每天把学习积分情况进行公布，确保学习落到实处。

【全面从严治党】 落实全面从严治党主体责任，制定《中共刘宋镇委员会落实全面从严治党主体责任2021年度工作要点及责任分工》，充分履行好党委主体责任和纪委监督责任，组织召开专题会议对从严治党工作进行安排部署，促进各项任务落实到位。组织召开全镇警示教育大会，以鲜活的案例向机关全体干部、村“两委”成员敲响警钟。抓好节前廉政教育。针对春节、清明、端午等节假日时间节点，以加大廉政教育宣传力度、接受群众举报监督等方式，从根本上筑牢机关干部思想防线。

（李　艳）

安头屯镇

【概况】 安头屯镇政府驻地安头屯四村，位于县城东南，距县政府10千米。辖21个行政村，总面积37.44平方千米，其中，镇区面积4.9平方千米。2021年，全镇人口2.2万人；常用耕地面积2589公顷（38835亩），其中，粮食耕种面积2143.6公顷（32154亩）；财政收入完成845万元，其中，一般公共预算收入完成340万元；全镇工业总产值10029万元，固定资产投资完成6.1亿元，比上年增长38.64%。围绕“五彩田园小镇，中幡文化之乡”的发展定位，紧盯目标任务，以党的建设为统领，加强领导班子和干部队伍建设，大力实施惠民工程，开展城乡环境综合整治，深化生态文明建设，助力乡村振兴，全镇经济社会各项事业稳步发展，人民安居乐业，群众的获得感、幸福感和安全感进一步提升。年内，安头屯镇被评为河北省投资领域统计工作先进单位，廊坊市文明乡镇、森林乡镇、无信访乡镇、统计调查工作先进集体、工业统计工作先进单位，安头屯镇人民武装部被评为廊坊市先进基层人民武装部，后独立村党支部被评为廊坊市先进基层党组织，西口头村被评为廊坊市森林村庄。

【项目建设】 加大招商引资力度，实施“以商招商”的经济策略。2021年，固定资产投资完成60594万元，新增入统企业11个。其中，投资规模较大的企业有10家，分别为香河佳龙软体家具厂投资6900万元，香河奢派家具厂投资4750万元，香河金洪成家具厂投资4650万元，香河紫福堂家具厂投资4900万元，香河昀朋软体家具厂投资8700万元，香河县鑫宏达家具有限公司投资4800万元，香河县瑞恒兴家具厂投资7510万元，香河天一阁古典家具厂投资4980万元，香河瑞之宝家具厂投资3900万元，香河县伯文家具厂投资6500万元。

【农业】 立足镇域实际，发展农业项目。2021年，就种子良种繁育、育种交易、会展论坛、农业观光休闲等发展方向与农业农村部积极对接，成立香河裕农种业有限公司、香河巨农科技有限公司2家企业，镇政府与县农业农村局、香河裕农种业有限公司签署《种子经营服务意向书》《农业种业研究框架合作协议》，开展种子科技研究、成果转化和农业新技术推广等活动。实施高标准农田建设项目。全县农业综合开发高标准农田建设项目涉及安一、安二、安三、安四、东兴隆庄、孙营庄6个村，建设规模（666.67公顷）1万亩，投资1501万元，主要建设内容：改造低压配电线路28.9千米、改造10千伏高压线路1千米、安装变压器18台、新建桥涵17座、新修田间水泥路11.5千米、铺设地下

东方千古葡萄庄园　　张广宇　摄

防渗管道 43.1 千米、改造更换水泵及配套设施 162 套、安装出水口及保护装置 1180 个，年内，完成建设，为全镇农业集中连片发展打下坚实基础。发展壮大农村集体经济。以潮白河现代农业示范区建设、全省开展集体经济发展示范区创建工作为契机，加快农业结构调整，发展一村一品或多品种植，促进传统产业转型升级，其中，兴隆庄村草莓种植合作社已建设草莓种植大棚 7 座，全年为集体创收 17 万元；截至年底，全镇 21 个村集体经济年收入 100 万元以上村 9 个，50 万元至 100 万元村 3 个，10 万元至 50 万元村 5 个，5 万元至 10 万元村 4 个。

美丽乡村路　　张广宇 摄

【农村人居环境整治提升】 2021 年，以双安路、国安路、渠安路为骨架，以镇政府为中心，划分东、西、中 3 个片区，通过压实班子成员、行政综合执法队、村干部、保洁员 4 方力量，分层次推进城乡环境综合整治工作，力促镇村面貌大提升。打造精品路线和精品村。重点打造精品线路 2 条，小青庄务精品片区 1 个，出动车辆 220 辆次，人员 1000 余人次，清理沿途村街垃圾 100 吨、道路两侧垃圾杂物 130 吨、沿途小广告 180 处。拆除违法占地和私搭乱建。整改违法用地 70 宗、27.44 公顷（411.55 亩）。其中，整改完成卫片执法检查违法用地 9 宗、3.89 公顷（58.31 亩），完成耕地整改面积 2.61 公顷（39.19 亩），完成基本农田整改面积 2 公顷（29.98 亩），2020 年以来卫片执法检查违法用地全部整改到位；全部整改完成例行督查类违法用地 11 宗、6.18 公顷（92.65 亩）。非台账内违法占地及村街私搭乱建拆除 455 宗、面积 5.47 万平方米。治理经营秩序、交通秩序。整治店外经营 120 余家，镇区集市、北口头市场经营秩序得到有效规范；检修路灯杆 25 盏，修复破损公路标志 5 处，补划交通标线 3200 余米，施划道路两侧停车位 240 个，镇区交通秩序得到明显规范。开展村庄清洁和清理河渠、庭院、户外广告牌行动。深入开展村庄清洁行动，累计出动人员 5500 人次，车 1650 辆次，清理各类积存垃圾 3400 吨；清理香秀渠、商汪甸排干渠等河渠 5 条，清理坑塘 47 个；清理家庭院落 1898 户，建设小游园、小菜园、小果园 13 个，制定村规民约 21 个；清理户外广告牌 235 块、小广告 560 余处，清理公路两侧、背街小巷积存垃圾 82 处，13 个村街的“五清三建一改”任务已全部完成。开展街道硬化、村庄绿化、环境净化、路灯亮化。对园区路、村内路、连村路破损路面进行修复、管护提升，投资 40 万元修复安四、东太平庄、赵营庄 3 个村道路 2200 平方米，投资 50 万元修建西口头村田间路 2 条、面积 3500 平方米，投资 20 万元打通兴隆庄村至园区路、面积 1700 平方米，投资 40 万元对 2 条路的两侧进行硬化、绿化；投资 100 万元对农业园区路两侧进行树木补植和种植野花组合、面积 3.33 万平方米，投资 20 万元在孙营庄路两侧种植法桐等行道树，绘制平香线与国安路交叉口文化墙 100 平方米，投资 55 万元粉刷村内墙壁 1.3 万平方米，修整绿化带 300 米，平整道路两侧土地 800 余平方米，苫盖易扬尘裸露土地

1000余平方米，投资20万元对安头屯镇中幡广场、潮白河湿地小公园（后独立村）进行补植、栽植绿化树。美丽乡村建设持续升级。农村人居环境整治提升工程新建工程项目4项，其中，大青庄务村村委会新建工程完成项目主体建设；前口头村改造厕所198处，拆除后背房39处、跨院19处，面积3720平方米，清运垃圾4000立方米；新建小青庄务、前独立、兴隆庄、安三4个村节点公园；完成东口头村太阳能路灯安装工程、赵营庄村水泥路面硬化工程、前独立庄村水泥路面硬化和娱乐广场及路灯安装工程、小青庄务村文化活动广场修建工程。

【生态环境保护】 严格落实重污染天气应急预案，及时传达响应县级预警，认真落实各项工作措施。采用湿扫车和洒水车不间断喷洒，间断使用雾炮车，加强清扫保洁频次和洒水频次，以小时为单位严密监测第十中学附近空气指标，有效减少扬尘。制订《关于切实做好秸秆、落叶、垃圾等禁烧工作的实施方案》，构建"预防为主、快速反应、运转高效"的应急处理机制，利用无人机对辖区不间断巡查，禁烧巡查队昼夜巡查，对点火冒烟现象零容忍。落实河长制，在各河段沿岸醒目位置设置河长制公示牌22块，开通微信举报，接受社会监督；完善河渠基础数据档案，制定河渠名录，及时反馈河渠"清四乱"情况，每天巡河掌握沿河主要污染源的点位，及时组织清理；完成清理河道394.3千米，河渠底泥清淤51.3吨，清除水生植物漂浮物、白色垃圾等154.5吨，累计出动1808人次，镇区河渠环境明显提升，水质明显改善。纳污坑塘治理。全镇有纳污坑塘47个，其中，无水坑塘46个，有水坑塘1个；年内，对所有坑塘进行登记，建立工作台账，竖立警示标牌，对问题坑塘采取有效整治措施，已全部治理完成。商汪甸排干渠清淤工程。涉及清渠总长2700米，两侧树木2700余棵，开挖土方15万立方米；投资30万元，对沿村范围内渠道做围挡和排水。

【应急管理】 建立完善组织指挥、情报信息、人力调配、群众工作、舆论宣传，后勤保障等应急处理工作预案，做好群体性事件应急处置预案。及时调整安全生产领导小组及安委会成员，制定各项应急救援预案，与村、企业单位签订《2021年安全生产目标责任书》《2021年消防安全目标责任书》，与40家食品经营单位签订《食品安全责任书》。对全镇21个村和辖区企业负责人进行消防安全培训，组织村食品安全协管员开展各项食品安全监管工作。深入企业宣讲《中华人民共和国安全生产法》，以"安全生产月"为契机，采取多样的方式加强安全生产宣传教育工作。开展安全用火、用电、用气、用油和应急疏散逃生等消防常识宣传活动。组织消防志愿者深入开展消防安全"五进"活动，不断强化公共场所火灾预防、逃生自救等知识的宣传。年内，悬挂安全宣传条幅100余条，组织开展安全宣传活动5次，接待咨询人员2000人次，发放宣传资料9000份，组织安全知识培训4次，组织企业消防演练1次；累积检查企业80家，排查整改安全隐患180处。发挥民兵在应急

安头屯镇便民服务大厅　　张广宇 摄

管理中的作用。组织民兵开展治安巡逻活动，并组织参与秸秆禁烧、大气污染防治、安全生产检查等专项行动；9月18日下午，紧急组织应急排24人和小青庄务村民兵连28人处置不明空中情况1次，及时发现并控制涉事无人机及相关操作人员。

【行政综合服务】 开展“便民服务提升月”活动，进行“察民情、访民意、办实事”大走访，班子成员、包村干部深入各村和企业，广泛听取意见，收集意见建议10条。对综合行政服务中心、党政工作办公室等部门工作人员进行业务培训，进一步提升服务能力，将工作表现纳入个人绩效考核。在服务提升月中，为群众办理事项40项，解决群众微心愿30个。2021年，办理个体工商户注册90件、注销49件、变更20件、补领证照9件，办理公司注销业务12件；办理食品经营许可证20件、卫生许可证1件、小餐饮小摊点备案8件；办理林木砍伐证6件。

【平安社会建设】 扫黑除恶专项斗争。制定《安头屯镇人民政府关于扫黑除恶专项斗争的实施方案》，召开动员会，对扫黑除恶专项斗争进行安排部署；成立以镇党委书记为组长的扫黑除恶专项斗争工作领导小组。坚持“标本兼治、防打结合、综合治理”的原则，依托党建、综治网格等平台，发挥“扫黄打非”基层站点作用，实现村、学校、镇区“扫黄打非”工作全覆盖；认真开展“秋风、净网、清源、护苗、固边”等五大专项行动，通过进村、进企业、进集市、进校园开展非法出版物、印刷品、宗教书籍、音像制品等专项排查行动，对全镇21个村出租房屋、厂房等进行全面排查，严防非法出版物在辖区储存、售卖，有效规范镇区文化市场健康有序发展。开展反诈宣传。推广使用“国家反诈中心”App安装8290人，全力筑牢“防火墙”，守紧百姓“钱袋子”，营造良好的反诈氛围。加强流动人口出租房屋的服务管理。全面对各村、各企业单位的流动人口进行排查登记，共登记办理居住证人员1350人；全面掌握流动人口的居住处所、服务处所等相关信息，有效预防流动人口违法犯罪。

【基层社会治理】 构建“群众说事、干部解题”群众诉求快速响应机制。镇综治中心设置“群众说事站”，职能所站进驻中心；村级综治中心落实网格长负责制，设置“群众说事点”，推行“网格员、说事员、代办员”三员合一工作制度；群众诉求快速响应机制运行以来，成功化解各类矛盾纠纷1203起，解决各类事件1000起，基本实现了小事不出村、大事不出镇、矛盾不上交。全面落实网格化管理。全镇划分3个片区、65个网格，实行科级干部包村，村书记对全村负总责，村“两委”干部包片，村民代表包排包户，把政治上靠得住、群众中有威望、工作责任心强、热心公益事业的人员选定为网格员，网格员及时搜集、报告村内各种情况，反映村民意见和诉求，为安全生产、疫情防控、社会治理等工作开展打下坚实的群众基础。

【信访工作】 定期、不定期开展信访矛盾动态排查，进一步健全完善矛盾纠纷调处工作机制，充分发挥人民调解、行政调解、司法调解“三调联动”机制作用，拓展基层力量参与信访工作渠道，发动群防群治工作队伍排查化解矛盾纠纷，把各类矛盾纠纷化解在早、化解在小、化解在基层。对于疑难案件，集中人力，一人一策，一案一策，专班负责，形成信访联治、矛盾联调、工作联动、合力攻坚的信访矛盾化解格局。2021年，受理省便民服务热线258件，线上完成河北省阳光信访平台信访案件6件（其中，交办案件4件，县级领导包联案件2件），市智慧信访平台交办案件9件，线下接待群众来访16件，受理的线上线下信访案件全部办结，结案率100%。

【社会保障】 养老保障。为60周岁以上老人发放养老金1047.63万元、发放55784人次；办理养老保险注销登记手续173人次，完成新增养老保险待遇核定201人次；全年发放社保卡60张。医疗保障。

完成城乡医疗保险收缴，新增医疗保险缴纳200人。特困人员保障。全镇有农村低保户298户、368人，特困供养人员87人，发放低保救助金245.55万元，发放特困供养人员救助金195.12万元。残疾人保障。全镇持证残疾人865人，其中，重度残疾人445人，年内，发放重度残疾人护理补贴51.68万元、困难残疾人生活补贴76.53万元，为27名残疾人申请残疾人辅具，为11人申请精神病药物，为47人办理困难残疾人生活补贴。办理生育服务卡114个、再生育审批7个、独生子女证39个；办理新增计划生育奖励扶助人员118人、计划生育特别扶助人员1人；全镇计划生育奖励扶助人员510人，发放奖励扶助资金48.96万元；计划生育特别扶助人员19人，发放特扶资金19.44万元；全镇独生子女费发放508人，发放资金5.78万元；特殊家庭各项补贴发放共计5.19万元；计划生育救助公益金发放2.23万元。退役军人服务。完成优抚对象认证工作，建立就业创业信息数据库；发放2019－2021年春季入伍农村义务兵优待金，对年满60周岁农村籍的退役士兵补贴申请进行审核认证并发放补贴，安排涉核退役军人参加年度体检，为重点优抚对象申请医疗救助。

【文化建设】 2021年，围绕庆祝中国共产党成立100周年，紧扣“讲好党的故事，展示党的辉煌成就，激发爱国爱党的热情，再创党的伟大业绩”主题，结合镇村实际，精心安排部署，组织开展了一系列群众喜闻乐见的文艺演出和文化活动，向建党百年献礼。组织开展“勤读书、学党史、跟党走”读书会、“奋斗百年路 启航新征程”文艺演出、“唱响红色经典、不忘初心颂党恩”戏曲演出、“观看红色电影，凝聚奋进力量”电影下乡等系列活动，累计开展40余场。高标准建设镇综合文化站，为群众提供更加优质的文化服务。积极组织开展丰富多样的文化娱乐活动，西口头、北口头、东太平庄等村戏迷爱好者每周在镇综合文化站集中展演；积极开展诗词之镇创建活动，西口头晨光诗社、镇诗词分会杨营乡音诗社定期组织诗歌交流活动；广场舞、小车会、秧歌会在村活动广场轮番上演，群众生活愈加丰富多彩。

【精神文明建设】 创建省级文明县城。以切实提升群众文明水平和幸福指数为根本，将创建省级文明县城工作与重点工作相结合，持续推进创城常态化，提升创建实效，召开镇党政班子联席会议、专题会议、镇村干部会议等，查找问题短板和不足。多次对镇区主干道沿线以及连村路的垃圾、杂物以及小广告、破损条幅、乱悬乱挂等进行清理，累计清理沿途各类垃圾200吨，清理沿途小广告180处，新安装弘扬运河通航精神等内容的道旗50面。投资20万元改造提升中幡文化广场，完善党建文化长廊。完成新建镇政府东节点公园、前独立庄村娱乐广场及路灯安装工程、小青庄务文化活动广场修建工程。开展移风易俗活动，21个村成立移风易俗工作领导小组，完善村规民约，健全村民议事会、道德评议会、红白理事会、禁毒禁赌会等群众自治组织；全面开展“好婆婆、好儿媳”“十星级文明户”“美丽庭院”等先进典型评选活动，形成尊老爱幼、夫妻和睦、邻里友善、助人为乐、诚实守信、积极向上的家风、村风、民风。

【新冠肺炎疫情防控】 加强组织领导。成立镇新冠肺炎疫情防控工作领导小组，组建358人的疫情专业防控队伍，设立镇卫生院为定点核酸检测点，形成镇村联控机制。广泛宣传，提高防控意识。通过悬挂条幅、发放宣传单、农村广播、微信公众号、微信群转发等方式，第一时间将疫情防控形势和防疫知识传递给群众，提升群众对疫情的防控意识和防疫知识。加强人员排查，落实网格化管理。通过网格化管理机制，排查范围覆盖全镇6684户、2.2万人。核酸检测，做到应检尽检。设置22个核酸检测点，开展全员核酸检测工作，1月12－15日，开展2次全员核酸检测，共计检测4万余人次，实现应检尽检。强化新冠病毒疫苗接种，确保应接尽接。通过镇村干部包联、通知走访、医务人员进村入户集中接种等方式开展疫苗接种工作，全镇常住人口疫苗接种率达80%。

【基层党组织建设】 发挥阵地作用，“两室”建设上档升级。打造以“安头屯中幡文化”为品牌的党建示范区，全镇建有高标准“两室”及活动场所达13个村；新建大青庄务村党支部和村委会办公场所，修整东太平庄、杨营庄村党支部和村委会办公场所。严格入党程序，全面提高党员素质。年内，新发展党员48名，其中，高中及以上学历33名，40岁以下党员43名，女党员6名，党员的年龄、性别、学历进一步优化；举办入党积极分子和发展对象培训班，端正入党动机，坚定理想信念。严肃组织生活，发挥示范带动作用。严格规范“三会一课”、党员活动日、组织生活会、民主评议党员等党内政治生活制度，发挥党支部在环保、安全生产、疫情防控等工作中的战斗堡垒作用，特别是在疫情防控中，在全镇21个村设立了党员先锋岗，发挥党员的带头和表率作用，全力守护人民群众的生命健康。村“两委”换届。4月，圆满完成村党支部、村委会“两委”换届工作，21个村全部实现村党支部书记、村委会主任一人兼，且均为60岁以下，其中，50岁以下占53%，大专以上学历占34%，村“两委”干部年龄、性别、学历得到进一步优化。镇领导班子换届。圆满完成镇党委、人大、政府和纪委换届工作，选举产生13名镇党委、政府班子成员，平均年龄39岁，比换届前降低1.2岁。其中，35岁以下5人，占38.46%，36—45岁8人，占61.54%，大专学历3人，占23.08%，本科学历8人，占61.54%，研究生学历2人，占15.38%，学历结构明显提高，形成老中青梯次搭配，高学历为主，兼顾选调生和妇女干部配备，班子结构更趋于合理。

【意识形态工作】 镇党委高度重视意识形态工作，并纳入班子成员述职、考核、民主生活会发言内容；3月初召开年度专题会议，对2021年意识形态工作进行安排部署；坚持每季度召开1次专题分析研判会议，对重大事件、重要情况、重要社情民意中的苗头性倾向性问题，及时分析研判，并制定措施加以解决；严格落实中心组理论学习制度，全年开展党委中心组理论集中学习12次，集中研讨4次，班子成员人均撰写学习笔记1万字，共撰写体会文章40篇。深化党史学习教育。将党史学习教育作为一项重大的政治任务，第一时间制订学习计划，将“三会一课”、主题党日活动同“学习强国”有效融合，全年组织召开主题党日活动100次。深入开展“弘扬运河通航精神”大讨论活动，制订实施方案，成立领导小组，组建工作专班，将运河通航精神作为今后各项工作做深做实的精神引领，激励广大干部坚定信心，鼓足干劲，砥砺前行。开展庆祝中国共产党成立100周年系列活动。紧扣“讲好党的故事、展示党的辉煌成就、激发爱国爱党的热情、再创党的伟大业绩”主题，组织开展“勤读书、学党史、跟党走”读书会、“奋斗百年路 启航新征程”文艺演出、“唱响红色经典、不忘初心颂党恩”戏曲演出、“观看红色电影，凝聚奋进力量”电影下乡等一系列群众喜闻乐见的文艺演出和文化活动40余场。组织专题党课、重温入党誓词、为老党员颁发“光荣在党50年”纪念奖章活动，7月1日，组织全镇21个村同步收看庆祝中国共产党成立100周年大会直播，共同聆听领会习近平总书记讲话精神。

【全面从严治党】 加强组织协调，健全体制机制。制定2021年度《安头屯镇党风廉政建设和反腐败工作实施意见》，坚持每年不少于两次对中层干部开展廉政文化宣传教育活动，充分利用反面教材，警醒全镇党员干部“不敢腐、不能腐、不想腐”。细化分解任务，责任落实到岗。制定下发镇党委书记、领导班子其他成员、部门主要负责人、村党支部书记4类主体责任清单并“签字背书”，确保党风廉政建设和反腐败各项工作责任到人、推进有序。强化党内监督，加强执纪问责。坚持运用监督执纪“四种形态”，对党员干部苗头性、倾向性、轻微性问题线索，注重运用好谈话函询方式进行警示、督促、提醒，避免小错酿成大错，使党员干部绷紧廉洁勤政这根弦。换届后，组织21个村“两委”干部开展集体履职谈话，教育引导村干部迅速融入角色，提升本领、担当作为。2021年，镇纪委受理信访交办件7件，已全部办结。严肃查办案件，纯洁党风政风。严格依纪依法查处违纪违法案件，年内，共立案4件，处理党员4名，其中，严重警告处分1人，警告处分3人；运用“第一种形态”，对1名村干部进行了批评教育。

（甄丽菲）

渠口镇

【概况】 渠口镇政府驻地渠口村，位于香河县城东12.5千米，东临天津市宝坻区，西与钱旺镇相连，南至潮白河畔，北与三河市接壤。京哈高速（域内8.5千米）、通唐公路（域内8.5千米）东西穿越域内，全镇总面积66.32平方千米，辖48个行政村。2021年，全镇常住人口57912人，户籍人口50456人，完成财政收入1.08亿元。年内，全镇人居环境大幅提升、生态环境不断优化、重点项目全面推进、惠民政策有效落实、镇村换届圆满完成，各项事业稳步发展。6月，渠口镇党委、小圈村党支部分别被授予廊坊市先进基层党组织；10月，渠口镇被评为廊坊市“扫黄打非”规范点位；10月，店子务村农家书屋被评为河北省“红色书屋”；12月，渠口镇被评为2020年度廊坊市文明乡镇，小圈村被评为2020年度廊坊市文明村，渠口镇政府被评为2021年度廊坊市工业统计工作先进单位。

【工业】 2021年，全镇有各类备案企业316家。其中，钣金制品业160家、机械制造业42家、家具生产业39家、其他企业75家；规模以上企业11家，其中，年度新增规模以上企业3家；大个体企业2家，高新技术企业1家。年内，完成固定资产投资11亿元，规模以上企业产值6.04亿元，限额以上消费品零售额1105万元；帮助3家企业申请贴息贷款8万元。

【农业】 引导发展农民专业合作社，推动镇域经济。截至2021年年底，全镇发展专业合作社35个。其中，香河碧鲜特种植专业合作社有成员户104户，注册资金1800万元，种植面积13.57公顷（203.6亩），设施蔬菜大棚1公顷（15亩），保鲜库1座，冷冻库1座，资产总额2016.23万元；合作社对种苗、农药、化肥统一采购、统一使用标准，聘请农业专家指导病虫害防治、开展交流学习活动，以提升蔬菜种植质量，达到绿色认证标准，生产的优质蔬菜销往北京、天津等大型农贸市场、超市及香河华联香百超市等地。规划高标准农田建设。年内，做好高标准农田建设的前期准备工作，涉及蔡庄、东魏各庄、躲各庄、高山、固庄、黄沙务、邱庄、石虎辛庄8个村。

【农村人居环境整治提升】 开展城乡环境综合整治提升行动。贯彻落实县委、县政府《城乡环境综合整治提升行动实施方案》（香办字〔2021〕3号）文件精神，对镇域内私搭乱建、违法占地、小广告、卫生死角、建筑垃圾进行全面清理，整顿道路两侧乱贴乱挂、乱摆乱堆占道经营等行为。在环境整治行动中，出动人员9300人次、各种机械车辆1460台次，清理房前屋后堆积物8900处、村内积存垃圾5700处、坑塘沟渠170处，清理垃圾1.4万吨。农厕改造。对2013年以来各级财政支持改造的农户厕所质量开展“回头看”，共计10429座，其中，无问题厕所8578座，存在问题厕所1851座，年内完成所有问题厕所的整改。打造精品线路、精品片区。明确以“一横二纵三片区”为工作线路，打造独具渠口特色的精品片区。“一横”即通唐线精品线路，着重打造宣教寺商业街、渠口农贸市场和3处节点公园，年内，宣教寺商业街公共区域砖石铺设已经完成，商业街节点公园设施及道路绿化已建设完成，37户民宅自主改造全部启动建设；农贸市场和3处节点公园的设计规划图已完成，待审核通过后即可进场施工。“二纵”即蒋渠路、渠庆路精品线路。通过建设节点公园、商铺上档升级、道路美化亮化，打造宜居环境。“三片区”即以县域精品路线通唐线为依托，打造店子务和郜庄为主体的西部片区、以西魏各庄和小七里为主体的东部片区、以果蔬产业为依托打造谭家务村为主体的北部片区。

【生态环境保护】 大气污染防控。对已经取缔的239家“散乱污”企业，开展“回头看”，坚决杜绝死灰复燃、虚假整改；做好300余家工业企业治污设备正常运转监管工作，对发现偷排、偷放违规生产的企业，联合县级有关部门依法依规整改到位。扬尘治理，对施工工地和道路两侧裸土、料堆实施苫盖，取缔无证经营的料场、搅拌站12家；加大对唐通公路和蒋渠线等主要干道的洒水和湿扫作业频次；健全禁烧责任体系和工作机制，各村禁烧巡查员每日巡查，及时处理火情70次，宣传教育点火人30余人，镇派出所对情节严重的5名纵火人进行了训诫；推广使用清洁能源，在进行散煤禁烧管控的同时，针对“电代煤”取暖出现的问题，积极向群众推广安装空气能热泵取暖，从根本上杜绝散煤复燃，年内，有230户群众安装使用空气能热泵取暖；制定《重污染天气应急响应操作指南》，严格落实停产或限产等措施，实现应急减排。建立完善镇、村河长体系。全镇设置镇级河长16名、村级河长38名，各村“河长”开展踏河普查工作，严格使用“河长云”App，建立工作台账和巡查制度，全面掌握所管河道周边的垃圾、涉河违章建筑、黑臭水体等，年内，对县河长办公室下发的16个“交办单”和36处河渠问题全部整改到位。植树造林。年内，植树造林205.25公顷（3078.8亩），植树17万株，完成造林任务的114.02%。

【综合执法】 联合路政、交通、城建、土地等各部门联合执法，对违法建筑、违法用地等进行了集中清理整治。2021年，开展镇容秩序专项整治活动40次，通唐线拆除违法建筑200处，违法占地3.41万平方米，清理临时棚亭69处，规范广告牌匾240处；蒋渠线拆除违法建筑81处，违法占地8762.44平方米；拆除整改违法用地卫片图斑35宗，总面积7.42公顷（111.29亩）。加强对镇域内执法巡查和企业检查力度，全年开展企业执法检查38家，办理执法案件19件，环保罚没8件，安全生产监督罚没2件，城市管理罚没8件，住建扬尘罚没1件，共处罚金5.14万元。健全禁烧责任体系和工作机制，各村禁烧巡查员每日巡查，落实村属地管理责任。

【应急管理】 做好安全生产宣传，开展安全生产主题宣讲、安全生产应急演练等活动，增强广大人民群众的安全意识；与48个村和55家重点企业签订《安全生产责任状》；针对木质家具、危险化学品和有限空间企业开展专项隐患排查整治工作；年内，排查各类生产经营单位172家次，排查整治隐患412处。组织48个村食品药品安全协管员对辖区食品生产经营场所和大棚席进行检查登记上报；对12家重点超市、食品加工点进行检查，消除整改安全隐患15处。开展防灾减灾、森林防火及防汛抗旱工作，汛前备足防汛物资，成立镇、村两级防汛队伍，对4处桥梁、3座扬水站进行清理，坚持汛期24小时值班值守；组织各村对危旧房屋、排水设施进行排查、整改隐患。重污染天气应急响应。制定《应急响应操作指南》，年内，累计出动重污染天气巡查人员260人次，出动车辆130辆次，检查企业290家次，确保企业重污染天气启动期间应急减排措施落实到位。

【行政综合服务】 镇行政服务中心使用面积78平方米，设置服务窗口5个，实行AB岗。市场准入业务办理。办理营业执照647件，办理小餐饮业务51件，办理卫生许可业务2件，办理食品经营许可业务25件。

【平安社会建设】 开展第二阶段扫黑除恶专项斗争。召开3次党委专题会议研究部署，通过设置举报箱，公开举报电话等方式畅通信息渠道；组织召开扫黑除恶专项斗争动员会，镇党委书记与48个村党支部书记谈心谈话，进一步落实扫黑除恶专项斗争；做好宣传，悬挂宣传条幅120余条，发放普及读本1500余册，宣传图画300余张，展架图画宣传20个；2021年，镇域内不存在涉黑涉恶问题，未收到举报线索。将普法和反邪教宣传同时进行。加大宣传力度，印制对反邪教、打击传销、普法、非法集资、扫黄打非等条幅标语110条，发放宣传图册2000余册，通过流动宣传车、微信公众号等方式进行宣传。禁毒工作。成立禁毒工作领导小组和社区戒毒康复工作站，与村签订禁种承诺书、责任状，切实履行禁毒工作最基层责任人职责；大力宣传禁毒工作，发放禁种铲毒类宣传册500余份，安装永久性禁种宣传牌30个，营造出全面禁毒的浓厚氛围；对48个村开展排查，确保大麻零种植、零产量。网络电信诈骗、“扫黄打非”行动。开展“净空、净网、护苗、新风、正道”五大专项行动，进村、进企业、进集市、进校园，组织对非法出版物、印刷品及音像制品等市场专项排查，对全镇48个村出租房屋、厂房等进行全面排查，严防非法出版物在辖区储存、售卖。

【基层社会治理】 矛盾化解。充分利用市、县、乡三级视频联动接访平台，落实领导班子成员轮班值勤制度，将矛盾化解工作纳入包村干部和村干部绩效考核；组织开展村街综治网格员培训，年内，全镇67名网格员上报矛盾纠纷500余件，全部办结。坚持“标本兼治、防打结合、综合治理”的原则，开展预防做好法律援助、法律咨询、人民调解、法律宣传等工作。2021年，接收矫正人员16人，解除社区矫正人员24人。组织普法宣传工作2次，发放普法书籍1400余册。完成法律援助案件3件，法律咨询20件。

【信访工作】 在镇信访接待中心每天安排3名科级干部接访，第一时间掌握群众矛盾和诉求，做到小事不出村，大事不出镇。2021年，接待群众来访169人次，反映问题均得到妥善处理；受理省政府便民热线信访案件505件，其中，办结494件，退回2件，其余9件正在办理中，做到及时回复，无超期案件；廊坊智慧信访App受理案件10件，均已办结，结案率100%；受理其他网上信访案件51件，均已结案，结案率100%。

【社会保障】 2021年，新增低保人员85户90人，特困人员6户6人。城乡居民医疗保险缴费36654人，城乡居民养老保险缴费16861人，其中养老保险缴费新增149人；为10350名60岁以上老人发放养老金200.41万元，3月和9月，通过“看看社保”App对全镇60岁以上老人进行养老金发放待遇资格认证。进一步强化优生优育，增强生育服务意识，落实好各项生育奖励扶持优惠政策。年内，为1083名生育奖励扶助对象发放扶助金103.9万元，为33名生育特殊家庭人员发放特别扶助金3.6万元，为33名生育特别扶助人员发放生育救助公益金7.3万元。落实退役军人优抚政策。为60周岁的农村籍退役士兵办理生活补助申请，为重点优抚残疾军人报销医

5月25日，渠口镇“童心向党 礼赞百年”六一文艺汇演举办　　渠口镇政府供图

疗费。继续落实各项精准扶贫政策，定期入户走访，新签入股分红协议3户12份。

【文化建设】 制订《渠口镇2021年开展文化活动计划》，举办庆祝中国共产党成立100周年广场舞演出和书画展、“童心向党 礼赞百年”六一文艺汇演、迎元旦文艺演出、迎新春送春联、迎新春趣味运动会等活动，群众文化生活日益丰富。建立红色教育基地。投资80万元，将“店子务惨案”遗址打造成红色教育基地，基地设有背景展牌、展厅、遗址展示物等，年内，完成300平方米的展厅及相应的软硬件建设。

【精神文明建设】 宣传社会主义核心价值观，组织开展“五好文明家庭、十星级文明户”评选活动，发掘推荐镇域内的优秀先进典型，大力培育文明乡风、良好家风、淳朴民风。常态化整治村环境卫生，清理村级房前屋后杂草垃圾、卫生死角、河渠坑塘，村环境显著提升。加强志愿者队伍建设，多元组织志愿服务活动，把志愿服务融入服务居民、关爱帮扶等方面。扎实推进“最美家庭”“孝老爱亲模范”等评选活动，精心组织爱老敬老系列服务活动和维护妇女儿童合法权益宣讲活动。开展省级文明县城创建，建立乡风文明示范街，更换通唐路两侧宣传展牌15块、分类垃圾桶80处，高标准建设户外公共卫生间2座，增强群众的文明意识和社会责任感。开展文明村镇复查申报工作，小圈村2020年成功申报了第六届全国文明村镇，2021年，顺利通过省级文明村镇验收，并高分通过省级文明县城复检测评组的实地测评。

【新冠肺炎疫情防控】 在做好疫情排查、管控的同时，积极组织适龄人员有序接种新冠疫苗。2021年，全镇新冠病毒疫苗第一针接种47791剂次、第二针接种45947剂次、加强针接种20987剂次；辖区3—11周岁儿童3702人，其中，在园在校3648人，不在园不在校54人，第一针接种3932剂次，第二针接种2947剂次。

【基层党组织建设】 加强党员队伍建设，新发展党员95名，解决2年不发展党员村6个、3年不发展党员村2个，党员队伍结构持续优化。充分发挥“学习强国”“先锋在线”学习平台作用，“学习强国”App下载激活人数达19899人。创建示范村，重点打造5个首都政治“护城河”党建示范村，其中，康庄等3个村完成挂牌。针对软弱涣散村整治问题，通过排查，确定金庄、卸甲庄2个后进村，全部完成转化。深化“两考三评一定”绩效考核，换届后镇党委与村党组织书记签订任期和年度目标责任书，细化任期承诺和年度目标列入考核体系，并将疫情防控、综治维稳、城乡环境整治等重点工作，动态纳入考核指标体系，考准考实工作实绩，差别落实经济待遇。

【意识形态工作】 坚持党管意识形态不动摇，健全工作机制，强化责任担当，定期召开党委专题会议研究部署意识形态工作，牢牢掌握意识形态工作的领导权。大力弘扬运河通航精神，以“运河通航精神

5月8日，“讲党史 说故事 渠口镇红色基因代代传”活动在店子务中心小学开展
渠口镇政府供图

7月1日，组织机关党员收听收看庆祝中国共产党成立100周年大会直播
渠口镇政府供图

大讨论活动”为契机，统筹推动全镇各项工作再上新台阶。用习近平新时代中国特色社会主义思想武装全党、教育人民，以社会主义核心价值观引领社会思想意识和价值取向，不断提高百姓的思想觉悟、道德水准、文明素养。坚持以人民为中心，把“我为群众办实事”实践活动贯穿党史学习教育始终，把学习成果转化为为民服务和干事创业的动力源泉。强化舆情引导，完成镇信息化网络中心和48个村及大爱城社区网信工作服务站建设，筑牢网络意识形态阵地。组织党员观看庆祝中国共产党成立100周年大会。强化对外宣传，年内，在中央、省级媒体刊发稿件15篇，《廊坊日报》刊发稿件23篇，《新香河》、“香河头条”微信公众号等媒体刊发稿件40篇，廊坊电视台、香河电视台多次对镇工作开展情况进行专题报道。

【全面从严治党】 严格落实一岗双责、党政同责，精准把握运用监督执纪“四种形态”，强化“两个责任”落实。签订镇、村两级《落实党风廉政建设主体责任承诺书》，落实廉政提醒制度、诫勉谈话制度。在“弘扬运河通航精神”大讨论活动中，围绕素质能力、担当意识、思想观念和纪律规矩4个方面存在的“庸、懒、疲、虚”16个突出问题以及优化营商环境开展自查自纠，推进干部作风大转变、工作效能大提升。组织48个村150名新一届“两委”干部开展集体履职谈话；镇纪委牵头对村街管理的各项制度修订完善，印制《渠口镇村管理制度汇编》发放到各村，进一步规范村“两委”干部履职尽职。2021年，收到信访举报问题线索14件，全部处置到位；对问题线索立案6件，其中，给予党纪处分6人，初核后转县纪委立案1件，由县纪委给予开除党籍处分1人。

（张　朝　王旭东）

钱旺镇

【概况】 钱旺镇政府驻地钱旺村，位于香河县城东，距县政府5千米，辖区面积36.9平方千米，有21个行政村。2021年，全镇有8337户、27878人，财政收入5854万元，其中，一般公共财政收入2568万元。年内，钱旺镇被评为廊坊市脱贫攻坚突出贡献集体、2020年度廊坊市文明乡镇、廊坊市统计调查工作先进集体，香河县文明单位；团镇委被团市委评为廊坊市“五好”活力团组织。

【工业】 2021年，有规模以上工业企业8家，完成产值6.32亿元，同比增长11.6%，新增规模以上工业企业1家；固定资产投资完成6.06亿元；新增河北省科技型中小企业2家，累计67家。

【项目建设】 2021年，引进项目3个。华电香河燃气能源站项目。规划占地18.53公顷（278亩），规划建设4台燃气蒸汽联合循环机组，总建设规模1350兆瓦，一期工程建设规模350兆瓦、二期建设规模1000兆瓦，项目全部建成后，可实现年发电量54亿千瓦时，年供热能力可达1026万G焦，满足2200万平方米供热需求，年内，完成该项目一期用地征收。华海云谷云计算数据中心项目。规划建筑面积11万平方米，其中，一期建设面积6.8万平方米，配置约1万个云计算机柜；二期改造建筑面积4.2万平方米，配置约6960个云计算机柜。项目建成后，为云计算、大数据、工业互联网、区块链、人工智能、自动驾驶等行业提供数据运算及存储服务。年内，启动该项目一期占地征收手续。香河强胜电动车制造有限公司新建年产2万辆新能源智能巡航车项目。占地5公顷（75亩），总建筑面积3万平方米，主要建设新建产品研发中心、锂电池生产车间、产品集成中心、产品展示厅等设施，购置生产设备。年内，该项目已签订框架协议，开始项目选址。

【农业】 2021年，小麦种植面积521.33公顷（7820亩）、玉米种植面积781.13公顷（11717亩）；扩大莴笋等蔬菜种植和梅花等经济作物种植规模，实现农民增产增收。做好林木的管护和病虫害防治，配合飞机防治，有效遏制虫害的发生。

【农村人居环境整治提升】 推进农村生活污水治理。实施村街分散式污水处理工程，年内，在袁官屯、大高屯、达古庄、义井、焦康庄、田贾庄、马房顶7个村安装分散式污水处理设备497套。着力提升村容村貌。完成大高坨、钱旺村、田贾庄、焦康庄4个村街道路硬化提升，硬化面积111739平方米。农村厕所改造。对2013年以来农村厕所改造进行“回头看”，涉及12村、4396座厕所，其中，发现问题厕所897座，全部整改到位；刘庄和土堡子2个村新改造厕所140座。加速拆违控违工作。拆除违建199处、5.43公顷（81.5亩），拆除卫片图斑违法用地13宗、2.02公顷（30.33亩），拆除乱占耕地建房6处、7535平方米，圈占土地1宗、1300平方米，各村新增违法建筑20处、1.3万平方米。精品线路沿线清理。拆除大辛路（大六王至义井段）和平香线（大高坨至大六王段）两条精品线路道路两侧私搭乱建50处、4000平方米，清理店外经营20余处，拆除精品线路沿线钱旺、义井、田贾庄等村街各类私搭乱建60余处，清理垃圾860余吨，清理乱堆乱放630余处。打造袁官屯、义井、大高坨、钱旺村、田贾庄5个精品村。开展环境卫生整治行动，清理房前屋后垃圾、杂草等，清理乱堆乱放、私搭乱建，对村主干路、村巷道两侧路肩实施硬化，对村主要道路两侧墙面进行统一设计、粉刷、美化，田贾庄、大高坨、钱旺、义井村安装路灯370盏，栽植乔木、灌木进行绿化。

【生态环境保护】 加强扬尘综合治理。对辖区国、省干道两侧裸露土地、渣场料堆实施苫盖，对各主干道路、工业园区实施水车洒水降尘，督导辖区内建筑施工项目规范施工，发现问题及时整改。“散乱污”企业整治。对“散乱污”企业进行动态监管，对已取缔“散乱污”企业持续开展“回头看”，确保不反弹。露天焚烧治理。对主干道路沿线、河渠岸边树叶杂草进行定期清理，督促第三方公司对各村街垃圾池及时清理，有效减少焚烧垃圾杂物现象；全面禁止露天焚烧，镇巡查队员和村街巡火员每天对辖区主干道路沿线、各村街进行巡查，发现问题及时处理，年内，对2起露天焚烧当事人进行批评教育和相应处罚。散煤管控治理。各村在村口设立检查点，严查散煤入村销售行为；加大对工业企业、养殖场、商铺排查力度，切断散煤终端使用；全方位、多渠道动员广大群众提高认识，引导使用清洁能源。水污染防治。对辖区河渠坑塘持续开展再排查再治理，清理河渠沿岸和坑塘周边垃圾，确保辖区水环境持续改善。土壤污染防治。鼓励辖区养殖专业户和散养户对产生的粪污进行无害化处理，综合利用，严禁畜禽养殖粪便直排农田，避免造成土壤污染。

【应急管理】 提高应急防范意识。围绕洪涝灾害、安全生产事故、火灾、洪水、流行病疫情等问题广泛宣传预防、避险、自救等应急知识，悬挂横幅100条，墙面标语63条，出动宣传车40辆次，各类宣传安全生产知识短信、微信3000条，发放各类应急宣传单页6000份，切实增强群众的应急知识和自救互助能力。增强安全生产保障能力。在危险化学品安全综合整治行动中，检查企业1家，发现一般安全隐患2处，限期整改完毕；在烟花爆竹禁燃禁放行动中，对辖区进行全面排查，未发现有存储和销售烟花爆竹行为；做好重点部位的安全隐患排查，对施工工地实行不定期抽查、对化工企业实行每季度检查1次，共检查各类生产经营场所86家次，存在隐患209余处，均已整改到位；推进企业标准化建设和企业风险辨识管控，组织召开企业标准化建设和风险辨识管控工作现场推进会，督促企业进一步强化风险管控措施和隐患排查治理责任的落实，全镇有52家企业完成标准化及双控机制建设工作。组织开展3次森林防灭火安全检查，发现隐患5处，并督促完成整改。开展消防安全隐患排查，重点对学校、加油站、液化气供应点、汽车销售与维修网点等场所开展专项排查整治，共排查消防安全隐患268处，均已整改到位。

【行政综合服务】 为方便服务百姓生活，保障各项权力下放彻底，镇行政综合服务中心以“让群众好办事，为群众办好事”为宗旨，以一个中心对外、一个窗口受理、一条龙服务、一站式办结为原则，实行“窗口管理、内部运作、上下联动、全程服务”，真正变群众跑为干部做，变多次办为一次办。2021年，办理个体工商户注册220件、变更38件、增补证照32件、注销92件，办理食品经营许可（销售类）65件、小餐饮登记14件、小摊点备案4件；办理企业注销165件；办理林木采伐证12张；发放生育服务证161张、独生子女证26张。

【平安社会建设】 把“扫黄打非”工作和扫黑除恶专项斗争有机结合起来。通过宣传栏、标语、横幅、明白纸、天网广播、微信平台等多种方式加大宣传力度，加强对“扫黄打非”和扫黑除恶专项斗争政策、法规宣传，全面提高群众自觉抵制“淫秽色情、血腥暴力、校园霸凌、自杀自残、盗版侵权”思想意识；不定期对辖区内重点区域、图书库房、音像图书门店、打字复印店、酒店等场所进行检查，规范经营秩序，营造积极健康的良好社会氛围。开展铲毒禁毒宣传，确保毒品“零种植、零产量”。严厉打击非法传销、“法轮功”等各种邪教组织。开展电信诈骗防范宣传，增强人民群众对各类诈骗手段的识别和防范能力，推广使用“国家反诈中心”App。

【信访工作】 落实领导干部接访、下访和包案制度。镇党委书记、镇长每周定期接待，化解各类疑难信访案件；班子成员定期值班，与上访户零距离接触交谈，面对面倾听呼声，并做好问题的收集、梳理，将信访群众的诉求解决在基层、人员吸附在基层。坚持信访事项日报告制度，确保信息渠道畅通；对突发性、苗头性问题，及时掌握动态，抓初访、抓苗头，做到应对决策快、办事流程短、处置效率高。把保障和改善民生作为化解社会矛盾的有效途径，依托网格化管理，掌握了解因灾、因病致贫致困家庭，协调相关部门，对弱势群体和困难群众给予扶助，构建“多元化”惠民保障机制，有效化解矛盾纠纷。年内，妥善处理“12345”省长热线电话信访件320件及其他各类信访问题。

【社会保障】 2021年，全镇有城乡低保280户、318人，其中，新增32户、36人，全年发放低保金148.94万元；有特困户140人，其中，新增特困4户4人，全年发放特困金240.05万元；全年为80岁以上高龄老人发放补贴54.98万元；为56户困难群众发放慰问品和慰问金。发放重度残疾人护理补贴63万元、困难残疾人生活补贴85.3万元。落实计划生育各项优惠政策，独生子女父母退休一次性奖励及时发放率100%，按时发放农村计划生育奖励扶助补贴和特别扶助补贴。开展退役军人信息完善及优抚对象认证工作，发放退役军人优待证等证书并悬挂光荣牌；落实优抚对象各项政策，春节、“八一”等重要时间节点走访慰问退伍军人、残疾军人、军属、烈属、烈士子女，发放慰问信、慰问金。

4 月 23 日，钱旺小学学生开展“读党史 感党恩” 世界读书日阅读活动
钱旺镇政府供图

12 月 29 日，钱旺镇“庆百年” “迎元旦” 乒乓球交流赛举办　　钱旺镇政府供图

【文化建设】 发挥农家书屋、休闲健身广场、娱乐活动室等设施的作用，以文艺节目为载体，倡导文明健康的生活方式，并以镇文化站为龙头，开展一系列文化宣传活动，弘扬正气、凝聚人心、促进和谐。提高基层文化阵地的使用率。春节期间，在义井村开展“喜迎新春 文化惠民”送春联主题活动；开展“读党史 感党恩” 世界读书日活动；“七一”期间，开展“重温党史、铭记初心，热烈庆祝中国共产党成立 100 周年”广场舞交流赛；元旦期间，举办“庆百年、迎元旦”歌曲交流赛、乒乓球交流赛；协助市县文化部门开展“七进”惠民文化演出活动 10 余场，基层文化阵地已成为群众的“精神家园”。

【精神文明建设】 把传播思想、凝聚人心放在首要位置，广泛开展诚信教育和社会主义核心价值观教育实践活动，积极引领干部职工做道德的楷模、行业的尖兵、文明的典范。大力倡导文明新风，促进全镇践行社会主义核心价值体系的思想自觉、文化自觉、责任自觉和道德自觉。着力把新时代文明实践中心建设成学习传播科学理论的大众平台，以群众乐于接受的传播方式持续开展宣传教育，让新时代文明实践中心成为凝心聚力的精神堡垒，2021 年，全镇 21 个村实现新时代文明实践中心全覆盖。坚持线上线下互联互通，将党员活动室、图书室、道德讲堂、综合文化站等阵地资源贯通联通，实现信息、资源、活动、学习共享，达到“激活、整合、下沉、共享”的目的，切实增强综合效益和整体效能，实现文明实践活动与新媒体传播力建设相互支撑、相互促进。

【新冠肺炎疫情防控】 把“守土有责、守土担责、守土尽责”作为新冠肺炎疫情防控的出发点，强化风险意识和底线思维，筑牢守护人民群众生命的防线。坚持“全面细致排查，严防死守，逢车必检、逢人必测”的工作要求，各村设立疫情防控检查点，镇村干部带头值守，落实疫情防控政策，对外来车辆和人员进行严格排查、消毒、测体温、查证件、查行程码和健康码，并登记在册。督导企业落实落细安全生产和疫情防控主体责任，帮助企业协调解决用工、原材料、资金等实际困难，营造优质高效的营商环境，做到疫情防控、安全生产两不误。

【基层党组织建设】 2021年，全镇有党支部32个，分别是21个村党支部、9个非公有制企业党支部、镇直机关党支部和青年路党支部。严肃党内生活，提高政治建设。镇党委把坚定理想信念作为思想建设的首要任务，牢牢抓住党性教育核心，认真落实“三会一课”制度，开展书记讲党课、民主评议党员、党员承诺践诺、谈心谈话活动，提高党员素质，增强党的凝聚力和战斗力。加强组织阵地建设。着力打造集学习讲堂、道德讲堂，党建活动室于一体的多功能学习阵地，精心营造“党建之家”，加强组织阵地建设，年内，高标准打造袁官屯、达古庄、后大街、钱旺村、大高坨5个村“两室”建设。扎实做好党员发展工作，全年发展党员50名，解决了袁庄、大高坨等6个3年不发展党员村。圆满完成镇党委换届。6月15－17日，召开中共香河县钱旺镇第二次代表大会，选举产生钱旺镇第二届委员会委员9名。圆满完成村党支部村委会“两委”换届。3－4月，完成村“两委”换届选举工作，21个村党支部书记、村委会主任实现一人兼，大专以上学历占33.4%；村“两委”干部交叉任职比例达23.3%，村民委员会成员、村民代表中党员的比例达29%，村委会成员中女性比例达到33.3%，每个村“两委”班子成员中均有1名35岁以下年轻干部。庆祝中国共产党成立100周年。组织开展“重温入党誓词”、为老党员颁发“光荣在党50年”纪念章、“文明实践同心向党、志愿服务献礼七一”、“千名党员送寄语忆百年”等活动，为中国共产党成立100周年献礼。发挥基层党组织战斗堡垒作用。各基层党支部把疫情防控作为重要任务来抓，让党旗在疫情防控一线高高飘扬，全镇设立党员责任区和示范岗21个，成立党员突击队22个，272名党员志愿者投身疫情防控工作。

【意识形态工作】 镇党委把意识形态工作作为重要政治责任，全面落实意识形态工作责任制要求，把意识形态工作纳入党建工作责任制，建立健全意识形态工作研判机制。深入贯彻落实中央、省、市、县委的决策部署，紧紧围绕学懂弄通做实党的创新理论，在全镇开展党史学习教育，通过组织开展各类党史学习教育、结合“我为群众办实事”主题实践活动，切实把学习成效转化为为民服务的动力。加强党员学习教育，深入学习“忠诚担当、创新实干、敢打敢拼、聚力争先”的运河通航精神，提高机关党员的思想认识；举办如何弘扬运河通航精神座谈大讨论活动，让支部书记们互相学习，取长补短，把运河通航精神落实到实际工作中。

【全面从严治党】 镇党委始终坚持将党风廉政建设作为党的建设重点工作来抓，把主体责任纳入党委、政府重要议事日程，与重点工作同部署、同推进、齐抓共管，坚持做到每项工作有责任领导，有具体责任人，切实把全面从严治党工作层层落实。2021年，制定《钱旺镇落实全面从严治党主体责任工作要点》《钱旺镇全面从严治党主体责任清单》《钱旺镇党风廉政建设和反腐败工作要点》，镇党委书记分别与班子成员签订了《2021年度落实全面从严治党和加强党风廉政建设主体责任承诺书》，组织班子成员召开多次党风廉政建设推进会，对党政班子成员集体谈话5次，开展警示教育。

（张艺馨）

蒋辛屯镇

【概况】 镇政府驻地蒋辛屯村，位于县城北10千米，全镇总面积28.8平方千米，辖18个行政村。2021年，镇党委、政府坚持以习近平新时代中国特色社会主义思想为指导，以开展党史学习教育和“我为群众办实事”为载体，以弘扬“大运河通航精神”为引领，抢抓京津冀协同发展和北京城市副中心建设重大机遇，紧紧围绕“建设协同发展示范区、绿色活力幸福城”的目标，坚定信心、攻坚克难，大力发展特色乡村旅游产业，圆满完成各项目标任务。年内，财政收入完成4.9亿元，同比增长39.2%，一般公共预算收入3.24亿元，固定资产投资7.08亿元。2月，蒋辛屯镇被评为廊坊市基层平安建设先进单位；3月，蒋辛屯镇党委、政府被评为香河县实绩突出领导班子；6月，蒋辛屯镇党委被评为廊坊市先进基层党组织；7月，蒋辛屯镇、梁家务村被评为第三批河北省乡村旅游重点村镇；8月，蒋辛屯镇被评为第一批全国乡村旅游重点镇；12月，蒋辛屯镇被评为廊坊市文明单位、廊坊市投资领域统计工作先进单位。

10月9日，北五百户村香河弘茂绿色现代农业项目温室大棚内的水果黄瓜　县融媒体中心供图

【农业】 2021年，小麦种植面积296公顷（4440亩），产量1887吨；玉米种植面积287.87公顷（4318亩），产量20403.36吨；蔬菜种植面积131.07公顷（1966.05亩），产量7951.75吨；果品种植面积63.4公顷（951亩），产量687.4吨；畜牧养殖44661头（只）；有农字型企业13家，农业专业合作社18家。

【乡村旅游】 将休闲农业与乡村旅游作为推进乡村振兴的重要引擎，深入挖掘区位优势和生态资源优势，推行“企业+农户”产业发展模式，打造从田间到餐桌的现代农业全产业链，形成一、二、三产业融合发展的现代农业产业体系新格局。实施乡村旅游线路提升标准工程。打造完成水岸潮白—菊香小镇—百年渡口—绿野农庄精品旅游环线、李庄—岭子—王店子—河北吴村—北三百户美丽乡村环线，线路周围文娱、驿站、停车场等基础设施完善提升标准，增设完善各类标识120余处。民宿集群效果初显。通过鼓励村民盘活闲置宅基地，统一包装打造运营，引入“香居小筑”“别处潮白”“别处菊香”精品民宿品牌3个；建成“香居小筑”系列主题民宿7家，“别处潮白”系列主题宅院27家，“别处菊香”系列主题民宿31家，民宿集群效应初步显现；“李家大院”3套客房可容纳12人同时入住，房车营地内有房车24辆、营地帐

4月18日，香河县首届“乡约潮白”梨花旅游节暨中青旅遨游国际旅游有限公司与水岸潮白景区签约仪式在蒋辛屯镇举行　县融媒体中心供图

9 月 27 日，参加 2021 廊坊市文化旅游产业发展大会的部分领导和佳宾到水岸潮白景区“李家大院”主题民宿参观　　县融媒体中心供图

篷 20 座，岭子村新增房车 10 辆；依托锦绣潮白、水岸潮白 2 个景区资源，节假日民宿、房车和帐篷入住率达 90%以上。开展丰富多彩的旅游活动。4 月 4—6 日，在水岸潮白景区举办“踏青赏花旅游节 + 海狮表演”活动，接待游客 5.1 万人，实现收入 35 万元；4 月 18 日，香河县首届“乡约潮白”梨花旅游节暨中青旅遨游国际旅游有限公司与水岸潮白景区签约仪式在蒋辛屯镇举行，开展梨花游园、千人踏春徒步、百人自行车骑行、文化民俗演出、房车营地体验、非遗文化体验、儿童运动会等精彩文化旅游活动，吸引 2500 名来自京津冀地区的游客游览和体验；5 月 1 日，首届潮白民俗文化旅游节暨多米的农场开业庆典在水岸菊香小镇举行；5 月 1—5 日，水岸潮白景区“龙虾王国”开园，接待游客 1.2 万人，实现旅游收入 28 万元；9 月 27—28 日，2021 年廊坊市文化旅游产业发展大会在水岸潮白景区等地设置分会场。年内，水岸潮白景区接待各类团建活动 26 次，研学活动 13 次，接待旅客 8500 人，实现旅游收入 80 万元。

【旅游项目建设】　2021 年，为推动乡村旅游与农业融合发展，引入集种植、采摘、观光于一体的农业旅游项目 3 个。领子村水岸潮白绿色康养田园综合体项目。建设完成京东蔬艺园一期，包括水肥一体化设备、基础设施、入口景观区、家庭蔬艺区、社区蔬艺区、休闲景观区、郊区蔬艺区、水系、外围林带绿化和道路、高标准育苗温室、配套设施购置等；建设完成别处荷香民宿小院、百果园接待厅、一期商业街。绿野农庄旅游项目。建设完成观光景墙、景观亭、景观廊、石栈桥、荷塘月色等休闲景观区及果树采摘区，内部基础设施继续提升改造。水岸潮白田园综合体项目。共享农庄内基础设施提升改造，建设完成儿童娱乐设施，晋王寨娱乐基地内增加无动力拓展设施，增加房车 12 辆。

【农村人居环境整治提升】　实施老夏安线整治提升工程。拆除老夏安线大窑上段违章建筑 15 处、5500 平方米，完成沿线坑塘、拆除后的空地以及景 观节点规划设计和整治提升，绿化补植 3600 平方米，建设连接桥 16 座，花池 300 平方米，节点绿化 440 平方米，墙体彩绘 1500 平方米；清理道路两侧边沟 2 万平方米，种植树木 650 棵，野花组合 1.85 万平方米。实施镇区道路环境提升工程。完成镇区道路养护改造，修缮破损道路 7500 平方米，修复更换道路两侧破损围挡 7000 平方米，清理更换广告牌匾 156 处，铺设草坪 600 平方米，有序规范车辆停放。实施村（社区）环境及基础设施提升工程。清理各村房前屋后 5440 处，清理坑塘、残垣断壁 60 处，更换灯杆、蓄电池等照明设备 260 处，清除私搭乱建 113 处、2200 平方米；各村（社区）确定 1 处展现风貌的亮点进行重点打造，机制上墙，标识清晰。实施涿密引线绿化提升工程。完成引线边沟清理、花草补植 3900 平方米，树木补栽 560 棵，垃圾清运 930 立方米。实施梁务干渠改造通航工程。建设 3.5 千米生态廊道，打造活力人文体验区、自然风光展示区、历史文化体验区三个功能区；完成项目整体设计方案、效果图，建设提升泵站1座，河道清淤4.1万立方米，护坡修复2.8万平方米。开展“美丽庭院”创建。每季度组织村开展美丽庭院、精品庭院创建评选活动，年内，全镇建成美丽庭院1895户、精品庭院226户。深化落实“门前五包”机制。制定标准，督导村街、企业、社区、门店严格执行，落实奖惩机制，打造环境绿、美、净、亮，生产生活井然有序。深化落实绿化及基础设施管护机制。建立健全村内公共绿化、基础设施以及房前屋后环境卫生管护奖惩机制，采取网格员管护、村街集体管护的形式分包到户，并纳入村规民约。

【生态环境保护】 2021年，严格落实大气污染防治综合治理各项措施，打好蓝天、碧水、净土保卫战。治理“散乱污”企业。清理反弹的“散乱污”企业9家，清理拆解旧机动车企业9家，保持“散乱污”企业动态清零。治理扬尘。加强对道路施工工程和7个建筑施工项目工地监管，重点解决裸露土地和料堆苫盖、露天焊接、喷漆等问题，检查发现问题25个，全部整改到位。挥发性有机物（VOCs）及油烟污染治理。有涉挥发性有机物（VOCs）企业9家，其中，5家申请提升治污设备升级；加强对36家餐饮饭店巡查，检查油烟净化设施清理净化情况，发现问题，及时整改。禁止露天焚烧。对辖区内易燃高风险地区的落叶、杂草进行清理，网格员加强巡查，发现火情第一时间处置。实施河渠清理专项行动。主要干渠排污口全部封堵完毕，完成河渠清“四乱”治理、违建拆除、河渠垃圾清理，对丰收渠、蒲池河、梁务干渠、老梁务干渠、蚂蚱沟全线排查2次，自查发现排污口5个，全部整改到位。打好绿色发展攻坚战。构建绿带环绕、绿廊相连、绿块镶嵌的生态景观格局，围绕干路水系、村内村外，设景观节点、休闲娱乐设施，完善国、省主干交通线、河流干渠景观防护林，完成绿化2万平方米。

【应急管理】 加强元旦、春节、全国“两会”、中共十九届六中全会等重大节日和重要会议期间的安全生产。成立安全生产工作领导小组，召开专题会议研究部署，组织开展10次安全生产大检查、12次专项整治检查和“安全生产月”活动；进一步深化安全生产打击非法违法生产经营活动行为、消防安全专项整治三年行动、木材加工产业消防安全等专项治理工作，开展执法检查176次，检查企业338家次，发现安全隐患269个，全部整改完成。加强食品安全，对辖区内8家“大棚席”、8家“小饭桌”登记造册，实施台账式管理，确保食品安全。强化“双控”机制建设，25家重点企业全部完成“双控”机制建设，配合完成对规模以上企业“双控”机制建设评估验收。加强安全生产宣传力度，充分利用广播、微信、电子屏等媒介，并组织开展街面集中宣传、举办培训班、开展应急演练等方式加强安全生产宣传教育工作。强化应急备战值守，实行24小时值班制度，每天出动执法车在镇域内进行巡逻，确保及时发现隐患、消除隐患。

【行政综合服务】 严格按照“放管服”改革决策部署，规范行使下放审批权限，打通服务群众“最后一公里”。深化镇行政综合服务中心、村（社区）便民服务室标准化建设，以群众满意为标准，以“便民、利民、为民”为原则，加强对服务人员的思想教育、业务技能培训，打造事项最简、流程最优、成本最低、服务一流的“至简审批”模式，实行“延时服务”“预约服务”等服务模式，便民服务事项按时办结率达98%。全面推进镇行政综合服务中心“一站式”服务，推进行政效能建设。规范设置4个综合服务窗口，实行“综合受理，一窗通办”工作模式，坚持首问责任制、限时办结制。2021年，办理各类事项2600余件。其中，个体工商户注册登记107件、变更18件、注销31件，企业注销432件，生育服务证办理98件，休复学申请审批7件，登记食品经营许可10件。

【平安社会建设】 创建无毒村

街。通过广播、微信、印发通告、张贴标语、悬挂横幅、制作展牌等形式，加强对禁毒铲毒工作的宣传，营造浓厚的禁吸禁种、戒毒铲毒社会氛围；开展“平安关爱”行动，加强对吸毒人员管理。创建无传销村。通过广播、液晶屏滚动播放、张贴明白纸等形式宣传打击非法传销，开展8次打击非法传销进社区、进村集中宣传活动，在镇域内18个村、3个社区发放宣传资料2000余份。创建无电信诈骗村。加强对“国家反诈中心”App宣传推广，并逐村入户帮助群众下载安装，截至年底，有5779人安装使用“国家反诈中心”App。

【基层社会治理】 落实网格化治理。全镇18个村划分网格93个，网格管理员143人，2021年，网格员办理群众服务事项1100件，解决矛盾纠纷40起。加强信息化管理。建立镇指挥调度中心，建成覆盖全域32平方千米数字地图，依托智慧城镇一体化平台，镇村干部、村街网格员安装手机App小程序，对违法建筑、垃圾倾倒等现象快速反应，形成覆盖镇村两级的监控、处置网络。建立健全村规民约。修订完善各村《村规民约》，村民逐步树立生态、文明、健康的生活方式，营造乡风好、环境优、人和谐、生活美的良好氛围。加强对流动人口和出租房屋管理。实现流动人口“人到登记、人走注销”，做到暂住人口、出租房屋底数清、情况明，年内，清查823户流动人口2057人。

【社会保障】 规范化管理低保、特困供养人员。2021年，全镇有农村低保176户208人，城镇低保3户4人；特困分散供养63户63人，集中供养4人；办理新增低保24户30人，农村低保注销34户35人，城镇低保死亡注销1户1人；新增特困供养7户7人，特困供养注销37户37人。残疾人待遇保障。年内，新增23人享受残疾人生活补贴，新增25人享受重度残疾人护理补贴，注销享受残疾人生活补贴、护理补贴32人，为34人办理残疾证；为279名残疾人缴纳医疗保险参保费，为19名残疾人发放辅助器具，为22名精神类残疾人提供药物。城乡居民参保。年内，城乡居民社会养老保险参保7997人，城乡居民医疗保险参保16106人。退役军人事务管理。为60周岁以上农村籍退役士兵办理生活补贴手续，为农村籍义务兵发放优待金115017元。

【新冠肺炎疫情防控】 2021年，全镇18个村进村路口全部设置检查点，实行24小时值班制度，对车辆和人员进行登记、测量体温，查验健康码、行程码等，严格实行管控措施；各村结合网格化管理，累计排摸245万人次，有效守护村民的生命安全和健康；全镇张贴宣传海报200张、悬挂横幅90条，发放疫情防治知识明白纸1.6万份；村、社区落实“五包一”居家隔离政策，居家隔离79人，集中隔离11人；有序组织新冠病毒疫苗第二剂接种16051人，加强免疫针接种3855人；对辖区内137家企业、商铺、私人门诊、药店进行督导检查，确保疫情防控措施全部落实到位；坚持机关及村街、社区疫情防控相关人员每周一次核酸例行检测工作，确保检测不落一人。

【基层党组织建设】 圆满完成村“两委”换届工作。3—4月，完成村党支部、村委会换届工作，选任新一届村“两委”干部88人，其中，党支部成员56人，村委会成员61人，交叉任职29人，35岁以下25人，高中及以上学历66人，女性23人。党建阵地建设上档升级。高标准打造完成蒋北社区党群综合服务中心，完成潮北新城社区党群综合服务中心重新装修和布局调整完善。优化党员队伍结构。发展党员43名，其中，镇直机关7名、村（社区）34名、企业2名，35岁以下32名，占74.4%，高中及以上学历22人，占51.2%，大专以上学历13人，占30.2%，培养入党积极分子25人。创新公务员考核机制。以蒋辛屯镇作为中共中央组织部联系点为契机，探索推行公务员平时考核机制，采取月小结、季考评、年终定档、即时晾晒的方式进行考核。

8月7日，蒋辛屯镇文艺会演举办　　李帆　摄

【意识形态工作】 以习近平新时代中国特色社会主义思想为指引，认真贯彻落实党的十九大及历次全会精神和相关意识形态工作要求，把意识形态工作作为党的建设和政治建设的重要内容，形成党委统一领导，党委、政府齐抓共管，部门分工负责的工作格局。深化中心组理论学习。以集中学习和研讨为主，自学为补充，采取宣讲、观看视频、微信等多种学习方式，有效提高领导干部理论水平。加强对外宣传力度。利用多种形式大力宣传，在市级媒体刊登报道26次，中央和省媒体报道18次，电台报道6次，“蒋辛屯镇人民政府”微信公众平台每周更新。丰富群众文化生活。开展基层宣讲活动、书画比赛和文艺会演等文娱活动，倡导乡风文明，丰富全镇广大人民群众的精神文化生活。

（李　帆）

人　物

责任编辑　刘凤贤

综　述

2021 年，香河县各级各部门广大干部群众在县委、县政府的正确领导下，坚持以习近平新时代中国特色社会主义思想为指导，深入贯彻落实党的各项方针政策，围绕建设“协同发展示范区、绿色活力幸福城”的发展目标，“激情满怀干事业，昂扬竞进当先锋”，涌现出了一批紧跟时代步伐，在经济发展和社会各项事业中勇立潮头，敢于拼搏、甘于奉献、成绩突出的先进人物。他们当中，有受到市委、市政府表彰的市级劳动模范和先进工作者；有经过推荐选拔的香河县第一批青年拔尖人才；有受到国家、省、市相关部门表彰奖励的各级各部门党员、干部、群众；还有一批专业技术人员在专业领域里扎实工作，刻苦钻研，业务水平不断提高，职称级别得到晋升。

【廊坊市劳动模范和先进工作者】 2021 年 3 月 15 日，市委、市政府印发《关于表彰廊坊市劳动模范、先进工作者和先进集体的决定》（廊字〔2021〕3 号），香河县有 7 人获评劳动模范、3 人获评先进工作者。

2021年香河县获得廊坊市劳动模范和先进工作者一览表

表48

姓　名	性别	民族	出生年月	工作单位	获得荣誉称号	授奖单位	授奖时间
刘立明	男	汉	1978 年 2 月	香河天亚木业有限公司	劳动模范	市委、市政府	4 月
代佳伟	男	汉	1987 年 11 月	喜临门北方家具有限公司	劳动模范	市委、市政府	4 月
马占立	男	汉	1980 年 12 月	香河海潮制件有限公司	劳动模范	市委、市政府	4 月
邵淑娟	女	汉	1991 年 3 月	河北香河农村商业银行	劳动模范	市委、市政府	4 月
王玉良	男	汉	1976 年 1 月	廊坊瑞盛投资股份有限公司	劳动模范	市委、市政府	4 月
王　友	男	汉	1968 年 5 月	五百户镇黄小营村	劳动模范	市委、市政府	4 月
吴万军	男	汉	1967 年 5 月	香河裕丰农业科技有限公司	劳动模范	市委、市政府	4 月
史长城	男	汉	1968 年 3 月	县融媒体中心	先进工作者	市委、市政府	4 月
李凤艳	女	汉	1978 年 7 月	县人力资源和社会保障局	先进工作者	市委、市政府	4 月
薛　承	男	汉	1977 年 4 月	香河县第一中学	先进工作者	市委、市政府	4 月

【青年拔尖人才】 2021年，县委、县政府认真贯彻落实党中央及省、市人才工作部署，强化“人才资源是第一资源”的理念，把人才工作作为事关全局的大事来抓，“尊重劳动、尊重知识、尊重人才、尊重创造”，创新机制，深化改革，为社会各界青年拔尖人才创造良好的学习、工作和生活环境。全县广大青年人才以施展所长、服务发展为己任，弘扬爱国奉献精神，在经济建设、文化建设、科技创新、人才培育等方面建功立业，涌现出一批成绩卓著、贡献突出、影响广泛的优秀青年人才。为进一步发挥优秀青年人才的示范带动作用，激发全县人才队伍活力，经推荐选拔和评选，10月20日，县委、县政府印发《关于命名香河县第一批青年拔尖人才的决定》（香发〔2021〕45），决定命名高健康、吴艳英等23人为香河县第一批青年拔尖人才，管理期为2021年10月至2024年9月。

2021年香河县第一批青年拔尖人才情况一览表

表49

序号	领域	姓　名	出生年月	文化程度	政治面貌	工作单位	职务职称	获得表彰奖励或主要贡献
1	农业领域	高健康	1991年9月	硕士研究生	群众	香河新恒昌养鸡有限公司	副经理	河北省农村青年致富带头人
2		吴艳英	1987年2月	大专	党员	香河晶土农业科技有限公司	经理	培育的甜瓜获评河北省西甜瓜特色种业创新联盟优质品种
3	教育领域	李国彬	1981年9月	本科	群众	县城内第一小学	一级教师	河北省骨干教师，廊坊市骨干师、学科名师、先进德育工作者
4		何金英	1988年7月	本科	群众	县第四中学	一级教师	河北省优秀班主任，所带班级获评全省先进班集体
5		董克娜	1982年5月	本科	党员	县第一中学	一级教师	河北省高中英语优质课一等奖
6		刘雪侠	1981年11月	本科	群众	县第五中学	高级教师	廊坊市骨干教师
7	卫生领域	李赫楠	1983年8月	硕士研究生	党员	县中医医院	内三科副主任 副主任中医师	河北省“三三三”人才工程第三层次人选
8		王　鹤	1982年12月	本科	群众	县人民医院	产科主任 副主任医师	河北省科学技术成果第一完成人
9		张银山	1982年2月	本科	党员	县疾控中心	副主任 专技十级	2012年廊坊市卫生工作先进个人、疾控系统现场流行病学和实验室技能大比武二等奖，2013年廊坊市卫生系统技术能手；2017年廊坊市卫生应急技能竞赛个人三等奖
10		窦慧丽	1985年5月	硕士研究生	群众	县中医医院	主治中医师	2018年廊坊市医务人员岗位基本技能竞赛技术能手，2018年廊坊市医务人员岗位基本技能科专业个人二等奖
11		王茹婕	1984年10月	本科	群众	县人民医院	耳鼻喉科护士长 主管护师	2012年廊坊市技能比赛个人全能三等奖，2014年廊坊市个人全能三等奖
12	职业技术领域	张和平	1988年6月	本科	群众	香河昆仑化学制品有限公司	助理工程师	河北省科学技术成果第三完成人
13		王　静	1983年5月	大专	群众	智捷智能科技香河有限公司	总经理	河北省创新创业大赛一等奖
14		王国安	1981年10月	本科	党员	香河第一城酒业有限公司	质量技术经理 一级品酒师	廊坊市优秀高技能人才
15	企业经管领域	孙爱杰	1988年4月	本科	群众	香河赢创科技有限公司	总经理 县工商联副主席、县青年企业家商会会长	个人公益事业捐款10万元，组织青商会捐赠20万元，企业近3年纳税180万元

续表 49

序号	领域	姓 名	出生年月	文化程度	政治面貌	工作单位	职务职称	获得表彰奖励或主要贡献
16	企业经管领域	曹凤宇	1986 年 9 月	本科	群众	河北富都华创家具制造有限公司	总经理 县十六届人大代表	个人公益事业捐款 35 万元，企业近 3 年纳税 1640 万元
17		李洪亮	1988 年 7 月	本科	预备党员	中粮可口可乐华北饮料有限公司	办公室主任	主持的数字化工厂项目被评为河北省数字化车间
18	文艺领域	赵建扬	1983 年 9 月	本科	群众	香河盛隆景泰蓝制品厂	总经理	2019 年香河盛隆景泰蓝制品厂被授予“河北省燕赵老字号”，2020 年河北电商大赛三等奖
19		钳凯程	1997 年 8 月	本科	党员	香河雅海工艺品有限公司	设计师	2017、2018 年“百花杯”中国工艺美术精品奖银奖，2019 年“百花杯”中国工艺美术精品奖金奖，2018、2019 年“金凤凰”创新产品设计大赛铜奖
20		艾建超	1991 年 2 月	大专	党员	渠口镇云鹏工艺品厂	设计师	2017 年“金凤凰”创新产品设计大奖赛优秀奖
21		邢 越	1996 年 5 月	大专	群众	香河音格培训学校	舞蹈教师	2016 年河北省舞蹈大赛一等奖、华北五省舞蹈大赛编创与表演二等奖
22		李雨霏	1989 年 7 月	本科	党员	香河文化艺术中心	设计师	2019 年廊坊文创比赛最具廊坊特色奖，2020 年釜山亚洲工业设计大赛银奖、河北匠心造物文创大赛金奖、第三届河北时装周最佳时尚创意奖、河北明珠杯服装设计大赛二等奖
23		褚文波	1989 年 8 月	初中	群众	北京京威豪家具有限公司（安头屯中幡表演队）	职员	2015 年第十二届民间文艺山花奖、2016 年京津冀中华大庙会皇家花会表演赛一等奖

【受市级以上（含市级）表彰的先进人物】 2021 年，全县各级各部门有 106 人获得市级以上（含市级）相关部门表彰奖励 122 项，其中，国家级表彰 4 项，省级表彰 41 项，市级表彰 77 项。

2021年香河县受市级以上（含市级）表彰的先进人物一览表

表50

姓 名	性别	民族	出生年月	工作单位	荣誉称号	授奖单位	授奖时间
李向国	男	汉	1967 年 1 月	县公安局	最美公务员	中共中央组织部、宣传部	11 月
何更田	男	汉	1973 年 10 月	县农业农村局	首届“最美牧技员”	农业农村部全国畜牧总站	4 月
张雪芹	女	汉	1979 年 9 月	县农业农村局	基层优秀奖	中国兽医协会	10 月
孙孟雪	女	汉	1987 年 3 月	农行香河县支行	优秀共产党员	中国农业银行股份有限公司	7 月
李向国	男	汉	1967 年 1 月	县公安局	优秀共产党员	省委	6 月
李向国	男	汉	1967 年 1 月	县公安局	人民满意的公务员	省委、省政府	12 月
左春喜	男	汉	1970 年 10 月	蒋辛屯镇北三百户村	全省优秀基层党组织书记	省委	6 月
李向国	男	汉	1967 年 1 月	县公安局	全省岗位学雷锋标兵	省委宣传部	3 月
杨雪莲	女	汉	1979 年 3 月	县供销合作社	文化、科技、卫生“三下乡”服务标兵	省委宣传部	12 月

续表 50

姓　名	性别	民族	出生年月	工作单位	荣誉称号	授奖单位	授奖时间
李永会	男	汉	1972 年 1 月	县公安局	千名优秀退役军人	省委宣传部 省退役军人事务局	12 月
温静怡	女	汉	1995 年 10 月	县公安局	优秀共青团员	共青团河北省委	5 月
张　宁	男	汉	1994 年 9 月	县公安局	优秀共青团员	共青团河北省委	5 月
邳自强	男	汉	1995 年 9 月	县人民医院	优秀共青团员	共青团河北省委	5 月
邳自强	男	汉	1995 年 9 月	县人民医院	“五有”先锋共青团员	共青团河北省委	5 月
杨士春	汉	汉	1982 年 11 月	县人民医院	冀青之星	共青团河北省委	4 月
李　桐	女	汉	1992 年 2 月	县人民医院	优秀共青团员	共青团河北省委	5 月
孙孟雪	女	汉	1987 年 3 月	农行香河县支行	冀青之星	共青团河北省委	10 月
贾爱丽	女	汉	1983 年 1 月	县人民检察院	冀青之星	共青团河北省委	10 月
屈殿军	男	汉	1977 年 5 月	县公安局	全省优秀人民警察	省人力资源和社会保障厅 省公安厅	9 月
杜文洪	男	汉	1976 年 6 月	县医疗保障局	医疗保障工作先进工作者	省人力资源和社会保障厅 省医疗保障局	3 月
李红梅	女	汉	1986 年 11 月	县委宣传部	优秀基层理论宣讲员	省社会科学院、省委讲师团	3 月
张建忠	男	汉	1972 年 3 月	县科学技术和工业化信息局	河北省理论宣讲比赛获二等奖	省社会科学院、省委讲师团	7 月
屈殿军	男	汉	1977 年 5 月	县公安局	全国“两会”环京“护城河”三道防线先进个人	省公安厅	3 月
李永会	男	汉	1972 年 1 月	县公安局	全国“两会”环京“护城河”三道防线先进个人	省公安厅	3 月
李聪超	男	汉	1985 年 1 月	县公安局	全省“净边 2020”专项行动和“百县会战”先进个人	省禁毒委员会	3 月
孙建凯	男	汉	1987 年 7 月	县公安局	扫黑除恶专项斗争先进工作者	省扫黑除恶专项斗争领导小组	3 月
勾立伟	男	汉	1982 年 10 月	县公安局	公安工作先进个人	省公安厅交警总队	1 月
刘建光	男	汉	1970 年 9 月	县公安局	“减量控大”工作先进个人	省公安厅交警总队	2 月
李颖超	女	汉	1978 年 9 月	县人民检察院	检察理论研究人才	省人民检察院	6 月
绳立健	男	汉	1977 年 7 月	县人民检察院	扫黑除恶专项斗争检察人才	省人民检察院	7 月
贾爱丽	女	汉	1983 年 1 月	县人民检察院	“普通犯罪”检察人才	省人民检察院	7 月
彭开全	男	汉	1975 年 8 月	县人民法院	二等功	省高级人民法院	5 月
王志永	男	汉	1974 年 12 月	县统计局	第七次全国人口普查先进个人	省统计局	10 月
刘祖帅	男	汉	1996 年 2 月	新华街社区工作办公室	第七次全国人口普查先进个人	省第七次全国人口普查领导小组办公室	10 月
王海龙	男	汉	1976 年 5 月	安头屯镇政府	第七次全国人口普查先进个人	省第七次全国人口普查领导小组办公室	10 月
杨　岩	女	汉	1981 年 12 月	安平镇政府	第七次全国人口普查先进个人	省第七次全国人口普查领导小组办公室	10 月
王小伟	男	汉	1982 年 10 月	安平镇政府	第七次全国人口普查先进个人	省第七次全国人口普查领导小组办公室	10 月
程广宇	男	汉	1977 年 10 月	刘宋镇政府	第七次全国人口普查先进个人	省第七次全国人口普查领导小组办公室	10 月

续表 50

姓　名	性别	民族	出生年月	工作单位	荣誉称号	授奖单位	授奖时间
田文忠	男	汉	1984 年 8 月	刘宋镇政府	第七次全国人口普查先进个人	省第七次全国人口普查领导小组办公室	10 月
张雪芹	女	汉	1979 年 9 月	县农业农村局	畜牧统计监测业务知识竞赛优秀统计员	省农业农村厅	12 月
李秀清	女	汉	1970 年 1 月	县农业农村局	小麦条锈病监测防控先进个人	省植保植检总站	9 月
孙孟雪	女	汉	1987 年 3 月	农行香河县支行	“春天之星”	中国农业银行河北省分行	3 月
刘　威	男	汉	1982 年 12 月	农行香河县支行	“春天行动”管理明星	中国农业银行河北省分行	6 月
王德伍	男	汉	1985 年 10 月	农行香河县支行	“春天行动”管理明星	中国农业银行河北省分行	6 月
杨炳杰	男	汉	1987 年 8 月	农行香河县支行	“春天行动”明星网点主任	中国农业银行河北省分行	6 月
张建强	男	汉	1970 年 1 月	安头屯镇西口头村	优秀党务工作者	市委	6 月
程大君	女	汉	1981 年 11 月	钱旺镇政府	优秀党务工作者	市委	6 月
薛福宁	男	汉	1976 年 1 月	五百户镇政府	优秀共产党员	市委	6 月
南文波	女	汉	1985 年 5 月	县中西医结合医院	优秀共产党员	市委	7 月
李洪朋	男	汉	1975 年 10 月	渠口镇唐屯村	优秀共产党员	市委	6 月
崔　磊	男	汉	1983 年 2 月	钱旺镇政府	优秀共产党员	市委	6 月
绳立健	男	汉	1977 年 7 月	县人民检察院	扫黑除恶专项斗争先进个人	市委、市政府	4 月
张　玮	男	汉	1980 年 7 月	县人民法院	记功奖励	市委	6 月
邵立志	男	汉	1983 年 9 月	县人民法院	记功奖励	市委	6 月
李成圆	男	汉	1977 年 2 月	县公安局	基层平安建设先进个人	市委、市政府	2 月
吴金和	男	汉	1972 年 9 月	县人民法院	基层平安建设先进个人	市委、市政府	2 月
汪文涛	男	汉	1972 年 3 月	县公安局	先进工作者	市委、市政府	4 月
张宝岩	男	汉	1982 年 6 月	县公安局	扫黑除恶专项斗争先进个人	市委、市政府	4 月
王亚飞	男	汉	1990 年 8 月	县公安局	扫黑除恶专项斗争先进个人	市委、市政府	4 月
张建军	男	汉	1978 年 8 月	县委宣传部	争创全国文明城市突出贡献个人	市委、市政府	1 月
刘　洋	男	汉	1986 年 11 月	县委宣传部	争创全国文明城市突出贡献个人	市委、市政府	1 月
李洪良	男	汉	1969 年 5 月	县财政局	脱贫攻坚突出贡献先进个人	市委、市政府	6 月
李永会	男	汉	1972 年 1 月	县公安局	最美退役军人	市委退役军人事务工作领导小组办公室、市精神文明建设委员会办公室、廊坊市军分区政治工作处	12 月
李向国	男	汉	1967 年 1 月	县公安局	抗疫先锋·时代楷模	市精神文明建设委员会	4 月
杨士春	男	汉	1982 年 11 月	县人民医院	抗疫先锋·廊坊楷模	市精神文明建设委员会	4 月
员金利	男	汉	1982 年 11 月	县人民医院	抗疫先锋·廊坊楷模	市精神文明建设委员会	4 月
王东坤	女	汉	1989 年 10 月	县中医医院	抗疫先锋·廊坊楷模	市精神文明建设委员会	4 月
王海霞	女	汉	1982 年 10 月	县中西医结合医院	抗疫先锋·廊坊楷模	市精神文明建设委员会	4 月
李　林	男	汉	1986 年 4 月	县中医医院	学雷锋志愿服务优秀志愿者	市委宣传部等 17 个部门	4 月
李志清	男	汉	1966 年 2 月	蒋辛屯镇李庄村	市优秀党务工作者	市委组织部	6 月
张　亮	男	汉	1982 年 3 月	蒋辛屯镇政府	市优秀共产党员	市委组织部	6 月

续表 50

姓 名	性别	民族	出生年月	工作单位	荣誉称号	授奖单位	授奖时间
安青松	男	汉	1977 年 6 月	县委宣传部	2020 年度对上宣传廊坊工作先进个人	市委宣传部	3 月
张建忠	男	汉	1972 年 3 月	县科学技术和工业化信息局	理论微宣讲比赛获一等奖	市委宣传部 市委讲师团	6 月
张建忠	男	汉	1972 年 3 月	县科学技术和工业化信息局	廊坊好故事讲述活动中获"最佳口才奖"	市委宣传部	9 月
杨 静	女	汉	1993 年 2 月	县中西医结合医院	"五优"担当团干部	团市委	5 月
王 伟	男	汉	1980 年 11 月	县住房和城乡建设局	记功奖励	市人力资源和社会保障局	6 月
黄永菊	女	汉	1972 年 12 月	县中西医结合医院	三等功	市人力资源和社会保障局	12 月
宋亚明	男	汉	1986 年 9 月	县财政局	预算绩效重点业务实操培训财政绩效成绩优秀个人	市财政局	10 月
高 佳	女	汉	1997 年 9 月	县财政局	预算绩效重点业务实操培训财政绩效成绩优秀个人	市财政局	10 月
薛国强	男	汉	1977 年 3 月	县财政局	2021 年预算执行分析及 2020 年决算工作先进个人	市财政局	12 月
李 莉	女	汉	1980 年 7 月	县财政局	2021 年预算执行分析及 2020 年决算工作先进个人	市财政局	12 月
刘 元	男	汉	1981 年 10 月	县公安局	个人三等功	市公安局	8 月
王学峰	男	汉	1976 年 1 月	县公安局	个人三等功	市公安局	8 月
王艳钊	男	汉	1981 年 10 月	县公安局	个人三等功	市公安局	8 月
石森森	男	汉	1985 年 10 月	县公安局	暑期安保先进个人	市公安局	8 月
米 辉	男	汉	1982 年 9 月	县公安局	暑期安保先进个人	市公安局	8 月
孙 旭	男	汉	1976 年 10 月	县公安局	暑期安保先进个人	市公安局	8 月
刘建龙	男	汉	1981 年 4 月	县公安局	暑期安保先进个人	市公安局	8 月
张雅林	男	汉	1978 年 2 月	县公安局	暑期安保先进个人	市公安局	8 月
高 鹏	男	汉	1981 年 10 月	县公安局	暑期安保先进个人	市公安局	8 月
石 伟	男	汉	1984 年 10 月	县公安局	暑期安保先进个人	市公安局	8 月
王德志	男	汉	1980 年 7 月	县公安局	暑期安保先进个人	市公安局	8 月
魏立刚	男	汉	1974 年 9 月	县公安局	暑期安保先进个人	市公安局	8 月
赵 峥	男	汉	1985 年 1 月	县公安局	暑期安保先进个人	市公安局	8 月
张 宁	男	汉	1994 年 9 月	县公安局	个人三等功	市公安局	10 月
石运发	男	汉	1977 年 4 月	县公安局	个人三等功	市公安局	12 月
李 伟	男	汉	1985 年 6 月	县公安局	个人三等功	市公安局	12 月
王亚飞	男	汉	1990 年 8 月	县公安局	个人三等功	市公安局	12 月
杨光辉	男	汉	1979 年 2 月	县公安局	个人三等功	市公安局	12 月
贾春瑶	女	汉	1990 年 6 月	县公安局	个人嘉奖	市公安局	12 月
王 瑜	女	汉	1990 年 10 月	县公安局	个人嘉奖	市公安局	12 月
李 楠	女	汉	1992 年 11 月	县人民检察院	个人嘉奖	市人民检察院	3 月
李 君	男	回	1973 年 4 月	县人民法院	三等功	市中级人民法院	3 月
庄洪海	男	汉	1966 年 7 月	县人民法院	三等功	市中级人民法院	3 月
李 君	男	汉	1973 年 4 月	县人民法院	三等功	市中级人民法院	9 月

续表 50

姓　名	性别	民族	出生年月	工作单位	荣誉称号	授奖单位	授奖时间
庄洪海	男	汉	1966 年 7 月	县人民法院	三等功	市中级人民法院	9 月
张晓莉	女	汉	1974 年 10 月	县人民法院	三等功	廊坊市中级法院	9 月
张国茹	女	汉	1973 年 10 月	县人民医院	最美医生	市卫生健康委员会、市总工会	6 月
张金雪	女	汉	1990 年 2 月	县中西医结合医院	美丽护士	市卫生健康委员会、市总工会	6 月
安红霞	女	汉	1976 年 4 月	县疾控中心	最美接种工作者	市卫生健康委员会	4 月
刘春杰	女	汉	1984 年 10 月	县疾控中心	最美接种工作者	市卫生健康委员会	4 月
刘燕全	男	汉	1975 年 9 月	县农业农村局	动物检疫技术大比武优秀个人二等奖	市农业农村局	10 月
杨永柏	男	汉	1977 年 5 月	县农业农村局	动物疫病检验检测员职业技能竞赛二等奖	市农业农村局	12 月
邵城斌	男	汉	1976 年 2 月	县农业农村局	动物疫病检验检测员职业技能竞赛三等奖	市农业农村局	12 月
李建鹏	男	汉	1979 年 6 月	淑阳镇政府	工业统计工作先进个人	市统计局	12 月
王桂明	男	汉	1978 年 1 月	五百户镇政府	工业统计工作先进个人	市统计局	12 月
张新华	男	汉	1980 年 11 月	五百户镇政府	工业统计工作先进个人	市统计局	12 月
王长福	男	汉	1979 年 9 月	农行香河县支行	2020 年度先进个人	中国农业银行廊坊分行	9 月
郎瑞芸	男	汉	1969 年 11 月	农行香河县支行	2020 年度优秀党务工作者	中国农业银行廊坊分行	9 月
尹佳颖	女	汉	1987 年 1 月	农行香河县支行	2020 年度优秀内勤主任	中国农业银行廊坊分行	9 月
高伟丽	女	汉	1987 年 2 月	农行香河县支行	2020 年度优秀大堂经理	中国农业银行廊坊分行	9 月
周小伟	女	汉	1985 年 9 月	农行香河县支行	2020 年度优秀内勤主任	中国农业银行廊坊分行	9 月

【晋升高级职称人员】 2021 年，全县晋升高级职称的专业技术人员有 113 人，其中，晋升正高级职称 8 人、副高级职称 105 人，涉及教育、卫生等系统（其中，教育系统 58 人，卫生系统 47 人，其他系统 8 人）。

2021年香河县专业技术人员晋升高级职称一览表

表51

姓　名	性别	出生年月	取得资格时　间	系　列	专　业	资格名称	任职资格文号	单　位	级　别
程连赛	男	1975 年 4 月	2021.12.20	卫生技术人员	临床医学检验技术	主任技师	冀职改办字〔2021〕253 号	县人民医院	正高级
宁军宏	男	1975 年 10 月	2021.12.20	卫生技术人员	麻醉学	主任医师	冀职改办字〔2021〕253 号	县人民医院	正高级
刘可玲	女	1974 年 1 月	2021.12.20	卫生技术人员	妇产科	主任医师	冀职改办字〔2021〕253 号	县人民医院	正高级
勾健媛	女	1977 年 12 月	2021.12.20	卫生技术人员	眼科	主任医师	冀职改办字〔2021〕253 号	县人民医院	正高级
安　新	男	1968 年 6 月	2021.12.20	卫生技术人员	口腔医学	主任医师	冀职改办字〔2021〕253 号	县人民医院	正高级

续表 51

姓　名	性别	出生年月	取得资格时　间	系　列	专　业	资格名称	任职资格文号	单　位	级　别
王　涛	男	1979 年 6 月	2021.12.20	卫生技术人员	骨外科	主任医师	冀职改办字〔2021〕253 号	县人民医院	正高级
张　雷	男	1980 年 3 月	2021.12.20	卫生技术人员	超声医学	主任医师	冀职改办字〔2021〕253 号	县人民医院	正高级
赵伟东	男	1976 年 3 月	2021.12.20	卫生技术人员	普通外科	主任医师	冀职改办字〔2021〕253 号	县中西医结合医院	正高级
张海东	女	1976 年 9 月	2021.12.20	卫生技术人员	护理学	副主任护师	冀职改办字〔2021〕253 号	县人民医院	副高级
苗晶莹	女	1985 年 12 月	2021.12.20	卫生技术人员	护理学	副主任护师	冀职改办字〔2021〕253 号	县人民医院	副高级
杨丽丽	女	1984 年 11 月	2021.12.20	卫生技术人员	护理学	副主任护师	冀职改办字〔2021〕253 号	县人民医院	副高级
裴铭贺	女	1985 年 6 月	2021.12.20	卫生技术人员	护理学	副主任护师	冀职改办字〔2021〕253 号	县人民医院	副高级
周　力	男	1977 年 12 月	2021.12.20	卫生技术人员	临床医学检验技术	副主任技师	冀职改办字〔2021〕253 号	县人民医院	副高级
梁妍婷	女	1980 年 7 月	2021.12.20	卫生技术人员	结核病	副主任医师	冀职改办字〔2021〕253 号	县人民医院	副高级
王肖	女	1984 年 7 月	2021.12.20	卫生技术人员	口腔医学	副主任医师	冀职改办字〔2021〕253 号	县人民医院	副高级
王洪青	男	1983 年 3 月	2021.12.20	卫生技术人员	眼科	副主任医师	冀职改办字〔2021〕253 号	县人民医院	副高级
李宏达	男	1978 年 2 月	2021.12.20	卫生技术人员	呼吸内科	副主任医师	冀职改办字〔2021〕253 号	县人民医院	副高级
祝显芬	女	1983 年 10 月	2021.12.20	卫生技术人员	眼科	副主任医师	冀职改办字〔2021〕253 号	县人民医院	副高级
杜艳明	女	1981 年 1 月	2021.12.20	卫生技术人员	妇产科	副主任医师	冀职改办字〔2021〕253 号	县人民医院	副高级
吴　宁	男	1982 年 8 月	2021.12.20	卫生技术人员	泌尿外科	副主任医师	冀职改办字〔2021〕253 号	县人民医院	副高级
柳宁宁	男	1983 年 7 月	2021.12.20	卫生技术人员	耳鼻喉科	副主任医师	冀职改办字〔2021〕253 号	县人民医院	副高级
刘　广	男	1980 年 12 月	2021.12.20	卫生技术人员	呼吸内科	副主任医师	冀职改办字〔2021〕253 号	县人民医院	副高级
刘　玉	女	1985 年 10 月	2021.12.20	卫生技术人员	心血管内科	副主任医师	冀职改办字〔2021〕253 号	县人民医院	副高级
王建伟	女	1987 年 4 月	2021.12.20	卫生技术人员	超声医学	副主任医师	冀职改办字〔2021〕253 号	县人民医院	副高级
张　栋	男	1982 年 11 月	2021.12.20	卫生技术人员	耳鼻喉科	副主任医师	冀职改办字〔2021〕253 号	县人民医院	副高级
白元元	女	1984 年 10 月	2021.12.20	中医技术人员	针灸科	副主任中医师	冀职改办字〔2021〕252 号	县人民医院	副高级
陈虹艳	女	1974 年 2 月	2021.12.20	卫生技术人员	护理学	副主任护师	冀职改办字〔2021〕253 号	县中医医院	副高级
甄　静	女	1983 年 2 月	2021.12.20	卫生技术人员	护理学	副主任护师	冀职改办字〔2021〕253 号	县中医医院	副高级
徐　岩	女	1987 年 8 月	2021.12.20	卫生技术人员	临床医学检验技术	副主任技师	冀职改办字〔2021〕253 号	县中医医院	副高级
丁志国	男	1978 年 11 月	2021.12.20	卫生技术人员	普通外科	副主任医师	冀职改办字〔2021〕253 号	县中医医院	副高级

续表 51

姓　名	性别	出生年月	取得资格时　间	系　列	专　业	资格名称	任职资格文号	单　位	级　别
罗石刚	男	1984 年 10 月	2021.12.20	卫生技术人员	泌尿外科	副主任医师	冀职改办字〔2021〕253 号	县中医医院	副高级
宋　娜	女	1986 年 7 月	2021.12.20	卫生技术人员	妇产科	副主任医师	冀职改办字〔2021〕253 号	县中医医院	副高级
崔小芝	女	1982 年 9 月	2021.12.20	卫生技术人员	妇产科	副主任医师	冀职改办字〔2021〕253 号	县中医医院	副高级
张艳菊	女	1985 年 5 月	2021.12.20	卫生技术人员	超声医学	副主任医师	冀职改办字〔2021〕253 号	县中医医院	副高级
张　伟	女	1983 年 2 月	2021.12.20	卫生技术人员	麻醉学	副主任医师	冀职改办字 2〔2021〕253 号	县中医医院	副高级
程建东	男	1982 年 2 月	2021.12.20	卫生技术人员	麻醉学	副主任医师	冀职改办字〔2021〕253 号	县中医医院	副高级
尹惠婷	女	1981 年 6 月	2021.12.20	卫生技术人员	小儿内科	副主任医师	冀职改办字〔2021〕253 号	县中医医院	副高级
阮文伟	男	1979 年 6 月	2021.12.17	中医技术人员	中医内科	副主任中医师	冀职改办字〔2021〕252 号	县中医医院	副高级
刘睿颖	女	1981 年 1 月	2021.12.17	中医技术人员	中医内科	副主任中医师	冀职改办字〔2021〕252 号	县中医医院	副高级
王　敏	女	1982 年 9 月	2021.12.17	中医技术人员	中医儿科	副主任中医师	冀职改办字〔2021〕252 号	县中医医院	副高级
董海霞	女	1977 年 2 月	2021.12.20	卫生技术人员	护理学	副主任护师	冀职改办字〔2021〕253 号	县中西医结合医院	副高级
赵金豹	男	1975 年 11 月	2021.12.17	中医技术人员	中医儿科	副主任中医师	冀职改办字〔2021〕252 号	五百户镇卫生院	副高级
高小霞	女	1987 年 10 月	2021.12.20	卫生技术人员	临床医学检验技术	副主任技师	冀职改办字〔2021〕253 号	县妇幼保健院	副高级
胡秀红	女	1980 年 2 月	2021.12.17	中医技术人员	中医内科	副主任中医师（基层）	冀职改办字〔2021〕252 号	石虎医院	副高级
孟宪丽	女	1978 年 7 月	2021.12.20	卫生技术人员	护理学	副主任护师（基层）	冀职改办字〔2021〕253 号	钳屯卫生院	副高级
姬亚超	女	1985 年 2 月	2021.1217	中医技术人员	全科医学（中医）	副主任中医师（基层）	冀职改办字〔2021〕252 号	钳屯卫生院	副高级
张　磊	男	1982 年 5 月	2021.12.20	卫生技术人员	口腔医学	副主任医师	冀职改办字〔2021〕253 号	香河德嘉口腔医院	副高级
成建平	女	1977 年 12 月	2021.12.9	中小学教师	语文（小学）	高级教师	冀职改办字〔2021〕231 号	安平镇第三小学	副高级
杨书伶	女	1970 年 2 月	2021.12.9	中小学教师	学前教育	高级教师	冀职改办字〔2021〕231 号	安平镇第三小学	副高级
李国茹	女	1976 年 3 月	2021.12.9	中小学教师	数学（小学）	高级教师	冀职改办字〔2021〕231 号	县城内第二小学	副高级
焦彦青	女	1981 年 2 月	2021.12.9	中小学教师	外语（初中）	高级教师	冀职改办字〔2021〕231 号	县第八中学	副高级
田爱宇	男	1981 年 5 月	2021.12.9	中小学教师	外语（初中）	高级教师	冀职改办字〔2021〕231 号	县第八中学	副高级
夏　杰	女	1970 年 1 月	2021.12.9	中小学教师	学前教育	高级教师	冀职改办字〔2021〕231 号	县第二幼儿园	副高级
李玉金	男	1978 年 5 月	2021.12.9	中小学教师	体育（初中）	高级教师	冀职改办字〔2021〕231 号	县第六中学	副高级
张鹏龙	男	1979 年 11 月	2021.12.9	中小学教师	思想政治（初中）	高级教师	冀职改办字〔2021〕231 号	县第六中学	副高级

续表 51

姓　名	性别	出生年月	取得资格时　间	系　列	专　业	资格名称	任职资格文号	单　位	级　别
周春雨	男	1981 年 2 月	2021.12.9	中小学教师	数学（初中）	高级教师	冀职改办字〔2021〕231 号	县第六中学	副高级
冯明月	女	1979 年 6 月	2021.12.9	中小学教师	数学（初中）	高级教师	冀职改办字〔2021〕231 号	县第十一中学	副高级
杨静辉	女	1982 年 8 月	2021.12.9	中小学教师	数学（初中）	高级教师	冀职改办字〔2021〕231 号	县第十中学	副高级
孟宪芳	女	1981 年 3 月	2021.12.9	中小学教师	外语（初中）	高级教师	冀职改办字〔2021〕231 号	县第四中学	副高级
刘永梅	女	1981 年 7 月	2021.12.9	中小学教师	化学（初中）	高级教师	冀职改办字〔2021〕231 号	县第四中学	副高级
罗红芸	女	1978 年 10 月	2021.12.9	中小学教师	思想政治（初中）	高级教师	冀职改办字〔2021〕231 号	县第四中学	副高级
荆瑞发	男	1976 年 7 月	2021.12.9	中小学教师	语文（初中）	高级教师	冀职改办字〔2021〕231 号	县第四中学	副高级
张长征	男	1979 年 4 月	2021.12.9	中小学教师	历史（初中）	高级教师	冀职改办字〔2021〕231 号	县第四中学	副高级
王　波	男	1979 年 8 月	2021.12.9	中小学教师	语文（初中）	高级教师	冀职改办字〔2021〕231 号	县第五中学	副高级
张建鹏	男	1979 年 10 月	2021.12.9	中小学教师	体育（初中）	高级教师	冀职改办字〔2021〕231 号	县第五中学	副高级
赵景丽	女	1977 年 1 月	2021.12.9	中小学教师	物理（初中）	高级教师	冀职改办字〔2021〕231 号	县第五中学	副高级
高术好	男	1966 年 12 月	2021.12.9	中小学教师	数学（小学）	高级教师	冀职改办字〔2021〕231 号	刘宋镇大田小学	副高级
张战宇	女	1971 年 5 月	2021.12.9	中小学教师	学前教育	高级教师	冀职改办字〔2021〕231 号	刘宋镇刘宋中心小学	副高级
李桂香	男	1964 年 3 月	2021.12.9	中小学教师	数学（小学）	高级教师	冀职改办字〔2021〕231 号	刘宋镇刘宋中心小学	副高级
赵洪艳	女	1969 年 10 月	2021.12.9	中小学教师	学前教育	高级教师	冀职改办字〔2021〕231 号	钱旺镇成自务小学	副高级
张健中	男	1967 年 5 月	2021.12.9	中小学教师	体育（小学）	高级教师	冀职改办字〔2021〕231 号	渠口镇渠口中心小学	副高级
王连山	男	1966 年 7 月	2021.12.9	中小学教师	语文（小学）	高级教师	冀职改办字〔2021〕231 号	渠口镇小河各庄小学	副高级
王　新	男	1978 年 2 月	2021.12.9	中小学教师	美术（小学）	高级教师	冀职改办字〔2021〕231 号	五百户镇五百户中心小学	副高级
吴雨生	女	1971 年 11 月	2021.10.23	中小学教师	语文（小学）	高级教师（定向）	冀职改办字〔2021〕232 号	安平镇鲁家务小学	副高级
周春丽	女	1972 年 7 月	2021.10.23	中小学教师	外语（小学）	高级教师（定向）	冀职改办字〔2021〕232 号	安平镇周庄中心小学	副高级
韦爱红	女	1976 年 4 月	2021.10.23	中小学教师	数学（小学）	高级教师（定向）	冀职改办字〔2021〕232 号	安头屯镇四营中心小学	副高级
岳铁雷	男	1975 年 4 月	2021.10.23	中小学教师	语文（初中）	高级教师（定向）	冀职改办字〔2021〕232 号	县第六中学	副高级
王桂芹	女	1967 年 5 月	2021.10.23	中小学教师	化学（初中）	高级教师（定向）	冀职改办字〔2021〕232 号	县第六中学	副高级
李淑香	女	1974 年 6 月	2021.10.23	中小学教师	化学（初中）	高级教师（定向）	冀职改办字〔2021〕232 号	县第七中学	副高级
贾志萍	女	1975 年 7 月	2021.10.23	中小学教师	思想政治（初中）	高级教师（定向）	冀职改办字〔2021〕232 号	县第七中学	副高级

续表 51

姓　名	性别	出生年月	取得资格时　间	系　列	专　业	资格名称	任职资格文号	单　位	级　别
种建华	女	1973 年 3 月	2021.10.23	中小学教师	语文（初中）	高级教师（定向）	冀职改办字〔2021〕232 号	县第十一中学	副高级
常英丽	女	1974 年 6 月	2021.10.23	中小学教师	数学（初中）	高级教师（定向）	冀职改办字〔2021〕232 号	县第十一中学	副高级
单东星	男	1976 年 10 月	2021.10.23	中小学教师	语文（初中）	高级教师（定向）	冀职改办字〔2021〕232 号	县第十中学	副高级
刘洪海	男	1974 年 5 月	2021.10.23	中小学教师	语文（初中）	高级教师（定向）	冀职改办字〔2021〕232 号	县第十中学	副高级
魏艳红	女	1974 年 11 月	2021.10.23	中小学教师	外语（初中）	高级教师（定向）	冀职改办字〔2021〕232 号	县第四中学	副高级
荆宪发	男	1970 年 10 月	2021.10.23	中小学教师	综合实践（初中）	高级教师（定向）	冀职改办字〔2021〕232 号	县第四中学	副高级
刘文伶	女	1974 年 7 月	2021.10.23	中小学教师	数学（小学）	高级教师（定向）	冀职改办字〔2021〕232 号	蒋辛屯镇打卜户中心小学	副高级
安　杨	女	1968 年 10 月	2021.10.23	中小学教师	语文（小学）	高级教师（定向）	冀职改办字〔2021〕232 号	蒋辛屯镇梁家务小学	副高级
彭占东	男	1978 年 2 月	2021.10.23	中小学教师	数学（小学）	高级教师（定向）	冀职改办字〔2021〕232 号	蒋辛屯镇后建各庄小学	副高级
王艳芳	女	1979 年 3 月	2021.10.23	中小学教师	数学（小学）	高级教师（定向）	冀职改办字〔2021〕232 号	刘宋镇幞头屯小学	副高级
张素红	女	1971 年 5 月	2021.10.23	中小学教师	数学（小学）	高级教师（定向）	冀职改办字〔2021〕232 号	刘宋镇刘宋中心小学	副高级
姜艳丽	女	1973 年 10 月	2021.10.23	中小学教师	学前教育	高级教师（定向）	冀职改办字〔2021〕232 号	钱旺镇大河各庄小学	副高级
蔡志新	女	1974 年 9 月	2021.10.23	中小学教师	数学（小学）	高级教师（定向）	冀职改办字〔2021〕232 号	钱旺镇钱旺村小学	副高级
刘　秀	女	1974 年 5 月	2021.10.23	中小学教师	语文（小学）	高级教师（定向）	冀职改办字〔2021〕232 号	钱旺镇西马家窝小学	副高级
尹春伶	女	1975 年 5 月	2021.10.23	中小学教师	学前教育	高级教师（定向）	冀职改办字〔2021〕232 号	钳屯镇池屯完全小学	副高级
张会敏	女	1973 年 7 月	2021.10.23	中小学教师	数学（小学）	高级教师（定向）	冀职改办字〔2021〕232 号	钳屯镇西延寺完全小学	副高级
郭凤伶	女	1973 年 8 月	2021.10.23	中小学教师	语文（小学）	高级教师（定向）	冀职改办字〔2021〕232 号	渠口镇店子务中心小学	副高级
樊秀云	女	1974 年 6 月	2021.10.23	中小学教师	语文（小学）	高级教师（定向）	冀职改办字〔2021〕232 号	渠口镇店子务中心小学	副高级
杨淑红	女	1972 年 11 月	2021.10.23	中小学教师	语文（小学）	高级教师（定向）	冀职改办字〔2021〕232 号	渠口镇牛济河中心小学	副高级
周明辉	女	1973 年 8 月	2021.10.23	中小学教师	数学（小学）	高级教师（定向）	冀职改办字〔2021〕232 号	渠口镇渠口中心小学	副高级
王艳霞	女	1971 年 1 月	2021.10.23	中小学教师	数学（小学）	高级教师（定向）	冀职改办字〔2021〕232 号	渠口镇渠口中心小学	副高级
杨艳秋	女	1975 年 5 月	2021.10.23	中小学教师	语文（小学）	高级教师（定向）	冀职改办字〔2021〕232 号	渠口镇渠口中心小学	副高级
王秀红	女	1976 年 1 月	2021.10.23	中小学教师	语文（小学）	高级教师（定向）	冀职改办字〔2021〕232 号	五百户镇第二小学	副高级
陈金凤	女	1979 年 8 月	2021.10.23	中小学教师	学前教育	高级教师（定向）	冀职改办字〔2021〕232 号	五百户镇荒庄小学	副高级
冯春华	女	1976 年 6 月	2021.10.23	中小学教师	语文（小学）	高级教师（定向）	冀职改办字〔2021〕232 号	五百户镇五百户中心小学	副高级

续表 51

姓　名	性别	出生年月	取得资格时　间	系　列	专　业	资格名称	任职资格文号	单　位	级　别
李艳英	女	1977 年 10 月	2021.11.7	畜牧兽医人员	兽医	高级兽医师	冀职改办字〔2021〕197 号	河北成威环境检测技术有限公司	副高级
苑晓霞	女	1979 年 10 月	2021.11.10	工程技术人员	建筑设计工程技术	高级工程师	冀职改办字〔2021〕221 号	荣盛建筑设计有限公司	副高级
郭　峰	男	1985 年 2 月	2021.11.10	工程技术人员	土木建筑工程技术	高级工程师	冀职改办字〔2021〕221 号	荣盛建筑设计有限公司	副高级
梅桂龙	男	1987 年 8 月	2021.11.10	工程技术人员	给排水工程技术	高级工程师	冀职改办字〔2021〕221 号	荣盛建筑设计有限公司	副高级
徐晓燕	女	1971 年 2 月	2021.12.5	会计专业人员	会计	高级会计师	冀职改办字〔2021〕192 号	香河龙盛建设工程有限公司	副高级
王艳杰	女	1975 年 8 月	2021.11.7	农业技术人员	农学	高级农艺师	冀职改办字〔2021〕194 号	县农业农村局	副高级
王志强	男	1974 年 7 月	2021.1210	艺术专业人员	剪辑	二级剪辑师	冀职改办字〔2021〕186 号	县融媒体中心	副高级
崔春华	女	1978 年 1 月	2021.11.7	农业技术人员	园艺	高级农艺师	冀职改办字〔2021〕194 号	县自然资源和规划局	副高级

文献辑存

责任编辑　闫振春

激情满怀干事业　昂扬竞进当先锋 为建设“协同发展示范区、绿色活力幸福城”努力奋斗

——在中国共产党香河县第十二次代表大会上的报告

中共香河县委书记　梁宝杰

（2021年7月19日）

中国共产党香河县第十二次代表大会，是在“十四五”强势开局、庆祝建党百年、香河迈进新发展阶段的关键时期召开的一次重要会议。大会的主题是：坚持以习近平新时代中国特色社会主义思想为指导，激情满怀干事业，昂扬竞进当先锋，为建设“协同发展示范区、绿色活力幸福城”努力奋斗！

合力攻坚奋进 成绩来之不易

过去五年，是香河发展进程中极不平凡的五年。县第十一次党代会以来，县委坚持以习近平新时代中国特色社会主义思想为指导，在市委的坚强领导下，深入学习贯彻党的十九大和十九届二中、三中、四中、五中全会精神，全面贯彻落实党中央和省委、市委各项决策部署，不忘初心，牢记使命，紧紧依靠和团结带领全县各级党组织、广大党员干部群众，积极应对复杂形势和严峻挑战，抢抓重大机遇，经受重大考验，取得了令人瞩目的新业绩，为香河今后高质量发展奠定了坚实基础。

五年的奋斗，党的建设全面加强。坚持抓班子带队伍，县委常委会率先垂范加强自身建设，不断提高科学执政、民主执政、依法执政水平，全力支持人大、政府、政协履行职责和开展工作，推动统战、民宗、人武、工会、共青团、妇联、老干部、党史、文联、档案等各方面工作取得新成绩，党委领导核心作用得到充分发挥，团结共事的群众基础更加稳固；聚焦干部“选、育、用、管”各环节统筹发力，扎实推进“两学一做”学习教育常态化制度化，开展“不忘初心、牢记使命”主题教育和党史学习教育，在全市率先实施分类差异化考评机制，创新实施干部经常性考察等机制，广大党员干部政治素养、履职能力、担当意识持续强化。坚持抓基层打基础，创新开展“五项工程”“五规范五加强”“五联五共”等工作，强力推进全省乡村治理体系基层党组织建设试点县建设，基

层党组织的组织力、凝聚力、战斗力持续提升。坚持抓作风严监督，推动全面从严治党向基层延伸、向纵深发展，完成十一届县委巡察全覆盖任务，充分发挥巡察利剑作用，严肃查处违纪违法案件，形成惩治震慑效应，营造了风清气正的政治生态。

五年的奋斗，综合实力稳步提升。以转型升级为主方向，聚焦高端高新产业，开展全民大招商，成功签约亿元以上项目55个，总投资260亿元；争列省市重点产业项目34个，总投资322.5亿元。以创新驱动为主引擎，实施重点技改项目42个，新增国家级众创空间1家、高新技术企业63家、科技型中小企业443家，机器人小镇累计投产企业130余家。以园区平台为主战场，投入55.4亿元提升园区基础设施，入区企业达到272家，经开区获评国家科技领军人才创新驱动中心、中国产学研合作创新示范基地、中国优秀机器人产业园区。全县地区生产总值年均增速5.3%，固定资产投资年均增速6.7%，规模以上工业增加值年均增速4.5%，社会消费品零售总额年均增速6.9%，实际利用外资年均增速113.6%，外贸进出口总值年均增速8.4%，一般公共预算收入完成总量居全市前列；三次产业比优化为8.8∶24.5∶66.7；市场主体达到46766家，是2016年的2.5倍，连续获评全省民营经济发展先进县。

五年的奋斗，协同发展加快推进。聚焦产业错位互补，加快融入北京产业链条，承接奥腾工业自动化、合益智能包装等一批产业转移项目，其中79个项目建成投产。聚焦交通互联互通，北运河廊坊段如期实现与北京同步旅游通航，密涿高速连接线等一批交通路网建成投用，7条公交线路直达北京重要交通枢纽，京唐高铁香河段28联连续梁全部合龙，安石路西延在全市4条协同发展跨界道路中率先启动建设。聚焦公共服务共建共享，引入4所域外学校并招生运行，3家县级公立医院和9家镇卫生院接入国家异地就医结算系统，70项政务服务和453项高频便民事项实现与北京“跨区域通办”。聚焦生态联防联控，深入开展交叉执法、联合执法，区域协同治污能力不断提高。

五年的奋斗，深化改革成果丰硕。坚持“跟着改”“主动干”两手抓，527项承接上级改革任务、97项自主创新改革任务、50个改革试点全部落实到位，改革试点数量和质量始终居全市首位，现代医院管理制度试点、行政审批制度改革等5项改革创新经验分别被国务院医改办和《改革内参》刊发推广。坚持惠企便民两手抓，“放管服”改革全面深化，行政审批、政务服务网上可办率达到97%，568项审批服务事项进驻便民服务中心，80%业务实现“最多跑一次”，企业群众办事便利度大幅提升。坚持简政放权与提升效能两手抓，县乡机构改革圆满完成，经开区改革稳步推进，领导班子结构得到优化，干部配备得到加强，行政效能得到提升。

五年的奋斗，城乡面貌持续改观。注重统筹兼顾，推进城乡融合发展，城镇化率提高13.31个百分点，达到73.64%，获评全省新型城镇化与城乡统筹示范样板县。注重基础支撑，新建改造城乡路网517千米，城乡客运一体化水平达到5A级，获评全市唯一的“四好农村路”全国示范县；垃圾焚烧发电项目具备运行条件，垃圾填埋场完成扩建，新建垃圾中转站21座，新改建污水处理厂2座，集中供热入网面积达到1500万平方米，燃气覆盖面积达到1880万平方米。注重品质提升，改造升级老旧小区33个，新建改造公园游园24座，香河人民广场、运河文化公园成为城市新地标，县委党校、民兵训练基地建成投用，便民服务中心、智慧城市中心建管水平全省领先，被确定为全省第一批新型智慧城市建设试点县；大力开展美丽乡村建设，农村改厕覆盖率达到91%，主街道硬化率达到100%，打造美丽庭院5.7万户，3个新型农村社区建成回迁，被确定为省级数字乡村建设试点县，获评省级乡村振兴示范区、全省美丽乡村建设先进县。

五年的奋斗，生态环境明显改善。深入推进大气污染治理，关停整治“散乱污”企业1800余家、涉VOCs企业380家，淘汰燃煤锅炉2000余台，286个村街9.1万户“煤替代”工程全部完成，2020年空气质量综合指数和PM2.5浓度较2016年分别下降37.5%和47.5%，优良天数增加81天。深入推进水环境治理，33条河渠实现河长全覆盖，完成北运河廊坊权属段河道整治以及百家湾等排干清淤工程，2条重点河流、4个国省考断面均达到地表水考核标准要求。深入开展造林绿化，营林造林6066.67公顷（9.1万亩），打造一批精品生态景观节点，顺利通过省级园林县城复核验收，获评全国绿化模范单位、中国百佳富氧县、京津冀最佳休闲旅游目的地、省级全域旅游示范区。

五年的奋斗，民生事业繁荣发展。坚持以人民为中心的发展思想，民生支出达到195亿元，占一般公共预算支出的80.6%。坚持教育优先发展，67项教育工程竣工投用，新建学校3所，创建普惠性民办幼儿园38所，63所小学实现校内课后服务全覆盖，高考成绩连年攀升，群众对教育的满意度不断提升。坚持优质医疗资源均衡布局，新建改建镇级卫生院8所、村街卫生室193所，医联体、医共体建设成效显著，被确定为全国紧密型医共体建设试点县，获评全省深化县级公立医院综合改革示范县。坚持小康路上一个都不能少，建档立卡贫困人口全部稳定脱贫，覆盖城乡的社会保险制度初步建成，社会救助、养老服务、退役军人服务保障等体系不断完善，就业形势持续稳定，2020年城镇和农村居民人均可支配收入分别达到48365元和21021元，较2016年分别增长31.7%和37.8%。坚持文化惠民，文化艺术中心建成投用，镇级文化站和村文化服务中心实现全覆盖。

五年的奋斗，社会治理成效显著。聚焦基层社会治理体系和治理能力现代化建设，推行县镇村（社区）三级贯通、多方参与、一格多能的“全科网格”，研发上线“香河县社会治理信息系统”，疫情防控、安全生产等工作成效显著。聚焦“北京不去、河北不聚”目标，全面推开“群众说事、干部解题”机制，完善多元化矛盾纠纷排查调处体系，成立11个专业性调解委员会，圆满完成重要节点、敏感时期的安保维稳任务。聚焦平安香河、法治香河建设，扎实开展政法队伍教育整顿，深入推进扫黑除恶专项斗争，严厉打击违法犯罪行为，有效净化社会治安环境，顺利通过“七五”普法验收，连续获评全国法制宣传教育先进县，第五次获评全国平安建设先进县，第三次捧回全国综治最高奖“长安杯”。聚焦精神文明建设，培育和践行社会主义核心价值观，城市文明程度和市民文明素养持续提升，荣膺第二届河北省文明县城称号。

这五年，最值得肯定的是，县委坚持以习近平新时代中国特色社会主义思想为指导，坚决落实党中央大政方针和省委、市委决策部署，紧密联系县情实际，找准结合点，把握关键点，抓住着力点，形成了上级有部署、香河有行动、落实见成效的发展局面！

这五年，最令人感动的是，面对突如其来的新冠疫情，四大班子以身作则、率先垂范，相关职能部门担当担责、密切配合，基层干部夜以继日、严防死守，广大人民群众积极参与、守望相助，广大医务工作者和疾控工作人员白衣执甲、最美逆行，全县上下众志成城、顽强奋战，用“我是党员我先上”“疫情不退我不退”的实际行动，铸就共御疫情、护佑生命的铜墙铁壁！

这五年，最催人奋进的是，在省委、省政府和市委、市政府的坚强领导和直接指挥下，在省市有关部门的全力支持下，全县上下昼夜奋战、分秒必争，半年时间，将北运河廊坊段打造成为全省第一条内陆旅游通航河流，建成全省第一座具备通航条件的船闸和集旅游、海事、安全保障为一体的综合性内河码头，开辟了国际领先、国内最为先进的数字化旅游航道，并沿河打造了森林生态文化区、运河历史文化区、田园农耕文化区北中南三大景区板块和运河春色、河湾湿地、半岛寻芳等十大缤纷节点，实现了与北京同步旅游通航，跑出了通航加速度，树立了通航新标杆，凝聚了创新、实干、担当、拼搏的运河通航精神。这一精神，必将成为香河今后发展的宝贵财富！

看似寻常最奇崛，成如容易却艰辛。所有成绩的取得，是上级党委密切关注、坚强领导的结果，是各级各部门勇于担当、拼搏实干的结果，是广大党员干部群众勤勉敬业、无私奉献的结果，也得益于历届领导班子打下的良好基础，得益于四大班子的精诚团结，得益于各界人士的鼎力支持。

成绩属于过去，未来任重道远。当前，我们的工作还存在不少问题。主要表现在：传统产业亟须加快转型升级，新兴产业尚未形成完整产业链，缺乏立县项目，实体经济增长乏力；经开区能级不高，亩均贡献较低，土地、资金、人才等要素瓶颈制约依然突出；城市功能不完善，城乡发展不平衡；教育、医疗等公共服务领域的资源配置、设施标准与通州区相比存在较大差距；社会不稳定因素仍然较多；一些党员干部的精神状态、能力作风与发展要求还不相适应等。我们必须直面问题，迎难而上，艰苦奋斗，攻坚克难，不断开创香河高质量发展新局面。

描绘美好蓝图 全面创优争先

站在继往开来、承上启下的新起点，我们必须保持清醒头脑，进行理性分析，作出精准研判。

纵观大势，复杂多变，机遇与挑战并存，我们必须乘势而为。当前，外部环境发生深刻变化，前进道路上充满种种挑战，但又富含重重机遇。通州区与北三县一体化高质量发展向纵深推进，北京非首都功能主动向周边延伸布局，我们正在迈进“高铁时代”“通航时代”，各种历史性机遇交汇叠加、千载难逢。机遇稍纵即逝，我们惟有审时度势、紧抓机遇，方能乘势而上。

环顾周边，千帆竞发，合作与竞争并存，我们必须争先敢为。廊坊北中南三大板块加速崛起，兄弟县市你追我赶、奋起发力，标兵渐远、追兵已近，不进则退、慢进亦退的现实已经摆在我们面前。发展时不我待，我们惟有敢于竞争、善于合作，方能进位争先。

正视现状，任重道远，希望与困难并存，我们必须奋发作为。经过历届县委、县政府的不懈努力，香河经济社会发展取得了积极成效。但更要看到，我县的承接基础与区位优势相比还有差距，改革发展稳定工作任务仍然艰巨繁重，问题矛盾依然存在，并且新的矛盾还将不断显现。现实喜忧参半，我们惟有迎难而上、奋发图强，方能再上台阶。

今后五年经济社会发展指导思想是：坚持以习近平新时代中国特色社会主义思想为指导，深入贯彻党的十九大和十九届二中、三中、四中、五中全会精神，全面落实党中央和省委、市委决策部署，不忘初心，牢记使命，立足新发展阶段，坚持新发展理念，融入新发展格局，紧紧抓住通州区与北三县一体化高质量发展重大战略机遇，聚焦“一条主线”，实施“五大战略”，开展“五大行动”，全力建设“协同发展示范区、绿色活力幸福城”，为加快建设“五个廊坊”作出新的更大贡献。

今后五年经济社会发展的主要目标是：地区生产总值年均增长6.5%左右，固定资产投资年均增长8%，规模以上工业增加值年均增长6.5%，社会消费品零售总额年均增长8.5%，城镇和农村居民人均可支配收入年均增长6.5%以上，每万元生产总值能耗、PM2.5平均浓度、优良天数达标比例等指标确保完成上级下达的目标任务。

心有方向，方能勇往直前。建设“协同发展示范区、绿色活力幸福城”的奋斗目标，与建设“美丽幸福新香河”一脉相承、层次递进，是县委跳出香河看香河，立足五年看长远，站在与通州区一体化高质量发展的全局高度作出的科学决策，站在“两个一百年”奋斗目标历史交汇的关键节点作出的战略考量，是县委在发展思路、理念上的又一次创新突破，是香河新一轮改革发展的前进方向。

建设“协同发展示范区”，就是坚决贯彻落实党中央、国务院决策部署，落实与通州区“统一规划、统一政策、统一标准、统一管控”要求，站位大局，彰显担当，抢抓机遇，在服从服务中推动协同发展，在承接疏解中加快转型升级；

就是通过我们的努力，将区位优势转化为发展胜势，持续增强城市的承载力、吸引力、创新力，让协同发展成为香河高质量发展的“助推器”，让香河成为京津冀协同发展的“新高地”！

建设“绿色活力幸福城”，就是坚持以人民为中心的发展思想，践行绿水青山就是金山银山的理念，以“生态绿”打基础、润底色，以“产业活”催裂变、促发展，努力实现经济增长与自然环境和谐统一的“绿色”GDP、经济增长与人民幸福和谐统一的“金色”GDP；就是开展文明城市、卫生城市、森林城市、园林城市、双拥模范城“五城同创”，建设生态环境卓越、人与自然和谐、经济繁荣活跃、文化特色鲜明、社会安定和谐、人民生活幸福的美丽家园；就是通过我们的努力，实现产城融合、城乡融合、景城融合，让一座充满活力、魅力、实力的现代化新城展现在世人眼前！

沧海横流，方显英雄本色。我们必须牢牢把握“激情满怀干事业，昂扬竞进当先锋”这条主线。越是任务繁重，越要苦干实干拼命干，以高效率赢得高质量，以快节奏换来快发展，以好作风催生好态势，用实实在在的举措支撑实实在在的发展。越是面对挑战，越要激发“争第一”“做唯一”的昂扬锐气，确立更高参照系，以大视野、大格局定位目标，以大手笔、大思维部署工作，以大气魄、大力度解决问题，与强的争，与高的比，与优的赛，立足行业做标杆、全市创一流、全省进位次，不断开拓发展的突破点、打造发展的增长点、争夺发展的制高点！

胸有成竹，方可进无止境。我们必须以实施“五大战略”为抓手，不断探索走出增长与转型良性互动、发展与生态相得益彰、经济与社会协调并进的发展新路径。

实施区域互动战略。坚持以《北京市通州区与河北省三河、大厂、香河三县市协同发展规划》为统领，紧紧抓住承接北京非首都功能疏解这个“牛鼻子”，围绕高端制造聚集区、商贸服务微中心、文旅康养目的地功能定位，拿出非凡毅力，展现非凡作为，推动环境治理、基础设施、公共服务等领域与北京城市副中心形成统一的标准体系，推动承接北京非首都功能疏解和产业园区共建方面取得实质进展。注重北三县内部协调联动，与三河、大厂在产业类别、发展路径等方面实现竞合发展。

实施创新驱动战略。实行积极、开放、有效的人才政策，抓好高层次人才“柔性引进”和“全职引进”，培养创新型、应用型、技能型人才，构建人才引领创新驱动、支撑转型发展的生动局面。鼓励和支持企业建立研发机构，加大研发投入，加快科技成果转化，增强核心竞争力。坚持问题导向，推动制度创新，建立可定义、可量化、可操作、可考评、可追溯的落实机制，实行项目化、清单化、台账化管理，坚决破除路径依赖、部门壁垒。

实施改革促动战略。坚持以全面深化改革激发新活力，以高水平对外开放打造新优势，为经济社会高质量发展增添新动能、拓展新空间。瞄准香河发展中的关键性、瓶颈性问题，提高改革的战略性、前瞻性、针对性，在要素市场、财税体制、营商环境、行政效能等方面进行精准改革，使改革更好对接发展所需、基层所盼、民心所向。

实施治理联动战略。坚持共建共治共享，建立共同发现风险、化解矛盾、解决问题、维护稳定的良性机制，构建人人有责、人人尽责、人人享有的社会治理共同体，形成政治、法治、德治、自治、智治“五位一体”的社会治理体系，为高质量发展营造和谐稳定安全的社会环境。

实施品牌带动战略。以家具城、第一城、大爱城为发力点，打造县域特色产业品牌，扩大行业市场影响力、综合竞争力。以北运河旅游通航为切入点，挖掘整合文旅资源，打造一批“网红景点”“网红产品”，创响“京畿首驿·如意香河”旅游品牌。以便民、利民、惠民为落脚点，打造一批模范机关、明星窗口、服务标兵，提升服务效能。

拼搏竞进，方能不辱使命。今后五年，我们必须强化担当精神，凝聚工作合力，抓住重点、攻克难点、打造亮点，全力以赴开展好“五大行动”。

一、开展产业提质行动，构建现代产业体系

坚持产业强县，强化区域联动与科技赋能，兼顾做大总量和调优存量，打造以文化旅游为特色名片，以智慧家居、智能制造、智慧健康为主导支撑，以数字科技、现代服务为战略培育的“1+3+2”现代产业体系，加快产业融合发展。

推动特色产业做优做精。深化区域合作，加强与北京环球度假区、台湖演艺小镇等优质资源联动，打造资源互补、市场互建、客源互换、信息共享的协同发展格局。按照“通航引领、产业带动、文旅融合、全域发展”的推进思路，依托运河文化资源，谋划建设特色小镇，完善旅游基础设施，优化智慧旅游系统，打造精品线路，丰富产品供给，建设“文旅香河”，争创国家级全域旅游示范区。

推动主导产业做大做强。发展智慧家居产业。依托渠道资源，引导企业开拓新技术、新设计、新品类、新业态，攻坚智能家具家电、泛家居设计等领域，为家居消费市场提供一站式、一体化解决方案，推动家具产业向智慧家居产业升级。推动家具城“二次创业”，打造集家居产品研发设计基地、营销总部基地、电子商务基地、商品交易中心、行业会展中心等功能于一体的家居商贸新都会。发展智能制造产业。以“京津研发，香河孵化转化产业化”为方向，聚焦北京高端装备产业协作配套需求，统筹布局人工智能、机器人、汽车电子等产业，延伸发展智能物流装备、节能环保装备产业，重点推动工业机器人产业全链条布局，打造北方最具竞争力的高端制造产业集群。发展智慧健康产业。依托爱晚健康小镇，聚焦健康养老、医疗器械、生物医药、健康食品等重点领域，通过机构合作、设置分院等方式吸引北京优质资源，构建“研、健、医、康、养、学”全产业链，打造智慧健康养老示范基地、智慧健康产业创新基地、健康食品保障供应基地。

推动战略培育产业做深做实。发展数字科技产业。加强与智能装备产业互动融合，注重行业应用撬动、扶持政策牵引、开放平台协同，更好为本地产业赋能。加强与北京数字科技平台对接，重点培育物联网核心产业链，研发制造智能网络设施及终端产品，拓展工业设计、自动控制系统等软件与信息服务。发展现代服务产业。借助空间资源和成本优势，加快发展智慧商贸物流、科技孵化服务、行业检验检测认证服务等产业。依托高铁商务区建设，引进央企、国企、行业龙头企业总部和区域总部，拓展做好商务服务，打造现代服务业高地。

推动传统产业转型升级。全面推进民营经济“二次创业”，加快破解瓶颈制约，实现健康快速发展。鼓励传统制造产业加大研发力度，建立数字化车间，实现基础再造。以实施乡村振兴战略为主线，以京津市场为方向，积极发展以农产品加工、农耕体验、休闲度假等为内容的绿色高效与现代都市农业，在“一镇一业”“一村一品”上下功夫，形成各具特色、错位发展、相互支撑的现代农业产业集群。拉长产业链条，做好建链、补链、延链、强链文章，打造一二三产业融合发展新典范。

二、开展项目提速行动，打造滚动发展格局

坚持项目为王，按照“一年打基础、三年见成效、五年树样板”的思路，大抓项目、抓大项目，为高质量发展提供有力支撑。

建强园区平台。持续深化经开区改革，完善基础设施和功能配套，优化开发机制和管运模式，加快“新九通一平”建设，全面提升吸引力和承载力。大力实施双倍增计划，努力用三年时间实现园区主营业务收入和税收收入翻一番，打造经济发展“高产田”。加快“腾笼换鸟”和“筑巢引凤”，打造“园中园”“共建园”，推动项目向园区集中、产业向园区聚集，不断优化产业布局。推进高铁商务区建设，构建跨区域产业合作网络，打造战略发展新高地。

精准招商引资。完善资源共享、协同推进机制，构建“一盘棋”招商格局。瞄准京津、长三角、珠三角等发达地区，围绕建强产业链、供应链、物流链、创新链，精准制定招商计划和清单，高质量引入行业领军企业、创新型中小企业。激发园区平台公司招商主力军潜能，充分发挥专业性强、对接精准、方法多样、机制灵活等优势，开展“多点开花”式的委托招商。坚持域内企业培育和域外企业引进同步发力，成立产业发展基金，精准掌握行业动态和域内产业链上中下游重点企业分布发展情况，开展产业链招商。确保年均签约投资5000万元以上项目不少于40个。

加快项目建设。推进企业投资项目承诺制改革，实行“区域评估+负面清单”制度，健全准入退出机制和亩均效益评价体系，完善厂房分割转让办法，实现土地利用更集约、亩均效益更高、产业更专更精。通过自主改造、兼并重组、限期开发等方式，打破土地瓶颈制约，为高端项目进驻腾出空间。注重项目前期务实推进，突出抓落地、抓建设、抓投产达效，对项目进行全程跟踪服务。倾力支持既有企业增资扩建，对市场前景好、竞争力强、增长速度快、有意扩产的企业，给土地、帮融资、强配套，“量身定做”相关政策，坚定企业大干快上的决心，助推企业做成行业核心企业。抢抓中央投资、地方政府专项债券等政策机遇，重点谋划储备一批“两新一重”等优质项目，最大限度争取资金支持。力争五年内亿元以上重点项目落地70个以上，投产20个以上，完成投资130亿元以上，形成“在建一批、投产一批、储备一批、谋划一批”的梯次滚动发展格局。

优化营商环境。以市场主体和群众需求为导向，转变服务理念和方式，最大限度减少政府对微观事务的管理，做到“无事不扰、有求必应”，积极构建“亲”“清”新型政商关系，营造亲商、重商、安商、富商的浓厚氛围。持续深化“放管服”改革，加快推进与通州区政务服务事项“同事同标”。畅通政企常态化沟通渠道，聚焦企业反映强烈问题，提供精准滴灌式服务。坚决维护市场主体合法权益，严格落实减税降费、纾困惠企等政策，规范检查执法，清理规范涉企收费，严厉打击破坏营商环境行为，切实践行护企承诺。大力实施企业家培育工程，促进非公有制经济健康发展和非公有制经济人士健康成长。完善人才机制，妥善解决各类人才在住房、落户、子女入学、医疗、社会保险等方面的困难和问题，确保人才引得进、留得下。

三、开展环境提标行动，打造绿色活力家园

坚持以城带乡、以乡促城、城乡互动，塑造蓝绿交织、景城交融、生态宜居的城乡风貌。

优化城乡发展格局。牢固树立发展一盘棋、规划一张图理念，高标准编制并严格落实国土空间规划，构建以发展规划为统领、空间规划为基础、专项规划为支撑的高质量规划体系，在顶层设计上实现与北京城市副中心的无缝对接、同频共振。坚持集约发展，框定总量、限定容量、盘活存量、做优增量、提高质量，科学划定生态保护红线、永久基本农田、城镇开发边界三条控制线，合理确定城镇、产业、生态空间，确保城市可持续发展。稳步推进以城市更新为重点的中心城区建设，统筹推进蒋辛屯、安平两个新市镇建设，重点打造钱旺、渠口等一批产业特色鲜明、人文气息浓厚、生态环境优美、示范效应明显的特色小城镇，加快形成“一核两翼多点”城乡空间新格局。

提升城乡综合品质。常态化开展城乡环境综合整治提升，扭住“三大四精五到位”目标措施，打造整洁、优美、文明、和谐的城乡新面貌。加快完善城乡基础设施和公共服务设施，健全统一规划、建设、运营、管护机制，增强城乡发展承载力。立足“对外大开放、对内大循环”，继续推动“四好农村路”高质量发展，完善与北京城市副中心的骨架性通道网络，推进跨界路，拓宽瓶颈路，升级连村路，争创“城乡交通运输一体化”全国示范县、“城乡客运一体化”全省示范县。统筹推进城区地下综合管廊建设，加快城市基础设施智能化改造，全面推广智慧政务、智慧产业、智慧民生应用，提高“海绵城市”“智慧城市”建管水平。加大美丽乡村建设力度，科学引导村庄改造建设，加快推进以人为核心的新型城镇化。

加强生态文明建设。深入贯彻习近平生态文明思想，加强区域联建联防联治，持续打好蓝天、碧水、

净土保卫战，筑牢首都生态安全屏障。统筹推进机动车管控与污染治理、传统行业深度整治和重污染天气应急能力提升等工程，持续改善空气质量。严格落实河长制，推进重点流域河道综合治理和自然生态系统建设，实施水系连通工程，协调推进南水北调工作，深化地下水超采综合治理，推进污水全收集全处理，进一步加强水污染防治和水资源统筹；到2025年，北运河、潮白河等主要河道水质基本达到水功能区划要求，水功能区水质达标率达到60%以上，城镇污水处理厂出水水质基本达到北京污水排放要求，污水收集处理率达到95%以上。加强土壤污染防治，突出重点企业土壤环境监管、农业面源污染防治、固体废物管控等方面，强化源头治理，保障土壤安全、土壤健康。围绕打造北运河—潮白河大尺度生态绿楔，高标准推进森林生态、生态农业、生态廊道、区域绿道建设，争创国家级森林城市。树立绿色生活理念，引导群众自觉履行生态环境保护责任，让自然、环保、节俭、健康的生活方式成为社会主流。

四、开展民生提档行动，提高社会建设水平

坚持普惠性、保基本、均等化、可持续方向，积极引入北京优质资源，统筹推进社会事业发展，持续办好民生工程和民生实事，不断提升人民群众的幸福感、获得感、安全感。

坚持教育优先发展。统筹城乡教育资源配置，推进基础教育资源一体化布局，实施16项46个重点教育基础设施工程，全面改善办学条件。实施创名校、树名师、育名生工程，提升教育品牌知名度。坚持外部招聘、内部培养、优化使用三手齐抓，打造高素质教师队伍。普惠扩大学前教育，均衡发展义务教育，提质创优高中教育，全面加强职业教育，严格规范民办教育，推动教育优质均衡发展。落实立德树人根本任务，构建全社会共同参与的现代化教育体系，培育德智体美劳全面发展的社会主义建设者和接班人。

提高全民健康水平。深化医疗卫生体制改革，加强以县医院、中医院、中西医结合医院为龙头的县域紧密型医共体建设。推动县级公立医院上档升级，将县医院、中医院打造成为三级综合医院。加快镇级卫生院标准化建设，力争实现县级医院与镇级医疗机构全面统一管理。完善全科医生培养、分级诊疗等制度，建强人才队伍，筑牢基层医疗卫生服务网底。完善公共卫生应急管理常态化体系，建立公共卫生重大风险研判、评估、决策、防控协同机制，强化重大疫情救治能力建设，落实常态化疫情防控措施。持续开展爱国卫生运动，坚持预防为主，促进全社会文明素养、健康理念、卫生习惯不断提升。

积极发展文体事业。坚持文化惠民导向，创新完善公共文化服务体系建设，举办系列文化惠民活动，最大程度满足群众日益增长的公共文化需求。深入开展全民健身活动，推广传统体育项目，普及冰雪运动，推进县级体育场、社区多功能体育场、体育公园建设，全面构建县、镇、村三级全民健身设施网络。鼓励社会力量和社会资本参与文体事业发展，为文体事业繁荣发展注入活力。

全力创建文明城市。高标准常态化治脏、治乱、治污、治差，改善城乡环境面貌。把培育和践行社会主义核心价值观贯穿文明城市创建全过程，完善市民公约、村规民约、行业规范，分类推进社会公德、职业道德、家庭美德、个人品德教育，统筹开展文明单位、文明窗口、文明校园、文明交通等创建工作，充分发挥道德模范和先进典型引领作用，树立崇德向善的社会风尚，不断提升全社会文明水平。

健全社会保障体系。持续巩固脱贫攻坚成果，确保“脱贫不返贫、非贫不致贫”。把增加群众收入摆在突出位置，着力提高低收入群体收入，扩大中等收入群体收入，确保城乡居民收入继续保持全市领先水平。加大多渠道灵活就业支持，帮扶残疾人和零就业家庭就业，保障高校毕业生、农民工、退役军人等重点群体就业。实施全民参保计划，加大医疗、养老、工伤等保险扩面征缴力度，提升城乡社会保障水平。扎实做好困难群体救助关爱服务工作，构建以最低生活保障为基础，专项救助相配套，临时救助、法律援助、社会互助为补充的社会救助体系。坚持房住不炒，促进房地产市场平稳健康发展，创新规范保障性住房政策，切实保障群众住房需求。

五、开展治理提效行动，筑牢和谐稳定基石

坚持党委领导、政府负责、民主协商、社会协同、公众参与、法治保障、科技支撑的基层社会治理体系，加快构建“五治”融合的城乡治理新格局。

提升社会治理效能。坚持和发展新时代“枫桥经验”，把解决群众的操心事、烦心事、揪心事作为发力点和突破口，深化社会治理现代化建设，全面实施网格化管理、社会化服务，持续深化“群众说事、干部解题”机制，优化社会治理信息系统，有效化解矛盾纠纷，有力维护基层和谐稳定。拓展完善群众参与基层社会治理渠道，深入开展民主决策实践、治理实践、监督实践，推动基层群众自治制度化、规范化、程序化，打造共建共享、群防群治的社会治理格局。

深化平安社会建设。深入贯彻总体国家安全观，建立健全风险研判、防控协同、防范化解机制，加强国家安全体系和能力建设。深入推进平安香河建设，常态化开展扫黑除恶专项斗争，坚决打击暴力恐怖、新型网络犯罪，加大“扫黄打非”力度，确保社会安全稳定。深化平安建设“五大智慧工程”，打造立体化、信息化、智能化的社会治安防控体系，充分发挥“智慧护城河”作用。按照“未访先知、争取主动、重点稳控”的思路，持续优化县、镇、村信访服务体系，严格落实领导干部下访、接访、约访、回访、督访等制度机制，扎实做好信访工作。增强安全生产保障能力，加强食品药品、危化品、交通运输、建筑施工等重点领域隐患排查整治，做好防灾、减灾、抗灾、救灾工作，保障人民群众生命财产安全。加强重要节点、重要时期安保维稳，坚决当好首都政治“护城河”排头兵。

强化法治体系保障。深化法治香河建设，完善党委领导、政府实施、人大政协监督、部门齐抓共管、社会力量参与的“大普法”工作机制，推进严格执法、公正司法、全民守法。坚持领导干部带头尊法、学法、守法、用法，将各项工作全面纳入法治轨道。加强普法宣传教育，弘扬社会主义法治精神，增强全民法治观念。加强公共法律服务体系建设，推进司法行政法律服务中心、镇法律服务工作站、村级法律服务点（窗口）建设，加快实现各领域法律顾问全覆盖。巩固政法队伍教育整顿成果，打造过硬的政法铁军。

坚持党的领导
加强党的建设

实现未来五年的奋斗目标，关键在党，关键在党要管党、全面从严治党。全县各级党组织和广大党员干部必须全面落实新时代党的建设总要求，铸就坚强堡垒，凝聚发展合力，把党的政治优势和组织优势转化为推动发展的强大动力。

加强思想政治建设，补足精神之钙。始终把党的政治建设摆在首位，深入学习贯彻习近平新时代中国特色社会主义思想，持续巩固“不忘初心、牢记使命”主题教育、党史学习教育成果，引导党员干部进一步增强“四个意识”、坚定“四个自信”、做到“两个维护”，牢记“国之大者”，自觉在思想上、政治上、行动上同以习近平同志为核心的党中央保持高度一致。牢牢把握意识形态工作主动权、领导权，敏锐把握党员干部思想动态，引导党员干部不断提高政治判断力、政治领悟力、政治执行力，坚定不移落实党中央和省委、市委决策部署，始终保持香河发展的正确方向。

加强领导班子建设，坚守从政之道。加强县委常委会自身建设，建设学习型、担当型、专业型、奉献型领导班子，以上率下引领各级党组织不断增强政治领导力、思想引领力、群众组织力、社会号召力。坚持民主集中制，严格落实党内民主和实行正确集中的相关制度。把政治标准作为选优配强领导班子的首要标准，加强换届后领导班子建设，提升班子能力水平。深入贯彻中央八项规定及其实施细则精神，持之以恒纠治“四风”。规范落实“三会一课”、组织生活会、民主评议党员等制度，增强党内政治生活的政治性、时代性、原则性、战斗性。

加强干部队伍建设，筑牢施政之本。树立“政治过硬、实绩突出、群众公认”选人用人导向，拓宽选任视野，重用有定力、有能力、有魄力、有毅力的优秀干部。推动党性淬炼工程，强化思想淬炼、政治历练、实践锻炼、专业训练，不断提升党员干部政治能力、调查研究能力、科学决策能力、改革攻坚能力、应急处突能力、群众工作能力、抓落实能力。完善“三定三评一考”工作机制，强化全过程监控、纪实化管理，提升工作能效。以重点工作为抓手，注重深入一线实地考核，以多种形式考实干部表现。健全容错纠错和懒政追责机制，旗帜鲜明为有为者担当、让担当者有位、让无为者失位。坚持激情满怀干事业，昂扬竞进当先锋，强化党员干部责任感、主动性、执行力，着力解决不想为、不敢为、不会为的问题，形成镇村比进位、园区比贡献、机关比服务的良好氛围，让“争先进位、走在前列、求新求变、创造特色”成为香河党员干部最鲜明的特质。树立“功成必定有我”的政绩观，激励党员干部只为成功想办法，不为平庸找理由，把困难当做挑战，把挫折当做磨炼，让香河党员干部真正成为迎难而上、攻城拔寨的先锋。坚持“马上就办、办就办好”，认准的事大胆决策，定下的事迅速落实，推进的事一抓到底，着力解决好人民群众最关心最直接最现实的利益问题，让全县上下不断看到香河党员干部的实干成效。

加强基层组织建设，夯实执政之基。以全省乡村治理体系基层党组织建设试点县建设为抓手，深化党建引领网格化管理工作，健全完善基层治理架构，推进基层治理体系和治理能力现代化建设。严格落实党建责任，深入推行基层党建常态化督导检查机制，落实基层党建“述考评”机制，完善各级党务工作者抓党建责任清单，强化跟踪问效，层层压实责任。提升党组织活动阵地建设水平，开展基层党建“阵地提升”工程，打造一批高标准党群服务中心。推进环京党建示范带和沿运河党建示范带建设，打造发展壮大集体经济示范标杆，发挥党建示范引领效应。全面推行村干部县镇备案管理“2+6”工作机制，全力推进社区工作者职业化体系建设，抓实绩效考评机制，强化日常监管，激励干事担当。

加强党风廉政建设，织密监督之网。深入推进全面从严治党，严格落实“两个责任”，坚持“严”的主基调、落实“硬”的铁规矩、构建“清”的好生态。强化政治监督，持续开展政治生态监测评估，结合“四位一体”监督机制，建立政治生态动态监测平台。健全监督体系，以党内监督为主导，推动各类监督协调贯通，构建科学、严密、有效的监督网。探索基层监督新路径，推动监督下沉，激活基层监督神经末梢。坚持惩前毖后、治病救人，深化运用监督执纪“四种形态”，做到“三个区分开来”。始终保持高压态势，巩固反腐败斗争压倒性胜利，持续整治群众身边腐败问题和不正之风，一体推进不敢腐、不能腐、不想腐，营造风清气正的政治生态。

实现经济社会发展目标，需要凝聚更强的发展合力。必须支持人大及其常委会依法履行职能，发挥人民政协政治协商、民主监督、参政议政职能作用；支持工会、共青团、妇联、科协、文联、工商联、残联等群团组织依照法律和各自章程开展工作；一如既往地做好老干部工作；坚持党管武装，认真做好双拥工作；坚持大统战工作格局，切实做好新形势下民族、宗教、对台和侨务等工作，巩固和发展最广泛的爱国统一战线。

风雨多经志弥坚，关山初度路犹长。今后五年，是我们面对新挑战、肩负新使命、夺取新胜利的五年。征途漫漫，惟有奋斗！让我们更加紧密地团结在以习近平同志为核心的党中央周围，在党中央和省委、市委的坚强领导下，激情满怀干事业，昂扬竞进当先锋，为建设“协同发展示范区、绿色活力幸福城”而努力奋斗！

政府工作报告

——在香河县第十六届人民代表大会第一次会议上

香河县人民政府代县长　李海滨

（2021 年 7 月 25 日）

过去五年工作的回顾与总结

过去的五年，是香河发展进程中极不平凡、极为关键的五年，也是攻坚克难、砥砺奋进的五年。五年来，我们始终坚持以习近平新时代中国特色社会主义思想为指导，在县委的坚强领导下，在县人大、县政协的监督支持下，团结依靠全县人民，抢抓京津冀协同发展和北京城市副中心建设重大机遇，积极应对复杂形势和严峻挑战，坚定信心、攻坚克难，圆满完成了各项目标任务，为香河经济社会高质量发展奠定了坚实基础。

五年来，我们坚定不移增投资、强后劲、稳增长，综合实力跃上新台阶。地区生产总值年均增长 5.3%，固定资产投资年均增长 6.7%，规上工业增加值年均增长 4.5%，社会消费品零售总额年均增长 6.9%，实际利用外资年均增长 113.6%，一般公共预算收入完成总量居全市前列。园区平台不断优化。累计完成基础设施投入 55.4 亿元，入区企业达到 272 家，经开区获评国家科技领军人才创新驱动中心、中国产学研合作创新示范基地、中国优秀机器人产业园区。项目建设扎实开展。累计争列省市重点产业项目 34 个，总投资 322.5 亿元；华电燃气能源站、云储数据中心等 55 个亿元以上项目成功签约，总投资 260 亿元；中粮可口可乐、海利天梦无人机等一批优质产业项目竣工投产。创新能力持续加强。累计培育国家级众创空间 1 家、省级国际科技合作基地 3 家、市级以上研发平台 53 家，全县高新技术企业、科技型中小企业分别达到 76 家和 757 家，分别是 2016 年底的 5.8 倍和 1.7 倍，规上高新技术产业增加值年均增速达到 20%以上。产业升级步伐加快。实施重点技改项目 42 个，29 家企业获评省级名优企业；机器人小镇投产企业 138 家，韩国安川都林、美国 ATI 等一批行业领军企业先后进驻；荣万家公司在港交所主板上市，服务业对经济贡献率达到 65%以上；水岸潮白、菊香小镇等景区景点建成开放，香河县被评为全国县域旅游发展潜力百佳县、京津冀最佳休闲旅游目的地和省级全域旅游示范区。全县市场主体达到 4.7 万家，是 2016 年的 2.5 倍，香河县连续获评全省民营经济发展先进县。

五年来，我们千方百计强对接、优服务、促融入，协同发展迈出新步伐。产业协作持续深化。成功引入合益智能包装、晶创铭盛等一批产业转移项目，其中韵达电商、专显科技等 79 家企业投产达效。通勤体系更加便捷。密涿高速连接线、平香线南延等重点工程建成通车，7 条公交线路直达北京重要交通枢纽，京唐高铁香河段 28 联连续梁全部合龙，安石路西延在全市 4 条协同发展跨界道路中率先启动建设，与京津便捷高效的一体化通勤网络正在加速形成。公共服务合作加强。引入 4 所域外学校并招生运行，3 家县级公立医院和 9 家镇级卫生院接入国家异地就医结算系统，60 余家京津优质医疗机构与香河县建立合作关系，70 项政务服务事项和 453 项高频便民事项实现与北京“跨区域通办”。北运河实现旅游通航。将北运河旅游通航作为全县“一号工程”和“头等大事”，上下一心、昼夜奋战，全速推进河道清淤疏浚、橡胶坝改扩建、码头新建、景观提升等各项工程，仅用半年时间，就将北运河香河段建成全省第一条内陆旅游通航河流，并沿河打造了森林生态文化区、运河历史文化区、田园农耕文化区三大景区板块和运河春色、河湾湿地、半岛寻芳等十大缤纷节点，实现了与北京同步旅游通航，拼出了香河通航加速度。

五年来，我们集中精力抓建设、打基础、强支撑，城乡环境展现新面貌。城镇化率提高 13.3 个百分点，达到 73.6%，我县被评为全省新型城镇化与城乡统筹示范样板县。基础设施日益完善。完成 2 座污水处理厂新改建、30 千米雨污分流管网改造、垃圾焚烧发电厂新建等一批基础设施工程，全县集中供暖面积达到 1500 万平方米、供电总容量达到 221 万千伏安、燃气覆盖面积达到 1880 万平方米，分别是 2016 年的 1.3 倍、3.3 倍和 3.6 倍。新改建城乡路网 517 千米，公路通车里程达到 1042 千米，城乡客运一体化水平达到 5A 级，获评全市唯一的“四好农村路”全国示范县。城市品位持续提升。改造老旧小区 33 个，新改建公园游园 24 座，文化艺术中心、便民服务中心、民兵训练基地和县委党校等重点工程高标准建成，香河人民广场、运河文化公园成为城市新地标，建成区绿化覆盖率由 30.3%提高到 34%，人均公园绿地面积由 8.7 平方米提高到 11.4 平方米，顺利通过省级园林县城复核验收。智慧城市中心建管水平全省领先，我县被确定为全省第一批新型智慧城市建设试点县。镇村面貌明显改观。双安新城、佰闻花园、潮东新村 3 个新型农村社区建成投用，5 个村街 896 户村民喜迁新居。农村人居环境整治深入开展，打造美丽庭院 5.7 万户，完成改厕 5.9 万座、覆盖率达到 91%，硬化街道 1171 千米，主街道硬化率达到 100%，农村生活垃圾一体化处理实现全覆盖，香河县被确定为省级数字乡村建设试点县，获评全省美丽乡村建设先进县、省级乡村振兴示范区。

五年来，我们持之以恒抓源头、强监管、重保护，生态建设取得新成效。空气质量大幅提升。关停“散乱污”企业 1858 家，治理涉 VOCs 企业 380 家，淘汰燃煤锅炉 2120 台，286 个村街 9.1 万户“煤替代”工程全部完成，2020 年全县空气质量综合指数和 PM2.5 浓度较 2016 年分别下降 37.5%和 47.5%，优良天数增加 81 天。水环境质量持续改善。33 条河渠实现三级河长全覆盖，38 万平方米涉河违建被依法拆除，国省市控考核断面水质稳定达标。土壤污染防治稳步推进。受污染耕地和污染地块安全利用率均达到 100%，推广测土配方施肥 65333.33 公顷（98 万亩）次，规模养殖场粪污处理设施配套率达到 100%。生态底色更加靓丽。营林造林 6066.67 公顷（9.1 万亩），密涿高速廊道绿化、瑞盛千亩景观林等精品景观建成开放，香河县被评为全国绿化模范单位、中国百佳富氧县，荣登“最美中国榜”。

五年来，我们全力以赴增投入、惠民生、强保障，民生福祉实现新提升。累计民生支出达 195 亿元，占一般公共预算支出的 80.6%。社会事业协调发展。县城内第五小学、县第三幼儿园等 67 项教育工程竣工投用，38 所民办幼儿园完成普惠性创建，1687 名新聘教师充实教学一线，63 所小学实现校内课后服务全覆盖，高考成绩连年攀升。医共体建设持续推进，8 所镇级卫生院、193 所村卫生室完成改造升级，香河县被确定为全国紧密型医共体建设试点县，获评全国计划生育优质服务先进单位、全省深化县级公立医院综合改革示范县、全省健康促进县。仿真冰雪场馆、全民健身示范基地等工程建成投用，镇村文化服务场所实现全覆盖，香河县媒体融合经验在全省推广，《香河年鉴》连续荣获全国地方志优秀成果奖。民生保障不断加强。56 户 118 名建档立卡贫困人口全部稳定脱贫，社会救助基金会成立运行，城乡低保救助标准、特困人员供养标准是 2016 年的 1.5 倍，困难和重度残疾人补助标准分别是 2016 年的 4.6 倍和 2 倍。就业再就业工作保持全市前列，2020 年城镇和农村居民人均可支配收入分别达到 48365 元和

21021 元，较 2016 年分别增长 31.7%和 37.8%。社会治理成效显著。县镇村三级综治中心建成投用，社会治理信息系统和网络生态治理监督平台正式上线，“群众说事、干部解题”工作机制全面推开，11 个专业性调委会成立运行，“天网工程”实现全面覆盖，档案、气象、统一战线、扫黑除恶、安全生产、食药安全、国防动员、退役军人服务等工作均取得新的成效，香河县先后荣获全国平安建设先进县、全国法制宣传教育先进县、省级文明县城等多项国省级荣誉，第三次捧得全国综治工作最高奖“长安杯”。

五年来，我们驰而不息转作风、提效能、优环境，政府自身建设得到新加强。注重政治建设。始终坚持以习近平新时代中国特色社会主义思想为指导，扎实开展“不忘初心、牢记使命”主题教育和党史学习教育，全力推进“三创四建”“三重四创五优化”等系列活动，坚决贯彻中央和省市县委决策部署，确保各项措施落地落实。严格依法行政。自觉接受县人大、县政协和社会各界监督，扎实做好人大“6+1”联动监督、“四项”联动监督等工作，人大代表建议和政协委员提案全部及时妥善办理，香河县获评首届全国公共资源交易百强县、全省财政绩效管理先进县。突出改革创新。大力实施政府机构改革、乡镇改革、开发区改革和家具城管理体制改革，深入推进“放管服”改革，568 项审批服务事项集中进驻服务大厅，80%以上高频业务实现“最多跑一次”，政务服务事项网上可办率达到 97%。守牢廉洁底线。严格落实政府系统全面从严治党主体责任，深入开展“一问责八清理”和基层“微腐败”治理等系列行动，强化审计监督、财政监督和风险防控，为民务实清廉的政府形象更加深入人心。

五年的成绩令人振奋，五年的经验弥足珍贵。回首过来五年，香河之所以能在逆势中奋勇前行，在困境中持续攀升，最核心的动力来自于县委的统揽全局、正确领导，五年来县委坚决落实中央和省市决策部署，制定发展战略、统筹各方工作、理顺各种关系，在全县上下凝聚起激情干事、奋勇争先的强烈共识，为我们做好工作提供了最大的政治底气！最有力的支撑来自于党员干部的拼搏创新、实干担当，五年来广大党员干部以对群众、对历史、对实践高度负责的态度，顶压奋进、创新突破，开创了香河发展的崭新局面。尤其是面对北运河旅游通航的重大政治任务，全县上下闻令而动、不舍昼夜，全力以赴保进度、保质量、保通航，凝聚了创新、实干、担当、拼搏的运河通航精神，这是成就香河事业最宝贵的精神财富！最坚强的保障来自于全县人民的同舟共济、鼎力支持，五年来全县上下积极响应党委政府号召，万众一心加油干，越是艰险越向前，干成了一大批管根本、管全局、管长远的大事难事。特别是面对突如其来的新冠疫情，广大干部群众守望相助、众志成城、共御疫情，绘就了团结就是力量的新时代画卷，这是推动香河发展最持久的力量源泉！

事在人为、路在脚下。五年来，我们初心不改、矢志不渝，一步一个脚印向前进，一年接着一年加油干，共同谱写了香河发展史上的精彩篇章。这些成绩的取得，饱含着全县人民的智慧和汗水，倾注着历届县领导班子的努力和付出，凝聚着各级、各部门和各方面的团结和拼搏。

思危方能居安，知忧才能克难。在肯定成绩的同时，我们也清醒认识到，工作中仍存在一些不容忽视的问题：一是产业结构还不够合理，传统产业质效不高，新兴产业规模不大，房地产业占比偏高，县域经济亟需转型升级；二是园区支撑作用还不够明显，优质产业项目偏少，土地、资金、人才等方面制约依然突出；三是城乡建设管理的水平还不够高，基础设施仍有短板，城乡环境亟须改善，城乡融合发展任重道远；四是优质公共服务的供给还不充分，教育、医疗等领域与京津还有较大落差，保障和改善民生仍需加速加力；五是一些干部的精神状态和能力作风还不能很好地适应新时代、新形势、新要求。对此，我们将坚持问题导向，采取更加积极有效的措施，全力加以解决。

今后五年的奋斗目标和主要任务

后五年将是我们践行新发展理念，构建现代产业体系，壮大新动能，培育新优势，实现县域经济跨越崛起的黄金发展期；将是我们抢抓协同发展机遇，加快与北京城市副中心一体化高质量发展，展现新作为，取得新突破，把优势转化为胜势的战略机遇期；将是我们顺应人民美好生活向往，统筹发展各项社会事业，满足新期待，增进新福祉，推进县域高质量发展拼搏竞进期。机遇稍纵即逝，发展时不我待。我们必须着眼大局，乘势而为，争先敢为，奋发作为，推动香河各项事业迈上新台阶、实现新跨越！

根据县第十二次党代会精神，我们明确今后五年县政府工作的总体思路是：坚持以习近平新时代中国特色社会主义思想为指导，深入贯彻中共十九大和十九届二中、三中、四中、五中全会精神，全面落实中共中央和省委、市委、县委决策部署，不忘初心、牢记使命，立足新发展阶段，坚持新发展理念，融入新发展格局，紧紧抓住通州区与廊坊市“北三县”一体化高质量发展重大战略机遇，聚焦“一条主线”，实施“五大战略”，开展“五大行动”，全力建设“协同发展示范区、绿色活力幸福城”，为加快建设“五个廊坊”作出新的更大贡献。

今后五年经济社会发展的主要目标是：地区生产总值年均增长6.5%左右，固定资产投资年均增长8%，规模以上工业增加值年均增长6.5%，社会消费品零售总额年均增长8.5%，城镇和农村居民人均可支配收入年均增长6.5%以上，每万元生产总值能耗、PM2.5平均浓度、优良天数达标比例等指标确保完成上级下达的目标任务。

建设“协同发展示范区、绿色活力幸福城”，是县第十二次党代会确定的奋斗目标，与“美丽幸福新香河”一脉相承、层次递进，是县委站位全局、立足长远作出的战略考量。我们必须把握内涵，抓住关键，努力将发展蓝图变成美好现实。

建设“协同发展示范区、绿色活力幸福城”，必须坚持以协同发展统揽经济社会发展全局，坚决贯彻中央和省市决策部署，严格落实“四统一”要求，抢抓机遇，借势腾飞，在融入深耕北京中，加快建设发展质效更优的香河，深入贯彻新发展理念，主动融入北京产业链条，坚持速度与质量效益相统一，规模与资源环境相协调，全力推进县域经济高端化、特色化、集群化、绿色化发展，力争未来五年，全县“1+3+2”的现代产业体系基本建成，香河在协同发展中的战略地位明显提升；加快建设环境品质更高的香河，主动对标对表北京城市副中心，以文明城市、卫生城市、森林城市、园林城市、双拥模范城“五城同创”为抓手，高标准、大气魄推进城乡建设，加快产城融合、城乡融合、景城融合，力争未来五年，一座充满活力、魅力、实力的现代新城展现在世人眼前；加快建设人民生活更好的香河，认真践行以人民为中心的发展思想，主动向京津看齐、向先进对标，用心用情用力实施民生工程、办好民生实事，力争未来五年，公共服务均等化、优质化水平明显提升，人民群众的获得感成色更足、幸福感更可持续、安全感更有保障。

建设“协同发展示范区、绿色活力幸福城”，必须坚决贯彻县第十二次党代会精神，牢牢把握“激情满怀干事业，昂扬竞进当先锋”这条主线，深入实施“五大战略”。一是深入实施区域互动战略。围绕高端制造聚集区、商贸服务微中心、文旅康养目的地的功能定位，深耕副中心建设需求，强化区域协调联动，推动产业、生态、交通、公共服务等重点领域取得更大成效。二是深入实施创新驱动战略。用足用好京津创新资源，壮大创新主体，做强创新平台，引育创新人才，全力构建以创新为引领和支撑的经济体系、发展方式，让创新成为推进县域发展的强劲引擎。三是深入实施改革促动战略。精准对接发展所需、基层所盼、民心所向，聚焦难点、痛点、堵点问题，主动改、大胆试、勇敢闯，以思想破冰引领发展突围，以深化改革增强发展动力，全力打造改革和发展深度融合、高效联动的工作格局。四是深入实施治理联动战略。着眼建设人人有责、人人尽责、人人享有的社会治理共同体，总结推广疫情防控经验做法，健全完善县镇村三级治理体系和服务网络，推动政府治理与社会调节、居民自治良性互动，全力维护社会大局和谐安全稳定。五是深入实施品牌带动战略。将品牌意识贯穿政府工作全过程，以经济、文化、社会、生态和政府服务等领域为重点，进一步补短板、固优势、树标杆，全方位提升香河的知名度、美誉度和影响力。

展望新愿景、踏上新征程，我们将以产业提质、项目提速、环境提标、民生提档、治理提效“五大行动”为抓手，全力做好“六个发展”文章，确保各项目标任务圆满完成。

一、突出提质增效，加快产业升级，厚植示范发展新优势

坚持产业强县不动摇，深入开展产业提质行动，打好建链补链延链强链组合拳，提升县域发展核心竞争力。

实施特色产业提质工程。聚焦“文旅香河”建设，坚持“通航引领、产业带动、文旅融合、全域发展”，完善北运河旅游通航运营服务机制，加强两岸景观绿化养护，谋划建设运河生态休闲湾、运河风情驿站、红草湾田园综合体，创响“京畿首驿·如意香河”旅游品牌。以第一城为重点，以水岸潮白、菊香小镇等景区景点资源为支撑，深入挖掘安头屯中幡、景泰蓝制作、香河肉饼等文化资源，丰富香河特色文化旅游产品，打造生态休闲、民俗文化、文创体验等精品旅游线路。加强与北京环球度假区、台湖演艺小镇、张家湾设计小镇等优质资源联动，深化与中青旅、携程等知名企业对接合作，开发跨区域旅游项目。完善智慧旅游系统、游客服务中心、旅游标识等基础配套设施，全力争创国家级全域旅游示范区。

实施主导产业振兴工程。发展智慧家居产业。引导家具企业运用新技术，研发新产品，开展智能化改造，加快“上云”创新发展，同步吸引知名智能家电企业落户，推动家具产业向智能化方向升级、向泛家居领域拓展。纵深推进家具城“二次创业”，加快智慧家居小镇建设，加强与中科未来、艾佳生活等知名企业合作，打造集研发设计、营销总部、交易中心、文化旅游等于一体的家具商贸新都会。做强智能制造产业。以机器人、人工智能、汽车电子等领域为重点，以工业机器人为核心，完善产业发展政策，引进行业龙头企业和上下游配套项目，加快形成研发设计、本体制造、系统集成、销售服务等全产业链条。延伸发展智能物流装备、节能环保装备等产业，打造北方最具竞争力的高端制造产业集群。壮大智慧健康产业。以大爱城为依托，积极引入京津优质资源，发展高端医疗、康复疗养等服务业态。深度对接亦庄生物医药园、通州食品工业园和京津高校院所，着力引进一批智能医疗康复、生物医药等科研成果转化项目和健康食品领军企业，加快稻香村食品生产基地等重点项目建设，打造智慧健康养老示范基地、智慧健康产业创新基地和健康食品保障供应基地。

实施新兴产业培育工程。发展数字科技产业。加强与北京中关村科技园区、国家网络安全产业园等专业园区对接合作，出台专项扶持政策，积极承接5G通信设备、工业互联网设备、智能仪表等物联网与电子设备企业转移，吸引工业设计、行业应用、供应链管理系统等软件和信息服务企业集聚，加快形成规模效应。加强数字赋能，推进数字经济与实体经济深度融合，助力传统产业转型升级、创新发展，力争每年新增技改项目不少于20个，净增规上工业企业7家以上。繁荣现代服务产业。统筹利用家具城、汽配城、建材城等资源，加快发展智慧商贸物流、科技孵化服务、检验检测认证等产业。高标准推进高铁商务区建设，科学规划产业功能布局，大力培育金融服务、商务服务、楼宇经济、总部经济等高端业态，打造新的经济增长点。

二、突出园区提级，狠抓项目攻坚，构筑集聚发展新高地

坚持项目为王理念，深入开展项目提速行动，大力发扬“四千四万”精神，以干事“上瘾”的劲头抓园区、上项目，为经济稳定增长、

高质量发展提供强劲动力。

加快建强园区平台。大力实施“双倍增”计划，到2023年，经开区主营业务收入突破300亿元，税收达到46亿元以上，真正把园区打造成经济发展的主战场、集约发展的高产田、区域发展的增长极。夯实基础支撑。对标“新九通一平”标准，进一步完善园区基础设施，布局5G网络、工业互联网等新基建项目，加快机器人大厦、高氏综合体等配套设施建设，以更好的环境吸引更优的投资。完善管运机制。深入推进考核奖惩、人事薪酬、行政审批等方面改革，全面落实权责清单制度，赋予经开区项目审批、科技创新、人才引进、市场监管等更多权限，实现“区内事、区内办”。调优产业布局。严格落实“四个一批”要求，有序推进企业入园进区，支持经开区托管工业园区，提升资源利用效率。探索“一区多园”、跨区域合作共建等模式，引入工业地产项目，发展区中园、特色园，实现资源共享、政策叠加、产业聚合。

全面掀起招商热潮。坚持引资与引智并举、规模与质量并重，实现招商引资质量和效益双提升。突出招商重点。围绕“1+3+2”产业发展定位，聚焦世界500强、全国500强和行业领军企业，精准制定招商项目和重点对接企业“两个清单”，大力开展全员招商、上门招商、以商招商、产业链招商，每年组织成规模招商活动不少于10次，签约5000万元以上项目不少于40个。严把招商关口。坚持“提着篮子选菜”，健全项目评估预审机制，严格执行亩均投资强度300万元以上、亩均税收30万元以上等刚性标准，算清经济账、生态账、发展账，切实把有限的资源落到大项目、好项目上。建强招商队伍。强化“战场选将”导向，围绕打造研究、招引、服务和专家“四位一体”招商队伍，完善项目落地效率、实施进度等指标体系，加强考核结果运用，奖优罚劣，奖勤罚懒，激励干部在招商一线干事创业、大展身手。

全力提速项目建设。按照“一年打基础、三年见成效、五年树样板”的思路，全面掀起大抓项目、抓大项目的工作热潮。强化服务保障。坚持一个项目、一名包联领导、一个工作专班、一包到底，完善台账管理、专题调度、督导考核等工作机制，全力化解制约项目开工、建设、投产的“卡脖子”问题，确保项目建设无障碍推进。畅通审批通道。推进企业投资项目承诺制改革，探索实行“区域评估+负面清单”制度和容缺受理、并联审批等模式，力促华电燃气能源站、华海云谷云计算数据中心等一批优质项目早开工、早达产、早见效。健全储备机制。抢抓中央投资、专项债券等政策机遇“窗口期”，聚焦“两新一重”，积极谋划储备一批重大基础设施和产业项目，完善项目储备和建设库，五年内亿元以上重点项目落地70个以上，投产20个以上，完成投资130亿元以上，形成投产一批、在建一批、储备一批、谋划一批的滚动发展格局。

三、突出创新驱动，全力破解制约，激发创新发展新活力

坚持把创新作为第一动力，全力推进重点领域和关键环节改革创新，为县域经济发展增添新动能、拓展新空间。

强化创新引领。培育壮大创新主体。实施科技领军企业培育行动，鼓励企业设立研发机构，增加研发投入，加快向产业链、价值链高端跃升，未来五年全县科技型中小企业突破1000家，高新技术企业超过100家。加快引育创新人才。坚持“柔性引进”和“全职引进”并举，推广实施燕赵英才服务卡制度，着力解决落户安居、子女入学、社会保险等方面问题，真金白银、真心实意地吸引创新人才来香扎根创业。建强协同创新平台。发挥机器人小镇等载体作用，吸引京津研发创新资源集聚。鼓励企业与高等院校、科研院所组建创新联合体，推动产学研用深度融合，力促更多科研成果香河转化产业化。

优化营商环境。坚持以市场主体和群众需求为导向，以政府职能转变为重点，全力构建“亲”“清”新型政商关系。持续深化“放管服”改革。深化减证便民行动，大力推行“不见面、线上办”“一网通办”等审批模式。深入推进与通州区政务服务“区域通办”，提升一体化水平。实行政务服务“好差评”制度，严格落实政府权力清单和市场准入负面清单，做到“一单尽列、单外无单”。全面规范市场环境。强化“三新经济”包容审慎监管，健全完善信用体系，严格规范执法检查，深化“双随机、一公开”监管，做到“无事不扰、有求必应”。严厉打击破坏营商环境行为，坚决保护市场主体合法权益。激发市场主体活力。实施企业家培育工程，鼓励企业建立现代管理制度，加强联合协作，提升企业家整体素质。加快推进民营经济“二次创业”，精准制定、落实落细减税降费、纾困惠企政策，畅通政企沟通渠道，完善入企帮扶机制，倾力支持企业增资扩产，精准解决企业发展难题，以实际行动践行尊企爱企重企承诺，像爱护家人一样呵护营商环境，切实让广大企业放心投资、安心经营、专心发展。

做强要素支撑。强化用地保障。规范土地市场一级开发整理，用足用好产业用地弹性年期出让等支持政策，完善厂房分割转让办法，科学配置土地资源。严格执行项目用地履约监管机制，加大批而未供和闲置用地处置力度，大力推进“腾笼换鸟”和“筑巢引凤”，五年内盘活利用闲置低效用地200公顷（3000亩）以上。强化资金保障。探索建立园区产业发展基金、创业投资基金，常态化开展政银企保信对接活动，鼓励金融机构创新金融产品，全力支持企业上市，合力解决企业“融资难、融资贵”问题。强化政策保障。完善《招商引资和项目建设奖励办法》《高层次人才引进奖励暂行办法》等相关政策及配套措施，积极帮助企业争取上级各类平台、项目、资金等支持，让企业引得进、留得住、发展得好。

四、突出城乡统筹，注重品质提升，打造融合发展新典范

坚持以城带乡、城乡统筹，深入开展环境提标行动，以更高标准、更大力度完善基础设施、改善城乡环境、促进城乡互动，塑造蓝绿交织、景城交融、生态宜居的城乡风貌。

优化城乡空间布局。加快国土空间规划、控制性详细规划和各专项规划编制，严格生态保护红线、永久基本农田、城镇开发边界控制，合理确定城镇、产业、生态空间，严查严处违法违规建设行为，确保“一张蓝图干到底”。高标准编制县城区和高铁商务区城市设计，全面梳理文化脉络，加强建筑风貌管控，打造特色景观街区，让城市经得起远眺、耐得住细品。深入开展县城建设提质升级工程，加快推进蒋辛屯、安平两个新市镇建设，重点打造钱旺、渠口、刘宋、安头屯、五百户 5 个产业特色鲜明、人文气息浓厚、生态环境优美、示范效应明显的特色小城镇，构建“一核两翼多点”的城乡空间新格局。

提升城乡综合品质。纵深开展城乡环境综合整治提升行动，牢牢扭住“三大四精五到位”目标举措，全力打造整洁、优美、文明、和谐的城乡面貌。规范城乡秩序。全面推行街长、路长、巷长、片长责任制，大力开展“美丽街区”“精品街道”创建活动，常态化整治私搭乱建、占道经营等行为，有效解决城乡管理顽疾。畅通城乡路网。全力保障京唐高铁建设运行，加快安石路西延等跨界路网工程建设，谋划实施永盛路南北贯通、迎宾路南延、农村公路连通等路网工程，争创“城乡交通运输一体化”全国示范县、“城乡客运一体化”全省示范县。完善城乡功能。加快智慧城市、民生政务云平台建设，完成城区排水管网雨污分流改造、垃圾填埋场减容封场、潮白河北岸污水管网建设等工程，滚动推进供水、供热等老旧管网改造和基础设施智能化改造，谋划建设地下综合管廊、双安污水处理厂等配套设施，提高发展综合承载能力。推进城市更新。持续实施老旧居民小区和城中村改造，开展社区建设补短板行动和城市亮化提升工程，改造升级市政配套和公共服务设施，加强无物业居民小区规范管理，让老城区焕发新活力。

全力创建城市品牌。深入开展“五城同创”活动，着力提升城市建管水平。创建文明城市。大力弘扬社会主义核心价值观，完善市民公约、村规民约、行业规范，持续开展文明单位、文明家庭、文明校园等创建活动，着力培育一批文明

典范、道德模范，让崇德向善的社会风尚在香河蔚然成风。创建卫生城市。健全城乡垃圾处理一体化机制，加大生活垃圾分类推广力度，推进城区主要道路“水洗机扫”全覆盖，常态化开展城中村、城乡接合部和背街小巷等重点部位综合整治，提升人居环境品质。创建森林城市。以环京、环镇、环村和沿路、沿河为重点，高标准实施“廊道绿化、村庄绿化、林果网片绿化、森林质量提升”等造林绿化工程，精心打造精品景观廊道、风景怡人村庄和集中连片林带，让绿色成为香河最鲜明的底色、最靓丽的名片。创建园林城市。持续推进绿色社区和园林式单位、小区、街道建设，充分利用空闲地、废弃地等空间，因地制宜增建公园绿地，未来五年新建街头游园10个以上，人均公园绿地面积达到12平方米。创建双拥模范城市。加快推进烈士陵园建设，谋划打造一批爱国主义教育基地，加强退役军人服务管理，严格落实各项优抚安置政策，深入开展国防教育活动，开创“双拥”工作新局面。

深入推进乡村振兴。坚持农业农村优先发展，促进农业高质高效、乡村宜居宜业、农民富裕富足。壮大农村集体经济。深化农村土地制度、集体产权制度等重点领域改革，整合利用集体资金、资产、资源和上级扶持资金，增强村集体造血能力。完善“三资”智慧监管系统，严防集体资产流失。确保粮食生产安全。坚持“藏粮于地、藏粮于技”，大力实施高标准农田建设工程，落实最严格的耕地保护制度，坚决防止耕地“非农化”。培育新型经营主体。深入实施新型职业农民培训工程，大力推广龙头企业+合作社+基地+农户“四位一体”生产经营模式，持续开展农民合作社示范社、家庭农场示范场创建提升工作，拓宽农民增收渠道。大力发展现代农业。以京津市场为重点，积极推进“一镇一业”“一村一品”建设，做大做强设施果蔬、藕荷种植等优势产业，加快发展休闲农业、观光农业和体验农业，创响“香字号”特色农业品牌。全力打造美丽乡村。推动蒋辛屯片区上档升级，确保大运河沿岸美丽乡村示范片区创建成功。稳步实施新民居建设，深入开展农村人居环境整治，接续做好厕所改造、污水治理、村容村貌整治等工作，健全完善长效管护机制，未来五年农村“四化”实现全覆盖，省级美丽乡村精品村街达到20%以上。

五、突出生态建设，狠抓治理保护，走出绿色发展新路子

坚持习近平生态文明思想，坚定不移治理环境污染，持之以恒改善生态环境，让香河蓝天常在、绿水常流。

持续深化污染防治。统筹推进传统行业深度整治和重污染天气应急能力提升等工程，全力抓好工业企业改造提标、扬尘管控、尾气达标整治、禁烧常态监管等工作，确保全县空气质量持续好转。严格农用地分类管控，实施农药化肥减量行动，强化畜禽养殖污染防治，加强危险废物、医疗废弃物收集处理，保障土壤安全、土壤健康。严厉打击各类环境违法行为，严格落实生态环境监管正面清单制度，优先保障合规企业生产经营，做到重污染天气期间“不停产、不限产、不打扰”。

做好多河富水文章。严格落实河长制，深入开展河渠“五乱”治理、排污口排查整治、纳污坑塘管控等专项行动，巩固农村生活污水无害化治理成效，未来五年北运河、潮白河等主要河道水质基本达到水功能区划要求，水功能区水质达标率达到60%以上，城镇污水处理厂出水水质基本达到北京污水排放要求，污水收集处理率达到95%以上。协调推进南水北调工作，谋划实施地表水厂建设，优先利用外调水，有序关停取水井，限制开采地下水，确保完成地下水超采治理任务。统筹抓好河道综合治理和自然生态系统建设，完成潮白河、老武河、蒲池河等河渠清淤工程，加快城乡水系综合性整治、全域化畅通、景观化改造，努力打造行洪畅通、水面连通、绿廊贯通、河水碧清的生态空间。

积极推进低碳发展。大力实施碳达峰、碳中和行动，严格执行排污许可、节能评估等制度，加强重点企业清洁生产审核，推进重点行业绿色化改造。鼓励发展绿色低碳

建筑，完成建筑垃圾资源再利用一体化生态工厂建设，实施可再生能源建筑应用示范工程，提高垃圾无害化处理、资源化利用水平。倡导绿色消费、自然环保、节俭健康的生活方式，开展节约型机关、绿色家庭和绿色出行等创建行动，让绿色低碳理念深入人心。

六、突出人民至上，坚持共建共享，开创幸福发展新局面

坚持以人民为中心的发展思想，深入开展民生提档行动，全力办好民生实事，坚决守牢安全底线，切实让广大群众享受更多改革发展成果。

优化公共服务供给。优先发展教育事业。实施县城内第六小学、第七小学，县第四幼儿园新建和职教中心迁建等 46 项重点教育工程，全面改善办学条件。建立教师定期补充、业务培训、转岗交流等机制，落实乡村教师支持计划，打造一支高素质教师队伍。落实立德树人根本任务，健全家庭、学校、社会“三位一体”育人机制，促进学生德智体美劳全面发展。优化教育资源配置，规范扶持民办教育，完善提升特殊教育，统筹推进学前教育普惠发展、义务教育优质均衡发展、普通高中提质创优、职业教育做大做强，努力办好人民满意的教育。大力发展卫健事业。深化医药卫生体制改革，扎实推进紧密型医共体建设，实施县中医医院东院区改造提升工程，加快县医院、县中医医院向“三级医院”迈进。加强医疗卫生人才队伍建设，实施淑阳、钳屯、刘宋等镇级卫生院改造升级和村卫生室标准化建设工程，提高基层诊疗服务水平。强化重要医疗物资储备，推进县疾控中心标准化建设，落实常态化疫情防控措施，深入开展爱国卫生运动，健全完善公共卫生应急管理体系，提升重大疫情预防和救治能力。繁荣发展文体事业。加强公共文化服务体系建设，提升基层文化站点管理水平，县文化馆、图书馆力争创建国家一级馆。谋划实施县级体育场、社区多功能体育场、体育公园等工程，构建县、镇、村三级全民健身设施网络。深入开展“七进”文艺演出、全民运动会等文体活动，推广传统体育项目，发展冰雪运动，最大程度满足群众公共文化和体育需求。

完善社会保障体系。巩固拓展脱贫攻坚成果，健全防止返贫动态监测和帮扶机制，促进贫困人口持续稳定增收。落实就业优先政策，做好高校毕业生、退役军人和城镇就业困难人员等重点群体就业工作，未来五年城镇新增就业 3 万人以上，城镇登记失业率控制在 4% 以内。实施全民参保计划，加大医疗、养老、工伤等保险扩面征缴力度，维护社保基金运行安全。支持市场主体增加养老、托育服务和产品供给。全力做好孤儿、残疾人等困难群体关爱服务工作，让困难群众感受到更多党和政府的温暖。坚持“房住不炒”，强化保障性住房管理，持续做好困难群众住房保障工作，促进房地产业健康发展。

提升社会治理效能。坚持和发展新时代“枫桥经验”，完善“群众说事、干部解题”机制，畅通群众参与基层社会治理渠道。严格落实领导干部下访、接访、约访、回访、督访等制度，全力化解各种矛盾纠纷。建立重大风险常态排查、动态监管、及时化解、应急处理机制，密切关注金融债务、房地产、非法集资等领域风险隐患，确保不发生系统性、区域性风险。压实安全生产责任，扎实开展安全生产专项整治三年行动，强化危险化学品、道路交通、建筑施工、消防、食药安全等重点领域安全监管，加强应急管理体系和能力建设，提高防灾减灾抗灾救灾能力，维护群众生命财产安全。常态化开展扫黑除恶专项斗争，推进“五大智慧工程”提质扩面，严厉打击传销、电信新型网络诈骗等违法犯罪活动，力争实现全国平安建设先进县“六连冠”，坚决当好河北首都政治“护城河”排头兵。

加强政府自身建设

打铁还需自身硬。新时代、新征程对政府工作提出了新任务、新要求，我们将知责于心、担责于身、履责于行，全力打造忠诚、高效、实干、创新、法治、廉洁的“六型”政府，为县域高质量发展提供坚强保障。

全力打造忠诚型政府。坚持把政治建设摆在首位,深入学习贯彻习近平新时代中国特色社会主义思想,严守党的政治纪律和政治规矩,进一步增强“四个意识”、坚定“四个自信”、做到“两个维护”,不断提高政治判断力、政治领悟力和政治执行力。坚持把党的领导贯穿政府工作全过程、各领域,坚决服从县委决定,自觉维护县委权威,不折不扣抓好各项决策部署落地落实。

全力打造高效型政府。大力倡导“马上就办、办就办好”的工作作风,对认准的事大胆决策、定下的事迅速实施、推进的事一抓到底,做到有部署、有结果、有反馈,让高效率、快节奏成为工作常态。坚持少开会、开小会、开短会、开解决问题的会,让干部走出机关、走进基层,走出会场、走到一线,腾出更多精力察实情、解难题、抓落实。坚决向“庸、懒、疲、虚”等作风顽疾亮剑开刀,严厉查处推诿扯皮、不作为、慢作为、“中梗阻”等行为,确保政令畅通、令行禁止。

全力打造实干型政府。进一步发扬创新、实干、担当、拼搏的运河通航精神,从县政府班子做起,从政府部门做起,坚持说实话、谋实事、出实招、求实效,敢啃“硬骨头”,敢挑“硬担子”,敢攻“硬任务”,用我们的辛苦指数换取群众的满意指数。坚持工作项目化、项目清单化、清单责任化,强化台账管理,严格政务督查,确保件件有着落、事事见成效。坚持严管与厚爱结合、激励和约束并重,完善容错纠错机制,为担当者担当、给干事者撑腰,进一步激发勇于担当、敢于负责的干事创业热情。

全力打造创新型政府。牢固树立“争第一、做唯一”的理念,敢于当“尖兵”,勇于当“标兵”,主动提高标尺、自我加压,积极营造“有荣誉就争、见红旗就扛”的比学赶超氛围。坚决破除思维定式、工作惯性和路径依赖,以思想理念的新变化、工作思路的新拓展、发展路径的新突破,推动政府工作争先进位、走在前列,努力打造更多在全市、全省乃至全国拿得出、叫得响的亮点成绩,切实以一域之光为全局添彩。

全力打造法治型政府。认真贯彻习近平法治思想,落实公众参与、专家论证、风险评估、合法性审查和集体讨论决定等制度,严格按照法定权限和程序行使权力。主动接受人大法律监督、政协民主监督、纪律监察监督,自觉接受社会和舆论监督,强化审计和统计监督,让权力在阳光下运行。深化政务公开,积极回应社会关切,进一步提升政府公信力。深入开展“八五”普法活动,弘扬社会主义法治精神,让办事依法、遇事找法、解决问题用法、化解矛盾靠法成为社会风尚。

全力打造廉洁型政府。始终把纪律和规矩挺在前面,坚决落实政府系统全面从严治党主体责任,深入贯彻中央八项规定及其实施细则精神,驰而不息纠“四风”、转作风、树新风。加强预算绩效管理,严控“三公”经费支出,确保每一笔钱都用在刀刃上、花在关键处,以政府过“紧日子”助百姓过“好日子”。加强重点领域和关键环节监督,严肃查处各种不正之风和腐败问题,进一步树立风清气正、廉洁高效的良好政府形象。

实干托起梦想,奋斗成就未来。只要我们勇于负责敢担当,坚定必胜信心,保持昂扬锐气,奋发作为勇争先,攻坚克难抓落实,就没有啃不下的硬骨头!只要我们团结一心加油干,心往一处想,劲往一处使,一门心思干事业,凝神聚力抓发展,就没有过不去的火焰山!只要我们咬定目标不放松,从领导干部做起,从点滴小事抓起,一级带着一级干,一锤接着一锤敲,就没有圆不了的香河梦!

让我们更加紧密地团结在以习近平同志为核心的党中央周围,在县委的坚强领导下,激情满怀干事业,昂扬竞进当先锋,为建设“协同发展示范区、绿色活力幸福城”而努力奋斗!

附　录

责任编辑　闫振春

党政机关、群众团体、事业和企业单位及领导班子成员名单

中国共产党香河县委员会

书　　记　李桂强（任至5月）
　　　　　梁宝杰（5月任）
副 书 记　齐泽旭（任至5月）
　　　　　李海滨（5月任）
　　　　　张玉林（任至5月）
　　　　　王宏民（5月任）
常　　委　陈润彬
　　　　　田立军（任至5月）
　　　　　郭建永（任至5月）
　　　　　齐建光（任至5月）
　　　　　焦国强（任至5月）
　　　　　董美辰（任至5月）
　　　　　牛　静（任至5月）
　　　　　于建全（5月任）
　　　　　张华维（5月任）
　　　　　张晓宇（5月任）
　　　　　刘雪艳（5月任）
　　　　　张锦山（5月任）
　　　　　王国强（5月任）
　　　　　张昆宁（5月任）

中共香河县委办公室

主　　任　田立军（任至5月）
　　　　　张锦山（5月任）
常务副主任　王长泉（任至12月）
　　　　　刘铁山（12月任）
副 主 任　杨志文
　　　　　刘铁山（任至12月）
　　　　　李　莉
　　　　　赵振兴（任至11月）

中共香河县委组织部

部　　长　王宏民（任至5月）
　　　　　王国强（5月任）
常务副部长　周向伟（任至5月）
　　　　　郭凤娟（12月任）
副 部 长　郭凤娟（任至12月）
　　　　　田　义（任至12月）
　　　　　孙玉茹（12月任）
　　　　　盛淑俊
　　　　　焦　为
　　　　　谢淑娟（12月任）

中共香河县委宣传部

部　　长　焦国强（任至5月）

刘雪艳（5月任）
常务副部长　王立生（任至5月）
张建军（12月任）
副　部　长　史长城（12月任）
罗文龙
张建军（任至12月）
孔庆军

香河县精神文明建设委员会办公室

主　　任　张建军（兼）

中共香河县委统一战线工作部

部　　长　董美辰（任至5月）
张昆宁（5月任）
常务副部长　李洪波
副　部　长　张金武
赵志清（任至12月）
马灵君
李文伯

香河县台湾工作办公室

主　　任　马灵君（兼）

中共香河县委政法委员会

书　　记　郭建永（任至5月）
于建全（5月任）
副　书　记　陈宝全（任至12月）
康会伟（12月任）
朱宝栋
刘振华（兼）
政治处主任　刘东波（任至 12 月）
任春艳（12 月任）

中共香河县委县直机关工作委员会

书　　记　李文建（任至 6 月）
王艳文（6 月任）

副　书　记　杨秋良（12 月任）

中共香河县委机构编制委员会办公室

党支部书记、主任　张铁兵（任至 11 月）
王长泉（11月任）
副主任　张雪松

香河县信访局

党支部书记、局长　崔新宇
副　局　长　杨海霞
张金虎（任至 11 月）
李永生
梁国永（12 月任）

中共香河县委网络安全和信息化委员会办公室

党支部书记、主任　陈　彬
副主任　单松林
李志楠

中共香河县委党校

校　　长　李桂强（兼，任至 5 月）
梁宝杰（兼，5 月任）
第一副校长　王宏民（兼，任至 5 月）
王国强（兼，5 月任）
党委书记、常务副校长　杨福林（任至 12 月）
马宝生（12 月任）
党委委员、副校长　薛福巨
杨立刚（任至 11 月）

中共香河县委党史研究中心

主　　任　（空缺）
副　主　任　杨秋良（任至 12 月）
陈　超

香河县档案馆

馆　　长　肖凤双

副　馆　长　　李春宇
　　　　　　　李　铁（任至12月）

香河县融媒体中心

主　　任　　史长城
副 主 任　　马国栋
　　　　　　张　洎

香河县人民代表大会常务委员会

主　　任　　闫再兴（任至7月）
　　　　　　郭建永（7月任）
副 主 任　　宋品仲（任至7月）
　　　　　　张浩波（任至7月）
　　　　　　周志广（任至7月）
　　　　　　张云华（任至7月）
　　　　　　高宏伟（7月任）
　　　　　　李一超（7月任）
　　　　　　姚立民（7月任）
　　　　　　冯国祥（7月任）

办公室

主　　任　　周学军
副 主 任　　王浩坤
　　　　　　刘娅东

教科文卫工作委员会

主　　任　　张君铭
副 主 任　　陈莉莉

选举任免代表工作委员会

主　　任　　王　雨
副 主 任　　史春祥

法制工作委员会

主　　任　　高建平
副 主 任　　石　磊（12月任）

财政经济工作委员会

主　　任　　许燕海
副 主 任　　任永涛（任至10月）

香河县人民政府

县　　长　　齐泽旭（任至5月）
　　　　　　李海滨（7月任）
副县长、代县长　　李海滨（5—7月任）
常务副县长　　齐建光（任至6月）
　　　　　　张华维（6月任）
副 县 长　　刘雪艳（任至6月）
　　　　　　闫明杰（任至6月）
　　　　　　张锦山（任至6月）
　　　　　　刘振华
　　　　　　朱　维（任至12月，挂职）
　　　　　　张显民（6月任）
　　　　　　刘　宇（6月任）
　　　　　　刘海霞（6月任）
　　　　　　翟明明（6月任）
　　　　　　王亚彬（12月任，挂职）

香河县人民政府办公室

党组书记、主任　　王　强（任至6月）
　　　　　　路洪亮（6月任）
党组成员、副主任　　马洪磊（11月任党组成员）
　　　　　　刘　颖（党组成员任至12月）
　　　　　　周易祥（12月任党组成员）

中国人民政治协商会议香河县委员会

主　　席　　马文龙（任至7月）
　　　　　　焦国强（7月任）
副 主 席　　盛泽良（任至7月）
　　　　　　李一超（任至7月）
　　　　　　苏　宽（任至7月）
　　　　　　刘奖波
　　　　　　张浩波（7月任）
　　　　　　王　强（7月任）
　　　　　　孙志坚（7月任）

秘书长　张天亮（任至7月）
任宏伟（7月任）

办公室

主　任　张天亮（任至7月）
任宏伟（7月任）
副主任　周立波

提案委员会

主　任　靳洪坤

科技经济委员会

主　任　张春来
副主任　刘　东（任至11月）

社会发展委员会

主　任　阮永利
副主任　马小伟

农业和农村委员会

主　任　刘　东（11月任）

中国共产党香河县纪律检查委员会

书　记　牛　静（任至5月）
张晓宇（5月任）
副书记　张福东
袁德永
常　委　王　辉（任至7月）
王东利
崔振起
田兆泉
李永祥（7月任）

香河县监察委员会

主　任　牛　静（任至7月）
张晓宇（7月任）
副主任　张福东
袁德永
委　员　崔振起
田兆泉
李永祥
张连瑞

中共香河县委巡察工作领导小组办公室

主　任　王东利
副主任　于海仓
王友杰

群众团体

香河县总工会

主　席　李德军
副主席　韩智慧
李宏振
高利荣（任至12月，挂职）

共青团香河县委员会

书　记　马　路（任至11月）
张　男（11月任）
副书记　王若璎

香河县妇女联合会

主　任　刘秀平
副主任　李姝瑾
杨立梅

香河县科学技术协会

党组书记　陈建功
主　席　孙志坚
党组成员、副主任　杨洪海
王健康

香河县工商业联合会

主　席　魏紫峰
党组书记、常务副主席　张金武
副主席　李志海

香河县残疾人联合会

党组书记、理事长　赵树军
党组成员、副理事长　王艳茹
　王雪山

香河县文学艺术界联合会

主　席　赵立志
副主席　韩　坡
　刘春林（12 月任）

香河县红十字会

会　长　刘雪艳（任至 7 月）
　刘海霞（7 月任）
专职副会长　孙玉茹（任至 12 月）
　赵志清（12 月任）
副会长　陈晓婧（任至 12 月）
　孙桂英（11 月任）

香河县计划生育协会

会　长　张玉林（任至 5 月）
　王宏民（5 月任）
常务副会长　张智勇
副会长　佟艳华
秘书长　马春红

法治　军事

香河县公安局

党委书记、局长　刘振华
党委副书记、政委　马小杰（任至 2 月）
　汪文涛（2 月任）
党委委员、副局长　肖广平
　李长海
　刘国东
党委委员、副政委　陈光华
副局长　张子来
副政委　李树忠
　刘海涛
四级高级警长　王福良
政治处主任　石克森
党委委员、香河经济开发区治安分局局长　王田华

香河县人民检察院

党组书记、检察长　刘振华（任至 5 月）
　杨国学（5 月任）
党组副书记、副检察长　李宏伟
党组成员、副检察长　张金路（任至 12 月）
　曹宏艳
　贾文洪（12 月任）
党组副书记、检委会专职委员　张建国
党组成员、检委会专职委员　焦文祥

香河县人民法院

党组书记、院　长　刘　君（任至 5 月）
　李德军（5 月任党组书记、7 月任院长）
党组副书记、副院长　侯东祥
党组成员、副院长　丁福才
　周晓明
党组成员　姜林涛
党组成员、执行局局长　李　君
党组成员、政治处主任　马翔宇
审判委员会专职委员　姜瑞丰
　王金生

香河县司法局

党组书记、局长　郭宏伟（任至 12 月）
　王立生（12 月任）
党组副书记、副局长　朱红京
党组成员、副局长　任春艳（任至 12 月）
　李晓勇

党组成员、政治部主任　董世杰

香河县国防教育办公室

主　　任　（缺职）
常务副主任　（缺职）
副　主　任　后瑞新（任至12月）

县政府工作部门、直属机构、垂直管理部门

香河县发展和改革局

党组书记、局长　冯国祥（任至6月）
成英杰（6月任）
县商务局局长　成英杰（12月任）
党组副书记、副局长、县商务局局长　佟明顺（任至12月）
党组成员、副局长　李英辉
周宏浩（挂职）
副局长　王志强
李　刚（任至11月）
唐永志
李　阳
许仕丰
王　宇
王晓轩

香河县财政局

党组书记、局　长　刘　宇（任至6月）
沈雪松（6月任）
党组副书记、副局长　张宝栋（6月任）
党组成员、副局长　孟宪奎（副局长任至11月）
王　辉（11月任）
张宝栋（任至6月）
田景浩

香河县公有资产经营公司

经　　理　秦　磊（任至11月）

香河县人力资源和社会保障局

党组书记、局长　孙宏伟（任至6月）
周向伟（6月任）
党组副书记、副局长　刘长林
党组成员、就业服务局局长　张建明
党组成员、副局长　孟祥云

香河县民政局

党组书记、局长　马宝生
党组成员、副局长　李建新
夏亦飞（任至11月）

香河县退役军人事务局

党组书记、局长　曹国藩
党组成员、副局长　李　岩
李全红

香河县医疗保障局

党组书记、局长　杜文洪
党组成员、副局长　刘洪来
张春明

香河县行政审批局

党组书记、局长　王艳文（任至7月）
张天亮（7月任）
党组成员、副局长　闫立国
高　宝（7月任）
崔文杰

香河县统计局

党组书记、局长　康会伟
党组成员、副局长　勾连卉
丁立靖

香河县审计局

党组书记、局长　沈雪松（任至6月）
李爱兵（6月任）
党组成员、副局长　董红波
马春梅
卢学英

香河县自然资源和规划局

党组书记、局长　高金刚
党组副书记、副局长　孙　永
党组成员、副局长　任宏伟
张建新
李鹤鸣
赵万华
党组成员　田兆山
副局长　张　浩
李长旭

香河县市场监督管理局

党组书记、局长　王　强
党组副书记、副局长、
知识产权局局长　李　月
党组成员、副局长　张　江
康子良
贾建民
胡振山
王瑞广(副局长任至11月)

香河县应急管理局

党委书记、局长　成英杰（任至7月）
张铁兵（7月任）
党委委员、副局长　张洪伟
高振宇
杨建国
李增旺

香河县住房和城乡建设局

党组书记、局长　高立军（任至11月）
韩景丰（11月任）
党组副书记、副局长　高文鹏
党组成员、副局长、
县人防办主任　张年台
党组成员、副局长　肖　鹏

香河县园林绿化管理中心

党组书记、主任　周国良
党组成员、副主任　王秀丽
吕　晔

香河县城市管理综合行政执法局

党支部书记、局长　陈宝东
副局长　张晓伟
李际明
田卫国　（6月任）

香河县农业农村局

党组书记、局长　孟繁章
党组副书记、副局长　刘继承　（11月任）
党组成员、副局长　路春艺
刘继承（任至11月）
杨海涛
勾丽红
张翔宇
副局长　赵建新
张艳齐
杨茂金（挂职）
党组成员、农经局局长　后瑞富

香河县水务局

党组书记、局长　李爱兵（任至6月
绳　军（6月任）
党组副书记、二级主任科员　王俊旺

党组成员、二级主任科员　牛宝森
党组成员、副局长　李永亮
张建生（6 月任）
副局长　张凤霞

香河县交通运输局

党组书记　白颖浩（任至 11 月）
刘爱军（11 月任）
局长　白颖浩（任至 6 月）
刘爱军（6 月任）
党组成员、副局长　王廷刚
韩凤龙
王立臣

廊坊市生态环境局香河县分局

党组书记、局长　任振宇
党组成员、副局长　赵彩虹
袁丽丽
聂金震
党组成员　徐凤兰
朱宏昌

香河县科学技术和工业信息化局

党组书记、局长　石宝智
党组副书记、副局长　张东生
党组成员、副局长　黄书惠（任至 11 月）
田海春
齐宏亮（挂职）

香河县教育和体育局

党组书记、局长　姜建明
党组副书记　李新生（11 月任）
党组成员、副局长　吴贺伟（副局长任至 11 月）
韩艳明
党组成员　李　健（11 月任）

香河县文化广电和旅游局

党组书记　姚立民（任至 11 月）
高立军（11 月任）
局长　姚立民（任至 6 月）
高立军（6 月任）
党组副书记　高立军（6—11 月任）
党组成员、副局长　刘兰芳
程志伶(副局长任至 11 月)
赵　爱
周海燕
周君林(副局长任至 11 月)

香河县卫生健康局

党组书记、局长　李洪波（任至 6 月）
孙宏伟（6 月任）
党组副书记　张智勇
党组成员、副局长　张立明（7 月任）
党组成员　张文学（11 月任）
党组成员、副局长　刘金宝

香河县地方志编纂中心

党组书记、主任　杨振亮
党组成员、副主任　刘春林（任至 12 月）
韩宝明

香河县供销合作社联合社

党组书记、主任　揣柏文
监事会主任　王宏伟（8 月任）
党组成员、副主任　高红云
石瑞峰
刘东波（1 月任）
王宏伟（副主任任至 8 月）

国家税务总局香河县税务局

党委书记、局长　赵福强
党委委员、副局长　臧德会（任至 6 月）
杨立民

	岳景奇
	张育才
	秦福民（8月任）
党委委员、纪检组长	杨杰民（任至7月）
	高　凯（8月任）
党委委员	秦福民（任至7月）

香河县气象局

党组书记、局长	宋仕峰
党组成员、副局长	马春平
	李学军

香河县烟草专卖局（营销部）

党组书记、局长、经理	程　伟
副局长	蔡志清
副经理	陈芃漪
纪检组组长	娄力然

廊坊市住房公积金管理中心香河县管理部

主　　任	佟永国

事业、企业单位

河北省香河县第一中学

党委书记	李树峰（任至11月）
	李新生（11月任）
校　长	李新生
党委副书记	周易祥
党委委员、副校长	张建军
	王春明
	张浩江
	魏志刚
	王振江

香河县教师进修学校

党支部书记、校长	李晓东
副　校　长	白元石
	李志良
	王冬梅

河北省香河县职业技术教育中心

校　　长	齐泽旭（任至5月，兼）
	李海滨（7月任，兼）
常务副校长	董建国
党总支书记	赵建强
党总支副书记	梁国永
副　校　长	田金泉
	杜振龙
	周　李
	宋　明

香河县人民医院

院　　长	门德志
党委书记	白连营
副　院　长	尹建伟
	韩兆山
	艾志国
	金永钢
	崔建国
	董建卓

香河县中医医院

党总支书记	李瑞峰
院　　长	李瑞峰（任至10月）
	王立强（11月任）
副　院　长	李世强
	王立强（任至10月）
	张长华
	路志鹏
	张海涛
	陈　燕（11月任）

香河县中西医结合医院

党支部副书记、院长　赵伟东
党支部书记　李俊东
副　院　长　董树江
何建涛
孙凌云（11月任）

国网冀北电力有限公司香河县供电分公司

党委书记、副经理　王春雨
党委副书记、经理　杨　龙（6月任）
刘会生（任至6月）
党委委员、纪委书记、工会主席　庞宝松
党委委员、副经理　吴长松
李　强（任至6月）
田德信（任至6月）
副经理　杨海林（6月任）

中国石化销售股份有限公司香河分公司

党支部书记、经理　杨春林
副经理　许洪涛

中国邮政集团公司河北省香河县分公司

党支部书记、总经理　齐建民
副总经理　王　磊
张二新

中国移动通信集团香河分公司

党支部书记、总经理　李显忠
副总经理　郝　鹏
刘　江

中国联合网络通信有限公司香河县分公司

党支部书记、总经理　李宏杰
副总经理　苏学武
王　硕

中国电信集团有限公司香河分公司

总　经　理　张艳涛（任至4月）
王　新（4月任）
副总经理　时胜云
邓踊跃（9月任）

金融业

中国人民银行香河支行

行　　长　樊振华
副　行　长　侯玉江
王永学（5月任）
纪检组长　邱大波

中国银行股份有限公司香河支行

行　　长　廉　涛（任至4月）
王长存（4—10月任）
王伯新（11月任）
副　行　长　李松林
李德虎

中国工商银行股份有限公司香河支行

行　　长　杨　亮
副　行　长　康　强
邓毅琼
王翠华
邵　帅

中国农业银行股份有限公司香河县支行

行　　长　王从新（任至10月）
韩春兵（11月任）
副　行　长　王德伍
刘　威
纪委书记　邓翠香（任至8月）
王海林（9月任）

中国建设银行股份有限公司香河支行

行　　长　　张殿刚（任至4月）
　　　　　　苏学义（4月任）
副 行 长　　王立功
　　　　　　王爱东
　　　　　　张慧娟

中国农业发展银行香河支行

党支部书记、行长　　杨万涛（任至1月）
　　　　　　王　京（1月任）
副行长　　李　洁

河北香河农村商业银行股份有限公司

董 事 长　　张　斌
行　　长　　张永康
监 事 长　　王　健
副 行 长　　郑存利
　　　　　　李玉春
　　　　　　姚燕强

中国邮政储蓄银行股份有限公司香河支行

行　　长　　许　巍（10月任）
副 行 长　　张国乐（任至4月）
　　　　　　魏文彬
　　　　　　李　北（11月任）

兴业银行股份有限公司香河支行

行　　长　　张立军（任至3月）
　　　　　　李凯山（3月任）
副 行 长　　李红霞

河北银行股份有限公司香河支行

行　　长　　杨　静（任至8月）
　　　　　　杨　硕（9月任）
副 行 长　　杜　治

廊坊银行股份有限公司香河支行

行　　长　　张　磊
副 行 长　　王利军
　　　　　　李　维
　　　　　　帅增春

沧州银行股份有限公司香河支行

行　　长　　王铭圣
副 行 长　　潘志春
　　　　　　吴　铭
　　　　　　张晓霞
　　　　　　王文利

张家口银行股份有限公司香河支行

行　　长　　乔海洋（任至10月）
　　　　　　路学东（10月任）

香河益民村镇银行股份有限公司

行　　长　　张　杰
副 行 长　　刘国庆
　　　　　　张　彬
　　　　　　张立功（3月任）

承德银行股份有限公司香河支行

行　　长　　张海军

中国人民财产保险股份有限公司香河支公司

经　　理　　韩艳青（任至7月）
　　　　　　王二永　（7月任）
副 经 理　　王二永（任至7月）
　　　　　　沈乔阳（4月任）
　　　　　　曹玉奇（7月任）
　　　　　　佟维宝（1月任）

中国人寿保险股份有限公司香河支公司

经　　理　　张景新

副 经 理　　韩雪春
肖希东（1月任）

中国太平洋财产保险股份有限公司廊坊市香河支公司

经　　理　　殷宝义

中国大地财产保险股份有限公司廊坊中心支公司香河营销服务部

经　　理　　崔丽超

中国平安人寿保险股份有限公司香河支公司

经　　理　　王　莹

中华联合财产保险股份有限公司香河支公司

经　　理　　赵子斌
副 经 理　　张　媛

名阳保险销售有限责任公司香河分公司

经　　理　　李　烨
党支部书记　　李树钢

镇（社区办）、经济开发区

淑阳镇

党委书记　　何振龙（任至5月）
孙宏杰（5—6月任）
卢英俊（6月任）
党委副书记、镇长　　范金良（任至6月）
田景泊（6月任）
党委委员、人大主席　　程亚民
党委副书记　　王　伟
郭向卿　（12月任）
党委委员、纪委书记　　张丽娜
党委委员、组织委员　　郭向卿
党委委员、宣传委员　　韩凤娇
党委委员、政法委员　　刘春元
副镇长　　尹凯辉
张金丰（任至5月）
史建国（任至5月）
二级主任科员　　池晓伟（任至6月）
三级主任科员　　李国栋
郭向卿　（12月任）

新开街社区

党委书记　　卢英俊（任至6月）
范金良（7月任）
党委副书记、社区办主任　　靳洪刚

新华街社区

党委书记　　路洪亮（任至7月）
李文建（7月任）
党委副书记、社区办主任　　王大为

安平镇

党委书记　　赵连成（6月任）
梁建伟（任至5月）
党委副书记、镇长　　赵连成（任至5月）
程淑伟（6月任）
党委委员、人大主席　　佟咏卉
党委副书记　　李东明（6月任）
佟永佳（任至5月）
纪委书记　　李　平（任至5月，挂职）
于伟利（6月任）
党委委员、组织委员　　武国庆
党委委员、宣传委员　　靳洪玉
党委委员　　于伟利（任至5月）
任　鹤（6月任）
党委委员、政法委员　　张金玲（任至5月）
李东明（6月任，兼）
党委委员、副镇长　　李东明（任至5月）
张　男（6—11月任）

副 镇 长　张　男（任至5月）
谢明辉（任至5月）
张　良（6月任）
杨　洋（6月任）
张金玲（6月任）
谢明辉（6月任）
二级主任科员　屠秀东

钳屯镇

党委书记　韩景丰（任至5月）
康国民（5月任）
党委副书记、镇长　杨金刚
党委副书记　张建生（任至5月）
党委委员、人大主席　张少军（任至12月）
党委委员、纪委书记　王辉军（任至5月）
冯志远（5月任）
党委委员、组织委员　石　磊（任至11月）
王若璎（11月任）
党委委员、宣传委员　赵更昆
党委委员　石立国（任至5月）
赵　飞（5月任）
党委委员、政法委员　冯志远（任至5月）
马梓茗（5月任）
党委委员　李颖杰（5月任）
副 镇 长　李颖杰
钟光志（任至12月）
张　攀（12月任）
刘景丽（任至5月）
任晓明（5月任）

五百户镇

党委书记　吴立春
党委副书记、镇长　赵立强
党委委员、人大主席　薛福宁
党委副书记　茹　超
党委委员、纪委书记、
监察办主任　杨艳晶（任至5月）
冯　健（5月任）
党委委员、组织委员　杨光瑞
党委委员、宣传委员、
统战委员　钱海涛
党委委员　王立波（任至6月）
董　浩（6月任）
党委委员、政法委员　冯　健（任至5月）
茹　超（5月任）
党委委员　韩　宇（5月任）
副 镇 长　韩　宇
王福军（任至6月）
魏帅军（6月任）
副镇长兼派出所所长　王雪冰（任至4月）
黄　勇（9月任）
二级主任科员　王桂明
三级主任科员　王福军（6月任）
王立波（6月任）
四级主任科员　杜文刚
副科级干部　张文军

刘宋镇

党委书记　刘爱军（任至5月）
董　杨（5月任）
党委副书记、镇长　董　杨（任至5月）
佟永佳（5月任）
党委副书记　高　宝（任至5月）
南文智（5月任）
党委委员、人大主席　王鹏晖（5月任）
张立明（任至5月）
党委委员、纪委书记　程广宇
党委委员、政法委员　张　杰（任至5月）
南文智（5月任）
党委委员　张　杰（5月任）
党委委员、组织委员　南文智（任至5月）
陈　东（5月任）

党委委员、宣传委员	李　静（任至5月）
	刘云鹏（5月任）
党委委员、副镇长	佟永强（任至6月）
	李　静（5月任）
副 镇 长	薛　雷
	杨　洋（任至5月）
	徐立林
二级主任科员	石明辉
	田景泊（任至6月）
三级主任科员	佟永强（6月任）

安头屯镇

党委书记	孙宏杰（任至5月）
	邳建纪（5月任）
党委副书记、镇长	邳建纪（任至5月）
	刘静琨（5月任）
党委委员、人大主席	孟庆宇
党委副书记	王鹏晖（任至5月）
党委副书记、政法委员	杨艳晶（5月任）
党委委员、纪委书记	孙继东（任至5月）
	刘国顺（5月任）
党委委员、组织委员	王彦杰
党委委员、宣传委员、统战委员	李　宁（任至5月）
	李新杰（5月任）
党委委员	王德永（5月任）
党委委员、政法委员	刘国顺（任至5月）
党委委员、副镇长	高广玉（任至5月）
	李　宁（5月任）
副 镇 长	闫春生（任至5月）
	陈　旋
副镇长兼派出所所长	陈敬瑜（任至12月）
	钟光志（12月任）

渠口镇

党委书记	绳　军（任至5月）
	李永涛（5月任）
党委副书记、镇长	李永涛（任至5月）
	陈　楠（5月任）
党委委员、人大主席	许新宇
党委副书记	田卫国（任至5月）
党委副书记、政法委员	周江波（5月任）
党委委员、纪委书记	蒙超鹏（任至5月）
	李文来（5月任）
党委委员、组织委员	李　晨
党委委员、宣传委员、统战委员	张玲玲
党委委员	崔振兴
党委委员、政法委员	阚国强（任至5月）
党委委员、副镇长	蔡志静（5月任）
副镇长	康亚东（任至5月）
	周江波（任至5月）
	刘庆来
	王德记（5月任）
二级主任科员	程　磊
	周国忠
三级主任科员	康亚东（5月任）

钱旺镇

党委书记	张继田
党委副书记、镇长	康国民（任至5月）
	马　路（5月任）
党委副书记	崔　磊（5月任）
	张丽丽（任至5月）
党委委员、人大主席	闵爱国
党委委员、二级主任科员	王诗维
	李洪斌
党委委员、纪委书记	韩　静
党委委员	杨　阳（5月任）
党委委员、政法委员	王东来（任至5月）
	崔　磊（5月任）
党委委员、组织委员	程大君

党委委员、宣传委员	樊振亮
党委委员、副镇长	张　迪
副镇长	甄仲奎（任至 5 月）
	马　健
	周士杰 （5 月任）

蒋辛屯镇

党委书记	刘　斌
党委副书记、镇长	宋　超
党委副书记兼政法委员	张　亮
党委委员、纪委书记	张金良
党委委员、组织委员	张　涛（任至 6 月）
	路艳辉（6 月任）
党委委员、宣传委员	孔昭阳（任至 6 月）
	晋明月（6 月任）
党委委员、人大主席	高大永
党委委员	詹海舰
	马宏颖（6 月任）
副 镇 长	李　鑫（任至 6 月）
	阮思琪
	左春喜（6 月任）
二级主任科员	李　杰
	张　超（任至 6 月）

中共河北香河经济开发区工作委员会

书　　记	张显民（任至 5 月）
	白颖浩（5 月任）
副 书 记	高宏伟（任至 5 月）
	李洪波（5 月任）
委　　员	高文鹏（任至 11 月）
	赵立军（挂职）
	刘全顺
	崔福军
	程　杰（11 月任）

河北香河经济开发区管理委员会

主　　任	高宏伟（任至 5 月）
	白颖浩（5 月任）
副 主 任	高文鹏（任至 11 月）
	赵立军（挂职）
	刘全顺
	崔福军
	程　杰（11 月任）

河北香河经济开发区新兴产业园

党委书记	高文鹏（任至 11 月）
	程　杰（11 月任）
党委副书记、香河经济开发区管委会社会一局局长	程　杰（任至 11 月）
	杨　涛（11 月任）

河北香河经济开发区环保产业园

党委书记	崔福军
党委副书记、香河经济开发区管委会社会二局局长	李树国

缩略语注释

“八五”普法：中共中央宣传部、中华人民共和国司法部关于在公民中开展法治宣传教育的第八个五年规划（2021—2025 年）。

“拆违”：拆除违章建筑。

村干部县镇备案管理“2+6”工作机制：村干部档案县镇分级备案、调整任免审查备案，建立获奖励、受处分、参加培训、请销假、因私出国（境）、个人有关事项 6 类村干部重大情况台账。

“大班额”：随着城镇化进程的加快，流动人口不断向城区涌入，人民群众对优质教育资源的需求与教育供给之间的矛盾日益突出，城市学校所承受的压力越来越大，城区学校每个班的人数剧增，超出额定人数的班的现象。大班额有两类：每个班66人以上称为超大班额，56人以上称为大班额。

党员“四库”：“四库”即申请入党人员库、入党积极分子库、预备党员库、党员库。

“放管服”：简政放权、放管结合、优化服务的简称。“放”即简政放权，降低准入门槛。“管”即创新监管，促进公平竞争。“服”即高效服务，营造便利环境。

枫桥经验：枫桥经验是20世纪60年代初，浙江省诸暨市枫桥镇干部群众创造的“发动和依靠群众，坚持矛盾不上交，就地解决，实现捕人少、治安好”的管理方式。

河渠“清四乱”：清理乱占、乱采、乱堆、乱建行为。

河渠“五乱”治理：整治河渠乱占、乱采、乱堆、乱建和乱倒垃圾行为。

监督执纪“四种形态”：第一种形态，党内关系要正常化，批评和自我批评要经常开展，让咬耳扯袖、红脸出汗成为常态。第二种形态，党纪轻处分和组织处理要成为大多数。第三种形态，对严重违纪的重处分、作出重大职务调整应当是少数。第四种形态，而严重违纪涉嫌违法立案审查的只能是极少数。

“两不愁、三保障”：不愁吃（含安全饮水）、不愁穿，义务教育、基本医疗、住房安全有保障。

“两河”：特指香河县境内的潮白河、北运河。

“两会”：中华人民共和国全国人民代表大会与中国人民政治协商会议以及省、市、县人民代表大会与人民政治协商会议。

“两个维护”：坚决维护习近平总书记党中央的核心、全党的核心地位，坚决维护党中央权威和集中统一领导。

“两个责任”：中国共产党第十八届中央委员会第三次全体会议提出，落实党风廉政建设责任制，党委负主体责任，纪委负监督责任。

“两考三评一定”：2016年6月12日，香河县建立农村干部“两考三评一定”机制，即半年考核、年终考核，村街党员群众评议、执法执纪部门评审、基层党（工）委评鉴，确定村干部星级等次。

“两违”：违法占地和违法建设的行为。

两新一重：新型基础设施建设、新型城镇化建设，交通、水利等重大工程建设。

“两学一做”：学党章党规、学系列讲话，做合格党员。

“六稳”：稳就业、稳金融、稳外贸、稳外资、稳投资、稳预期。

廊坊市“北三县”：廊坊市行政区域内北部的香河县、大厂回族自治县和三河市。

“煤替代”“电代煤（煤改电）”“气代煤（煤改气）”：用电、天然气等清洁能源代替燃煤。

“亩均论英雄”：将农业领域“亩产”概念引入工业领域，通过建立一套以“单位产出效益”为核心的评价指标体系，对园区及工业企业进行综合评价，并建立要素差异化配置的制度设计，其目的就是转变资源利用方式，助推工业高质量发展。

农村“两室”：农村党支部办公室、党员活动室。

农村“两委”：农村党支部委员会、村民委员会。

农村“四化”：街道硬化、村庄绿化、环境净化、路灯亮化。

“七进”文艺演出：文艺演出进企业、进农村、进机关、进校园、进社区、进网站、进军营。

“七五”普法：中共中央宣传部、中华人民共和国司法部关于在公民中开展法治宣传教育的第七个五年规划（2016－2020年）。

人大“6+1”联动监督：河北省人大系统对违规违建项目、房地产开发项目、违法违规占用土地、地下水超采综合治理、资源能源项目、矿山综合治理、公共卫生管理开展联动依法监督。

“散乱污”企业：不符合产业政策，不符合当地产业布局规划，未办理工信、发改、土地、规划、环保、工商、质监、安监、电力等相关审批手续，不能稳定达标排放的企业。散：不符合当地产业布局规划，没有进驻工业园区的规模以下企业。乱：不符合产业政策的企业，应办而未办理相关审批手续的企业，存在于居民集中区的企业、工业摊点、工业小作坊。污：指无污染防治设施或污染防治设施不完备、不能对产生的污染物进行有效收集、无组织排放严重的企业，污染防治设施不具备达标排放能力的企业，没有治理价值的企业，不能实现稳定达标排放的企业。

社会主义核心价值观：富强、民主、文明、和谐，自由、平等、公正、法治，爱国、敬业、诚信、友善。

“双创”：大众创业、万众创新。出自 2014 年 9 月夏季达沃斯论坛上国务院总理李克强的讲话，李克强提出，要在 960 万平方公里土地上掀起“大众创业”“草根创业”的新浪潮，形成“万众创新”“人人创新”的新势态。

“双创双服”：河北省开展的以创新创业、服务发展、服务民生为主要内容的活动。

“双减”政策：减轻义务教育阶段学生过重作业负担和校外培训负担。

“双随机、一公开”：在监管过程中随机抽取检查对象，随机选派执法检查人员，抽查情况及查处结果及时向社会公开。“双随机、一公开”是国务院办公厅于 2015 年 8 月发布的《国务院办公厅关于推广随机抽查规范事中事后监管的通知》中要求在全国全面推行的一种监管模式。

“双拥”：地方政府拥军优属，军队拥政爱民。

“三创四建”：2020 年，河北省在全省部署开展“三创四建”活动。“三创”即创新、创业和创建全国文明城市、国家卫生城市、国家森林城市；“四建”即建设现代化经济体系，建设城乡融合高质量发展体系，建设一流营商环境体系，建设现代化社会治理体系。

“三大四精五到位”：香河县在城乡环境整治提升中开展大拆违、大清理、大提升；打造一批精品道路、精品街区、精品游园、精品村庄；组织领导到位、目标任务到位、时间节点到位、晾晒考评到位、长效机制到位。

“三定”方案：是各级机构编制部门，对所辖范围内所有的党政机关、人民团体、事业单位等机构，在单位初设或者机构改革过程中有重大变更事项时，颁布实施的纲领性文件，是每一个单位的身份证、户口簿。三定具体是指：定职能、定机构、定编制。

三定三评一考：定职责、定目标、定完成时限；机关干部评、分管领导评、县委考核组评；年度履职考核。

“三基”建设年活动：加强基层组织、基础工作、基本能力建设。

“三会一课”：是指按照党章和党内有关规定，定期召开支部大会、支部委员会、党小组会，按时上好党课。

“三个区分开来”：即把干部在推进改革中因缺乏经验、先行先试出现的失误和错误，同明知故犯的违纪违法行为区分开来；把上级尚无明确限制的探索性试验中的失误和错误，同上级明令禁止后依然我行我素的违纪违法行为区分开来；把为推动发展的无意过失，同为谋取私利的违纪违法行为区分开来。

“三公”经费：党政机关、人民团体及事业单位等财政开支的部门人员因公出国（境）经费、公务用车的购置及运行经费、公务招待经费。

“三农”：农业、农村、农民。

“三深化、三提升”：深化“双创双服”活动、提升高质量发展水平；深化民心工程、提升保障改善民生水平；深化纠正“四风”和作风纪律专项整治、提升工作效能和营商环境。

“三新”经济：新产业、新经济、新商业。

“三重四创五优化”活动：2021 年，河北省在全省部署开展“三重四创五优化”活动。“三重”

即重大国家战略、重大项目建设、重大民生工程；“四创”即创新，创业，创全国文明城市、国家卫生城市、国家森林城市，创平安河北、法治河北；“五优化”即优化政治生态、优化经济结构、优化自然生态、优化营商环境、优化基层治理。

“四风”：形式主义、官僚主义、享乐主义和奢靡之风。

4 个国省考断面：香河县境内北运河土门楼断面、潮白河吴村断面（入境）、大套桥断面（出境）、鲍邱河罗屯闸断面。

“四个意识”：政治意识、大局意识、核心意识、看齐意识。

“四个自信”：中国特色社会主义道路自信、理论自信、制度自信、文化自信。

“四好”农村公路：建设好、管理好、养护好、运营好农村公路。

“四力”：新闻工作者的“脚力、眼力、脑力、笔力”

“四统一”政策：河北省廊坊市“北三县”与北京市通州区一体化发展实行统一规划、统一标准、统一政策、统一管控。

“四千四万”精神：踏遍“千山万水”、吃尽“千辛万苦”、说尽“千言万语”、历经“千难万险”。

“四项”联动监督：对优化营商环境、农业结构调整、地下水超采治理、公共医疗卫生服务 4 项联动监督。

“四违”党员：“四违”即违法、违纪、违规、违信。

“四位一体”监督机制：纪律监督、监察监督、派驻监督、巡察监督一体推进。

“四医联动”改革：医疗、医保、医药、医价联动改革。

“四议两公开一监督”：所有村级重大事项在广泛征求民意的基础上，村党组织会提议；村“两委”会商议；村党员议事会或党员大会审议；村民代表会议或村民会议决议，最后由村委会执行，村民监督委员会和党员群众进行民主监督）

“十三五”规划：中华人民共和国国民经济和社会发展第十三个五年规划，“十三五”的时间为 2016¯ 2020 年。

“十四五”规划：中华人民共和国国民经济和社会发展第十四个五年规划。“十四五”规划的时间为 2021¯ 2025 年。

“通武廊”：北京市通州区、天津市武清区、河北省廊坊市。

“五大”智慧工程：香河县实施的智慧边界、智慧路防、智慧视频监控、智慧平安社区、智慧警务站。

“五好红旗支部”：政治建设好、组织功能好、制度执行好、任务完成好、作用发挥好。

五个廊坊：创新廊坊、数字廊坊、健康廊坊、平安廊坊、品质廊坊。

“五规范五加强”：规范思想政治建设，筑牢信仰之基；规范党内组织生活，提升党性修养；规范组织体系设置，增强组织活力；规范机关阵地建设，筑牢基层堡垒；规范党员发展管理，提高发展质量。加强担当精神培树，凝聚干事合力；加强纪律作风建设，提升服务效能；加强党务培训管理，提升党务水平；加强先进典型培树，打造党建品牌；加强服务平台建设，亮出党员风采。

“五联五共”：组织联建，共同夯实基层治理基础；党员联管，共同争做先锋表率；资源联享，共同搭建服务平台；网格联动，共同参与社区治理；文明联创，共同建设和谐社区。

五治：政治引领、法治保障、德治教化、自治强基、智治支撑。

新“九通一平”：信息通、市场通、法规通、配套通、物流通、资金通、人才通、技术通、服务通和面向 21 世纪的新经济平台。

行政执法“三项制度”：建立执法全过程记录制度、严格执行重大执法决定法制审核制度、执行行政执法公示制度。

“1+5”专项治理：“1”即违建别墅问题；“5”即违法违规用地、违法违规建设、违法违规采矿、违法违规采砂、破坏生态环境。

“一案三查”：落实党风廉政建设开展责任追究，一查当事人的违纪违法责任；二查党委（党组）的主体责任；三查纪委（纪检机构）的监督责任。

“一村一品”：在一定区域范围内，以村为基本单位，按照国内外市场需求，充分发挥本地资源优势，通过大力推进规模化、标准化、品牌化和市场化建设，使一个村（或几个村）拥有一个（或几个）市场潜力大、区域特色明显、附加值高的主导产品和产业。

“一府一委两院”：“一府”是指人民政府，“一委”是指监察委员会，“两院”是指人民法院、人民检察院。

“一岗双责”：“一岗”就是一个领导干部的职务所对应的岗位；“双责”就是一个领导干部既要对所在岗位应当承担的具体业务工作负责，又要对所在岗位应当承担的党风廉政建设责任制负责。

“1+3+2”现代产业体系：香河县打造以文化旅游为特色名片，以智慧家居、智能制造、智慧健康为主导支撑，以数字科技、现代服务为战略培育的产业体系。

“一问责八清理”：一问责：对党的领导弱化、主体责任缺失，管党治党不力、发生严重违纪违法问题的，抓住典型，严肃问责，公开处理。八清理：对超职数配备干部、违规进人问题，违规公费出国（境）、公款旅游问题，乱收费、乱摊派问题，领导干部经商办企业及其亲属利用其职务影响谋取不正当利益问题，滞留截留套取挪用财政专项资金特别是涉农资金问题，省属企业违规配车、用车问题，招标投标不规范、违规出让土地、违反规划调整容积率等问题，懒政怠政、不作为、不在状态问题，进行清理。

“医共体”：医疗卫生服务共同体。在保证财政投入政策和政府投入渠道不变的前提下，由县级公立医院与镇级卫生院组建医共体，镇级卫生院机构名称和行政隶属关系不变，加挂县级公立医院医共体牌子，医共体内人员、资金、业务、绩效考核、药品采购供应实行统一管理。

中央八项规定：2012 年 12 月 4 日，中共中央政治局召开会议，审议通过了中央政治局关于改进工作作风、密切联系群众的八项规定。主要内容：（1）要改进调查研究，到基层调研要深入了解真实情况，总结经验、研究问题、解决困难、指导工作，向群众学习、向实践学习，多同群众座谈，多同干部谈心，多商量讨论，多解剖典型，多到困难和矛盾集中、群众意见多的地方去，切忌走过场、搞形式主义；要轻车简从、减少陪同、简化接待，不张贴悬挂标语横幅，不安排群众迎送，不铺设迎宾地毯，不摆放花草，不安排宴请。（2）要精简会议活动，切实改进会风，严格控制以中央名义召开的各类全国性会议和举行的重大活动，不开泛泛部署工作和提要求的会，未经中央批准一律不出席各类剪彩、奠基活动和庆祝会、纪念会、表彰会、博览会、研讨会及各类论坛；提高会议实效，开短会、讲短话，力戒空话、套话。（3）要精简文件简报，切实改进文风，没有实质内容、可发可不发的文件、简报一律不发。（4）要规范出访活动，从外交工作大局需要出发合理安排出访活动，严格控制出访随行人员，严格按照规定乘坐交通工具，一般不安排中资机构、华侨华人、留学生代表等到机场迎送。（5）要改进警卫工作，坚持有利于联系群众的原则，减少交通管制，一般情况下不得封路、不清场闭馆。（6）要改进新闻报道，中央政治局同志出席会议和活动应根据工作需要、新闻价值、社会效果决定是否报道，进一步压缩报道的数量、字数、时长。（7）要严格文稿发表，除中央统一安排外，个人不公开出版著作、讲话单行本，不发贺信、贺电，不题词、题字。（8）要厉行勤俭节约，严格遵守廉洁从政有关规定，严格执行住房、车辆配备等有关工作和生活待遇的规定。

索　引

说　明：

1. 本索引采用主题分析法编制，范围包括篇目、类目、分目和条目等。

2. 本索引按主题词首字汉语拼音字母（同音按声调）顺序排列，若首字拼音相同，则按照第二个汉字音序排列，以此类推。

3. 索引中主题词后面的数字，表示内容所在的页码。

A

B

C

D

D

E

F

G

E

F

G

H

K

L

M

N

P

T

W

X

Y

Z